Comentarios a la Constitución Española

En memoria de Pablo Pérez Tremps

2ª Edición

TOMO II

Artículo 97 a Disposición Final

Comentarios a la Constitución Española

En memoria de Pablo Pérez Tremps

2ª Edición

TOMO II

Artículo 97 a Disposición Final

Directores:

ALEJANDRO SAIZ ARNAIZ

RAFAEL BUSTOS GISBERT

Coordinadora:

CARMEN MONTESINOS PADILLA

tirant lo blanch

Valencia, 2024

En caso de erratas y actualizaciones, la Editorial Tirant lo Blanch publicará la pertinente corrección en la página web www.tirant.com.

© TIRANT LO BLANCH
EDITA: TIRANT LO BLANCH
C/ Artes Gráficas, 14 - 46010 - Valencia
TELFS.: 96/361 00 48 - 50
FAX: 96/369 41 51
Email: tlb@tirant.com
www.tirant.com
Librería virtual: www.tirant.es
DEPÓSITO LEGAL: V-2348-2024
ISBN: 978-84-1197-650-3 (Obra completa)
ISBN: 978-84-1071-430-4 (Tomo II)

Si tiene alguna queja o sugerencia, envíenos un mail a: *atencioncliente@tirant.com*. En caso de no ser atendida su sugerencia, por favor, lea en *www.tirant.net/index.php/empresa/politicas-de-empresa* nuestro procedimiento de quejas.

Responsabilidad Social Corporativa: http://www.tirant.net/Docs/RSCTirant.pdf

Listado de autores

Ángel Aday Jiménez Alemán
Profesor contratado doctor
Universidad Complutense de Madrid

Luis Aguiar de Luque
Catedrático de Derecho Constitucional
Universidad Carlos III de Madrid

Mar Aguilera Vaqués
Profesora Titular de Universidad
Universitat de Barcelona

Marian Ahumada Ruiz
Profesora Titular de Derecho Constitucional Universidad Autónoma de Madrid

Eliseo Aja
Catedrático de Derecho Constitucional
Universidad de Barcelona

Benito Aláez Corral
Catedrático de Derecho Constitucional
Universidad de Oviedo

Enoch Albertí Rovira
Catedrático de Derecho Constitucional
Universidad de Barcelona

Rafael Alcácer Guirao
Profesor Titular de Derecho Penal
Universidad Rey Juan Carlos

Juan Manuel Alegre Ávila
Catedrático de Derecho Administrativo
Universidad de Cantabria
Exletrado del Tribunal Constitucional

Ricardo Alonso García
Catedrático de Derecho Administrativo y de la UE
Universidad Complutense de Madrid

Vicente Álvarez García
Catedrático de Derecho Administrativo
Universidad de Extremadura

Óscar Alzaga Villaamil
Catedrático Emérito de Derecho Constitucional
Universidad Nacional de Educación a Distancia (UNED)

Manuel Aragón Reyes
Catedrático emérito de Derecho Constitucional
Universidad Autónoma de Madrid

Elviro Aranda Álvarez
Catedrático Derecho Constitucional
Universidad Carlos III de Madrid

Flor Arias Aparicio
Profesor Titular
Universidad de Extremadura

Ángel Arozamena Laso
Magistrado de la Sala Tercera del Tribunal Supremo
Profesor Asociado de Derecho Procesal y Derecho Constitucional
Universidad Carlos III de Madrid

Antonio Arroyo Gil
Profesor de Derecho Constitucional
Universidad Autónoma de Madrid

Laura Baamonde Gómez
Profesora Ayudante Doctora de Derecho Constitucional
Universidad Carlos III de Madrid

María Luisa Baró Pazos
Letrada de la administración de la Seguridad Social

Francisco J. Bastida
Catedrático de Derecho Constitucional. Profesor emérito
Universidad de Oviedo

Meritxell Batet Lamaña
Profesora de Derecho Constitucional Universidad Pompeu Fabra

Enrique Belda
Catedrático de Derecho Constitucional
Universidad de Castilla-La Mancha

Juan María Bilbao Ubillos
Catedrático de Derecho Constitucional
Universidad de Valladolid

Pilar Blanco-Morales Limones
Junta de Extremadura

Roberto L. Blanco Valdés
Catedrático de Derecho Constitucional
Universidad de Santiago de Compostela

Andrés Boix Palop
Profesor de Derecho Administrativo
Universitat de València - Estudi General de València

Ignacio Borrajo Iniesta
Catedrático de Derecho
Letrado del Tribunal Constitucional

Rafael Bustos Gisbert
Catedrático de Derecho Constitucional
Universidad Complutense de Madrid

Francisco Caamaño
Catedrático de Derecho Constitucional
Universidad de A Coruña

Raúl Canosa Usera
Catedrático de Derecho Constitucional
Universidad Complutense

Matilde Carlón Ruiz
Catedrática de Derecho Administrativo
Universidad Complutense de Madrid
Ex Letrada del Tribunal Constitucional

Ana Carmona Contreras
Catedrática de Derecho Constitucional
Universidad de Sevilla

Encarna Carmona Cuenca
Profesora Titular de Derecho Constitucional
Universidad de Alcalá

Marc Carrillo
Catedrático de Derecho Constitucional
Universidad Pompeu Fabra

María Emilia Casas Baamonde
Catedrática de Derecho del Trabajo y de la Seguridad Social
Universidad Complutense de Madrid
Presidenta emérita del Tribunal Constitucional

José Luis Cascajo Castro
Catedrático de Derecho Constitucional
Universidad de Salamanca

Manuel Cavero Gómez
Letrado de las Cortes Generales
Letrado Mayor del Senado

Oscar Celador Angón
Catedrático de Derecho Eclesiástico del Estado
Universidad Carlos III de Madrid

Edorta Cobreros Mendazona
Catedrático de Derecho Administrativo
Universidad del País Vasco (UPV/EHU)

María José Corchete Martín
Profesora Titular de Derecho Constitucional
Universidad de Salamanca

Nieves Corte Heredero
Letrada del Tribunal Constitucional
Profesora Titular del Derecho del Trabajo y de la Seguridad Social
Universidad Complutense de Madrid

María Díaz Crego
Profesora Titular de Derecho Constitucional
Universidad de Alcalá

Francisco Javier Díaz Revorio
Catedrático de Derecho Constitucional
Universidad de Castilla-La Mancha

Laura Díez Bueso
Catedrática de Derecho Constitucional Universidad de Barcelona
Magistrada del Tribunal Constitucional

Javier Díez-Hochleitner
Catedrático de Derecho internacional público
Universidad Autónoma de Madrid

Luis María Díez-Picazo
Catedrático de Derecho Constitucional
Magistrado del Tribunal Supremo

Guillermo A. Domínguez Gimbernat
Administrador Tributario de la Agencia Tributaria Canaria

Antonio Domínguez Vila
Secretario Superior de Admón. Local
Profesor Titular de Derecho Constitucional
Universidad de La Laguna

Francisco Javier Donaire Villa
Profesor Titular de Derecho Constitucional
Universidad Carlos III de Madrid

Juan Carlos Duque Villanueva
Secretario general adjunto
Tribunal Constitucional

Ascensión Elvira Perales
Catedrática de Derecho Constitucional
Universidad Carlos III de Madrid

Guillermo Escobar Roca
Catedrático de Derecho Constitucional
Universidad de Alcalá

Manuela Eslava Rodríguez
Universidad de Extremadura

Ana Espinosa Díaz
Técnico del Defensor del Pueblo
Profesora Ayudante Doctor
Universidad Carlos III de Madrid

Eduardo Espín Templado
Magistrado del Tribunal Supremo
Catedrático de Derecho Constitucional

José Joaquín Fernández Alles
Catedrático de Derecho Constitucional
Universidad de Cádiz

María José Fernández Ostolaza
Letrada de las Cortes Generales

Ignacio Fernández Sarasola
Profesor Titular de Derecho Constitucional
Universidad de Oviedo

Víctor Ferreres Comella
Catedrático de Derecho Constitucional
Universidad Pompeu Fabra

Fernando Flores Giménez
Profesor Titular de Derecho Constitucional
Universitat de València

Enric Fossas Espadaler
Catedrático de Derecho Constitucional
Universidad Autónoma de Barcelona

María Fraile Ortiz
Prof. Contratada Doctora Derecho Constitucional
Universidad Carlos III

María José Gálvez Salvador
Doctora en Derecho Constitucional

Ramón García Albero
Catedrático de Derecho Penal
Universidad de Lleida

Piedad García-Escudero Márquez
Catedrática de Derecho Constitucional
Universidad Complutense de Madrid

Javier García Fernández
Catedrático de Derecho Constitucional
Universidad Complutense de Madrid

Rosario García Mahamut
Catedrática de Derecho Constitucional
Universidad Jaume I

Mª Asunción García Martínez
Profesora Titular de Derecho Constitucional
Universidad Complutense de Madrid

María Jesús García Morales
Profesora Titular de Derecho Constitucional
Universidad Autónoma de Barcelona

Joaquín García Murcia
Catedrático de Derecho del Trabajo y Seguridad Social
Universidad Complutense de Madrid

Javier García Roca
Catedrático de Derecho Constitucional
Universidad Complutense de Madrid
Letrado del TC en excedencia

J. Luis García Ruiz
Catedrático de Derecho Constitucional
Universidad de Cádiz

Jesús García Torres
Abogado del Estado (jubilado)

Ignacio García Vitoria
Profesor de Derecho Constitucional
Universidad Complutense de Madrid

María Garrote de Marcos
Profesora Contratada Doctora de Derecho Constitucional
Universidad Complutense de Madrid

Juan Carlos Gavara de Cara
Catedrático de Derecho Constitucional
Universidad Autónoma de Barcelona

David Giménez Gluck
Director Adjunto Gabinete Presidencia
Congreso de los Diputados

Vicente Gimeno Sendra
Catedrático de Dº. Procesal
UNED

Juana Goizueta Vértiz
Profesora Agregada de Derecho Constitucional
UPV/EHU

Itziar Gómez Fernández
Profesora Titular de Derecho Constitucional
Universidad Carlos III de Madrid

Yolanda Gómez Lugo
Profesora Titular de Derecho Constitucional
Universidad Carlos III de Madrid

Germán Gómez Orfanel
Catedrático emérito de Derecho Constitucional
Universidad Complutense de Madrid

Yolanda Gómez Sánchez
Catedrática de Derecho Constitucional
Universidad Nacional de Educación a Distancia. UNED

Alicia González Alonso
Profesora Contratada Doctora
Universidad Autónoma de Madrid

Markus González Beilfuss
Profesor Titular de Derecho Constitucional
Universidad de Barcelona

Ignacio González García
Profesor Titular de Derecho Constitucional
Universidad de Murcia

Maribel González Pascual
Profesora Agregada de Derecho Constitucional
Universidad Pompeu Fabra

Juan José González Rivas
Presidente emérito del Tribunal Constitucional

Pedro González-Trevijano
Catedrático de Derecho Constitucional
Universidad Rey Juan Carlos

Luis I. Gordillo Pérez
Profesor Titular de Derecho Constitucional
Universidad de Deusto

Mario Hernández Ramos
Profesor Titular de Universidad de Derecho Constitucional
Universidad Complutense de Madrid

Luis Jimena Quesada
Catedrático de Derecho Constitucional
Universitat de València

Rafael Jiménez Asensio
Consultor Sector Público

Javier Hernández García
Magistrado del Tribunal Supremo

M. Jesús Larios Paterna
Profesora titular de Derecho Constitucional
Universidad de Barcelona

Juan Fernando López Aguilar
Catedrático de Derecho Constitucional
Universidad de Las Palmas de GC

Diego López Garrido
Catedrático de Derecho Constitucional
Universidad de Castilla-La Mancha

Juan Manuel López Ulla
Profesor Titular de Derecho Constitucional
Universidad de Cádiz

Luis Martín Rebollo
Catedrático de Derecho Administrativo
Profesor emérito
Universidad de Cantabria

Francisco Javier Matía Portilla
Catedrático de Derecho Constitucional
Universidad de Valladolid

Manuel Medina Guerrero
Catedrático de Derecho Constitucional
Universidad de Sevilla

Jesús R. Mercader Uguina
Catedrático de Derecho del Trabajo y de la Seguridad Social
Universidad Carlos III de Madrid

Carmen Montesinos Padilla
Profesora Permanente Laboral de Derecho Constitucional
Universidad Complutense de Madrid

José María Morales Arroyo
Catedrático de Derecho Constitucional
Universidad de Sevilla

Ángel M. Moreno
Catedrático de Derecho Administrativo
Universidad Carlos III de Madrid

Víctor Moreno Catena
Catedrático de Derecho Procesal
Instituto Alonso Martínez
Universidad Carlos III de Madrid

Juan Ignacio Moreno Fernández
Letrado del Tribunal Constitucional

Gabriel Moreno González
Profesor de Derecho Constitucional
Universidad de Extremadura

Enrique Lucas Murillo de la Cueva
Catedrático de Derecho Constitucional
Universidad del País Vasco/Euskal Herriko Unibertsitatea

Pablo Lucas Murillo de la Cueva
Magistrado del Tribunal Supremo
Catedrático de Derecho Constitucional

José Ignacio Navarro Méndez
Letrado del Parlamento de Canarias

Magdalena Nogueira Guastavino
Catedrática de Derecho del Trabajo y de la Seguridad Social
Universidad Autónoma de Madrid

Joan Oliver Araujo
Catedrático de Derecho Constitucional
Universidad de las Islas Baleares

David Ortega Gutiérrez
Catedrático de Derecho Constitucional
Universidad Rey Juan Carlos

Ana María Ovejero Puente
Profesora Asociada doctora
Universidad Pontificia de Comillas

Emilio Pajares Montolío
Profesor titular de Derecho Constitucional
Universidad Carlos III de Madrid

Luciano Parejo Alfonso
Catedrático emérito de Derecho Administrativo
Universidad Carlos III de Madrid

Cristina Pauner Chulvi
Catedrática de Derecho Constitucional
Universitat Jaume I

Carmen Pérez González
Profesora Titular de Derecho Internacional Público
Universidad Carlos III de Madrid

Javier Pérez Royo
Catedrático emérito de Derecho Constitucional
Universidad de Sevilla

Miguel Ángel Presno Linera
Catedrático de Derecho Constitucional
Universidad de Oviedo

Ana de la Puebla Pinilla
Catedrática de Derecho del Trabajo y de la Seguridad Social
Universidad Autónoma de Madrid

Luis Pomed Sánchez
Letrado del Tribunal Constitucional
Profesor Titular de Derecho Administrativo

Tomás de la Quadra-Salcedo Fernández del Castillo
Catedrático Emérito de Derecho Administrativo
Universidad Carlos III

Tomás de la Quadra Salcedo Janini
Catedrático de Derecho Constitucional
Universidad Autónoma de Madrid

Argelia Queralt Jiménez
Letrada del Tribunal Constitucional
Profesora Titular de Derecho Constitucional
Universidad de Barcelona

Gonzalo Quintero Olivares
Catedrático de Derecho Penal
Universidad Rovira i Virgili

Andrei Quintiá Pastrana
Investigador Postdoctoral
Universidad de Groningen

Artemi Rallo Lombarte
Catedrático Derecho Constitucional
Universitat Jaume I de Castellón

Manuel Rebollo Puig
Catedrático de Derecho Administrativo
Universidad de Córdoba

Miguel Revenga Sánchez
Catedrático de Derecho Constitucional
Universidad de Cádiz

Fernando Reviriego Picón
Profesor Titular de Derecho Constitucional
UNED

Fernando Rey Martínez
Catedrático de Derecho Constitucional
Universidad de Valladolid

Mª Josefa Ridaura Martínez
Catedrática de Derecho Constitucional
Universitat de Valencia

Encarnación Roca Trias
Catedrática de Derecho Civil
Magistrada jubilada TS
Vicepresidenta emérita TC

José Luis Rodríguez Álvarez
Profesor de Derecho Constitucional
Universidad Complutense de Madrid

Juan Rodríguez-Drincourt
Profesor Titular de Derecho Constitucional
Universidad de Las Palmas de Gran Canaria

Emma Rodríguez Rodríguez
Profesora Titular de Derecho del Trabajo y de la Seguridad Social
Universidad de Vigo

Luis Rodríguez Vega
Magistrado

Gema Rosado Iglesias
Profesora Titular de Derecho Constitucional
Universidad Carlos III de Madrid

Violeta Ruiz Almendral
Profesora Titular Derecho Financiero y Tributario
Universidad Carlos III de Madrid

Gerardo Ruiz-Rico Ruiz
Catedrático de Derecho Constitucional
Universidad de Jaén

Agustín Ruiz Robledo
Catedrático de Derecho Constitucional
Universidad de Granada

Pascual Sala
Ex Presidente del Tribunal de Cuentas,
del Tribunal Supremo y del Tribunal Constitucional

Tomás Sala Franco
Catedrático jubilado de Derecho del Trabajo y de la Seguridad Social
Universidad de Valencia

María Salvador Martínez
Prof. Titular de Universidad
Universidad Nacional de Educación a Distancia (UNED)

Ignacio Sánchez Amor
Letrado Abogacía General Junta de Extremadura
Diputado

Ana Sánchez Lamelas
Profesora Titular de Derecho Administrativo
Universidad de Cantabria

Ángel J. Sánchez Navarro
Catedrático de Derecho Constitucional
Universidad Complutense de Madrid

José Manuel Sánchez Saudinós
Profesor Titular de Derecho Constitucional
Universidad Carlos III de Madrid

José Miguel Sánchez Tomás
Profesor Titular de Derecho Penal
Universidad Rey Juan Carlos (Madrid)

Miguel Satrústegui Gil-Delgado
Profesor Titular Honorífico de Derecho Constitucional
Universidad Carlos III de Madrid

M.ª Esther Seijas Villadangos
Profesora Titular de Derecho Constitucional
Universidad de León

Rosario Serra Cristóbal
Catedrática de Derecho Constitucional
Universitat de València

Juan Carlos da Silva Ochoa
Magistrado
Letrado del Parlamento Vasco (exc.)

Joan Solanes Mullor
Profesor Agregado Derecho Constitucional
Universidad Pompeu Fabra

María del Pilar Teso Gamella
Magistrada de la Sala Tercera del Tribunal Supremo
Profesora Asociada de Derecho Constitucional
Universidad Carlos III de Madrid

Beatriz Tomás Mallén
Profesora Titular de Derecho Constitucional
Universitat Jaume I

Joaquín Tornos Mas
Catedrático de Derecho Administrativo. UB

Aida Torres Pérez
Profesora Agregada de Derecho Constitucional
Universidad Pompeu Fabra

Antonio Troncoso Reigada
Catedrático de Derecho Constitucional
Universidad de Cádiz

José Tudela Aranda
Doctor en Derecho
Letrado de las Cortes de Aragón

Juan Ignacio Ugartemendia Eceizabarrena
Catedrático de Derecho Constitucional
UPV/EHU

Joaquín Urías
Profesor Titular de Derecho Constitucional
Universidad de Sevilla

Fernando Valdés Dal-Ré
Catedrático de Derecho del Trabajo
Magistrado del Tribunal Constitucional

Isabel Valldecabres Ortiz
Magistrada

Marcos Vaquer Caballería
Catedrático de Derecho Administrativo
Universidad Carlos III de Madrid

Rosa Velázquez Álvarez
Doctora en Derecho

José Manuel Vera Santos
Catedrático de Derecho Constitucional
Universidad Rey Juan Carlos

Roberto Viciano Pastor
Catedrático en Derecho Constitucional
Universitat de València

Jorge Viguri Cordero
Profesor Contratado Doctor
Universidad Jaume I

Juan Antonio Xiol Ríos
Vicepresidente emérito del Tribunal Constitucional

Maite Zelaia Garagarza
Contratada Doctora de Derecho Constitucional
Universidad País Vasco/Euskal Herriko Unibertsitatea

Juan Zornoza Pérez
Catedrático de Derecho Financiero y Tributario
Universidad Carlos III de Madrid

Índice Tomo II

TÍTULO IV
DEL GOBIERNO Y DE LA ADMINISTRACIÓN

Artículo 97 1411
Javier García Fernández
I. ORIGEN DE ESTE ARTÍCULO 1411
II. ANTECEDENTES HISTÓRICOS Y DERECHO COMPARADO 1411
III. CONTENIDO DE ESTE ARTÍCULO 1413
IV. LA ACCIÓN DEL GOBIERNO EN SU CONJUNTO 1415
V. LA DIRECCIÓN DE LA POLÍTICA INTERIOR Y EXTERIOR 1416
VI. LA DIRECCIÓN DE LA ADMINISTRACIÓN CIVIL Y MILITAR 1417
VII. LA DIRECCIÓN DE LA DEFENSA DEL ESTADO 1418
VIII. LA FUNCIÓN EJECUTIVA 1419
IX. LA POTESTAD REGLAMENTARIA 1420
X. NORMATIVA DE DESARROLLO 1420
XI. BIBLIOGRAFÍA 1421
XII. JURISPRUDENCIA 1421

Artículo 98 1422
Marcos Vaquer Caballería
I. LA COMPOSICIÓN DEL GOBIERNO 1422
II. EL PRESIDENTE DEL GOBIERNO 1425
III. EL ESTATUTO Y LAS INCOMPATIBILIDADES DE LOS MIEMBROS DEL GOBIERNO 1427
IV. BIBLIOGRAFÍA 1429
V. JURISPRUDENCIA 1429

Artículo 99 1430
Miguel Revenga Sánchez
José Joaquín Fernández Alles
I. RÉGIMEN CONSTITUCIONAL SOBRE EL GOBIERNO 1430
II. LA RELACIÓN FIDUCIARIA ENTRE EL CONGRESO DE LOS DIPUTADOS Y EL GOBIERNO 1431
III. LA FORMA DE GOBIERNO Y EL PROCEDIMIENTO DE DESIGNACIÓN DEL PRESIDENTE DEL GOBIERNO 1432
IV. EL REY Y LA PRESIDENCIA DEL CONGRESO EN EL TRÁMITE DE CONSULTAS: SUJETOS Y CALENDARIO 1433
V. EL RESULTADO ELECTORAL Y EL CARÁCTER REGLADO DEL PROCEDIMIENTO DE INVESTIDURA. LA PRÁCTICA 45 AÑOS DE INVESTIDURAS 1434
VI. EL PROCEDIMIENTO DE INVESTIDURA "REALZADO" 1436
VII. UN APUNTE FINAL 1439
VIII. BIBLIOGRAFÍA 1441

Artículo 100 1442
Miguel Revenga Sánchez
José Joaquín Fernández Alles
I. CONTENIDO Y CARACTERES DEL ART. 100 CE: EL TRÁMITE CONSTITUYENTE 1442

II. EL RÉGIMEN JURÍDICO DEL ART. 100 CE: LA PROPUESTA PRESIDENCIAL, EL NOMBRAMIENTO, LA TOMA DE JURAMENTO O PROMESA, EL JURAMENTO O PROMESA, LA TOMA DE POSESIÓN Y EL CESE. LA FORMA NORMATIVA 1445
1. La potestad presidencial y sus límites: órganos necesarios y órganos no necesarios 1445
2. La propuesta presidencial, el nombramiento y el refrendo 1446
3. La toma de juramento o promesa, el juramento o promesa, y la toma de posesión 1447
4. El cese y la reasignación de funciones por renuncia de los Vicepresidentes y Ministros 1448
5. La forma normativa del nombramiento y cese 1449
III. TIPOLOGÍA DE LAS VICEPRESIDENCIAS Y MINISTERIOS (1977-2023) 1450
IV. BIBLIOGRAFÍA 1452

Artículo 101 1453
Fernando Reviriego Picón

I. EL CESE DEL GOBIERNO Y LA PERMANENCIA EN FUNCIONES 1453
II. LA DURACIÓN TEMPORAL DE LA PERMANENCIA EN FUNCIONES Y LA COMPOSICIÓN DEL GOBIERNO 1455
III. LAS LIMITACIONES DEL GOBIERNO EN FUNCIONES 1458
IV. EL CONTROL DEL GOBIERNO EN FUNCIONES 1460
V. BIBLIOGRAFÍA 1465
VI. JURISPRUDENCIA 1465

Artículo 102 1466
María Fraile Ortiz

I. INTRODUCCIÓN 1466
II. ÁMBITO PERSONAL: LA RESPONSABILIDAD PENAL DEL PRESIDENTE Y DE SU GOBIERNO 1467
III. ÁMBITO MATERIAL: ¿QUÉ ÓRGANO JUDICIAL? ¿QUÉ DELITOS? ¿CON QUÉ ALCANCE? 1469
1. Fuero especial 1469
2. Los delitos de traición y contra la seguridad del Estado 1471
3. La exclusión del derecho de gracia 1472
IV. BIBLIOGRAFÍA 1473
V. JURISPRUDENCIA 1473

Artículo 103 1474
Rafael Jiménez Asensio

I. INTRODUCCIÓN 1474
II. ADMINISTRACIÓN PÚBLICA Y ESTADO SOCIAL Y DEMOCRÁTICO DE DERECHO 1475
III. UNOS PRINCIPIOS Y REGLAS CONSTITUCIONALES APLICABLES A TODAS LAS ADMINISTRACIONES PÚBLICAS 1477
IV. LAS BASES CONSTITUCIONALES Y NORMATIVAS DE LAS ADMINISTRACIONES PÚBLICAS Y SU TÍMIDA APLICACIÓN 1481
V. LA CREACIÓN DE ÓRGANOS DE LAS ADMINISTRACIONES PÚBLICAS, EN PARTICULAR LOS MINISTERIOS O DEPARTAMENTOS 1484
VI. LA FUNCIÓN PÚBLICA EN EL ARTÍCULO 103.3 CE 1485
VII. ALGUNOS OTROS DÉFICITS DE LA INTERPRETACIÓN DEL TRIBUNAL CONSTITUCIONAL SOBRE LA APLICACIÓN DEL PRINCIPIO DE MÉRITO 1492
VIII. LA SINDICALIZACIÓN DEL EMPLEO PÚBLICO. ALGUNAS NOTAS 1494
IX. INCOMPATIBILIDADES E IMPARCIALIDAD EN LA FUNCIÓN PÚBLICA 1494
X. BIBLIOGRAFÍA 1496
XI. JURISPRUDENCIA 1497

Artículo 104 1498
Mª Josefa Ridaura Martínez

I. LA ORDENACIÓN CONSTITUCIONAL DE LAS FUERZAS Y CUERPOS DE SEGURIDAD 1498
1. Rasgos definidores derivados de la ordenación constitucional 1499

1.1 Naturaleza de las FFCCSS 1499
1.2 Fuerzas y Cuerpos de Seguridad versus Fuerzas de Orden Público 1500
1.3 Una transformación no sólo semántica 1501
1.4 La garantía institucional de las FFCCSS 1501
2. Ámbito funcional de las FFCCSS: ¿qué seguridad ciudadana? 1502
2.1 ¿Seguridad ciudadana o seguridad pública? 1502
3. La seguridad ciudadana es una función —pública— de Estado 1503
II. UNA LEGISLACIÓN ORGÁNICA PARA DETERMINAR LAS FUNCIONES, PRINCIPIOS BÁSICOS DE ACTUACIÓN Y ESTATUTOS DE LAS FUERZAS Y CUERPOS DE SEGURIDAD 1504
1. Ley Orgánica de Fuerzas y Cuerpos de Seguridad del Estado 2/1986, de 13 de marzo 1505
2. Legislación reguladora de la Seguridad ciudadana 1507
III. BIBLIOGRAFÍA 1511
IV. JURISPRUDENCIA 1511

Artículo 105 1512
María José Corchete Martín
I. LA BUENA ADMINISTRACIÓN COMO CONTEXTO 1512
II. LA PARTICIPACIÓN CIUDADANA EN LA ELABORACIÓN DE LAS DISPOSICIONES ADMINISTRATIVAS 1514
III. HACIA EL OBJETIVO DE LA TRANSPARENCIA. EL ACCESO DE LOS CIUDADANOS A LOS ARCHIVOS Y REGISTROS ADMINISTRATIVOS 1517
IV. PROCEDIMIENTO ADMINISTRATIVO Y DERECHO DE AUDIENCIA DE LOS INTERESADOS 1519
V. BIBLIOGRAFÍA 1520
VI. JURISPRUDENCIA 1520

Artículo 106 1521
Luis María Díez-Picazo
I. LA PLENITUD DEL CONTROL JUDICIAL SOBRE LA ACTUACIÓN ADMINISTRATIVA 1521
II. LA ELIMINACIÓN DE OBSTÁCULOS EN EL ACCESO A LOS TRIBUNALES Y EN LA EJECUCIÓN DE SENTENCIAS 1523
III. LA INEXISTENCIA DE UNA GARANTÍA INSTITUCIONAL DE LA AUTOTUTELA ADMINISTRATIVA 1525
IV. REFERENCIA AL CONTROL JUDICIAL DE LOS REGLAMENTOS 1526
V. EL PRINCIPIO CONSTITUCIONAL DE RESPONSABILIDAD PATRIMONIAL DE LA ADMINISTRACIÓN 1528
VI. BIBLIOGRAFÍA 1530
VII. JURISPRUDENCIA 1530

Artículo 107 1531
Tomás de la Quadra-Salcedo Fernández del Castillo
I. INTRODUCCIÓN 1531
II. EL CONSEJO DE ESTADO EN EL CONSTITUCIONALISMO ESPAÑOL 1533
III. DIMENSIÓN CONSTITUCIONAL DE LA FUNCIÓN DEL CONSEJO DE ESTADO 1534
IV. RASGOS DEL CONSEJO DE ESTADO EN LA LEY 3/1980 QUE RESPONDEN A SU CONCEPCIÓN COMO UN ÓRGANO DE RELEVANCIA CONSTITUCIONAL 1537
1. Las competencias o funciones del Consejo de Estado 1537
2. La Organización del Consejo de Estado 1540
3. La función consultiva en el ámbito autonómico 1541
V. RECAPITULACIÓN 1543
VI. BIBLIOGRAFÍA 1544

TÍTULO V
DE LAS RELACIONES ENTRE EL GOBIERNO Y LAS CORTES GENERALES

Artículo 108 1545
Rafael Bustos Gisbert

I. EL CONCEPTO DE RESPONSABILIDAD COLECTIVA DEL GOBIERNO 1545
II. LA REGLA DE LA UNIDAD 1548
III. LA REGLA DE LA CONFIDENCIALIDAD 1551
IV. LA REGLA DE LA CONFIANZA 1552
V. BIBLIOGRAFÍA 1556
VI. JURISPRUDENCIA 1557

Artículo 109 1558
José Tudela Aranda

I. UNA PRECISIÓN NECESARIA. LA DELIMITACIÓN DEL COMENTARIO AL ARTÍCULO 109 DE LA CONSTITUCIÓN 1558
II. ALGUNAS CUESTIONES PROBLEMÁTICAS 1559
1. Los sujetos activos del derecho de información parlamentaria y su relación con los derechos fundamentales 1559
2. Los sujetos pasivos del derecho de información parlamentaria 1560
3. La intervención de la Mesa y del Presidente en relación con las solicitudes de información 1562
4. Derecho a plantear la solicitud de información o derecho a recibir la información 1563
5. Los límites materiales a la obtención de información 1563
III. LA NECESIDAD DE REFORZAR UN DERECHO DÉBIL 1565
IV. BIBLIOGRAFÍA 1566
V. JURISPRUDENCIA 1567

Artículo 110 1568
José Tudela Aranda

I. EL ARTÍCULO 110 Y LA FORMA PARLAMENTARIA DE GOBIERNO 1568
II. APRECIACIONES GENERALES 1571
III. EL ARTÍCULO 110. EL DEBER Y EL DERECHO DE COMPARECENCIA DE LOS MIEMBROS DEL GOBIERNO 1573
IV. LA VIGENCIA DEL ARTÍCULO 110 CON EL GOBIERNO EN FUNCIONES 1575
V. BIBLIOGRAFÍA 1577
VI. JURISPRUDENCIA 1578

Artículo 111 1579
Meritxell Batet Lamaña

I. BREVE REPASO DE LA EVOLUCIÓN EN DATOS DE PREGUNTAS E INTERPELACIONES FORMULADAS AL GOBIERNO DE ESPAÑA 1579
II. SOBRE LAS PREGUNTAS DIRIGIDAS AL PRESIDENTE DEL GOBIERNO EN LOS PLENOS DEL CONGRESO Y DEL SENADO 1582
1. En primer lugar, no contestaría a preguntas de su propio grupo parlamentario 1582
2. En segundo lugar, contestaría a preguntas dirigidas a él de todos los grupos parlamentarios 1583
3. Y por último, asistiría también a una sesión de control del Senado cada mes 1583
III. EL CONTROL AL GOBIERNO EN FUNCIONES 1584
IV. CONCLUSIONES 1586
V. BIBLIOGRAFÍA 1587
VI. JURISPRUDENCIA 1588

Artículo 112 ... 1589
Ángel J. Sánchez Navarro
I. NORMATIVA COMPLEMENTARIA Y DE DESARROLLO ... 1589
1. Fundamentos ... 1589
2. Desarrollo ... 1589
3. Efectos ... 1590
4. Otras normas complementarias ... 1591
II. COMENTARIO ... 1591
1. Introducción ... 1591
2. La configuración de la cuestión de confianza en el ordenamiento español ... 1592
3. La transformación de la cuestión de confianza en la CE 1978, y su alcance ... 1593
4. Un procedimiento en busca de una función ... 1595
III. BIBLIOGRAFÍA ... 1598

Artículo 113 ... 1599

Artículo 114 ... 1599
Juan Fernando López Aguilar
I. INTRODUCCIÓN: LA MOCIÓN DE CENSURA. COMENTARIO DOCTRINAL A LOS 40 AÑOS DE LA CONSTITUCIÓN ESPAÑOLA ... 1600
1. Un poco de historia ... 1600
2. Objeto del comentario: precisiones conceptuales ... 1601
II. EL RÉGIMEN CONSTITUCIONAL DE LA MOCIÓN DE CENSURA ... 1604
1. Encuadre de la censura constructiva en nuestro Parlamentarismo racionalizado y estructurado ... 1604
2. La técnica procedimental de la moción de censura ... 1605
III. LECCIONES DE LA EXPERIENCIA: LA MOCIÓN DE CENSURA EN LA PRÁCTICA ... 1607
IV. PARA UNA REELABORACIÓN TEÓRICA DE LA MOCIÓN DE CENSURA A LA LUZ DE SU EXPERIENCIA ... 1610
V. DENEGACIÓN DE LA CONFIANZA/CENSURA, Y NUEVA INVESTIDURA ... 1613
VI. BIBLIOGRAFÍA ... 1615

Artículo 115 ... 1617
J. Luis García Ruiz
I. CONSIDERACIONES GENERALES ... 1617
II. ANTECEDENTES HISTÓRICOS ... 1619
III. LA DISOLUCIÓN EN EL PROCESO CONSTITUYENTE ... 1620
IV. ANÁLISIS DEL TEXTO VIGENTE ... 1622
1. Órgano de la disolución ... 1622
2. Alcance de la disolución ... 1622
3. Duración de la disolución ... 1623
4. Limitaciones a la disolución ... 1624
V. DECRETOS DE DISOLUCIÓN DE LAS CORTES ... 1626
VI. BIBLIOGRAFÍA ... 1626

Artículo 116 ... 1627
Juan Carlos Duque Villanueva
I. EL DERECHO DE EXCEPCIÓN EN LA CONSTITUCIÓN DE 1978 ... 1628
II. EL ESTADO DE ALARMA ... 1630
III. EL ESTADO DE EXCEPCIÓN ... 1632
IV. EL ESTADO DE SITIO ... 1633
V. GARANTÍAS CONSTITUCIONALES DURANTE LA VIGENCIA DE LOS ESTADOS EXCEPCIONALES ... 1635
VI. EL CONTROL JURISDICCIONAL DE LAS DECLARACIONES DE LOS ESTADOS EXCEPCIONALES ... 1636
VII. BIBLIOGRAFÍA ... 1637
VIII. JURISPRUDENCIA ... 1637

TÍTULO VI
DEL PODER JUDICIAL

Artículo 117 ... 1639
María del Pilar Teso Gamella
Ángel Arozamena Laso

I. EL PODER JUDICIAL ... 1640
II. LOS JUECES Y MAGISTRADOS INTEGRANTES DEL PODER JUDICIAL HAN DE SER INDEPENDIENTES, INAMOVIBLES, RESPONSABLES Y SOMETIDOS ÚNICAMENTE AL IMPERIO DE LA LEY ... 1641
1. La independencia y el sometimiento al imperio de la Ley ... 1641
2. La inamovilidad ... 1643
3. Responsabilidad ... 1644
III. LA UNIDAD JURISDICCIONAL. LA PROHIBICIÓN DE JURISDICCIONES ESPECIALES. LA JURISDICCIÓN ORDINARIA. LA JURISDICCIÓN MILITAR ... 1645
1. El principio de unidad jurisdiccional como base de la organización y funcionamiento de los tribunales ... 1645
2. La jurisdicción ordinaria y la jurisdicción militar ... 1647
IV. EL MONOPOLIO DE LA POTESTAD JURISDICCIONAL ... 1648
1. La totalidad de la jurisdicción ... 1648
2. La exclusividad jurisdiccional. El principio de reserva de jurisdicción. Las funciones no jurisdiccionales de los Juzgados y Tribunales ... 1649
V. BIBLIOGRAFÍA ... 1651
VI. JURISPRUDENCIA ... 1651

Artículo 118 ... 1652
Vicente Gimeno Sendra

I. LAS OBLIGACIONES PROCESALES: CONCEPTO Y FUNDAMENTO ... 1652
1. Las posibilidades y cargas procesales ... 1653
2. Las obligaciones procesales ... 1653
3. Clases ... 1654
II. LA OBLIGACIÓN DEL CUMPLIMIENTO DE LA SENTENCIA ... 1654
III. LAS OBLIGACIONES DE COLABORACIÓN DE LAS PARTES ... 1656
1. La "obligación" de comparecencia ... 1656
2. La "obligación" del demandante de exhaustividad y de preclusión ... 1657
3. La obligación de buena fe procesal ... 1658
4. La "obligación" de soportar una prueba biológica ... 1658
5. La obligación de exhibición de documentos ... 1659
6. La obligación de exhibición del patrimonio ... 1660
IV. CONCLUSIÓN ... 1661
V. BIBLIOGRAFÍA ... 1661
VI. JURISPRUDENCIA ... 1661

Artículo 119 ... 1662
M.ª Esther Seijas Villadangos

I. CONTEXTUALIZACIÓN HISTÓRICA Y COMPARADA ... 1662
II. LA REGULACIÓN EN EL ORDEN CONSTITUCIONAL VIGENTE ... 1663
III. CONCEPTUALIZACIÓN DEL DERECHO Y SU NATURALEZA JURÍDICA. DOCTRINA CONSTITUCIONAL EN RELACIÓN CON EL DERECHO A LA GRATUIDAD DE LA JUSTICIA ... 1664
1. Derecho Constitucional de carácter instrumental ... 1664
2. Derecho prestacional de configuración legal ... 1665
3. Núcleo indisponible del derecho ... 1665
4. Dimensión teleológica ... 1665
5. Competencia de la Jurisdicción ordinaria ... 1666
6. Límites ... 1666
IV. DESCRIPCIÓN DE SU EJERCICIO ... 1666

1. Delimitación subjetiva de la asistencia jurídica gratuita 1666
2. Condicionantes objetivos para la asistencia jurídica gratuita 1668
3. Aspectos materiales del derecho a la asistencia jurídica gratuita 1669
4. Tramitación procedimental del derecho a la asistencia jurídica gratuita 1669
V. RETOS DE FUTURO 1671
VI. BIBLIOGRAFÍA 1672
VII. JURISPRUDENCIA 1673

Artículo 120 1674
Pablo Lucas Murillo de la Cueva
I. LA PUBLICIDAD DE LAS ACTUACIONES JUDICIALES 1675
II. LA ORALIDAD DE LAS ACTUACIONES JUDICIALES 1680
III. LA MOTIVACIÓN DE LAS RESOLUCIONES JUDICIALES 1681
IV. LA PUBLICACIÓN DE LAS SENTENCIAS Y OTRAS RESOLUCIONES JUDICIALES 1683
V. BIBLIOGRAFÍA 1684
VI. JURISPRUDENCIA 1684

Artículo 121 1686
Edorta Cobreros Mendazona
I. PRESENTACIÓN 1686
II. LOS SUPUESTOS DE RESPONSABILIDAD DEL ESTADO-JUEZ 1687
1. Error judicial 1688
2. Prisión preventiva indebida 1690
3. Funcionamiento anormal de la Administración de Justicia 1695
III. BIBLIOGRAFÍA 1697
IV. JURISPRUDENCIA 1697

Artículo 122 1699
Luis Rodríguez Vega
I. LA RESERVA A LA LEY ORGÁNICA DEL PODER JUDICIAL 1700
II. EL CONSEJO GENERAL DEL PODER JUDICIAL COMO ÓRGANO DE GOBIERNO DE LOS JUECES 1702
III. LAS FUNCIONES ESENCIALES DEL CONSEJO 1703
IV. LA ELECCIÓN DE LOS MIEMBROS DEL CONSEJO 1704
V. BIBLIOGRAFÍA 1708
VI. JURISPRUDENCIA 1708

Artículo 123 1709
Eduardo Espín Templado
I. EL ARTÍCULO 123 CE 1709
II. TRIBUNAL SUPREMO Y SEPARACIÓN DE PODERES 1710
III. TRIBUNAL SUPREMO Y CONSEJO GENERAL DEL PODER JUDICIAL 1711
IV. TRIBUNAL SUPREMO COMO ÓRGANO JURISDICCIONAL SUPERIOR 1713
V. TRIBUNAL SUPREMO Y MINISTERIO DE JUSTICIA 1714
VI. PROBLEMAS RECIENTES PARA EL TRIBUNAL SUPREMO (2023) 1716
VII. UNA NUEVA PERSPECTIVA PARA EL TRIBUNAL SUPREMO 1717
VIII. CONCLUSIÓN 1719
IX. BIBLIOGRAFÍA 1720
X. JURISPRUDENCIA 1720

Artículo 124 1721
José Miguel Sánchez Tomás
I. INTRODUCCIÓN 1721
II. FUNCIONES DEL MINISTERIO FISCAL 1723

III. PRINCIPIOS DE FUNCIONAMIENTO DEL MINISTERIO FISCAL ... 1725
IV. EL ESTATUTO ORGÁNICO DEL MINISTERIO FISCAL ... 1726
V. EL NOMBRAMIENTO DEL FISCAL GENERAL DE ESTADO ... 1727
VI. BIBLIOGRAFÍA ... 1729
VII. JURISPRUDENCIA ... 1729

Artículo 125 ... 1730
Gonzalo Quintero Olivares
I. ORIGEN Y JUSTIFICACIÓN TEÓRICA ... 1730
II. LA ACCIÓN POPULAR EN LA CONSTITUCIÓN ... 1732
III. ACCIÓN POPULAR Y DERECHO A LA TUTELA JUDICIAL EFECTIVA ... 1734
IV. ACCIÓN POPULAR Y CONDICIÓN DE PERJUDICADO ... 1736
V. ACCIÓN POPULAR Y MINISTERIO FISCAL ... 1737
VI. ALGUNAS PROPUESTAS PARA EL FUTURO ... 1738
1. La revisión del concepto de perjudicado ... 1739
VII. BIBLIOGRAFÍA ... 1740
VIII. JURISPRUDENCIA ... 1741

Artículo 126 ... 1742
Víctor Moreno Catena
I. LA POLICÍA Y LA POLICÍA JUDICIAL ... 1742
II. FUNCIONES DE POLICÍA JUDICIAL ... 1743
III. ORGANIZACIÓN DE LA POLICÍA JUDICIAL ... 1745
1. El marco legal ... 1745
2. Las Unidades de Policía Judicial ... 1748
3. Funcionamiento de las Unidades de Policía Judicial ... 1751
IV. LAS ACTUACIONES DE POLICÍA JUDICIAL ... 1753
V. BIBLIOGRAFÍA ... 1756
VI. JURISPRUDENCIA ... 1757

Artículo 127 ... 1758
Rosario Serra Cristóbal
I. LA OPCIÓN CONSTITUCIONAL POR UNA JUSTICIA ALEJADA DE LA POLÍTICA ... 1758
II. LA PROHIBICIÓN DE PERTENECER A PARTIDOS POLÍTICOS O SINDICATOS Y OTRAS INCOMPATIBILIDADES DE LOS JUECES ... 1759
III. EL ASOCIACIONISMO JUDICIAL ... 1761
IV. LAS INCOMPATIBILIDADES Y PROHIBICIONES PARA LOS MIEMBROS DEL MINISTERIO FISCAL ... 1764
V. BIBLIOGRAFÍA ... 1766
VI. JURISPRUDENCIA ... 1766

TÍTULO VII
ECONOMÍA Y HACIENDA

Artículo 128 ... 1767
Roberto Viciano Pastor
Gabriel Moreno González
I. LA SUBORDINACIÓN DE TODA LA RIQUEZA AL INTERÉS GENERAL EN EL MARCO DEL ESTADO SOCIAL ... 1767
II. LA INICIATIVA ECONÓMICA PÚBLICA ... 1769
III. LA RESERVA DE RECURSOS O SERVICIOS ESENCIALES ... 1771
IV. LA INTERVENCIÓN DE EMPRESAS ... 1773
V. CONSIDERACIONES FINALES ... 1774

VI. BIBLIOGRAFÍA 1775
VII. JURISPRUDENCIA 1775

Artículo 129 1777
Magdalena Nogueira Guastavino
I. EL DERECHO DE PARTICIPACIÓN DE CIUDADANOS Y TRABAJADORES 1777
II. LA PARTICIPACIÓN DE LOS INTERESADOS EN LA SEGURIDAD SOCIAL Y EN ORGANISMOS PÚBLICOS CUYA FUNCIÓN AFECTE DIRECTAMENTE A LA CALIDAD DE LA VIDA O AL BIENESTAR GENERAL 1778
1. La participación de los interesados en la Seguridad Social 1779
2. La participación de los interesados en organismos públicos cuya función afecte directamente a la calidad de la vida o al bienestar general 1781
III. LA PROMOCIÓN POR LOS PODERES PÚBLICOS DE LAS DIVERSAS FORMAS DE PARTICIPACIÓN EN LA "EMPRESA" (ART. 129.2.1º CE) 1783
IV. BIBLIOGRAFÍA 1786
V. JURISPRUDENCIA 1787

Artículo 130 1788
Ángel M. Moreno
I. INTRODUCCIÓN. NOTAS GENERALES 1788
II. APARTADO 1º: MODERNIZACIÓN Y DESARROLLO ECONÓMICO 1789
1. Sentido general del precepto 1789
2. Cuestiones jurídicas atinentes a este precepto 1792
3. Contenido e instrumentos de la acción de "modernización y desarrollo" 1795
III. APARTADO 2º: LAS ZONAS DE MONTAÑA 1796
IV. BIBLIOGRAFÍA 1798
V. JURISPRUDENCIA 1798

Artículo 131 1799
Ángel M. Moreno
I. APARTADO PRIMERO 1799
1. La planificación económica general 1799
2. La planificación sectorial 1802
3. Competencia 1805
II. APARTADO SEGUNDO: ACTORES Y PROCEDIMIENTO 1806
III. BIBLIOGRAFÍA 1809

Artículo 132 1810
Ángel M. Moreno
I. INTRODUCCIÓN 1810
II. APARTADO PRIMERO 1811
1. El régimen jurídico de los bienes de dominio público 1811
2. El régimen de los bienes comunales 1815
3. La desafectación de los bienes de dominio público 1816
III. APARTADO SEGUNDO: BIENES DEL DOMINIO PÚBLICO ESTATAL 1817
IV. APARTADO TERCERO: EL PATRIMONIO DEL ESTADO Y EL NACIONAL 1819
1. El Patrimonio del Estado 1819
2. El Patrimonio Nacional 1819
V. BIBLIOGRAFÍA 1820
VI. JURISPRUDENCIA 1820

Artículo 133 1821
Juan Ignacio Moreno Fernández
I. LA POTESTAD DE ESTABLECER TRIBUTOS 1821
1. Los titulares de la potestad tributaria 1821

2. La potestad tributaria originaria ... 1822
3. La potestad tributaria derivada ... 1823
3.1 Ideas generales ... 1823
3.2 La potestad tributaria de las comunidades autónomas ... 1823
3.3 La potestad tributaria de los entes locales ... 1826
3.4 La potestad tributaria de los entes forales ... 1828
II. EL ESTABLECIMIENTO DE BENEFICIOS FISCALES ... 1829
III. LA POTESTAD DE GASTO ... 1831
IV. BIBLIOGRAFÍA ... 1834
V. JURISPRUDENCIA ... 1834

Artículo 134 ... 1836
Manuel Medina Guerrero

I. NATURALEZA Y FUNCIÓN CONSTITUCIONAL DE LA LEY DE PRESUPUESTOS ... 1836
II. EL CONTENIDO DE LA LEY DE PRESUPUESTOS ... 1838
1. El contenido esencial o propio ... 1838
2. El contenido eventual o disponible ... 1838
3. Los límites materiales de la Ley de presupuestos ... 1839
III. LOS PRINCIPIOS DE UNIDAD Y UNIVERSALIDAD PRESUPUESTARIA ... 1840
IV. EL CARÁCTER ANUAL DE LA LEY DE PRESUPUESTOS ... 1840
V. LA MODIFICACIÓN DE LA LEY DE PRESUPUESTOS ... 1841
VI. EL ALCANCE DEL DENOMINADO "VETO PRESUPUESTARIO" ... 1841
VII. LA CREACIÓN Y MODIFICACIÓN DE TRIBUTOS EN LA LEY DE PRESUPUESTOS ... 1844
VIII. BIBLIOGRAFÍA ... 1845
IX. JURISPRUDENCIA ... 1846

Artículo 135 ... 1847
Luis I. Gordillo Pérez

I. INTRODUCCIÓN ... 1848
II. CONTROVERSIAS EN TORNO A LA SEGUNDA REFORMA CONSTITUCIONAL ... 1849
III. EL NUEVO TEXTO DEL ARTÍCULO 135 ... 1851
IV. OBSERVACIONES FINALES ... 1854
V. BIBLIOGRAFÍA ... 1857
VI. JURISPRUDENCIA ... 1857

Artículo 136 ... 1858
Pascual Sala

I. LAS DOS FUNCIONES BÁSICAS DEL TRIBUNAL DE CUENTAS Y SU DISTINTA NATURALEZA ... 1858
1. Naturaleza de la función de fiscalización ... 1859
2. Naturaleza de la función jurisdiccional ... 1861
II. LA FUNCIÓN FISCALIZADORA Y SU CONTENIDO BÁSICO ... 1863
III. LA FUNCIÓN JURISDICCIONAL DEL TRIBUNAL Y SU CONTENIDO ESENCIAL ... 1865
IV. EPÍLOGO ... 1869
V. LEGISLACIÓN ... 1870
VI. BIBLIOGRAFÍA ... 1870
VII. JURISPRUDENCIA ... 1871

TÍTULO VIII
DE LA ORGANIZACIÓN TERRITORIAL DEL ESTADO

CAPÍTULO PRIMERO
PRINCIPIOS GENERALES

Artículo 137 ... 1873
Joaquín Tornos Mas
I. LA ORGANIZACIÓN TERRITORIAL DEL ESTADO ... 1873
1. El carácter anfibológico del término Estado ... 1875
2. Soberanía y autonomía ... 1875
3. El diferente contenido de la autonomía de las Comunidades Autónomas y de los entes locales ... 1875
II. LA AUTONOMÍA LOCAL ... 1876
1. La garantía institucional de la autonomía local, la autonomía local como principio constitucional y el carácter bifronte del régimen local ... 1877
2. La autonomía local como derecho de participación ... 1879
3. La autonomía se debe configurar en función del respectivo interés ... 1880
4. La sujeción exclusiva al control de los Tribunales por el ejercicio de las competencias propias ... 1882
5. La protección de la autonomía local: el recurso especial ante el Tribunal Constitucional ... 1884
6. La autonomía local como un principio que puede ceder ante otros principios constitucionales ... 1886
7. La nueva definición de las competencias locales en la LRSAL ... 1887
III. BIBLIOGRAFÍA ... 1889
IV. JURISPRUDENCIA ... 1890

Artículo 138 ... 1891
Tomás de la Quadra Salcedo Janini
I. LA SOLIDARIDAD INTERTERRITORIAL EN LA CONSTITUCIÓN ... 1891
II. LOS MECANISMOS PARA LLEVAR A CABO EL MANDATO DE REALIZACIÓN EFECTIVA DEL PRINCIPIO DE SOLIDARIDAD INTERTERRITORIAL ECONÓMICA ... 1894
III. LOS LÍMITES A LA SOLIDARIDAD INTERTERRITORIAL ECONÓMICA ... 1897
IV. LA PROHIBICIÓN DE PRIVILEGIOS ECONÓMICOS O SOCIALES DERIVADOS DE LAS DIFERENCIAS ENTRE LOS ESTATUTOS DE AUTONOMÍA ... 1899
V. BIBLIOGRAFÍA ... 1900
VI. JURISPRUDENCIA ... 1901

Artículo 139 ... 1902
Markus González Beilfuss
I. INTRODUCCIÓN ... 1902
II. ANTECEDENTES HISTÓRICOS Y ELABORACIÓN DE LA CONSTITUCIÓN ... 1903
III. LA IGUALDAD DE DERECHOS Y OBLIGACIONES DE TODOS LOS ESPAÑOLES (ART. 139.1 CE) ... 1904
IV. LA PROHIBICIÓN DE OBSTACULIZAR LA LIBERTAD DE CIRCULACIÓN (ART. 139.2 CE) ... 1908
V. BIBLIOGRAFÍA ... 1910
VI. JURISPRUDENCIA ... 1910

CAPÍTULO SEGUNDO
DE LA ADMINISTRACIÓN LOCAL

Artículo 140 ... 1912
Antonio Arroyo Gil
I. LA AUTONOMÍA MUNICIPAL COMO MANIFESTACIÓN DE LA AUTONOMÍA LOCAL ... 1912
II. LA GARANTÍA INSTITUCIONAL DE LA AUTONOMÍA LOCAL ... 1917
III. LA GARANTÍA CONSTITUCIONAL DE LA AUTONOMÍA LOCAL ... 1919
IV. PRINCIPIO DE AUTONOMÍA MUNICIPAL ... 1921

V. LA AUTONOMÍA MUNICIPAL: ENTRE LA HERMENÉUTICA CONSTITUCIONAL Y LA LEGISLACIÓN ESTATAL BÁSICA 1921
VI. EL CONFLICTO EN DEFENSA DE LA AUTONOMÍA LOCAL 1922
VII. LA CARTA EUROPEA DE LA AUTONOMÍA LOCAL 1923
VIII. EL GOBIERNO Y LA ADMINISTRACIÓN DE LOS MUNICIPIOS 1924
IX. EL CONCEJO ABIERTO 1924
X. BIBLIOGRAFÍA 1925
XI. JURISPRUDENCIA 1926

Artículo 141 1927
Beatriz Tomás Mallén

I. INTRODUCCIÓN: LA TRADICIÓN CONSTITUCIONAL DE LA PROVINCIA 1927
II. CONFIGURACIÓN CONSTITUCIONAL ACTUAL DE LA PROVINCIA Y SUS LÍMITES (APARTADO 1 DEL ART. 141 CE) 1929
III. GOBIERNO Y ADMINISTRACIÓN DE LAS PROVINCIAS: DIPUTACIONES U OTRAS CORPORACIONES DE CARÁCTER REPRESENTATIVO Y PECULIARIDADES ADMINISTRATIVAS INSULARES (APARTADOS 2 Y 4 DEL ART. 141 CE) 1931
IV. AGRUPACIONES DE MUNICIPIOS DIFERENTES DE LA PROVINCIA (APARTADO 3 DEL ART. 141 CE). 1934
V. CONSIDERACIONES PROSPECTIVAS: LA PROYECCIÓN DE LA PROVINCIA EN CLAVE DE GOBERNANZA MULTINIVEL 1936
VI. BIBLIOGRAFÍA 1938
VII. JURISPRUDENCIA 1938

Artículo 142 1939
Antonio Domínguez Vila
Guillermo A. Domínguez Gimbernat

I. SIGNIFICADO CONSTITUCIONAL DEL PRECEPTO 1939
II. LA CARTA EUROPEA DE LA AUTONOMÍA LOCAL 1941
III. DESARROLLO LEGISLATIVO 1942
1. La Ley Reguladora de las Bases del Régimen Local 7/1985, de 2 de abril (LRBRL) 1942
2. La Ley Haciendas Locales 1943
3. Otras Leyes 1945
IV. JURISPRUDENCIA DEL TRIBUNAL CONSTITUCIONAL 1947
V. BIBLIOGRAFÍA 1950

CAPÍTULO TERCERO
DE LAS COMUNIDADES AUTÓNOMAS

Artículo 143 1952
Ángel Aday Jiménez Alemán

I. "ENCONTRAR COMO ARRANQUE SU PROPIO DESEO". LA INICIATIVA AUTONÓMICA COMO PRIMERA MANIFESTACIÓN DEL PRINCIPIO DISPOSITIVO 1952
II. LA DETERMINACIÓN DE LOS SUJETOS TITULARES DEL DERECHO A LA AUTONOMÍA 1954
III. LA (TEÓRICA) VÍA GENERAL DE ACCESO A LA AUTONOMÍA 1956
IV. LA DEROGACIÓN O MODIFICACIÓN DEL ART. 143 CE 1959
V. BIBLIOGRAFÍA 1959
VI. JURISPRUDENCIA 1960

Artículo 144 1961
Ángel Aday Jiménez Alemán

I. INTRODUCCIÓN: LA INTERVENCIÓN EXCEPCIONAL DE LAS CORTES GENERALES EN LA INICIATIVA AUTONÓMICA 1961
II. LOS TERRITORIOS PROVINCIALES O INFERIORES SIN "ENTIDAD REGIONAL HISTÓRICA" 1962

III. LOS TERRITORIOS NO INTEGRADOS EN LA ORGANIZACIÓN PROVINCIAL 1963
IV. LA SUSTITUCIÓN DE LA INICIATIVA DE LAS CORPORACIONES LOCALES 1964
1. Almería y "la racionalización del proceso autonómico" 1966
2. Segovia y el acceso forzoso a la autonomía 1967
V. BIBLIOGRAFÍA 1968
VI. JURISPRUDENCIA 1968

Artículo 145 1970
María Jesús García Morales
I. EL PESO (NO SOLO) DE LA HISTORIA..., LA PROHIBICIÓN DE FEDERACIÓN ENTRE COMUNIDADES AUTÓNOMAS 1970
II. Y A REGLÓN SEGUIDO, LA REGULACIÓN DE LOS CONVENIOS ENTRE COMUNIDADES AUTÓNOMAS 1971
1. La (confusa) distinción constitucional entre convenios y acuerdos de cooperación 1971
2. La (preceptiva) intervención de las Cortes Generales en el proceso de suscripción de un convenio horizontal 1972
3. La (desaprovechada) remisión constitucional a los Estatutos de Autonomía en materia de convenios horizontales 1973
III. LOS EFECTOS (¿PERJUDICIALES?) DEL ART. 145.2 CE EN LA PRAXIS COOPERATIVA 1975
IV. BIBLIOGRAFÍA 1977
V. JURISPRUDENCIA 1978

Artículo 146 1979
Ignacio Sánchez Amor
I. EL ESTATUTO EN UN TÍTULO VII "MUNICIPAL Y ESPESO" 1979
II. EL CONCURRIDO JARDÍN DE LOS SUJETOS ESTATUYENTES 1980
III. EL ESPECTRAL CARÁCTER PACCIONADO DE LOS ESTATUTOS ORDINARIOS 1984
IV. BIBLIOGRAFÍA 1990
V. JURISPRUDENCIA 1990

Artículo 147 1991
Ignacio Sánchez Amor
I. TERATOLOGÍA ESTATUTARIA 1991
1. La norma sospechosa 1991
2. La voracidad de lo "institucional básico" 1993
3. Una materia mínima con tendencia al sobrepeso 1995
4. El desbordamiento dogmático 2001
5. Reforma vs. elaboración originaria 2004
II. BIBLIOGRAFÍA 2006
III. JURISPRUDENCIA 2006

Artículo 148 2007
Maribel González Pascual
I. BIBLIOGRAFÍA 2009

Artículo 149 2010
Maribel González Pascual
I. EL ART. 149 CE EN EL SISTEMA COMPETENCIAL CONSTITUCIONAL 2013
II. EL REPARTO DE COMPETENCIAS ENTRE EL ESTADO Y LAS COMUNIDADES AUTÓNOMAS; MATERIA Y FUNCIÓN COMO CONCEPTOS CLAVE DEL ART. 149 CE 2013
III. COMPETENCIAS EXCLUSIVAS Y/O CONCURRENTES; EL ART. 149.2 2015
IV. CLÁUSULAS DE CIERRE DEL SISTEMA; EL ART. 149.3 CE 2016
V. BIBLIOGRAFÍA 2018
VI. JURISPRUDENCIA 2019

Artículo 150 2020
Francisco Javier Donaire Villa

I. LAS LEYES MARCO (ART. 150.1 CE) 2020
II. LAS LEYES ORGÁNICAS DE DELEGACIÓN O TRANSFERENCIA (ART. 150.2 CE) 2023
III. LAS LEYES DE ARMONIZACIÓN (ART. 150.3 CE) 2025
IV. BIBLIOGRAFÍA 2028
V. JURISPRUDENCIA 2028

Artículo 151 2029
Gerardo Ruiz-Rico Ruiz

I. LA VÍA RÁPIDA DE ACCESO A LA AUTONOMÍA 2030
II. LAS ESPECIALIDADES DEL ARTÍCULO 151 PARA LA APROBACIÓN DEL ESTATUTO DE AUTONOMÍA 2031
III. EFECTOS DIRECTOS Y "COLATERALES" DE LA UTILIZACIÓN DEL ARTÍCULO 151 2033
IV. EL CASO EXCEPCIONAL DE ANDALUCÍA Y LAS DIFICULTADES QUE SE PRESENTARON EN EL PROCESO DE INICIATIVA AUTONÓMICA 2036
V. BIBLIOGRAFÍA 2039

Artículo 152 2040
José Ignacio Navarro Méndez

I. LA ORGANIZACIÓN INSTITUCIONAL DE LAS COMUNIDADES AUTÓNOMAS (ART. 152.1 CE) 2041
1. Asamblea legislativa 2044
2. Consejo de Gobierno y Presidente del mismo 2047
3. Tribunal Superior de Justicia 2048
II. EL REFERÉNDUM EN LA REFORMA DE LOS ESTATUTOS DE AUTONOMÍA (ART. 152.2 CE) 2049
III. LAS CIRCUNSCRIPCIONES TERRITORIALES PROPIAS (ART. 152.3 CE) 2049
IV. BIBLIOGRAFÍA 2050
V. JURISPRUDENCIA 2051

Artículo 153 2052
Ignacio González García

I. LOS CONTROLES DEL ESTADO SOBRE LA ACTIVIDAD DE LAS COMUNIDADES AUTÓNOMAS: NATURALEZA Y TIPOS 2052
II. INTERROGANTES QUE INTRODUCE EL ARTÍCULO 153 CE EN EL SISTEMA DE CONTROL. ¿UN PRECEPTO INCOMPLETO E INNECESARIO? 2054
III. SENTIDO Y ALCANCE DEL PRECEPTO A TRAVÉS DE SU *ITER* PARLAMENTARIO 2055
IV. ELEMENTOS ESENCIALES DE LOS CONTROLES ESTATALES ALUDIDOS 2058
1. El control por el Tribunal Constitucional de las disposiciones normativas con fuerza de Ley de las Comunidades Autónomas 2058
2. El control por el Gobierno de las funciones delegadas vía artículo 150.2 CE 2059
3. El control por la Jurisdicción Contencioso-administrativa de la actividad administrativa y reglamentaria autonómica 2060
4. El control por el Tribunal de Cuentas de la actividad económica y presupuestaria autonómica 2061
V. BIBLIOGRAFÍA 2062
VI. JURISPRUDENCIA 2063

Artículo 154 2064
Andrés Boix Palop

I. SIGNIFICADO DE LOS DELEGADOS DEL GOBIERNO EN LAS COMUNIDADES AUTÓNOMAS EN LA CONSTITUCIÓN ESPAÑOLA 2064
1. El Delegado del Gobierno en las Comunidades Autónomas: consideraciones sistemáticas y significación constitucional 2064
2. Contenido de mínimos del precepto constitucional y cronología de su desarrollo legislativo 2067

II. FUNCIONES Y CONTENIDO DE LA FIGURA DEL DELEGADO DEL GOBIERNO EN LAS COMUNIDADES AUTÓNOMAS A PARTIR DE SU DESARROLLO LEGISLATIVO 2068
1. Los Delegados del Gobierno según su desarrollo legislativo: significación jurídica y política 2068
2. Las funciones de los Delegados y la creciente importancia de su labor de control respecto de otras Administraciones públicas 2069
3. Evolución y consolidación de la significación constitucional del Delegado 2072
III. BIBLIOGRAFÍA 2073
IV. JURISPRUDENCIA 2073

Artículo 155 2075
Miguel Satrústegui Gil-Delgado
I. CARACTERIZACIÓN GENERAL 2075
II. PRESUPUESTOS HABILITANTES 2076
III. LA FASE INICIAL DE PROCEDIMIENTO 2078
IV. EL ACUERDO DEL SENADO 2079
V. NATURALEZA JURÍDICA, CONTENIDO Y DURACIÓN DE LAS MEDIDAS 2080
VI. LAS INSTRUCCIONES PARA LA EJECUCIÓN DE LAS MEDIDAS 2083
VII. BIBLIOGRAFÍA 2084
VIII. JURISPRUDENCIA 2084

Artículo 156 2085
Juan Zornoza Pérez
I. INTRODUCCIÓN: LA HACIENDA AUTONÓMICA EN LA CONSTITUCIÓN 2085
II. EL SIGNIFICADO DE LA AUTONOMÍA FINANCIERA DE LAS COMUNIDADES AUTÓNOMAS [156.1] 2086
1. La autonomía financiera en el ámbito presupuestario y del gasto público 2089
2. La autonomía financiera en el ámbito de los ingresos y su vinculación con la suficiencia financiera 2093
III. LA POSIBILIDAD DE QUE LAS COMUNIDADES AUTÓNOMAS ACTÚEN COMO DELEGADOS O COLABORADORES DEL ESTADO EN LOS PROCEDIMIENTOS DE APLICACIÓN DE LOS TRIBUTOS [156.2] 2098
IV. BIBLIOGRAFÍA 2100
V. JURISPRUDENCIA 2101

Artículo 157 2102
Violeta Ruiz Almendral
I. RESUMEN: LA HACIENDA AUTONÓMICA EN LA CONSTITUCIÓN 2102
II. EL PODER TRIBUTARIO DE LAS COMUNIDADES AUTÓNOMAS [ART. 157.1. A) Y B)] 2104
III. LAS TRANSFERENCIAS DEL ESTADO COMO RECURSO [ART. 157.1. C)] 2108
IV. LOS INGRESOS PATRIMONIALES Y DE DERECHO PRIVADO. EL RECURSO AL CRÉDITO [ART. 157.1. D) Y E)] 2110
V. EL TERRITORIO Y LA LIBRE CIRCULACIÓN COMO LÍMITES DE LAS COMPETENCIAS TRIBUTARIAS AUTONÓMICAS (ART. 157.2 CE) 2111
VI. LA REGULACIÓN DEL EJERCICIO DE LAS COMPETENCIAS FINANCIERAS AUTONÓMICAS MEDIANTE LEY ORGÁNICA (ART. 157.3 CE) 2112
VII. BIBLIOGRAFÍA 2114
VIII. JURISPRUDENCIA 2114

Artículo 158 2116
Violeta Ruiz Almendral
I. RESUMEN DEL PRECEPTO 2116
II. LAS ASIGNACIONES PARA LA PRESTACIÓN DE SERVICIOS PÚBLICOS FUNDAMENTALES (158.1 CE) 2117
III. EL FONDO (Y LOS FONDOS) DE COMPENSACIÓN INTERTERRITORIAL (158.2 CE) 2120
IV. BIBLIOGRAFÍA 2125
V. JURISPRUDENCIA 2125

TÍTULO IX
DEL TRIBUNAL CONSTITUCIONAL

Artículo 159 2127
Enric Fossas Espadaler
I. INTRODUCCIÓN 2127
II. COMPOSICIÓN 2128
III. LOS REQUISITOS PARA SER MIEMBRO DEL TRIBUNAL 2130
IV. DURACIÓN DEL MANDATO Y RENOVACIÓN 2131
V. EL ESTATUS DE LOS MAGISTRADOS 2133
VI. BIBLIOGRAFÍA 2134
VII. JURISPRUDENCIA 2135

Artículo 160 2136
Enric Fossas Espadaler
I. ELECCIÓN Y NOMBRAMIENTO 2136
II. DURACIÓN DEL MANDATO 2137
III. LAS FUNCIONES DE REPRESENTACIÓN, PROCESALES Y DE GOBIERNO 2139
IV. VICEPRESIDENCIA 2141
V. BIBLIOGRAFÍA 2141
VI. JURISPRUDENCIA 2142

Artículo 161.1.a) 2143
Víctor Ferreres Comella
I. INTRODUCCIÓN 2143
II. OBJETO DEL RECURSO 2144
III. PLAZO 2148
IV. MEDIDAS CAUTELARES 2149
V. EFECTOS DE LA SENTENCIA 2151
VI. BIBLIOGRAFÍA 2151
VII. JURISPRUDENCIA 2152

Artículo 161.1.b) 2153
Mario Hernández Ramos
I. INTRODUCCIÓN 2153
II. LA LEY 6/2007, DE 24 DE MAYO, DE REFORMA DE LA LOTC. BREVE APUNTE DE LA REFORMA Y BALANCE 2155
III. PROBLEMAS OCASIONADOS POR EL CAMBIO DE MODELO DEL RECURSO DE AMPARO. EL RECURSO DE AMPARO A LA LUZ DEL CEDH Y DEL TEDH 2158
1. Compatibilidad del nuevo recurso de amparo constitucional con el CEDH: STEDH Arribas Antón c. España 2159
2. Cambio en la relación entre el Tribunal Constitucional y el TEDH. Apunte jurisprudencial 2160
3. El nuevo recurso de amparo y el requisito del agotamiento de las vías de recursos internas del art. 35.1 CEDH 2162
IV. BIBLIOGRAFÍA 2163
V. JURISPRUDENCIA 2163

Artículo 161.1.c) 2164
Marian Ahumada Ruiz
I. LA JURISDICCIÓN CONSTITUCIONAL SOBRE CONFLICTOS DE COMPETENCIA 2164
1. La caracterización del conflicto constitucional de competencia 2164
2. El conflicto constitucional de competencia y otras vías políticas y contenciosas de solución de conflictos territoriales 2165

II. EL PROCEDIMIENTO DEL CONFLICTO DE COMPETENCIA 2168
1. Conflicto positivo 2168
2. Conflicto negativo de competencia 2170
III. CONTROVERSIAS COMPETENCIALES Y CONTROL DE CONSTITUCIONALIDAD 2171
IV. BIBLIOGRAFÍA 2173
V. JURISPRUDENCIA 2173

Artículo 161.1 d) 2174
Luis Pomed Sánchez

I. LOS PROCESOS COMO MATERIAS. GARANTÍA JURISDICCIONAL DE LA SUPREMACÍA CONSTITUCIONAL 2175
II. LOS DIVERSOS USOS DE LA HABILITACIÓN POR EL LEGISLADOR ORGÁNICO 2178
1. Ampliación o complemento de procesos constitucionales: la inclusión de los actos con valor de ley en el objeto de los procesos de inconstitucionalidad 2179
2. Introducción de nuevos procesos constitucionales 2180
3. Atribución al Tribunal Constitucional de poderes de defensa de su jurisdicción 2183
III. BIBLIOGRAFÍA 2184
IV. JURISPRUDENCIA 2184

Artículo 161.2 2185
Itziar Gómez Fernández

I. DEL ART. 161.2 CE A LAS IMPUGNACIONES DEL TÍTULO V LOTC 2185
II. LA CONFIGURACIÓN JURISPRUDENCIAL DEL IDA 2187
1. De las impugnaciones del Título V a la IDA: mutación por vía jurisprudencial 2187
2. Un objeto para distinguirlo del recurso de inconstitucionalidad 2188
3. Un fundamento de la pretensión impugnatoria para distinguirlo del conflicto positivo de competencias y de la impugnación en vía contencioso-administrativa 2192
III. SÍNTESIS Y CONCLUSIÓN SOBRE UN PROCEDIMIENTO AMBIGUO Y EXPANSIVO 2193
IV. BIBLIOGRAFÍA 2194
V. JURISPRUDENCIA 2195

Artículo 162.1.a) 2196
Víctor Ferreres Comella

I. INTRODUCCIÓN 2196
II. PRESIDENTE DEL GOBIERNO 2197
III. DEFENSOR DEL PUEBLO 2197
IV. DIPUTADOS Y SENADORES 2198
V. GOBIERNOS Y PARLAMENTOS AUTONÓMICOS 2199
VI. BIBLIOGRAFÍA 2201
VII. JURISPRUDENCIA 2201

Artículo 162.1.b) 2202
Mario Hernández Ramos

I. INTRODUCCIÓN 2202
II. LA FÓRMULA "INTERÉS LEGÍTIMO" 2203
III. LAS PERSONAS NATURALES 2205
IV. LAS PERSONAS JURÍDICAS 2206
V. LA LEGITIMACIÓN INSTITUCIONAL: EL MINISTERIO FISCAL Y EL DEFENSOR DEL PUEBLO 2208
VI. BIBLIOGRAFÍA 2209
VII. JURISPRUDENCIA 2209

Artículo 162.2 2210
Mario Hernández Ramos

I. BIBLIOGRAFÍA 2211

Artículo 163 2212
Juan Antonio Xiol Ríos

I. LA CUESTIÓN DE INCONSTITUCIONALIDAD 2212
II. ELEMENTOS SUBJETIVOS 2214
1. Órgano judicial 2214
2. Partes en el proceso originario 2215
3. Partes en el proceso ante el TC 2215
III. ELEMENTOS OBJETIVOS 2215
1. Disposiciones impugnadas 2215
2. Alcance de los pronunciamientos del TC 2216
IV. ELEMENTOS FORMALES 2216
1. Propuesta y suspensión 2216
2. Admisión 2217
3. Procedimiento y resolución 2218
V. LA CUESTIÓN DE INCONSTITUCIONALIDAD COMO INSTRUMENTO JURISPRUDENCIAL 2219
1. Ausencia de límites temporales 2219
2. Ausencia de límites objetivos 2219
3. Evolución de la jurisprudencia 2220
4. Autos de inadmisión 2220
5. Cuestiones de derecho europeo 2221
6. Cuestión interna de inconstitucionalidad 2222
VI. BIBLIOGRAFÍA 2223
VII. JURISPRUDENCIA 2223

Artículo 164 2224
Juan José González Rivas

I. LA PUBLICACIÓN DE LAS SENTENCIAS Y SUS VOTOS PARTICULARES 2224
II. EL VALOR DE COSA JUZGADA DE LA SENTENCIA 2226
III. LOS EFECTOS DE LA SENTENCIA, EN ESPECIAL DE LA DECLARATORIA DE INCONSTITUCIONALIDAD DE UNA NORMA CON RANGO DE LEY 2227
1. Los efectos generales y la vinculación a todos los poderes públicos 2227
2. La eficacia temporal 2229
IV. LOS TIPOS DE SENTENCIA POR SU CONTENIDO 2230
1. Derecho comparado: Italia y Francia 2230
1.1 Sentencias estimatorias exhortativas 2231
1.2 Sentencias estimatorias de inconstitucionalidad simple 2231
1.3 Sentencias interpretativas 2231
1.4 Sentencias normativas 2231
1.5 Sentencias desestimatorias 2232
1.6 Las peculiaridades de Francia 2233
2. Análisis de la doctrina jurisprudencial española 2233
V. BIBLIOGRAFÍA 2234
VI. JURISPRUDENCIA 2235

Artículo 165 2236
Laura Baamonde Gómez

I. EL ART. 165 CE: EL REENVÍO A LA LEY ORGÁNICA 2236
II. LA APLICACIÓN PRÁCTICA DEL ART. 165 CE 2238
1. La LOTC y sus reformas 2238
2. La LOTC y su control por el Tribunal Constitucional 2243
III. BIBLIOGRAFÍA 2245

IV. JURISPRUDENCIA 2245

TÍTULO X
DE LA REFORMA CONSTITUCIONAL

Artículo 166 2247
Germán Gómez Orfanel
I. INTRODUCCIÓN 2247
II. LOS SUJETOS DE LA INICIATIVA 2248
1. Los órganos centrales: Gobierno y Parlamento 2248
2. Las Comunidades Autónomas 2249
3. La exclusión de la iniciativa popular de la reforma constitucional 2251
III. CUESTIONES DE PROCEDIMIENTO 2253
1. La iniciativa de reforma debe ser clara y expresa 2253
2. La naturaleza de la disposición normativa de reforma de la Constitución 2253
3. Iniciativas y enmiendas 2254
IV. BIBLIOGRAFÍA 2255
V. JURISPRUDENCIA 2255

Artículo 167 2256
Germán Gómez Orfanel
I. SIGNIFICADO DE LA REFORMA CONSTITUCIONAL 2256
II. LA DUALIDAD DE PROCEDIMIENTOS DE REFORMA 2258
III. UNA REFORMA FRUSTRADA Y DOS REALIZADAS 2258
IV. EL CONTROL JURÍDICO DE LA REFORMA 2261
V. PENSANDO EN REFORMAS PARA UN FUTURO CERCANO 2264
VI. BIBLIOGRAFÍA 2265
VII. JURISPRUDENCIA 2265

Artículo 168 2267
Javier Pérez Royo
I. SENTIDO GENERAL DEL PRECEPTO: CLÁUSULA DE INTANGIBILIDAD ENCUBIERTA 2267
II. GÉNESIS DEL PRECEPTO 2268
III. COMENTARIO DEL ARTÍCULO 2269
IV. VALORACIÓN CRÍTICA DEL ARTÍCULO 2270
V. BIBLIOGRAFÍA 2271

Artículo 169 2272
Javier Pérez Royo
I. INTRODUCCIÓN: SENTIDO GENERAL DEL PRECEPTO 2272
II. GÉNESIS DEL PRECEPTO 2273
III. COMENTARIO DEL ARTÍCULO 2273
IV. VALORACIÓN CRITICA 2273
V. BIBLIOGRAFÍA 2274

DISPOSICIONES ADICIONALES

Primera 2275
Enrique Lucas Murillo de la Cueva
I. SINGULARIDAD DE LA PREVISIÓN CONSTITUCIONAL 2275
II. DERECHOS HISTÓRICOS Y SUPREMACÍA DE LA CE 2276

III. GARANTÍA INSTITUCIONAL DE LOS DERECHOS HISTÓRICOS 2277
IV. MARCO CONSTITUCIONAL Y ESTATUTARIO DE LA ACTUALIZACIÓN 2278
V. LOS DERECHOS HISTÓRICOS EN LA COMUNIDAD AUTÓNOMA DEL PAÍS VASCO 2280
VI. GARANTÍAS DE LOS DERECHOS HISTÓRICOS 2283
VII. BIBLIOGRAFÍA 2286
VIII. JURISPRUDENCIA 2286

Segunda 2287
Joan Solanes Mullor

I. LA NECESIDAD DE LA DISPOSICIÓN ADICIONAL SEGUNDA: EL DEBATE CONSTITUYENTE Y LA CONEXIÓN CON EL ART. 12 CE 2287
II. EL SIGNIFICADO Y ALCANCE DE LA DISPOSICIÓN ADICIONAL SEGUNDA 2288
III. LAS ESPECIFICIDADES DE LOS DERECHOS CIVILES, FORALES Y ESPECIALES EN MATERIA DE MAYORÍA DE EDAD Y CAPACIDAD DE OBRAR DE LOS MENORES 2290
IV. BIBLIOGRAFÍA 2291
V. JURISPRUDENCIA 2291

Tercera 2292
Juan Rodríguez-Drincourt

I. REFLEXIONES HISTÓRICAS SOBRE EL RÉGIMEN ECONÓMICO FISCAL DE CANARIAS 2293
II. CONSIDERACIONES GENERALES SOBRE EL FUNDAMENTO CONSTITUCIONAL DEL REFC 2295
III. MARCO DE BLOQUE DE LA CONSTITUCIONALIDAD DEL RÉGIMEN ECONÓMICO Y FISCAL CANARIO 2296
IV. EL RÉGIMEN ECONÓMICO Y FISCAL DE CANARIAS Y LA UNIÓN EUROPEA 2297
V. RASGOS INVARIABLES, NOTAS BÁSICAS Y CONTENIDO DEL RÉGIMEN ECONÓMICO Y FISCAL RECONOCIDO POR LA DISPOSICIÓN ADICIONAL TERCERA DE LA CONSTITUCIÓN 2298
VI. LA NATURALEZA DE LA DISPOSICIÓN ADICIONAL TERCERA 2299
VII. LA CLÁUSULA PROCEDIMENTAL DE LA DISPOSICIÓN ADICIONAL TERCERA: EL INFORME PREVIO PRECEPTIVO PERO NO VINCULANTE 2302
VIII. BIBLIOGRAFÍA 2302
IX. JURISPRUDENCIA 2303

Cuarta 2304
María del Pilar Teso Gamella
Ángel Arozamena Laso

I. LA GARANTÍA INSTITUCIONAL DE LOS TRIBUNALES SUPERIORES DE JUSTICIA 2304
II. LA SUCESIÓN DE LAS ANTIGUAS AUDIENCIAS TERRITORIALES 2305
III. BIBLIOGRAFÍA 2307

DISPOSICIONES TRANSITORIAS

Primera 2309
Ángel Aday Jiménez Alemán

I. COMENTARIO 2309
II. BIBLIOGRAFÍA 2311
III. JURISPRUDENCIA 2311

Segunda 2312
Ángel Aday Jiménez Alemán

I. COMENTARIO 2312
II. BIBLIOGRAFÍA 2313

Tercera 2314
Ángel Aday Jiménez Alemán
I. COMENTARIO 2314
II. BIBLIOGRAFÍA 2314

Cuarta 2316
Juan Ignacio Ugartemendia Eceizabarrena
I. INTRODUCCIÓN 2316
II. ANTECEDENTES Y CONTEXTO JURÍDICO 2317
1. Antecedentes 2317
2. Contexto jurídico 2318
III. CONTENIDO 2319
1. Una iniciativa a efectos de incorporación al régimen autonómico vasco 2319
2. Sobre el procedimiento para la incorporación 2321
IV. BREVE NOTA SOBRE LA NATURALEZA Y FUTURO DE LA DISPOSICIÓN 2322
V. BIBLIOGRAFÍA 2324
VI. JURISPRUDENCIA 2325

Quinta 2326
Agustín Ruiz Robledo
I. INTRODUCCIÓN 2326
II. ORIGEN DE LA REFERENCIA EXPRESA EN LA CONSTITUCIÓN A CEUTA Y MELILLA 2326
III. LA CONSTITUCIÓN DE LAS CIUDADES AUTÓNOMAS 2330
IV. LA NATURALEZA JURÍDICA DE LAS CIUDADES AUTÓNOMAS 2331
V. CINCO AÑOS DESPUÉS 2334
VI. BIBLIOGRAFÍA 2334
VII. JURISPRUDENCIA 2335

Sexta 2336
Ángel Aday Jiménez Alemán
I. COMENTARIO 2336
II. BIBLIOGRAFÍA 2336

Séptima 2337
Ángel Aday Jiménez Alemán
I. COMENTARIO 2337
II. BIBLIOGRAFÍA 2337

Octava 2338
Manuel Cavero Gómez
I. RESUMEN 2338
II. COMENTARIO 2339
III. BIBLIOGRAFÍA 2341

Novena 2342
Enric Fossas Espadaler
I. BIBLIOGRAFÍA 2343

DISPOSICIÓN DEROGATORIA

Única 2345
Ignacio Fernández Sarasola
I. BIBLIOGRAFÍA 2350

DISPOSICIÓN FINAL

Única 2351
Ignacio Borrajo Iniesta
I. EL CONTENIDO Y ANTECEDENTES DEL PRECEPTO 2351
II. LA PUBLICACIÓN DE LA CONSTITUCIÓN 2353
III. LAS LENGUAS DE LA CONSTITUCIÓN 2355
IV. LA VIGENCIA DE LA CONSTITUCIÓN 2357
V. BIBLIOGRAFÍA 2358

TÍTULO IV
DEL GOBIERNO Y DE LA ADMINISTRACIÓN

Artículo 97

El Gobierno dirige la política interior y exterior, la Administración civil y militar y la defensa del Estado. Ejerce la función ejecutiva y la potestad reglamentaria de acuerdo con la Constitución y las leyes.

COMENTARIO

Javier García Fernández
Catedrático de Derecho Constitucional
Universidad Complutense de Madrid

SUMARIO: I. ORIGEN DE ESTE ARTÍCULO. II. ANTECEDENTES HISTÓRICOS Y DERECHO COMPARADO. III. CONTENIDO DE ESTE ARTÍCULO. IV. LA ACCIÓN DEL GOBIERNO EN SU CONJUNTO. V. LA DIRECCIÓN DE LA POLÍTICA INTERIOR Y EXTERIOR. VI. LA DIRECCIÓN DE LA ADMINISTRACIÓN CIVIL Y MILITAR. VII. LA DIRECCIÓN DE LA DEFENSA DEL ESTADO. VIII. LA FUNCIÓN EJECUTIVA. IX. LA POTESTAD REGLAMENTARIA. X. NORMATIVA DE DESARROLLO. XI. BIBLIOGRAFÍA. XII. JURISPRUDENCIA.

I. ORIGEN DE ESTE ARTÍCULO

Se trata de un precepto que apenas sufrió modificaciones durante el proceso de elaboración en las Cortes Constituyentes. La redacción que ofreció la Ponencia constitucional en el texto publicado el 5 de enero de 1978 era prácticamente igual que la del artículo actual con la pequeña variación de que el término "política" no tenía los adjetivos "interior y exterior" que ahora lo completan. Ambos adjetivos aparecieron en la Comisión de Constitución del Senado y tras ello, el artículo no experimentó cambios.

II. ANTECEDENTES HISTÓRICOS Y DERECHO COMPARADO

En el constitucionalismo histórico español el Gobierno tenía un tratamiento muy escaso. En el Estatuto de Bayona encontramos un concepto claro del Gobierno y su Título VI estaba dedicado a *"Del ministerio"* con una relación de los Ministerios que lo formaban. Pero el Gobierno desapareció después en beneficio de un Poder Ejecutivo dual cuyo principal espacio normativo era ocupado por el Rey. En los dos proyectos constitucionales fracasados (el federal de 1873 y el de Primo de Rivera de 1929) encontramos una concepción más específica del Gobierno pero sólo en la Constitución de 1931 aparece el Gobierno con el carácter de un auténtico órgano constitucional, con su definición, con la descripción de las funciones de sus miembros, y la respectiva responsabilidad. En la legislación de la Dictadura de Franco, no sin confusión, la Ley organizando la Administración Central del Estado, de 30 de enero de 1938, apuntó hacia una estructura ministerial que sólo se calificaba como administrativa. Más adelante, la Ley Orgánica del Estado de 10 de enero de 1967 dedicó un Título al Gobierno de la Nación, si bien desde la Ley de 20 de julio de 1957 sobre régimen jurídico de la Administración del Estado, el concepto de Gobierno estaba asentado a pesar de que reinaba la confusión entre Gobierno y Administración. En el Derecho histórico español el reconocimiento constitucional y aun legal del Gobierno no fue fácil y por ello debe destacarse el esfuerzo conceptual de la Constitución de 1931. Pero tiene razón Pérez Royo al señalar que la Constitución vigente es la primera en nuestra Historia donde el Gobierno no comparte el poder con el Jefe del Estado, cuando el Rey deja de ser un Poder del Estado.

En Derecho comparado debemos señalar antecedentes mediatos e inmediatos. Son antecedentes mediatos aquellas Constituciones que a partir del movimiento constitucional que siguió a la Primera Guerra Mundial otorgaron reconocimiento jurídico al Gobierno como órgano constitucional, como se ve en las Constituciones alemana y finlandesa de 1919, austríaca y checoslovaca de 1920, polaca de 1921, irlandesa y letona de 1922, rumana de 1923, griega de 1927 y lituana de 1928. Un segundo momento, similar al de la primera posguerra europea, corresponde al fin de la Segunda Guerra Mundial, cuando los países occidentales, vencidos o vencedores en el conflicto iniciaron una segunda ola de Constituciones donde el Gobierno también se regulaba con amplitud y rigor jurídico: el caso más notable y mejor tratado es la Ley Fundamental de Bonn de 1949 pero otras Constituciones (Francia de 1946, Italia de 1947, Grecia de 1952), sin llegar a la regulación tan cuidadosa de la alemana, también configuraron el Gobierno como el órgano de dirección de la política en el sistema parlamentario si bien es cierto que otras Constituciones de la época regularon el Gobierno como si el Estado todavía estuviera en el siglo XIX como la Constitución danesa de 1953 y la de los Países Bajos de 1956. El tercer momento corresponde a la década de los setenta del siglo XX, cuando algunos países europeos occidentales recobran la democracia (Grecia, Portugal y España) o modernizan sus Constituciones (Países Bajos y Suecia). Todas las nuevas Constituciones siguen, para el Gobierno, el modelo de la posguerra de 1945. Sin embargo, la mayoría de estas Constituciones no contenían preceptos que definieran la naturaleza y funciones del Gobierno. Por el contrario, el antecedente inmediato de este precepto está en las escasas Constituciones que, también desde 1918, proporcionan un concepto del Gobierno a través de las funciones que le corresponden. Sólo en las Constituciones del Estado Libre de Baviera de 1919, de Estonia de 1920, de Liechtenstein de 1921, de Francia de 1958 y de Portugal de 1976 encontramos una descripción del Gobierno a partir de sus atribuciones. Ahí está el antecedente inmediato de nuestro artículo 97-

III. CONTENIDO DE ESTE ARTÍCULO

El artículo 97 cumple una doble función aunque es habitual destacar sólo la que está expresa en el precepto, que es enunciar las funciones del Gobierno. Es evidente que este precepto señala las funciones de un Gobierno pero previamente a esta función expresa tenemos una función latente que es la de definir qué es el Gobierno. Sin la descripción previa del Gobierno es más difícil entender sus funciones. Pero en la función latente de definir qué es el Gobierno tenemos dos posiciones contrapuestas pues, por un lado, tenemos una primera visión descontextualizada y sólo después se percibe el contexto del Gobierno a que se refiere el artículo 97.

La Constitución proporciona un concepto del Gobierno a partir de un conjunto de notas distintivas (sus funciones) pero no a través de su organización y estructura (que aparece después). Además de estas funciones, Pérez Royo ha apuntado que la Constitución y la legislación de desarrollo han atribuido al Gobierno competencias instrumentales para cumplir con esas funciones. Es significativa esta aproximación funcional y no orgánica porque conlleva un cierto significado, a saber, que lo más relevante del Gobierno son sus funciones, distintas de las de los otros órganos constitucionales, siendo menos relevante su composición y su organización. El problema de esta definición funcional es que se trata de una definición descontextualizada porque por sí misma no aclara qué tipo de Estado tiene este órgano. Podría ser de un Estado autoritario o una Monarquía constitucional porque el precepto se limita a aportar unas notas distintivas funcionales, y se trata de funciones comunes a todo Gobierno con independencia del marco constitucional en que se inserten.

Sobre la naturaleza orgánica del Gobierno y, más precisamente, sobre su naturaleza como órgano colegiado sólo llegaremos a saberlo en el artículo siguiente pues, como dijeron Gallego Anabitarte y Menéndez Rexach, al conectar el término Gobierno con el artículo 98 descubrimos adicionalmente que se trata de un órgano colegiado. Además, sólo superando la visión descontextualizada y conectando al Gobierno con el artículo 66.2 de la Constitución ("Las Cortes Generales... controlan la acción del Gobierno") y con los artículos 99,

101 y 108 a 115 podemos descubrir que se trata del Gobierno correspondiente a un sistema parlamentario. En esto se ve la diferencia con el artículo 66.2 que aporta varias notas distintivas del Parlamento, notas de las que se desprende que corresponden a un sistema parlamentario.

En cambio, el sentido expreso es más claro pues el artículo describe cinco funciones que corresponden a este órgano. ¿Pueden atribuírseles más funciones? Dada la amplitud de las cinco funciones, no es fácil descubrir alguna otra función pero como el artículo ofrece notas distintivas se tiene la impresión de que no es una definición cerrada, por lo que la Ley podría regular funciones distintivas, no asumibles en estas notas distintivas.

Conviene destacar que la definición se basa solamente en las notas distintivas. Es decir, el precepto ha renunciado a describir la composición del órgano (esto corresponde al artículo 98) y a mostrar las relaciones del Gobierno con otros órganos (que aparecen referenciadas en los Títulos II, V y VII, especialmente) salvo, como apunta Garrido Galla, la relación Gobierno-Administración cuyos elementos más relevantes están en el propio artículo 97. No obstante reiteramos que es una definición descontextualizada.

También debemos recordar, como hizo de Otto, que de forma implícita este artículo 97 nos descubre que se trata de un órgano constitucional [lo diría expresamente el artículo 59.1.c) de la Ley Orgánica 2/1979, de 3 de octubre, del Tribunal Constitucional] pues su propia existencia y sus funciones están fijadas por la propia Constitución. Esta misma idea por la que implícitamente se desprende del precepto que el Gobierno es un órgano constitucional nos lleva a otra que sí está expresada en el artículo 97. Cuando este precepto nos habla de tres funciones (dirección de la política, de la Administración y de la defensa del Estado) sin la menor remisión normativa, estamos contemplando tres importantes funciones de régimen constitucional, que no podrían ser limitadas por otros órganos constitucionales (por ejemplo, por las Cortes mediante la Ley).

De forma también latente o implícita este artículo 97 nos apunta a otra idea. En el constitucionalismo español de la Monarquía constitucional, frente al Parlamento se alzaba un denominado Poder Ejecutivo que, a mi juicio, no podría entrar en la moderna categoría de los órganos constitucionales pues era más bien, como denotaba su denominación, un Poder del Estado. Pero era un Poder dual y asimétrico pues estaba formado por dos componentes, el Rey y los Ministros y sólo en el Estatuto Real y en la Constitución de 1931 se habló de Gobierno, y de Presidente del Consejo de Ministros y (en 1931) de Presidente del Gobierno. A partir de 1918 se implanta en Europa el parlamentarismo que arrebata al Jefe del Estado de las Monarquías parlamentarias la condición de

Poder del Estado (no así en las Repúblicas). Este excurso nos lleva a otra idea que está implícita en el artículo 97, a saber, que el Gobierno es un Poder del Estado y que, *a contrario sensu*, no puede serlo el Rey porque las atribuciones que harían del Rey un Poder del Estado están residenciadas en el artículo 97 y se atribuyen al Gobierno. Por ende, no es correcto hablar, como se ha hecho alguna vez, de dualidad orgánica del ejecutivo porque esa dualidad desapareció, para las Monarquías parlamentarias, en 1918.

De Otto se preguntó en su momento si las funciones contenidas en el artículo 97 se han entender como una delimitación de una específica "función de gobierno", distinta de la función legislativa, ejecutiva o judicial, o, por el contrario, no eran más que la calificación material de la actividad que lleva a cabo el Gobierno. A poco que se lea el epígrafe anterior se comprende que nos inclinamos por la segunda alternativa. Por ello tampoco parece adecuado afirmar que el Gobierno es el titular único del Poder Ejecutivo porque es una visión irreal de las funciones y de la posición de los órganos constitucionales.

IV. LA ACCIÓN DEL GOBIERNO EN SU CONJUNTO

De lo dicho en el apartado sobre las funciones del Gobierno se desprende que el artículo 97 contiene una descripción del Gobierno. En su momento definimos la acción del Gobierno como una actividad materialmente compleja y finalista, reservada al órgano que ha recibido constitucionalmente la competencia para ejercer con impulsos no reglados, la programación, la dirección y la ejecución de la política del Estado en todas aquellas materias que la Constitución no ha atribuido expresamente al Parlamento ni a los restantes órganos constitucionales del Estado, dentro del marco competencial del Estado (García Fernández, 1995). Éste es el contenido del artículo 97, contenido que se desglosa de la siguiente manera:

1. Acción del Gobierno con libertad de iniciación, de elección de opciones materiales y de formas: en este tipo el Gobierno disfruta de la más plena libertad para realizar o no acciones y, en el marco del artículo 97 de la Constitución, corresponde a la dirección de la política interior y exterior.

2. Acción del Gobierno con libertad de iniciación y de elección de opciones materiales pero no de formas: en la definición del artículo 97 corresponde a la dirección de la Administración y de la defensa del Estado y la potestad reglamentaria con Reglamentos independientes.

3. Acción del Gobierno con libertad de iniciación pero no de elecciones de opciones materiales ni de formas: conforme a las funciones del artículo 97,

esta acción corresponde a la función ejecutiva y a la potestad reglamentaria con Reglamento ejecutivos.

Las funciones previstas en el artículo 97 que, en conjunto, conforman la acción del Gobierno, son actuaciones de variada textura jurídica pues, en algunos casos la libertad del Gobierno es plena en tanto que en otros casos la libertad del Gobierno es mucho más limitada, al no poder elegir entre las diversas opciones materiales no tampoco en el procedimiento aplicable. No debemos olvida, además, que conforme al Tribunal Constitucional, el Presupuesto es un instrumento para desarrollar la propia acción de Gobierno (STC 34/2018, de 12 de abril).

V. LA DIRECCIÓN DE LA POLÍTICA INTERIOR Y EXTERIOR

A pesar de las dificultades insuperables de interpretación que Pérez Royo atribuye a esta función, podemos decir que la dirección de la política interior comprende la actividad de impulso y de coordinación de todas las decisiones que afectan a las relaciones del Gobierno con otros órganos constitucionales, con los ciudadanos y con las entidades que agrupan a éstos, todo ello con el fin de incidir, transformar y orientar el marco de las relaciones políticas, sociales y económicas que existen en el Estado. Para Sáiz Arnáiz esta dirección se expresa en dos tipos de actos, que son los de relación institucional y los materialmente directivos que van a materializar opciones políticas específicas. En cambio, para Porras Nadales esta función se distingue en dos fases que son la de la formulación de un diagnóstico general y la de formulación del mito programático. Esa dirección trae causa del programa de gobierno que el candidato somete a la investidura del Congreso, programa que va ejecutando (o debe ejecutar) en varias etapas a través precisamente de esa función directiva.

La mayor parte de las competencias instrumentales que la Constitución atribuye al Gobierno se inscriben en esta función de dirección de la política nacional: legislación de urgencia (artículo 86), iniciativa legislativa (artículo 87.1), solicitar del Congreso la celebración de un referéndum consultivo (artículo 92.2), plantear la cuestión de confianza (artículo 112), disolución de las Cortes (artículo 113), declarar, solicitar autorización o proponer la declaración de los estados de alarma, excepción y sitio (artículo 116), elaboración de proyectos de planificación (artículo 131.2), elaboración del proyecto de ley de Presupuestos Generales del Estado (artículo 134.1), aplicación de las medidas del artículo 155 de la Constitución e iniciativa en la reforma constitucional (artículos 166 y 167). En definitiva, como escribieron López Guerra *et alii*, con esta función el Gobierno dispone de una capacidad y en ocasiones también del monopolio, de la iniciativa frente a los restantes poderes del Estado, orientando y condicionando la actuación de estos últimos.

Añadamos finalmente que, desde el punto de vista jurídico, no toda la acción de dirección de la política interior está sometido al Derecho administrativo (SSTC 45/1990, de 15 de marzo, y 196/1990, de 29 de noviembre) pue esas actuaciones son decisiones que otorgan prioridad a unas u otras parcelas de la acción que corresponde al Gobierno y además en esos casos actúa como órgano político y no como órgano de la Administración

En cuanto a la dirección de la política exterior, hay que decir que la Constitución no separa materialmente la política interior de la exterior. Si el artículo 97 utiliza dos adjetivos distintos es por causa de dos enmiendas presentadas en el Senado que se aceptaron sin apenas debate. Por medio de esta atribución el Gobierno, como acabamos de ver en relación a la política interior, determina, de acuerdo con su programa de investidura, unos objetivos y fija las formas que se utilizarán para conseguirlos. Esos objetivos se insertan en los siguientes ámbitos materiales: relaciones de cooperación política, relaciones de intercambio económico, política cultural, protección de los ciudadanos españoles en el exterior, cooperación para el desarrollo y acciones de mantenimiento de la paz. Como señaló el Tribunal Constitucional, la política exterior, cuya dirección corresponde al Gobierno, es uno de los componentes de las actividades con proyección exterior que corresponden en exclusiva al Estado (SSTC 102/2017, de 20 de julio, y 65/2020, de 18 de junio).

Los perfiles jurídicos de esta atribución gubernamental han sido muy bien descritos por López Guerra *et alii* al señalar que se insertan en la reserva de iniciativa gubernamental, que comportan restricciones a la intervención parlamentaria, que están excluidas de la competencia autonómica y, en fin, que una de sus facetas es eminentemente normativa como la conclusión de Tratados Internacionales.

VI. LA DIRECCIÓN DE LA ADMINISTRACIÓN CIVIL Y MILITAR

Se trata de una función que goza de libertad de iniciación y de elección de opciones pero no de libertad de formas, las cuáles están determinadas por la Constitución en su artículo 103 y 105. Cómo escribió de Otto, lo relevante de esta función es que, a diferencia de lo anterior, el Gobierno dirige, no una actividad sino un ente. Las funciones que conforman esta atribución se desglosan de la siguiente manera: organizar la transmisión de directrices para su ejecución por parte de la misma Administración; organizar el funcionamiento de ésta; asegurar medios materiales para la realización del programa gubernamental; y proveer el nombramiento del personal necesario. Como escribió Sergio Cotta, la Administración es condición necesaria para que la función de dirección política tenga un desarrollo concreto, por lo que, en contraposición con la función de dirección de la política, que tiene carácter sustantivo, la de dirigir la Administración es de carácter instrumental, y tiene el siguiente contenido: determinar la cantidad y la calidad de los servicios públicos, determinar las condiciones de trabajo del personal al servicio de esa Administración, establecer modelos organizativos y distribuir competencias y funciones entre los diversos órganos y entes, y fijar las formas y condiciones mediante las cuáles las Administraciones disciplinarán las actividades privadas.

La consecuencia más relevante de esta función es que aclara el viejo tema que sobrevolaba en la dictadura franquista acerca de la identidad entre Gobierno y Administración o, dicho de otra manera, si el Gobierno era el órgano más elevado de la Administración. El artículo 97 lo aclara sin la menor: son, jurídica y organizativamente, entes separados en donde la Administración es dirigida por el Gobierno (STC 16/1984, de 6 de febrero).

Por último, hoy llama la atención de calificar la Administración como "civil" y como "militar". En su origen esta doble adjetivación perseguía un fin que era el de resaltar que el aparato administrativo de las Fuerzas Armadas estaba dirigido por el Gobierno. En la actualidad es un anacronismo y se ha pedido su supresión en caso de una reforma constitucional (García Fernández 2017).

VII. LA DIRECCIÓN DE LA DEFENSA DEL ESTADO

Esta atribución guarda relación con las funciones que el artículo 8 atribuye a las Fuerzas Armadas. Tiene un límite explícito, el mandato del Preámbulo de la misma Constitución que proclama la voluntad de colaborar en el fortalecimiento de unas relaciones pacíficas entre todos los pueblos de la Tierra Además esas previsiones se enmarcan en la distinción que formula el artículo 149.1.4ª entre Defensa y Fuerzas Armadas, de modo que, como se ve en la legislación ordinaria, la Defensa es un concepto más amplio que el de Fuerzas Armadas que son el elemento subjetivo del componente militar de la Defensa, siendo los restantes componentes el diplomático, el económico-tecnológico y el de protección civil. Las fases de la Defensa nacional son: preventiva y ejecutiva y en estas fases la función del Gobierno se despliega a través de la programación (con una estructura similar a la dirección de la política interior y exterior) y de ejecución ulterior, ejecución que no se apoya sólo en las Fuerzas Armadas sino en toda la Administración.

En sentido jurídico, la atribución de la dirección de la defensa del Estado permite una configuración unitaria de la defensa del Estado y, de manera implícita, su control por parte del Parlamento pues toda la acción del Gobierno está sometida al control parlamentario.

Por otra parte, como recordó Pérez Royo, esta función del Gobierno viene a situar el alcance preciso del mando supremo de las Fuerzas Armadas que el artículo 62.h) atribuye al Rey pues el artículo 97 supone la subordinación de las Fuerzas Armadas al Gobierno.

VIII. LA FUNCIÓN EJECUTIVA

Esta función no deja de suscitar ciertas dudas, máxime cuando no se refiere a la colaboración de la Ley y el Reglamento que emerge a continuación. La STC 166/1986, de 19 de diciembre, identificó esta función con la actuación dirigida a un fin concreto de interés general que incluso puede adquirir la forma de una Ley singular o de interés general y la STC 99/1987, de 11 de junio, calificó como función ejecutiva la convocatoria de pruebas de ingreso de los funcionarios. En su momento apunté (García Fernández 1995) que en la Constitución hay manifestaciones de esta función ejecutiva: suspensión individual de derechos *ex* artículo 55.2, ejercicio del derecho de gracia *ex* artículo 62.i) y emisión de deuda *ex* artículo 135.

Más allá de la casuística de esta función, que se encuentra prevista en la legislación ordinaria, lo importante desde un punto de vista jurídico es su naturaleza instrumental que consiste en poner en acción determinados medios materiales que permiten ejecutar las decisiones adoptadas por el Gobierno, sin mediación exterior entre el supuesto desencadenante y la acción material, con forma predeterminada (normalmente, un acto administrativo). También constituye ejercicio de la función ejecutivo las acciones del Gobierno para ejecutar una Ley sin acudir al Reglamento. Además, como señalan López Guerra *et alii*, como actividad derivada de las previsiones de la Ley, la función ejecutiva se encuentra subordinada a ésta.

En definitiva, con la función ejecutiva vendría a ser el eslabón que une a la dirección política del Gobierno con la dirección de la Administración.

IX. LA POTESTAD REGLAMENTARIA

No es una función situada dentro de la función ejecutiva, como se ha dicho con frecuencia, sino una función autónoma que lleva al Gobierno a colaborar con la Ley, aunque es más amplia que la vinculación positiva con la Ley porque también hay Reglamentos autónomos. Como apuntó el Tribunal Constitucional, se trata es una potestad originaria del Gobierno que pude ser delegada en casos singulares (STC 133/1997, de 16 de julio, y 86/2017, de 4 de julio).

En esta facultad se produce un desdoblamiento jurídico desde el punto de vista de la libertad de que dispone el Gobierno. En el caso de los Reglamentos ejecutivos, el margen de libertad contenido del Gobierno es nulo porque su acción normativa está vinculada a la Ley. En cambio, en los Reglamentos independientes, el margen de libertad del Gobierno es amplio porque su vinculación con la Ley es negativa, de límites, no de contenido. Estos Reglamentos independientes, frecuente expresión de la función de dirección política, constituyen a mi juicio, la más completa necesaria expresión jurídica de la acción del Gobierno.

X. NORMATIVA DE DESARROLLO

Para no desviarnos de la aproximación dogmática que hemos efectuado, no hemos querido invocar la normativa que lo desarrolla. Tras muchos años de insuficiente o inadecuada legislación (como la Ley 16/1983, de 16 de agosto, de Organización de la Administración Central del Estado, norma precipitada y redactada con una visión propia del franquismo), la Ley 50/1997, de 27 de noviembre, del Gobierno, reformada por la Ley 40/2015, de 1 de octubre, ha establecido al fin una regulación de este órgano constitucional conforme a la filosofía de la Constitución. Esta Ley repite en su artículo 1.1 el artículo 97 y desarrolla en sus artículos 22 a 28 la potestad reglamentaria y el procedimiento de iniciativa legislativa. La misma se complementa con la Ley 40/2015, de 1 de octubre, de Régimen Jurídico del Sector Público, que regula la organización administrativa civil que el Gobierno dirige. Por su parte, tanto la Ley Orgánica 5/2005, de 17 de noviembre, de Defensa Nacional, como la Ley 36/2015, de 28 de septiembre, de Seguridad Nacional, regulan la función de dirección de la Defensa del Estado. Para manifestaciones específicas de la función de dirección de la política y de la Administración, hay multitud de normas legislativas y reglamentarias que no es posible citar aquí.

XI. BIBLIOGRAFÍA

COTTA, M.: "Los Gobiernos", en Stefano BARTOLINI, Maurizio COTTA, Leonardo MORLINO, Angelo PANEBIANCO y Gianfranco PARQUINO: *Manual de Ciencia Política*, Alianza Ed., Madrid, 1988.

GALLEGO ANABITARTE, A., MENÉNDEZ REXACH, Á.: "Artículo 97. Funciones del Gobierno", en ALZAGA, O. (dir.), *Comentarios a la Constitución española*, Cortes Generales - EDERSA, Madrid, 1998, t. VIIII, pp. 41-208.

GARCÍA FERNÁNDEZ, J.: *El Gobierno en acción. Elementos para una configuración jurídica de la acción gubernamental*, Centro de Estudios Constitucionales - Boletín Oficial del Estado, Madrid, 1995.

– "El Gobierno y las Administraciones Públicas", en IDEM: *Regulación jurídica y acción política del Gobierno en España*, Centro de Estudios Políticos y Constitucionales, Madrid, 2020, pp. 123-129.

GARRIDO FALLA, F.: "Artículo 97", en el vol. col. *Comentarios a la Constitución*, Civitas, Madrid, 1985, 2ª ed., pp. 1363-1372.

JIMÉNEZ ASENSIO, R.: "La dirección de la Administración Pública como función del Gobierno", *Revista Vasca de Administración Pública*, núm. 34 (II), septiembre-diciembre 1992, pp. 67-95.

LÓPEZ GUERRA, L.; ESPÍN, E.; GARCÍA MORILLO, J.; PÉREZ TREMPS, P.; SATRÚSTEGUI, M.: *Derecho constitucional*, Tirant lo Blanch, Valencia, 2016, 10ª ed., vol. II.

OTTO, I. de. "La posición constitucional del Gobierno", *Documentación Administrativa*, núm. 188, 19890, pp. 139-182,

Obras completas, Universidad de Oviedo - Centro de Estudios Políticos y Constitucionales, Madrid, 2010, pp. 1113-1157.

PÉREZ ROYO, J.: *Curso de Derecho constitucional*, Marcial Pons, Madrid, 2012, 13ª ed.

PORRAS NADALES, A.: "Las relaciones entre el Gobierno y la Administración en la Constitución de 1978", *Revista Vasca de Administración Pública*, núm. 34 (II), septiembre-diciembre 1992, pp. 163-183.

SÁIZ ARNÁIZ, A.: "El Gobierno y la dirección de la política", *Revista Vasca de Administración Pública*, núm. 34 (II), septiembre-diciembre 1992, pp. 185-200.

XII. JURISPRUDENCIA

STC 16/1984, de 6 de febrero.
STC 166/1986, de 19 de diciembre.
STC 99/1987, de 11 de junio.
STC 45/1990, de 15 de marzo.
STC 196/1990, de 29 de noviembre.
STC 133/1997, de 16 de julio.
STC 86/2017, de 4 de julio.
STC 102/2017, de 20 de julio.
STC 34/2018, de 12 de abril.
STC 65/2020, de 18 de junio

Artículo 98

1. El Gobierno se compone del Presidente, de los Vicepresidentes, en su caso, de los Ministros y de los demás miembros que establezca la ley.

2. El Presidente dirige la acción del Gobierno y coordina las funciones de los demás miembros del mismo, sin perjuicio de la competencia y responsabilidad directa de éstos en su gestión.

3. Los miembros del Gobierno no podrán ejercer otras funciones representativas que las propias del mandato parlamentario, ni cualquier otra función pública que no derive de su cargo, ni actividad profesional o mercantil alguna.

4. La ley regulará el estatuto e incompatibilidades de los miembros del Gobierno.

COMENTARIO

Marcos Vaquer Caballería
Catedrático de Derecho Administrativo
Universidad Carlos III de Madrid

SUMARIO: I. LA COMPOSICIÓN DEL GOBIERNO. II. EL PRESIDENTE DEL GOBIERNO. III. EL ESTATUTO Y LAS INCOMPATIBILIDADES DE LOS MIEMBROS DEL GOBIERNO. IV. BIBLIOGRAFÍA. V. JURISPRUDENCIA.

I. LA COMPOSICIÓN DEL GOBIERNO

Dos son los contenidos del apartado primero del artículo 98 de la Constitución que merecen ser comentados: sus determinaciones sobre la composición del gobierno y la reserva de ley para desarrollarlas.

En la composición del gobierno hay dos tipos de miembros de carácter necesario —el Presidente y los Ministros— y otros de carácter eventual —los Vicepresidentes y los demás que establezca la ley—. Con esta disposición abierta, la Constitución se aparta de precedentes tan relevantes como la Constitución de la II República de 1931, cuyo artículo 86 prescribía que "el Presidente del Consejo y los Ministros constituyen el gobierno" (después su artículo 88 permitía nombrar a uno o más Ministros sin cartera), así como la Ley Fundamental de la República Federal de Alemania, cuyo artículo 62 también cierra la composición del Gobierno Federal al Canciller y los Ministros, o la de la República Italiana de 1947, cuyo artículo 92 determina asimismo que "el Gobierno de la República se compone del Presidente del Consejo y de los Ministros, que constituyen conjuntamente el Consejo de Ministros". Más se parece en esto nuestra Constitución a la francesa de 1958, por ejemplo, que se ocupa del gobierno en sus artículos 20 a 23 sin determinar su composición, aunque en diversos preceptos alude al Primer Ministro, a los Ministros y al Consejo de Ministros, elementos organizativos por tanto necesarios a los que cabe añadir eventualmente otros.

Aunque el artículo 98.1 de la Constitución menciona a los Vicepresidentes, en su caso, en plural y separadamente de los Ministros, parece lógico que con ello sólo está habilitando una opción maximalista, pero no impidiendo la posibilidad de que exista un solo Vicepresidente (del mismo modo que puede haber varios o ninguno) o de que algún Vicepresidente sea también Ministro titular de un departamento ministerial. Así lo ha entendido la Ley 50/1997, de 27 de noviembre, del Gobierno en su artículo 3. Y respecto de los Ministros, se limita a exigir su existencia pero no precisa si deben ser titulares de departamentos administrativos o si pueden carecer de cartera, opción ésta después elegida por el legislador. En suma, la Constitución no determina cuáles puedan ser las funciones y competencias ni de los Vicepresidentes, en su caso, ni de los Ministros, ni —por supuesto— de los restantes miembros que eventualmente pudieran formar parte del gobierno.

La otra cuestión relevante —máxime habida cuenta del marco constitucional tan abierto que se acaba de describir— es la de a quién compete desarrollar las determinaciones constitucionales sobre la composición del gobierno: si a la ley o a una norma reglamentaria del propio gobierno.

La Constitución italiana le atribuye a la ley determinar "el número, las funciones y la organización de los ministerios" (art. 95). Sin embargo, esta aparente rigidez ha sido notablemente devaluada en la práctica, puesto que es un Decreto Legislativo (de 30 de julio de 1999, n. 300) del Presidente de la República, a propuesta del Presidente del Consejo de Ministros y en virtud de una delegación legislativa, el que determina (en su artículo 2º, modificado ya más de una decena de veces) el número y denominación de los ministerios y se limita a poner límites máximos a su estructura organizativa directiva.

En Francia, por el contrario, la Constitución ha reservado a la ley diversas materias, incluidas algunas de carácter organizativo (sobre entes públicos y empresas públicas: art. 34) pero ninguna relativa a la composición y estructura del gobierno, por lo que a ellas les es aplicable la reserva reglamentaria existente en aquel país (art. 37).

En consecuencia, la composición del gobierno se fija en Francia con bastante libertad mediante decreto del Presidente a propuesta del Primer Ministro y allí es habitual que formen parte del mismo no sólo éste y los Ministros, sino también los Viceministros o Ministros delegados (*ministre auprès du/de la ministre*) e incluso los Secretarios de Estado, a quienes se les habilita para participar en las reuniones del Consejo de Ministros, ya sea siempre o ya sólo para los asuntos de su competencia.

En España:

a) El artículo 98.1 CE ha establecido una reserva de ley que debe entenderse referida *prima facie* a la ley formal u ordinaria aprobada por las Cortes Generales, pero compatible con la intervención normativa por medio de Decretos-Leyes, siempre y cuando se cumplan los límites formales y materiales para ellos establecidos en el art. 86 CE (STC 60/1986, de 20 de mayo, FJ 2º). En todo caso, el Tribunal Constitucional ha advertido —aunque sea *obiter dicta*— que el artículo 98.1 CE "remite a la ley ordinaria *sólo* la posibilidad de que formen parte del Gobierno otros miembros distintos de los enunciados allí expresamente" (STC 60/1986, cit., FJ 2º, la cursiva es mía).

b) No hay reserva de reglamento pero sí separación funcional de poderes, por lo que parece razonable entender que la reserva de ley establecida por la Constitución no debe impedir la colaboración reglamentaria ni ahogar la potestad de organización del gobierno que debe retener su Presidente como parte de sus funciones directivas (a las que se refiere el apartado siguiente), de forma que correspondería a la ley determinar los aspectos más generales de la organización del gobierno y al Presidente los más particulares, dentro del marco de aquélla.

Así lo ha entendido la Ley del Gobierno, que ha optado "por un desarrollo estricto del precepto constitucional", según los términos de su preámbulo. Esta opción le ha llevado, de un lado, a no prever más miembros del gobierno que los mencionados en la propia Constitución (art. 1.2) —puesto que los Ministros sin cartera son Ministros (art. 4.2) y los Secretarios de Estado son titulares de órganos administrativos superiores de colaboración y apoyo al gobierno, pero no miembros del gobierno (art. 7)— y, de otro lado, a dejar un amplio margen de configuración de la estructura y composición del gobierno a su Presidente, mediante real decreto [art. 2.2.j)].

Así que, allí donde opera la reserva de ley, ésta ha optado por el criterio "conservador" de ceñir la composición del gobierno a los solos miembros previstos en la Constitución, lo que, como ha advertido López Guerra, puede atribuirse al deseo de no extender más allá de lo preciso el fuero previsto en el artículo 102.1 CE. Y por lo demás, ha renunciado a ir más allá en la determinación de la composición y estructura del gobierno, atribuyendo al Presidente del Gobierno la potestad para hacerlo, en consideración a la función directiva que le corresponde y a la necesaria adaptabilidad de la organización gubernamental al cambio de las políticas que impulse en su programa de gobierno.

Por el contrario, antes la Ley 10/1983, de 16 de agosto, de Organización de la Administración General del Estado había apostado por un desarrollo legal completo de la estructura del gobierno que fijaba el número y denominación de los departamentos ministeriales (e incluso de sus órganos superiores), como en Italia, y como allí la rigidez resultante tuvo de ser relajada, lo que se hacía autorizando al Presidente del Gobierno para modificar dicha estructura, primero en las sucesivas leyes de presupuestos generales del Estado y luego ya con carácter indefinido en el artículo 75 de la Ley 42/1994, de 30 de diciembre, de Medidas Fiscales, Administrativas y de Orden Social.

En definitiva, la Constitución es mucho más incisiva sobre las atribuciones del gobierno que sobre su organización. La autocontención del constituyente sobre la composición y estructura del gobierno le señala, en mi opinión, el camino al legislador. Y en unión a las funciones directivas y de programación política atribuidas al Presidente del Gobierno, a las que es consustancial una cierta potestad organizativa, permite incluso dudar de la constitucionalidad de una legislación completamente acabada o cerrada de la estructura y composición del Gobierno, como la histórica, y conduce a aplaudir la opción flexible adoptada por la Ley actual. En efecto, la Constitución sujeta al gobierno a la confianza y el control del parlamento, pero no lo pone bajo su dirección, que por el contrario atribuye al Presidente del Gobierno. Tratar de utilizar la potestad legislativa para ejercer funciones directivas u organizativas sobre el gobierno sería, pues, problemático.

Por lo demás, ni la Constitución ni la Ley han previsto —tampoco prohibido, en mi opinión, quedando también ello a disposición del Presidente del Gobierno— la diferenciación o prelación entre Ministros, por ejemplo para resaltar a algunos "Ministros de Estado" o postergar a los "Ministros delegados" o "Ministros adjuntos", a efectos de precedencia y protocolarios, de dotación estructural de más o menos órganos superiores, directivos y/o de colaboración y apoyo, o de atribución de funciones coordinadoras o supervisoras de áreas de gobierno integradas por otros ministerios, ya sea mediante la presidencia de comisiones delegadas del gobierno ya sin necesidad de ellas. Tales diferencias son comunes, por ejemplo, en el gobierno francés.

II. EL PRESIDENTE DEL GOBIERNO

El preámbulo de la Ley del Gobierno afirma el "principio de dirección presidencial", junto con los de colegialidad y departamentalidad, como los tres principios que configuran el funcionamiento del gobierno. Tampoco esto es original: en Alemania, por ejemplo, donde es sabido que existe una larga tradición de gobiernos de coalición y, por tanto, donde tienen mayor relevancia las normas que rigen la organización y el funcionamiento internos del gobierno, rigen los tres principios equivalentes de *Kanzlerprinzip*, *Kollegialprinzip* y *Ressortprinzip* en virtud de lo dispuesto en el artículo 65 de su Constitución: "El canciller federal fija las directrices de la política y asume la responsabilidad de las mismas. Dentro de tales directrices, cada Ministro federal dirige por sí y bajo su propia responsabilidad los asuntos de su cartera. Las diferencias de opinión que surjan entre los Ministros federales serán resueltas por el gobierno federal. El canciller federal dirigirá los asuntos de gobierno según un reglamento interno adoptado por el gobierno federal y aprobado por el Presidente federal." El primero de ellos (principio de dirección presidencial o "de canciller", *Kanzlerprinzip*) es el que aquí interesa.

La primacía del Presidente dentro del gobierno se infiere desde luego de la función directiva y coordinadora que le atribuye el artículo 98.2 CE, pero también de que sólo él se someta a la confianza del Congreso de los Diputados para poder ser investido y que, en consecuencia, sea responsabilidad exclusiva suya la elaboración y defensa del programa político del gobierno (art. 99.2), así como que los demás miembros del gobierno sean nombrados y separados a propuesta suya (art. 100), que todo el gobierno cese por la dimisión o el fallecimiento de su Presidente (art. 101.1), que sólo a él le quepa plantear ante el Congreso de los Diputados la cuestión de confianza sobre "su programa" o sobre una declaración de política general (art. 112), que sólo él pueda proponer al Rey la disolución de las Cortes Generales (art. 115.1) o que sea él quien tenga atribuida en el gobierno la legitimación para interponer el recurso de inconstitucionalidad contra leyes y disposiciones con fuerza de ley (art. 162.1). Y como ha notado García Fernández, el hecho de que el Presidente esté obligado a someter a la deliberación del Consejo de Ministros el planteamiento de la cuestión de confianza o la disolución de las cámaras no aminora su preeminencia, porque el resultado de la deliberación no vincula al Presidente.

Una de las consecuencias de este estatuto constitucional es la de que el Presidente del gobierno sea no sólo un miembro, sino también titular de un órgano del gobierno. En efecto, el Presidente del Gobierno es (1º) presidente de al menos un órgano colegiado del gobierno, el Consejo de Ministros, y (2º) un órgano unipersonal del gobierno, dotado de sus propias funciones, competencias y responsabilidades hoy establecidas en el artículo 2.2 de la Ley del Gobierno y que sabemos ya que incluyen la atribución al Presidente de la potestad tanto para dictar actos (proponer, interponer, convocar, refrendar, resolver, impartir instrucciones), como también la reglamentaria para ordenar la estructura de su gobierno por real decreto.

Sobre lo que la Constitución calla es el estatuto jurídico de los expresidentes del gobierno. No estando afectado por ningún criterio constitucional ni por ninguna reserva de ley, dicho estatuto se contiene en la actualidad en la disposición adicional primera de la Ley del Gobierno y en el Real Decreto 405/1992, de 24 de abril, por cuya virtud mantienen el tratamiento de "Presidente" y disponen de ciertos medios y prerrogativas, además del derecho a la pensión indemnizatoria que les reconoce el artículo 10.5.1ª de la Ley 74/1980, de 29 de diciembre, de Presupuestos Generales del Estado para 1981, y la condición de consejeros natos de Estado con carácter vitalicio que les atribuye el artículo 8 de la Ley Orgánica 3/1980, de 22 de abril, del Consejo de Estado desde su reforma de 2004.

III. EL ESTATUTO Y LAS INCOMPATIBILIDADES DE LOS MIEMBROS DEL GOBIERNO

Tanto por la dedicación que requiere su cargo como para prevenir eventuales conflictos de interés, el artículo 98 de la Constitución impone en su apartado 3 a los miembros del gobierno un severo régimen de incompatibilidades y establece en su apartado 4 una reserva de ley para el desarrollo de las mismas y, más ampliamente, del estatuto de los miembros del gobierno. La Ley del Gobierno ha optado en su artículo 14 por no precisar las incompatibilidades establecidas en la Constitución, que reproduce literalmente, pero sí añadirles las que rigen sobre los altos cargos de la Administración General del Estado, actualmente contenidas en la Ley 3/2015, de 30 de marzo, reguladora del Ejercicio del Alto Cargo de la Administración General del Estado, cuyo artículo 1.2.a) la declara aplicable, entre otros, a los miembros del gobierno.

En suma, los miembros del gobierno:

a) No pueden ejercer más funciones representativas que las propias del mandato parlamentario. En otros países como Francia (art. 23 Const. Fr.), la condición de miembro del gobierno es incompatible con la de parlamentario. En España no, de modo que los miembros del gobierno pueden ser diputados o senadores, en virtud de la excepción del art. 70.1.b) CE reiterada en el artículo que comentamos. En consecuencia y de conformidad con lo previsto en el artículo 13.2.b) de la citada Ley del Ejercicio del Alto Cargo, "los miembros del Gobierno o los Secretarios de Estado podrán compatibilizar su actividad con la de Diputado o Senador de las Cortes Generales en los términos previstos en la Ley Orgánica 5/1985, de 19 de junio, del Régimen Electoral General. No obstante, no podrán percibir remuneraciones más que en virtud de uno de los dos cargos, sin perjuicio de las indemnizaciones que procedan legalmente."

b) No pueden ejercer ninguna función pública que no derive de su cargo. La relación entre las condiciones de miembro del gobierno y de funcionario público plantea dos órdenes de cuestiones, según cuál sea la que preceda en el tiempo.

En primer lugar, hipotéticamente, los miembros del Gobierno podrían participar en un procedimiento selectivo para el ingreso en la función pública y ser nombrados funcionarios de carrera, pues no lo prohíbe el precepto comentado, pero el ingreso en la función pública no se produce hasta tomar posesión, de acuerdo con lo dispuesto en el artículo 62.1 del Texto Refundido del Estatuto Básico del Empleado Público (aprobado por Real Decreto Legislativo 5/2015, de 30 de octubre). Y la toma de posesión ya es del puesto de trabajo (como aclara, por ejemplo, el art. 28 de la Ley de la Función Pública de la Comunidad de Madrid o el 58 de la Valenciana) pues es lógico entender, por razones de eficacia, que el legislador quiere vincular el ingreso en la función pública con la provisión efectiva de los puestos de trabajo de nuevo ingreso vacantes. En consecuencia, parece problemático que pueda tomar posesión de un puesto de trabajo funcionarial quien tiene prohibido ejercer ninguna función pública.

En segundo lugar, los miembros del gobierno que ya tengan la condición de funcionarios de carrera no pueden seguir en ella en el servicio activo según lo dispuesto en el art. 98 CE, pero esta eventualidad es menos problemática porque para ella —entre otras— está prevista la situación de servicios especiales, de conformidad con lo previsto en el artículo 87.1.a) del TREBEP, en la que los funcionarios conservan ciertos derechos estatutarios (como el cómputo del periodo a efectos de ascensos y trienios, la conservación del puesto de trabajo o, cuando menos, el reingreso al servicio activo con las condiciones y retribuciones correspondientes a la categoría, nivel o escalón consolidado, etc.).

Lo que sí pueden ocupar los miembros del gobierno son los cargos y puestos natos que las normas les atribuyan, como suele ocurrir, por ejemplo, con la presidencia o pertenencia a órganos colegiados de la administración o de gobierno y administración de organismos públicos o de entes de Derecho privado del sector público institucional, como el consejo de administración de sociedades mercantiles estatales o el patronato de fundaciones del sector público estatal.

c) No pueden ejercer actividad profesional o mercantil alguna. Esto excluye de suyo la administración de empresas o la ocupación de puestos en órganos de gobierno o de administración en las sociedades mercantiles. Pero no necesariamente en organizaciones que no sean "profesionales" ni "mercantiles", máxime si carecen de ánimo de lucro (que es, por ejemplo, el criterio manejado por el art. 66 de la Constitución alemana) como sería el caso de asociaciones declaradas de utilidad pública o las fundaciones.

La Ley reguladora del Ejercicio del Alto Cargo parece excluir esta última posibilidad al optar en su artículo 13 por la dedicación exclusiva al cargo, incompatible "con el desempeño, por sí, o mediante sustitución o apoderamiento, de cualquier otro puesto, cargo, representación, profesión o actividad, sean de carácter público o privado, por cuenta propia o ajena." Sin embargo, exceptúa expresamente de esta regla general "la participación en entidades culturales o benéficas que no tengan ánimo de lucro o en fundaciones, siempre que no perciban ningún tipo de retribución, sin perjuicio del derecho a ser reembolsados de los gastos debidamente justificados que el desempeño de su función les ocasione conforme a lo previsto en el artículo 3.5 de la Ley 49/2002, de 23 de diciembre, de régimen fiscal de las entidades sin fines lucrativos y de los incentivos fiscales al mecenazgo."

IV. BIBLIOGRAFÍA

ARAGÓN REYES, M.: "Composición y organización del gobierno y estatuto de sus miembros", *Documentación Administrativa*, núm. 246-247, 1996-1997.

FERNÁNDEZ-CARNICERO GONZÁLEZ, C. L.: *Comentarios a la Ley del Gobierno*, INAP, Madrid, 2002.

GARCÍA FERNÁNDEZ, J.: *Estudios sobre el gobierno*, INAP, Madrid, 2007.

GONZÁLEZ CUETO, T.: "El gobierno: composición y estructura", en ÁLVAREZ CONDE, E. (coord.), *Administraciones públicas y Constitución: reflexiones sobre el XX aniversario de la Constitución española de 1978*, INAP, Madrid, 1998.

LÓPEZ GUERRA, L.: "El gobierno en la Constitución de 1978", en Ministerio de Relaciones con las Cortes y de la Secretaría del Gobierno, ed., *1812-1992. El arte de gobernar: Historia del Consejo de Ministros y de la Presidencia del Gobierno*, Tecnos, Madrid, 1992.

LUCAS MURILLO DE LA CUEVA, P. (coord.): *Gobierno y Constitución. Actas del II Congreso de la Asociación de Constitucionalistas de España*, Tirant lo Blanch, Valencia, 2005.

PAREJO ALFONSO, L. (coord.): *Estudios sobre el gobierno: Seminario sobre el Proyecto de Ley Reguladora del Gobierno*, BOE / UC3M, Madrid, 1996.

PÉREZ TREMPS, P.: "Composición, organización y estatuto de los miembros del gobierno", *Estudios de Derecho Judicial*, núm. 14, 1998.

V. JURISPRUDENCIA

STC 60/1986, de 20 de mayo.

STS (Sala de lo Contencioso-Administrativo, Sección 2ª) de 14 de julio de 1992 (rec. nº 1915/1989)

Artículo 99

1. Después de cada renovación del Congreso de los Diputados, y en los demás supuestos constitucionales en que así proceda, el Rey, previa consulta con los representantes designados por los Grupos políticos con representación parlamentaria, y a través del Presidente del Congreso, propondrá un candidato a la Presidencia del Gobierno.

2. El candidato propuesto conforme a lo previsto en el apartado anterior expondrá ante el Congreso de los Diputados el programa político del Gobierno que pretenda formar y solicitará la confianza de la Cámara.

3. Si el Congreso de los Diputados, por el voto de la mayoría absoluta de sus miembros, otorgare su confianza a dicho candidato, el Rey le nombrará Presidente. De no alcanzarse dicha mayoría, se someterá la misma propuesta a nueva votación cuarenta y ocho horas después de la anterior, y la confianza se entenderá otorgada si obtuviere la mayoría simple.

4. Si efectuadas las citadas votaciones no se otorgase la confianza para la investidura, se tramitarán sucesivas propuestas en la forma prevista en los apartados anteriores.

5. Si transcurrido el plazo de dos meses, a partir de la primera votación de investidura, ningún candidato hubiere obtenido la confianza del Congreso, el Rey disolverá ambas Cámaras y convocará nuevas elecciones con el refrendo del Presidente del Congreso.

COMENTARIO

Miguel Revenga Sánchez
Catedrático de Derecho Constitucional
Universidad de Cádiz
José Joaquín Fernández Alles
Catedrático de Derecho Constitucional
Universidad de Cádiz

SUMARIO: I. RÉGIMEN CONSTITUCIONAL SOBRE EL GOBIERNO. II. LA RELACIÓN FIDUCIARIA ENTRE EL CONGRESO DE LOS DIPUTADOS Y EL GOBIERNO. III. LA FORMA DE GOBIERNO Y EL PROCEDIMIENTO DE DESIGNACIÓN DEL PRESIDENTE DEL GOBIERNO. IV. EL REY Y LA PRESIDENCIA DEL CONGRESO EN EL TRÁMITE DE CONSULTAS: SUJETOS Y CALENDARIO. V. EL RESULTADO ELECTORAL Y EL CARÁCTER REGLADO DEL PROCEDIMIENTO DE INVESTIDURA. LA PRÁCTICA 45 AÑOS DE INVESTIDURAS. VI. EL PROCEDIMIENTO DE INVESTIDURA "REALZADO". VII. UN APUNTE FINAL. VIII. BIBLIOGRAFÍA.

I. RÉGIMEN CONSTITUCIONAL SOBRE EL GOBIERNO

El artículo 99 de la Constitución (CE) establece un procedimiento pautado para la elección del presidente del Gobierno que se ajusta como un guante a las características del parlamentarismo diseñado en la propia CE; se trata de un procedimiento coherente con la forma monárquica de la jefatura del Estado y funcional para el mantenimiento de un tipo de parlamentarismo dirigido o *racionalizado*. Mediante la adhesión a un sistema de investidura previa y expresa, la CE busca un vínculo de confianza entre el Gobierno y el Parlamento, consustancial a la forma de gobierno parlamentaria, que sea robusto y se presente por ello con unas perspectivas de estabilidad que permitan al Gobierno configurarse como Gobierno *de legislatura*, es decir, con una vida constitucional que discurra en el tiempo de manera paralela a la de la legislatura. Las condiciones típicas de aplicación del artículo remiten al tracto celebración de elecciones generales y constitución de unas nuevas Cortes como resultado de ellas. Los "demás supuestos constitucionales" a los que se refiere el artículo son los supuestos tasados de cese del Gobierno a los que se refiere el artículo 100: pérdida de la confianza parlamentaria, y dimisión o fallecimiento del presidente. Por contraste a la dimisión, que se corresponde con la libérrima voluntad del presidente para ocupar el cargo o dejar de hacerlo, en el primero de los tres supuestos aludidos, se entiende que se trata de una pérdida positivamente constatada, es decir, mediante la puesta en marcha del mecanismo previsto en el artículo 112 de la CE a los efectos de comprobar la subsistencia del vínculo fiduciario con referencia al programa propuesto *ab initio*, o bien a una declaración política de carácter general. Y lo llamativo en esto como, en general, en todo el diseño orgánico, es el acusadísimo presidencialismo que inspira la regulación del Gobierno en nuestro sistema constitucional. La ley 50/1997, del Gobierno (artículo 13), contempla ciertamente la suplencia del presidente por los vicepresidentes o por los ministros en los casos de "vacante, ausencia o enfermedad" de aquel. Pero lo que no consiente nuestro sistema es la permanencia del Gobierno, ni un solo minuto, en plenitud de atribuciones cuando cesa o desaparece la figura de cuyo impulso político, concretado en la propuesta al rey, depende el acceso al cargo de miembro del Gobierno. Es como si el antiguo "El rey nombra y destituye a sus ministros" hubiera transmutado ahora hacia una fórmula en la que el presidente electo desplaza al rey, estableciéndose además un vínculo indisoluble entra la suerte política del presidente y la del entero Gobierno.

II. LA RELACIÓN FIDUCIARIA ENTRE EL CONGRESO DE LOS DIPUTADOS Y EL GOBIERNO

Un segundo rasgo destacable en la regulación de la investidura abunda en la obsesión de quienes redactaron la Constitución por el Gobierno *fuerte y duradero* a través de una serie de preceptos (artículos 99, 108 y 112 a 115) dirigidos a preservar la estabilidad gubernamental y la relación fiduciaria derivada de la investidura. Nos referimos a la discordancia de las mayorías necesarias para investir al presidente y para destituirlo "con candidato alternativo" a instancias de y en sede parlamentaria. O con más propiedad, en sede del Congreso de los Diputados, pues es esa Cámara y solamente ella la que interviene a unos efectos tan transcendentales. El Senado es aquí un observador mudo cuya vida queda en suspenso mientras se consuman los trámites de la formación del Gobierno, y bajo la amenaza de la imposibilidad de arrancar (o reiniciar su vida) si el curso de tales trámites desemboca en una disolución anticipada que necesariamente habría de serlo, por disposición del propio artículo 99, de las dos Cámaras que conforman las Cortes Generales. En el otorgamiento de la investidura, las dos votaciones previstas para cada candidatura con un lapso de 48 horas y rebajando la exigencia desde la mayoría absoluta en la primera votación a mayoría simple en la segunda, dejan convertido el requisito de la mitad más uno de los miembros del Congreso en primera votación en un mero *desiderátum* con efectos más simbólicos que prácticos. Si bien, es en la regulación de la moción de censura recogida en el artículo 113 de la CE donde se advierte hacia donde bascula todo el peso de la lógica *racionalizadora* que inspira el sistema: derribar al Gobierno implica y presupone concordar una nueva Presidencia del Gobierno por mayoría absoluta y sin el alivio de la flexibilización a la baja de dicha mayoría. La combinación de fórmulas constitucionales relacionadas con la formación y el cese parlamentario del Gobierno arrojan así la imagen de un Gobierno que, si es capaz de superar el trámite de la investidura, cuando menos mediante el logro por parte del que se presenta como candidato a dirigirlo de más votos favorables que adversos, queda tendencialmente blindado y a resguardo de censuras, a menos que se produzca un realineamiento significativo de las posiciones de las distintas fuerzas políticas.

III. LA FORMA DE GOBIERNO Y EL PROCEDIMIENTO DE DESIGNACIÓN DEL PRESIDENTE DEL GOBIERNO

Al aunar en un solo procedimiento actuaciones diversas del rey, así como de la presidencia del Congreso y de las fuerzas políticas representadas en la Cámara, y al corresponder el peso de cada una de estas a la voluntad expresada por los electores en lo que puede tenerse como el verdadero factor determinante del funcionamiento efectivo de las previsiones constitucionales, la aplicación del artículo 99 somete a la prueba decisiva de su viabilidad todo el engranaje condensado en lo que el artículo 1.3 de la CE llama "la forma política del Estado". Esta, la Monarquía parlamentaria, es ciertamente un artificio político y cultural que expresa el compromiso entre el modo concreto de ser de nuestra jefatura del Estado y la manera en la que el constituyente respondió a la pregunta decisiva sobre la titularidad de la soberanía. En el momento de redactar la Constitución, la historia nos mostraba que no había otra fórmula, salvo esa, para hacer compatible Monarquía y democracia. Pero, simultáneamente, la peculiar manera en la que transitamos desde el Estado autoritario al Estado democrático, así como el legado secular de un parlamentarismo *sui generis* que abría espacios al rey para dirimir el signo político y la composición concreta del Gobierno de turno, actuaban como impulsos contradictorios que no dejaron de tener su eco en la redacción final del artículo. Se trataba de llevar a la Constitución, como hemos dicho, un procedimiento de investidura previa y expresa. Y a tal objeto no había un modelo mejor que el de los artículos 63 y 64 de la (entonces) Ley Fundamental de Bonn, con su desdoblamiento entre una fase parlamentaria para la elección de canciller y otra de designación de los ministros por el presidente federal a propuesta del canciller. Claro que lo que en Alemania se configura como una auténtica elección por la Dieta "sin debate" (aunque enmarcada en unos precisos términos temporales a partir del momento de la votación que desembocan necesariamente en el nombramiento de canciller o en la disolución de la Dieta Federal), aquí trocó en una regulación materialmente de derecho parlamentario, en cuanto que configura como un elemento esencial la comparecencia del candidato y la exposición de un programa —que es el programa político del Gobierno que pretende formar— como presupuesto de la votación en sí.

IV. EL REY Y LA PRESIDENCIA DEL CONGRESO EN EL TRÁMITE DE CONSULTAS: SUJETOS Y CALENDARIO

Pero lo que el artículo en cuestión deposita en una zona de penumbra abierta a exégesis es precisamente lo que afecta al momento de la activación del procedimiento, un coto reservado a la acción del rey, previa consulta con los representantes de las fuerzas políticas, tanto *ab initio* como para ensayar alternativas sucesivas tras constatar el fracaso de la primera propuesta. En principio cabe decir que el "a través del Presidente del Congreso" ha de leerse a la luz de lo dispuesto en el artículo 64.1 CE: proponer candidato es un acto formal que sólo se perfecciona una vez que la propuesta se materializa (y publicita por medio de su publicación en el *Boletín Oficial de las Cortes*) en un documento firmado por el rey y refrendado por el presidente del Congreso.

Ello significa que todo lo que ocurra antes de ese momento debería depender de la acción concertada del autor de la propuesta y de quien la asume como propia a todos los efectos mediante el refrendo. Y en ese sentido una práctica constante desde la primera aplicación del artículo, en marzo de 1979, ha consistido en descargar sobre la Presidencia del Congreso la responsabilidad de determinar los sujetos pasivos de las consultas comunicando al rey la correspondiente lista como paso previo al establecimiento de un "calendario" de audiencias con los líderes de las distintas fuerzas políticas. En la práctica eso ha permitido establecer un "cortafuegos" dirigido a evitar que el Rey se viera abocado a zanjar cuestiones tales como si tal o cual fuerza política debería ser consultada, pese a no disponer de grupo parlamentario propio, o bien destinado a situar a la Corona a resguardo de desaires por parte de fuerzas a las que esta pudiera convocar y se negaran a asistir. En un campo como el del ejercicio de las facultades reservadas a la Corona nada hay anecdótico; importan las prácticas porque son ellas, y sólo ellas, las que pueden generar usos y convenciones que permitan realizar exégesis consonantes o disonantes con el modelo de monarquía por el que optó la Constitución. Así que otro tanto puede decirse de algo que es cualquier cosa menos baladí: me refiero al de la selección del momento para realizar las consultas y formalizar la propuesta, pues tal es el momento que, a reserva del margen de maniobra del Congreso para convocar la sesión de investidura, marca el camino de no retorno hacia el nombramiento de presidente o la disolución de las Cortes.

V. EL RESULTADO ELECTORAL Y EL CARÁCTER REGLADO DEL PROCEDIMIENTO DE INVESTIDURA. LA PRÁCTICA 45 AÑOS DE INVESTIDURAS

Antes de seguir adelante conviene insistir en que no hay nada más determinante para la lectura y la aplicación del artículo 99 que el papel que cabe atribuir a los resultados electorales desde el punto de vista de la formación del Gobierno. Cuando, por haberle situado en disposición de tener la confianza de un número suficiente de diputados, el desenlace de la contienda electoral dirime más allá de cualquier duda razonable quién debe ser el candidato a la investidura —digamos que típicamente el que encabezaba la candidatura al Congreso por la circunscripción de Madrid, a menudo presentado ante los propios electores como *el candidato* a presidente del Gobierno— el procedimiento del artículo 99 cuaja en la sucesión de una serie de ritos que permiten a cada uno de los sujetos implicados cumplir mecánicamente la función constitucional que les corresponde: al rey la de impulsar, habiendo tomado contacto previa y solemnemente con los representantes de las fuerzas políticas; a la Presidencia del Congreso, la de actuar como mediador entre la Cámara y el rey, transmitiéndole a este la relación de personas que deberían ser llamadas a consulta y refrendando, como así lo dispone la Constitución, las formalidades de la propuesta de candidato y el ulterior nombramiento de presidente. Y al Congreso de los Diputados, en fin, la de protagonizar uno de los debates con más trascendencia de la legislatura: aquel en el que adquiere carta de naturaleza el programa político de un concreto Gobierno (aunque normalmente no su composición) y se establece la divisoria entre las fuerzas de la mayoría, que lo apoyan —el "bloque de investidura", se dado en llamar ahora— y las de quienes le niegan su confianza u optan por la abstención, y ello a través de una votación que toma la forma de pública y por llamamiento (artículo 85.2 del Reglamento del Congreso).

Bajo esos presupuestos funcionaron las 11 investiduras presidenciales que se produjeron durante las 10 primeras legislaturas (hubo una investidura más que legislaturas como consecuencia de la dimisión de Adolfo Suárez en enero de 1981), un largo período de acusado bipartidismo tendencial en el que las contiendas electorales arrojaron siempre una composición del Congreso que permitió a UCD y sucesivamente al PSOE, al PP y, en una alternancia de ciclo,
de nuevo al PSOE y al PP, sacar adelante la investidura de sus respectivos candidatos y formar Gobiernos invariablemente homogéneos. De entre los 11 formados entre 1979 y 2011, 5 dispusieron de mayoría absoluta y 6 fueron Gobiernos minoritarios, pero que contaron desde el principio con apoyos suficientes (generalmente de fuerzas del espectro nacionalista) como para superar el trámite de la investidura, al menos en segunda votación. El final de la X Legislatura, y las elecciones generales de diciembre de 2015 arrojaron como resultado un nuevo ciclo político (en el que continuamos) caracterizado por el ocaso de las "certezas constitucionales" propiciadas por el bipartidismo, sustituidas ahora por una fragmentación parlamentaria, como consecuencia de la cual el itinerario de alternativas dispuesto en el artículo 99 se ha visto reiterada (y descarnadamente) sometido a la prueba de la realidad. De manera resumida, la secuencia es como sigue: en enero de 2016 el presidente del Gobierno en funciones, Mariano Rajoy, que era también el líder del partido más votado, rechazó someterse a la votación de investidura ante la previsible falta de los suficientes apoyos políticos. A la vista de ello, fue propuesto como candidato el líder del PSOE, Pedro Sánchez, quien se sometió sin éxito al voto del Congreso ("investidura no otorgada" de marzo de 2016). Tras una nueva ronda de consultas, sin que saliera de ella propuesta de candidato, el plazo de los dos meses desde la primera votación del candidato Pedro Sánchez expiró el 3 de mayo, lo que produjo, por vez primera en nuestra historia constitucio-

nal, la disolución automática y "funcional" prevista en el artículo 99.5 (Real Decreto 184/2016, de 3 de mayo). Las subsiguientes elecciones generales, celebradas el 26 de junio, dieron paso a una legislatura, la Decimosegunda, en la que el candidato Mariano Rajoy fue propuesto como candidato y se sometió a la investidura hasta en dos ocasiones: la primera de ella, fallida, en agosto-septiembre de 2016, y la segunda (otorgada por mayoría simple) en el mes de octubre de ese mismo año. La XII legislatura conoció también, así mismo por vez primera bajo la vigencia de la Constitución de 1978, la aprobación de una moción de censura contra el Gobierno de Mariano Rajoy y el consiguiente nombramiento "automático" del candidato incluido en la moción, Pedro Sánchez (Real Decreto 354/2018, de 1 de junio). Las elecciones generales que dieron paso a la Decimotercera Legislatura tuvieron lugar el 28 de abril de 2019. Propuesto Pedro Sánchez como candidato, las votaciones que desembocaron en la investidura no otorgada se celebraron el 23 y el 25 de julio. Y tras una nueva ronda de consultas del rey, sin que de ella surgiera una nueva propuesta, el Real Decreto 551/2019, de 24 de septiembre, de disolución "automática" de las Cortes, por el transcurso de los dos meses del artículo 99.5, vino a confirmar las dificultades extraordinarias a que se ve sometida la formación del Gobierno en España en este ciclo político de acusada fragmentación parlamentaria y elevados índices de polarización. Está por ver si el tipo de Gobierno, coalición minoritaria, que es la gran novedad que ha traído la Decimocuarta Legislatura —recién terminada por disolución anticipada en el momento de escribir estas líneas— supone un cambio en las pautas de comportamiento de las fuerzas políticas que incline la balanza hacia la negociación y el pacto, en lugar de hacerlo hacia el repliegue innegociable en las posiciones propias, y la repetición (más bien inane) de elecciones, que es lo que hemos tenido en estos años convulsos.

VI. EL PROCEDIMIENTO DE INVESTIDURA "REALZADO"

El cambio de paradigma, desde las investiduras "rituales" de los tiempos del bipartidismo (más tendencial que "puro") a aquellas en las que se materializó lo que tendimos a despachar como improbables "hipótesis de laboratorio", ha traído como consecuencia el realce del significado del procedimiento del artículo 99 y la necesidad de esclarecer (o por qué no, reformar) aquellas de sus disposiciones más oscuras o imperfectas. De entre ellas, y en razón del espacio del que disponemos, nos centraremos en tres: la primera es la que se refiere al papel del rey en escenarios de dificultad para formar Gobierno; la segunda es la que tiene que ver con la intervención del Congreso; y la tercera, la que se refiere a la disolución *ope legis* y la consecuente convocatoria de nuevas elecciones. Obviamente las separamos sólo a efectos expositivos, pues las tres están entrelazadas en los planos lógico y sistemático, así como en razón de los efectos sobre el conjunto que inevitablemente produce el decantarse por una u otra de las interpretaciones, prácticas aplicativas o incluso cambios o reformas posibles en las distintas fases del procedimiento.

Comenzando por la intervención del rey: parece claro que lo que puede decirse de ella no es lo que pertenece al ámbito privado de las conversaciones entre el titular de la Corona, la presidencia del Congreso y los distintos actores políticos. Ese plano, que es el de la interacción normal entre quienes se embarcan en un espacio común de conversación, sólo interesa al Derecho Constitucional en la medida en que se proyecta en actuaciones concretas o, mejor dicho, en la medida en que culmina en actos jurídicos perfectos y relevantes, en nuestro caso, la propuesta de candidato a presidente del Gobierno. Se trata de un acto regio problemático, calificado doctrinalmente como "complejo" en su naturaleza jurídica, porque en él aparecen conectadas con especial intensidad una competencia —enumerada además expresamente en el artículo 62 *d*) entre las que corresponden al rey "en los términos previstos en la Constitución"— con las funciones genéricas que se le asignan en el artículo 56 y, entre ellas, la de arbitrar y moderar el funcionamiento regular de las instituciones. Esta fórmula del arbitraje y moderación del funcionamiento regular de las instituciones es, desde el punto de vista histórico, una *survivance* de la época de las Monarquías *constitucionales,* en las que un sedicente principio monárquico todavía permitía concebir una función regia de vigilancia activa sobre el proceder de los actores políticos dirigida a defender un ámbito de interés público situado por encima de las visiones parciales o *de partido*. Una larga época en la evolución del Estado constitucional en la que el rey venía emplazado con toda naturalidad en la esfera del Poder Ejecutivo y en la que, por ende, los Gobiernos lo eran de la Corona y los ministros, según la fórmula clásica, eran nombrados y separados libremente por el rey. La sedimentación del parlamentarismo según ritmos y etapas diferentes en una u otra monarquía fue arrinconando la posibilidad misma de una lectura semejante del poder del rey, lo que produjo que se generaran usos constitucionales consonantes con la nueva situación, o bien reformas expresas para acompasar las fórmulas constitucionales a los nuevos tiempos. Lo paradójico de nuestro caso es que, junto a la originalidad de la definición de la monarquía como *parlamentaria* se haya conservado la referencia a unas funciones de arbitraje y moderación cuyo acomodo en los mecanismos de funcionamiento de la democracia constitucional es más que complicado. Intentar explicarlas en razón del influjo que, en sede constituyente, tuvieron ciertos modelos de semi-presidencialismo (Francia) o, sobre todo, de parlamentarismo "republicano" (Italia), puede dar pie a ciertas *boutades* como la de República "coronada", pero supone olvidar que la legitimidad de origen (electoral-partidista) de la Presidencia en tales modelos admite justificaciones de ejercicio (o reserva) de poder —como las que, en ocasiones, ha ejercido en Italia el Presidente de la República ante dificultades o bloqueos en la formación del Gobierno— del todo inexistentes en el caso de la jefatura del Estado de tipo monárquico.

Resolver el oxímoron consistente en atribuir una función que presupone entrar en el fondo de las diferentes visiones políticas para valorarlas desde el punto de vista del interés común, y exigir al mismo tiempo que la defensa de este se haga desde la estricta neutralidad y presuponiendo que se localiza en un espacio que va más allá de tales visiones, supone ciertamente un encargo difícil. Pero en el procedimiento previsto para la formación del Gobierno ese espacio existe y puede identificarse con la administración de los tiempos exigidos constitucionalmente a tal efecto. Se entremezclan allí exigencias de plazo bien claras (por ejemplo, para la constitución de las Cámaras tras la celebración de elecciones, o para su disolución necesaria en el caso de transcurridos dos meses desde el fracaso de la primera votación ningún candidato haya logrado la confianza del Congreso) con zonas de elasticidad en las que cabe recurrir al arbitrio y al buen sentido, con el objetivo de que el procedimiento culmine en lo que debería ser su salida natural, es decir, la sustitución del Gobierno cesante por un Gobierno en plenitud de atribuciones. Por supuesto, que ese arbitrio ha de ser un arbitrio *concertado*; no es un arbitrio al alcance exclusivo del rey, pues no queda al margen ni supone excepción alguna con respecto a las reglas generales que disciplinan la exención de responsabilidad del rey. Y precisamente aquí mediante la traslación de la misma a un sujeto constitucional que, por aunar en su persona la representación de la Cámara involucrada en el proceso, junto a la dirección efectiva de sus tareas, está en mejor disposición que nadie para actuar en sintonía con el rey bajo el compromiso del respeto por una parte y otra de las funciones que corresponden a cada uno. Las consultas son el mecanismo previsto para una evaluación directa y de primera mano por parte del rey de la cambiante situación política y de las expectativas de éxito de esta o aquella candidatura, pero nada obliga a que culminen de manera necesaria e inmediata con una propuesta de candidato no obstante su inviabilidad política. El rey, de acuerdo con la Presidencia de la Cámara, puede dilatar la propuesta todo el tiempo que venga aconsejado por la prudencia política; y de igual modo, si la situación política lo hiciera aconsejable, hay un margen de elasticidad para dilucidar el cuándo de las consultas. Y todo ello sobre la base de un escrutinio de las distintas posiciones que evalúe las expectativas de concertación y conjugue de la mejor manera los márgenes de flexibilidad posible antes de proponer candidato con el carácter imperativo de un plazo —el de los dos meses que empieza correr tras el fracaso de la primera votación— que marca el punto de no retorno.

Estando ya en imprenta este Comentario, la situación creada a resultas del desenlace de las elecciones generales de julio de 2023, suscita un par de reflexiones adicionales sobre las consultas y la propuesta regia. Por vez primera, las consultas del rey tuvieron lugar en un escenario político en el que los líderes de la fuerza política más votada, pero también el de aquella que invocaba mejores perspectivas a la hora de concitar los apoyos parlamentarios suficientes para ser investido, se postulaban ante la opinión pública como candidatos. De manera inmediata a la constitución del Congreso y la elección de sus órganos directivos (pero antes incluso de la formación de los grupos parlamentarios), la presidenta del Congreso trasladó al rey la lista de los representantes de las fuerzas políticas que se mostraron dispuestas a acudir a consulta. Incidentalmente y a propósito de esto, no cabe sino calificar como grave incumplimiento de un deber constitucional el rechazo a acudir a consulta que se viene repitiendo por parte de determinadas fuerzas de carácter nacionalista y/o republicano. Máxime en un escenario de incertidumbre sobre las posibles posiciones de los partidos ante el voto de investidura, cuya dilucidación resulta precisamente esencial para un recto ejercicio de la facultad de propuesta.
Frente al dilema candidato del partido con más votos frente a candidato del partido con perspectivas políticas más sólidas, el rey se decantó por la primera de las alternativas. Y justificó su decisión mediante un Comunicado de la Casa real, de fecha 22 de agosto de 2023, en el que se invoca una supuesta costumbre constitucional favorable a dicha decisión —en todas las ocasiones, salvo en una (rechazo de Mariano Rajoy a ser candidato tras las elecciones de 2015) fue designado candidato el líder del partido con mayor apoyo electoral— al tiempo que se apunta a la falta de constatación de las mejores perspectivas de cualquier otro candidato. Es además digno de ser reseñado el hecho de que la administración de los tiempos para la activación del plazo de la disolución automática se haya depositado en el señalamiento de la fecha de la sesión de investidura —una competencia de la presidencia del Congreso, que en este caso se ha traducido en la apertura de un plazo de espera superior a un mes— y no en el de la celebración de las consultas o en la materialización misma de la propuesta regia.

VII. UN APUNTE FINAL

La experiencia vivida en estos últimos años viene a mostrar que la repetición de elecciones en un espacio de tiempo tan corto, difícilmente actúa como el motor decisivo de desbloqueo de la formación de Gobierno. En apenas unos meses no es de esperar que se produzca una volatilidad en el comportamiento de los electores tan significativa como para que esas elecciones *de segundo turno* puedan desempeñar el papel dirimente que no cumplieron en el primero. Más bien supone levantar acta de un fracaso institucional cuya responsabilidad última recae sin duda en la incapacidad de las fuerzas políticas para comportarse de manera responsable *leyendo* la voluntad dispersa de los electores como un encargo para coaligarse y generar acuerdos que permitan la formación de un Gobierno. Teniendo en cuenta la función que en esto cabe asignar al Congreso como sede de una representación política cada vez más devaluada, es poco lo que puede esperarse de la capacidad individual de los parlamentarios para reclamar independencia de criterio frente a la dirigencia de los partidos. Y probablemente una vez que aceptamos la lógica de funcionamiento del Estado de partidos no hay alternativa, mal que nos pesen las contradicciones que dicha lógica genera de continuo entre los imperativos constitucionales y la realidad política. Por la experiencia acumulada hasta ahora, así ocurre desde luego en el despliegue del artículo 99, un artículo que demanda la existencia de "sucesivas propuestas" y el sometimiento de las mismas al voto del Congreso antes de desembocar en la disolución automática de las Cámaras. La Constitución lo formula en términos imperativos ("se tramitarán sucesivas propuestas en la forma prevista en los apartados anteriores"), pero aquí no hay alternativa ni margen de maniobra que permita remediar la falta de disposición de los partidos al logro de acuerdos. Y en esas condiciones, con el plazo corriendo fatalmente hacia la culminación de un fracaso que inflige una herida a la credibilidad misma del sistema, no cabe más arbitrio ni moderación que la de la llamada o exhortación al diálogo, con un relieve seguramente más ritual o simbólico que efectivo.

Al hilo de la situación creada por la investidura *in extremis* de un candidato cuando ya asomaba el fantasma de una nueva repetición electoral, en octubre de 2016, las Cortes aprobaron una Ley Orgánica, la 2/2016, para modificar ligeramente el régimen jurídico de las elecciones sucesivas a la disolución prevista en el artículo 99.5. Básicamente la ley reduce el tiempo de duración de la campaña y declara subsistentes las Juntas Electorales constituidas para las elecciones anteriores. Es un paso en la dirección de normalizar lo que a todas luces representa una anomalía en el funcionamiento del sistema constitucional por la incapacidad constatada de gestionar un escenario político que, por muy complejo que pueda presentarse, nunca debería retrasar *sine die*, o frustrar, la necesidad de contar con un Gobierno con capacidad para desempeñar las funciones que le vienen asignadas en el artículo 97 y, entre ellas, la de dirección de la política; justamente lo que se cortocircuita y se frustra fatalmente cuando se desatiende el impulso principal y originario que, a tales efectos, y por muy plural o fragmentada que sea, tiene la voluntad expresada en las urnas por el sujeto titular de la soberanía.

VIII. BIBLIOGRAFÍA

AA.VV., *Revista Española de Derecho Constitucional*, 109 (2017), monográfico dedicado a la situación constitucional creada a raíz de las elecciones de diciembre de 2015 y junio de 2016, con artículos de Aragón Reyes, Solozábal Echevarría, Blanco Valdés, Revenga Sánchez, Marc Carrillo y Ripollés Serrano, entre otros.

ALBA NAVARRO, M.: "Sistema electoral, investidura y moción de censura: tres ejemplos de flexibilidad constitucional y de arbitrismo doctrinal", *Revista del Parlamento Vasco*, 1, 2020, pp. 12-39.

ARANDA ÁLVAREZ, E. (coord.): *Lecciones constitucionales de 314 días con el Gobierno en funciones*, Tirant lo Blanch, Valencia, 2017.

DE LÁZARO REDRUELLO, G.: ¿Parlamentarismo sin mayorías o parlamentarismo "sin Gobierno"?, *Revista de Estudios Políticos*, núm. 182, 2018, pp. 129-157.

FERNÁNDEZ ALLES, J. J.: *La forma de gobierno multinivel*, Thomson-Aranzadi Reuters, Navarra, 2018.

GARCÍA LÓPEZ E.: "El Rey neutral: la plausibilidad de una lectura democrática del artículo 56.1 de la Constitución", *Teoría y Realidad Constitucional*, núm. 34, 2014, pp. 295-318.

GARCÍA MAHAMUT, R: "La reforma de la LOREG para el supuesto de convocatoria automática de elecciones en virtud del artículo 99.5 CE: ¿una oportuna adaptación técnica o una conculcación del derecho de sufragio?", *Revista de Derecho Político*, núm. 100, 2017, pp. 541-573.

LÓPEZ RUBIO, D.: "La investidura del Presidente del Gobierno: un análisis a la luz de la experiencia reciente", *Eunomia. Revista en Cultura de la Legalidad*, núm. 13, 2017-2018, pp. 159-181.

REVENGA SÁNCHEZ, M.: *La formación del Gobierno en la Constitución Española de 1978*, CEPC, Madrid, 1988.

– "Veinticinco años de formación del Gobierno", *Revista de Derecho Político*, núm. 58-59, 2003-2004, pp. 503-522.

TERUEL LOZANO, G.: "La regulación constitucional de la investidura de Presidente del Gobierno ante un nuevo escenario político", *Revista General de Derecho Constitucional*, núm. 25, 2017.

Artículo 100

Los demás miembros del Gobierno serán nombrados y separados por el Rey, a propuesta de su Presidente.

COMENTARIO

Miguel Revenga Sánchez
Catedrático de Derecho Constitucional
Universidad de Cádiz
José Joaquín Fernández Alles
Catedrático de Derecho Constitucional
Universidad de Cádiz

SUMARIO: I. CONTENIDO Y CARACTERES DEL ART. 100 CE: EL TRÁMITE CONSTITUYENTE. II. EL RÉGIMEN JURÍDICO DEL ART. 100 CE: LA PROPUESTA PRESIDENCIAL, EL NOMBRAMIENTO, LA TOMA DE JURAMENTO O PROMESA, EL JURAMENTO O PROMESA, LA TOMA DE POSESIÓN Y EL CESE. LA FORMA NORMATIVA. 1. La potestad presidencial y sus límites: órganos necesarios y órganos no necesarios. 2. La propuesta presidencial, el nombramiento y el refrendo. 3. La toma de juramento o promesa, el juramento o promesa, y la toma de posesión. 4. El cese y la reasignación de funciones por renuncia de los Vicepresidentes y Ministros. 5. La forma normativa del nombramiento y cese. III. TIPOLOGÍA DE LAS VICEPRESIDENCIAS Y MINISTERIOS (1977-2023). IV. BIBLIOGRAFÍA.

I. CONTENIDO Y CARACTERES DEL ART. 100 CE: EL TRÁMITE CONSTITUYENTE

Sin más antecedentes en nuestra historia constitucional que el art. 75 de la Constitución de 1931 ("El Presidente de la República nombrará y separará libremente" (...) a propuesta del Presidente del Gobierno, a los Ministros), el art. 100 de la Constitución de 1978 se caracteriza por tres rasgos que suscitaron interesantes cuestiones de técnica legislativa en el trámite constituyente: 1) se trata de un precepto inspirado en los estudios de Derecho Constitucional comparado; 2) cumple una función de complemento del art. 99 CE: y 3) se considera un precepto duplicado (reitera el contenido del art. 62 e) CE). Veamos con detenimiento estos tres rasgos.

En primer lugar, como en tantas materias reguladas por nuestra Constitución, este precepto sigue el cercano modelo comparado de las Constituciones de Francia (1946 y 1958), Italia (1947) y Alemania (1949), a su vez inspirado en el modelo constitucional europeo de entreguerras en el que se ubica asimismo la Constitución Española de 1931. Mientras que, según el art. 92 de la Constitución italiana, "el Presidente de la República nombra al Presidente del Consejo de ministros y, a propuesta de éste, a los Ministros", por su parte, el art. 64.1 de la Ley Fundamental de Bonn de 1949 dispone: "el Presidente Federal nombra y cesa a los Ministros Federales a propuesta del Canciller Federal". No obstante, como se explica más abajo, los modelos comparados han inspirado desigualmente la regulación española (refrendo, responsabilidad política por ruptura de la relación fiduciaria individual, aforamiento...).

En segundo lugar, se trata de un precepto que cumple una "función normativa complementaria" porque se integra materialmente en el régimen de nombramiento y cese de los miembros del Gobierno previsto para el Presidente en el art. 99 CE. Por tal motivo, antes de la aprobación de la enmienda del Senado que separaba ambos regímenes, en el Anteproyecto de Constitución (*Boletín Oficial de las Cortes*, núm. 44, de 5 de enero de 1978), esta regulación se incluía como simple apartado 6, en el art. 97 (art. 99 definitivo)": "Los demás miembros del Gobierno son nombrados y separados por el Rey, a propuesta del Presidente", cuya sistemática integradora de todos los miembros del Gobierno en un solo precepto fue abandonada con el fin de reforzar el principio de canciller y el carácter presidencial de la forma de gobierno, separando expresamente el estatuto de designación, nombramiento y cese del Presidente del Gobierno —cuyo régimen orgánico, de confianza y de responsabilidad está dotado preeminencia orgánica al ser investido por el Congreso de los Diputados tras la propuesta real sobre candidato—, del correspondiente a los demás miembros del Gobierno, que son nombrados una vez que lo haya sido el Presidente del Gobierno y sin la relación fiduciaria con el Congreso Diputados ni la legitimidad parlamentaria de éste. 1443

Por otra parte, ni el art. 100 CE ni el resto de la norma suprema incorporan previsión semejante a la establecida en el art. 75 de la Constitución de 1931, sobre el cese de los Ministros como acto debido del Presidente de la República: "separarlos necesariamente en el caso de que las Cortes les negasen de modo explícito su confianza", esto es, el caso de responsabilidad política por ruptura de la relación fiduciaria individual prevista en el art. 64: "Habrá de separarlos necesariamente en el caso de que las Cortes les negara de modo explícito su confianza".

Tampoco se regula un trámite de control previo de la idoneidad que, siguiendo algunos casos de Derecho Comparado, pudiera articularse en la Comisión Consultiva de Nombramientos u otra comisión parlamentaria. Sólo deben cumplirse los requisitos de capacidad, legitimación e incompatibilidades de los arts. 11 (requisitos de acceso al cargo: "Para ser miembro del Gobierno se requiere ser español, mayor de edad, disfrutar de los derechos de sufragio activo y pasivo, así como no estar inhabilitado para ejercer empleo o cargo público por sentencia judicial firme") y 14.1 ("Los miembros del Gobierno no podrán ejercer otras funciones representativas que las propias del mandato parlamentario, ni cualquier otra función pública que no derive de su cargo, ni actividad profesional o mercantil alguna") de la Ley 50/1997, de 27 de noviembre, del Gobierno.

El Presidente del Gobierno, que no es un *primus inter pares*, además de estar dotado de una legitimidad democrática y una relación fiduciaria derivada de la aprobación de su candidatura y su programa en la votación de investidura, se define como un órgano constitucional con competencias cualitativa y cuantitativamente superiores a los demás miembros del Gobierno, quienes políticamente se subordinan a él en el marco de una relación de exclusiva confianza y dependencia: la potestad de proponer el nombramiento y el cese de los miembros del Gobierno es exclusiva del Presidente. Además, una vez se produzca el cese del Presidente del Gobierno por "celebración de elecciones generales, en los casos de pérdida de la confianza parlamentaria previstos en la Constitución, o por dimisión o fallecimiento de su Presidente", también cesa el Gobierno en pleno (art. 101 CE).

En tercer lugar, se trata de un precepto duplicado porque, como advirtiera el diputado constituyente Raúl Morodo (Grupo Mixto), el art. 62 e) del texto constitucional, sobre las funciones del rey, dispone exactamente lo mismo —aunque con forma verbal activa y no pasiva— en el Título II sobre la Corona: "Nombrar y separar a los miembros del Gobierno, a propuesta de su Presidente". Advertida la duplicidad, el citado parlamentario y profesor presentó una enmienda de supresión al art. 54 b) del Anteproyecto de Constitución que limitaba los miembros del Gobierno a los ministros y, en vez del pronombre "su" que en el texto definitivo antecede al sujeto "Presidente" sin especificar "del Gobierno", contemplaba el artículo determinado tras la preposición (del): "Nombrar y separar a los Ministros a propuesta del Presidente del Gobierno". Finalmente, el Congreso de los Diputados no aprobaría esta enmienda, sino otra: la núm. 267, cuyo primer firmante fue el Grupo Parlamentario Socialistes de Catalunya, que sustituía "los ministros" por "los miembros del Gobierno", con la motivación de que había que "ampliar la referencia a todos los miembros del Gobierno, y no solo a los Ministros". Se trata de un criterio constitucional que la Ley 50/1997, del Gobierno no ha seguido: su art. 1. 2 no prevé más órganos unipersonales que los titulares de la Presidencia, las Vicepresidencias y los Ministerios ("El Gobierno se compone del Presidente, del Vicepresidente o Vicepresidentes, en su caso, y de los Ministros").

II. EL RÉGIMEN JURÍDICO DEL ART. 100 CE: LA PROPUESTA PRESIDENCIAL, EL NOMBRAMIENTO, LA TOMA DE JURAMENTO O PROMESA, EL JURAMENTO O PROMESA, LA TOMA DE POSESIÓN Y EL CESE. LA FORMA NORMATIVA

El régimen jurídico del art. 100 CE permite distinguir seis actos diferentes: la propuesta del Presidente del Gobierno, el nombramiento real, el refrendo presidencial del nombramiento real, la toma de juramento o promesa, el juramento o promesa, y la toma de posesión. Como consecuencia de la reserva de ley prevista en el art. 98 CE, en lo que afecta a la composición del Gobierno, estas fases procedimentales están reguladas —aunque de forma fragmentaria e incompleta —en la Ley 50/1997, del Gobierno, sin perjuicio de la regulación reglamentaria de la estructura ministerial del Gobierno y del nombramiento de sus miembros.

1. La potestad presidencial y sus límites: órganos necesarios y órganos no necesarios

El art. 100 CE contempla un régimen jurídico de propuesta gubernamental, nombramiento real y cese real de los miembros del Gobierno que la citada Ley del Gobierno ha clasificado en órganos gubernamentales necesarios y dotados de autonomía (Ministros), por una parte, y órganos gubernamentales no necesarios y "ad personam" (Vicepresidentes y Ministros sin cartera), por otra. Respecto a los primeros, según el art. 12.2, sobre el nombramiento y cese, exceptuando el régimen del Presidente del Gobierno (art. 99 CE), los "demás miembros del Gobierno serán nombrados y separados por el Rey, a propuesta de su Presidente", esto es, conforme al correspondiente Decreto por el que estructuran los departamentos ministeriales (por ejemplo, el Real Decreto 415/2016, de 3 de noviembre, por el que se reestructuran los departamentos ministeriales). Una vez cesado un ministro "con cartera", y mientras no se haya reformado este Decreto, el Ministerio sigue existiendo y sólo habría que nombrar al nuevo titular. Por el contrario, los segundos (órganos unipersonales "ad personam") son creados expresamente para la persona que va a desempeñar el cargo y, en virtud del apartado 3 del citado art. 12, la separación de los Vicepresidentes del Gobierno y de los Ministros sin cartera "llevará aparejada la extinción de dichos órganos".

En cuanto al número y denominación de las Vicepresidencias y Ministerios, el Presidente del Gobierno tiene atribuida una potestad exclusiva para crearlos con total libertad y sin más límites que la observancia de los requisitos formales (Real Decreto) y los que se derivan de las normas del buen gobierno (necesidad...), sin posibilidad de utilizar la previsión constitucional de "otros miembros" dada la regulación cerrada del citado art. 1.2 de la Ley del Gobierno: "El Gobierno se compone del Presidente, del Vicepresidente o Vicepresidentes, en su caso, y de los Ministros". Para despejar cualquier duda al respecto y salvo que se reforme esta Ley 50/1997, la Exposición de Motivos afirma textualmente: "No son, en consecuencia, esos otros posibles miembros del Gobierno a que se refiere el artículo 98.1 de la Constitución".

En el marco de libertad de designación que compete al Presidente del Gobierno, durante algunas legislaturas el número de ministros y vicepresidentes ha quedado vinculado (vinculada) a las necesidades de pactos políticos entre distintos partidos políticos (muy evidentes en la XIV Legislatura, con incremento de Vicepresidencias y Ministerios) y de equilibrios internos y territoriales en su propio partido que debe atender el Presidente.

2. La propuesta presidencial, el nombramiento y el refrendo

La propuesta de nombramiento de las personas como titulares de las Vicepresidencias y Ministerios compete exclusivamente al Presidente del Gobierno como acto de dirección política de carácter organizativo, discrecional y preparatorio, sin que sea susceptible de previo control político o jurídico, salvo el que se deriva del cumplimiento de los requisitos previstos por las normas constitucionales (62 e) y 100 CE) y legales (Ley 50/1997, de 27 de noviembre, del Gobierno; y el Real Decreto 707/1979, de 5 de abril, por el que se determina la fórmula de juramento o promesa para la toma de posesión de cargos o funciones públicas). En consecuencia, será susceptible de controlarse política y jurisdiccionalmente el cumplimiento de los requisitos de capacidad, legitimación e incompatibilidades de los arts. 11 (requisitos de acceso al cargo: "Para ser miembro del Gobierno se requiere ser español, mayor de edad, disfrutar de los derechos de sufragio activo y pasivo, así como no estar inhabilitado para ejercer empleo o cargo público por sentencia judicial firme") y 14.1 ("Los miembros del Gobierno no podrán ejercer otras funciones representativas que las propias del mandato parlamentario, ni cualquier otra función pública que no derive de su cargo, ni actividad profesional o mercantil alguna") de la Ley 50/1997, de 27 de noviembre, del Gobierno. En este ámbito, los únicos problemas interpretativos podrían plantearse en el caso del nombramiento de Vicepresidentes o Ministros que ejerzan actividades de facto actividades profesionales o mercantiles. Dado los términos taxativos del art. 14.1 de la Ley 50/1997, en defecto de cumplimiento voluntario a través de la renuncia de las actividades incompatibles, cabría acudir a la exigencia de responsabilidad en sede parlamentaria (reprobación del Vicepresidente o Ministro en cuestión) y también, aunque no hay precedente en España, a la impugnación del nombramiento ante el orden jurisdiccional contencioso-administrativo.

La responsabilidad política en estos dos supuestos (nombramiento y cese) recae en el Presidente del Gobierno como sujeto refrendante del Real Decreto de nombramiento o cese que, como segundo fundamento, es quien ha adoptado la decisión de oportunidad política implícita en la designación de una persona como titular de un cargo con tanta relevancia constitucional. Ninguna forma de control jurídico parece posible, sin embargo, contra el Real Decreto de cese de los Vicepresidentes o Ministros, más allá del control formal del procedimiento.

3. La toma de juramento o promesa, el juramento o promesa, y la toma de posesión

Tanto la toma de juramento o promesa (que corresponde formalmente al rey), como el propio acto de juramento o promesa y, conjuntamente, la toma de posesión —por la persona nombrada como tal— se configuran como actos distintos que coinciden en el tiempo y en el lugar (Palacio de la Zarzuela), dándose así efectividad al nombramiento real de los Vicepresidentes y Ministros publicado en el *BOE*. A tal efecto, el Real Decreto 707/1979, de 5 de abril, por el que se determina la fórmula de juramento o promesa para la toma de posesión de cargos o funciones públicas, dispone en su art. 1 que en el acto de toma de posesión de cargos o funciones públicas en la Administración, quien haya de dar posesión formulará al designado la siguiente pregunta: "¿Juráis o prometéis por vuestra conciencia y honor cumplir fielmente las obligaciones del cargo... con lealtad al Rey, y guardar y hacer guardar la Constitución, como norma fundamental del Estado?". Aunque se afirma que "esta pregunta será contestada por quien haya de tomar posesión con una simple afirmativa", al mismo tiempo se prevé que también "podrá ser sustituida por el juramento o promesa prestado personalmente por quien va a tomar posesión, de cumplir fielmente las obligaciones del cargo con lealtad al Rey y de guardar y hacer guardar la Constitución como norma fundamental del Estado". Esta segunda posibilidad es la fórmula tradicionalmente utilizada para la toma de posesión de los Vicepresidentes y Ministros, bien con juramento, bien con promesa (aunque por error algún caso ha habido de "juro y prometo"), que deberá completarse con lo dispuesto en el art. 2 del citado Real Decreto: "Los Vicepresidentes, Ministros y demás miembros del Gobierno prestarán ante el Rey el juramento o promesa en la forma establecida en el artículo anterior, refiriéndolo también a la obligación de mantener secreto de las deliberaciones del Consejo de Ministros", obligación que omite la Ley 50/1995, del Gobierno.

Aunque en el caso de los Vicepresidentes y Ministros nunca se ha intentado cambiar por los interesados la fórmula utilizada en el nombramiento, no cabe descartar que en el futuro se produzca algún intento en tal sentido como ya ha ocurrido para la toma de posesión en otros ámbitos institucionales: Diputados, Senadores, miembros de los Consejos de Gobierno de las Comunidades Autónomas, Alcaldes... En tales supuestos, bastará con que se cumpla la primera posibilidad prescrita por la norma, esto es, una pregunta que contenga todos los contenidos indicados y, a continuación, la "simple afirmativa" del Vicepresidente o Ministros, que podrá incluir todas aquellas palabras o frases que no contradigan el sentido afirmativo de la respuesta.

El orden de la toma de juramento o promesa y, por tanto, de la toma de posesión otorga el primer turno al titular del Ministerio de Justicia, quien desde ese momento actúa como Notario Mayor del Reino, y a continuación los vicepresidentes si los hubiere, para continuar con los Ministros según el orden de antigüedad de los Ministerios.

Aunque no está regulado normativamente, se sigue la costumbre —no observada en las renovaciones parciales de los Gobierno— según la cual al juramento o promesa de los vicepresidentes y ministros asisten, en calidad de testigos, el Presidente del Gobierno, el Presidente del Congreso, el Presidente del Senado, el Presidente del Tribunal Constitucional y el Presidente del Consejo General del Poder Judicial.

Por último, aunque la Presidencia del Gobierno —en el caso de las Vicepresidencias— y los Ministerios suelen organizar un tradicional "acto de toma de posesión" en la sede del complejo de la Moncloa o en respectivo Ministerio con entrega física de la "cartera" por parte del antecesor en el cargo al titular de la Vicepresidencia o Ministerio, se trata de un acto meramente protocolario y simbólico, sin valor jurídico. El mencionado Decreto 707/1979 no deja lugar a dudas en su art. 1: "en el acto de toma de posesión de cargos o funciones públicas en la Administración, quien haya de dar posesión formulará al designado la siguiente pregunta", esto es, el acto de juramento o promesa en el Palacio de la Zarzuela debe considerarse el acto de toma de posesión.

4. El cese y la reasignación de funciones por renuncia de los Vicepresidentes y Ministros

Desde el punto de vista temporal, dos criterios se han utilizado en relación con el Real Decreto de cese de los Vicepresidentes y Ministros con motivo de la celebración de Elecciones Generales. Desde 1977 hasta 1986, los Vicepresidentes y los Ministros era cesaban el mismo día del nombramiento de sus sucesores (p.e. el Real Decreto 1561/1977, de 4 de julio, por el que se dispone el cese de determinados Ministros del Gobierno). A partir de 1986 y hasta la entrada en vigor de la Ley 50/1997, se cumplió la costumbre de decretar el cese del Presidente el día siguiente al de la celebración de las Elecciones Generales, pasando a estar en funciones (Revenga Sánchez, *La formación del Gobierno en la Constitución Española de 1978*. CEC. Madrid, 1988). Este criterio fue asumido por la vigente Ley 50/1997, cuyo art. 21.1 (*Del Gobierno en funciones*) establece que el "Gobierno cesa tras la celebración de elecciones generales, en los casos de pérdida de confianza parlamentaria previstos en la Constitución, o por dimisión o fallecimiento de su Presidente" (p.e. Real Decreto 1168/2015, de 21 de diciembre, por el que se declara el cese de los miembros del Gobierno) y que el "Gobierno cesante continúa en funciones hasta la toma de posesión del nuevo Gobierno, con las limitaciones establecidas en esta Ley" (art. 21.2).

Distinto es el caso del régimen de reasignación de materias del Gobierno en funciones tras su cese por cualquiera de las causas previstas constitucional o legalmente (convocatoria de elecciones, aprobación de una moción de censura o no aprobación de una cuestión de confianza...). Conforme a una interpretación constitucional teleológica y sistemática de la relación fiduciaria y de la *prorrogatio* (Revenga Sánchez, *ibídem*), una vez cesado el Gobierno por Real Decreto del Presidente, cualquier modificación en la composición del Gobierno que afecte a las Vicepresidencias o los Ministerios se articulará también por Real Decreto del Presidente, conforme al régimen de suplencia (art. 13.2 de la Ley 50/1997) y a través de renuncias personales y reales decretos de reasignación del despacho ordinario de los Ministerios afectados (p.e. el Real Decreto 298/2016, de 18 de julio, por el que se dispone que el Ministro de Justicia en funciones asuma el despacho ordinario de los asuntos del Ministerio de Fomento: con el fundamento del Real Decreto 1168/2015, de 21 de diciembre, que había declarado el cese de los miembros del Gobierno, el RD 298/2016 dispuso que "como consecuencia de la vacante en el cargo por renuncia de la Ministra de Fomento en funciones, el Ministro de Justicia en funciones asuma el despacho ordinario de los asuntos correspondientes al citado Departamento").

5. La forma normativa del nombramiento y cese

En virtud de una interpretación sistemática de los arts. 98 y 103.2 CE, la forma normativa prevista para nombramiento y cese de los Vicepresidentes y Ministros es de carácter reglamentario (la utilización del Real Decreto-Ley fue objeto de interpretación por la STC 60/1986, de 20 de mayo de 1986). De esta manera, tanto el nombramiento como el cese se formalizan normativamente en el correspondiente Real Decreto del Presidente, en los términos establecidos en el art. 17, *De las normas aplicables al funcionamiento del Gobierno,* de la Ley 50/1997, según el cual: "El Gobierno se rige, en su organización y funcionamiento, por la presente Ley y por: a) Los Reales Decretos del Presidente del Gobierno sobre la composición y organización del Gobierno, así como de sus órganos de colaboración y apoyo" (p.e. Real Decreto 417/2016, de 3 de noviembre, por el que se nombran Ministros del Gobierno), que serán expedidos por el rey y refrendados por el Presidente del Gobierno. Su publicación en el *BOE* no determina la eficacia del nombramiento (la eficacia viene determinada por la toma de posesión) y, tanto en sistemática como en tipografía, es tratada de manera diferenciada según se trate de las Vicepresidencias o de los Ministerios: mientras la publicación del nombramiento de los Ministros es conjunta, desde comienzos de la década de los ochenta del siglo pasado XX, el nombramiento de los vicepresidentes se publica en página separada e individual, ocupando una página completa (media página en sus primeras manifestaciones) del *BOE* (p.e. el Real Decreto 416/2016, de 3 de noviembre).

III. TIPOLOGÍA DE LAS VICEPRESIDENCIAS Y MINISTERIOS (1977-2023)

En las quince legislaturas comenzadas desde las Elecciones Generales de 15 de junio de 1977 (la Legislatura Constituyente quedó abierta el día 5 de julio del año 1977, más 14 legislaturas hasta la fecha), los siete Presidentes del Gobierno han organizado sus Gobiernos incluyendo un variado y nutrido grupo de Vicepresidencias que alcanza el número de 44. Estas Vicepresidencias han respondido a dos modelos: a) Técnicas de adscripción material para la dirección o coordinación políticas (así, las Vicepresidencias para la Coordinación de los Asuntos Económicos y para Asuntos Económicos); y b) Técnicas de adscripción orgánica, como son las Vicepresidencias desempeñadas por los titulares de del Ministerio de la Presidencia, Ministerio de Economía, Ministerio de Defensa, Ministerio de Asuntos de la Seguridad y Defensa Nacional; Ministerio de Economía y Comercio; Ministerio de Economía y Hacienda; Ministerio de Economía; Ministerio de Política Territorial; Ministerio del Interior; Ministerio de Política Territorial y Administración Pública; Asuntos Económicos; y Ministerio de la Presidencia y para las Administraciones Territoriales. El número de Vicepresidencias ha oscilado entre una, dos, tres o cuatro, y sólo un Gobierno (de Calvo-Sotelo) fue organizado sin vicepresidencias.

En cuanto a la organización departamental, con independencia de la coincidencia total o parcial de sus funciones, se han utilizado hasta 71 denominaciones ministeriales distintas: Para las Administraciones Públicas; Administración Territorial; Agricultura; Agricultura, Alimentación y Medio Ambiente; Agricultura, Pesca y Alimentación; Agricultura y Pesca, Alimentación y Medio Ambiente; Asuntos Económicos y Transformación Digital; Asuntos Exteriores; Asuntos Exteriores y de Cooperación; Asuntos Exteriores; Asuntos Exteriores, Unión Europea y de Cooperación, Asuntos Sociales; Ciencia e Innovación; Ciencia y Tecnología; Comercio y Turismo; Cultura; Consumo; Cultura y Deporte; Cultura y Bienestar; Defensa; Derechos Sociales y Agenda 2030; Economía; Economía y Comercio; Economía y Competitividad; Economía y Hacienda; Economía, Hacienda y Comercio; Economía, Industria y Competitividad; Educación y Ciencia; Educación y Cultura; Educación, Cultura y Deporte; Educación, Política Social y Deporte; Educación y de Universidades e Investigación; Educación y Formación Profesional; Energía, Turismo y Agenda Digital; Fomento; Hacienda; Hacienda y Administraciones Públicas; Hacienda y Función Pública; Igualdad; Justicia; Inclusión, Seguridad Social y Migraciones; Industria, Comercio y Turismo; Industria, Energía y Turismo; Industria, Turismo y Comercio; Interior; Justicia e Interior; Medio Ambiente; Medio Ambiente y Medio Rural y Marino; Obras Públicas, Transportes y Medio Ambiente; Obras Públicas y Urbanismo; Política Territorial y Función Pública; Presidencia del Gobierno; Presidencia y para las Administraciones Territoriales; Presidencia, Relaciones con las Cortes y Memoria Democrática; Sanidad y Política Social; Sanidad, Política Social e Igualdad; Trabajo, Industria y Energía; Trabajo e Inmigración; Relaciones con las Cortes y Memoria Democrática; Trabajo y Economía Social; Trabajo y de Sanidad y Consumo; Transición Ecológica y el Reto Demográfico; Relaciones con las Cortes y de la Secretaría del Gobierno; Sanidad y Seguridad Social; Sanidad, Servicios Sociales e Igualdad; Trabajo y Asuntos Sociales; Trabajo y Seguridad Social; Transportes y Comunicaciones; Transportes, Movilidad y Agenda Urbana; Transporte, Turismo y Comunicaciones; Universidades; Universidades e Investigación; y Vivienda.

Finalmente, en el periodo de tiempo que aquí contemplamos (1977-2023), también fueron creadas algunas articulaciones orgánicas de carácter singular (especialidades) que afectaron a la estructura interna del Gobierno (el régimen de nombramiento y cese): Ministerios adjuntos (Para las Regiones; y Para las Relaciones con las Cortes; Ministerios sin cartera (de Relaciones con las Comunidades Europeas; Ministra Portavoz del Gobierno), y Ministerios adjuntos y sin cartera (Adjunto al Presidente; Relaciones con las Cortes; Adjunto al Presidente, coordinador de Asuntos Políticos; y Ministro Adjunto al Presidente encargado de la Administración Pública). Así, por ejemplo, el Real Decreto

1797/1980, de 8 de septiembre) creó un Ministerio Adjunto al Presidente como órgano unipersonal con funciones determinada por la normativa sectorial (una de ellas referida al Centro de Estudios Constitucionales).

IV. BIBLIOGRAFÍA

FERNÁNDEZ ALLES, J. J.: *La forma de gobierno multinivel*, Thomson Aranzadi, Navarra, 2018.

LÓPEZ GUERRA, L. M., "Funciones del Gobierno y dirección política", *Documentación Administrativa*, núm. 215, 1988, pp. 15-40.

– "La posición constitucional del Gobierno", AA.VV. *Gobierno y Administración en la Constitución*, Vol. I, Instituto de Estudios Fiscales, Madrid, 1988, pp. 15-33.

REVENGA SÁNCHEZ, M.: *La formación del Gobierno en la Constitución Española de 1978*, CEC. Madrid, 1988.

Artículo 101

1. El Gobierno cesa tras la celebración de elecciones generales, en los casos de pérdida de la confianza parlamentaria previstos en la Constitución, o por dimisión o fallecimiento de su Presidente.

2. El Gobierno cesante continuará en funciones hasta la toma de posesión del nuevo Gobierno.

COMENTARIO

Fernando Reviriego Picón
Catedrático de Derecho Constitucional
UNED

SUMARIO: I. EL CESE DEL GOBIERNO Y LA PERMANENCIA EN FUNCIONES. II. LA DURACIÓN TEMPORAL DE LA PERMANENCIA EN FUNCIONES Y LA COMPOSICIÓN DEL GOBIERNO. III. LAS LIMITACIONES DEL GOBIERNO EN FUNCIONES. IV. EL CONTROL DEL GOBIERNO EN FUNCIONES. V. BIBLIOGRAFÍA. VI. JURISPRUDENCIA.

I. EL CESE DEL GOBIERNO Y LA PERMANENCIA EN FUNCIONES

Se regulan en este artículo los supuestos de cese del órgano gubernamental, prescribiéndose asimismo a continuación de forma expresa la exigencia de continuidad del Gobierno cesante hasta la toma de posesión de aquél que le sucederá. El precepto se enmarca con claridad dentro del diseño general del constituyente de dotar de una amplia estabilidad al órgano gubernamental en el marco de un parlamentarismo racionalizado. A través de este mandato constitucional explícito de permanencia en funciones, que raras veces suele ser contemplado en los textos constitucionales, solventó el constituyente las inevitables transiciones que han de producirse en un régimen democrático durante los trámites necesarios para la elección de un nuevo Gobierno, evitando de esta forma que puedan producirse eventuales vacíos de poder. Nos encontramos ante un artículo que tuvo una pacífica tramitación parlamentaria y que, de hecho, sufrió muy escasas alteraciones, aunque alguna de cierta entidad: la eliminación de la incapacidad del Presidente como supuesto de cese (por una clara extralimitación de la Comisión Mixta), y la extensión del mandato de continuidad al conjunto de miembros del órgano gubernamental sin excluir al Presidente en los supuestos de dimisión o pérdida de la confianza parlamentaria, como así se estableció inicialmente. Ello no impidió que a través de algunas enmiendas presentadas pudieran barajarse otras opciones durante los debates parlamentarios, aunque con muy exiguos apoyos, como sucedió, por ejemplo, con la propuesta de articular *ex novo* un órgano diferenciado creado *ad hoc* con carácter provisional para gestionar estos períodos de interinidad en determinados supuestos; sin duda, una propuesta mucho más compleja y que, en todo caso, siempre resultaría complementaria a la propia *prorogatio,* como principio general de Derecho Público que resulta ser la forma menos problemática de solventar todas aquellas cuestiones que la discontinuidad gubernamental pudiera generar.

Son cinco los supuestos que provocan el cese del Gobierno y la necesidad de su sustitución por otro. Dos de ellos se encuentran vinculados a la persona del Presidente como único interlocutor del vínculo de confianza instituido con el Congreso de los Diputados: dimisión o fallecimiento del Presidente. Otros dos hacen referencia precisamente a ese vínculo o maridaje y su ruptura por una muestra de desconfianza expresa de la Cámara a través de procedimientos diseñados *ad hoc,* iniciados bien a instancias de un grupo de representantes de la misma o bien del propio Presidente: moción de censura y cuestión de confianza. Junto a estos, el quinto, primero en la enumeración constitucional, es la celebración de elecciones generales, el supuesto habitualmente ordinario.

A lo largo de estas casi cinco décadas de vigencia del texto constitucional se han materializado tres de ellos. En la práctica totalidad de los supuestos el cese se ha debido lógicamente a la celebración de elecciones, ya fuera con disoluciones anticipadas o no. Mas, también hemos contado con un supuesto de cese debido a la dimisión del Presidente (1981), y, otro, consecuencia del triunfo de una moción de censura constructiva (2018). Conviene recordar que, aparte de ésta, se han presentado otras cinco mociones de censura en estos años (1980, 1987, 2017, 2020 y 2023) pero sin alcanzar ninguna de ellas las mayorías necesarias, y que las cuestiones de confianzas presentadas (dos hasta el momento, 1980 y 1990) sí que han obtenido en todas las ocasiones el aval de la Cámara, sin provocar, por tanto, el cese del Gobierno.

Aunque algún sector de la doctrina ha llegado a asimilar otras circunstancias como supuestos de cese, es claro que estamos ante supuestos manifiestamente tasados, a diferencia de otras materias en las que el constituyente operó de forma dispar; puede apuntarse, de esta forma, a título de ejemplo, la previsión del art. 70.1 CE respecto de las inelegibilidades e incompatibilidades de Diputados y Senadores tras una enumeración mínima. Más allá de ello, lo cierto es que consideramos claramente disfuncional no haber recogido otros supuestos como la incapacidad presidencial, voluntariamente excluida por el constituyente. Es este un supuesto que sí recogen, por el contrario, la práctica totalidad de las CC.AA. y que, en general, se vincula a un procedimiento asentado en la decisión compartida entre el Gobierno y la Asamblea, bien de forma automática bien de forma gradual, tras una primera declaración de incapacidad temporal unida al transcurso de un concreto período de tiempo.

Aunque los supuestos de cese, y más aún las concretas circunstancias que pueden envolver a los mismos, son de naturaleza muy diversa, la CE no introdujo distinción alguna a la hora de regular la permanencia en funciones, ni con relación a la composición del Gobierno (el Anteproyecto sí establecía diferencias en este punto en función de la causa originadora del cese) ni con relación a su ámbito de actuación, optando únicamente por una genérica exigencia de continuidad en todos los casos del Gobierno cesante hasta la toma de posesión del nuevo Gobierno. La Ley del Gobierno, por su parte, como veremos luego con más detalle, sí se inclinó por establecer una diferencia en el caso del cese provocado por la celebración de elecciones generales.

II. LA DURACIÓN TEMPORAL DE LA PERMANENCIA EN FUNCIONES Y LA COMPOSICIÓN DEL GOBIERNO

Los interregnos que median entre el cese de un Gobierno y la toma de posesión del que le suceda suelen ser breves. Cabe apuntar así, como botón de muestra, que hasta la dilatadísima permanencia en funciones de 2015/2016 en donde se activó por primera vez la cláusula de disolución automática del art. 99.5 CE (una disposición que, como es bien sabido, se volvió a activar en 2019) la duración media era de apenas cuarenta días. Ahora bien, hay un componente de indeterminación en ese momento *ad quem* de la permanencia en funciones, ya que dicho momento ha de llegar, pero se desconoce cuándo lo hará: *certus an incertus quando*. Esta problemática no se plantea lógicamente en el caso de una moción de censura triunfante por su carácter constructivo, donde la interinidad debiera ser de apenas unas horas o todo lo más uno o dos días, el tiempo necesario para la toma de posesión del Gobierno; no obstante, lo cierto es que en el único caso acontecido hasta la fecha, esta dilación se extendió bastante más de lo razonablemente esperado (mediaron seis días desde la votación de la moción hasta la toma de posesión de los ministros), consecuencia sin duda de lo apresurado de su celebración y las dudas que se tenían de que pudiera resultar triunfante, una incertidumbre que se mantuvo casi hasta el último momento.

Tras las elecciones de diciembre de 2015, este intervalo se prolongó más de trescientos días, e incluso pudo haber sido bastante más, ya que la investidura se produjo en el límite de una nueva disolución de las Cámaras por la aplicación de la cláusula del art. 99.5 CE, que hubiera sido la segunda consecutiva tras la que dio lugar a las elecciones de junio de 2016. Cuatro años después, en 2019, hubo que repetir también nuevamente las elecciones, también con una muy larga permanencia en funciones aunque más reducida que en 2015/2016, alrededor de doscientos cincuenta días. La duración fue ciertamente llamativa en ambos casos, aunque no tan desmesurada como la que pudimos ver en Bélgica años atrás, donde un Gobierno en este estado llegó a permanecer en funciones durante más de quinientos días, y que finalizaron gracias a que se alcanzó por las diferentes fuerzas políticas un importante acuerdo sobre la reforma del Estado; un país, no olvidemos, acostumbrado a largas interinidades por causa de una costura territorial bastante compleja y sumamente delicada.

La relevancia de la duración temporal de esa permanencia es evidente, no en vano serán más las cuestiones que precisen la atención de este gobierno, mayores las posibilidades de extralimitación y, asimismo, pueden afectar a la valoración de si un acto se enmarca o no dentro del contorno de actuación de un Gobierno en funciones. Cabe recordar que ya la doctrina alemana del primer tercio del siglo XX, que se acercó con cierto detalle a estas cuestiones, apuntó que una duración temporal excesiva de estas situaciones de interinidad, terminaba por asimilar, en buena medida, la actuación de un Gobierno en funciones con la de un Gobierno en plenitud competencial, situación donde se comprobaría y observaría con claridad la problemática de esta institución. El propio TS ha destacado en diferentes sentencias esta circunstancia de la prolongación de la permanencia en funciones como elemento modulador de la valoración de una decisión tomada durante este tiempo; una evaluación que debe apreciarse en el caso concreto, atendiendo además a su naturaleza, al contexto en que se toma y a las consecuencias de la decisión (por todas vid. la STS de 2 de diciembre de 2005 —Sala 3ª—).

Junto a la duración de este período de interinidad y su significado a la hora de juzgar la actuación del Gobierno, conviene hacer una puntualización con relación al momento *a quo* de la permanencia en un concreto supuesto de cese, el vinculado a la renovación de las Cámaras. El constituyente optó aquí por vincular dicho cese al propio momento de la votación, en vez de situarlo en un trance previo como el de la disolución parlamentaria. A nuestro juicio hubiera sido preferible conectarlo a este momento anterior, ya que a partir de la misma la situación y circunstancias son ciertamente diversas. Resulta posible incluso que la posición del Gobierno resulte reforzada con los resultados electorales, permitiéndose que se dé la paradoja de que sea en ese momento precisamente cuando su capacidad se vea mermada sensiblemente. Hasta tal punto es clara la diferente situación que marca la disolución que, en no pocas resoluciones del Tribunal Supremo que han resuelto recursos planteados contra actos emanados de gobiernos en funciones, se ha entendido que ese período de permanencia en funciones comenzaba en el momento de la disolución (vid. por ejemplo las SSTS —todas de la sala 3ª— de 12 de marzo, 18 de marzo, 2 de abril, 21 de mayo, 8 de julio o 16 de julio de 2019). Asimismo, en algunas CC.AA. se ha optado por realizar dicha asociación, adelantando el momento del cese y superponiendo las interinidades de Asamblea y Gobierno *ab initio*.

Entrando a abordar ahora brevemente la cuestión de la composición del Gobierno en funciones, resulta oportuno destacar que el Anteproyecto de Constitución estableció la no continuidad en funciones del Presidente del Gobierno tras su cese, para los casos de dimisión, pérdida de una cuestión de confianza y triunfo de una moción de censura. Dejando de lado este último supuesto, que no tiene consecuencias prácticas por la automaticidad entre la censura y la investidura, lo cierto es que esa discontinuidad en los otros casos reseñados reviste cierta lógica, especialmente en el caso de la dimisión, que puede obedecer a un amplio número de cuestiones. Si bien a lo largo de estos años sólo hemos contado con un supuesto de este tipo en el Gobierno de la Nación, son varios los ejemplos en el ámbito autonómico que muestran lo preferible de optar por la discontinuidad en ciertos supuestos. Especialmente llamativos fueron el cese y posterior permanencia en funciones de un Presidente autonómico originado por una condena del TSJ de su Comunidad a pena de prisión e inhabilitación por malversación de fondos públicos y prevaricación; su permanencia en funciones se dilató cerca de nueve meses tras la dimisión que siguió a la sentencia condenatoria.

Ahora bien, más allá de esto, lo cierto es que el constituyente optó finalmente por una continuidad de todo el equipo de gobierno hasta la toma de posesión del nuevo Gobierno. Esto no impide que puedan producirse algunas variaciones en la composición del Gobierno, contándose de hecho con múltiples ejemplos, asociados especialmente a la asunción de determinados cargos por parte de ministros en funciones. De hecho, en la dilatada permanencia en funciones de 2015/2016 fueron hasta tres los ministros que dejaron su cargo por razones muy diversas: asumir la Presidencia del Congreso de los Diputados, concurrir a unas elecciones autonómicas o, incluso, aunque esta es de un tenor muy diferenciado, por haberse visto envuelto en un escándalo el ministro dimisionario al haber aparecido su nombre vinculado a los denominados "Papeles de Panamá". En la también amplia permanencia en funciones de 2019/2020 cabe apuntar por ejemplo cómo el entonces Ministro de Asuntos Exteriores, Unión Europea y Cooperación en funciones, dejó el cargo al asumir el de Alto Representante de la Unión Europea para Asuntos Exteriores y Política de Seguridad.

III. LAS LIMITACIONES DEL GOBIERNO EN FUNCIONES

El campo de acción del Gobierno cesante y la posibilidad de limitar o no algunas de sus competencias fueron el principal caballo de batalla del grueso de las reflexiones sobre la permanencia en funciones del Gobierno tras la aprobación del texto constitucional. Hubo autores que, desde el primer momento, defendieron que la teleología constitucional llevaba a considerar que el ámbito de acción era limitado: *sede vacante nihil innovetur*. Por el contrario, desde una perspectiva diversa, otro sector de la doctrina consideraba que, en ausencia de previsión expresa, no cabía entender que se alterara su ámbito de acción y en consecuencia que se restringiera competencia alguna. Para los primeros, esto es, aquellos que apuntaban la necesaria limitación en estos momentos, el problema se planteaba lógicamente a la hora de concretar esas limitaciones, apuntándose muchas de tenor muy diverso.

Hubo que esperar casi dos décadas para que la Ley del Gobierno acotara la cuestión fijando, por un lado, el ámbito de actuación genérico, que se delimitó a través de conceptos jurídicos indeterminados, y estableciendo, por otro, competencias concretas que quedarían extramuros de sus competencias en cualquier supuesto. En este segundo caso, todas las atribuciones limitadas, salvo una, se asociaron para cualquier supuesto de cese.

Por lo que hace referencia a la primera de las cuestiones, la delimitación del ámbito de acción ordinaria de un Gobierno en este estado, el legislador optó por realizarlo mediante el concepto jurídico indeterminado del despacho ordinario de los asuntos públicos. Un contorno que sólo podría ser superado en casos de urgencia debidamente acreditados o cuando existieran razones de interés general que así lo justificaran. Si bien los dos primeros conceptos ya eran habitualmente utilizados por la doctrina, el tercero resultó una absoluta novedad que, en buena medida, parecía posibilitar una habilitación expansiva para la práctica totalidad de las actuaciones que pretendiera acometer un Gobierno en funciones. Recordemos que se trata de un concepto, interés general, profusamente utilizado en el texto constitucional al abordar la actuación de la Administración pública (junto con otros conceptos como el interés público, interés social, etc.), pero que, como bien ha apuntado un sector de la doctrina, aplicado a este campo aparenta diluir las fronteras entre un Gobierno en plenitud competencial y un Gobierno en estos períodos de interinidad, en tanto que razones de interés general debe haber siempre en sus decisiones.

Las limitaciones específicas se recogieron inmediatamente a continuación, tanto para el Presidente en sí, como para su Gobierno. En el caso del Presidente le queda vedado durante este período de interinidad proponer al Rey la disolución de alguna de las Cámaras o de las CCGG, plantear la cuestión de confianza o proponer al Rey la convocatoria de un referéndum consultivo. Por su parte, al Gobierno le queda limitado aprobar el Proyecto de Ley de Presupuestos Generales del Estado y presentar proyectos de ley al Congreso de los Diputados o, en su caso, al Senado, previéndose igualmente la suspensión de las delegaciones legislativas concedidas por las CCGG, esto último únicamente en los casos de cese por celebración de elecciones generales.

Como podemos ver, se incide de forma destacada en algunas de las facultades normativas del órgano gubernamental en su fase de iniciativa, tanto de una forma genérica como aplicado a un concreto proyecto, el de Presupuestos, en el que se contempla con mayor nitidez la función directiva y la orientación política. Ahora bien, son limitaciones con consecuencias bien diversas. Si bien esa primera limitación genérica puede ser suplida por la iniciativa de otros sujetos legitimados, en el caso de los Presupuestos se bloquea totalmente la tramitación, que en ocasiones puede llegar a ser necesaria. Y ello puede ser problemático al poder derivar en el incumplimiento de las exigencias que en esta materia provienen de la UE respecto del seguimiento y evaluación de los proyectos de planes presupuestarios y el establecimiento de un calendario presupuestario común, exigencias que pueden terminar por no poder cumplirse en estos períodos. Esta cuestión fue la que provocó la reforma de la LO de Estabilidad Presupuestaria y Estabilidad Financiera en octubre de 2016, con el objetivo de revisar los objetivos de estabilidad presupuestaria y deuda pública para adaptarlos a las decisiones del Consejo de la UE. A partir de la reforma, si como consecuencia de una decisión de la UE pudiera resultar necesario la revisión de los objetivos ya fijados y el Gobierno se encontrara en esta situación de interinidad, se habilita que puedan adoptarse para el conjunto de Administraciones públicas, aunque sin incluir el límite de gasto no financiero del Presupuesto. Apuntar, por último, que siendo evidente que un Gobierno en este estado puede aprobar Decretos leyes, tiene suspendida en determinados casos la posibilidad de hacer uso de las delegaciones legislativas, incluso las de mera refundición.

Junto a la limitación de que se proponga la convocatoria de un referéndum consultivo (recordemos que la CE lo circunscribe a decisiones políticas de especial trascendencia que parecen casar poco con el sentido de estos períodos de transición), se restringen también competencias ligadas directamente al vínculo fiduciario (disolución de las cámaras y planteamiento de la cuestión de confianza), que, aun en ausencia de prescripción expresa, parece claro que habría que entender que eran limitaciones implícitas en estos períodos.

IV. EL CONTROL DEL GOBIERNO EN FUNCIONES

Abordaremos sumariamente las garantías existentes, especialmente el control jurisdiccional y el parlamentario, para, conforme apuntaba la doctrina italiana, impedir o en su caso sancionar la "evasión" por el Gobierno en funciones de su ámbito de actuación; una "fuga" que puede ser por exceso, mas también por defecto. Esta última suele suceder en los casos en que se va a producir un cambio de orientación política, o se presume que va a ser así, sirviendo como vía de escape o pretexto para evitar tener que tomar decisiones que pueden resultar impopulares aunque fueran necesarias. Tras ello, también haremos una escueta reseña, dentro de las limitaciones de espacio de estas notas, a la intervención del Consejo de Estado en su condición de órgano consultivo del Gobierno en la fase previa de la toma de sus decisiones en estos períodos.

Por lo que al control jurisdiccional hace referencia, debemos comenzar aclarando que, si bien han sido múltiples, lógicamente, las impugnaciones frente a decisiones tomadas durante las permanencias en funciones de los diferentes Gobiernos, en escasas ocasiones dicho recurso ha tenido como causa la situación de permanencia en funciones, alegada como vicio de incompetencia. Se han planteado de esta forma recursos contra decisiones tomadas por Gobiernos en funciones relativas, por ejemplo, y por citar varias de diferente tenor, a la concesión de extradiciones, denegación de peticiones de indulto, acuerdos de exclusión del trámite de evaluación de impacto ambiental para determinados proyectos, aprobación de normas reglamentarias sobre control del dopaje o metrología, aprobación o revisión de planes hidrológicos o de la red de parques nacionales, asignación de destinos de personal de la Guardia Civil así como frente a la imposición de sanciones disciplinarias o, incluso, frente al inicio de operaciones para la exhumación de Francisco Franco del Valle de los Caídos —ahora, Valle de Cuelgamuros— (Acuerdos del Consejo de Ministros de 26 de marzo y 1 de abril de 2004, 22 de julio de 2016, 27 de mayo de 2016, 14 de junio, 27 de septiembre y 11 de octubre de 2019, RRDD 1744/2011, de 25 de noviembre, 244/2016, de 3 de junio, 389/2016, de 22 de octubre, 1 y 11/2016, de 8 de enero, 21/2016, de 15 de enero y 470/2019, de 2 de agosto y Resolución de 29 de julio de 2016 de la Ministra de Defensa). Las decisiones o actos recurridos fueron tomadas durante las permanencias en funciones que siguieron a las elecciones generales de marzo de 2004 (vid. SSTS de 20 de septiembre y 2 de diciembre de 2005), noviembre de 2011 (STS de 28 de mayo de 2013), diciembre de 2015 (SSTS de 22 de noviembre, 27 de diciembre de 2017, 24 de enero de 2018, 27 de febrero de 2018 —687 y 627/2018—, 20 de marzo de 2018, 7, 12 y 18 de marzo de 2019, 2, 8 y 11 de abril de 2019 —1228 y 1239/2019—, 21 de mayo de 2019 y 8 y 16 de julio de 2019) y abril de 2019 (SSTS de 2 y 8 de julio de 2020, 15 y 22 —3381 y 3382/2020— de octubre de 2020 y 14 de diciembre de 2020). Sólo en la primera de las sentencias señaladas se llegó a anular una decisión tomada por un Gobierno en funciones por extralimitarse en su ámbito de actuación por encontrarse precisamente en tal condición; no obstante, lo cierto es que el Tribunal se apartó tempranamente de esta interpretación más restrictiva en una segunda sentencia muy cercana a la primera.

La doctrina establecida a lo largo de estas resoluciones puede resumirse de la siguiente forma: el Gobierno en funciones no puede tomar decisiones que impliquen nuevas orientaciones políticas ni condicionar, comprometer o impedir las orientaciones que el Gobierno quiera fijar. Este análisis habrá de hacerse caso por caso, teniendo en cuenta las circunstancias concretas y el contexto en que se realizan. Una delimitación que deriva del hecho de que "el cese priva a este Gobierno de la capacidad de dirección de la política interior y exterior a través de cualquiera de los actos válidos a ese fin" y que conduce al necesario análisis casuístico cuando surja controversia sobre si un determinado acto "tiene o no esa idoneidad en función de la decisión de que se trate, de sus consecuencias y de las circunstancias en que se deba tomar". Ahora bien, la presencia de una motivación o juicio político no provocará *per se*, que una decisión quede extramuros de la gestión ordinaria de los asuntos públicos, ya que "en pocos actos gubernamentales están ausentes las motivaciones políticas o un margen de apreciación"; y, de igual, forma, "trazar la línea divisoria entre despacho ordinario e iniciativas políticas no es siempre fácil", debiendo hacerse a la vista de las circunstancias específicas de cada caso y su contexto.

Para este concreto análisis, la duración temporal del Gobierno es un elemento sin duda relevante que debe tenerse en consideración; si bien estos periodos de interinidad no suelen ser dilatados, no puede descartarse una prolongada dilación por la imposibilidad de alcanzar las mayorías necesarias conforme el art. 99 CE, como así hemos podido ver en estos últimos años en un contexto de gran fragmentación parlamentaria y una alta polarización política. También puede serlo la propia causa de la decisión, ya que puede provenir de fuentes externas como sucede, por ejemplo, en el caso de la necesaria trasposición en plazo de una Directiva (como señalará el Tribunal Supremo en diferentes resoluciones, una adaptación de ese tipo no puede catalogarse en modo alguno como un "acto de nueva orientación política", sino que se integra en el "proceso complejo de aproximación legislativa" de los Estados de la UE y constituye una exigencia para los mismos "pues la omisión de transponer o el retraso o la transposición incorrecta de una directiva pueden suponer una infracción del ordenamiento comunitario"). Y a ello debemos añadir, por supuesto, que las situaciones de urgencia o el interés general ejercen como válvulas de escape de ese primer contorno de delimitación. El Tribunal ha llegado a apuntar incluso en alguna de sus sentencias la diferencia entre *prorrogatios* formales o materiales, hablando de la constancia política de la continuidad del Presidente del Gobierno como otro elemento a tener en cuenta (STS de 27 de diciembre de 2017 o de 24 de enero de 2018 —Sala 3ª—).

Son tres elementos, por tanto, los que deban ser sopesados a la hora del análisis concreto: decisión, consecuencias de la misma, y circunstancias en que se toma.

Sólo en la primera de las sentencias referidas *supra* (STS de 20 de septiembre de 2005, Sección 6ª de la Sala 3ª), en la que se abordaba la concesión de una extradición por un Gobierno en funciones, el Tribunal estimó que la decisión tomada excedía del despacho ordinario de los asuntos públicos. Entendió, de esta forma, que el pronunciamiento sobre la procedencia o improcedencia de la extradición por parte del Gobierno implica una facultad evaluadora de los "intereses nacionales" que comporta un "juicio político" que desbordaría dicho ámbito, privando a la par al futuro Gobierno "de una decisión política que en el ejercicio de su soberanía nacional le corresponde en orden a conceder o denegar la extradición pasiva"; consideró así que únicamente era posible una "gestión administrativa ordinaria ausente de valoraciones y decisiones en las que entren criterios políticos", salvo urgencia acreditada o razones de interés general que no se apreciaban el caso concreto.

Aunque tardaría poco en reorientarse la doctrina, lo cierto es que esta resolución se apartaba así del criterio comúnmente aceptado por la doctrina de que una decisión de este tipo (dejando de lado casos concretos que pudieran tener connotaciones de carácter significativamente político) se acomodaba sin dificultad dentro del ámbito ordinario de acción de un Gobierno en funciones, siendo de hecho habitualmente aprobadas en estos períodos. De hecho, cabe destacar que durante este mismo período de permanencia en funciones en el que se adoptó esa decisión finalmente anulada se aprobaron casi un centenar de decisiones en esa misma materia. A mayor abundamiento, resulta reseñable que, con posterioridad a esta permanencia en funciones, se trata de una competencia que ha seguido siendo ejercida normalmente por Gobiernos en este estado.

No hubo que esperar mucho tiempo a que el Tribunal corrigiera su doctrina ampliando el margen de acción del Gobierno en funciones. Lo hizo a la primera oportunidad que tuvo y casi parejo en el tiempo a la primera resolución apuntada: apenas mes y medio después, en un caso avocado por el Pleno de la Sala. Ello, al hilo del estudio del recurso contra la denegación de un indulto. No se estimó aquí que el Gobierno se hubiera excedido en su campo de acción, entendiendo que el contorno ordinario de acción (cuestión diversa serían los supuestos de urgencia o interés general que precisarían valoración propia) sería aquel en el que no se introdujeran "nuevas directrices políticas" ni se condicionara, comprometiera o imposibilitara aquellas que debiera trazar el futuro Gobierno, ya que el cese le priva de la "capacidad de dirección de la política interior y exterior a través de cualquiera de los actos válidos a ese fin", lo que lleva al necesario examen casuístico en el que valorar si el acto analizado "tiene o no esa idoneidad en función de la decisión de que se trate, de sus consecuencias y de las circunstancias en que se deba tomar". En un intento de hacer más suave el *overruling* que se aprecia respecto de la resolución anterior el Tribunal se limitó a apuntar únicamente de un "nuevo paso en el proceso de definición" del estatuto del Gobierno en funciones.

Desde esta segunda sentencia (que cuenta con interesantes votos particulares), las resoluciones del TS han continuado incidiendo en esa línea: el despacho ordinario de los asuntos públicos "comprende todos aquellos cuya resolución no implique el establecimiento de nuevas orientaciones políticas ni signifique condicionamiento, compromiso o impedimento para las que deba fijar el nuevo Gobierno".

Tras esta breve recorrido, corresponde abordar la problemática atinente al control parlamentario, partiendo del dato de que durante la larga permanencia en funciones que siguió a las elecciones de diciembre de 2015, y que se extendió hasta octubre de 2016, el elemento principal de debate, y grave punto de fricción entre el Gobierno en funciones y un Parlamento en plenitud competencial, se centró en la negativa de aquél a someterse al mismo, con el argumento falaz de que la ruptura del vínculo fiduciario impedía que pudiera ejercitarse tal función. Se produjo así, durante ese largo período de permanencia en funciones, una notable perversión del régimen parlamentario, incoherente incluso en su propio desarrollo, como pudo verse, por ejemplo, con la dispar posición mantenida con ocasión de las reuniones del Consejo Europeo, en las que se abordó la crisis de los refugiados o el Brexit, o la de los Ministros de Defensa de la OTAN. Contra dicha negativa a someterse al control parlamentario el Congreso de los Diputados interpuso un conflicto de atribuciones que fue resuelto por la STC 124/2018, de 14 de noviembre; como no podía ser de otra forma, el Tribunal Constitucional estimó el recurso de la cámara baja, declarando que el criterio del Gobierno de no someterse a control parlamentario vulneró la atribución conferida por el art. 66.2 CE.

Como ya sostuvimos en la primera edición de este trabajo, publicado de forma previa a que el Tribunal Constitucional dictara su sentencia, no reviste duda ninguna que el Gobierno está sujeto al control parlamentario también durante su permanencia en funciones: las CCGG controlan la acción del Gobierno y lo hacen en todo momento. Por más que el ejercicio de dicho control en estos períodos, especialmente por su brevedad, ha podido resultar prácticamente inexistente a lo largo de los años, lo cierto es que una situación de interinidad en la que, como poco, cabe hablar de una legitimidad reorientada, impide en buena lógica una mayor libertad de acción para el Gobierno y una ausencia de control. Este control no puede verse coartado en ninguna de las fases por las que un Gobierno atraviese. El control existe indudablemente y la única reflexión que cabe verter es la eventual modulación del mismo, a la vista de la propia situación del Gobierno. El control de la acción del Gobierno corresponde, en todo momento, a las CCGG, al igual que, por ejemplo, corresponde también a las Cámaras solicitar información y ayuda del Gobierno, o reclamar la presencia de los miembros de este o poder plantear preguntas o interpelaciones. Ninguna de estas prerrogativas queda limitada durante la permanencia en funciones; todo lo más, moduladas en función del ámbito competencial de ese Gobierno. Es a la Mesa de las Cámaras a quien corresponde realizar un diligente examen y canalización de las iniciativas planteadas, inadmitiendo aquellas que excedan el ámbito competencial de un Gobierno en este estado o las que corresponda responder al siguiente Gobierno. En esa misma permanencia en funciones en que se planteó el conflicto, de hecho, fueron varias las iniciativas (preguntas, solicitudes de comparecencia o proposiciones no de ley) que no superaron el filtro de la Mesa por esta cuestión, solicitándose su reformulación de cara a su ajuste con las competencias del Gobierno. La idea es clara: la cuestión no es si cabe el control, sino su alcance, modulación y ajuste, circunscrito a las competencias que tiene el Gobierno. Otra cuestión completamente diversa son los instrumentos de responsabilidad política/sanción, como la moción de censura o la cuestión de confianza, pues lógicamente el Gobierno ya ha cesado y sólo resta que se nombre a aquel que ha de sustituirle.

Cabe hacer una última referencia, en esta breve exposición, a la posible relevancia de la función de control o fiscalización del Consejo de Estado en su condición de supremo órgano consultivo del Gobierno. Resulta evidente que su actuación puede resultar esencial sobre la base de que dentro de su función asesora debe valorar los aspectos de "oportunidad y conveniencia cuando lo exijan la índole del asunto o lo solicite expresamente la autoridad consultante, así como la mayor eficacia de la administración en el cumplimiento de sus fines". Precisamente, cabe apuntar que, durante los últimos períodos de permanencia en funciones han sido varios los dictámenes (vid. a título de ejemplo los dictados con relación a los proyectos de RD de aprobación del Reglamento Penitenciario Militar y de anotación y cancelación de notas desfavorables en la documentación militar personal) en los que esta institución consultiva resolvió que determinados actos no debían tomarse hasta la toma de posesión del nuevo Gobierno, por exceder a su juicio el ámbito de acción ordinario de un Gobierno en funciones y no haberse alegado o acreditado razones de urgencia o interés general.

V. BIBLIOGRAFÍA

AA.VV.: "Encuesta sobre el Gobierno en funciones", *Teoría y Realidad Constitucional*, núm. 40, 2017, pp. 11-76.

AGUIAR DE LUQUE, L.: "La posición del Gobierno cesante o en funciones en el ordenamiento constitucional español", GARRORENA MORALES, A. (Ed.), *El Parlamento y sus transformaciones actuales*, Tecnos, Madrid, 1990, pp. 261-270.

ÁLVAREZ CONDE, E.: "El Gobierno en funciones", *Documentación Administrativa*, núm. 246/247, 1997, pp. 191-218.

ARAGÓN REYES, M.: "El Gobierno en funciones: su ámbito competencial y su control parlamentario", *Revista Española de Derecho Constitucional*, núm. 119, 2020, pp. 269-298.

ARANDA ÁLVAREZ, E. (Coord.), *Lecciones constitucionales de 314 días con el Gobierno en funciones*, Tirant lo Blanch, Valencia, 2017.

CARRILLO LÓPEZ, M.: "Las atribuciones del Gobierno en funciones", *Revista Española de Derecho Constitucional*, núm. 109, 2017, pp. 101-154.

GONZÁLEZ ALONSO, A.: "El Gobierno en funciones", ARAGÓN REYES, M. GÓMEZ MONTORO, A. J., *El Gobierno. Problemas constitucionales*, CEPC, Madrid, 2005, pp. 513-562.

GUILLÉN LÓPEZ, E.: *El cese del Gobierno y el Gobierno en funciónes en el ordenamiento constitucional español*, Instituto Andaluz de Administración Pública, Sevilla, 2002.

LÓPEZ GUERRA, L.: "Gobierno en funciones", ARAGÓN REYES, M. AGUADO RENEDO, C. (Dirs.), *Organización general y territorial del Estado. Temas básicos de Derecho Constitucional* T. II, Civitas, Madrid, 2011, pp. 192-195.

REVENGA SÁNCHEZ, M.: "El Gobierno en funciones", en AA.VV. *Gobierno y Administración en la Constitución*, (Vol. II), Dirección General del Servicio Jurídico del Estado, Madrid, 1988, pp. 1501-1524.

REVIRIEGO PICÓN, F.: *El Gobierno cesante o en funciones en el ordenamiento constitucional español*, BOE, Madrid, 2003.

SATRUSTEGUI, M.: "El cese del Gobierno y el Gobierno cesante", *Comentarios a la Constitución Española de 1978*, ALZAGA VILLAAMIL, O. (Ed.), Editorial Revista de Derecho Privado, Madrid, 1988, pp. 347-367.

VI. JURISPRUDENCIA

STC 124/2018, de 14 de noviembre.

Artículo 102

1. La responsabilidad criminal del Presidente y los demás miembros del Gobierno será exigible, en su caso, ante la Sala de lo Penal del Tribunal Supremo.

2. Si la acusación fuere por traición o por cualquier delito contra la seguridad del Estado en el ejercicio de sus funciones, sólo podrá ser planteada por iniciativa de la cuarta parte de los miembros del Congreso, y con la aprobación de la mayoría absoluta del mismo.

3. La prerrogativa real de gracia no será aplicable a ninguno de los supuestos del presente artículo.

COMENTARIO

María Fraile Ortiz
Prof. Contratada Doctora Derecho Constitucional
Universidad Carlos III

SUMARIO: I. INTRODUCCIÓN. II. ÁMBITO PERSONAL: LA RESPONSABILIDAD PENAL DEL PRESIDENTE Y DE SU GOBIERNO. III. ÁMBITO MATERIAL: ¿QUÉ ÓRGANO JUDICIAL? ¿QUÉ DELITOS? ¿CON QUÉ ALCANCE? 1. Fuero especial. 2. Los delitos de traición y contra la seguridad del Estado. 3. La exclusión del derecho de gracia. IV. BIBLIOGRAFÍA. V. JURISPRUDENCIA.

I. INTRODUCCIÓN

Algunos de los autores que han trabajado sobre este tema en nuestro sistema constitucional, traen a primera línea la compleja sustancia de la que se nutre el actuar de nuestros gobernantes cuando dicho actuar se sitúa en el terreno de lo reprochable ¿Hasta dónde la actuación de un miembro del Gobierno entra dentro de lo que puede ser objeto de reproche político, o ha superado el desacuerdo en ese terreno para entrar en el más peliagudo del reproche penal?

Nuestro sistema constitucional, como el de tantos países de nuestro entorno que se definen como Estados de Derecho, contempla el principio de responsabilidad de quienes ejercen el poder, y la responsabilidad es política cuando como consecuencia de los actos realizados en este caso por nuestros gobernantes es posible reprochar a quien trabaja para el bien común no haber cumplido con lo prometido, haber desatendido las necesidades de los ciudadanos a quienes como servidores públicos se deben, haber incurrido en comportamiento no ejemplar o sencillamente haber dejado de contar con la confianza de quienes depositaron su voto en ellos. Según cuál sea el alcance de ese desacuerdo será la respuesta, desde una pura crítica al Presidente o a alguno de sus ministros, hasta una moción de censura o una cuestión de confianza que pueda, llegado el caso, propiciar un cambio de Gobierno. El mal uso o el puro abuso en la utilización del poder, puede así suponer la pérdida de dicho poder.

La cuestión que, sin embargo, nos planteamos aquí es la de encontrar una respuesta adecuada a aquella conducta de los gobernantes que excede de lo puramente reprochable, inadecuado o incluso intolerable desde un punto de vista político, adentrándose en el espacio de lo punible. No es lo mismo fallar a los ciudadanos en el programa de gobierno que malversar fondos públicos; no es igual adoptar una polémica decisión como Ministro del ramo que prevaricar. En estos casos, sencillamente, el gobernante deberá responder por su presunta implicación en un ilícito penal, y la respuesta no es únicamente la separación del cargo como resultado de haber activado los mecanismos de responsabilidad política sino tener que hacer frente a un procedimiento judicial que determine si ese actuar ha sido delictivo.

El problema que subyace a este planteamiento es, en buena medida, un problema de fronteras. Pues no siempre está claro, por ejemplo, cuándo un proceder manifiestamente inadecuado en la gestión de cierta información es delictivo por comprometer la seguridad del Estado. Muchas son las incógnitas que se plantean: ¿en qué medida tiene el legislador libertad para regular esa frontera? ¿y para hacerlo determinando incluso que se sancione con una pena privativa de libertad?

La Constitución Española de 1978 dedica un Título entero, el Título V, a desentrañar los elementos que vertebran la relación entre el Gobierno y las Cortes Generales. Y en dicho contexto es posible encontrar las técnicas de exigencia de responsabilidad política señaladas. Pero es el art. 102, situado en el Título IV y dedicado al Gobierno y a la Administración, el que contempla lo relativo a la responsabilidad criminal del Presidente del Gobierno y demás miembros de su Gobierno. Aunque a fecha de hoy el citado precepto no ha sido nunca puesto en práctica, analizaremos su contenido en las siguientes líneas.

II. ÁMBITO PERSONAL: LA RESPONSABILIDAD PENAL DEL PRESIDENTE Y DE SU GOBIERNO

El art. 102.1 CE no admite duda en cuanto a la determinación de uno de los sujetos afectados, el Presidente del Gobierno, pero no es tan claro respecto del resto, pues ¿quiénes son —o pueden ser— "los demás miembros del Gobierno"? La misma Constitución en su art. 98 señala que "el Gobierno se compone del Presidente, de los Vicepresidentes, en su caso, de los Ministros y de los demás miembros que establezca la Ley", por lo que deja abierto un espacio más o menos nutrido de sujetos. Y ello se proyecta sobre todos los apartados del art. 102 CE.

Hasta el año 1997, momento en el que se adopta la actualmente vigente *Ley 50/1997 del Gobierno, de 27 de noviembre*, se discutió el alcance de la expresión del art. 102 CE desde el punto de vista subjetivo, concretamente si las disposiciones afectarían llegado el caso también a otros cargos del Poder Ejecutivo de designación política como los Secretarios de Estado o/y Subsecretarios, por ejemplo, en una interpretación amplia de lo que "Gobierno" significa. En ausencia de jurisprudencia constitucional al respecto, los órganos judiciales avalaron inicialmente dicha interpretación, si bien en un Auto de 1995, la Sala de lo Penal del TS rectificó excluyéndoles del ámbito personal de aplicación del art. 102 CE. Díez-Picazo se pronunció en su trabajo de 1996 a favor de dicha interpretación restrictiva, a la luz de la estructura del gobierno que subyace al Título IV CE (preeminencia del Presidente pero colegialidad de su Gobierno que toma decisiones de relevancia constitucional constituido en Consejo de Ministros): los "otros miembros del Gobierno" señalados en el art. 98 CE sólo pueden ser quienes participen íntegramente en la actividad del Gobierno (incluidos todos los Ministros, y por tanto también quienes no son titulares de un Departamento, a saber, los llamados "ministros sin cartera"). No es posible olvidar que el régimen de responsabilidad criminal referido en el art. 102 CE no deja de ser una excepción respecto del régimen general, como veremos, lo que impone una interpretación restrictiva.

A fecha de hoy, según se desprende del art. 1.2 de la *Ley 50/1997 del Gobierno*, éste se compone del Presidente, los Vicepresidentes en su caso y los Ministros, pero ¿estamos ante una opción legislativa que bien pudiera ser otra, o es posible entender que el legislador tiene pocas opciones al respecto? A la vista de lo señalado anteriormente, no parece que el legislador tenga mucho margen.

Por otro lado, a nivel autonómico el legislador estatutario ha querido dotar a sus Presidentes y a los miembros de los Consejos de Gobierno autonómicos de alguna de las prerrogativas del art. 102 CE, equiparando —en lo que aquí interesa ahora— el concepto y alcance de "miembros del Gobierno" a la versión restringida adoptada por la Ley del Gobierno.

III. ÁMBITO MATERIAL: ¿QUÉ ÓRGANO JUDICIAL? ¿QUÉ DELITOS? ¿CON QUÉ ALCANCE?

1. Fuero especial

El primer apartado del art. 102 CE contiene una disposición referida al órgano judicial que conocerá de la responsabilidad criminal del Presidente del Gobierno y demás miembros del Gobierno: dicho órgano judicial habrá de ser la Sala de lo Penal del Tribunal Supremo.

Esta prerrogativa especial conocida como aforamiento no es exclusiva del Presidente y de su Gobierno, sino que también es reconocida por el art. 71 CE a Diputados y Senadores.

En virtud de la misma, la exigencia de responsabilidad penal deberá ser sustanciada necesariamente ante el órgano superior de dicho orden jurisdiccional, la Sala de lo Penal del Tribunal Supremo, convirtiéndose en este caso dicho órgano judicial en el "predeterminado por la ley" al que se refiere el art. 24.2 CE, tal y como recoge el art. 57.1.2º LOPJ.

La citada prerrogativa tiene como finalidad la salvaguarda de la independencia institucional del Gobierno, protegiendo al Presidente y a los Ministros de actuaciones que puedan menoscabar las funciones que la Constitución les encomienda mediante lo que pudiera ser un uso abusivo de querellas. De ahí la peculiaridad de la previsión, que es por ello prerrogativa y no privilegio. Se protege la función que desempeñan y no a los individuos, al Presidente y a los miembros de su Gobierno en tanto que lo son y por serlo, y para que puedan actuar como tales. 1469

Esto último ha sugerido un nuevo frente de debate, el temporal: ¿el aforamiento se mantiene incluso cuando el Presidente o alguno de sus ministros dejan de serlo? El TC se pronunció en su STC 22/1997 en un asunto que afectaba al art. 71 CE, Diputados y Senadores, pero en términos extrapolables al art. 102.1 CE: cualquiera que sea la causa, ésta pasará al TS desde el momento en que la misma afecte a uno de los sujetos referidos y mientras no pierda la condición de tal. Estamos, a juicio del TC, ante un contenido indisponible para el legislador si bien es posible establecer matices; no parece lo mismo que la causa penal se inicie antes del cese a que lo haga después.

Consecuencia inevitable del art. 102.1 CE es, por otro lado, haber convertido a la Sala de lo Penal del Tribunal Supremo en instancia única frente a la que no cabe recurso ordinario posible en sede judicial. Esta circunstancia fue abordada indirectamente por el Tribunal Constitucional en su STC 33/1989, la única sentencia en la que el TC se ha enfrentado al art. 102 CE. En aquella ocasión el TC resolvió un recurso de amparo en el que el recurrente impugnaba el auto del TS de inadmisión de su querella frente a un ministro del Gobierno: en su demanda, y en lo que ahora importa, el recurrente cuestionaba verse privado del derecho a la doble instancia penal (derivado del art. 24 CE interpretado a la luz del art. 14.5 PIDCYP) como consecuencia del aforamiento consagrado en el art. 102.1 CE. El TC tuvo entonces ocasión de recordar que el citado derecho a la doble instancia penal garantiza el derecho del declarado culpable de un delito a que el fallo y la pena sean sometidos a un Tribunal superior (así lo desarrolla hoy día la LECRIM desde la modificación operada por la *Ley 41/2015 de 5 de octubre*), pero no era de aplicación a un caso de inadmisión del recurso de un querellante por no mediar en modo alguno condena penal. El Tribunal aprovechó para indicar que "la naturaleza del órgano competente (en el caso, el Tribunal Supremo) y la especial protección y particulares garantías que ello comporta compensan la falta del segundo grado jurisdiccional" (FJ 4º STC 33/89). Sobre la prerrogativa del fuero volvería a pronunciarse el TC en alguna ocasión posterior, si bien en el contexto del art. 71 CE y nunca más en el del 102 CE (SSTC 166/93, la ya citada 22/97 o la muy reciente 149/22)

Como se indicaba anteriormente, la práctica totalidad de los Estatutos de Autonomía han recogido entre sus preceptos alguna de las normas del art. 102 CE, en concreto la prerrogativa de un fuero especial para el enjuiciamiento penal del Presidente de la Comunidad Autónoma y otros miembros de su Consejo de Gobierno: si cometen hechos delictivos en el territorio de la Comunidad Autónoma serán enjuiciados por el Tribunal Superior de Justicia, si los cometen fuera de él la competencia corresponde a la Sala de lo Penal del Tribunal Supremo. La previsión de un foro especial para exigir responsabilidad penal a un Presidente autonómico o a algún miembro de su Gobierno, dio lugar en su momento a la STC 159/1991, que estimó una cuestión de inconstitucionalidad suscitada por introducir el aforamiento en un ordenamiento autonómico a través de una ley y no del Estatuto. Varias han sido las sentencias del Tribunal Constitucional dictadas desde entonces relativas a la prerrogativa del aforamiento incorporada a los Estatutos de Autonomía, si bien todas ellas se referían al fuero especial de diputados autonómicos (entre otras, SSTC 129/18, 91/21 o 45/22, todas relacionadas con el *procès*) y ninguna al del Presidente del gobierno autonómico.

En otro orden de consideraciones, parece que cuando el aforamiento viene establecido por la Constitución en el art. 102 (y de igual modo en el art. 71 como ya hemos visto para diputados y senadores), su conducta no podrá ser enjuiciada a través del Tribunal del Jurado, como recuerda la Circular 3/1995, de 27 de diciembre de la Fiscalía General del Estado.

2. Los delitos de traición y contra la seguridad del Estado

El segundo apartado del art. 102 contempla una condición de procedibilidad para ciertos supuestos. Siempre que el Presidente del Gobierno y algún miembro del Gobierno vayan a ser investigados "por traición o por cualquier delito contra la seguridad del Estado en el ejercicio de sus funciones", la iniciativa deberá proceder de una cuarta parte del Congreso de los Diputados y deberá aprobarse por la mayoría absoluta del mismo.

La referencia específica a ciertos actos delictivos no debe interpretarse formalmente, sino materialmente, a saber, estar tipificados en el Código Penal pero no necesariamente bajo forma de "traición" o "delitos contra la seguridad del Estado", bastará pues con que se correspondan con la idea que subyace a tales conductas. De lo contrario sería demasiado fácil para un legislador poco escrupuloso (más probable cuando la mayoría parlamentaria que apoya al Gobierno no es precisamente amplia) modificar el alcance práctico del art. 102.2 CE.

La condición de procedibilidad referida se pone ahora de manifiesto: sin la iniciativa de una cuarta parte del Congreso de los Diputados no es posible acusar al Presidente o a algún miembro de su Gobierno por hechos semejantes, iniciativa que además deberá ser aprobada por la mayoría absoluta de la Cámara. La Constitución ha otorgado al Congreso de los Diputados el monopolio para proceder. El art. 169 del Reglamento del Congreso detalla el desarrollo de dicha iniciativa parlamentaria.

Ahora bien, dicha condición sólo se materializa cuando se trata de los mencionados delitos, no el resto, y en segundo lugar, cuando de forma cumulativa tales delitos han sido presuntamente cometidos en el ejercicio de sus funciones, no por tanto si no ha sido así. Este segundo elemento ha generado buena parte de las discusiones surgidas a propósito del art. 102 CE. No sólo por ser el resultado de la única enmienda aprobada durante los debates de elaboración del texto constitucional, sino por introducir una variable en la interpretación conjunta de todo el art. 102 CE.

Efectivamente, la referencia a un actuar "en el ejercicio de sus funciones" sólo se incorpora al apartado en el que se quiere condicionar la iniciativa acusatoria cuando el Presidente o alguien de su Gobierno incurren en determinados hechos delictivos, de modo que el aforamiento al que alude el art. 102.1 CE no depende de que los miembros del Gobierno actúen en su condición de tales, en todo caso deberá conocer la Sala de lo Penal del Tribunal Supremo. Y por otro lado no bastará con que alguno de los sujetos afectados por el precepto traicionen o pongan en juego la seguridad del Estado para activar la condición de procedibilidad: el Congreso sólo tendrá la posibilidad de decidir impulsar la acusación si la conducta típica se realiza en el ejercicio del cargo, quedando en manos de los actores procesales ordinarios la iniciativa para procesar al Presidente o a cualquier miembro de su Gobierno de no realizarse ésta "en el ejercicio de sus funciones". La enmienda incorpora así al texto en cierto sentido la categoría de "delitos ministeriales", y tiene el efecto de restringir el alcance de la limitación incorporada por el art. 102.2 CE: sólo cuando los sujetos afectados utilizan sus cargos precisamente para amenazar "intereses vitales del Estado" (Díez-Picazo) puede el Congreso tener la última palabra a la hora de iniciar la acción penal. Al respecto no hay jurisprudencia constitucional, pero sí alguna resolución judicial como el ATS 8504/1999 de 19 de mayo de 1999 en el que se descartó el ejercicio de la acción popular reconocida en el art. 125 CE.

Sea como fuere parece que la relevancia práctica del precepto comentado ha sido escasa, pues las conductas delictivas que, llegado el caso, con más frecuencia podrían cometerse serían las vinculadas con la corrupción o el abuso de poder, como destaca Díez-Picazo.

3. La exclusión del derecho de gracia

El tercer apartado del art. 102 CE contempla una prohibición absoluta de indulto, y un límite por tanto al "ejercicio del derecho de gracia con arreglo a la ley" que contempla el art. 62.1.i CE. El Presidente del Gobierno o el miembro de su Gobierno que fuese condenado penalmente no puede aspirar al indulto en "ninguno de los supuestos" del art. 102, y por tanto por ningún delito y haya actuado o no en el ejercicio de sus funciones. No es posible ignorar que la iniciativa del indulto parte del Ministerio de Justicia.

De nuevo es el paso del tiempo el que cuestiona los límites del precepto ¿cómo afecta a la operatividad del 102.3 CE haber perdido la condición de Presidente del Gobierno o de miembro del Gobierno? Parece excesivo excluir del derecho de gracia al sujeto que en algún momento de su vida fue miembro del Gobierno, y sin embargo parece existir cierto consenso en que el cese en la condición de tal no afecta a la prohibición de indulto en el caso de los delitos referidos en el art. 102.2 CE. Al fin y al cabo estaríamos entonces en un escenario en el que el sujeto ha sido condenado a propuesta de la mayoría absoluta del Congreso de los Diputados, por la más alta instancia judicial y por la comisión de un delito de traición o contra la seguridad del Estado.

IV. BIBLIOGRAFÍA

DÍEZ-PICAZO, L. M.: *La responsabilidad penal de los miembros del Gobierno*, Centro de Estudios Políticos y Constitucionales, Madrid, 1996.

GARCÍA MAHAMUT, R.: *La responsabilidad penal de los miembros del gobierno en la Constitución*, Tecnos, Madrid, 2000.

GARCÍA TREVIJANO, E.: *Comentario del art. 102 CE* (actualizado por Luis Miranda en 2016), recuperado en mayo de 2023, www.congreso.es

GONZÁLEZ HERNÁNDEZ, E.: *La responsabilidad penal del Gobierno*, Centro de Estudios Políticos y Constitucionales, Madrid, 2002.

– "El modelo de responsabilidad del Gobierno en la Constitución de 1978 o jugar a las siete y media", *Revista de derecho político*, núm. 101, 2018, pp. 183-214.

OBREGÓN GARCÍA, A. S.: *La responsabilidad criminal de los miembros del Gobierno: análisis del artículo 102 de la Constitución española*, Civitas, Madrid, 1996.

RODRÍGUEZ MOURULLO, G.: *Artículo 102: criterios para la exigencia de responsabilidad criminal al Presidente y demás miembros del Gobierno*, recuperado en enero de 2018, http://vlex.com/vid/102-exigencia-presidente-demas-miembros-339206

SANTAOLALLA LÓPEZ, F.: "Artículo 102" en GARRIDO FALLA, F (dir.), *Comentarios a la Constitución*, Civitas, Madrid, 1985, pp. 1415-1421.

V. JURISPRUDENCIA

STC 33/1989, de 13 de febrero.
STC 159/1991, de 18 de julio.
STC 22/1997, de 11 de febrero.

Artículo 103

1. La Administración Pública sirve con objetividad los intereses generales y actúa de acuerdo con los principios de eficacia, jerarquía, descentralización, desconcentración y coordinación, con sometimiento pleno a la ley y al Derecho.

2. Los órganos de la Administración del Estado son creados, regidos y coordinados de acuerdo con la ley.

3. La ley regulará el estatuto de los funcionarios públicos, el acceso a la función pública de acuerdo con los principios de mérito y capacidad, las peculiaridades del ejercicio de su derecho a sindicación, el sistema de incompatibilidades y las garantías para la imparcialidad en el ejercicio de sus funciones.

COMENTARIO

Rafael Jiménez Asensio
Consultor Sector Público

SUMARIO: I. INTRODUCCIÓN. II. ADMINISTRACIÓN PÚBLICA Y ESTADO SOCIAL Y DEMOCRÁTICO DE DERECHO. III. UNOS PRINCIPIOS Y REGLAS CONSTITUCIONALES APLICABLES A TODAS LAS ADMINISTRACIONES PÚBLICAS. IV. LAS BASES CONSTITUCIONALES Y NORMATIVAS DE LAS ADMINISTRACIONES PÚBLICAS Y SU TÍMIDA APLICACIÓN. V. LA CREACIÓN DE ÓRGANOS DE LAS ADMINISTRACIONES PÚBLICAS, EN PARTICULAR LOS MINISTERIOS O DEPARTAMENTOS. VI. LA FUNCIÓN PÚBLICA EN EL ARTÍCULO 103.3 CE. VII. ALGUNOS OTROS DÉFICITS DE LA INTERPRETACIÓN DEL TRIBUNAL CONSTITUCIONAL SOBRE LA APLICACIÓN DEL PRINCIPIO DE MÉRITO. VIII. LA SINDICALIZACIÓN DEL EMPLEO PÚBLICO. ALGUNAS NOTAS. IX. INCOMPATIBILIDADES E IMPARCIALIDAD EN LA FUNCIÓN PÚBLICA. X. BIBLIOGRAFÍA. XI. JURISPRUDENCIA.

I. INTRODUCCIÓN

Cuarenta y cinco años después de la entrada en vigor de la Constitución de 1978, un comentario del artículo 103.3 debe partir por reconocer que el entorno en el cual desarrolla sus funciones la Administración Pública, así como las transformaciones acaecidas desde entonces, conforman un escenario que dista mucho del existente en el momento fundacional.

En efecto, la Administración Pública que se proyecta sobre ese artículo de la Constitución, así como sobre otros conexos, está anclada en el patrón del modelo burocrático-administrativo en la concepción más clásica de Max Weber, y además tuvo su desarrollo orgánico y funcional en un agitado contexto de cambios políticos, pero sobre todo en su asentamiento y crecimiento efectivo durante un largo régimen autoritario como fue la dictadura franquista.

En aquel momento fundacional, no se podía prever, porque era materialmente imposible (aunque algunos rasgos ya se dibujaban en el horizonte), la futura irrupción de la Nueva Gestión Pública (*New Public Management*) que cristaliza a partir de 1981 y se desarrolla a lo largo de los años ochenta y noventa, y menos aún atisbar la *Gobernanza Pública*, como tampoco intuir ni de lejos la apuesta ulterior por el "Gobierno abierto" o por la acelerada digitalización de la Administración Pública que se produce a partir especialmente de los primeros años del siglo XXI y se acelera en los sucesivos, con innumerables retos aún abiertos frente a la automatización y la Inteligencia Artificial, que impactarán con fuerza sobre las estructuras administrativas en los próximos años. Tampoco se podían advertir entonces las limitaciones que ofrecía el modelo organizativo ministerial/departamental de las estructuras gubernamentales y administrativas, sobre todo cuando se trata de afrontar nuevos desafíos con visión transversal, evitando los enormes costes de transacción que genera el modelo divisional.

Por tanto, esa Administración Pública que aparece reflejada en el artículo 103 CE tiene vigencia, pero apenas traslada tibiamente lo que es y será en un futuro inmediato ese complejo y variopinto engranaje organizativo. Pero no cabe duda que, con mayor o menor acierto, las esencias de lo que es o debe ser la Administración Pública en un Estado Social y Democrático de Derecho, están allí. Y a esos rasgos *constitutivos* habrá que referirse, sin olvidarse de otros.

II. ADMINISTRACIÓN PÚBLICA Y ESTADO SOCIAL Y DEMOCRÁTICO DE DERECHO

El artículo 103 CE no puede entenderse cabalmente sin su encuadre en la cláusula que abre el texto constitucional en su artículo 1.1, tal como tempranamente trató el profesor Luciano Parejo. La caracterización del Estado como social y democrático de Derecho es la esencia que explica el papel institucional y el sentido último de la Administración Pública en el entramado orgánico-funcional del modelo constitucional español. En ese artículo 103.1 CE se hace mucho hincapié en la ineludible conexión entre Administración Pública y Estado de Derecho, o si se prefiere en su "sometimiento pleno a la Ley y al Derecho" (también, como es obvio, con carácter previo debe predicarse el sometimiento pleno a la propia Constitución: artículo 9.1). El profesor Martín Rebollo enfatizó en su día aquel dato normativo (sometimiento al Estado Constitucional de Derecho), pues así aparece resaltado en los citados enunciados constitucionales. Este enfoque tiene proyecciones (tanto orgánicas como funcionales) sobre muchos otros pasajes de la Constitución, pero especialmente debe destacarse aquí el carácter vicarial de la Administración Pública en relación con el Gobierno (artículo 97 CE) y el control de la potestad reglamentaria y de la actividad administrativa por parte de los tribunales de justicia (artículo 106.1). Son solo dos ejemplos, a los que cabría añadir muchos más.

También se ha puesto reiteradamente el acento en la dimensión social de la Administración Pública. Y no es momento ni lugar de reiterar aquí lo que la doctrina ha resaltado con frecuencia. La Administración Pública es, entre otras cosas, una instancia *prestadora de servicios* a la ciudadanía. Y, en este punto, la conexión social entre prestaciones públicas y derechos de contenido social es más que evidente. Sin embargo, salvando algunos supuestos específicos (derecho a la educación, por ejemplo), los derechos de naturaleza social disponen de una protección constitucional débil, dependiendo en buena medida de que la Ley densifique su contenido, lo que les ata al programa ideológico de cualquier Gobierno y a las mayorías que existan en el Parlamento. Un indicador fiable de la densidad social mayor o menor de un Estado es el porcentaje del gasto público sobre el PIB. En España, sobre todo tras los duros años de la crisis de 2008 fue descendiendo tal porcentaje del gasto público sobre el PIB situándose en torno del 40 por ciento, lo que nos colocaba como uno de los países de la Unión Europea con menor peso del sector público y lejos asimismo de la media europea. Y ello implicó menos Estado Social y más mercado. El giro ideológico, con motivo de las políticas de ajuste, era evidente. Sin embargo, esa tónica se fue atenuando, y sobre todo tras la pandemia se tuvieron que adoptar una serie de medidas anticíclicas que, ante la grave crisis económica y social, amén de humanitaria, dieron lugar a una multiplicación del gasto público y un correlativo crecimiento del peso del sector público, animado sin duda por la congelación de las reglas fiscales (2020-2023).

Y, en fin, la dimensión democrática de la Administración Pública es un camino por el que apenas se ha transitado. Ese binomio Administración Pública y democracia ha sido poco estudiado; sin embargo, tienen puntos de contacto importantes, tal como ha puesto de relieve recientemente el filósofo Daniel Innerarity (2018). Esos puntos de contacto no se proyectan solo sobre ámbitos hoy en día en boga, tales como los instrumentos propios de la Gobernanza Pública de participación ciudadana en el impulso, diseño, ejecución o evaluación de políticas públicas o de la rendición de cuentas (*accountability*), sino que también cabe tener presente —como en su día describiera Francis Fukuyama (2016)— que la formación de una *Administración impersonal* (basada entre otros presupuestos, como se verá, en el principio de mérito y, por tanto, en la profesionalidad) era un paso previo para construir sólidamente un Estado democrático. Sin aquella, este no existe. Los países que construyeron primero Administraciones profesionales y un sólido Estado de Derecho (léase Alemania o el Reino Unido) tienen sistemas democráticos más consolidados en estos momentos. Hay un ejemplo que sintetiza de forma diáfana la imbricación entre Democracia y Administración profesional, y no es otro que el Código de Valores y Ética del Sector Público de la Administración Federal de Canadá (https://www.tbs-sct.gc.ca/pol/doc-eng.aspx?id=25049), donde se pone de relieve que la existencia de "un sector público federal, profesional e imparcial es un elemento clave de nuestra democracia". En un contexto, como es el del sector público español, donde la vieja concepción de una Administración patrimonial sigue estando muy presente en las estructuras y comportamientos, conviene resaltar que solo una actuación exquisitamente objetiva, imparcial y profesional de la Administración Pública podrá asentar una democracia de calidad. Lo demás será, como de hecho es, un puro remedo. Sin embargo, las tendencias de los últimos años nos advierten un proceso de amplio deterioro de la profesionalización en la función pública (procesos de estabilización), junto con un menoscabo cada vez más profundo de la imparcialidad, ante la fuerte penetración de la política en la alta Administración (Jiménez Asensio, 2023-b).

III. UNOS PRINCIPIOS Y REGLAS CONSTITUCIONALES APLICABLES A TODAS LAS ADMINISTRACIONES PÚBLICAS

La noción constitucional de Administración Pública se impregnó, asimismo, de la naturaleza compuesta del Estado (artículo 2 y Título VIII), tanto en su nivel autonómico como local. La categoría "Administración Pública" se fragmenta inicialmente en estratos o niveles territoriales de gobierno, para dar paso inmediatamente a un proceso de dispersión institucional de entidades vinculadas o dependientes, así como a una licuación de esa noción por medio de la creación de las denominadas inicialmente como "Administraciones independientes" (hoy "autoridades independientes"), cuyo anclaje constitucional hubo que justificarse por vías indirectas. Nada de esto estaba previsto constitucionalmente. La realidad empujará al legislador de desarrollo de la Constitución a reinventarse o mejor dicho a reinterpretar amablemente aquel texto para encajar en su seno cuerpos extraños. Nada que no pasara en otros contextos.

Pronto el Tribunal Constitucional extendió los principios del artículo 103.1 CE a todas las Administraciones Públicas (STC 85/1982, de 25 de octubre). A pesar de estar ubicado ese precepto en el Título VI (del Gobierno y de la Administración), que regula el *poder ejecutivo del Estado*, sus líneas de principio se extendieron —como no podía ser de otro modo— al resto de niveles de gobierno. Pero esto no interesa en exceso, por harto conocido. Más relevancia pueden tener dos cosas: por un lado, los principios que sirven para legitimar la actuación de la Administración Pública; y, por otro, la aparición en escena de las autoridades administrativas independientes (AAI), atentamente estudiadas por el profesor Joan Solanes, que tienen como función, por lo que ahora importa, multiplicar las instancias de supervisión y control de la Administración Pública.

Por lo que respecta al primer aspecto, los principios que enuncia el artículo 103.1 CE aplicables a la Administración Pública ni son todos los que están ni están todos los que son. Vistos en perspectiva, destacan en primer lugar dos ideas fuerza: por un lado, la idea fuerza de "servir con objetividad los intereses generales", fórmula críptica que debe ligarse estrechamente con una actuación de la Administración Pública guiada por el servicio a la ciudadanía y no a los intereses personales, partidistas o de puro amiguismo (tan frecuentes en el día a día de nuestro sector público); y, por otro, la fórmula de cierre ya anunciada de "sometimiento pleno a la Ley y al Derecho", de donde late, tal como se veía, el carácter del Estado de Derecho y una fuerte (a veces asfixiante también) presencia de la legalidad formal, marcada por un denso y extenso ordenamiento jurídico que viene representado por un conjunto inconmensurable de normas que se publican, pero muchas de ellas no se aplican. La Administración Pública española sigue fuertemente pegada al valor de la legalidad formal ahogada en procedimientos y trámites cada día más exasperantes que en nada ayudan a la toma ágil y efectiva de decisiones, menos aún a la eficiencia en la gestión (principio olvidado en el artículo 103.1 CE, pero presente en el artículo 31 CE). Ni la pretendida simplificación administrativa y reducción de cargas impulsada por la Directiva 2006/123, del Parlamento y del Consejo, relativa a los servicios en el mercado interior, así como por sus principales Leyes de trasposición (Ley 17/2009, de 25 de noviembre, de libre acceso a las actividades de servicio y su ejercicio; o la Ley 25/2009, de 22 de noviembre; entre otras), ni el pretendido e inaplazable impulso (a partir de 2 de octubre de 2018) de la Administración digital tras la aprobación primero de la importante Ley 11/2007 y después de las Leyes 39 y 40/2015, de 1 de octubre, han conseguido en verdad suprimir cargas efectivas a la ciudadanía y a las empresas. Este proceso de digitalización de la Administración Pública marcha lento y es muy desigual según niveles de gobierno y territorios. Hay experiencias innovadoras, pero junto a ellas innumerables retrasos.

Ciertamente, desde hace varias décadas la modernización de las administraciones públicas transitó desde los postulados, pésimamente aplicados en España, de la Nueva Gestión Pública (aquí limitados a procesos de externalización y privatización de servicios públicos), siguiendo luego hacia parámetros de simplificación de procedimientos y trámites, sin apenas poner el foco en la dimensión organizativa o estructural del sector público, y menos aún sin hincarle el diente a la dimensión siempre más compleja como es la gestión de las personas (recursos humanos). Finalmente, como se ha dicho, el foco se ha situado en la digitalización o la revolución tecnológica, pero una vez más centrando la atención en los instrumentos (tecnología) y procesos, y mucho menos en la organización, las personas y la atención ciudadana, auténtico punto negro de una digitalización mal entendida. No se puede transformar la Administración Pública sino se adopta una estrategia holística que incluya todos los elementos del sistema: estructura, procesos, personas, información y ciudadanía.

Los clásicos principios recogidos en el artículo 103.1 han sido ampliamente estudiados por la doctrina administrativista. No interesa ahora entrar en su alcance, simplemente se trata de reconocer que, sin perjuicio de su constitucionalización, la Administración Pública se rige actualmente con intensidad muy variable por alguno de ellos más que por otros, mientras que hay muchos principios que sencillamente están ausentes de ese enunciado, aunque algunos de ellos se puedan conectar con los recogidos en la Constitución. Probablemente, la eficacia sea uno de los más importantes, ayudado por la eficiencia. La tensión siempre vigente en el funcionamiento de las Administraciones Públicas entre legalidad/eficiencia, se ha venido resolviendo en nuestro caso con la primacía del primer elemento, cuando se olvida que la legalidad es un presupuesto y la eficacia/eficiencia tiene que ver con un resultado. Los problemas se multiplican cuando la legalidad (mal configurada normativamente y peor entendida por operadores jurídicos y tribunales) más que ayudar al binomio eficacia/eficiencia se dedica a reventarlo. Se cuentan por miles las actuaciones administrativas (de circuito cerrado) con ese final.

Sorprende, en cualquier caso, que en ámbito de la Administración Pública se recoja constitucionalmente el principio de desconcentración (su reflejo legal hubiera sido suficiente) o el de descentralización, obviamente referido en este caso a la existencia de una Administración institucional, hoy en día denominada con escasa propiedad conceptual como "Sector Público Institucional", donde se incluye equívocamente a las empresas públicas o sociedades mercantiles de capital público que difícilmente pueden englobarse dentro de la noción de "instituciones públicas" en sentido estricto (Germán Fernández Farreres, 2016). Tampoco el principio de jerarquía, por muy consustancial que sea a la organización administrativa, cotiza al alza en los estudios y análisis de las organizaciones (sin adjetivos) más recientes (Gary Hamel, 2012; Federic Laloux, 2016). Como es obvio, nuestra Constitución, tal cual fue el momento en el que se redactó, ninguna referencia podía contener al principio de transversalidad o a la gestión pública por proyectos o misiones (Mazzucato, 2021-a y 2021-b), que emerge como solución estructural en la última década. Y la constitucionalización del principio de coordinación, por lo que afecta a una estructura administrativa vicarial de un Gobierno, puede calificarse incluso de superflua. Otra cosa es que donde debiera estar, no esté (en las relaciones entre administraciones públicas territoriales, aunque se deslice tímidamente su presencia en algunos títulos competenciales del artículo 149.1 CE).

En segundo lugar cabe resaltar que el contexto de supervisión y control de la actividad administrativa, dentro de un esquema siempre mal entendido por nosotros de *checks and balances*, resulta excesivamente formal y cada vez más asfixiante, multiplicándose una serie de técnicas que obligan a las Administraciones Públicas a emplear una buena parte de sus recursos (de personal, de su tiempo y de sus presupuestos) para atender demandas internas o externas de los órganos de control. Tanta densidad de órganos e instituciones de control y tan pocos resultados efectivos. Ya no se trata solo de órganos con relevancia constitucional (Defensor del Pueblo o Tribunal de Cuentas), sino de otras muchas estructuras institucionales que vuelven espeso el nunca ágil funcionamiento del sector público, sometiéndolo a un escrutinio segmentado que se basa en el *principio de desconfianza* de que el actuar público sea conforme al marco normativo vigente aprobado en cada caso (Agencia Española de Protección de Datos, Consejo de Transparencia y Buen Gobierno, Autoridad Independiente de Responsabilidad Fiscal, o la más reciente Autoridad Independiente de Protección del Denunciante, regulada por la Ley 2/2023). Dejemos ahora de lado el importante papel (formal) de las autoridades independientes con funciones de regulación y supervisión (aunque algunas de aquellas también tienen funciones reguladoras y supervisoras) que también se entrometen circunstancialmente en la vida del sector público (Comisión Nacional de los Mercados y de la Competencia, entre otras), que han ido mordiendo funciones típicamente administrativas ante la convicción de que la objetividad o eficacia en su cumplimiento se lograba mucho mejor con *órganos externos* aparentemente "independientes" fuera de la Administración activa y, por tanto, alejados de la presión política de la jerarquía y, en especial, de la voraz ocupación política de las estructuras de la Administración pública española. Falso espejismo, pues en España la *captura política* de esas "autoridades independientes" es un mal endémico que no parece tener solución. La patología del clientelismo hace estragos. En efecto, los tentáculos de un más que implantado *Estado clientelar de partidos* en España, no parecen tener límites en cuanto a la colonización de las instituciones, también las autodenominadas "independientes" respecta.

IV. LAS BASES CONSTITUCIONALES Y NORMATIVAS DE LAS ADMINISTRACIONES PÚBLICAS Y SU TÍMIDA APLICACIÓN

La Administración Pública ha sido objeto de una regulación intensiva y cambiante en el desarrollo de los presupuestos constitucionales. Bajo la competencia estatal de dictar las bases del régimen jurídico de las administraciones públicas y del procedimiento administrativo común, diferentes leyes estatales han cubierto plenamente (y con algunos excesos evidentes) esa competencia, en primer lugar, por lo que afecta a *las bases* del procedimiento administrativo común (Ley 39/2015) y a las bases del régimen local (con un fuerte contenido homogeneizador y algunas restricciones evidentes en relación al principio de autonomía local), así como, en segundo lugar, por lo que respecta a dictar *la legislación* a otros aspectos puntuales que afectan a dimensiones puntuales de la actividad administrativa (contratación pública, responsabilidad o expropiación forzosa). Particular mención cabe hacer aquí a la competencia estatal de dictar las bases del régimen estatutario de los funcionarios, que —como se verá de inmediato— se concretó especialmente en un Estatuto Básico del Empleado Público (Ley 7/2007; hoy en día TREBEP), en el que el sujeto institucional se vio trastocado (de funcionario a empleado público) y la institución ignorada en su enunciado, amén de bastardeada (de función pública a empleo público).

Llama la atención que el uso de lo básico, en lo que a "régimen jurídico de las Administraciones públicas" respecta, haya tenido un perímetro tan reducido. El legislador básico, a pesar de algunas llamadas de la doctrina, ha sido muy circunspecto en su tratamiento. Apenas algunos principios o reglas de carácter general sobre competencia, órganos y régimen de convenios interadministrativos), así como el régimen jurídico de los consorcios y solo dos artículos en materia de fundaciones, son considerados normas básicas en esta materia por la Ley 40/2015, de 1 de octubre, de régimen jurídico del sector público. Eso es una opción constitucionalmente legítima (reducir el contorno de lo básico y "estirar" la correlativa competencia autonómica de "organización de sus instituciones de autogobierno"), pero ha conducido a que el sector público institucional de las Administraciones Públicas españolas sea distinto y distante, un auténtico mosaico de soluciones singulares con algunos elementos comunes, propios del isomorfismo institucional. Las diferencias, por tanto, son notables. Igualmente, el sector público institucional local, ese sí competencia básica estatal, se encuentra en estado de absoluto abandono. El sistema de Administración Local, construido en 1985 y enmendado en varias ocasiones (la reforma más reciente y limitativa de la autonomía local, prescindiendo ahora del limitado materialmente Libro III del reciente Real Decreto-Ley

6/2023, se llevó a cabo por la Ley 27/2013, de 27 de diciembre, de racionalización y sostenibilidad de la Administración Local), está pidiendo a gritos una reforma integral y adaptación a los tiempos en que le toca vivir. Solo se implantaron unas discutibles medidas de "racionalización" en el marco de ese largo ciclo de contención fiscal que se abrió en 2010, aunque realmente no fueron tales, sino más bien medidas de ajuste. El resultado de todo ello fue un sector público institucional regulado con pautas de geometría variable, ordenado con criterios de coyuntura financiera y de racionalización en la Administración General del Estado, parcheado para las Comunidades Autónomas y desarrollado con criterios dispares por las Comunidades Autónomas.

En el ámbito organizativo-estructural, como se viene señalando, tal vez debido a una pretendida competencia autonómica exclusiva de organización de sus instituciones de autogobierno, ampliada impropiamente, pero también por la autorrestricción del propio legislador básico estatal a la hora de definir las bases del régimen jurídico de las Administraciones Públicas, el resultado final es un mosaico institucional bastante desordenado en cuanto a aspectos organizativos y del sector público respecta, que tan solo encuentra un mínimo de coherencia por las tendencias inherentes en todas las Comunidades Autónomas a reproducir soluciones institucionales ya existentes en la organización del Estado poder central, o lo que se denomina como el isomorfismo institucional (dicho menos académicamente, "el copia y pega", cambiando todo lo más la semántica de las diferentes soluciones organizativas o institucionales) (Sánchez Morón, 2017; Jiménez Asensio, 2023, c).

En todo caso, nuevos principios que alumbran la actuación administrativa van sumándose a los tradicionales, pero más como elementos de fachada que como cambios reales en la cultura organizativa y en el actuar cotidiano de tales instituciones públicas. La interiorización de los elementos de la Nueva Gestión Pública se ha quedado en mera coreografía. La cultura de gestión y de resultados apenas se ha concretado en algunos contratos de gestión o contratos programas con déficits notables de seguimiento y evaluación. El diseño organizativo de la gerencia pública o de los niveles directivos de la alta Administración por criterios de libre concurrencia y mérito es prácticamente inexistente en España, donde la colonización política de la alta Administración Pública presenta, en términos comparados, unas cifras sencillamente escalofriantes. Países que proceden de la tradición de Administraciones continentales, tales como Bélgica (2000), Chile (2002) o Portugal (2011) han llevado a cabo reformas en profundidad de sus sistemas de Alta Dirección Pública, mientras que en España la larga y peculiar figura del "alto cargo" y asimilados (presidencias o altos puestos directivos del sector público institucional) sigue dando pie a que se "justifique" el nombramiento para tales cargos en exclusivos criterios de confianza política por el partido de turno que ocupa el poder. La Ley 3/2015, de 30 de marzo, reguladora del ejercicio del alto cargo de la Administración del Estado representa una auténtica broma ("declaración responsable" por el propio designado de que es competente y honorable) si se comparan sus exigencias para tales nombramientos con las existentes en otros contextos comparados. Una reforma estructural de la organización de la alta dirección de las Administraciones Públicas españolas a la que, al parecer, nadie quiere hacer frente: el clientelismo, el amiguismo y el nepotismo, son las cartas de presentación para cubrir los niveles orgánicos directivos de nuestro sector público. Así era en 1978, así es en 2024.

Y las adaptaciones de las Administraciones Públicas a la era de la Gobernanza han sido prácticamente reformas de cartón piedra, aparentes. La integridad (ética pública), apenas ha entrado en el sistema administrativo, donde los códigos de conducta (con excepciones singulares, por ejemplo País Vasco) siguen prácticamente siendo instrumentos desconocidos e ignorados por el poder político, a pesar de la persistente corrupción que anega el (mal) funcionamiento de las instituciones públicas (Jiménez Asensio 2017; Bustos Gisbert, 2017). Tan solo la gestión de los fondos europeos extraordinarios vinculados al Plan de Recuperación, Transformación y Resiliencia (2021) ha obligado a las administraciones públicas españolas a adoptar todas las medidas necesarias para preservar los intereses financieros de la Unión, tal como prevé el artículo 325 UE, incorporando políticas de integridad o de lucha contra el fraude; pero todo ello por exigencias de la Comisión Europea. Lo mismo ha sucedido con la tardía trasposición de la Directiva (UE) 2019/1937, de protección del denunciante, que ha obligado a aprobar la Ley 2/2023, aún pendiente de desarrollo institucional, cuando esto se escribe.

La transparencia, otra de las dimensiones fuertes de la Gobernanza, ha llegado tarde y mal a España. La fiebre de la transparencia parecía que iba ser el arreglo definitivo de todos nuestros males. La Ley 19/2013, de 9 de diciembre, de transparencia, acceso a la información pública y buen gobierno, nació con un recorrido corto (luego ampliado por algunas Comunidades Autónomas), configuró un órgano de garantía con un diseño razonable y estableció unas medidas de buen gobierno que sencillamente eran absurdas y se han mostrado inútiles con el paso del tiempo. Escasamente dotado de medios y recursos, el papel efectivo del Consejo de Transparencia y Buen Gobierno, ha quedado hasta ahora muy desdibujado, como la propia transparencia. Este principio llena nuestras leyes administrativas y los grandilocuentes discursos de la política, pero la práctica sigue todavía muy marcada por el oscurantismo. Pendiente aún, diez años después, de que exista un régimen sancionador frente a sus incumplimientos.

Y, en fin, la rendición de cuentas como elemento de cierre de un sistema de Gobernanza de las Administraciones Públicas se ha quedado en pío deseo. Son muy pocas las Administraciones Públicas que trabajan con una planificación estratégica a través de objetivos cuantificables (medibles) y evaluables. Todavía hoy en día se sigue funcionando con esos parámetros que magistralmente definiera en su día el profesor Alejandro Nieto: "En la Administración Pública no se piensa, se improvisa". Los verbos planificar y evaluar no se conjugan. No están en la Constitución, ciertamente. Pero si se citan en las leyes que la desarrollan. Mera coreografía.

V. LA CREACIÓN DE ÓRGANOS DE LAS ADMINISTRACIONES PÚBLICAS, EN PARTICULAR LOS MINISTERIOS O DEPARTAMENTOS

El apartado 2 del artículo 103 establece que los órganos de la Administración Pública son creados, regidos y coordinados con arreglo a la Ley. Esta referencia cabe entenderla como una reserva blanda de ley, puesto que dejar el diseño orgánico de la Administración Pública solo a disposición del legislador sería tanto como desapoderar al Gobierno de una de sus funciones básicas: la dirección de la Administración Pública. Además, cada cambio de gobierno, tras el pertinente ciclo electoral, sea en el ámbito estatal, autonómico o local, requiere una adaptación de las estructuras (especialmente de los órganos superiores y directivos) a las políticas públicas que se quieran impulsar en ese período concretadas en el Plan de Legislatura, Gobierno o Mandato. Por consiguiente, la *flexibilidad organizativa* a la hora de diseñar, modificar o suprimir esas estructuras orgánicas superiores y directivas debería ser la regla, algo no siempre entendido por los tribunales de justicia.

Pero no son solo argumentos jurídicos o necesidades políticas, sino también de sentido común. Si algo deberá caracterizar a la Administración Pública de la próxima década es —como ya se ha dicho— la capacidad de *adaptación* a un entorno de acelerada transformación, tanto en su dimensión de los enormes retos que presenta la transición ecológica como la tecnológica, con tres oleadas intensivas superpuestas (digitalización, automatización e Inteligencia Artificial), lo que exigirá un tipo de regulación normativa (al que por cierto no están acostumbradas nuestras instituciones) que se asiente, al menos en los temas organizativos, en una serie de principios y en pocas reglas; dando entrada al principio de transversalidad y a la gestión por proyectos o misiones (como ya hizo de forma pionera, por ejemplo, la Ley 4/2022, de la Comunidad Autónoma de Extremadura, sobre racionalización y simplificación administrativa, y en especial su capítulo I que regula la Gobernanza por proyectos). Todo lo anterior no está reñido ni con el principio de legalidad ni con la reserva de ley, pero hay que saber adecuar el sentido y finalidad de las instituciones a los momentos en los cuales han de desplegar su efectividad. Y eso es particularmente importante en todo lo que afecta a la gestión de personas (función pública o empleo público), que seguidamente se trata.

VI. LA FUNCIÓN PÚBLICA EN EL ARTÍCULO 103.3 CE

El artículo 103.3 CE se proyecta esencialmente sobre la institución de función pública, y cuyas previsiones se han de poner en estrecho contacto con el derecho fundamental de acceso a la función pública (artículo 23.2 CE), pero asimismo con el sistema de distribución de competencias en lo que afecta al régimen jurídico de los funcionarios (artículo 149.1.18 CE). No es momento, sin embargo, de tratar tales cuestiones. Interesa exclusivamente poner el acento en que en este artículo 103.3 CE se dibujan las líneas esenciales de lo que es la institución de función pública, al menos dos de ellas: acceso por mérito y capacidad (profesionalidad) y la imparcialidad como atributo existencial de la propia institución, junto con otros que seguidamente se verán.

Tampoco es adecuado en estos momentos llevar a cabo una exégesis de tal precepto constitucional, por lo demás ya hecha de forma exhaustiva por la doctrina en innumerables ocasiones (por todos: Sánchez Morón, 2009). Puede ser más oportuno, en cambio, testar el desarrollo de la citada institución desde unos postulados constitucionales bastante precisos y observar, asimismo, cómo fruto de un desarrollo normativo escasamente adecuado, un desinterés político manifiesto y una inadaptación al cambio en ocasiones más que evidente, se ha ido produciendo su lento declive.

Una vez más toma cuerpo en este diagnóstico lo antes expuesto: el modelo de Administración Pública que refleja la Constitución de 1978 y, asimismo, el modelo de función pública, se encuadran dentro de un sistema burocrático-funcionarial que apenas ha progresado en la línea de lo realizado por otras democracias avanzadas. La situación de partida se intentó corregir por medio del Estatuto Básico del Empleado Público de 2007 (hoy en día texto refundido aprobado por Decreto Legislativo 5/2015, de 31 de octubre), dónde se recogía explícitamente que esa reforma se emprendía con la voluntad de aproximar el modelo de función pública al existente en otros países de la Unión Europea. A pesar de reconocerse que esa "maniobra de aproximación" sería un proceso "previsiblemente largo y complejo", lo cierto es que a día de hoy (2023) el fracaso de la reforma emprendida puede calificarse de evidente. Y algunas de las causas de ese fracaso se expondrán sucintamente en las líneas que siguen.

Adviértase, en todo caso, que en 2023, como consecuencia de la disolución anticipada de las Cortes Generales y la convocatoria de elecciones legislativas, no se ha podido aprobar el proyecto de Ley de Función Pública de la Administración del Estado, que dieciséis años después de la entrada en vigor del EBEP sigue sin aprobarse, siendo además una de las reformas propuestas para 2023 por el Gobierno de España a la Comisión Europea dentro del Plan de Recuperación, que será incumplida. No obstante, al estar prevista el nuevo gobierno la deberá impulsar. Lo cierto es que, ante la necesidad de tener aprobada la reforma para finales de 2023 con el fin de que se libraran los fondos europeos por la Comisión, se terminó incorporando una reforma reducida por el Libro tercero del Real Decreto-Ley 6/2023, de 19 de diciembre.

Conviene detenerse en lo que la Constitución quiso y lo que realmente fue o, mejor dicho, lo que ha terminado resultando en los que a la regulación constitucional de la función pública respecta. La voluntad inicial era buena, pero las Constituciones escriben sus renglones sobre los torcidos legados de la historia, en este caso administrativa y de la función pública, así como también de las patologías inherentes a su funcionamiento insertas en su ADN desde los últimos doscientos años. Sobre esta cuestión, a través del análisis de la obra de nuestro excelente escritor Don Benito Pérez Galdós, se pueden detectar los delicados mimbres sobre los que se construyó el cesto histórico de nuestra función pública como institución (Jiménez Asensio, 2023-a).

Comienza el precepto constitucional estableciendo que el estatuto de los funcionarios públicos se regulará por Ley. Leyes de función pública abundaron en la primera etapa del desarrollo constitucional, sobre todo una vez aprobada la Ley 30/1984, de 2 de agosto, de medidas para la reforma de la función pública, que desbrozó el camino para que las Comunidades Autónomas, en un ejercicio de isomorfismo institucional y con imaginación más bien estrecha, reprodujeran un modelo de función pública que abandonaba parcialmente el sistema corporativo (sistema de carrera) sin atreverse a echarse en manos del sistema de puestos de trabajo (sistema de empleo). La OCDE ya venía encuadrando a la institución de función pública de los diferentes países en una de esas dos casillas: modelos de carrera o modelos de empleo. España se quedó en medio. No suele ser buen sitio, menos aún cuando se cruzan técnicas organizativas que tienen difícil encaje en esos sistemas mixtos. Y con ello aún convivimos.

Una función pública de la Administración General del Estado que por la zona alta dispone de un conjunto plural funcionalmente y con gran poder indirecto de cuerpos de élite, que funcionan como repúblicas autónomas y que capturan áreas importantes del actuar político-administrativo, sin un sistema homogéneo de reclutamiento (salvo la trasnochada oposición memorística en la era de Internet, lo que genera una *cultura o espíritu de cuerpo* en singular muy acusado) y con una presencia social y territorial en lo que afecta a sus efectivos muy poco o nada representativa de lo que es este país llamado España. Luego un sinfín de cuerpos que se agrupan por niveles de titulación, de importancia menor, pero aún con una presencia dominante cuantitativamente hablando de funcionarios de los Grupos o Subgrupos de Clasificación instrumentales (C2 y C1) frente a la necesaria e inevitable tecnificación (A2 y A1) que una Administración del Estado que apenas tiene competencias ejecutivas exige. La alta función pública del Estado debe reforzar mucho la extracción tecnológica de sus miembros, donde las titulaciones STEM deberían ser las dominantes en un futuro mediato. En verdad, en España no hay desde 2007 una política de Estado de función pública, incluso para algunos autores (Nieto, 2008) el EBEP supuso una quiebra del modelo propio de función pública sin aportar realmente otro nuevo. El Ministerio de Hacienda, durante los años posteriores a la crisis de 2008 definió (por empuje de las instituciones europeas e internacionales) cómo se deben gestionar anualmente (restricciones de gastos de personal) los recursos humanos de la función pública; y tras la crisis pandémica, al estar congeladas las reglas fiscales, el Ministerio de Hacienda optó por una política de signo contrario, de expansión del empleo público, sus retribuciones y derechos. Tanto vaivén y tan poca racionalidad, nos llevan a que el resultado está a la vista: una función pública endémica, envejecida e inadaptada a los tiempos en los que ha de actuar.

Por otro lado, disponemos de unas funciones públicas de Comunidades Autónomas formadas con el personal que provenía del desguace territorial de la Administración General del Estado (traspasos) o, si no, con reclutamientos masivos y acelerados de personal, que en su primera etapa distaron en muchos casos de cumplir las más mínimas exigencias de profesionalidad y de mérito, cuando no de imparcialidad. Legiones de contratados administrativos e interinos se aplantillaron por doquier, con sistemas de selección blandos que ahora, sobre todo a partir de la Ley 20/2021 (de medidas urgentes para reducir la temporalidad en el empleo público) se quieren replicar e incluso abaratar el ingreso en las plantillas funcionariales o del empleo público rebajando los estándares de exigencia hasta límites inconcebibles. Unas élites administrativas débiles son un mal freno para los inevitables apetitos de la política de colonizar la Administración Pública. Y, en buena medida, eso es lo que ha pasado. Pero los niveles de gobierno autonómicos, tal como también hizo la Administración del Estado y los entes locales, multiplicaron los entes del sector público y las empresas públicas, donde la entrada del clientelismo político las fue transformando con el paso del tiempo en una suerte de "cueva de Alí Babá".

Y los tribunales de justicia (incluso el Tribunal Constitucional) se mostraron totalmente impotentes para detener ese "disfraz de oposiciones trucadas" (ahora denominadas con el eufemismo de "procesos de estabilización") o el arraigo de las clientelas políticas o sindicales encuadradas muchas veces como personal interino en el ámbito público. A raíz de una interpretación expansiva de la Directiva 1999/70/CE, relativa al Acuerdo marco CE, a través de un número importante de sentencias del Tribunal de Justicia de la Unión Europea (doctrina que se inicia con las SSTJUE de 26 de noviembre de 2014, C-22/13; C61/13; C418/13, y que continúa, entre otras muchas con las SSTJUE de 14 de septiembre de 2016 (C-16/15); de 19 de marzo de 2020 (C-103/18 y C-429/18), de 22 de enero de 2020 (C-117-18); y de 11 de febrero de 2021 (C-760-18), el legislador español, amparándose en esa obligación de regularizar una temporalidad en el empleo público muy elevada, buscó un atajo que presumía cumplir con las obligaciones europeas, pero a costa de sacrificar los principios de mérito y capacidad establecidos formalmente en la Constitución, materializado a través de la ya citada Ley 21/2020 y, más recientemente, ampliando el círculo de beneficiados por medio del artículo 217 del Real Decreto-ley 5/2023 (una norma "ómnibus" o, mejor dicho, auténtico "tren transiberiano"). De ese modo, centenares de miles de personas se están convirtiendo o se convertirán en los próximos años en empleados públicos (funcionarios o laborales) o empleados de empresas públicas *de plantilla*, enchufadas así perennemente al presupuesto público a través de medios espurios. La profesionalización de la función pública (el acceso de acuerdo con los principios de mérito y capacidad), incluida como vector de la institución, está siendo, por tanto, sencilla y lisamente ignorado en no pocas ocasiones durante los últimos cuarenta años, pero esta circunstancia se está viendo agravada en los últimos años. Y todo apunta que esa tendencia seguirá en los próximos años mediante esa extraña figura que se denomina la "estabilización del empleo temporal". Lo cierto es este es un vivo ejemplo de que las Constituciones en España dicen unas cosas y la práctica cotidiana otra muy distinta. Así ha sido desde que a partir de 1837 se incluyó en la Constitución el siguiente principio: "Todos los españoles son admisibles a los empleos y cargos públicos según su mérito y capacidad". En fin, tiene guasa que este principio se enunciara cuando el sistema de cesantías, implantado por cierto en el período de la Constitución gaditana de 1812, entró en su pleno apogeo que se prolongó formalmente hasta el Estatuto Maura de 1918.

Ni que decir tiene que ese legado histórico y formalmente constitucional ha terminado empañando la interpretación constitucional, sobre todo en lo que afecta al alcance del principio de igualdad en el acceso a la función pública y a la aplicación de los principios de mérito y capacidad. No es momento este comentario de ocuparse de esta cuestión, pues deriva principalmente de la interpretación del artículo 23.2 CE, que tiene su propio comentario en esta obra; pero simplemente cabe advertir que la jurisprudencia constitucional ha sido siempre enormemente laxa a la hora de enfrentarse a situaciones excepcionales o de relativa singularidad (por todas, la temprana STC 27/1991), llevando a cabo por lo común interpretaciones constitucionales muy autocomplacientes con el legislador o con las bases de las diferentes convocatorias de los distintos procesos selectivos (en este caso, también el Tribunal Supremo), pues la consideración como un derecho de configuración legal permite vaciar prácticamente de contenido materialmente constitucional la exigencia de la igualdad, mérito y capacidad cuando se contrasta con situaciones fácticas como los servicios prestados a la Administración (dicho llanamente, antigüedad; que nada acredita salvo haber estado). Las consecuencias de esos estándares tan bajos de escrutinio constitucional son bien obvios: una función pública con altas cotas de desprofesionalización y con fuerte afectación a la imparcialidad. La jurisprudencia del Tribunal Constitucional ha sido enormemente casuística y muy autocomplaciente, por lo común, con el legislador estatal, por lo que dado su número cabe remitirse en este punto al listado de jurisprudencia contenido en el anexo; pero también con el legislador autonómico, aunque en materia de excepciones a los regímenes ordinarios de acceso la competencia en su posterior doctrina la ha situado en el legislador básico (por ejemplo, SSTC 16/1998; 38/2004; y 31/2006).

Ciertamente, el peso de las tasas de interinidad en el empleo público son muy elevadas en las Administraciones de las Comunidades Autónomas (donde superan el 35 por ciento de su personal en algunos casos), pero están mucho menos presentes en la Administración del Estado, donde en 2023 tan solo tenían un 3 por ciento de interinidad). Si esto ha sido así en buena parte de las Comunidades Autónomas, al menos en períodos muy concretos de su desarrollo institucional, mejor no aproximarse al precipicio local. Aquí, junto con la debilidad endémica de la función pública solo subsanada parcialmente por la existencia de un reclutamiento centralizado (no precisamente muy adaptado al principio de autonomía local) de lo que antaño fueron los cuerpos nacionales de Administración Local (cuya constitucionalidad fue bendecida por las SSTC 25/1983 y 235/2000) y luego fueron reconvertidos en funcionarios con habilitación de carácter nacional, la implantación del régimen laboral y la multiplicación de prácticas clientelares, han sido la regla en no pocas administraciones locales. Solo algunos de los municipios de cierto tamaño o entidades locales muy concretas han conseguido establecer sistemas de acceso al empleo público que se basen en la libre concurrencia y en el principio de mérito y capacidad.

Quizás una de las debilidades endémicas del sistema de función pública en España (al menos en los niveles de gobierno autonómicos y sobre todo locales) sea la dualidad funcionarios/laborales. Esto es algo que intentó salvar, con más voluntad que acierto, el EBEP en 2007, transformando la vieja institución de función pública en otra de diferente cuño (con elementos ciertamente de carácter bastardo): el empleo público. El intento era resolver de una vez por todas ese dualismo, pero los resultados del viaje no han podido ser más descorazonadores. Ni se conformó realmente esa ansiada "relación laboral especial de empleo público", ni se consiguió aproximar el estatuto del personal laboral al de los funcionarios, sino que se produjo el viaje inverso: buena parte del modelo de relaciones laborales terminó contaminando de lleno la institución funcionarial. A ello contribuyó, como se verá de inmediato, un traslado mimético de relaciones sindicales laborales (con algunas singularidades institucionales, pero no teleológicas) al ámbito de la función pública. A partir de ahí, la institución de función pública perdió gradualmente sus valores guía y se multiplicaron las exigencias de derechos y mejores condiciones de trabajo de los empleados públicos. Crecieron los días de permisos, vacaciones, mejoraron las retribuciones y se redujo gradualmente la jornada de trabajo. El dualismo entre empleo público/empleo privado comenzaba a tomar caracteres de franja insalvable. Solo los largos años de la crisis de 2008 cambiaron bruscamente ese estado de cosas: el empleo público tuvo que hacer fuertes concesiones en esas materias, pero siempre mucho menores que el sector privado. Pero ese espejismo desapareció pronto: los años de la pandemia abrieron un momento de crecimiento del empleo público. Salvo supuestos puntuales que los hubo, el sector público preservó la estabilidad en el empleo, a excepción de los círculos de vulnerabilidad (interinos, personal laboral temporal, etc.) que fueron el destino predilecto de los recortes. Y cuando se atisbaba el final del túnel de la crisis, las reivindicaciones "laborales" de la función pública, alimentadas por un sindicalismo del sector público voraz en derechos y ayuno de responsabilidades o deberes, así como soportado por un empleador (político) de una debilidad manifiesta, comienza de nuevo a crecer el empleo público de forma exponencial. En 2024, cuando se restablezcan las reglas fiscales, la fiesta terminará, y se deberán adoptar de nuevo, probablemente de menos intensidad que antaño, medidas de contención.

Si tradicionalmente nunca ha sabido el Tribunal Constitucional articular el principio de igualdad en el acceso a la función pública sobre parámetros basado en la *libre concurrencia en un proceso competitivo*, como son las pruebas selectivas de acceso a la función pública o al empleo público; esa tendencia puede complicarse más aún en los próximos años, puesto que la Ley 20/2021 terminará más pronto que tarde siendo cuestionada ante el Tribunal Constitucional, y de aplicar los estándares convencionales ya podemos prever cuál será el resultado. Contaminada esa doctrina por los constantes procesos de "consolidación" o "estabilización" del empleo temporal (al que se accede a través de pruebas de comprobación de mínimas exigencias o incluso por unos sistemas de gestión de bolsas altamente discutibles en términos de acreditación de la profesionalidad) que partían de las Comunidades Autónomas o de las entidades locales, la jurisprudencia del Tribunal ha ido desde sus inicios haciéndose "trampas en el solitario" y transformando esos procesos selectivos en pruebas trucadas donde el común de los mortales que no haya tenido nunca la condición de interino juegan siempre en inferioridad clara y marcada de condiciones "competitivas". En realidad se tratan en no pocas ocasiones de *procedimientos selectivos estafa* donde los aspirantes "de fuera" de la Administración Pública (ciudadanos con todos sus derechos) alimentan falsas expectativas que se verán defraudadas una y otra vez. En efecto, se ven siempre preteridos por quienes "han estado" en un puesto de trabajo público, independientemente de cómo hayan accedido a él y lo que hayan hecho durante el ejercicio de su desempeño (pues no hay evaluación del desempeño al respecto). Curiosa concepción de los que es el *principio de mérito* por parte de los tribunales de justicia y del Tribunal Constitucional, pues ambas instancias han "comprado" la versión empobrecida y de falso igualitarismo de lo que los sindicatos entienden por principio de mérito. En cualquier caso, esto ya no tiene solución: es de tal tamaño la bolsa de interinos en la Administración Pública española (se habla de un cifra que supera las ochocientas mil personas; esto es, el 25 por ciento del total del empleo público), tras la manifiesta y reiterada incompetencia en la gestión de efectivos de las administraciones públicas y el cierre irresponsable de las ofertas de empleo público con la manida medida de la tasa de reposición (que en nada afecta a la contención del gasto en el ejercicio presupuestario en la que se implanta), que tal cuestión se ha convertido en un potencial problema de orden público. No hay gobierno ni partido político que se precie que se vaya a enfrentar a este problema. Y, en ese contexto, los tribunales de justicia y el propio Tribunal Constitucional seguirán haciendo florituras con sus sentencias. La profesionalización de la función pública o del empleo público quedará hipotecada para varias décadas, si no es para siempre. Y ello tendrá, está teniendo, serías consecuencias, que obviamente los tribunales de justicia y el propio Tribunal Constitucional no quieren ver.

VII. ALGUNOS OTROS DÉFICITS DE LA INTERPRETACIÓN DEL TRIBUNAL CONSTITUCIONAL SOBRE LA APLICACIÓN DEL PRINCIPIO DE MÉRITO

Sorprendente es, asimismo, la doctrina del Tribunal Constitucional, ya perfectamente anclada en su reiterada jurisprudencia, que reduce el alcance y ejercicio del derecho fundamental de acceso del artículo 23 CE, de acuerdo con los principios de mérito y capacidad, al personal funcionario al servicio de las Administraciones Públicas y no al personal laboral. Sin duda, esta interpretación tacaña parte de la presunción, también formulada por el Tribunal Constitucional, de que el sistema de función pública por el que optó la Constitución de 1978 fue preferentemente el de funcionarios y que solo por Ley se podrán definir los ámbitos que excepcionalmente podrán ser cubiertos por personal laboral (STC 99/1987). Se imponía así un modelo funcionarial que pretendía salvar las esencias del modelo tradicional de función pública que había servido de argamasa para construir la institución durante los siglos XIX y XX.

Sin embargo esa interpretación pecaba de irreal. Por mucho que insista el Tribunal Constitucional las cosas ni eran ni son como él pretende. La presen-

cia de personal laboral en algunos niveles de gobierno (especialmente en el ámbito local) es extensa e intensa (alcanzando en algunos casos el 70 u 80 por ciento de las plantillas). Con la inaplicación del artículo 23.3 CE al personal laboral el Tribunal Constitucional estaba llevando a cabo una definición de un perímetro estrecho de lo que era función pública, pero sobre todo protegiéndose de que le llegaran vía recurso de amparo un aluvión de asuntos. Pero, desde que se construyó esa doctrina, las cosas han cambiado notablemente. En primer lugar, se aprobó el EBEP en 2007 que, como ya se ha dicho, reconfigura la institución y transforma lo que era la función pública en una nueva idea o instituto, aún de contornos desdibujados, que es *el empleo público*, en donde se encuadran (es cierto que con diferente nivel de intensidad aplicativa según los casos) funcionarios de carrera y personal laboral fijo. Y, en segundo lugar, la objetivación del recurso de amparo que se produjo en 2007 debería dar lugar a repensar esa exclusión. Bien es cierto que la legislación de empleo público (TREBEP) sí que opta por ese intento de crear una suerte de institución común, pero no lo es menos que sus trazos normativos son diferenciados y que la inexplicable existencia de un doble orden jurisprudencial (revisor en un caso y receptor de reclamaciones laborales en el otro) conducen a una esquizofrenia inexplicable de la doctrina jurisprudencial en el empleo público y a disonancias interpretativas que son sencillamente injustificables y que tienen un coste económico para el sector público elevadísimo (algo que a nadie, ni siquiera a los jueces y magistrados, parece preocupar en exceso), sin perjuicio que pague siempre la Hacienda Pública, que es de todos y no es de nadie.

Y, en fin, el derecho fundamental de acceso a las funciones públicas se proyecta asimismo sobre la provisión de puestos de trabajo y despliega, por tanto, sus efectos no solo en la entrada, sino también en lo que podríamos denominar como promoción profesional, pero la interpretación que vino haciendo la jurisprudencia constitucional de la densidad de ese derecho fundamental es, en este caso, ciertamente pírrica; puesto que, por ejemplo, vino a consagrar la idea de que el mérito y la capacidad se acreditan en el acceso, mientras que juegan con distinta intensidad en la provisión de puestos de trabajo, admitiendo, incluso, que en los procedimientos de libre designación ese mérito desaparezca por completo obstruido por otros principios (algunos tan imprecisos como el de eficacia aplicados a este supuesto), el evanescente principio o "idoneidad" o simplemente dejando que la confianza (política o personal) campe a sus anchas en un sistema de discrecionalidad casi absoluta (solo sometido a unos requisitos). Ya tempranamente la jurisprudencia constitucional se mostró muy laxa con esa exigencia del principio de igualdad, mérito y capacidad en los procedimientos de provisión de puestos de trabajo por libre designación, lo que ha permitido unos márgenes de discrecionalidad amplísimos a la política para imponer, en determinados casos, sus propios candidatos. Tan solo algunas regulaciones legales, más bien escasas, han pretendido corregir esas desviaciones, siquiera sea parcialmente, en la regulación de la dirección pública profesional. Pero sin apenas éxito. Se fomenta con todo ello una ocupación de la alta función pública por criterios ajenos realmente a los principios constitucionales, interpretados con una laxitud impropia de una burocracia profesional. La doctrina jurisprudencial del TC sentada en los años noventa sigue prácticamente sin retocarse (Ver, por ejemplo: SSTC 192/1991; 200/1991; 293/1993; 365/1993 y, en fin, entre otras muchas, SSTC 235/2000). La jurisprudencia contencioso-administrativa ha pretendido ser más rigurosa, pero las endebles bases legales y la (mala) interpretación constitucional, han terminado por limitar mucho su terreno de acción, que se ha limitado a la exigencia de motivar (siempre que una ley no establezca que determinado nivel orgánico de un puesto de trabajo se proveerá por libre designación) por qué se acude a este sistema excepcional de provisión y, asimismo, reduciendo en algunos casos los contornos de discrecionalidad en los ceses. Poco más puede hacer. Recientemente, por medio del Real Decreto-ley 6/2023, la Administración del Estado ha desarrollado la figura del personal directivo profesional, solo aplicable a subdirecciones generales y niveles asimilados, pero vuelve a incorporar como sistema de provisión la libre designación, aunque prevea algunos requisitos para poder acceder

VIII. LA SINDICALIZACIÓN DEL EMPLEO PÚBLICO. ALGUNAS NOTAS

La Constitución efectivamente reconoció que sería la Ley el instrumento normativo que determinara las peculiaridades del ejercicio de sindicación de los funcionarios públicos. Las diferentes leyes aprobadas desde la entrada en vigor de la Constitución, y especialmente el TREBEP, fueron generosas al reconocer un amplio campo de juego a la representación sindical o a los órganos unitarios de representación en la negociación de las condiciones de empleo público. Pero, en este punto, el personal laboral, con muy pocas excepciones, se rige en el empleo público por la legislación sindical general propia del Derecho del Trabajo. A esa generosidad se sumó un mal generalizado: al no disponer la Administración Pública de estructuras directivas profesionales (tampoco en el campo de los recursos humanos) toda negociación sindical o de condiciones de trabajo derivaba fácilmente en un juego de presión política. Y la debilidad del empleador público, como ya se ha puesto de manifiesto, conllevó adicionalmente ir abandonando de forma gradual espacios propios de la potestad de autoorganización y situándolos en un plano absolutamente insostenible al incorporar los temas esencialmente organizativos al conjunto de medidas a negociar. El poder de dirección organizativa y de gestión de personal se fue, así, debilitando poco a poco hasta transformarse en una suerte de mecanismo de co-gestión en el que se pervertía una de las esencias del buen funcionamiento de cualquier organización pública: sin reserva de las potestades de organización ni dirección de recursos humanos efectiva no puede haber nunca política de recursos humanos, solo chalaneo y mercado de condiciones siempre ventajosas para los empleados públicos a cambio de nada. Mejor dicho, sí, a cambio de algo: una pretendida paz social. Así las cosas, puede afirmarse sin riesgo a equivocarse que la forma de actuar actual del sindicalismo en el sector público cabe considerarla como uno de los frenos más férreos a cualquier proceso de transformación y adaptación de la institución de función pública a los requerimientos de la revolución tecnológica. Algo que se pagará muy caro. Las "peculiaridades" de las que hablaba la Constitución en el artículo 103.3 (así como en el 28.1) se fueron convirtiendo gradualmente en "patente de corso".

IX. INCOMPATIBILIDADES E IMPARCIALIDAD EN LA FUNCIÓN PÚBLICA

El inciso final de este artículo 103.3 CE nos sitúa ante dos cuestiones trascendentales de lo que es la institución de función pública. La primera tiene que ver con el régimen de incompatibilidades, cuya remisión a la Ley en la propia

Constitución se hace aparentemente en blanco, pero que debe entenderse en el conjunto de lo que representa la institución de función pública. El desarrollo legislativo de esta materia fue muy temprano (Ley 53/1984, de 26 de diciembre, de incompatibilidades del personal al servicio del sector público), además representó un evidente paso hacia delante. No obstante han transcurrido casi treinta y cinco años desde esa normativa, que a todas luces ha quedado obsoleta. El endurecimiento del régimen de conflicto de intereses de altos cargos en la Administración española ha sido importante en los últimos años conforme los casos de corrupción se multiplicaban. Pero en la función pública o en el empleo público (pues la Ley 53/1984 se aplica a todos los empleados públicos) nada se ha avanzado desde entonces. No se han regulado los conflictos de interés en el empleo público como tampoco se ha desarrollado los presupuestos de integridad (ética pública) a través de la aprobación de códigos de conducta, salvo las imprecisas e inadecuadas referencias legales al "Código ético" en los artículos 52 a 54 del TREBEP. Tan solo alguna Administración Pública ha sido capaz de construir un Código ético del empleado público basado en valores, principios, normas de conducta y normas de actuación, así como engarzado con un sistema de integridad institucional. Algo que precisamente no abunda. No deja de ser curioso, sin embargo, que cuando se gestionan fondos europeos en los que están en juego los intereses financieros de la Unión se exijan estándares de integridad elevados, mientras que cuando se trata de recursos propios nada se requiera. Paradojas.

Y la segunda es el importante principio de la imparcialidad de los funcionarios públicos. Sin duda se trata de un principio existencial de la función pública. Hace más de cien años, Max Weber en su difundida obra *El político y el científico* diferenció claramente lo que eran los roles de la política de los propios del funcionario. Y allí afirmaba en concreto lo siguiente: "el auténtico funcionario no debe hacer política, sino limitarse a 'administrar', sobre todo, *imparcialmente*". El protagonismo mayor o menor de la imparcialidad como principio nuclear de una función pública define, al fin y a la postre, su carácter más o menos profesional de esa institución. No puede haber realmente función pública donde la imparcialidad de los funcionarios está preterida, condicionada o puesta en entredicho. El *Civil Service Code* del Reino Unido incluye la imparcialidad junto con otros tres pilares sobre los que se asienta una burocracia profesional de largo recorrido (imparcialidad, objetividad, integridad y honestidad). En España, la fuerte penetración de la política en la Administración Pública está erosionando constantemente el principio de imparcialidad, así como afectando a la integridad pública en la acción administrativa.

Por tanto, por mucho que se predique la imparcialidad de la función pública en nuestra Constitución, lo cierto es que tal principio se transforma una y otra vez en su aplicación práctica en papel mojado. Sin embargo, está recogido expresamente en la Constitución, curiosamente predicado de los funcionarios públicos y del Ministerio Público, aunque no sorprendentemente de los jueces y magistrados. Más paradojas que ofrece una Constitución que quiso hacer avanzar al país, pero que en estos ámbitos apenas ha podido remover el pesado legado de la Historia y las perversas conductas que forman parte integrante del modo de actuar en lo público en España. En este aspecto, la nuestra, es una Constitución impotente, como tantas otras que hemos tenido a lo largo de los siglos XIX y XX. Y que ningún ingenuo piense que reformando o diseñando de nuevo la Constitución esas patologías desaparecerán de nuestra vida publica. Quien así piense se engaña o, peor aún, ignora el pesado fardo que tales patologías y comportamientos tienen sobre las instituciones públicas. Están firmemente asentadas, no solo en la política, también desgraciadamente en la jurisprudencia constitucional y la contencioso-administrativa (no digamos nada, de la social). Pretender con esos mimbres construir instituciones democráticas sólidas no pasa de ser un mero sueño, nunca cumplido. En este punto, hasta ahora, la Constitución de 1978 ha servido para muy poco, en algunas cosas para nada.

X. BIBLIOGRAFÍA

BUSTOS GISBERT, R.: *Calidad democrática. Reflexiones constitucionales desde la teoría, la realidad y el deseo*, Marcial Pons, 2017.

FERNÁNDEZ FARRERES, G.: *Sistema de Derecho Administrativo I*, 3ª edición, Civitas/ Thompson Reuters, Madrid. 2016.

FUKUYAMA, F.: *Los orígenes del orden político*, Deusto, 2016.

HAMEL, G.: *Lo que ahora importa*, Deusto, 2012.

JIMÉNEZ ASENSIO, R.: *Los frenos del poder. Separación de poderes y control de las instituciones*, Marcial Pons/IVAP, 2016.

– *El legado de Galdós. Los mimbres de la política y su "cuarto oscuro" en España*, Catarata, 2023(a)

– "La institución de la Función Pública en España (1978-2023): estado de la cuestión y desafíos", en Juan José Rastrello Suárez (coord.), *Retos y perspectivas de la función pública del futuro. Una revisión en Europa e Iberoamérica*, INAP, 2023(b).

– "Diez (hipó)tesis sobre (el déficit de) las capacidades ejecutivas de las Comunidades Autónomas", en Cristina Ares Castro-Conde y Jorge José Hernández Moreno, *Administraciones territoriales para la próxima generación*, INAP, 2023(c).

LALOUX, F.: *Reinventar las organizaciones*, Arpa, 2016.

MARTÍN REBOLLO, L.: "Las bases constitucionales y europeas de la Administración y su derecho", *Lecciones y Materiales para el estudio del Derecho Administrativo. Tomo II: Las organizaciones públicas*, IUSTEL, 2000.

MAZZUCATO, M.: *El Estado emprendedor. Mitos del sector público frente al privado*, RBA, 2014.

– *Misión Economía*, Taurus, 2021.
NIETO, A.: *El desgobierno de lo público*, Ariel, 2008.
PAREJO, L.: *Crisis y renovación en el Derecho Público*, CEC, 1991.
– *Eficacia y Administración*. Tres estudios, INAP, 1995.
SÁNCHEZ MORÓN, M.: "Artículo 103", *Comentarios a la Constitución Española*, XXX Aniversario, Fundación Wolters Kluwer, 2009.
– *Las Administraciones españolas*, Ariel, 2017.
SOLANES MULLOR, J.: *Administraciones independientes y Estado regulador. El impacto de la Unión Europea en el Derecho Público español*, Congreso de los Diputados, 2016

XI. JURISPRUDENCIA

STC 99/1987, de 11 de junio.
STC 27/1991, de 14 de febrero.
STC 151/1992, de 19 de octubre.
STC 235/2000, de 5 de octubre.
STC 31/2006, de 1 de febrero.
STC 86/2016, de 28 de abril.
STC 87/2018, de 19 de julio.
STC 38/2021, de 18 de febrero.

Artículo 104

1. Las Fuerzas y Cuerpos de seguridad, bajo la dependencia del Gobierno, tendrán como misión proteger el libre ejercicio de los derechos y libertades y garantizar la seguridad ciudadana.

2. Una ley orgánica determinará las funciones, principios básicos de actuación y estatutos de las Fuerzas y Cuerpos de seguridad.

COMENTARIO

Mª Josefa Ridaura Martínez
Catedrática de Derecho Constitucional
Universitat de Valencia

SUMARIO: I. LA ORDENACIÓN CONSTITUCIONAL DE LAS FUERZAS Y CUERPOS DE SEGURIDAD. 1. Rasgos definidores derivados de la ordenación constitucional. 1.1 Naturaleza de las FFCCSS. 1.2 Fuerzas y Cuerpos de Seguridad versus Fuerzas de Orden Público. 1.3 Una transformación no sólo semántica. 1.4 La garantía institucional de las FFCCSS. 2. Ámbito funcional de las FFCCSS: ¿qué seguridad ciudadana? 2.1 ¿Seguridad ciudadana o seguridad pública? 3. La seguridad ciudadana es una función —pública— de Estado. II. UNA LEGISLACIÓN ORGÁNICA PARA DETERMINAR LAS FUNCIONES, PRINCIPIOS BÁSICOS DE ACTUACIÓN Y ESTATUTOS DE LAS FUERZAS Y CUERPOS DE SEGURIDAD. 1. Ley Orgánica de Fuerzas y Cuerpos de Seguridad del Estado 2/1986, de 13 de marzo. 2. Legislación reguladora de la Seguridad ciudadana. III. BIBLIOGRAFÍA. IV. JURISPRUDENCIA.

I. LA ORDENACIÓN CONSTITUCIONAL DE LAS FUERZAS Y CUERPOS DE SEGURIDAD

La seguridad es un valor esencial en nuestra sociedad; enmarcándose la actuación de los poderes públicos en la necesidad de preservarla frente a los constantes riesgos que pueda sufrir, ya que estos, además de desestabilizar el normal funcionamiento de las instituciones, pueden perturbar la libertad de la ciudadanía y el ejercicio de los derechos fundamentales. Su ordenación se convierte, pues, en una exigencia constitucional, que viene a colmar este precepto, al regular la atribución orgánica de la seguridad ciudadana, así como los instrumentos para asegurarla, y reserva a la legislación —que ha de ser orgánica—las funciones y principios básicos de actuación en este ámbito.

El precepto, en su apartado primero, regula la función de las Fuerzas y Cuerpos de Seguridad (FFCCSS), encomendándoles la concreta misión de proteger el libre ejercicio de los derechos y libertades y garantizar la seguridad ciudadana. La formulación no es original, ya que el artículo 12 de la Declaración de Derechos del Hombre y del Ciudadano de 1789 ya se refería a la fuerza pública como garante de los derechos. Pero, que no sea original no significa que no sea importante. En efecto, la relevancia del artículo es indiscutible, ya que aspira a adaptar al orden constitucional propio de un Estado democrático la función de los órganos encargados de la garantía de la seguridad, coadyuvando, así, a romper con esa visión sobre la que alertaba Nieto de concebir a la Policía como instrumento de "defensa del poder frente al pueblo". La Constitución apuesta, así, por un modelo en el que la garantía de la seguridad debe anudarse a la de libertad, pues en un Estado democrático dicha relación no se puede plantear como antagónica. Para ello es necesario que la legislación de desarrollo, a la que se refiere el apartado segundo del artículo, no entre en contraste con dicho marco constitucional, debiendo acomodarse al mismo; de ahí la estrecha relación entre los dos apartados del precepto analizado.

1. Rasgos definidores derivados de la ordenación constitucional

1.1 Naturaleza de las FFCCSS

Su inclusión en el Título IV de la Constitución bajo la dependencia del Gobierno —al que el artículo 97 del mismo texto le encomienda las funciones de dirección política y potestad reglamentaria sobre la seguridad ciudadana— revela, por un lado, su naturaleza civil (salvo la Guardia civil). Se diferencian, así, de las Fuerzas Armadas —constituidas por el Ejército de Tierra, la Armada y el Ejército del Aire— que, reguladas en el título Preliminar, tienen una naturaleza militar (artículo 8). Esta diferencia además es funcional, puesto que la misión constitucionalmente atribuida al Ejército es garantizar la soberanía e independencia de España, defender su integridad territorial y el ordenamiento constitucional; mientras que la que les encomienda el art. 104 CE a las Fuerzas y Cuerpos de Seguridad es la de proteger el libre ejercicio de los derechos y libertades y garantizar la seguridad ciudadana. Asimismo, es una diferenciación competencial, ya que el propio artículo 149.1 CE prevé la competencia exclusiva del Estado en Defensa y Fuerzas Armadas (apt. 4), mientras que en su apartado 29 también regula esta exclusividad competencial en materia de Seguridad pública, pero brinda la posibilidad de creación de policías por las Comunidades Autónomas en la forma que se establezca en los respectivos Estatutos, dentro del marco de lo que disponga una ley orgánica.

Por otro lado, la dependencia de las FFCCSS del Ejecutivo —reguladas en un título constitucional reservado al Gobierno y a la Administración— implica que son Administración. En consecuencia, la legislación de desarrollo regula la actividad administrativa realizada por los integrantes de las FFCCS como funcionarios públicos, revestidos de la condición de agentes de la autoridad. Y, en cuanto Administración que son, se enmarca su actuación en los principios de eficacia, jerarquía, descentralización, desconcentración y coordinación, con sometimiento pleno a la ley y al Derecho (art. 103 CE). Por ello, tanto en su organización, como en su funcionamiento, están sujetas a los principios de responsabilidad y de control que aseguren la interdicción de la arbitrariedad. Así pues, cuando el texto constitucional destina un precepto como el artículo 104 a las FFCCSS les está confiriendo una legitimidad democrática, sujetando su actuación a principios y normas; de ahí la relevancia del precepto, ya que quedan imbuidas de los principios constitucionales sujetas a los postulados del Estado de Derecho, lo que desemboca, en su caso, en los controles de distinto orden de su actuación. En síntesis, dos principios: control y responsabilidad son los que apuntalan su legitimidad.

1.2 Fuerzas y Cuerpos de Seguridad versus Fuerzas de Orden Público

El artículo 104 apuesta por una terminología que no es baladí, antes al contrario; opta por una ruptura semántica con la que pretende desprenderse de todo vestigio de autoritarismo con el que se identificaba a las Fuerzas de Or-

den Público. En efecto, en el Anteproyecto de Constitución se encomendaba a las Fuerzas del Orden Público, bajo la dependencia del Gobierno, la misión de defender el ordenamiento constitucional, proteger el libre ejercicio de los derechos y libertades y garantizar la seguridad ciudadana. La Ponencia constitucional cambió el nombre de Fuerzas de Orden Público por el de Fuerzas y Cuerpos de Seguridad. La razón de este cambio operado en nuestro texto constitucional no fue casual, pues el abandono del término orden público fue plenamente deliberado, como consecuencia de las connotaciones peyorativas que éste había tenido en la reciente historia española. Ciertamente, aunque las leyes de orden público nacen con esta denominación ya en 1867, la calificación del término como "expresión odiosa" (Martín Retortillo) traía causa de los excesos en la interpretación y aplicación práctica del concepto de orden público por parte de las autoridades gubernativas, identificándose éste con autoritarismo y represión policial; lo que provocó el rechazo por parte de los constituyentes del 78 y, en consecuencia, su exclusión del artículo 104 del texto constitucional.

Por ello sorprende esa tendencia obstinada de seguir empleando el término orden público para referirse a la tranquilidad en la calle. Máxime cuando no se corresponde con nuestro texto constitucional de 1978 que sólo se refiere —expresamente— al orden público como un límite al ejercicio de ciertos derechos fundamentales (arts. 16.1 y 21.2). Esta es la consideración que recibe también en los principales textos internacionales en materia de derechos fundamentales. En consecuencia, la función constitucional de las Fuerzas y Cuerpos de Seguridad de garantizar la seguridad ciudadana no puede equipararse con la preservación del orden público siempre y cuando éste se interprete —de acuerdo con la literalidad del texto constitucional y de los textos internacionales— como cláusula habilitadora de la vis expansiva de dicha función, limitadora de los derechos; ya que está concepción es opuesta a la configuración constitucional del artículo 104. Pero, asumamos que está tan generalizada y enraizada la utilización de la expresión orden público que es muy difícil empeñarse en superarla. En todo caso, me parece que esforzarse en sustituir el término de Fuerzas del Orden Público para después utilizarlo indistintamente es cuanto menos paradójico. Pero, no insistiré más (como he venido haciendo). Deberemos entenderlo pues —en un sentido estricto— como orden necesario para el ejercicio de los derechos fundamentales y de las libertades públicas.

1.3 Una transformación no sólo semántica

Esta terminología empleada por el texto constitucional envuelve cambios sustanciales en la ordenación constitucional de las Fuerzas y Cuerpos de Seguridad, en la medida en que se pretende enfatizar que la garantía de la seguridad ciudadana ha de anudarse a la protección del libre ejercicio de los derechos y libertades; sujetando a los órganos encargados de velar por ella a los mandatos constitucionales. Así lo confirma el Tribunal Constitucional cuando avala que esta ordenación persigue asegurar la adaptación del sistema policial, de sus funciones y de sus principios básicos de actuación al orden constitucional; y, por tanto, articula la función de las Fuerzas y Cuerpos de Seguridad al servicio de la comunidad para garantizar al ciudadano el libre y pacífico ejercicio de los derechos que la Constitución y la ley les reconocen. Cualquier otra configuración de las Fuerzas y Cuerpos de Seguridad —subraya el TC—colisionaría con el orden constitucional democrático, que es "incompatible con el uso de métodos represivos ilegítimos" (STC 55/1990, de 28 de marzo, FJ 5). En consecuencia, nuestro ordenamiento constitucional no admite cualquier configuración de las Fuerzas y Cuerpos de Seguridad, sino sólo la que sujeta el ejercicio de estas funciones a garantizar el respeto de los derechos fundamentales

1.4 La garantía institucional de las FFCCSS

Comparto la tesis formulada por Izquierdo acerca de la consideración de la garantía institucional de las FFCCSS, al concurrir en ellas las cualidades que el Tribunal Constitucional español ha destacado al respecto: reconocimiento constitucional como elementos de la arquitectura indispensable del orden constitucional, y la necesidad de "preservarla en términos recognoscibles para la imagen que de la misma tiene la conciencia social de cada tiempo y lugar" (STC 32/1981, de 28 de julio, FJ 3). Se deriva de ello la protección de las FFCCSS tanto frente al legislador como frente al ejecutivo, asegurando esos contenidos constitucionales que las conciben como una fuerza pública, dirigida a que la protección de los derechos y libertades y la seguridad ciudadana no queden desnaturalizados.

2. Ámbito funcional de las FFCCSS: ¿qué seguridad ciudadana?

2.1 ¿Seguridad ciudadana o seguridad pública?

Con el objeto de acotar el ámbito de actuación de las FFCCS, conviene desbrozar si la seguridad ciudadana y la seguridad pública son categorías jurídicas distintas o no. La cuestión no es puramente nominal, ya que viene a determinar las competencias y las funciones; esto es, quién asume verticalmente las competencias, así como el ámbito funcional de cada una de ellas, y cuál es, en consecuencia, su régimen jurídico.

Al respecto, puede sostenerse que no existe una correspondencia exacta —ni material ni funcional—entre los términos seguridad pública y seguridad ciudadana. Como criterio de delimitación competencial, el Tribunal Constitucional abordó la noción de "seguridad pública" para definir el ámbito material de la competencia reservada al Estado por el art. 149.1.29 (STC 33/1982, de 8 de junio, FJ 3). Materialmente, la doctrina constitucional ha entendido en un sentido amplio, que la seguridad pública tiene como finalidad la protección de personas y bienes y el mantenimiento de la tranquilidad y el orden ciudadano. Esto es, la seguridad pública es un concepto amplio que no se ciñe, sólo, a la actuación de las Fuerzas y Cuerpos de Seguridad, sino que incluye aspectos que trascienden la mera actuación policial como la protección civil, o las amenazas contra la salud o el medio ambiente (Balbé), en cuya preservación confluyen agentes de diversa naturaleza, más allá de las Fuerzas y Cuerpos de Seguridad (148/2000, de 1 de junio, FJ 6). Desde esta perspectiva, se ha venido incluyendo en la seguridad pública: la seguridad nacional, la ciberseguridad, los sistemas de videovigilancia, las medidas dirigidas a la prevención de las actuaciones potencialmente más peligrosas en materia de espectáculos públicos, o algunas de las actuaciones típicas de la policía administrativa. Por tanto, el concepto material de seguridad pública "puede ir más allá de la regulación de las intervenciones de la 'policía de seguridad', es decir, de las funciones propias de las fuerzas y cuerpos de seguridad" (STC 86/2014, de 24 de junio, FJ 4).

En síntesis, la noción de seguridad ciudadana "se nos presenta como un ámbito material que forma parte de la seguridad pública, pero, en modo alguno, equivalente o sinónimo", siendo una parte integrante de la más amplia noción de seguridad pública, que no abarca todos los aspectos que definen el ámbito material de la seguridad pública (STC 172/2020, de 19 de noviembre, FJ 3), encaminándose a asegurar un ámbito de convivencia en el que sea posible el ejercicio de los derechos y libertades, mediante la eliminación de la violencia y la remoción de los obstáculos que se opongan a la plenitud de aquellos.

3. La seguridad ciudadana es una función —pública— de Estado

La Seguridad Ciudadana es una función propia del Estado (STC 325/1994, de 12 de diciembre, FJ 2), derivándose de ello que su garantía corresponde a los poderes públicos. En efecto, su configuración constitucional se reserva a la Administración y, en consecuencia, a los funcionarios públicos; constituyendo ésta una "exigencia insoslayable" (Barcelona), cuya alteración supondría una alteración de nuestro modelo constitucional. Es, pues, "responsabilidad, objetivo y resultado de la acción del poder público, concretamente del administrativo" (Parejo). Y es que la coacción y el uso de la fuerza sólo pueden reservarse a quienes gozan de la condición de agentes de la autoridad, debido al hondo calado de las funciones que se encuadran dentro de lo que es la garantía de la seguridad ciudadana, por su especial incidencia sobre derechos fundamentales y libertades públicas; así lo confirma el propio Tribunal Constitucional cuando avala que el estatuto funcionarial se erige en garantía adicional del ejercicio de las funciones policiales tuitivas (STC 175/2011, de 8 de noviembre, FJ 6). Esta es, precisamente, la configuración que persigue el texto constitucional cuando trata de asegurar en el art. 104 CE la adaptación del sistema policial, de sus funciones y de sus principios básicos al orden constitucional. Deriva de ello la necesidad (a) de que las FFCCSS se presenten y se perciban por los ciudadanos como colaboradores al servicio de las libertades, no como el brazo ejecutor del aparato represor. Y (b) de articular una protección adecuada del ciudadano frente al peligro de eventuales extralimitaciones. Lo que incluye la posibilidad de acudir a la vía judicial para reaccionar frente a los excesos y abusos de las Fuerzas y Cuerpos de Seguridad en el uso, en principio legítimo, de la fuerza y de los medios de coacción. Y es que el aparato coactivo de un Estado ha de ser público.

Ahora bien, nuestra legislación ha permitido progresivamente una notable expansión de la seguridad privada, extendiendo su actuación a zonas públicas o edificios oficiales que siempre habían estado reservados a las fuerzas públicas. Con la Ley de Seguridad Privada 5/2014, de 4 de abril (en adelante LSP) se ha producido un cambio de paradigma, ya que se ha desplazado el principio de subordinación que presidía las relaciones entre seguridad pública y privada y se ha reforzado el de complementariedad.

Es cierto que la colaboración entre todos los posibles actores que tengan responsabilidades en materia de seguridad, en ocasiones, puede ser no sólo conveniente, sino necesaria. Pensemos, por ejemplo, en los cambios tecnológicos que condicionan la prestación de servicios de seguridad, situando a la seguridad privada en una posición especial y robustecida, debido a que las empresas privadas de seguridad se han ido especializando en productos de vigilancia electrónica: cámaras, programas de identificación de imágenes, robots, drones, así como de inteligencia artificial, entre otros. Es evidente que están ocupando espacios a los que la seguridad pública tiene más dificultades de acceso, señaladamente como consecuencia de la financiación insuficiente. Esta mayor especialización de dichas empresas constituye un nicho impor-

tante para la colaboración. Ahora bien, tengamos en cuenta que el Tribunal de Justicia de la Unión Europea ha venido manteniendo que la seguridad privada no constituye ejercicio de poder público (Sentencia Comisión contra España (C-114/97). En consecuencia, la colaboración público-privada no puede entrañar la asunción de aquellas funciones que, por afectar a los derechos fundamentales, quedan reservadas en exclusiva a Fuerzas y Cuerpos de Seguridad. Lo contrario desnaturalizaría los mandatos constitucionales, al permitir que agentes privados asumieran funciones que son propias y exclusivas de los poderes públicos.

II. UNA LEGISLACIÓN ORGÁNICA PARA DETERMINAR LAS FUNCIONES, PRINCIPIOS BÁSICOS DE ACTUACIÓN Y ESTATUTOS DE LAS FUERZAS Y CUERPOS DE SEGURIDAD

El mandato contenido en el artículo 104.2 de la CE está sujeto a reserva expresa de ley orgánica, que se ha concretado en diversas normas:

1. Ley Orgánica de Fuerzas y Cuerpos de Seguridad del Estado 2/1986, de 13 de marzo

La norma se aplica a (a) las Fuerzas y Cuerpos de Seguridad del Estado dependientes del Gobierno de la Nación: Policía Nacional y Guardia Civil (artículo 104 CE); (b) a los Cuerpos de Policía dependientes de las Comunidades Autónomas, en virtud del 149.1.29 CE; y (c) los Cuerpos de Policía dependientes de las Corporaciones Locales, en virtud del 148.1.22 CE. La Ley dispone las líneas maestras del régimen jurídico de las Fuerzas y Cuerpos de Seguridad estableciendo, por un lado, los principios básicos de actuación comunes a todos ellos y por otro lado, fijando los criterios estatutarios fundamentales. Al respecto, y muy someramente, destacaría los siguientes aspectos:

(a) *Diversos cuerpos con diversa naturaleza*: adviértase que los distintos cuerpos que se sujetan a esta legislación tienen naturaleza distinta; en efecto, la Guardia civil —pese a su denominación— no tiene la misma naturaleza que las demás, ya que es instituto armado de naturaleza militar, dependiente del Ministerio de Defensa a diferencia de las demás que dependen del Ministerio de Interior; así se ha corroborado sistemáticamente por el Tribunal Constitucional (por todas STC 1/1995, de 10 de enero). La Guardia Civil, por su naturaleza militar y su pertenencia a las Fuerzas y Cuerpos de Seguridad del Estado, cuenta con un estatuto de personal propio contenido en la Ley 29/2014, de 28 de noviembre, de Régimen del Personal de la Guardia Civil. 1505

Asimismo, conviene precisar que el Capítulo V de la Ley de FFCCSS regula la denominada Policía Judicial, a la que el artículo 126 CE hace depender de los Jueces, Tribunales y del Ministerio Fiscal en sus funciones de averiguación del delito y descubrimiento y aseguramiento del delincuente. Pero, para el cumplimiento de sus funciones la ley contempla su carácter colaborador con las Fuerzas y Cuerpos de Seguridad del Estado y con el personal de Policía de las Comunidades Autónomas y de las Corporaciones Locales.

(b) *Diversos cuerpos con distinta competencia vertical:* Ciertamente, cuando el art. 104 CE afirma la dependencia de las FFCCSS del Gobierno no lo hace para atribuir su competencia sólo al Gobierno central, sino que pretende remarcar que es en el marco del Ejecutivo/Administración en el que corresponde situarlas. Como hemos visto, el propio texto constitucional prevé la posibilidad de creación de policías por las Comunidades Autónomas en la forma que se establezca en los respectivos Estatutos, dentro del marco de lo que disponga una ley orgánica. El reconocimiento de esta competencia alcanza tanto aspectos organizativos, como funcionales, ya que se concreta en la capacidad de los poderes autonómicos de organizar sus propias policías y de ejercer las funciones o servicios policiales no estatales, así como las potestades administrativas que puedan ser consideradas como complementarias o inherentes a las tareas de prevención e investigación de hechos delictivos y persecución de los culpables, del mantenimiento del orden ciudadano y otras análogas que se atribuyen a los Cuerpos y Fuerzas de Seguridad (por todas, STC 175/1999).

Este modelo ha permitido tanto la creación de policías autonómicas (Canarias, Catalunya, Euskadi, y Comunidad Foral de Navarra), como la de unidades de la policía adscritas a la Comunidad Autónoma. Además, las Comunidades pueden asumir competencias sobre vigilancia y protección de sus edificios e instalaciones, así como la coordinación y demás facultades en relación con las policías locales en los términos que establezca una ley orgánica (148.1 22.ª); confluyendo otros títulos competenciales, como, por ejemplo, el de espectáculos. También gozan de competencias las CC.AA. en relación con los Cuerpos de Policía dependientes de las Corporaciones Locales, ya que el artículo 39 de la Ley Orgánica 2/86, les atribuye la competencia para establecer las normas marco a las que habrán de ajustarse los Reglamentos de las Policías Locales, de conformidad con lo dispuesto en la propia Ley y en la Ley de Bases de Régimen local 7/1985, de 2 de abril.

(c) La ley del 86, además de la ordenación orgánica, también regula funciones, fines y principios de actuación de las FFCCSS. Pensemos que la legislación de desarrollo alcanza gran relieve ya que es en ella en la que se precisa el modelo policial.

Tanto en el marco de Naciones Unidas como en el del Consejo de Europa (Resolución 690 de 1979, de la Asamblea Parlamentaria del Consejo de Europa, —Declaración sobre la Policía—) se definen unas reglas deontológicas de actuación de la policía. Pero cuando se asumen estas reglas deontológicas y se convierten en principios básicos de actuación —positivizados en legislación orgánica— pasan a ser jurídicamente vinculantes, constituyendo los estándares mínimos que impregnan la actuación de todos los actores que intervienen, de un modo u otro, en la esfera de la seguridad ciudadana. Es el artículo 5 de la Ley de FFCCSS el que positiviza dichos principios convirtiéndolos en normas exigibles de cuyo incumplimiento deriva la correspondiente responsabilidad.

(d) En relación con el estatuto de los integrantes de FFCCS, se han venido planteando los límites derivados del art. 104.1 CE al ejercicio de ciertos derechos —señaladamente la libertad de expresión y de sindicación—. Además de las restricciones específicas previstas en la ley en relación con el derecho de reunión y manifestación, el Tribunal Constitucional se ha pronunciado en diversas sentencias manteniendo que, en atención a la estructura interna de las FFCCSS y la misión que el art. 104 les atribuye, no debe entenderse excluida toda libertad de crítica hacia sus superiores jerárquicos, o constreñido el ejercicio de la libertad sindical de los mismos, en defensa de sus derechos o intereses profesionales, pues en tal caso se desconocería el contenido esencial de los derechos reconocidos en los arts. 20.1 a) y 28.1 de la Constitución. Ahora bien, las respuestas en este orden difieren en función de la naturaleza de cada cuerpo. En concreto, en relación con la Guardia civil, debido a su naturaleza militar, rigen los principios de jerarquización, disciplina y unidad, de modo que éstos podrían quedar en entredicho si quedaran amparadas por la libertad de expresión conductas que fueran claramente indicativas de una desmesura en el ejercicio de la crítica a determinados aspectos de la actuación del Instituto armado. En consecuencia, debe ponderarse en cada caso si el funcionario ha hecho un ejercicio de su derecho a la libertad de expresión dentro de los límites derivados de los deberes que ha de cumplir en su condición de miembro de FFCCS (por todas, STC 272/2006, FJ 4).

(e) Destacaría, finalmente, por su relevancia, la declaración de inconstitucionalidad del art. 27.3 j) de la Ley Orgánica 2/1986, en la medida en que posibilitaba la duplicidad en el castigo mediante la imposición de una doble sanción disciplinaria por la realización de unos mismos hechos, teniendo dichas sanciones un mismo fundamento. La triple identidad de sujeto, hechos y fundamento implicaría, también, una lesión del principio *non bis in idem* en su vertiente procedimental (STC 188/2005, de 4 de julio, FJ 6), incompatible con nuestro ordenamiento.

2. Legislación reguladora de la Seguridad ciudadana

Si bien la ordenación orgánica puede plantear menos aristas, la actividad de las FFCCSS desplegada para garantizar la seguridad ciudadana se regula en una ley que debe abordar la difícil tarea de mantener la seguridad sin limitar de forma desproporcionada los derechos. Desde la entrada en vigor de la Constitución, dos han sido las leyes aprobadas para cumplir con este cometido: la primera fue la Ley Orgánica 1/1992, de 21 de febrero, a la que le ha sucedido la Ley Orgánica 4/2015, de 30 de marzo, vigente en la actualidad.

La dificultad de una ley de esta naturaleza reside en la relevancia de los derechos fundamentales sobre los que recae la actuación de las Fuerzas y Cuerpos de Seguridad, y que pueden verse, en consecuencia, limitados: el derecho a la intimidad, derecho a la propia imagen, registros domiciliarios, identificación, reunión, manifestación, asilo, derechos de los extranjeros, entre otros; así como la determinación del régimen sancionador. Se trata de leyes en la que se fija el sello del legislador en orden a sus políticas de seguridad, mediante la delicada articulación del denominado Derecho Administrativo sancionador y sus relaciones con el Derecho Penal. Ello explica que las dos leyes referidas acabaran siendo recurridas ante el Tribunal Constitucional. Y es que, como certeramente señala M. Rebollo, quienes se han atrevido a legislar sobre este tema "han salido escaldados", ya que se trata de un "terrero minado del que es difícil salir ileso". El calificativo que ambas han recibido lo explica bien: la primera se denominó "ley de la patada en la puerta", y la segunda "ley mordaza".

En la sentencia que resolvió el recurso frente a la primera de las leyes, el Tribunal tuvo que precisar que "la eficacia en la persecución del delito, cuya legitimidad es incuestionable, no puede imponerse, sin embargo, a costa de los derechos y libertades fundamentales" (STC 341/1993, de 18 de noviembre, FJ 2); declarando inconstitucional el artículo 20 que contemplaba la flagrancia del delito como presupuesto de entrada en el domicilio de modo excesivamente amplio. El Tribunal circunscribió dicha flagrancia a la evidencia del delito y la urgencia de la intervención. Precisamente, porque particularmente en este ámbito tienen poco acomodo los supuestos abiertos e indeterminados que no confieran certeza ni seguridad jurídica.

La segunda de las leyes es la Ley Orgánica 4/2015, de 30 de marzo, de Protección de la Seguridad Ciudadana (LOPSC) —actualmente vigente— que nació salpicada de fuertes reproches. Soy consciente de que el tratamiento del tema requiere un desarrollo más atento y pormenorizado, pero, debido a las limitaciones de espacio apuntaré —muy someramente— las cuestiones más conflictivas.

Insistiendo en el escaso acomodo de la indeterminación jurídica en este ámbito, se destacó el exceso de ambigüedad en su redacción, apreciándose la existencia de ámbitos que permiten un margen de actuación de las FFCCSS demasiado amplio (así lo advirtió en un Informe la Comisión de Venecia). En término generales, se criticó la orientación securitaria de la ley (Presno), intensificando la acción preventiva, no solo del delito, sino también de las infracciones administrativas.

(i) En relación con determinados derechos sustantivos, uno de los puntos más controvertidos fue la regulación de los derechos de reunión y manifestación en la medida en que, por ejemplo, considera como infracción muy grave las reuniones y manifestaciones no comunicadas o prohibidas; esto es, sin establecer una graduación entre no comunicación y la prohibición; o bien las celebradas ante determinadas sedes. Del mismo modo, se discutió la ordenación de los registros corporales al permitir el registro corporal externo y superficial mediante la utilización de términos imprecisos sujetos a discrecionalidad. Un tema especialmente conflictivo fue la previsión del art. 36.23 relativa al uso no autorizado de imágenes permitiendo a la administración la incautación del material grabado, lo que equivalía a una censura previa, pero no judicial sino administrativa. Y, finalmente, generó un fuerte cuestionamiento la ordenación de los rechazos en la frontera de Ceuta y Melilla —las *denominadas devoluciones en caliente*—, prevista en la disposición final primera de la LOPSC, por la que se introduce una disposición adicional décima en la Ley Orgánica 4/2000 de 11 de enero, sobre derechos y libertades de los extranjeros en España y su integración social. Tema que plantea importantes aristas tal y como ha podido apreciarse cuando el Tribunal Europeo de Derechos Humanos declaró primero contrarias al CEDH las expulsiones colectivas en una Sentencia de Sala (N.D. y N.T c. España, de 3 de octubre de 2017), rectificando con posterioridad en la Sentencia de la Gran Sala que las aceptó (13 de febrero de 2020). Tesis mantenida en esta última a la que se acoge —como veremos a continuación— el Tribunal Constitucional para salvar su constitucionalidad.

(ii) Se destacó, sobre todo, su marcado carácter sancionador, por la ampliación de las conductas sancionables, con escasa correspondencia entre la proporcionalidad de la sanción y la gravedad de la infracción. Por ejemplo, se sancionan conductas que no constituyen un quebranto de la seguridad ciudadana, como la tercera y posteriores pérdidas o extravíos en el plazo de un año de los documentos de identidad (art. 37.11). Pero, señaladamente, plantea aristas muy vidriosas debido a la conversión de antiguos delitos o faltas en conductas sancionables, precisamente porque las garantías no son las mismas en ambos casos, entre otros aspectos, por la presunción de veracidad de los agentes de la autoridad, y su afectación a los medios de prueba.

Dos son las Sentencias del Tribunal Constitucional que resuelven los recursos de inconstitucionalidad planteados: la 172/2020, de 19 de noviembre, y la 13/2021, de 28 de enero. De ambos pronunciamientos cabe extraer muy sucintamente que:

(a) se declara la inconstitucionalidad y nulidad del inciso "no autorizado" del art. 36.23 de la LOPSC, que preveía como infracción grave el uso no autorizado de imágenes o datos personales o profesionales de las autoridades o miembros de FFCCSS. En ambas sentencias se explica que hay censura previa proscrita por el art. 20.2 CE cuando la difusión de las imágenes o datos se sometan a un previo examen de su contenido por el poder público, de forma que aquélla (la difusión) solo se pueda realizar si éste "otorga el placet". En consecuencia, considera que el art. 36.23 —en la medida en que sujeta a la obtención de autorización administrativa previa la actividad consistente en usar imágenes o datos de las autoridades o miembros de las Fuerzas y Cuerpos de Seguridad— resulta contrario a la interdicción de censura previa ex art. 20.2 CE.

(b) en relación con el precepto que regula los registros corporales externos, el Tribunal entiende que no vulnera el derecho fundamental a la intimidad, ya que cumple con las exigencias de "calidad de la ley" derivadas de la doctrina del Tribunal Europeo de Derechos Humanos, pues se trata de una norma de rango legal que delimita su alcance objetivo con suficiente precisión, y, en consecuencia, su aplicación será previsible para los titulares del derecho fundamental.

(c) respecto a las denominadas "*devoluciones en caliente*", esto es, el régimen *especial para Ceuta y Melilla de rechazo en frontera de los extranjeros que intenten entrar ilegalmente*, el Tribunal salva la constitucionalidad de la disposición final primera de la LOPSC que las regula siempre y cuando se interprete en los siguientes términos: (i) que, a la luz de la jurisprudencia del TEDH y de los Tratados internacionales, con motivo de esta actuación de "rechazo en frontera", las FFCCSS presten especial atención a las categorías de personas especialmente vulnerables, entre las que se cuentan las que aparenten manifiestamente ser menores de edad; estar en situación de mujer embarazada o resultar afectadas por serios motivos de incapacidad, incluida la causada por la edad avanzada y personas encuadradas en la categoría de especialmente vulnerables. (ii) Asimismo, se entenderán constitucionales si en el ámbito de las solicitudes de asilo el Estado cumple con el deber de disponer de un acceso real y efectivo a los procedimientos legales de entrada, de forma que las personas que se enfrenten a una persecución, con riesgo para su vida o integridad, puedan presentar una solicitud de protección, en condiciones que garanticen la tramitación de la solicitud de manera coherente con las normas internacionales y el propio Convenio europeo de derechos humanos. Tesis sostenida por el TEDH en la Sentencia de Gran Sala N.D. y N.T c. España (de febrero de 2020), en la que concluía que, si estos medios existen y son efectivos, el Estado puede denegar la entrada en su territorio a los extranjeros que hayan incumplido, "sin razones convincentes [...], estas disposiciones al tratar de cruzar la frontera por un lugar diferente no autorizado".

(d) en relación con el régimen sancionador, en particular el previsto en el art. 36.2 LOPSC que tipifica como infracción grave "la perturbación grave de la seguridad ciudadana que se produzca con ocasión de reuniones o manifestaciones frente a las sedes del Congreso de los Diputados, el Senado y las asambleas legislativas de las comunidades autónomas, aunque no estuvieran reunidas, cuando no constituya infracción penal", el Tribunal salva la constitucionalidad argumentando que solo convierte en sancionable las conductas que, "con ocasión de las mencionadas reuniones, dañen de un modo intenso a personas o bienes (o entrañen un riesgo agravado de que se produzca ese resultado lesivo), así como las que obstruyan sensiblemente el funcionamiento de los órganos legislativos". Además, argumenta que el precepto contiene dos bienes jurídicos que están encaminados a proteger, "de un lado, la especial significación institucional que tienen las cámaras legislativas, de fundamental relevancia en un Estado de Derecho y, de otro, el normal funcionamiento de estos órganos parlamentarios".

III. BIBLIOGRAFÍA

BARCELONA LLOP, J.: "Comentario al Artículo 104", en PÉREZ MANZANO, M., BORRAJO INIESTA, I. (coords.); CASAS BAAMONDE, Mª. E (dir.), RODRÍGUEZ-PIÑERO Y BRAVO-FERRER, M. (dir.), *Comentarios a la Constitución española*, Fundación Wolters Kluwer, Madrid, 2006.

FREIXES SAN JUAN, T., REMOTTI CARBONELL, J. C.: "La configuración constitucional de la seguridad ciudadana", *Revista de Estudios Políticos*, núm. 87/1995, 1995, pp. 151-162.

IZQUIERDO CARRASCO, M., ALARCON SOTOMAYOR, L. (dirs): *Estudios sobre la Ley Orgánica de Seguridad ciudadana*, Aranzadi. 2019.

PAREJO ALFONSO, L.: *Seguridad pública y policía administrativa de seguridad*, Tirant lo Blanch, Valencia, 2008.

PRESNO LINERA, M. A.: "La expansión del Derecho administrativo sancionador *securitario* (análisis constitucional de la Ley Orgánica para la protección de la seguridad ciudadana)", en CUERDA ARNAU, M. L. y GARCÍA AMADO, J. A., *Protección jurídica del orden público, la paz pública y la seguridad ciudadana*, Tirant lo Blanch, Valencia, 2016.

IV. JURISPRUDENCIA

STC 55/1990, de 28 de marzo.
STC 341/1993, de 18 de noviembre.
STC 325/1994, de 12 de diciembre.
STC 172/2020, de 9 de noviembre.
STC 13/2021, de 28 de enero.

Artículo 105

La Ley regulará:

a) La audiencia de los ciudadanos, directamente o a través de las organizaciones y asociaciones reconocidas por la ley, en el procedimiento de elaboración de las disposiciones administrativas que les afecten.

b) El acceso de los ciudadanos a los archivos y registros administrativos, salvo en lo que afecte a la seguridad y defensa del Estado, la averiguación de los delitos y la intimidad de las personas.

c) El procedimiento a través del cual deben producirse los actos administrativos, garantizando, cuando proceda, la audiencia del interesado.

COMENTARIO

María José Corchete Martín
Profesora Titular de Derecho Constitucional
Universidad de Salamanca

SUMARIO: I. LA BUENA ADMINISTRACIÓN COMO CONTEXTO. II. LA PARTICIPACIÓN CIUDADANA EN LA ELABORACIÓN DE LAS DISPOSICIONES ADMINISTRATIVAS. III. HACIA EL OBJETIVO DE LA TRANSPARENCIA. EL ACCESO DE LOS CIUDADANOS A LOS ARCHIVOS Y REGISTROS ADMINISTRATIVOS. IV. PROCEDIMIENTO ADMINISTRATIVO Y DERECHO DE AUDIENCIA DE LOS INTERESADOS. V. BIBLIOGRAFÍA. VI. JURISPRUDENCIA.

I. LA BUENA ADMINISTRACIÓN COMO CONTEXTO

La Constitución española no hace referencia expresa al concepto de buena Administración, ni como principio rector de la conducta de los órganos e instituciones administrativas ni como derecho de los ciudadanos administrados, aunque sí contempla una serie de contenidos que vendrían a fundamentar lo que hoy podríamos entender por "buena administración" en el marco de un Estado social y democrático de derecho. Estos contenidos residirían, principalmente, en los artículos 9.2 y 3, 23.1, 103.1 y 105 de la CE, por lo que estaríamos ante un concepto que podríamos calificar de *abierto e intuitivo* que se refiere a *un modo de actuación*; aquel que es conforme a una serie de parámetros constitucionales para evitar la falta de razonabilidad de las decisiones discrecionales de la Administración, los retrasos, las negligencias, así como la inactividad administrativa. Como parámetros más relevantes en la última década, la transparencia y la participación ciudadana.

Aunque con cierta demora, este objetivo ha ido permeando en las estructuras administrativas alcanzando, en la actualidad, un nivel que podríamos calificar de adecuado, en cuanto no definitivo. Por otro lado, resulta muy significativo el hecho de que la CDFUE, en el Capítulo V, dedicado a los derechos de "Ciudadanía", contemple de manera detallada el derecho de los ciudadanos a la buena administración, desarrollando cada una de las conductas que se consideran dentro de lo que podríamos calificar como "contenido esencial de este derecho" y, al mismo tiempo, como principio rector de la actuación de los órganos e instituciones de la Unión; precepto que, por otro lado, debería de haber contado con una mención expresa en las recientes reformas administrativas, y ello ante la falta de un reconocimiento explícito en nuestra Norma Fundamental.

El art. 105 CE se enmarca en este contexto, por lo que el principio democrático está llamado a adquirir, de manera ineludible, un importante protagonismo. Las ideas de gobernanza y buen gobierno han propiciado una nueva forma de entender la Administración y su actuación desde una perspectiva diferente, orientada principalmente hacia un modelo de Gobernanza colaborativa más propio del siglo XXI; no obstante, la participación y la colaboración de los ciudadanos en la *res pública* continúa siendo el objetivo a alcanzar.

Bien es cierto que tras 40 años de vigencia de nuestra Norma Fundamental se han ido produciendo importantes avances en el ámbito de la participación ciudadana en los asuntos públicos. Sin embargo, el camino aún es largo pero necesario de ser recorrido; de ahí que de forma más o menos temprana se hayan multiplicado los estudios y trabajos científicos en torno a una nueva forma de entender las relaciones entre aquellos que detentan el poder, en sentido amplio, y los ciudadanos. La transparencia, la participación, la colaboración y el control se convierten en ejes principales del objetivo: la buena administración.

Sin duda, detrás de estos conceptos subyace la necesidad de aceptar un concepto de participación en sentido amplio que comprenda todas aquellas formas y modos a través de los cuales los ciudadanos, individualmente o en grupos, directa o indirectamente, tomen parte en los procesos de decisión. Como ya apuntaron Pizzorusso y Rescigno, se trataría de participar en el debate, en el intercambio de información, enriqueciendo el procedimiento para la toma de decisiones aunque estas, finalmente, queden en manos de la autoridad pública.

En consecuencia, hablar hoy de participación no debería implicar ceñirnos a una participación estrictamente política, en la medida en que esta debe ser complementada de manera permanente con otras formas participativas que no resulten puntuales y que respondan al dinamismo de las sociedades contemporáneas. Ciertamente, todos y cada uno de los instrumentos participativos que recoge nuestra Constitución, independientemente de su naturaleza, contribuyen a concretar el principio democrático a través de la intervención directa y/o colaborativa de los ciudadanos con los poderes e instituciones públicas, lo que refleja la variedad de formas participativas que vendrían a complementarse, contribuyendo a mejorar la calidad democrática; y ello a pesar de que nuestro TC continua manteniendo un concepto restrictivo de participación, reservando el art. 23.1 CE únicamente para la participación estrictamente política (STC 103/2008).

Sin embargo, este concepto restrictivo no resulta constitucionalmente adecuado; la dinámica social apunta, ya desde hace tiempo, hacia un concepto amplio de participación que no tiene por qué desconectarse del art. 23.1 CE. Las circunstancias políticas, económicas y sociales vividas en nuestra historia más reciente, nos han mostrado la necesidad de fortalecer nuestra democracia a través de la participación y, más concretamente, a través de la ampliación de los espacios democráticos. Como defendía N. Bobbio en los años 90, también en un contexto de crisis, cuando se quiere conocer si ha tenido lugar un desarrollo democrático en un determinado país, se debería comprobar si se ha aumentado, no el número de aquellos que tienen derecho a participar en las decisiones que les afectan, sino los espacios en los cuales pueden ejercer este derecho. Sin duda, este ha sido y continúa siendo el objetivo del legislador conforme al mandato del art. 105 CE, especialmente en sus dos primeros apartados: abrir la Administración a la participación de los ciudadanos y no de manera excepcional. Las últimas reformas administrativas han apuntado en esta dirección: participación efectiva en los procesos de decisión, colaboración y control de la Administración. Sin duda, las TICs permiten potenciar dicha participación de una manera más permanente, eficaz y rápida, ayudando a crear una cultura del diálogo entre Administración y ciudadanos que debe fomentarse desde las propias instituciones públicas.

II. LA PARTICIPACIÓN CIUDADANA EN LA ELABORACIÓN DE LAS DISPOSICIONES ADMINISTRATIVAS

El Art. 105.a) CE constituye un mandato al legislador para regular el trámite de audiencia de los ciudadanos, directamente o a través de organizaciones o asociaciones reconocidas por la ley, en el procedimiento de elaboración de las disposiciones administrativas que les afecten. Este precepto constitucional, además, opera en relación con todos los procedimientos de elaboración de disposiciones administrativas, cualquiera que sea la Administración autora.

Dos son los textos legales que concurren de manera principal al desarrollo de este apartado a): la Ley 50/1997, de 27 de noviembre, del Gobierno y la Ley 39/2015, de 1 de octubre, del Procedimiento Administrativo Común de las Administraciones Públicas; esta última como norma básica al amparo de los arts. 149.1-18 y 23 CE.

Sin duda, ambos textos legales reflejan un cambio importante en la manera de concebir la Administración y, no sólo desde una perspectiva interna sino, también, desde la relación Administración-administrados. Como objetivos primarios de la reforma, la eficiencia, la eficacia y la transparencia de las Administraciones Públicas, a los que contribuirá la participación ciudadana, que se refuerza con las últimas reformas legales. Como objetivos finales: la creación de una cultura de transparencia y de corresponsabilidad entre órganos e instituciones públicas y ciudadanos.

La Ley 39/2015 del PAC concreta este mandato constitucional a través de tres momentos participativos: 1º) *una consulta pública*, con carácter preceptivo y previo antes de la elaboración del texto, en relación con los problemas que se pretenden solucionar con la nueva normativa, su necesidad, oportunidad y alternativas. Se abre la participación, al menos en este primer trámite, a los sujetos, empresas y organizaciones más representativas afectados por la futura norma, excluyendo una serie de materias (arts. 133.4 LPAC y 26.2 LG). 2º) *Un período de información pública* sobre el texto articulado, también con carácter preceptivo y, esta vez, abierto a cualquier persona y organización, posiblemente tratando de abarcar perspectivas más plurales y más cercanas al concepto de interés general y 3º) *una audiencia personalizada* a modo de trámite de alegaciones, abierto mediante notificación individual, aunque también se extiende a organizaciones y asociaciones reconocidas por la ley y, ello, cuando concurra la condición de afectados por la norma. No obstante, se configura como un trámite facultativo, lo que ha sido criticado tanto desde la Doctrina como desde el Consejo de Estado teniendo en cuenta el espíritu de la Ley: fortalecimiento de las garantías de los interesados, predictibilidad y evaluación pública del ordenamiento. De esta forma y, partiendo de un concepto de participación, no como un requisito meramente formal sino constitucionalmente exigible, su alcance y efectividad no deberían quedar a merced de la voluntad de los poderes públicos.

Fiel reflejo de este carácter lo constituye la sentencia 28/2017, de 16 de febrero que resuelve la cuestión de inconstitucionalidad 2544-2016. En este recurso se cuestionaba la constitucionalidad del art. 36.2 A), párrafo segundo del decreto Legislativo 1/2004, de la C.A. de Castilla La Mancha en tanto no ofrecía ningún cauce para garantizar la participación pública en el proceso de planeamiento cuando durante su tramitación se introdujeron modificaciones sustanciales. En materia de legislación urbanística, el art. 6.1 de la Ley 6/1988, 13 abril, sobre régimen del suelo y valoraciones (LRSV), hoy derogada, señalaba que la legislación urbanística "garantizará la participación pública en los procesos de planeamiento". Son las CC.AA. en el ejercicio de sus competencias exclusivas en esta materia quienes debían desarrollar este precepto estatal, y ello teniendo en cuenta que ni el art. 105 a) CE ni tampoco el desarrollo normativo posterior del Estado, fijaban un contenido concreto de este derecho. Para el órgano judicial, la ausencia de un cauce participativo en este proceso de planeamiento cuando se han introducido modificaciones sustanciales con posterioridad al trámite de información pública, iría en contra de los arts. 9.2 y 105 a) CE, del orden constitucional de distribución de competencias, así como de la doctrina del TS que entiende que la efectividad del mandato de participación contenido en las normas estatales implica que sea exigible abrir un nuevo trámite de información pública en esta circunstancia; pero este trámite se impide por el precepto cuya constitucionalidad se cuestiona a la luz de la legislación básica del Estado. Para el TC el Estado, con fundamento en el art. 149.1.18 CE, puede prever la existencia de la garantía del trámite de información pública a los ciudadanos precisamente para favorecer la transparencia y, fundamentalmente, el acceso a la información urbanística y la participación cívica en los procedimientos de aprobación o alteración de los instrumentos de ordenación urbanística por lo que, la exclusión de un segundo trámite en el caso de modificaciones sustanciales supera, a juicio del TC, el orden constitucional de distribución de competencias (STC 141/2014).

Lo más interesante es que para el TC el art. 6 LRVS, al contener un mandato abstracto, no predetermina un único modelo de participación urbanística y, conteniendo unas garantías mínimas, lo deja abierto a la configuración del legislador autonómico bajo el respeto de la exigencia material de participación de la regulación legal a través del trámite de información pública que, por su relevancia, se erige en condición de validez de conformidad con el art. 105 b) CE. En consecuencia, la competencia estatal vendría a reforzar las garantías de este precepto constitucional en relación con los derechos de los ciudadanos en el procedimiento, asegurando un tratamiento común en relación con la participación efectiva de los ciudadanos en los asuntos públicos, con fundamento en el art. 23.1 CE.

III. HACIA EL OBJETIVO DE LA TRANSPARENCIA. EL ACCESO DE LOS CIUDADANOS A LOS ARCHIVOS Y REGISTROS ADMINISTRATIVOS

El art. 105 b) recoge el acceso de los ciudadanos a los archivos y registros administrativos en forma de mandato al legislador; acceso que también cuenta con un reconocimiento expreso en el art. 42 CDFUE cuando recoge el derecho de acceso a los documentos.

Ha sido con el último desarrollo legislativo de este precepto constitucional, a través de la Ley 19/2013 de 9 de diciembre, de Transparencia, acceso a la información y buen gobierno, cuando se ha reabierto el debate en relación con el carácter fundamental de este derecho. Es el Capítulo III de esta Ley el dedicado al derecho de acceso a la información pública.

Tanto la CE como la CDFUE marcan una clara diferencia entre los derechos fundamentales a la libertad de expresión y de información (Art. 20.a y d y art. 11.1 respectivamente) y el derecho de los ciudadanos al acceso a los archivos y registros administrativos y el derecho de acceso a documentos (art. 105 b) CE y art. 42-CDFUE). Esta diferente ubicación en ambos textos responde, no sólo a las diferencias en cuanto al contenido que se pretende proteger sino también, y concretamente en el caso español, a la aplicación de un régimen jurídico diferenciado. Mientras el art. 42 se cataloga en la Carta como derecho fundamental, el art. 105 b) CE comprende un mandato al legislador para que configure este derecho en el ámbito de la Administración Pública.

El CEDH recoge en su art. 10 el derecho a la libertad de expresión que comprende la libertad de opinión y la libertad de recibir o de comunicar informaciones o ideas; sin embargo, el derecho de acceso a la información pública ha sido objeto de una protección muy puntual e indirecta por parte del TEDH a través de los artículos 8 y 6 del CEDH. Será a partir del 2009 cuando el Tribunal vaya avanzando en la delimitación de este derecho con fundamento en el art. 10, siendo de especial transcendencia el caso Magyar (2016) donde se aborda, por primera vez, la naturaleza del derecho de acceso a la información en el ámbito del Convenio, elaborando un test de cuatro preguntas que contestadas de manera afirmativa, en el caso concreto, nos lleva al reconocimiento de este derecho y, en consecuencia, a su protección de conformidad con el art. 10 CEDH: ¿cuál es la finalidad de la solicitud de información?, ¿la información solicitada es de interés público? ¿quien pide la información desarrolla efectivamente un papel de "perro guardián" de la democracia frente a los abusos de poder? ¿la información solicitada ya está lista y disponible para facilitarse? El test introducido por el Tribunal de Estrasburgo vendría a justificar la diferencia material y, en consecuencia, formal, del derecho de acceso a la información en el art. 20.1.d) CE como derecho fundamental frente al derecho de acceso de los ciudadanos a los archivos y registros administrativos como derecho subjetivo de configuración legal, de acuerdo con el art. 105.b) CE.

En consecuencia, el art. 105 b) CE se circunscribe, con carácter general, al acceso a los archivos y registros administrativos en el ámbito del Derecho Administrativo. El legislador desarrolla este mandato constitucional a través del derecho de acceso a la información pública, esto es, a "los contenidos o documentos, cualquiera que sea su formato o soporte, que obren en poder de algunos de los sujetos señalados en los arts. 2-4 LTAI y BG y que hayan sido elaborados o adquiridos en el ejercicio de sus funciones" (art. 13, Ley 19/2013). Por otro lado, el Reglamento 1049/2001 de la UE (arts. 2.3 y 3. a)) fija como objeto de una solicitud de acceso, los documentos que "obren en poder de una institución" en todos los ámbitos de la actividad de la UE, superando el ámbito administrativo. En el marco del Consejo de Europa, el Convenio 205 sobre el Acceso a los Documentos públicos se ciñe principalmente al ámbito administrativo aunque "abre la puerta" a que cada Estado Miembro pueda incluir, en calidad de autoridades públicas, a órganos legislativos y autoridades judiciales "en lo que concierne al resto de sus actividades" (art. 1.2 a) ii Convenio 205) y así, por Documentos públicos se refiere "a toda la información registrada de cualquier forma, elaborada o recibida, y en posesión de las autoridades públicas" (art. 1.2 b) Convenio 205/2009).

La Ley 19/2013 adquiere carácter básico por el juego conjunto de los arts. 105 b) y 149.1-18 CE en cuanto al reconocimiento del derecho de acceso a la información y al establecimiento de unas garantías "básicas" para el administrado, independientemente de la Administración ante la que actúe, por lo que la legislación autonómica deberá ajustarse al contenido básico de la Ley 19/2013 e incluso podrá reforzarlo, o bien remitirse a dicho texto legal en tanto el legislador previó su carácter supletorio en la Disposición adicional primera, 2).

La legitimación se abre a "todas las personas", por otro lado en consonancia con el estándar europeo (CDFUE y CEDH), y ello con el objetivo de fomentar una cultura de transparencia como presupuesto de una participación efectiva en la Administración pública. La transparencia se constituye en un medio para obtener información pública que hace posible un control democrático del poder, especialmente administrativo; de ahí la calificación de la buena administración como un concepto abierto e intuitivo que comprende la información como premisa de los derechos de participación en la vida pública, en sentido amplio y con carácter permanente.

Pero como cualquier derecho en el marco de un Estado social y democrático de derecho, el art. 105 b) establece una serie de límites al legislador a la hora de regular el acceso a la información pública; límites desarrollados con un considerable grado de amplitud en la Ley 19/2013 (art. 14.1) y cuya aplicación deberá ser justificada y proporcionada a su objeto, finalidad y caso concreto. Especial mención tiene la protección de datos de carácter personal (art. 15) que, como dº fundamental, se coloca en una posición preponderante partiendo de la protección constitucional de la que goza su contenido esencial, lo que origina un desequilibrio entre ambos derechos en caso de conflicto. Serán los órganos de garantía los que deberán ir concretando su alcance caso por caso.

El legislador regula con detenimiento: el procedimiento de acceso a la información, deteniéndose en la solicitud y exigiendo la identidad del solicitante pero no su motivación (art. 17); las causas de inadmisión con la exigencia de resolución motivada (art. 18) así como la tramitación, resolución y formalización del acceso.

Como no podía ser de otra manera, las garantías previstas en la Ley responden a las orientaciones marcadas por el Convenio 205, estableciendo con carácter previo a la jurisdicción contencioso administrativa, la reclamación ante un órgano especializado como es el Consejo de Transparencia y Buen Gobierno, y ello como elemento consustancial del derecho a la buena administración; tal y como defiende Sorace, el derecho a la buena administración implica garantizar "un estándar de buenas decisiones" completado por un "buen sistema de tutela judicial" frente a las malas decisiones.

IV. PROCEDIMIENTO ADMINISTRATIVO Y DERECHO DE AUDIENCIA DE LOS INTERESADOS

El art. 105 c) es el único trámite del Procedimiento administrativo que cuenta con una mención expresa en la Constitución; una remisión al legislador, esta vez para regular el procedimiento a través del cual deben producirse los actos administrativos, garantizando, cuando proceda, la audiencia del interesado; concepto este último interpretado por el legislador (Ley 39/2015, de PAC) de manera amplia, a través de los conceptos de interés legítimo y afectación, extendiéndolo tanto a intereses individuales como colectivos.

La audiencia se configura como una potestad reglada y no discrecional, en la medida en que su omisión puede provocar la indefensión del interesado, además de la anulabilidad del acto. En consecuencia, la audiencia, dentro del procedimiento administrativo, ha sido calificada por la jurisprudencia como esencial y capital, en la medida en que el interesado tiene derecho a conocer el expediente y la documentación adjunta. De hecho, la omisión de este trámite en aquellos procedimientos que lo exigen, constituiría un vicio capaz de anular el procedimiento, en la medida en que puede provocar una verdadera indefensión a posibles interesados, aunque no con fundamento en el art. 24 CE; por el contrario, este derecho fundamental sí se podría considerar vulnerado en el ámbito de los procedimientos administrativos sancionadores. De hecho, esta proyección del art. 24 CE al ámbito del procedimiento administrativo sancionador ha sido objeto de una importante elaboración doctrinal y jurisprudencial por parte de nuestro TC que ha reconocido, dentro de este Procedimiento, un amplio abanico de garantías comprendidas en este derecho fundamental, bien como garantías del procedimiento, bien como garantías del administrado; entre otras, el derecho a la defensa, a la asistencia letrada, a ser informado de la acusación, a la presunción de inocencia, a la utilización de los medios de prueba adecuados para la defensa y, el derecho a una resolución motivada que resuelva todas las cuestiones del expediente.

V. BIBLIOGRAFÍA

BUSTOS GISBERT, R.: *Calidad democrática. Reflexiones constitucionales desde la teoría, la realidad y el deseo*. Col. Debates Constitucionales, Marcial Pons, Fundación Giménez Abad, 2017.

COTINO HUESO, L.: "El reconocimiento y contenido internacional del acceso a la información pública como derecho fundamental", *Teoría y Realidad Constitucional*, núm. 40, 2017.

JIMÉNEZ ASENSIO, R.: *Como prevenir la corrupción. Integridad y transparencia*. Ed. Catarata, 2017.

PIZZORUSSO, A.: "Democrazia participativa e attività parlamentare", *Studi in onore di Antonio Amorth*, vol II., Scritti di diritto costituzionale e altri; Giuffrè, Milano, 1982.

RESCIGNO, G. A.: *Corso di diritto publicco*. Zanichelli, Bologna, 2005.

SORACE, D.: "La buona amministrazione e la qualità della vita, en 60º aniversario della Costituzione". Costituzionalismo.it, Fasc. 2/2008, www.costituzionalismo.it/articoli/277/

VI. JURISPRUDENCIA

STC 103/2008, de 11 de septiembre
STC 141/2014, de 11 de septiembre.
Caso Magyar Helsinki Bizzotság c Hungría, STEDH de 8 de noviembre de 2016.

Artículo 106

1. Los Tribunales controlan la potestad reglamentaria y la legalidad de la actuación administrativa, así como el sometimiento de ésta a los fines que la justifican.

2. Los particulares, en los términos establecidos por la ley, tienen derecho a ser indemnizados por toda lesión que sufran en cualquiera de sus bienes y derechos, salvo en los casos de fuerza mayor, siempre que la lesión sea consecuencia del funcionamiento de los servicios públicos.

COMENTARIO

Luis María Díez-Picazo
Catedrático de Derecho Constitucional
Magistrado del Tribunal Supremo

SUMARIO: I. LA PLENITUD DEL CONTROL JUDICIAL SOBRE LA ACTUACIÓN ADMINISTRATIVA. II. LA ELIMINACIÓN DE OBSTÁCULOS EN EL ACCESO A LOS TRIBUNALES Y EN LA EJECUCIÓN DE SENTENCIAS. III. LA INEXISTENCIA DE UNA GARANTÍA INSTITUCIONAL DE LA AUTOTUTELA ADMINISTRATIVA. IV. REFERENCIA AL CONTROL JUDICIAL DE LOS REGLAMENTOS. V. EL PRINCIPIO CONSTITUCIONAL DE RESPONSABILIDAD PATRIMONIAL DE LA ADMINISTRACIÓN. VI. BIBLIOGRAFÍA. VII. JURISPRUDENCIA

I. LA PLENITUD DEL CONTROL JUDICIAL SOBRE LA ACTUACIÓN ADMINISTRATIVA

El art. 106 CE forma parte de un grupo de preceptos que, dentro del Título IV, configuran el marco constitucional de la Administración Pública; es decir, los principios básicos e indisponibles para el legislador en lo atinente a la organización, el funcionamiento y los límites de las entidades administrativas. Por razones obvias, tales principios están íntimamente vinculados a la idea de Estado de derecho o, si se prefiere, son manifestaciones o especificaciones de la misma.

Importancia crucial para la efectividad del Estado de derecho tiene, sin duda, el principio de control judicial de la Administración, proclamado en el apartado primero del art. 106 CE. Este es complemento indispensable del principio de legalidad de la actuación administrativa, consagrado en el art. 103.1 CE: de poco serviría afirmar el sometimiento pleno de la Administración a la ley y al derecho (plano sustantivo) si luego no fuera posible reclamar en sede judicial contra aquellas actuaciones administrativas que el afectado considera ilegales (plano procesal). La efectividad del principio de legalidad, en otras palabras, presupone la existencia de órganos judiciales y procedimientos jurisdiccionales que permitan comprobar la adecuación a derecho de la actuación administrativa y, en su caso, adoptar los remedios necesarios para restaurar la legalidad infringida y satisfacer los derechos de los afectados. De todo ello se ocupa precisamente el art. 106.1 CE.

Este precepto constitucional impone, antes que cualquier otra cosa, el carácter plenamente fiscalizable en sede judicial de toda la actuación administrativa. Ello significa que todas las formas imaginables de actuar de la Administración (reglamentos, actos administrativos, contratos, inactividad, operaciones materiales y vías de hecho) son susceptibles de ser impugnadas ante los tribunales. No cabe constitucionalmente que haya algún tipo de actuación administrativa inmune o exenta de control judicial. Y ello es predicable de todos los entes y órganos que pueden ser calificados de administrativos (Administración General del Estado, Administraciones autonómicas, entidades locales, organismos autónomos, agencias independientes, etc.), incluidos seguramente los órganos con relevancia constitucional en su actividad administrativa instrumental de contratación y empleo. Incluso el Gobierno, como cúspide del Poder Ejecutivo en que se encuadra la Administración General del Estado, no escapa —como luego se verá— al control judicial de su actuación.

La plenitud del control judicial sobre la actuación administrativa no se refiere solo al objeto, sino también al canon o parámetro de dicho control. El propio art. 106.1 CE se encarga de subrayarlo cuando dice que, además de controlar la adecuación de dicha actuación a "la legalidad", los tribunales también pueden y deben controlar "el sometimiento de ésta a los fines que la justifican". Ello implica que el rasero no es únicamente la legalidad extrínseca; es decir, no cabe entender que basta un puro control negativo, consistente en comprobar si la Administración se ha extralimitado incurriendo en comportamientos legalmente prohibidos. El art. 106.1 CE también impone un control positivo, a fin de verificar que la Administración utiliza sus potestades para el cumplimiento de las funciones que tiene asignadas; y no para lograr otras metas. Hay aquí una referencia implícita a la conocida técnica jurídico-administrativa de la "desviación poder" y, más en general, a la importancia de los principios generales del derecho para un efectivo control de la Administración. Esta idea de que el parámetro de control va más allá de la mera legalidad literal o formal para comprender también los fines (art. 106.1 CE) es, así, congruente con la afirmación de que la Administración está sometida al derecho como algo más amplio que la ley (art. 103.1 CE).

El art. 106.1 debe ser puesto en conexión con el art. 24.1 CE, en el sentido de que la plenitud del control judicial sobre la actuación administrativa es una exigencia ineludible de la tutela judicial efectiva. Esta no sería tal frente a la

Administración si el control judicial no fuera pleno en el doble sentido que se acaba de exponer. La importancia de esta afirmación no es puramente académica, sino que puede tener relevancia práctica: decir que poner en marcha el control judicial sobre la actuación de la Administración es un modo de buscar la tutela judicial efectiva implica que se trata del ejercicio de un derecho fundamental. Y ello comporta, a su vez, que las quiebras o lagunas del control judicial pueden ser combatidas por los medios propios de la protección de los derechos fundamentales, incluido el recurso de amparo.

Una vez examinados el objeto y el canon o parámetro del control judicial sobre la actuación administrativa, debe hacerse referencia al controlador. El art. 106.1 CE lo atribuye a "los tribunales", sin ulteriores calificativos. No habla específicamente de los tribunales contencioso-administrativos, a los que en la tradición jurídica española está encomendada la aplicación del Derecho Administrativo. La verdad es que en la Constitución solo hay algunas trazas de la diferenciación de varios órdenes jurisdiccionales (civil, penal, etc.) dentro del Poder Judicial. Tales son la referencia a la Sala de lo Penal del Tribunal Supremo al prever ciertos aforamientos (arts. 71 y 102 CE) y a la jurisdicción contencioso-administrativa al enumerar lo modos de control estatal sobre las Comunidades Autónomas (art. 153 CE). Esto significa, por lo que aquí interesa, que la Constitución no prefigura un concreto reparto de funciones entre órdenes jurisdiccionales y, sobre todo, que también los tribunales ajenos al orden contencioso-administrativo pueden y deben, dentro de sus respectivas esferas de competencia, controlar la legalidad de la actuación administrativa.

II. LA ELIMINACIÓN DE OBSTÁCULOS EN EL ACCESO A LOS TRIBUNALES Y EN LA EJECUCIÓN DE SENTENCIAS

Las exigencias impuestas por el art. 106.1 CE que se acaban de exponer han servido de base para que la jurisprudencia fuera neutralizando obstáculos tradicionales al control judicial sobre la Administración, que eran especialmente graves en los momentos inicial y final, a saber: el de acceso al recurso contencioso-administrativo y el de ejecución de sentencias desfavorables a la Administración.

Con respecto al primero, el principal problema venía dado por la llamada "doctrina de los actos políticos", expresamente prevista en el art. 2 de la Ley de la Jurisdicción Contencioso-Administrativa de 1956. Esta doctrina implicaba, en la práctica, que los actos del Gobierno que tuvieran una connotación o finalidad política estaban exentos de control judicial, debiendo subrayarse que la lista de materias prevista (relaciones internacionales, defensa y seguridad interior) era solo ejemplificativa. Pues bien, aunque a veces surgen voces que intentan revivirla, la doctrina de los actos políticos resulta incompatible con el art. 106.3 CE. El Gobierno y la Administración General del Estado forman un *continuum* dentro del Poder Ejecutivo, por lo que los actos del Gobierno deben considerarse actuación administrativa a efectos del control judicial. No hay tipos de actos del Gobierno exentos *a priori* de la posibilidad de ser impugnados ante los tribunales. Así lo demuestra toda una serie de decisiones célebres de la Sala de lo Contencioso-Administrativo del Tribunal Supremo: STS de 28 de junio de 1994 (designación de Fiscal General del Estado), STS de 4 de abril de 1997 (papeles del Cesid), STS de 20 de noviembre de 2013 (indulto al "kamikaze"). Que todos los actos del Gobierno sean, en principio, impugnables no obsta a que la mayor o menor intensidad del control judicial pueda depender de las normas sustantivas que los regulan y, por consiguiente, del grado de discrecionalidad constitucional o legalmente previsto. Así, el art. 2 de la vigente Ley de la Jurisdicción Contencioso-Administrativa de 1998 se hace perfecto eco de ello cuando dispone que los actos del Gobierno y de sus equivalentes autonómicos son impugnables, cuanto menos, en lo atinente a sus elementos reglados, el respeto de los derechos fundamentales y la indemnización de los daños ocasionados.

Aún en lo relativo al acceso al recurso contencioso-administrativo, gran importancia práctica tiene el criterio jurisprudencial constante según el cual el silencio de la Administración y, por consiguiente, su incumplimiento del deber de resolver todas las solicitudes que le formulen los particulares no puede perjudicar a estos. Ello significa que, contrariamente a lo que a veces ha previsto la ley, a falta de resolución administrativa expresa no puede haber plazo para interponer el recurso contencioso-administrativo. Así, entre otras, las STC 6/1986, 14/2006 y 52/2014.

En cuanto al segundo de los obstáculos tradicionales arriba apuntados, conviene recordar que la ley encomienda la ejecución de las sentencias contencioso-administrativas a la propia Administración. Esto no es en sí mismo inconstitucional en la medida en que el tribunal sentenciador tenga la última palabra sobre la efectiva ejecución de su sentencia, tal como exige el art. 117.3 CE: este dice que corresponde a los tribunales "hacer ejecutar lo juzgado", lo que no es necesariamente lo mismo que "ejecutar lo juzgado". Dicho esto, que sea la Administración quien deba ocuparse de dar efectivo cumplimiento a las sentencias que le son desfavorables no deja de plantear dificultades prácticas: la reticencia —cuando no el obstruccionismo— es muy frecuente.

Para asegurar la efectiva ejecución de las sentencias desfavorables a la Administración, el Tribunal Constitucional ha afirmado algunas garantías, que dimanan de una lectura conjunta de los arts. 24.1 y 106.1 CE. Entre ellas destaca la no oponibilidad de falta de cobertura presupuestaria (STC 32/1982 y 294/1994) —algo que actualmente está asumido por el art. 106 de la Ley de la Jurisdicción Contencioso-Administrativa— y la limitación del privilegio de inembargabilidad de los bienes públicos: la muy importante STC 166/1998 declaró que este tradicional privilegio solo es compatible con los mencionados preceptos constitucionales en la medida en que el concreto bien cuyo embargo se trata de evitar esté efectivamente destinado al uso público o a una función pública. También debe dejarse constancia de que, en su tarea de hacer ejecutar lo juzgado, el tribunal sentenciador no puede forzar al particular a iniciar un nuevo recurso contencioso-administrativo contra actos administrativos dictados precisamente para dar cumplimiento a una sentencia desfavorable a la Administración, sino que las controversias que surjan en este punto habrán de ser resueltas mediante el más rápido y expeditivo incidente de ejecución (STC 211/2013).

III. LA INEXISTENCIA DE UNA GARANTÍA INSTITUCIONAL DE LA AUTOTUTELA ADMINISTRATIVA

En íntima conexión con lo anterior ha de recordarse que la Administración disfruta de lo que usualmente se conoce como autotutela. En virtud de este privilegio, del que se beneficia la práctica totalidad de los actos dictados en ejercicio de potestades administrativas, la Administración puede incidir de manera unilateral y autoritativa en los derechos y deberes de los particulares (autotutela declarativa) y puede, asimismo, ejecutar por sí sola sus resoluciones (autotutela ejecutiva). El privilegio de la autotutela implica así una exención de la carga de acudir al juez para hacer valer los propios derechos e intereses. En este sentido, se trata de la verdadera piedra angular del Derecho Administrativo como algo diferente del común Derecho Civil. Ni que decir tiene que, como queda visto, el privilegio de la autotutela no excluye que las actuaciones de la Administración sean luego plenamente revisables por los tribunales.

Pues bien, aunque a menudo no se repare en ello, es muy significativo que la Constitución no contenga ninguna referencia al privilegio de la autotutela administrativa. Por decirlo en términos técnicos, la autotutela administrativa no tiene una garantía institucional: se trata de una pura creación legal. Ciertamente ha sido —y sigue siendo— un elemento crucial de todo el ordenamiento administrativo, por no mencionar que su ámbito de aplicación es extensísimo. Véase a este respecto el art. 38 de la Ley 39/2015. Pero, dado que el privilegio de la autotutela administrativa no está cubierto por una garantía institucional, el legislador dispone de un amplio margen de apreciación a la hora de regularlo, dándole mayor o menor extensión. Puede incluso suprimirlo allí donde lo repute innecesario o inconveniente, pues la autotutela solo existe cuando una norma legal la prevé. En esto se diferencia de otros principios básicos del Derecho Administrativo (legalidad, control judicial, responsabilidad patrimonial, etc.), cuya existencia está constitucionalmente garantizada.

Que el privilegio de la autotutela administrativa sea una pura creación legal no implica, sin embargo, que sea incompatible con lo dispuesto por el art. 106.1 CE. El Tribunal Constitucional ha afirmado en varias ocasiones que la ejecutividad de los actos administrativos es constitucionalmente legítima, argumentado con base en la idea de eficacia, que es uno de los criterios que deben guiar la actuación administrativa (art. 103.1 CE). Así, entre otras, la STC 22/1984. Sin embargo, si el afectado ha solicitado la suspensión cautelar del acto administrativo, es contrario a los arts. 24.1 y 106.1 CE que la Administración proceda a la ejecución forzosa de aquel sin esperar a la resolución sobre la suspensión solicitada (STC 78/1996).

1526 IV. REFERENCIA AL CONTROL JUDICIAL DE LOS REGLAMENTOS

El art. 106.1 CE predica la plenitud del control judicial no solo de la actuación administrativa, sino también de la potestad reglamentaria. Alguien podría así pensar que la potestad reglamentaria es algo ajeno a la actuación administrativa, lo que sería inexacto. Los reglamentos —o disposiciones generales, en la terminología usual del legislador— son un producto de la Administración. Pero ello no debería inducir a subestimar sus especificidades como modalidad de la actuación administrativa, ni menos aún su enorme trascendencia al tratarse de la principal fuente de derecho escrito después de la ley. De aquí que no deje de resultar llamativo que el art. 106.1 CE sea uno de los pocos lugares del texto constitucional donde se menciona la potestad reglamentaria. Otro es el art. 97 CE, que la atribuye al Gobierno.

Estas observaciones ponen de manifiesto que la Constitución está lejos de dar una configuración detallada del reglamento, en marcado contraste con lo que hace con la ley. Ello no es grave si se tienen en cuenta dos datos. Uno es que la Constitución sí proclama expresamente el principio de jerarquía normativa (art. 9 CE), lo que supone —entre otras cosas— que el reglamento está siempre subordinado a la ley. Y el otro dato es que las constituciones no nacen en el vacío, sino dentro de una cultura jurídica y política: sus reglas y principios no pueden entenderse haciendo abstracción de lo ya existente, bien para rechazarlo bien para realzarlo. Ello es particularmente claro con respecto a la potestad reglamentaria, como lo demuestra que el Tribunal Constitucional y el Tribunal Supremo siempre han admitido que la ley puede atribuir la potestad reglamentaria a autoridades distintas del Gobierno; lo que vale incluso para ciertos órganos que están fuera de la Administración Pública propiamente dicha (Consejo General del Poder Judicial, Banco de España, etc.).

Esta última constatación muestra, por cierto, la importancia de que el art. 106.1 CE afirme que la potestad reglamentaria puede siempre ser objeto de control judicial: habida cuenta de que todos los tipos de normas de derecho escrito inferiores a la ley son reconducibles, en definitiva, a la noción de reglamento, todos ellos pueden ser impugnados ante los tribunales. Y esto rige también cuando el titular de la potestad reglamentaria no es una entidad administrativa. Lo constitucionalmente relevante es que toda norma reconocida como tal por el ordenamiento jurídico y, por consiguiente, idónea para obligar a las personas puede ser judicialmente fiscalizada.

Llegados a este punto, hay que recordar de nuevo que el art. 106.1 CE habla de los tribunales sin ulteriores calificativos. Así, la legislación y la práctica españolas son claras en que el control judicial de la potestad reglamentaria no compete exclusivamente al orden contencioso-administrativo. Es verdad que la declaración de nulidad con efectos *erga omnes* de las disposiciones generales dictadas por la Administración solo puede ser pronunciada por los tribunales contencioso-administrativos; pero el art. 6 de la Ley Orgánica del Poder Judicial ordena a todos los demás jueces y tribunales (civiles, penales, etc.) que dejen de aplicar aquellas normas reglamentarias que contravengan lo establecido por la Constitución o la ley. Una norma similar, por cierto, se recogía ya en la benemérita Ley Orgánica del Poder Judicial de 1870.

Todo esto pone de manifiesto que la vinculación de cualquier juez o tribunal a la ley es más fuerte que su deber de observancia de los reglamentos: no en balde el art. 117.1 CE dice que los jueces están "sometidos únicamente al imperio de la ley". Y también queda patente que el reglamento, a diferencia de la ley, no goza de ningún privilegio jurisdiccional. El Tribunal Constitucional no tiene el monopolio de rechazo de los reglamentos ilegales. Ni siquiera en el contexto del art. 161.2 CE: este permite al Gobierno impugnar las disposiciones de las Comunidades Autónomas directamente ante el Tribunal Constitucional; pero, dejando al margen las peculiaridades de esta vía procesal, es práctica consolidada y pacífica que también puede hacerlo por las vías procesales ordinarias.

V. EL PRINCIPIO CONSTITUCIONAL DE RESPONSABILIDAD PATRIMONIAL DE LA ADMINISTRACIÓN

En su apartado segundo, el art. 106 CE consagra el derecho de los particulares a ser indemnizados por las lesiones ocasionadas por el funcionamiento de los servicios públicos. Ello implica constitucionalizar la responsabilidad patrimonial de la Administración, que es la denominación tradicional en el lenguaje jurídico español de la responsabilidad extracontractual o aquiliana de la Administración. Es uno de los grandes contrapesos frente a las potestades exorbitantes de la Administración: según una conocida idea de Maurice Hauriou, la Administración tiene amplio espacio para actuar pero debe resarcir los daños que cause. La responsabilidad patrimonial de la Administración es una de las piezas básicas del entero Derecho Administrativo y, por ello mismo, su elevación al rango de principio constitucional es importante.

Conviene destacar que el art. 106.2 CE adopta casi la misma fórmula literal que ha venido utilizando el legislador desde 1954, cuando introdujo la moderna regulación de la responsabilidad patrimonial de la Administración en la aún vigente Ley de Expropiación Forzosa. Las leyes posteriores que se han ocupado de esta materia, hasta llegar a la actual Ley 40/2015, no han modificado dicha fórmula. Puede así decirse que el constituyente hizo suya una institución jurídico-administrativa ya existente, con un contorno bastante bien delimitado.

No corresponde así a esta sede examinar detalladamente la responsabilidad patrimonial de la Administración. Desde un punto de vista propiamente constitucional, cabe limitarse a hacer algunas observaciones. En primer lugar, conviene aclarar el significado de la expresión "servicios públicos", pues su funcionamiento es la causa del daño o lesión que genera el deber administrativo de indemnizar. En la jurisprudencia y la doctrina españolas era pacífico antes de la aprobación de la Constitución —y lo sigue siendo después— que en este contexto esa expresión no se usa en su sentido más técnico o restringido, es decir, como actividades prestacionales de la Administración a favor de los particulares. A efectos de la responsabilidad patrimonial de la Administración, siempre se ha entendido que servicios públicos son todas las posibles formas de actuación de la Administración. La responsabilidad patrimonial de la Administración es así plena o, si se prefiere, no hay materias o sectores exentos de ella: todos los daños causados por la Administración generan el deber de indemnizar.

En segundo lugar, habida cuenta de que la responsabilidad patrimonial de la Administración ha sido históricamente la configuración que ha recibido la responsabilidad aquiliana en el Derecho Administrativo, es cuanto menos dudoso que el art. 106.2 CE sea relevante en aquellos supuestos en que la obligación pecuniaria de la Administración surge de otra fuente. Esto ocurre destacadamente en la expropiación forzosa y en el incumplimiento contractual. Aquí, no obstante, pueden ser relevantes otros preceptos constitucionales, como el art. 33.3 CE.

En tercer y último lugar, es muy importante llamar la atención sobre la única diferencia existente entre la tradicional definición legislativa de la responsabilidad patrimonial de la Administración y la adoptada por el art. 106.2 CE: mientras que aquella habla de "funcionamiento normal o anormal de los servicios públicos", esta dice solo "servicios púbicos" sin más adjetivos. La interpretación establecida desde 1954 ha sido que el deber de indemnizar es independiente de la calificación normal o anormal del hecho causante del daño. Ha venido así considerándose que la responsabilidad patrimonial de la Administración es objetiva, en el sentido de que no requiere de culpa del agente ni de inobservancia de las reglas de funcionamiento del servicio correspondiente.

Ocurre, sin embargo, que en la doctrina española hay una controversia sobre la conveniencia de restringir ese carácter objetivo de la institución, introduciendo la responsabilidad por culpa al menos en algunos sectores y materias. Esta es una cuestión básicamente de política legislativa, cuya valoración no ha de hacerse aquí; pero suscita una pregunta constitucionalmente relevante: ¿sería conforme con el art. 106.2 CE una reforma legislativa que reformase la responsabilidad patrimonial de la Administración en un sentido subjetivo? Probablemente la respuesta debe ser afirmativa, porque el art. 106.2 CE no usa los adjetivos "normal o anormal"; algo que no puede ser accidental dada la historia legislativa de la institución y que, por ello mismo, muestra que el constituyente optó por dejar abierta esta cuestión. Y que el constituyente no fue insensible a ella lo demuestra, además, que el art. 121 CE, al proclamar la responsabilidad patrimonial del Estado juez, sí impone expresamente el requisito de la culpa, consistente allí en "error judicial" o "funcionamiento anormal de la Administración de Justicia". A todo ello debe añadirse que la ley ha modulado el carácter objetivo de la responsabilidad patrimonial de la Administración cuando el daño no sea previsible o evitable con arreglo a los conocimientos científico-técnicos del momento (art. 34.1 de la Ley 40/2015). Esto significa que, en determinados sectores como el sanitario, la Administración solo responde si se desvía de la llamada *lex artis* —es decir, si hay falta de diligencia— sin que nadie haya puesto seriamente en duda la constitucionalidad de esa norma legal.

En fin, fuera del art. 106.2 CE queda la responsabilidad patrimonial del Estado legislador, especialmente por leyes declaradas inconstitucionales. Esta es una pura creación de la jurisprudencia contencioso-administrativa sin base constitucional explícita, que luego ha recibido reconocimiento legal (art. 32 de la Ley 40/2015).

VI. BIBLIOGRAFÍA

FERNÁNDEZ RODRÍGUEZ, T. R.: "Sobre la discutida naturaleza objetiva de la responsabilidad patrimonial de la Administración", *Revista de Administración Pública*, núm. 216, 2021, pp. 169-186.

GARCÍA DE ENTERRÍA, E.: *Democracia, jueces y control de la Administración*, Civitas, Madrid, 1995.

VII. JURISPRUDENCIA

Citada en el texto.

Artículo 107

El Consejo de Estado es el supremo órgano consultivo del Gobierno. Una ley orgánica regulará su composición y competencia.

COMENTARIO

Tomás de la Quadra-Salcedo Fernández del Castillo
Catedrático Emérito de Derecho Administrativo
Universidad Carlos III

SUMARIO: I. INTRODUCCIÓN. II. EL CONSEJO DE ESTADO EN EL CONSTITUCIONALISMO ESPAÑOL. III. DIMENSIÓN CONSTITUCIONAL DE LA FUNCIÓN DEL CONSEJO DE ESTADO. IV. RASGOS DEL CONSEJO DE ESTADO EN LA LEY 3/1980 QUE RESPONDEN A SU CONCEPCIÓN COMO UN ÓRGANO DE RELEVANCIA CONSTITUCIONAL. 1. Las competencias o funciones del Consejo de Estado. 2. La Organización del Consejo de Estado. 3. La función consultiva en el ámbito autonómico. V. RECAPITULACIÓN. VI. BIBLIOGRAFÍA.

I. INTRODUCCIÓN

La Constitución de 1978 recupera la tradición de nuestra primera Constitución de 1812 al incorporar al texto de la misma la mención del Consejo de Estado que había sido olvidada —olvido de la mención que no supuso la supresión del Consejo mismo— en todas las Constituciones posteriores con excepción de la efímera vigencia del acta adicional a la Constitución de la monarquía española de 1845 (Real Decreto de 15 de septiembre de 1856) que en su artículo 11 disponía la necesaria existencia de un Consejo de Estado.

Las razones de esa recuperación en 1978 de la mención en nuestra norma suprema del Consejo de Estado habría que vincularla con la exigencia misma de Ley Orgánica para regular su composición y competencia y con la caracterización de esta Institución como supremo órgano consultivo del Gobierno.

A partir del dato de su acogida en la norma suprema el Consejo de Estado asume la condición de órgano de relevancia constitucional aunque no es, en sí mismo, un órgano constitucional. No lo es en la medida en que, situado el artículo 107 que lo regula al final del Título IV de la Constitución —del Gobierno y Administración— no desarrolla por sí mismo una función constitucional de gobierno y administración que nos permita configurarlo como el órgano que personifica esa función constitucional; no personifica la función constitucional de gobierno y administración, que hay que situar, precisamente, en el Gobierno a que se refiere el artículo 97 que abre el citado Título IV. En cambio es un órgano de relevancia constitucional no sólo porque está previsto en el artículo 107, sino también porque se ha previsto que sea una Ley orgánica quien regule su composición y funciones.

Es sabido que las leyes orgánicas suponen un tipo normativo singular que el articulo 81 de la Constitución reserva a materias de alguna relevancia y que, precisamente por tal relevancia, se considera que justifican que se rompa el principio de mayoría que inspira la democracia. Así en el artículo 81 se reservan para ese tipo de Ley, de forma expresa y nominada, nada menos que el desarrollo de los derechos fundamentales y libertades públicas, los Estatutos de Autonomía y el régimen electoral general. Las materias directamente mencionadas en el artículo 81 ponen de manifiesto una cierta voluntad de prolongar lo que se llamó el consenso constitucional en algunas materias absolutamente esenciales para la construcción de nuestra democracia.

A partir de ahí se debe deducir que, una vez mencionadas esas tres materias tan relevantes, *"las demás previstas en la Constitución"* a que remite el citado artículo 81.1 han de ser consideradas todas ellas de similar relevancia para el constituyente. Sería, pues, esa misma relevancia la que hace merecedoras a esas *"demás materias previstas en la Constitución"* de que se prescinda del régimen ordinario de mayoría que inspira todo el proceso democrático, para imponer un régimen distinto y más gravoso de mayoría absoluta según reconoció el Tribunal Constitucional en sus sentencias 5/1981 de 13 de febrero y 76/1983 de 5 de agosto. En ellas afirmó que *"en un sistema democrático como el instaurado por nuestra Constitución, basado en el juego de las mayorías parlamentarias... la exigencia de que éstas sean cualificadas o reforzadas sólo puede tener carácter excepcional y ha de ser explícitamente prevista en la Constitución"* (FJ 2º de la segunda de las sentencias). De ahí se desprende que la exigencia constitucional de Ley orgánica para la regulación y funciones del Consejo de Estado —y la previsión de existencia del mismo— obedece a que en la concepción del constituyente se trataba de alguna función relevante que sólo debería ser acometida por un órgano cuyo diseño y organización fueran establecidos por una mayoría relevante.

En las páginas que siguen se trata, partiendo de un breve recordatorio de lo que fue y ha sido el Consejo de estado en nuestra historia, de desvelar la razón de ser de su incorporación a la Constitución y, analizar el papel que debe satisfacer así como las principales características del Consejo de Estado.

II. EL CONSEJO DE ESTADO EN EL CONSTITUCIONALISMO ESPAÑOL

El Consejo de estado ha existido desde la Constitución de Cádiz hasta nuestros días, aunque no siempre con ese nombre, con excepción de algunos años bajo Fernando VII y durante la Regencia de María Cristina, pues durante algunos años en el XIX recibió el nombre de Consejo Real. Su existencia es independiente de su expreso reconocimiento o no en la Constitución. Solo en la de Cádiz se preveía expresamente su existencia en la norma suprema, así como, durante algunas semanas, en el acta adicional a la Constitución de 1845, como antes se ha visto.

Desde luego la Institución del Consejo de Estado había existido desde Carlos I, pero su configuración y funciones no responden a la misma lógica del Consejo de estado que pone en pie la Constitución de Cádiz. También la Constitución de Bayona recoge la figura del Consejo de Estado pero con otra función política respecto de la que existe en Cádiz. El modelo gaditano es el de una Institución de control del Monarca. Es, por tanto, un sistema de control indirecto del Ejecutivo —y en todo caso de moderación del mismo— por las Cortes. Nuestra primera Constitución tuvo muchos aspectos de transacción con lo realistas (partidarios del poder real originario) que en Cádiz se opusieron a la proclamación de que la soberanía residía esencialmente en la Nación. El primero el Obispo de Orense, Presidente de la regencia durante la retención de Fernando VII en Francia; Presidente que se negó, desde el mismo día del juramento, al constituirse las Cortes en la isla del León, a todo reconocimiento de que la Nación pudiera ser el soberano.

Lo mismo ocurrió el día del juramento de la Constitución de 19 de marzo de 1812, ya aprobada, pues se negó a hacer el juramento si no introducía toda clase de salvedades y matices a la proclamación que su artículo 3º contenía de que la soberanía reside esencialmente en la Nación. Negativa que condujo a ser sometido a proceso y privado de la nacionalidad española.

En esa transacción la presencia del Consejo de Estado, integrado por miembros nombrados por el Rey, pero siempre de entre personas propuestas por las Cortes en una lista con el triple de personas (art. 234) respecto de los cuarenta puestos del Consejo de Estado. En definitiva el Rey no hacía los nombramientos libremente, sino entre los propuestos por las Cortes (art. 232).

Entre sus funciones estaban la de ser oído en relación con dar o negar la sanción de las leyes, declarar la guerra y hacer los Tratados. También la de presentar al Rey las ternas para la provisión de todas las plazas de la Judicatura. El Rey formaba reglamento hacía el reglamento del Consejo, previo informe de éste mismo; reglamento cuya aprobación correspondía, sin embargo, a las Cortes (art. 238).

El origen parlamentario de la propuesta de los integrantes del Consejo de Estado y sus funciones dejan pocas dudas de que la Constitución monárquica de Cádiz acababa con el poder absoluto del Monarca. No es extraño por tanto que el deseado (por los realistas) Fernando VII, la derogará el 4 de mayo de 1814 al volver a España.

Ello no obstante a lo largo del XIX y salvo en algunos años de los periodos absolutistas de Fernando VII y de la regencia de María Cristina, el Consejo de Estado funcionó como tal, aunque no con las funciones previstas en la Constitución de Cádiz. Desempeño tareas propias del control de la Administración hasta la completa judicialización de tal sistema de control con la Ley Santamaría de Paredes de 1888 que no llegó a ser efectiva hasta 1904. En lo demás actuó como el supremo órgano consultivo en materias de gobierno y administración.

Se pareció más, durante el siglo XIX y XX, al modelo de Consejo de Estado de la Constitución de Bayona (arts. 57 y 58), salvo sin las funciones contenciosa desde la Ley Santamaría de Paredes una vez que se puso en práctica. Durante la II república siguió existiendo, aunque igualmente sin previsión constitucional sobre su existencia pero desempeñando las funciones de asesoramiento del Gobierno.

III. DIMENSIÓN CONSTITUCIONAL DE LA FUNCIÓN DEL CONSEJO DE ESTADO

La incorporación del Consejo de Estado al texto mismo constitucional no es una pura casualidad o el resultado del deseo de algún ponente constitucional como algunas veces se ha sugerido. Por el contrario la mención expresa del Consejo en el artículo 107 y, sobre todo, la expresa exigencia de normas con rango de Ley orgánica obliga a encontrar una explicación a esa incorporación; explicación que no es otra que la de completar el sistema de checks and balances propios de una democracia.

La división de poderes como forma de contener o limitar el poder no se agota en una democracia bien entendida en la separación de los tres poderes clásicos —legislativos, ejecutivo y judicial— sino que en el seno de cada uno de ellos y, en nuestro caso, en el seno del ejecutivo existen más mecanismos de contención del poder: Desde el carácter colegiado del Gobierno (pese a la preeminencia que en el mismo tiene su Presidente), hasta la creación de los órganos de la Administración del Estado de acuerdo con la Ley, el estatuto de los funcionarios (que trata de garantizar una función pública dotada de estabilidad y seleccionada con arreglo a principios de mérito y capacidad), la actuación de la Administración pública al servicio con objetividad de los intereses generales o finalmente un Consejo de Estado como supremo órgano consultivo, por no citar más que algunos de los mecanismos de control del poder. En efecto, no es impropio hablar de control del poder en relación con la función consultiva cuando a la Administración activa o al Gobierno se le impone la obligación de consultar a un órgano independiente, pues esa misma obligación supone para empezar una limitación procedimental, pero también sustancial en la medida en que limita su poder de hacer lo que quiera, sin que alguien le diga previamente si lo que quiere hacer está bien o incluso de si es oportuno o no. Prescindir de caracterizar esa limitación como una forma de control —ínsita íntimamente en la imposición de una obligación de consulta a un órgano dotado de autonomía orgánica y funcional— es reducir el sentido de la obligación de consulta a un formalismo —a un juego de palabras— que prescinde de su razón de ser más profunda. Reducir también formalmente la función control a una única especie del control: el judicial del contencioso-administrativo.

Es en esa línea de control y limitación del Gobierno en que hay que buscar la lógica de que nuestra Constitución haya considerado necesario llevar al texto constitucional una Institución como el Consejo de Estado; la misma que en la Constitución gaditana llevo a la introducción en su texto de un Consejo de Estado en que era evidente su pretensión de ser un órgano de limitación y control del Rey. Si está en el texto constitucional significa que ningún Gobierno puede prescindir de dicho órgano y, por tanto, que sus decisiones deben por consiguiente considerar los dictámenes de ese supremo órgano consultivo.

Ello significa que aunque dichos dictámenes no sean vinculantes, salvo expresa previsión, sí son preceptivos. En definitiva que, al margen de los órganos de asesoramiento que se encuentren en la línea jerárquica de los Departamentos (Secretarias Generales Técnicas, Asesorías, Consejos Asesores, etc.), se ha establecido un órgano que no está en ningún departamento bajo la dependencia del Ministro correspondiente, pero que debe asesorar al Gobierno y, por tanto a todos sus miembros, entre ellos los Ministros, en aquellas materias que la Ley determine.

Esa función consultiva que la Constitución le asigna es en realidad una pieza más de ese sistema de pesos y contrapesos que deben existir en una democracia digna de su nombre. En definitiva, estamos ante una forma de control entendida, claro está, en un sentido amplio; pero de control muy eficaz en la medida en que un órgano dotado de relevancia constitucional manifiesta una opinión que no puede ser ignorada sin dar explicación alguna o sin tener una clara convicción acerca de la posibilidad de discrepar porque existen motivos para ello. La frecuencia con que determinadas decisiones o normas del Gobierno son posteriormente anuladas por los Tribunales tomando como referencia el dictamen del Consejo de Estado lo prueba.

Frente a lo que algunos piensan en torno a que la función de control está reservada a jueces y tribunales, la idea de control no se agota en el control judicial. Estamos ante una forma de control preventivo que, precisamente por serlo y por provenir de un órgano dotado de autonomía orgánica y funcional expresamente establecido por la Constitución, puede llegar a tener más peso que el de los órganos internos de asesoramiento de cualquier departamento ministerial que, precisamente por estar en la línea jerárquica, tienen tendencia a confundir el asesoramiento con complacer las ideas del superior.

Así pues el carácter consultivo del Consejo de Estado y el carácter obligatorio de su existencia, por estar en la norma suprema, unido a la exigencia de Ley orgánica, nos pone sobre la pista de que se ha querido establecer dicha Institución para que desempeñe una función importante que no es otra que establecer un dispositivo más de asesoramiento y, en definitiva, de control y moderación del Gobierno (moderación en el sentido del respeto a la norma fundamental y a los principios de oportunidad y eficacia que lucen en su artículo 103). Tal es la suprema y relevante función que puede desprenderse de la interpretación sistemática de la Constitución.

Ahora bien, la Constitución no ha querido ser ella misma la que determinara el alcance y profundidad de tal función, lo que no disminuye en nada su relevancia. Ésta queda probada por el hecho de que se haya deferido a la Ley orgánica la concreción de su organización y funciones. Por otra parte, no tenía sentido que la norma suprema entrara en tales detalles; en su lugar se deja a un consenso amplio la determinación de los perfiles finales del Consejo de Estado.

Eso es lo que hizo la Ley orgánica 3/1980 del Consejo de Estado, luego modificada por la Ley 3/2004 de 28 de diciembre. Su análisis nos llevaría más allá de lo que es el texto constitucional que se quiere comentar. Sin embargo, el estudio de la misma que se va a hacer no pretende centrarse en el detalle de la concreta regulación hecha por el legislador infra-constitucional, sino en la perspectiva de cómo ha reflejado y concretado el designio implícito de la Constitución sobre tal Consejo.

La Ley orgánica 3/1980 es, desde luego, una norma contingente que puede ser derogada por otro distinta, pero se trata, en lo que sigue, de detectar los rasgos de la misma que se corresponden con la idea constituyente. Por flexible que pueda ser la configuración del Consejo de Estado que haga el legislador no podrá ser tan lábil que no se corresponda con lo que podríamos llamar la "idea maestra" de la Institución. Idea maestra que nos llevaría a sostener la aplicación de la "garantía institucional" que en otra época se aplicó en Alemania —precisamente en relación con las Instituciones y no con los derechos fundamentales pero que ha acabando siendo acogida en España en relación con los derechos fundamentales, básicamente— y con la idea de recognoscibilidad de los mismos según la interpretación que el Tribunal Constitucional ha hecho del concepto de contenido esencial de los derechos.

Que los derechos fundamentales tengan un contenido esencial no significa que los demás preceptos constitucionales no lo tengan y que estén a la libre disposición del legislador. Podría decirse por tanto que hay un contenido esencial de todos y cada uno de los preceptos de la Constitución por más que sea verdad que la densidad del referido a los derechos fundamentales sea muy superior.

IV. RASGOS DEL CONSEJO DE ESTADO EN LA LEY 3/1980 QUE RESPONDEN A SU CONCEPCIÓN COMO UN ÓRGANO DE RELEVANCIA CONSTITUCIONAL

Como acaba de decirse nos limitaremos aquí a recordar algunos de los rasgos del Consejo de Estado, tal como están regulados en la Ley 3/1980, que pueden responder o darnos una idea del porqué de su acogimiento en la norma suprema como una Institución necesaria y no disponible en lo que hace a su organización y funciones.

1. Las competencias o funciones del Consejo de Estado

Procede comenzar por señalar algunas de las funciones que mejor caracterizan al Consejo de Estado, puesto que, siendo verdad que la función hace al órgano, resulta más clarificador comenzar por estudiar algunas de las funciones más características del Consejo, para luego poder valorar más adecuadamente las consecuencias de ello sobre la organización.

El primer rasgo singular de las funciones del Consejo, tal y como se recogen en el artículo 2.1 de la Ley orgánica 3/1980, radica en que el mismo no se limita en su labor consultiva en velar por la observancia de la Constitución y del resto del ordenamiento jurídico, sino que, además, ha de valorar los aspectos de oportunidad y conveniencia. Oportunidad o conveniencia que la misma Ley acota a los supuestos en que lo exija la índole del asunto o lo solicite expresamente la autoridad consultante, así como la mayor eficacia de la Administración en el cumplimiento de sus fines. Pero ese acotamiento no supone una gran restricción y, en todo caso, revela que no sólo desarrolla su función consultiva en un plano estrictamente jurídico —los aspectos de constitucionalidad y legalidad— sino más allá de ello se extiende en consideraciones de oportunidad. Es decir parecería que el Consejo podría situarse, incluso, en el campo de la política, lo que tampoco sería correcto pues ello no se correspondería con la idea constitucional de que es al Gobierno, legitimado democráticamente, a quien corresponde hacer esas valoraciones de acuerdo con las preferencias del electorado. Por tanto, no podrá oponer a las ideas del Gobierno otras que respondan simplemente a una ideología alternativa u opositora.

Sin embargo, debidamente interpretado el alcance de la función consultiva en materias de conveniencia y oportunidad, debe entenderse que el Consejo de Estado sí puede dar su opinión al Gobierno en cuestiones que tienen que ver con la conveniencia u oportunidad en la medida en que tal opinión se vincule no con ideologías u opciones políticas puras, sino con el principio de eficacia que recoge el articulo 103 de la Constitución. La inoportunidad de una norma, desde este punto de vista, no podría criticarse por el Consejo desde el punto de vista de una ideología distinta a la que mantiene el Gobierno, sino desde el punto de vista de su eficacia. Y lo mismo podrá ocurrir cuando la decisión, medida o norma que se someta a dictamen implique una descoordinación con otras políticas o una puesta en cuestión de otros principios presentes en nuestra Constitución o cuando las normas o la actuación del Gobierno o la Administración no se someta a los fines que justifican las respectivas potestades. De todas formas la función del Consejo de Estado en cuestiones de oportunidad no es, en realidad, realizar críticas, sino asesorar sobre las consecuencias de determinadas medidas. Y es al hilo de tal asesoramiento cuando se expresan las objeciones a las medidas o acciones propuestas por el órgano consultante; objeciones acerca de las cuales el órgano que consulta podría no haberse percatado de todas sus consecuencias o efectos. Objeciones con las que el Consejo no proscribe por si mismo las opciones posibles en materias de oportunidad,.

A esa misma idea abierta a cuestiones que van más allá de la legalidad responde la potestad del Consejo de Estado de elevar al Gobierno las propuestas que juzgue oportunas acerca de cualquier asunto que la práctica y experiencia de sus funciones le sugieran (art. 20 de su Ley orgánica).

Igual ocurre, pero en este caso a instancias del Gobierno y en su caso bajo su dirección, con la realización de estudios, informes o memorias o con la elaboración de propuestas legislativas o de reforma constitucional en que atenderá los objetivos, criterios y límites de la reforma constitucional señalados por el Gobierno, y podrá hacer también las observaciones que estime pertinentes acerca de ellos.

En definitiva, la ampliación de la función consultiva más allá de la pura constitucionalidad o legalidad para permitir asesoramiento en materias de conveniencia u oportunidad, es uno de los rasgos que podríamos considerar característicos de un órgano de relevancia constitucional al que se le ha encomendado la función consultiva del Gobierno con la función de darle opiniones en Derecho y sobre la oportunidad, lo que puede moderar la amplia discrecionalidad con que cuenta todo Gobierno; moderar en cuanto no le corresponde al Consejo la decisión definitiva, pero manifiesta una opinión que los constituyentes —la Constitución— quisieron que fuera oída antes de adoptarla.

El Gobierno tiene entre sus funciones como primera en el artículo 97 de la Constitución la de dirigir la política interior y exterior y, después, la de ejercer tal dirección sobre la Administración civil y militar y la defensa del Estado. También la función ejecutiva y la potestad reglamentaria.

Significa todo ello que de haber limitado en su Ley orgánica la función del Consejo de Estado al mero asesoramiento legal, con ser importante, supondría una ablación de la misión de tal órgano constitucional que no lo configura como supremo órgano consultivo en Derecho, sino como órgano consultivo sin acotar el alcance de sus consultas. Por tanto, la previsión del artículo 2.1 al referirse a las cuestiones de conveniencia u oportunidad se corresponde con la "idea maestra" de un "supremo órgano consultivo" del Gobierno. Gobierno que no se limita a tener que ajustarse a Derecho, lo que se da por supuesto, sino que también ha de servir con objetividad y eficacia a los intereses generales.

El segundo rasgo en el plano funcional se concreta, además del informe previo del pleno del Consejo en los anteproyectos de reforma constitucional, en la exigencia del mismo informe en relación con los anteproyectos de leyes que se dicten en ejecución, cumplimiento o desarrollo de tratados, convenios o acuerdos internacionales y del derecho comunitario europeo, así como proyectos de Decretos legislativos. Como se comprende en el caso de reforma constitucional el carácter eminentemente político de la decisión no es obstáculo a que la Ley orgánica haya entendido, correctamente, que si en algún caso se hace necesario desplegar las funciones de supremo órgano consultivo es, precisamente en esos casos.

Por otra parte, a la Comisión permanente se le atribuyen entre muchas otras funciones y competencias, la que tiene que ver con el desarrollo de la potestad reglamentaria del gobierno, si bien en relación con los reglamentos que se dicten en ejecución y cumplimiento de leyes o tratados y convenios internacionales. La importancia de esta labor no se le escapa a nadie y en ella resuena la función originaria de control del Monarca como cabeza del Ejecutivo en aquellas materias que, siendo de competencia parlamentaria y no de la potestad doméstica del Ejecutivo, precisaban de un control por el legislativo que es lo que en cierto modo era el Consejo de Estado en Cádiz como antes se ha visto.

A esa misma idea de corresponder las competencias que la Ley orgánica 3/1980 ha atribuido al Consejo de Estado con las propias del más alto órgano consultivo del Gobierno se recoge en el artículo 20.1 de la Ley orgánica la de elevar al Gobierno las propuestas que juzgue oportunas sobre cualquier asunto que la práctica y experiencia de sus funciones le sugieran. O en el artículo 20.2 la de elevar al Gobierno una memoria con observaciones sobre el funcionamiento de los servicios públicos y sugerencias de disposiciones generales y medidas a adoptar para el mejor funcionamiento de la Administración.

Son desde luego muchas más las competencias que se asignan, pero las reseñadas son de las que, de no existir, podría llegar a estimarse que romperían la imagen maestra del más alto órgano consultivo del Gobierno.

2. La Organización del Consejo de Estado

El rasgo más característico de un órgano como el que diseña la Constitución debe ser la independencia. El artículo 107 de la Constitución no dice nada al respecto, ciertamente, pero no se dispone la creación en la norma suprema un órgano como el Consejo de Estado, para acabar haciéndolo dependiente del Gobierno al que ha de asesorar. La Ley orgánica en su artículo 1.2 dispone que el Consejo ejerce sus funciones de consulta con autonomía orgánica y funcional para garantizar su objetividad e independencia de acuerdo con la Constitución y las Leyes.

La idea de autonomía orgánica parece menos clara que la de independencia, pero en realidad los rasgos de la autonomía del Consejo son superiores a los que tienen muchas de las llamadas Administraciones independientes. Puede por tanto hablarse de un órgano de relevancia constitucional independiente.

La expresión de la independencia suele situarse en la forma de nombramiento y remoción de los consejeros. En ese sentido la máxima independencia se da en el caso del nombramiento de los miembros de la Comisión permanente por el carácter vitalicio de su nombramiento, salvo su presidente. Ese carácter vitalicio no se da en ningún otro órgano en nuestro país. Sí existe en otros países, como es el caso del Tribunal Supremo de Estados Unidos. El sistema puede tener ventajas e inconvenientes, pero sin duda en relación con la independencia es el que mejor garantiza la misma.

Ese carácter vitalicio solo se da en relación con la Comisión permanente que ejerce la mayor parte de las funciones que se atribuyen al Consejo de Estado. Hay sin embargo algunas competencias atribuidas al Pleno del Consejo que tiene una composición algo diferente y que por tanto obliga a examinar su independencia, pues lo integran, además de los miembros de la permanente, otros —los consejeros natos y los electivos— que responden a un sistema diferente.

Los consejeros electivos en número de 10 son nombrados por el Gobierno por un plazo de 4 años de entre quienes reúnen determinadas condiciones profesionales o hayan desempeñado determinados cargos, sin que sea posible su libre remoción. La duración de cuatro años puede no coincidir con los cambios de gobierno y por tanto no existe una correspondencia entre el Gobierno de turno y los Consejeros electivos, produciéndose normalmente solapamientos.

En cuanto a los Consejeros Natos en número de 11, en principio, lo son por razón de su cargo de los cuales 5 no son nombrados por el Gobierno y de los otros seis, nombrados por el Gobierno, uno (el Gobernador del Banco de España) puede no haber correspondido su nombramiento al Gobierno al que asesora el Consejo, pues tiene una duración de seis años.

Además de los 11 consejeros del Pleno previstos en la Ley orgánica, en la modificación realizada por la Ley orgánica 3/2008, pueden ostentar tal condición de Consejeros natos, si lo solicitan, los ex-presidentes del Gobierno.

La más complicada composición del Pleno no le hace perder, sin embargo, su caracterización como órgano independiente; entre otras cosas porque en el Pleno no solo se integran los consejeros electivos y natos, sino también los permanentes.

3. La función consultiva en el ámbito autonómico

La descentralización política que inicia la Constitución de 1978 dejó abierta la cuestión acerca de si el Consejo de Estado debía ser también el órgano consultivo de los gobiernos autonómicos.

Ciertamente el articulo 107 de la Constitución en su título IV, "Del Gobierno y de la Administración", se está refiriendo al único gobierno existente en 1978, pero obliga a plantearse la cuestión acerca de si las funciones del Gobierno central —único existente en dicha fecha— que se transfirieran a los nuevos gobiernos autonómicos debían quedar sujetas de forma genérica a la función consultiva, así como si la misma la puede hacer el Consejo de Estado o pueden hacerla Consejos autonómicos propios de cada Comunidad autónoma.

En la Ley orgánica del Consejo de Estado, en la redacción del articulo 23 de 1980, se disponía que las Comunidades autónomas podrían, por conducto de sus Presidentes, solicitar dictamen del Consejo de Estado, en aquellos asuntos en que por la especial competencia o experiencia del mismo, lo estimen conveniente. Añadía, además, en el párrafo segundo de dicho artículo que, con independencia de esa facultad de pedir el dictamen del Consejo de Estado, tal dictamen era preceptivo para las Comunidades en los mismos casos previstos para el Estado por su Ley orgánica, cuando hubieran asumido las competencias correspondientes.

Esa redacción parecía sugerir, en opinión de algunos, que sólo el Consejo de Estado podría emitir esos dictámenes. Pero nada de eso era evidente partiendo de la potestad de auto-organización de las Comunidades Autónomas.

Así se vino a reconocer tempranamente por la Ley Reguladora de las Bases del Régimen Local (Ley 7/1985 de 2 de abril) en su artículo 13.1 donde permitía la intervención de los eventuales Consejos Consultivos autonómicos, como alternativa a la del Consejo de Estado, en la concreta materia de creación o supresión de municipios o alteración de términos municipales. Ese mismo reconocimiento se extendió con posterioridad, pero ya con carácter general, en la Ley 30/1992 sobre Régimen Jurídico de las Administraciones Públicas y del Procedimiento Administrativo Común, en sus arts. 102 y 103.

Tras la Sentencia del Tribunal Constitucional 204/1992, de 26 de noviembre (que resolvió una cuestión de constitucionalidad suscitada por la Sala de lo Contencioso-Administrativo del Tribunal Superior de Justicia de la Comunidad Valenciana sobre el articulo 23 de la Ley Orgánica 3/1980 del Consejo de Estado) quedó consagrada tanto la licitud de la creación de los Consejos Consultivos autonómicos como la licitud de la imposición de dictámenes preceptivos desde el ordenamiento estatal —Ley del Consejo de Estado o leyes básicas sectoriales— a evacuar, en su caso, por los Consejos Consultivos autonómicos.

La Ley Orgánica 3/2004, de 28 de diciembre modificó la Ley Orgánica 3/1980 del Consejo de Estado, para recoger la existencia de los Consejos Consultivos autonómicos y disponer la preceptiva intervención del Consejo de Estado para las comunidades autónomas que carezcan de órgano consultivo propio en los mismos casos previstos en la Ley 3/1980 cuando las Comunidades autónomas hayan asumido las competencias correspondientes. Con ello llevaba al texto legal lo que ya había declarado constitucional el Tribunal

Constitucional en su sentencia 204/1992: la legitimidad de los Consejos Consultivos autonómicos derivada de su competencia de auto-organización y la legitimidad de imponer desde el Estado la preceptiva intervención de estos Consejos Consultivos en los mismos casos en que para el Estado sea obligatoria la intervención de su Consejo de Estado.

Nada se dice, sin embargo, sobre los rasgos de la organización de dichos Consejos Consultivos autonómicas; pero aunque nada se diga ni se imponga un modelo concreto de organización, parece claro que la misma debe responder a la misma idea de que la función consultiva debe realizarse con autonomía orgánica y funcional para garantizar su objetividad e independencia, como prevé el artículo 1.2 de la Ley orgánica del Consejo de Estado de 1980.

Ello no significa que el modelo organizativo del Consejo de Estado deba trasplantarse a los Consejos Consultivos, pero sí que deben organizarse de forma tal que respondan a esa idea de una cierta autonomía orgánica y funcional como reconoció la STC 204/1992 al final de su fundamento jurídico 5º.

V. RECAPITULACIÓN

Son muy pocas las palabras que la Constitución dedica al Consejo de Estado en el artículo 107, sin que haya estado en nuestra tradición constitucional, prácticamente con la salvedad de la Constitución gaditana, que tal Institución se recoja en la norma suprema.

Ello obliga a descubrir su misión a partir del hecho mismo de su acogimiento constitucional. Desde esa perspectiva el sentido que corresponde al Consejo de Estado es el de un órgano de control y moderación del Gobierno y de la Administración en aquellas funciones que les corresponden en línea con el articulo 103 y 106 de la Constitución en cuanto garantiza el servicio con objetividad de los intereses generales de acuerdo con los principios de objetividad, eficacia, jerarquía, descentralización, desconcentración y sujeción de la actividad administrativa a los fines que la justifican.

Pero más allá de dichos principios atinentes sobre todo a la Administración alguna función le cabe al Consejo en relación con la tarea misma de Gobierno que se recoge en el artículo 97 de la Constitución. Es aquí donde la apreciación de la conveniencia y oportunidad permiten al Consejo dar opiniones no vinculantes que puedan servir de referencia al Gobierno en sus altas funciones.

VI. BIBLIOGRAFÍA

AROZAMENA SIERRA, J.: "La caracterización constitucional del Consejo de Estado". Documentación Administrativa/nº 244-245 (enero-agosto 1996).

BARRIOS, F.: "El Consejo de Estado de la Monarquía española 1521-1812", *Consejo de Estado*, 1984.

CORDERO DE TORRES, J. M.: "El Consejo de Estado. Su trayectoria y perspectivas en España", I.E.P., Madrid 1945.

DE LA QUADRA-SALCEDO, T.: "El Consejo de Estado en las Constituciones de Cádiz y Bayona", *Documentación Administrativa*, 244 y 245, enero-agosto 1996.

DE LA QUADRA-SALCEDO, T.: "El Consejo de Estado en un Estado social y democrático de Derecho", *Gobierno y Administración en la Constitución*, Vol. I, Instituto de Estudios Fiscales, Madrid, 1988.

FONT I LLOVET, T.: "Órganos consultivos", *Revista de Administración Pública*, nº 108, septiembre-diciembre 1985, pp. 53-86.

GARCÍA-ÁLVAREZ GARCÍA, G.: en *La función constitucional del Consejo de Estado*, Cedecs, 1997.

REBOLLO PUIG, M.: "El ejercicio de potestades normativas y el Consejo de Estado", *Documentación Administrativa*, nº 244-245, enero-agosto 1996.

TORRE DE SILVA, V.: "El Consejo de Estado en la España constitucional", en GONZÁLEZ FERNÁNDEZ, E.; RUBIO NÚÑEZ, R. (coords.), PENDÁS GARCÍA, B. (dir.), *España Constitucional (1978-2018): trayectorias y perspectivas*, CEPC, Vol. 5, 2018.

TRIGUERO ORTIZ, O.: *El Consejo de Estado y los órganos consultivos autonómicos*, Dykinson, Madrid, 2014.

TÍTULO V
DE LAS RELACIONES ENTRE EL GOBIERNO Y LAS CORTES GENERALES

Artículo 108

El gobierno responde solidariamente en su gestión política ante el Congreso de los Diputados.

COMENTARIO

Rafael Bustos Gisbert
Catedrático de Derecho Constitucional
Universidad Complutense de Madrid

SUMARIO: I. EL CONCEPTO DE RESPONSABILIDAD COLECTIVA DEL GOBIERNO. II. LA REGLA DE LA UNIDAD. III. LA REGLA DE LA CONFIDENCIALIDAD. IV. LA REGLA DE LA CONFIANZA. V. BIBLIOGRAFÍA. VI. JURISPRUDENCIA.

I. EL CONCEPTO DE RESPONSABILIDAD COLECTIVA DEL GOBIERNO

El artículo 108, en su brevedad, establece la clave de bóveda de la forma de gobierno parlamentaria adoptada en España con carácter general en el artículo 1.3 CE: la responsabilidad solidaria del poder ejecutivo ante una de las cámaras parlamentarias, el Congreso de los Diputados. No puede, por ello, sorprender que este precepto sea el que abra el Título V de la Constitución regulador de las relaciones entre el Gobierno y las Cortes Generales. Sin embargo, sí resulta tremendamente extraña la poca atención que un precepto tan relevante como éste ha recibido en la doctrina científica española. Atención que, además, no se ha centrado en la propia idea de la responsabilidad solidaria sino en la relación de confianza entre Gobierno y Congreso de los Diputados. La explicación puede encontrarse en que el precepto, en su redacción, induce a error en cuanto al asignar a una sola de las cámaras (el Congreso de los Diputados) la función de exigir la responsabilidad política identifica, a nuestro juicio con mala técnica constitucional, la responsabilidad política del gobierno con el otorgamiento y retirada de la confianza parlamentaria. Ello explicaría que los estudios sobre la responsabilidad política del gobierno se hayan centrado en el mecanismo estrella para exigirla: la moción de censura (artículo 113). En menor medida también se ha estudiado la cuestión de confianza (art. 112) y, aunque no vinculándolo a la idea de responsabilidad política más que indirectamente, el otorgamiento de la confianza (art. 99). Incluso se ha estudiado con cierto detenimiento la responsabilidad *individual* de los ministros deducida, habitualmente, del art. 98.2.

Sin embargo, la responsabilidad solidaria del gobierno enunciada en el artículo 108 es algo más que la posibilidad de la retirada de la confianza al ejecutivo. Quizás en este punto fueron más conscientes de su contenido los magistrados del primer, y claramente más brillante, Tribunal Constitucional. Así, en el ATC 60/1981 sostuvo "es esencial a todo sistema parlamentario la responsabilidad política del Gobierno ante el Parlamento, en la que se comprende el deber del ejecutivo de informar y el derecho de la Cámara o Cámaras a ser informados" (fundamento jurídico 4). No deja de ser significativo que aquél primer Tribunal, con una fuerte formación en sus miembros en teoría general, fuera el que mejor entendiera el significado de una norma que tiene una intrínseca naturaleza política. Efectivamente, la responsabilidad política significa, en un sistema parlamentario, que el gobierno tiene la obligación de *responder*, esto es, *contestar o rendir cuentas* ante el parlamento. No significa, o al menos no solo, que el parlamento, en cuanto órgano de representación popular, sea quien otorga o retira la confianza al ejecutivo.

Desgraciadamente esa línea ha sido abandonada en 2018 por un Tribunal Constitucional más apegado a la literalidad de la norma que a los conceptos claves del parlamentarismo. En la STC 124/2018, de 14 de noviembre, al enjuiciar la negativa de un miembro del gobierno en funciones a comparecer ante el Congreso, evaluará la cuestión no desde la óptica de la obligación del ejecutivo de rendir cuentas por sus actos derivada del art. 108, sino desde la lógica de la función de control político de las Cortes. De hecho, el art. 108 aparecerá mencionado en la sentencia solo colateralmente para justificar el control del gobierno en funciones porque el Senado puede fiscalizar al ejecutivo sin estar unido a él por una relación fiduciaria.

Esta sentencia refleja la confusión entre responsabilidad y confianza sembrada por la literalidad del art. 108. Confusión que permaneció oculta por la experiencia constitucional española de gobiernos unipartidistas con fuerte apoyo parlamentario y solo fue relevante en las discusiones doctrinales relativas a la distinción entre control parlamentario y responsabilidad política. En ese contexto político, el texto del art. 108 carecía de excesiva importancia constitucional más allá de la retórica política y los infrecuentes usos de la moción de censura contra el ejecutivo que, hasta 2018, nunca provocaron la caída del gobierno. La progresiva fragmentación y polarización del parlamento español desde 2016, así como la primera experiencia de un gobierno de coalición en

2019 ha puesto de relieve, como trataremos de apuntar a continuación, algunos de los problemas derivados de esta confusión.

A nuestro entender, una comprensión cabal del artículo 108 debe identificarlo con una de las más importantes convenciones constitucionales del sistema parlamentario en su formulación original en el constitucionalismo británico. La convención sobre la responsabilidad colectiva.

Lord Salisbury en su alocución a los Lores el 8 de abril de 1878 la definió con claridad: "por todo lo que pasa en el Gabinete, cada miembro que no dimite es absoluta e irrevocablemente responsable, y no tiene ningún derecho a decir después que estuvo de acuerdo en un caso para llegar a un compromiso, mientras que en otro fue persuadido por sus colegas... Sólo cuando el principio de absoluta responsabilidad es asumido por cada miembro del gabinete que después de que se haya tomado la decisión, permanezca como miembro de él, puede mantenerse la responsabilidad conjunta de los ministros ante el Parlamento y establecerse uno de los principios más esenciales de la responsabilidad parlamentaria". En parecido sentido se pronunciaría otro famoso político británico, Joseph Chamberlain: "Franqueza absoluta en nuestras relaciones privadas y completa discusión de todas las cuestiones de común interés... las decisiones tomadas libremente debían ser apoyadas lealmente y consideradas como decisiones de todo el gobierno. Por supuesto pueden existir ocasiones en que la diferencia es de un carácter tan vital que es imposible que la minoría... continúe apoyando, y en este caso el ministro es cesado o el miembro o miembros de la minoría dimiten".

Este concepto llega hasta nuestros días sin haber variado en su esencia. El código ministerial aprobado por cada primer ministro británico, desde John Major, para esclarecer su comprensión de las convenciones constitucionales gubernamentales ha seguido esta misma línea. El Ministerial Code aprobado por el primer ministro Sunak en diciembre de 2022 sostiene algo prácticamente idéntico a lo establecido en los anteriores códigos: "El principio de responsabilidad colectiva requiere que un ministro sea capaz de expresar sus puntos de vista francamente, en la expectativa de que puede hablar libremente en privado al mismo tiempo que mantiene un frente unido una vez la decisión ha sido adoptada. Esto requiere por su parte, que se mantenga la privacidad de las opiniones expresadas en el Gabinete y en los Comités Ministeriales, incluida la correspondencia". El Código concluirá más adelante con toda claridad: "Las decisiones acordadas por el Gabinete o por los Comités ministeriales son obligatorias para todos los miembros del Gobierno".

La responsabilidad colectiva del gobierno así concebida incluye en su seno, tal y como apuntara su mejor estudioso británico, sir Geoffrey Marshall, tres reglas básicas que actúan de manera diferente. La regla de la unidad, la regla de la confidencialidad y la regla de la confianza. Tres reglas que regulan la responsabilidad, esto es, la obligación de responder, de rendir cuentas (accountability) del poder ejecutivo como órgano y no de sus miembros individuales. Obligación que, aparentemente, se tiene *solo* hacia el "Congreso de los Diputados" si siguiéramos la literalidad del art. 108. Pero realmente, como queda claro del concepto recién formulado, es una exigencia del sistema que debe extenderse a todas las relaciones del gobierno con el parlamento y no sólo con la cámara que le otorgó la confianza que, eso sí, será la única que puede retirársela.

II. LA REGLA DE LA UNIDAD

Esta regla significa que necesariamente el gobierno presenta una sola posición respecto a las decisiones adoptadas. Todos sus miembros, unánimemente, han de apoyar en público las mismas con independencia de que estén de acuerdo o, incluso, de que se hayan opuesto a la posición adoptada. Como buena convención tiene su origen en una necesidad histórica. La de defender al gobierno de las presiones del monarca. En su contexto histórico la regla pretendía asegurar la posición gubernamental presentando un frente sin fisuras ante la eventual oposición del rey. Además, la convención expresaba claramente la idea de que el ejecutivo se componía de un grupo homogéneo de personas que, a través de la discusión, llegaban a acuerdos compartidos por todos sus miembros.

El sentido histórico originario ha mutado con el tiempo. En la actualidad la necesidad de mantener un frente unido va a derivar de la conveniencia de fortalecer al gobierno no ya frente al jefe del Estado, sino frente al propio parlamento. En tal sentido la unidad del gobierno es una necesidad política de primera magnitud. La opinión pública no acepta fácilmente un gobierno incapaz de llegar a acuerdos y presentar una sola posición en sus decisiones. Con ello, además, se hace posible el diálogo entre gobierno y parlamento (oposición) en la medida en que este no sería posible si dentro del primero hubiera posiciones divergentes.

La regla de la unidad se aplica a las decisiones del gobierno como órgano colegiado. Afecta por tanto a todos los miembros del gobierno respecto a decisiones imputables al órgano. Se trata por tanto de las decisiones no solo del consejo de ministros, sino de cualquier órgano interdepartamental del ejecutivo o, simplemente, a cuestiones consideradas como esenciales para el colegio gubernamental por parte del jefe del ejecutivo. La responsabilidad solidaria no se extiende, por tanto, a decisiones puramente individuales de los sujetos que lo conforman y que no suponen la asunción de la misma por todos los demás. En tal sentido es de destacar que la responsabilidad colectiva no disuelve la responsabilidad de los miembros del gobierno en su propio ámbito de competencias tal y como recuerda el art. 98.2 de la CE y que resultará especialmente importante respecto a cada ministro en cuanto jefe de un departamento ministerial de cuya gestión responde individualmente ante el parlamento.

De este modo si un miembro del gobierno no es capaz de asumir una decisión del gobierno, la regla de la unidad exigirá que dimita. La garantía del cumplimiento de esta norma corresponde al presidente del gobierno. Es este quién, en los casos en los que los miembros no respeten la unidad, medirá cuál es la reacción adecuada a su falta de lealtad hacia el órgano y el que, en su caso, decidirá la sanción por su incumplimiento. Es, en definitiva, al presidente en cuanto sujeto encargado de cesar a los ministros el que acabará decidiendo si una ruptura de la regla de la unidad debe llevar aparejada la máxima sanción, el cese, u otras sanciones de diferente entidad (desde la reconvención privada hasta el nombramiento para otro puesto en el ejecutivo de menor relevancia). En cuanto convención constitucional (a pesar de su positivación en la CE) la responsabilidad solidaria no es fácilmente reconducible a normas jurídicas y las circunstancias políticas concretas de cada momento condicionan el modo en que se desarrolla.

Por ello, no es de extrañar que la experiencia de la coalición de gobierno en la XIV Legislatura (2019-2023) respecto a la regla de la unidad haya traído importantes novedades. Tanto en la forma de abordarla como en su contenido.

Respecto a la forma de abordarla en España, a diferencia del Reino Unido, la convención carece de tradición y no existe tampoco un código de comportamiento gubernamental que fije claramente las reglas en la materia. Tales ausencias se explican simplemente porque no eran necesarias. En la práctica española el jefe del gobierno (a su vez jefe del grupo parlamentario mayoritario en cuanto líder del partido vencedor de las elecciones) no solo tenía la habilitación jurídica, sino también la fuerza política para imponer la disciplina interna dentro del gobierno. Al adentrarse en la nueva experiencia del gobierno de coalición la ausencia de experiencia y de normas de comportamiento provocaron que los dos grupos parlamentarios que sustentaban al gobierno suscribieran, el 7 de enero de 2020, el "Protocolo de funcionamiento, coordinación, desarrollo y seguimiento del acuerdo de gobierno progresista de coalición PSOE y Unidas Podemos" apenas dos días después de la investidura de Pedro Sánchez como nuevo presidente. La forma es novedosa en cuanto no se trata de unas normas de funcionamiento interno del gobierno acordadas por el propio ejecutivo o por su presidente (en ejercicio del papel director que le corresponde en el ordenamiento constitucional español), sino por los grupos parlamentarios que sustentaban a la mayoría gubernamental.

Pero no solo la forma es interesante, también el contenido. El protocolo claramente pretende asegurar la estabilidad gubernamental y la unidad de la acción de gobierno, pero en lugar de encargar su garantía al propio ejecutivo y a sus órganos de coordinación interna, se lo asigna a dos comisiones. En primer término, la "Comisión Permanente de Seguimiento del Acuerdo de Gobierno" mayoritariamente compuesta por miembros del gobierno pertenecientes a las dos fuerzas políticas que lo integran, pero en la que se insertan representantes de los dos grupos parlamentarios. En segundo lugar, a una "Comisión de Seguimiento Parlamentario" paritaria entre ambos grupos para garantizar la unidad no ya del gobierno, sino de los propios diputados de los grupos parlamentarios que conforman la mayoría gubernamental. A este doble mecanismo se une la formulación de una "Estrategia de Comunicación" centralizada en la secretaría de Estado de comunicación (dependiente de la presidencia del gobierno) para asegurar la presentación coherente y unida de la política gubernamental y, quizás lo más sorprendente, la previsión de un "procedimiento para la resolución de discrepancias" en el seno del gobierno canalizada a través de la precitada Comisión Permanente y respecto del cuál se establecen dos reglas básicas que resultan novedosas desde el punto de vista de la regla de la comprensión de un ejecutivo como responsable *solidariamente* ante el Congreso de los Diputados. Por una parte, la obligación de mantener los repartos de las carteras ministeriales entre los socios de gobierno en cualquier restructuración de este y, por la otra, la admisión de que "en casos excepcionales" cuando no sea posible superar una discrepancia, en la Comisión permanente se acuerde "el alcance y la publicidad" que darán los socios a la discrepancia tanto en sede parlamentaria como en los medios. De este modo el protocolo incorpora una institución conocida en el parlamentarismo británico, los *agreements to differ*, en los que el jefe del ejecutivo expresamente permite que los miembros del gobierno disientan en público de la posición oficial del gobierno. La diferencia sustancial es que estos acuerdos para disentir no son ya acordados por el jefe del gobierno, sino el resultado de la falta de consenso en el seno de una comisión no gubernamental, aunque compuesta mayoritariamente por miembros del gobierno.

La intención del texto es clara y está definida con transparencia en la última frase del protocolo al afirmar que deberá explicitarse el "alcance y la publicidad" de las discrepancias "tanto en sede parlamentaria como ante los medios de comunicación" con la finalidad de "mantener la estabilidad del gobierno y no erosionar la confianza en la coalición".

Pese a ello, lo cierto es que la forma de abordar la garantía de la regla de la unidad en el gobierno de coalición de la XIV Legislatura ha presentado problemas hasta el punto de que en decisiones muy relevantes el gobierno, y los grupos que lo apoyan, han votado de manera diferente en el parlamento. Sin duda, la experiencia acumulada será útil en el futuro y es posible que acabe creando convenciones constitucionales capaces de dar un contenido constitucional más claro a esta regla en España.

III. LA REGLA DE LA CONFIDENCIALIDAD

Esta regla parece un residuo del pasado que difícilmente puede seguir sosteniéndose en la era de la transparencia inspiradora en la actualidad del funcionamiento de los poderes públicos en un Estado democrático. Sin embargo, es una regla de indudable utilidad si es entendida en sus justos términos.

En este punto ha de destacarse la profunda vinculación de esta regla con la relativa a la unidad. Efectivamente, si queremos asegurar que se mantenga un frente unido en la relación del gobierno con la sociedad y con el resto de poderes del Estado, debemos proteger a los miembros individuales del mismo frente a acusaciones de incoherencia o de falta de dignidad en el ejercicio de su propio cargo, por un lado, y frente a la imputación personal de políticas adoptadas después de procedimientos colectivos de adopción de decisiones. Por ello, debemos evitar que las posiciones sostenidas por los miembros individuales de un ejecutivo puedan ser conocidas más allá del propio gobierno.

Tal cosa, por supuesto, no debe obstar a la necesaria transparencia del ejecutivo y el libre acceso de los ciudadanos a la información gubernamental. Significa, simplemente, que las posiciones concretas de los sujetos determinados que intervienen en el proceso interno de adopción de decisiones no deben ser conocidas so pena de que, ante la previsión de futuros costes políticos los miembros del gobierno vieran coartada su libertad para opinar internamente cuál debería ser el mejor curso de acción en una determinada decisión gubernamental.

La regla de la confidencialidad se desarrolla en la ley 50/1997 que tardó más de 20 años en completar, aunque insuficientemente, la famosa obligación de "guardar el secreto de las deliberaciones del Consejo de Ministros" declarada en el juramento o promesa del cargo de ministro contenido en el Real Decreto 707/1979. El carácter secreto de las deliberaciones del consejo de ministros se establece en el artículo 5.3 extendiéndose a las reuniones de las comisiones delegadas del gobierno (art. 6.5). La custodia de las actas del consejo de ministros es encargada al secretariado del gobierno (art. 9.1d) que hará una publicación escueta de los acuerdos. Coherente con el carácter secreto de este tipo de órganos es que se establezcan límites al reflejo formal de las intervenciones ministeriales en las actas del consejo de ministros, de la comisión general de secretarios de Estado y de subsecretarios y de las comisiones delegadas. Así el artículo 18.4 (aplicable también a todas las comisiones recién citadas en virtud del art. 19) establece que en las actas "figurarán, exclusivamente, las circunstancias relativas al tiempo y lugar de su celebración, la relación de asistentes, los acuerdos adoptados y los informes presentados".

Si bien la cuestión de la confidencialidad *formal* está asegurada en la ley, lo cierto es que el gobierno de coalición en la XIV Legislatura no ha resuelto bien la cuestión de la confidencialidad en la práctica, especialmente en lo referido a las posiciones internas del gobierno adoptadas durante los debates en los que se han producido discrepancias. Y ello a pesar de los llamamientos a la lealtad contenidos en el ya citado protocolo suscrito en 2020, a que diseñe una estrategia de comunicación del gobierno centralizada en la secretaría de Estado de comunicación y en fin, a que se enfatice que los ministros "evitarán opinar o dar publicidad a proyectos de otros ministerios antes de ser refrendados por el Consejo de Ministros" (apartado 16).

La regulación española presenta algunos problemas adicionales en ausencia de convenciones conocidas en, al menos, dos cuestiones. El acceso a la información de anteriores gabinetes, el uso de documentación gubernamental por parte de miembros del gobierno una vez abandonado el cargo y la redacción de memorias o trabajos en los que se comunican cuestiones relativas al funcionamiento interno del ejecutivo. En tal sentido debería apuntarse que un control profesional del acceso a la previa información gubernamental sería muy interesante para evitar la utilización por parte de gobiernos posteriores de tal documentación para atacar a ministros que ya abandonaron su cargo. Igualmente, convendría establecer la obligación de todo miembro del gobierno de devolver toda la documentación sobre su paso por el ejecutivo. En fin, por último, sería muy bueno que todos los ministros conocieran mínimamente sus obligaciones jurídicas y deontológicas respecto a la revelación de hechos relativos a su participación en el gobierno. La ausencia de un "Código Ministerial" que fijara estos extremos resulta especialmente relevante en este punto.

IV. LA REGLA DE LA CONFIANZA

A diferencia de las dos reglas anteriores, la de confianza no es una norma vinculada estrictamente al proceso de rendición de cuentas incluido en la noción de responsabilidad solidaria. Esta regla establece cuando nace esa obligación. Es, pues, un presupuesto de la obligación. Sólo cuando la confianza ha sido otorgada existe obligación de responder solidariamente. Pero eso no nos debe llevar a identificar responsabilidad con confianza. Son conceptos distintos. El anverso de la regla de la confianza no es la responsabilidad. El anverso de la confianza es la desconfianza. Como enseñara Birch en 1964, el anverso de la responsabilidad es el carácter representativo del sistema parlamentario. En virtud de esa responsabilidad, el ejecutivo una vez es nombrado para ejercer sus competencias (mediante el otorgamiento de la confianza) debe rendir cuentas de sus actos ante quien representa a los ciudadanos (el parlamento) hasta que es sustituido por otro gobierno con una confianza renovada. El que un gobierno ya no disponga de la confianza parlamentaria (y por tanto no pueda serle ya retirada) no implica que no deba seguir rindiendo cuentas por las funciones (más o menos importantes) que siga desempeñando. A nuestro juicio ese es el sentido último de la obligación del gobierno en funciones de comparecer ante el parlamento recordada en la STC 124/2018, aunque el Tribunal lo formulara de manera confusa.

La versión clásica de la regla de la confianza en el parlamentarismo se resumiría en que un gobierno que no goce del apoyo del parlamento ha de dimitir. Bien renunciando a su cargo, bien convocando elecciones. Por ello una derrota parlamentaria del gobierno como conjunto solo podía llevar al cese del mismo. Esta visión tradicional de la regla debe adaptarse hoy a la regulación constitucional española que se inserta en los intentos de garantizar al máximo la estabilidad del ejecutivo en la línea del conocido como parlamentarismo racionalizado y que, a la postre, introduce algunos problemas de lógica interna en su funcionamiento.

La confianza es normalmente conferida a través del proceso de investidura previsto en el art. 99 de la CE. La forma extraordinaria de concesión de la confianza es el uso de la llamada cuestión constructiva de censura prevista en el art. 113. En lo que aquí interesa, el art. 108 CE, tres aspectos deben ser destacados de estos preceptos.

El primero es obvio. La confianza es otorgada por el Congreso de los Diputados. Por tanto, solo podrá ser retirada por esa misma cámara. De ahí se deriva que el art. 108 establezca que la responsabilidad del gobierno se exija solo por el Congreso de los Diputados. Como hemos tratado de demostrar, ceñirse a la literalidad del precepto sería reduccionista del significado de la responsabilidad del gobierno pues, junto a la regla de la confianza, incluye otras reglas (unidad y confidencialidad) que se mantienen no solo respecto al Congreso de los Diputados, sino respecto a cualquier otro órgano constitucional (por ejemplo el Senado en el ejercicio de su función de control) o incluso ante la propia opinión pública. De ahí la importancia de la distinción apuntada por Rescigno en los años 60 del pasado siglo entre la responsabilidad política institucionalizada (la que se residencia en torno a los instrumentos de nombramiento y cese del gobierno) y la responsabilidad política difusa (referida a la articulada mediante mecanismos no institucionalizados de rendición de cuentas ante la opinión pública o mediante los mecanismos institucionalizados de control parlamentario que no podían producir, jurídicamente, el cese del gobierno).

El segundo aspecto destacable resulta igualmente claro. La confianza se otorga al presidente del gobierno. No al gobierno en su conjunto, ni a sus miembros individuales. Por ello, si el Presidente deja de ocupar su puesto, automáticamente la confianza desaparece y todo el gobierno en su conjunto. Se explica, así, que los actos que suponen, o pueden suponer, el cese del gobierno requieran la previa deliberación (que no la autorización) del consejo de ministros (así la presentación de una cuestión de confianza, art. 112, y la disolución de las cámaras, art. 115.1), aunque la decisión última sea del presidente del gobierno. Igualmente se explica, por ello, con claridad que a la seminal relación de confianza entre congreso y presidente se unirán las relaciones de confianza

entre presidente y ministros. De esta manera la regla de la confianza también significará que el miembro del gobierno lo es mientras goce del apoyo del titular de la confianza parlamentaria (el presidente) a quién deberá rendir cuentas de sus propios actos (esto es, será responsable ante él). La preeminencia del presidente dentro del colegio gubernamental es, pues, obvia y determina su papel esencial en el mantenimiento de las tres reglas básicas de la responsabilidad. Finalmente, de esta articulación deriva que ni el Congreso, ni ningún otro órgano que no sea el propio presidente, puede jurídicamente forzar el cese de los ministros del gobierno. Ello resulta evidente en la medida en que no puede retirarse lo que nunca se otorgó. De este modo las mociones de reprobación a los ministros o la responsabilidad individual de los ministros por el ejercicio de sus puestos serán mecanismos tendentes a producir efectos políticos de importancia variable. Pero no pueden jurídicamente generar el efecto de cese o dimisión en ningún caso.

El tercer y último aspecto no resulta tan claro. La confianza se confiere por mayoría absoluta en primera votación y por mayoría simple en segunda votación, según el art. 99. Lo lógico sería (y así fue tradicionalmente) que se retirara también por la misma mayoría. De este modo la derrota parlamentaria del gobierno debería llevar aparejada la dimisión o la convocatoria de nuevas elecciones. No se trata de cualquier derrota. Se trata de derrotas en aspectos esenciales del programa político del ejecutivo. La lógica interna es evidente. Si un gobierno, en un sistema parlamentario (en un sistema presidencial es diferente), no goza del apoyo del parlamento para desarrollar su programa legislativo, deberá dimitir y buscarse una mayoría alternativa. Sin embargo, la racionalización de la retirada de la confianza parlamentaria mediante la introducción de la cuestión de confianza (art. 112 CE) y, sobre todo, de la moción constructiva de censura (art. 113 CE) cambia tal lógica en aras de la garantía de una mayor estabilidad gubernamental. Efectivamente al dejar en manos del presidente el que pueda retirarse la confianza parlamentaria en el Congreso a través de la cuestión de confianza, pero sobre todo al establecer una mayoría absoluta aglutinada en torno a otro candidato para poder retirársela al presidente en ejercicio, se rompe la lógica de las mayorías parlamentarias, pero se asegura la estabilidad del ejecutivo una vez nombrado.

En este diseño un presidente del gobierno podrá ocupar su cargo, una vez designado, pese a perder el apoyo mayoritario de la cámara baja si ésta, como es habitual, no es capaz de articular una mayoría absoluta alternativa en torno a otro presidente. De esta manera no existe mecanismo constitucional alguno (excepto el transcurso del tiempo hasta el agotamiento de la legislatura) que pueda obligar al presidente a dimitir o a convocar elecciones. En particular, la convocatoria de elecciones estará incluso vedada durante un año desde la última disolución de las cámaras (art. 115.3 CE). Se puede producir, y así ha ocurrido en más de una ocasión desde la entrada en vigor de la Constitución, la inestable paradoja de un presidente que carece de facto de la confianza de la cámara baja. Por tanto, no es capaz de sacar adelante sus proyectos legislativos, ni con ello cumplir su función constitucional de dirección de la política nacional, pero no puede ser obligado a dimitir.

La paradoja se muestra con nitidez en la votación en la que anualmente se evalúa el apoyo parlamentario de un gobierno por ser esencial para ejercer su función de dirección política: la aprobación de la ley de presupuestos. La devolución del proyecto de presupuestos en el parlamentarismo clásico llevaba aparejada la inmediata disolución de las cámaras o la dimisión del gobierno. La situación ahora es diferente por cuanto no cabe exigir constitucionalmente la dimisión y los presupuestos pueden ser prorrogados (art. 134.4 CE) por lo que su eventual rechazo no produce automáticamente la parálisis de la administración pública.

Sin embargo, la experiencia de la práctica de la forma de gobierno española apunta matices al inicial diseño constitucional. Hasta en 8 casos la ley de presupuestos no fue aprobada y se prorrogaron los anteriores. Respecto a las leyes de presupuestos para 1982, 1989 y 2012 la prórroga presupuestaria se produjo por haberse producido precisamente la disolución parlamentaria siendo imposible realizar la tramitación de la ley. Precisamente es destacable que tanto en 1982 como en 2012 tal disolución fue consecuencia de la debilidad de la mayoría y el muy probable rechazo parlamentario a la aprobación de los presupuestos produciéndose una suerte de disolución *preventiva* de las cámaras. En el caso de la prórroga de los presupuestos para 1996 fue consecuencia de la devolución del proyecto de ley presupuestaria y generó la convocatoria de nuevas elecciones apenas unos meses después. Las prórrogas acordadas para los años 2017 y 2018 no generaron ningún efecto en la regla de la confianza puesto que los presupuestos fueron aprobados más tarde, aunque con un retraso significativo. Finalmente, los presupuestos para 2019 y 2020 no fueron aprobados (prorrogándose los de 2018) pero precisamente esta situación se produjo porque no existía un gobierno investido como tal, sino que seguía en funciones el anterior.

Tras esta experiencia se muestra que la lógica del parlamentarismo y de la responsabilidad colectiva del gobierno es tozuda incluso frente a los intentos de racionalización. Un gobierno que no goza del apoyo parlamentario no puede gobernar. Así lo muestran las disoluciones *preventivas* en 1982 y 2012, la de 1996 o la imposibilidad de aprobar presupuestos cuando no existe mayoría gubernamental alguna en 2019 y 2020. Aunque el ejecutivo no pueda ser *jurídicamente* destituido mediante una moción de censura constructiva, sigue siendo *responsable* por sus actos y por ello puede verse obligado a cesar (mediante dimisión o mediante disolución) cuando no disfrute del apoyo parlamentario suficiente.

No es por ello sorprendente que el Protocolo de Seguimiento de 2020 dedique buena parte de su texto a la garantía del apoyo parlamentario y sin fisuras de los grupos que lo sustentan y se vea en la obligación de explicitar (apartado 9) que "actuarán con unidad de criterio y de sentido de voto en lo que afecte a acuerdos explícitos alcanzados en el programa de gobierno progresista, ofreciendo soporte parlamentario al gobierno" extendiendo por tanto la regla de la unidad, a través de la confianza, no ya al ejecutivo, sino a los propios parlamentarios que no son parte del gobierno.

V. BIBLIOGRAFÍA

BIRCH, A. H.: *Representative and Responsible Government*, Allen & Unvin, Londres, 1964.

BUSTOS GISBERT, R.: *La responsabilidad política del gobierno: ¿realidad o ficción?*, Colex, Madrid, 2001.

GARCÍA MORILLO, J.: "Responsabilidad política y responsabilidad penal", *Revista Española de Derecho Constitucional*, núm. 52, 1998, pp. 81-110.

MARSHALL, G.: *Constitutional Conventions: the rules and forms of political accountability*, Oxford Univ. Press, 1986 y editor en *Ministerial Responsibility*, Oxford, 1986.

RESCIGNO, G. U.: *La responsabilità politica*, Giuffrè, Milán, 1967.
WOODHOUSE, D.: *Ministers and Parliament. Accountability in Theory and Practice*, Oxford Univ. Press, Oxford, 1994

Otros documentos:

*Ministerial C*ode, Cabinet Office, diciembre 2022. Accesible en: https://www.gov.uk/government/publications/ministerial-code
Protocolo de funcionamiento, coordinación, desarrollo y seguimiento del acuerdo de gobierno progresista de coalición PSOE y Unidas Podemos. 7 de enero de 2020. Accesible en: https://www.psoe.es/media-content/2020/01/080120-Protocolo-funcionamiento-acuerdo-coalici%C3%B3n.pdf

VI. JURISPRUDENCIA

ATC 60/1981, de 17 de junio.
STC 124/2018, de 14 de noviembre.

Artículo 109

Las Cámaras y sus Comisiones podrán recabar, a través de los Presidentes de aquéllas, la información y ayuda que precisen del Gobierno y de sus Departamentos y de cualesquiera autoridades del Estado y de las Comunidades Autónomas

COMENTARIO

José Tudela Aranda
Doctor en Derecho
Letrado de las Cortes de Aragón

SUMARIO: I. UNA PRECISIÓN NECESARIA. LA DELIMITACIÓN DEL COMENTARIO AL ARTÍCULO 109 DE LA CONSTITUCIÓN. II. ALGUNAS CUESTIONES PROBLEMÁTICAS. 1. Los sujetos activos del derecho de información parlamentaria y su relación con los derechos fundamentales. 2. Los sujetos pasivos del derecho de información parlamentaria. 3. La intervención de la Mesa y del Presidente en relación con las solicitudes de información. 4. Derecho a plantear la solicitud de información o derecho a recibir la información. 5. Los límites materiales a la obtención de información. III. LA NECESIDAD DE REFORZAR UN DERECHO DÉBIL. IV. BIBLIOGRAFÍA. V. JURISPRUDENCIA.

I. UNA PRECISIÓN NECESARIA. LA DELIMITACIÓN DEL COMENTARIO AL ARTÍCULO 109 DE LA CONSTITUCIÓN

No es sencillo comentar en un reducido número de páginas el artículo 109 de la Constitución. Frente a su aparente simplicidad, este artículo ha sido puerta para una cualitativamente importante jurisprudencia y ha sido premisa de muchos de los más significativos problemas planteados en la práctica parlamentaria. No pudiendo ni estudiar en profundidad toda esa doctrina ni abordar todos los temas que de manera directa o indirecta se han vinculado al mismo, es preciso delimitar el objeto exacto de este comentario.

Si algo resulta claro de la lectura del precepto examinado es que en él se constitucionaliza como parte esencial de las relaciones entre el Gobierno y el Parlamento, es decir como parte del régimen parlamentario, la capacidad del Parlamento de solicitar información y ayuda al Gobierno y a la Administración. Junto a ello, el precepto extiende la posibilidad de recabar información a cualesquiera autoridades del Estado y de las Comunidades Autónomas. Así, el constituyente elevó al máximo rango tanto una de las manifestaciones habituales de la relación entre Gobierno y Parlamento como la importancia de la información para el desarrollo del trabajo parlamentario. Como era de prever, la previsión constitucional tuvo su desarrollo en los Reglamentos parlamentarios. Por una parte, en los Reglamentos del Congreso y del Senado. Por otra, en los Reglamentos de las diecisiete Cámaras autonómicas.

La irrupción del Derecho parlamentario autonómico obliga a la primera matización. No es posible comentar el artículo 109 de la Constitución sólo a la luz de las relaciones entre las Cortes Generales y el Gobierno de la Nación. Buena parte de la doctrina fijada por el Tribunal Constitucional en relación con este precepto lo ha sido en relación con conflictos planteados en las Comunidades Autónomas. De los Estatutos de la primera generación, sólo los de Asturias (art. 26.3); Murcia (art. 25.3) y Navarra (art. 32.1), recogían un precepto similar al constitucional. De los denominados de segunda generación, sólo el catalán introduce un precepto dedicado a esta cuestión (art. 73). Sí ha sido habitual recoger esta normativa en las leyes que regulan al gobierno. Se trata de normas esencialmente homogéneas que permiten un análisis de conjunto, a salvo de lo que habrá de decirse al estudiar el control del incumplimiento en relación con el Reglamento del Parlamento de Cataluña. Así, el análisis del artículo 109 de la Constitución deberá contemplar tanto su reflejo en los Reglamentos del Congreso (arts. 7 y 44) y del Senado (art. 67) como en los distintos Reglamentos de los Parlamentos autonómicos.

En relación con el objeto, es preciso llamar la atención sobre el hecho de que la Constitución se refiere a la posibilidad de recabar "información y ayuda". Para el ejercicio de este derecho por los Diputados, el Reglamento lo traduce en "datos, documentos e informes". Cuando se refiere a su ejercicio por las Comisiones, junto a la posibilidad de solicitar "información y documentación", en el artículo 110 de la Constitución, se establece la de ejercer el derecho mediante la solicitud de comparecencias de miembros del Gobierno, autoridades y funcionarios y de aquellas otras personas que puedan ser competentes en la materia. De esta forma, emergen las dos manifestaciones del ejercicio del derecho: la solicitud de informes o documentos determinados y la solicitud de información por la persona competente. En los dos casos, expresión del mencionado régimen parlamentario y de la consiguiente responsabilidad política del Gobierno proclamada en el artículo 108.

II. ALGUNAS CUESTIONES PROBLEMÁTICAS

1. Los sujetos activos del derecho de información parlamentaria y su relación con los derechos fundamentales

La Constitución no configura un derecho sino una potestad que atribuye nominalmente a las Cámaras, es decir, al Senado y al Congreso de los Diputados y a sus Comisiones. Lejos de cerrar la cuestión, esta redacción remitía a su concreción por los Reglamentos parlamentarios. Así, lo primero que es preciso destacar, como reiteradamente ha subrayado el Tribunal Constitucional, es que se trata de un derecho de configuración legal (SSTC 181/1989, de 3 de noviembre, F. 4). Puede decirse que fue voluntad del constituyente permitir que cada Cámara articulase en función de su autonomía la forma concreta de desarrollar la potestad mencionada, siendo la regulación reglamentaria un elemento constitutivo del derecho en cuestión. Así, en desarrollo del artículo 109, el Reglamento del Congreso atribuye a los Diputados "la facultad de recabar de las Administraciones Públicas los datos, informes o documentos que obren en poder de éstas" (art. 7) y de manera similar se contempla en la mayoría de los Reglamentos autonómicos. No se trata de un derecho absoluto. El propio Reglamento concede la posibilidad de negar esa información, motivando en derecho la decisión. De esta forma, el derecho de solicitud de información emerge como uno de los más importantes derechos atribuidos al Diputado que solamente tendrá que poner en conocimiento de su grupo parlamentario la correspondiente solicitud. La naturaleza individual de este derecho, generalizada en los Reglamentos de las Cámaras, ha sido ratificada con claridad por el Tribunal Constitucional en diversas sentencias (STC 203/2001, de 21 de noviembre, F. 3). Ello no implica que su ejercicio deba realizarse necesariamente en solitario. Así, el Tribunal ha amparado la posibilidad de ir asistido por asesores a estudiar la información correspondiente si su complejidad así lo requiere (STC 181/1989, de 3 de noviembre, F. 5). Curiosamente, el Reglamento del Senado no contiene un precepto similar al examinado del Reglamento del Congreso.

La titularidad individual de este derecho se encuentra directamente ligada a su naturaleza jurídica. El Tribunal Constitucional lo ha vinculado desde el principio con el artículo 23. 2 de la Constitución (STC 5/1983, de 4 de febrero). Será esta vinculación la que le otorga una cualificación especial que, entre otras cosas, se manifiesta en su protección mediante el recurso de amparo, ya que los actos relacionados con el control de la acción del Gobierno pertenecen al núcleo de la función representativa de los Diputados (STC 220/1991, de 25 de noviembre). Finalmente, recordar que el Tribunal Constitucional ha negado cualquier vinculación de este derecho con el de petición (STC 161/1988, de 20 de septiembre, F. 5).

2. Los sujetos pasivos del derecho de información parlamentaria

Como sujetos pasivos de este derecho aparecen en primer lugar Gobierno y Administración. En relación con el Gobierno, es preciso matizar que las solicitudes de información amparadas por el artículo 109 se circunscribirán a informes, documentos o similares, ya que la comparecencia en Comisión de los miembros del Gobierno, la otra vía clásica para el suministro de información, está contemplada por separado, y expresamente, en el artículo 110 de la Constitución.

Mayores dificultades plantea la referencia a la Administración. La diversidad de entes que la integran y la conjunción de los procesos de huida del Derecho administrativo y de privatización han provocado algún problema. La doctrina del Tribunal Constitucional ha avalado una interpretación amplia, de forma que los distintos velos que se puedan poner no lleguen a alterar la necesaria capacidad de control. Así, en la STC 177/2002, de 14 de octubre, dictada en el recurso interpuesto contra la decisión de la Mesa del Congreso de no aceptar a trámite la comparecencia del Presidente de ENDESA por ser una empresa privada, el Tribunal rechaza los argumentos dados para denegar la comparecencia, entre ellos que el capital público era inferior al 50%, e indica que lo que importa es la conexión de la empresa con una administración pública, tal y como se entiende en el Derecho comunitario, cuyos criterios sobre la calificación de un ente como público hace suyos a estos efectos (F. 10). Se trata de una cuestión importante que requiere de un pronunciamiento nítido: cualquiera que sea la forma jurídica que se otorgue a un ente público, el Parlamento debe estar en condiciones de solicitar información del mismo.

El artículo 109 se refiere también a otras autoridades. El Reglamento del Congreso establece en su artículo 43.3 que las Comisiones podrán recabar "la presencia de autoridades y funcionarios públicos por razón de la materia objeto de debate, al objeto de informar a la Comisión". Ha habido ocasión de que el Tribunal Constitucional se pronuncie sobre este particular, amparando las solicitudes de autoridades como el Fiscal Anticorrupción o la remisión de datos por la Agencia Tributaria, señalando que se trata de una manifestación del control parlamentario y subrayando como la solicitud de comparecencia de estas autoridades forma parte del ius in officium de los diputados (STC 208/2003, de 1 de diciembre, F. 5). Una doctrina ratificada en la STC 191/2016, en relación con el CGPJ "El Consejo queda comprometido por este precepto constitucional, al igual que cualesquiera otras autoridades públicas, para prestar a las Cámaras y sus Comisiones aquella información y ayuda" (F. 6). E, inmediatamente, se deja constancia de los límites: que la solicitud se corresponda con el ámbito de atribuciones del propio Consejo y que no se menoscabe el ejercicio independiente de sus funciones (y reiterada en la STC 124/2018, de 14 de noviembre, FJ 7).

Desde el examen de los sujetos pasivos de este derecho, debe aludirse, finalmente, a la referencia constitucional a las Comunidades Autónomas. De la delimitación realizada por el Reglamento se deduce que Diputados y Comisiones podrán ejercer este derecho en relación con la información que posean las administraciones autonómicas pero no en relación con sus Gobiernos. En todo caso, se trata de una posibilidad que debiera ser interpretada restrictivamente. El control político ordinario de esas administraciones corresponde a sus correspondientes Parlamentos.

3. La intervención de la Mesa y del Presidente en relación con las solicitudes de información

Una de las cuestiones que se han planteado alrededor de las solicitudes de información es la relativa a los límites de la Mesa del Parlamento en su capacidad de calificación de esas solicitudes. Si bien con algún matiz, la doctrina del Tribunal ha sido bastante clara señalando que la Mesa ha de limitarse a una verificación de la idoneidad formal y de adecuación procedimental, en su caso, de la solicitud sin que en ningún momento pueda llegar a entrar a juzgar la oportunidad o inoportunidad del escrito correspondiente (SSTC 161/1988, de 21 de septiembre, F. 8) y sin poder desconocer que la petición es manifestación del ejercicio del derecho del parlamentario que la formula (STC 208/2003, de 1 de diciembre, F. 4). En caso de negativa, la motivación es un requisito esencial pero no suficiente. El Tribunal exige que esa motivación "no entrañe el desconocimiento de la facultad que corresponde a los Diputados" (203/2001, de 21 de noviembre, F. 4). La interpretación de la Mesa ha de ser pro derecho y, así en los juicios con mayor posibilidad de apreciación subjetiva como la conexión con las funciones parlamentarias, debe considerarse que existe una presunción general positiva. La posición del Alto Tribunal ha sido tan elocuente que en buena medida puede decirse que el derecho estudiado se ha estructurado como derecho frente al citado órgano parlamentario.

La intervención de los órganos parlamentarios puede no acabar en la calificación del documento. En el supuesto de incumplimiento o cumplimiento defectuoso de la solicitud, la mirada puede volver a la Mesa o al Presidente, al objeto de recabar su amparo. El Tribunal ha señalado que la intervención de los órganos parlamentarios en amparo del Diputado solicitante deberá tener lugar no sólo en los casos de omisión o silencio de la autoridad solicitada, sino, "como es lógico, cuando las razones esgrimidas por la Administración en apoyo de su negativa sean, por su carácter infundado o arbitrario, atentatorias al derecho que el Reglamento otorga a los parlamentarios" (STC 181/1989, de 3 de noviembre, F. 3).

4. Derecho a plantear la solicitud de información o derecho a recibir la información

No tarda en llegar el momento en el que se plantea la disyuntiva sobre el verdadero alcance del derecho estudiado. ¿Se trata de un derecho a obtener una información determinada? o ¿Es el derecho a solicitar información? Como es fácil de entender, se trata de una cuestión esencial. Al respecto, bien puede distinguirse en la doctrina del Alto Tribunal dos etapas. En una primera, que culminaría en la STC 131/1989, de 3 de noviembre, el Tribunal parecía decantarse por una interpretación del derecho que incluyese la obtención de la información. En una segunda, iniciada con la STC 196/1990, de 21 de noviembre, el derecho parece quedar restringido a la mera solicitud de la información.

Así, si bien en la STC 203/2001, de 21 de noviembre, el Tribunal llega a afirmar que "el derecho ex art. 23.2 comprende tanto el de solicitar una información de las administraciones públicas como el de obtenerla" (F. 3), la falta de conclusiones que se obtienen de este pronunciamiento consolidan la doctrina generalizada que define el derecho estudiado como derecho a solicitar la información. Considera el Tribunal que la no contestación o la contestación insuficiente no puede ser objeto de examen jurisdiccional y su control corresponderá exclusivamente al ámbito político. Esta doctrina, anticipada en la STC 196/1990, de 29 de noviembre, quedó fijada con especial claridad en la STC 220/1991, de 25 de noviembre. La réplica a la negativa tiene, según el Tribunal, un carácter netamente político y en ese ámbito se ha de desenvolver.

Se trata de una doctrina necesariamente criticable. Hay que anticipar que no es sencillo encontrar un criterio general y que, seguramente, ni es posible ni es deseable. Así, si se trata de valorar la información oral aportada por un funcionario sobre un proyecto determinado, la posición del Alto Tribunal parece no sólo razonable sino la más adecuada. Pero ello es mucho más discutible cuando se trata de una información concreta, no sometida a ningún tipo de límite en su difusión y que no es aportada por el Gobierno. En casos semejantes no hay lugar a la valoración. O se aporta la documentación solicitada o no se aporta.

5. Los límites materiales a la obtención de información

Una de las cuestiones naturalmente problemáticas del derecho a la información de las Cámaras es el de los límites materiales del mismo. Determinada información no podría llegar nunca a los parlamentarios por su propio contenido bien porque se trata de materias reservadas bien porque se afectan derechos individuales, particularmente el derecho a la intimidad. Brevemente se hará referencia a esta cuestión. Previamente, ha de hacerse constar que el límite puede llegar a activarse en tres momentos sucesivos. Así, podría ser alegado por la Mesa de la Cámara en el momento de calificación de la documentación; por el Gobierno o Administración competente cuando recibe la solicitud; o, incluso, por un órgano jurisdiccional que puede atender tanto de la entrega de la información a instancias de un particular que considera vulnerados sus derechos o del solicitante ante la negativa.

Es sobre este particular sobre lo primero que es preciso detenerse. El Tribunal Constitucional ha establecido como doctrina general que este juicio no debe realizarlo la Mesa del Parlamento sino que es competencia de quien recibe la solicitud de información. Lo contrario implicaría la asunción por la Mesa de un examen material del contenido de la petición que es improcedente. La doctrina es clara señalando que ese juicio sólo puede hacerlo la institución requerida (STC 203/2001, de 21 de noviembre, F. 5). La cuestión es ¿Cómo se juzga ese rechazo? De nuevo, el problema de la efectividad del derecho. Y una manifestación más de la insuficiencia de la doctrina que remite exclusivamente a la valoración de los incumplimientos al ámbito de la disputa política.

Como se ha indicado, uno de los límites que con más frecuencia suelen ser alegados para denegar la solicitud de información bien por el ente reclamado bien por la propia Mesa del Parlamento es el derecho a la intimidad. Al respecto, la cuestión parece clara. El parlamentario es un sujeto privilegiado en relación con la información. Cualquier restricción a su solicitud debe ser interpretada de manera restrictiva. Sólo en supuestos muy especiales la intimidad puede ser motivo justificado para denegar la información (ATC 60/1981, de 17 de junio).

Una problemática especial y que excede las posibilidades de estas páginas es la suscitada por las materias reservadas o clasificadas y que no afecta exclusivamente a los denominados "secretos oficiales", aunque la problemática de estos es singular y merecedora de una respuesta específica. Junto a estos, son numerosas las leyes, estatales y autonómicas, que establecen algún tipo de regulación sobre esta cuestión. La Ley debiera ser un instrumento de delimitación exacta del derecho con un ponderado ejercicio del necesario equilibrio entre los intereses en juego y arbitrar el correspondiente procedimiento específico para hacer compatible la información con el secreto, como sucede con los secretos oficiales. En todo caso, el Tribunal reitera que la apreciación sobre si la información solicitada entra o no en los límites prohibidos por la ley corresponderá en todo caso al órgano requerido (STC 203/2001, de 15 de octubre, F. 5).

III. LA NECESIDAD DE REFORZAR UN DERECHO DÉBIL

El breve estudio realizado concluye inexorablemente en la debilidad del derecho a la información del que disponen Diputados y Parlamentos. Al menos, debilidad en relación con su efectividad. El derecho finaliza en buena medida en la capacidad para solicitar. Se trata de una minoración radical. Hoy cualquier ciudadano tiene esa capacidad de solicitar y en muchos casos dispondrá de grandes posibilidades de hacerlo efectivo. El Diputado, como se ha visto, no es un ciudadano más. Su solicitud de información está vinculada a elementos esenciales del funcionamiento del sistema democrático. Sin embargo, ni el ordenamiento ni el sistema político han establecido instrumentos que aseguren la efectividad del derecho.

El Gobierno, los Gobiernos, pueden negarse a contestar o contestar de manera parcial sin grandes consecuencias. Desde luego, con pocas consecuencias jurídicas. Y difícilmente con consecuencias políticas. En el supuesto extremo de hacer frente a una sentencia condenatoria, habrá pasado el suficiente tiempo como para que su transcendencia sea menor. Los Parlamentos no han trabajado está cuestión y la efectividad de los reproches por incumplimientos en derredor del suministro de la información es mínima. Un derecho esencial de los Diputados se ve de esta manera seriamente limitado. Más allá, las Cámaras se ven incapaces de acceder a un material imprescindible para la realización adecuada de su trabajo.

Ésta debería ser la premisa para afrontar los cambios necesarios en la regulación de esta materia en los Reglamentos parlamentarios. La información es requisito sine quanon para la realización del trabajo parlamentario. El Parlamento se encuentra en disposición de ofrecer a sus parlamentarios un caudal importante de información. Pero existen materias que por definición exigen de la colaboración del Gobierno. El suministro de la información sobre esas materias no puede quedar al albur de voluntades políticas. No se trata de invocar la generosidad del Gobierno. Hay que apelar a la obligación constitucional de rendir cuentas ante el Parlamento. Apelar a la transparencia y responsabilidad que debe regir todo el sistema político.

Desde que se aprobó la Constitución hace cuarenta años han sucedido muchas cosas y algunas de ellas no pueden ser ignoradas en el momento de hacer una lectura contemporánea del artículo comentado. Si hace cinco años se aludía a las posibilidades que el desarrollo tecnológico otorga al Parlamento para disponer de cuanta información considere oportuna de aquella que se encuentre en poder del ejecutivo y de la administración correspondiente, hoy resulta preciso extenderse en las consecuencias que debe tener en la cuestión que se analiza la irrupción de la inteligencia artificial en la institución parlamentaria. Si examinar el derecho a la información de Diputados y Grupos conforme a los parámetros previos a la gran revolución tecnológica de los últimos años era desde hace ya un tiempo un anacronismo, hoy resulta, sencillamente, inevitable. De forma un tanto, súbita, la inteligencia artificial se ha consolidado como una nueva herramienta tecnológica. Su impacto se aventura como extraordinario. Temor e ilusión se reparten de forma generosa a su alrededor. Lo que es innegable es que multiplica las posibilidades de transparencia, acceso a la información y gestión de la documentación por parte de cualquier institución. Por supuesto, también al Parlamento. Su incorporación a la institución parlamentaria como herramienta cotidiana de trabajo debe suponer la eliminación de cualquier barrera física al acceso a la documentación y la multiplicación de las posibilidades de gestión de la misma. También, por supuesto, debe cambiar la manera de relacionar esa Información con la ciudadanía. El alcance del artículo 109, que ya debía encontrarse en trance de transformación, muta considerablemente. La consolidación de la inteligencia artificial afecta a principios ya consolidados como los de transparencia, responsabilidad y consecuente derecho de acceso universal a la información. Principios que alcanzan a todos los ciudadanos en relación con el poder público, y que hay que entender que refuerzan a los parlamentarios por su cualificada condición para acceder a una información que es instrumento esencial para el ejercicio de su derecho fundamental a la participación política. De ahora en adelante, es obligación tanto de la institución parlamentaria como del Poder ejecutivo, obtener el máximo provecho de esta herramienta en relación con su finalidad: dotar a Diputados y Grupos parlamentarios de los mejores medios para realizar el conjunto de sus funciones y, muy especialmente, el control parlamentario. Como se dijo, será responsabilidad del Parlamento establecer los medios adecuados para que los ciudadanos sean partícipes también de este progreso. En este sentido, no debe olvidarse que el acceso a la Información forma parte del ciclo del control y que éste no finaliza en la Cámara sino que sólo se completa cuando los ciudadanos acceden a su ejercicio.

IV. BIBLIOGRAFÍA

AUZMENDI DEL SOLAR, M.: "Las solicitudes de información al Gobierno como forma de control parlamentario", *Teoría y Realidad Constitucional*, núm. 19, 2007, PP. 347-361.

DA SILVA OCHOA, J. C.: "El derecho de los parlamentarios a la documentación", *Revista de las Cortes Generales*, núm. 19, 1990.

LAVILLA RUBIRA, J. J.: "Congreso de los Diputados y demás poderes públicos: información, control y responsabilidad", *Estudios sobre la Constitución española. (Homenaje al profesor Eduardo García de Enterría)*, Tomo III, Civitas, Madrid, 1991, pp. 2003 y ss

MARTÍNEZ ELIPE, L.: *Tratado de Derecho Parlamentario*. Volumen 2º. Parlamento e Información, Thomson-Aranzadi, Pamplona, 2002.

MATÍA PORTILLA, F. J.: "Comentario al artículo 108 de la Constitución" en CASAS BAAMONDE, M. E., RODRÍGUEZ-PIÑERO BRAVO-FERRER, M. (dirs.), Comentarios a la Constitución española. XXX aniversario, Fundación Wolters Kluiwert, 2008, pp. 1769-1775.

SAINZ MORENO, F.: "Consideraciones sobre algunos límites del derecho de información de las Cámaras", *Instrumentos de información de las Cámaras parlamentarias*, Centro de Estudios Constitucionales, Madrid, 1994, pp. 81 y ss.

SANTAOLALLA LÓPEZ, F.: "Comentario a los artículos 108 y 109 de la Constitución", en *Comentarios a la Constitución*, Segunda Edición, Civitas, Madrid, 1985, pp. 1491-1505.

V. JURISPRUDENCIA

STC 161/1988, de 20 de septiembre.
STC 181/1989, de 3 de noviembre.
STC 220/1991, de 25 de noviembre.
STC 203/2001, de 21 de noviembre.
STC 208/2003, de 1 de diciembre.
STC 90/2005, de 18 de abril.
STC 191/2016, de 15 de noviembre.
STC 124/2018, de 14 de noviembre.

Artículo 110

1. Las Cámaras y sus Comisiones pueden reclamar la presencia de los miembros del Gobierno.

2. Los miembros del Gobierno tienen acceso a las sesiones de las Cámaras y a sus Comisiones y la facultad de hacerse oír en ellas, y podrán solicitar que informen ante las mismas funcionarios de sus Departamentos.

COMENTARIO

José Tudela Aranda
Doctor en Derecho
Letrado de las Cortes de Aragón

SUMARIO: I. EL ARTÍCULO 110 Y LA FORMA PARLAMENTARIA DE GOBIERNO. II. APRECIACIONES GENERALES. III. EL ARTÍCULO 110. EL DEBER Y EL DERECHO DE COMPARECENCIA DE LOS MIEMBROS DEL GOBIERNO. IV. LA VIGENCIA DEL ARTÍCULO 110 CON EL GOBIERNO EN FUNCIONES. V. BIBLIOGRAFÍA. VI. JURISPRUDENCIA.

I. EL ARTÍCULO 110 Y LA FORMA PARLAMENTARIA DE GOBIERNO

Lo dispuesto en los artículos 109 y 110 se inserta en la decisión del constituyente de establecer la forma parlamentaria de Gobierno. En consecuencia, sus premisas son de necesaria consideración para una cabal comprensión de estos preceptos y, muy en particular, de lo dispuesto en el precepto que se analiza en las páginas que siguen. Como es sabido, el pórtico a estos artículos es la responsabilidad solidaria del Gobierno ante el Congreso de los Diputados, proclamada en el artículo 108, a su vez umbral del Título V de la Constitución, de las relaciones entre el Gobierno y las Cortes Generales. La delimitación global de estos preceptos se alcanza si se recuerda su ligazón con la función parlamentaria de control reconocida en el artículo 66.2 de la Constitución.

El artículo 110 se compone de dos apartados en los que se establece, por un lado, la posibilidad de que las Cámaras reclamen la presencia de miembros del Gobierno y, por otro, la posibilidad de éste de solicitar la comparecencia de sus miembros, incluso de funcionarios. Como ha subrayado la doctrina, se trata de una consecuencia de la relación fiduciaria entre gobierno y Parlamento. Una relación que es presupuesto del control de la acción del gobierno que tiene encomendado el Parlamento. Desde esta perspectiva, el núcleo del artículo estudiado se encontrará en su párrafo primero, al establecer la posibilidad de que las Cámaras reclamen la presencia de los miembros del Gobierno. Como se verá, la opción sólo se predicará en relación con la posibilidad de que se ejercite o no esa solicitud. Para el Gobierno, no habrá opción. Deberá acudir al llamamiento del Parlamento. Su comparecencia será una de las manifestaciones esenciales del control parlamentario. En todo caso, y con consecuencias relevantes como habrá de verse, no es posible realizar una identificación plena entre función de control y relación de confianza, por más que se encuentren relacionadas (STC 124/2018, de 14 de noviembre, FJ 7º).

La referencia al control exige un breve apunte. Es frecuente adscribir la obligación de los miembros del Gobierno de comparecer ante las Cámaras a otras funciones parlamentarias, como la de orientación política o entender que se trata de un instrumento de información al servicio de los Diputados. Desde luego, mediante este instrumento se obtiene información y, activamente, se puede orientar la acción de gobierno, al menos intentarlo. Pero en ningún caso será ese el objeto fundamental de su presencia en el Parlamento. Mayoritariamente, Diputados y Grupos Parlamentarios solicitarán la presencia de un determinado ministro con la intención de ejercer control político en relación con un tema concreto. En todo caso, es claro que el mero requerimiento de información posee una relación directa con el control (*"La facultad de solicitar información constituye un aspecto particular de la función de control genéricamente atribuida a las Cortes Generales en el artículo 66.2 CE" STC 203/2001, de 15 de octubre, FJ 3)*.

El hecho de que no exista en sentido estricto responsabilidad política anexa, no desvirtúa su consideración como control. Es más, se trata de uno de los más eficaces instrumentos de control de los que dispone el Parlamento (STC 177/2002, de 14 de octubre; STC 124/2018, de 14 de noviembre). Un instrumento, no debe olvidarse, necesariamente ligado a la relación de las Cámaras con la opinión pública. Su eficacia en gran medida dependerá de la capacidad de comunicación de la Institución parlamentaria. En todo caso, es importante resaltar no sólo su vinculación directa con la función de control, sino la importancia que para ésta posee. Una afirmación que debe transcender la retórica para servir de criterio interpretativo allí cuando se puedan plantear dudas en relación con su ejercicio. El control es la esencia de la posición constitucional que, fundamentalmente, corresponde a la minoría en el Parlamento. En consecuencia, no parece excesivo considerar el principio pro control como un verdadero principio general del Derecho parlamentario. Una posición de la que deberá beneficiarse la institución estudiada en estas páginas.

En el marco de estas apreciaciones generales, es preciso subrayar también el vínculo entre lo establecido en este precepto y una de las características tradicionales de la forma parlamentaria de gobierno. Me refiero a la presencia de los ministros en las Cámaras. Una presencia en ocasiones garantizada por la exigencia de elegir los miembros del gobierno entre los Diputados. Que pueda considerarse la misma como claramente disfuncional, como lo estimó el constituyente, no resta vigencia a la necesidad de establecer un vínculo estable entre los miembros del gobierno nacido de la expresión de confianza de las cámaras y éstas. La obligación de comparecer ante las Cámaras vendría a sustituir el vínculo de la pertenencia, asegurando así la presencia de los miembros del gobierno en los debates parlamentarios y es comúnmente considerada como uno de los instrumentos de control más relevantes de los que disponen las Cortes Generales (STC 177/2002, de 14 de octubre; FJ 7; STC 89/2005, de 18 de abril FJ 4; o STC 124/2018, de 14 de noviembre, FJ 7)

En este orden introductorio, es preciso realizar una breve reflexión final sobre la oportunidad de dar rango constitucional a esta institución parlamentaria. En opinión de algunos autores, habiendo sido expresamente asumidas por la Constitución las consecuencias de la forma parlamentaria de gobierno, resulta superfluo dar rango constitucional a una serie de instrumentos que tienen como sede natural de regulación los reglamentos parlamentarios. Creo que hay argumentos para sostener las dos posiciones. La necesidad de la regulación constitucional y su mejor adecuación al contenido de los reglamentos parlamentarios. En todo caso, no se trata de una cuestión menor. El trasfondo es la garantía del ejercicio de la función de control y, por ello, creo que hay razones para avalar la decisión adoptada por el constituyente. Las referencias genéricas no suelen ser una garantía eficaz. Por ello, la mención expresa en la Constitución no es en absoluto desdeñable. Es más, dada la creciente tendencia de los gobiernos a obstaculizar su ejercicio, no parece desdeñable la opción de reforzar su presencia bien sea en sede constitucional bien estatutaria. Reivindicación de la sede constitucional de estos instrumentos que enlaza directamente con su condición de expresión de la supremacía formal del Parlamento.

En relación con lo anterior, cabe destacar que la presencia de los miembros del gobierno en sede parlamentaria está ligada a muy diversas instituciones, muchas de ellas objeto de mención expresa en la Constitución (interpelaciones, preguntas parlamentarias, comisiones de investigación, procedimiento legislativo). Si bien, por supuesto, todas ellas se encuentran relacionadas con el instituto previsto en el artículo 110, es preciso advertir que en éste se contiene un instrumento singular. Más allá de la obligada presencia de los miembros del gobierno ligada a determinados instrumentos inherentes al normal desenvolvimiento de la vida parlamentaria, lo que el constituyente ha querido establecer es la obligación de los miembros del gobierno de comparecer mediante un procedimiento singular a petición de las Cámaras, o bien la posibilidad de hacerlo si lo consideran necesario. Así, en ningún caso podría llegar a entenderse que se daría cumplimiento a las previsiones contenidas en este artículo sin habilitar un cauce singular, diferenciado de las instituciones anteriormente citadas.

II. APRECIACIONES GENERALES

Desde estas consideraciones, es posible realizar alguna reflexión conjunta de lo dispuesto en los dos párrafos que integran el artículo 110. No fue un artículo polémico durante su tramitación en el proceso constituyente. De hecho, su redacción coincide exactamente con lo que se establecía en el artículo 88 del anteproyecto del texto constitucional. Un consenso que puede explicarse sobre la presunción de que lo que allí se disponía no era sino una consecuencia natural, obligada, de la forma parlamentaria de gobierno y de la función de control, tal y como se ha examinado.

En todo caso, y sin voluntad de reiteración, es importante subrayar que lo dispuesto en este precepto, en particular en su párrafo primero, sustantiviza y singulariza una técnica de control (STC 191/2016, de 15 de noviembre, FJ 6). Una técnica particularmente relevante. El Parlamento contemporáneo no se sustrae en su funcionamiento a las dinámicas de comunicación que dominan la sociedad y la política contemporánea. En este sentido, el debate suscitado sobre un tema de actualidad por una comparecencia parlamentaria puede ser el instrumento más eficaz en manos de la oposición tanto para intentar reflejar las debilidades del compareciente como para dar cuenta de su posición.

Desde el parlamentarismo racionalizado, el artículo 110 tiene un carácter bifronte, una doble dimensión. Por un lado, se establece el deber de acudir y, por otro, el derecho a ser oído. Con independencia de lo que se indicará en su momento, hay que avanzar que el deber de acudir se establece sin la garantía de sanción en caso de incumplimiento. Sólo para los supuestos de no asistencia a una comisión de investigación, y en las mismas condiciones que cualquier otro ciudadano, se establece una sanción penal por no comparecencia. Por otro lado, hay que subrayar que el derecho a ser oído es un derecho personal de los ministros. No es delegable, no pueden encargar comparecencia alguna a los funcionarios a sus órdenes. Lo que sí pueden hacer es solicitar que sus funcionarios informen ante las Comisiones.

Como es lógico, la regulación concreta del instituto, en sus dos vertientes, corresponde a los reglamentos parlamentarios. Y así ha sido desarrollado tanto por Congreso y Senado como por los Parlamentos autonómicos. Inmediatamente, se hará referencia a esa regulación. En principio, una materia poco o nada conflictiva. Con el mismo consenso y naturalidad con los que se tramitó y aprobó estos preceptos en el debate constituyente, debería discurrir su desenvolvimiento práctico. Y, en general, así ha sido, a salvo de la polémica planteada en relación con el gobierno en funciones y que posteriormente se examinará. En particular, en relación con los ministros y consejeros. Con autoridades y funcionarios, como se vio en relación con lo dispuesto en el artículo 109 sí se han suscitado algunos problemas. En todo caso, es preciso señalar que el adecuado desenvolvimiento de este instrumento se encuentra directamente relacionado con los deberes de colaboración e, incluso, de cortesía, que deben presidir las relaciones entre el Gobierno y el Parlamento. En este sentido, no es baladí la anécdota protagonizada por Lord Bates, Ministro de Desarrollo Internacional del Gobierno británico en la Cámara de los Comunes. Al retrasarse un minuto en su llegada al pleno y, en consecuencia, no poder sustanciarse una pregunta de la oposición, Lord Bates declaró: "Siempre he creído que debemos elevarnos a los más altos estándares de cortesía y respeto al responder en nombre del Gobierno a las legítimas preguntas de la Legislatura. Estoy completamente avergonzado. No estuve en mi lugar y, por lo tanto, ofreceré mi renuncia a la Primera Ministra de manera inmediata". Con independencia del suceso en cuestión, la anécdota ilustra bien sobre lo que debiera ser el normal desenvolvimiento de las obligaciones del Gobierno para con el Parlamento.

Ahora bien, al igual que cabe exigir del Gobierno un cumplimiento natural de sus obligaciones para con el Parlamento, es preciso señalar que Diputados y Grupos Parlamentarios están obligados a realizar un uso racional de este instrumento. El Parlamento no puede desconocer las exigencias que conlleva realizar una eficaz acción de gobierno. En otras palabras, no se debe abusar de esta potestad de manera que se llegue a entorpecer el normal quehacer de los miembros del gobierno. Como tantas veces, se trata de apelar al sentido común. Un sentido común que debe traducirse en un equilibrio entre dos órganos constitucionales con una misma obligación vocación de servicio a los ciudadanos. En todo caso, un equilibrio presidido por la primacía que en todo caso corresponde a la Institución parlamentaria.

Finalmente, antes de entrar en un análisis más detallado del desarrollo de esta previsión constitucional, hay que recordar que los ministros pueden tener que comparecer en el Congreso con causa en la activación de procedimientos parlamentarios muy diversos. Desde la defensa de un proyecto de ley a la respuesta a una interpelación o la exposición de un plan o programa o comparecencia ante una comisión de investigación. Todos estos instrumentos tienen su regulación expresa en la Constitución, a cuyos comentarios me remito.

III. EL ARTÍCULO 110. EL DEBER Y EL DERECHO DE COMPARECENCIA DE LOS MIEMBROS DEL GOBIERNO

Lo previsto en el artículo 110.1 de la Constitución ha sido desarrollado en los artículos 44, 202 y 203 del Reglamento del Congreso y 66 y 68 del reglamento del Senado. Por ser el eje del control al gobierno, nos centraremos en el análisis de su desarrollo en el Congreso. Lo primero que se puede advertir es que se trata de una regulación confusa. El artículo 44, al regular las potestades de las Comisiones, establece en su punto segundo, que éstas podrán recabar "La presencia ante ellas de los miembros del Gobierno para que informen sobre asuntos relacionados con sus respectivos Departamentos". Hay que entender que este precepto es una mera transposición de lo previsto en el precepto constitucional. Así, la Comisión, por si misma, es un órgano dotado de la potestad de reclamar la presencia de los miembros del Gobierno. En la práctica, la mayoría de las comparecencias tendrán lugar a iniciativa de los Grupos Parlamentarios. La Comisión suele adquirir protagonismo en las comparecencias que se tramitan ante subcomisiones o, excepcionalmente, en aquellos supuestos en los que se desea incluir en el orden del día de una comisión, comparecencias que no ha dado tiempo a que las califique la Mesa de la Cámara. Asimismo, hay que advertir que en la práctica, esta competencia es ejercida por la Mesa de la Comisión (Resolución de la Presidencia de 2 de noviembre de 1983, por la que las Comisiones pueden delegar en sus respectivas Mesas la adopción de los acuerdos a los que se refiere el artículo 44 del Reglamento).

En relación con lo dispuesto en el artículo 44, hay que mencionar lo establecido en los artículos 202 y 203. Esencialmente, la diferencia entre el primero y los segundos, es que en lo dos últimos preceptos no es necesario el acuerdo de la Comisión, aunque sí la calificación de la correspondiente solicitud por la Mesa de la Cámara. La confusión aludida viene provocada por las dicciones de los artículos 202 y 203. Si se leen despacio, se puede observar que la diferencia más relevante es que el 202 se refiere sólo a comparecencias en Comisión mientras que el 203 se refiere también al pleno. La segunda, hace referencia al objeto. Mientras que en el artículo 202 el objeto de la comparecencia parece genérico, en el procedimiento del 203 sería un asunto determinado. En la práctica, y como parecía inevitable, se ha producido una fusión de ambos procedimientos, desarrollándose las comparecencias de acuerdo con lo previsto en el artículo 203.

En este artículo se hace mención tanto a la comparecencia en Pleno como en Comisión. No parece que la alusión conjunta a los dos órganos parlamentarios sea acertada. Ya se ha subrayado la relevancia política de este instrumento. Una adecuada diferenciación entre su sustanciación en uno u otro órgano, ayudaría a subrayar esa importancia. Ello no supone minusvalorar la trascendencia de la comparecencia en Comisión. Al revés, si se singularizase de manera adecuada, ganarían las comparecencias y ganarían las Comisiones. Creo que una regla general debería ser dar carácter excepcional a la comparecencia en Pleno y remitir todas aquellas que tuviesen menor relevancia política o fuesen de temática específica, a Comisión. Una forma objetiva de lograr ese relieve de la comparecencia en Pleno podría ser limitar el número que corresponde sustanciar a cada Grupo Parlamentario en cada periodo de sesiones, a salvo de la necesaria flexibilidad para atender razones sobrevenidas. Un error consolidado en la práctica parlamentaria es identificar cantidad con eficacia, cuando la práctica demuestra sin excepción que la reiteración de iniciativas lejos de ayudar, perjudica notablemente. Lo importante queda sepultado por lo menos relevante y no se consigue llegar a la opinión pública, lo que, no puede olvidarse debe ser el objetivo final del control. Limitar, en ocasiones, beneficia más que perjudica al ejercicio del control.

Como hubo ocasión de indicar, el artículo 110 prevé tanto el deber de comparecer como un derecho de los miembros del gobierno a hacerlo. Es lógico y coherente con la forma parlamentaria de gobierno. Si el Parlamento puede querer la presencia de los miembros del gobierno para controlarlos y obtener determinada información, el gobierno puede querer informar a estos de un asunto determinado. Es un reverso imprescindible de la propia noción de responsabilidad del gobierno. En todo caso, lo que resulta preciso resaltar es que en todo caso subyace la generación de un debate político. En sede parlamentaria, en el diálogo entre Parlamento y gobierno, no existe un suministro aséptico de información. Siempre se realizará con una finalidad adherida al diálogo político y siempre suscitará debate. La posibilidad de comparecer en sede parlamentaria es para el gobierno un instrumento de iniciativa política. Bien de iniciativa en sentido estricto, poniendo encima de la mesa un tema o información determinada bien como instrumento para anticiparse a las previsibles acciones de la oposición. Como es obvio, se trata de un derecho que ha de ser regulado en lo referente a su articulación por el Reglamento parlamentaria. Merece la pena subrayarse la paradoja de que de acuerdo con el mismo, los miembros del gobierno quedan en situación privilegiada frente a los Diputados que carecen de ese derecho de intervención.

Mención singular merece la ordenación del debate de estas comparecencias. Como se ha indicado, las mismas se han unificado bajo los parámetros de lo previsto en el artículo 203 del Reglamento del Congreso. De acuerdo con el mismo, interviene primero el compareciente, sin límite de tiempo; le contestan los representantes de los Grupos Parlamentarios, ya con tiempo limitado;

y cierra el compareciente. Lógicamente, como en todo debate parlamentario, será fundamental la dirección por el Presidente para adaptar su desarrollo a las circunstancias, básicamente a la transcendencia política del mismo. Añadir que en su turno de réplica, el compareciente puede recabar la asistencia de los asesores a los que se refiere el artículo 202 del Reglamento de la Cámara. Como puede deducirse, es una ordenación al servicio del gobierno. Difícilmente un ministro puede perder un debate en esas condiciones. Si no como regla general, sí debería estudiarse una distinta ordenación del debate que diese más oportunidades a la oposición. Es éste un tema sobre el que no se reflexiona suficientemente. Cuando se reflexiona sobre la necesidad de revitalizar la dinámica parlamentaria, de mejorar la posición de la minoría, incluso de ganar en eficacia en relación con la opinión pública, no se suele reparar en la importancia que tiene la ordenación del debate. Hoy, de forma mayoritaria, se encuentra al servicio del gobierno, procurando blindar a éste frente a desagradables sorpresas y, lo más relevante, dando siempre a sus miembros la oportunidad de tener la última palabra. Ello es particularmente visible y relevante en la sustanciación de todos aquellos instrumentos parlamentarios que tienen como eje un cara a cara entre los Diputados y los miembros del gobierno.

Si, con la excepción que se tratará inmediatamente, la comparecencia de los ministros no ha sido motivo habitual de conflicto, no ha sucedido lo mismo con otras autoridades y funcionarios, tal y como se examinó al estudiar el artículo 109 de la Constitución. Al respecto, y en relación con el precepto ahora comentado, subrayar que el gobierno sólo puede proponer la comparecencia de funcionarios. El derecho sólo alcanza, estrictamente, a los miembros del gobierno.

IV. LA VIGENCIA DEL ARTÍCULO 110 CON EL GOBIERNO EN FUNCIONES

Como es sabido, la experiencia de la llamada Legislatura fallida suscitó toda una serie de supuestos frente a los cuales el ordenamiento no establecía una respuesta expresa. La imposibilidad de designar un Presidente de gobierno por falta de acuerdo entre las distintas formaciones políticas y la consiguiente prolongación del tradicionalmente limitado mandato del Gobierno en funciones, provocó no poca incertidumbre jurídica y política. Una de las cuestiones que suscitó mayor tensión política y controversia jurídica fue el sometimiento del Gobierno en funciones al control político del Parlamento. Sucintamente, el Gobierno, apoyado en distintos informes de la abogacía del Estado, sostuvo que al no disponer de la confianza de la Cámara, no se daba el presupuesto necesario para el control. Por ende, sus miembros no se encontraban obligados a atender los requerimientos de comparecencia del Congreso. El conflicto generó, finalmente, la interposición por el Congreso de un conflicto de atribuciones entre órganos constitucionales. Conflicto aún no resuelto por el Tribunal Constitucional. El desencadenante final de este conflicto fue la decisión del Gobierno de no atender la solicitud de la Comisión de Defensa (la comparecencia estaba ya incluida en el orden del día de una próxima sesión) de comparecencia del Ministro de Defensa para informar de los asuntos tratados y acuerdos adoptados en una reunión de Ministros de Defensa de la OTAN. En su respuesta, el Gobierno señalaba la Cámara no puede someter a un Gobierno en funciones a iniciativas de control —entre las que se encuentra la comparecencia— en la medida en la que no existe relación de confianza entre un Gobierno en funciones y el Congreso de los Diputados. Finalmente, el Ministro de Defensa no acudió a la Comisión, produciéndose por primera vez desde 1978, como se explicita en el escrito de interposición del conflicto, un incumplimiento voluntario y consciente de las previsiones contenidas en el artículo 110.

No es posible extenderse en un tema que, por lo demás, ha sido ampliamente analizado por la doctrina. Pero al objeto de lo estudiado en estas páginas, sí es preciso subrayar algunas cuestiones. Dos tienen carácter previo y ratifican lo expuesto hasta ahora. Por un lado, el carácter inequívocamente de control que tiene la comparecencia de un ministro, aún cuando, como es el caso, se comparece para ofrecer información a posteriori. Por otro, la normalidad con la que se había desenvuelto este instituto hasta este momento. Una normalidad que siempre hay que destacar porque, como se ha visto, no puede darse por hecha. El conflicto también es muestra de la importancia de un instrumento parlamentario que hoy es una de las manifestaciones más ágiles y políticamente significativas de la vida parlamentaria.

Y aunque no corresponder estrictamente a estas páginas, su ámbito natural es el estudio de la responsabilidad política del gobierno, y, más allá, el significado de la forma parlamentaria de gobierno, se puede decir algo sobre el fondo del conflicto planteado. En verdad, no resulta muy complicado. Es difícil encontrar argumentos que avalen la posición jurídica del gobierno. La propia afirmación de principio que sustenta la negativa del gobierno es una contradicción en si misma. Un gobierno en funciones, por la misma debilidad de la legitimidad que le sostiene, lejos de quedar fuera de la acción de control del gobierno, debería quedar a un control incluso más estricto en el ejercicio de las estrictas funciones que le puedan corresponder. Y, por supuesto, ese ejercicio de la función de control debe poder abarcar lo dispuesto en el artículo 110 de la Constitución. Así lo ha entendido el Tribunal Constitucional en la Sentencia en la que resuelve el conflicto entre órganos constitucionales planteado por el Congreso de los Diputados: *"Por lo tanto, siendo la función de control una función poliédrica, dirigida sólo en último término a la ruptura de la relación de confianza entre el Congreso de los Diputados y el Gobierno, no cabe descartar la utilización de algunos de los instrumentos a los que nos hemos referido para el ejercicio de la función de control de la acción de Gobierno que corresponde a las Cortes Generales (art. 66.2 CE), aunque el Gobierno esté en funciones (art. 101.2 CE), si bien con matices o limitadamente, como han alegado los representantes tanto del Congreso de los Diputados como del Senado"* (STC 124/2018, de 14 de noviembre, FJ 7).

V. BIBLIOGRAFÍA

AA.VV., "Encuesta sobre el gobierno en funciones", Teoría y Realidad Constitucional núm. 40, 2017, pp. 11-78.

GARROTE DE MARCOS. M.: "Debate parlamentario y control al Gobierno" en "*Calidad democrática y Parlamento*", TUDELA ARANDA, J. y KÖLLING, M. (eds.), Marcial Pons, 2022. pp. 11-44.

GÓMEZ CORONA, E.: "El control parlamentario en la jurisprudencia constitucional", *Teoría y Realidad Constitucional*, núm. 19, 2007, pp. 365-396.

JIMÉNEZ DE PARGA CARRERA, M.: "De las relaciones entre el Gobierno y las Cortes Generales", en CASAS BAAMONDE, M. E, RODRÍGUEZ-PIÑERO BRAVO-FERRER, M. (Dirs.), *Comentarios a la Constitución española. XXX aniversario*, Fundación Wolters Kluwert, 2008, pp. 1763-1768.

MATÍA PORTILLA, F. J., "Comentario al artículo 110 de la Constitución" en "Comentarios a la Constitución española. XXX aniversario" CASAS BAAMONDE, M. E, RODRÍGUEZ-PIÑERO BRAVO-FERRER, M. (Dirs.), *Comentarios a la Constitución española. XXX aniversario*, Fundación Wolters Kluwert, 2008, pp. 1786-1789.

SALA ARQUER, J. M.: "Comentario a los artículos 202 y 203 del Reglamento del Congreso de los Diputados", en RIPOLLÉS SERRANO, M. R. (coord.), *Comentarios al Reglamento del Congreso de los Diputados*, Congreso de los Diputados, Madrid, 2012, pp. 1336-1348.

SANTAOLALLA LÓPEZ, F.: "Comentario al artículo 110 de la Constitución", en GARRIDO FALLA, F. (coord.), *Comentarios a la Constitución*, Segunda Edición, Civitas, Madrid, 1985, pp. 1498-1505.

SARMIENTO MÉNDEZ, X. A.; "Voz Comparecencia" en RIPOLLÉS SERRANO, M. R. y MARAÑÓN GÓMEZ, R., (coords.), *Diccionario de términos de Derecho parlamentario*, La Ley, Madrid, 2014, pp. 191-195.

SENÉN HERNÁNDEZ, M.: "Comentario al artículo 44 del Reglamento del Congreso de los Diputados", en RIPOLLÉS SERRANO, M. R. (coord.), *Comentarios al Reglamento del Congreso de los Diputados*, Congreso de los Diputados, Madrid, 2012, pp. 364-375.

VI. JURISPRUDENCIA

STC 203/2001, de 15 de octubre
STC 177/2002, de 14 de octubre
STC 208/2003, de 1 de diciembre
STC 89/2005, de 18 de abril
STC 191/2016, de 15 de noviembre
STC 124/2018, de 14 de noviembre

Artículo 111

1. El Gobierno y cada uno de sus miembros están sometidos a las interpelaciones y preguntas que se le formulen en las Cámaras. Para esta clase de debate los Reglamentos establecerán un tiempo mínimo semanal.

2. Toda interpelación podrá dar lugar a una moción en la que la Cámara manifieste su posición.

COMENTARIO

Meritxell Batet Lamaña
Ex-presidenta del Congreso de los Diputados

SUMARIO: I. BREVE REPASO DE LA EVOLUCIÓN EN DATOS DE PREGUNTAS E INTERPELACIONES FORMULADAS AL GOBIERNO DE ESPAÑA. II. SOBRE LAS PREGUNTAS DIRIGIDAS AL PRESIDENTE DEL GOBIERNO EN LOS PLENOS DEL CONGRESO Y DEL SENADO. 1. En primer lugar, no contestaría a preguntas de su propio grupo parlamentario. 2. En segundo lugar, contestaría a preguntas dirigidas a él de todos los grupos parlamentarios. 3. Y por último, asistiría también a una sesión de control del Senado cada mes. III. EL CONTROL AL GOBIERNO EN FUNCIONES. IV. CONCLUSIONES. V. BIBLIOGRAFÍA. VI. JURISPRUDENCIA.

I. BREVE REPASO DE LA EVOLUCIÓN EN DATOS DE PREGUNTAS E INTERPELACIONES FORMULADAS AL GOBIERNO DE ESPAÑA

Aunque en los últimos tiempos el Senado ha adquirido también cierto papel en la función de control parlamentario es evidente que todavía no ostenta la misma importancia que tiene en el Congreso de los Diputados. Por eso en este apartado nos vamos a centrar en los datos de la Cámara Baja.

Una de las características de un sistema parlamentario es la relación de confianza que hay entre el Gobierno y el Parlamento. Ello comporta que además de la función legislativa y presupuestaria el Parlamento tenga una función primordial como es la del control gubernamental. Varios preceptos constitucionales prevén esta función de control, así como los Reglamentos de ambas Cámaras, el del Congreso de los Diputados y el del Senado. Hay diversos instrumentos de control a disposición de los parlamentarios: preguntas, orales o escritas, interpelaciones, peticiones de comparecencias, peticiones de documentación e informes, comisiones de investigación e incluso las proposiciones no de ley o las mociones consecuencia de interpelación, que a su vez ejercen la función de impulso de la acción del Gobierno.

Las interpelaciones siempre se producen en los plenos, mientras que las preguntas orales se pueden dar tanto en comisión como en pleno.

Desde el punto de vista mediático las sesiones ordinarias de control al Gobierno en el Congreso de los Diputados conformadas por preguntas orales en pleno son, sin duda, las que mayor impacto tienen. La acotación de dos minutos y medio de intervención para ambas partes (parlamentario y miembro del Gobierno que responde) y el formato del careo dan a estas sesiones un elemento de vivacidad muy atractivo. Asimismo, las interpelaciones, también con el mismo tiempo tasado para el Gobierno y para el parlamentario, pero con más margen para la exposición, permiten una mayor profundización en los temas y la posibilidad de una reflexión más fundamentada. En este sentido, deberían ser la figura estrella del Parlamento. La realidad es muy distinta; la rapidez, la frase ocurrente y la mayor confrontación hacen que las preguntas destaquen por encima de las interpelaciones.

Las preguntas orales e interpelaciones en el Pleno del Congreso de los Diputados al Gobierno de turno se han desarrollado con normalidad desde el restablecimiento de la democracia en España. Con una duración tasada de dos minutos y medio, como ya hemos dicho, es el Ejecutivo el que decide a qué miembro del Gobierno corresponde contestar a cada pregunta. En este sentido, si nos fijamos en la evolución de las preguntas orales en el Pleno (las sesiones desde la I Legislatura se han desarrollado los miércoles), podemos observar que la evolución (sin tener en cuenta ni la I Legislatura, ni la XI y la XIII —las legislaturas fallidas—) es bastante equilibrada, oscilando entre las 998 preguntas en la XII Legislatura (la que transcurrió entre el último gobierno de Mariano Rajoy y el primero de Pedro Sánchez) y las 2.280 de la VII (la de la mayoría absoluta del presidente José María Aznar). Las 12 legislaturas de la democracia, por lo tanto, muestran que las preguntas orales al Gobierno se mantienen estables, salvo alguna particularidad a la que haremos referencia en el siguiente apartado.

Si nos fijamos en las interpelaciones, sufrieron un gran descenso en la II Legislatura (210), la III (214), la IV (225), la V (142) y la VI (203), si lo comparamos con la I (389) y la VII (338). A partir de esta VII Legislatura las interpelaciones recuperan el pulso. Las últimas legislaturas marcan una tendencia a estabilizarse en torno a 300: la IX (297), la X (336), la XIV (309), excepto lógicamente las fallidas (XI y XIII), en las que en la XI no hubo y en la XIII solo se presentaron 12, y la XII (182), que fue más corta.

Hay que hacer referencia también a las preguntas con respuesta escrita del Gobierno. Destacan las realizadas en las VIII y IX legislaturas (140.322 y 104.313), que coinciden con los dos mandatos del Gobierno del presidente

Rodríguez Zapatero, 2004-2008 y 2008-2011. Desde la I Legislatura (3.820) se observa una tendencia lineal al alza hasta llegar a estas cifras: 9.200 en la II Legislatura, 19.458 en la III, 15.309 en la IV y 14.866 en la V. En la primera legislatura del presidente Aznar (la VI), las preguntas escritas se doblan (32.721) y aún crecen más en el mandato del Partido Popular con mayoría absoluta (75.326 en la VII Legislatura). Después de las cifras ya apuntadas de las VIII y IX legislaturas, en la X se bajó hasta las 82.299, de la que se contestaron 74.955. El Gobierno en funciones de la XI Legislatura no contestó ninguna pregunta por escrito y el de la XIII Legislatura 900. En la XII legislatura (más corta) se llegó a la cifra de 45.798 (de las que se contestaron 40.923) mientras que la XIV Legislatura retorna a una cifra en la línea de las legislaturas del Gobierno de José Luis Rodríguez Zapatero (108.044, de las que el Gobierno contestó a 103.039).

Otro instrumento digno de analizar son las comparecencias del Gobierno, ante el Pleno y la Comisión. En este caso, lo relevante a efectos de control no son las comparecencias solicitadas sino las realmente celebradas. La intervención de la Mesa y la Junta de Portavoces, generalmente órganos controlados por la mayoría, supone que, al contrario de lo que ocurre con otros instrumentos de control, se sustancien muchas menos comparecencias que las que se solicitan. Así, por ejemplo, de 2187 comparecencias del Gobierno en Comisión solicitadas en la X Legislatura, solo se celebraron 501.

Centrándonos, por tanto, exclusivamente en las comparecencias celebradas, la evolución desde la IX Legislatura ha sido la siguiente (excluyendo las legislaturas fallidas por irrelevantes). Comparecencias del Gobierno en Pleno hubo 43 en la IX legislatura (37 del presidente y 6 de otros miembros del Gobierno), 23 en la X (todas del presidente), 19 en la XII (todas del presidente) y 28 en la XIV Legislatura (21 del presidente y 7 de otros miembros del Gobierno). Comparecencias en Comisión hubo 671 en la IX Legislatura, 527 en la X, 534 en la XII y 921 en la XIV Legislatura. Llama la atención el elevado número de comparecencias celebradas en la XIV Legislatura, que no tiene precedentes.

También en Comisión, debemos hacer referencia a las preguntas orales contestadas, cuya evolución ha sido la siguiente en los últimos años: 1.334 en la IX Legislatura, 558 en la X, 332 en la XII y 624 en la XIV.

II. SOBRE LAS PREGUNTAS DIRIGIDAS AL PRESIDENTE DEL GOBIERNO EN LOS PLENOS DEL CONGRESO Y DEL SENADO

La contestación de preguntas en los plenos del Congreso y del Senado por el presidente del Gobierno no es una materia regulada en los Reglamentos de las Cámaras. Tampoco las interpelaciones: únicamente en la I y II legislatura el presidente del Gobierno respondió dos en cada una de ellas, cosa que no se ha vuelto a producir.

A pesar de que el tenor literal del artículo 111 CE ("El Gobierno y cada uno de sus miembros están sometidos... ") apunta a que este es un deber individual de todos los que forman parte del Ejecutivo, incluido su presidente, los diferentes gobiernos se han escudado en el principio de responsabilidad solidaria del Gobierno en su gestión política ante las Cortes Generales (art. 108 CE) para decidir cuál de sus miembros responde a las preguntas e interpelaciones, independientemente de quién sea el destinatario concreto de las mismas. Así, es habitual asistir a sesiones en las que preguntas dirigidas a un miembro del Gobierno se atribuyen a otro ministro.

También por el mismo motivo, no era usual durante las primeras legislaturas que el presidente del Gobierno respondiera preguntas en las sesiones de control. Fue en la V Legislatura (1993-1996) cuando el presidente Felipe González anunció el compromiso de responder a preguntas orales en todas las sesiones de control del pleno del Congreso, salvo ausencia justificada.

En ese período el presidente contestó a 48 preguntas: 11 del Grupo Socialista, 21 del Grupo Popular, 11 del grupo de IU-IC, 1 del Grupo CiU, 1 del Grupo PNV, 1 del Grupo Coalición Canaria y 2 del Grupo Mixto.

En la siguiente legislatura, la VI (de 1996 a 2000), el presidente Aznar respondió a 158 preguntas: 47 del Grupo Popular, 57 del Grupo Socialista, 51 del Grupo IU-IC y 1 de CiU y 1 de Coalición Canaria. Y en la segunda legislatura de Gobierno del PP, contestó a 169 preguntas: 47 del PP, 60 del PSOE y 61 de IU.

En la VIII Legislatura (2004-2008), el presidente del Gobierno Rodríguez Zapatero introdujo tres novedades.

1. En primer lugar, no contestaría a preguntas de su propio grupo parlamentario

Cabe destacar en este apartado que durante la VIII Legislatura Rodríguez Zapatero decidió que no se formularían preguntas al presidente del Gobierno desde las filas del Grupo Parlamentario que le daba apoyo, es decir, del

Grupo Parlamentario Socialista. Esta decisión permitió que los grupos de la oposición dispusieran de más preguntas, de modo que el Gobierno se sometía así a un mayor control en el Parlamento. Este primer paso sirvió para que se consolidara una tendencia a reducir las preguntas formuladas por parte de diputados y diputadas pertenecientes al grupo parlamentario que sostiene el Gobierno, de manera que en la actualidad son muy pocas las que se producen cada semana.

Desde el punto de vista puramente conceptual, de separación de poderes, tiene mucho sentido que cualquier diputado o diputada, pertenezca al grupo político que sea, pueda ejercer esa función de control constitucionalmente garantizada. Ahora bien, tal como está formulado el sistema parlamentario en España —con un predominio de la disciplina de voto o, dicho de otra manera, sin libertad de voto en la práctica para diputados y senadores— no parece que tenga sentido que el grupo que apoya al Gobierno le someta a un control de su acción ejecutiva, puesto que acaban siendo preguntas para la complacencia y se pierde el carácter de auténtico control de la acción del Gobierno.

2. En segundo lugar, contestaría a preguntas dirigidas a él de todos los grupos parlamentarios

En la legislatura anterior (la VII, con mayoría absoluta de Aznar), solo se había contestado a tres grupos, y siempre a una del principal partido de la oposición. Así, esta propuesta ofrecía a todas las fuerzas políticas con representación parlamentaria el protagonismo que confiere preguntar al presidente del Gobierno.

La consecuencia de las dos primeras novedades es que, entre 2004 y 2008, el Presidente del Gobierno contestó en el Congreso a 237 preguntas: 79 del PP, 39 de CiU, 26 de ERC, 23 de PNV, 49 de IU-ICV, 15 de CC y 6 del Grupo Mixto.

3. Y por último, asistiría también a una sesión de control del Senado cada mes

De esta manera, en la VIII legislatura (2004-2008) el presidente del Gobierno contestó por primera vez en el Senado a 78 preguntas; en la IX (2008-2011), a 80; en la X (2011-2015), a 76, en la XII, a 45, y en la XIV, a 48.

En las siguientes legislaturas se han mantenido ya los mismos criterios, quedando así consolidados.

III. EL CONTROL AL GOBIERNO EN FUNCIONES

La XI legislatura, la más breve de todas como consecuencia de la no formación de gobierno, acaparó un buen puñado de novedades en la práctica constitucional. A la renuncia a intentar formar gobierno del candidato de la fuerza política que había tenido más votos, declinando ser propuesto para una investidura; a la consiguiente propuesta del Rey de investidura del líder de la segunda fuerza política, y a la obligada aplicación de las previsiones del artículo 99.5 CE, hay que añadir los siguientes hechos que también sucedieron por primera vez en relación con el funcionamiento del Parlamento. La Mesa del Congreso reforzó el examen del contenido de las iniciativas de control, dentro de su función de calificación, para evitar que las preguntas, interpelaciones, comparecencias, etc. de la nueva Cámara se dirigieran a controlar la acción de gobierno de la legislatura anterior y garantizar que se limitaran a obtener información de la gestión del Gobierno en funciones y de la Administración. A tal efecto, se elaboró un informe por la Secretaría General del Congreso que concluyó que la Mesa podía admitir y ordenar la tramitación de aquellas iniciativas de control e información que pudieran plantearse referidas al ejercicio de las funciones que el artículo 21 de la Ley del Gobierno confiere a este cuando está en funciones. El resto deberían dirigirse al Gobierno que se constituyera, procediendo, con su admisión, a la suspensión del plazo en el Reglamento para su contestación o tramitación.

A pesar de lo anterior, el Gobierno se negó a responder a cualquier iniciativa y a comparecer ante el Parlamento. Por primera vez, una sesión plenaria del Parlamento tuvo que ser suspendida por la ausencia del Gobierno. Igualmente se suspendieron sesiones convocadas de las comisiones de la Cámara con comparecencias, no solo de miembros del Gobierno, sino también de altos cargos de la Administración General del Estado, por la ausencia de los comparecientes.

El Gobierno justificó esta conducta argumentando que "la Cámara no puede someter al Gobierno en funciones a iniciativas de control, en la medida en que no existe relación de confianza entre un Gobierno en funciones y el Congreso de los Diputados".

Lo anterior no impidió que se produjeran comparecencias de miembros del Gobierno ante el Pleno (el presidente del Gobierno) y las comisiones (de otros miembros del Gobierno), pero siempre a petición propia.

Como consecuencia de este comportamiento del Gobierno, el Grupo Parlamentario Socialista impulsó una iniciativa para que el Pleno del Congreso acordara la presentación de un conflicto de atribuciones. La iniciativa fue firmada por todos los grupos parlamentarios, con la única excepción del Grupo Popular, y aprobada en la sesión plenaria de la Cámara del 6 de abril de 2016 por 218 votos a favor, 113 en contra y 4 abstenciones.

La fundamentación del acuerdo del Pleno del Congreso señalaba que la obligación del Gobierno de responder a las iniciativas de control parlamentario no tiene como fundamento la relación de confianza establecida en el proceso de investidura o la moción de censura.

Se argumentaba en dicho Acuerdo que cuando un gobierno se somete al control parlamentario del Congreso de los Diputados no está respondiendo de su gestión política ante la Cámara que le otorgó su confianza; está respondiendo ante una de las cámaras que representan al pueblo español, al titular de la soberanía, del que emanan todos los poderes del Estado. Las cámaras surgidas de la voluntad popular no pueden estar "en funciones" hasta que se genere el nuevo Gobierno. Es el Gobierno cesante y en funciones quien está limitado a ceñirse estrictamente al despacho ordinario y a los asuntos urgentes. Las Cortes no están limitadas en su función de control ordinario, pues de otra manera el Gobierno en funciones quedaría absuelto de todo control político por parte de quien ostenta la representación de la ciudadanía, una consecuencia absurda en un sistema democrático parlamentario.

Aprobado, con estos argumentos, el planteamiento del conflicto por el Pleno del Congreso y tras efectuar los requerimientos legalmente previstos, el día 2 de junio de 2016 el Congreso de los Diputados planteó el conflicto de atribuciones ante el Tribunal Constitucional.

Cabe señalar que el 11 de julio de 2016 la Mesa del Senado, en el trámite de alegaciones, sin entrar en el fondo del conflicto, señaló que no podía compartir el argumento del Gobierno de que sería la relación de confianza la que fundamenta la responsabilidad del Gobierno ante el Parlamento y, por ende, la propia función de control de este último.

Haberlo hecho hubiera supuesto poner en cuestión la propia existencia del control parlamentario en el Senado, que es una Cámara que no ha otorgado su confianza al Gobierno.

Este conflicto de atribuciones fue resuelto definitivamente por la STC 125/2018, de 14 de noviembre, que asumió la tesis principal del Congreso de los Diputados, estimando el conflicto que este había planteado, y concluyendo que "la actividad del Gobierno en funciones no impide la función de control ex artículo 66.2 CE." (FJ 8). El Alto Tribunal concluye que "la función de control corresponde al Congreso de los Diputados y al Senado, conforme al artículo 66.2 CE, aunque entre esta Cámara y el Gobierno no exista dicha relación de confianza, lo que significa que, conforme al referido precepto, no sea necesaria la existencia de dicha relación fiduciaria para el ejercicio de la función de control" (FJ 9).

El Tribunal Constitucional no cerró, sin embargo, el debate en torno al alcance del control de un gobierno en funciones. Se limitó a señalar que el supuesto de hecho que dio lugar al conflicto (una comparecencia para que el Ministro de Defensa en funciones informase sobre los asuntos tratados y los acuerdos adoptados en la reunión de Ministros de Defensa de la OTAN celebrada los días 10 y 11 de febrero de 2016) sí entraba entre los actos del Gobierno que podían ser controlados por el Parlamento, y a una apelación genérica a que "tanto la actividad que desarrolle el Gobierno en funciones, como el ejercicio de la función de control que corresponde a las Cortes Generales han de ejercerse de acuerdo con el principio de lealtad institucional que han de presidir las relaciones entre órganos constitucionales" (FJ 9).

Por tanto, clarificado que la función de control no se interrumpe porque el gobierno esté en funciones, quedaba por dilucidar si esta tenía ciertos límites, y cuáles serían estos. Al respecto, merece la pena comentar que, pese a que en la XI Legislatura los órganos de gobierno del Congreso habían establecido un marco limitado para el control de un gobierno en funciones —dirigido en exclusiva a las funciones atribuidas por el art. 21 de la Ley del Gobierno al mismo—, lo cierto es que cuando en la XIII Legislatura tuvieron la oportunidad de volver a enfrentarse a una situación similar no se rechazó ninguna pregunta oral o escrita, interpelación, solicitud de comparecencia, etc. a un gobierno en funciones por exceder de estos límites, aplicándose un criterio tan flexible que prácticamente igualaba el control de un gobierno en funciones al de un gobierno en el ejercicio de sus funciones.

IV. CONCLUSIONES

1. El control parlamentario es una función permanente de las cámaras que tiene como objetivo trasladar a la opinión pública un juicio crítico sobre la acción de gobierno con la finalidad de erosionar a la mayoría y lograr cambiarla en el futuro. Se realiza a través de diversos instrumentos como son preguntas, interpelaciones, mociones consecuencia de las interpelaciones, solicitud de comparecencias y de documentación e informes, proposiciones no de ley, mociones consecuencia de interpelación o comisiones de investigación.

2. Entre los instrumentos de control están los recogidos por el artículo 111 CE, preguntas, interpelaciones y mociones. El instrumento de control que me-

jor cumple con esta función es el de las preguntas orales en pleno, principalmente las dirigidas al Presidente del Gobierno.

3. En nuestro sistema de parlamentarismo racionalizado se ha ido depositando el ejercicio de estos instrumentos de control de manera progresiva a lo largo del tiempo en la oposición, marginando de esta función al grupo que sostiene al Gobierno, lo cual es coherente con la naturaleza de la institución de control parlamentario.

4. Un tema especialmente controvertido es el ejercicio de estos instrumentos de control recogidos en el artículo 111 CE respecto a un gobierno en funciones. El Tribunal Constitucional ha resuelto que este tipo de gobierno está sometido a control parlamentario, desligando este de la relación de confianza entre el Congreso y el Gobierno.

V. BIBLIOGRAFÍA

ÁLVAREZ VÉLEZ, M. I.: "El control parlamentario: las incertidumbres sobre el control de un Gobierno en funciones", *Revista Parlamentaria de la Asamblea de Madrid,* núm. 35, 2016, pp. 23-44.

ARANDA ÁLVAREZ, E.: "Transformaciones en los instrumentos de control parlamentario", *Teoría y Realidad Constitucional,* UNED, núm. 19, 2007, pp. 105-134.

FERNÁNDEZ-FONTECHA TORRES, M.: "Un Gobierno en funciones: su responsabilidad. Comentario a la Sentencia del Tribunal Constitucional 124/2018, de 14 de noviembre, en el conflicto entre órganos constitucionales 3102-2016 (BOE núm. 301, de 14 de diciembre de 2018)", *Revista de las Cortes Generales,* núm. 106, Primer semestre 2019, pp. 595-607.

GARCÍA MORILLO, J.: *El control parlamentario del Gobierno en el ordenamiento español,* Congreso de los Diputados, Madrid, 1985.

LÓPEZ, GUERRA, L.: "El control parlamentario como instrumento de las minorías", *Anuario de Derecho Constitucional y Parlamentario,* Asamblea Regional de Murcia, Universidad de Murcia, núm. 8. 1996, pp. 81-104.

MARTÍNEZ ELIPE, L. y MORENO ARA, J. A.: "Artículo 111. Las preguntas parlamentarias, las interpelaciones y mociones", en ALZAGA, Ó. (dir.), *Comentarios a la Constitución,* Tomo VIII, Edersa, Madrid, 1985.

MATIA PORTILLA, F. J.: "Artículo 111", en CASAS BAAMONDE, M. E., RODRÍGUEZ-PIÑERO Y BRAVO-FERRER, M. (dirs.) *Comentarios a la Constitución española. XXX Aniversario,* Fundación Wolters Kluwer España, Madrid, 2009.

OSES ABANDO, J.: "Interpelaciones y preguntas: sugerencias para su reforma", *Anuario de Derecho Parlamentario,* núm. 5, 1998, pp. 47-72.

VI. JURISPRUDENCIA

STC 161/1988, de 20 de septiembre.
STC 205/1990, de 13 de diciembre.
STC 225/1992, de 14 de diciembre.
STC 107/2001, de 23 de abril.
STC 74/2009, de 23 de marzo.
STC 57/2011, de 3 de mayo.
STC 125/2018, de 14 de noviembre.

Artículo 112

El Presidente del Gobierno, previa deliberación del Consejo de Ministros, puede plantear ante el Congreso de los Diputados la cuestión de confianza sobre su programa o sobre una declaración de política general. La confianza se entenderá otorgada cuando vote a favor de la misma la mayoría simple de los Diputados.

COMENTARIO

Ángel J. Sánchez Navarro
Catedrático de Derecho Constitucional
Universidad Complutense de Madrid

SUMARIO: I. NORMATIVA COMPLEMENTARIA Y DE DESARROLLO. 1. Fundamentos. 2. Desarrollo. 3. Efectos. 4. Otras normas complementarias. II. COMENTARIO. 1. Introducción. 2. La configuración de la cuestión de confianza en el ordenamiento español. 3. La transformación de la cuestión de confianza en la CE 1978, y su alcance. 4. Un procedimiento en busca de una función. III. BIBLIOGRAFÍA.

I. NORMATIVA COMPLEMENTARIA Y DE DESARROLLO

1. Fundamentos

- "La forma política del Estado español es la Monarquía parlamentaria" (1.3. CE).
- "El Gobierno responde solidariamente en su gestión política ante el Congreso de los Diputados" (108 CE).

2. Desarrollo

Artículo 174 del Reglamento del Congreso de los Diputados

"1. La cuestión de confianza se presentará en escrito motivado ante la Mesa del Congreso, acompañada de la correspondiente certificación del Consejo de Ministros.

2. Admitido el escrito a trámite por la Mesa, la Presidencia dará cuenta del mismo a la Junta de Portavoces y convocará al Pleno.

3. El debate se desarrollará con sujeción a las mismas normas establecidas para el de investidura, correspondiendo al Presidente del Gobierno y, en su

caso, a los miembros del mismo, las intervenciones allí establecidas para el candidato.

[Art. 171:

1. La sesión comenzará por la lectura de la propuesta por uno de los Secretarios.

2. A continuación, el candidato propuesto expondrá, sin limitación de tiempo el programa político del Gobierno que pretende formar v solicitará la confianza de la Cámara.

3. Tras el tiempo de interrupción decretado por la Presidencia intervendrá un representante de cada Grupo Parlamentario que lo solicite por treinta minutos.

4. El candidato propuesto podrá hacer uso de la palabra cuantas veces lo solicitare. Cuando contestare individualmente a uno de los intervinientes, éste tendrá derecho a réplica en diez minutos. Si el candidato contestare en forma global a los representantes de los Grupos Parlamentarios, éstos tendrán derecho a una réplica de diez minutos.

5. La votación se llevará a efecto a la hora fijada por la Presidencia (...)"].

4. Finalizado el debate, la propuesta de confianza será sometida a votación a la hora que, previamente, haya sido anunciada por la Presidencia. La cuestión de confianza no podrá ser votada hasta que transcurran veinticuatro horas desde su presentación.

[Art. 85.2: "Las votaciones para la investidura del Presidente del Gobierno, la moción de censura y la cuestión de confianza, serán en todo caso públicas por llamamiento.]

5. La confianza se entenderá otorgada cuando obtenga el voto de la mayoría simple de los Diputados.

6. Cualquiera que sea el resultado de la votación, el Presidente del Congreso lo comunicará al Rey y al Presidente del Gobierno."

3. Efectos

– "Si el Congreso niega su confianza al Gobierno, éste presentará su dimisión al Rey, procediéndose a continuación a la designación de Presidente del Gobierno, según lo dispuesto en el artículo 99" (art. 114.1 CE).

4. Otras normas complementarias

Ley 50/1997, del Gobierno

- "En todo caso, corresponde al Presidente del Gobierno: (...) d) Plantear ante el Congreso de los Diputados, previa deliberación del Consejo de Ministros, la cuestión de confianza" (art. 2.2.d).
- "El Presidente del Gobierno en funciones no podrá (...) b) Plantear la cuestión de confianza" (art. 21.4 de la).

II. COMENTARIO

1. Introducción

Como señalara hace ya ciento cincuenta años Walter Bagehot, en referencia a la cuna del parlamentarismo, en este tipo de régimen la principal función de la Cámara de los Comunes (aunque apenas se trate de ella en el lenguaje constitucional) es la función electoral, que se desarrolla mediante la elección de un Presidente y el posterior apoyo a su Gobierno. Algo que, por si hiciera falta prueba, parecen confirmar en España recientes experiencias como las "fallidas" legislaturas XI y XIII de las Cortes Generales (Aragón) o la XII del *Parlament* de Cataluña, iniciada tras las elecciones de diciembre de 2017.

Pues bien: la Monarquía parlamentaria establecida por la Constitución española (art. 1.3) se ajusta a este esquema, diseñando un Gobierno cuyo nacimiento y subsistencia depende de la confianza parlamentaria, y más concretamente de la del Congreso de los Diputados. De este modo, como es norma en el parlamentarismo racionalizado y frente a la tendencia asamblearia propia de épocas anteriores, una vez establecida la relación fiduciaria entre el Congreso y el Presidente del Gobierno mediante la investidura (artículo 99 CE), la confianza sólo se pone en juego (al menos, formalmente) a través de unos cauces procedimentales determinados: la moción de censura (art. 113) o la cuestión de confianza, objeto de estas líneas.

Ambas figuras, pues, responden a idénticos postulados, en cuanto manifiestan el principio de responsabilidad política del Gobierno ante el Congreso. Sin embargo, su sentido es profundamente diferente, y su regulación apunta a objetivos distintos: mientras la moción pretende obtener —como su nombre indica— la "censura" parlamentaria del Gobierno, la cuestión persigue "la confirmación del vínculo de confianza establecido con anterioridad" (López Guerra), y toda su articulación responde a tal fin. Es, en conocida y gráfica expresión de Blondel, una "amenaza de suicidio del Gobierno" para presionar al Parlamento.

2. La configuración de la cuestión de confianza en el ordenamiento español

En todo caso, el examen de esta figura ha de arrancar lógicamente de su regulación en la Constitución y en el Reglamento del Congreso, por lo demás bastante exhaustiva. Allí se concretan prácticamente todos los elementos básicos del mecanismo: el sujeto competente para presentarla (el Presidente del Gobierno); los requisitos ("previa deliberación del Consejo de Ministros"); la forma y el lugar ("en escrito motivado ante la Mesa del Congreso, acompañada de la correspondiente certificación del Consejo de Ministros"); la mayoría ("simple") necesaria para su aprobación; los plazos y el procedimiento para su tramitación, debate y votación... así como sus efectos (art. 114, *supra*).

Así las cosas, los aspectos susceptibles de discusión doctrinal parecen relativamente pocos, de modo que la mayor parte de los estudios dedicados a este instrumento (algunos de los cuales se citan al final de este texto, y a los que nos remitimos para un desarrollo más exhaustivo) se centran en describir el mecanismo y su significación institucional. Algo que, naturalmente, permite plantear algunas cuestiones más o menos hipotéticas (¿cabría, por ejemplo, "que durante... una sesión parlamentaria el Presidente decida reunir su Gobierno y deliberar allí mismo"?: García Morillo: 125), *de lege ferenda* (¿sería "apropiado... desde un punto de vista de buena práctica política" que la presentación de una cuestión implicase la prohibición de disolver las Cámaras?: Elías) o, simplemente, subrayar algunos aspectos de su funcionamiento (como la absoluta discrecionalidad del Presidente del Gobierno para decidir su planteamiento, la forma de la "correspondiente certificación" de la deliberación gubernamental, u otros).

En todo caso, como es lógico, los análisis de esta figura prestan especial atención al objeto de la misma que, por lo demás, también aparece claramente delimitado por el texto constitucional: la cuestión ha de versar "sobre su programa [del Gobierno] o sobre una declaración de política general", en términos que —como destaca unánimemente la doctrina— se alejan de la configuración tradicional de este instrumento tanto en el Derecho español como en el comparado.

3. La transformación de la cuestión de confianza en la CE 1978, y su alcance

Y esta diferencia es, precisamente, la que a nuestro juicio merece especial consideración. Porque este mecanismo, como es usual en la esfera "espontánea" y "flexible" del Derecho parlamentario, surgió históricamente en un contexto concreto y con un propósito determinado, pero se ha adaptado a un marco constitucional distinto, el nacido en 1978. Para ello ha redefinido su objeto, limitándolo materialmente en términos que, más allá de su explícito alcance, se proyectan sobre esta figura hasta determinar una (diferente) significación de la misma, afectando a su propia naturaleza y, con ella, a su funcionalidad en el sistema. Todo lo cual, en definitiva, explica su —por lo demás, escasa y poco eficaz— utilización durante nuestra reciente experiencia constitucional.

En efecto, toda la doctrina ha subrayado que la precisa regulación constitucional del objeto de esta figura la aleja de su configuración tradicional, tanto en el Derecho español como en otros ordenamientos donde existen figuras similares. Así, es bien sabido que la cuestión de confianza (inicialmente denominada "cuestión de Gabinete") encuentra sus orígenes, pese a no estar prevista expresamente en ningún instrumento normativo, en la práctica parlamentaria del período de vigencia del Estatuto Real (*c.* 1835). Y aparece estrechamente vinculada a la aprobación de textos legislativos propuestos por el Gobierno, el cual declaraba —más o menos explícitamente— su intención de renunciar en caso de que tales textos no fueran aprobados. 1593

A la hora de comprender esta práctica, es probablemente pertinente ubicarla en el contexto parlamentario propio de la época, con unas Cámaras atomizadas, representativas de sectores sociales muy específicos y más o menos homogéneos, en las que no existían organizaciones políticas sólidas. En este marco, la noción de mayoría denominaba agregados espontáneos, circunstanciales y accidentales, que podían cambiar de una votación a la siguiente. Únanse a ello unos procedimientos —incluyendo, por supuesto, el legislativo— mucho menos "racionalizados", en los que la adopción de un texto no implicaba tantos trámites ni —consiguientemente— tantas votaciones.

Así las cosas, la cuestión de Gabinete vinculaba inmediatamente la subsistencia de éste a la adopción de un texto, en los términos definidos por él mismo. Una idea que esencialmente se mantenía en la primera y efímera regulación de esta materia en el Derecho español, contenida en el artículo 6 de la *Ley 51/1977, de 14 de noviembre, sobre regulación provisional de las relaciones entre las Cortes y el Gobierno a efectos de la moción de censura y la cuestión de confianza*. Conforme al mismo,

"1. El Gobierno puede plantear, en el Congreso o en el Senado, la cuestión de confianza, *sobre la aprobación de un proyecto de Ley que incorpore las bases de una actuación programática en supuestos de especial trascendencia* para el país. El proyecto quedará aprobado, a menos que se presente una moción de censura contra el Gobierno dentro de los cinco días siguientes.

2. Si una vez planteada la cuestión de confianza en el Congreso de los Diputados no llegara a presentarse una moción de censura en el plazo establecido en el apartado primero de este artículo, el proyecto de Ley pasará al Senado, en el que se entenderá igualmente planteada la cuestión de confianza.

3. De formularse una moción de censura, tanto en una como en otra Cámara, ésta se presentará, debatirá y votará en la forma prevista en los artículos precedentes.

4. De rechazarse la moción de censura ante las dos Cámaras definitivamente, el proyecto quedará aprobado por ambas Cámaras" (cursivas añadidas).

Se definía así un procedimiento —como tantas otras veces en el ámbito parlamentario— multifuncional y esencialmente bifronte, con una doble significación: de una parte, como procedimiento legislativo (especial), que impide al Parlamento el debate y votación sobre el "proyecto de ley" gubernamental, razón por la que ha de limitarse (art. 6.5: "el Gobierno no podrá presentar esta cuestión de confianza... más de una vez en el plazo de tres meses, y nunca más de tres veces dentro de un mismo periodo de sesiones"). De otra, como procedimiento de exigencia de responsabilidad política, atribuyendo a las Cámaras la capacidad de retirar la confianza al Gobierno al denegarle expresamente "una actuación programática... de especial trascendencia para el país".

Esta configuración expresaba con meridiana claridad la doble naturaleza presente en este instituto desde sus orígenes. Y lo hacía en términos muy similares a los recogidos en el tercer párrafo del artículo 49 de la Constitución francesa aprobada en 1958: "El Primer Ministro podrá, previa deliberación del Consejo de Ministros, plantear la responsabilidad del Gobierno ante la Asamblea Nacional sobre la votación de un *texto*. En tal caso, el *texto* se considerará aprobado salvo si una moción de censura, presentada dentro de las veinticuatro horas siguientes, fuere votada en las condiciones previstas en el párrafo anterior" (cursivas añadidas).

Es precisamente su "dimensión legislativa" la que explica la frecuentísima utilización del instrumento en la experiencia francesa de la V República (según Soto García, 88 ocasiones entre 1958 y 2016, dando lugar a 51 mociones de censura), y su limitación en la profunda reforma constitucional de 2008 (tras la que ya sólo puede afectar a "un proyecto de ley de Presupuestos o de financiación de la seguridad social"; si bien "el Primer Ministro podrá asimismo recurrir a este procedimiento para otro proyecto o una proposición de ley por período de sesiones").

La misma dimensión está presente en el ordenamiento italiano: aunque la Constitución se limita a señalar que "el voto contrario de una o de ambas Cámaras sobre una propuesta del Gobierno no comporta su obligación de dimitir" (art. 94), la praxis y el Reglamento de la Cámara de los Diputados prevén el planteamiento de la *questione di fiducia* "sobre la aprobación o rechazo", sin modificación alguna, de cualquier texto que el Gobierno considere esencial para ejercer su función de dirección política (artículos, enmiendas, mociones o resoluciones... art. 116).

Pues bien: esa dimensión desaparece en la vigente regulación constitucional española, que excluye la presentación de una cuestión sobre un texto legislativo o sobre parte del mismo. Y la excluye de forma plenamente consciente, como muestran los debates constituyentes minuciosamente recogidos por los estudios doctrinales sobre esta figura; la cual queda así "mutilada" en su significación, convirtiéndose únicamente en un instrumento de exigencia de responsabilidad política del Gobierno.

No puede extrañar que, concebido en esos únicos términos, el mecanismo pierda relevancia. Reducido su alcance a instrumento de verificación de un hecho más o menos notorio (la existencia de una mayoría constatada en la investidura, y que se presume en tanto no sea reemplazada por otra mayoría alternativa), aparece como una pieza más de un engranaje normativo orientado, si acaso, a garantizar la estabilidad gubernamental. Porque el Presidente del Gobierno, que lo es por haber obtenido la mayoría (absoluta, o incluso simple) en la investidura, es absolutamente libre para plantearla. En consecuencia, si mantiene la confianza inicial, no la necesita. Y si la ha perdido, y no se configura una mayoría alternativa, no querrá hacerlo... y nadie puede obligarle a ello.

4. Un procedimiento en busca de una función

En definitiva, una vez que la cuestión de confianza no sirve para el concreto objetivo que la originó, como es el de asegurar la adopción de un texto por encima de las posibles dudas de la mayoría existente, solo le resta la función de confirmar formalmente, o no, la pervivencia de la mayoría, por más que se plantee respecto de un texto político (declaración o programa) de alcance más o menos general.

Y ello a veces no basta. Por eso parece lógico que en Alemania la "cuestión de confianza" planteada por el Canciller, y cuyo rechazo no produce la dimisión del Gobierno, sino la posibilidad de disolver el *Bundestag* (art. 68.1 de la Ley Fundamental de Bonn) se haya utilizado poco (tan solo tres veces), y generalmente con un fin "absolutamente atípico" (Santaolalla *et al.*): forzar unas elecciones anticipadas, para lo cual los miembros de la mayoría han llegado a votar contra la misma.

Esa limitada funcionalidad contribuye a explicar también que en más de cuarenta años de vigencia de la Constitución española de 1978 la cuestión de confianza haya sido poco utilizada (sólo en dos ocasiones), y que en ambas, pese a la limitación material establecida por la Constitución y la exigencia formal de motivación en el escrito de presentación, se haya discutido su propósito.

En efecto, la primera cuestión fue planteada por Adolfo Suárez en septiembre de 1980, apelando en su "declaración de política general" a la "crisis económica... [junto a] la necesidad de proseguir el cumplimiento de los mandatos constitucionales sobre el desarrollo legislativo de las libertades e instituciones públicas y sobre el régimen autonómico del Estado". Sin embargo, existe general coincidencia al considerar que la iniciativa perseguía, más concretamente, fortalecer la posición política de su Gobierno, debilitado tras la moción de censura presentada por el Partido Socialista Obrero Español en mayo de ese mismo año. Algo que logró al obtener 180 votos (una mayoría absoluta, pues, similar a la de la investidura: 183), gracias al apoyo de grupos y diputados que se habían abstenido en la moción de censura.

En lo que aquí interesa, no obstante, cabe subrayar que durante el debate de la cuestión el entonces líder de la oposición, Felipe González, puso en duda la correcta utilización de este mecanismo, al apuntar que en la declaración del Gobierno "no hay una petición de confianza sobre la política general... es evidente que esos problemas [recogidos en la declaración] no se pueden separar, y ustedes los han separado... para hacer algo que es lo que en el fondo está mal:... concitar el máximo número de votos con las menores resistencias posibles".

Algo no muy diferente acaeció en la segunda cuestión de confianza planteada, esta vez por el propio Felipe González, en abril de 1990. El escrito de presentación señalaba que "de todos los problemas que tiene planteados nuestra sociedad, hay una serie de ellos que... por su especial trascendencia... conviene...tratar de resolverlos con los más amplios apoyos políticos". Más precisamente, en la intervención que abrió el debate el Presidente del Gobierno señaló que "la cuestión de confianza se plantea en torno a una declaración política cuyo contenido es: qué pasa en Europa, qué repercusión tiene para España, y qué respuesta podemos ir dando... ante los acontecimientos europeos". Pero también existía otro propósito latente: en este caso, renovar la confianza parlamentaria una vez subsanadas las deficiencias producidas en el proceso electoral, que habían determinado que en el momento de la investidura (diciembre de 1989) aún no hubiesen podido tomar posesión los Diputados electos en las circunscripciones de Murcia, Pontevedra y Melilla.

De cualquier modo, y al igual que diez años antes, también el líder de la oposición, en este caso José María Aznar, cuestionó el sentido de la iniciativa: "... aquí, para solicitar la confianza, no hay que hablar sólo de algunas cuestiones, sino... también del bienestar de los ciudadanos, del Gobierno de la Nación y de la eficacia de las instituciones". Por eso, reprochó al Gobierno que "más que ante una cuestión de confianza, estamos ante una *cuestión de conveniencia*".

Seguramente, esta reflexión no andaba descaminada. En el fondo, y por mucho que sea formalmente exigible un "escrito motivado" en el que ha de justificarse que la cuestión se plantea sobre "su programa [del Gobierno] o sobre una declaración de política general", el Presidente del Gobierno puede plantearla o no, con entera libertad, en cualquier momento. Cuando lo ha hecho, apenas nadie (ni sus adversarios políticos, ni la opinión pública, ni siquiera la doctrina que ha analizado esta práctica) ha otorgado excesiva importancia al concreto objeto formalmente alegado para plantearla. Siempre se ha planteado como un instrumento de "control" o, más concretamente, de "exigencia de responsabilidad política"... al servicio del Gobierno, o más bien de su Presidente. Algo que se compadece mal con esa caracterización, y que parece más congruente con su interpretación como un mecanismo casi puramente político, cuya única finalidad es la de fortalecer al Gobierno ante los demás sujetos políticos y parlamentarios (la mayoría parlamentaria, su propio partido, la opinión pública).

En estos términos, solo las circunstancias políticas pueden determinar la utilización de esta iniciativa por parte del Presidente del Gobierno. En particular, y salvo supuestos muy excepcionales, la relación de fuerzas existente en el Parlamento —y en la sociedad— en un momento determinado será la principal, si no la única, razón que puede impulsar o disuadir a un Presidente a interponerla cuando lo estime conveniente (no "necesario"). Y ello parece más fácil cuando el Gobierno no tiene asegurada la mayoría, porque "la petición de un pronunciamiento explícito [de apoyo al Gobierno] por parte del Parlamento... aparece como la vía natural para el reforzamiento de la posición de un Ejecutivo minoritario" (López Guerra, 1996).

En este sentido, más allá del estricto debate jurídico-constitucional, y en términos pues puramente políticos, no parece que tenga sentido exigir al Presidente de un Gobierno en minoría que presente una cuestión. Pero tampoco parece posible negar, por razones formalmente constitucionales, la posibilidad de plantearla en torno a un texto legal que (como decía la ley de 1977) "incorpore las bases de una *actuación programática* en supuestos *de especial trascendencia* para el país". Obviamente, y a diferencia de lo establecido en esa ley, en la Constitución francesa o en el ordenamiento italiano, si el Gobierno vinculase su permanencia a la adopción de una decisión, ello no tendría consecuencias "procedimentales" sobre el *iter* parlamentario correspondiente, y las Cámaras conservarían sus facultades. Pero es igualmente obvio que nadie podría impedir al Presidente presentar su dimisión si, finalmente, tal decisión no se adopta en los términos que él mismo, como responsable último de la dirección política del Estado, considere aceptables. Cabría hablar así, como hace la doctrina francesa —o, entre nosotros, González-Trevijano— de una "cuestión de confianza *oficiosa*", donde el Gobierno, pese a no venir constitucionalmente obligado a presentar su dimisión, podría vincularla políticamente a una decisión cualquiera.

Esa es, en definitiva, la razón de ser de la "cuestión de confianza", tal y como surgió en la España del Estatuto Real y en otros ordenamientos parlamentarios. Una razón, por cierto, no muy lejana a la que justificó el final anticipado de la VI y la XII Legislatura y la disolución anticipada de las Cámaras en 1996 y 2019, cuando los Presidentes de Gobierno González y Sánchez vieron rechazados sus Proyectos de Ley de Presupuestos Generales del Estado. Y que, en cualquier otro momento, podría provocar otros desarrollos, adaptados a otras circunstancias.

III. BIBLIOGRAFÍA

ELÍAS MÉNDEZ, C.: "Artículos 112, 113 y 114", en CASAS BAAMONDE, M. E. y RODRÍGUEZ-PIÑERO Y BRAVO-FERRER, M. (Dirs.): *Comentarios a la Constitución española*. Madrid, Wolters Kluwer, 2009, pp. 1794-1800.

FERNÁNDEZ SEGADO, F.: "Artículo 112. La cuestión de confianza", en ALZAGA VILLAAMIL, O. (Dir.): *Comentarios a la Constitución española de 1978*, v. VIII. Edersa, Madrid, 1998.

GARCÍA MORILLO, J.: "El control parlamentario del Gobierno" (actualizado por LÓPEZ GUERRA, L.), en *Derecho Constitucional*, v. II., Tirant lo Blanch, Valencia, 2016 (10ª ed.)

GONZÁLEZ-TREVIJANO, P. J.: *La cuestión de confianza*, McGraw-Hill, Madrid, 1996.

LÓPEZ GUERRA, L.: "Cuestión de confianza", *Enciclopedia Jurídica Básica*, t. II. Civitas, Madrid, 1995.

SANTAOLALLA LÓPEZ, F.; GALINDO ELOLA-OLASO, F.; MIRANDA, L. M.: "Sinopsis artículo 112", en el Portal de "La Constitución española" del Congreso de los Diputados http://www.congreso.es/consti/

SOTO GARCÍA, A.: "El parlamentarismo racionalizado en Francia y el artículo 49.3 de la Constitución de 1958" (original pendiente de publicación).

Artículo 113

1. El Congreso de los Diputados puede exigir la responsabilidad política del Gobierno mediante la adopción por mayoría absoluta de la moción de censura.

2. La moción de censura deberá ser propuesta al menos por la décima parte de los Diputados, y habrá de incluir un candidato a la Presidencia del Gobierno.

3. La moción de censura no podrá ser votada hasta que transcurran cinco días desde su presentación. En los dos primeros días de dicho plazo podrán presentarse mociones alternativas.

4. Si la moción de censura no fuere aprobada por el Congreso, sus signatarios no podrán presentar otra durante el mismo período de sesiones.

Artículo 114

1. Si el Congreso niega su confianza al Gobierno, éste presentará su dimisión al Rey, procediéndose a continuación a la designación de Presidente del Gobierno, según lo dispuesto en el artículo 99.

2. Si el Congreso adopta una moción de censura, el Gobierno presentará su dimisión al Rey y el candidato incluido en aquélla se entenderá investido de la confianza de la Cámara a los efectos previstos en el artículo 99. El Rey le nombrará Presidente del Gobierno.

COMENTARIO

Juan Fernando López Aguilar
Catedrático de Derecho Constitucional
Universidad de Las Palmas de GC

SUMARIO: I. INTRODUCCIÓN: LA MOCIÓN DE CENSURA. COMENTARIO DOCTRINAL A LOS 40 AÑOS DE LA CONSTITUCIÓN ESPAÑOLA. 1. Un poco de historia. 2. Objeto del comentario: precisiones conceptuales. II. EL RÉGIMEN CONSTITUCIONAL DE LA MOCIÓN DE CENSURA. 1. Encuadre de la censura constructiva en nuestro Parlamentarismo racionalizado y estructurado. 2. La técnica procedimental de la moción de censura. III. LECCIONES DE LA EXPERIENCIA: LA MOCIÓN DE CENSURA EN LA PRÁCTICA. IV. PARA UNA REELABORACIÓN TEÓRICA DE LA MOCIÓN DE CENSURA A LA LUZ DE SU EXPERIENCIA. V. DENEGACIÓN DE LA CONFIANZA/CENSURA, Y NUEVA INVESTIDURA. VI. BIBLIOGRAFÍA.

I. INTRODUCCIÓN: LA MOCIÓN DE CENSURA. COMENTARIO DOCTRINAL A LOS 40 AÑOS DE LA CONSTITUCIÓN ESPAÑOLA

1. Un poco de historia

El despliegue del orden constitucional, instaurado con su aprobación y entrada en vigor (29 de diciembre de 1978), puede someterse al examen de su periodización al compás de las etapas descritas por la ciencia y la doctrina constitucional española. Su maduración progresiva es la de la disciplina académica del Derecho Constitucional.

A lo largo de estas cuatro décadas, la ciencia constitucional española ha evolucionado pareja al desarrollo y evolución del orden constitucional. Lo ha hecho mucho, y lo ha hecho bien. El paralelo entre *el Derecho* y su *Ciencia del Derecho* puede someterse a examen tanto a partir de los estadios descritos por el despliegue de la cartografía de la Constitución —el desarrollo legislativo de sus diez Títulos y 169 artículos, *plus* sus Disposiciones Adicionales, Transitorias y Final— cuanto a partir de las pautas dominantes de pensamiento doctrinal en las publicaciones científicas y congresos de la disciplina.

Es cierto que, al menos, en una más temprana etapa (1979-1992), durante los primeros años del desarrollo constitucional, las aportaciones doctrinales más destacables se ocuparon de dar cobertura a los principales títulos y artículos de la CE. Las monografías y artículos reseñables en las revistas jurídicas especializadas se correspondieron con lo que desde Pellegrino Rossi (asesinado, por cierto, en 1848, en la Ciudad del Vaticano) vienen siendo conocidos como *Têtes de Chapitre* del texto constitucional.

En un periodo más reciente, tampoco ninguno de los grandes temas de discusión nacionales ha estado ausente de la reflexión profesoral en estos últimos años. Así lo testifican los trabajos suscitados por el desafío del populismo asambleario contra la alegada "obsolescencia de la representación" y "caducidad del régimen de 1978", hasta la pujante apuesta del nacionalismo reaccionario por un "*soberanismo*" cada vez más escorado hacia el secesionismo unilateral: el caso de Cataluña 2016-17, con la pretendida *DUI*.

De modo que, transcurridos 40 años desde la aprobación de la CE de 1978, cualquiera de sus artículos se presta ahora a comentario sobre la base no sólo de su encuadre doctrinal o comparado, sino de su experiencia. Esta premisa resulta especialmente relevante en el examen actual de aquéllos preceptos de la CE que fueron en su día objeto de más temprana elaboración teórica por parte de los tratadistas. Y, sin duda, el régimen constitucional de la *moción de censura*, y el de su tramitación (arts. 113 y 114 CE), se inscribe dentro de este marco.

Para abordar esta cuestión, conviene, para empezar, recordar que la moción de censura ha de encuadrarse en el estudio de la *forma de gobierno parlamentaria* en España (y así lo ha sido entre nosotros, a partir del volumen colectivo que en plena transición democrática editó M. Ramírez). Más específicamente, su explicación se vincula a las categorías históricas y comparadas del *parlamentarismo racionalizado* y del *parlamentarismo estructurado* (así lo vemos en los clásicos de la doctrina comparada, B. Mirkine Guetzevitch, N. Pérez Serrano, G. de Vergottini; y así se ha escrito en España: entre otros, I. Molas, J. García Morillo, J. F. López Aguilar. Su exégesis se conecta con la de la teoría y regulación del control parlamentario (es el caso en España, desde los pioneros escritos de M. Aragón, L. López Guerra, J. A., Montero Gibert, J. García Morillo), con la de la responsabilidad política del Gobierno (clásica cita lo fue en la doctrina italiana, G.U Rescigno; en España, M. Revenga, E. Vírgala Foruria) y con la *función de oposición* en el parlamentarismo (en la doctrina italiana, G. de Vergottini; en España, J. F. López Aguilar).

2. Objeto del comentario: precisiones conceptuales

Dado que la moción de censura constructiva incorpora una decisión constitucional expresa, procede encuadrarla en el conjunto de instituciones básicas que fueron objeto temprano de estudio especializado y comentario en la doctrina. Las primeras monografías y tratados obedientes a la metodología del naciente Derecho Constitucional como disciplina científica (1980-1992) introdujeron y asentaron las categorías básicas para su comprensión.

De ahí la consolidación de su entendimiento pacífico en la *forma parlamentaria de gobierno*, que cualifica y contrae a límites muy precisos el papel de la Corona en la monarquía parlamentaria (art. 1.3 CE). La opción constitucional por el parlamentarismo presupone una elección por la democracia representativa (complementada por técnicas de participación directa e iniciativa popular) en la que el pluralismo (valor superior ex art. 1.1 CE) se expresa preferentemente por medio de partidos políticos (art. 6 CE). La forma parlamentaria de gobierno presupone asimismo que el Gobierno dimana de la confianza del Parlamento, ante el que responde, y actúa, bajo su control, en modo que el Gobierno cesa cuando se quiebra el vínculo de confianza conferido por la mayoría parlamentaria. Dado que esa confianza se personaliza en la figura de la presidencia del Gobierno, la doctrina ha aproximado la categoría alemana de "principio de Primer ministro" (*Kanzlerprinzip)* para explicar su primacía en el establecimiento de la *relación fiduciaria* (el italianismo de la "confianza") y en su disolución, así como en la formación y remodelación de Gobiernos. La doctrina se refiere a esta hegemonía del presidente en la forma del Gobierno parlamentario hablando de *parlamentarismo presidencialista.*

Por *responsabilidad política del Gobierno* entendemos, desde entonces, la obligación de dar cuenta de la gestión ejecutiva y del mandato contraído ante los representantes de la soberanía popular (las Cortes Generales, nuestro Parlamento), así como de su acierto y de su oportunidad en términos de cumplimiento idóneo de los compromisos contraídos en la investidura (formalización de la confianza, art. 99 CE). Y por *control parlamentario* solemos comprender el conjunto de instrumentos de acceso a la información sobre la acción del Gobierno y de acciones de inspección, supervisión y exigencia de responsabilidad de que dispone el Parlamento (concretamente, sus minorías en ejercicio de la función de oposición) para verificar el estado de la *relación fiduciaria* y depurar, en su caso, su cesación o ruptura. Ahí es donde la moción de censura adquiere su significado, y su singularidad como resorte extremo de control parlamentario, en la expresión del cese de la relación fiduciaria.

Concretamente, los artículos 113 y 114 CE regulan, respectivamente, el régimen fundamental de la denominada *moción de censura constructiva* y del mecanismo constitucional del relevo en la presidencia del Gobierno, sea por la pérdida de una *cuestión de confianza* por mayoría simple del Congreso (contemplada en el art. 112 CE), sea por el voto favorable a una *moción de censura constructiva* por mayoría absoluta del Congreso, llevando ésta aparejada la consecuencia de la subsiguiente investidura al candidato/a alternativo y su consiguiente nombramiento como nuevo presidente del Gobierno por el Rey.

Y han de advertirse de inmediato tres notas consustanciales a las previsiones prescritas en los arts. 113 y 114 CE:

a) En primer lugar, ambos preceptos dan por presupuesto el modelo bicameral *imperfecto* de parlamentarismo (con desigual peso político en cada una de las Cámaras) por el que opta la Constitución española de 1978. Las Cortes Generales (Título III CE) se componen de dos Cámaras (art. 66.1 CE): el Congreso de los Diputados (art. 68 CE) y el Senado (art. 69 CE). Pero sólo en el Congreso se residencia la relación de confianza entre Parlamento y Gobierno, de modo que aunque ambas Cámaras comparten las funciones legislativa (arts. 87 CE y ss), presupuestaria (art. 134 CE) y de control parlamentario del Gobierno (art. 66.2 CE, Título V CE), sólo el Congreso participa en la investidura del candidato a la presidencia del Gobierno a partir de la cual forma Gobierno (art. 99 CE). Y sólo el Congreso certifica la extinción del vínculo de confianza mediante la denegación de una cuestión de confianza del presidente del Gobierno por mayoría simple (art. 112 CE) o mediante la votación favorable a su censura con investidura automática de un candidato alternativo por mayoría absoluta (art. 113 CE).

b) En segundo lugar, la involucración del Rey como Jefe del Estado en el acto de aceptación de la dimisión presentada obligatoriamente por parte del presidente del Gobierno tras la "denegación" de la confianza planteada (y consiguiente activación del procedimiento previsto en el art. 99 CE para la formulación de una nueva candidatura para la investidura), así como en el nombramiento como nuevo presidente del Gobierno tras la investidura (automática) del candidato alternativo en la moción de censura, excluye cualquier ejercicio de su "función arbitral" (art. 56 CE) por parte del titular de la Corona bajo la forma política de la monarquía parlamentaria (art. 1.3 CE). Pero también excluye cualquier margen discrecional de maniobra al respecto: cuando el art. 114.2 preceptúa que "el Rey le nombrará presidente del Gobierno" (al candidato en la censura) está ordenando del monarca un "acto debido" y reglado (art. 99 CE, bajo refrendo del presidente del Congreso, art. 64.1 CE).

c) En tercer lugar, este comentario a los arts. 113 y 114 CE se contrae a la regulación de la moción de censura contra el presidente del Gobierno en ejercicio y su eventual relevo por el candidato alternativo. Pero ha de darse por sentado que esa regulación imprimió carácter de modelo para la regulación de la moción de censura en la generalidad de los Estatutos de Autonomía (EE.AA) de las 17 CC.AA españolas instituidas a partir del desarrollo constitucional, así como de las dos Ciudades Autónomas que complementan el mapa del poder territorial, y de los entes locales (Diputaciones provinciales, Consells en Illes Balears y Cabildos en Canarias, y más de 8.100 municipios españoles regulados en la Ley de Bases de Régimen Local, Ley 7/85). En todos los escalones de la organización territorial del Estado se ha reproducido el modelo de la moción de censura constructiva. Es más, en la generalidad de los entes, organismos e instituciones reguladas por la Ley se ha optado por el patrón de la censura constructiva como mecanismo normado para la exigencia de responsabilidad del órgano en que se residencie la función de gobierno y para su sustitución por un nuevo titular.

En cumplimiento del mandato contenido en el art. 152 CE, que preceptúa que el Presidente del órgano ejecutivo de cada Comunidad Autónoma (CA) sea elegido por la correspondiente Asamblea Legislativa (Parlamento autonómico) de entre sus miembros, los EEAA de las CC.AA. exigen que el candidato/a propuesto/a en una moción de censura deba ser diputado/a en el Parlamento autonómico correspondiente. No así la Constitución misma (art. 113 CE), de modo que la candidatura alternativa a la Presidencia del Gobierno pueda ser asumida por alguien que ostente escaño en el Congreso (como fue el caso de Felipe González en 1980, y de Pablo Iglesias en 2017), pero también por alguien que tenga escaño en el Senado (caso de Antonio Hernández Mancha en 1987), e incluso por alguien que en el momento de interponerla no tenga escaño ni en el Congreso ni en el Senado (caso de Pedro Sánchez en 2018, o de Ramón Tamames en 2023).

No es nuestro objeto, sin embargo, dar cuenta aquí de esa variedad de regímenes autonómicos o locales de la censura constructiva.

De modo que, hechas estas advertencias, el comentario se contrae al régimen constitucional de la moción de censura contemplado en los arts. 113 y 114 CE.

II. EL RÉGIMEN CONSTITUCIONAL DE LA MOCIÓN DE CENSURA

1. Encuadre de la censura constructiva en nuestro Parlamentarismo racionalizado y estructurado

Desde el mismísimo arranque de la experiencia constitucional, la opción constituyente por la modalidad de censura constructiva fue explicada en el contexto de la obsesión —ampliamente dominante durante la transición y el ciclo constituyente— por dotar de "estabilidad" al Gobierno. De ahí que, con posterioridad, se haya hecho necesaria una distinción gradual —sustentada en su examen desde la ciencia política— entre la "estabilidad" (identificando falsamente "estabilidad política" y "perduración a toda costa de los Gobiernos") y el "blindaje" del Gobierno aun cuando éste sea percibido como desacreditado o desvinculado del mandato con que obtuvo la investidura en su día su presidente.

En términos de Derecho comparado, la moción de censura constructiva importa a la redacción del art. 113 CE la previsión contenida en el art. 67 de la Ley Fundamental de Bonn de 1949, la *Grundgesetz* alemana, muchas veces reformada, aunque nunca en este punto.

La idea básica de partida reside en el instinto de proteger al Gobierno en ejercicio (esto es, al "Gobierno en acción", tal como lo denominó J. García Fernández) de las vicisitudes que, en el paradigma del parlamentarismo previo al "racionalizado" ("parlamentarismo salvaje" o "desregulado", según la periodización clásica desde Borís Mirkine Guetzevich), conducían a la caída del Ejecutivo al perder votaciones decisivas o, disyuntivamente, al resultar vencedoras "mociones de desconfianza" por mayorías circunstanciales (el italiano *voto di sfiducia*, el alemán *Misstrauensvotum*, el británico *no confidence*) sin que ello aparejase la configuración de mayorías alternativas y soluciones de gobierno en positivo.

De ahí que, por un lado, en los primeros comentarios al art. 113 CE destacase la conexión entre la moción de censura (así llamada "constructiva") y la realización institucional de la *función de oposición* en la democracia parlamentaria (art. 1.3 CE), al tiempo que, por otro lado, se resaltase su virtual lectura en clave "antiparlamentaria" en la medida en que en su calificación como "censura constructiva" se vinculase la exigencia de responsabilidad del Gobierno ante el Parlamento con algún supuestamente alocado ejercicio de "asamblearismo irreflexivo", fortaleciendo como consecuencia el Poder Ejecutivo.

De este modo, la operación histórica que arranca en el primer tercio del siglo XX europeo y que la doctrina denomina como "*racionalización*" del Parlamentarismo adquiere aquí tintes muy acentuados: la censura no se perfila como retirada de la confianza al Gobierno, sino como recurso extremo para su sustitución por otro. El paradigma del parlamentarismo español inscribe este dispositivo en el marco de un estadio ulterior del "racionalizado": el del llamado "Parlamentarismo estructurado", que somete todo el Derecho parlamentario, y sus usos y convenciones, a unos niveles extremos de juridificación y de vinculación de cada regla a la correlación numérica de fuerzas y grupos parlamentarios, encuadrando intensamente cada acción del parlamentario individual en las estructuras a las que se adscribe.

Su práctica en la materia concreta de la moción de censura constructiva apuntaría, sin embargo, un indicador distintivo: la rigidez jurídica del dispositivo contemplado en el art. 113 CE redundaría en su carácter más "simbólico" que real, haciendo de la censura al Gobierno una "potencial amenaza" alejada, en principio, de su posibilidad verosímil de materialización efectiva.

2. La técnica procedimental de la moción de censura

En sus aspectos técnicos, los arts. 113 y 114 CE revelan con claridad la voluntad constituyente: no solamente se trata de revestir de altos niveles de formalidad a la pérdida de sintonía/sincronía entre la mayoría parlamentaria y el Gobierno (para ello hubiera bastado el juego combinado de los arts. 101, 108 y 111.2 CE), sino de abrazar el *modelo alemán* del art. 67 GG de modo que la pérdida o ruptura de la confianza no quede al arbitrio de una "votación cualquiera" sino planteada *ad hoc* para derribar al Gobierno y sustituirlo por otro; se va por tanto, más allá de la *racionalizada* diferenciación italiana entre el "*voto di dissenso*" (desautorización de un Gobierno en una votación cuyo objeto primario y aparente no sea el de la ruptura de la relación fiduciaria) y el "*voto di sfiducia*" (expresamente orientado a romper esa confianza, art. 94 Cost. It).

Las exigencias formales de la moción de censura (art. 113 CE) pueden sintetizarse como sigue:

a) Presentación de la propuesta por escrito motivado ante la Mesa del Congreso, contando con la firma, al menos, de la décima parte de sus miembros (35 diputados) (art. 175.2 RCD);

b) Tras su admisión a trámite, es trasladada al Gobierno y a la Junta de Portavoces (art. 176.1 RCD), pudiendo presentarse, durante las 48 horas siguientes, *mociones alternativas* (art. 176.2), que (en la eventualidad de ser planteadas) habrán de ser debatidas conjuntamente a la primera y votadas por el orden de su presentación (art. 176.2 y 177.3 RCD);

c) El debate se estructura a partir de la defensa de la moción de censura y, necesariamente, del programa de Gobierno que se pretende formar por parte del candidato alternativo, sin limitación de tiempo. Precederá a tal defensa la explicación de los motivos de la moción por parte de uno de los firmantes sin limitación de tiempo (art. 177.1 RCD), a la que sucederá un turno de Portavoces por tiempo de 30 minutos, con réplicas de 10 minutos (flexiblemente administrados, a la vista de sus prácticas);

d) La votación tendrá lugar transcurridos no menos de 5 días desde la presentación de la primera moción (en caso de acumulación de mociones alternativas;

e) El eventual rechazo de una moción de censura correspondientemente deliberada y votada por el Congreso comporta la prohibición a sus firmantes de presentar ninguna otra durante el mismo período de sesiones;

e) Su aprobación (por mayoría absoluta de los miembros del Congreso) comporta, en cambio, la investidura automática del candidato alternativo;

f) El Presidente del Congreso traslada el resultado de la votación al Rey, que, de resultar favorable a la investidura alternativa, nombrará a su candidato, sin más, Presidente del Gobierno (por Real Decreto con refrendo del Presidente del Congreso), pasando el nuevo Presidente del

Gobierno a someter al Rey los nombramientos de los nuevos miembros de su Gobierno (art. 100 CE).

III. LECCIONES DE LA EXPERIENCIA: LA MOCIÓN DE CENSURA EN LA PRÁCTICA

Las experiencias registradas hasta la fecha, tras 45 años de vigencia de la Constitución española de 1978, aportan algunas luces y lecciones adicionales a las que puedan inferirse de la lectura literal de los arts. 113 y 114 CE. Por cierto, en ninguna de ellas se ha planteado jamás ninguna "moción alternativa". En ilustrar su inoperancia real de cara a materializar su objetivo proclamado: el de forzar el relevo en el Gobierno.

El Parlamentarismo se distingue, como forma de Gobierno, por no limitarse a constitucionalizar una democracia representativa a partir de la elección por sufragio universal de una Asamblea Legislativa, sino por hacer de ésta la base legitimadora de la formación y de la acción de Gobierno —mediante su investidura, que le otorga la confianza, cada vez más personalizada en la de su Primer Ministro o Presidente— y de su cesación o caída —mediante su censura—, momento a partir del cual se entiende extinta la confianza en que se basa la legitimación democrática de la dirección política que corresponde al Gobierno.

Pensando en corregir la excesiva inestabilidad de las primeras etapas históricas del parlamentarismo —frecuentes ascensos y caídas de Ejecutivos efímeros—, el constitucionalismo de posguerra vio surgir en Alemania la modalidad constructiva de la censura —*Konstruktive MisstrauensVotum* (art. 67 de la Ley Fundamental de Bonn de 1949, vigente hasta la fecha con sucesivas reformas)—, en que su votación se anuda a la investidura automática de un candidato alternativo a la jefatura de Gobierno.

De este modo, la moción de censura se solapa y superpone, en simultaneidad, al debate sobre los méritos de un oponente alternativo al liderazgo del Ejecutivo y, consiguientemente, de una mayoría alternativa a la que hasta entonces apoyaba la acción gubernamental, e incluso una dirección política alternativa o diferenciada de aquella.

La Constitución Española de 1978, haciéndose eco de la preocupación constituyente por fortalecer el sistema de partidos e imprimir estabilidad a la arquitectura de la representación resultante de una democracia a estrenar, importó de la Constitución alemana la modalidad constructiva de la moción de censura residenciada en el Congreso, Cámara en que se concentra la legitimación del Gobierno (art. 113 CE, que exige al menos una décima parte del

Congreso, 35 diputados, y exigiendo mayoría absoluta del Congreso para su aprobación, y art. 114 CE, que vincula su aprobación con el nombramiento del candidato como Presidente del Gobierno por el Rey).

Con posterioridad a la Constitución, el Congreso articuló con detalle los requisitos, procedimientos y garantías para su interposición, sustanciación, debate y votación en los arts. 175 y ss. del Reglamento "definitivo" del Congreso de los Diputados de 1982 (tras una etapa embrionaria regida por un Reglamento "provisional" de 1977), que elevó hasta el paroxismo la caracterización "estructurada" (rígidamente reglada hasta en sus menores detalles) y "grupocrática" (encuadrando la acción del parlamentario individual en la estricta disciplina del Grupo en que se inscriba).

Pero para comprender el alcance de una regulación, nada más útil que examinar su práctica, y sus contrastadas experiencias y lecciones.

Un primer experimento auroral de la moción de censura constructiva —primero en nuestra democracia, contra el entonces Presidente Adolfo Suárez, de UCD, mayo de 1980— tuvo lugar cuando el entonces líder de la oposición socialista Felipe González presentó, al frente de 35 diputados socialistas, su exposición directa y personal al fuego cruzado del Congreso como aspirante a la Presidencia del Gobierno. El indiscutible éxito de la apuesta fue corroborado por la aplastante victoria socialista de octubre de 1982, preludio de cuatro victorias consecutivas (1982, 1986, 1989 y 1993) y casi 14 años de Felipe en La Moncloa.

Su primer contraste fue la desastrosamente fallida moción de censura interpuesta por Antonio Hernández Mancha, Presidente entonces de AP (antecedente del PP) contra la mayoría absoluta de González al frente del PSOE en 1987. Su fracaso, estruendoso, aceleró el fin del fugaz liderazgo que ejerció de interregno breve entre el patrón Fraga y la era Aznar.

Cuando se repasa lo escrito y publicado entonces en los manuales y tratados de Derecho Constitucional, es llamativo comprobar cómo cristalizaron, partiendo de esas dos experiencias marcadamente contrapuestas, dos ideas que se entendían consolidadas y firmes. La primera de ellas, que la censura constructiva, como ocasión parlamentaria para la crítica a un Gobierno en ejercicio, partía de un defecto congénito: diluía irremisiblemente la exigencia de dación de cuentas del censurado en un examen implacable (y coral, o polifónico, con participación de todos los Grupos) del candidato alternativo, su biografía, sus méritos, incluso de sus "ambiciones" de presidir el Gobierno sin pasar antes por las urnas y obtener para ello el respaldo mayoritario.

La segunda idea, que la única funcionalidad de la modalidad constructiva de la censura era bregar en sus hechuras de aspirante a quien, en algún futuro, pensase efectivamente en la seria posibilidad de presidir el Gobierno, pero que, al mismo tiempo, representaba un ejercicio personalmente arriesgado: o bien fijabas la imagen presidenciable ante el público (la sociedad española) por tu solidez política y tu consistencia dialéctica, o bien la hundías para siempre e irremediablemente en caso de fracasar en el empeño.

Tardaríamos muchos años en volver a asistir a algún intento. En el curso del tiempo, la descomposición factorial de la política española y del paisaje de su representación parlamentaria —uno de los subproductos de la gestión antisocial de la Gran Recesión (2008/2016) impuesta desde la UE, con su exasperación de todas las desigualdades y la ingente ola de cabreo de la que emergió una miríada de formulaciones populistas, retóricas antipolítica y extremas derechas reaccionarias— abriría paso en España a un nuevo ciclo de censuras que irían desde lo testimonial —Podemos, 2017, con Pablo Iglesias como alternativa a Rajoy— hasta lo esperpéntico —con Ramón Tamames, con las firmas de Vox, contra Pedro Sánchez, 2023—. Pasando, eso sí, sin embargo, por el insólito caso de una sola censura favorablemente votada —mayoría absoluta del Congreso— que hizo del candidato alternativo Presidente del Gobierno en una sola tacada: el caso de Pedro Sánchez (PSOE) contra Mariano Rajoy (PP) en 2018.

Es cierto que en la investidura —por vía de censura— de Sánchez confluyó una irrepetible sumatoria de concausas, en las que un amplio hartazgo —si es que no abierto resentimiento— contra el cruel ajuste de cuentas sobre el Estado social impuesto por los recortes del Gobierno del PP y la secuencia de causas judiciales (y condenas) contra su corrupción insondable armó, en un momento concreto, un cemento solidificante entre fuerzas con muy distintas prioridades y programas. Pero abrió un ciclo en que la censura operó, contra todo pronóstico, como el *ábrete Sésamo* de un tiempo minado de incertezas en que dejaron de regir categorías analíticas y políticas largamente arraigadas durante varias décadas de experiencia constitucional.

Desde entonces hemos visto dos censuras de Vox; la última rayana en sainete nimbada de patetismo. Seis en total, delineando una historia española de censuras constructivas marcada por los contrastes de sus experiencias prácticas. Llamativamente, sus dos éxitos contrastados (González, 1980; Sánchez, 2018) llevan sello socialista. Sus prácticas más denostadas, las de AP (genealogía de PP, Mancha 1987) y la de Vox/Tamames (2023). Cruzando el puente, la de Iglesias, 2017; y la de Abascal contra Sánchez, 2020.

Si durante mucho tiempo se estableció la idea de que la moción de censura constructiva, por exigir precisamente un quórum alto de firmas para su interposición (al menos la décima parte de los miembros del Congreso) y mayoría absoluta para su aprobación, aparecía constitucionalmente diseñada no tanto para cambiar Gobiernos cuanto para prefigurar y en su caso perfilar candidaturas viables a la jefatura del Gobierno en una ocasión electoral ulterior (como se confirmó con la primera ocasión, González 1980), lo cierto es que en los últimos años mucho de lo escrito y publicado durante largas décadas de doctrina constitucional y de análisis político ha debido revisarse a la luz de los acontecimientos y a menudo sorprendentes episodios carentes de precedentes a que hemos asistido en España.

No sólo porque, obviamente, hemos visto una censura que, tras conformar una mayoría absoluta que en otras circunstancias habría resultado improbable, abriría paso a un Gobierno alternativo y a un cambio de consecuencias políticas considerables (Sánchez, 2018), sino porque también hemos visto censuras que no aspiraban a liderazgo alternativo en la formación de otro Gobierno (Tamames, 2023), sino tan sólo a expresar, de la forma más estridente posible, una disrupción del ritmo político y parlamentario al servicio de las tácticas de algún Grupo que disponga de 35 firmas (Vox, por dos ocasiones).

No es este, obviamente, el único campo en que han tenido lugar en España episodios constitucionales carentes de precedentes hasta no hace mucho tiempo, pero sí desde luego uno en que se pone de manifiesto que la sabiduría acumulada (*conventional wisdom*) debía ser revisada al filo de lo inesperado e incluso de lo inesperable.

IV. PARA UNA REELABORACIÓN TEÓRICA DE LA MOCIÓN DE CENSURA A LA LUZ DE SU EXPERIENCIA

Visto lo visto, se comprende fácilmente que la hiperprotección del Gobierno en minoría (aun cuando débil, inviable o carente de coherencia su programa a corto o medio plazo), a la que propende el carácter constructivo de la censura, cierre en la práctica el paso a aquellas negociaciones que de otro modo permitirían salvar la Legislatura en curso de que se trate, arrojándola a un cruce de reproches y a un saldo general de impotencia.

Así, en el mejor de los casos (véase su práctica aplicativa más funcional hasta la fecha, la mejor calificada por sus rendimientos positivos para el candidato en ciernes: la censura planteada por 35 diputados socialistas y por Felipe González contra el V Gobierno Suárez en la I Legislatura, mayo 1980, junto al caso excepcional de la censura interpuesta contra Rajoy que hizo Presidente del Gobierno a Pedro Sánchez en 2018), la premisa de que arranca la censura constructiva consiste en que el Gobierno, aunque sea a duras penas, consiga salvar la piel en absoluta soledad frente a un Congreso de los Diputados que, sin embargo, no puede cumplir con las exigencias de la moción constructiva so pena de reproducir la debilidad e incapacidad política que precisamente se critica. De modo que la ejecución del mandato constitucional de exigencia de control y responsabilidad del Gobierno parlamentario (Título V CE) propende, en efecto, a excluir la sustitución al frente del Ejecutivo por una alternativa expresada en y desde el Congreso de los Diputados.

Y así lo corrobora, en efecto, el balance general hasta la fecha de sus prácticas, con la excepción sobresaliente —pero, a la postre, excepcional— de la censura ganada por Pedro Sánchez en 2018. Repasemos sus lecciones de cara a una síntesis teórica de la técnica de la censura constructiva.

1) Confusión entre la crítica al Ejecutivo y el planteamiento de una candidatura personal y programática alternativa. Apenas dedicados unos minutos de su procedimiento a la censura propiamente dicha, la totalidad del debate pasa, formal y materialmente, a transformarse en un examen del candidato alternativo tanto por el Grupo de apoyo al Gobierno censurado como del resto de Portavoces. El destrozo más o menos descarnado del candidato y su oferta contribuyen de consuno a perfilar un segundo rasgo no menos importante.

2) Distorsión del significado constitucional del art. 113 CE. Desde sus primeras prácticas aplicativas (González, 1980; Hernández Mancha, 1987), cuajó una lectura sesgada de su control sobre el Gobierno, de modo que se presentó ante la opinión pública la moción interpuesta como expresión de un "interés espurio" de "ilegítima ambición" de llegar a la Presidencia del Gobierno "sin haber pasado por las urnas" o "sin ganar las elecciones". Como si no fuera cierto que la propia confección técnico-jurídica de la censura exige canalizar la retirada de la confianza por esa vía institucional en lugar de deferirla a la variante difusa de la responsabilidad depurada en una nueva convocatoria electoral. La rentabilidad de la moción de censura constructiva consiste en pedir el recambio gubernamental sobre una (forzada e imperfecta) bipolaridad basculante en una mayoría alternativa...e expensas de pasar por las urnas y antes de pasar por ellas.

3) Habitualmente, la técnica del art. 113 CE ha permitido al Gobierno censurado "denunciar" la "desviación" de una "supuesta alternativa" fundada sobre un pacto o sumatoria de minorías de oposición, como si fuese denostable, en sí, toda coalición coyuntural u ocasional fraguada al exclusivo objeto de reemplazar al Gobierno a partir del cese de su Presidente y de su conexa in-

vestidura alternativa. Y como si no fuese cierto que tal oposición ejercita un legítimo derecho constitucional por la única vía formalmente ordenada por la Constitución para ese preciso propósito.

4) En ese balance general ha cristalizado en su práctica la vieja distinción —acuñada por la sociología— entre las funciones *expresas* o *patentes* de la norma (la censura constructiva) y sus funciones *larvadas* (la reivindicación de un trasfondo de pretendido corte moral, "cumplir con un deber político cualquiera que sea el destino de la votación final", y de una proyección social, tendente a "ganar con la censura en la calle, aunque se pierda en el Congreso"). Dos datos, a este respecto, suelen resultar relevantes por esclarecedores: uno, la capacidad de la censura de concitar apoyos más allá del perímetro del Grupo proponente del que procedan las 35 firmas exigidas (lo que diferencia las censuras de 1980 y 2017 respecto de la interpuesta en 1987, que sólo contó con los apoyos del propio Grupo Popular); y otro, la vocación de la censura de resaltar prioridades programáticas hasta ese momento inexistentes, preteridas o incumplidas en la acción del Gobierno censurado.

5) En la disección analítica de sus efectos prácticos (independientemente, por tanto, de la probabilidad de la inviabilidad numérica de alcanzar la mayoría absoluta del mismo Congreso que en su día votó la investidura del Presidente censurado), resalta en primer lugar el examen de contraste de las capacidades dialécticas del candidato alternativo; en segundo lugar, adquiere debido relieve la deliberación de un Programa de Gobierno alternativo al vigente, con el máximo nivel de difusión y proyección institucional que le presta su debate en el Pleno del Congreso.

6) Con ello, la oposición provoca y obtiene, pues, la reversión momentánea del protagonismo parlamentario sobre la discusión general del proceso político. La oposición cataliza así la atención de los medios, suscitando un debate a la medida de sus parámetros y propuestas.

7) Simétricamente, la oposición condiciona la operación de desgaste político del Gobierno, y lo hace *a discreción*. Tácticamente, todo el procedimiento se subordina al objetivo de minar el control del Ejecutivo censurado sobre el proceso político (efecto subrayado por el discurso descalificatorio de un acto tendente a "distraer, marear" cuando no a "entorpecer o retrasar" la respuesta necesaria a los "problemas candentes que realmente preocupan a la ciudadanía").

8) En su conjunto, la censura constructiva detrae del debate político los factores extraparlamentarios del conflicto social (la "*crisis de legitimidad del régimen*", en el lenguaje de *Podemos* en junio de 2017), reconduciendo la crisis

al redil institucional donde la realidad vuelva a ser, siquiera por unas jornadas, mensurable y controlable.

9) Al fin y al cabo, toda crisis política señalizada eventualmente por la interposición de una moción de censura constructiva redunda en la minimización de sus costes: irónicamente, a cambio de concesiones (procedimentales) a la dramatización de un conflicto (que excluye al Grupo de apoyo al Gobierno censurado de cualquier solución o "desbloqueo" del mismo), tal coyuntura será con toda probabilidad salvada sin producir dimisiones, e incluso sin el recurso a la *reprobación individualizada* de ningún/a ministro/a (arts. 98 y 111.2 CE), aun cuando estos sean por lo general más vulnerables a la pérdida de apoyos políticos o de opinión pública que el presidente del Gobierno.

10) Recuérdese, finalmente, que aun cuando inicialmente la Constitución no contemplase en su redacción literal la figura de la "moción de censura individual sobre los ministros" o de "reprobación" individualizada sobre los miembros del Gobierno por su "responsabilidad directa" por su gestión ex art. 98.2 CE (concentrando en su presidente la eventualidad de un voto de censura constructiva ante la "responsabilidad solidaria" del conjunto del Gobierno sobre su gestión, arts. 108 y 113 CE), la práctica parlamentaria abrió en su momento cauce —por cierto, muy tempranamente, desde la I Legislatura— a esta vía de "reprobación" al ministro/a, con carácter singular, por la vía de la moción consecuencia de interpelación (art. 111.2 CE, arts. 180-184 RCD)

Y en efecto, a las alturas de 45 años de experiencia constitucional, han sido variados y múltiples los casos acumulados de ministros/as reprobados individualizadamente por un respectivo voto de mayoría en el Congreso (basta mayoría simple). La lección práctica es meridiana: en ninguno de esos casos se dedujo la consecuencia práctica de dicha "reprobación" con "pérdida de confianza" por parte del Congreso. En ningún caso se produjo su cese y sustitución por parte del presidente del Gobierno. En todos y cada uno de esos casos, los ministros/as afectados/as se reclamaron al vínculo de la confianza, exclusiva y excluyente, del Presidente que les nombró; la única autoridad de la que provenía su mandato y la única que, de acuerdo con su interesada lectura, podría en su caso cesarles (art. 100 CE).

V. DENEGACIÓN DE LA CONFIANZA/ CENSURA, Y NUEVA INVESTIDURA

Las previsiones contempladas en los arts. 113 y 114 CE deben ser completadas con una lectura detenida del primer parágrafo del art. 114, en la medida en que su aplicabilidad se vincula a lo dispuesto en el art. 112 CE al regular la figura de la "*cuestión de confianza*" como técnica diferenciada de la censura constructiva.

La cuestión de confianza se perfila, a diferencia de la censura, como un dispositivo en manos del presidente del Gobierno, orientado al objetivo de verificar la persistencia parlamentaria o no de la relación de confianza que fue establecida en su día en el acto de investidura (relación "*fiduciaria*", según el italianismo que se extendió en la primera doctrina acerca de la forma parlamentaria de gobierno), bien como consecuencia de una crisis política que haya alterado aquélla tanto en su naturaleza como en sus consecuencias y efectos, bien como consecuencia de una decisión política de reorientar la acción de Gobierno, su dirección política (el "*indirizzo politico*" de la doctrina italiana), sus prioridades legislativas, o la misma estructura del Gobierno y la composición del Consejo de Ministros en modo que su impacto aconseje reformular la confianza y relanzarla expresamente, con toda solemnidad, con un voto a tal efecto en el Congreso.

En caso de perder la confianza expresamente requerida de conformidad con la técnica del art. 112 CE a manos de una mayoría simple (más votos desfavorables que favorables, sin exigir por tanto ninguna mayoría absoluta), el presidente del Gobierno presentará su dimisión al Rey. Este, en su calidad de Jefe del Estado (art. 56 y 62.d CE) deberá poner en marcha el *iter* procedimental hacia una nueva investidura de acuerdo con lo establecido en el art. 99 CE (y arts. 170-172 RCD):

a) El Rey llamará a consultas (en una ronda completa, por orden de menor a mayor, de acuerdo con las convenciones y prácticas aplicativas consolidadas hasta hoy) a los representantes de todos los "Grupos políticos" (no solo pues de los distintos Grupos Parlamentarios del art. 78 CE, sino todos los partidos y formaciones) que tengan (hayan obtenido) representación en el Congreso;

b) Con posterioridad, el Rey trasladará ante el Congreso, por conducto de su presidente (y con su refrendo, art. 62.d. CE), una concreta propuesta de candidatura a la investidura (o sucesivas propuestas, si fracasase esta primera hasta en dos ocasiones, una por mayoría absoluta y otra, pasadas 48 horas, por mayoría simple), y así hasta que, pasados dos meses desde la primera votación de investidura fracasada sin haber sido completada con éxito ninguna en ninguno de los sucesivos intentos, y de nuevo con refrendo del presidente del Congreso, se determinaría la convocatoria de unas nuevas elecciones generales (ex art. 99.5 CE).

Y es a esa previsión de la "pérdida de confianza" (por mayoría simple) a la que alude el art. 114 CE para anudar, del mismo modo que a la votación favorable (por mayoría absoluta) de una moción de censura, la "presentación de la dimisión ante el Rey" del cargo de presidente del Gobierno, activándose por tanto lo dispuesto en el art. 99 CE.

La conclusión es obligada: la votación favorable del Congreso a la renovación explícita de la confianza (por mayoría simple) restituye al presidente en lo que podría llamarse su "plena capacidad de obrar" (para reconducir el resto de la Legislatura sobre las bases acordadas en la confianza conferida... o para disolver las Cortes, o el Congreso o el Senado).

Por el contrario, la adopción de la moción de censura (por mayoría absoluta) fuerza jurídicamente (art. 114.2 CE) la remoción del titular de la presidencia del Gobierno y su sustitución por el recién investido (el candidato alternativo), sin solución de continuidad. Ahora bien, en caso de votación desfavorable de la misma, el presidente del Gobierno recupera plenamente su facultad de disolución discrecional de las Cortes (o del Congreso o del Senado, alternativamente) (art. 115 CE). Se le abre así la posibilidad de emprender un *contraataque en toda regla* contra el alegado agotamiento de la *relación fiduciaria*. Y que los ciudadanos decidan en elecciones libres.

VI. BIBLIOGRAFÍA

ARAGÓN REYES, M.: "El control como elemento inseparable del concepto de Constitución". En *Política y Sociedad* (Estudios en homenaje a F. MURILLO FERROL), Centro de Estudios Constitucionales, Madrid, 1987, vol. I, pp. 285 y ss. (También publicado en la *Revista Española de Derecho Constitucional*, núm. 19, abril, 1987, pp. 15 y ss.).

DE VERGOTTINI, G.: *Derecho Constitucional comparado*, Espasa-Calpe, Madrid, 1983.

GARCÍA FERNANDEZ, J.: *El Gobierno en acción*, BOE-CEC, Madrid, 1995.

GARCÍA MORILLO, J.: *El control parlamentario del Gobierno en el ordenamiento español*, Cortes Generales, Madrid, 1984.

LÓPEZ AGUILAR, J. F.: *La oposición parlamentaria y el orden constitucional*, Centro de Estudios Constitucionales, Madrid, 1988.

- *Minoría y Oposición en el Parlamentarismo*, Congreso de los Diputados, Madrid, 1991
- "¿Qué es el Parlamentarismo? Gobierno parlamentario, arquetipos y experiencias (una historia europea)", *RCG*, núm. 114, 2022, pp. 81-125.

LÓPEZ GUERRA, L.: "El control parlamentario como instrumento de las minorías", *Anuario de Derecho Constitucional y Parlamentario*, núm. 8, 1996, pp. 81-104.

MIRKINE-GUETZEVITCH, B.: *Nuevas tendencias del Derecho Constitucional*, Ed. Reus, Barcelona, 1934.

MONTERO GIBERT, J. R., GARCÍA MORILLO, J.: *El control parlamentario*, Tecnos, Madrid, 1984.

PÉREZ SERRANO, N.: *Tratado de Derecho Político*, Civitas, Madrid, 1976.

RALLO LOMBARTE, A.: *Investiduras fallidas y Constitución ignota*, CEPC, Madrid, 2021.

RAMÍREZ, M. (ed.): *El control parlamentario en las democracias pluralistas*, Labor, Barcelona, 1978.

RESCIGNO, G. U.: *La responsabilità politica*, Giuffrè, Milán, 1976.

SANTOLAYA MACHETTI, P.: "La reprobación individual de los ministros", *Revista de la Facultad de Derecho de la Universidad Complutense*, núm. 63, 1982

Artículo 115

1. El Presidente el Gobierno, previa deliberación del Consejo de Ministros, y bajo su exclusiva responsabilidad, podrá proponer la disolución del Congreso, del Senado o de las Cortes Generales, que será decretada por el Rey. El Decreto de disolución fijará la fecha de las elecciones.

2. La propuesta de disolución no podrá presentarse cuando esté en trámite una moción de censura.

3. No procederá nueva disolución antes de que transcurra un año desde la anterior, salvo lo dispuesto en el artículo 99, apartado 5.2

COMENTARIO

J. Luis García Ruiz
Catedrático de Derecho Constitucional
Universidad de Cádiz

SUMARIO: I. CONSIDERACIONES GENERALES. II. ANTECEDENTES HISTÓRICOS. III. LA DISOLUCIÓN EN EL PROCESO CONSTITUYENTE. IV. ANÁLISIS DEL TEXTO VIGENTE. 1. Órgano de la disolución. 2. Alcance de la disolucion. 3. Duracion de la disolucion. 4. Limitaciones a la disolucion. V. DECRETOS DE DISOLUCIÓN DE LAS CORTES. VI. BIBLIOGRAFÍA.

I. CONSIDERACIONES GENERALES

La disolución del Parlamento es, como se sabe, un instrumento consustancial al régimen parlamentario. Este tipo de régimen se cimenta en un elemento necesario que consiste en la obligada existencia de una relación de confianza entre el Parlamento y el Gobierno, de tal manera que sin ella no puede llegar a formarse este último. Debe advertirse, no obstante, que el reforzamiento de la figura del Presidente del Gobierno (designado como Primer Ministro en los regímenes parlamentarios más clásicos) ha conducido a que esta relación de confianza se haya ido perfilando hacia su figura y no hacia el Gobierno como órgano colegiado, cuyos miembros son designados por el Presidente una vez obtenida por éste la confianza de la Cámara, siendo éste el esquema seguido por la Constitución Española en sus artículos 99, 1, 2 y 3 y 100.

Esta investidura presidencial es, como decimos, determinante para formar Gobierno, pero no agota la relación de confianza ya que ésta extiende sus efectos a lo largo del tiempo y tras la investidura el Presidente del Gobierno ha de seguir contando con la confianza de la Cámara, lo que se traduce en los mecanismos de las llamadas cuestión de confianza (art. 112) y moción de censura (art. 113). Investidura, cuestión de confianza y moción de censura son, por tanto, los elementos esenciales para que un régimen pueda ser llamado parlamentario, a diferencia de lo que ocurre con el régimen presidencial en el que el Presidente es al tiempo Jefe del Estado y no necesita la confianza del Parlamento.

La dependencia del Presidente y su Gobierno respecto del Parlamento requiere de un elemento reequilibrador de la relación fiduciaria, de modo que la misma no se convierta, una vez producida la investidura, en un mecanismo exclusivamente unidireccional. En efecto, en las democracias el Parlamento debe su propia legitimidad al proceso electoral y aunque es el representante de la soberanía nacional no es su detentador ya que ésta pertenece al pueblo en su conjunto (art. 1, 2 y 66 CE). Esa necesidad reequilibradora es la que explica, y justifica, la existencia del llamado derecho de disolución que permite, en caso de enfrentamiento entre ambos poderes, la invocación a la soberanía popular mediante la convocatoria de un nuevo proceso electoral. Claro que la presencia de los partidos políticos y, a través de ellos, la conformación de la mayoría necesaria para la investidura permite aducir que hoy día ha quedado obsoleta la anterior justificación ya que, aunque haya excepciones en el derecho comparado como consecuencia de un multipartidismo extremo y/o de gobiernos de coalición, el respaldo mayoritario suele mantenerse a lo largo de la legislatura. Pero, aun así, el derecho de disolución del Parlamento sigue siendo un instrumento válido en cuanto permite al Presidente del Gobierno escoger el momento que considere más adecuado para que se pronuncie el pueblo, titular de la soberanía.

De lo dicho se comprenderá que esta modalidad de disolución del Parlamento es distinta y diferenciada de las disoluciones que las constituciones contemplan como automáticas o *ex constitutione*, que no requieren más que el cumplimiento de las condiciones que la norma prevé y no necesitan ninguna voluntad externa desencadenante. Así, en la Constitución Española nos encontraremos con los artículos 68.4 y 69.6 que establecen, respectivamente, una duración del mandato de diputados y senadores de cuatro años, fijándose en el punto 6 del artículo 68 la obligatoria celebración de elecciones entre los treinta y sesenta días siguientes a la terminación del mandato. Debe advertirse, no obstante, que de hecho en ninguna legislatura se ha producido una renovación de las Cámaras por el agotamiento estricto de los plazos establecidos en los artículos 68 y 69 citados, aunque en alguna ocasión se haya estado muy cerca de ello, como en las elecciones de diciembre de 2015, sino que el Presidente del Gobierno ha utilizado la facultad establecida en el artículo 115 para "afinar" la fecha que consideraba más idónea conforme razonábamos al final del párrafo anterior.

Por ello, las disoluciones que podemos contemplar como automáticas o *ex constitucione* son las previstas en los artículos 99.5 y 168.1. El artículo 99.5 establece la disolución automática de las Cámaras si transcurridos dos meses desde la primera votación de investidura ningún candidato a Presidente del Gobierno hubiese obtenido la confianza del Congreso de los Diputados. La ausencia de precedentes en la aplicación de este artículo quebró con las disoluciones que tuvieron lugar mediante los Reales Decretos 184/2016 de 3 de mayo y 551/2019 de 24 de septiembre. Finalmente, el artículo 168.1 determina la disolución inmediata de las Cortes y la celebración de nuevas elecciones, tras la aprobación por mayoría de 2/3 en ambas cámaras del principio de revisión total de la Constitución o de la parcial que se equipara a la misma (Títulos Preliminar y II y Capítulo Segundo, Sección 1ª del Título I), sin que este artículo haya sido objeto de aplicación pues, como es sabido, no se ha producido una reforma total, o parcial equiparable, de la Constitución.

II. ANTECEDENTES HISTÓRICOS

Como hemos dicho, la disolución de la que nos ocupamos es el elemento reequilibrador de la relación fiduciaria propia del régimen parlamentario. Desde esta consideración cabría alegar que, —dada la inexistencia de un parlamentarismo clásico en nuestra historia constitucional, en la que a lo sumo, y con excepción de la Constitución de 1931, que, a su vez, presenta matices peculiares, podríamos hablar de regímenes preparlamentarios—, no existe en nuestro derecho histórico el derecho de disolución que analizamos. Los Gobiernos son, a lo largo del siglo XIX, Gobiernos del Rey, cabeza del Poder Ejecutivo pues el poder soberano es compartido por las Cámaras y el Monarca en la fórmula clásica de la forma de gobierno del liberalismo doctrinario que en la monarquía española quedó sintetizada en el aforismo "Las Cortes con el Rey". Pero lo cierto es que tras la prohibición absoluta de disolver las Cortes que estableció el artículo 172 de la Constitución de Cádiz al ocuparse de las restricciones a la autoridad del Rey, las siguientes sí que harán mención a la disolución como facultad del Rey, aunque lo hagan de forma imperfecta y fuese utilizada, como es sabido, para facilitar unas nuevas elecciones que "fabricasen" una mayoría parlamentaria al Gobierno previamente designado por el Rey. Es lo que, con menor o mayor finura normativa, encontraremos en los artículos 17, 18, 24 y 40 del Estatuto Real de 1834; en el artículo 26 de la Constitución de 1837 —en el que aparecerá ya la constante de la obligación real de convocar y reunir otras Cortes en los tres meses siguientes a la disolución del Congreso de los Diputados—; en el artículo también 26 de la Constitución de 1845 en que se repetirá la fórmula anterior; en los artículos 42 y 72 de la Constitución de 1869

—en éste último se mejora ya la técnica normativa al precisarse que será el propio decreto de disolución el que contenga "necesariamente la convocatoria de las Cortes para dentro de tres meses"—; plazo que igualmente mantiene el artículo 32 de la Constitución de 1876. Respecto a esta última, y como testimonio de lo anteriormente expuesto sobre la utilización por el Rey del derecho de disolución para conformar a posteriori la existencia de un nuevo Gobierno, dejamos constancia de que, en los 47 años de vigencia de la Constitución hasta el golpe de Estado en 1923 del general Primo de Rivera, la prerrogativa real de la disolución fue ejercida en 20 ocasiones. Finalmente, nos encontramos con la Constitución republicana de 1931, con un fuerte toque semipresidencial pues, aunque consagra en su artículo 91 la responsabilidad política del Gobierno, establece en su artículo 75 que corresponde al Presidente de la República nombrar y separar libremente al Presidente del Gobierno, salvo que las Cortes negasen de modo explícito su confianza. En consonancia con lo anterior, conforme al artículo 81, será el Presidente de la República/Jefe de Estado el titular del derecho de disolución, aunque su ejercicio quedaba limitado a dos veces durante su mandato, debiendo el decreto de disolución ser motivado e incorporar la convocatoria de nuevas elecciones en el plazo de sesenta días. La segunda disolución conllevaba el análisis por las nuevas Cortes de la necesidad o no de la misma y, en caso de estimarse por mayoría absoluta su improcedencia, ello conllevaba la destitución del Presidente. Sabido es que esto es lo que ocurrió con D. Niceto Alcalá Zamora, quien elegido para seis años de mandato fue depuesto cuando llevaba algo más de cuatro años en el cargo.

III. LA DISOLUCIÓN EN EL PROCESO CONSTITUYENTE

Ya desde el Anteproyecto de Constitución, al configurar el mismo un sistema de monarquía parlamentaria, visualizamos el derecho de disolución, ubicado inicialmente en el artículo 93. La diferencia más esencial del Anteproyecto respecto al texto final del artículo 115 la encontraremos en el apartado 1 en el que la disolución que se prevé se contrae exclusivamente al Congreso de los Diputados. Por el contrario, los apartados 2 y 3 serán idénticos a los correlativos del artículo 115 (a salvo la remisión hecha al art. 97 apartado 5 del anteproyecto que luego terminará siendo el definitivo art. 99, apartado 5). Asimismo, el artículo 93 del Anteproyecto contendrá también un apartado 4 referido a los plazos de celebración de las elecciones y a la convocatoria del Congreso electo.

En el informe de la Ponencia este artículo 93 se reubicará como 107 y en el apartado 1 la mención al Gobierno será sustituida por la del Consejo de

Ministros y se le adicionará la frase "el decreto de disolución fijará la fecha de las elecciones al Congreso"; se mantienen invariables los apartados 2 y 3 y se suprimirá el apartado 4, cuyo contenido se reenviará al artículo 68, apartado 6, sin otra modificación que la de establecer en 60 días el plazo máximo para convocar elecciones en lugar de los 50 que figuraban en el texto del anteproyecto.

El dictamen de la Constitución Constitucional hará suyo el texto de la Ponencia, salvo que el artículo es ahora reubicado como 108.

Será el Pleno del Congreso de los Diputados el que en su dictamen de 24 de julio de 1978 acoja una enmienda de gran calado suscrita por casi todos los grupos parlamentarios y votada afirmativamente por 281 votos, ninguno en contra y 33 abstenciones en virtud de la cual la disolución quedará referida a las Cortes Generales en lugar de exclusivamente al Congreso de los Diputados. Quería evitarse con ello la existencia de un Senado indisoluble aun cuando las circunstancias aconsejasen unir su suerte a la del Congreso. Y, en consonancia con el nuevo planteamiento, la frase final del apartado eliminaría la referencia al Congreso a la hora de fijar fecha para las elecciones.

Por su parte, a lo largo de la tramitación en el Senado y como consecuencia de una enmienda del Profesor Ollero se rectificó lo anterior precisamente por una consideración a sensu contrario: que las circunstancias aconsejasen la no disolución del Senado, aunque fuese conveniente la del Congreso. Diría Ollero "no hay ningún motivo para que el Senado tenga que seguir automáticamente la suerte del Congreso cuando no tiene las funciones del Congreso, cuando no hay equiparación de competencias, y cuando le está sustraída la intervención en el nombramiento y en la dimisión del Gobierno".

Ello obligaba a hilar fino y recoger en el texto las 3 posibilidades: La disolución podría proponerse respecto del Congreso, del Senado o de las Cortes Generales. Esto quedaría plasmado en el texto aprobado por el Pleno del Senado, si bien ahora el ordinal del artículo pasaba a ser el 114 en lugar del 108 anterior.

En el dictamen de la Comisión Mixta Congreso-Senado el artículo es ya el 115 y su texto recogerá ya todos los cambios que hemos venido relatando y será el mismo que definitivamente figure en la Constitución.

IV. ANÁLISIS DEL TEXTO VIGENTE

1. Órgano de la disolución

Aunque la dicción literal del texto hace radicar en el Presidente del Gobierno la facultad de proponer la disolución y en el Rey la de decretarla, es a aquel a quien inequívocamente podemos considerar el órgano decisorio de la disolución. Primeramente porque aunque la Constitución somete la propuesta preceptivamente a una previa deliberación del Consejo de Ministros, se trata de una deliberación no vinculante justificada por la literalidad de "la exclusiva responsabilidad" que la Constitución hace recaer sobre el Presidente, cuya titularidad decisoria viene reafirmada por lo dispuesto en la ley 50/1997, del Gobierno.

En segundo término, porque la facultad del Rey de decretar la disolución que se le propone no es sino un acto reglado al que el Rey viene obligado y a cuyo efecto la Constitución utiliza inequívocamente un tono imperativo: "será decretada". Por ello, la facultad del Rey que establece el artículo 62 b) de convocar y disolver las Cortes Generales y convocar elecciones se apostilla en dicho artículo con un inequívoco "en los términos previstos en la Constitución" que nos reconduce indefectiblemente a lo previsto en este artículo 115 que comentamos y a los artículos 99.5 y 168.1 en el caso de las disoluciones *ex constitutione*, sin que esté previsto ningún otro supuesto ligado a la voluntad real. Debemos añadir a este respecto que en los debates constituyentes no prosperaron ni las enmiendas ni los votos particulares tendentes a reforzar el papel del Rey en el ejercicio del derecho de disolución como una concreción de su papel arbitral y moderador del funcionamiento regular de las instituciones (art. 56). Y ello ni siquiera cuando concurran circunstancias graves y excepcionales. El colofón a cuanto decimos viene dado por el rechazo explícito del Senado del voto particular del senador Gamboa Sánchez Barcaiztegui tendente a hacer figurar un apartado 4 en el artículo 115 cuya redacción era la siguiente: "En circunstancias excepcionales o por motivos de especial gravedad para los intereses nacionales podrá el Rey, por si mismo, decretar la disolución de las Cortes Generales, en cuyo caso se procederá inmediatamente a convocar nuevas elecciones en los términos señalados en la Constitución".

2. Alcance de la disolución

Como ya hemos referido en el apartado correspondiente, el resultado de los debates constituyentes condujo a establecer un derecho de disolución que puede recaer sobre cualquiera de las Cámaras —Congreso de los Diputados o

Senado— o sobre ambas, englobadas en la dicción constitucional "las Cortes Generales". Prácticamente la totalidad de la doctrina muestra la extrañeza que suscita el hecho de extender la disolución a la Cámara —el Senado— con relación a la cual no existe la relación fiduciaria constitutiva del régimen parlamentario. En efecto, y como es sabido, la investidura, la cuestión de confianza y la moción de censura tienen lugar exclusivamente en el Congreso de los Diputados y, por lo tanto, es la disolución del Congreso de los Diputados el elemento reequilibrador de dicha relación fiduciaria. Pero razones de orden práctico han conducido al hecho de que, al ser el Senado también una Cámara electiva, no haya querido introducirse un posible factor de perturbación en la cadencia de las legislaturas que se hubiese visto alterada ante el hecho de posibles disoluciones anticipadas del Congreso e imperturbable agotamiento de los plazos de mandato del Senado. Todo ello condujo a que la redacción de los artículos 68.4 y 69.6 sea idéntica y en ambos se recogerá que los respectivos mandatos terminarán cuatro años después de su elección o "el día de la disolución de la Cámara". Como la práctica ha venido demostrando, las disoluciones que han tenido lugar durante la vigencia de la Constitución han sido siempre y simultáneamente las de las dos Cámaras, es decir de las Cortes Generales. Con arreglo a este espíritu la Constitución incluso explicita en el art. 99.5, para que no haya dudas, que la disolución *ex constitutione* que allí se contempla se extiende también a "ambas Cámaras", aunque sea únicamente el Congreso de los Diputados quien no haya otorgado la confianza a ningún candidato a la Presidencia del Gobierno. Este estado de cosas hace que nos planteemos la esterilidad de los debates constituyentes en el Senado pues bien podría haberse optado por mantener incólume los acordado en el Pleno del Congreso de los Diputados al circunscribir la disolución a las Cortes Generales.

Debemos advertir, finalmente, que disueltas las Cámaras estas no desaparecen en su totalidad, sino que algunas de sus funciones se siguen ejerciendo por las respectivas Diputaciones Permanentes (art. 78) hasta la constitución de las nuevas Cortes Generales.

3. Duración de la disolución

El último inciso del apartado 1 de este artículo 115 que comentamos establece que "El Decreto de disolución fijará la fecha de las elecciones". Ya hemos visto que en el Anteproyecto de Constitución se incluía un apartado 4, en lo que entonces era artículo 93, en el que se recogían los plazos para la celebración de las elecciones y la constitución del Congreso. Podría pensarse que su eliminación y la indeterminación del inciso anterior abren la posibilidad de una duración indeterminada que el Decreto de disolución vendría a concretar, pero no es así en absoluto. Tanto los trabajos constituyentes —véase lo dicho anteriormente sobre el Informe de la Ponencia— como la generalidad de la doctrina nos recuerdan que el Decreto de disolución deberá atenerse a lo establecido en el apartado 6 del artículo 68: "Las elecciones tendrán lugar entre los 30 y 60 días desde la terminación del mandato. El Congreso electo deberá ser convocado dentro de los veinticinco días siguientes a la celebración de las elecciones". Y aunque no existe un apartado similar en relación al Senado la doctrina es unánime en considerar que una interpretación sistemática de la Constitución obliga a entender dicho apartado 6 como aplicable a la disolución del Senado. En consecuencia, el periodo máximo en que las Cámaras podrían estar disueltas es el de ochenta y cinco días, pero la Ley Orgánica de Régimen Electoral General ha venido a establecer en su artículo 42.1 que las elecciones habrán de celebrarse el día quincuagésimo cuarto —ni uno más ni uno menos— posterior a la convocatoria lo que acorta dicho periodo a setenta y nueve días.

4. Limitaciones a la disolución

El apartado 2 de este artículo 115 establece que la propuesta de disolución no podrá presentarse cuando esté en trámite una moción de censura. Se trata de una singularidad en relación con el parlamentarismo clásico en el que la disolución ha sido a menudo utilizada como respuesta a una moción de censura, sometiendo por consiguiente al arbitrio del electorado el enfrentamiento entre Gobierno y Parlamento. Pero esta previsión del apartado 2 es absolutamente consecuente con el parlamentarismo racionalizado que recoge la Constitución, al establecer la denominada moción de censura constructiva. Esta, como se sabe, requiere la inclusión en la propuesta de un candidato alternativo a la presidencia del Gobierno y su investidura se produce automáticamente en el caso de prosperar la moción por mayoría absoluta.

Por el contrario nada se opone a una posible disolución estando pendiente la votación de una cuestión de confianza, a salvo el deterioro que ello supondría para la coherencia política del Gobierno, por lo que resulta difícil imaginar que ello llegue a producirse. Pero la disolución no podrá producirse una vez perdida una cuestión de confianza, por que ello implica el cese del Gobierno, a tener del artículo 101.

El apartado 3 dispone que no procederá una propuesta de disolución antes de que haya transcurrido un año desde la anterior. Este plazo se cuenta desde la anterior disolución, por lo que si tenemos en cuenta los casi tres meses que transcurrirán hasta la constitución de las nuevas cámaras, estamos hablando de un periodo temporal muy corto —nueve meses— durante el cual es harto improbable se haya producido tal cambio de tendencia en el electorado que aconseje su consulta. Esta limitación temporal se extiende incluso al supuesto de producirse durante la misma algunas de las circunstancias previstas en el artículo 101 —dimisión o fallecimiento del Presidente de Gobierno y la más que improbable pérdida de la confianza parlamentaria de un Gobierno recién estrenado—, las cuales deberán ser afrontadas y resueltas por las cámaras vigentes.

Pero el redactado del apartado 3 establece un equívoco "salvo lo dispuesto en el apartado 99 apartado 5". La literalidad nos conduce a pensar que se trata de exceptuar del límite temporal de un año a la disolución que es consecuencia de no haberse investido, en el plazo de dos meses previsto desde la primera votación, a un presidente de Gobierno. Pero ello nos conduce al absurdo de subrayar lo evidente: esta es una disolución *ex constitutione*, el refrendo de la misma corresponde al Presidente del Congreso y se encuentra fuera del ámbito de la disolución discrecional del Presidente del Gobierno de que se ocupa el presente artículo 115. Por ello me inclino por interpretar que lo que la Constitución pretende es excluir dicha disolución, en el caso de que se haya producido, del cálculo inicial del plazo limitativo de un año desde la anterior. La misma razón interpretativa cabe aplicarla a la disolución *ex constitutione* del artículo 168 para el supuesto de la reforma constitucional, aunque el apartado 3 no haga mención expresa de la misma. En todo caso lo exiguo de la efectividad del plazo prohibitivo previsto, hace muy improbable la aparición de estos supuestos.

A las limitaciones a la disolución previstas en los apartados 2 y 3 del artículo 115 que comentamos habría que sumar, por razones de sistemática, otra que encontramos en el artículo siguiente de la Constitución. Y así en el artículo 116, regulador de los estados de alarma, de excepción y sitio encontraremos un apartado 5 que prohíbe la disolución del Congreso mientras estén declarados algunos de dichos estados, previendo complementariamente la convocatoria de las Cámaras si no estuviesen reunidas en periodos de sesiones.

Finalmente, y como aclaración tal vez innecesaria a las previsiones constitucionales, dado que esa situación se produce precisamente porque las Cámaras están disueltas, conviene aquí dejar constancia que el artículo 21.4 a) de la Ley del Gobierno ha explicitado que el Presidente del Gobierno en funciones no podrá ejercer la facultad de proponer al Rey la disolución de algunas de las Cámaras o de las Cortes Generales.

V. DECRETOS DE DISOLUCIÓN DE LAS CORTES

Salvo las disoluciones decretadas, en cumplimiento de lo previsto en el artículo 99.5 CE por los Reales Decretos 184/2016 de 3 de mayo y 551/2019 de 24 de septiembre ya citados, todas las demás lo han sido en aplicación del apartado 1 del artículo 115, aunque algunas hayan tenido lugar en fechas cercanas a la expiración del mandato de las cámaras. Estas disoluciones vienen recogidas en los siguientes Reales Decretos: 3073/1978, de 24 de diciembre; 2057/1982, de 27 de agosto; 794/1986, de 22 de abril; 1047/1989, de 1 de septiembre; 534/1993, de 12 de abril; 1/1996, de 8 de enero; 64/2000, de 17 de enero; 100/2004, de 21 de enero; 33/2008, de 14 de enero; 1329/2011, de 26 de septiembre; 977/2015, de 26 de octubre; 129/2019, de 4 de marzo y 400/2023, de 29 de mayo.

VI. BIBLIOGRAFÍA

Todos los manuales de Derecho Constitucional español recogen párrafos dedicados al derecho de disolución, aunque, lógicamente y dada la índole de los textos, se ciñan a un tratamiento meramente explicativo. Por citar algunos que ofrecen un mayor desarrollo dejamos aquí constancia del "Curso de Derecho Constitucional Español", Tomo III, de los profesores Jorge de Esteban y Pedro González Trevijano (Madrid 1994, Servicio de Publicaciones de la Facultad de Derecho de la Universidad Complutense) y de "Principios de Derecho Constitucional Español" de Antonio Torres del Moral (Madrid 1998, Servicio de Publicaciones de la Universidad Complutense). En cuanto a la visión histórica puede cotejarse el Tratado de Derecho Político de D. Nicolás Pérez Serrano (Madrid 1976, Editorial Civitas).

Por lo que a monografías se refiere resulta clásica la cita de la obra de Gaspar Bayón "El derecho de disolución del parlamento" (Madrid 1935 y 1999, Congreso de los Diputados) y respecto al derecho vigente la de Antonio Bar Cendón "La disolución de las Cámaras Legislativas en el ordenamiento constitucional español" (Madrid 1989, Congreso de los Diputados).

Más abundantes son las glosas del precepto en los diversos textos de Comentarios a la Constitución que se han ido publicando. Por todas dejamos aquí señaladas las de Francisco Fernández Segado en las obras dirigidas por Oscar Alzaga "Comentarios a las leyes políticas. Constitución española de 1978", Tomo IX, (Madrid 1985, Edersa) y "Comentarios a la Constitución española de 1978", Tomo IX, (Madrid 1999, Edersa) glosas muy extensas al no estar condicionadas por límites de espacio, aunque, en mi opinión, con sobreabundancia de citas doctrinales.

Dejamos finalmente constancia de la sinopsis del artículo que comentamos hecha en forma muy didáctica por Fernando Santaolalla López —2003— (y actualizadas por Fernando Galindo —2011— y Luis Manuel Miranda —2018—) en la página web del Congreso de los Diputados (http://www.congreso.es/consti/constitucion/ índice/sinopsis/sinopsis.jsp? art=115)

Artículo 116

1. Una ley orgánica regulará los estados de alarma, de excepción y de sitio, y las competencias y limitaciones correspondientes.

2. El estado de alarma será declarado por el Gobierno mediante decreto acordado en Consejo de Ministros por un plazo máximo de quince días, dando cuenta al Congreso de los Diputados, reunido inmediatamente al efecto y sin cuya autorización no podrá ser prorrogado dicho plazo. El decreto determinará el ámbito territorial a que se extienden los efectos de la declaración.

3. El estado de excepción será declarado por el Gobierno mediante decreto acordado en Consejo de Ministros, previa autorización del Congreso de los Diputados. La autorización y proclamación del estado de excepción deberá determinar expresamente los efectos del mismo, el ámbito territorial a que se extiende y su duración, que no podrá exceder de treinta días, prorrogables por otro plazo igual, con los mismos requisitos.

4. El estado de sitio será declarado por la mayoría absoluta del Congreso de los Diputados, a propuesta exclusiva del Gobierno. El Congreso determinará su ámbito territorial, duración y condiciones.

5. No podrá procederse a la disolución del Congreso mientras estén declarados algunos de los estados comprendidos en el presente artículo, quedando automáticamente convocadas las Cámaras si no estuvieren en periodo de sesiones. Su funcionamiento, así como el de los demás poderes constitucionales del Estado, no podrán interrumpirse durante la vigencia de estos estados.

Disuelto el Congreso o expirado su mandato, si se produjere alguna de las situaciones que dan lugar a cualquiera de dichos estados, las competencias del Congreso serán asumidas por su Diputación Permanente.

6. La declaración de los estados de alarma, de excepción y de sitio no modificarán el principio de responsabilidad del Gobierno y de sus agentes reconocidos en la Constitución y en las leyes.

COMENTARIO

Juan Carlos Duque Villanueva
Secretario general adjunto
Tribunal Constitucional

SUMARIO: I. EL DERECHO DE EXCEPCIÓN EN LA CONSTITUCIÓN DE 1978. II. EL ESTADO DE ALARMA. III. EL ESTADO DE EXCEPCIÓN. IV. EL ESTADO DE SITIO. V. GARANTÍAS CONSTITUCIONALES DURANTE LA VIGENCIA DE LOS ESTADOS EXCEPCIONALES. VI. EL CONTROL JURISDICCIONAL DE LAS DECLARACIONES DE LOS ESTADOS EXCEPCIONALES. VII. BIBLIOGRAFÍA. VIII. JURISPRUDENCIA.

I. EL DERECHO DE EXCEPCIÓN EN LA CONSTITUCIÓN DE 1978

El artículo 116 de la Constitución (CE), último de su título V, que lleva por rúbrica "De las relaciones entre las Cortes Generales y el Gobierno", junto con el artículo 55.1 CE, que enuncia los derechos fundamentales susceptibles de suspensión en los estados de excepción o de sitio, son los dos preceptos nucleares del derecho constitucional de excepción en nuestro ordenamiento. Derecho que completan el artículo 117.5 CE, que remite a la ley la regulación del ejercicio de la jurisdicción militar fuera del ámbito estrictamente castrense en los supuestos de estado de sitio, y el artículo 169 CE, que prohíbe el inicio de la reforma constitucional durante la vigencia de alguno de los estados excepcionales del artículo 116 CE.

El artículo 116 CE en su primer apartado enuncia los tres estados de emergencia existentes en nuestro ordenamiento —estado de alarma, estado de excepción y estado de sitio— y remite a una ley orgánica su regulación, así como la de las competencias y limitaciones correspondientes. Los siguientes tres apartados del precepto, dedicados, respectivamente, a cada uno de esos estados determinan los órganos competentes para su autorización, declaración y, en su caso, prorroga; el procedimiento de adopción, la forma y el contenido de esas decisiones; y, en fin, su plazo de vigencia (art. 116. 2, 3 y 4 CE). El precepto prevé, por último, una serie de garantías durante la declaración de cualquiera de los estados de emergencia a fin de preservar el funcionamiento normal de los poderes constitucionales del Estado (art. 116.5 CE), así como la vigencia del principio de responsabilidad del Gobierno y sus agentes (art. 116.6 CE).

La doctrina ha identificado los siguientes elementos como característicos de nuestro derecho constitucional de excepción: a) se trata de un derecho limitado, pues como consecuencia de la declaración de los estados de emergencia del artículo 116 CE las únicas previsiones constitucionales susceptibles de suspensión, en los términos y casos expresamente establecidos, son los derechos enunciados en el artículo 55.1 CE, el ámbito estrictamente castrense de la jurisdicción militar (art. 117.5 CE) y facultad de iniciar una reforma constitucional (art. 169 CE); b) es igualmente un derecho incompleto, dada la remisión del precepto constitucional al legislador orgánico para que regule las situaciones que pueden determinar la declaración de cada uno de los estados excepcionales, así como sus efectos, con la salvedad de lo dispuesto en los artículos 55.1, 117.5 y 169 CE; c) se configura también como un derecho diversificado, ya que el constituyente ha contemplado tres estados de emergencia, si bien ha diferido al legislador orgánico la opción por una concepción gradualista —todos responden a una misma situación de emergencia, procediendo la declaración de uno u otro estado según su gravedad— o pluralista de los mismos —cada uno de los estados atiende a situaciones de emergencia cualitativamente diferentes—; y d) se presenta asimismo como un derecho de excepción parlamentario, por la preeminencia del Congreso de los Diputados en su declaración y en la determinación de sus efectos.

La Ley Orgánica 4/1981, de 1 de julio, de los estados de alarma, excepción y sitio (LOEAES) ha desarrollado el mandato del artículo 116.1 CE, optando por una concepción pluralista de los estados de emergencia. El capítulo primero contiene el presupuesto y los principios comunes a los tres estados.

Como presupuesto establece que sólo procederá la proclamación de alguno de estos estados cuando los poderes ordinarios de las autoridades competentes no resulten suficientes para mantener la normalidad ante las circunstancias extraordinarias que puedan dar lugar a la declaración de alguno de ellos (art. 1.1). Su declaración, vigencia y aplicación deben estar informadas además por los siguientes principios: a) necesidad y proporcionalidad: las medidas que se adopten y la duración de los estados de emergencia han de ser "las estrictamente indispensables para asegurar el restablecimiento de la normalidad" y han de aplicarse, además, de forma proporcionada (art. 1.2); b) temporalidad: finalizada la vigencia del estado declarado, decaen cuantas competencias en materia sancionadora y en orden a actuaciones preventivas correspondan a las autoridades competentes, salvo las sanciones firmes (art. 1.3); c) vigencia inmediata y publicidad: la declaración de cualquier estado ha de ser publicada de inmediato en el Boletín Oficial del Estado y difundida obligatoriamente por todos los medios de comunicación públicos y por aquellos privados que se determinen, entrando en vigor el mismo día de su publicación oficial (art. 2); y, d) durante la vigencia de los estados excepcionales no se interrumpe el normal funcionamiento de las instituciones del Estado (arts. 116.5 CE y 1.4 LOEAES) ni se modifica el principio de responsabilidad del Gobierno y de sus agentes (arts. 116.6 CE y 3 LOEAES).

Como ha señalado el Tribunal Constitucional, la declaración de cualquiera de los estados de emergencia "es la reacción que la Constitución ha previsto para hacer frente a determinadas 'situaciones extremas'" que hacen imposible "el mantenimiento de la normalidad mediante los poderes ordinarios de las autoridades competentes" y "conlleva necesariamente una potenciación de las potestades públicas, con la consiguiente constricción de los derechos de los ciudadanos, siempre con obediencia estricta a lo que prescriba la ley orgánica a la que remite el artículo 116 CE para la regulación de las 'competencias y limitaciones correspondientes'" (STC 148/2021, de 14 de julio, FJ 3).

II. EL ESTADO DE ALARMA

El estado de alarma es el primero de los que enuncia el artículo 116 CE, cuyo apartado segundo se limita a disponer el órgano competente para su declaración, la forma y contenido de ésta, su duración y prórroga.

Las situaciones de emergencia que pueden dar lugar a su declaración, que regula el artículo 4 LOEAES, son las siguientes: a) catástrofes, calamidades o desgracias públicas (terremotos, inundaciones, incendios urbanos y forestales o accidentes de gran magnitud); b) crisis sanitarias (epidemias y situaciones de contaminación grave); c) paralización de servicios públicos esenciales para la comunidad cuando no se garantice el mantenimiento de los servicios esenciales y concurra además alguna de las otras situaciones previstas en este precepto; y, d) situaciones de desabastecimiento de productos de primera necesidad.

El debate sobre las situaciones que pueden desencadenar la declaración del estado de alarma y, en definitiva, sobre su naturaleza, gira en torno a si se configura como posible respuesta únicamente ante catástrofes o accidentes naturales —como entiende la mayoría de la doctrina— o también ante supuestos de conflictividad social —como sostiene un sector minoritario de la doctrina—, resultando en todo caso excluidos los conflictos sociales de cierta intensidad que puedan implicar una alteración del orden público, para los que está previsto el estado de excepción (art. 23 LOEAES). Este debate ha resurgido con la declaración del estado de alarma por el Real Decreto 1673/2010, de 4 de diciembre, para la normalización del servicio público esencial del transporte aéreo como consecuencia del abandono por parte de los controladores civiles de sus puestos de trabajo. Se ha cuestionado que en este caso de conflictividad social concurrieran los supuestos invocados por el Gobierno, en particular la calificación de la paralización del servicio de transporte aéreo como "catástrofe" o "calamidad pública" o su consideración como "desabastecimiento de productos de primera necesidad", a fin de poner en conexión la situación prevista en el artículo 4.c) LOEAES, con las contempladas en sus apartados a) y d).

La declaración del estado de alarma, que ha de atenerse al marco definido en la LOEAES, corresponde al Gobierno y ha de revestir la forma de decreto del Consejo de Ministros, pudiendo solicitarla el Presidente de una Comunidad Autónoma cuando afecte exclusivamente a todo o parte de su territorio. El decreto ha de determinar el ámbito territorial, la duración y los efectos del estado de alarma, cuya vigencia no podrá exceder de quince días. El Gobierno ha de dar cuenta al Congreso de los Diputados, reunido inmediatamente al efecto, de la declaración, así como de los decretos que dicte en relación con el estado de alarma, debiendo suministrar también toda la información que le sea requerida (arts. 116.2 CE; 5, 6 y 8 LOEAES). Esta dación de cuentas se configura como un instrumento de información que permite activar el control político del Congreso de los Diputados sobre la declaración del estado excepcional y las medidas adoptadas (STC 183/2021, de 27 de octubre, FJ 9). La prórroga del estado de alarma requiere la autorización previa y expresa del Congreso de los Diputados, quien fija el alcance, las condiciones y los términos de la misma, bien directamente, bien por expresa aceptación de los propuestos por el Gobierno en su solicitud, debiendo adecuarse el decreto que declare la prórroga al contenido de la autorización (art. 6 LOEAES; STC 83/2016, de 28 de abril, FJ 8). El Reglamento del Congreso de los Diputados regula el procedimiento de tramitación de la documentación que el Gobierno ha de remitir con la declaración del estado de alarma, así como de la solicitud de prórroga (arts. 162 y 165 RCD).

La Constitución y la LOEAES no han establecido expresamente un plazo taxativo para la declaración de la prórroga o de las prórrogas sucesivas del estado de alarma. Al Congreso de los Diputados le corresponde en exclusiva determinar su plazo, debiendo exponer las razones de su duración, en atención a las circunstancias que determinaron la declaración del estado de emergencia y al tiempo que estime "estrictamente indispensable para asegurar el restablecimiento de la normalidad" (art. 1.2 LOEAES; STC 183/2021, de 27 de octubre, FJ 8).

Los efectos de la declaración del estado de alarma que establece la LOEAES se proyectan, por una parte, sobre la modificación del ejercicio de competencias por parte de la Administración y las autoridades públicas, siendo el Gobierno la autoridad competente o, por delegación de éste, el Presidente de la Comunidad Autónoma cuando la declaración afecte exclusivamente a su territorio (arts. 7, 9 y 10; STC 183/2021, de 27 de octubre, FJ 10). Y, por otra parte, se proyectan también sobre la posibilidad de adoptar medidas (arts. 11 y 12) que pueden suponer determinadas limitaciones o restricciones al ejercicio de los derechos fundamentales, que deberán, en su caso, atemperarse a las exigencias del principio de proporcionalidad. Así pues, para enjuiciar la constitucionalidad de las medidas adoptadas con ocasión de la declaración o prórroga de un estado de alarma, "habrá de examinarse, primero, si [...] resultan acordes con la legalidad; después, si no implican una suspensión de los derechos fundamentales afectados; y, por último, y siempre que concurran las anteriores circunstancias, si se presentan idóneas, necesarias y proporcionadas" (STC 148/2021, de 14 de julio, FJ 3).

El Tribunal Constitucional ha descartado el recurso a este estado de emergencia, que no consiente la suspensión de derechos fundamentales, como "sucedáneo" del estado de excepción (STC 148/2021, de 14 de julio, FJ 11)

III. EL ESTADO DE EXCEPCIÓN

La regulación que artículo 116 CE, en su apartado tercero, dedica al estado de excepción se limita a determinar los órganos competentes para su solicitud, autorización y declaración; la forma que ha de revestir esta y su contenido, así como el de la autorización; y, en fin, los requisitos para su prórroga.

La LOEAES define las situaciones a las que puede dar lugar su declaración, caracterizadas por constituir graves alteraciones del orden público para cuyo restablecimiento y mantenimiento el ejercicio de las potestades ordinarias resulta insuficiente. La propia LOEAES delimita a estos efectos la noción de orden público, al describir como supuestos integrantes de la misma "el libre ejercicio de los derechos y libertades de los ciudadanos, el normal funcionamiento de las instituciones democráticas, el de los servicios públicos esenciales para la comunidad o cualquier otro aspecto del orden público" (art. 13.1). La indeterminación de este último inciso debe interpretarse en sentido restrictivo, de acuerdo con una concepción de la noción de orden público acorde con el Estado de Derecho, a la que responden los supuestos descriptivamente enumerados en el precepto.

El Tribunal Constitucional ha declarado que se hubiera podido acudir a este estado de emergencia para hacer frente a la situación de epidemia de dimensiones tan desconocidas e imprevisibles como la provocada por el COVID-19 (STC 148/2021, de 14 de julio, FJ 11).

La declaración del estado de excepción, cuya duración no podrá exceder de treinta días, corresponde formalmente al Gobierno, mediante decreto aprobado por el Consejo de Ministros, previa autorización del Congreso de los Diputados a la solicitud por aquel remitida, que debe recoger las determinaciones exigidas por la LOEAES (art. 13. Dos). El Congreso de los Diputados puede conceder la autorización, en caso de hacerlo, en los propios términos de la solicitud o introducir las modificaciones que estime pertinentes, debiendo adecuarse el decreto de declaración del estado de excepción al contenido de la autorización. Durante su vigencia, el Gobierno puede solicitar al Congreso de los Diputados su prórroga, que no podrá exceder de quince días, así como autorización para modificar las medidas inicialmente adoptadas (arts. 13. Dos y Tres; 14 y 15 LOEAES). El RCD regula el procedimiento de tramitación de la autorización para la declaración del estado de excepción, de su prórroga y, en su caso, de la solicitud de modificación de las medidas inicialmente acordadas (arts. 163 y 165).

Los efectos de la declaración del estado de excepción pueden consistir en la suspensión de los derechos y libertades enumerados en el artículo 55.1 CE, que sólo podrá afectar al ejercicio de aquellos expresamente incluidos en el decreto de declaración, y en la adopción de medidas administrativas excepcionales.

Los derechos y libertades que pueden ser objeto de suspensión, con el alcance que en cada caso se determine, son los siguientes: derecho a la libertad (arts. 17.2 CE y 16 LOEAES); derecho a la inviolabilidad del domicilio (arts. 18.2 CE y 17 LOEAES); derecho al secreto de las comunicaciones (arts. 18.3 CE y 18 LOEAES); libertades de circulación y residencia (arts. 19 CE y 20 LOEAES); libertades de expresión e información [arts. 20.1. a) y d) CE y 21 LOEAES]; derechos de reunión y manifestación (arts. 21 CE y 22 LOEAES); y, en fin, derechos de huelga y medidas de conflicto colectivo (arts. 28.2 y 37.2 CE y 23 LOEAES).

Las medidas administrativas recogidas en la LOEAES que pueden adoptarse con la declaración del estado de excepción son, entre otras, el incremento de la cuantías de las sanciones pecuniarias; el control e intervención de toda clase de transportes; el sometimiento a determinadas formalidades y condiciones de la permanencia de ciudadanos extranjeros en España; la incautación de armas, municiones o sustancias explosivas; la intervención de industrias y comercios; el cierre de salas de espectáculos y otros establecimientos públicos; y medidas de vigilancia y protección de edificios, obras o servicios públicos [arts. 13. Dos d); 19 y 24 a 27].

Cuando la situación de emergencia que haya dado lugar a la declaración del estado de excepción pueda subsumirse además en alguno de los supuestos del estado de alarma (art. 4 LOEAES), podrán adoptarse también las medidas propias de este estado excepcional (art. 28 LOEAES).

IV. EL ESTADO DE SITIO

El artículo 116 CE, en su apartado cuarto, se limita a determinar en relación con el estado de sitio los órganos competentes para su propuesta y declaración y el contenido de esta última.

El estado de sitio, el de mayor intensidad de los estados de emergencia de nuestro derecho, está previsto para hacer frente a situaciones de crisis que afectan a la propia existencia del Estado. Estas situaciones que define la LOEAES, en las que la violencia es su denominador común, pueden ser clasificadas en atención a su origen externo o interno (art. 32). Al primer grupo pertenece el supuesto de que se produzca o amenace con producirse una insurrección o acto de fuerza contra la soberanía o independencia de España, que cabe identificar con una agresión bélica procedente del exterior que puede exigir en el interior del país medidas que sólo pueden adoptarse con la declaración del estado de sitio. Tienen carácter endógeno, por el contrario, los supuestos consistentes en que se produzca o amenace con producirse una insurrección o acto de fuerza contra la integridad territorial del Estado o el ordenamiento constitucional, en los que serían subsumibles posibles intentos de secesión o de insurrección interna. La similitud que existe entre la redacción del artículo 32 LOEAES y la del artículo 8 CE ha sido destacada para sostener que es en el marco de este estado excepcional en el que las fuerzas armadas, bajo la autoridad del Gobierno, pueden ser llamadas a desempeñar su misión de defender la integridad territorial de España y su ordenamiento constitucional.

El estado de sitio y el tiempo de guerra (arts. 15, 63.3 y 169 CE) no son situaciones idénticas, de modo que la proclamación de uno no conlleva la del otro, si bien es posible su coexistencia en determinadas circunstancias.

El estado de sitio ha de ser declarado, a propuesta exclusiva del Gobierno, por el Congreso de los Diputados, por mayoría absoluta y a través del procedimiento reglamentariamente establecido (arts. 164 y 165 RCD). Por lo tanto, el Gobierno y el Congreso de los Diputados ostentan, respectivamente, el monopolio de su propuesta y declaración. En la declaración del estado de sitio se han de fijar su ámbito territorial, sus condiciones y su duración. Aunque ni la CE ni la LOEAES contemplan plazo alguno en relación con la vigencia de este estado, la duración del mismo, así como la posibilidad de su prórroga habrán de determinarse en cada caso en atención a los principios de necesidad y proporcionalidad que han de informar la aplicación de su normativa reguladora (art. 1.1 LOEAES).

El Gobierno, a quien corresponde la dirección de la política militar y de la defensa (art. 97 CE), asume con la declaración del estado de sitio, a diferencia de lo que acontecía en épocas precedentes, todas las facultades extraordinarias previstas en la Constitución y en la LOEAES. El Gobierno ha de designar la autoridad militar que ha de ejecutar, bajo su dirección, las medidas que procedan en el territorio en el que ha sido declarado el estado de sitio, continuando las autoridades civiles en el ejercicio de las funciones que no hayan sido conferidas a la autoridad militar (arts. 33 y 36 LOEAES). Los bandos que esta pueda dictar están sometidos a la Constitución, a la LOEAES y a las condiciones de la declaración del estado de sitio (art. 34 LOEAES), de manera que estos bandos no pueden delimitar el ámbito de la jurisdicción militar ni tipificar delitos.

La declaración del estado de sitio puede comportar la adopción de las medidas administrativas previstas para los estados de alarma y de excepción. De otra parte, los derechos fundamentales susceptibles de suspensión son los mismos que en el estado de excepción, pudiendo extenderse además a los derechos reconocidos al detenido en el artículo 17.3 CE —ser informado de sus derechos y de las razones de su detención, así como los derechos a no declarar y a la asistencia de abogado— (art. 32.2 LOEAES). La suspensión de estos derechos debe entenderse limitada a las diligencias policiales, pues en relación con las actuaciones jurisdiccionales forman parte de las garantías del artículo 24.2 CE, precepto no incluido entre los enumerados en el artículo 55.1 CE. El Congreso de los Diputados también puede acordar la extensión del ámbito de la jurisdicción militar fuera del estrictamente castrense (art. 117.5 CE), mediante la determinación de los delitos que durante la vigencia del estado de sitio quedan sometidos a esta jurisdicción (art. 35 LOEAES).

V. GARANTÍAS CONSTITUCIONALES DURANTE LA VIGENCIA DE LOS ESTADOS EXCEPCIONALES

El artículo 116 CE, en sus apartados 5 y 6, prevé una serie de garantías, ante la concentración de facultades en el ejecutivo que supone la declaración de cualquier estado de emergencia, con el fin de asegurar durante su vigencia el funcionamiento de los demás poderes del Estado y de salvaguardar el principio de responsabilidad del Gobierno y de la Administración Pública.

Así, se impone la no interrupción o, en otras palabras, el funcionamiento normal (art. 1.4 LOEAES) de todos los poderes constitucionales del Estado. Garantía que persigue primordialmente preservar la actividad del poder legislativo, del poder judicial y del Tribunal Constitucional durante la declaración de cualquiera de los estados excepcionales. Por lo que a las Cámaras se refiere, el precepto expresamente dispone su convocatoria automática si no estuvieran en periodo de sesiones, previsión que realmente cobra sentido en relación con el Senado más que con el Congreso de los Diputados, dada su intervención en la autorización, declaración y prórroga de los distintos estados. Está también explícitamente prohibida la disolución del Congreso de los Diputados, siendo doctrinalmente pacífico que esta prohibición comprende la facultad de disolución del presidente del Gobierno (art. 115 CE), no así si se extiende al supuesto del artículo 99.5 CE y si afecta de igual modo al Senado. En fin, las competencias del Congreso de los Diputados en caso de disolución o de expiración de su mandato son asumidas por la Diputación Permanente (art. 78.2 CE), de modo que la declaración de alguno de los estados de emergencia no implica la prórroga del mandato de la Cámara cuando hubiere expirado por el transcurso de la legislatura (art. 116.5 CE).

En relación con el ejecutivo, el principio de responsabilidad del Gobierno y de sus agentes no se modifica durante la vigencia de cualquiera de los estados excepcionales (art. 116.6 CE). Así pues, la función de control y la exigencia de responsabilidad política del Gobierno que corresponde al Congreso de los Diputados no queda en ningún caso suspendida, si quiera transitoriamente, con la declaración de cualquiera de los tres estados de emergencia, ya sea en relación con iniciativas o medidas que tengan una conexión directa o indirecta con la situación que ha motivado dicha declaración, ya con iniciativas o medidas carentes de la referida conexión, en tanto constituyan expresión del ejercicio de la acción del Gobierno (STC 168/2021, de 5 de octubre, FJ 3).

Por su parte, el artículo 169 CE prohíbe que se inicie una reforma constitucional durante la declaración de alguno de los estados de emergencia. Prohibición que no afecta a la continuación de los procedimientos de reforma constitucional emprendidos con anterioridad. El constituyente pretende con ella que dichos procedimientos se inicien en condiciones de normalidad constitucional.

VI. EL CONTROL JURISDICCIONAL DE LAS DECLARACIONES DE LOS ESTADOS EXCEPCIONALES

El control jurisdiccional de los actos y disposiciones dictados por el Gobierno y la Administración como consecuencia de la declaración de alguno de los estados excepcionales no suscita una problemática especial, dada la proclamación constitucional del principio de responsabilidad del Gobierno (art. 116.6 CE). En este sentido, la LOEAES prevé su impugnabilidad en la vía jurisdiccional competente, que, por lo general, será la jurisdicción contencioso-administrativa, así como el derecho de quienes sufran durante su vigencia daños o perjuicios a ser indemnizados por los mismos (art. 3).

La controversia se ha planteado en torno al control jurisdiccional de los actos de declaración, autorización y prórroga de los estados de emergencia. El Tribunal Constitucional ha declarado al respecto que todos los actos gubernamentales y parlamentarios de declaración, autorización y prórroga de los tres estados excepcionales, incluidos los que revisten la forma de decreto, en razón de su condición de actos y disposiciones con fuerza o rango de ley, quedan exclusivamente sometidos a su control jurisdiccional a través del recurso y la cuestión de inconstitucionalidad [arts. 161 y 163 CE y 27.2.b) LOTC]. También las personas afectadas puedan interponer recurso de amparo, agotada la vía judicial previa, contra los actos y disposiciones dictados en aplicación de las declaraciones de los estados de emergencia cuando estimen que vulneran derechos fundamentales (STC 83/2016, de 28 de abril, FF JJ 9 a 12; ATC 7/2012, de 13 de enero).

VII. BIBLIOGRAFÍA

CARRO MARTÍNEZ, A.: "Artículo 116. Situaciones de anormalidad constitucional", *Comentarios a la Constitución española de 1978*, Tomo IX, 1998, pp. 205-261.

CRUZ VILLALÓN, P.: *Estados excepcionales y suspensión de garantías*, Tecnos, 1984.

DÍEZ-PICAZO GIMÉNEZ, G., SALA GALVÁN, G. (coords.), *Estado de alarma y Constitución. XXVII Jornadas de la Asociación de Letrados del Tribunal Constitucional*, CEPC, Madrid, 2022.

FERNÁNDEZ SEGADO, F.: "La Ley Orgánica de los estados de alarma, excepción y sitio", *RDPol.*, núm. 11, 1981, pp. 83-116.

GARRIDO LÓPEZ, C.: "Naturaleza jurídica y control jurisdiccional de las decisiones constitucionales de excepción", *REDC*, núm. 110, 2017, pp. 43-73.

LAFUENTE BALLE, J. Mª.: "Los estados de alarma, excepción y sitio", *RDPol*, 1989-1990, núms. 30 y 31, pp. 21-54 y 25-67.

PÉREZ SOLA, N.; "Los estados de alarma, excepción y sitio: la primera declaración del estado de alarma en aplicación de las previsiones constitucionales", *Constitución y Democracia: Ayer y Hoy*, 2012, Vol. II, pp. 1539-1555.

SANDOVAL, J. C.: "Presupuestos del estado de alarma y repercusiones penales. A propósito de la crisis de los controladores civiles de tránsito aéreo", *RECPC*, 14-11, 2012.

VIII. JURISPRUDENCIA

ATC 7/2012, de 13 de enero.
ATC 40/2020, de 30 de abril.
STC 83/2016, de 28 de abril.
STC 148/2021, de 14 de julio.
STC 168/2021, de 5 de octubre.
STC 183/2021, de 27 de octubre.

TÍTULO VI
DEL PODER JUDICIAL

Artículo 117

1. La justicia emana del pueblo y se administra en nombre del Rey por Jueces y Magistrados integrantes del poder judicial, independientes, inamovibles, responsables y sometidos únicamente al imperio de la ley.

2. Los Jueces y Magistrados no podrán ser separados, suspendidos, trasladados ni jubilados, sino por alguna de las causas y con las garantías previstas en la ley.

3. El ejercicio de la potestad jurisdiccional en todo tipo de procesos, juzgando y haciendo ejecutar lo juzgado, corresponde exclusivamente a los Juzgados y Tribunales determinados por las leyes, según las normas de competencia y procedimiento que las mismas establezcan.

4. Los Juzgados y Tribunales no ejercerán más funciones que las señaladas en el apartado anterior y las que expresamente les sean atribuidas por ley en garantía de cualquier derecho.

5. El principio de unidad jurisdiccional es la base de la organización y funcionamiento de los Tribunales. La ley regulará el ejercicio de la jurisdicción militar en el ámbito estrictamente castrense y en los supuestos de estado de sitio, de acuerdo con los principios de la Constitución.

6. Se prohíben los Tribunales de excepción.

COMENTARIO

María del Pilar Teso Gamella
Magistrada de la Sala Tercera del Tribunal Supremo
Profesora Asociada de Derecho Constitucional
Universidad Carlos III de Madrid

Ángel Arozamena Laso
Magistrado de la Sala Tercera del Tribunal Supremo
Profesor Asociado de Derecho Procesal y Derecho Constitucional
Universidad Carlos III de Madrid

SUMARIO: I. EL PODER JUDICIAL. II. LOS JUECES Y MAGISTRADOS INTEGRANTES DEL PODER JUDICIAL HAN DE SER INDEPENDIENTES, INAMOVIBLES, RESPONSABLES Y SOMETIDOS ÚNICAMENTE AL IMPERIO DE LA LEY. 1. La independencia y el sometimiento al imperio de la Ley. 2. La inamovilidad. 3. Responsabilidad. III. LA UNIDAD JURISDICCIONAL. LA PROHIBICIÓN DE JURISDICCIONES ESPECIALES. LA JURISDICCIÓN ORDINARIA. LA JURISDICCIÓN MILITAR. 1. El principio de unidad jurisdiccional como base de la organización y funcionamiento de los tribunales. 2. La jurisdicción ordinaria y la jurisdicción militar. IV. EL MONOPOLIO DE LA POTESTAD JURISDICCIONAL. 1. La totalidad de la jurisdicción. 2. La exclusividad jurisdiccional. El principio de reserva de jurisdicción. Las funciones no jurisdiccionales de los Juzgados y Tribunales. V. BIBLIOGRAFÍA. VI. JURISPRUDENCIA.

I. EL PODER JUDICIAL

La regulación constitucional del poder judicial se diferencia de la de los otros dos poderes del Estado, porque su función no se identifica con un sólo órgano como es el caso de las Cortes Generales con el poder legislativo, o del Gobierno con el poder ejecutivo, sino que se atribuye a todos y cada uno de los órganos jurisdiccionales, unipersonales o colegiados, que integran el poder judicial.

La expresión del "poder judicial", a que se refiere el apartado 1 del art. 117 de la CE, pretende distinguir, de un lado, entre la potestad y función de jueces y magistrados, y de otro, su unidad organizativa. Conviene señalar, saliendo al paso de cierta confusión al respecto, que la potestad jurisdiccional, "juzgando y haciendo ejecutar lo juzgado" (art. 117.3), se predica de todos y cada uno de los jueces y magistrados, considerados *uti singuli*, y no del poder judicial en su conjunto como unidad orgánica. Son cada uno de los jueces y magistrados, en sus correspondientes órganos judiciales, los que ejercen la jurisdicción cada día. Distinción que tiene indudable trascendencia sobre la independencia de los jueces y magistrados, pues la relación jerárquica de pertenencia a una organización no se extiende al ejercicio de su función jurisdiccional.

Cuando se indica, por tanto, que la justicia se administra por jueces y magistrados "integrantes del poder judicial" significa que el ejercicio de la función jurisdiccional, aplicando el Derecho en cada caso concreto, es lo que determina la pertenencia del juez y magistrado al poder judicial. Dicho de otro modo, los jueces y magistrados que no administran justicia, que no ejercen función jurisdiccional, no son poder judicial, como es el caso, v.gr., de los vocales judiciales del Consejo General del Poder Judicial o de las Juntas Electorales.

En este sentido, los "integrantes del poder judicial" son todos aquellos jueces y magistrados que ejercen esa función jurisdiccional, al juzgar y ejecutar lo juzgado, siendo irrelevante a estos efectos que se trate de jueces y magistrados *de carrera* (art. 122.1), o que sean jueces sustitutos o magistrados suplentes que no pertenecen a la carrera Judicial.

La fórmula empleada por este art. 117.1 de la vigente Constitución de 1978, conforme a la cual "la justicia emana del pueblo y se administra en nombre del Rey por Jueces y Magistrados integrantes del poder judicial, independientes, inamovibles, responsables y sometidos únicamente al imperio de la ley", es deudora históricamente, como declara la STC 37/2012, de 19 de marzo, de la obra de las Cortes de Cádiz. La justicia que administran los jueces y magistrados, al ejercer esa función jurisdiccional *emana del pueblo* porque de él emanan todos los poderes del Estado (art. 1.2 CE).

El poder judicial es el único de los tres poderes del Estado que recibe, en la Constitución, el nombre de "poder", pues "del Poder Judicial" es el rótulo del Título VI, mientras que los otros dos poderes son designados por los órganos que los ejercen, "de las Cortes Generales" (Título III) y "del Gobierno y la Administración" (Título IV).

II. LOS JUECES Y MAGISTRADOS INTEGRANTES DEL PODER JUDICIAL HAN DE SER INDEPENDIENTES, INAMOVIBLES, RESPONSABLES Y SOMETIDOS ÚNICAMENTE AL IMPERIO DE LA LEY

1. La independencia y el sometimiento al imperio de la Ley

La cualidad que vertebra el estatuto de jueces y magistrados y el principio esencial del sistema de poder judicial es la independencia. Tiene, por tanto, un carácter definidor de la propia función jurisdiccional.

Es independiente el que no depende de otro, según la RAE. Los jueces son independientes porque, cuando realizan funciones jurisdiccionales, no están subordinados jerárquicamente a nadie, hay una completa ausencia de sumisión jurídica, y de cualquier tipo, que pueda afectar al ejercicio de su función. No obedecen órdenes ni instrucciones.

El fundamento de la independencia es que su sumisión es únicamente al "imperio de la Ley" (art. 117.1 "in fine"). Los jueces independientes únicamente se encuentran sometidos al ordenamiento jurídico, aunque con diferente intensidad según se trate de la Constitución, las normas legales y las reglamentarias, ex arts. 5 y 6 de la LOPJ. En primer lugar, la Constitución vincula a todos los Jueces y Tribunales, quienes interpretarán y aplicarán las leyes y los reglamentos según los preceptos y principios constitucionales. En segundo lugar, únicamente pueden dejar de aplicar la ley, tras el planteamiento de cuestión de inconstitucionalidad ante el Tribunal Constitucional, si consideran que una norma con rango de ley aplicable al caso y de cuya validez depende el fallo, puede ser contraria a la Constitución. En tercer lugar, respecto de las normas reglamentarias, los jueces y tribunales han de inaplicar los reglamentos contrarios a la Constitución, a la ley o al principio de jerarquía normativa.

El juez, por tanto, es independiente porque está sometido únicamente al Derecho. De modo que independencia y sumisión al ordenamiento jurídico son el anverso y reverso de la misma cuestión. La independencia no es, en definitiva, un privilegio del juez sino una garantía del ejercicio de la propia función jurisdiccional, que no sería reconocible si obedeciera a un principio jerárquico.

Además, este sometimiento a la ley es la fuente de la legitimidad del juez, porque la ley es expresión de la voluntad popular.

La independencia del juez se predica frente a todos. "Todos están obligados a respetar la independencia de los Jueces y Magistrados", señala el art. 13 de la LOPJ. Independencia frente a: 1) los demás órganos jurisdiccionales, pues los jueces y tribunales sólo pueden corregir la aplicación o interpretación del ordenamiento jurídico hecha por los inferiores en virtud de los recursos que las leyes establezcan; 2) al Consejo General del Poder Judicial y otros órganos de gobierno del poder judicial, que no pueden entrometerse en la función jurisdiccional dando órdenes o dictando instrucciones, así lo ha declarado la STS de 1 de febrero de 2018 (recurso nº 55/2017) respecto de las órdenes del servicio de inspección de dicho Consejo, que se han anulado, declarando que "la Inspección de Tribunales del CGPJ carece de atribuciones para dirigir órdenes o mandatos de cualquier género a los órganos judiciales"; 3) los demás poderes del Estado, principalmente frente al poder ejecutivo, pues precisamente para salvaguardar la independencia evitando el control por el ejecutivo, se creó el Consejo General del Poder Judicial asumiendo las funciones de "nombramientos, ascensos, inspección y régimen disciplinario" de los jueces (art. 122.2); 4) los grupos de presión, de cualquier tipo.

En fin, independencia *frente a todos* los que pretendan interferir en el ejercicio de la función jurisdiccional, intentando imponer al juez alguna subordinación ajena a la única propia de un Estado de Derecho, el sometimiento exclusivo a la Constitución y a la Ley.

La salvaguarda de esta independencia de Jueces y Magistrados se encomienda constitucionalmente al Consejo General del Poder Judicial, al que pueden dirigirse los jueces y magistrados que se consideren inquietados o perturbados en su independencia, ex art. 14 de la LOPJ.

Las garantías de la independencia, por tanto, resultan esenciales, pues de nada serviría una solemne enunciación de la independencia si no fuera acompañada de unas medidas que dotaran de efectividad a dicha exigencia. Por ello, se impone la inamovilidad (art. 117.1), los principios de monopolio y unidad de la jurisdicción (art. 117.4 y 5), la prohibición de pertenecer a partidos políticos o sindicatos (art. 127.1), y el régimen de incompatibilidades (art. 127.2). Se trata de evitar que nazcan vínculos de naturaleza pública o privada que sitúen al juez en una posición de subordinación o sumisión.

También contribuye a garantizar la independencia, la reserva de Ley Orgánica para determinar la constitución, funcionamiento y gobierno de los Juzgados y Tribunales, así como el estatuto jurídico de los Jueces y Magistrados (art. 122.1), y el desapoderamiento al ejecutivo mediante la creación, para el gobierno del poder judicial, del Consejo General del Poder Judicial (art. 122.2).

Ni que decir tiene que al reconocimiento constitucional de la independencia debe sumarse el reconocimiento en el artículo 6.1 del Convenio Europeo de Derechos Humanos, y el artículo 14 del Pacto Internacional de Derechos Civiles y Políticos, que establece el derecho a ser enjuiciado por un tribunal independiente.

En fin, aunque *la imparcialidad*, referida a la relación del juez con las partes procesales, no resulta aludida en el art. 117.1, sin embargo debe entenderse comprendida en la independencia y el sometimiento a la Constitución y la Ley, toda vez que es la aplicación del Derecho el único criterio que debe guiar al juez en el ejercicio de su función jurisdiccional, que ha de ser ajeno a cualquier otro vínculo o interés, en relación con las partes procesales. La LOPJ, en los arts. 217 y siguientes, concreta y prevé el procedimiento y las causas de recusación.

En relación con el espinoso asunto de la imparcialidad por razón del ejercicio de la función jurisdiccional, la STC 180/2021, de 25 de octubre, declara, en relación con el orden jurisdiccional penal, que "deben considerarse objetivamente justificadas las dudas sobre la imparcialidad judicial y, por tanto, vulnerado el derecho al juez imparcial, cuando la decisión a la que se pretende vincular la pérdida de imparcialidad se fundamenta en valoraciones que resulten sustancialmente idénticas a las que serían propias de un juicio de fondo sobre la responsabilidad penal, exteriorizando, de este modo, un pronunciamiento anticipado al respecto".

2. La inamovilidad

Como garantía de la independencia surge la inamovilidad, que se traduce, a tenor de lo dispuesto en el art. 117.2, en que "los jueces y magistrados no pueden ser separados, suspendidos, trasladados ni jubilados, sino por alguna de las causas y con las garantías previstas en la Ley". Los jueces y magistrados, repite el art. 378 de la LOPJ, que desempeñen cargos judiciales gozarán de inamovilidad.

Se pretende rodear al juez o magistrado, mediante la exigencia de causa legal expresa al respecto, de las garantías necesarias para que pueda decidir sin influencias ajenas, únicamente sujeto a la aplicación del ordenamiento jurídico. Evitando un sistema de jueces a la carta, mediante, v. gr., el traslado forzoso de un juez que resulta incómodo en un determinado proceso, para poner a otro más favorable a lo que se pretenda. La inamovilidad también trata de poner a salvo al juez o magistrado de represalias originadas por las decisiones adoptadas en el ejercicio de su función jurisdiccional. Sin inamovilidad no puede haber independencia real y efectiva.

Las causas de pérdida de la condición de juez o magistrado han de estar previstas, por tanto, en la Ley Orgánica del Poder Judicial. Estas causas son la renuncia del juez, la pérdida de la nacionalidad, la sanción disciplinaria de separación, la incapacidad, y la jubilación (art. 379 LOPJ), a salvo los casos de rehabilitación. De modo que si no concurren dichas causas el juez o magistrado no puede ser removido del cargo.

La inamovilidad es absoluta y no está sujeta a tiempo, si bien con la excepción de aquellos que ejercen funciones jurisdiccionales, sin pertenecer a la Carrera Judicial, que únicamente gozan de inamovilidad temporal. Es el caso de los magistrados suplentes, los que sirven plazas de jueces como sustitutos, los jueces de paz y sus sustitutos (art. 298 LOPJ). Insistiendo el art. 378.2 de la misma Ley que los que hayan sido nombrados por plazo determinado gozarán de inamovilidad sólo por ese tiempo.

3. Responsabilidad

Resulta consecuente con la independencia judicial, y las garantías establecidas al respecto, y como contrapeso a las mismas, que los jueces y magistrados sean responsables, como expresamente declara el art. 117.1. De modo que la sujeción de los jueces y magistrados al imperio de la ley determina que haya de preverse un sistema que permita sancionar las conductas de quienes se desvíen de tal previsión constitucional.

La responsabilidad del juez no es una responsabilidad política, propia de los países del *common law*. Su responsabilidad es triple, disciplinaria, civil y penal.

La *responsabilidad disciplinaria*, cuya competencia se atribuye al Consejo General del Poder Judicial, procede cuando se incurre en el catálogo de infracciones que prevé la LOPJ (arts. 414 y siguientes).

La *responsabilidad civil* se ha incluido, desde la reforma de la LOPJ por Ley Orgánica 7/2015, de 21 de julio, como un tipo de responsabilidad patrimonial del Estado por el funcionamiento de la Administración de Justicia, regulado en art. 296 de la LOPJ. Ahora bien, los daños y perjuicios causados por los Jueces y Magistrados en el ejercicio de sus funciones darán lugar, en su caso, a responsabilidad del Estado por error judicial o por funcionamiento anormal de la Administración de Justicia sin que, en ningún caso, puedan los perjudicados dirigirse directamente contra los Jueces y Magistrados. El dolo o culpa grave del Juez o Magistrado se podrá reconocer en sentencia o en resolución dictada por el Consejo General del Poder Judicial. Y cuando los daños y perjuicios provinieren de dolo o culpa grave del Juez o Magistrado, la Administración General del Estado, en el caso de haber pagado indemnización al perjudicado, podrá exigir por vía administrativa a través del procedimiento reglamentariamente establecido, al Juez o Magistrado responsable el reembolso de lo abonado.

La *responsabilidad penal*, cuya competencia corresponde a los órganos de la jurisdicción penal y procede en el caso por delitos o faltas (el Libro III del Código Penal sobre las "Faltas y sus penas" está derogado) cometidos en el ejercicio de las funciones de su cargo, se exigirá conforme a lo dispuesto en los arts. 405 y siguientes de la LOPJ.

III. LA UNIDAD JURISDICCIONAL. LA PROHIBICIÓN DE JURISDICCIONES ESPECIALES. LA JURISDICCIÓN ORDINARIA. LA JURISDICCIÓN MILITAR

1. El principio de unidad jurisdiccional como base de la organización y funcionamiento de los tribunales

El principio de unidad jurisdiccional es la base de la organización y funcionamiento de los tribunales. Su fundamento es el mismo que el de la propia legitimación del oficio judicial: "la independencia y sumisión a la Ley" de los juzgados y tribunales. Este principio se opone a la creación de jurisdicciones especiales al margen del poder judicial.

Las características básicas del ejercicio de la función jurisdiccional son la unidad, la totalidad, la exclusividad y la responsabilidad. La unidad está expresamente recogida en la Constitución en dos sentidos diferentes: respecto de la función jurisdiccional propiamente hablando, en el art. 117.5, que prescribe que "el principio de unidad jurisdiccional es la base de la organización y funcionamiento de los Tribunales"; respecto de quienes desempeñan dicha función, en el art. 122.1 de la CE, de acuerdo con el cual los jueces y magistrados de carrera "formarán un cuerpo único". El principio de unidad jurisdiccional es reiterado por el artículo 3.1 de la LOPJ, en cuya virtud "la jurisdicción es única y se ejerce por los juzgados y tribunales previstos en esta ley, sin perjuicio de las potestades jurisdiccionales reconocidas por la Constitución a otros órganos".

La división territorial del poder operada por la Constitución no afecta al poder judicial; las Comunidades Autónomas pueden asumir poderes legislativos y ejecutivos, pero el poder judicial es único en toda España (STC 31/2010, caso Estatuto de Autonomía de Cataluña).

Como señala el art. 149.1.5ª CE, la Administración de Justicia (entendida, según las SSTC 56/1990 y 62/1990, como sinónimo de potestad jurisdiccional) es competencia exclusiva del Estado y, por tanto, las Comunidades Autónomas no pueden en nuestro actual régimen constitucional ejercer funciones jurisdiccionales.

El hecho de que el poder judicial en España sea poder judicial del Estado y que las Comunidades Autónomas no tengan un poder judicial propio no significa que aquéllas no participen de forma alguna en la organización y funcionamiento del poder judicial. El Tribunal Constitucional pronto empezó a manifestarse en favor de la posibilidad de que éstas pudieran asumir las competencias en esta materia. Como consecuencia de ello, a las Comunidades Autónomas se les autorizó a asumir competencias en lo que se ha dado en llamar la "administración de la Administración de Justicia", respaldando con ello la constitucionalidad de las llamadas cláusulas subrogatorias que en su momento incluyeron los distintos Estatutos de Autonomía, lo que les ha permitido ejercer las atribuciones que la LOPJ reservaba inicialmente al Gobierno de la Nación.

Conforme con esta doctrina, existe un nutrido grupo de materias, tales como la dotación de los medios materiales y personales al servicio de la Administración de Justicia, la participación en las demarcaciones judiciales o la organización de las oficinas judiciales radicadas en sus respectivos territorios que no forman parte de lo que es propiamente el desarrollo de las competencias relacionadas con el ejercicio de la función jurisdiccional y, por consiguiente, pueden ser transferidas a las Comunidades Autónomas.

La segunda consecuencia de la unidad jurisdiccional es la exclusión de todo tribunal que no esté previamente integrado en la estructura orgánica del poder judicial. Es, por tanto, la prohibición de los tribunales especiales, así como de los de honor y excepción, expresamente mencionados por la CE —arts. 26 y 117.6—; igualmente, implica la prohibición —art. 25.3 de la CE— de que la Administración civil imponga sanciones que, directa o indirectamente, redunden en privación de libertad.

El conjunto de los titulares y componentes de esos órganos —Jueces y Magistrados— están sometidos a un único régimen jurídico. El principio de unidad jurisdiccional supone la prohibición de jurisdicciones especiales al margen de la jurisdicción. Ahora bien, este principio constitucional no es absoluto, sino que tiene excepciones constitucionalmente reconocidas. La Constitución prevé en unos casos o permite en otros que existan Tribunales al margen de la jurisdicción ordinaria. Así, el Tribunal Constitucional, el Tribunal de Cuentas, los Tribunales militares o los Tribunales consuetudinarios y tradicionales. Estos tribunales, si bien no están integrados en el poder judicial, poseen las características definitorias de la jurisdicción pues solucionan con independencia e imparcialidad y de una manera definitiva e irrevocable los especiales conflictos, cuyo conocimiento les ha sido atribuido por la propia Constitución.

2. La jurisdicción ordinaria y la jurisdicción militar

La jurisdicción ordinaria es aquella que se extiende con carácter general a todas las personas, todas las materias y a todo el territorio español (art. 4 LOPJ). Para que un Tribunal merezca el calificativo de ordinario es necesario; 1º) Que se trate de un Tribunal establecido y regulado por la LOPJ. La determinación de los Tribunales no sólo ha de hacerse mediante ley orgánica, sino que ha de hacerse concretamente a través de la LOPJ. 2º) Que se trate de un Tribunal integrado por Jueces y Magistrados previstos en la LOPJ. Es decir, no sólo el Tribunal, sino también sus componentes deben acomodarse a lo previsto en la LOPJ en lo que se refiere a su estatuto personal.

El principio de unidad jurisdiccional no prohíbe que en el seno de la jurisdicción ordinaria existan Tribunales especializados. Lo lógico en cualquier organización judicial mínimamente evolucionada es que no todos los Tribunales conozcan de los mismos asuntos. Es compatible con la coexistencia de órganos especializados como también con el hecho de que existan varios órdenes jurisdiccionales; ambas circunstancias constituyen un mero criterio de organización. En nuestro país se han establecido cuatro órdenes jurisdiccionales (civil —con la singularidad del ámbito mercantil—, penal, social o laboral y contencioso-administrativo), lo cual no supone evidentemente una quiebra al principio de unidad jurisdiccional. La especialización viene impuesta por la progresiva complejidad del ordenamiento jurídico que exige una mayor preparación de los jueces.

Por otro lado, la competencia de la jurisdicción militar quedaría limitada al ámbito estrictamente castrense, fundamentalmente para el conocimiento de los delitos castigados en el Código Penal Militar, en los supuestos de estado de sitio y dentro del respeto de los principios constitucionales (art. 117. 5 CE). En este sentido, tal y como desarrolla la LOPJ, "los órganos de la jurisdicción militar, integrante del poder judicial del Estado, basan su organización y funcionamiento en el principio de unidad jurisdiccional y administran Justicia en el ámbito estrictamente castrense y en su caso, en las materias que establezca la declaración de estado de sitio, de acuerdo con la Constitución y lo dispuesto en las leyes penales, procesales y disciplinarias militares" (art. 3.2 LOPJ). Dos son las principales exigencias constitucionales en el ejercicio de la jurisdicción militar: su actuación debe limitarse al ámbito castrense y su ejercicio debe efectuarse conforme a los principios constitucionales.

La jurisdicción militar tiene atribuido básicamente el conocimiento de dos grandes bloques de materias: la materia penal militar y la materia contencioso-disciplinaria militar.

La jurisdicción militar —cuya regulación no podrá realizarse sino por ley— ha ido adaptándose progresivamente a las exigencias derivadas de la Constitución, sobre todo en cuanto a su estructura orgánica. Los antiguos tribunales militares han dado paso a unos nuevos tribunales funcionalmente desvinculados de la línea de mando, en los que predomina su carácter jurisdiccional y a quienes la ley atribuye con exclusividad la función de juzgar y hacer ejecutar lo juzgado en el ámbito estrictamente castrense. En la cúspide de la jurisdicción militar se sitúa la Sala Quinta del Tribunal Supremo, que es un órgano judicial ordinario.

La Ley Orgánica 7/2015, ha atribuido al Consejo General del Poder Judicial las competencias que antes estaba ejerciendo en esta materia el Ministerio de Defensa. Esta reforma normaliza en parte la regulación de la unidad del poder judicial en este ámbito en cuanto se refiere al nombramiento de los jueces de la jurisdicción militar, eliminando el privilegio de presentación de ternas del que gozaba dicho Ministerio para la designación de los Magistrados de la Sala de lo Militar del Tribunal Supremo procedentes del Cuerpo Jurídico Militar. Importantes debates se han suscitado acerca de la naturaleza de la jurisdicción militar, abogando una gran parte de la doctrina por una configuración hibrida de jurisdicción especial y ordinaria. No obstante, el Tribunal Constitucional en la STC 113/1995, de 6 de julio, así como en el ATC 68/1996, de 25 de marzo, ha considerado los tribunales militares como tribunales ordinarios, aptos además para entender del recurso de amparo ordinario.

IV. EL MONOPOLIO DE LA POTESTAD JURISDICCIONAL

1. La totalidad de la jurisdicción

La segunda característica de la función jurisdiccional, la totalidad, también deriva directamente de la Constitución. El art. 24.1 garantiza la tutela judicial efectiva; el art. 103.1 prevé el sometimiento de la actuación administrativa a la ley y al Derecho; y el art. 106 sienta el principio del control, por parte de los tribunales, de la potestad reglamentaria, de la actuación administrativa y de su sometimiento a los fines constitucionales.

El art. 4 de la LOPJ, establece que "la jurisdicción se extiende a todas las personas, a todas las materias y a todo el territorio español". La totalidad de la jurisdicción se proyecta, pues, material, personal y territorialmente sin que quepan excepciones ni por razón de la persona —salvo el Rey, que es inviolable (art. 56.3 CE)— ni por razón de la materia ni por razón del territorio.

2. La exclusividad jurisdiccional. El principio de reserva de jurisdicción. Las funciones no jurisdiccionales de los Juzgados y Tribunales

El principio de exclusividad jurisdiccional se halla enunciado en el art. 117.3. Eso quiere decir que en nuestro país la función de juzgar y hacer ejecutar lo juzgado, únicamente puede ser atribuida a los órganos integrantes del poder judicial.

La exclusividad tiene su fundamento en la asunción por el Estado del monopolio de la potestad jurisdiccional, resultado de aplicar a nuestro sistema constitucional el principio de separación de poderes. El principio de exclusividad puede ser entendido en un doble sentido. En sentido positivo, la exclusividad jurisdiccional comporta la imposibilidad de atribuir la potestad jurisdiccional a órganos pertenecientes a otros poderes del Estado. Pero la exclusividad significa, a su vez, que los jueces y tribunales no pueden ejercer más funciones que las propiamente jurisdiccionales, a excepción de aquellas que expresamente les sean atribuidas por ley en garantía de cualquier derecho (art. 117.4)

El constituyente español optó en 1978 por un rígido principio de reserva jurisdiccional a favor de Juzgados y Tribunales. Sin la vigencia del principio constitucional de reserva de jurisdicción, los poderes legislativo y ejecutivo podrían tener la tentación de crear jurisdicciones administrativas, sobre cuya independencia no habría por qué dudar a priori, pero que carecerían de las garantías de que está rodeada la independencia de los órganos jurisdiccionales.

El principio de exclusividad jurisdiccional es el reverso del principio de reserva de jurisdicción. Del mismo modo que éste supone que sólo los Juzgados y Tribunales establecidos por las leyes pueden ejercer la potestad jurisdiccional, aquel significa que los Juzgados y Tribunales no pueden ejercer más función que la jurisdiccional. En este punto conviene subrayar, como ha mantenido reiteradamente la jurisprudencia constitucional, que la exclusividad jurisdiccional no afecta a la validez constitucional de la figura del arbitraje, como equivalente jurisdiccional para el arreglo de controversias basado en la autonomía de la voluntad de las partes (SSTC 17/2021, de 15 de febrero; 1/2018, de 11 de enero).

No obstante, la exclusividad jurisdiccional no es un principio absoluto en nuestro ordenamiento. El art. 2.2 LOPJ, siguiendo el art. 117.4, dice hoy que: "Los Juzgados y Tribunales no ejercerán más funciones que las señaladas en el párrafo anterior y las demás que expresamente les sean atribuidas por ley en garantía de cualquier derecho". Ha desaparecido la expresa mención a las funciones de Registro Civil.

Dos son los requisitos que impone la Constitución a la atribución a los Tribunales de funciones no jurisdiccionales; la primera, de orden formal, que la atribución ha de hacerse por ley; la segunda, de contenido, que la atribución ha de tener por finalidad que los Tribunales garanticen algún derecho. No cabe, por tanto, atribuir a los Tribunales cualquier tipo de función no jurisdiccional.

Con base en esta habilitación constitucional, son varios los tipos de funciones no jurisdiccionales que desempeñan los Tribunales o, al margen de ellos, que desempeñan Jueces y Magistrados en su condición de tales. Así, la denominada jurisdicción voluntaria, regulada hoy en la Ley 15/2015, de 2 de julio. Además, la propia Constitución —y la legislación que la desarrolla— prevé la necesidad de autorización judicial para ciertos actos de los poderes públicos que limitan o afectan a derechos fundamentales y que se realizan al margen de todo proceso jurisdiccional (por ejemplo, la autorización judicial de entrada en domicilio para la ejecución de un acto administrativo). Y la legislación electoral establece la presencia de Jueces y Magistrados en los órganos que componen la llamada Administración electoral.

En todo caso, la atribución por ley de otras funciones a los jueces y tribunales en garantía de cualquier derecho ha de respetar los límites ínsitos en el principio de separación de poderes. Así lo ha recordado recientemente el Tribunal Constitucional, al declarar que si bien a los tribunales de justicia les corresponde el control de la legalidad de las normas reglamentarias, en ningún caso puede encomendarles un control a priori mediante autorización judicial expresa de disposiciones administrativas (dictadas para la protección de la salud pública que impliquen la limitación o restricción de derechos fundamentales) que supondría una confusión de las funciones ejecutiva y judicial (STC 70/2022, de 2 de junio).

V. BIBLIOGRAFÍA

AROZAMENA SIERRA, J.: "El principio de unidad Jurisdiccional", en *Estudios sobre la Constitución Española. Homenaje al profesor Eduardo García de Enterría*, Editorial Civitas, Madrid, 1991.

BANDRES SÁNCHEZ-CRUZAT, J. M.: *Poder Judicial y Constitución*, Bosch, Casa Editorial, Barcelona, 1987.

DAMIÁN MORENO, J.: "Fundamentos procesales para el ejercicio de la Abogacía", en *Introducción y Proceso Civil. Parte General*, Editorial Tecnos, Madrid, 2017.

DE OTTO Y PARDO, I.: *Estudios sobre el Poder Judicial*, Ministerio de Justicia, Madrid, 1989.

DÍEZ-PICAZO GIMÉNEZ, I.: "Artículo 117", en CASAS BAAMONDE, M. E., RODRÍGUEZ-PIÑERO Y BRAVO-FERRER, M. (dirs.), *Comentarios a la Constitución Española*, Fundación Wolters Kluwer, Madrid, 2018.

DÍEZ-PICAZO GIMÉNEZ, L. M.: *Régimen constitucional del Poder Judicial*, Cuadernos Civitas, Madrid, 1991.

GIMENO SENDRA, V.: "El principio de unidad jurisdiccional y la jurisdicción militar", *Revista Española de Derecho Militar*, núm. 113-114, 2020, pp. 9-22.

LÓPEZ GUERRA, L. et al.: *Derecho Constitucional, Vol. II, Los poderes del Estado. La organización territorial del Estado*, Editorial Tirant lo Blanch, Valencia, 2018.

LÓPEZ GUERRA, L.: *El poder judicial en el Estado constitucional*, Palestra Ediciones, Lima, 2001.

LORCA NAVARRETE, A. M.: *El poder judicial en España*, Instituto Vasco de Derecho Procesal, San Sebastián, 2021.

VI. JURISPRUDENCIA

STC 56/1990, de 29 de marzo.
STC 62/1990, de 30 de marzo.
STC 31/2010, de 28 de junio.
STC 37/2012, de 19 de marzo.
STC 113/2015, de 6 de julio.
STC 1/2018, de 11 de enero.
STS 136/2018, de 1 de febrero.
STC 17/2021, de 15 de febrero.
STC 180/2021, de 25 de octubre.
STC 70/2022, de 2 de junio.

Artículo 118

Es obligado cumplir las sentencias y demás resoluciones firmes de los Jueces y Tribunales, así como prestar la colaboración requerida por éstos en el curso del proceso y en la ejecución de lo resuelto.

COMENTARIO

Vicente Gimeno Sendra[1]
Catedrático de Dº. Procesal
UNED

SUMARIO: I. LAS OBLIGACIONES PROCESALES: CONCEPTO Y FUNDAMENTO. 1. Las posibilidades y cargas procesales. 2. Las obligaciones procesales. 3. Clases. II. LA OBLIGACIÓN DEL CUMPLIMIENTO DE LA SENTENCIA. III. LAS OBLIGACIONES DE COLABORACIÓN DE LAS PARTES. 1. La "obligación" de comparecencia. 2. La "obligación" del demandante de exhaustividad y de preclusión. 3. La obligación de buena fe procesal. 4. La "obligación" de soportar una prueba biológica. 5. La obligación de exhibición de documentos. 6. La obligación de exhibición del patrimonio. IV. CONCLUSIÓN. V. BIBLIOGRAFÍA. VI. JURISPRUDENCIA.

I. LAS OBLIGACIONES PROCESALES: CONCEPTO Y FUNDAMENTO

Por obligaciones procesales cabe entender la exigencia constitucional de observancia de determinados comportamientos y cumplimiento de ciertas prestaciones por las partes procesales en la esfera del proceso a fin de garantizar el cumplimiento del derecho fundamental a la tutela judicial efectiva.

Las obligaciones procesales no conforman ninguna suerte de relación jurídico procesal. Éste fue el error en el que incurrió la doctrina germana clásica —BÜLOW, KOHLER, HELLWIG, WACH—, para quienes el proceso podía ser conceptuado como una "relación jurídica" que podía transcurrir entre las partes, las partes y el Juez, o todos ellos entre sí. Todas estas tesis fueron rebatidas por James GOLDSCHMIDT, quien demostró que los supuestos derechos procesales, en primer lugar, no poseían naturaleza procesal, sino constitucional y, en segundo, no se correspondían con obligación procesal alguna con la que podían conformar una relación jurídica.

---

1 Comentario revisado y corregido por Jordi Gimeno Beviá, Prof. Titular Derecho Procesal UNED

1. Las posibilidades y cargas procesales

En el proceso, como regla general, no le asisten a las partes derechos, ni obligaciones, sino posibilidades y cargas.

Las posibilidades procesales pueden conceptuarse como ocasiones u oportunidades procesales (en el sentido de la palabra francesa *"chance"*, que utilizó GOLDSCHMIDT) que se les ofrecen a las partes en el curso del proceso, y mediante cuyo ejercicio a través de los correspondientes actos procesales obtienen determinadas ventajas o acrecientan sus expectativas de una sentencia favorable (así, una vez presentada la demanda o concluida la fase de alegaciones, se le ofrece al demandante la posibilidad de solicitar o no la apertura de la fase probatoria; concluida la misma, la de formular o no "conclusiones", etc.).

Las cargas procesales, por el contrario, son los actos procesales que incumbe o debe realizar la parte interesada a fin de que pueda prevenir una desventaja procesal o, en último término, evitar una sentencia desfavorable (de este modo, ha de comparecer el demandado a fin de evitar los desfavorables efectos de la "rebeldía"; el actor tiene la carga de la prueba de los hechos constitutivos de su pretensión y el demandado la de los hechos impeditivos, extintivos y excluyentes; etc.).

Las posibilidades y cargas procesales se ejercen mediante los oportunos actos procesales, que originan las correspondientes situaciones, informadas por los principios de contradicción e igualdad, desde las que las partes examinan sus expectativas de una sentencia favorable a sus respectivas pretensiones y resistencias.

2. Las obligaciones procesales

Pero, junto a las posibilidades y cargas procesales, propias del Estado liberal, han surgido, en el Estado social de Derecho, determinadas obligaciones procesales dirigidas a constreñir a las partes al cumplimiento de los fines del proceso.

Al igual que los derechos procesales tienen un fundamento constitucional (así los derechos de acción a la tutela, el derecho de defensa y demás derechos fundamentales del art. 24 CE), idéntico fundamento tienen también las obligaciones procesales, ya que constituyen exigencias constitucionales de un correcto comportamiento de las partes y del cumplimento, por ellas, de determinadas prestaciones procesales en orden a obtener que la tutela judicial sea efectiva, se otorgue en un plazo razonable de tiempo y se satisfaga exclusivamente la pretensión que se encuentre correctamente fundada en el Derecho.

3. Clases

En un orden cronológico la primera de dichas obligaciones es la de comparecencia a la llamada del Juez de todos los sujetos que intervienen en el proceso. Una vez dentro de él, tienen asimismo las obligaciones de veracidad y probidad y, en general, de actuar con buena fe procesal y de colaborar con los órganos jurisdiccionales para una buena marcha del proceso, pues nuestra Constitución también protege el derecho *"a un proceso sin dilaciones indebidas"* y a que la tutela judicial sea *"efectiva"*. De la obligación constitucional de cumplir con las resoluciones judiciales cabe inferir las de soportar una prueba biológica para la investigación de la paternidad (cfr.: el art. 767.4 LEC que sanciona su incumplimiento con la *"ficta confessio"*), la de exhibición de documentos en poder de terceros o de las partes (arts. 256.1 y 328-333 LEC), o la manifestación del patrimonio (art. 589 LEC) a fin de que sobre él pueda el Juez disponer las oportunas medidas ejecutivas que aseguren el derecho de crédito del acreedor frente a una posible ocultación de bienes por parte del deudor.

Pero, tal y como después examinaremos, debido a la circunstancia de que estas obligaciones procesales, al igual que la oralidad, fueron introducidas, vía enmienda, en el Congreso, ya que el Proyecto de LEC gubernamental era muy conservador, en la actualidad todavía muchas de dichas obligaciones en realidad no lo son, sino meras cargas procesales.

II. LA OBLIGACIÓN DEL CUMPLIMIENTO DE LA SENTENCIA

De todas estas obligaciones, el primer apartado del art. 118 ha destacado la exigencia de que la parte gravada haya de cumplir lo dispuesto en el fallo de la sentencia y, en general, la totalidad de las resoluciones judiciales (*"Es obligado cumplir las sentencias y demás resoluciones firmes de los Jueces y Tribunales..."*).

Esta obligación encuentra también su fundamento en el derecho a la tutela judicial del art. 24 CE y es que, debido a la circunstancia de que la tutela, que han de dispensar los jueces y tribunales, ha de ser *"efectiva"*, también se vulnera dicho derecho fundamental si no se lleva a la práctica el fallo o parte dispositiva de las sentencias, pues la satisfacción, que ha de otorgar el proceso, ha de ser plena y práctica y no meramente platónica o irreal.

Por esta razón, el art. 18.2 LOPJ establece que *las sentencias se ejecutarán en sus propios términos* y, por la misma, la inejecución de una sentencia posibilita también el recurso de amparo, pues, como señala el TC, la tutela judicial efectiva ha de impedir "que las sentencias y los derechos en ellas reconocidos se conviertan en meras declaraciones de intenciones sin alcance práctico ni efectividad alguna. De ella deriva la exigencia constitucional de que el órgano judicial adopte las medidas que sean precisas para reaccionar frente a comportamientos impeditivos, dilatorios o fraudulentos en orden al cumplimiento de lo judicialmente decidido" (SSTC 125/1987, 110/2009...).

De aquí que la "ejecutoriedad" de la sentencia integre una de las notas esenciales de la cosa juzgada material, que, alcanza su fundamento en la puesta en relación del art. 24.1º con el art. 117.3º CE. Tal y como indica el TC, la inmutabilidad integra el contenido del derecho a la tutela judicial efectiva (art. 24.1 CE), en una de sus diversas proyecciones: "el derecho a que las resoluciones judiciales alcancen la eficacia propia que el ordenamiento les reconoce, pues, si así no fuera, el derecho mismo a la jurisdicción en todo su complejo contenido, quedaría, sin más, privado de sentido. Manifestaciones de esta exigencia constitucional son, de acuerdo con una constante doctrina de este Tribunal, el derecho a que las resoluciones judiciales se ejecuten en sus propios términos y también, en lo que aquí más importa, el respeto a la firmeza de esas mismas resoluciones y a la intangibilidad de las situaciones jurídicas en ellas declaradas, pues también si la cosa juzgada material fuese desconocida vendría a privarse de eficacia a lo que se decidió con firmeza al cabo del proceso".

Por esta razón, las partes han de colaborar en la ejecución de las sentencias, siempre y cuando dicha ejecución sea voluntaria y se trate de sentencias de condena, ya que las declarativas y constitutivas son inejecutables (art. 521.1 LEC), sin perjuicio de su inscripción en los registros. Pero, no sólo las sentencias de condena firmes originan el nacimiento de esta obligación, sino también las resoluciones equivalentes, de entre las que interesa destacar las siguientes:

- Los laudos arbitrales: Así lo declara el art. 43 de la Ley 60/2003, de Arbitraje ("El laudo firme produce efectos de cosa juzgada y frente a él sólo cabrá solicitar la revisión conforme a lo establecido en la Ley de Enjuiciamiento Civil para las sentencias firmes"), proclama su ejecutoriedad el art. 517.2.2 LEC y así lo confirma la jurisprudencia.

- Los actos de finalización del proceso mediante disposición de la pretensión, tales como la renuncia a la acción, el allanamiento, la transacción y lo convenido en el acto de conciliación. No en vano los arts. 20 y 21 LEC, al referirse a las resoluciones que admitan la renuncia y el allanamiento, utiliza el término de "Sentencia" y no el de Auto. En cuanto a la transacción y la conciliación, es cierto que la LEC (arts. 19.2 y 415.1.II) se limita a afirmar que tales acuerdos serán "homologados" por el tribunal y que dicha resolución, a la luz de lo dispuesto en el art. 206.2.2, ha de revestir la forma de Auto; pero tampoco lo es menos que producen entre las partes plenos efectos de cosa juzgada (arts. 1.816 CC, 517.2.3º LEC y 147 LJV).

– Los autos definitivos que pongan fin al proceso o resuelvan de manera definitiva una relación jurídico material controvertida (así, por ej., los autos declarativos de la inaplicación de una "cláusula abusiva").

La ejecución, tal y como reza el art. 18.2 LOPJ, ha de ser "*en sus propios términos*". Sin embargo, en el proceso contencioso-administrativo, la Administración está autorizada por el art. 105 LJCA a "*expropiar el fallo*" o a suspenderlo, por polémicas causas, tales como la alteración grave del orden público, el temor fundado de guerra o el quebranto de la integridad del territorio nacional (art. 105.3), privilegios que, unido al de la inembargabilidad de los bienes del erario público, debieran, por contradecir lo dispuesto en el art. 117.3 CE, ser revisados en la línea preconizada por la STC 166/1998, de 2 de julio que revisó el privilegio de la inembargabilidad de los bienes patrimoniales de la Administración Local.

III. LAS OBLIGACIONES DE COLABORACIÓN DE LAS PARTES

El art. 118, como se ha dicho, no se limita a establecer la obligación de cumplir con las sentencias, sino también eleva a rango constitucional las obligaciones procesales de las partes, consistentes en "*prestar la colaboración requerida por éstos en el curso del proceso y en la ejecución de lo resuelto*". Seguidamente exponemos tales obligaciones.

1. La "obligación" de comparecencia

En un orden cronológico, la primera obligación procesal que tienen las partes debiera ser la de comparecencia a la llamada del Juez, presente en algunos ordenamientos, como la ZPO alemana. Pero, en el nuestro, a diferencia de las citaciones a testigos y peritos cuyo incumplimiento puede ser sancionado con multas e incluso con levantamiento de testimonio por desobediencia (art. 292.2 LEC), la obligación de comparecencia de las partes constituye una mera carga procesal, cuyo incumplimiento puede ocasionar el archivo de las actuaciones o la declaración de rebeldía (arts. 414.3.º, 496 y 442.2 LEC). De dicha regla tan sólo cabe exceptuar la obligación de comparecencia del actor a la prueba de confesión, cuya vulneración puede ocasionar la *"ficta confessio"*, así como su condena al pago de la pertinente multa (art. 304 LEC).

Y lo mismo acontece en el proceso penal, en el que el investigado, a diferencia del testigo, tampoco tiene la obligación de comparecencia, sino la carga procesal de comparecencia a fin de evitar su declaración de rebeldía, todo ello sin perjuicio de que pueda ser condenado en contumacia, cuando la LECRIM así lo permita (art. 786.1 LECRIM).

2. La "obligación" del demandante de exhaustividad y de preclusión

Con carácter simultáneo a la comparecencia del actor, también le asiste la obligación, a la hora de confeccionar su escrito de demanda, de ser exhaustivo en la aportación de los hechos y de sus causas de pedir, ya que el art. 400 LEC instaura dicha obligación, cuyo incumplimiento acarreará la sanción de preclusión prevista en el art. 222.2 LEC, que, al referirse a los límites objetivos de la cosa juzgada, dispone que *"se considerarán hechos nuevos y distintos, en relación con el fundamento de las referidas pretensiones, los posteriores a la completa preclusión de los actos de alegación..."*, prescripción que reitera el propio art. 400.2 al afirmar que *"...a efectos de litispendencia y de cosa juzgada, los hechos y los fundamentos jurídicos aducidos en un litigio se considerarán los mismos que los alegados en otro juicio anterior si hubiesen podido alegarse en éste"*.

El fundamento de esta obligación del demandante de exhaustividad y de preclusión en la incorporación a la demanda de la totalidad de los hechos y de sus "causas de pedir", hay que encontrarla en la seguridad jurídica y en la economía procesal. Al igual como acontece en el proceso penal con el derecho del acusado a una sentencia de fondo y a no ser juzgado de nuevo por el mismo hecho, también en el proceso civil se le ha de reconocer al demandado el derecho a no ser, a causa de un litigio, sucesivamente emplazado por la sola razón de que el actor decidiera fragmentar sus pretensiones y deducirlas en sucesivas demandas.

Pero aquí, tampoco nos encontramos ante una auténtica obligación, sino ante la carga procesal del actor de aducir la totalidad de los hechos y causas de pedir de la fundamentación de su pretensión, ya que, en cualquier otro caso, se expone a que, en un segundo proceso en el que pretendiera aducir en su demanda una fundamentación que pudo alegar en el primero, el Juez absuelva al demandado por apreciar el efecto negativo de la cosa juzgada de la primitiva sentencia.

3. La obligación de buena fe procesal

Una vez comparecidas las partes en el proceso, el art. 118 CE les ha de obligar a moverse dentro de él con probidad y buena fe procesal, obligación que, al nivel de la legalidad ordinaria instauró el art. 247.1 de la LEC del año 2000, conforme al cual "*Los intervinientes en todo tipo de procesos deberán ajustarse en sus actuaciones a las reglas de la buena fe*".

El incumplimiento de esta obligación puede acarrear la irrogación de dos tipos de sanciones: a) procesal, consistente en el rechazo por los tribunales de "*...las peticiones e incidentes que se formulen con manifiesto abuso de derecho o entrañen fraude de ley o procesal*" (art. 247.2); y b) disciplinaria, con multas que abarcan desde los 180 a 6.000 euros (art. 247.3), sanción material que convierte a esta exigencia en una obligación procesal.

Por buena fe entiende la jurisprudencia la "conducta ética significada por los valores de la honradez, lealtad, justo reparto de la propia responsabilidad y atenimiento a las consecuencias que todo acto consciente y libre puede provocar en el ámbito de la confianza ajena" (SSTS 21 septiembre 1987, 14 marzo 2002, 23 mayo 2003, 21 noviembre 2003 y ATS de 6 de febrero de 2007...). Dentro de dicho estándar procesal, de carácter objetivo, hay que estimar incluidos los deberes de veracidad, probidad y lealtad procesal, en la medida en que no se puede calificar de conducta honesta la de la parte procesal que intenta obtener el éxito de su pretensión mediante afirmaciones mendaces, replanteando un objeto procesal sobre el que ya existía cosa juzgada o introduciendo nuevos motivos de impugnación, con malas artes, con una conducta sinuosa, tendente a impedir el surgimiento de la verdad o a retrasar indebidamente en el tiempo la publicación de la sentencia o, como señala la doctrina alemana, actuando, en general, dentro del proceso "con chicanas o enredos". Tales actuaciones, en la medida en que pueden conculcar los derechos fundamentales "*a un proceso sin dilaciones indebidas*" y a que la tutela judicial sea "*efectiva*" del art. 24 CE, han de merecer, sin duda, también un reproche constitucional.

4. La "obligación" de soportar una prueba biológica

Dispone el art. 767. 2 LEC que "*en los juicios sobre filiación será admisible la investigación de la paternidad y de la maternidad mediante toda clase de pruebas, incluidas las biológicas*", obligación de soportar una prueba biológica, cuya negativa "*permitirá al tribunal declarar la filiación reclamada, siempre que existan otros indicios de la paternidad o maternidad y la prueba de ésta no se haya obtenido por otros medios*" (art. 767.4).

La admisión de la práctica de este medio de prueba requiere, como presupuesto previo, la aceptación por su sujeto pasivo de una leve intervención corporal (p.ej extracción de un cabello) para efectuar, sobre dicha muestra, la pertinente prueba del ADN. Pero, si el demandado se negara, la sanción procesal ha de ser la establecida en el núm. 4 de dicho precepto, esto es, la de la "*ficta confessio*", lo que nos permite inferir la conclusión de que tampoco nos encontramos aquí ante una auténtica obligación, sino ante una mera carga procesal, cuya negativa a su práctica, unida a otros indicios, podría provocarle una sentencia desfavorable (art. 767.4 LEC).

Distinta es la situación del proceso penal, en el que el párrafo 2º del art. 363 LECRIM autoriza al Juez de Instrucción a disponer una intervención corporal para la obtención de una muestra indubitada de ADN, la cual podría obtenerse incluso mediante la coerción, lo que convierte a esta carga en una obligación procesal penal.

5. La obligación de exhibición de documentos

Contemplan los arts. 256.1 y 328 a 333 LEC la obligación de exhibición de documentos en posesión del deudor. Estas normas no encierran otra cosa, sino una manifestación, en el ámbito documental, de la vigencia del principio general de la buena fe procesal como principio rector de todo el proceso civil (art. 247 LEC), el cual obliga a los intervinientes en el proceso, que tengan en su poder determinados documentos relevantes para la suerte del litigio a colaborar con la Justicia (art. 118 CE) en el descubrimiento de la verdad material en nuestro proceso civil contemporáneo, en el que, a diferencia del de el liberalismo, en el que el Juez era un mero "convidado de piedra" al que la LEC tan sólo le obligaba a obtener una verdad formal, en el proceso civil social ha de descubrir la relación jurídico material debatida, ya que la tutela judicial, que ha de dispensar, ha de ser *efectiva* y, por tanto, ha de otorgar la razón a quien la tiene dentro y fuera del proceso.

Por esta razón, el art. 256.1 permite al actor solicitar del Juez, incluso con anterioridad a la presentación de la demanda, la exhibición de algún documento que tenga en su poder el futuro demandado y que sea acreditativo de la concurrencia de determinados presupuestos procesales y, por la misma, los arts. 328-333 regulan la obligación de exhibición de los documentos existentes en poder de la contraparte o de terceras personas. Ante la negativa de la contraparte a la aportación al proceso de los documentos obrantes en su poder, la sanción que contemplan es diversa: en las diligencias preliminares cabe aplicar la "*ficta confessio*" si versaran sobre presupuestos procesales, pero, si fueran documentos acreditativos de la fundamentación de la pretensión, podría el Juez dictar un auto de entrada y registro, facultad que incomprensiblemente no es reclamable cuando se trate de exhibición de documentos en la fase de prueba, en el que, frente a la negativa a la exhibición, el Juez no está autorizado a disponer la entrada y registro, sino bien a otorgar valor probatorio privilegiado a la copia simple o a la fotocopia incorporada al proceso (art. 329.1 LEC), aun cuando no sea posible su cotejo con el original, bien, previo el lanzamiento del oportuno requerimiento, a deducir testimonio por la comisión del delito de desobediencia (art. 329.2).

Las sanciones previstas en la LEC a la negativa a la aportación de documentos, consistentes en la entrada y registro y en el apercibimiento de la comisión de un delito de desobediencia convierten a esta exigencia en una auténtica obligación procesal.

6. La obligación de exhibición del patrimonio

Cuando el acreedor ejecutante no haya designado bienes suficientes para efectuar el embargo ejecutivo, el art. 589 consagra la obligación del deudor, en el seno de un proceso de ejecución y previo requerimiento del Letrado de la Administración de Justicia, de manifestar sus bienes a fin de que el acreedor-ejecutante pueda solicitar la correspondiente traba ejecutiva.

Esta obligación de manifestación se encuentra garantizada con dos tipos de sanciones: a) gubernativa, para constreñir al deudor al cumplimiento de esta prestación de hacer, multas cuya cuantía ha de tener "*...en cuenta la cantidad por la que se haya despachado ejecución, la resistencia a la presentación de la relación de bienes y la capacidad económica del requerido...*" (589.4); y b) penal, "*...cuando menos por desobediencia grave, en caso de que no presente la relación de sus bienes, incluya en ella bienes que no sean suyos, excluya bienes propios susceptibles de embargo o no desvele las cargas y gravámenes que sobre ellos pesaren*" (589.2), con posibilidad de levantamiento de testimonio, por el delito de desobediencia y por los que pudiera haber cometido con ocasión del incumplimiento (alzamiento de bienes, estafa, falsedad documental, etc.).

La existencia de ambas sanciones materiales convierten a este deber de manifestación patrimonial en una auténtica obligación procesal. El problema, sin embargo, reside en que el nacimiento de dicha obligación puede devenir tardía, ya que bien podría suceder que, debido a la lentitud del proceso con sus dos instancias incluidas, el deudor haya ocultado ya su patrimonio, en cuyo caso el cumplimiento de esta obligación procesal llegará tarde. Por ello, debiera ubicarse en el proceso declarativo a fin de poder instar el embargo preventivo de los bienes del deudor en tanto que medida cautelar.

IV. CONCLUSIÓN

El art. 118 CE consagra el mandato, dirigido al Poder Legislativo, de establecer las obligaciones procesales correspondientes a fin de garantizar, tanto el cumplimiento del art. 117.3 en su manifestación de "*hacer ejecutar lo juzgado*", como del art. 24.1, al establecer que la tutela judicial que han de dispensar los tribunales ha de ser "*efectiva*".

Este mandato ha sido parcialmente cumplido por la LEC de 2000 mediante el establecimiento de las obligaciones procesales de las partes, las cuales fueron introducidas durante el debate parlamentario. El problema es que muchas de las obligaciones que hemos estudiado o llegan tarde (así la obligación del deudor de manifestación de su patrimonio) o, en realidad, no lo son, sino meras carqas procesales (éste es el caso de las de comparecencia o de soportar una prueba biológica). De aquí la conveniencia de que nuestro Poder Legislativo efectúe una nueva ordenación normativa y consagre auténticas y eficaces obligaciones procesales que garanticen la efectividad del derecho fundamental a la tutela judicial.

V. BIBLIOGRAFÍA

GIMENO SENDRA, V.: *Fundamentos de Derecho Procesal: jurisdicción, acción y proceso*, Civitas, 1981.

- *Constitución y Proceso*, Tecnos, 1988.
- *Derecho Procesal Penal*, Civitas, 2019.

GOLDSCHMIDT, J.: *Derecho, Derecho Penal y Proceso, Tomo III. El proceso como situación jurídica. Una crítica al pensamiento procesal*, Marcial Pons, 2015.

VI. JURISPRUDENCIA

STC 7/1994, de 17 de enero.
STC 166/1998, de 2 de julio.
STC 170/1999, de 27 septiembre.
STC 11/2008, de 21 de enero.
STC 110/2009, de 11 de mayo.
STS 12 de marzo 1998.
STS 15 de abril de 1998.

Artículo 119

La justicia será gratuita cuando así lo disponga la ley y, en todo caso, respecto de quienes acrediten insuficiencia de recursos para litigar.

COMENTARIO

M.ª Esther Seijas Villadangos
Catedrática de Derecho Constitucional
Universidad de León

SUMARIO: I. CONTEXTUALIZACIÓN HISTÓRICA Y COMPARADA. II. LA REGULACIÓN EN EL ORDEN CONSTITUCIONAL VIGENTE. III. CONCEPTUALIZACIÓN DEL DERECHO Y SU NATURALEZA JURÍDICA. DOCTRINA CONSTITUCIONAL EN RELACIÓN CON EL DERECHO A LA GRATUIDAD DE LA JUSTICIA. 1. Derecho Constitucional de carácter instrumental. 2. Derecho prestacional de configuración legal. 3. Núcleo indisponible del derecho. 4. Dimensión teleológica. 5. Competencia de la Jurisdicción ordinaria. 6. Límites. IV. DESCRIPCIÓN DE SU EJERCICIO. 1. Delimitación subjetiva de la asistencia jurídica gratuita. 2. Condicionantes objetivos para la asistencia jurídica gratuita. 3. Aspectos materiales del derecho a la asistencia jurídica gratuita. 4. Tramitación procedimental del derecho a la asistencia jurídica gratuita. V. RETOS DE FUTURO. VI. BIBLIOGRAFÍA. VII. JURISPRUDENCIA.

La plenitud del Estado de Derecho consignado en la Constitución solo se perfecciona si los derechos fundamentales, como la tutela judicial efectiva, se implementan eliminando aquellos obstáculos, en particular los de carácter económico, que impiden su materialización. Desde esta premisa se afronta el análisis del derecho constitucional a la asistencia jurídica gratuita.

I. CONTEXTUALIZACIÓN HISTÓRICA Y COMPARADA

El aforismo *Curia pauperibus clausa est* ha incidido en la formación de un corpus jurídico que ha buscado desde los tiempos arcanos, el siglo I de nuestra era de la mano del emperador Claudio, una justicia justa que no excluya a quienes no pueden pagar sus costes. Así, es preciso recordar cómo en la Partida III, Título Sexto, Ley Sexta de Alfonso X el Sabio se evocaba una contienda con poderosos, donde las viudas, los huérfanos o las personas cuitadas necesitan de un abogado que se atreva a razonar por ellos y los juzgadores deben dárselo. Con el paso del tiempo, la asistencia jurídica gratuita, se aupó tímidamente a la literalidad constitucional desde el art. 95 del Proyecto de Constitución de 1929, la pretendida carta otorgada de la dictadura de Primo de Rivera, para consolidarse en el artículo 94 de la Constitución de 1931, Título VII *Justicia,* en el que se disponía que "La Justicia se administra en nombre del

Estado. La República asegurará a los litigantes económicamente necesitados la gratuidad de la Justicia. Los jueces son independientes en su función. Sólo están sometidos a la ley". Desde el constitucionalismo comparado podemos hallar, entre otros, referentes en la Constitución portuguesa (art. 20) y en la italiana (art. 24), que se contextualizan en el ámbito supraestatal en los arts. 6.3.c del Convenio Europeo para la Protección de los Derechos Humanos y Libertades Fundamentales y en el art. 14. 3. d) del Pacto Internacional e Derechos Civiles y Políticos.

II. LA REGULACIÓN EN EL ORDEN CONSTITUCIONAL VIGENTE

La Constitución de 1978 consigna, en el título VI, *Del Poder Judicial*, la asistencia jurídica gratuita. Su seguimiento en el proceso de tramitación parlamentaria nos lleva al art. 109 del texto del anteproyecto, que se convertiría en el art. 111 tras el informe de la ponencia, para consolidarse en el precepto vigente en la actualidad. La literalidad del art. 119 podría haberse depurado optando por referir "administración de justicia", donde se dice "la justicia será gratuita", dado que serán los gastos procesales, las cauciones y las costas donde se aplicará tal beneficio. Por otro lado, cuando hace referencia a la "insuficiencia de recursos para litigar", hubiera sido deseable precisar que se aludía a una insuficiencia económica, puesto que el significante "recursos", sin ningún tipo de atributos, tiene una mayor y generalizada utilización en un sentido técnico jurídico vinculado a los medios procesales para impugnar resoluciones judiciales no firmes. En coherencia, con el concreto cumplimiento de dicho mandato constitucional se promulgó la Ley 1/1996, de 10 de enero, sobre Asistencia Jurídica Gratuita (LAJG) en la que se procede a la definitiva fijación de un modelo de servicio público que garantiza la tutela judicial efectiva. Su desarrollo reglamentario vigente se remite al Real Decreto 141/2021, de 9 de marzo, por el que se aprueba el Reglamento de asistencia jurídica gratuita.

Por su parte, su concepción en el marco de la forma territorial descentralizada ha derivado su inclusión en los Estatutos de Autonomía, desde dos ángulos, el de su catalogación como un derecho y el de su conexión al marco competencial. V. gr. Ley Orgánica 1/2007, de 28 de febrero, de reforma del Estatuto de Autonomía de las Illes Balears, art. 14. 4, Derechos en relación con las Administraciones Públicas. "En el ámbito de sus competencias, la Comunidad Autónoma garantizará la calidad de los servicios de la Administración de Justicia, la atención a las víctimas y el acceso a la justicia". Ley Orgánica 2/2007, de 19 de marzo, del Estatuto de Autonomía de Andalucía, art. 29: "En el ámbito de sus competencias, la Comunidad Autónoma garantiza la calidad de los servicios de la Administración de Justicia, la atención de las víctimas y el acceso a la justicia gratuita", siendo una atribución competencial autonómica la ordenación de los servicios de justicia gratuita y de orientación jurídica gratuita (art. 150 EA). Los Estatutos de Autonomía de la Comunidad Foral Navarra (art. 60.e), Aragón (art. 67), Cataluña (art. 106), Extremadura (49.2.a) o Comunidad Valenciana (36.1.5) también acogen esta regulación.

III. CONCEPTUALIZACIÓN DEL DERECHO Y SU NATURALEZA JURÍDICA. DOCTRINA CONSTITUCIONAL EN RELACIÓN CON EL DERECHO A LA GRATUIDAD DE LA JUSTICIA

La constitucional asistencia jurídica gratuita consiste en la exención, parcial o total, aplicable a determinadas personas, a los efectos de facilitar su acceso a las actuaciones jurisdiccionales, fundada en la insuficiencia de medios económicos o en la naturaleza de los fines (de carácter público, benéfico o social) que las singularizan. Encuadrable dogmáticamente dentro de un Derecho Constitucional procesal su esencia radica en el establecimiento de la tutela constitucional del proceso jurisdiccional. Su naturaleza jurídica se define como un derecho constitucional de carácter instrumental respecto del derecho de acceso a la jurisdicción reconocido en el artículo 24.1 CE y como un derecho prestacional de configuración legal (STC 117/1998, FJ 3). La dimensión garantista con la que se construye lleva a la necesaria vinculación de este precepto, 119 CE, con el art. 24.1 CE, puesto que no cabe idear un derecho a la tutela judicial efectiva sin reconocer que las personas que carecen de la capacidad económica para afrontar los gastos de un proceso jurisdiccional sean privadas del ejercicio de dicha acción procesal. Igualmente, la vinculación a los arts. 9.2 CE y 14 CE, como dimensiones material y formal de la igualdad consolidan la importancia constitucional de la regulación de la asistencia jurídica gratuita. Es decir, el derecho a la tutela judicial efectiva y a la defensa va intrínsecamente unido a la posibilidad del ejercicio de acciones, sin que ello venga condicionado por la imposibilidad de hacer frente a los gastos que ello ocasione. "Deben sufragarse los gastos procesales a quienes, de exigirse ese pago, se verían en la alternativa de dejar de litigar o poner en peligro el nivel mínimo de subsistencia personal o familiar" (STC 16/1994, FJ 3).

1. Derecho Constitucional de carácter instrumental

El derecho constitucional de gratuidad de la justicia se concibe como un cauce respecto al derecho a la tutela judicial efectiva, en concreto respecto el derecho de acceso a la jurisdicción reconocida en el art. 24. 1 c, al asegurar que ninguna persona quede procesalmente indefensa por carecer de recursos para litigar. Igualmente, respecto de los derechos a la igualdad de armas procesales y a la asistencia letrada (art. 24. 2 CE), consagrando una garantía de los intereses de los justiciables y los generales de la justicia, que tiende a asegurar los principios de contradicción e igualdad procesal entre las partes y facilitar al órgano judicial la búsqueda de una sentencia ajustada a Derecho y, por ello, indirectamente, coadyuva al ejercicio de la función jurisdiccional (STC 85/2020, de 20 de julio, FJ 3 a), condicionado constitucionalmente

2. Derecho prestacional de configuración legal

Su contenido y las condiciones concretas de ejecución corresponde delimitarlos al legislador que ha de atender a los intereses públicos y privados implicados y a la concreta disponibilidad presupuestaria, para lo que ha de atender a lo preceptuado en el inciso segundo del art. 119 CE, que fija un contenido constitucional indisponible para el legislador (STC 86/2022, de 27 de junio, FJ 3 b). Esto implica que deben sufragarse los gastos procesales, incluidos los honorarios de los abogados y los derechos de los procuradores, cuando su intervención sea preceptiva o necesaria en atención a las características del caso, a cuenta de quienes, si se les exige hacer frente a ellos, "se verían en la alternativa de dejar de litigar o poner en peligro las mínimas condiciones de subsistencia personal o familiar" (STC 29/2021, de 15 de febrero, FJ 4 a).

3. Núcleo indisponible del derecho

La libertad de configuración legal es amplia, pero no absoluta, (STC 43/2022, de 21 de marzo, FJ 3). Consiste en obligar a reconocer el derecho a la gratuidad de acceso a la jurisdicción de quienes no tienen recursos para litigar como demandantes o demandados, lo que conlleva que los requisitos, tanto de naturaleza formal como material, deban de interpretarse de manera que se asegure su efectividad.

4. Dimensión teleológica

El derecho a la asistencia jurídica gratuita y su normativa reguladora han de estar condicionados por la finalidad de "garantizar a todos los ciudadanos, con independencia de cuál sea su situación económica, el acceso a la justicia en condiciones de igualdad, impidiendo cualquier desequilibrio e la efectividad de las garantías procesales garantizadas constitucionalmente en el art. 24 CE que pudiera provocar indefensión y, en particular, permitiéndoles disponer de los plazos procesales en su integridad" (STC 141/2011, de 26 de septiembre FJ 5). Esta conexión habilita la aplicación del principio *pro actione* en aquellos supuestos de denegación de acceso a la justicia a quien cumpla los requisitos legalmente fijados para ello, minorando los efectos de la aplicación de los requisitos de procedibilidad, cuando de los mismos se derive una desproporción con respecto a los intereses a tutelar.

5. Competencia de la Jurisdicción ordinaria

La determinación judicial de quién tiene derecho a la asistencia jurídica gratuita es competencia de la Jurisdicción ordinaria (STC 86/2022, de 27 de junio, FJ 4 b).

6. Límites

La denegación del derecho a la asistencia jurídica gratuita no puede catalogarse como una infracción del derecho a la tutela judicial efectiva, siendo compatible con la misma su denegación cuando se advierta un ejercicio abusivo o temerario del mismo, incompatible con asegurar el esfuerzo social colectivo y solidario que lo sustenta y que se vería cuestionado, (STC 119/2019, de 28 de octubre, FJ 4) o cuando las pretensiones sean "absurdas o descabelladas", no siendo merecedoras de ser sufragadas por el dinero público (STC 12/1998, de 15 de enero, FJ 4 a).

IV. DESCRIPCIÓN DE SU EJERCICIO

1. Delimitación subjetiva de la asistencia jurídica gratuita

El ámbito personal de aplicación de la asistencia jurídica gratuita (art. 2 LAJG) se remite a las personas físicas, cuando acrediten insuficiencia de recursos para litigar, concretada en los ciudadanos españoles, los nacionales de los Estados miembros de la Unión Europea y los extranjeros que se encuentren en España. Estos últimos no necesitarán acreditar residir legalmente, residencia autorizada administrativamente, como indicaba la redacción original de la Ley, sino referenciar una ubicación puramente fáctica en España (STC 95/2003, FJ 7). Esta relación genérica de la dimensión subjetiva de la Ley se amplía, por razón de la especificidad procesal, a todos los trabajadores y beneficiarios del sistema de Seguridad Social, en el orden jurisdiccional social y en el orden contencioso-administrativo para los litigios que se sustancien sobre esta materia. En esa delimitación subjetiva del alcance del derecho, quedarán exceptuados de vincular los condicionantes de insuficiencia económica, prestándose de inmediato dicha asistencia jurídica gratuita, las víctimas de violencia de género, de terrorismo y de trata de seres humano en aquellos procesos que estén vinculados a dichas condiciones, así como los menores de edad y las personas con discapacidad intelectual o enfermedad mental cuando sean víctimas de situaciones de abuso o maltrato. Igualmente, quienes acrediten secuelas permanentes a causa de un accidente, que sean impeditivas para la realización de las tareas laborales o profesionales que desarrollaban habitualmente y que sean dependientes para la realización de las actividades más esenciales de la vida diaria, en aquellos litigios cuyo objeto sea la reclamación de una indemnización por los daños personales y morales sufridos, no necesitarán acreditar insuficiencia de recursos para litigar.

El derecho a la asistencia jurídica gratuita también podrá aplicarse a determinadas personas jurídicas (Asociaciones de utilidad pública, Fundaciones inscritas en el Registro correspondiente), siempre y cuando acrediten insuficiencia de recursos para litigar. La extensión de este derecho a otras personas jurídicas fue rechazada por el Tribunal Constitucional (STC 11/1998, FJ 5), alegando que solamente de las personas físicas puede predicarse un nivel mínimo de subsistencia personal o familiar. La vinculación de la tutela de intereses supraindividuales y la liberación de la onerosidad de litigar se ha regulado de modo específico en las distintas leyes sectoriales que ordenan dichos intereses. Así, las asociaciones de consumidores y usuarios de ámbito supraautonómico, legalmente constituidas e inscritas en el Registro Estatal de Asociaciones de Consumidores y Usuarios podrán "disfrutar del derecho de asistencia jurídica gratuita" (Real Decreto legislativo 1/2007, de 16 de noviembre, por el que se aprueba el texto refundido de la Ley General para la Defensa de los Consumidores y Usuarios, art. 37, d), cuando en sus procesos defiendan los derechos de los consumidores y usuarios que guarden relación directa con productos o servicios de uso o consumo común, ordinario y generalizado, como los seguros, tanto para la defensa de los intereses generales, colectivos o difusos de sus asociados, como en defensa de un asociado concreto (STC 217/2007, FJ 4).

Ningún tipo de condicionante económico se aplica a las Entidades Gestoras y Servicios Comunes de la Seguridad Social, a las que este derecho se les aplica "en todo caso" (art. 2.b), así como a las asociaciones que tengan como fin la promoción y defensa de los derechos de las víctimas de terrorismo, señaladas en la Ley 29/2011, de 22 de septiembre, de reconocimiento y protección integral a las víctimas de terrorismo. La Cruz Roja Española y las asociaciones de utilidad pública que tengan como fin la promoción y defensa de los derechos de las personas con discapacidad estarán igualmente exentas de acreditar la insuficiencia de recursos para litigar, reconociéndose este derecho de oficio (DA 2 Ley 1/1996, modificada por Ley 16/2005). La ampliación de este marco subjetivo lleva a incluir a las personas que comuniquen infracciones en los términos de la Ley reguladora de la protección de las personas que informen sobre infracciones normativas y de lucha contra la corrupción, a la Autoridad Independiente de Protección del Informante, A.A.I., o a las autoridades autonómicas respectivas, de conformidad con la Ley 2/2023, de 20 de febrero, reguladora de la protección de las personas que informen sobre infracciones normativas y de lucha contra la corrupción.

2. Condicionantes objetivos para la asistencia jurídica gratuita

El reconocimiento del derecho a la asistencia jurídica gratuita tendrá como condición la aplicación de una serie de requisitos objetivos a las personas físicas beneficiarias. En primer lugar, carecer de patrimonio suficiente y, en segundo lugar, disponer de unos recursos o ingresos económicos, computados anualmente por todos los conceptos y por unidad familiar, que no superen el doble del Indicador Público de la Renta de Efectos Múltiples (IPREM), vigente en el momento de efectuar la solicitud, si no se integra en una unidad familiar, umbral que sube a dos veces y media si su unidad familiar cuenta con menos de cuatro miembros o a tres si lo supera o se trata de familia numerosa. Esas circunstancias objetivas quedan condicionadas por una verificación adicional de "signos externos" que manifiesten una real capacidad económica y que vengan a desmentir la declaración del solicitante, evidenciando la disponibilidad de medios económicos (art. 4).

En el caso de las personas jurídicas mencionadas, al requisito de la carencia patrimonial se agrega un resultado contable de la entidad en cómputo anual, esto es base imponible en el impuesto de sociedades, inferior al triple del IPREM (art. 3.5).

Estos umbrales se flexibilizan, al atender el legislador a la concurrencia de determinadas circunstancias, familiares, de salud o de otras obligaciones económicas que recaigan sobre el solicitante y que le permitirían ser beneficiario de la misma, siempre careciendo de patrimonio y sin superar el quíntuplo del IPREM. En esa línea se reconoce la existencia de una situación económica sobrevenida, (art. 8), con posterioridad a la demanda de asistencia jurídica gratuita o posteriormente en el proceso ante una segunda instancia, sin haberlo solicitado en la primera, por diversas razones como el haber contado con la ayuda desinteresada de amigos que contribuyeron al asesoramiento y defensa en una primera instancia o que tras el gravamen del pago de las tasas de apelación o de la condena en costas la situación económica del solicitante haya variado (SSTC 90/2015, FJ 4 o 124/2015, FJ 4).

Ulteriormente, a la concesión de la asistencia jurídica un nuevo condicionante objetivo puede anular su inicial beneficio, cuando la pretensión del solicitante se califique de "manifiestamente insostenible o carente de fundamento" por el Colegio de Abogados (art. 15).

3. Aspectos materiales del derecho a la asistencia jurídica gratuita

El contenido material del derecho a la asistencia jurídica gratuita (art. 6) se ha configurado legalmente de una forma amplia incorporando desde el asesoramiento y la orientación previa a la iniciación de un proceso, con el fin razonable de verificar la viabilidad del mismo, a una serie de contenidos inherentes a ese derecho como: la asistencia de abogado al detenido o preso que no lo hubiera designado en diligencias policiales no vinculadas a un proceso penal en curso o en una primera comparecencia ante un órgano jurisdiccional; la defensa y representación por abogado y procurador en un procedimiento judicial; la inserción gratuita de anuncios o edictos que deban publicarse en los periódicos oficiales dentro del curso del proceso; la exención del pago de las tasas judiciales, así como el pago de depósitos exigibles en la interposición de recursos; la asistencia pericial en el proceso que recaerá en el personal técnico adscrito a los órganos jurisdiccionales; la obtención gratuita de copias, testimonios, instrumentos o actas notariales; la reducción del 80% de los derechos arancelarios que correspondan por el otorgamiento de escrituras públicas, la obtención de copias y testimonios notariales u otro tipo de certificaciones, anotaciones y asientos e inscripciones en los Registros de la Propiedad y Mercantil.

La proyección temporal de estas prerrogativas se vinculará a la totalidad de los trámites e incidencias de un mismo proceso, sus distintas instancias y recursos (art. 7).

4. Tramitación procedimental del derecho a la asistencia jurídica gratuita

La desjudicialización con la que se ha diseñado el desarrollo legal del mandato constitucional de configurar el derecho a la asistencia jurídica gratuita

(STC 94/2016, FJ 2) ha propiciado el protagonismo de unos órganos de la Administración, Comisiones de Asistencia Jurídica Gratuitas, con sede en cada capital de provincia, en las ciudades de Ceuta y Melilla y en cada isla en que existan uno o más partidos judiciales, como órganos responsables de efectuar el reconocimiento del derecho a la asistencia jurídica gratuita (art. 9). La articulación de las mismas sobre una planta territorial parte de la creación de una Comisión de Asistencia Jurídica Gratuita en Madrid y de otras dependientes de las Comunidades Autónomas y de la Administración General del Estado. Este dato agrega otro apunte a la conceptualización de la asistencia jurídico gratuita, describiéndose como un derecho con un contenido administrativo y contable, reflejado presupuestariamente al ser sufragado por el Estado. Concretamente, el Ministerio de Justicia es el departamento encargado de proveer los fondos para este servicio público (art. 30). Ello no es óbice para que sobre esa decisión administrativa se articule un ulterior control judicial (art. 20), sin que ello pueda asimilarse a una colaboración entre los poderes, sino a una actuación autónoma e independiente de cada uno de ellos. Estos aspectos procesales se contemplan en el Reglamento de asistencia jurídica gratuita, aprobado por el Real Decreto 141/2021, de 9 de marzo. En las comunidades autónomas donde se han transferido competencias en materia de Administración de Justicia (Madrid, Cataluña, Andalucía, Galicia, Aragón, Comunidad Valenciana, Canarias, País Vasco, Navarra, La Rioja, Cantabria y Asturias), se establecen reglamentos específicos, v. gr. Decreto 86/2008, de 11 de septiembre, de Asistencia Jurídica Gratuita en Cantabria, así como disposiciones que fijan los módulos para su financiación, v. gr. Orden de 2 de marzo de 2022, del Consejero de Presidencia, Justicia e Interior, por la que se actualizan los módulos y las cuantías relativas a la subvención de los servicios de asistencia jurídica gratuita de la Comunidad de Madrid.

El *iter* de la solicitud de la asistencia jurídica gratuita comienza con la presentación de un impreso normalizado de solicitud, en el que ha de indicar las pretensiones cuyo reconocimiento se pide y al que se deberá adjuntar la documentación que acredite la insuficiencia de recursos para litigar. Su presentación se realizará ante los servicios de orientación jurídica del Colegio de Abogados, que desempeñan una actuación muy importante en el reconocimiento de este derecho (art. 12), del lugar en que se halle el Juzgado o Tribunal que haya de conocer del proceso principal o ante el Juzgado del domicilio del solicitante si el proceso no se hubiese iniciado. El Consejo General de la Abogacía Española tiene habilitado un portal (Justicia gratuita) desde el cual es posible cumplimentar dicho formulario o comprobar anticipadamente si se cumplen los requisitos económicos exigidos para beneficiarse del derecho a la asistencia jurídica gratuita. A la valoración inicial de la suficiencia de la documentación presentada o de su insuficiencia (subsanación en un plazo de diez días, art. 10 del Reglamento), sigue la resolución de reconocimiento o desestimación de la pretensión, que tendrá un carácter provisional. En caso de una resolución estimatoria se procederá en un plazo de quince días a designar provisionalmente a un abogado y, previa comunicación al Colegio de Procuradores, de un procurador dentro de los tres días siguientes, si su intervención en el proceso fuese preceptiva. La Comisión de Asistencia Jurídica Gratuita (art. 17 LAGJ) dictará posteriormente una resolución definitiva en la que identificará las prestaciones que integran el derecho del solicitante. Para ello procederá a la confirmación de las designaciones de abogado y procurador previamente señaladas. El silencio de dicha Comisión, en un plazo de 30 días, se entenderá positivo por lo que se equiparará a una solución estimatoria de la solicitud.

La afectación del procedimiento jurisdiccional por la solicitud de asistencia jurídica gratuita no será automática, "la solicitud de reconocimiento del derecho a la asistencia jurídica gratuita no suspenderá el curso del proceso o expediente administrativo" (art. 16.1 LAGJ, sin embargo, puede producirse a instancia de parte o de oficio por el juez, con el objetivo de evitar un perjuicio en los derechos del solicitante achacables al tiempo necesario para tramitar la solicitud. Igualmente puede producir la interrupción de la prescripción de los derechos que se pretendan ejercitar en el proceso (art. 16.2 LAGJ).

V. RETOS DE FUTURO

Pese a que el art. 119 no consagra un derecho protegible a través del recurso de amparo, su conexión con el derecho a la tutela judicial efectiva (art. 24.1 CE) y al derecho fundamental a la asistencia letrada (24.2 CE) fundamenta con éxito su inclusión en el procedimiento en amparo (STC 90/2015, FJ 2). La asistencia jurídica gratuita ha sustentado la admisibilidad de los recursos de amparo, fundamentando la especial trascendencia constitucional de los mismos. La necesidad de que el Tribunal Constitucional aclare y confirme el derecho a obtener la justicia gratuita en cualquier instancia, incide en un problema o faceta nueva de un derecho fundamental. (STC 124/2015, FJ 2).

En esta dimensión prospectiva de su regulación hay que atender a dos flancos. Por un lado, el territorial, y por otro, el material.

La afectación de la asistencia jurídica gratuita por la organización territorial del Estado se evidencia al reconocer la admisibilidad del desarrollo normativo autonómico de las Comisiones de Asistencia Jurídica Gratuita y del procedimiento a seguir ante las mismas por no integrarse éstas en el concepto de

"Administración de Justicia" (STC 97/2001, FJ 4). En sus actuaciones ha de requerirse un esfuerzo de armonización puesto que no cabe la desigualdad en la búsqueda de la igualdad.

Materialmente, el rechazo al abuso del derecho a la asistencia jurídica gratuita o su uso antisocial como argumento denegatorio del mismo (STC 136/2016, FJ 5), las nuevas demandas de su aplicación, respecto a los propios abogados y procuradores, introducidas en el Reglamento por el Real Decreto 586/2022, de 19 de julio, exigiéndoles unos lógicos requisitos cuando su actuación se dirija a la asistencia jurídica gratuita a víctimas de violencia de género de delitos de terrorismo y de trata de seres humanos, o a víctimas de cualquier delito cuando estas sean personas menores de edad o personas con discapacidad necesitadas de especial protección o la habilitación de nuevos protocolos de necesaria rapidez en la actuación, como los ámbitos patrimoniales cuando se derivan de garantías hipotecarios o procesos arrendatarios, condicionados por las crisis económicas, o en materia de salud, exigen una agilización de la aplicación del derecho a la asistencia jurídica gratuita sin merma de sus garantías y requisitos. Una nueva ley que atienda estas reivindicaciones, especialmente formuladas por la representación de oficio —v. gr. la remuneración por actuaciones o su mero abono—, así como la coordinación de todos los implicados es una urgente necesidad.

VI. BIBLIOGRAFÍA

AA.VV., VIII Jornadas de Asistencia Jurídica Gratuita. Ponencias."La nueva Ley, una urgente necesidad". Valladolid, 2024.

COLLADO MARTÍNEZ, R. M.: "La asistencia jurídica gratuita como garantía de la igualdad en el derecho a la tutela judicial efectiva", en PENDÁS, B., (Dir.) *España constitucional (1978-2018). Trayectorias y perspectivas.* Vol. III. Centro de Estudios Políticos, Madrid, 2018, pp. 2667-2679.

COLOMER HERNÁNDEZ, I.: *El derecho a la justicia gratuita*, Tirant lo Blanch, Valencia, 1999.

GARBERÍ LLOBREGAT, J.: "Art. 119", en CASAS BAAMONDE, M. E., *Comentarios a la Constitución española*, Wolters Kluwer, Madrid, 2009, pp. 1857-1862.

LOZANO-HIGUERO, M. y RENEDO ARENAL, M. A.: "Artículo 119. Gratuidad de la Administración de justicia", en ALZAGA VILLAAMIL, O., *Comentarios a la Constitución española de 1978*, Edersa, Madrid, 1998, pp. 353-390.

MORENO CATENA, B. y CORTÉS DOMÍNGUEZ, V., *Introducción al Derecho Procesal*, Tirant lo Blanch, Valencia, 2017.

PACHECO GUEVARA, A.: *Justicia gratuita*, Consejo General del Poder Judicial, Madrid, 1996.

RODRÍGUEZ GARCÍA, N., *Justicia gratuita: un imperativo constitucional*, Comares, Granada, 2000.

RUBIO DE MEDINA, M. D.: *El beneficio de justicia gratuita*, Bosch, Barcelona, 2001.

TORRES DÍAZ, M.ª C.: "La asistencia jurídica gratuita en el marco del Derecho de Acceso a la Justicia sin sesgos de género", IberICONnect, 17 de octubre de 2022. (https://www.ibericonnect.blog/2022/10/la-asistencia-juridica-gratuita-en-el-marco-del-derecho-de-acceso-a-la-justicia-sin-sesgos-de-genero)

VII. JURISPRUDENCIA

STC 16/1994, de 20 de enero.
STC 9/2008, de 21 de enero.
STC 136/2016, de 18 de julio.
STC 85/2020, de 20 de julio.
STC 29/2021, de 15 de febrero.
STC 86/2022, de 27 de junio.

Artículo 120

1. Las actuaciones judiciales serán públicas, con las excepciones que prevean las leyes de procedimiento.

2. El procedimiento será predominantemente oral, sobre todo en materia criminal.

3. Las sentencias serán siempre motivadas y se pronunciarán en audiencia pública.

COMENTARIO

Pablo Lucas Murillo de la Cueva
Magistrado del Tribunal Supremo
Catedrático de Derecho Constitucional

SUMARIO: I. LA PUBLICIDAD DE LAS ACTUACIONES JUDICIALES. II. LA ORALIDAD DE LAS ACTUACIONES JUDICIALES. III. LA MOTIVACIÓN DE LAS RESOLUCIONES JUDICIALES. IV. LA PUBLICACIÓN DE LAS SENTENCIAS Y OTRAS RESOLUCIONES JUDICIALES. V. BIBLIOGRAFÍA. VI. JURISPRUDENCIA.

Este precepto enuncia tres principios —publicidad, oralidad y motivación— sobre la forma en que se han de adoptar las decisiones judiciales, sobre su contenido imprescindible y sobre su difusión. Los tres guardan relación estrecha entre sí y con el derecho a la tutela judicial efectiva reconocido por el artículo 24 de la Constitución. A su vez, dicen relación con el Estado de Derecho en que se constituye España.

La publicidad de las actuaciones de los poderes públicos es connatural al constitucionalismo. Por oposición a los *arcana imperii* del Estado absoluto e inspiración en la máxima kantiana de que todas las acciones relativas al derecho ajeno que no toleran la publicidad son injustas, acomoda las pautas de organización y funcionamiento de los órganos del Estado de acuerdo con ella, Así, son públicos los procedimientos y las decisiones a que conducen cualquiera que sea su naturaleza: normativa, administrativa o judicial. La razón de ser de esta exigencia tiene que ver con la idea de que quienes ejercen el poder no son sus dueños sino solamente sus depositarios temporales y, además, no pueden utilizarlo de cualquier modo sino dentro de los límites y condiciones con los que se les ha confiado. La publicidad permite constatar su observancia efectiva, concurre a la legitimación por el ejercicio de quienes ya cuentan con la investidura democrática y, en la medida en que da a conocer los presupuestos y los fundamentos de sus decisiones, hace posible activar los mecanismos de control, los de defensa de quienes se consideren perjudicados por ellas y de exigencia de responsabilidad cuando sean precisos.

Publicidad, oralidad y motivación se implican ya que las dos últimas adquieren sentido en el marco de la primera y, a la vez, esta se ve potenciada cuando el procedimiento se desenvuelve de palabra entre el juez o tribunal y las partes y con la expresión de las razones que conducen a la resolución que adopta el juzgador.

Igualmente, están directamente relacionadas con la función de garantía de los derechos e intereses legítimos propia del proceso y, por tanto, con el cometido del llamado a resolverlo: el juez. Se inscriben en la interpretación de la separación de poderes querida por el constituyente y sirven al mismo objetivo: hacer visible el ejercicio de la potestad jurisdiccional de tal manera que, además, naturalmente, de quienes son parte en el proceso, cualquier ciudadano que lo desee pueda conocer su objeto y cómo y por qué se ha decidido el litigio. Así, quien se vea afectado si no está de acuerdo con lo resuelto podrá defenderse atacando las razones en que descansa la resolución y quienes sean meros espectadores tendrán la oportunidad de comprobar cómo se aplica el ordenamiento jurídico y si en esa operación se respetan las prescripciones jurídicas y, en especial, se observa el postulado de la igualdad en la aplicación de la ley.

Según resulta del propio tenor del artículo, mientras que la publicidad se predica de todas las actuaciones judiciales, la oralidad se contempla como una preferencia que ha de ser especialmente acusada en el proceso penal y la motivación se refiere a las sentencias. Veamos en qué términos se plasman en la realidad estas previsiones.

I. LA PUBLICIDAD DE LAS ACTUACIONES JUDICIALES

La aplicación del principio de publicidad en el ámbito judicial es especialmente intensa. Nos la anuncia ya el artículo 24.2 de la Constitución al reconocer el derecho a un proceso público con todas las garantías y, luego, este artículo 120 lo reitera en dos sentidos. De un lado, su apartado primero, cuando prescribe en general la publicidad de las actuaciones judiciales, además de imponer su realización ante las partes, en coincidencia con las exigencias del principio de inmediación, y de obligar a que se les comuniquen todas las resoluciones a las que conduzcan, punto en el que confluye con la prohibición de indefensión que sienta el artículo 24.1, abre al conocimiento del público el desarrollo del proceso. De otro lado, su apartado tercero, al disponer que las sentencias se pronunciarán en audiencia pública se refiere a la comunicación no sólo a las partes de esas resoluciones.

La Ley Orgánica del Poder Judicial concreta ambos aspectos.

1. Así, su artículo 186 señala que los juzgados y tribunales celebrarán audiencia pública todos los días hábiles para la práctica de las pruebas —esto es, de las declaraciones, los interrogatorios, testimonios y careos, de las exploraciones e informes o de la ratificación de las pericias, según precisa su artículo 229.2— y para la celebración de las vistas de los pleitos y causas. Esto significa que, además de las partes, pueden asistir a esos actos quienes lo deseen con el solo límite del espacio disponible y, en especial, pueden hacerlo los representantes de los medios de comunicación que son los que aseguran realmente la publicidad del proceso en la sociedad de la información. Ahora bien, de este principio no surge el derecho incondicionado de acceder y permanecer en las sedes judiciales ni siquiera para los informadores pues sólo se proyecta sobre los lugares y los momentos en que se celebran las actuaciones judiciales en audiencia pública [SSTS (3ª) de 8 de noviembre de 2005 (recurso 40/2003) y de 24 de julio de 2007 (recurso 84/2005) y SSTC 56 y 57/2004 y 159/2005].

El Reglamento del Consejo General del Poder Judicial 1/2005, de 15 de septiembre, de aspectos accesorios a las actuaciones judiciales, precisa que en las horas de audiencia pública —como mínimo cuatro diarias que se anunciarán en la parte exterior de las Salas de los juzgados y tribunales (artículo 11)— se practicarán las pruebas, se celebrarán las vistas y se publicarán las sentencias. Igualmente, se desarrollará el despacho ordinario de los asuntos y se atenderá a los profesionales y al público que soliciten ser recibidos por los jueces y magistrados (artículo 10). Esta última previsión, que amplía el sentido de la audiencia pública, ha sido precisada por la STS (3ª) de 8 de noviembre de 2005 (recurso 40/2003). En concreto, señala que no es aconsejable que el juez reciba a uno solo de los litigantes sin la presencia del otro y al margen de lo establecido en las leyes procesales. Los intereses contrapuestos que se ventilan en el proceso y los deberes de imparcialidad que rigen la actividad jurisdiccional reclaman, según el Tribunal Supremo, esa cautela.

La Ley Orgánica del Poder Judicial (artículo 232.1) insiste en la regla de la publicidad de todas las actuaciones judiciales salvo las excepciones que prevean las leyes procesales y las que establezcan, según el apartado 3 de este precepto, los jueces y tribunales motivadamente por razones de orden público y de protección de los derechos y libertades, acordando el secreto de todas o parte de ellas. Esta habilitación extraordinaria se extiende a aquellas otras restricciones que, sin llegar a la declaración del secreto, entrañen limitaciones a la publicidad y se consideren imprescindibles por esas causas u otras de naturaleza semejante.

En este sentido, la Ley de Enjuiciamiento Criminal declara reservadas a las partes las diligencias del sumario y les niega carácter público hasta que se abra el juicio oral (artículo 301). Autoriza, igualmente, a declarar por no más de un mes secretas, también para las partes aunque no para el Ministerio Fiscal, todas o parte de las actuaciones instructoras a fin de evitar riesgos graves a la vida, a la libertad o integridad física de otra persona o para prevenir situaciones susceptibles de comprometer en forma grave el resultado de la investigación o del proceso (artículo 302). Asimismo, la protección de la intimidad explica que su artículo 588.ter.i ordene excluir de las copias de las grabaciones y transcripciones de las comunicaciones cuya interceptación se ha autorizado y que se entregan a las partes los aspectos de la vida íntima de las personas que aparezcan en ellas y no guarden relación con el delito por el que se sigue el proceso penal.

De igual modo, su artículo 681 faculta al juez o tribunal para acordar la celebración del juicio a puerta cerrada por razones de seguridad u orden público, de protección de los derechos fundamentales de los intervinientes, en especial de la intimidad de las víctimas y del respeto a ellas y a sus familias y para evitarles perjuicios relevantes.

Otro tanto hace el artículo 138 de la Ley de Enjuiciamiento Civil que contempla la posibilidad de celebrar a puerta cerrada las actuaciones judiciales "cuando ello sea necesario para la protección del orden público o de la seguridad nacional en una sociedad democrática, o cuando los intereses de los menores o la protección de la vida privada de las partes y de otros derechos y libertades lo exijan o, en fin, en la medida en la que el tribunal lo considere estrictamente necesario, cuando por la concurrencia de circunstancias especiales la publicidad pudiera perjudicar a los intereses de la justicia".

Importa tenerlo presente, ya que esta Ley 1/2000 es supletoria en el proceso contencioso-administrativo y en el laboral de acuerdo, respectivamente, con la disposición final primera de la Ley 29/1998, de 13 de julio, reguladora de la Jurisdicción Contencioso Administrativa, y con la disposición final cuarta de la Ley 36/2011, de 10 de octubre, reguladora de la Jurisdicción Social.

Naturalmente, las restricciones que se impongan a la regla de la publicidad habrán de ser justificadas en cada caso por el juez o tribunal que las adopte quien, previamente a tomarlas, habrá debido oír a las partes al respecto.

Por lo demás, la regla de la publicidad se satisface o, mejor, se hace posible (artículo 229.3 de la Ley Orgánica del Poder Judicial) con el recurso a medios técnicos como la videoconferencia o cualquier otro que permita la comunicación bidireccional y simultánea de imagen y sonido y la interacción visual, auditiva y verbal desde puntos geográficamente distantes con posibilidad de contradicción de las partes y salvaguarda del derecho de defensa. Y cabe, desde luego, que las vistas de los asuntos que susciten interés público se retransmitan por los medios de comunicación audiovisual (SSTC 56 y 57/2004 y 159/2005). O que, como sucedió con las de la causa especial 20907/2017, seguida ante la Sala Segunda del Tribunal Supremo, se ofrezcan en *streaming* desde la web del Consejo General del Poder Judicial,

En definitiva, fuera de los supuestos excepcionales mencionados, todo el proceso se desarrolla en público y son públicos los señalamientos de los asuntos para votación y fallo. Así lo requiere expresamente el artículo 232.2 ya citado a fin de que sea de conocimiento, no sólo de las partes, sino general, en qué día y hora se van a deliberar y decidir.

Ahora bien, llegados a ese momento, al de la deliberación, la regla es la contraria de la que rige para todo lo demás: las deliberaciones de los tribunales, o sea de los órganos judiciales colegiados, son secretas según el artículo 233 de la Ley Orgánica del Poder Judicial, al igual que lo es el resultado de las votaciones. Ese secreto es una condición necesaria para que los tribunales formen su criterio con plena libertad y alcancen así la decisión que resuelve el conflicto sobre el que versa el proceso al que pone término.

La única salvedad la constituyen el voto o votos particulares que formulen los magistrados en desacuerdo con la decisión de la mayoría. El artículo 260 de la Ley Orgánica del Poder Judicial lo autoriza. La presentación de un voto particular rompe parcialmente el secreto de la deliberación pues desvela que en ella se mantuvieron posiciones diferentes a la que prevaleció, las cuales pueden concordar en todo o en parte con el fallo pero disentir en su fundamentación o discrepar con el fallo y con su fundamentación por las razones que ha de expresar el magistrado que lo formule. El voto particular adquiere dimensión pública *a posteriori*, al publicarse la sentencia o la resolución a la que se formula. No altera, por tanto, las condiciones de la deliberación y, además de para dejar constancia de un entendimiento de los hechos y de una interpretación del Derecho distinta de la sostenida por la mayoría del tribunal, sirve para reflejar la independencia de criterio de los magistrados, ofrecer elementos de defensa a la parte que no haya visto acogidas sus pretensiones y para apuntar el sentido en que puede evolucionar la jurisprudencia si el parecer de los discrepantes, con el tiempo, se vuelve mayoritario.

2. Las actuaciones judiciales culminan en la adopción de una resolución que se recoge por escrito y se incorpora al expediente judicial.

De acuerdo con el artículo 245 de la Ley Orgánica del Poder Judicial, las resoluciones de carácter jurisdiccional, las que adoptan los jueces y tribunales en el curso del proceso, son las providencias, los autos y las sentencias. Ese precepto explica que las providencias tienen por objeto la ordenación material del proceso. Los autos resuelven recursos contra las providencias, deciden las cuestiones incidentales, los presupuestos procesales y la nulidad del procedimiento, mientras que las sentencias deciden el pleito o causa. A su vez, el artículo 248 siempre de la Ley Orgánica, precisa que las providencias se limitarán a determinar lo mandado sin que necesiten motivación, los autos han de ser siempre fundados y contendrán en párrafos separados y numerados los hechos y razonamientos jurídicos y la parte dispositiva. Por su parte, las sentencias, dice, deberán formularse expresando, tras un encabezamiento, en párrafos separados y numerados, los antecedentes de hecho, los hechos probados, en su caso, los fundamentos de Derecho y el fallo. Naturalmente, en todas las resoluciones ha de constar el juez o tribunal que las dicta, el lugar y la fecha y los datos de identificación del proceso y de las partes.

A los letrados de la Administración de Justicia corresponde dictar las diligencias de ordenación material del proceso, según el artículo 456 de la Ley Orgánica del Poder Judicial, para impulsar su tramitación en lo que no esté reservado a los jueces y magistrados.

Todas las resoluciones judiciales y estas diligencias han de notificarse a las partes so pena de causarles indefensión de no hacerlo y no están cubiertas, en principio, por ninguna reserva. Se integran en el expediente judicial y a él pueden acceder, además de las partes, quienes posean un interés legítimo que lo justifique. A tal efecto, el artículo 234 de la Ley Orgánica del Poder Judicial obliga a los letrados de la Administración de Justicia a facilitar a estos interesados cuanta información soliciten sobre el estado de las actuaciones, que podrán examinar y conocer salvo que hayan sido declaradas secretas o reservadas a las partes. Del mismo modo, reconoce a las partes y a los interesados el derecho a obtener copias simples de los escritos y documentos que obren en las actuaciones o testimonios o certificados siempre que no medie su secreto o la declaración de reservados, si bien los jueces y tribunales podrán acordar la supresión de los datos personales que no sean necesarios para garantizar el derecho a la tutela judicial efectiva de quienes los solicitan (artículo 236 quinquies.1).

El acceso al texto de las sentencias es objeto del artículo 266. Si bien sigue la regla de que tienen derecho a él los interesados, prevé la posibilidad de restringirlo o limitarlo cuando, de otro modo, se vean afectados el derecho a la intimidad o los derechos de personas que requieran un especial deber de tutela o la garantía del anonimato de las víctimas o perjudicados o, en general, para evitar que se usen con fines contrarios a las leyes [STC 114/2006 y STS (3ª) de 18 de septiembre de 2006 (recurso 274/2002)].

Por lo que se refiere a terceros, la regla la sienta el artículo 235 de la Ley Orgánica que exige disociar los datos de carácter personal que obren en las sentencias y resoluciones. Ahora bien, según su artículo 235 bis será público el acceso a los contenidos en los fallos de las sentencias firmes condenatorias dictadas por los delitos tipificados en los artículos 305, 305 bis y 306 del Código Penal o por los de sus artículos 257 y 25 si el acreedor defraudado hubiese sido la Hacienda Pública. Igualmente será público ese acceso a los datos personales recogidos en los fallos de sentencias firmes condenatorias, dictadas por el delito de contrabando tipificado por el artículo 2 de la Ley Orgánica 1271995, de 12 de diciembre, de Represión del Contrabando, si hay perjuicio para la Hacienda Pública estatal o de la Unión Europea.

II. LA ORALIDAD DE LAS ACTUACIONES JUDICIALES

A diferencia de lo que sucede con el principio de publicidad del proceso y con la exigencia de la motivación de las resoluciones judiciales, no se encuentra en las Constituciones la afirmación de la preferencia por la oralidad del procedimiento ni en el proceso penal ni en general. Seguramente, la razón por la que se incluyó en la nuestra reside en su relación con la publicidad del proceso y en la preocupación garantista que caracteriza la obra de los constituyentes, explicable como reacción a la negación de los derechos fundamentales por el régimen precedente. Su íntima vinculación con el principio de inmediación y su virtualidad para hacer patentes ante el juez o tribunal y ante el público las posiciones enfrentadas de las partes se encuentran sin duda entre las razones que llevaron a incluir este apartado segundo en el artículo 120. Y es que, en efecto, el desarrollo oral del proceso muestra eficazmente que se administra justicia de manera imparcial y que los jueces y los tribunales escuchan a todos por igual. En este sentido, suma a la publicidad la potencia de la imagen y del sonido y le aporta vivacidad y credibilidad.

El artículo 229 de la Ley Orgánica del Poder Judicial reitera el mandato constitucional de preferencia por la oralidad, sobre todo, dice, en materia criminal. A su vez, su artículo 245.2 señala que, cuando lo autorice la Ley, las sentencias se pueden dictar de viva voz, sin perjuicio de que se recojan por escrito. Naturalmente, todas las actuaciones que se desarrollen oralmente deben ser documentadas mediante la grabación correspondiente o su transcripción y, en todo caso, el inicio del proceso y la presentación de los hechos y de las pretensiones de las partes ha de hacerse por escrito. En realidad, en el proceso, conviven la oralidad y la escritura y, si la primera aporta las ventajas que se han indicado, la segunda es imprescindible a efectos de constancia de lo actuado, de la revisión de las decisiones judiciales por los mismos jueces o tribunales que las dictaron o por los superiores y, también, para conocimiento público, pues la escritura no está reñida con la publicidad del proceso ya que la procura en forma diferente pero complementaria con la que proporciona la oralidad.

Cabe decir, en este sentido, que en los procesos regulados por las leyes de enjuiciamiento predomina la escritura. Cierto que ese predominio es más cuantitativo que cualitativo en el proceso penal pues sus momentos principales se desarrollan oralmente ante el órgano judicial en la instancia. Es, igualmente cierto que el procedimiento laboral es predominantemente oral y que en los órdenes jurisdiccionales civil y contencioso-administrativo hay fases que se desarrollan oralmente o modalidades en que el procedimiento se concentra en la vista pública aunque en ellos el predominio es para la escritura al igual que en segunda instancia y en casación.

Debe señalarse que el buen desarrollo del proceso requiere de un detenido estudio previo por parte del juez o tribunal de los hechos y de las posiciones de las partes antes de que se entable entre ellas el debate oral en la vista pública. Esto, a su vez, exige que los juzgadores dispongan del tiempo necesario para ello y, también, para que el juicio, la vista pública, tenga lugar con la holgura suficiente para las distintas intervenciones. Aunque pudiera parecer lo contrario, la generalización de la oralidad del procedimiento en las condiciones que se acaban de indicar, con la planta judicial existente, se traduciría en una menor capacidad de resolución.

III. LA MOTIVACIÓN DE LAS RESOLUCIONES JUDICIALES

El apartado tercero de este artículo 120 exige la motivación de las sentencias. Se trata de un requisito esencial que el legislador (artículo 245 de la Ley Orgánica del Poder Judicial) extiende a los autos e, incluso, a algunas providencias, como, por ejemplo, las que inadmiten el incidente de nulidad de actuaciones (artículo 241.1 de la Ley Orgánica del Poder Judicial) o el recurso de casación contencioso-administrativo (artículo 90.3 a) de la Ley 29/1998).

Una vez sentados los hechos y tras considerarlos a la luz de las reglas y principios aplicables que ha debido identificar, el juez debe resolver la controversia que tiene ante sí mediante una cadena de razonamientos que, primero, sitúe esos hechos en el ámbito de aplicación de aquellos y, después, extraiga de su programa normativo el concreto criterio que le da solución.

Esa cadena de argumentos, que ha de ser en sí misma coherente y congruente con las cuestiones planteadas en el pleito a las que ha de dar respuesta, debe ser explicada. La motivación de las decisiones —no sólo de las sentencias sino de todas las resoluciones judiciales que la exijan— es condición de validez y constituye un deber del juez expresarla. Aun siendo correcta desde el punto de vista material, una resolución carente de motivación está viciada de nulidad y puede ser causa de responsabilidad disciplinaria del juez.

Se debe tener presente que la Ley Orgánica del Poder Judicial (artículo 417.15) castiga como infracción muy grave de los jueces y magistrados la absoluta y manifiesta falta de motivación de las resoluciones judiciales que la precisen siempre que dicha falta haya sido apreciada en resolución judicial firme o, si no fuese recurrible, haya sido denunciada por la parte [STS (3ª) de 1 de abril de 2014 (recurso 324/2013)]. Y el Tribunal Constitucional ha dicho reiteradamente que el derecho a la tutela judicial efectiva que el artículo 24 de la Constitución reconoce a todos, comprende el de obtener una respuesta motivada del juez (entre otras, SSTC 26/2023, 101/2015, 102/2014 y las que en ellas se citan). Por tanto, la carencia de motivación entraña la lesión de este derecho fundamental y, como se ha dicho, la nulidad de la resolución que la padezca.

Esta exigencia es determinante para comprobar el correcto ejercicio de la función judicial y hacer posible recurrirla ante el tribunal competente.

Así, la motivación se ha de extender a las incidencias del proceso y a todas las fases del razonamiento judicial. En especial, debe explicar por qué el juez o el tribunal han valorado la prueba de una determinada manera y cómo han seleccionado la legislación y la jurisprudencia relevantes, así como el modo en que han llegado a identificar o construir con los elementos que esas fuentes les han proporcionado la regla que ha resuelto el recurso. No tiene por qué ser exhaustiva pero sí ha de expresar con claridad esos aspectos y la *ratio decidendi,* la cual ha de ser congruente con las pretensiones esgrimidas por las partes.

Por otro lado, ha de ser clara y precisa. La claridad hace referencia a su comprensibilidad. Y la precisión mira a evitar aquellas manifestaciones ajenas al debate jurídico en que ha consistido el pleito, todos aquellos contenidos superfluos o indebidos. En este sentido, la Ley Orgánica del Poder Judicial considera infracción grave del juez la utilización en las resoluciones judiciales de expresiones innecesarias o improcedentes, extravagantes o manifiestamente ofensivas o irrespetuosas desde el punto de vista del razonamiento jurídico [artículo 418.6 y SSTS (3ª) de 8 de noviembre de 2012 (recurso 361/2012), 5 de diciembre de 2005 (recurso 52/2005) y de 11 de diciembre de 1998 (recurso 7329/1992)]. Este tipo disciplinario y los relacionados del artículo 419.1 y 2 obedecen a los propósitos de mantener el cometido judicial en su propio ámbito, de preservar la dignidad del cargo de juez y del propio Poder Judicial así como el respeto a quienes acuden a él y a todos los que siguen sus decisiones en cuanto integrantes del pueblo del que emana la justicia (artículo 117.1 de la Constitución).

El artículo 218.1 de la Ley 1/2002, de 7 de enero, de Enjuiciamiento Civil, siguiendo a lo que disponían las de 1881 y 1855 y, aun antes, las leyes de Partidas, dice que las sentencias deben ser claras, precisas y congruentes. No hay mejor forma de caracterizar la motivación que deben tener. Y cabe decir que el recto cumplimiento de esos requisitos contribuirá a la legitimación de ejercicio de los jueces y del Poder Judicial en su conjunto. En la medida en que expliquen con claridad y precisión la respuesta razonada y razonable que han dado a lo que pedían las personas que acudieron al proceso, trasladarán a ellas y a todos los ciudadanos la imagen de que contribuyen con su labor a hacer efectivo, a hacer realidad el Estado de Derecho al que sirven. O, lo que es lo mismo, a preservar el ordenamiento jurídico que, presidido por la Constitución, reconoce y protege los derechos fundamentales de todos, que es justamente la tarea que se ha puesto en sus manos.

IV. LA PUBLICACIÓN DE LAS SENTENCIAS Y OTRAS RESOLUCIONES JUDICIALES

El último aspecto del artículo 120 que se debe destacar es el relativo a la publicación de las sentencias y otras resoluciones judiciales en la que abunda el artículo 186 de la Ley Orgánica del Poder Judicial al decir que las sentencias y demás actos que señale la ley que lo precisen se publicarán por los juzgados y tribunales en audiencia pública.

Si bien puede en ocasiones convocarse a las partes para la lectura en público de la sentencia o de parte de ella, en la práctica se entiende cumplida esta exigencia mediante la notificación de su texto íntegro y, en su caso, del voto o votos particulares tal como dice la diligencia que extiende en ella el letrado de la Administración de Justicia. Y lo mismo sucede con otras resoluciones. No obstante, en el proceso penal suele ser habitual que las decisiones sobre las medidas cautelares de libertad o prisión provisional se comuniquen directamente al encausado al término de la vista contemplada por el artículo 505 de la Ley de Enjuiciamiento Criminal.

En todo caso, es menester advertir que el sentido del precepto constitucional es más amplio y no se satisface mediante la sola notificación a las partes. Exige también que las sentencias y otras resoluciones judiciales puedan ser de conocimiento general. Para ello, sin perjuicio de que se difundan aquellas que susciten el interés público por los medios de comunicación y por las oficinas de información creadas en los tribunales [STS n.º 743/2023, de 6 de junio (recurso n.º 81/2022)] la Ley Orgánica del Poder Judicial encomienda al Consejo General del Poder Judicial cuidar de la publicación oficial de las sentencias y demás resoluciones que se determinen del Tribunal Supremo y del resto de órganos judiciales (artículo 560.1.10ª). A tal fin, el Centro de Documentación Judicial, órgano técnico del Consejo (artículos 611 y 619), se ocupa de la selección, ordenación, tratamiento, difusión y publicación de la información jurisprudencial. Para ello, el artículo 7 del Reglamento 1/2005, prevé que los juzgados y tribunales le remitan copia de todas las sentencias y otras resoluciones que puedan ser de interés, con los que forma su fondo documental. A través del Centro de Documentación Judicial el Consejo General del Poder Judicial ofrece en la red (www.poderjudicial.es) el acceso público y gratuito a la jurisprudencia una vez anonimizadas las resoluciones.

Asimismo, el Centro de Documentación Judicial es el cauce a través del cual se articula la reutilización de las resoluciones judiciales [artículo 560.1.10ª de la Ley Orgánica del Poder Judicial y disposición adicional segunda de la Ley 37/2007, de 9 de julio, de 16 de noviembre, sobre reutilización de la información del sector público) y STS (3ªª) de 28 de octubre de 2011 (recurso 42/2011)].

V. BIBLIOGRAFÍA

ALISTE SANTOS, T. J.: *La motivación de las resoluciones judiciales (segunda edición)*, Marcial Pons, Madrid, 2018.

ÁLVAREZ SÁNCHEZ DE MOVELLÁN, P.: *Los requisitos internos de la sentencia civil*. Dykinson, Madrid, 2021

FERNANDO PABLO, M. y RIVERO ORTEGA, R., *La publicidad de las sentencias en el orden contencioso-administrativo*, Civitas, Madrid, 2001.

IGARTUA SALAVERRÍA, J.: *La motivación de las sentencias, imperativo constitucional*. Centro de Estudios Políticos y Constitucionales, Madrid, 2003

MONTERO AROCA, J.: *Los principios políticos de la nueva Ley de Enjuiciamiento Civil. Los poderes del juez y la oralidad*, Tirant lo Blanch, Valencia, 2001.

VI. JURISPRUDENCIA

SSTC 56/ y 57/2004, de 19 de abril.

STC 159/2005 de 20 de junio.

SSTS (3ª) de 8 de noviembre de 2005 (recurso 40/2003) y de 24 de julio de 2007 (recurso 84/2005).

STS (3ª) de 1 de abril de 2014 (recurso 324/2013).

STC 26/2023, de 17 de abril.
STC 101/2015, de 25 de mayo
STC 102/2014, de 23 de junio
STS n.º 743/2023, de 6 de junio (recurso n.º 81/2022).
SSTS (3ª) de 8 de noviembre de 2012 (recurso 361/2012), de 5 de diciembre de 2005 (recurso 52/2005) y de 11 de diciembre de 1998 (recurso 7329/1992).
STS (3ª) de 28 de octubre de 2011 (recurso 42/2011).

Artículo 121

Los daños causados por error judicial, así como los que sean consecuencia del funcionamiento anormal de la Administración de Justicia, darán derecho a una indemnización a cargo del Estado, conforme a la Ley.

COMENTARIO

Edorta Cobreros Mendazona
Catedrático de Derecho Administrativo
Universidad del País Vasco (UPV/EHU)

SUMARIO: I. PRESENTACIÓN. II. LOS SUPUESTOS DE RESPONSABILIDAD DEL ESTADO-JUEZ. 1. Error judicial. 2. Prisión preventiva indebida. 3. Funcionamiento anormal de la Administración de Justicia. III. BIBLIOGRAFÍA. IV. JURISPRUDENCIA.

I. PRESENTACIÓN

 El precedente más claro de este precepto lo constituye el art. 106 de la Constitución Republicana de 1931 que disponía:

> "Todo español tiene derecho a ser indemnizado por los perjuicios que se le irroguen por error judicial o delito de los funcionarios judiciales en el ejercicio de sus cargos, conforme determinan las leyes.
> El Estado será subsidiariamente responsable de estas indemnizaciones".

Como se advierte, esta disposición emparenta con el actual art. 121 CE, pero sus diferencias son también claras. Además, la ley o leyes previstas para su desarrollo no fueron dictadas, sin perjuicio de la adición, en 1933, de un segundo párrafo al aún vigente art. 960 LECrim, para la revisión penal ("Cuando en virtud del recurso de revisión se dicte sentencia absolutoria, los interesados en ella o sus herederos tendrán derecho a las indemnizaciones civiles a que hubiera lugar según el derecho común, las cuales serán satisfechas por el Estado, sin perjuicio del derecho de este de repetir contra el juez o tribunal sentenciador que hubiera incurrido en responsabilidad o contra la persona directamente declarada responsable o sus herederos").

Inicialmente, el Proyecto de Constitución de 1978 solo se refería a los "errores judiciales", pero durante la tramitación parlamentaria de este artículo se añadió el supuesto de la responsabilidad por funcionamiento anormal de la Administración de Justicia, así como la concreción de que la indemnización correrá, precisamente, a cargo del Estado.

Resulta una previsión constitucional innovadora por su amplitud —pues no se acota al ámbito clásico del error penal, sino que queda abierto a otros supuestos—, porque incluye expresa y diferenciadamente la hipótesis del mal funcionamiento de la Administración de Justicia y porque establece de manera inequívoca la responsabilidad directa del Estado.

La previsión de un doble título de imputación de la responsabilidad estatal requiere un criterio para distinguir los supuestos de error judicial de los constitutivos de un funcionamiento anormal de la Administración de Justicia, máxime cuando su desarrollo legal diferenciará netamente el régimen jurídico de uno y de otro, como se verá en el apartado siguiente. A estos efectos, en una primera aproximación, podemos decir que la indemnización por error judicial se producirá cuando traiga causa de una resolución judicial dictada en el ejercicio de funciones jurisdiccionales, esto es, cuando constituya un ejercicio de interpretación y aplicación de la Ley en un proceso; y la indemnización por funcionamiento anormal de la Administración de Justicia se originará cuando el daño se deba a actuaciones que, no consistiendo en resoluciones judiciales de aplicación del Derecho, se efectúen en el ámbito propio de la actividad necesaria para que los órganos jurisdiccionales realicen su función propia y específica de juzgar y hacer ejecutar lo juzgado (que es el contenido constitucionalmente encomendado a los Juzgados y Tribunales *ex* art. 117.3 CE).

Ahora bien, este reconocimiento constitucional requería para su materialización de un desarrollo legal preciso que lo posibilitara. En efecto, la remisión a que se haga "conforme a la ley" significa que el derecho constitucional a la reparación constituye un derecho de configuración legal (de similar manera a lo que ocurre con lo dispuesto en el art. 106.2 CE o en el art. 33.3 CE), con lo que, en último término, respetados los límites de este artículo, al legislador le corresponde un amplio margen regulador en la materia. El desarrollo efectivo reclamado por este artículo se produjo con la Ley Orgánica del Poder Judicial de 1985 (más concretamente con los arts. 292 y ss.), a cuyos aspectos fundamentales haremos referencia en el apartado siguiente

II. LOS SUPUESTOS DE RESPONSABILIDAD DEL ESTADO-JUEZ

El art. 121 CE se refiere, expresamente, al error judicial y al funcionamiento anormal de la Administración de Justicia como títulos de imputación de la responsabilidad estatal. La Ley Orgánica del Poder Judicial, sin embargo, ha desdoblado el primero en dos supuestos diferenciados: el error judicial, propiamente dicho, y la prisión preventiva indebida. De tal manera que, ahora, podemos hablar de tres hipótesis en las que se puede producir la responsabilidad patrimonial del Estado.

1. Error judicial

Al hablar de error judicial surge inmediatamente la cuestión de quién puede declarar o decidir que una determinada resolución judicial constituye un error judicial a indemnizar. La respuesta parece bastante clara: si queremos preservar la independencia judicial, solo podrá hacerlo otra resolución judicial. En efecto, por un lado, la exclusividad de la potestad jurisdiccional hace difícilmente concebible que quien no sea un órgano judicial pueda decir, autorizadamente, que la aplicación judicial del Derecho que se ha realizado es un error que compromete la responsabilidad del Estado y, por otro lado, para que eso nadie pueda luego contradecirlo o ignorarlo parece evidente que debe consistir en una (nueva) resolución judicial definitiva.

Desde otra perspectiva, el error judicial del que trata el art. 121 CE no es cualquier error o equivocación judicial, sino que es un error a efectos exclusivamente indemnizatorios. Esto implica que la vía de la declaración de su existencia solo procede con la finalidad de compensar el perjuicio y no para conseguir la anulación o "desacreditación" de la previa resolución judicial (lo que solo se puede producir por los cauces de los recursos procesales establecidos). En consecuencia, si no se prueba la existencia de un daño real y efectivo, no procederá ni siquiera analizar si se ha producido error judicial, por mucho que la resolución judicial haya podido ser equivocada; y así viene entendiéndolo el Tribunal Supremo.

Es importante remarcar que lo que en ningún caso posibilita la declaración de error judicial es la anulación de la resolución así declarada, sino que esta permanecerá incólume, aunque el perjuicio que haya causado tendrá que indemnizarse: el proceso de declaración de error judicial no está destinado a subsanar o corregir la interpretación o aplicación del Derecho equivocada sino que tiene una *ratio* muy diferente y exclusiva, cual es la de reparar el daño por la vía indemnizatoria. La declaración de error judicial —se insiste— no tiene efectos sobre lo resuelto (y declarado erróneo), que ha pasado en cosa juzgada, sino que se limita a indemnizar por el daño causado por una resolución ya intangible.

El art. 293 LOPJ establece que la reclamación de indemnización requiere, en todo caso, una previa decisión judicial que expresamente reconozca la existencia del error judicial, que se sustanciará según la regulación establecida para el recurso de revisión civil; atribuyendo tal cometido a la Sala del Tribunal

Supremo del orden jurisdiccional correspondiente al órgano al que se le imputa la comisión del error (y a la Sala del art. 61 LOPJ cuando este se achaque a una resolución del propio Tribunal Supremo), que resolverá de manera definitiva.

Antes, en todo caso, de este nuevo proceso de declaración de la existencia de error judicial indemnizable, se tiene que haber agotado todos los recursos procesales previstos [art. 293.1,*f)* LOPJ], de tal manera que, en la interpretación del Tribunal Supremo, las resoluciones judiciales equivocadas y que hayan producido un daño, si han sido revocadas o anuladas por otra resolución posterior, en ningún caso resultarán conceptuables como error judicial (indemnizable), de tal manera que solo son reparables pecuniariamente las contenidas en resoluciones que hayan devenido firmes tras la interposición de los recursos pertinentes.

Esta primera fase de declaración del error judicial consiste, pues, en el ejercicio de una acción judicial puramente declarativa; limitándose la sentencia que lo aprecie a su constatación, pero sin cuantificar la indemnización ni condenar a pago alguno, sino que eso corresponde a la segunda fase del procedimiento. En efecto, tras este primer "filtro", y si la sentencia acoge la pretensión de la declaración de la existencia de un error judicial indemnizable, habrá de instarse la indemnización directamente al Ministerio de Justicia, en procedimiento (administrativo) de solicitud de indemnización, por los cauces ordinarios de la responsabilidad administrativa. La resolución administrativa no podrá negar, de ningún modo, la existencia de un error judicial (porque así ha sido ya declarado por sentencia del Tribunal Supremo), pero sí podrá controlar el cumplimiento del resto de los requisitos y, sobre todo, fijará el *quantum* indemnizatorio. Obviamente, contra la misma podrá interponerse recurso contencioso-administrativo (art. 293.2 LOPJ), pero el órgano jurisdiccional que lo resuelva tampoco tendrá en su mano discutir la existencia del error judicial, sino solo controlar la legalidad de la resolución dictada por la Administración del Estado.

Proceso bifásico el diseñado en la ley que resulta ciertamente complicado pero que, dado que de la primera fase no parece poder prescindirse (por las razones vistas), quizás cupiera simplificar unificando la segunda fase con la primera —ya que, además, en la misma se exige la constatación de la existencia de un daño indemnizable, como hemos indicado—, dejando si se quiere la fijación de la concreta cuantía indemnizatoria para el momento de la ejecución de la sentencia.

Conviene destacar que ni en el art. 121 CE ni en su desarrollo por la Ley Orgánica del Poder Judicial se precisa nada sobre lo que deba entenderse por error judicial a efectos indemnizatorios, con lo que el cometido de concreción de su contenido y fijación de su concepto ha recaído íntegramente en el Tribunal Supremo, cuyo papel es literalmente decisivo a estos efectos. En tal sentido, dado que no hay connotación alguna ni limitación legal de ningún tipo, el Alto Tribunal admite de una manera muy amplia en teoría la posibilidad de su existencia: así, la pretensión de declaración de error judicial puede fundarse tanto en la apreciación de los hechos como en la interpretación del Derecho, en el procedimiento como en la decisión, en la fase declarativa como en la ejecutiva, existiendo culpa o sin ella, etc. Pero, frente a esta amplitud teórica, la apreciación efectiva realizada por el Tribunal Supremo es —y de manera muy consciente— harto restrictiva, ya que desde su primera jurisprudencia solo reconoce y declara la existencia del error judicial en supuestos muy extremos, que viene apreciando únicamente cuando el yerro judicial es palmario, patente, manifiesto, indudable o incontestable y apreciable de manera objetiva, según una muy reiterada caracterización de (todas) las salas del Tribunal Supremo.

Ahora bien, no es una hipótesis descabellada pensar que, por influencia del Derecho de la Unión Europea, esta restrictiva apreciación del error judicial podría evolucionar hacia interpretaciones más flexibles. Como es sabido, la responsabilidad patrimonial de los Estados por su incumplimiento del ordenamiento de la Unión se origina cuando tal incumplimiento dañoso consiste, precisamente, en una "violación suficientemente caracterizada", entendida como una extralimitación manifiesta y grave. En este sentido, el Tribunal de Justicia de la Unión Europea ha reconocido expresamente que la responsabilidad del Estado se ve comprometida también cuando el incumplimiento causante del daño proviene de un órgano jurisdiccional que resuelve en última instancia; y así lo ha declarado ya en algunas ocasiones (sin perjuicio de que también haya manifestado cierta deferencia, siquiera formal, con las máximas autoridades judiciales estatales). Pues bien, cuando el perjudicado active la vía interna para la reparación de un perjuicio de este tipo, el cauce a utilizar en nuestro caso es el de la vía del error judicial y, entonces, la Sala correspondiente del Tribunal Supremo no podrá utilizar una caracterización del error judicial como la que viene aplicando —so pena de conculcar el principio (supranacional) de efectividad—, sino que tendrá que ceñirse al concepto (del Derecho de la Unión Europea) de la mencionada violación suficientemente caracterizada que ha acuñado el Tribunal de Luxemburgo y que parece menos excluyente.

2. Prisión preventiva indebida

Además del error judicial y del funcionamiento anormal de la Administración de Justicia, recogidos *nominatim* en el art. 121 CE, la Ley Orgánica del Poder Judicial ha desarrollado, separadamente, el régimen de la responsabilidad patrimonial del Estado por haber sufrido una prisión provisional indebida. En efecto, el art. 294 LOPJ contenía una regulación específica y diferente del *genus* error judicial, para el supuesto de quienes habiendo sufrido prisión preventiva sean absueltos (o se haya dictado auto de sobreseimiento libre) por inexistencia del hecho imputado.

Esta regulación especial supone un tratamiento más benigno que el del error judicial, tanto en lo relativo al cauce procedimental —puesto que no hace falta acudir al Tribunal Supremo en demanda *ad hoc* de declaración de error judicial (o, en su caso, en recurso extraordinario de revisión), como requisito previo al ejercicio de la acción indemnizatoria en vía administrativa, sino que es la propia resolución judicial que pone fin al proceso penal la que habilita para solicitar el resarcimiento— como, sobre todo, en lo relativo al requisito sustantivo o de fondo, ya que no hace falta demostrar que el Auto de ingreso en prisión reunía todas las cualificaciones negativas que las diferentes salas del Tribunal Supremo han exigido para que una resolución judicial sea considerada un error judicial indemnizable. Esta regulación más favorable en absoluto parecía arbitraria, desproporcionada o contraria al principio de igualdad (con respecto a la regulación de error judicial, se entiende), si tenemos en cuenta los bienes afectados, ya que en el caso que nos ocupa lo que está en juego es la libertad personal garantizada por el art. 17 CE.

Por lo que ahora más interesa, el requisito de fondo —la inexistencia del hecho imputado— resultaba un motivo muy restringido ya que es extrañísimo que se inicie un proceso penal por unos hechos aparentemente de notable gravedad, se produzca la medida cautelar que nos ocupa y, al final, resulte que no había existido hecho delictivo alguno (sería el caso del *crimen de Cuenca*, para entendernos). Es más, así recogido, el supuesto no alcanza en absoluto a los casos más necesitados de atención reparatoria por prisión provisional, que son los de las personas inocentes que no han cometido ningún delito y sin embargo han sufrido una medida tan aflictiva. Aunque se debe advertir que, salvo posiciones maximalistas (como es propugnar la indemnización "automática" de todo no condenado), no es nada fácil articular para este supuesto una solución equilibrada.

Ahora bien, esta limitada previsión legal fue tempranamente interpretada —de imaginativa manera, por cierto— en forma extensiva y mucho más amplia de lo que la estricta dicción literal del precepto permitía captar a primera vista. Interpretación extensiva que adquirió carta de naturaleza con una meritoria Sentencia del Tribunal Supremo (STS de 27 de enero de 1989), aunque es de justicia reconocer que antes había abierto el camino el Consejo de Estado (en su extenso Dictamen de 9 de octubre de 1986), para lo que partía de la posibilidad de que, además de la inexistencia *objetiva* del hecho, pudiera constatarse una inexistencia *subjetiva*. Dicho de una manera muy esquemática, el planteamiento era que debía encuadrarse en el supuesto indemnizatorio del art. 294 LOPJ también el caso de que el proceso penal hubiera demostrado la imposibilidad de participación en el hecho del sujeto que ha sufrido la prisión provisional. En definitiva, una especie de prueba de su inocencia.

Esta interpretación extensiva tenía la virtualidad de proporcionar la indemnización en muchos casos que, a la vista de los hechos constatados en el proceso penal previo, realmente resultaban merecedores de una compensación. Pero, también abría un flanco delicado y difícil de sortear en los supuestos que quedaban excluidos, esto es, los de aquellas personas que hubieran sido absueltas por no haber quedado suficientemente probado a juicio del Tribunal penal que cometieran el hecho de que se les acusó o los casos de falta de prueba de la participación en el hecho. Vemos que, en definitiva —y por lo que al caso más difícil se refiere—, se va a denegar la solicitud a quien no ha visto vencida o rota su presunción de inocencia y, por tanto, la justificación de tal denegación indefectiblemente bordea (o se adentra) en una valoración distinta de la inocencia (presumida, primero, y garantizada por una resolución penal absolutoria, después) de la persona afectada.

Esta interpretación fue constantemente mantenida durante más de veinte años, hasta que se produjo una intervención decisiva del Tribunal Europeo de Derechos Humanos.

En efecto, el Tribunal de Estrasburgo dictará, primero, la *Sentencia Puig Panella c. España* (2006), después, la *Sentencia Tendam c. España* (2010) y finalmente la *Sentencia Vlieeland Boddy y Marcelo Lanni c. España* (2016) que obligarán a la Sala Tercera de nuestro Tribunal Supremo a modificar radicalmente su jurisprudencia al respecto. En estas sentencias el Tribunal Europeo ratificará su conocido principio básico al respecto, consistente en que la presunción de inocencia se vulnera si una decisión judicial refleja la impresión de que una persona es culpable cuando su culpabilidad no ha sido legalmente probada con anterioridad, recordando seguidamente que el ámbito de aplicación de la presunción de inocencia garantizado por el Convenio no se limita a procesos penales pendientes, sino que comprende también otros procesos judiciales consecuencia de la absolución definitiva del imputado (esto es, la dimensión extraprocesal de la presunción de inocencia). Una vez firme la absolución, la expresión de dudas sobre la culpabilidad, incluidas las relativas a los motivos de absolución, no resulta compatible con la presunción de inocencia. Es más, en virtud del *in dubio pro reo*, para el Tribunal de Estrasburgo no debe existir ninguna diferencia cualitativa entre una absolución basada en la falta de pruebas y una absolución resultante de una constatación sin ningún género de dudas de la inocencia de una persona. Añadiendo seguidamente —lo que resultará letal para nuestro sistema— que las sentencias de absolución no se diferencian en función de los motivos tenidos en cuenta en cada ocasión por el Juez penal; sino que, al contrario, en el marco del artículo 6.2 CEDH, el fallo de una sentencia absolutoria debe ser respetado por toda autoridad que se pronuncie directa o incidentalmente sobre la responsabilidad penal del interesado. Es más, exigir a una persona que presente la prueba de su inocencia en el marco de un proceso de indemnización por prisión preventiva no le parece razonable y denota una violación de la presunción de inocencia.

Sin perjuicio de que el Tribunal Europeo recuerde su conocida doctrina relativa a la no exigencia convencional de la existencia de indemnización por prisión preventiva seguida de absolución, concluirá rotundamente que el razonamiento empleado en nuestra jurisprudencia para denegar la indemnización —consistente en la distinción entre absolución por falta de pruebas y absolución por constatación de la inexistencia de los hechos delictivos— supone ignorar la absolución previa del imputado, cuyo fallo debe ser respetado por toda autoridad judicial, sean cuales fueren los motivos aducidos por el Juez penal.

A la vista de este argumentario, la interpretación del art. 294 LOPJ, cuando se deniega la indemnización en caso de sentencia absolutoria, quedaba desautorizada por el Tribunal Europeo de Derechos Humanos por contraria al Convenio. Por ello, la Sala Tercera del Tribunal Supremo —solo cuatro meses más tarde de la *Sentencia Tendam*, con sus SSTS de 23 de noviembre de 2010— modificará radicalmente su jurisprudencia, si bien dejando traslucir que lo hace bien a su pesar. De esta nueva interpretación podemos destacar que, además de reconocer que viene inducida directamente por las sentencias del Tribunal de Estrasburgo, condenatorias de España por lesión del art. 6.2 CEDH, también entiende descartable, por contrario a la Ley (esto es, al art. 294 LOPJ), asumir una interpretación propia que llevase a otorgar la indemnización en todos los supuestos de prisión preventiva seguida de absolución, máxime teniendo en cuenta que esta no es una exigencia ineluctable del art. 6.2 CEDH. Así, si la interpretación amplísima resulta contraria a la Ley española y la intermedia existente hasta la fecha resulta contraria al Convenio Internacional, el Alto Tribunal entiende que no le queda más remedio que aplicar una interpretación literal o estricta del art. 294 LOPJ —limitada, por tanto, a la pura inexistencia (objetiva) del hecho imputado— y que, entonces, el recogido en el art. 294 LOPJ seguirá siendo un supuesto específico, ciertamente, aunque a partir de ahora ya mucho más acotado, aunque matice la solución señalando que (teóricamente) en los casos de prisión preventiva indebida también quedaría margen para la aplicación del más genérico supuesto de error judicial del art. 293 LOPJ.

Sucede, sin embargo, que este giro jurisprudencial también resultará frontalmente contestado en sede constitucional con fundamento en una lectura estricta de los pronunciamientos del Tribunal Europeo de Derechos Humanos, por parte de quienes, habiendo sido absueltos por insuficiencia probatoria o por aplicación de la garantía del *in dubio pro reo*, han visto posteriormente denegada su solicitud de indemnización por parte de la jurisdicción contencioso-administrativa por no encontrarse tales supuestos —ni antes ni ahora— en la previsión del art. 294 LOPJ. El argumento principal de los demandantes de amparo venía a ser que la presunción de inocencia es idéntica tanto cuando se absuelve por inexistencia del hecho delictivo como cuando se absuelve por insuficiencia probatoria, de tal manera que este segundo supuesto exige el mismo trato que el primero, con lo que la denegación indemnizatoria constituye una lesión de la presunción de inocencia del art. 24.2 CE (interpretado de conformidad con la jurisprudencia estrasburguesa dictada en aplicación del art. 6.2 CEDH). El Tribunal Constitucional, no sin discrepancias internas, otorgaría inicialmente el amparo en tales supuestos (SSTC 8/2017, de 19 de

enero, y 10/2017, de 30 de enero). Finalmente, al hilo de un nuevo recurso de amparo plantearía una cuestión "interna" de inconstitucionalidad con respecto al propio art. 294 LOPJ. El Alto Tribunal estimará la cuestión por entender que el mencionado precepto orgánico es, por un lado, contrario al art. 14 CE, por tratar peor algunos supuestos de no condena que debían ser tratados de igual manera, y, por otro lado, también es contrario al art. 24.2 CE, por no respetar la presunción de inocencia aquí garantizada (STC 85/2019, de 19 de junio).

Así pues, tras la poda realizada por el Tribunal Constitucional —en el sentido de eliminar la referencia a la "inexistencia del hecho imputado", como causa de la absolución—, el art. 294.1 LOPJ ha quedado del siguiente tenor: "Tendrán derecho a indemnización quienes, después de haber sufrido prisión preventiva, sean absueltos o haya sido dictado auto de sobreseimiento libre, siempre que se le hayan irrogado perjuicios". Con lo que la consecuencia más lógica de este *nuevo* precepto —y la que parece corroborar su aplicación, tanto por la Audiencia Nacional como, sobre todo, por el Tribunal Supremo—, es la de que la indemnización procede prácticamente en *todos* los casos de prisión preventiva no seguida de condena penal. Solución aplaudida por algunos pero que presenta algunas objeciones de entidad que aquí no procede detallar.

3. Funcionamiento anormal de la Administración de Justicia

Hemos señalado que, por exclusión con respecto al error judicial, el funcionamiento anormal de la Administración de Justicia quedará para los restantes casos. Como ha señalado el Tribunal Supremo, el funcionamiento anormal de la Administración de Justicia abarca cualquier defecto en la actuación de los Juzgados y Tribunales, concebidos como un complejo orgánico en el que se integran diversas personas, servicios, medios y actividades.

Pero, ¿qué debe entenderse por funcionamiento anormal a estos efectos? La Ley Orgánica del Poder Judicial tampoco ha añadido precisión o connotación alguna. En cualquier caso, parece que por "anormal" funcionamiento de la Administración de Justicia habrá de entenderse un actuar (u omitir) anómalo, incorrecto o defectuoso.

Ahora bien, si tenemos en cuenta que la previsión constitucional (y su mencionada configuración legal posterior) se insertan en un ordenamiento ya existente, en el que desde 1954 las disposiciones relativas a la responsabilidad patrimonial de las administraciones públicas se refieren expresamente tanto al caso del funcionamiento normal como al del funcionamiento anormal —y así sigue luciendo en la normativa básica vigente en la actualidad (art. 32.1 de la Ley de Régimen Jurídico del Sector Público)—, resulta necesario también plantearse el alcance de la exclusión (*ex silentio*) del funcionamiento "normal" para que únicamente quede como título de imputación el del funcionamiento anormal. Y esto resulta aún más pertinente si reparamos en la confusión conceptual que a veces se percibe en esta materia y que, en el caso que nos ocupa, fue patente en su mismo origen, ya que la inclusión del "funcionamiento anormal" de la Administración de Justicia en la tramitación parlamentaria del Texto Constitucional —junto a los "errores judiciales", que ya venían previstos desde el Anteproyecto, como sabemos— partía, precisamente, de la (incorrecta) identificación entre funcionamiento anormal y responsabilidad por culpa; o, mejor, pretendía excluir la responsabilidad objetiva al no incluir el funcionamiento normal. A estos efectos, podemos decir que el carácter objetivo de la responsabilidad no depende de que el funcionamiento haya sido normal o anormal, sino de la "objetivación" (precisamente) o innecesariedad de detectar culpa, negligencia o dolo algunos; y, por lo tanto, aunque tratemos de un supuesto de funcionamiento anormal, el sistema no pierde por ello el carácter de objetivo.

Además, siempre que se aprecie un funcionamiento anormal (aunque no haya culpa de nadie, se insiste), en el sentido de ilegal o incorrecto, el daño será antijurídico, ya que el perjudicado no tiene el deber de soportarlo. Finalmente, lo que quedará excluido de la responsabilidad patrimonial del Estado derivada del art. 121 CE es el funcionamiento correcto o debido de la Administración de Justicia (pese a que le pueda ocasionar algún daño al particular afectado por la actuación).

Quede claro entonces que, producido un funcionamiento incorrecto en el aparato administrativo de la Justicia, y sin necesidad de detectar culpa o falta de cuidado o atención en ninguno de sus servidores (ese es el *plus* que exige el sistema no objetivo o culpabilístico), el daño producido por tal actuación será indemnizable bajo el título de imputación que nos ocupa.

En este supuesto, el ejercicio de la acción indemnizatoria se plantea directamente en vía administrativa ante el Ministerio de Justicia, que es quien —tras los preceptivos Informe del Consejo General del Poder Judicial y Dictamen del Consejo de Estado (cuya importancia, pese a no ser vinculantes, no debe minimizarse en absoluto)— apreciará si concurren o no las circunstancias y los requisitos legalmente establecidos para obtener la reparación. Apreciación inicial del Ministerio de Justicia que, en caso de desacuerdo por parte del interesado, podrá discutirse, como en el caso anterior, en sede contencioso-administrativa (art. 293.2 LOPJ).

Dicho esto, procede ahora reseñar cuáles han sido los supuestos en los que se ha apreciado, efectivamente, la concurrencia de esta circunstancia y el Estado ha tenido que indemnizar. Así, a) el retraso en las actuaciones jurisdiccionales viene considerándose, desde hace ya tiempo, la especie más clara e indiscutida de funcionamiento anormal de la Administración de Justicia y, en consecuencia, la que en más ocasiones ha originado la obligación indemnizatoria; ahora bien, conviene precisar que el retraso como funcionamiento anormal de la Administración de Justicia no debe identificarse (sin perjuicio de que en ocasiones coincidan) con las dilaciones indebidas proscritas por el art. 24.2 CE). b) También se han considerado reparables por este título los daños producidos con ocasión de bienes depositados judicialmente (por su desaparición, extravío, deterioro, etc.). c) Finalmente, tenemos una serie de muy heterogéneos supuestos que también ha merecido la consideración de funcionamiento anormal de la Administración de Justicia, como es el caso de errores en la identificación de personas o de bienes a la hora citaciones o de trabar embargos, incorrectas notificaciones, etc.

Debe señalarse, asimismo, que tiene tramitación y especificidad propias —porque no es encuadrable en el concepto de Administración de Justicia— el supuesto de la indemnización de los daños que pudiera ocasionar el funcionamiento anormal en el Tribunal Constitucional con ocasión de la tramitación de recursos de amparo o de cuestiones de inconstitucionalidad (art. 32.8 LRJSP); funcionamiento anormal que ha debido ser así declarado por el propio Tribunal

Constitucional antes de su reclamación a la Administración del Estado, lo que, salvo error, solo se ha producido en una ocasión (ATC 106/2012).

III. BIBLIOGRAFÍA

COBREROS MENDAZONA, E.: "Funcionamiento anormal de la Administración de Justicia e indemnización" en *Revista de Administración Pública*, núm. 177, 2008, pp. 31-69.

– "El sistema de indemnización por prisión provisional indebida en la encrucijada", en *Revista de Administración Pública* núm. 209, 2019, pp. 13-44.

– "El resarcimiento de la prisión provisional indebida: situación actual y regulación prevista en el anteproyecto de Ley de Enjuiciamiento Criminal" en PÉREZ MACHÍO, A., CUESTA, J. L. de (dirs.), BERASALUCE, L., COLOMO, H. (eds.), *Contra la política criminal de tolerancia cero. (Libro-Homenaje al Profesor Dr. Ignacio Muñagorri Laguía)*, Aranzadi, Cizur Menor, 2021, pp. 791-806.

CONSEJO DE ESTADO: *Memoria 2020*, Consejo de Estado, Madrid, 2021, pp. 165-177.

– *Memoria 2022*. Consejo de Estado, Madrid, 2023, pp. 189-200.

DEL SAZ CORDERO, S.: "La obligación del Estado de indemnizar los daños ocasionados por la privación de libertad de quien posteriormente no resulta condenado", en *Revista de Administración Pública*, núm. 195, 2014, pp. 55-98.

– "La inútil prolongación de la agonía del artículo 294 de la Ley Orgánica del Poder Judicial", *Revista Vasca de Administración Pública*, núm. 108, 2017, pp. 269-291.

DOMENECH PASCUAL, G.: "El error de la responsabilidad patrimonial del Estado por error judicial", en *Revista de Administración Pública*, núm. 199, 2016, pp. 171-212.

– "¿Es mejor indemnizar a diez culpables que dejar a un inocente sin compensación?", en *InDret*, núm. 4, 2015.

MARTÍN REBOLLO, L.: *Jueces y responsabilidad del Estado. (El art. 121 de la Constitución)*, CEC, Madrid, 1983.

MANZANARES SAMANIEGO, J. L.: "La responsabilidad patrimonial de la Administración de Justicia por error judicial" en PAREJO ALFONSO, L. VIDA FERNÁNDEZ, J. (coords.), *Los retos del Estado y la Administración en el siglo XXI. (Libro homenaje al profesor Tomás de la Quadra-Salcedo Fernández del Castillo)*, Tirant lo Blanch, Valencia, 2017, vol. I, pp. 973-1006.

MEDINA ALCOZ, L., RODRÍGUEZ FERNÁNDEZ, I.: "Razones para no indemnizar la prisión provisional seguida de absolución", *Revista Española de Derecho Administrativo*, núm. 200, 2019, pp. 147-190.

PERELLÓ DOMENECH, I.: "Artículo 121", en Casas Baamonde, M. E., Rodríguez-Piñero y Bravo Ferrer, M., *Comentarios a la Constitución Española (Conmemoración del XL Aniversario)*, BOE y Wolters Kluwer, Madrid, 2018, pp. 699-711.

TOLIVAR ALAS, L.: "La adjetivación reductora del error judicial: ¿Un fraude de Constitución?", en *Revista Española de Derecho Administrativo*, núm. 142, 2009, pp. 711-736.

IV. JURISPRUDENCIA

STEDH de 25 de abril de 2006, *as. Puig Panella c. España*, núm. 1483/02.

STEDH de 13 de julio de 2010, *as. Tendam c. España*, núm. 2572/05.
STEDH de 16 de febrero de 2016, *as. Vlieeland Boddy y Marcelo Lanni c. España*, núm. 53465/11 y 9634/12.
STJ de 30 de septiembre de 2003, *as. Köbler*, C-224/01.
STC 85/2019, de 19 de junio.
STS (3ª) de 23 de noviembre de 2010, rec. núm. 1908/2006.
STS (4ª) de 20 de abril de 2017, rec. núm. 6/2015.

Artículo 122

1. La ley orgánica del poder judicial determinará la constitución, funcionamiento y gobierno de los Juzgados y Tribunales, así como el estatuto jurídico de los Jueces y Magistrados de carrera, que formarán un Cuerpo único, y del personal al servicio de la Administración de Justicia.

2. El Consejo General del Poder Judicial es el órgano de gobierno del mismo. La ley orgánica establecerá su estatuto y el régimen de incompatibilidades de sus miembros y sus funciones, en particular en materia de nombramientos, ascensos, inspección y régimen disciplinario.

3. El Consejo General del Poder Judicial estará integrado por el Presidente del Tribunal Supremo, que lo presidirá, y por veinte miembros nombrados por el Rey por un período de cinco años. De éstos, doce entre Jueces y Magistrados de todas las categorías judiciales, en los términos que establezca la ley orgánica; cuatro a propuesta del Congreso de los Diputados, y cuatro a propuesta del Senado, elegidos en ambos casos por mayoría de tres quintos de sus miembros, entre abogados y otros juristas, todos ellos de reconocida competencia y con más de quince años de ejercicio en su profesión.

COMENTARIO

Luis Rodríguez Vega
Magistrado

SUMARIO: I. LA RESERVA A LA LEY ORGÁNICA DEL PODER JUDICIAL. II. EL CONSEJO GENERAL DEL PODER JUDICIAL COMO ÓRGANO DE GOBIERNO DE LOS JUECES. III. LAS FUNCIONES ESENCIALES DEL CONSEJO. IV. LA ELECCIÓN DE LOS MIEMBROS DEL CONSEJO. V. BIBLIOGRAFÍA. VI. JURISPRUDENCIA.

La independencia de los tribunales es un derecho de los ciudadanos, no un privilegio de los jueces, como conviene recordar cada vez que abordamos este tema. El art. 6.1 del Convenio Europeo de Derechos Humanos explícitamente lo reconoce al establecer "*toda persona tiene derecho a que su causa sea oída equitativa, públicamente y dentro de un plazo razonable, por un Tribunal independiente e imparcial, (...)*". En el mismo sentido ya lo había establecido el art. 10 de la Declaración Universal de Derechos Humanos y mucho más recientemente el artículo 47 de la Carta de los Derechos Fundamentales de la Unión Europea, en cuyo párrafo segundo, proclama que "*toda persona tiene derecho a que su causa sea oída equitativa y públicamente y dentro de un plazo razonable por un juez independiente e imparcial, establecido previamente por la ley*". Nuestra Constitución no es tan explícita, pero parte lógicamente de esa misma posición. El art. 24 CE reconoce el derecho de todas las personas a obtener la tutela efectiva de sus derechos por los tribunales, tutela que sólo pueden ofrecer jueces "integrantes del poder judicial, independientes, inamovibles, responsables y sometidos únicamente al imperio de la ley", conforme con el art. 117.1 CE.

La importancia de evitar ver la independencia de los tribunales como un privilegio de los jueces, ha sido destacado en diferentes códigos éticos judiciales, incluido nuestros "*Principios de Ética Judicial*" (texto aprobado por el Pleno del CGPJ el 16 de diciembre de 2016), que comienza recordando que "*la independencia judicial es un derecho de todo ciudadano y ciudadana cuya protección y defensa forma parte inexcusable de los deberes profesionales del juez y de la jueza, y no un privilegio personal de su estatuto*". En el mismo sentido podríamos citar el "*Código Iberoamericano de Ética Judicial*" (Cumbre judicial Iberoamericana) o la "Deontología judicial: principios, valores y cualidades" (Red Europea de Consejos de Justicia). Lo que evidencia la realidad del riesgo advertido.

Partiendo de aquella premisa, el art. 122 CE recoge dos garantías básicas de la independencia judicial. La primera, reconocida en el primero de sus párrafos, es una garantía formal que obliga a que una ley orgánica (art. 81 CE), y no cualquier ley orgánica sino la Ley Orgánica del Poder Judicial, regule la constitución, funcionamiento y gobierno de los Juzgados y Tribunales, así como el estatuto jurídico de los Jueces y Magistrados y del personal al servicio de la Administración de Justicia. La segunda, es una garantía material, que consiste en la creación de un órgano encargado de gobernar el poder judicial, para alejar del Ejecutivo e incluso del Legislativo, las funciones que les permitirían influir directamente en los jueces.

Actualmente la norma vigente es Ley Orgánica 6/1985, de 1 de julio, del Poder Judicial, reformada en innumerables ocasiones, para introducir significativas modificaciones en la forma de elección de los miembros del Consejo General del Poder Judicial.

I. LA RESERVA A LA LEY ORGÁNICA DEL PODER JUDICIAL

La Constitución reserva a la Ley Orgánica del Poder Judicial, por una parte, la constitución, el funcionamiento y el gobierno del Poder Judicial, y por otra, el estatuto profesional de jueces y magistrados, así como del personal al servicio de la Administración de Justicia.

En relación a la constitución de los tribunales el Tribunal Constitucional, en su sentencia núm. 254/1994, de 15 de septiembre de 1994 (ECLI:ES:TC:1994:254), resume su doctrina sobre la materia en los siguientes términos: "*únicamente la Ley Orgánica del Poder Judicial puede determinar la creación de órganos judiciales o, si se quiere, el 'establecimiento en abstracto de los tipos o clases de órganos a los que se va a encomendar el ejercicio de la potestad jurisdiccional' (STC 56/1990), así como la 'institución de los diferentes órdenes jurisdiccionales y la definición genérica de su ámbito de conocimiento litigioso' (STC 224/1993) (...). Y, por último, a dicha Ley Orgánica le corresponde establecer 'las divisiones territoriales en las que el Estado se organiza a efectos judiciales, procediendo a su definición' (SSTC 56/1990, fundamento jurídico 20 y 62/1990, fundamento jurídico 7º)*". Ahora bien "*el establecimiento de los concretos órganos judiciales ha de confiarse a una ulterior operación, revisable periódicamente, para su adecuación a dichas necesidades —el establecimiento de la 'planta judicial', en el sentido más específico de esta expresión—, en la que se fijará 'el número de órganos que, dentro de cada uno de los tipos definidos de forma abstracta, se van a asentar en el territorio nacional'* (STC 56/1990, fundamento jurídico 15)".

El Tribunal Constitucional, en su conocida sentencia núm. 108/1986, de 29 de julio (ECLI:ES:TC:1986:108, FJ 26), define el estatuto de los jueces, como "*el conjunto de derechos y deberes de los que son titulares como tales Jueces y Magistrados*", el cual "*ha de venir determinado por ley y más precisamente por Ley Orgánica* (art. 122.1 de la Constitución)".

El Tribunal en su sentencia núm. 60/1986, de 20 de mayo de 1986 (ECLI:ES:TC:1986:60) ha considerado que el art. 122.1 CE impone que el estatuto de los jueces se regule en un texto unitario, como es la Ley Orgánica del Poder Judicial, del que no pueden quedar excluida la situación administrativa en la que quedan los jueces que pasen a desempeñar cargos de confianza en la política. Así el Tribunal mantuvo que el art. 122.1. CE "*remite no a cualquier Ley Orgánica, sino muy precisamente a la Ley Orgánica del Poder Judicial —entendida, por tanto, como un texto normativo unitario— el régimen estatutario de los Jueces y Magistrados, globalmente considerado, sin diferenciar dentro del mismo las tareas estrictamente jurisdiccionales de las de otra naturaleza que los Jueces y Magistrados pueden también llevar a cabo en otros oficios o cargos públicos. Siendo esto así, no es posible desgajar las situaciones administrativas de los Jueces y Magistrados que ocupen cargos de confianza política en Departamentos ministeriales para regularlas por Decreto-ley, como si se tratase de una materia extraña al Estatuto jurídico de aquéllos. En consecuencia, los arts. 3.2.3° y 6.2.2° del Decreto-ley impugnado han vulnerado el art. 122.1 de la Constitución y, por lo mismo, deben ser anulados (FJ 5, párrafo séptimo)*".

II. EL CONSEJO GENERAL DEL PODER JUDICIAL COMO ÓRGANO DE GOBIERNO DE LOS JUECES

Como decíamos, la segunda de las garantías de la independencia de los jueces y magistrados que integran el Poder Judicial es la creación del Consejo General del Poder Judicial como su órgano de gobierno, siguiendo el modelo de dos antecedentes, *el Consiglio Superiore della Magistratura* en Italia y el *Conseil Superieur de la Magistrature* en Francia. Su razón de ser principal es garantizar la independencia de los jueces cuando ejercen la jurisdicción.

El Consejo se configura como el órgano de gobierno del poder Judicial, pero, como ha remarcado el Tribunal Constitucional en su sentencia 108/1986, de 29 de julio (ECLI:ES:TC:1986:108, FJ 8), ello no supone ni la autonomía de los miembros de la Carrera judicial respecto del resto de poderes del Estado ni de un supuesto derecho de estos a su autogobierno. La independencia que protege la Constitución es la de "*cada juez a la hora de impartir justicia*", por lo tanto, como decía, lo que se debe proteger es el derecho de los ciudadanos a un juez independiente e imparcial, no un privilegio estatutario de los jueces. El Consejo responde precisamente a la necesidad de garantizar aquella independencia,

y no a la de autogobierno de los miembros de la Carrera Judicial. El Tribunal considera que "*lo único que resulta de esa regulación es que ha querido crear un órgano autónomo que desempeñe determinadas funciones, cuya asunción por el Gobierno podría enturbiar la imagen de la independencia judicial, pero sin que de ello se derive que ese órgano sea expresión del autogobierno de los Jueces*". En el fundamento octavo citado explica que:

> *"La Constitución obliga, ciertamente, a que doce de sus Vocales sean elegidos 'entre' Jueces y Magistrados de todas las categorías, mas esta condición tiene como principal finalidad que un número mayoritario de Vocales del Consejo tengan criterio propio por experiencia directa sobre los problemas que los titulares de los órganos judiciales afrontan en su quehacer diario, de la misma forma que, al asignar los restantes ocho puestos a Abogados y otros juristas de reconocida competencia con más de quince años de ejercicio en su profesión, se busca que aporten su experiencia personas conocedoras del funcionamiento de la justicia desde otros puntos de vista distintos del de quienes la administran"*.

Por último, el Consejo tampoco es un órgano de representativo de los jueces y magistrados, únicos titulares del poder judicial, como también ha señalado el Tribunal Constitucional en su sentencia núm. 45/1986, de 17 de abril (ECLI:ES:TC:1986:45), "*pues ello estaría en contradicción con el principio constitucional de independencia de Jueces y Magistrados*".

En definitiva, el Consejo es el órgano de gobierno de los jueces, que ejerce con autonomía, respecto de otros poderse del Estado, funciones esenciales respecto a jueces y magistrados, en particular las relacionadas con los "nombramientos, ascensos, inspección y régimen disciplinario", funciones que deben de permitir a aquellos obrar con independencia a la hora de juzgar.

El art. 104 Ley Orgánica 6/1985, de 1 de julio, del Poder Judicial (LOPJ), establece dos principios de organización y funcionamiento de los órganos de gobierno: el de unidad y el de independencia. El Consejo General del poder Judicial ejerce sus funciones en todo el territorio nacional, pero no es el único órgano de gobierno del Poder Judicial. Subordinados al Consejo están los órganos de gobierno interno del Poder Judicial. Dichos órganos de gobierno son, en primer lugar las Sala de Gobierno, correspondientes al Tribunal Supremo, a la Audiencia Nacional y a los Tribunales Superiores de Justicia de las CC.AA. En segundo lugar, el presidente del Tribunal Supremo y del CGPJ, el vicepresidente del Tribunal Supremo, los presidentes de la Audiencia Nacional, de los Tribunales Superiores de Justicia de las CC.AA. En tercer lugar, los presidentes de las Audiencias Provinciales, y, en cuarto lugar, las Juntas de Jueces, los Jueces Decanos y los propios jueces, cuando, ejercen función gubernativas, no jurisdiccionales.

III. LAS FUNCIONES ESENCIALES DEL CONSEJO

El art. 122.2 CE enumera funciones básicas del Consejo, como son el nombramiento de los jueces, su promoción, la inspección de tribunales y el régimen disciplinario.

El ingreso en la carrera judicial, de forma mayoritaria, se hace por la categoría de juez mediante la superación de una oposición libre y de un curso teórico y práctico de selección realizado en la Escuela Judicial (art. 301.3 LOPJ). Aunque hay otras dos vías minoritarias de ingreso en la Carrera Judicial de juristas de reconocida competencia, mediante concurso de méritos (art. 301.5 LOPJ), la primera, por la categoría de magistrado del Tribunal Supremo, y, la segunda, por la de magistrado.

La promoción dentro de la carrera judicial se hace mediante concurso, en el que, en la mayoría de los casos, el mérito determinante es la antigüedad, pero hay cierto puestos, de singular relevancia en la Carrera Judicial, que son de designación discrecional por el Consejo. Estos puestos son: los Presidentes de las Audiencias, Tribunales Superiores de Justicia y de sus Salas y Audiencia Nacional y de sus Salas, y Presidentes de Sala y Magistrados del Tribunal Supremo. Su nombramiento está sujeto al Reglamento 1/2010 del Consejo (Acuerdo de 25 de febrero de 2010, del Pleno del Consejo General del Poder

Judicial), que regula la provisión de plazas de nombramiento discrecional en los órganos judiciales. El ejercicio de esta función por parte del Consejo es el que ha dado lugar a mayores críticas e impugnaciones jurisdiccionales, polémicas que se han trasladado a la forma de designación de los vocales del Consejo.

La inspección comprende "*el examen de cuanto resulte necesario para conocer el funcionamiento del Juzgado o Tribunal y el cumplimiento de los deberes del personal judicial, atendiendo especialmente a las exigencias de una pronta y eficaz tramitación de todos los asuntos*", pero no puede ser objeto de aprobación, censura o corrección, la interpretación y aplicación de las leyes hechas por los Jueces o Tribunales, cuando administran Justicia, tal y como establece el art. 176 LOPJ.

La Ley Orgánica del Poder Judicial regula el ejercicio por parte del Consejo de las funciones disciplinarias. Corresponde al Promotor de la Acción Disciplinaria, nombrado por el Pleno del Consejo, "la iniciación e instrucción de expedientes disciplinarios y la presentación de los cargos ante la Comisión Disciplinaria" (art. 605 LOPJ) a la que, a su vez, corresponde "resolver los expedientes disciplinarios incoados por infracciones graves y muy graves e imponer, en su caso, las sanciones que corresponda a Jueces y Magistrados" (arts. 604 LOPJ) por falta graves (art. 421.1.c. LOPJ). La competencia para imponer sanciones por faltas muy graves es del Pleno del Consejo a instancia de la Comisión Disciplinaria (art. 421.1.d LOPJ).

La comisión disciplinaria está compuesta por siete Vocales, cuatro del turno judicial y tres del turno de juristas de reconocida competencia, elegidos por el Pleno con un mandato de cinco años (art. 603 LOPJ) durante el cual resultan inamovibles.

IV. LA ELECCIÓN DE LOS MIEMBROS DEL CONSEJO

El apartado tercero del artículo comentado se refiere a la composición del órgano. El Consejo está formado por el Presidente, elegido por los miembros del Consejo, y por veinte vocales, de los cuales doce han de ser jueces y magistrados de todas las categorías y el resto juristas de reconocida competencia. La interpretación del apartado tercero, y, en concreto, la forma de designar los vocales judiciales, es el que ha dado lugar a más intensas polémicas, escándalos políticos y diversas decisiones del Tribunal Construccional. Hasta el momento hemos probado cuatro sistemas de nombramiento diferentes. El primero fue el diseñado por la primera ley orgánica del Poder Judicial, la Ley

Orgánica 1/1980, de 10 de enero, del Consejo General del Poder Judicial, que estableció un sistema mediante el cual los jueces elegían a los vocales judiciales. La siguiente, la Ley Orgánica 6/1985, de 1 de julio, del Poder Judicial, cambió radicalmente el sistema, dado que la composición y el comportamiento de aquel primer Consejo no satisfizo al Gobierno en el poder. Los vocales judiciales pasaron a ser elegidos por el Congreso de los Diputados y el Senado, a razón de seis cada cámara. De tal manera que la totalidad de los miembros del Consejo son elegidos por la Cortes Generales. Ese sistema ha sido modificado en otras dos ocasiones, la primera por la Ley Orgánica 2/2001, de 28 de junio, sobre composición del Consejo General del Poder Judicial y la segunda Ley Orgánica 4/2013, de 28 de junio, de reforma del Consejo General del Poder Judicial. En ambos casos, la elección de los vocales judiciales sigue correspondiendo al Congreso y al Senado, aunque el nombramiento ha de recaer en los jueces y magistrados propuestos por los jueces, bien a través de sus asociaciones, o bien a través de un sistema de avales. Para presentar la candidatura a vocal del Consejo, basta con el aval de veinticinco jueces en activo, requisito que es tan poco exigente que garantiza a los partidos políticos la posibilidad de promover al Consejo al juez que consideran más adecuado. La última reforma solo tuvo por finalidad debilitar la influencia de las asociaciones judiciales.

La modificación del 1985 fue impugnada ante el Tribunal Constitucional, que en su sentencia núm. 108/1986, de 29 de julio (ECLI:ES:TC:1986:108), admitió la constitucionalidad del sistema, pero hizo dos serias advertencias. En primer lugar, el Tribunal advirtió de los riesgos de pervertir el sistema:

> *"Ciertamente, se corre el riesgo de frustrar la finalidad señalada de la Norma constitucional si las Cámaras, a la hora de efectuar sus propuestas, olvidan el objetivo perseguido y, actuando con criterios admisibles en otros terrenos, pero no en éste, atiendan sólo a la división de fuerzas existente en su propio seno y distribuyen los puestos a cubrir entre los distintos partidos, en proporción a la fuerza parlamentaria de éstos. La lógica del Estado de partidos empuja a actuaciones de este género, pero esa misma lógica obliga a mantener al margen de la lucha de partidos ciertos ámbitos de poder y entre ellos, y señaladamente, el Poder Judicial".*

En segundo lugar, la sentencia también incluyó serias reflexiones sobre los peligros que puede tener la elección por los propios jueces que:

> *"[E]l procedimiento electoral traspase al seno de la Carrera Judicial las divisiones ideológicas existentes en la sociedad".*

Los peligros que preveía el Tribunal se han materializado. Los partidos hacen precisamente lo que el Tribunal Constitucional más temía y se "*distribuyen los puestos a cubrir (...), en proporción a la fuerza parlamentaria de éstos*". Los partidos no tratan de seleccionar entre los candidatos los currículos más independientes y adecuados a la función gubernativa, sino que se limitan a distribuir su número entre los partidos en función de su representación. A su vez, los dos partidos mayoritarios negocian y deciden quién será el presidente de Consejo, que después han de ratificar los vocales seleccionados con dicha condición. En segundo término, en este proceso las divisiones partidistas, han traspasado a la Carrera Judicial, de tal manera que si los jueces-candidatos quiere ser elegidos por las Cámaras han de buscar el apoyo de alguno de los partidos políticos que participan en el reparto, de lo contrario carecen de opción alguna.

La corrupción del sistema ha llevado a su bloqueo, de tan manera, que actualmente el Partido Popular, después de dinamitar el acuerdo de renovación en el 2018, ha decidido no participar en proceso, tal y como está legalmente previsto, lo que ha impedido durante más de cuatro años su renovación. Esa anomalía política está afectando directamente a la labor de los tribunales, puesto que, el PSOE y sus aliados políticos, para forzar la renovación del Consejo, reformaron la LOPJ con el fin de que el Consejo en funciones, una vez pasado el tiempo de su mandato ordinario, no pudiera hacer nombramientos discrecionales (Ley Orgánica 4/2021, de 29 de marzo, por la que se modifica la Ley Orgánica 6/1985, de 1 de julio, del Poder Judicial, para el establecimiento del régimen jurídico aplicable al Consejo General del Poder Judicial en funciones).

Documentos de *soft law*, como son la Recomendación CM/Rec (2010)12 del Comité de Ministros sobre los jueces: independencia, eficacia y responsabilidad que consagra la independencia de los consejos judiciales, y el informe la Comisión de Venecia del 16 de marzo de 2010: "Estudio núm. 494 / 2008 CDL-AD (2010) por la Comisión Europea para la Democracia por el Derecho (Comisión de Venecia)", se inclinan por que los vocales judiciales de los Consejo sean nombrados por los propios jueces, garantizando el pluralismo existente en la propia Carrera.

El TJUE en su sentencia de 19 de noviembre de 2019 (Asuntos C-585/18, C-624/18 Y C-625/18. A.K. y otros, sobre la independencia de la sala disciplinaria del Tribunal Supremo) ha considerado que, en el marco que describen sobre las reformas judiciales, el hecho que los jueces que forman parte de la Consejo Nacional del Poder Judicial de Polonia, pasaran de ser elegidos por los propios jueces, como sucedía en el sistema reformado, a ser nombrados por una de las Cámaras del Legislativo, priva al Consejo de independencia. Para el Tribunal de Justicia, en las concretas circunstancias que describe la sentencia, esa falta de independencia del Consejo Nación del Poder Judicial polaco se propaga a los nombramientos que hace, lo que afecta al derecho a un tribunal independiente de los ciudadanos. Esa posición ha sido reiterada en diversas sentencias del Tribunal de Justicia Sentencia de 2 de marzo de 2021, C-824/18 (A.B. y otros (Nombramiento de Jueces al Tribunal Supremo —Recursos, Polonia), la sentencia 15 de julio de 2021, C-791/19 (Comisión / Polonia, régimen disciplinario de los jueces) y la sentencia de 6 de octubre de 2021, C-487/19 (W. Ż. (Sala de Control Extraordinario y de Asuntos Públicos del Tribunal Supremo —Nombramiento, Polonia). Igualmente, ese enfoque, también ha sido acogido por el TEDH en diversas sentencias, como Ramos Nunes de Carvalho e Sá c. Portugal (No. 55391/13, 57728/13, y 74041/13), de 6 de noviembre del 2018, Dolinska-Ficek and Oximek c. Polonia (No. 9868/19 y 57551/19), de 8 de noviembre del 2021, Reczkowicz c. Polonia (No. 43447/19), de 22 de noviembre del 2021; y la sentencia Advanced Parhma SP. Z.O.O c. Polonia (No. 1469/20), de 3 de febrero del 2022.

En resumen, el Tribunal de Justicia de la Unión y el Tribunal Europeo de Derechos Humanos sostienen que en los casos enjuiciados, el sistema de nombramiento de los vocales del Consejo, en un marco de reformas de la justicia que tienen por objetivo su control por el poder político, la modificación del sistema de elección de los vocales judiciales del Consejo, para pasar de un sistema en el que los jueces elegían a los jueces, a un sistema en que las Cámaras Legislativas, controladas por un partido político, eligen a los vocales judiciales, afecta a la independencia del Consejo y esa falta de independencia se propaga a los jueces nombrados por dicho órgano. Sin embargo, no creo que podamos sostener, en términos generales, que dichos tribunales se hayan pronunciado sobre la forma de elección de los vocales judiciales del Consejo a favor de la elección por los propios jueces. Ahora bien, en nuestro país, la corrupta práctica del sistema de elección por los partidos políticos, que nunca han querido renunciar a su cuota proporcional de poder en el Consejo, han puesto de manifiesto la necesidad de introducir un cambio radical en el sistema.

Para valorar la independencia del Poder Judicial en España, hemos de tener en cuenta el sólido elenco de garantías de la que gozan los jueces a la hora de juzgar los casos de los que conocen, no solo el sistema de nombramientos de los vocales del Consejo. Ahora bien, la actual situación de bloqueo de la renovación del Consejo, que mantienen los grandes partidos políticos, solo puede obedecer a la voluntad de conservar su capacidad de influencia en los nombramientos judiciales discrecionales que hace el Consejo. A pesar de todo, la independencia de nuestros tribunales no responde del todo a la imagen que transmite esa encarnizada lucha.

En todo caso, el Consejo, que, aunque sea autónomo del Poder Ejecutivo y del Legislativo, es un órgano político, ha de conservar cierto margen de discrecionalidad en los nombramientos no reglados. Lo determinante, a mi juicio, es reducir ese margen de discrecionalidad a términos razonables, tratando de objetivar los méritos de los candidatos y perfeccionando su sistema de valoración, respetando, como digo, aquel margen. En la medida que podamos reducir en la práctica el enorme margen de discrecionalidad que actualmente ejerce el Consejo en material de aquellos nombramientos, como son los del Tribunal Supremo, reduciremos el interés de los partidos políticos por su control.

V. BIBLIOGRAFÍA

LÓPEZ GUERRA, L. M.: "El gobierno de los jueces", *Parlamento y Constitución. Anuario*, núm. 1, 1997, pp. 11-32.

MACÍAS CASTAÑO, J. M.: "Poder Judicial e Independencia Judicial: El Consejo General del Poder Judicial frente a la jurisprudencia del TJUE y del TEDH", *Anuario de Derecho Administrativo 2022*, 1ª ed., julio 2022.

PÉREZ, A.: "Judicial Self-Government and Judicial Independence: The Political Capture of the General Council of the Judiciary in Spain", *German Law Journal*, 19(7), 2018, 1769-1800.

RODRÍGUEZ VEGA, L.: "La infamante renovación del Consejo General del Poder Judicial", https://laclavejudicial.org/2018/12/10/la-infamante-renovacion-del-consejo-general-del-poder-judicial/

VI. JURISPRUDENCIA

STC 45/1986, de 17 de abril.

STC 60/1986, de 20 de mayo de 1986.

STC 108/1986, de 29 de julio.

STC 254/1994, de 15 de septiembre de 1994.

STJUE de 19 de noviembre de 2019 (Asuntos C-585/18, C-624/18 Y C-625/18. A.K. y otros, sobre la independencia de la sala disciplinaria del Tribunal Supremo).

STJUE de 2 de marzo de 2021, C-824/18 (A.B. y otros (Nombramiento de Jueces al Tribunal Supremo —Recursos, Polonia).

STJUE de 15 de julio de 2021, C-791/19 (Comisión / Polonia, régimen disciplinario de los jueces).

STJUE 6 de octubre de 2021, C-487/19 (W. Ż. (Sala de Control Extraordinario y de Asuntos Públicos del Tribunal Supremo —Nombramiento, Polonia).

STEDH Ramos Nunes de Carvalho e Sá c. Portugal (No. 55391/13, 57728/13, y 74041/13) de 6 de noviembre del 2018.

STEDH, Dolinska-Ficek and Oximek c. Polonia (No. 9868/19 y 57551/19) de 8 de noviembre del 2021.

STEDH de, Reczkowicz c. Polonia (No. 43447/19), de 22 de noviembre del 2021.

STEDH Advanced Parhma SP. Z.O.O c. Polonia (No. 1469/20), de 3 de febrero del 2022.

Artículo 123

1. El Tribunal Supremo, con jurisdicción en toda España, es el órgano jurisdiccional superior en todos los órdenes, salvo lo dispuesto en materia de garantías constitucionales.

2. El Presidente del Tribunal Supremo será nombrado por el Rey, a propuesta del Consejo General del Poder Judicial, en la forma que determine la ley.

COMENTARIO

Eduardo Espín Templado
Magistrado del Tribunal Supremo
Catedrático de Derecho Constitucional

SUMARIO: I. EL ARTÍCULO 123 CE. II. TRIBUNAL SUPREMO Y SEPARACIÓN DE PODERES. III. TRIBUNAL SUPREMO Y CONSEJO GENERAL DEL PODER JUDICIAL. IV. TRIBUNAL SUPREMO COMO ÓRGANO JURISDICCIONAL SUPERIOR. V. TRIBUNAL SUPREMO Y MINISTERIO DE JUSTICIA. VI. PROBLEMAS RECIENTES PARA EL TRIBUNAL SUPREMO (2023). VII. UNA NUEVA PERSPECTIVA PARA EL TRIBUNAL SUPREMO. VIII. CONCLUSIÓN. IX. BIBLIOGRAFÍA. X. JURISPRUDENCIA.

I. EL ARTÍCULO 123 CE

La regulación del Tribunal Supremo contenida en el artículo 123 de la Constitución presenta en sus dos apartados dos vertientes muy distintas: una estrictamente atinente a la función judicial y otra de naturaleza orgánica, referida a la elección de su presidente.

En la vertiente jurisdiccional, el precepto constitucional le atribuye al Tribunal Supremo dos rasgos de extremada importancia, su ámbito territorial de jurisdicción en toda España y su posición superior en la función jurisdiccional. Tal posición jurisdiccional superior se limita con la expresa excepción de "lo dispuesto en materia de garantías constitucionales", esto es, menos lo que la propia Constitución atribuye al Tribunal Constitucional.

En el segundo apartado el precepto estipula la forma de designar el presidente, por elección del Consejo General del Poder Judicial, máximo órgano de gobierno del poder judicial. El Consejo es a su vez presidido por quien sea elegido como presidente del propio Tribunal Supremo. La presidencia común de ambos órganos tiene el evidente propósito de paliar la dicotomía y el posible antagonismo entre ambos órganos, el judicial y el de gobierno. Este propósito, sin embargo, estuvo desde el primer momento abocado al fracaso por razones meramente objetivas, y es que la presidencia común no es suficiente paliativo frente a la coexistencia de dos órganos que inevitablemente se sienten la cabeza del tercer poder del Estado.

En los siguientes epígrafes vamos a exponer algunas reflexiones sobre la posición del Tribunal Supremo en el marco constitucional, tal como se deriva no ya solo de la propia norma superior, sino también del desarrollo institucional efectuado por el legislador. Debo añadir, que tales consideraciones pretenden más que ofrecer una explicación del modelo institucional en su forma actual, subrayar sus limitaciones y ofrecer posibles alternativas, aun con el pleno conocimiento de la escasa viabilidad práctica de las mismas.

II. TRIBUNAL SUPREMO Y SEPARACIÓN DE PODERES

El sistema constitucional español plasma a la perfección la idea de que los tres poderes clásicos ostentan la misma importancia constitucional —aunque obviamente, no el mismo peso político— al optar por que estén encabezados y representados por órganos constitucionales de análoga relevancia. El poder legislativo (único que se representa a sí mismo en su totalidad) por las propias cámaras (las Cortes Generales), el poder ejecutivo por su órgano superior (el Gobierno) y el poder judicial, único al que la Constitución le otorga esa denominación, como tantas veces se ha puesto de relieve, por un órgano (el Consejo General del Poder Judicial, CGPJ) que se califica como órgano de gobierno del poder judicial.

Pero el paralelismo constitucional es engañoso: mientras que los poderes legislativo y ejecutivo están representados por ellos mismos, al poder judicial le representa un órgano, que no es poder judicial propiamente tal puesto que no es un tribunal, al que se le coloca por encima del conjunto de tribunales como órgano de gobierno de los mismos. Otra cuestión será el mayor o menor acierto en la composición y forma de designación de dicho órgano, pero ya de partida resulta evidente la heterogeneidad de la configuración constitucional respecto a los otros dos poderes, los cuales se representan a sí mismos, frente a la solución que se aplica al poder judicial.

Dos razones podrían esgrimirse para justificar esa decisión, la naturaleza no jurisdiccional de las funciones que debe cumplir el órgano constitucional que encarne o represente al poder judicial y el deseo de evitar una configuración corporativa en un poder que no tiene un fundamento representativo directo (a diferencia de las cámaras parlamentarias) ni indirecto (como sí lo tiene el Gobierno mediante la confianza parlamentaria), y al que se le atribuye un importante cometido constitucional. Como veremos, ambas razones son cuestionables.

En lo que respecta a la estructura constitucional de los poderes del Estado, la necesidad de asegurar la independencia judicial se proyecta en esencia frente al poder ejecutivo. Por la propia naturaleza de sus funciones, el poder legislativo no presenta riesgos de injerencia en la función judicial parejos a los que puede representar el poder ejecutivo, aunque ciertamente pueden existir. De lo que no cabe duda es que desde una perspectiva global de relación entre los poderes constitucionales del Estado, tanto el poder legislativo como el poder judicial como, el más reciente "poder de garantías constitucionales" (el Tribunal Constitucional), presentan una común faceta (al margen de otras funciones) de control del poder ejecutivo, cada uno desde su propia función constitucional.

Por todo ello, es imprescindible insistir en la imperiosa necesidad de asegurar el ejercicio de la función jurisdiccional con plena independencia del Poder Ejecutivo, no ya solamente de posibles injerencias directas, hoy día sin duda poco verosímiles, sino de condicionamientos y obstáculos indirectos, entre los que se cuentan una deliberada desidia para dotar al poder judicial de los medios necesarios y tecnológicamente actualizados para un eficaz funcionamiento de la justicia. Lejos de la concepción de la función jurisdiccional como la propia de un poder del Estado, los dos grandes partidos mayoritarios en España en el actual régimen constitucional han actuado (con excepción de los primeros gobiernos socialistas tras 1982) bajo la concepción no expresada pero muy perceptible de que los jueces no son sino funcionarios del Ministerio de Justicia que deben dictar sentencias como otros funcionarios preparar expedientes y, a ser posible, con la menor repercusión pública.

Tal concepción no dejará de estar presente mientras el poder judicial no goce de una real autonomía presupuestaria para el ejercicio de su función constitucional y mientras no asuma, bajo la modalidad que resulte más conveniente, la integridad de la "administración de la administración de justicia", desafortunada creación del Tribunal Constitucional sobre la que volvemos más adelante.

III. TRIBUNAL SUPREMO Y CONSEJO GENERAL DEL PODER JUDICIAL

La idea de un órgano constitucional de gobierno del poder judicial como el creado en España por la CE se generalizó en la doctrina y se plasmó en el derecho comparado en varias constituciones posteriores a la segunda guerra mundial. Se justificaba como un modelo que aseguraría la independencia del poder judicial respecto al poder ejecutivo y que plasmaría de manera institucional el equilibrio entre los tres poderes del constitucionalismo clásico.

El planteamiento se ha mostrado gravemente erróneo en un doble sentido. Por un lado, porque ha enfocado la garantía de la independencia judicial exclusivamente desde una perspectiva de la relación entre los poderes, lo cual es, cuando menos, un planteamiento parcial que minusvalora la perspectiva interna del poder judicial y que no atiende a otros aspectos relevantes de la independencia judicial. Por otro lado, porque crea un inevitable antagonismo en la cúspide judicial (tribunal superior del poder judicial y órgano de gobierno del mismo) en detrimento del propio poder judicial, que está integrado exclusivamente por los tribunales.

Las funciones que la Constitución atribuye al órgano de gobierno del poder judicial en el artículo 122 (contenido mínimo) son "en materia de nombramientos, ascensos, inspección y régimen disciplinario"; esto es, en breve, carrera judicial y régimen disciplinario.

La naturaleza evidentemente no jurisdiccional de tales funciones es una circunstancia que solo conduce a la *posibilidad* de que se atribuyan a un órgano no jurisdiccional, no a la *necesidad* de que eso sea así. Pues nada impide tampoco que las mismas sean ejercidas por un órgano del poder judicial, además de las funciones propiamente jurisdiccionales que le correspondan.

En lo que respecta al argumento anticorporativo como justificación de que el órgano de gobierno sea "externo" al propio poder judicial, hay que partir de que la propia Constitución prevé que la mayor parte de sus miembros (12 entre 20) sean jueces (aunque su nombramiento pueda ser parlamentario, como sucede en la opción legislativa vigente). Por ello el argumento del riesgo de corporativismo tiene un valor muy relativo, pues en definitiva todo dependerá de la configuración concreta del sistema de elección, como lo muestra la polémica tradicional sobre si los doce miembros jueces deben ser elegidos por el colectivo judicial o por las cámaras parlamentarias. En definitiva, que la regulación constitucional prevea que la mayor parte de los integrantes del CGPJ, 12 de 20, sean jueces y que puedan ser elegidos por los propios jueces (lo que según el TC es la opción más acorde con el espíritu de la Constitución) priva de fuerza al argumento anticorporativista contrario a que pudiera ser un órgano judicial quien asumiese las funciones de gobierno. A lo que hay que añadir que, en todo caso, las decisiones del órgano de gobierno (carrera y potestad disciplinaria) quedan sometidas en último término al control jurisdiccional por parte del Tribunal Supremo, esto es, en definitiva, a una decisión judicial, si bien conforme a derecho. Queremos decir con esto que, en nuestra opinión, la opción por un órgano de gobierno como el CGPJ no puede defenderse como garantía de anticorporativismo, ya que, en cualquier caso, la relevancia de los jueces en el sistema de gobierno es constitucionalmente inevitable. Y, en último término, la mayor o menor influencia de los propios jueces en dicho órgano dependerá de su forma de elección y de otras medidas que puedan arbitrarse para evitar en lo posible el riesgo de corporativismo.

Lo que sí constituye una consecuencia ineludible de la creación de un órgano como el CGPJ es que se produce una dualidad en la cúspide del poder judicial entre dicho órgano de gobierno y el Tribunal Supremo. Pues si bien el primero asume funciones que afectan a todo el poder judicial y en particular, al propio Tribunal Supremo, el segundo revisa los recursos que se entablen contra los actos del CGPJ (anulando, incluso, con cierta frecuencia, el nombramiento de sus propios miembros), lo que no deja de revelar una conflictiva dualidad en la cúspide del poder judicial que no resulta paliada por la común presidencia.

A todo lo anterior hay que añadir algo a lo que nos referimos más adelante, que las funciones asumidas por el Consejo General del Poder Judicial afectan de manera intensa y directa a la independencia judicial, lo que podría ser un argumento a favor de que las ejerciese el propio poder judicial.

En suma, el principio de separación de poderes o, si se quiere, el equilibrio entre poderes, no conduce a la necesidad de que un órgano político-constitucional, distinto y por encima del poder judicial asuma el gobierno de este.

IV. TRIBUNAL SUPREMO COMO ÓRGANO JURISDICCIONAL SUPERIOR

Como órgano superior en el ejercicio de la función jurisdiccional, el Tribunal Supremo ha de servir para la creación de jurisprudencia en todos los órdenes. Esta función primordial tiene dos vertientes: la unificación de la jurisprudencia de los tribunales inferiores y la creación de precedentes o, dicho de un modo genérico, realizar la suprema interpretación de las leyes y del ordenamiento jurídico por debajo de la Constitución.

Para ello las leyes procesales deben permitir que lleguen al Tribunal Supremo las interpretaciones divergentes de tribunales inferiores y los asuntos de relevante trascendencia social y política, en este último caso, en la medida de lo posible, con prontitud. Las leyes procesales deben elaborarse en orden a alcanzar tales objetivos, lo que no siempre sucede.

En otro orden de cosas, un Tribunal Supremo no debe ser un órgano del que se espere la resolución de todo litigio de cierta importancia. En ese sentido, se impone una transacción entre la natural aspiración de los ciudadanos —y de los abogados— de que todo asunto llegue al más alto tribunal y la necesidad de que éste tenga capacidad para orientar la interpretación de todo el ordenamiento, lo cual se consigue mejor con menos que con más sentencias. En el caso español, la aspiración a poder recurrir a un tribunal superior debe culminar de forma ordinaria en los Tribunales Superiores de Justicia, con un acceso al Tribunal Supremo restringido a supuestos más o menos tasados.

Cierto es que tanto la casación como los recursos ordinarios en única instancia o en apelación que llegan al Tribunal Supremo restringen ese acceso, pero quizás no en grado suficiente. El número de sentencias dictadas por el Tribunal Supremo en todos los órdenes sigue siendo excesivo, incluso para un tribunal de 80 miembros. Probablemente una configuración ideal sería un tribunal más reducido y con un menor número de asuntos a resolver. La nueva regulación del recurso de casación en el orden contencioso administrativo, al requerir la justificación de la concurrencia de interés casacional para su admisión a trámite (claramente inspirado en el interés constitucional previsto para el recurso de amparo ante el Tribunal Constitucional) va sin duda en esa dirección.

La función de proporcionar la superior interpretación del ordenamiento jurídico hace conveniente que el Tribunal Supremo integre entre sus miembros a juristas de distinta procedencia, esto es, no solamente provenientes de la carrera judicial. Por ello, el actual sistema de provisión de plazas en el que se reserva una quinta parte de las plazas a juristas de procedencia no judicial (mayoritariamente académicos, aunque también abogados y otros juristas) es positivo y ha proporcionado un resultado comúnmente calificado como satisfactorio, al integrar distintas perspectivas en la interpretación del derecho.

V. TRIBUNAL SUPREMO Y MINISTERIO DE JUSTICIA

La cuestión, desde la perspectiva de la separación y equilibrio de los poderes en las democracias constitucionales, es si tiene sentido el Ministerio de Justicia en la forma en que se mantiene en el sistema español. O, si se quiere una formulación más moderada, qué funciones debe asumir un Ministerio de Justicia, integrante del poder ejecutivo, frente a un poder judicial con plena independencia en el ejercicio de su función.

La interpretación que el Tribunal Constitucional ha efectuado sobre esta cuestión ha sido que el Ministerio puede mantener lo que se ha caracterizado como "administración de la administración de justicia". Esta redundante expresión tiene su fundamento en la reserva de la locución "administración de justicia" para su acepción tradicional de juzgar (así lo hace la Constitución en el artículo 117.1), esto es, para el ejercicio de la función judicial. En consecuencia, el conjunto de facultades y funciones auxiliares necesarias para que la función jurisdiccional pueda desarrollarse eficazmente, sean de infraestructura material, organizativas, de personal o de cualesquiera otra naturaleza, tareas que pueden considerarse de una manera genérica como materialmente administrativas o de gestión, son las que se ha dado en llamar administración de la administración de justicia.

Pues bien, el Tribunal Constitucional ha entendido que al no tener carácter jurisdiccional tales tareas pueden quedar bajo la responsabilidad del poder ejecutivo, en el Ministerio de Justicia. Aunque ello pueda ser así desde una perspectiva formal, no puede desconocerse que, bajo el paraguas conceptual de la administración de la administración de justicia hay competencias muy diversas y quizás no todas ellas son escindibles de la propia función judicial. Creemos, en efecto, que la construcción avalada por la jurisprudencia del Tribunal Constitucional ha minusvalorado gravemente la influencia de estas facultades —especialmente de algunas de ellas— sobre la independencia judicial.

En nuestra opinión no cabe duda de que la independencia en el ejercicio de la función judicial estaría preservada de una forma mucho más completa si la administración de la administración de justicia fuese ejercida, al menos en sus elementos más relevantes, por el propio poder judicial, desde la elaboración del presupuesto hasta las funciones materiales encomendadas al Ministerio de Justicia. En lo que respecta al presupuesto es claro que si su elaboración se atribuyera al propio poder judicial, su contenido tendría que ser consensuado con el Ministerio de Hacienda cara a su integración en los presupuestos generales del Estado y posterior aprobación por las Cortes, al igual que sucede con el Tribunal Constitucional o con el CGPJ en el sistema vigente.

En cuanto a las otras funciones, habría que examinarlas de forma individualizada, lo que no es posible hacer en estas páginas. Pero sí puede señalarse que la dependencia del poder ejecutivo de un cuerpo auxiliar imprescindible para el ejercicio de la función judicial y estrechamente asociado a ella como es el de los secretarios de justicia (hoy letrados de la administración de justicia como consecuencia de la vana creencia de algunos de que la supresión de términos tradicionales e históricos equivale a modernizar la realidad) es realmente llamativa. De hecho, la concepción de la oficina judicial que subyace a muchos aspectos de las reformas de los últimos años, como una unidad administrativa gestionada por los letrados de la administración de justicia que debería servir al juez el procedimiento a resolver como un plato ya preparado que el órgano judicial solo tiene que "saborear" (dictar sentencia) demuestra la profunda lejanía que gobiernos y ministerios de justicia han tenido respecto a una genuina independencia judicial o, incluso, respecto a la auténtica naturaleza de la función judicial. De hecho, el propio Tribunal Constitucional ha tenido que precisar que ciertas competencias que inciden en la función judicial sólo pueden se atribuidas al secretario judicial si su decisión es susceptible de recurso ante el propio órgano judicial.

Porque, en definitiva, esa desconfianza respecto de la independencia judicial tiene como evidente causa el que la función judicial, al resolver en derecho los litigios que se le plantean por los sujetos de derecho, ejerce en muchos ámbitos del ordenamiento un control del poder ejecutivo que precisamente por ser de carácter jurídico y no un control político como el ejercido por el Parlamento, resulta en ocasiones mucho más molesto.

Abogamos pues, en definitiva, porque el conjunto de las facultades y competencias que hoy se atribuyen al Ministerio de Justicia como funciones administrativas no jurisdiccionales deberían revertir al poder judicial como única forma de asegurar su independencia de manera plena.

VI. PROBLEMAS RECIENTES PARA EL TRIBUNAL SUPREMO (2023)

Al escribir estas líneas no puede dejar de mencionarse la crítica situación institucional en la que se encuentra el Tribunal Supremo (y otros altos órganos colegiados de la estructura judicial) como víctima colateral del incumplimiento de sus obligaciones constitucionales por los otros dos poderes del Estado. Como es notorio, uno de los dos grandes partidos nacionales ha impuesto el bloqueo efectivo de la renovación del Consejo General del Poder Judicial, que la Constitución impone al acabar el mandato de cinco años bajo la cobertura de sucesivas y variadas razones de naturaleza política, La más reiterada, pero no la única, de dichas razones ha sido la exigencia de cambiar el sistema de elección parlamentaria de todos los vocales, pese a que dicho sistema ha estado vigente con algunas modificaciones desde 1985, ha sido avalado por el Tribunal Constitucional y ha sido aplicado por las mayorías parlamentarias de ambos partidos en sus respectivos períodos de gobierno. Consecuencia de ello ha sido la prolongación del mandato caducado del Consejo General del Poder Judicial con una mayoría distinta a la que hubiera existido de renovarse el Consejo con vocales elegidos por las Cámaras de la legislatura 2018-2023.

La respuesta del Gobierno en el tercer año de bloqueo fue privar por Ley al Consejo caducado de una de sus funciones más significativas, cual es la de nombrar a los altos cargos judiciales, entre ellos a los magistrados del Tribunal Supremo. A resultas de este grave conflicto institucional —incumplimiento por parte de las Cámaras de su obligación constitucional de renovar un órgano constitucional debido al bloqueo impuesto por el principal partido de la oposición y privación legislativa al Consejo caducado de parte de sus funciones a impulso del Gobierno—, han llevado al poder judicial y, en particular, al Tribunal Supremo, a una situación límite por el número de vacantes sin cubrir.

No es este comentario el lugar para extendernos sobre la cuestión principal de este conflicto, que es la regulación de la renovación del Consejo General del Poder Judicial. Tan solo diría que probablemente se impone una reforma constitucional que evite un conflicto de este calibre imponiendo una renovación automática del Consejo con miembros natos en caso de que las fuerzas políticas no se pongan de acuerdo en dicha renovación por la razón que sea.

Ahora bien, desde la perspectiva del Tribunal Supremo, este conflicto refleja muy bien las peores consecuencias de una configuración constitucional que, en el vigente desarrollo legal, no asegura plenamente la independencia en el ejercicio de su función jurisdiccional del poder judicial en su sentido más estricto, esto es, del conjunto de los tribunales. Avanzando lo que vemos en el próximo apartado, creo que la atribución de las funciones del Consejo General del Poder Judicial como órgano de gobierno a un órgano del propio poder judicial, evitaría un problema como el que se ha producido.

Quizás la conclusión más palmaria de este conflicto sea la necesidad de asegurar la autonomía constitucional del Tribunal Supremo y, posiblemente, no haya otra forma de hacerlo que poniéndole a la cabeza del Poder Judicial también en su faceta institucional y administrativa.

* En el momento de corregir las pruebas de esta obra los dos partidos mayoritarios han comunicado haber llegado a un acuerdo de renovación del Consejo General del Poder Judicial, que habrá de ser puesto en marcha por las Cámaras parlamentarias con la elección de los vocales del Consejo. El acuerdo se ha alcanzado más de cinco años después de haber caducado el mandato del Consejo saliente.

VII. UNA NUEVA PERSPECTIVA PARA EL TRIBUNAL SUPREMO

Como creo que resulta claro de las consideraciones expuestas hasta ahora, estas reflexiones no pretenden ser una propuesta concreta y articulada *de lege ferenda*, dado su planteamiento enteramente ajeno a los planteamientos de los dos grandes partidos de nuestro sistema político, enormemente recelosos, más allá de declaraciones programáticas, de la independencia judicial. Pero precisamente por su radicalidad conceptual quedarían incompletas si no incluyeran un esbozo de configuración alternativa a la vigente y que se aproximase a las ideas expuestas.

En el plano estrictamente judicial, no es este el lugar adecuado para esbozar propuestas de naturaleza procesal, lo que requeriría un mayor desarrollo. Baste decir que debería procurarse una respuesta del máximo órgano judicial más ágil en los temas de cierta trascendencia social o económica, arbitrando procedimientos que sin merma de las máximas garantías permitan que el Tribunal Supremo se pronuncie con prontitud. Conviene precisar, sin embargo, que con ello no se quiere decir que todo tema litigioso con interés mediático deba llegar inmediatamente al Tribunal Supremo, pues en ocasiones puede ser aconsejable que se pronuncien los tribunales inferiores para permitir una solución definitiva con mayor perspectiva, así como también es conveniente evitar un pronunciamiento judicial prematuro, lo que en el ámbito anglosajón se considera la necesaria "madurez" (*ripeness*) de un litigio como requisito de procedibilidad.

En lo que respecta al aspecto orgánico ¿qué alternativas podrían formularse al modelo vigente de un Consejo General del Poder Judicial como el diseñado en la Constitución?

En consonancia con las ideas expuestas hasta ahora, es claro que la opción sería mantener las funciones atribuidas al actual CGPJ en el propio poder judicial, lo que inevitablemente nos conduce a su asunción por el máximo órgano judicial, el Tribunal Supremo, pero no necesariamente a una de sus salas de justicia. De la actual configuración del Tribunal Supremo, el órgano adecuado sería la Sala de Gobierno del mismo, cuyas funciones son de orden administrativo aunque algunas muy próximas a la función propiamente jurisdiccional, presidida por el Presidente del Tribunal e integrada por los cinco presidentes de las distintas salas más una representación de otros cinco magistrados del Tribunal elegidos por todos los miembros del mismo.

Algunas objeciones que podrían esgrimirse serían la ausencia de miembros de la judicatura de otras categorías y su composición exclusivamente judicial, que sería susceptible de la ya comentada crítica de riesgo de gremialismo. Al encontrarnos ya en un terreno puramente prospectivo, vamos a esbozar la que nos parece la mejor alternativa, que sería configurar un órgano integrado en el Tribunal Supremo como una sala de gobierno modificada que pudiese caracterizarse como parte del propio poder judicial, aunque incorporase también una representación elegida por el Congreso de los Diputados, de forma semejante a la actual. Un órgano más reducido que el actual Consejo General del Poder Judicial (quizás con un máximo de doce miembros) integrado por miembros judiciales natos de la Sala de Gobierno del Tribunal Supremo, miembros judiciales electos por el conjunto de jueces de todas las categorías y miembros, judiciales o no, elegidos por el Congreso de los Diputados (4-4-4 sería una posible distribución entre las tres categorías). En cuanto al presidente, que lo sería del propio Tribunal Supremo, podría ser elegido por todos los componentes del citado Consejo entre los miembros que fuesen magistrados del Tribunal Supremo. La experiencia del Tribunal Constitucional ha mostrado que el modelo de elección interna se ha manifestado como el más eficaz a la hora de asegurar la independencia en la elección del presidente frente a las preferencias de las mayorías parlamentarias. Como debe resultar obvio, se trata solo de una aproximación entre las muchas configuraciones posibles, y sin que resulte de interés perfilar aquí propuestas más detalladas. Pero sirva como posible ejemplo de un órgano más funcional, que podría considerarse parte del propio Poder Judicial y no un órgano externo que lo gobierna, que no presentaría la dualidad en la cabeza del poder judicial entre el Consejo actual y el Tribunal Supremo y que aseguraría su representatividad tanto respecto a la magistratura como respecto a la propia composición parlamentaria.

VIII. CONCLUSIÓN

Para concluir, solo quiero indicar que he tratado de reflejar unas consideraciones producto tanto de la reflexión académica como de la experiencia jurisdiccional, pero abiertas al debate, en modo alguno conclusiones cerradas. No podría ser de otro modo en cuestiones que llevan en discusión prácticamente durante toda la vigencia de nuestra Constitución (posición del Tribunal Supremo, Consejo General del Poder Judicial, independencia judicial, etc.). Pero de todas ellas creo que debe resaltarse la necesidad de progresar en la garantía de la independencia judicial. No porque no esté asegurada en lo básico (la decisión judicial independiente de presiones e injerencias en toda clase de procedimientos), sino para evitar formas insidiosas de injerencia del poder ejecutivo en la administración de justicia, que debe contemplarse en su globalidad, con inclusión de los aspectos y medios auxiliares pero imprescindibles para la función judicial.

Finalmente, debo decir que soy perfectamente consciente de que no está en la agenda política previsible ninguna reforma del sistema judicial de la envergadura que aquí se sugiere. Así como de que no es de esperar que ninguno de los partidos hoy presentes en el horizonte político asuma alguno de los problemas planteados como cuestiones a resolver en un futuro inmediato. También se que algunas de las sugerencias están lejos de ser compartidas por la doctrina más generalizada. Pero no por ello debe uno dejar de formular propuestas o sugerencias que sirvan para promover el debate y la búsqueda de soluciones a los problemas que se advierten en el modelo constitucional.

IX. BIBLIOGRAFÍA

AGIRREAZKUENAGA, I.: "Modelos comparados de organización judicial y régimen de selección o elección de jueces y magistrados", en *Revista del Poder Judicial*, núm. 75, Madrid, 2004, pp. 11-56.

AGUIAR DE LUQUE, L. (ed): *Independencia judicial y Estado Constitucional*, Tiran lo Blanch, Valencia, 2016.

BANDRÉS SÁNCHEZ-CRUZAT, J. M.: "La reforma constitucional del Poder Judicial", *El Cronista*, núm. 27, 2012.

GERPE LANDÍN, M. y CABELLOS ESPIÉRREZ. M. A. (eds.): *La posición del Poder Judicial en el Estado Autonómico*, Marcial Pons, Madrid, 2013.

LEDESMA BARTRE, F.: "Sobre el Consejo General del Poder Judicial", *El Cronista*, núm. 70, Madrid, 2017.

LÓPEZ GUERRA, L.: "El gobierno de los jueces", en *Parlamento y Constitución*, núm. 1, Toledo, 1997, pp. 11-32.

LUCAS MURILLO DE LA CUEVA, P.: *La independencia y el gobierno de los jueces. Un debate constitucional*, Real Academia de Ciencias Morales y Políticas, Madrid, 2017.

X. JURISPRUDENCIA

STC 108/1986, sobre independencia judicial y elección del Consejo General del Poder Judicial.

SSTC 105/2000 y 31/2010, sobre las competencias del Consejo General del Poder Judicial, el Ministerio de Justicia y las Comunidades Autónomas en la materia.

SSTC 56/1990 y 173/2014 (recopilación de doctrina anterior), sobre la administración de la administración de justicia.

Artículo 124

1. El Ministerio Fiscal, sin perjuicio de las funciones encomendadas a otros órganos, tiene por misión promover la acción de la justicia en defensa de la legalidad, de los derechos de los ciudadanos y del interés público tutelado por la ley, de oficio o a petición de los interesados, así como velar por la independencia de los Tribunales y procurar ante éstos la satisfacción del interés social.

2. El Ministerio Fiscal ejerce sus funciones por medio de órganos propios conforme a los principios de unidad de actuación y dependencia jerárquica y con sujeción, en todo caso, a los de legalidad e imparcialidad.

3. La ley regulará el estatuto orgánico del Ministerio Fiscal.

4. El Fiscal General del Estado será nombrado por el Rey, a propuesta del Gobierno, oído el Consejo General del Poder Judicial.

COMENTARIO

José Miguel Sánchez Tomás
Profesor Titular de Derecho Penal
Universidad Rey Juan Carlos (Madrid)

SUMARIO: I. INTRODUCCIÓN. II. FUNCIONES DEL MINISTERIO FISCAL. III. PRINCIPIOS DE FUNCIONAMIENTO DEL MINISTERIO FISCAL. IV. EL ESTATUTO ORGÁNICO DEL MINISTERIO FISCAL. V. EL NOMBRAMIENTO DEL FISCAL GENERAL DE ESTADO. VI. BIBLIOGRAFÍA. VII. JURISPRUDENCIA.

I. INTRODUCCIÓN

La CE, tomando como único precedente la Constitución de la II República de 1931, regula dentro del Título VI, reservado al Poder Judicial, la institución del Ministerio Fiscal en su art. 124 dedicado, en cada uno de sus cuatro apartados, a la descripción de sus funciones, principios de funcionamiento, la reserva de ley para la regulación de su estatuto orgánico y el nombramiento del Fiscal General del Estado, respectivamente.

La CE no ha sido especialmente innovadora y responde a una continuidad con el ordenamiento histórico español. Las principales novedades radican en que (i) no se ha constitucionalizado de manera expresa la tradicional función del Ministerio Fiscal como órgano de relación entre el Gobierno y los Tribunales de Justicia, dejando abierta la posibilidad de que fuera configurado de una manera más independiente o autónoma del Poder Ejecutivo; (ii) se impone que el estatuto orgánico del Ministerio Fiscal sea regulado por una ley; (iii) se instaura la denominación del Fiscal General del Estado (FGE) para la jefatura de la institución; y (iv) se introduce la intervención obligatoria del Consejo General del Poder Judicial (CGPJ) en el nombramiento del FGE.

El art. 124 CE no ha configurado al Ministerio Fiscal como un órgano constitucional autónomo del resto de órganos y poderes del Estado, pero ha constitucionalizado una serie de garantías operativas de esta institución. La profusa mención de esta institución en la CE —que también aparece citada en los arts. 70.1.d), 76, 127, 159 y 162.1.b)—, la reserva constitucional del cumplimiento de determinadas funciones y la proclama de que las desarrolle por medio de órganos propios y con imparcialidad hubiera permitido que el Ministerio Fiscal se constituyera como un verdadero órgano constitucional. El hecho de que el nombramiento del FGE se realice a propuesta del Gobierno no es un argumento definitivo en contra atendiendo al régimen constitucional de nombramientos de los miembros de otros órganos constitucionales como el CGPJ o el Tribunal Constitucional (TC). Sin embargo, su tardía configuración legislativa como "Órgano de relevancia constitucional con personalidad jurídica propia, integrado con autonomía funcional en el Poder Judicial (...)" [art. 2.1 de la Ley 50/1981, de 30 de diciembre, por la que se regula el Estatuto Orgánico del Ministerio Fiscal (EOMF)] no puede ocultar que el legislador ordinario le ha sometido a servidumbres al Gobierno que le impiden alcanzar la consideración de órgano constitucional.

La evolución legislativa de la institución demuestra que la mayor o menor subordinación del Ministerio Fiscal a otros poderes del Estado, singularmente al Poder Ejecutivo, se ha vinculado a las decisiones del legislador ordinario. El actual periodo constitucional partía de una definición del Ministerio Fiscal con la misión de representar al Gobierno en sus relaciones con el Poder Judicial [art. 763 de la Ley Provisional sobre Organización del Poder Judicial de 15 de septiembre de 1870 (LOPJ 1870) y art. 1 del Estatuto del Ministerio Fiscal de 21 de junio de 1926 (EMF 1926)] o de "Órgano de comunicación entre el Gobierno y los Tribunales de Justicia" [art. 35 de la Ley Orgánica del Estado, núm. 1/1967, de 10 de enero; y art. 1 del Decreto 437/1969, de 27 de febrero, por el que se aprueba el Reglamento Orgánico del Estatuto del Ministerio Fiscal (ROEMF 1969)], con la correlativa posibilidad de que el Gobierno nombrara y cesara libremente a su máximo responsable (arts. 787 y 820 LOPJ 1870 y 10 EMF 1926) y la dependencia de la jefatura del Ministerio Fiscal al Ministerio de Justicia (art. 42 EMF 1926).

La aprobación del EOMF atemperó la subordinación del Ministerio Fiscal a las órdenes del Gobierno. El art. 8 EOMF mantuvo la posibilidad de que el Gobierno pueda interesar del FGE que promueva ante los Tribunales las actuaciones pertinentes en orden a la defensa del interés público por conducto del Ministro de Justicia, sin perjuicio de que cuando el Presidente del Gobierno lo estime necesario podrá dirigirse directamente al FGE. Ahora bien, esa posibilidad ya no se configura como una orden del Gobierno de obligado cumplimiento, pues el FGE, oída la Junta de Fiscales de Sala del Tribunal Supremo, ha de resolver sobre la viabilidad o procedencia de las actuaciones interesadas (art. 8.2 EOMF). No obstante, el régimen de nombramiento y cese del FGE, respondiendo a la tradición histórica del Fiscal del Tribunal Supremo, ha dependido de un mero acto de voluntad del Gobierno, que solo se ha visto limitado cuando por la Ley 24/2007 se ha instaurado un mandato de cuatro años y un sistema de causas tasadas de cese, incluido el fin del mandado del Gobierno que lo hubiera propuesto [art. 31.1.e) EOMF].

II. FUNCIONES DEL MINISTERIO FISCAL

El art. 124.1 CE enumera las funciones a desarrollar por el Ministerio Fiscal, que después han sido reiteradas en el art. 1 EOMF y en el art. 541.1 LOPJ, como son (i) promover la acción de la justicia en defensa de la legalidad, de los derechos de los ciudadanos y del interés público tutelado por la ley, de oficio o a petición de los interesados; (ii) velar por la independencia de los Tribunales; y (iii) procurar ante los Tribunales la satisfacción del interés social.

La función de promoción, de oficio o a petición de los interesados, de la acción de la justicia en defensa de la legalidad, los derechos de los ciudadanos y el interés público tutelado por la ley hubiera podido ser interpretada como el reconocimiento de la legitimación activa del Ministerio Fiscal para excitar la actuación de Juzgados y Tribunales. Ello lo diferenciaría de la función de procurar ante los Tribunales la satisfacción del interés social, que únicamente apelaría a su intervención procesal como parte y, por ello, quedaría delimitada a aquellos procedimientos en los que se ventilaran cuestiones de interés público.

El precepto parece contemplar, en la citada función de promoción, un Ministerio Fiscal con la misión de activar procedimientos judiciales a la búsqueda de la restauración de la legalidad con independencia de que haya sido conculcada por cualquier ciudadano o alguno de los poderes del Estado —legislativo, ejecutivo y judicial— o de participar en los mismos. Sin embargo, no se puede ocultar que la ambición en la descripción de esas funciones ha quedado muy intermediada por la necesidad del concreto reconocimiento de la legitimación *ad hoc* en las diferentes normas de procedimiento, por lo que solo se ha hecho efectiva en el caso del ejercicio de acciones penales y en relación con algunas situaciones de especial vulnerabilidad, como los menores de edad o incapaces, o de asimetría, como los consumidores y usuarios. Especialmente, llama la atención que, a pesar de lo contundente de la previsión constitucional, el Ministerio Fiscal tenga limitada su legitimación para "promover la acción de la justicia en defensa (...) de los derechos de los ciudadanos" a los procesos de amparo ante el Tribunal Constitucional, lo que está constitucionalizado en el art. 162.1.b) CE, o en el de Habeas Corpus [art. 3.b) de la Ley Orgánica 6/ 1984, de 24 de mayo], pero no cuente con esa posibilidad en relación con la tutela de los derechos fundamentales y libertades públicas ante los Tribunales ordinarios en el marco de los procedimientos preferentes y sumarios a que se refiere el art. 53.2 CE, por mucho que su intervención esté prevista como obligatoria en cada una de las normas procedimentales.

La función de velar por la independencia de los Tribunales resulta de más difícil justificación en atención a las amplias potestades de que está revestido el ejercicio de la potestad jurisdiccional para la defensa de su independencia a través del CGPJ (art. 14.1 LOPJ), a no ser que se refiera, de manera redundante, al ejercicio de acciones penales cuando la perturbación de la independencia adquiera carácter de ilícito penal. En todo caso, en lo que respecta a la delimitación de funciones entre el Ministerio Fiscal y los órganos judiciales, la jurisprudencia constitucional ha destacado que la diferente función encomendada a cada uno de ellos permite que los órganos judiciales queden vinculados por determinadas solicitudes del Ministerio Fiscal o se deriven efectos directos de las actuaciones de este (AATC 32/2009, FJ 5, y 467/2007, FJ 3; y SSTC 155/2009, FJ 6, y 206/2003, FJ 6), siempre que con ello no se interfiera en el correcto desempeño de la función jurisdiccional de garantizar los derechos del ciudadano (SSTC 71/1994, FJ 13; 123/2005, FJ 9; o 185/2012, FJ 5) ni que se entienda que la intervención del Ministerio Fiscal supla la garantía judicial en relación con determinados derechos fundamentales (SSTC 147/2021, FJ 3; y 147/2020, FJ 8).

Por último, la mención a "sin perjuicio de las funciones encomendadas a otros órganos" pone de manifiesto que las funciones otorgadas al Ministerio Fiscal no lo son en exclusiva, sino que, tratándose la mayoría de las actuaciones ante los órganos judiciales, son compartidas con otros legitimados que pueden ser institucionales —Abogado del Estado o Defensor del Pueblo— o privados. A esos efectos, la jurisprudencia constitucional ha destacado la inconstitucionalidad de la exclusividad de la legitimación del Ministerio Fiscal para interponer recurso de revisión contra sentencias penales condenatorias firmes (STC 124/1984, FJ 7); o para el ejercicio de la acción penal (SSTC 179/2004, FJ 4; y 9/2008, FJ 3). También se ha reconocido la distinta consideración de la intervención del Ministerio Fiscal en el proceso penal para establecer que determinadas actuaciones no representan un privilegio sino un instrumento cuyo manejo encomienda el legislador al Ministerio Fiscal para que este vele por el adecuado desarrollo del proceso (STC 71/1994, FJ 10; y ATC 32/2009, FJ 4).

III. PRINCIPIOS DE FUNCIONAMIENTO DEL MINISTERIO FISCAL

El art. 124.2 CE delinea los principios de funcionamiento del Ministerio Fiscal que tradicionalmente se vienen clasificando como principios orgánicos —la autonomía de actuación, la unidad de actuación y la dependencia jerárquica— y funcionales —la sujeción al principio de legalidad y la imparcialidad—.

La autonomía de actuación se consagra constitucionalizando que sus funciones se cumplan por medios de órganos propios, pero sin que haya alcanzado una real autonomía financiera al quedar incluidos tanto los presupuestos del Ministerio Fiscal como del FGE dentro de las partidas del Ministerio de Justicia o de las Comunidades Autónomas que hayan asumido competencias en materia de Administración de Justicia (art. 72.3 EOMF). La unidad de actuación y la dependencia jerárquica han sido desarrolladas en los arts. 22 a 28 EOMF. La unidad de actuación se predica tanto de su aspecto orgánico, por ser el Ministerio Fiscal único para todo el Estado (art. 22.l EOMF), actuando cada uno de sus miembros siempre en representación de la institución (art. 23 EOMF); como funcional, en tanto que implica el mantenimiento de una unidad de criterios (art. 24 EOMF), garantizado mediante las Circulares, Instrucciones y Consultas (art. 22 EOMF). Es común considerar que la dependencia jerárquica resulta instrumental para el principio de unidad, tal como también sucede en la Administración Pública (art. 103.l CE). Esta dependencia no ha excluido el diseño de un funcionamiento deliberativo en la toma de decisiones por las diferentes Juntas de Fiscales como elemento de democratización, pero, frente a la previsto en el art. 24.l EOMF, no es consustancial a la misma que en caso de discrepancia no sea la opinión mayoritaria la que se imponga sino la del superior jerárquico.

La sujeción al principio de legalidad es una mención redundante con lo establecido en el art. 9.1 CE, que no es incompatible con el principio de oportunidad siempre que no constituya una arbitrariedad. Sí es incompatible con la irresponsabilidad *ad extra* de su actuación y la ausencia de control jurisdiccional de sus decisiones con incidencia extraprocesal en derechos de terceros como sucede con los decretos de determinación de la edad del art. 35 de la Ley Orgánica 4/ 2000, de 11 de enero. En desarrollo del principio de imparcialidad, el art. 28 EOMF, si bien permite que sus miembros se abstengan por las mismas causas previstas para Jueces y Magistrados, prohíbe, de modo inconstitucional, su recusación. La posibilidad de que se acuda al superior jerárquico para que ordene su no intervención en el proceso, aun siendo un procedimiento semejante al establecido en la Administración Publica o para los funcionarios pertenecientes a los cuerpos de la Administración de Justicia, no resulta suficiente desde la perspectiva constitucional, ya que, a diferencia de estos otros procedimientos, no cabe su control judicial.

IV. EL ESTATUTO ORGÁNICO DEL MINISTERIO FISCAL

El art. 124.3 CE establece que por ley se regulará el estatuto orgánico del Ministerio Fiscal. Un mandato de estas características ha podido ser interpretado como una más de las reservas de ley de la CE. Sin embargo, en el contexto histórico español su significado es mayor, ya que su regulación orgánica tenía la singularidad de que carecía de rango legal. En efecto, si bien la LOPJ 1870 dedicaba su Título XX (arts. 763 a 854) al Ministerio Fiscal, su estatuto aparecía regulado en el ya citado EMF 1926 que fue aprobado en virtud de un Decreto gubernamental y sus sucesivas modificaciones se llevaron a cabo, también, por decretos de Gobierno de turno, siendo sus sucesivos Reglamentos orgánicos (Real Decreto 427/1927, de 28 de febrero; Decreto de 21 de febrero de 1958 y ROEMF 1969) también, lógicamente, normas gubernativas. De ese modo, la exigencia constitucional suponía un intento de superación de esa singularidad.

En virtud de ese mandato, el estatuto orgánico del Ministerio Fiscal fue establecido por la Ley 50/1981, de 30 de diciembre. Desde su aprobación ha sufrido casi veinte modificaciones, destacando, en lo que se refiere a sus aspectos constitucionales, las operadas por las Leyes 14/2003, de 26 de mayo, y 24/2007, de 9 de octubre.

La primera de ellas se produce como consecuencia de la suscripción del Pacto de Estado para la Reforma de la Administración de Justicia por los diversos partidos del espectro parlamentario del momento. Destaca de dicha reforma (i) la supresión del sistema de promoción basado en estrictas razones de antigüedad, siendo sustituido por criterios de idoneidad; (ii) el establecimiento en la limitación de mandatos de las jefaturas; y (iii) la regulación del papel de las Juntas de Fiscalía, como expresión de la necesidad de armonizar los principios de unidad de actuación y dependencia jerárquica, recurriendo a la colegialidad en la formación de los criterios. La reforma operada por la Ley 24/2007, por su parte, perseguía reforzar la autonomía del Ministerio Fiscal modificando el régimen de nombramiento y cese del FGE, que será analizado más adelante. La facultad otorgada al Gobierno para que en el plazo de un año dictara el Reglamento que desarrollara dicha Ley ha sido finalmente cumplida mediante la aprobación del Real Decreto 305/2022, de 3 de mayo, por el que se aprueba el Reglamento del Ministerio Fiscal.

V. EL NOMBRAMIENTO DEL FISCAL GENERAL DE ESTADO

El art. 124.4 CE establece que será el Rey quien nombre al FGE, a propuesta del Gobierno, oído el CGPJ. En desarrollo de esta previsión, el art. 29 EOMF, en su redacción originaria, (i) extendió este procedimiento y competencias también al cese del FGE; e (ii) incluyó, como requisito de elegibilidad, que fuera un jurista español de reconocido prestigio con más de quince años de ejercicio efectivo de su profesión. Por su parte, tras la reforma operada en el art. 29 EOMF por la Ley 24/2007, este procedimiento (i) quedó limitado al nombramiento del FGE, estableciéndose unas causas tasadas de cese (art. 31 EOMF); y (ii) se impuso, con carácter previo al nombramiento, que el Gobierno, tras el informe remitido por el CGPJ, comunicará la propuesta al Congreso de los Diputados, a fin de que pueda disponer la comparecencia de la persona elegida ante la Comisión correspondiente de la Cámara, a los efectos de que se puedan valorar los méritos e idoneidad del candidato propuesto. 1727

La denominación de FGE es una de las novedades que aporta la CE en la regulación de la institución del Ministerio Fiscal. A su entrada en vigor, la jefatura del Ministerio Fiscal era ostentada por el Fiscal del Tribunal Supremo bajo la inmediata dependencia del Ministro de Gracia y Justicia (art. 42 EMF 1926). Lo que se mantuvo invariado es la competencia de nombramiento otorgada al Gobierno, pues el nombramiento del Fiscal del Tribunal Supremo se realizaba por acuerdo del Consejo de Ministros, a propuesta del de Gracia y Justicia, pudiendo el Gobierno también acordar libremente su separación (arts. 787 y 820 LOPJ 1870 y art. 10 EMF 1926). En los debates constituyentes se rechazaron las propuestas, por un lado, de que su nombramiento fuera hecho por el Congreso de los Diputados, con una mayoría de tres quintos, o por el CGPJ; y, por otro, de que se fijara un plazo de mandato de cinco años. Todo ello dibuja una situación de que, siendo muy acusada la tradicional dependencia del Ministerio Fiscal al Gobierno, la voluntad del constituyente no era el romper esa inercia histórica. Como ya se ha expuesto, hubo que esperar hasta la Ley 24/2007, para que se suprimiera la libertad de cese del FGE, que fue sustituida por la fijación de un mandato no renovable de cuatro años —a no ser que hubiera ostentado el cargo durante un periodo inferior a dos años— y una relación cerrada de supuestos de cese durante el mismo consistentes, a la apreciación del Consejo de Ministros, en (i) una petición propia; (ii) incurrir en incompatibilidades o prohibiciones; (iii) incapacidad o enfermedad inhabilitante para el cargo; e (iv) incumplimiento grave o reiterado de funciones; así como (v) cuando se produzca el cese del Gobierno que lo hubiera pro puesto (art. 31 EOMF).

La única intervención prevista en la CE en el proceso de designación del FGE es la del CGPJ. A esos efectos, la LOPJ, más allá de reiterar la obligatoriedad de este trámite de audiencia y otorgar la competencia al Pleno del CGPJ, no establece, como tampoco lo hace el EOMF, la naturaleza y objeto de esta intervención. Tradicionalmente se ha venido considerando que su objeto era verificar que el candidato propuesto por el Gobierno cumple los requisitos de idoneidad y elegibilidad previstos en el art. 29 EOMF, referidos a su formación jurídica, nacionalidad española, prestigio reconocido y más de 15 años de ejercicio profesional. Ahora bien, tanto la Sentencia del Pleno de la Sala de lo Contencioso-administrativo del Tribunal Supremo de 28 de junio de 1994, dictada en el recurso 7105/1992, como la reforma operada en el art. 29.2 EOMF por la Ley 24/2007, han venido a distorsionar esta consideración. La citada sentencia estableció que el nombramiento del FGE no es una actuación política excluida del control jurisdiccional y atribuyó al conocimiento del Tribunal Supremo el cumplimiento tanto de los requisitos procedimentales, incluyendo el propio

trámite de audiencia del CGPJ, como de las exigencias legales de elegibilidad del art. 29.1 EOMF; si bien con una severa legitimación para su impugnación (así, SSTS 1293 y 1294/2021, de 2 de noviembre, dictadas en los recursos 64 y 75/2020). Por su parte, la Ley 24/2007, atendiendo a que la disposición adicional cuarta de la ahora ya derogada Ley 5/2006, de 10 de abril, ordenó extender la obligación de comparecer ante la Comisión correspondiente al propuesto para el nombramiento como FGE, estableció que el objeto de dicha comparecencia lo es "a los efectos de que se puedan valorar los méritos e idoneidad del candidato propuesto" (art. 29.2 EOMF), obviando con ello que el mandato de comparecencia impuesto por el entonces vigente art. 2.3 de la Ley 5/2006 —ahora sustituido por la disposición adicional tercera de la Ley 3/2015, de 30 de marzo—, lo era a los únicos efectos de dictaminar sobre si se aprecia o no la existencia de conflicto de intereses. En atención a ello, se instaura un peculiar sistema en el que la elegibilidad del candidato, incluso respecto del cumplimiento de sus requisitos más objetivos de ser jurista, nacional español y con 15 años de servicios efectivos, se ha de verificar por parte de dos órganos constitucionales como son el CGPJ y el Parlamento, con la posibilidad de un ulterior control por parte de la Sala de lo Contencioso-administrativo del Tribunal Supremo. La racionalidad de la regulación exigiría una modificación del art. 29.2 EOMF para establecer que la comparecencia del candidato ante la cámara parlamentaria lo sea a los solos efectos de la eventual existencia de un conflicto de intereses para el ejercicio del cargo, manteniéndose la valoración de los méritos y la idoneidad como objeto del trámite de audiencia del Pleno del CGPJ. No obstante, la actual previsión del art. 29.2 EOMF, sumada a la citada intervención del CGPJ ordenada en el art. 124.4 CE, viene a acentuar de tal manera el carácter de actuación política del Gobierno del nombramiento del FGE que o bien consagraría la imposibilidad del control judicial de su idoneidad o bien, en su caso, quedaría desplazado al conocimiento del Tribunal Constitucional por la vía del art. 42 LOTC, por la existencia de una decisión parlamentaria sin valor de ley sobre la idoneidad del candidato, que por su naturaleza no es susceptible de control judicial.

VI. BIBLIOGRAFÍA

AA.VV.: *La independencia del Ministerio Fiscal*, Astigi, Sevilla, 2018.

BASTARRECHE BENGOA, T.: *Constitución y Ministerio Público: Holanda, Italia y España*, Aranzadi, Navarra, 2010.

FERNÁNDEZ LE GAL, A.: "Estado de Derecho, independencia judicial y autonomía del Ministerio Fiscal. Hacia un modelo europeo de Fiscal", *Estudios de Deusto: Revista de Derecho Público*, Vol. 70, núm. 1, 2022, pp. 111-140.

FLORES PRADA, J.: *El Ministerio Fiscal en España*, Tirant lo Blanch, Valencia, 1999.

GÓMEZ COLOMER, J. L.: "La Fiscalía española ¿debe ser una institución independiente?", *Teoría y realidad constitucional*, núm. 41, 2018, pp. 157-184.

LANZAROTE MARTÍNEZ, P.: *La autonomía del Ministerio Fiscal en el proceso penal y la reforma de su estatuto orgánico*, La Ley, Madrid, 2008.

LÓPEZ LÓPEZ, A. M.: *El Ministerio Fiscal español. Principios orgánicos y funcionales*, Colex, Madrid, 2001.

MARCHENA GÓMEZ, M.: *El Ministerio Fiscal: Su pasado y su futuro*, Marcial Pons, Madrid, 1992.

MARTÍNEZ DALMAU, R.: *Aspectos constitucionales del Ministerio Fiscal*, Tirant lo Blanch, Valencia, 1999.

MATEOS RODRÍGUEZ-ARIAS, A.: "La autonomía del Ministerio Fiscal a la luz de la Constitución", AA.VV., *Persuadir y razonar: estudios jurídicos en homenaje a José Manuel Maza Martín*, Thomson Reuters-Aranzadi, Navarra 2018, pp. 993-1015.

VII. JURISPRUDENCIA

ATC 467/2007, de 17 de diciembre.
ATC 32/2009, de 27 de enero.
STC 124/1984, de 18 de diciembre.
STC 71/1994, de 3 de marzo.
STC 206/2003, de 1 de diciembre.
STC 179/2004, de 21 de octubre.
STC 123/2005, de 12 de mayo.
STC 185/2012, de 17 de octubre.
STC 147/2020, de 19 de octubre.
STC 147/2021, de 12 de julio.

Artículo 125

Los ciudadanos podrán ejercer la acción popular y participar en la Administración de Justicia mediante la institución del Jurado, en la forma y con respecto a aquellos procesos penales que la ley determine, así como en los Tribunales consuetudinarios y tradicionales.

COMENTARIO

Gonzalo Quintero Olivares
Catedrático de Derecho Penal
Universidad Rovira i Virgili

SUMARIO: I. ORIGEN Y JUSTIFICACIÓN TEÓRICA. II. LA ACCIÓN POPULAR EN LA CONSTITUCIÓN. III. ACCIÓN POPULAR Y DERECHO A LA TUTELA JUDICIAL EFECTIVA. IV. ACCIÓN POPULAR Y CONDICIÓN DE PERJUDICADO. V. ACCIÓN POPULAR Y MINISTERIO FISCAL. VI. ALGUNAS PROPUESTAS PARA EL FUTURO. 1. La revisión del concepto de perjudicado. VII. BIBLIOGRAFÍA. VIII. JURISPRUDENCIA.

I. ORIGEN Y JUSTIFICACIÓN TEÓRICA

El sistema penal español ofrece a cualquier ciudadano la posibilidad de intervenir en los procedimientos penales, haya sido o no perjudicado por el delito, a través de la vía de la acción popular, admitida por la LEcri de 1882, aún vigente. La Constitución de 1978 proclama en su artículo 125, y dentro del Título dedicado al Poder Judicial, que "...los ciudadanos podrán ejercer la acción popular y participar en la Administración de Justicia mediante la institución del Jurado, en la forma y con respecto a aquellos procesos penales que la Ley determine, así como en los Tribunales consuetudinarios y tradicionales". Esa es la situación legal, pero antes de continuar conviene advertir que el Proyecto de nuevo Código procesal penal restringe de manera muy notable la posibilidad de ejercicio de la acción popular, e, incluso desde la Fiscalía General del Estado se ha sugerido que debería excluirse de su ejercicio a los Partidos políticos, los sindicatos y otras personas jurídicas.

Diversas son las razones que han llevado a tanta revisión. La incorporación de la acción popular a nuestro sistema fue fruto del empeño personal de Montero Ríos, a pesar de que era desaconsejada desde diferentes sectores, que consideraban suficiente la actuación del Ministerio Fiscal, cuyo estatuto y función estaba regulado en el Título XX de la Ley Orgánica del Poder Judicial de 15 de septiembre de 1870, así como la posible presencia del perjudicado en el proceso penal. Pero nada pudo evitar que preponderara la ingenua idea de que la acción popular era la garantía máxima para que el pueblo controlara la actuación de jueces y fiscales, estos últimos "burocratizados", en palabras de Francisco Silvela.

La evolución histórica de la acción popular no ha dado la razón a sus promotores, como era de esperar de una institución ajena a la alta o baja cultura cívica de los españoles, que además carece de parangón en toda la Europa continental —extremo que, todavía hoy, silencian cuidadosamente sus defensores— por más que en España se hubiera presentado como expresión de la soberanía popular. Esa idea de "participación popular en la administración de justicia", en tanto que fuente de legitimación, la comparte la acción popular con el Jurado, aun siendo instituciones muy diferentes, que coexisten en el artículo 125 de la Constitución, y que pueden compartir enfoques similares en cuanto a los modos de dar cumplimiento a esa disposición.

Partiendo de los orígenes históricos la doctrina penal y procesal siguen caminos convergentes en la crítica a la acción popular, aunque coincidiendo en su rechazo, con las excepciones que se quiera. Para un penalista no es admisible reconocer a un particular el derecho a impulsar la imposición de la pena estatal —con lo que en el fondo se rechaza también que ese sea un derecho del perjudicado— en nombre de un interés individual. Desde el punto de vista procesal es difícil de admitir que un Estado de Derecho, pueda nacer o continuar el proceso penal sin o contra la voluntad del Ministerio Fiscal y hasta de los propios perjudicados. Esa era, precisamente, la máxima crítica de Gómez Orbaneja y era una de las razones que explicaban su ausencia en los demás sistemas europeos, razón por la que no ha lugar a traer a colación el derecho comparado, por la sencilla razón de que en él no se encuentra una institución parecida a la acción popular.

La presencia de la acción popular en el sistema español, desde su nacimiento, no ha contado con el respaldo de los que en uno u otro momento han intentado la reforma de la Ley de Enjuiciamiento Criminal. Proyectos de leyes de bases para esa reforma pertenecientes a muy diferentes momentos políticos (1919, 1932 y 1942) han coincidido en recomendar su supresión o, cuando menos, su limitación a grupos muy determinados de delitos. Especialmente, y por estar presidida por Jiménez de Asúa y Antón Oneca, cabe recordar que la Subcomisión Penal de la Comisión Jurídica Asesora, que había adaptado el Código penal de 1870 a la Constitución de la República, redactó un Anteproyecto de Bases para la reforma de la Ley de Enjuiciamiento Criminal, en cuya Base 1ª se decidía que la acción solamente había de corresponder a los directamente perjudicados por el delito, salvo disposición especial. Evidentemente esta recomendación no fue llevada a la práctica, pues suponía el fin de la acción popular.

Para cerrar este punto me referiré al principio acusatorio como monopolio del Fiscal, pues no es discutible "históricamente" que la aparición del principio acusatorio, hecho considerado "conquista", va ligada a la atribución de su ejercicio al Ministerio Público. Siendo así, resulta incompatible un modelo acusatorio compartido entre el acusador público y, en pie de igualdad, las acusaciones ejercidas por particulares sean o no personas ofendidas por el delito; en cambio, no quiere decir que necesariamente los particulares perjudicados hayan de estar excluidos del proceso, pues lo cierto es que eso en realidad no sucede, aunque se pueda cuestionar su "igualdad" respecto del Fiscal.

II. LA ACCIÓN POPULAR EN LA CONSTITUCIÓN

La acción popular, durante el régimen franquista continuó en la Ley de Enjuiciamiento Criminal sin que se suscitaran especiales problemas, sin duda por el simple hecho de que la situación social y política era muy poco propicia para llevar adelantes iniciativas sin o en contra del Ministerio Fiscal.

Llegamos así a la situación actual. La Ley de Enjuiciamiento Criminal que ha sido modificada en muchas cosas, en ese punto no ha variado y el artículo 101 continua como en 1882 diciendo que "*la acción penal es pública. Todos los ciudadanos españoles podrán ejercitarla con arreglo a las prescripciones de la Ley*", como si la declaración constitucional careciera de consecuencia alguna (de hecho, tampoco ha habido nueva Ley de Enjuiciamiento Criminal), y el Código penal, que por su parte podría redefinir los conceptos de interés "privado" e interés "público" por la sencilla vía de aumentar el número de infracciones cuya persecución está limitada a la previa querella o denuncia del ofendido, como sucede en tantos delitos, sin que ello genere protesta alguna significativa, no lo ha hecho, a pesar de las innumerables leyes penales que se han sucedido desde 1978 hasta hoy, incluyendo, claro es, el Código penal de 1995 y sus innumerables reformas.

La entrada de la acción popular en la Constitución tampoco fue fácil. En el Anteproyecto de texto constitucional no figuraba, y fue a través de una enmienda como llegó a entrar y quedar en el actual artículo 125 CE. La fuerte presión para que fuera incluida expresamente en la Constitución tuvo su causa en el propósito, alimentado por sectores llamados progresistas, de "blindar" a la figura, para que no fuera posible ni suprimirla ni limitar el tipo de procesos en que era admisible. Más aún, algún autor sostuvo que la frase "*...en la forma y* *con respecto a aquellos procesos penales que la Ley determine..."* que figura en el art. 125 CE solamente puede ser referida a la institución del Jurado, pero no a la acción popular, opinión absolutamente subjetiva.

Lo que está fuera de duda es que, a diferencia del Jurado, la acción popular carece de un desarrollo sub-constitucional, y esa falta de regulación ha sido fuente de conflictos que han alcanzado dimensión social y política, que serían incomprensibles a la luz del derecho comparado, que tanto se invoca en otras ocasiones. Se ha podido contemplar el ejercicio de la acción popular en determinados supuestos delitos financieros o económicos por personas que para nada tenían relación con lo acontecido, ni como gestores de la empresa ni como empleados ni como contraparte en algún negocio, sino simplemente, fácil es imaginarlo, guiadas por un sentimiento de odio o venganza contra alguna persona o grupo. A recordar también problemas de enorme gravedad política, como fue el "caso Gal" —sin entrar en el fondo terrible del tema— se admitieron acciones populares solo orientadas a fustigar al Gobierno de turno.

Los excesos han sido constantes, y es obligado referirse a las actividades del pseudo-sindicato "Manos Limpias", que acabaron con sus dirigentes en la cárcel, que había transformado el ejercicio de la acción popular en su actividad única, que, como se descubrió, estaba orientada al chantaje, y al servicio de tan subjetivos y execrables afanes, se ponía la máquina o aparato judicial del Estado.

El panorama se ha ido completando cuando se engarza con la actual estructuración de determinados procedimientos penales. Lo que decía Gómez Orbaneja sobre el peligro grave que suponía el que pudiera abrirse el juicio oral por el solo impulso de la acción popular, sin la conformidad o contra la opinión del Fiscal, se ha producido, sin que nada se hiciera para impedirlo, y sin que a ningún responsable político se le haya pasado por la cabeza la idea de reconocer que la decisión de enjuiciar no puede serle impuesta al Estado, y eso es así desde Rousseau y Montesquieu. En España no es así, pues, merced a la interpretación que han hecho algunos jueces de las normas sobre procedimiento, incluso oponiéndose a la doctrina del Tribunal Supremo, han ido al banquillo personas por la sola fuerza de la acción popular, que, de paso, ha demostrado su utilidad para la satisfacción de los deseos de los aspirantes a jueces-estrella.

El discurso que defiende la subsistencia de la acción popular, también desde la academia es tan conocido como débil, aunque claramente teñido de motivaciones políticas. Su ejercicio se presenta como un justo y legítimo modo de obviar la en otro caso segura apatía del Ministerio Fiscal —premisa inadmisible en un análisis jurídico riguroso, como inaceptable sería aludir a la injusta por excesiva discrecionalidad de los jueces de instrucción— cuando en muchos casos no es más que un instrumento de acoso cuando no para practicar un descarado populismo por más que se revista de alarde de civismo y solidaridad. Un ejemplo claro de ello lo dan las decisiones municipales de comparecer como acusación popular en el proceso seguido, por ejemplo, por el asesinato de un vecino, cuando ese proceso ya está siendo impulsado por el Fiscal y están presentes los perjudicados, y eso es presentado como "ato de apoyo y repudio al horrible crimen" o de "solidaridad con los perjudicados", es suma, motivaciones todas que nada tienen que ver con el interés de la justicia, incompartible con la transformación de la sala y el proceso en tribuna destinada a otros fines

Ese interés de la justicia, al que acabo de referirme, rara vez ha sido invocado para rechazar la personación de sujetos a los que claramente se les podían detectar otras motivaciones. Así las cosas, el jurista puede y debe preguntarse si eso es bueno para la vida colectiva, social y política, de los españoles, y si eso es bueno para el funcionamiento de la justicia penal, y si llega a la conclusión negativa, ha de entrar en los posibles modos de superar esta situación. Creo que es posible lograrlo, y seguidamente expondré el razonamiento que lo permite y las conclusiones que se derivan.

III. ACCIÓN POPULAR Y DERECHO A LA TUTELA JUDICIAL EFECTIVA

La tesis que defiende la intangibilidad de la regulación de la acción popular en orden a limitar su ejercicio, en virtud de una supuesta interpretación obligada del artículo 125 de la Constitución, no puede ser calificada de unánime, ni mucho menos derivable claramente de la Constitución, especialmente por lo arbitrario que resulta sostener que puede afectar al proceso del Tribunal de Jurado, pero no a la acción popular. Otra cosa es que la declaración constitucional del artículo 125 CE obliga a ser cautelosos en todo lo que sea legislación de desarrollo sub-constitucional, pero en modo alguno se puede aceptar que el artículo 125 CE genera *una prohibición de regulación.*

Cuando se discute sobre la acción popular, y es fácil comprobarlo, apenas se hace referencia a los derechos de los ciudadanos a la *tutela judicial efectiva* (art. 24.1 CE), aunque en alguna ocasión el Tribunal Constitucional ha estimado que una *excesiva restricción* del ejercicio de la acción popular podría suponer una lesión al derecho a la tutela judicial efectiva si con ello se impidiera el acceso a la jurisdicción. No obstante, el propio TC ha admitido que eso es independiente de la relación de delitos en que esa acción sea posible y de las condiciones que legalmente se establezcan, pues la lesión al derecho a la tutela solamente se produciría allí donde hubiera una excesiva *interpretación restrictiva que de hecho impidiera su ejercicio*, esto es, en relación con los delitos en los que la acción popular es admisible. Igualmente ha declarado que "*...la acción popular sólo existe cuando la ley la establece, sin que su existencia venga ligada a un imperativo del derecho de tutela judicial efectiva...*" (STC 64/1999, de 26 de abril 1999).

Por otra parte, y con la mirada puesta en el derecho a la tutela judicial efectiva, median importantes diferencias entre la acción popular del art. 125 CE y la legitimación derivada del interés personal. Eso no se modifica diciendo que el interés general es una suma o comunidad de intereses que se funden como interés general, y que en los casos en que se acta en defensa del interés general o común son aquellos en los que la única forma de defender el interés personal es sostener el interés común. La acción popular un derecho que asiste a los ciudadanos para iniciar un proceso y deducir en él una pretensión de condena, pero ese ciudadano no acude al proceso recabando la tutela de un derecho propio, y su única legitimación es su condición de ciudadano. Precisamente por eso, por esa diferencia de fundamento y de sentido, la acción popular, claramente diferenciada de la acción del perjudicado, pueda ser legalmente regulada y limitada sin que eso tenga que tomarse como una agresión al derecho a la tutela judicial efectiva.

Los partidarios de la acción popular nada pueden objetar a las limitaciones vigentes (exclusión en delitos privados y semiprivados), ni tampoco a que se exija la querella, se pueda señalar una fianza y se pueda analizar si se obra o no en interés de la justicia. De ello se desprende que, al ser una acción *condicionable*, no puede ser considerada como análoga a la del perjudicado, cuya condición, a su vez, le confiere el derecho personal a la reparación civil.

Es verdad que, cuando se trata de intereses colectivos, es difícil señalar a quién corresponde la reparación civil, pero también es comprensible que, en relación con la lesión a un bien colectivo, como, por ejemplo, el medio ambiente, nadie tiene derecho a percibir una indemnización. Cuestión diferente es que urja una reforma procesal que facilite el ejercicio de acciones penales en los casos de agresiones a bienes jurídicos colectivos, en los que se debería reconocer la condición de perjudicado para la legitimación procesal y solo para eso, sin derecho a la reparación.

Los que rechazan la regulación de los supuestos en los que debería caber la acción popular, olvidan que solo al legislador ordinario, de acuerdo con valoraciones jurídicas y político-criminales, compete decidir qué delitos solo son perseguibles si lo decide el perjudicado, y lo mismo ocurre con la decisión inversa, esto es, la de establecer qué delitos requieren la persecución de oficio, únicos en los que cabe la acción popular.

IV. ACCIÓN POPULAR Y CONDICIÓN DE PERJUDICADO

En los delitos públicos se admite la acción popular, incluso en los casos en que el perjudicado directo no desee ejercer acción alguna. Solo en algunos supuestos la actitud del hipotético perjudicado, como, por ejemplo, el consentimiento en las lesiones puede cerrar el paso a la acción popular, pero por razones bien diferentes. La posibilidad de que sea el Ministerio Fiscal quien "no desee impulsar" no se contempla en cuanto que, por ahora, tampoco está regulado el principio de oportunidad en la actuación del Ministerio Público, para el que solo se proclaman como reglas de su actuación los principios de legalidad e imparcialidad.

Queda en la penumbra la posibilidad de que el acusador popular pueda incorporarse a un proceso penal por delito semiprivado. Lo más lógico sería restringir esa clase de procesos al perjudicado y al Ministerio Fiscal, pero hay

discrepancias, aunque, en mi opinión, y no es solo mía, en los delito semiprivados *no ha de tener cabida la acción popular*, y ello en razón al significado que tiene el bien jurídico y la titularidad de este, cuestión independiente de que algunos de ellos puedan tener como titular a toda la ciudadanía, y, por lo mismo, a todos y cada uno de los ciudadanos. La clase o condición de titular del bien jurídico *conlleva la de perjudicado* por el ataque que contra el mismo se realice, si bien los ámbitos de perjudicados pueden aumentarse hasta aquellas personas que teniendo un interés directo en el bien tutelado no son titulares inmediatos "físicos", del mismo, cosa que sucede con ciertos bienes jurídicos de carácter esencialmente personal. En estos casos la titularidad inmediata y "preferente" del bien jurídico corresponde a la persona individual, la que pierde la vida, sufre la agresión sexual o el agravio. Perjudicados por la muerte de una persona también son sus parientes inmediatos, pero nótese que, si bien éstos pueden ejercer la acción de perjudicados en el proceso penal, *no podrían hacerlo contra la voluntad de esa persona si en lugar de muerto hubiera resultado solo herido*, salvo que careciera de capacidad de actuar procesalmente (niños, incapaces). Pero suplir la capacidad procesal, cosa que pueden hacer también los padres del incapaz que sufre una agresión sexual o el Ministerio Fiscal, no significa que les corresponda a ellos la titularidad del bien jurídico ofendido.

Por lo tanto, la regla inicial es que la capacidad de acción procesal-penal corresponde al titular del bien jurídico ofendido. Es indudable que el derecho vigente permite la acción popular en un delito como puede ser el de homicidio intentado, incluso contra la voluntad de la víctima; pero si eso ya parece extraño, mucho más lo ha de ser cuando se trate de un proceso que solamente puede nacer si el perjudicado lo desea, y que no solamente dispone de la llave para iniciarlo, sino también de la capacidad para oponerse a que se cierre, pues solo el ofendido, y no el actor popular, puede oponerse al sobreseimiento que pudiera solicitar el Ministerio Público. El actor popular no puede, pues, ni abrir ni cerrar el proceso, lo que conduce a la lógica conclusión de que, en el sentido de la ley, no cabe su presencia, sin que de ello pueda derivarse riesgo alguno para la tutela judicial efectiva.

V. ACCIÓN POPULAR Y MINISTERIO FISCAL

Basta la lectura del artículo 124 de la Constitución para entender que el único garante del principio acusatorio es el MF, por lo que aun cuando el actor popular persiga los mismos objetivos, es lo cierto que el deber y preferencia constitucional han de ser exigidos y reconocidos solo al MF, que no tiene el deber de *sostener la acusación*, puesto que en cumplimiento de la legalidad puede perseguir *también la absolución* del sujeto a quien se juzga, cosa que no corresponde a la acusación particular o popular porque es propia de la defensa del acusado. Pero si el criterio del MF es que no ha habido delito, o que el imputado no es responsable de ese delito, habrá que afrontar el riesgo *actual* de que el proceso avance a impulso único de la acción popular, *lo cual es inadmisible desde el punto de vista constitucional,* pues diluye el sentido fundamental de la función del MF, a pesar de que éste no tiene hoy el monopolio acusador, pero, a pesar de ello, y solo es un ejemplo, si como se solicita desde diferentes sectores, se admitiera el principio de oportunidad reglada, éste solo lo administraría el MF, por más que el actor popular tuviera capacidad de acusar.

El TS ha sentado unos criterios limitativos de la capacidad de la acción popular, que se resumen en ideas por demás extendidas: el legislador puede limitar el número de procesos en que cabe la acción popular, la ley no exige en ningún momento igualdad absoluta entre todas las acusaciones, y la acción popular no es una parte esencial del proceso como lo son el Fiscal y el perjudicado por el delito. A la luz de ello, de acuerdo con el art. 782.1 de la LECrim (en el procedimiento abreviado), si el Ministerio Fiscal y el acusador particular solicitan el sobreseimiento por inexistencia de delito, deberá acordarlo el juez. Los acusadores populares no pueden mantener abierto el procedimiento en contra del criterio de aquellas dos partes si el delito afecta a bienes jurídicos de carácter individual. Esta doctrina, en cambio, no es aplicable a los casos en que por la naturaleza del delito (afectación a intereses generales) y por ausencia de acusación particular en nombre del perjudicado, solo concurren como acusadores el Ministerio Fiscal y la acción popular.

En mi opinión, no es posible una configuración de la acción popular diferente según se trate de procedimiento sumarial o procedimiento abreviado, pues la esencia de la institución ha de ser en todo caso la misma. Cuestión diferente es que la admisibilidad de la acción popular, al inicio o durante el proceso, esté vinculada *a la clase de bienes jurídicos* afectados por el delito.

La relación de la figura del actor popular con la posición y el criterio del Ministerio Fiscal es cuestión a concretar, que no se puede dejar al albur de cada situación, y que en todo caso tendrá que acomodarse a la posible atribución al Fiscal de la dirección de la investigación del delito, asumiendo tareas que hasta hoy han estado confiadas a los jueces. Ciertamente que ese es un tema espinoso en el que se producen grandes discrepancias, sea por razones jurídicas o por la desconfianza en un Fiscal que se ve excesivamente subordinado al Poder Ejecutivo.

VI. ALGUNAS PROPUESTAS PARA EL FUTURO

La Propuesta de texto articulado de Ley de Enjuiciamiento Criminal, que se difundió en 2012, entró en el tema de la acción popular limitándola a un número restringido de delitos, a la vez que prohibía su ejercicio a Partidos políticos —prohibición fácilmente burlable— a sindicatos, así como a cualquier otra persona jurídica pública o privada, con la excepción de las Asociaciones de Víctimas del Terrorismo. Tampoco cabía acción popular si el proceso penal ya había sido abierto a petición del Ministerio Fiscal. Las ideas sobre la posición subordinada de la acción popular se mantuvieron también en el Anteproyecto de Ley de Enjuiciamiento Criminal, que se presentó en 2020, y que expresamente recogía, en esta materia, lo que se proyectaba en la Propuesta antes citada, en orden a fijar un catálogo de delitos que resultan idóneos para que los ciudadanos puedan defender una visión de la legalidad penal alternativa a la del Ministerio Fiscal, como puede ser el caso de las infracciones que protegen intereses difusos o de los delitos de corrupción política, como ejemplos más representativos. El anteproyecto recordaba, una vez más, que el art. 125 de la CE reconoce un derecho de participación en la Administración de Justicia a los ciudadanos y solo a estos, con lo cual quedan excluidos de su posible ejercicio, entre otros, los partidos políticos y sindicatos.

Por último, el art. 122 del Anteproyecto relacionaba los delitos en los que puede caber la acción popular y podría participar en un proceso penal por delito fiscal, y, para despejar cualquier duda, el art. 622-3 del mismo texto disponía que "...En los delitos que protegen exclusivamente bienes jurídicos individuales, cuando ni el Ministerio Fiscal ni la víctima ejerciten la acción penal, el Juez de la Audiencia Preliminar dispondrá en todo caso el sobreseimiento, aunque existan acusaciones populares personadas que hayan presentado escrito de acusación..."

Por lo tanto, el proceso penal solamente podría *nacer* porque así lo solicite (o decide) el Fiscal o *el perjudicado por el delito*, en la forma que se establezca. Cualquier persona *no ofendida* por el delito puede formular denuncia ante el Ministerio Fiscal —salvo que se trate de un delito semipúblico— solicitando que inicie actuaciones para el castigo de un delito. Igualmente podrá solicitar que se le ofrezca en su momento el ejercicio de la acción popular para formular acusación, pero la iniciación del proceso por "acción popular" *no sería encuadrable en un auténtico sistema acusatorio.*

1. La revisión del concepto de perjudicado

Es esta una cuestión central que está pendiente, y que a veces enturbia el significado y los defectos de la acción popular. Son perjudicados u ofendidos por el delito los titulares del bien jurídico protegido. Algunos delitos pueden tener ofendidos inmediatos y ofendidos mediatos, que aparecen allí donde la naturaleza del bien vaya más allá de los derechos de la víctima inmediata, como sería, por ejemplo, el ataque a los derechos de los trabajadores: la situación de esclavitud. Un delito de esa naturaleza tendría que ser perseguible por el Fiscal, en todo caso, y por la víctima, pero también por los sindicatos de trabajadores a los que se habría de reconocer la condición de perjudicados, pero solo en relación con esos delitos, no con otros.

Si se trata de delitos contra bienes jurídicos que *no tienen ningún titular individualizable*, pero pertenecen a un colectivo determinado por cualquier causa (religión, raza, ideología, orientación sexual, nacionalidad) han de tener la condición de perjudicados todos los miembros de ese colectivo.

Las entidades u organizaciones de defensa de la naturaleza y el ambiente, así como las dedicadas a la defensa del patrimonio histórico-artístico y científico, deben tener reconocida su legitimación de perjudicados en los delitos contra esos bienes, pues *se deriva de Convenios internacionales* suscritos por España.

La determinación de la esfera de los perjudicados para los demás delitos contra bienes jurídicos no pertenecientes a personas concretas habría que dejarla al juego de la petición de reconocimiento de esa condición y el control jurisdiccional en caso de que el Fiscal la deniegue.

Por último, se ha de establecer un catálogo de delitos en los que se permite la acción popular, como hacía el Anteproyecto de 2020, en modo análogo a lo que se hace para el Tribunal de Jurado. Teniendo en cuenta que en muchos delitos contra bienes jurídicos colectivos ya se debería admitir la acusación particular, la relación se reduciría notablemente. Podría aventurarse que debiera incluir delitos contra la paz y la humanidad, crímenes de guerra, delitos de funcionarios, delitos contra las libertades públicas, delitos de riesgo catastrófico, etc., pero seguramente sería más prudente, *siempre que fuera indiscutible la prioridad del MF en el nacimiento y cierre del proceso*, no establecer ninguna limitación más allá de la exclusión en delitos privados y semipúblicos.

VII. BIBLIOGRAFÍA

BANACLOCHE PALAO, J.: "La acusación popular en el proceso penal: propuestas para una reforma", Revista de derecho procesal, 2008, pp. 9-54.

FERREIRO BAAMONDE, X.: *"El ámbito de ejercicio de la acción popular en el borrador del Código Procesal Penal de 2013"*, en MORENO CATENA, V., *Reflexiones sobre el nuevo proceso penal*, Tirant lo Blanch, Valencia, 2015.

GIMÉNEZ GARCÍA, J.: *"Reflexiones sobre la acción popular en el proceso penal desde la jurisprudencia de la sala segunda del Tribunal Supremo"*, *Eguzkilore. Cuaderno del Instituto Vasco de Criminología*. Núm. 23, 2009.

GIMENO SENDRA, J. V.: *"La doctrina del Tribunal Supremo sobre la Acusación Popular: los casos 'BOTÍN' y 'ATUTXA'"*, *Diario La Ley*, núm. 6970, 2008.

PÉREZ GIL, J.: *"La acusación popular"*, Comares, Granada, 1998.

QUINTERO OLIVARES, G.: *"La acción popular pasado, presente y futuro de una institución controvertida"*, *Revista de derecho y proceso penal*, núm. 37, 2015, pp. 93-131.

SILVELA y DE LA VIELLEUZE, F.: *"La acción popular"*, *Revista de Legislación y Jurisprudencia*, 1888.

TOMÉ GARCÍA, J. A.: *"La acción popular en el proceso penal: situación actual y propuestas para una futura reforma"*, en CHOZAS ALONSO, J. M. (Coord.), *Los sujetos protagonistas del proceso penal. Conforme a las recientes reformas legislativas: Ley Orgánica 1/2015, de 30 de marzo, por la que se modifica la Ley Orgánica 10/1995, de 23 de noviembre, del Código Penal, Ley 4/2015, de 27 de abril, del Estatuto de la víctima del delito LO 5/2015, de 27 de abril, por la que se modifican la LECRIM y la LOPJ*, Dykinson, Madrid, 2015.

VALIÑO CES, A.: *"El ejercicio de la acción penal y las particularidades en la acusación popular"*, en MORENO CATENA, V., *Reflexiones sobre el nuevo proceso penal*, Tirant lo Blanch, Valencia. 2015.

VIII. JURISPRUDENCIA

STC 147/1985 de 29 de octubre.
STC 99/1989 de 5 de junio.
STC 241/92 de 21 de diciembre.
STC 50/1998, 2 de marzo.
STC 311/2006, de 23 de octubre.
STC 8/2008, de 21 de enero.
STC 34/2008, de 25 de febrero.
STC 67/2011, de 16 de mayo.
STC 205/2013, de 5 de diciembre.

Artículo 126

La policía judicial depende de los Jueces, de los Tribunales y del Ministerio Fiscal en sus funciones de averiguación del delito y descubrimiento y aseguramiento del delincuente, en los términos que la ley establezca.

COMENTARIO

Víctor Moreno Catena
Catedrático de Derecho Procesal
Instituto Alonso Martínez
Universidad Carlos III de Madrid

SUMARIO: I. LA POLICÍA Y LA POLICÍA JUDICIAL. II. FUNCIONES DE POLICÍA JUDICIAL. III. ORGANIZACIÓN DE LA POLICÍA JUDICIAL. 1. El marco legal. 2. Las Unidades de Policía Judicial. 3. Funcionamiento de las Unidades de Policía Judicial. IV. LAS ACTUACIONES DE POLICÍA JUDICIAL. V. BIBLIOGRAFÍA. VI. JURISPRUDENCIA.

I. LA POLICÍA Y LA POLICÍA JUDICIAL

La Policía se ha venido considerando una institución pública que debía mantener el orden y hacer cumplir las Leyes: vigilancia y control en algunos ámbitos concretos, que se van incrementando a medida que el Estado interviene y regula diversas parcelas de la vida social. La teoría del *Polizetrecht* de carácter burgués-liberal, mantenida desde Otto MAYER a Julius HATSCHEK, ignoraba la relación existente entre la Constitución y la Policía, entendiendo a esta como una tarea que la sociedad transfiere al Estado para que le defienda de elementos antisociales.

La Constitución de 1978 marca un hito fundamental en el encuadramiento, dentro del Estado español, de los cuerpos armados que hasta entonces estaban sumidos en continuas contradicciones e indefiniciones, sobre todo por haber sido utilizados como el baluarte esencial para mantener el régimen autoritario. La Constitución introduce una nítida diferenciación, incluso sistemática, en la regulación constitucional de las Fuerzas Armadas, por una parte, que "tienen como misión garantizar la soberanía e independencia de España, defender su integridad territorial y el ordenamiento constitucional" (art. 8.1) y, por otra parte, del aparato policial español, de las Fuerzas y Cuerpos de Seguridad que, "bajo la dependencia del Gobierno, tendrán como misión proteger el libre ejercicio de los derechos y libertades y garantizar la seguridad ciudadana" (art. 104.1).

Esta policía democrática debe actuar dentro de la línea política del Gobierno, de la planificación de su actividad y de los objetivos y prioridades que el poder político fije dentro del marco de la legalidad vigente, ligada a la responsabilidad del ejecutivo de dirigir la política interior (Menéndez Rexach).

A partir de la previsión constitucional y del desarrollo de los cuerpos policiales autonómicos, las Fuerzas y Cuerpos de Seguridad, al paso de desempeñar cometidos de control social (particularmente a través de los Servicios de Información, pero también por otras vías), tienen encomendadas tareas muy relevantes para la convivencia, al margen de su posible intervención en los procedimientos penales. Asumen básicamente funciones de mantenimiento del orden y de la seguridad pública; actividades puramente administrativas y de documentación; prevención de delitos, y participación en labores humanitarias de socorro a personas y bienes en peligro (Rico y Salas).

II. FUNCIONES DE POLICÍA JUDICIAL

Aun cuando históricamente no haya sido siempre así, resulta hoy absolutamente pacífico que los poderes públicos deben asumir, junto con estas labores de seguridad, de asistencia y de prevención, la misión de intervenir en la investigación de los hechos delictivos que se hubieran producido y en el descubrimiento de los delincuentes para ponerlos a disposición de la autoridad judicial.

Estas funciones definen precisamente el ámbito de actuación de la policía judicial, una policía para el procedimiento penal, en el desempeño de tareas que se inscriben dentro de las diligencias que tienen por objeto castigar los delitos, bien por medio de actuaciones preliminares a la intervención judicial, bien a través de las practicadas en el curso del proceso.

Las técnicas utilizadas en la investigación criminal, las claves para esclarecer lo sucedido cuando se ha cometido un delito, no son, ni han sido nunca, una materia específica de los estudios de derecho ni se ha exigido en la preparación de nuestros jueces ni de nuestros fiscales, de modo que estos acceden a sus puestos sin bagaje suficiente para realizar las investigaciones o para dirigir la tarea de descubrir los elementos esenciales y relevantes de los hechos constitutivos de delitos.

En este planteamiento se enmarca el artículo 126 de la CE, que hace depender de los jueces, de los Tribunales y del Ministerio Fiscal a la policía judicial, en sus funciones de averiguación del delito y descubrimiento y aseguramiento del delincuente. La LOPJ reitera que "la función de la Policía judicial comprende el auxilio a los juzgados y tribunales y al Ministerio Fiscal en la averiguación de los delitos y en el descubrimiento y aseguramiento de los delincuentes" (art. 547). Esta definición legal deja fuera un considerable número de actuaciones de auxilio y de cooperación que la justicia precisa para su correcto funcionamiento, tanto en el orden penal como en las restantes jurisdicciones, pero permite afirmar que la CE no ha pretendido crear, ni ha ordenado al legislador ordinario que cree un Cuerpo de funcionarios llamados a desempeñar específicamente esos cometidos.

La Constitución partió de la realidad normativa en vigor: por una parte, el título III del Libro II de la LECRIM, que atribuía la función de policía judicial a las distintas clases de la policía gubernativa que por entonces existían y a todos aquellos que, directa o indirectamente, tuvieran encomendadas funciones de guarda de bienes o de seguridad de personas; por otra parte, el RD 1377/1978, de 16 de julio, que por primera vez dispuso la creación de unidades de policía judicial en el Ministerio del Interior, previsión que se plasmó luego en la Ley de la Policía, de 4 de diciembre del mismo año, aprobada por las propias Cortes constituyentes.

1744 Por consiguiente, la Constitución se limitó a reconocer que existe una función pública de investigar los delitos y poner a disposición judicial a los sospechosos de su comisión, así como los instrumentos y efectos del delito y las piezas de convicción; esta función la deberá realizar los miembros de las Fuerzas y Cuerpos de Seguridad ejerciendo funciones de policía judicial.

Esos servidores públicos, en el ejercicio de las funciones de policía judicial, dependen de los jueces, tribunales y Ministerio Fiscal en los términos que la ley establezca. Así pues, el precepto constitucional permite que los funcionarios realicen cometidos diferentes porque la dependencia se previene sólo para las funciones de policía judicial: dependencia funcional; y además autoriza a diseñar los cuerpos policiales de modo que en el desempeño de las restantes atribuciones no dependan de los jueces, magistrados y Ministerio Fiscal; es decir, se deja al legislador ordinario, respetado lo anterior, que articule el régimen de la policía judicial que considere más oportuno.

Como sostiene la Consulta 2/1999 de la Fiscalía General del Estado, *la Constitución enuncia la tarea que incumbe a la Policía judicial, pero no atribuye la función a ningún órgano, ni efectúa la distribución material y geográfica de la competencia. En rigor, tampoco predetermina si ha de constituirse como cuerpo específico o como mera función ejercitable por los Cuerpos de Seguridad, ni si su régimen de dependencia de Jueces y Fiscales debe ser orgánico o funcional, por lo que deja en manos del legislador un extenso margen de libre configuración*.

III. ORGANIZACIÓN DE LA POLICÍA JUDICIAL

1. El marco legal

Debido al notable desarrollo de las técnicas de investigación criminal, que habrán de correr parejas a las nuevas formas de delincuencia si pretenden ser eficaces, para el desempeño de las funciones específicas de policía judicial se requiere contar con personal que haya recibido la adecuada formación especializada y pueda acometer investigaciones penales cada vez más complejas y sofisticadas (arts. 39 a 45 RD 769/1987, que regula la Policía Judicial); son las Unidades de Policía judicial, que se hacen depender directamente de los jueces, tribunales y Ministerio Fiscal en las funciones que les son propias y que, por su especial preparación, deberán ejercer estas funciones de modo permanente y exclusivo.

Eso no impide para que todas las Fuerzas y Cuerpos de Seguridad, sean del Estado, de las Comunidades Autónomas o de las Entidades Locales, tengan el deber de colaborar y auxiliar a los tribunales y al Ministerio Fiscal cuando estos requieran su intervención; y habrán de hacerlo especialmente en aquellos casos en que resulta indiferente la preparación técnico profesional del funcionario a quien se le encomiende la diligencia o actuación.

En nuestra historia sólo podemos hallar algún antecedente fugaz de Unidades específicas para auxilio del sistema de justicia, como la creación por Real Orden de 19 de septiembre de 1896 del cuerpo de Policía Judicial para Madrid y Barcelona (para la persecución de delitos cometidos con explosivos), que fue suprimido en 1905, o la creación en 1914 del Servicio de identificación judicial de la Guardia Civil (para el análisis de otros antecedentes, Ballbé).

En la actualidad las funciones de policía judicial las desempeñan las Unidades de Policía Judicial (art. 30 LO 2/1986, de Fuerzas y Cuerpos de Seguridad, la LOFCS), que distingue entre las Unidades Orgánicas de Policía Judicial y las Unidades de Policía Judicial Adscritas. La ley parte de unas Unidades que surgen en el seno del Cuerpo Nacional de Policía y de la Guardia Civil para cumplir el servicio de investigación criminal, de policía científica, al punto de considerar que el personal de policía de las Comunidades Autónomas y de las Corporaciones locales tienen carácter colaborador (art. 29.2).

De aquí que los Cuerpos policiales dependientes de las CC.AA. o de las Entidades Locales pueden ejercer funciones de Policía Judicial, pero habrá de hacerse mediante requerimiento expreso de la autoridad judicial o del Ministerio Fiscal, o a través de Convenios de Colaboración con el Ministerio del Interior.

Las policías dependientes de las CC.AA. del País Vasco (Ertzaintza) y Cataluña (Mossos d'Esquadra) quedan fuera de esta consideración de simples colaboradoras de las Unidades de Policía Judicial porque, por mandato expreso de las DD.FF. 2ª y 3ª de la LO 2/1986, tienen carácter especial y se consideran verdaderas unidades de policía judicial en su condición de cuerpos de policía integral. Por su parte, el Estatuto de Autonomía de Navarra permite crear unidades adscritas a juzgados y tribunales, pero no unidades orgánicas. Estas tres administraciones autonómicas forman parte de la Comisión Nacional de Coordinación de la Policía Judicial.

Aun cuando se establezca legalmente que los funcionarios de policía autonómicos o locales sólo realicen funciones de policía judicial vicarias de los requerimientos judiciales, del Ministerio Fiscal o prestando auxilio a las Unidades de Policía Judicial, lo cierto es que en el cumplimiento de las funciones de policía de seguridad (vigilancia, mantenimiento de la seguridad ciudadana, prevención de la delincuencia) con frecuencia tienen conocimiento de la comisión de delitos y en no pocas ocasiones descubren al presunto autor de los mismos; es decir, en el ejercicio de sus funciones, y por propia iniciativa, realizan de facto actuaciones de policía judicial, de las que deberán dar trasla-

do a la Unidad de Policía judicial, poniendo a su disposición a la persona que hubieran detenido.

El modelo de la LOFCS supone que los Cuerpos de seguridad dependientes de las CC.AA. o de las Entidades Locales pueden ejercer funciones de Policía Judicial, pero mediante requerimiento expreso de la autoridad judicial o del Fiscal, o a través de Convenios de Colaboración con el Ministerio del Interior; ello significa que estos funcionarios han de actuar dentro de su propio ámbito funcional y territorial. Así pues, no sería legítimo que se encomendaran diligencias de investigación criminal a las Policías de las Corporaciones Locales, salvo en defecto de Unidades de Policía Judicial, o con carácter transitorio, o en supuestos de urgencia (art. 3 RD 769/1987).

Sin embargo, la jurisprudencia, al amparo de lo dispuesto en el art. 547 LOPJ, aun con el carácter y condición de colaboradora, ha reconocido la validez de las actuaciones de investigación por parte de los cuerpos de policía locales otorgando carta de naturaleza a estas diligencias, al afirmar con rotundidad que las funciones de las policías locales como policía judicial están hoy fuera de toda duda (STS 210/2016, de 15 marzo). Según afirma en la STS 831/2007, de 5 octubre, como a todos los miembros de las Fuerzas y Cuerpos de Seguridad se les encomienda realizar las primeras diligencias de prevención y aseguramiento, en cuanto tengan noticia de la perpetración de un hecho delictivo, y la ocupación y custodia de los objetos (art. 1 RD 769/1987), las

Policías Locales pueden realizar este tipo de intervenciones en averiguación de los delitos y persecución de los delincuentes, como colaboradores de la función de Policía Judicial (SSTS 990/2000, de 7 junio; 615/2006, de 29 mayo, y 831/2007, de 5 octubre), sin que sea procedente declarar la nulidad de lo actuado (STS 1334/2004, de 15 noviembre).

Más espinosa es la cuestión del ámbito territorial de actuación de la Policía Local (STS 433/2008, de 3 julio). Como dice la STS 210/2016, estos agentes tienen que actuar dentro del ámbito funcional de sus atribuciones y entre los márgenes territoriales de su competencia, sin que el diseño legal les permita constituirse con funciones ilimitadas en materia de policía judicial, sino como colaboradores en las atribuciones que no les sean propias; fuera de ello, tendrán que dar cuenta a las autoridades competentes cuando salgan de sus límites territoriales, salvo que la urgencia del caso lo impida, lo que deberán verificar a la finalización de su actuación, porque el diseño legal no les permite constituirse con funciones ilimitadas en materia de policía judicial. Sin embargo, la STS 975/2000, de 5 junio, llegó a afirmar que, aunque se estimara que la Policía Municipal hubiese incurrido en alguna irregularidad, ello no significaría que se hubiese vulnerado ningún derecho fundamental del acusado, por lo que no habría razón para expulsar del procedimiento las pruebas procedentes de la actuación de la Policía Local. 1747

En realidad la jurisprudencia está saliendo al paso de las aspiraciones de estos cuerpos de policía locales de asumir, emulando a las unidades de las fuerzas y Cuerpos de Seguridad del Estado, unas funciones que se consideran más elevadas y complejas porque exigen mayor preparación técnica que ellos se ven en condiciones de desempeñar, en algunas ocasiones con el impulso y estímulo de jueces o fiscales.

Cabe concluir que la distribución de cometidos entre los distintos funcionarios policiales sirve al objetivo de la búsqueda combinada de una mayor eficacia en la persecución de los delitos y la salvaguarda de los derechos fundamentales, de modo que son razones de coordinación, especialización y dependencia las que justifican esa parcelación funcional.

En España, por consiguiente, no se ha creado un cuerpo específico y diferenciado de Policía Judicial, establecido exclusivamente con este fin; el diseño legal se basa en unas Unidades Orgánicas de Policía Judicial cuyos miembros deben recibir la *adecuada formación especializada* (art. 30 LOFCS), aunque los funcionarios que integran estas Unidades no tienen dedicación absoluta a las tareas de Policía Judicial, sino que las pueden compatibilizar con otras funciones policiales, en virtud del mayor o menor grado de exclusividad que les otorgue el Ministerio del Interior.

Esta circunstancia diluye en buena medida el modelo, puesto que hacer efectiva la dependencia de la policía judicial del sistema de justicia penal, como quiere la Constitución, exige un diseño orgánico y funcional más alejado del poder ejecutivo, que cristalice y permita un verdadero y efectivo control, también orgánico, por los jueces y magistrados y por el Ministerio Fiscal, al menos respecto de los funcionarios especializados que se dediquen por completo y en exclusiva a la investigación de los delitos.

En definitiva, todos los miembros de los cuerpos policiales tienen el deber de colaborar y asistir a los tribunales en la averiguación de los delitos y el aseguramiento de los delincuentes, lo que la Fiscalía General del Estado denomina "Policía Judicial Genérica", con unos colaboradores especialmente determinados, como el SVA o los agentes forestales, y otros colaboradores como las policías locales y las de las CC.AA.; por otra parte, una "Policía Judicial específica" o en sentido estricto (Instrucción 1/2008, sobre la dirección por el Ministerio Fiscal de las actuaciones de la Policía Judicial).

2. Las Unidades de Policía Judicial

En la actualidad el servicio de los dos cuerpos policiales nacionales a nuestra justicia penal, la dependencia de jueces, magistrados y fiscales, como dispone el art. 126 CE, es muy relativa y carece de un reflejo explícito y relevante en la organización interna tanto del Cuerpo Nacional de Policía (CNP) como de la Guardia Civil (GC).

En el CNP, en lo que se denomina Organización Central por el RD 770/2017, de 28 julio, que desarrolla la estructura orgánica básica del Ministerio del Interior, y según la Orden INT/28/2013, de 18 de enero, que desarrolla la estructura orgánica y funciones de los Servicios Centrales y Periféricos de la Dirección General de la Policía, se integra en el CNP, junto con otras Jefaturas, la Jefatura Central de Información, Investigación y Ciberdelincuencia, de la que dependen varias Comisarías Generales, entre ellas, la de Policía Judicial y la de Policía Científica.

La Comisaría General de Policía Judicial se compone de la Unidad Central de Droga y Crimen Organizado (UDYCO), con la Brigada Central de Estupefacientes, la Brigada de Crimen Organizado y una Unidad Adscrita a la Fiscalía General del Estado; la Unidad Central de Delincuencia Especializada y Violenta (UDEV), con una Brigada Central de Investigación de la Delincuencia Especializada, una Brigada Central de Investigación de Delitos contra las personas y Brigada del Patrimonio Histórico; la Unidad Central de Inteligencia Criminal (UCIC); la Unidad Central de Delincuencia Económica y Fiscal (UDEF), con una

Brigada Central de Delincuencia Económica y Fiscal, una Brigada Central de Investigación de Blanqueo de Capitales y Anticorrupción, una Brigada Central de Inteligencia Financiera, una Brigada de Investigación del Banco de España y una Unidad Adscrita a la Fiscalía Especial contra la Corrupción y la Criminalidad Organizada; la Unidad de Investigación Tecnológica (UIT), en la que se encuadra la Brigada Central de Investigación Tecnológica (BCIT) y la Brigada Central de Seguridad Informática; por último, la Unidad Central de Atención a la Familia y Mujer (UCFAM), con una Brigada Operativa de Atención a la Familia y Mujer y un Gabinete de Estudios.

La Comisaría General de Policía Científica se compone de la Unidad Central de Identificación, con las Secciones de Identificación Lofoscópica, SAID y Técnicas Identificativas; la Unidad Central de Criminalística, con las Secciones de Documentoscopia, Acústica forense, Balística forense, e Informática forense; la Unidad Central de Investigación Científica y Técnica, con las Secciones de Calidad y de Relaciones internacionales; la Unidad Central de Análisis Científicos, con las Secciones de ADN-Casos, ADN-Técnicas identificativas, Sistemas de Integración operativa, Análisis de Gestión y Química-Toxicología, finalmente, la Unidad Central de Coordinación Operativa, con las Secciones de Inspecciones oculares, Coordinación territorial y Tecnología de la Imagen.

Por lo tanto, al menos la primera de las funciones que habría de cumplir la Policía Judicial según lo dispuesto en el art. 126 CE, la averiguación del delito, es decir, la investigación penal, se encuentra repartida en el CNP entre la Comisaría General de Policía Judicial y la Comisaría General de Policía Científica, lo que invoca una cierta falta de criterio para alcanzar los objetivos que se le asignan.

Si se aprecian defectos en la coordinación y el diseño de los servicios centrales del CNP, no merece mucha mejor opinión el análisis de la organización periférica de este cuerpo policial, pues en el RD 770/2017 no se hace mención alguna a la Policía Judicial, ni a las Unidades orgánicas ni a las Unidades Adscritas.

Algo parecido sucede en la Guardia Civil de acuerdo con la Orden PRE/422/2013, de 15 de marzo, que desarrolla la estructura orgánica de los Servicios Centrales de la Dirección General de la GC, pues la Jefatura de Policía Judicial de la GC depende del Mando de Operaciones, que depende a su vez de la Dirección Adjunta Operativa; de esta Jefatura de Policía Judicial depende la Unidad Central Operativa (UCO), la Unidad Técnica de Policía Judicial (UTPJ) y el Servicio de Criminalística. La UCO se divide en el Departamento de Apoyo Técnico y Operativo; el Departamento de Delincuencia especializada y Drogas; el Departamento de Delincuencia Económica y Tecnológica (con un grupo de

Delincuencia Económica, otro de Delitos Telemáticos y otro de Delitos contra la Administración, el GDA), y el Departamento de Delincuencia Organizada, que tiene cierta descentralización. La UTPJ cuenta con una Sección de Análisis del Comportamiento Delictivo. Además, se han creado dos Unidades de Policía Judicial Adscritas, una a la Fiscalía Antidroga y otra a la Fiscalía contra la Corrupción y la Criminalidad Organizada. Por su parte, las Unidades orgánicas de Policía Judicial territoriales de la GC dependen técnicamente de la Jefatura de Policía Judicial.

Con posterioridad a la Constitución ha irrumpido en el panorama de la justicia penal un actor que está resultando muy relevante en la tramitación y el desenlace de los procesos penales: la Agencia Española de Administración Tributaria (AEAT), que interviene en un elevado número de causas no sólo proporcionando la ayuda de sus técnicos como peritos en los procedimientos, sino en funciones específicas y directas de auxilio judicial. El marco legal en que se desenvuelve su intervención es el que deriva del deber de colaboración de la AEAT con los órganos judiciales (art. 103.1.6 Ley 31/1990, de Presupuestos Generales del Estado para 1991, en su redacción dada por la disposición adicional 56 de la Ley 66/1997, de Medidas Fiscales, Administrativas y del Orden Social, que crea la AEAT); la Agencia ha creado una Unidad de Apoyo a la Fiscalía Especial contra la Corrupción y la Criminalidad Organizada.

En 1982 se creó el Servicio de Vigilancia Aduanera (SVA), que en 1990 se integra en la propia AEAT, y se convierte luego en Dirección Adjunta de Vigilancia Aduanera (DVA) dentro del Departamento de Aduanas e Impuestos Especiales. Hoy es un cuerpo armado y jerarquizado, que realiza actuaciones genuinamente policiales con uso de la fuerza y aparecen como colaboradores específicos de la Policía Judicial en la investigación, persecución y represión de los delitos de contrabando, actuando en coordinación con las Fuerzas y Cuerpos de Seguridad del Estado (Disp. Ad. 1ª LO 12/1995, de represión del contrabando).

Tanto la AEAT como la DVA quedan fuera del diseño de Policía Judicial que ofrece la LOFCS aunque se han ido sumando decididamente a la colaboración con las Fiscalías y los tribunales penales en concepto de unidades de auxilio y han logrado el reconocimiento legal de colaboradores de la Policía Judicial, al punto que la Fiscalía General del Estado incluye al SVA en el concepto de Policía Judicial, en la Circular 1/2019, de 6 de marzo sobre investigación tecnológica en la LECRIM, invocando la doctrina de la propia FGE (Consulta 2/1999, de 1 de febrero, *sobre Servicio de Vigilancia Aduanera como Policía Judicial*) y el acuerdo de la Sala Segunda del Tribunal Supremo de 14 de noviembre de 2003, que reconocía al SVA ese carácter pero en sentido genérico. La jurisprudencia ha considerado también a los funcionarios de la DVA como policía judicial en el ejercicio de facultades de prevención de delitos, para su investigación y el aseguramiento de las pruebas, a cuyo fin podrán inspeccionar contenedores o mercancías en coordinación con las Fuerzas y Cuerpos de Seguridad del Estado (SSTS 866/2005, de 30 de junio; 297/2006, de 6 de marzo, y 737/2021, de 30 de septiembre).

Por su parte, en la Ertzaintza existe una División de Investigación Criminal, en la que se integra la Jefatura de Investigación Criminal y Policía Judicial (con las Unidades adscritas a órganos judiciales y Fiscalías) y la Unidad de Policía Científica, esta última para prestar servicios de criminalística o investigación técnica. En cuanto al Cuerpo de Mossos d'Esquadra, la Comisaría General de Investigación Criminal (CGIC) está dedicada a la investigación especializada y a la dirección técnica de las investigaciones de las Unidades Centrales de Investigación, y de ella dependen las siete Unidades Territoriales de Investigación (UTI).

3. Funcionamiento de las Unidades de Policía Judicial

Las Unidades Orgánicas de Policía Judicial se constituyen atendiendo a criterios territoriales sobre la base provincial, y de especialización delictual o de técnicas de investigación, con carácter permanente y especial y se han establecido por separado y de forma paralela tanto en la GC como en el CNP, debido a las características propias de cada uno de estos Cuerpos de Seguridad. 1751

Los integrantes de estas Unidades desempeñan las funciones de policía judicial con exclusividad, aun cuando pueden desarrollar también otras misiones policiales cuando las circunstancias lo requieran, dando cuenta de ello a la Comisión Provincial de Coordinación de la Policía Judicial (arts. 30 y 33 LO 2/1986 y arts. 9 y 18 y sigs. RD 769/1987); sin embargo, estos funcionarios no podrán ser removidos o apartados de la investigación concreta que se les hubiese encomendado hasta que finalice la misma o la fase procesal que la originó, si no es por decisión o con la autorización del juez o Fiscal competente (arts. 550.2 LOPJ y 16 RD 769/1987).

En las diligencias o actuaciones que lleven a cabo por encargo y bajo la supervisión de los tribunales penales o por los fiscales competentes, los funcionarios de las Unidades Orgánicas de Policía Judicial tendrán el carácter de comisionados de dichas autoridades, a cuyas órdenes y directrices deberán atenerse y podrán requerir el auxilio de las Autoridades y, en su caso, de los particulares (arts. 34.2 LO 2/1986 y 11 RD 769/1987).

Para encomendarles cualquier otro cometido o la práctica de otras funciones de policía judicial, las autoridades judiciales y el Ministerio Fiscal se entenderán directamente con el jefe de la Unidad Orgánica correspondiente, sea del Cuerpo Nacional de Policía o de la Guardia Civil, sin necesidad de acudir a instancias administrativas superiores. El Jefe de la Unidad dispondrá lo necesario para dar cumplimiento al servicio, comunicando al tribunal o al Fiscal los funcionarios encargados de la investigación, a quienes la Autoridad judicial o el Fiscal podrá llamar a su presencia cuantas veces repute necesario (art. 21 RD 769/1987; sobre los órganos del Ministerio Fiscal competentes para impartir instrucciones generales y particulares a las Unidades de Policía Judicial, ver la Instrucción 1/2008, de 7 marzo, de la FGE).

Prevé el RD 769/1987 que cuando las circunstancias lo exigieran se constituirán Unidades Adscritas de Policía Judicial; estas forman parte de las Unidades Orgánicas provinciales en cuya estructura se incardinan y de cuyos medios materiales y humanos se surten. Se componen de un número más reducido de efectivos que, de forma permanente y estable, se adscriben al servicio de los órganos judiciales o Fiscalías que, por su ritmo de actividades, lo requieran (arts. 23 y 24).

1752 Las Unidades Adscritas tienen su sede en las propias dependencias judiciales o fiscales y, si bien quedan asignadas a los respectivos Decanatos a los efectos de coordinación general, dependen directamente de cada órgano jurisdiccional y, de modo especial, del juzgado de Guardia y Fiscal de Guardia (arts. 25 y 26 del citado RD).

Las Unidades Adscritas, especialmente a Fiscalías Especiales (Antidroga o Anticorrupción) representan la base de una evolución más razonable de la Policía Judicial en España, para bascular desde el Ministerio del Interior, porque los funcionarios no pierden su condición de policías ni su desarrollo profesional, hacia su inserción o vinculación con el Ministerio Fiscal, permitiéndole a este asumir el papel de director de las investigaciones de los delitos en un nuevo modelo de proceso penal largamente requerido y en un par de ocasiones diseñado.

Ahora rige el sistema de la doble dependencia de la Policía judicial (dependencia funcional de jueces y fiscales, y dependencia orgánica de las Direcciones generales), tanto en la LOPJ (arts. 548.1 y 550.1) como en la LO 2/1986 (art. 31): se prevé el establecimiento dentro de las Fuerzas y Cuerpos de Seguridad del Estado de *Unidades de Policía judicial*, que dependerán *funcionalmente* de los jueces, Tribunales y Ministerio Fiscal y *orgánicamente* del Ministerio del Interior.

Siguiendo este criterio, el RD 769/1987 la regula en el art. 6, que dispone que "la Policía Judicial, con la composición y estructuración que en esta norma se determina, desarrollará, bajo la dependencia funcional directa de los jueces y Tribunales y del Ministerio Fiscal, funciones de averiguación del delito y descubrimiento y aseguramiento del delincuente, con arreglo a lo dispuesto en la Ley"; y de un modo más específico el art. 10 establece que "en la ejecución de sus cometidos referentes a la averiguación del delito y descubrimiento y aseguramiento del delincuente, así como de los previstos en los apartados b) a e) del artículo 445 de la Ley Orgánica del Poder Judicial (hoy, 549), las Unidades Orgánicas de Policía judicial y los funcionarios a ellas adscritos dependen funcionalmente de los Jueces, Tribunales o miembros del Ministerio Fiscal que estén conociendo del asunto objeto de su investigación" (para Jiménez Villarejo son incompatibles los conflictos y la coordinación con la dependencia).

A no dudarlo, esta dualidad de "dependencias" puede suscitar graves problemas de confrontación, de "obediencia" de los funcionarios de las Unidades de Policía Judicial a los dos superiores: orgánico (se habla de mandos naturales) y funcional, que no tiene fácil solución.

IV. LAS ACTUACIONES DE POLICÍA JUDICIAL

Las actuaciones de policía judicial pueden tener lugar a requerimiento de los jueces, Magistrados, Ministerio Fiscal o de los miembros de las Unidades Orgánicas o Adscritas, como comisionados de éstos, lo que no plantea problema alguno, ya que los funcionarios a quienes se encomienden habrán de ajustarse a lo ordenado en el mandamiento, siempre que este respete el ámbito de competencias que son propias de cada cuerpo policial (art. 549.2 LOPJ; sobre las "funciones específicas" cfr. Álvarez de Neyra). Esta previsión normativa hay que ponerla en relación con lo que se dispone en el art. 29 LO 2/1986, atribuyendo las funciones de policía judicial (averiguación del delito y descubrimiento y aseguramiento del delincuente) a las Fuerzas y Cuerpos de Seguridad del Estado, a través de las Unidades específicas, además de las Unidades de la Ertzaintza y de los Mossos d'Esquadra teniendo las demás Unidades y Cuerpos policiales carácter colaborador.

Sin embargo, cuando las actuaciones de policía judicial se realizan por iniciativa propia de los funcionarios policiales, deberán actuar con el conocimiento y bajo la dependencia del Ministerio Fiscal, por lo que darán cuenta inmediata a la Fiscalía correspondiente que, en cualquier momento, podrá hacerse cargo de la dirección de las actuaciones, interviniendo desde entonces la Unidad Orgánica bajo la dependencia directa de la Fiscalía; lo propio ocurrirá desde el inicio del procedimiento penal en relación con las Autoridades judiciales (arts. 10, 11, 20 y 21 RD 769/1987).

Por su parte, si cualquier funcionario de las Fuerzas y Cuerpos de Seguridad, que no forme parte de una Unidad de Policía Judicial, descubriera la comisión de un delito y elaborara un atestado haciendo constar los hechos, o detuviera a una persona, debería redactar un atestado describiendo su proceder. Este atestado lo podría presentar en el Juzgado de Guardia, remitiendo copia al Ministerio Fiscal o, si fuera el caso, podría poner de inmediato al detenido a disposición judicial.

Sin embargo, esta solución no es legal ni prácticamente satisfactoria, porque el art. 29.2 LOFCS confiere a los policías que no forman parte de las Unidades Orgánicas o Adscritas el carácter de meros colaboradores, condición de algún modo subordinada y sin sentido si pudieran acceder directamente al tribunal o a la Fiscalía sin conocimiento de la Unidad de Policía Judicial; tampoco es prácticamente satisfactoria porque las Unidades de Policía Judicial disponen de medios de información y de investigación que sobrepasan a los que tienen los miembros de otras unidades policiales; además, aparece la necesidad de unificar la reseña de los detenidos y centralizar los datos para su

utilización en todo el territorio nacional (y en el extranjero), así como completar y perfeccionar las actuaciones reseñadas en el atestado a partir de la especialización y los medios científicos de las Unidades de Policía Judicial.

Para el art. 549.1 LOPJ corresponde específicamente a las Unidades de Policía Judicial averiguar las circunstancias de los hechos delictivos y de los responsables, así como la detención de estos, dando cuenta seguidamente a la autoridad judicial y fiscal; auxiliar a los jueces y fiscales en cuantas actuaciones deban realizar fuera de su sede y requieran la presencia policial; realizar las actuaciones que exijan el ejercicio de la coerción y ordene la autoridad judicial o fiscal conforme a lo dispuesto en las leyes; garantizar el cumplimiento de las órdenes y resoluciones de jueces y fiscales y cualquier otra actuación en que sea necesaria su cooperación o auxilio y lo ordenare la autoridad judicial o fiscal.

Como se ve, el enunciado legal permite una enorme variedad de iniciativas y de actuaciones encomendadas a las Unidades de Policía Judicial; el problema esencial es que esa autonomía ha de ceder en el mismo momento en que el responsable de la investigación penal (sea el instructor, como se mantiene en nuestro sistema procesal, sea el fiscal como se pretende) se haga cargo de ella.

La dependencia de la policía judicial que ordena la Constitución significa que desde el momento en que el juez ordena incoar el procedimiento se le han de trasladar todos los materiales obtenidos por la policía y todo el conocimiento que hubiera adquirido, con lo que la policía no podrá legítimamente retener información o elementos referidos a la investigación que se ha "judicializado". Además, con la incoación del procedimiento tiene que cesar la autonomía investigadora de la policía judicial.

A partir del momento en que interviene el juez la fuerza policial que hubiera venido actuando pierde todo título tanto para iniciar una nueva línea de investigación, para profundizar en las pesquisas realizadas, como incluso para proseguir las actuaciones en curso, salvo que así lo ordenara el instructor. Así pues, la policía no podrá actuar al margen del juez ("por su cuenta"), porque la apertura del procedimiento penal le ha sustraído su capacidad de actuación autónoma y el juez asume no solo la última palabra en lo que se refiere a las actuaciones procesales —y por lo tanto se hará o no se hará lo que el instructor considere más adecuado—, sino que el juez debe tener la primera palabra.

La "irrupción" del instructor no impide la comunicación del juez (que es el superior) con los funcionarios de policía (que le están subordinados), sino que esa comunicación debe mantenerse de manera fluida y continuada. El intercambio de conocimiento y opiniones debe funcionar en el doble sentido, en reuniones informales o en una comparecencia formal: del juez con la policía judicial para plantear nuevas líneas de investigación o profundizar en las existentes, y de los funcionarios policiales con el juez para manifestar sus inquietudes o sugerir, indicar o recomendar otras diligencias, proporcionando el soporte científico de sus propuestas y los objetivos que persigan.

Sin embargo, con frecuencia asistimos a actuaciones de las Unidades policiales, o de los funcionarios de auxilio, cuando ya ha intervenido la autoridad judicial, que la policía toma declaraciones, sigue líneas propias de investigación, practica las diligencias que considera oportunas, y actúa con desconocimiento del instructor, al que informa solo a posteriori, con lo que el juez se ve en la tesitura de convalidar todo lo que la Policía Judicial o la unidad de auxilio ha realizado o declarar su nulidad, excluyendo de la causa los resultados de la actividad investigadora de la policía, en especial si suponen avances sustanciales en el esclarecimiento de los hechos. En tal caso, el juez de instrucción correría el riesgo cierto de ser tachado de venal o corrupto, porque el rechazo de estos elementos probatorios se basaría en que se han obtenido al margen de las previsiones legales, y por desconocerse la superior autoridad del juez. Sin embargo, no estamos ante una simple cuestión de competencia o de autoridad sino ante un problema de garantías del procedimiento, de funcionamiento del modelo de instrucción, que hoy por hoy en España es judicial, y eso no es una circunstancia que se pueda variar sin modificar la totalidad del engranaje;

la autoridad judicial no ejerce funciones de supervisión de los funcionarios de policía judicial. Por consiguiente, cuando se elude la dependencia efectiva del juez se está poniendo "en solfa" nuestro sistema procesal penal, porque la dependencia, dispuesta constitucionalmente en el art. 126, significa que una vez incoadas las diligencias previas ha de realizarse un efectivo control judicial sobre la actividad policial; es decir, que el juez tiene que ordenar y la policía tiene que obedecer.

La situación debe abordarse desde la dependencia efectiva de los responsables de la investigación penal de las unidades de Policía Judicial y de los funcionarios de auxilio. Ahora bien, en la situación actual establecer la dependencia orgánica y funcional de los jueces y tribunales resulta imposible tanto por razones prácticas como por motivos estrictamente jurídicos. Por razones prácticas, porque la dependencia exigiría la adscripción de Unidades policiales a todos y cada uno de los tribunales, y eso no se sostiene ya que las labores de investigación criminal exigen utilizar técnicas y medios costosos, imposibles de adquirir masivamente (como los bancos de huellas), y una centralización de recursos y de información para obtener los resultados óptimos. Una adscripción centralizada, al órgano de gobierno de los jueces, tampoco se podría justificar jurídicamente, porque una hipotética dependencia del Consejo General del Poder Judicial supondría sustraer la Policía Judicial del juez o tribunal, que es el superior jerárquico de acuerdo con la Constitución. Además, "ni la Magistratura ni su órgano de gobierno reúnen las condiciones necesarias para dirigir la política criminal ni tampoco podrían responder políticamente por ello" (Andrés Ibáñez).

Otra cosa sería que pudiera dirigir la Policía Judicial el Ministerio Fiscal, órgano constitucional jerarquizado, pues entonces cabría exigirle que contribuyera a definir la política criminal y se hiciera responsable de ella. En este contexto tiene todo el sentido que el Ministerio Fiscal llegue a impartir "instrucciones generales a las Unidades de Policía judicial sobre criterios de preferente investigación, modos de actuación, coordinación de investigadores y otros extremos análogos durante la fase preprocesal", como se dice en la Circular núm. 1/1989 de la FGE, invocando como título el art. 20 del RD 769/1987, y que se desarrolla en la Instrucción 1/2008 de la FGE.

V. BIBLIOGRAFÍA

ÁLVAREZ DE NEYRA KAPPLER, S.: "La Policía Judicial", en CHOZAS (coord.), *Los sujetos protagonistas del proceso penal*, Madrid, 2015.

ANDRÉS IBÁÑEZ, P.: *El Poder judicial* (con MOVILLA), Madrid, 1986.

BALLBÉ, M.: "La Policía y la Constitución", en *Policía y sociedad democrática,* Madrid, 1983.

BARCELONA LLOP, J.: *El régimen jurídico de la Policía de Seguridad,* Oñati, 1988.

CURBET J.: "Los orígenes del aparato policial en España", en *Policía y sociedad democrática,* Madrid, 1983.

DENNINGER E.: "Polizei in der freiheitlichen Demokratie", en *Polizei und Strafprozeß im demokratischen Rechtsstaat* (con LÜDERSSEN), Frankfurt a. M., 1978.

DE LLERA SUÁREZ-BÁRCENAS, E.: "Las diligencias preprocesales", en *El proceso penal,* tomo I, Valencia, 2000.

IZQUIERDO CARRASCO y ALCÁNTARA REIFS, "Límites materiales y territoriales a la actuación de la policía local como policía judicial: a propósito de la STS n.º 210/2016, Sala 2.ª, de lo Penal, de 15 de marzo de 2016", *Revista Vasca de Administración Pública,* núm. 107-I, enero 2017.

MENÉNDEZ REXACH A.: "Comentario al artículo 97 de la Constitución" (con GALLEGO), en ALZAGA, Ó. (dir.), *Comentarios a las Leyes Políticas,* tomo VIII, Madrid, 1985.

MORENO CATENA, V.: "Dependencia orgánica y funcional de la Policía Judicial", *Revista del Poder Judicial,* núm. esp. VIII, 1989.

NAVAJAS RAMOS, L.: "Policía judicial. Composición, funciones y principios de actuación. Unidades orgánicas de la policía judicial: su dependencia funcional y orgánica", *Eguzkilore,* núm. 13, diciembre 1999.

PEDRAZ PENALVA, E.: "Notas sobre policía y justicia penal", *Revista jurídica de Castilla y León,* núm. 14, enero 2008.

RICO J. M. y SALAS L.: *Inseguridad ciudadana y Policía,* Madrid, 1988

RIFÁ SOLER, J. M.: "Actos de investigación, actos de instrucción y actos de prueba", *La Ley* 12252/2011.

VI. JURISPRUDENCIA

Consulta 2/1999, de 1 de febrero, de la Fiscalía General del Estado.
STS 1334/2004, de 15 de noviembre.
STS 297/2006, de 6 de marzo.
STS 615/2006, de 29 de mayo.
STS 831/2007, de 5 de octubre.
Instrucción 1/2008, de 7 de marzo, de la Fiscalía General del Estado.
STS 433/2008, de 3 de julio.
STS 210/2016, de 15 de marzo.
Circular 1/2019, de 6 de marzo, de la Fiscalía General del Estado.
STS 737/2021, de 30 de septiembre.

Artículo 127

1. Los Jueces y Magistrados, así como los Fiscales, mientras se hallen en activo, no podrán desempeñar otros cargos públicos, ni pertenecer a partidos políticos o sindicatos. La ley establecerá el sistema y modalidades de asociación profesional de los Jueces, Magistrados y Fiscales.

2. La ley establecerá el régimen de incompatibilidades de los miembros del poder judicial, que deberá asegurar la total independencia de los mismos.

COMENTARIO

Rosario Serra Cristóbal
Catedrática de Derecho Constitucional
Universitat de València

SUMARIO: I. LA OPCIÓN CONSTITUCIONAL POR UNA JUSTICIA ALEJADA DE LA POLÍTICA. II. LA PROHIBICIÓN DE PERTENECER A PARTIDOS POLÍTICOS O SINDICATOS Y OTRAS INCOMPATIBILIDADES DE LOS JUECES. III. EL ASOCIACIONISMO JUDICIAL. IV. LAS INCOMPATIBILIDADES Y PROHIBICIONES PARA LOS MIEMBROS DEL MINISTERIO FISCAL. V. BIBLIOGRAFÍA. VI. JURISPRUDENCIA.

I. LA OPCIÓN CONSTITUCIONAL POR UNA JUSTICIA ALEJADA DE LA POLÍTICA

Uno de los elementos inherentes al Estado de Derecho es el derecho de cualquier ciudadano de acudir a los tribunales para que su caso sea conocido por un juez predeterminado por la ley, independiente e imparcial (arts. 24 y 117 CE). Estos tres componentes se tornan en los elementos por excelencia en los que reside el fundamento y la legitimidad del poder judicial como poder del Estado y del ejercicio de la función jurisdiccional por los jueces y magistrados. Se trata de la búsqueda de una imparcialidad durante el proceso que incluye también, aunque con sus particularidades, a los Fiscales. El artículo 124 de la Constitución, de forma inequívoca y rotunda, modela un Ministerio Fiscal sometido exclusivamente a los principios de legalidad e imparcialidad, que se configura como órgano del Estado con autonomía funcional para el logro de las importantes funciones que se le atribuyen.

En aras a la salvaguardia de tal independencia e imparcialidad, *a priori*, existe una convicción socio-política generalizada de que el juez y los fiscales deben abstenerse de involucrarse en actividades de naturaleza política. Aunque, de hecho, es muy probable que la despolitización total de la justicia sea un objetivo imposible, lo que se busca son los mejores diseños institucionales que puedan ayudarnos a reducirla. Como se ha señalado más de una vez, los jueces no son los señores del Derecho en el mismo sentido en que lo era el legislador en el pasado siglo. Son más exactamente los garantes de la complejidad estructural del Derecho en el Estado constitucional, es decir, los garantes de la necesaria y dúctil coexistencia entre ley, Derecho y justicia. La cuestión es que, en ese resultado final, se pretende que las cuestiones políticas tengan la menor influencia en la decisión del juez.

Esa convicción de que el juez debe ser aséptico al mundo de la política, derivada del concepto de juez imperante en el sistema jurídico europeo-continental, se ha traducido en el establecimiento de un estatuto jurídico para el juez que instituye determinados límites al ejercicio de algunos de sus derechos individuales. En lo que se refiere a nuestro ordenamiento, determinadas limitaciones vienen fijadas por la propia Constitución en el art. 127, mientras otras derivan de la encomienda constitucional al legislador para el establecimiento del estatuto jurídico de los jueces y magistrados, al igual que de los miembros del Ministerio Fiscal. Y no hemos de olvidar que, entre tales limitaciones, las que precisamente preestablece la propia Norma suprema son las relativas a la participación político-ideológica del juez y del fiscal en la sociedad.

Obviamente, presumimos que la práctica mayoría de decisiones judiciales son adoptadas conforme a los principios de independencia, imparcialidad y, por lo tanto, con sometimiento pleno y exclusivo a la ley, pero, desde luego, la imagen que, en ocasiones, tienen los ciudadanos del cuerpo judicial dista mucho de cumplir con tales principios, mostrándose una judicatura demasiado politizada.

II. LA PROHIBICIÓN DE PERTENECER A PARTIDOS POLÍTICOS O SINDICATOS Y OTRAS INCOMPATIBILIDADES DE LOS JUECES

Precisamente, al constituir los partidos políticos y los sindicatos la vía más comprometida de expresión y defensa de una ideología, el art. 127 de la Constitución prohíbe a los jueces su pertenencia a aquéllos, mientras se hallen en activo. A *sensu contrario*, cuando se hallaren en otras situaciones administrativas distintas (excedencia voluntaria, expectativa de destino forzoso, servicios especiales o suspensión), cabría dicha adscripción. La Ley Orgánica del Poder Judicial (LOPJ), en su art. 395, tras reiterar esa interdicción constitucional de pertenencia a un partido político o sindicato, añade la prohibición del desempeño de empleos o cargos al servicio de aquéllos, y la de "tomar, en las elecciones legislativas o locales, más parte que la de emitir su voto personal". Al igual que el art. 389 LOPJ señala que el cargo de juez o magistrado es incompatible con cualquier cargo de elección popular o designación política del Estado, Comunidades Autónomas, provincias y demás entidades locales y organismos dependientes de cualquiera de ellos.

Asimismo, la Ley prohíbe a los jueces y magistrados "concurrir, en su calidad de miembros del Poder Judicial, a cualesquiera actos o reuniones públicas que no tengan carácter judicial, excepto aquellas que tengan por objeto cumplimentar al Rey o para las que hubieran sido convocados o autorizados a asistir por el Consejo General del Poder Judicial" (art. 395.1 LOPJ)

Estas prohibiciones y las incompatibilidades recogidas en la LOPJ, —enmarcables como decíamos en el modelo de juez continental-europeo—, responden a un intento de salvaguardar a la judicatura de la imagen partidista que tuvo durante períodos anteriores de nuestra historia. Se ha señalado que la adscripción del juez a organizaciones de carácter político, —y en concreto a partidos políticos, sindicatos y asociaciones de carácter político—, por un lado, dañaría esa imagen de imparcialidad que se predica de los jueces, puesto que podría entenderse como una especie de formalización o exteriorización de un compromiso del juez con una determinada ideología y ello podría hacer pensar a un particular que su asunto va a decidirse bajo la directa influencia de la conciencia ideológica del juez. Y, por otro lado, la adscripción de éste a un partido político o asociación política permitiría especular sobre las presiones político-partidistas o asociativas externas a las que puede verse sometido el juez, presiones que pueden provenir de la disciplina interna que imponen, en muchas ocasiones, los partidos o sindicatos a sus asociados.

Sin embargo, resulta un tanto paradójico que al juez no se le permita asociarse a un partido o asociación política o sindicato mientras se halle en activo, y, sin embargo, se le consienta apartarse temporalmente de dicho cargo judicial para desempeñar un cargo en un partido político u ocupar, por ejemplo, una cartera ministerial o cualquier otro cargo político, para volver posteriormente a su puesto judicial, como si el juez ya estuviese limpio de toda contaminación política. Lo cierto es que resulta difícil creer que con la mera vuelta a sus funciones jurisdiccionales y el volver a vestir la toga desaparecen los vínculos con las personas con las que se compartió un proyecto político y con las causas o posiciones que en el marco del mismo se defendieron. Es lógico que ello suscite dudas y que nos planteemos si, tal vez, esos lazos ideológico/partidistas no desaparecen nunca.

Por otro lado, no debiera olvidarse que los jueces pueden adquirir compromisos con otro tipo de asociaciones, instituciones, entidades o movimientos que podrían imponer igual o mayores obligaciones a un ciudadano-juez e influir igualmente en el ejercicio de su profesión que aquellas que se derivarían de la pertenencia a un partido político o sindicato. No obstante, aquel tipo de adscripción no queda prohibida ni por la Constitución, ni por la Ley. Así, las dudas de parcialidad surgen, en nuestros días, cuando un juez es miembro de determinadas asociaciones religiosas, ideológicas, filosóficas o de cualquier otra naturaleza. Pensemos, por ejemplo, en un juez que, perteneciendo a una asociación ecologista, tenga que conocer de casos de responsabilidad medioambiental de empresas. O en la pertenencia de un juez a una asociación masónica, o su adscripción a una asociación religiosa o incluso a una secta. En ciertas ocasiones, la pertenencia de una persona a determinados movimientos religiosos o filosóficos extremos hace que viva esa causa como una filosofía de vida e impregne todos los aspectos de su existencia de un contenido religioso, filosófico, etc. Además, los vínculos y disciplina que imponen tales asociaciones son tan fuertes que podrían condicionar el neutral ejercicio de las funciones del juez afiliado a ellas.

Por último, cabe plantearse si acaso la prohibición de pertenencia a un partido político o asociación política garantiza *per se* el que un juez no tenga convicciones políticas, más o menos férreas, y que ello no pueda influir en el ejercicio de su mandato constitucional. No puede desconocerse que el juez puede estar vinculado a prejuicios propios de su origen social, de su concepción política o de su visión del mundo; que en ningún hombre puede eliminarse un último resto de subjetividad.

III. EL ASOCIACIONISMO JUDICIAL

Como se ha señalado, en España la Constitución establece la prohibición a jueces y magistrados en activo de pertenecer a partidos políticos o sindicatos. Pero, el mismo artículo 127 CE indica a continuación que "la Ley establecerá el sistema y modalidades de asociación profesional de los Jueces, Magistrados y Fiscales". Es la Ley Orgánica 6/1985, de 1 de julio, del Poder Judicial, la que aborda ese mandato constitucional en el artículo 401 reconociendo el derecho de libre asociación profesional de Jueces y Magistrados integrantes de la Carrera Judicial, y fijando las reglas a las que deben someterse dichas Asociaciones, así como el contenido mínimo de sus Estatutos. Su desarrollo se ha producido a través del Reglamento 1/2011, de 28 de febrero, de Asociaciones Judiciales profesionales, adoptado por el Consejo General del Poder Judicial. El asociacionismo judicial se ha establecido constitucionalmente como el mecanismo de agrupación de jueces y magistrados en defensa de los intereses de la judicatura.

Como es bien sabido, el asociacionismo constituye el grado inferior, en cuanto a implicación política, frente a la pertenencia a un sindicato o partido político. El derecho de asociación continúa el hilo conductor que, partiendo de las libertades de carácter personal —como las de pensamiento o expresión— enlaza con los derechos de carácter político. El derecho de asociación es, en efecto, una prolongación de las libertades de pensamiento, expresión y reunión —los hombres que son libres para pensar y para expresar sus pensamientos se reúnen para realizar colectivamente esa expresión y se asocian para defender conjuntamente las ideas que comparten— y una antesala de los derechos de participación, en la medida en que, en las democracias actuales, la participación política se canaliza preferentemente a través de formas específicas de asociaciones (entre las que partidos políticos y sindicatos ocupan un lugar señalado).

En lo que refiere a las asociaciones judiciales profesionales a las que alude la Constitución en el art. 127, su actividad viene limitada por el art. 401 LOPJ, que indica que "no podrán llevar a cabo actividades políticas o tener vinculación con partidos políticos y sindicatos", y señala que "su finalidad debe ser la defensa de los intereses profesionales de sus miembros en todos los aspec-

tos y la realización de actividades encaminadas al servicio de la Justicia en general". Así se indica igualmente en el Reglamento de Asociaciones Judiciales Profesionales (2011): "tendrán como fines lícitos la defensa de los intereses profesionales de sus miembros en todos los aspectos y la realización de actividades encaminadas al servicio de la justicia y de los valores constitucionales" (art. 4). Por lo tanto, se ha de deducir que éstas podrán realizar todo tipo de actividades que tengan por objeto los señalados, huyendo de cualquier manifestación que pueda tildarse de política o sindical, o percibiendo dinero para realizar tales actividades que provenga de partidos políticos o sindicatos, como establece el Reglamento de Asociaciones Judiciales (art. 23.3).

Aún a sabiendas de lo difícil que resulta delimitar lo que es una "actividad política" de lo que no lo es, la realidad cotidiana nos brinda más de un ejemplo de cómo las asociaciones judiciales vienen realizando manifestaciones públicas de opinión sobre cuestiones presentes en el debate social y político y que en ocasiones pueden guardar relación con la justicia y la defensa de los derechos de los ciudadanos y en otros casos no tanto. O, por ejemplo, sus portavoces han realizado manifestaciones que si hubiesen provenido individualmente de cualquier juez habrían sido tildadas de partidistas o incluso podrían haber sido objeto de investigación disciplinaria. No debemos olvidar que el art. 395 LOPJ establece que a los Jueces y Magistrados les está prohibido "dirigir a los poderes, autoridades y funcionarios públicos o Corporaciones oficiales felicitaciones *o censuras por sus actos*", y, sin embargo, desde las asociaciones de jueces se han lanzado muchos mensajes a poderes o instituciones que perfectamente podrían encasillarse en una censura a dichos poderes y en otros casos como una felicitación.

Asimismo, de nuevo nos encontramos con otra paradoja, las asociaciones no pueden llevar a cabo actividades de carácter sindical, no obstante, nada es tan próximo a la actividad sindical como la defensa de los intereses profesionales de sus miembros en todos los aspectos. De hecho, no se ha dudado en afirmar que las asociaciones judiciales tienen una innegable vertiente sindical. Incluso recuérdese que han lanzado convocatorias de huelga de jueces. En otros países, sin dudarlo, se admite esa evidente naturaleza sindical, como es el caso de Francia.

Por otro lado, la práctica ha demostrado que las distintas asociaciones judiciales suelen responder a planteamientos ideológicos y políticos que van desde las posturas más conservadoras a las más progresistas, pasando por actuaciones que se alejan de ese ideal inicial que parece desprenderse del texto constitucional. Siendo ello así, resulta de nuevo paradójico que no se permita la afiliación de un juez a un partido político o sindicato y, por el contrario, esté constitucionalmente previsto el asociacionismo judicial, donde las implicaciones políticas son de sobra conocidas. Así, por ejemplo, se habla constantemente de la *conservadora* Asociación Profesional de la Magistratura o de la Asociación *progresista* Juezas y Jueces para la Democracia.

Somos testigos de cómo, en nuestros días, se habla con la más absoluta naturalidad de jueces "conservadores" o "progresistas" por pertenecer a determinadas asociaciones judiciales (o, en determinados tribunales, por el partido político que propuso su nombramiento). Además, se hace con una cierta asunción de que sus decisiones o sus actuaciones van a venir marcadas por esa tendencia ideológica. En decisiones de especial relevancia o trascendencia social o política, no es difícil encontrar en la prensa una referencia al talante conservador o moderado del juez que las adoptó por el hecho de estar adscrito a una concreta asociación judicial. Y cuando las decisiones judiciales son acordadas por un órgano colegiado, no son raras las alusiones al cómputo de magistrados "conservadores" o "progresistas" que lo conformaban, en ocasiones, también por su adscripción asociativa.

Para tener idea de la dimensión del asociacionismo judicial, tengamos en cuenta que el 55,5 por ciento de los 5.408 jueces y magistrados en activo están actualmente asociados a algún asociación profesional, estando adscritos 1355 a la Asociación Profesional de la Magistratura, 859 a la Asociación Francisco de Vitoria, 436 a Juezas y Jueces por la Democracia, 335 a Foro Judicial

Independiente, 11 a Ágora y 4 a la Asociación Nacional de Jueces (según los datos proporcionados por el CGPJ a 30 de septiembre de 2022).

La notoriedad de las asociaciones judiciales, y la evidencia del distinto ideario que distingue a unas y a otras, ha quedado implícitamente reconocido también en el nuevo modelo de selección de los miembros togados del órgano de gobierno del Poder judicial establecido en 2001. Así como hasta entonces los 12 miembros pertenecientes a la carrera judicial a los que se refiere el art. 122.3 CE eran elegidos libremente por el Congreso y el Senado, a partir de tal modificación operada en 2001, la designación de ellos se comenzó a realizar de entre los incluidos en una lista de 36 candidatos elaborada fundamentalmente por las asociaciones de jueces. El sistema sigue vigente en la actualidad, aunque en 2013 se produjo una nueva revisión del sistema de nombramiento de los 12 consejeros jueces, entre otras cosas, tratando de dar más facilidades a la presentación de candidatos al Consejo de jueces no asociados y sin establecer un límite máximo de candidatos. Aun así, los resultados siempre acaban arrojando una selección final de jueces propuestos por las asociaciones mayoritarias: Asociación Profesional de la Magistratura, Francisco de Vitoria y Juezas y Jueces para la democracia, con sus conocidas inclinaciones ideológicas.

Tanto es así que, se ha calificado al asociacionismo judicial como el instrumento fundamental de participación de los jueces en la vida política. Para algunos, el fenómeno asociativo supuso, en principio, la señal del nacimiento en el seno de la magistratura de una conciencia política *lato sensu*, capaz de constituir un instrumento de presión a favor de la independencia de los jueces y de suscitar una reflexión crítica acerca de las múltiples influencias ejercidas sobre la función judicial, enriqueciendo el debate político general relativo a la justicia con contribución de ideas propias inherentes a estos grupos sociales. Los detractores del asociacionismo judicial, por el contrario, entienden que las asociaciones representan un peligro para la independencia personal del juez, un centro de presión indirecta sobre su propia conciencia, y un medio de traspasar las tensiones y los conflictos existentes en la sociedad civil al interior de la torre de marfil de la justicia.

IV. LAS INCOMPATIBILIDADES Y PROHIBICIONES PARA LOS MIEMBROS DEL MINISTERIO FISCAL

Decíamos al comienzo que el artículo 124 de la Constitución, de forma inequívoca y rotunda, modela un Ministerio Fiscal sometido exclusivamente a los principios de legalidad e imparcialidad. Como recuerda el art. 7 del Estatuto Orgánico del Ministerio Fiscal (EOMF), "por el principio de imparcialidad el Ministerio Fiscal actuará con plena objetividad e independencia en defensa de los intereses que le estén encomendados". De ahí que la Constitución haya querido también alejar a los miembros de dicho Ministerio de organizaciones de carácter político o sindical, permitiéndose exclusivamente la adscripción a Asociaciones de fiscales (art. 127 CE).

La referencia a la capacidad asociativa de los fiscales queda recogida igualmente en el EOMF (art. 54). El mismo indica que las Asociaciones profesionales de fiscales podrán tener como fines lícitos la defensa de los intereses profesionales de sus miembros en todos los aspectos y la realización de estudios y actividades encaminados al servicio de la justicia en general. Cuando las Asociaciones profesionales incurrieren en actividades contrarias a la ley o que excedieren del marco de los Estatutos, el Fiscal General del Estado podrá instar, por los trámites de juicio declarativo ordinario, la disolución de la Asociación. La competencia para acordarla corresponderá a la Sala Primera del Tribunal Supremo que, con carácter, cautelar, podrá acordar la suspensión de la misma.

Individualmente en los Fiscales concurren ciertas prohibiciones e incompatibilidades como las que derivan del propio art. 127 de la Norma Suprema, que tratan de alejar a los mismos de la política. Así, como los jueces, tienen prohibido, mientras estén en activo, pertenecer a un partido político o desempeñar otros cargos públicos. Su estatuto les impide ocupar cualquier cargo de elección popular o designación política del Estado, comunidades autónomas, provincias y demás entidades locales y organismos dependientes de cualquiera de ellos. Al igual que su puesto es incompatible con los empleos o cargos dotados o retribuidos por la Administración del Estado, las Cortes Generales, la Casa Real, comunidades autónomas, provincias, municipios, y cualesquiera entidades, organismos o empresas dependientes de unos u otras (art. 57 EOMF). Del mismo modo que los jueces, los miembros del Ministerio Fiscal no podrán pertenecer a partidos políticos o sindicatos o tener empleo al servicio de los mismos, dirigir a los poderes y funcionarios públicos o a corporaciones oficiales, felicitaciones o censuras por sus actos, ni concurrir con carácter o atributos oficiales a cualesquiera actos o reuniones públicas en que ello no proceda en el ejercicio de sus funciones. Asimismo, tampoco podrán tomar parte en las elecciones legislativas, autonómicas o locales más que para emitir su voto personal (ídem art. 59 EOMF).

V. BIBLIOGRAFÍA

CALDERÓN CEREZO, Á.: "Jueces, asociaciones y gobierno judicial," *Diario La Ley*, núm. 9799, 2021.

GARRIDO CARRILLO, F. J.: "Los derechos de participación política de jueces y magistrados", *Revista General de Derecho Constitucional*, núm. 19, 2014.

MORELLI, A.: "La libertad de asociación política de los jueces en Europa frente a los principios de independencia e imparcialidad", *Universitas, Revista de Filosofía, Derecho y Política*, núm. 19, 2014, pp. 3-30.

RAMÍREZ ORTIZ, J. L.: "Estatuto del juez y asociaciones judiciales", *Jueces para la Democracia*, núm. 70, 2011, pp. 104-116.

SAIZ ARNAIZ, A. (Dir.): *Los derechos fundamentales de los jueces*, Marcial Pons, Madrid, 2012.

SERRA CRISTÓBAL, R.: *La libertad ideológica del juez*, Tirant lo Blanch Valencia, 2004.

- "El derecho de asociación de los jueces: Asociacionismo profesional y asociación del juez a asociaciones no profesionales", *Revista Española de Derecho Constitucional*, núm. 83, 2008, pp. 115-145.
- "La participación de los jueces en las redes sociales", *Jueces para la Democracia. Información y debate*, núm. 106, 2023, pp. 119-134.

VI. JURISPRUDENCIA

STC 108/1986, de 29 de julio (caso *Ley Orgánica Poder Judicial II)*.

STC 24/1987, de 27 de febrero (derecho de asociación de fiscales).

STC 157/1993, de 6 de mayo (abstención y recusación de jueces).

STC 64/2001, de 17 de marzo (imparcialidad del juez).

STC 102/2009, de 27 de abril (derecho de acceso a la jurisdicción por parte de una asociación judicial y nombramiento de jueces).

STC 238/2012, de 13 de diciembre (garantía de la independencia judicial).

TÍTULO VII
ECONOMÍA Y HACIENDA

Artículo 128

1. Toda la riqueza del país en sus distintas formas y sea cual fuere su titularidad está subordinada al interés general.

2. Se reconoce la iniciativa pública en la actividad económica. Mediante ley se podrá reservar al sector público recursos o servicios esenciales, especialmente en caso de monopolio y asimismo acordar la intervención de empresas cuando así lo exigiere el interés general.

COMENTARIO

Roberto Viciano Pastor
Catedrático en Derecho Constitucional
Universitat de València
Gabriel Moreno González
Profesor de Derecho Constitucional
Universidad de Extremadura

SUMARIO: I. LA SUBORDINACIÓN DE TODA LA RIQUEZA AL INTERÉS GENERAL EN EL MARCO DEL ESTADO SOCIAL. II. LA INICIATIVA ECONÓMICA PÚBLICA. III. LA RESERVA DE RECURSOS O SERVICIOS ESENCIALES. IV. LA INTERVENCIÓN DE EMPRESAS. V. CONSIDERACIONES FINALES. VI. BIBLIOGRAFÍA. VII. JURISPRUDENCIA.

I. LA SUBORDINACIÓN DE TODA LA RIQUEZA AL INTERÉS GENERAL EN EL MARCO DEL ESTADO SOCIAL

La constitución económica es una de las partes de toda Carta Magna menos analizada por la doctrina constitucional en el temor, quizá justificado, de invadir el jurista campos de estudio que no le son propios o donde desconoce las categorías más básicas. A pesar de ello, y como muy pronto dejó asentado nuestro Tribunal Constitucional (STC 1/1982), el conjunto de previsiones constitucionales en materia económica, en el caso español, ha de ser interpretado y aplicado de forma unitaria y desde parámetros jurídico-constitucionales, no siendo por ende una mera acumulación de dispersas estipulaciones y reconocimientos. Ahora bien, tal conjunto normativo refleja la paradoja sobre la que se fundamenta el Estado Social, y sin la cual no puede entenderse ninguna disposición económica, a saber: la tensión permanente entre los intereses del Trabajo y los del Capital transmutados en el orden normativo bajo el paradigma de la democracia constitucional. La integración del conflicto en la norma suprema se lleva a cabo, en cuanto a la constitución económica se refiere, mediante la incorporación en su seno de una difícil convergencia de pretensiones contrapuestas que posibilitan, de un lado, un modelo económico de libre mercado y, de otro, la intervención redistributiva del Estado en la economía en aras de la consecución, siempre distante, de un ideal-tipo de justicia social. Entre el socialismo y el laissez-faire la Constitución elige, en tanto punto de encuentro normativo, un amplio abanico de posibilidades que rechaza, a pesar de su apertura, la posibilidad misma de afianzar los extremos opuestos. Ni nuestra Carta Magna permite el capitalismo extremo y desnudo ante las necesidades sociales, ni un modelo económico alternativo que anule por completo las virtualidades propias del libre mercado. En ese abanico, en esa apertura de posibilidades de la que habla López Guerra, es donde ha de operar el pluralismo político y el juego de lo democrático, concretando y determinando en cada momento el alcance y la materialidad de los valores, principios, metas y mandatos constitucionales. Como dice el propio Tribunal Constitucional, nuestra constitución económica es un "marco de coincidencias lo suficientemente amplio como para que dentro de él quepan opciones políticas de muy diferente signo" (STC 11/1981, FJ 7), opciones que en ningún momento, no obstante, pueden desatender ese marco que, en su conjunto, guarda una univocidad de mínimos.

Valga este excurso para entender la naturaleza y el alcance de las previsiones del artículo 128, quizá uno de los más polémicos de nuestra Constitución y cuya virtualidad, aun hoy, es blandida como arma política revestida de juridicidad con la pretensión, constitucionalmente legítima, de amparar una interpretación más redistributiva e igualitaria de la Carta Magna. Y es que el artículo aquí comentado reúne las potestades más socializantes de esa apertura de posibilidades que el Estado Social proyecta sobre la constitución económica, constituyendo por ello el contrapeso exacto de los artículos 33 (derecho a la propiedad privada) y 38 (la libertad de empresa en el marco de la economía de mercado) y el cénit, con sus límites claro está, de las potencialidades interventoras de la cláusula social del artículo 9.2.

De este modo, cuando se proclama solemnemente a modo de timbre del Título VII, que toda la riqueza del país está subordinada al interés general, sea cual fuere su titularidad, se está dando carta de naturaleza a las posiciones más cercanas del extremo izquierdo del abanico, éste de por sí rechazado ab initio. No obstante, y como veremos a continuación, dichas posiciones se han visto hoy neutralizadas en la práctica (y aun de iure) por la determinación que el proceso de integración económica europea ha proyectado sobre la constitución económica española. Acompañando aun así aquella pretensión axiológica propia, como decimos, de un avanzado Estado Social, podemos encontrar una proyección del artículo más instrumental. De la interpretación sistemática del texto constitucional se desprende que la subordinación que recoge esta previsión es, al tiempo, un reconocimiento jurídico-constitucional de las limitaciones extrínsecas del libre mercado. Reconocido éste en el art. 38, junto al derecho a la propiedad privada del 33 como piedra de toque, ambas previsiones se ven delimitadas por la supeditación del conjunto de sus objetos materiales, la riqueza, al interés general; supeditación que viene a justificar constitucionalmente las delimitaciones que el legislador lleve a cabo tanto del contenido y alcance de la función social de la propiedad, como de la *causa expropiandi* subyacente a toda privación de la misma. La utilidad pública o el interés social han de canalizarse así bajo la necesidad, más superior, del interés general al que se subordina "toda la riqueza del país".

II. LA INICIATIVA ECONÓMICA PÚBLICA

Configurada como posibilidad, la Constitución faculta aquí a los poderes públicos a intervenir en la economía de mercado (de nuevo resuena la potencialidad del Estado Social) en pie de igualdad con la empresa privada, rechazándose así el principio de subsidiariedad de lo público que, al menos jurídicamente, se consagraba durante la dictadura franquista. Con la Constitución, al Estado se le abre la veda de la actividad económica, pudiendo él mismo erigirse en actor dentro del mercado para perseguir sus fines, ya sean estos de política sectorial (impulso de un determinado ámbito económico, como la minería vg.), social o de mera obtención de ingresos. Claro que, de una interpretación sistemática junto al artículo 103.1 se le impone a la iniciativa económica que deba satisfacer y servir intereses públicos, subordinación ésta que es discrecionalmente interpretada con bastante amplitud, eso sí, por el legislador. La iniciativa pública, por ende, supone la entrada del Estado-empresario en el mundo del mercado sin necesidad de neutralizar éste, pues de lo contrario se estaría desvirtuando la economía de libre mercado que establece el artículo 38 y cuyo mínimum normativo exige que, al menos en cuanto a la prestación de servicios que no sean públicos, impere cierta igualdad de trato entre empresas estatales y privadas. Henos aquí con el ámbito en el que la Unión Europea ha entrado con una contundencia tal que ha terminado por vaciar en parte de contenido la facultad constitucional y el horizonte teórico del propio Estado Social. Y es que explicar hoy la iniciativa económica pública que recoge y consagra como potestad el art. 128.2 de la CE tal y como se hacía a principios de los ochenta, puede constituir más que un ejercicio de exégesis constitucional, un ejemplo de falta de honradez académica e intelectual.

Como es bien sabido, uno de los elementos esenciales que vertebran desde su núcleo el proceso de integración europea viene constituido por la defensa, a ultranza, del principio de competencia como criterio rector de los avances en la consecución del mercado único. Competencia que, tamizada de cierto ordoliberalismo, ha terminado por laminar las potestades más intervencionistas que permitía la apertura económica del Estado Social, petrificando con ella una de sus lecturas más liberales y menos expansionistas. Al tener que proyectar principios inherentes a la competencia como el de igualdad de trato o las prohibiciones de abuso de la posición dominante y de ayudas de estado, la iniciativa económica del Estado y los privilegios que para éste conllevaba, han quedado reducidos a la prestación de servicios públicos considerados por los Tratados de la Unión Europea como esenciales, desprendiéndose de esta operación jurídica dos consecuencias para nuestra previsión constitucional. Por un lado, la equiparación total de la iniciativa pública a la privada en aquellos servicios que no sean públicos, reduciendo las virtualidades de la primera que la hacían merecedoras de su propia razón de ser; y, por otro, la restricción del ámbito mismo de aplicación de los servicios públicos a la esfera más reducida de los "esenciales". Si la voluntad del legislador, expresión del pluralismo político alternante en el poder, podía entender otrora que un determinado servicio no sólo era considerado público, sino que en él el Estado debía tener una fuerte presencia, ahora tal discrecionalidad se minimiza y circunscribe al ámbito de la esencialidad que viene condicionada por la Unión Europea si no quiere, en todo caso, ser laminado en su actuación por los principios anejos al criterio, rector y nuclear, de competencia.

Con todo, la situación geopolítica por la que en la actualidad atraviesa el viejo continente, desafiado por las grandes potencias e inmerso él mismo en una crisis de identidad y de proyecto, ha hecho que, tras la pandemia del Covid-19 y la guerra en Ucrania, se relajen hasta extremos otrora insospechados las normas de competencia. Las ayudas de Estado y la intervención pública en la economía de mercado parecen volver a determinados campos previamente acotados (y excepcionalmente, eso sí), con una fuerza inusitada y un respaldo financiero destacado, lo que de podría revitalizar la apertura de la constitución económica antes explicada y sus posibilidades democráticas si, claro está, mediaran voluntad política y proyectos alternativos al hegemónico en el nivel europeo.

III. LA RESERVA DE RECURSOS O SERVICIOS ESENCIALES

En aquel juego de tensiones que establece y ampara la constitución económica del Estado Social podemos encontrar, no obstante, una excepción que, bajo presupuestos reglados y fines constitucionalmente prescritos, puede anular a su contrario. Nos referimos a la facultad de reservar al sector público determinados recursos o servicios esenciales, tal y como recoge el segundo inciso del art. 128.2. Ésta es, sin duda, la potestad más socializante que brinda nuestro ordenamiento constitucional si consideramos a la planificación (art. 131) como indicativa. Es el único caso en el que se posibilita la reserva al sector público de todo un ámbito económico, excluyendo del mismo a la iniciativa privada. En estos ámbitos publificados las reglas del libre mercado (art. 38) decaen junto a la virtualidad del derecho a la propiedad privada (art. 33), aquí inoperante tanto en sus posibilidades de proyección como en su cristalización anterior. Es decir, el ejercicio de la potestad de reserva por parte del Estado lo más habitual es que tenga que materializarse a través de una expropiación (indemnización mediante) de la titularidad privada previa de los servicios o recursos objetos de apropiación. La exclusión de lo privado y del mercado y sus reglas del ámbito reservado a lo público constituye, pues, la medida más extrema de la constitución económica que, no obstante ello, está sujeta a límites muy precisos que la circunscriben de forma, también, contundente.

En primer lugar, nuestra Constitución impone la reserva de ley como garantía primaria, y no una reserva genérica, pues explícitamente consigna "mediante ley" la habilitación, siguiendo en su tenor al artículo 15 de la Ley Fundamental de Bonn. De suerte tal que cualquier reserva ha de canalizarse a través la correspondiente ley específica y no puede, en consecuencia, venir amparada por una ley más general que habilite su posibilidad. Asimismo se descarta el posible uso del decreto-ley, tanto por la reserva de ley genérica y ordinaria, como por la necesidad de garantizar un cierto mínimo de garantías y seguridad a los titulares privados del sector sometido a apropiación quienes, además, son al mismo tiempo titulares de un derecho constitucional como el de propiedad privada ajeno en su privación al decreto-ley; a pesar de que el Tribunal Constitucional, en su momento, no lo considerara así en el polémico caso de la expropiación de RUMASA (STC 111/1983).

El segundo límite es el de la nota de "esencialidad". Los recursos y servicios han de ser "esenciales", es decir, y de acuerdo con el Tribunal Constitucional, "bienes o actividades de las que se deriven prestaciones vitales o necesarias para la vida en comunidad" (STC 26/1981). La determinación de la concurrencia de esas características tiene que ser, sin embargo, decidida por el legislador en uso de su discrecionalidad democrática y de la alternancia pluralista, atendiendo a los valores y principios constitucionales y siempre, recordemos, haciendo uso de una potestad, no de una obligación. El precepto constitucional no obliga a que todo servicio o recurso esencial sea reservado para el Estado, sino que bendice una posibilidad que ha de ser concretada por los poderes constituidos. Es más, ni siquiera la decisión de la reserva de un sector conlleva su gestión y administración directa por parte del Estado (empresas públicas), ya que tras ser expulsado de la concurrencia capitalista, puede ser sometido a régimen de concesión bajo una reglamentación cuya configuración puede ser muy exhaustiva y condicionante (gestión indirecta). La titularidad seguiría siendo pública, donde el Estado se reserve su estricta regulación y la posibilidad, en todo momento, de retirar con justa causa la concesión.

En tercer lugar, y al contrario de lo que a veces se ha sobreentendido, no hace falta que la reserva se proyecte sobre la totalidad genérica de un sector económico. Aunque la Constitución no lo impide, ello podría poner en riesgo el equilibrio de tensiones que se mantiene en todo momento con las previsiones que garantizan el libre mercado, amén de conllevar una inseguridad y una problemática jurídica en su alcance de difícil resolución. Al contrario, es perfectamente admisible desde la óptica del precepto y de una interpretación sistemática de todo el texto constitucional, que la reserva se aplique única y exclusivamente a determinados subsectores o servicios concretos que, por sus características o por su posición central en el mercado, precisen ser reservados al sector público atendiendo a la consecución y garantía del interés general.

Por otra parte, la Constitución se refiere explícitamente a los monopolios, para los que dedica una justificación cualificada ("especialmente en caso de monopolio"), atendiendo, sin duda, a la realidad de una economía, como la española del tardofranquismo, altamente cartelizada. La naturaleza misma de los monopolios, donde la concurrencia del libre mercado no puede darse, y la tradición ya amplia en nuestra historia institucional de empresas públicas que rijan esos ámbitos económicos, alienta esta especial referencia constitucional que, incardinada en toda la extensión del mismo artículo, sirve nuevamente a la posibilidad de afrontar con mecanismos estatales las consecuencias más antisociales de una economía de libre mercado sin restricciones y cumplir, al tiempo, con los principios y valores que se derivan de la adjetivación social de nuestro Estado.

Toda la institución de la reserva, por tanto, está rodeada de férreos límites que hacen impracticable su extensión más allá de una economía de mercado con fuerte presencia del Estado, presencia que ha de estar vehiculada por la ley, sometida al interés general y circunscrita a aquellos recursos o servicios que el legislador considere como esenciales y, dentro del margen de lo razonable, puedan serlo. Si bien es cierto que en este último punto es muy difícil un control jurisdiccional de la constitucionalidad de tal consideración, dado el exceso de valoración política que se predica del propio concepto, es fácil convenir que determinados servicios, como la distribución de pipas de girasol, no pueden ser etiquetados como esenciales y excluidos de los principios que rigen el libre mercado.

Por último, la Unión Europea nuevamente aquí hace acto de presencia, vaciando en buena medida las potencialidades del precepto al determinar un concreto conjunto de opciones político-económicas. La posibilidad de nuevas reservas en el seno del proceso de integración se ha visto muy reducida debido a la alta protección de la que disfrutan las libertades económicas fundamentales, cuya conculcación implica para el ordenamiento comunitario un obstáculo en la consecución del mercado único. La persecución del interés general a que se someten las reservas ha de cumplir con criterios de proporcionalidad y siempre bajo la lupa del derecho de competencia, reacio *per se* a su propia exclusión de raíz, cuando no directamente rey y señor de amplios sectores que ya no pueden ser reservados a lo público. De tal suerte que, de nuevo, la relajación puntual y temporal en las normas de competencia y el celo por la soberanía estratégica en la producción de determinados bienes considerados esenciales que parece mostrar en los últimos tiempos la Unión Europea, puedan ser una válvula de escape para la posible (aunque aún poco probable) re-normativización de estas previsiones constitucionales, al menos en su carácter condicionante de la actividad privada subsecuente.

IV. LA INTERVENCIÓN DE EMPRESAS

La medida más tímida que la Constitución recoge en este artículo habilitador, en general, de la intervención estatal en la economía, es la referida a la posibilidad de que los poderes públicos intervengan el funcionamiento y gestión de determinadas empresas privadas sin modificar su titularidad. Frente a la reserva, que posee un carácter más genérico (aunque pueda concretarse) e implica, necesariamente, la traslación de la titularidad a manos públicas, la intervención supone la entrada del Estado en el ámbito interno de administración de la empresa por una causa de interés general y por tiempo limitado, sin necesidad alguna de expropiación aunque actuando en el interior del haz de facultades que el propio derecho de propiedad privada otorga sobre el bien poseído. De ahí que la intervención sea siempre, por un lado, temporal y abocada a una duración lo estrictamente necesaria como para reconducir la situación de riesgo o menoscabo para el interés público que la ha habilitado y, por otro, proporcional en los medios utilizados, ya que su ejercicio no comporta indemnización alguna al titular pero puede, al fin y al cabo, dañar sus intereses legítimos.

La Constitución nuevamente establece reserva de ley para esta potestad interventora, aunque aquí estamos de acuerdo con que el uso del decreto-ley sí podría tener cabida, tanto por la naturaleza misma de la situación habilitante (generalmente de urgente y extraordinaria necesidad), como la no afectación de un derecho constitucional, ya que en ningún momento la propiedad se ve privada.

El ejemplo de RUMASA, ventilado finalmente como una expropiación urgente mediante un Real-Decreto ley singular, sentó el que creemos fue un pésimo precedente. El Estado podría haber hecho uso primero de la facultad interventora que le ofrece este último inciso del artículo 128.2 para luego, cumpliendo con los plazos parlamentarios, impulsar la aprobación de una ley ordinaria que habilitara la expropiación final del grupo de empresas mediante indemnización. La argumentación enrevesada y de cierto barroquismo que usa la controvertida sentencia quizá ilustra el equívoco que se trató de salvar por (una) parte del máximo intérprete de nuestra Carta Magna.

V. CONSIDERACIONES FINALES

El artículo 128, en su plenitud, no constituye únicamente el marco justificador de la limitación de otros derechos como el de propiedad o el de libertad de empresa, sino que contiene en sí mismo un principio constitucional de enorme relevancia por el que se trae a la Constitución la interpretación más extensiva del Estado Social que ella misma proclama.

La subordinación de toda la riqueza del país al interés general recoge el ímpetu de lo social y su problemática política que ya irrumpiera en la Constitución de la II República Española (art. 44) con similares previsiones. La adjetivación social de nuestro Estado, fundamental si se quiere entender holísticamente el conjunto de previsiones constitucionales, se puede materializar por los poderes públicos en una escala de intervención muy amplia y discrecional siempre que, de uno u otro lado, se respete el rechazo a los modelos radicalmente antagónicos que la Constitución impone. Es éste, el del amplio margen de discrecionalidad en política económica, uno de los campos más relevantes donde puede operar el pluralismo político y el entendimiento y alcance que proyecte sobre los principios y valores de la Norma Fundamental. Apertura de posibilidades cuyo punto más socializante viene reflejado en el conjunto de facultades aquí analizadas del artículo 128 y que, potestativamente ofrecidas por la Carta Magna, podrían ser utilizadas en la búsqueda de un mayor bienestar e igualdad de oportunidades para todos los ciudadanos.

Sin embargo, y como sucintamente hemos apuntado, la determinación del modelo económico que ha realizado la Unión Europea y su proceso de integración, provoca consiguientemente un vaciamiento de las potencialidades de este artículo y sus mecanismos, al extender el principio de competencia y sus atributos inherentes a las instituciones de reserva o de iniciativa económica pública, desvirtuando en buena medida la *ratio* por las que cobraron vida en el cuerpo constitucional de 1978. Mutación ésta que nos alerta, a pesar de las actuales excepciones que hemos mencionado, de la necesidad de actualizar las categorías constitucionales para perfilar el alcance y las repercusiones que la Unión tiene sobre los sistemas constitucionales estatales; necesidad que se ve potenciada, asimismo, por la exigencia de proyectar sobre el propio proceso de integración los elementos esenciales que han venido caracterizando a la democracia contemporánea.

VI. BIBLIOGRAFÍA

ALBERTI ROVIRA, E.: "La constitución económica de 1978", *Revista Española de Derecho Constitucional*, núm. 71, 2004, pp. 123-159.

BASSOLS COMA, M.: *Constitución y sistema económico*, Tecnos, Madrid, 1985.

DE JUAN, O.: *La constitución económica española*, Centro de Estudios Constitucionales, Madrid, 1984.

GARRIDO FALLA, F.: *El modelo económico en la Constitución Española*, Instituto de Estudios Económicos, Madrid, 1981.

HERRERO DE MIÑÓN, M.: "La constitución económica: desde la ambigüedad a la integración", *Revista Española de Derecho Constitucional*, nº 57, pp. 11-32.

LÓPEZ GUERRA, L. M.: "El modelo económico en la Constitución", *Revista de estudios económicos y empresariales*, núm. 2, 1999, pp. 17-25.

MAESTRO BUELGA, G.: "Estado de mercado y constitución económica: algunas reflexiones sobre la crisis constitucional europea", *Revista de Derecho Constitucional europeo*, núm. 8, 2007, pp. 43-73.

MORENO GONZÁLEZ, G.: "El cierre de la constitución económica española: de la apertura de posibilidades al monismo de obligaciones", *Ius fugit: revista interdisciplinar de estudios histórico-jurídicos*, núm. 20, 2017, pp. 117-156.

VII. JURISPRUDENCIA

STC 37/1981, de 16 de noviembre. Voto particular de Díez Picazo.
STC 1/1982, de 28 de enero.

STC 96/1984, de 19 de octubre.
STC 252/1988, de 20 de diciembre.
STC 79/1992, de 28 de mayo.
STJUE de 11 de diciembre de 2007, International Transport Workers Federation and Finnis Seamen's Union c. Viking Line ABP, C-438/05.
STJUE de 27 de noviembre de 2012, Pringle vs. Ireland, C-370/12.

Artículo 129

1. La ley establecerá las formas de participación de los interesados en la Seguridad Social y en la actividad de los organismos públicos cuya función afecte directamente a la calidad de la vida o al bienestar general.

2. Los poderes públicos promoverán eficazmente las diversas formas de participación en la empresa y fomentarán, mediante una legislación adecuada, las sociedades cooperativas. También establecerán los medios que faciliten el acceso de los trabajadores a la propiedad de los medios de producción.

COMENTARIO

Magdalena Nogueira Guastavino
Catedrática de Derecho del Trabajo y de la Seguridad Social
Universidad Autónoma de Madrid

SUMARIO: I. EL DERECHO DE PARTICIPACIÓN DE CIUDADANOS Y TRABAJADORES. II. LA PARTICIPACIÓN DE LOS INTERESADOS EN LA SEGURIDAD SOCIAL Y EN ORGANISMOS PÚBLICOS CUYA FUNCIÓN AFECTE DIRECTAMENTE A LA CALIDAD DE LA VIDA O AL BIENESTAR GENERAL. 1. La participación de los interesados en la Seguridad Social. 2. La participación de los interesados en organismos públicos cuya función afecte directamente a la calidad de la vida o al bienestar general. III. LA PROMOCIÓN POR LOS PODERES PÚBLICOS DE LAS DIVERSAS FORMAS DE PARTICIPACIÓN EN LA "EMPRESA" (ART. 129.2.1º CE). IV. BIBLIOGRAFÍA. V. JURISPRUDENCIA.

I. EL DERECHO DE PARTICIPACIÓN DE CIUDADANOS Y TRABAJADORES

El art. 129 CE, escasamente retocado desde el texto propuesto por el Anteproyecto, constituye una manifestación más de entre las que se concreta el derecho de participación de los ciudadanos enunciado con carácter general en el art. 9.2 CE al establecer que corresponde a los poderes públicos "facilitar la participación de todos los ciudadanos en la vida política, económica, cultural y social". Esa participación ciudadana presenta numerosas manifestaciones específicas en el texto constitucional. Sin duda, una de las más importantes, con carácter de derecho fundamental de primer grado, se encuentra en el art. 23 CE donde se reconoce el derecho de participación "política" (y sólo ésta: STC 119/95), la CE contempla otros supuestos no encuadrables propiamente ni en las formas de democracia representativa, ni en la democracia directa, sino más bien en lo que se ha denominado democracia participativa con *ratio*, por ello, distinta (STC 31/15, FJ 4 y 5; STC 119/95, FJ 6). Así, además de los arts. 27.5, 48, 51, 52, 105.a), 125 o 131.2 CE, el art. 129 CE regula la denominada participación institucional en su primer párrafo y en cierto modo, la promoción de la conocida como "democracia industrial" en el segundo. Estas diversas formas de participación coinciden en que su eficacia va a depender de lo que disponga el legislador (con límites: interdicción de la arbitrariedad art. 9.3 CE y principio de igualdad art. 14 CE: STC 119/1995, FJ 4), pudiendo la norma fijar condiciones "razonablemente estrictas" pues la Constitución habilita para ello "sin fijar un cuadro de derecho indisponible" en la materia (STC 39/86, FJ 3 y 4). La importancia del papel del legislador en la materia se refuerza si se tiene en cuenta que, junto a las previsiones del constituyente, caben otras fórmulas de participación ciudadana susceptibles de ser instituidas por el legislador ordinario, ya sea estatal o autonómico, en el marco de sus competencias (STC 31/15, FJ 4).

El art. 129 CE no se separa de estas líneas generales y, a pesar de su genérico y amplio ámbito subjetivo, se presenta como un derecho de participación con clara tendencia "laboral" o social. Se ha criticado su ubicación sistemática dentro del Título VII relativo a "Economía y Hacienda". Ciertamente, hubiera sido posible ubicarlo dentro de los principios rectores de la política social y económica (Prados) en tanto el art. 129 CE no regula derechos subjetivos, sino tan sólo líneas de actuación de los poderes públicos o principios jurídicos entendidos como mandatos de optimización en el sentido de Alexy, esto es, como normas que ordenan que algo sea realizado en la mayor medida posible.

II. LA PARTICIPACIÓN DE LOS INTERESADOS EN LA SEGURIDAD SOCIAL Y EN ORGANISMOS PÚBLICOS CUYA FUNCIÓN AFECTE DIRECTAMENTE A LA CALIDAD DE LA VIDA O AL BIENESTAR GENERAL

El art. 129.1 CE, en primer lugar, remite a la ley el establecimiento de las "formas" de participación de los "interesados" en la Seguridad Social. La amplitud del precepto es evidente (en tanto no se limita a "beneficiarios") y tiene como finalidad dotar al legislador de flexibilidad a la hora de desarrollarlo en un momento dado. La importancia de los sindicatos y las organizaciones empresariales como sujetos para hacer efectiva dicha participación resulta indudable, no en vano el art. 7 CE reconoce su importancia institucional en el marco de un Estado Social de Derecho, reconociendo en el art. 28.1 CE el derecho de la libertad sindical y en el art. 37.1 CE la negociación colectiva, previendo asimismo el art. 131.2 CE la participación de los sindicatos y otras organizaciones profesionales, empresariales, pero también económicas, en la elaboración gubernativa de proyectos de planificación económica. Por ello, en la práctica, el desarrollo normativo del precepto se ha decantado, claramente, por limitar dicha participación a órganos de composición tripartita en los que los "interesados" se concentran en las organizaciones sindicales, empresariales y en representantes de la propia Administración.

1. La participación de los interesados en la Seguridad Social

La transición de un sistema de seguros sociales a un sistema de Seguridad Social mediante la Ley de Bases de la Seguridad Social de 1963 se sustentó sobre diversos principios básicos, entre ellos, la participación de los interesados en el gobierno de los órganos gestores. Tal principio quedó plasmado en el art. 41 de la LGSS de 1966 (D. 907/1966, de 21 de abril) donde se regulaba la formación de los órganos colegiados de gobierno y consultivos de las Entidades Gestoras y se declaraba que los representantes de los trabajadores y de los empresarios eran vocales electivos designados "a través de la oportuna elección efectuada por las Juntas sociales y económicas de las Entidades Sindicales correspondientes, con arreglo a las normas de procedimiento electoral de la Organización Sindical". Respecto de los órganos de gobierno de las Mutualidades Laborales, se declaraba que "la proporción de los representantes trabajadores en relación con los empresarios no podrá ser inferior en ningún caso a lo establecido con anterioridad a la vigencia de esta Ley" (art. 41.2). La participación de los interesados se vio igualmente reflejada en el art. 27 del TRLGSS de 1974 (D. 2065/1974) y en la L. 2/1971, de 17 de febrero, Ley sindical. Antes de la promulgación de la Constitución, los Pactos de la Moncloa de 1977 sancionados por todos los partidos políticos con representación parlamentaria reconocían como punto de consenso la necesidad de una "creciente participación de la sociedad en las decisiones y en el funcionamiento de la Seguridad Social" (Acuerdo de 9 de octubre de 1977). Fruto de la tradición, pero, sobre todo, de este consenso, el principio de participación de los interesados se plasmaría, primero en el Anteproyecto de Constitución, en la actividad de "todos los organismos públicos" (art. 119.1 CE; BOC nº 44, 5 enero 78), incorporándose las referencias a la Seguridad Social posteriormente como consecuencia de enmiendas propuestas por el Grupo socialista y comunista (BOC nº 170, 28 octubre 78). La imperiosa necesidad de crear un nuevo sistema de participación en la Seguridad Social alejado del modelo de Organización Sindical preconstitucional, llevó a la aprobación del importantísimo RDL 36/1978, de 16 de noviembre, sobre gestión institucional de la Seguridad Social, la salud y el empleo, estableciendo los organismos para su administración bajo la tutela del Ministerio de Sanidad y Seguridad Social, cuya estructura y competencias quedaban remitidas a una posterior regulación si bien preceptuando que en sus órganos "figurarán, fundamentalmente, por partes iguales, representantes de los distintos sindicatos, de las organizaciones empresariales y de la Administración Pública". Igualmente recogía la regulación de "un régimen de participación de carácter tripartito en el control de las Mutualidades" (art. 3). A tal efecto, se dictó el RD 3064/1978, de 22 de diciembre, por el que se regulaba "provisionalmente la participación en la Seguridad Social, la Salud y el Empleo" con integración tripartita (sindicato/organizaciones empresariales y Administración) en los Consejos Generales, de inmediata constitución en dichos organismos. Se contemplaba igualmente que las Mutualidades previstas en el RD pudieran en el futuro tener una representatividad más ajustada a su composición social (industrial, agrícola, autónomos, etc.), poniendo de manifiesto que "los interesados" en la Seguridad Social pueden ser diversos y más amplios. Será posteriormente, con los RRDD 1854/1979, 1855/1979 y 1856/1979, todos de 30 de julio, cuando se regule la estructura y competencias, respectivamente, del INSS, INSALUD y del INSERSO.

Estas primeras normas establecieron las bases generales de las normas ahora vigentes. En la actualidad, el principio de participación de los interesados en la gestión de la Seguridad Social se contiene, tras la derogación del RD Leg. 1/1994, en el vigente TRLGSS (RD Legislativo 8/2015, de 30 de octubre), en cuyo art. 4.2 se declara que, los trabajadores y empresarios colaborarán en la gestión de la Seguridad Social, facultándose al Gobierno en su art. 69 para "regular el control y vigilancia de la gestión de las entidades gestoras, que se efectuará desde el nivel estatal al local, por órganos en los que figurarán, fundamentalmente, por partes iguales, representantes de las organizaciones sindicales, de las organizaciones empresariales y de la Administración Pública". La regulación actual de las Entidades Gestoras se contiene, para el *Instituto Nacional de la Seguridad Social* (INSS), en el RD 2583/1996, de 13 de diciembre y para el *Instituto de Mayores y Servicios Sociales* (IMSERSO), en el RD 1226/2005, de 13 de octubre, con un sistema de participación idéntico de representación tripartita (sindicatos, organizaciones empresariales y Administración Pública) en los Consejos Generales encargados de elaborar los criterios de actuación del Instituto, de elaborar el anteproyecto de presupuesto del mismo de acuerdo con la Ley General presupuestaria, y de aprobar la memoria anual; en las Comisiones Ejecutivas, a quien corresponde supervisar y controlar la aplicación de los acuerdos del Consejo General; y en las Comisiones Ejecutivas Provinciales. Estructura participativa trasladable a la participación en la *Tesorería General de la Seguridad Social* (TGSS) (RD 1314/1984, de 20 de junio). Por su parte El espectro de interesados es más amplio en el *Instituto Social de la Marina* (RD 504/2011, de 8 de abril) donde junto a la representación tripartita clásica, también hay representantes "de las corporaciones de derecho público del sector marítimo-pesquero" tanto en su Consejo General como en la Comisión Ejecutiva y en las ejecutivas provinciales en la que se añade al tripartito "un representante de las cofradías de pescadores" Particularidades específicas se contienen, igualmente en el RD 577/1997, de 18 de abril, en la *Mutualidad General de Funcionarios Civiles del Estado* (MUFACE) (sobre su composición inicial: STC 184/87), con participación en el Consejo General y en la Comisión permanente del mismo solo bipartita de la Administración del Estado y por parte de los funcionarios con los representantes designados por los sindicatos presentes en el Consejo Superior de la Función Pública, o en el RD 1206/2006, de 20 de octubre, para la representación de la *Mutualidad General Judicial* (MUGEJU) en el que los órganos de participación en el control y vigilancia de la gestión son el Consejo General de la Mutualidad, cuyos miembros mayoritariamente los designa directamente la persona titular del Ministerio de Justicia oídas las asociaciones profesionales y organizaciones más representativas a nivel estatal (art. 7 y la Comisión Rectora, en la que se integran dos miembros del mencionado Consejo; destacar que la nueva fórmula de representación elegida para el Consejo General modifica las pautas que venían adoptándose hasta el momento (costosos procesos de elección a compromisarios de la Asamblea General) y su carácter representativo ahora se deriva del "carácter democrático de los organismos públicos que designan a sus miembros" (EM).

Por su parte, para los órganos de gobierno de las ahora *Mutuas colaboradoras con la Seguridad Social* (Junta General, la Junta Directiva y el director Gerente), la participación se contempla en los arts. 85 y ss. TRLGSS/2015.

2. La participación de los interesados en organismos públicos cuya función afecte directamente a la calidad de la vida o al bienestar general

Este segundo inciso del art. 129.1 CE contiene el que era el completo texto originario del art. 119 del Anteproyecto de CE y consagra la idea general de la participación institucional de los interesados en la Administración Pública. Como ha señalado el TC, "existe una estrecha vinculación entre la participación prevista en el art. 129 CE y la estructura organizativa de la Administración pública, o de 'entidades' y 'organismos' de naturaleza pública que se califican por su naturaleza y su adscripción orgánica, y no tanto por la mayor o menor transcendencia", por ello, no cabe calificar como manifestaciones de la participación institucional constitucionalmente contemplada en el art. 129.1 CE otro tipo de participaciones, como pueden ser la participación pretendida en comisiones y órganos diversos creados en el marco de un acuerdo negociado como el Acuerdo Económico y Social (STC 39/86, FJ 4). Fuera de la participación en "organismos públicos", otras formas de participación no están prohibidas por la Constitución, pero tampoco reguladas por ella (STC 39/86, FJ 4). Por otra parte, la alusión al "bienestar general" resulta intrínseca a la noción de un organismo público, lo que permite extender la participación a todos los organismos imaginables. Y en cuanto a los titulares, la referencia de nuevo a los interesados permite incluir legislativamente a numerosos colectivos en dicha participación institucional. Tal es lo que acaece en la plasmación práctica que el legislativo hace de esta norma.

No cabe duda de que, entre los sujetos titulares de dicha participación institucional, los sindicatos y organizaciones empresariales están llamados a jugar un papel relevante (art. 7 CE). De hecho, la participación institucional constituye parte del contenido adicional de la libertad sindical del art. 28.1 CE al concretarse para los más representativos en el art. 6 y 7 LOLS (SSTC 39/86, FJ 4 y 51/88 FJ 5). De ahí que, en la práctica, el legislador prevea su representación en casi todos los supuestos. Algunos ejemplos, de participación institucional tripartita en el Consejo General, la Comisión Ejecutiva Central y las Comisiones Ejecutivas Territoriales del Servicio Público de Empleo Estatal (RD 1383/2008, de 1 de agosto) —futura Agencia Española de Empleo—; (L. 3/2023, de 28 de febrero); o en el tripartito Consejo General del Instituto *Nacional de Seguridad, Salud y Bienestar en el Trabajo (RD 577/1982, de 17 de marzo sobre estructura y competencias del* Instituto Nacional de Seguridad e Higiene en el Trabajo:, vigente con modificación de denominación por RD 703/2017, de 7 de julio y de competencias por RD 787/2020, 1 septiembre) o en la Comisión Nacional de Seguridad y Salud en el Trabajo (CNSST, art. 13 LPRL). Pero no sólo la participación institucional se reserva a sindicatos y organizaciones empresariales más representativas. En otros casos los interesados presentan un espectro más amplio. Así, disuelto el INSALUD al transferirse gran parte de sus competencias a las Comunidades Autónomas, en el actual INGESA o *Instituto Nacional de Gestión Sanitaria* (L. 16/2003, 28 de mayo; RD 1746/2003, de 19 de diciembre), se contempla razonablemente un ámbito más amplio de "interesados" con derecho a participación en su Consejo de Participación y en las Comisiones Ejecutivas territoriales, incorporando a los usuarios y consumidores en el control y vigilancia de la gestión del Instituto; o en el Consejo Nacional del Agua donde además de estar representadas la distintas Administraciones, también lo están los organismos de cuenca, las organizaciones profesionales y económicas más representativas de ámbito estatal relacionadas con los distintos usos del agua, las organizaciones sindicales y empresariales más representativas en el ámbito estatal y las entidades sin fines lucrativos de ámbito estatal cuyo objeto esté constituido por la defensa de intereses ambientales (art. 1 RD 1383/2009, de 28 de agosto). O el Observatorio Estatal de la Violencia sobre la mujer, en cuya composición se garantiza la participación de las Comunidades Autónomas, las entidades locales, los agentes sociales, las asociaciones de consumidores y usuarios, y las organizaciones de mujeres con implantación en todo el territorio del Estado, así como de las organizaciones empresariales y sindicales más representativas (art. 30 LO 1/2004, de 28 de diciembre); desarrollado por RD 752/2022, 13 septiembre). Igualmente el Foro para la integración social de los inmigrantes —constituido de forma tripartita y equilibrada, por representantes de las Administraciones Públicas, de las asociaciones de inmigrantes y de otras organizaciones con interés e implantación en el ámbito migratorio, incluyendo entre ellas a las organizaciones sindicales y empresariales más representativas, que constituye el órgano de consulta, información y asesoramiento en materia de integración de los inmigrantes— y la Comisión Laboral Tripartita de Inmigración (arts. 70 y 72 respectivamente, de la LO 4/2000, de 11 de enero, en redacción de LO 2/2009), por poner algunos ejemplos.

III. LA PROMOCIÓN POR LOS PODERES PÚBLICOS DE LAS DIVERSAS FORMAS DE PARTICIPACIÓN EN LA "EMPRESA" (ART. 129.2.1º CE)

El primer inciso del art. 129.2 CE se centra en el deber de "promoción eficaz" de los poderes públicos de las "diversas formas de participación en la *empresa*", sin diferenciar entre empresa pública y privada, ni precisar quiénes son los beneficiarios de la participación (trabajadores, consumidores, clientes, proveedores, inversores, etc.) Lo único que resulta claro desde la propia dicción del precepto, es su voluntad de dotar de un amplio abanico de posibilidades en las que el legislador puede plasmar dicha participación. De este modo, la participación puede ser consultiva, decisoria, financiera, medioambiental, de responsabilidad social, concursal, etc., de modo que, como se ha señalado, puede significar todo y nada al propio tiempo (Palomeque). Máxime al no tener en España una ley específica de desarrollo a diferencia de lo que ocurre en otros países como Brasil, Ecuador, México, Perú o Venezuela. En todo caso, en la medida en que el precepto prosigue de inmediato aludiendo a las sociedades cooperativas y al acceso de los trabajadores a los medios de producción, parece que las formas de participación que encajan mejor en este primer inciso son las relativas a la participación en la *gestión* y ciertas manifestaciones de la participación *financiera o económica* (beneficios), además de algunas indirectas y mixtas de participación *decisoria* en sentido estricto. En relación con la participación en la *gestión* de la empresa, lo cierto es que aunque no cabe excluir otras formas de participación aplicables a ciertas empresas más allá de la participación de los trabajadores (STC 49/88), es la participación de éstos en la empresa, a través de sus representantes, donde se ha concentrado el desarrollo legislativo del precepto. En efecto, el derecho básico del trabajador a la "información, consulta y participación en la empresa" (art. 4.1.g TRLETT/2015), se ha traducido por el legislador en el "derecho a participar en la empresa a través de los órganos de representación" regulados en el Título II del TRET, a decir expresamente del art. 61 de este texto legal. Se viabiliza la participación, así pues, a través de los órganos de representación unitaria de la empresa privada (Delegados de Personal o Comité de empresa) (STC 51/88: ya que los de representación de los funcionarios públicos tienen su engarce constitucional en el art. 103.3 CE). Estos órganos de representación unitaria de los trabajadores son creación de la ley en virtud del art. 129.2 CE (STC 51/88), por ello, la promoción de elecciones para su constitución es una modalidad participativa del art. 129 CE (STC 189/93, FJ 5; STC 51/88). La creación de estas representaciones de los trabajadores en la empresa lleva aparejada la asignación de competencias de información y consulta, además de otras funciones de control y vigilancia (art. 64 TRET/15 así como otros preceptos en relación con procesos de reestructuración empresarial; casi todos ellos consecuencia de la trasposición de las Directivas en estas materias). Estas mismas competencias de información y consulta se contemplan, igualmente, para otros órganos de participación específica de los trabajadores en la empresa, como los contemplados en materia de prevención (art. 34 ss. LPRL/95). Por otro lado, cabe recordar que la "participación" en la empresa mediante fórmulas de representación unitaria de los trabajadores, no impide otras fórmulas de representación de los trabajadores (art. 61 TRET/2015). Prueba es la representación "ad hoc" legislativamente acogida por las últimas reformas para su intervención en procesos de reestructuración empresarial en ausencia de representación unitaria o sindical. Pero, sin duda, es la participación de los trabajadores mediante la representación sindical el mecanismo de participación por excelencia (incluida la participación institucional de los arts. 6 y 7 LOLS); se trata de un sistema dotado de las máximas garantías y diferenciado claramente en cuanto a su protección y contenido respecto a otras posibles fórmulas legalmente definidas con base en el art. 129 CE (STC 98/85, de 29 de julio, FJ 3). Diferenciación con consecuencias severas en cuanto al nivel de garantías pues, como es sabido, salvo supuestos de sindicalización de los miembros de las representaciones unitarias, la regla es que los representantes unitarios no son titulares del derecho de libertad sindical del art. 28.1 CE, ni la negociación a la que lleguen expresión de su contenido esencial (vinculación del art. 28.1 con el art. 37.1 CE), careciendo, en consecuencia, de la garantía del recurso de amparo o del contenido adicional del derecho de libertad sindical (al respecto: STC 134/94, de 9 de mayo; 74/1996, de 30 de abril; 95/96, de 29 de mayo; 189/1993, de 14 de junio). Por otro lado, la información y consulta como mecanismo "participativo" se proyecta igualmente en el ámbito concursal, donde se otorga a los representantes de los trabajadores en la empresa competencias para ser oídos y consultados (RD Legislativo 1/2020, TRLC, en especial art. 697 quater añadido por L. 16/2022)

En todo caso, en puridad, lo cierto es que la opción legislativa en que mayoritariamente se concreta el art. 129.2.1º CE demuestra una reducción del concepto constitucional de participación en la empresa, habida cuenta de que la información y consulta no son más que instrumentos indispensables para la correcta realización de la propia función representativa, más que mecanismos reales de participación en la empresa entendida en sentido estricto, esto es, como posibilidad de influencia en las decisiones de la empresa (Palomeque). Junto a las proyecciones de participación en la gestión mencionadas, caben otras fórmulas, como podrían ser las cada vez más utilizadas *de participación individual o colectiva en el riesgo empresarial* mediante participación en beneficios o participación basada en planes de previsión (art. 150.2 RD Legislativo 1/2010, Ley de Sociedades de capital). Del mismo modo cabría incluir la regulación legal del crédito refaccionario reconocido en el art. 32 TRET y en el art. 270.3 RD Legislativo 1/2020, TRLC), como privilegio especial del salario, permitiendo la satisfacción de los créditos de los trabajadores sobre los "bienes refaccionados, incluidos los de los trabajadores sobre los objetos por ellos elaborados mientras sean propiedad o estén en posesión del concursado", al no poderse proyectar tal garantía sobre los bienes inmuebles, maquinaria, o instrumentos empleados para elaborar dichos bienes, de ahí que sea un privilegio no encuadrable dentro de la finalidad constitucional de facilitar la acceso de los trabajadores a los "medios de producción". Por último, en relación con este primer inciso, existen algunos supuestos de derechos parciales e indirectos de participación en sentido estricto fuera del ámbito de las cooperativas expresa y posteriormente mencionado en el precepto constitucional, pero más como consecuencia de las obligaciones derivadas del Derecho de la Unión Europea que por iniciativa propia del legislador nacional promocionando eficazmente el mandato constitucional del art. 129.2.1º CE. Algunos ejemplos se encuentran en la L. 31/2006, de 18 de octubre (con modificaciones de L. 3/2009, de 3 de abril), sobre implicación de los trabajadores en las sociedades anónimas y cooperativas europeas; y regulando los supuestos de fusiones transfronterizas de sociedades de capital donde se contemplan normas relativas a la determinación del régimen de participación de los trabajadores que debe aplicarse en la empresa fusionada (Directiva 2017/1132 de 14 de junio de 2017 sobre determinados aspectos del Derecho de sociedades)

Para finalizar, hay que señalar que el art. 129.2 CE ordena a los poderes públicos que fomenten las cooperativas mediante una legislación adecuada y establezcan "los medios que faciliten el acceso de los trabajadores a la propiedad de los medios de producción". En ambos casos la participación ahora ya si se identifica con la propiedad de la empresa. En la actualidad la normativa básica en que se proyecta dicho mandato constitucional respecto a las Cooperativas, a nivel estatal viene determinada por la L. 27/1999, de 16 de julio, de Cooperativas y para las de crédito rige la L. 13/1989, de 26 de mayo, y el RD 84/1993 de desarrollo (sobre la distribución constitucional de competencias en la materia: STC 291/05, 155/93; sobre la exclusión de cooperativas en la gestión de fondos de pensiones: STC 206/97). En estas leyes se reconoce el valor de estas formas empresariales en orden a lograr una más activa integración de los ciudadanos en los distintos sectores de la actividad económica del país (consumo, crédito, vivienda, trabajo, etc.). Fuera de las Cooperativas, el acceso a los medios de producción mediante otras fórmulas se encuentra en la L. 44/2015, de 14 de octubre, de Sociedades Laborales y Participadas, definiendo por vez primera este último concepto considerando como tales no sólo las ya conocidas sociedades laborales (cuya anterior L. 4/97 deroga), sino a cualquier otra sociedad en la que los socios posean el capital social y derechos de voto. Por su parte, la Ley 5/2011, de 29 de marzo, de Economía Social, busca establecer un marco jurídico común para el conjunto de entidades que integran la economía social (cooperativas, las mutualidades, las fundaciones y las asociaciones que lleven a cabo actividad económica, las sociedades laborales, las empresas de inserción, los centros especiales de empleo, las cofradías de pescadores, las sociedades agrarias de transformación y las entidades singulares creadas por normas específicas —Centros especiales de empleo y empresas de inserción—), especificando las medidas de fomento a favor de las mismas con pleno respeto a su específica normativa aplicable.

IV. BIBLIOGRAFÍA

AA.VV. (Dir. G. Fajardo García) *Participación de los Trabajadores en la Empresa y Sociedades Laborales*, Tirant lo Blanch, Valencia, 2018.

ÁLVAREZ ALONSO D.: *Representación y participación de los trabajadores en la empresa*, Tirant lo Blanch, Valencia 2019.

DE LA VILLA GIL L. E.: *La participación de los trabajadores en la empresa*, IEE, D.L., Madrid, 1980.

DURÁN LÓPEZ F., SÁEZ LARA C.: *El papel de la participación en las nuevas relaciones laborales*, Civitas, Madrid, 1997.

GONZALO GONZÁLEZ B., FERRERAS ALONSO F.: "La participación de los interesados en la gestión de la Seguridad Social española", *Revista de Seguridad Social*, 5/1980, pp. 7-30

MERCADER UGUINA J.: "La participación de los interesados en la Seguridad Social y otros organismos", en *Comentarios a la Constitución Española. XXX aniversario*, Wolter Kluwer, Madrid, 2008, pp. 1985-1989.

PALOMEQUE LÓPEZ M. C.: "La participación de los trabajadores en la empresa (Una revisión institucional)", AA.VV. (AEDTSS) *XVII Congreso Nacional de Derecho del Trabajo y de la Seguridad Social. Gobierno de la empresa y participación de los trabajadores: viejas y nuevas formas institucionales*, Salamanca, Universidad/Calatrava, pp. 67-193.

PRADOS DE REYES F. J., VIDA SORIA J.: "Principios constitucionales sobre la participación social: aplicación y desarrollo: artículo 129" en *Comentarios a la Constitución española de 1978*, Cortes Generales, Madrid.

SANTIAGO REDONDO K.: "La participación en la empresa y el fomento del cooperativismo", *Comentarios a la Constitución Española. XXX aniversario*, Wolter Kluwer, Madrid, 2008, pp. 1990-1993

V. JURISPRUDENCIA

STC Pleno 98/1985, de 29 de julio.
STC 39/1986, de 31 de marzo.
STC 184/1987, de 18 de noviembre.
STC 49/1988, de 22 de marzo.
STC 51/1988, de 22 de marzo.
STC 189/1993, de 14 de junio.
STC 119/1995, de 17 de julio.
STC 31/2015, de 15 de febrero.

Artículo 130

1. Los poderes públicos atenderán a la modernización y desarrollo de todos los sectores económicos y, en particular, de la agricultura, de la ganadería, de la pesca y de la artesanía, a fin de equiparar el nivel de vida de todos los españoles.

2. Con el mismo fin se dispensará un tratamiento especial a las zonas de montaña.

COMENTARIO

Ángel M. Moreno
Catedrático de Derecho Administrativo
Universidad Carlos III de Madrid

SUMARIO: I. INTRODUCCIÓN. NOTAS GENERALES. II. APARTADO 1º: MODERNIZACIÓN Y DESARROLLO ECONÓMICO. 1. Sentido general del precepto. 2. Cuestiones jurídicas atinentes a este precepto. 3. Contenido e instrumentos de la acción de "modernización y desarrollo". III. APARTADO 2º: LAS ZONAS DE MONTAÑA. IV. BIBLIOGRAFÍA. V. JURISPRUDENCIA.

I. INTRODUCCIÓN. NOTAS GENERALES

Este artículo forma, junto con otros ocho que lo preceden o siguen, el título VII de la CE (arts. 128-136). Este título se denomina "Economía y Hacienda", pero se ha venido en denominarlo igualmente *Constitución económica*, esto es, un conjunto de preceptos que no se refieren a la arquitectura política del Estado-poder, sino que regulan los fundamentos basales del sistema económico español. La inclusión de este oscuro y controvertido título en la CE (que habría de adquirir inopinada importancia al hilo de la trascendental reforma del artículo 135 CE en el verano de 2011) tiene, como muchos otros aspectos del texto constitucional, una explicación puramente histórica. Siendo la Constitución el fruto del consenso y del pacto, fraguados en unas precisas coordenadas histórico-políticas, hubo entre los ponentes constitucionales acuerdo en ubicar un título relativo a la Economía en el texto constitucional, y hacerlo de manera que en su redacción final cupieran todas las sensibilidades políticas relevantes existentes en aquel momento, desde el Partido Comunista hasta Alianza Popular.

Con esa voluntad sincrético-integradora, la CE garantiza desde luego la propiedad privada (art. 33.1), la libertad de empresa, la iniciativa económica y la economía de mercado (art. 38), que cristalizan en derechos constitucionales simples (Secc. 2ª, Cap. 2º del Tít. I). Mas estos reconocimientos resultan ser, al menos en teoría, compatibles con la iniciativa pública en la actividad económica (art. 128) e incluso con la planificación de la misma por parte de los poderes públicos (art. 131.1). En cualquier caso, el "interés general" queda alzaprimado como valor superior a toda la Economía, pues toda la riqueza del país (independientemente de su forma y titularidad) está subordinada al mismo (art. 128.1). Queda dibujado, pues, un escenario de *economía social de mercado*, donde el Estado no se desentiende de la actividad económica, sino que debe remover obstáculos estructurales que impidan el desarrollo económico y el equitativo reparto de la renta. Además, puede (a) actuar lícitamente en la misma (como empresario); (b) macro-conducirla (a través de diferentes técnicas jurídico-públicas); (c) reservarse sectores o actividades económicas en régimen de monopolio; (d) intervenir o nacionalizar empresas; e incluso, en última instancia, (e) asumir la dirección centralizada de la economía (planificación).

Los ponentes constitucionales y los primeros comentaristas poco podían intuir o predecir que en este terreno se habría de producir algunos años más tarde una auténtica "mutación" constitucional, por mor del ingreso de España en las entonces Comunidades Europeas (1986), hoy Unión Europea ("UE"). En efecto, la constitución económica europea (caracterizada por la libertad de movimiento de los factores productivos, la prohibición de ayudas de Estado, el desmantelamiento de los monopolios estatales, la liberalización masiva de antiguos servicios públicos, etc.) se ha sobrepuesto a la del Reino, de manera que el margen de configuración de la economía de la que gozan nuestras instituciones se ha reducido significativamente. Por un lado, algunas posibilidades de intervención pública en la economía, permisibles *a priori* a la luz de la Constitución, podrían ser hoy contrarios a lo dispuesto en los tratados constitutivos de la UE y en sus protocolos. Por otro, numerosas políticas y medidas que demanda el art. 130 (como las que versan sobre la agricultura y la pesca) son elaboradas ahora en Bruselas por las instituciones de la Unión y no por los poderes internos, debido a la formidable cesión de soberanía que se ha verificado en esos campos.

II. APARTADO 1º: MODERNIZACIÓN Y DESARROLLO ECONÓMICO

1. Sentido general del precepto

El artículo aquí glosado se divide en dos apartados, aunque esta división interna responde más a razones puramente estilísticas que materiales, dado que entre los contenidos de ambos apartados solo hay una diferencia muy sutil. En el primer apartado se viene a consagrar una actuación positiva de los "poderes públicos", cabalmente consistente en que los mismos "*atende-*

rán a la modernización y desarrollo de todos los sectores económicos", y en particular de algunos de ellos. Actuación que viene acotada teleológicamente: dichos poderes han de actuar con el fin de "equiparar el nivel de vida de todos los españoles".

En este apartado primero se emplea el término "atenderán", que se une así a la larga lista de verbos sinónimos empleados en el texto constitucional para identificar la actuación positiva de los poderes públicos en la sociedad: aquellos "aseguran" (art. 38), "promoverán" (arts. 40, 48, 50), "garantizarán" (arts. 46, 50, 51) y "velarán por" (art. 45). El diccionario de la RAE de la Lengua contiene hasta siete acepciones diferentes del verbo "atender", siendo la quinta la que mejor encaja en este precepto: "*mirar por alguien o algo, o cuidar de él o de ello*". Es decir, los poderes públicos "cuidarán de" la modernización y desarrollo de la economía. Desde el punto de vista semántico, podemos plantearnos la cuestión de si el verbo "atender" es diferente del de "promover", "velar" o "garantizar", que son los otros verbos empleados en artículos paralelos. Es posible que así sea, y que haya diferencias de matiz o intensidad entre la mera "atención a" y los más rotundos "promoción" o "fomento" de algo. En cualquier caso, creemos que aquí el constituyente empleó el término "atenderán" con una finalidad homogénea a la de los otros preceptos constitucionales referidos, y que se utilizó este verbo por prurito de variación terminológica, pero que no se puede extraer de su selección semántica que el art. 130 de la CE consagre un ámbito o intensidad de los poderes públicos de menor calado que lo que lo hace en otros artículos análogos.

Los artículos conformadores de la "constitución económica" presentan paralelismos o conexiones evidentes con otros preceptos, y algunos artículos del título VII (como el que aquí comentamos) podrían ser perfectamente configurados como principios de la política social y económica. A nuestro juicio, el texto constitucional no padecería un ápice de rigor sistemático si el art. 130 se hubiera ubicado en el capítulo III del Título I, pues en el fondo su contenido es susceptible de ser conceptualizado también como un principio rector de la política social y económica. Un ejemplo de conexión o interrelación entre el art. 130 y el citado capítulo III puede ser observado en las relaciones entre el art. 130 y el art. 40 (que recoge un "principio rector" *fetén*). En efecto, en este precepto se dice que *los poderes públicos promoverán las condiciones favorables ...para una distribución de la renta ...personal más equitativa...* (aptdo. 1), mientras que el art. 130 establece que aquellos poderes deben "equiparar el nivel de vida de todos los españoles". Si algo quiere decir "equiparación del nivel de vida" es cabalmente lograr una distribución de la renta "más equitativa" (no se quiere emplear la palabra "justa", pero son claramente sinónimos).

Otro aspecto estilístico que llama la atención en este aptdo. 1 del precepto constitucional es su último inciso, pues se dice que la "atención" de los poderes públicos a la modernización y desarrollo económicos tiene como fin "equiparar el nivel de vida de todos los españoles" (es evidente que esa acepción ha quedado anticuada por la realidad de la inmigración, por lo que hoy sería más propio hablar de "los ciudadanos"). Ahora bien, el verbo "equiparar" no sería el correcto según los diccionarios "oficiales" más prestigiosos (y mucho menos en transitivo), sino el verbo "igualar". En realidad, se quiere igualar el nivel de vida de quienes viven de la agricultura, de la ganadería, de la pesca y de la artesanía... con el los ciudadanos que viven de otros sectores, como la industria o los servicios (nivel que es teóricamente más alto).

El artículo 130.1 tiene, pues, dos longitudes de onda diferentes. Por un lado, un mandato "universal" consistente en modernizar y desarrollar "todos los sectores económicos" (es decir, la economía en su conjunto), y por otra parte, una modernización y desarrollo específicos o más intensos de la agricultura, de la ganadería, de la pesca y de la artesanía, sectores que se consideran más *atrasados* o pobres. Ambos planos son compatibles pero a nuestro juicio debe primar el segundo sobre el primero, dado que si todos los sectores económicos se promueven y desarrollan por igual, al final podría no lograrse el objetivo que sirve de justificación global a este precepto, que es la igualación del nivel de vida de todos los españoles, pues el desarrollo similar de todos los sectores llevaría a que las disparidades de renta y bienestar no se reducirían, sino que se mantendrían o aún se incrementarían.

El precepto aquí glosado identifica de esa forma los "sectores estratégicos" en los que se tiene que intensificar la función pública de modernización de la Economía. Los sectores productivos recogidos en el art. 130 no lo estuvieron siempre a lo largo de la discusión de los borradores constitucionales. En realidad, durante los debates se incluyeron y eliminaron sucesivamente varios sectores, quedando los cuatro que fueron fijados definitivamente.

El constituyente identificó de ese modo un conjunto de sectores respecto de los que predicaba (por implicación) una realidad de partida, y es que el nivel de vida de quienes viven de la agricultura, de la ganadería, de la pesca y de la artesanía es menor que el resto. Sin perjuicio de que se trata de un *a priori* susceptible de ser adverado por investigaciones estadísticas o económicas, es generalmente asumido que dichas personas tienen un nivel de vida *menor* o más bajo. Desde el punto de vista de la disponibilidad de la renta, tal vez sea una verdad a medias, pues es conocido que hay agricultores opulentos. Aquí el texto constitucional adolece quizás de falta de *finezza*, pues tendría que haber hablado, más que de la agricultura, de los pequeños agricultores y de los obreros del campo, o de los humildes pescadores y pastores, etc.

En general, las buenas gentes que viven de esos sectores tienen un nivel de vida (un poder adquisitivo) menor que los demás, y lo tienen en gran parte debido no solo a la actividad a la que se dedican sino a donde viven, generalmente en ese ámbito cada vez más exótico y olvidado que llamamos *el campo*, que el urbanita descubre en sus excursiones domingueras. En este sentido, el "nivel de vida" del que habla este artículo es diferente del frío y estadístico "nivel de renta": las gentes del campo no tienen en general acceso inmediato a teatros, cines, bibliotecas, institutos de secundaria (aún menos universidades) hospitales u óperas, a veces ni siquiera a tiendas o supermercados. Viven como ciudadanos de segunda o tercera clase, ante la indiferencia u olvido de los políticos *de la capital*, y los que emergen de aquella preterición social para buscar el éxito profesional han de pagar el duro precio del desarraigo y la emigración.

Como consecuencia de la migración y del éxodo rural, el campo se va quedando cada vez más despoblado. Se calcula que hay más de 2900 pueblos abandonados en España (fuente: INE), y otros muchos tienen solo un puñado de moradores, generalmente ancianos. En realidad, desde los años 50, millones de personas han abandonado el olvidado y duro campo para instalarse, o intentar instalarse, en las ciudades. Esa sangría humana, económica y cultural no se ha atajado durante los últimos años o décadas, sino que continúa hoy. Ahí, en la solución de ese auténtico problema nacional, es donde precisamente se incardina la fuerza del artículo 130 de la CE. Sólo a través de una decidida actuación de los poderes públicos es posible intervenir en la dinámica fatalmente natural de la economía e intentar "fijar" a la población en el medio rural. Eso sólo podrá conseguirse si se eleva el nivel de vida de los moradores del campo, lo cual no consiste solo en incrementar en valores medios estadísticos su renta disponible, sino en poner a su disposición bienes y servicios públicos que hagan más llevadera y "humana" la esforzada vida en el agro. Diversas estrategias gubernamentales y administrativas se han aprobado para frenar el abandono del medio rural, pero parecen haber resultado estériles ante la aparente irreversibilidad del fenómeno.

2. Cuestiones jurídicas atinentes a este precepto

Este aparentemente anodino artículo suscita interesantes cuestiones jurídicas de Derecho público.

- (a) La primera es evidentemente su sentido y justificación. Efectivamente, puede discutirse si este precepto es realmente útil o necesario en el texto constitucional. A nuestro juicio, no es un precepto necesario, arquitectural o imprescindible, y milita en esa suerte de "segunda división" de los preceptos constitucionales que no han atraído ni la atención ni la polémica. Entendemos que el fomento del desarrollo y modernización económica y la lucha por la equiparación de niveles de vida entre los españoles se podría llevar a cabo igualmente por los poderes públicos si no existiera este precepto, pues hay otras bases normativas para ello, como la cláusula de solidaridad (arts. 2 y 138 CE) o el mismo artículo 40. Ahora bien, su existencia es evidentemente útil, pues incorpora en la constitución económica una previsión expresa para la atención específica a ciertos sectores económicos desfavorecidos. Cuestión colateral es si la identificación de los sectores "preferentes" del art. 130 impide que los poderes públicos muestren una atención preferencial también a otros sectores que no están ahí recogidos, como la minería. A nuestro juicio no es así; el art. 130 no veda que se atienda igualmente a otros sectores, en virtud de los elementos normativos constitucionales antes referido. Máxime si tenemos en cuenta que, tras cuarenta y cinco años de vigencia del texto constitucional, sería posible que se hubieran detectado o emergido otros sectores económicos necesitados de atención preferente.
- (b) La segunda de las cuestiones jurídicas a las que aquí nos referimos es si este artículo es justiciable o no, es decir, si existen mecanismos jurídicos y procesales para garantizar su eficacia. A nuestro juicio no es así. No existen mecanismo jurídico-procesales para exigir al Gobierno o a las CC.AA. que "atiendan a" la modernización del campo, o de la pesca, es algo que debe surgir del caldo de la Política, con mayúsculas. Tampoco creemos que se pueda acudir a los tribunales (por ejemplo al TCo) para impugnar una ley si se entiende que, habiendo sido dictada para procurar aquel objetivo, no lo hace de manera suficiente o conveniente, pues en este caso nos encontraríamos con un ámbito de discrecionalidad política. Esto no quiere decir que neguemos la condición de auténtica norma jurídica del art. 130. Simplemente, es un mandato que se mueve por derroteros diferentes de otros preceptos constitucionales que están dotados de mecanismos reaccionales procesales efectivos. Desde luego, no hemos localizado procesos constitucionales en los que se haya declarado inconstitucional (por escaso vigor del esfuerzo de "modernización" económica) algún precepto legal.

– (c) La tercera cuestión es si se trata o no de un título atributivo de competencias, y cuáles son los poderes públicos a quienes van dirigidos los mandatos de este precepto. En este sentido, podría parecer a primera vista que el art. 130 CE apodera genéricamente a todos los poderes públicos a adoptar las medidas de mejora y modernización económica, por lo que fungiría como una suerte de apoderamiento competencial universal. Sin embargo, ello no es así porque, en primer lugar, hay que descartar al Poder Judicial de esta tarea, por extraña a la función jurisdiccional. El art. 130 habla, pues, a los poderes legislativo y ejecutivo. Desde el punto de vista de la distribución territorial del poder, es también evidente que la vocación de desarrollo y modernización económica sólo puede ser acometida por el Estado y por las CC.AA., pues es tarea que excede de los poderes y competencias de las entidades locales.

Por lo tanto, hay que entender que el art. 130 habilita a los gobiernos y parlamentos estatal y autonómicos a adoptar las medidas oportunas (planes, estrategias, programas, leyes, reglamentos, etc.) que cada nivel territorial pueda acometer en el marco de sus respectivas competencias constitucionales. Por lo tanto, la habilitación genérica del art. 130 tiene que cristalizar en el más preciso marco de las atribuciones y títulos competenciales respectivos, diseñados por los art. 148 y 149 CE, y de los diecisiete estatutos de autonomía, tanto en el plano general como en el de los diferentes sectores económicos identificados en el art. 130. Así, la competencia para la modernización y mejora de la agricultura y de la ganadería será principalmente competencia autonómica (ex art. 148.1. 7º), dentro del respeto a la ordenación general de la economía, que pertenece al Estado (art. 149.1.13º, título este interpretado generalmente en sentido expansivo por el TCo); la modernización de la pesca está distribuida entre las CC.AA. (ex art. 149.1.7º) y el Estado (art. 149. 19º, pesca marítima); la de los montes y aprovechamientos forestales corresponde a las CC.AA. (art. 148.1.8º); así como la de la artesanía (148.1.14º). Igualmente disponen las CC.AA. de un título competencial específico en materia de "fomento del desarrollo económico" de cada región, "dentro de los objetivos marcados por la política económica nacional" (art. 148.1.13º), campo en el que las CC.AA. pueden extraer jugo adicional al art. 130 CE. Para evitar duplicidades, nos remitimos aquí a los comentarios que de estos preceptos hacen otros autores de esa misma obra colectiva.

– (d) La cuarta cuestión suscitada por el art. 130 no tiene que ver con su exégesis sino con un desarrollo producido después de la promulgación de la CE, cabalmente el ingreso de España en las Comunidades Europeas, hoy UE. Como se ha dicho más arriba, en la actualidad el mayor protagonismo en la concepción y diseño de las medidas que coadyuven al desarrollo y modernización de casi todos los sectores identificados en el art. 130.1 (tal vez con la única excepción de la artesanía) no corresponde ya a los poderes internos del Estado, sino a las instituciones europeas, pues estas han ido elaborando e implementando numerosas políticas, que se han ido desarrollando y fortaleciendo con los años hasta configurarse legalmente como "políticas comunes" de la UE. Ello es así en el caso de la Política Agrícola Común y con la política común en materia de pesca (arts. 4.2(d) y 38 a 44 del TFUE). Precisamente algunos de los objetivos que alientan esas políticas "comunes" (adjetivo indicativo de que el gobierno *in toto* de ese sector se confía a Bruselas, sin perjuicio de la actuación ejecutiva de los EM) son idénticos a los que predica el art. 130.1 CE: incrementar la productividad de esos sectores, fomentar su progreso técnico, asegurar el desarrollo de las producciones agrícolas (art. 39.1 (a) del TFUE); o garantizar un nivel de vida equitativo a la población agrícola, especialmente mediante el aumento de la renta individual de los que trabajan en la agricultura (art. 39.1 (b) del TFUE). Como puede observarse, la coincidencia del elemento teleológico es evidente. En la práctica, esto quiere decir que, aunque las instituciones patrias no están desde luego desapoderadas para llevar a cabo políticas de modernización y mejora de los sectores identificados en el art. 130.1 CE (pues la competencia se predica como "compartida" entre la Unión y sus EM, art. 4 TFUE), los planes, políticas y normas "internas" que se aprueben en este campo no pueden ser incompatibles con los que aprueben las instituciones europeas; y además, actúan a modo de ejecución de las normas, planes y estrategias aprobados a nivel europeo, entre las que destacan las organizaciones comunes de mercado (OCM) de los productos agrarios.

3. Contenido e instrumentos de la acción de "modernización y desarrollo"

La modernización y el desarrollo de la economía, y en específico de los sectores preferenciales identificados en el art. 130.1, se llevan a cabo mediante el empleo de técnicas jurídico-administrativas clásicas, entre las que destaca la planificación y el fomento, con todos los instrumentos a su servicio (ayudas y subvenciones del más variado tipo, incentivos fiscales, etc.). Con esas poderosas palancas, los poderes públicos pueden llevar a cabo una notoria actuación de transformación económica. En el caso concreto de la agricultura, dicha actividad irá enderezada a conseguir múltiples objetivos posibles, como la remoción de los factores estructurales que impiden la competitividad del sector, entre los que se encuentra la exigua dimensión de las explotaciones o fincas agrarias, el cultivo de variedades obsoletas, la antigüedad del parque de tractores y maquinarias, etc.

Un ejemplo de esta actividad pública lo constituye el Real Decreto 1363/2018, de 2 de noviembre, para la aplicación de las medidas del programa de apoyo 2019-2023 al sector vitivinícola español (BOE del 3 de noviembre). Esta extensa norma reglamentaria establece numerosos objetivos y programas de apoyo, e identifica diferentes líneas preferenciales para elevar la competitividad y modernización de este crucial sector agrícola, entre las que destacan las siguientes: la promoción en mercados de terceros países; la reestructuración y reconversión de viñedos; las inversiones en instalaciones y maquinaria; la "cosecha en verde", acción esta última que permite limitar la oferta de producción y por lo tanto intervenir indirectamente en la formación de los precios, etc.

A los efectos de este comentario, destacan dos aspectos de este reglamento: por un lado, no se hace ninguna mención al art. 130 CE en su exposición de motivos, lo cual no habría estado de más y habría reforzado el carácter normativo-vinculante de este precepto; por otro, todo su contenido tiene como exclusivo propósito implementar la normativa agro-vitícola de la UE, formada por una plétora de reglamentos comunitarios, especialmente el Reglamento (UE) n.º 1308/2013, de 17 de diciembre de 2013, por el que se crea una organización común de mercados de los productos agrarios. Lo cual confirma la observación hecha más arriba, atinente al desplazamiento decisorio efectivo que se ha producido en este terreno a favor de las instituciones europeas.

III. APARTADO 2º: LAS ZONAS DE MONTAÑA

El apartado 2 del art. 130 establece que *"con el mismo fin, se dispensará un tratamiento especial a las zonas de montaña"*. Ese "mismo fin" del que aquí se habla es precisamente el de *equiparar* el nivel de vida, cabalmente el de quienes viven en dichas zonas montuosas. El modo verbal empleado aquí es el impersonal ("se dispensará"), aunque es evidente que dicha obligación recae igualmente en "los poderes públicos", delimitados estos con la inteligencia que se ha establecido en líneas precedentes: los gobiernos y parlamentos del Estado y los de las CC.AA. El concepto "zonas de montaña" es un término geográfico, de índole territorial y contenido técnico, que parece diferente de los "sectores económicos" identificados materialmente en el párrafo 1. Efectivamente, las zonas de montaña tienen su propia peculiaridad, en términos de aislamiento, emergencias (climatológicas), transportes, asistencia sanitaria, escolarización etc. De hecho, en algunos países, como Italia, existen entidades locales específicamente caracterizadas por radicar en esas zonas de montaña (las "comuni montani"), singularidad tipológico-local que en nuestro país no ha llegado a cristalizar.

Sin embargo, esta diferencia material entre los dos apartados del art. 130 es más aparente que real, puesto que, en su inmensa mayoría los habitantes de las zonas de montaña se dedican a la agricultura, a la silvicultura o la ganadería. Por ello, las acciones que se emprendan sobre la base del apartado 1 también pueden beneficiar desde luego a las "zonas" identificadas en el apartado 2. Ello nos lleva a cuestionarnos el sentido de que el precepto aquí glosado esté desagregado en dos apartados. Nada habría impedido articularlo en uno solo, añadiendo las zonas de montaña los sectores incluidos en el aptdo. 1º. La opción sistemática finalmente elegida tiene a nuestro juicio un mero y evidente objetivo "político", destacando a las zonas de montaña como sector con singularidad propia.

La Ley (estatal) 25/1982, de 30 de junio, de agricultura de montaña, fue la primera disposición legal que se aprobó en este campo. De manera deplorable, esta ley carece de exposición de motivos y no invoca título competencial alguno. Este olvido del art. 130 es imperdonable, y alimenta el escepticismo sobre la importancia político— jurídica efectiva de este precepto. Además, la ley se centra en las "zonas de agricultura de montaña", lo que abona la tesis de que "agricultura" y "zonas de montaña" son materias que ciertamente se solapan.

Según esta ley, la actividad de modernización y desarrollo se tiene que instrumentar a través de diversos programas de ordenación y promoción: acciones de defensa, protección, puesta en valor, conservación, fomento, y desarrollo educativo y cultural; ayudas, indemnizaciones y beneficios de variado tenor, etc. Impugnada por razones competenciales, el TCo aclaró la contienda a través de su sentencia 144/1985, en la que dio amparo a la normativa estatal sobre la base del art. 149.1.13º CE y sus poderes genéricos de coordinación de la economía. Sobre la base de esa ley el Gobierno aprobaría posteriormente el RD 2164/1984, de 31 de octubre, por el que el reguló la acción común para el desarrollo integral de las zonas de agricultura de montaña, reglamento que fue igualmente objeto de impugnación ante el TCo, resuelta por la STCo 45/1991, de 28 de febrero. Aquí, el Alto Tribunal declaró que la competencia controvertida pertenecía al Estado, pero que la competencia de delimitación de las zonas de montaña correspondía a las CC.AA. Por lo tanto, la definición, delimitación y catalogación de las zonas de montaña es algo que deben decidir aquellas.

Con posterioridad, varias CC.AA. han aprobado sus propias disposiciones en materia de zonas de montaña, entre las que destaca la ley catalana 2/1983, de 9 de marzo, de alta montaña (que sí invoca el art. 130.2 CE). Otras comunidades han regulado esta materia en sus leyes de ordenación del territorio, como Aragón (Ley 11/1992, de 24 de noviembre). El resultado es que no hay una regulación común u homogénea de estos ámbitos geográficos, o incluso un concepto común de "zonas de montaña".

También la UE ha aprobado numerosas disposiciones que se aplican a las áreas de montaña, comenzando por la Directiva 75/268/CEE, de 28 de abril de 1975, sobre la agricultura de montaña y de determinadas zonas desfavorecidas. Igualmente, muchas acciones y estrategias para la promoción de las zonas de montaña encuentran su acomodo en estrategias europeas de desarrollo rural como el FEOGA.

IV. BIBLIOGRAFÍA

ALZAGA VILLAAMIL, Ó.: *Comentario sistemático a la Constitución Española de 1978*. 2ª ed., Marcial Pons, 2016, pp. 598-600.

V. JURISPRUDENCIA

STC 144/1985, de 25 de octubre.
STCo 45/1991, de 28 de febrero.

Artículo 131

1. El Estado, mediante ley, podrá planificar la actividad económica general para atender a las necesidades colectivas, equilibrar y armonizar el desarrollo regional y sectorial y estimular el crecimiento de la renta y de la riqueza y su más justa distribución.

2. El Gobierno elaborará los proyectos de planificación, de acuerdo con las previsiones que le sean suministradas por las Comunidades Autónomas y el asesoramiento y colaboración de los sindicatos y otras organizaciones profesionales, empresariales y económicas. A tal fin se constituirá un Consejo, cuya composición y funciones se desarrollarán por ley.

COMENTARIO

Ángel M. Moreno
Catedrático de Derecho Administrativo
Universidad Carlos III de Madrid

SUMARIO: I. APARTADO PRIMERO. 1. La planificación económica general. 2. La planificación sectorial. 3. Competencia. II. APARTADO SEGUNDO: ACTORES Y PROCEDIMIENTO. III. BIBLIOGRAFÍA.

I. APARTADO PRIMERO

1. La planificación económica general

El apartado primero del precepto aquí comentado consagra la posibilidad de que los poderes públicos estatales "planifiquen" la actividad económica *general* del país (el adjetivo "general" suscita la duda de si estamos ante "toda" la actividad económica en su conjunto, o solo los aspectos más salientes y nucleares, excluyendo el detalle).

El término *planificación económica* está lejos de ser claro o monolítico, y acoge varias acepciones, siendo la disyuntiva más importante la que distingue entre la planificación "indicativa" y la coercitiva u obligatoria (para el sector público, para el privado, para ambos). Por la segunda acepción se entiende generalmente un método de racionalización económica de carácter centralizado en el que se prescinde del libre mercado como mecanismo de asignación de recursos y rentas, y se sustituye por las decisiones del poder público, quien determina, en un marco temporal generalmente plurianual, los objetivos (vinculantes o indicativos según el sector y rama de actividad) de crecimiento económico, de producción por sectores, y en su caso el régimen de precios.

Dichos objetivos han de estar perfectamente cuantificados, lo que permite la comprobación *ex post* de su cumplimiento. Tales decisiones cristalizan en un documento global y sistemático denominado generalmente "plan", aprobado por el Gobierno o Parlamento nacional. La planificación económica centralizada ha sido utilizada en el S. XX en varios países como método preferente para asegurar y fomentar la industrialización acelerada de la economía, y supone la propiedad o al menos el control efectivo de los medios de producción (empresas, infraestructuras, etc.) por parte del Estado.

Como puede apreciarse, la CE no precisa de qué tipo de planificación habla en este precepto, si de la "hard" o de la "soft". En principio, y dado que la propia CE no distingue o matiza, parece que estaríamos aquí ante el acogimiento constitucional "in abstracto" de cualquier tipo de planificación económica, entendida como una poderosa herramienta de conformación directiva de la economía por parte de los poderes públicos. Sin embargo, a nuestro modesto juicio la planificación de la que aquí se habla solo puede ser la indicativa. Creemos que así es, no por motivos de pura exégesis constitucional, sino por el contexto político-social y por la realidad económica.

En cuanto a sus fines, la planificación económica ha de tener un objetivo claro: *equilibrar y armonizar el desarrollo regional y sectorial y estimular el crecimiento de la renta y de la riqueza y su más justa distribución.* Este elemento finalista de la planificación económica hace que esté próximo o conexo con otros preceptos constitucionales como el 130 (antes analizado), el art. 2 o el art. 40. A diferencia de la portuguesa *(vid. infra)*, la planificación no se presenta en nuestra carta magna como un instrumento para la materialización de una concreta ideología política.

Cuarenta y siete años después de la promulgación de la Constitución, puede resultar (especialmente para los jóvenes) exótico o extraño leer este precepto, sobre todo a la luz de la sensibilidad político-social imperante hoy no solo en España, sino en la mayor parte del mundo, donde la economía libre de mercado parece ser la dominante, pues la planificación dirigista-estatalista sólo se practica en algunos países comunistas, como China (aprobación del plan estatal 2021-2025, aunque su economía es hoy una mixtura de intervención pública y de emprendimiento privado). En nuestro entorno europeo, la planificación económica centralizada fue utilizada primero en Rusia y más tarde en el *imperio* de la URSS, llegándose a aprobar hasta trece planes quinquenales entre 1923 y 1991. Sucumbió en los años 90 del siglo pasado, ante el colapso de las propias contradicciones lógico-dinámicas del sistema, la dinamitación de la Unión Soviética y la transición salvaje a la privatización en masa y a la economía de mercado, proceso en el que medraron *halcones* y plutócratas de la más variada especie.

En realidad, la explicación de la existencia de este precepto en la constitución económica española es evidentemente histórica y no puede entenderse fuera del gran pacto de consenso que alentó la gran aventura de la Transición política de mediados de los setenta, felizmente coronada por la bienhallada CE de 1978. Como se ha dicho en el comentario al art. 130, los padres de la Constitución acogieron los más diversos (por antagónicos) mecanismos e instrumentos de configuración de la estructura económica, por lo que no podía faltar en ese *menú* la herramienta o figura de la planificación.

Es esta una inteligencia que no carece de sentido a la vista del Derecho comparado y de nuestra propia experiencia histórica. Por lo que hace al primer aspecto, varias constituciones europeas vigentes al tiempo de redactarse la nuestra, y próximas a nosotros, contemplaban la posibilidad de que la Ley pudiera influir, encaminar o dirigir la actividad privada hacia objetivos sociales (por ejemplo, el art. 49.3 de la Constitución italiana), o se pudieran aprobar leyes de programación de carácter económico (art. 70 de la Constitución francesa). Igual de cercana pero aún más próxima en el tiempo (1976) era la Constitución portuguesa, que dedicaba nada menos que todo un título (art. 91 a 95) a la regulación del "Plan", que debería orientar, coordinar y disciplinar la organización económica del país para *"la construcción de una economía socialista, a través de la transformación de las relaciones de producción y de acumulación capitalistas"* (art. 91). Actualmente, este artículo dice algo totalmente diferente, lo cual denota la existencia en el país vecino de la evolución político-social arriba referida. 1801

Por lo que hace a nuestra propia historia, España también conoció una época (cabalmente la del régimen franquista) en la que la planificación económica se utilizó con fruición para lograr macro-objetivos de crecimiento de la economía nacional. Como es sabido, en 1959 se aprobó el primer Plan de Estabilización y Desarrollo y posteriormente se aprobaron tres planes de desarrollo económico y social, que cubrieron las etapas de 1964-67 (primer plan), 1968-71 (segundo plan) y 1972-75 (tercer plan). Un Ministerio fue creado para el diseño e implementación de dichos planes, cabalmente el de Planificación y Desarrollo.

Desde aquellas lejanas fechas, la planificación general de la actividad económica ha caído en desuso en nuestro país, por diferentes causas. Las más inmediatas fueron la crisis del petróleo y el colapso del sistema dirigista. Políticamente le dieron la puntilla el agotamiento electoral de algunas de las corrientes políticas que vindicaban la planificación estatista (como el PCE) y el abandono de la técnica misma por parte de otras (el PSOE llegó a elaborar en 1982 unos esbozos de planes económicos, que fueron luego descartados). Desde el punto de vista económico fueron factores determinantes en el declive de la planificación económica centralizada el ingreso de España en las Comunidades Europeas, el creciente proceso de globalización y el advenimiento de una economía abierta y en permanente recomposición. Además, la titularidad privada de "los modos de producción", el desmantelamiento de los viejos monopolios públicos y las privatizaciones masivas de empresas públicas han hecho ya técnicamente inviable la práctica de la planificación obligatoria. Del Estado propietario-empresario-planificador se ha pasado al Estado meramente vigilante o "regulador", un Tancredo con rostro social que contempla el tumultuoso dinamismo de los factores productivos con la impotencia o resignación de quien ha visto recortar sus alas por la globalización y el neo-liberalismo, entronizado en las urnas o robustecido por Bruselas.

En las actuales condiciones estructurales de la economía mundial, del que la española no es más que un modesto eslabón, la planificación (al menos la obligatoria) aparece como una técnica operativamente inviable y políticamente trasnochada. Igualmente la hacen imposible el tremendo dinamismo y complejidad de la sociedad y de la economía, la dificultad de la prognosis a medio plazo, y las nuevas tecnologías.

Por consiguiente, la planificación general de la economía prevista en el art. 131 de nuestra carta magna, si se interpreta como planificación obligatoria, es una suerte de Pandora que duerme el sueño eterno de los justos, arrinconada por la fuerza de lo fáctico y de la sensibilidad política de la modernidad. Hoy se percibe generalmente como incompatible con el principio de economía de mercado y, sobre todo, con la constitución económica europea.

2. La planificación sectorial

Las observaciones anteriores atinentes a la planificación económica "general" no son incompatibles con la constatación de que otras formas de planificación de la economía, de tipo sectorial o parcial, generalmente indicativa, se siguen practicando en nuestro país. En realidad, la legislación prevé multitud de supuestos en los que las Administraciones públicas pueden (o incluso deben) aprobar "planes" u otros instrumentos similares (como "programas") para intervenir, condicionar, dirigir o conducir el libre flujo de los factores productivos con el fin de alcanzar fines públicos dignos de tutela. Su número y variedad impiden que podamos acometer aquí un mero censo debido al espacio disponible, pero podemos citar los planes urbanísticos y de ordenación de territorio, los planes hidrológicos de cuenca o el nacional de lo mismo, los planes de residuos, de lucha contra el ruido, etc.

Ahora bien, dentro del proteico mundo de los "planes" que las Administraciones públicas elaboran, debemos descartar para los propósitos expositivos de este comentario los documentos en los que la Administración simplemente prevé o programa la realización de actividades u obras públicas (plan de carreteras, de ferrocarriles); aspira a la consecución de objetivos sociales (plan de igualdad de género, de lucha contra el maltrato, etc.), o disciplina el ejercicio de derechos patrimoniales en un horizonte plurianual y ámbito territorial limitado (como los planes urbanísticos). Por lo tanto solo entrarían en nuestra consideración aquellos instrumentos en virtud de los cuales la Administración "planifica" de verdad la actividad económica nacional sectorial (de particulares), mediante el uso global de diferentes técnicas como la programación, el fomento, la subvención, la fiscalidad y la promoción, para conseguir unos objetivos de crecimiento económico cuantitativo o cualitativo concretos y cuantificables, por lograr en un horizonte plurianual.

La actual legislación española sobre energía acoge explícitamente lo que denomina "planificación energética indicativa": así lo hacen la Ley 54/1997, de 27 de noviembre, del Sector Eléctrico, y la Ley 2/2011, de 4 de marzo, de economía sostenible (especialmente su artículo 79). La legislación gasista también recoge este concepto de planificación indicativa: la Ley 34/1998, de 7 de octubre, del Sector de Hidrocarburos, en su redacción dada por la Ley 12/2007, de 2 de julio, establece que la planificación gasista *tendrá carácter indicativo*. Dentro de este marco legal, nos parece que uno de los mejores ejemplos de este tipo de planificación económica sectorial está constituido por la multitud de planes y *estrategias* exigidos por la normativa de cambio climático (de descarbonización, de adaptación al cambio climático, etc.) y especialmente por los sucesivos planes de energías renovables y de mitigación de emisiones de gases de efecto invernadero (en adelante, "GEI") que se han aprobado en nuestro país.

En efecto, tanto la Directiva 2001/77 como la Directiva 2009/28/CE del Parlamento Europeo y del Consejo, de 23 de abril de 2009, exigieron en su momento a los EM de la UE que elaboraran planes nacionales en materia de fomento y promoción de energías renovables. Cada país tuvo que elaborar y ejecutar un detallado plan para el desarrollo, arraigo y fomento de la energía procedente de fuentes renovables, de manera que se cumplieran los objetivos de porcentajes de penetración de dichas energías que para cada país y para el conjunto de la UE fijaron dichas directivas. Objetivos que por lo general fueron alcanzados. En cumplimiento de esas normas, el Gobierno aprobó un primer plan de energías renovables (PER), cuyo período de vigencia fue 2005-2010, y más tarde un segundo, que cubrió el periodo 2011-2020.

En la actualidad, y a la luz de la tercera directiva en materia de energías renovables (2018/2001, de 11 de diciembre de 2018) y del reglamento denominado "gobernanza" (Reglamento 2018/1999, de misma data) cada EM ha de aprobar y ejecutar un Plan Nacional Integrado de Energía y Clima (PNIEC) en el que, entre otros extremos o "dimensiones", se deben programar las estrategias, actuaciones y trayectorias temporales necesarias para lograr una penetración aún más ambiciosa de penetración de energías renovables, así como las reducciones globales de emisiones, con la vista puesta en el objetivo europeo de reducir en un 55% dichas emisiones (comparadas con las registradas en 1990), antes del año 2030. El PNIEC español (periodo 2021-2030) fue aprobado por Acuerdo del Consejo de Ministros de 16 de marzo de 2021. Este macro-plan (que incide en muchos aspectos de nuestra vida diaria y económica), pretende lograr (entre otros ambiciosos) el objetivo de que en 2030 las energías renovables constituyan el 74% de la producción de electricidad y, a largo plazo (en 2050), que nuestra patria se convierta en un país "neutro en carbono" en 2050, lo que implica una reducción de, al menos, un 90% de GEI en dicha fecha.

Desde la perspectiva de esta contribución, estos son auténticos instrumentos de *planificación económica sectorial*, pues el Estado interviene en un sector plenamente privado (y privatizado) para influir en su desenvolvimiento natural y para conseguir (a través de diversas técnicas entre las que destaca el fomento) el logro de objetivos cuantificables y progresivos a lo largo de un escenario plurianual.

La mención de este tipo de planes nos obliga a retomar la disyuntiva entre planificación indicativa y la obligatoria, y nos permite descubrir otra perspectiva que no era evidente cuando se aprobó la Constitución. En efecto, estos planes son doblemente obligatorios y no indicativos: en primer lugar, son "obligatorios" para el Reino de España en el sentido de que los EM de la Unión están obligados a elaborarlos y aprobarlos, por mandato de la normativa europea de la que traen causa. En segundo lugar, son igualmente obligatorios en cuanto a que cada EM debe imperativamente lograr los objetivos marcados por la UE, lo cual constituye una obligación de resultado, de carácter empírico. En caso de no lograrlos, la Comisión podría iniciar contra el EM concernido un procedimiento de incumplimiento, que podría acarrearle en último caso la imposición de unas cuantiosas multas económicas (arts. 258 y 260 TFUE).

3. Competencia

La CE es clara a la hora de identificar qué parte del compacto orgánico-político de la Nación es competente para proceder a la planificación económica general: debe hacerlo el Estado, y lo debe hacer a través de una ley (parlamentaria). El apoderamiento al "Estado" (*stricto sensu* considerado) parece obvio, pues la planificación "in toto" de la economía española solo pueden acometerla las instituciones centrales. Por otra parte, el texto constitucional nos obliga a elucidar si estamos ante una norma atributiva de competencia o no. A nuestro juicio, la claridad y rotundidad de la redacción empleada no deja lugar a la duda. En cualquier caso, la competencia no es absoluta-unilateral del Estado, sino que es resultado de la concertación territorial, como se verá en el epígrafe siguiente.

Desde esta perspectiva, la potestad de planificación económica general, entronizada en este precepto, estaría conectada con la competencia (exclusiva) estatal de establecer las "bases y coordinación de la planificación general de la actividad económica", recogida en el art. 149.1.13º de la CE, a cuyo comentario nos remitimos. Este título competencial ha sido utilizado con fruición por el Estado para aprobar multitud de disposiciones legales que tienen incidencia en la economía, aunque en muchas de esas ocasiones el Estado no ha legislado para "planificar" nada, sino para "regular" directamente alguna cuestión o materia sobre la que el Estado carece de competencias *ex constitutione*, desde la vivienda a la agricultura, pasado por la industria.

Uno ejemplo señero y hasta exótico de este recurso habitual (y posiblemente abusivo) al art. 149.1.13º por parte del Estado lo constituye el Real Decreto 656/2017, de 23 de junio, por el que se aprueba el "reglamento de productos químicos y sus instrucciones técnicas complementarias MIE-APQ 0 a 10". Esta disposición reglamentaria invoca como título competencial para su dictado el art. 149.1.13º CE, pero en su texto no hay "bases" o "coordinación" alguna. En realidad, regula con exhaustividad detallista todas las prescripciones técnicas que deben observarse en el almacenamiento de productos químicos en los establecimientos industriales; los requisitos de los proyectos de instalación; qué productos químicos pueden o no almacenarse con otros; las condiciones de los recipientes, tuberías y válvulas, etc. Como puede observarse, aquí no se "planifica" nada, simplemente se regula en un campo como es la industria, en la que en principio el Estado carece de competencias según la CE. Evidentemente, la invocación recurrente de este título competencial por parte del Estado tiene un alto riesgo de entrar en conflicto con las competencias explícitas que las CC.AA. poseen en multitud de campos económicos, de ahí que su utilización por el Estado haya generado una alta conflictividad constitucional, de la que aquí solo podemos dar cuenta, y remitir al comentario de este precepto en esta obra colectiva.

El hecho de que la CE atribuya al Estado la competencia para la planificación general de la economía no excluye desde luego de este escenario planificador a las CC.AA. En primer lugar, la competencia constitucional del Estado lo es para la elaboración y aprobación de la ley o leyes de planificación, lo cual quiere decir que la ejecución de las mismas puede corresponder desde luego a las CC.AA. Por otro lado, la propia CE reconoce a las CC.AA. la competencia para "el fomento del desarrollo económico de la Comunidad Autónoma, dentro de los objetivos marcados por la política económica general" (art. 148.1.13º). Evidentemente, este fomento se puede lograr o propiciar mediante el recurso a la planificación, de variada extensión y profundidad. De hecho, los estatutos de todas las CC.AA. les han atribuido esta competencia.

En cuanto a la forma de la planificación económica, este precepto establece en primer lugar que la misma se debe hacer "por ley". A nuestro juicio, se trata de un supuesto de reserva estricta de ley, no pudiendo el Gobierno proceder a la programación planificante por medio de Decreto-Ley, ni ser autorizado para legislar por decreto legislativo. El método sistemático de interpretación, sobre todo a la luz del apartado 2 de este mismo precepto, apoya esta interpretación.

II. APARTADO SEGUNDO: ACTORES Y PROCEDIMIENTO

Si el apartado 1 del art. 131 consagra la posibilidad de la planificación económica, así como su vehículo formal y su elemento axiológico, este segundo apartado regula su vertiente procedimental, esto es, cómo se ha de aprobar la o las leyes de planificación económica. La CE no regula con detalle el procedimiento de elaboración de planes económicos generales, lo que suscita la conveniencia o necesidad de un desarrollo legal de este precepto, que fije aquel procedimiento. A nuestro juicio, no es obligado tal desarrollo infraconstitucional, pudiéndose aplicar el procedimiento general ya existente tanto para la elaboración de proyectos legislativos (Ley 50/1997, de 27 de noviembre, del Gobierno) como de discusión y aprobación parlamentaria de leyes (reglamentos del Congreso de los Diputados y del Senado), con las singularidades previstas en la Constitución.

En cualquier caso, dos reglas o principios importantes destacan en este precepto: por un lado, la iniciativa formal pertenece en exclusiva al Gobierno, que deberá presentar a las Cortes Generales los correspondientes proyectos de ley para su tramitación y aprobación parlamentarias. Queda pues excluida la posibilidad de presentar proposiciones de ley por parte de los diferentes grupos parlamentarios. El protagonismo del Ejecutivo en la iniciativa es pues monolítico.

La segunda regla o principio es que dichos proyectos de ley han de elaborarse en el marco de la más amplia participación, negociación y concertación política, social y territorial. De ahí que se destaque que dichos proyectos serán elaborados (a) "de acuerdo con las previsiones que le sean suministradas por las CC.AA." y (b) (de acuerdo con) "el asesoramiento y colaboración de los sindicatos y otras organizaciones profesionales, empresariales y económicas". Ahora bien, ambos sintagmas no están desde luego ubicadas en situación de igualdad en el proceso decisorio del Estado.

En el caso de las CC.AA., parece que las leyes de planificación deben elaborarse sobre la base de, a consecuencia de, o a la luz de las "previsiones" que aquellas *suministren* al Estado. Vale tanto como decir que la auténtica iniciativa material de la planificación reposa en manos de las CC.AA. No para "activar" formalmente el procedimiento (que está en manos del Gobierno), pero sí para llevar a cabo su primera determinación sustantiva. La redacción constitucional parece igualmente dejar claro que la planificación económica general no es posible realizarla en contra de la(s) posición(es) de las CC.AA., pues la Carta Magna no emplea expresiones como "oídas las CC.AA.", o similares, sino "de acuerdo con" sus previsiones, como expresión equivalente a "sobre la base de", o "a partir de". De ahí que, como se decía más arriba, aunque la competencia para la planificación económica quede dibujada como exclusiva del Estado, en modo alguno puede conceptualizarse como una potestad exclusiva y excluyente, sino como el resultado del partenariado político-territorial entre el Estado y las CC.AA. No está claro, en cualquier caso, en qué consistan esas "previsiones" regionales (¿sus propios objetivos macroeconómicos?), y pudiera ser que fuera imposible para la instancia central armonizarlas si aquellas fueran antagónicas entre sí, o abiertamente dispares (diversas prognosis económicas, diferentes objetivos de crecimiento, etc.)

En el caso de los sindicatos y "otras organizaciones" (profesionales, empresariales, etc.) su rol decisorio es a nuestro juicio menor, pues, aunque la planificación también se debe hacer "de acuerdo con" esos pareceres, estos actores fungen solo como "asesores" y colaboradores en la elaboración de los planes económicos. Es decir, estos *stakeholders* evacúan o aportan informes, opiniones o pareceres al texto resultante de la concertación entre el Estado y las CC.AA., enriqueciéndolos sin duda e inoculando en el *iter* decisorio las inquietudes y la sensibilidad propia de los grupos sociales que representan. Tal asesoramiento, participación y colaboración de los agentes sociales demandaba evidentemente la existencia de estructuras orgánicas *ad hoc*, inexistentes al tiempo de discutirse la CE, de ahí que el último inciso de este art. 131.2 establezca que a los efectos de materializar esta participación social en la elaboración de las leyes de planificación, "se constituirá un Consejo, cuya composición y funciones se desarrollarán por ley".

Es evidente en este punto, una vez más, el gran influjo que sobre los constituyentes ejerció el constitucionalismo comparado de la época. Así, al menos dos constituciones próximas a nuestras latitudes preveían la existencia de un "Consejo" con más o menos intervención en el proceso de planificación. Por un lado, la Constitución portuguesa establecía la existencia de un "Consejo Nacional del Plan" (*Conselho Nacional do Plano*) y preveía que en el proceso de planificación debería participar "la población a través de los entes autónomos y comunidades locales, las organizaciones de las clases trabajadoras y las entidades representativas de actividades" (art. 94). Por otro lado, la Constitución francesa dedica nada menos que dos artículos al Consejo Económico, Social y Ambiental, órgano consultivo del Gobierno que emite informes sobre una gran variedad de propuestas legislativas y reglamentarias, entre las que figuran "*tout plan ou tout projet de loi de programmation à caractère économique*".

También en España fue creado en 1991 un "Consejo" de perfiles parejos, el Consejo Económico y Social (CES) por virtud de la Ley 21/1991, de 17 de junio. Esta norma establece la composición, competencias y funciones de este organismo. En realidad, el CES no parece ser solo "el Consejo" previsto en el art. 131.2 CE, sino que es "es un órgano consultivo del Gobierno en materia socioeconómica y laboral" (art. 1), que tiene, entre otras funciones la de *emitir dictamen con carácter preceptivo sobre: a) Anteproyectos de Leyes del Estado y Proyectos de Reales Decretos Legislativos que regulen materias socioeconómicas y laborales....*

Aunque la propia página *web* del CES declara que dicho Consejo es el que está "recogido" en el art. 131.2 de la CE, hay que resaltar que su ley de creación no habla en ninguno de sus preceptos (ni en su exposición de motivos) de la planificación económica general (al menos de manera explícita). Tampoco menciona, refiere ni invoca el art. 131.2 de la CE. Otra muestra más de que el legislador se había olvidado de la planificación económica, y de que ese precepto constitucional ha quedado inédito.

III. BIBLIOGRAFÍA

ALZAGA VILLAAMIL, Ó.: *Comentario sistemático a la Constitución Española de 1978*. 2ª ed., Marcial Pons, 2016, pp. 601-603

MORENO MOLINA, A. M.: *El Derecho del cambio climático: retos, instrumentos y litigios*, Tirant lo Blanch, 2023, pp. 154-157, 311-314.

Artículo 132

1. La ley regulará el régimen jurídico de los bienes de dominio público y de los comunales, inspirándose en los principios de inalienabilidad, imprescriptibilidad e inembargabilidad, así como su desafectación.

2. Son bienes de dominio público estatal los que determine la ley y, en todo caso, la zona marítimo-terrestre, las playas, el mar territorial y los recursos naturales de la zona económica y la plataforma continental.

3. Por ley se regularán el Patrimonio del Estado y el Patrimonio Nacional, su administración, defensa y conservación.

COMENTARIO

Ángel M. Moreno
Catedrático de Derecho Administrativo
Universidad Carlos III de Madrid

SUMARIO: I. INTRODUCCIÓN. II. APARTADO PRIMERO. 1. El régimen jurídico de los bienes de dominio público. 2. El régimen de los bienes comunales. 3. La desafectación de los bienes de dominio público. III. APARTADO SEGUNDO: BIENES DEL DOMINIO PÚBLICO ESTATAL. IV. APARTADO TERCERO: EL PATRIMONIO DEL ESTADO Y EL NACIONAL. 1. El Patrimonio del Estado. 2. El Patrimonio Nacional. V. BIBLIOGRAFÍA. VI. JURISPRUDENCIA.

I. INTRODUCCIÓN

En este artículo la CE trata de los bienes de dominio público ("DP"), que se caracterizan por dos notas esenciales: en primer lugar son propiedad de, o pertenecen a alguna Administración pública; en segundo lugar, están destinados (*afectados*) a ser utilizados por el común de los ciudadanos (por ejemplo una playa), o a servir como infraestructura o base física de algún servicio público (por ejemplo, el edificio que aloja las dependencias de un ministerio). En el primer caso dicho bienes se llaman de *uso público*, y en el segundo caso, de *servicio público*. Otra clasificación tradicional del DP (o "demanio") con importantes consecuencias dogmáticas y legales radica en distinguir entre bienes de DP natural y bienes de DP artificial. En el primer grupo están los que constituyen categorías unitarias de bienes o realidades físicas que se dan en la naturaleza, por ejemplo todas las playas o todos los ríos de España. En el segundo caso se sitúan los bienes que han sido creados o erigidos por la mano del hombre (por ejemplo, un hospital de la sanidad pública). Ambas clasificaciones pueden combinarse.

Los bienes de DP se rigen en primer lugar por el derecho administrativo y gozan de un régimen jurídico exorbitante del derecho civil. Ese régimen incluye numerosas figuras y técnicas para su protección, al tiempo que facultades, potestades y prerrogativas de la Administración titular del demanio. El resto de bienes y derechos de la Administración que no reúnen esas características constituyen los bienes patrimoniales de la Administración (vid. *infra*). Dadas las estrictas limitaciones de espacio disponibles en esta contribución, no podemos acometer una exposición exhaustiva de toda la materia del dominio público, sino limitarnos a destacar sus aspectos o cuestiones estrictamente *constitucionales*.

II. APARTADO PRIMERO

1. El régimen jurídico de los bienes de dominio público

En su apartado primero, el art. 132 dispone que "*la ley regulará el régimen jurídico de los bienes de dominio público y de los comunales*". Aunque emplea el tiempo verbal futuro, la CE se refiere aquí a una categoría de bienes públicos que ya preexistían al tiempo de su aprobación, pues los bienes de DP constituyen una institución muy antigua en nuestro Derecho. Sin necesidad de remontarnos en la historia (Las Siete Partidas, S. XIII) basta con señalar que nuestro Código Civil de 1889 (CC) le dedica varios artículos (339, 341, 344). Preceptos que aún están vigentes pero que han quedado en gran parte obsoletos por la emergencia y consolidación de una frondosa legislación administrativa específica, que tras el CC reguló por separado diferentes tipos de dichos bienes: Ley de Costas de 1969, leyes de Puertos de 1880, 1928 y 1968, Ley de Aguas de 1879, leyes de Minas de 1944 y 1973, Ley de Montes de 1957, etc. Precisamente su carácter disperso y fragmentario ha sido tradicionalmente una característica general del régimen legal demanial. De modo que cuando la CE fue aprobada, no solo existía la categoría conocida de los bienes de DP, sino que se encontraba ya regulada por un acervo notable de legislación administrativa.

Esta circunstancia puede desencadenar la pregunta sobre el sentido o función de este artículo. Su contenido puede parecer huero pues, en estricto sentido se limita a ordenar al legislador que regule algo que ya estaba normado, y además a inspirarse en principios que en gran medida ya estaban presentes en la legislación demanial. Su *raison d'être* no puede ser otra que una voluntad política de abierta defensa y garantía de esos bienes, para alejarlos del albur de la política y situarlos por encima de los criterios de oportunidad del legislador ordinario (vaivén legislativo que pudo apreciarse en la legislación minera entre

1859 y 1944). En este sentido, la CE contiene una habilitación genérica para la "demanialización" de bienes (esto es, para la declaración como demaniales de ciertos bienes) aquilatando sobremanera la amplitud y profundidad legítimas de esa potestad (que se ejercitaría de modo polémico con la Ley de Aguas de 1985) aunque no precisa la titularidad de la misma. Sobre todo, petrifica supralegalmente el régimen y los elementos del DP marítimo-terrestre (vid. *infra*).

Cuarenta y siete años después de la aprobación de la CE, puede decirse que su art. 132.1 ha sido aplicado en múltiples ocasiones, pues hoy el régimen de los bienes de DP está constituido por una plétora de disposiciones legales posteriores. En primer lugar, numerosos bienes de DP han sido regulados por sus propias leyes (con sus correspondientes reglamentos), entre las que podemos citar *ad exemplum*: (a) la Ley de Aguas de 1985 (LA), reemplazada en 2001 por el actual texto refundido (RDLvo 1/2001, de 20 de julio); la Ley 22/1988, de 29 de julio de Costas (LC), significativamente modificada en 2013 (*vid. infra*); la Ley 43/2003, de 21 de noviembre, de Montes (LM). Aparte de esta legislación "sectorializada" por categorías de bienes, la Ley 33/2003, de 3 de noviembre, de Patrimonio de las Administraciones Públicas (LPAP) contiene igualmente previsiones que se quieren genéricas y transversales sobre los bienes demaniales, pero que no alcanzan a desmentir la proposición de que el DP carece de un régimen unitario. En segundo lugar, las CC.AA. han aprobado también leyes para regular sus propios bienes de DP (ejemplo: Ley 6/2006, de 17 de julio, de Patrimonio de la Comunidad Autónoma de Canarias). Finalmente, los bienes demaniales de titularidad local, tan importantes en nuestra vida diaria (calles, parques, plazas y jardines públicos, instalaciones deportivas públicas, etc.) han sido reguladas por la Ley 7/1985, de 2 de abril, de Bases de Régimen Local (LBRL) y por el RD de 13 de junio de 1986, que aprueba el reglamento de bienes de las entidades locales (en adelante, "RBEL").

Sólo en caso de laguna de la normativa demanial "especial" se aplican las normas generales del derecho administrativo y en el caso improbable de que aún subsistiese aquella, se aplicarían las normas del derecho civil.

El art. 132.1 CE ordena que la operación de configuración legal del demanio, que corresponde ejecutar al legislador ordinario (ora estatal, ora autonómico) debe inspirarse *"en los principios de inalienabilidad, imprescriptibilidad e inembargabilidad"*, es decir, debe contener necesariamente esas notas características, por lo que ninguna disposición legislativa atinente al DP puede incluir, por ejemplo, la posibilidad de enajenación o embargo de dichos bienes. En este sentido, nos parece que el estilo lingüístico empleado por los constituyentes fue aquí morigerado en exceso, pues en lugar del texto empleado habría sido más contundente o clara la previsión de que el régimen legal del DP "...*deberá respetar en cualquier caso los principios de inalienabilidad, imprescriptibilidad e inembargabilidad*", u otra parecida. Sea como fuere, las consecuencias del art. 132.1 CE son evidentes: cualquier disposición legal que contravenga esos principios sería inconstitucional por infracción de aquel precepto.

Como se ha dicho anteriormente, la tríada inalienabilidad-imprescriptibilidad– inembargabilidad (proclamada hoy también en el art. 6 (a) de la LPAP, con el valor transversal que le confiere esta norma-cabecera) no puede reputarse como una innovación material de la CE, pues la nutrida legislación preexistente al tiempo de su promulgación ya la preveía, cierto que no con la misma intensidad y plenitud para todos los bienes demaniales. La CE uniformiza esta cuestión. A los efectos estrictamente pedagógicos, conviene recordar sucintamente el significado de esas notas materiales basilares del régimen legal demanial:

– (a) *inalienabilidad*: los bienes de DP no pueden ser vendidos, enajenados o transmitidos por negocios jurídicos onerosos o lucrativos. Tales negocios son nulos de pleno derecho pues los bienes de DP son "res extra commercium" con todas las consecuencias civiles y registrales consiguientes. Esto no quiere decir que los bienes demaniales sean "intocables" o intangibles. Por ejemplo, dichos bienes pueden ser desafectados y simultáneamente vinculados a finalidades o servicios públicos distintos de los que tuvieron inicialmente (por medio de la técnica de la mutación demanial), o ser asignados a otros organismos públicos gestores (a través de la técnica de la desascripción). Además, los bienes de DP pueden ser desafectados definitivamente (por ejemplo un cuartel inutilizado por que se ha suprimido el batallón que lo alojaba), momento a partir del cual se convierten en bienes patrimoniales y pueden ser transmitidos en los términos que prescribe la LPAP y disposiciones concordantes. 1813

– (b) *imprescriptibilidad*: los bienes de DP no pueden ser objeto de prescripción adquisitiva, modo de adquirir el dominio regulado en los arts. 1940 y ss. del CC.

– (c) *inembargabilidad:* ningún órgano judicial o administrativo puede despachar mandamientos de ejecución ni decretar providencia de embargo contra los bienes de DP. Ello es comprensible dado que el embargo es una actuación previa a una subasta o ejecución judicial o administrativa, que culmina en la transmisión de propiedad al mejor postor. La inembargabilidad de de los bienes y derechos de la Hacienda Pública es una constante en nuestro Derecho desde el S. XIX. El TCo ha hallado la justificación de este privilegio "*en atención a la eficacia de la actuación de la Administración Pública y la continuidad en la prestación de los servicios públicos*" (STCo 166/1998, de 15 de julio de 1998, fund. jco 12). En esa relevante sentencia, además, el Tribunal llevó a cabo un adecuado análisis de este privilegio de la Administración desde la perspectiva del derecho a la tutela judicial efectiva del art. 24 CE (en este caso del acreedor de deuda líquida contra la Administración), que aquí solo podemos apuntar.

Con ser importantes estas notas configuradoras de los bienes del DP, no son las únicas, puesto que dicho régimen jurídico incluye otras técnicas, prerrogativas, facultades e instrumentos igualmente importantes, previstos para la protección de esos bienes: (a) un régimen cualificado y privilegiado de inmatriculación y de inscripción de actos en el Registro de la Propiedad; (b) la potestad de investigación; (c) la de recuperación de oficio; (d) la de desahucio administrativo; (e) la de deslinde; (f) un régimen de inventarios, catálogos y otros registros de aprovechamientos sobre bienes de dominio público; (g) el establecimiento de servidumbres y limitaciones sobre las propiedades colindantes con el demanio; (h) un régimen sancionador para quienes lesiones, dañen o menoscaben los bienes de dominio público, que incluye no solo sanciones sino las obligaciones accesorias (a veces más dolorosas económicamente) de indemnizar el daño causado y de reparación y reposición al estado anterior. Es relevante señalar, en cualquier caso, que tales notas no tienen carácter, origen

o relevancia constitucional, por lo que el legislador puede, en principio, preverlos o no con la potencia que considere oportuna. Cada una de aquellas figuras se encuentra regulada en la ley sectorial de cada tipo de bienes de DP (LC, LA, LM, etc) y supletoriamente en la LPAP. En el caso de bienes de las CC.AA. y de las entidades locales, la normativa reguladora será la autonómica sobre patrimonio y la legislación sobre régimen local, respectivamente.

Para finalizar este epígrafe, procede detenerse en dos aspectos netamente constitucionales del DP. La primera es la cuestión de la naturaleza, sentido o función de esta institución. La visión tradicional ha sido la meramente "patrimonialista", consistente en ver en dicho bienes simples "propiedades", cualificadas porque la titularidad del dominio recae en entidades públicas (*propiedades especiales*). Vale decir una doctrina "subjetiva" del DP. Sin embargo, el TCo ha introducido una nueva perspectiva en la inteligencia del DP, resaltando que la incorporación al mismo de ciertas categorías de bienes (especialmente los del demanio natural), esto es, la determinación del DP natural responde prioritariamente a fines vinculados a la satisfacción de necesidades colectivas (visión "objetiva" o funcional). En efecto, la técnica del DP va dirigida primordialmente a excluir dichos bienes del tráfico privado con el fin de tutelar, por ejemplo, bienes y recursos naturales en función de su valor o función ambiental. Esto conecta claramente al art. 132 con el art. 45, atinente a la protección del ambiente (STCo 227/1988, relativa a la LA; STCo 149/1991, relativa la LC; y STCo 233/2015, sobre la ley 2/2013, de reforma de la LC). De hecho, la "vieja" legislación demanial se ha convertido en realidad en nuestra primera legislación ambiental.

A nivel doctrinal también hay destacados especialistas que se han mostrado discrepantes con la imperante teoría "subjetivo-patrimonialista" del DP. Por todos ellos vale la cita del Prof. Luciano Parejo, para quien los postulados constitucionales del estado social y las consecuencias que cabe deducir de los arts. 45 y 128 han descabalado los anclajes clásicos de la institución demanial: "si bien en él existe propiedad, el dominio público como tal no presenta el carácter de propiedad... La clave del dominio público no reside, pues, en la cosa en sentido jurídico-civil que constituye el soporte físico, sino en la función que satisface una determinada necesidad colectiva" (vid. referencia bibliográfica, *infra*).

La segunda cuestión de orden constitucional a la que antes nos referíamos es que las operaciones de definición legislativa del DP por parte de la legislación estatal han suscitado importantes conflictos competenciales con las CC.AA., sobre todo en materias como "medio ambiente" y "ordenación del territorio". El TCo ha declarado de manera constante que la titularidad del dominio público no es, en sí misma un criterio de delimitación competencial (SSTco 77/1984, FJ 3º; 227/88, FJ 14º; 103/1989, FJ 6º; y 149/91, FJ 1º).

2. El régimen de los bienes comunales

El art. 132.1 CE también se refiere a los "bienes comunales", como si constituyeran un conjunto patrimonial separado o diferente de los bienes de dominio público *fetén*, encomendando al legislador la definición de su régimen jurídico siguiendo las mismas notas que las del demanio. Los bienes comunales son bienes inmuebles que pertenecen exclusivamente a las entidades locales (municipios y entes locales menores). Se trata, por ejemplo, de tierras de labor y siembra que algunos ayuntamientos reparten periódicamente entre los lugareños, dehesas y pastos para el aprovechamiento comunal de los vecinos, etc.

La LBRL (art. 79) dispone sucintamente que su aprovechamiento corresponde al común de los vecinos, y el RBEL de 1986 añade alguna otra previsión lacónica (arts. 2.3 y 5). Más previsiones pueden encontrarse en la legislación autonómica sobre patrimonio, o sobre régimen local (como la Ley 2/2003, de 11 de marzo, de Administración local de la Comunidad de Madrid, arts. 93 a 95). En realidad, los bienes comunales son también bienes de dominio público y se rigen por la triada de principios protectores antes analizada (así se desprende claramente del art. 80.1 LBRL). Son ciertamente singulares en la medida en que su aprovechamiento está limitado a los vecinos de la entidad local, lo que los diferencia, por ejemplo, del río Ebro o de la playa de Gandía, y en que su régimen de aprovechamiento se suele regir por viejas tradiciones y costumbres. En función de esta característica, el TCo los ha definido como bienes "de una naturaleza peculiar" (STC 4/1981).

3. La desafectación de los bienes de dominio público

El último inciso del art. 132.1 de la CE manda que la ley regule la desafectación de los bienes de DP. La desafectación es el mecanismo, instrumento o expediente a través del cual los bienes demaniales dejan de estar destinados al uso y disfrute general, o al servicio público, y por lo tanto pierden su condición privilegiada, convirtiéndose en *simples* bienes patrimoniales de la Administración. Llama la atención que una cuestión tan técnica como esta haya tenido entrada en la Carta Magna, máxime si se tiene en cuenta que se trata de un simple mandato en blanco al legislador. La utilidad de este precepto, empero, es evidente, al vedar al poder ejecutivo la posibilidad de regular por vía reglamentaria esta cuestión, que queda reservada al legislativo.

La desafectación se rige por diferentes normas y principios, en virtud de que se trate de bienes del demanio natural o del artificial. En el primer caso, solo por ley se puede desafectar "in totum" lo que antes se declaró demanial por vía legislativa (algo que nunca ha ocurrido hasta ahora), pero habrá que tener en cuenta que en este caso despliega toda su eficacia constitucional el apartado 1 de este artículo. Consecuentemente, el legislador nunca podría desafectar el demanio marítimo-terrestre, defendido como está por la Constitución misma. Cuestión distinta es si el legislador puede redefinir "a la baja" la identificación o configuración física de algún elemento integrante del DP marítimo-terrestre, cuestión polémica suscitada por la promulgación de la ley 2/2013, de reforma de la LC y resuelta (de modo insatisfactorio para muchos doctrinantes) por la STCo 233/2015, de 5 de noviembre.

En el caso de bienes de dominio público artificial, la desafectación se rige con carácter general por los artículos 69 y 70 de la LPAP, además de la normativa sectorial o autonómica correspondiente (verbigracia: arts. 64 y 65 de la Ley 6/2006, de 17 de julio, del Patrimonio de la Comunidad Autónoma de Canarias).

III. APARTADO SEGUNDO: BIENES DEL DOMINIO PÚBLICO ESTATAL

Este apartado tiene dos elementos diferentes. En primer lugar, contiene un apoderamiento general al legislador estatal para que "determine" qué bienes son de dominio público *del Estado* (término empleado aquí en su acepción restricta, como distinto del autonómico o local). Vale decir qué bienes se incorporan al dominio público (si antes fueran susceptibles de propiedad privada), técnica conocida como demanialización. En segundo lugar, el precepto identifica un conjunto de bienes como necesariamente de dominio público, y además de titularidad estatal. De todos los bienes de dominio público natural, los únicos que identifica la Constitución son *la zona marítimo-terrestre, las playas, el mar territorial y los recursos naturales de la zona económica y la plataforma continental*. Tales categorías de bienes (cabría decir mejor de espacios físicos complejos) forman el *dominio público marítimo-terrestre*, noción esta que no emplea la Carta Magna, sino que habría de ser introducida por la LC de 1988 (la de 1969 hablaba de "dominio marítimo").

Por lo que hace a la primera cuestión, la CE parece referirse solo a la técnica de la demanialización legislativa de bienes, a través de la cual no se incorporan al DP "bienes específicos o singularmente identificados, sino tipos o categorías genéricas de bienes definidos según sus características naturales homogéneas" (STCo 227/1988, de 29 de noviembre, FJ 14º). Así, se han declarado como bienes de DP la zona marítimo-terrestre (LC); las aguas (LA), los yacimientos mineros y recursos geológicos (LM) y, con carácter más reciente, las estructuras geológicas profundas en las que se pueda almacenar el dióxido de carbono previamente "capturado" de las industrias (Ley 40/2010, de 25 de diciembre). El carácter ontológicamente unitario de los bienes naturales demanializados hace que esa competencia radique en el Estado, que es la única instancia que lo puede hacer para todo el Reino. Sin embargo, no hay que olvidar que hay dos formas de incorporar un bien o una categoría de bienes al DP. Aparte de la demanialización legislativa de bienes, se puede declarar como bien de DP a cualquier bien mueble o inmueble, a través de los actos y los procedimientos previstos en la LPAP (actos de afectación expresa, expropiación forzosa, etc.).

Puede por tanto decirse que en su art. 132.2 la CE demanializa ella misma el conjunto de bienes integrante del DPMT, lo que los sitúa más allá del alcance del legislador ordinario; que dicho demanio goza del mayor grado de protección jurídico-constitucional posible; y que los demás bienes de dominio público, incluso los naturales, no están protegidos por la CE, de manera que el legislador podría en principio incluir o extraer bienes de tal categoría, aunque en el segundo caso la libertad del legislador podría estar constreñida por principios ambientales como el de no regresión (principio que no contó con el apoyo explícito del TCo en su sentencia 233/2015, sobre la LPUSL).

Las previsiones de este apartado fueron objeto de desarrollo legal por medio de la ya citada LC de 1988, que fue objeto de impugnación constitucional, resuelta por la seminal STCo 149/1991, de 4 de julio. Como se ha indicado más arriba, esta sentencia aclaró los aspectos más controvertidos de dicha norma legal, especialmente los aspectos competenciales y las características de la zona marítimo-terrestre. En 2013 se aprobó una importante reforma de la misma, cabalmente la Ley 2/2013, de 29 de mayo, de protección y uso sostenible del litoral (LPUSL). También impugnada en sede constitucional, el TCo dictó otra importante sentencia en esta materia, la 233/2015, de 5 de noviembre, a la que también se ha hecho referencia más arriba. La legislación de costas es un magnífico ejemplo de que cómo la legislación demanial se utiliza con una finalidad tuitiva del medio ambiente, pues la zona marítimo-terrestre posee un extraordinario valor ecológico y desempeña funciones esenciales para el mantenimiento de los equilibrios naturales, de ahí que el legislador esté obligado a proteger el demanio marítimo terrestre, en conexión con las exigencias constitucionales del art. 45 CE

 (STco 149/1991, FJ 1º).

Otro ejemplo de implementación del art. 132.2 lo constituye la legislación de aguas: la Ley 28/1985, de 2 de agosto (hoy sustituida por el TR de 2001) supuso una profunda modificación del régimen legal de las aguas continentales e introdujo el concepto más amplio y unitario (incluyente también de espacios físicos como los cauces) de "dominio público hidráulico". La norma fue objeto de impugnación constitucional, resuelta por la trascendental STCo 227/1988. En esa ocasión también quedó confirmada la regularidad constitucional de una operación de demanialización legislativa que tenía evidente impacto en la propiedad (anteriormente) privada (de aguas subterráneas) —asunto que aquí solo podemos apuntar—. Igualmente se suscitaron importantes contiendas competenciales, sobre todo a cuenta del concepto de "cuenca hidrográfica intercomunitaria", que es esencial para la correcta gestión unitaria (y nuevamente ecológica) de ese recurso escaso que divide agentes y territorios de nuestra patria. Estas cuestiones competenciales volvieron a argüirse con ocasión de la impugnación del reformado EA de Andalucía por parte de la CA de Extremadura, que fue resuelta por la STCo 30/2011, de 16.3.2011. La Ley de aguas es hoy considerada esencial y primeramente como una ley ambiental (protección del medio ambiente acuático) donde el elemento "patrimonialista" es secundario.

IV. APARTADO TERCERO: EL PATRIMONIO DEL ESTADO Y EL NACIONAL

1. El Patrimonio del Estado

Como se ha dicho al principio de este comentario, la *summa divisio* de los bienes públicos es la que los escinde en bienes de DP y bienes patrimoniales. Precisamente esta segunda categoría, ceñida al nivel territorial central-estatal es a la que se refiere el primer inciso de este apartado 3. El patrimonio del Estado es pues el conjunto de bienes y derechos pertenecientes al Estado (en su acepción estricta) que no tienen la condición de bienes de DP. La denominación empleada por la CE trae causa sin duda de la legislación vigente al tiempo de su promulgación, cabalmente la Ley de Patrimonio del Estado, aprobada por Decreto 1022/1964, de 15 de abril (LPE). Esta norma definía con claridad estos bienes como aquellos que "siendo de propiedad del Estado, no se hallen afectos al uso general o a los servicios públicos" (art. 1.1º). Con posterioridad a la CE, la LPAP ha dado nueva y vigente regulación a esta masa patrimonial (arts. 9 y ss.), conservando igualmente la denominación de la LPE. Igualmente, cada CC.AA. ha regulado legislativamente sus propios bienes patrimoniales, mientras que los de las entidades locales se rigen por la LBRL y por el RBEL. Los bienes patrimoniales se rigen en principio por el derecho privado, y aunque son enajenables, están igualmente protegidos por algunas de las técnicas tuitivas antes referidas, y que hacen que el Estado nunca sea un *dominus* más. Así, los bienes patrimoniales se benefician también de (a) la inembargabilidad en algunos casos (vid. art. 30.3 LPAP), (b) un régimen registral privilegiado, (c) las potestades de investigación y deslinde, y (d) la de recuperación de oficio (limitada a un año). La dicotomía DP-bienes patrimoniales no es, pues, tan absoluta como podría parecer.

2. El Patrimonio Nacional

El Patrimonio Nacional ("PN") es como se conoce hoy a un conjunto de bienes y propiedades que han estado durante siglos vinculados a los reyes de España (Patrimonio de la Corona, Patrimonio real), y que en el periodo 1870-1940 sufrieron diversas peripecias. En este sentido, el art. 342 del CC dispone que "los bienes del Patrimonio real se rigen por su ley especial...". Fue precisamente la Ley de 7 de marzo de 1940 la que dio nueva denominación al entonces Patrimonio de la Corona, sustituyéndola por "Patrimonio Nacional", nombre que recogió la CE. El PN es pues un conjunto de bienes y propiedades dotados de un incalculable valor histórico, artístico y cultural que constituyen un todo armónico y están vinculados a un fin unitario. Incluyen, entre otros, el Palacio Real de

Madrid y jardines adyacentes, el Palacio de Aranjuez y jardín del Príncipe, el Monasterio de las Huelgas de Burgos, etc. Su actual regulación legal se encuentra en la Ley 23/1982, de 26 de junio (LPN). Dicha ley establece que "tienen la calificación jurídica de bienes del PN los de titularidad del Estado afectados al uso y servicio del Rey y de los miembros de la Real Familia para el ejercicio de la alta representación que la Constitución y las leyes les atribuyen". La cuestión más interesante, desde la perspectiva de esta contribución, es la naturaleza jurídica de estos bienes, máxime cuando la LPN no la define (como tampoco lo hizo la LPN de 1940). Por lo demás, la CE no dice expresamente que sean bienes de DP, y una interpretación sistemática de la misma no puede llevarnos claramente a esa conclusión pues en su art. 132 se regulan tanto los bienes de DP como los patrimoniales. La DA 4ª de la LPAP tampoco aclara la cuestión, pues se remite a la LPN. Ahora bien, el régimen legal de estos bienes siempre ha estado presidido por la trinidad esencial "inalienabilidad-inembargabilidad-imprescriptibilidad", lo que la LPN de 1982 deja bien claro: "Los bienes y derechos integrados en el Patrimonio Nacional serán inalienables, imprescriptibles e inembargables, gozarán del mismo régimen de exenciones tributarias que los bienes de dominio público del Estado" (art. 2). Más explícito es el art. 6 del RD 496/1987, que aprueba el reglamento de la LPN: "gozarán de las prerrogativas de los bienes de dominio público estatal". Por lo tanto, podemos concluir que se trata de bienes de dominio público artificial estatal, con régimen *sui géneris*. En virtud de su peculiaridad, su valor histórico trascendente y la necesidad de una gestión unitaria, su administración se confía a un organismo de derecho público de naturaleza y perfiles singulares (el Consejo de Administración del Patrimonio Nacional) que garantiza la conservación, uso racional y disfrute por el pueblo de estos sin par conjuntos inmobiliarios.

V. BIBLIOGRAFÍA

PAREJO ALFONSO, L.: "Los bienes de la Administración pública (2): los bienes de dominio público". Capítulo 31 de su obra: *Lecciones de Derecho Administrativo*. Ed. Tirant lo Blanch, 12ª ed. Revisada, 2022, pp. 1506-1582.

VI. JURISPRUDENCIA

STC 166/1998, de 15 de julio de 1998.
STC 227/1988, de 29 de noviembre de 1988.
STC 149/1991, de 4 de julio de 1991.
STC 233/2015, de 5 de noviembre de 2015.
STC 103/1989, de 8 de junio de 1989.

Artículo 133

1. La potestad originaria para establecer los tributos corresponde exclusivamente al Estado, mediante ley.

2. Las Comunidades Autónomas y las Corporaciones locales podrán establecer y exigir tributos, de acuerdo con la Constitución y las leyes.

3. Todo beneficio fiscal que afecte a los tributos del Estado deberá establecerse en virtud de ley.

4. Las administraciones públicas sólo podrán contraer obligaciones financieras y realizar gastos de acuerdo con las leyes.

COMENTARIO

Juan Ignacio Moreno Fernández
Letrado del Tribunal Constitucional

SUMARIO: I. LA POTESTAD DE ESTABLECER TRIBUTOS. 1. Los titulares de la potestad tributaria. 2. La potestad tributaria originaria. 3. La potestad tributaria derivada. 3.1 Ideas generales. 3.2 La potestad tributaria de las comunidades autónomas. 3.3 La potestad tributaria de los entes locales. 3.4 La potestad tributaria de los entes forales. II. EL ESTABLECIMIENTO DE BENEFICIOS FISCALES. III. LA POTESTAD DE GASTO. IV. BIBLIOGRAFÍA. V. JURISPRUDENCIA.

I. LA POTESTAD DE ESTABLECER TRIBUTOS

1. Los titulares de la potestad tributaria

El apartado 1º del art. 133 CE establece que *"[l]a potestad originaria para establecer los tributos corresponde exclusivamente al Estado, mediante Ley"*. Por su parte, el apartado 2º del mismo dispone que *"[l]as Comunidades Autónomas y las Corporaciones Locales podrán establecer y exigir tributos, de acuerdo con la Constitución y las leyes"*. Con ambos apartados procura "la Constitución integrar las exigencias diversas, en este campo, de la reserva de Ley estatal y de la autonomía territorial" [SSTC 19/1987, FJ 4; y 233/1999, FJ 10.b)].

La potestad tributaria del Estado, de carácter originario, por tener su origen inmediato en la Constitución, debe ponerse en relación con el art. 149.1.14ª CE, que reserva al Estado en exclusiva la competencia sobre Hacienda general, razón por la cual, "aquella potestad originaria del Estado no puede quedar enervada por disposición alguna de inferior rango, referida a la materia tributaria" (SSTC 181/1988, FJ 3; 192/2000, FJ 6; 16/2003, FJ 11; 72/2003, FJ 5;

y 100/2012, FJ 7). Y la potestad tributaria de las comunidades autónomas y de las corporaciones locales es de carácter derivado, por tener su origen mediato en la Constitución pero inmediato en la legislación del Estado, lo que "hace referencia a un poder necesariamente limitado" [SSTC 19/1987, FJ 4; y 233/1999, FJ 10.b)].

En consecuencia, el poder tributario del Estado es un poder soberano (STC 81/2005, FJ 10), que tiene su origen directo en la Constitución y para cuyo ejercicio esta le enviste de las correspondientes competencias y facultades. Las comunidades autónomas y las corporaciones locales, sin embargo, tienen un poder tributario que, aun cuando tenga también su origen en la Constitución, su ejercicio está limitado por las leyes del Estado dictadas a tal fin, como son, en la actualidad, la Ley Orgánica 8/1980, de septiembre, de Financiación de las Comunidades Autónomas (LOFCA), y el Real Decreto Legislativo 2/2004, de 5 de marzo, por el que se aprueba el texto refundido de la Ley Reguladora de las Haciendas Locales (LHL).

2. La potestad tributaria originaria

Cuando el art. 133.1 CE establece que "*[l]a potestad originaria para establecer los tributos corresponde exclusivamente al Estado, mediante Ley*", está enunciando dos ideas: de un lado, la atribución al Estado de competencias exclusivas en materia tributaria (en conexión con los arts. 149.1.14ª y 157.3, ambos de la CE); de otro, la consagración del principio de reserva de ley en materia tributaria (en conexión con el art. 31.3 CE).

En efecto, al atribuir la Constitución al Estado, primero, la competencia exclusiva en materia de "*hacienda general*" (art. 149.1.14ª CE), después, la potestad originaria para establecer tributos mediante ley (art. 133.1 CE), y, finalmente, la regulación —mediante ley orgánica— del ejercicio de las competencias financieras de las comunidades autónomas (art. 157.3 CE), está disponiendo que "sea competente para regular no sólo sus propios tributos, sino también el marco general de todo el sistema tributario y la delimitación de las competencias financieras de las Comunidades Autónomas respecto de las del propio Estado" (SSTC 192/2000, FJ 6; 16/2003, FJ 10; 72/2003, FJ 5; y 32/2012, FJ 6).

La potestad originaria del Estado para regular los tributos y comprende, en primer lugar, "la regulación de los impuestos estatales, tanto en sus aspectos principales o fundamentales como en los accesorios o accidentales" (SSTC 179/1985, FJ 3; y 16/2003, FJ 10); en segundo término, la "fijación del marco y los límites" en los que deben actuar las comunidades autónomas en materia financiera (STC 179/1987, FJ 2); y, en tercer lugar, el "*establecimiento y regu-*

lación" de los tributos locales que sólo puede operarse "a través del legislador estatal" (SSTC 233/1999, FJ 22; y 104/2000, FJ 5).

3. La potestad tributaria derivada

3.1 Ideas generales

Cuando el art. 31.3 CE dispone que solo pueden establecerse prestaciones patrimoniales "*con arreglo a la ley*" y cuando el art. 133 CE atribuye la potestad de establecer tributos "*mediante ley*", están confiriendo al Estado un poder "originario" o primario que deriva directamente del texto constitucional, y a las comunidades autónomas y corporaciones locales un poder "derivado" o secundario cuyo ejercicio "no solo queda condicionado por la Constitución, sino también por las normas que dicte el Estado en la materia" [SSTC 100/2012, FJ 3; y 118/2016, FJ 2 c)]. De este modo, si bien la potestad "originaria" del Estado para establecer tributos está únicamente sometida a la Constitución, en cambio, la potestad para establecer y exigir tributos de las comunidades autónomas y de las corporaciones locales está doblemente condicionada: por la Constitución y por las leyes del Estado [STC 65/2020, FJ 5 A)].

Cuando el art. 133.2 CE establece que "*las Comunidades Autónomas y las Corporaciones Locales podrán establecer y exigir tributos de acuerdo con la Constitución y las leyes*" les está concediendo una potestad tributaria de carácter derivado, por tener su origen mediato en la Constitución, pero inmediato en la legislación del Estado. Es decir, "hace referencia a un poder necesariamente limitado" [SSTC 19/1987, FJ 4; y 233/1999, FJ 10 b)], cuyo ejercicio queda condicionado por el del titular de la competencia prevalente en la materia: el Estado (en virtud de lo previsto en los arts. 133.1, 149.1.14ª CE y 157.3 CE). En efecto, para su ejercicio deben observar, por un lado, los límites constitucionales impuestos a todo poder tributario (art. 31 CE), a la actividad financiera autonómica en general (principios de instrumentalidad, de coordinación con la hacienda estatal y de solidaridad entre todos los españoles) y al poder tributario autonómico y local en particular (principios de territorialidad y neutralidad); de otro, los límites establecidos en las leyes del Estado [STC 65/2020, FJ 5 B)].

3.2 La potestad tributaria de las comunidades autónomas

De acuerdo con el art. 157.1 CE, los recursos de las comunidades autónomas estarán constituidos, entre otros, por los impuestos cedidos total o parcialmente por el Estado, por los recargos sobre impuestos estatales y por sus propios impuestos, tasas y contribuciones especiales. Eso sí, a este respecto, dos precisiones son necesarias: en primer lugar, que aun cuando en virtud de su autonomía financiera sean titulares de determinadas competencias, el art. 157.2 CE impide que, en ningún caso, puedan "*adoptar medidas tributarias sobre bienes situados fuera de su territorio o que supongan obstáculo para la libre circulación de mercancías o servicios*" (art. 157.2 CE), en el bien entendido que este límite territorial de las normas y actos de las comunidades autónomas "no puede significar, en modo alguno, que les esté vedado a sus órganos, en el ejercicio de sus propias competencias, adoptar decisiones que puedan producir consecuencias de hecho en otros lugares del territorio nacional" (STC 150/1990, FJ 5). Y, en segundo lugar, que el art. 157.3 CE (en conexión con los arts. 133.1 y 149.1.14ª CE) atribuye al Estado la "fijación del marco y los límites en que esa autonomía ha de actuar" (STC 179/1987, FJ 2), "mediante una Ley Orgánica a la que confiere una función específica y constitucionalmente definida" (SSTC 250/1988, FJ 4; y 13/2007, FJ 7).

Los tributos cedidos son de titularidad estatal y fruto de la potestad tributaria originaria del Estado *ex* art. 133.1 CE y de su competencia exclusiva sobre "*hacienda general*" (art. 149.1.14 CE), de manera que es este el que establece en la ley orgánica a la que se refiere el art. 157.3 CE (LOFCA) la regulación esen-

cial de la cesión [SSTC 181/1988, FJ 3; 65/2020, FJ 5 C); y 21/2022, FJ 2 a)]. De este modo, para que un tributo del Estado tenga la consideración de "cedido" a una comunidad autónoma es necesario que la LOFCA le haya atribuido la condición de "cedible", que la cesión del tributo haya sido asumida en virtud de precepto expreso del estatuto correspondiente y que se concrete mediante una ley específica de cesión de tributos a la comunidad autónoma (SSTC 181/1988, FJ 3; 192/2000, FJ 6; 16/2003, FJ 11; 72/2003, FJ 5; y 19/2012, FJ 11). Por tanto, ni la sola previsión en la LOFCA de la cesión total o parcial de un determinado tributo del Estado lo convierte en un tributo cedido para una determinada comunidad autónoma (SSTC 16/2003, FJ 11; y 72/2003, FJ 5), ni la simple asunción estatutaria "podría considerarse previsión suficiente" (STC 16/2003, FJ 11). Son, pues, tributos establecidos por el Estado y regulados principalmente por él, cuyo producto corresponde total o parcialmente a las comunidades autónomas (art. 10.1 LOFCA), pero sin que su cesión implique, en modo alguno, ni la transmisión de la titularidad sobre el mismo o sobre el ejercicio de las competencias inherentes al mismo, ni tampoco el carácter irrevocable de la cesión [SSTC 192/2000, FJ 8; 16/2003, FJ 11; 72/2003, FJ 5; 19/2012, FJ 11 a); 35/2012, FJ 7; 162/2012, FJ 4; 65/2020, FJ 5; 186/2021, FJ 2 B); y 21/2022, FJ 2 b)]. En caso contrario, se afectaría "el ámbito de la competencia estatal del art. 149.1.14, en su conexión con el art. 133.1, ambos de la Constitución, pues ello pondría en cuestión el principio de la potestad tributaria originaria del Estado" [SSTC 192/2000, FJ 8; y 19/2012, FJ 11 a)].

Por otra parte, la LOFCA somete la potestad de establecer tributos propios a un doble límite, en la medida que no pueden recaer ni sobre hechos imponibles gravados por el Estado (art. 6.2 LOFCA), ni sobre hechos imponibles gravados por los tributos locales (art. 6.3 LOFCA), aunque sí sobre "*materias*" de competencia local (apartado 3º). La finalidad de estas "prohibiciones de equivalencia" no radica en impedir sin más la doble imposición, sino en evitar "que se produzcan dobles imposiciones no coordinadas, garantizando de esta manera que el ejercicio de poder tributario por los distintos niveles territoriales sea compatible con la existencia de 'un sistema'" tributario en los términos exigidos por el art. 31.1 CE [SSTC 19/1987, FJ 4; 19/2012, FJ 3 b); 210/2012, FJ 4; 53/2014, FJ 3 a); 4/2019, FJ 3 c); 43/2019, FJ 3; 84/2020, FJ 2; y 125/2021, FJ 3 a)]. En efecto, el propósito de los límites del art. 6 LOFCA "no es evitar cualquier supuesto de doble imposición, algo que resulta imposible en los sistemas tributarios modernos, integrados por una pluralidad de figuras que necesariamente coinciden o se solapan, al menos parcialmente, al recaer sobre distintas modalidades de renta, patrimonio o consumo", sino que trata de garantizar "que el ejercicio del poder tributario por los distintos niveles territoriales sea compatible con la existencia de 'un sistema'", objetivo "que debe cohonestarse con el reconocimiento constitucional a las Comunidades Autónomas de la potestad de establecer tributos [arts. 133.2 y 157.1 b) CE]" [STC 120/2018, FJ 3 c)].

Según lo que antecede, los límites del art. 6 LOFCA "no tienen por objeto impedir a las Comunidades Autónomas que establezcan tributos propios sobre objetos materiales o fuentes impositivas ya gravadas" por el Estado o por las corporaciones locales, porque "ello conduciría (...), a negar en la práctica la posibilidad de que se creen, al menos, por el momento, nuevos impuestos autonómicos" (SSTC 37/1987, FJ 14; y 60/2013, FJ 3). La prohibición de doble imposición citada "atiende al presupuesto adoptado como hecho imponible y no a la realidad o materia imponible que le sirve de base" (SSTC 289/2000, FJ 4; 179/2006, FJ 4; 122/2012, FJ 3; 197/2012, FJ 7; y 60/2013, FJ 3), prohibiendo "la duplicidad de hechos imponibles, estrictamente" [SSTC 37/1987, FJ 14; 186/1993, FJ 4 c); 289/2000, FJ 4; 179/2006, FJ 4; 210/2012, FJ 4; y 60/2013, FJ 3].

Se trata de una prohibición de doble imposición que no es simplemente formal, de manera que no basta con "la mera comparación de la definición legal de sus hechos imponibles", sino que tiene que ser "material", lo que supone que abarca también a "los restantes elementos del tributo que se encuentran conectados con el hecho imponible, tales como los supuestos de no sujeción o exención, los sujetos pasivos, la base imponible, los elementos de determinación de la deuda tributaria y, en fin, la posible concurrencia de una finalidad extrafiscal reflejada, no en el preámbulo de la norma reguladora, sino en la propia estructura del impuesto" [SSTC 122/2012, FJ 4; 196/2012, FJ 2; 197/2012, FJ 7; 208/2012, FJ 6; 210/2012, FJ 4; 60/2013, FJ 3; 96/2013, FJ 11; 53/2014, FJ 3.b); 110/2014, FJ 5; 22/2015, FJ 4; 30/2015, FJ 3; 108/2015, FJ 4; 111/2015, FJ 2; 202/2015, FJ 2; 74/2016, FJ 2; y 94/2017, FJ 4.b)]. No basta, entonces, con que exista una falta de "coincidencia formal de hechos imponibles" sino que tiene que tratarse de tributos con objetos diferentes (STC 196/2012, FJ 2). Debe recordarse que "materia imponible" es "toda fuente de riqueza, renta o cualquier otro elemento de la actividad económica que el legislador decida someter a imposición, de manera que en relación con una misma materia impositiva el legislador puede seleccionar distintas circunstancias que den lugar a otros tantos hechos imponibles, determinantes a su vez de figuras tributarias diferentes" [SSTC 289/2000, FJ 4; 168/2004, FJ 6; 179/2006, FJ 4; 122/2012, FJ 3; 60/2013, FJ 3; 22/2019, FJ 3 a); y 43/2019, FJ 3 a)].

Por último, es importante subrayar que el bloque de la constitucionalidad en materia de tributos propios (Constitución, LOFCA y estatuto de autonomía) no habilita a las comunidades autónomas a la adopción de sus propias normas generales, tanto de orden sustantivo como de orden formal, actualmente reguladas en la ley general tributaria [que es una "verdadera norma de unificación de criterios a cuyo través se garantiza el mínimo de uniformidad imprescindible en los aspectos básicos del régimen tributario" (STC 65/2020, FJ 5 B)]. Y ello porque "el sistema tributario debe estar presidido por un conjunto de principios generales comunes capaz de garantizar la homogeneidad básica que permita configurar el régimen jurídico de la ordenación de los tributos como un verdadero sistema y asegure la unidad del mismo, que es exigencia indeclinable de la igualdad de los españoles" [SSTC 116/1994, FJ 5; y 108/2015, FJ 3 b)]

3.3 La potestad tributaria de los entes locales

Con carácter general, sobre la materia de las "*haciendas locales*" pueden operar dos títulos competenciales del Estado, a saber, los referidos a la hacienda general (art. 149.1.14 CE) y a las bases del régimen jurídico de las administraciones públicas (art. 149.1.18 CE). Ahora bien, puesto que en la materia "administración local" concurren competencias tanto estatales como autonómicas, en su ejercicio el Estado deberá atenerse al reparto competencial correspondiente [SSTC 31/2010, FJ 139; y 133/2022, FJ 4 a)].

Más concretamente, con relación a los tributos de los entes locales, el art. 133.2 CE —puesto en conexión con el art. 142 CE— los considera como uno de los medios fundamentales de los que se nutrirán las haciendas locales. Ahora bien, aunque de la literalidad de estos dos preceptos constitucionales se deduce que son las propias corporaciones locales las competentes para establecer y exigir sus tributos propios, no debe olvidarse, de un lado, que el art. 31.3 CE ha consagrado la reserva de ley en materia tributaria y, de otro, que los entes locales carecen de potestad legislativa. La reserva de ley adquiere así unos caracteres especiales cuando se trata de ordenar por ley los tributos locales, pues no puede desligarse de las condiciones propias del sistema de autonomías territoriales que la Constitución consagra (art. 137) ni específicamente, de la garantía constitucional de la autonomía de los municipios (art. 140). De esta manera, aquella reserva habrá de operarse necesariamente a través del legislador estatal, "cuya intervención reclaman los apartados 1 y 2 del artículo 133 de la Constitución", en tanto en cuanto "existe también al servicio de otros principios —la preservación de la unidad del ordenamiento y de una básica igualdad de posición de los contribuyentes-", principios que solo puede satisfacer la ley del Estado [SSTC 19/1987, FJ 4; y 133/2022, FJ 4 b)]. Se trata, a fin de cuentas, de "una potestad exclusiva y excluyente del Estado que no permite intervención autonómica en la creación y regulación de los tributos propios de las entidades locales" [SSTC 31/2010, FJ 140; 65/2020, FJ 7 B); 125/2021, FJ 7 b); y 133/2022, FJ 4 c)].

Dicho lo que antecede, es preciso añadir que, puesto que el art. 133.2 CE acoge la posibilidad de que las corporaciones locales establezcan y exijan sus propios tributos de acuerdo con la Constitución y las leyes, "éstas habrán de contar con tributos propios y sobre los mismos deberá la Ley reconocerles una intervención en su establecimiento o en su exigencia" [SSTC 221/1992, FJ 8; y 233/1999, FJ 10 b)]. Y ello porque "en virtud de la autonomía de los Entes locales constitucionalmente garantizada y del carácter representativo del Pleno de la Corporación municipal, es preciso que la Ley estatal atribuya a los acuerdos dictados por éste (los dimanantes del ejercicio de la potestad de ordenanza), un cierto ámbito de decisión acerca de los tributos propios del Municipio" [STC 233/1999, FJ 10 c)]. Eso sí, las leyes reclamadas por el art. 133.2 CE "no son, por lo que a las Corporaciones Locales se refiere, meramente habilitadoras para el ejercicio de una potestad tributaria que originariamente sólo corresponde al Estado; son también leyes ordenadoras —siquiera de modo parcial, en mérito de la autonomía de los municipios— de los tributos así calificados de 'locales', porque la Constitución encomienda aquí al legislador no sólo el reconocer un ámbito de autonomía al ente territorial, sino también garantizar la reserva legal que ella misma establece (art. 31.3)" [SSTC 19/1987, FJ 4; y 233/1999, FJ 10 b)].

En fin, es importante precisar que el *"establecimiento y regulación"* de los tributos locales debe formalizarse con el concurso exclusivo del legislador estatal, no pudiendo llevarse a cabo también por leyes autonómicas (concurrentes o excluyentes), porque la reserva de ley existente en la materia ha de operarse "necesariamente a través del legislador estatal" para preservar tanto "la unidad del ordenamiento" como "una básica igualdad de posición de los contribuyentes" (SSTC 233/1999, FJ 22; 104/2000, FJ 5; y 31/2010, FJ 140).

3.4 La potestad tributaria de los entes forales

Una de las "peculiaridades" que han tenido las provincias vascas a lo largo de la historia junto con Navarra ("territorios históricos" o "territorios forales"), y, por tanto, uno de los "derechos históricos" que la disposición adicional primera de la Constitución "*ampara y respeta*", aunque, como no podía ser de otra manera, de forma actualizada "*en el marco de la Constitución y de los Estatutos de Autonomía*", es lo que se ha conocido como el régimen de concierto (País Vasco) y el de convenio económico (Navarra). Uno y otro se integran en el núcleo del régimen foral y se caracterizan por la existencia de "un régimen fiscal propio", que no hace sino salvaguardar determinadas peculiaridades de su "autogobierno territorial" o de su "foralidad" [STC 76/1988, FFJJ 2 y 4; y 118/2016, FJ 22 a)]. El carácter paccionado de ese régimen de concierto/convenio es un "rasgo esencial", a través del cual se ordenan las relaciones de índole financiera y tributaria entre el Estado y el País Vasco/Navarra. Su contenido específico responde a un acuerdo previo, aun cuando su inserción en el ordenamiento jurídico se produzca a través de una ley ordinaria estatal [SSTC 110/2014, FFJJ 3 y 6; y 9/2019, FJ 3 a)]. Por consiguiente, la garantía constitucional de la foralidad implica la posibilidad de que los territorios forales dispongan de un sistema tributario propio, si bien en coordinación con el del Estado (STC 207/2013, FJ 2), razón por la cual, "no les es dado, al margen de las normas legales estatales de cobertura (leyes ordenadoras), decidir unilateralmente sobre su contenido sino, antes al contrario, el régimen tributario que establezcan debe ser acordado previamente con el Estado y ser reflejo del estatal" [STC 118/2016, FJ 2 b)].

Según lo que antecede, como rasgo histórico de la foralidad, actualizada en el marco de Constitución y de los estatutos de autonomía, los territorios históricos de Álava, Guipúzcoa, Navarra y Vizcaya, han conservado la competencia para mantener, establecer, regular y gestionar, dentro de cada uno de sus territorios, su propio régimen tributario, aunque atendiendo a la estructura general impositiva del Estado y "de forma actualizada" [STC 118/2016, FJ 2 a)], tanto en su contenido ordinario como en el excepcional y coyuntural, pues en cada uno de sus impuestos debe ser "identificable la imagen de los que integran el sistema tributario estatal" [SSTC 118/2016, FJ 2 a); 203/2016, FJ 3; y 207/2013, FJ 2].

Procura así la Constitución garantizar que el ejercicio del poder tributario por los distintos niveles territoriales sea compatible con la existencia de "un sistema" tributario en los términos exigidos por el art. 31.1 CE (...) integrando las exigencias de la reserva de ley estatal y de la autonomía foral, que no está carente de límites, no solo por el mismo carácter derivado del poder tributario de los territorios históricos sino también porque, como no podía ser de otro modo, la autonomía hace referencia a un poder necesariamente limitado [STC 118/2016, FJ 2 c)].

Aunque las normas forales fiscales operan sobre "un cierto contenido competencial que vendría siendo ejercido de forma continuada por la Institución Foral", su ejercicio, "no sólo queda condicionado por la Constitución, sino también por las normas que dicte el Estado en la materia" [SSTC 118/2016, FJ 3 c); y 203/2016, FJ 4)], esto es, tanto por las normas estatales reguladoras de los diferentes tributos que configuran la estructura general impositiva del Estado, así como por la ley general tributaria [SSTC 118/2016, FJ 3 c); 203/2016, FJ 4); y 13/2018, FJ 1 c)], en cuanto a terminología y conceptos (STC 113/2017, FJ 3), "pues únicamente en contraste con las mismas puede comprenderse el concreto alcance y comprobarse el correcto ejercicio de las competencias normativas que les han sido reconocidas" [SSTC 118/2016, FJ 3 c); 203/2016, FJ 4); y 13/2018, FJ 1 c)]. Eso sí, no cabe exigir "una identidad regulatoria completa que llegue al punto de considerar que cualquier elemento contenido en la norma estatal reguladora de cada una de las figuras tributarias que integran dicho sistema sea un elemento configurador de la estructura general impositiva del Estado" [SSTC 118/2016, FJ 2 b); 203/2016, FJ 3; 113/2017, FJ 3; 13/2018, FJ 2; y 9/2019, FJ 3 a)].

II. EL ESTABLECIMIENTO DE BENEFICIOS FISCALES

La reserva de ley que la Constitución consagra en materia tributaria (arts. 31.3 y 133.1 y 2 CE) se extiende igualmente a los beneficios fiscales (art. 133.3 CE). En efecto, el art. 133.3 CE al decir que "*todo beneficio fiscal que afecte a los tributos del Estado deberá establecerse en virtud de Ley*", está imponiendo el principio de legalidad de forma estricta para el establecimiento de los beneficios fiscales, "entre los que se cuentan sin duda las exenciones y las bonificaciones, pero no cualquier regulación de ellos" (STC 6/1983, FJ 4). Eso sí, "es patente que sólo el Estado puede conceder beneficios fiscales previstos en su propia legislación, sin perjuicio de que, en su caso, las Comunidades Autónomas competentes hagan otro tanto respecto de sus propios tributos" (STC 220/1992, FJ 6). De esta manera, la posibilidad de disfrutar de los beneficios fiscales que versen sobre tributos de titularidad estatal o cuyo establecimiento corresponde al Estado se incardina en el ámbito competencial del art. 149.1.14 CE (que atribuye al Estado la competencia exclusiva en materia de "Hacienda General") (SSTC 133/2006, FJ 18; y 236/2012, FJ 5), y, por tanto, las comunidades autónomas tienen la competencia tanto para el establecimiento de beneficios fiscales como para la concreción de su régimen de aplicación, pero sobre sus tributos propios, nunca sobre tributos estatales (SSTC 133/2006, FJ 18; y 31/2010, FJ 66), salvo que sean cedidos (con competencias normativas).

La ley y sólo la ley puede, en ocasiones, "declarar la exoneración de determinadas rentas cuando exista la oportuna justificación" [SSTC 214/1994, FJ 7; y 134/1996, FJ 6 B)]. Estas excepciones al deber de contribuir establecido en el art. 31.1 CE "pueden tener su fundamento, bien en la consecución de finalidades extrafiscales o de estímulo de ciertas actividades —siempre que tales objetivos, sin desconocer o contradecir el principio de capacidad económica o de pago, respondan principalmente a criterios económicos o sociales orientados al cumplimiento de fines o a la satisfacción de intereses públicos que la Constitución preconiza o garantiza—, bien en la realización efectiva del principio de capacidad económica que debe inspirar el sistema tributario en su conjunto" [STC 134/1996, FJ 6 B)]. En efecto, el Estado puede poner su "poder de gasto", entonces, "al servicio del cumplimiento de cláusulas constitucionales genéricas como las previstas en los arts. 1.1 y 9.2 CE" [STC 207/2013, FJ 5.a); y también, STC 13/1992, FJ 7], por lo que "el establecimiento de beneficios fiscales puede operar como una medida dirigida a la promoción de una determinada conducta o a la consecución de un determinado fin, una y otro, previstos en la Constitución" [STC 207/2013, FJ 5 a)].

Ahora bien, es importante tener presente que los beneficios fiscales (exenciones, bonificaciones, reducciones, etc.), como privilegio de quien los disfruta, constituyen una "quiebra del principio de generalidad que rige la materia tributaria (art. 31.1 CE), en cuanto que neutralizan la obligación tributaria derivada de la realización de un hecho generador de capacidad económica" (SSTC 134/1996, FJ 8; y 96/2002, FJ 7). Únicamente serán constitucionalmente válidos cuando, de un lado, se establezcan "en virtud de ley" (art. 133.3 CE), y, de otro, respondan a fines de interés general que los justifiquen (por ejemplo, por motivos de política económica o social, para atender al mínimo de subsistencia, por razones de técnica tributaria, etc.) [STC 20/2022, FJ 2 c)]. De este modo, los beneficios fiscales "deben respetar, en todo caso, los límites y exigencias que la Constitución impone, tanto formales (art. 86.1 CE) como materiales (art. 31.1 CE)" [STC 73/2017, FJ 5 c)], quedando, en caso contrario, proscritos, pues no hay que olvidar que los principios de igualdad y generalidad se lesionan cuando "se utiliza un criterio de reparto de las cargas públicas carente de cualquier justificación razonable y, por tanto, incompatible con un sistema tributario justo como el que nuestra Constitución consagra en el art. 31" (SSTC 37/1981, FJ 4; 6/1983, FJ 4; 179/1985, FJ 3; 19/1987, FJ 4; 221/1992, FJ 7; 185/1995, FJ 3; 182/1997, FJ 8; 14/1998, FJ 11; 233/1999, FJ 7; 150/2003, FJ 3; 102/2005, FJ 3; y 148/2011, FJ 6).

También es importante subrayar que aun cuando los beneficios fiscales crean "situaciones jurídicas individualizadas en favor de los beneficiados", se trata simplemente de "un elemento de la relación jurídica obligacional, que liga a la Administración y al contribuyente", por lo que "no puede hablarse en puridad de un auténtico derecho a la bonificación tributaria o al mantenimiento del régimen jurídico-tributario de bonificación" (SSTC 6/1983, FJ 2; 134/1996, FJ 3; y 19/2012, FJ 9), "que pueda entenderse incorporado al patrimonio de los titulares" (SSTC 6/1983, FJ 2; 41/1983, FJ 2; 134/1986, FJ 3; 234/2001, FJ 8; y 19/2012, FJ 9). Por tanto, "entra dentro del ámbito de libertad de legislador, su modificación o, incluso, su supresión, sin afectar de modo inconstitucional a quienes hasta entonces venían siendo sus beneficiarios" (STC 19/2012, FJ 9).

III. LA POTESTAD DE GASTO

El art. 133.4 CE dispone que "*[l]as administraciones públicas sólo podrán contraer obligaciones financieras y realizar gastos de acuerdo con las leyes*". Con esta previsión "la Constitución remite '*en blanco*' al legislador la posibilidad de limitar la asunción de obligaciones financieras por parte de las administraciones públicas" [STC 4/1981, FJ 16 F)]. Ha consagrado así el principio de legalidad también en materia de gasto público, sometiendo al imperio de la ley la actuación del Estado. Y lo ha hecho como una especificación más del principio de legalidad (art. 9.3 CE) que responde, en su esencia, a la vieja idea de garantizar que tanto las prestaciones que los ciudadanos satisfacen al Estado como su asignación a los gastos se haga con su consentimiento, a través de sus representantes (SSTC 19/1987, FJ 4; y 185/1995, FJ 3). De este modo, la libertad de configuración del legislador en la vertiente del gasto público le permite determinar los servicios y prestaciones públicas a financiar "atendiendo a los intereses públicos y privados implicados y a las concretas disponibilidades presupuestarias" (STC 20/2012, FJ 8).

El principio de legalidad en materia de gasto público (art. 133.4 CE) hay que ponerlo en relación con el art. 31.2 CE, conforme al cual "*[e]l gasto público realizará una asignación equitativa de los recursos públicos y su programación y ejecución responderán a los criterios de eficiencia y economía*". Y es con la ley de presupuestos generales con la que las Cortes Generales, además de asegurar el control democrático del conjunto de la actividad financiera pública y participar de la actividad de dirección política al aprobar o rechazar el programa político, económico y social que ha propuesto el Gobierno y que los presupuestos representan, controlan "que la asignación de los recursos públicos se efectúe, como exige expresamente el art. 31.2 CE, de una forma equitativa, pues el presupuesto es, a la vez, requisito esencial y límite para el funcionamiento de la Administración" (SSTC 3/2003, FJ 4; 223/2006, FJ 5; y 238/2007, FJ 4). Eso sí, es importante tener bien presente la distinción entre "la fuente jurídica del gasto público —normalmente la ley de presupuestos— y la de las obligaciones del Estado", que debe buscarse fuera de las consignaciones presupuestarias "ya sea en la Ley, ya en los negocios jurídicos o en los actos o hechos que, según Derecho, las generen" (SSTC 63/1986, FJ 6; 146/1986, FJ 8; 13/1992, FJ 5; y 24/2002, FJ 8). De esta manera, "los créditos consignados en los estados de gastos de los presupuestos generales no son fuente alguna de obligaciones", sino meras "autorizaciones legislativas" (SSTC 63/1986, FJ 6; 146/1986, FJ 8; y 13/2007, FJ 1), para que la Administración del Estado pueda disponer de los fondos públicos necesarios "para hacer frente a sus obligaciones" (STC 13/1992, FJ 5), "siempre y cuando se hayan contraído de acuerdo con las leyes y con arreglo a ellas se produzca el gasto público necesario al efecto" (STC 206/1993, FJ 4). Todo ello sin olvidar que las políticas de gasto de las comunidades autónomas y de los entes locales no sólo están sometidas "a las políticas que, en materia de estabilidad presupuestaria, determine con carácter general el Estado, sino ahora también a las que adopten las propias instituciones europeas" [SSTC 101/2016, FJ 5; y 215/2017, FJ 7 a].

Pues bien, en virtud de su soberanía financiera, "corresponde al Estado no sólo el régimen jurídico de la ordenación de los gastos de la Administración del Estado, sino también el establecimiento de las normas y principios comunes de la actividad financiera de las distintas haciendas que tiendan a asegurar los principios constitucionales que, conforme a nuestra Constitución, han de regir el gasto público: legalidad (art. 133.4 CE), eficiencia y economía (art. 31.2 CE), asignación equitativa de los recursos públicos (art. 31.2 CE), subordinación de la riqueza nacional al interés general (art. 128.1), estabilidad presupuestaria (art. 135 CE) y control (art. 136 CE)" [SSTC 130/2013, FJ 5; 135/2013, FJ 3 b); 41/2016, FJ 3; 111/2016, FJ 5; y 45/2017, FJ 3]. Si a esos principios se suma la competencia exclusiva del Estado en materia de "*hacienda general*" (art. 149.1.14 CE), se garantiza la intervención del Estado para que adopte las medidas necesarias y suficientes no sólo que garanticen "el equilibrio económico general" [SSTC 134/2011, FJ 8 a); y 215/2014, FJ 7 a)], sino que aseguren "la integración de las diversas partes del sistema en un conjunto unitario" (SSTC 11/1984, FJ 4; 144/1985, FJ 4; y 101/2016, FJ 9), por "la necesidad de una regulación unitaria y de las circunstancias cambiantes del interés público en materia económica" [STC 4/1981, FJ 16 F)], sin que ello resulte contrario, en modo alguno, a la autonomía financiera de las comunidades autónomas o de los entes locales. Estas y estos "gozarán de autonomía financiera (de gasto) en la medida en que puedan elegir y realizar sus propios objetivos políticos, administrativos, sociales o económicos, es decir, en que puedan decidir a qué objetivos destinan sus recursos sin condicionamientos indebidos" [SSTC 130/2013, FJ 5; 135/2013, FJ 3 b); y 41/2016, FJ 3].

No hay que olvidar que "tanto el art. 156.1 CE como el art. 149.1.13 CE presuponen la capacidad de las comunidades autónomas para definir sus gastos", que se inserta "dentro de la autonomía financiera" que la Constitución les reconoce [STC 127/2019, FJ 3 b)]. Y tampoco hay que descuidar que "si bien el art. 142 CE solo contempla de modo expreso la vertiente de los ingresos, no hay inconveniente alguno en admitir que tal precepto constitucional, implícitamente y en conexión con el art. 137 de la norma suprema consagra, además del principio de suficiencia de las haciendas locales, la autonomía en la vertiente del gasto público, entendiendo por tal la capacidad genérica de determinar y ordenar, bajo la propia responsabilidad, los gastos necesarios" para el ejercicio de sus competencias [STC 82/2020, FJ 7 b)].

En cualquier caso, la potestad de gasto de los poderes públicos se encuentra en "estrecha conexión con las competencias sustantivas que se ostenten en la materia de que se trate" (STC 194/2004, FJ 22), de modo que "el poder de gasto del Estado no puede concretarse y ejercerse al margen del sistema constitucional de distribución de competencias", pues el solo hecho de financiar no "puede erigirse en núcleo que atraiga hacia sí toda competencia sobre los variados aspectos a que puede dar lugar la actividad de financiación (...) al no ser la facultad de gasto público en manos del Estado título competencial autónomo" (SSTC 95/2002, FJ 18; y 130/2013, FJ 8). En consecuencia, "la disponibilidad del gasto público no configura en su favor un título competencial autónomo que pueda desconocer, desplazar o limitar las competencias materiales que corresponden a las Comunidades Autónomas" (SSTC 237/1992, FJ 9; y 102/1995, FJ 33), de manera que si bien el Estado siempre podrá en uso de sus potestades financieras (de gasto, en este caso) asignar fondos públicos a unas finalidades u otras, en su programación y ejecución deberá respetar el orden competencial (STC 99/2012, FJ 6). El Estado no puede "condicionar o mediatizar el ejercicio por las Comunidades Autónomas de sus propias competencias (su autonomía política y financiera) de modo tal que convierta, de hecho, su poder de gastar en un poder para regular la materia al margen del reparto competencial establecido en la Constitución y en los Estatutos de Autonomía" (STC 130/2013, FJ 8), por lo que cuando asigne fondos para la financiación de materias cuya gestión les corresponda, habrá de territorializarlos [SSTC 13/1992, FJ 8 b); 173/2012, FJ 5 b); y 225/2012, FJ 4].

IV. BIBLIOGRAFÍA

CASADO OLLERO, G.: "Artículo 133", en *Comentarios a la Constitución Española (XXX Aniversario)*, Wolters Kluwer, Madrid, 2008.

LAGO MONTERO, J. M.: *El poder Tributario de las Comunidades Autónomas*, Aranzadi, Pamplona, 2000.

LASARTE ÁLVAREZ, J.: "Poder tributario (art. 2. LGT)", en *Comentarios a la Ley General Tributaria, Instituto de Estudios Fiscales*, Madrid, 1991.

MENÉNDEZ MORENO, A.: "El poder tributario de las corporaciones locales", en *Cuadernos de la Facultad de Derecho*, núm. 9, 1984.

MORENO FERNÁNDEZ, J. I.: "El Estatuto de Autonomía de Cataluña y su frustrado 'modelo diferencial' de financiación", *Revista General de Derecho Constitucional*, núm. 12, 2011 (edición electrónica).

ORÓN MORATAL, G.: "El poder de gasto del Estado y su incidencia en la distribución de competencias entre los diferentes niveles de gobierno", en *La distribución del poder financiero en España*, Marcial Pons, Madrid, 2014.

PALAO TABOADA, C.: "La distribución del poder tributario en España", en *Crónica Tributaria*, núm. 52, 1985.

RAMALLO MASSANET, J.: "El reparto de competencias tributarias entre los distintos ámbitos de gobierno", *Revista Española de Derecho Financiero*, núm. 60, 1988.

– "La asimetría del poder tributario y del poder de gasto de las Comunidades Autónomas", *Revista de Derecho Constitucional*, núm. 39, 1993.

RODRÍGUEZ BEREIJO, Á.: "El sistema tributario en la Constitución (Los Límites del poder tributario en la jurisprudencia Constitucional)", *Revista Española de Derecho Constitucional*, núm. 36, 1992.

V. JURISPRUDENCIA

Potestad tributaria

STC 233/1999, de 16 de diciembre (tributos locales).
STC 16/2003, de 30 de enero (régimen fiscal especial canario).
STC 13/2007, de 18 de enero (participación CC.AA. en los ingresos del Estado).
STC 207/2013, de 5 diciembre (régimen fiscal navarro).
STC 118/2016, 23 de junio (régimen fiscal vasco).
STC 65/2020, de 19 de junio (código tributario catalán).

Beneficios fiscales

STC 73/2017, de 8 de junio (declaración tributaria especial).

Potestad de gasto

STC 13/1992, de 6 de febrero (potestad subvencional).
STC 24/2002, de 31 de enero (límites retributivos).
STC 130/2013, de 4 de junio (subvenciones).
STC 215/2014, de 18 de diciembre (estabilidad presupuestaria).
STC 81/2015, de 30 de abril (estabilidad presupuestaria).
STC 82/2020, de 15 de julio (autonomía de gasto).

Artículo 134

1. Corresponde al Gobierno la elaboración de los Presupuestos Generales del Estado y a las Cortes Generales, su examen, enmienda y aprobación.

2. Los Presupuestos Generales del Estado tendrán carácter anual, incluirán la totalidad de los gastos e ingresos del sector público estatal y en ellos se consignará el importe de los beneficios fiscales que afecten a los tributos del Estado.

3. El Gobierno deberá presentar ante el Congreso de los Diputados los Presupuestos Generales del Estado al menos tres meses antes de la expiración de los del año anterior.

4. Si la Ley de Presupuestos no se aprobara antes del primer día del ejercicio económico correspondiente, se considerarán automáticamente prorrogados los Presupuestos del ejercicio anterior hasta la aprobación de los nuevos.

5. Aprobados los Presupuestos Generales del Estado, el Gobierno podrá presentar proyectos de ley que impliquen aumento del gasto público o disminución de los ingresos correspondientes al mismo ejercicio presupuestario.

6. Toda proposición o enmienda que suponga aumento de los créditos o disminución de los ingresos presupuestarios requerirá la conformidad del Gobierno para su tramitación.

7. La Ley de Presupuestos no puede crear tributos. Podrá modificarlos cuando una ley tributaria sustantiva así lo prevea.

COMENTARIO

Manuel Medina Guerrero
Catedrático de Derecho Constitucional
Universidad de Sevilla

SUMARIO: I. NATURALEZA Y FUNCIÓN CONSTITUCIONAL DE LA LEY DE PRESUPUESTOS. II. EL CONTENIDO DE LA LEY DE PRESUPUESTOS. 1. El contenido esencial o propio. 2. El contenido eventual o disponible. 3. Los límites materiales de la Ley de presupuestos. III. LOS PRINCIPIOS DE UNIDAD Y UNIVERSALIDAD PRESUPUESTARIA. IV. EL CARÁCTER ANUAL DE LA LEY DE PRESUPUESTOS. V. LA MODIFICACIÓN DE LA LEY DE PRESUPUESTOS. VI. EL ALCANCE DEL DENOMINADO "VETO PRESUPUESTARIO". VII. LA CREACIÓN Y MODIFICACIÓN DE TRIBUTOS EN LA LEY DE PRESUPUESTOS. VIII. BIBLIOGRAFÍA. IX. JURISPRUDENCIA.

I. NATURALEZA Y FUNCIÓN CONSTITUCIONAL DE LA LEY DE PRESUPUESTOS

El art. 66.2 CE, al abordar las funciones de las Cortes Generales, distingue entre el ejercicio de la potestad legislativa, de una parte, y, de otro lado, la aprobación de los Presupuestos, evocando así el clásico debate de raíz germánica sobre el carácter material o formal de la Ley de Presupuestos, en cuanto norma específicamente encargada de reflejar las previsiones de ingresos y gastos del Estado.

Sin embargo, desde el principio, el Tribunal Constitucional ha dado por superada esta polémica histórica sobre dicha dualidad y sobre la naturaleza de la potestad de aprobación de los presupuestos, aceptando su pleno carácter de Ley (STC 27/1981, FJ 2º; en el mismo sentido, STC 116/1994, FJ 7º). Ahora bien, dicho esto, no cabe soslayar que la función presupuestaria que a las Cortes atribuye el art. 66.2 CE se "enuncia como una competencia específica, desdoblada de la genérica potestad legislativa del Estado"; especificidad competencial que "se traduce en las peculiaridades constitucionalmente previstas respecto de su ejercicio, y que la diferencian de la competencia legislativa: así, la reserva al Gobierno de la elaboración del presupuesto (art. 134.1) y las limitaciones procedimentales contempladas en los apartados 6° y 7° del mismo artículo" (STC 65/1987, FJ 3º).

Así pues, la potestad presupuestaria asignada a las Cortes por los arts. 66.2 y 134.1 CE se centra en la aprobación de los presupuestos generales del Estado mediante una ley ordinaria, a la que se confiere tanto una función específica —la de incluir la totalidad de los gastos e ingresos del sector público estatal (art. 134.2 CE)—, como "una finalidad constitucionalmente definida: la de ser un instrumento de dirección y orientación de la política económica del Gobierno" (por todas, STC 136/2011, FJ 4º).

Que la aprobación de los presupuestos constituye un momento esencial para el devenir de la acción de gobierno —y, consiguientemente, también para la actividad parlamentaria— es cosa bien conocida que no precisa mucha aclaración. No en balde se ha considerado al presupuesto como "la clave del parlamentarismo" (STC 185/1995, FJ 3º). Pues, en efecto, para decirlo en los términos empleados por el Tribunal Constitucional, la Ley de presupuestos tiene como principal función constitucional "fiscalizar el conjunto de la actividad financiera pública, aprobar o rechazar el programa político, económico y social del Gobierno que los presenta y, en fin, controlar que la asignación de los recursos públicos sea equitativa" (STC 3/2003, FJ 7º).

II. EL CONTENIDO DE LA LEY DE PRESUPUESTOS

1. El contenido esencial o propio

Según establece el art. 134.2 CE, los Presupuestos Generales del Estado "incluirán la totalidad de los gastos e ingresos del sector público estatal y en ellos se consignará el importe de los beneficios fiscales que afecten a los tributos del Estado". El contenido arquetípico de la Ley de Presupuestos se halla, pues, integrado, de una parte, por la previsión de ingresos que el Gobierno estima recaudar tras valorar las expectativas económicas para el año en cuestión. Y, por otro lado, en la misma se incluye la habilitación o autorización de gastos para ese determinado ejercicio económico; determinación de las prioridades de gasto que en buena medida concentra la tarea de dirección y orientación política característica de la acción de gobierno.

Por consiguiente, cabe afirmar que "la Constitución establece la reserva de un contenido de ley de presupuestos, lo que significa que la norma debe ceñirse a ese contenido y también que ese contenido sólo puede ser regulado por ella" (STC 9/2013, FJ 3).

No obstante, además de los ingresos y gastos expresamente aludidos en el art. 134.2 CE, también se considera que forma parte del contenido propio del presupuesto "las normas que directamente desarrollan y aclaran los estados cifrados, esto es, las partidas presupuestarias propiamente dichas" [STC 152/2014, FJ 4 a)].

2. El contenido eventual o disponible

Además del referido contenido esencial, que resulta indisponible por conformar la identidad misma del presupuesto, es constitucionalmente posible que las leyes de presupuestos incorporen otras disposiciones, bien porque guarden una conexión económica —al tener relación directa con los ingresos o gastos del Estado u operar como vehículo director de la política económica del Gobierno— o presupuestaria —en cuanto sirvan a una mayor inteligencia o mejor ejecución del presupuesto— (baste citar, SSTC 248/2007, FJ 4; 217/2013, FJ 5; 99/2016, FJ 8).

Y siguiendo esta líneas directrices, por citar algunos ejemplos que pueden espigarse en la abundante jurisprudencia constitucional recaída al respecto, se ha considerado que pueden incluirse en una Ley de presupuestos medidas tendentes a la reducción del gasto público (incompatibilidad de percepción de haberes y pensiones, STC 65/1990) o su incremento (incremento retribuciones del personal al servicio de las Administraciones públicas, STC 237/1992), así como la creación de un completo retributivo para ciertos cargos públicos (STC 32/2000) o la sujeción al derecho privado de la red comercial de las Loterías y Apuestas del Estado [STC 217/2013, FJ 5 e)].

Con todo, es preciso puntualizar a este respecto que no es suficiente con que una determinada medida tenga algún impacto en el volumen de gastos o ingresos para que ya automáticamente pueda calificarse como integrante del contenido eventual constitucionalmente posible. Pues, como ya ha tenido reiteradamente ocasión de señalar el TC, lo determinante es que "la conexión con el objeto del presupuesto (habilitación de gastos y estimación de ingresos) sea directa, inmediata y querida por la norma; es evidente que toda medida legislativa tendrá siempre algún efecto presupuestario, porque requerirá un incremento de gasto presupuestario o la dotación de una partida, o porque supondrá, por el contrario, una reducción del gasto o un incremento de los ingresos". Consecuentemente, no es posible reconducir a la categoría de contenido eventual de la Ley de presupuestos aquellas normas "cuya incidencia en la ordenación del programa anual de ingresos y gastos es sólo accidental y secundaria" y por ende insuficiente para legitimar su inclusión en la misma [SSTC 152/2014, FJ 4 a) y 135/2016, FJ 2; y, en la misma línea, la STC 122/2018, FJ 3 d)].

3. Los límites materiales de la Ley de presupuestos

En suma, la Ley de presupuestos no puede incorporar más disposiciones que las que se acomoden a su contenido constitucionalmente definido (art. 134.2 CE) o guarden una conexión directa con este, de acuerdo con la doctrina jurisprudencial del contenido eventual antes sintetizada. Y es que, por más que se proclame el carácter formal de la Ley de presupuestos, tanto la salvaguarda del principio de seguridad jurídica como la restricción de las competencias del poder legislativo en su tramitación parlamentaria justifican la limitación material de su contenido [entre otras muchas, SSTC 76/1992, FJ 4 a) y 145/2022, FJ 2 a)].

En este sentido, es doctrina constitucional consolidada que "lo que no puede hacer la Ley de presupuestos es, sin modificar previamente la norma legal que regula el régimen sustantivo de una determinada parcela del ordenamiento jurídico, desconocerlo, procediendo a efectuar una aplicación distinta a la prevista en la norma cuya aplicación pretende" (SSTC 238/2007, FJ 4; 248/2007, FJ 4; 99/2016, FJ 8). Como asimismo se recuerda frecuentemente en la jurisprudencia constitucional que, en principio, quedan excluidas de las Leyes de presupuesto las normas típicas del Derecho codificado u otras previsiones de carácter general en las que no concurra la vinculación con las habilitaciones de gasto o las previsiones de ingreso [SSTC 38/2014, FJ 5º y 152/2014, FJ 4 a)].

III. LOS PRINCIPIOS DE UNIDAD Y UNIVERSALIDAD PRESUPUESTARIA

De acuerdo con la exigencia establecida en el art. 134.2 CE, los Presupuestos Generales del Estado "incluirán la totalidad de los gastos e ingresos del sector público estatal", viniendo así a recoger —según refleja la STC 3/2003, FJ 4— "los principios de unidad (los presupuestos deben contenerse en un solo documento) y universalidad (ese documento debe acoger la totalidad de los gastos e ingresos del sector público)".

Debe notarse, sin embargo, que si respecto de los ingresos se trata de una mera estimación, dada la existencia de normas de vigencia permanente que regulan su exacción, cuando de los gastos se trata la Ley de Presupuestos constituye una verdadera autorización de su cuantía y destino.

Finalmente, el referido art. 134.2 CE añade de inmediato la obligación de que se consigne "el importe de los beneficios fiscales que afecten a los tributos del Estado". Previsión esta última con la que el constituyente quiso razonablemente hacer públicas las decisiones políticas tendentes a minorar la carga tributaria de determinados grupos o sectores.

Por otro lado, la unidad y universalidad características de la Ley de presupuestos suscitan el problema de determinar los límites y posibilidades de que se modifiquen créditos; cuestión que abordaremos más adelante en relación con el art. 134.5 CE.

IV. EL CARÁCTER ANUAL DE LA LEY DE PRESUPUESTOS

El segundo apartado del art. 134 CE consagra el carácter anual de los Presupuestos Generales del Estado. No obstante, en lo concerniente a este aspecto también hay que tener presente la dualidad de contenidos antes referida, ya que dicho carácter solo se predica estrictamente de su contenido esencial o propio. Pues "las disposiciones jurídicas incorporadas a su contenido eventual o disponible tendrán, en principio, vocación de permanencia" (SSTC 65/1990, FJ 3; 32/2000, FJ 6; 274/2000, FJ 4 y 34/2005, FJ 5).

No obstante, como puntualiza el art. 134.4 CE, su vigencia anual puede ampliarse en el caso de que "la Ley de Presupuestos no se aprobara antes del primer día del ejercicio económico correspondiente", en cuyo supuesto "se considerarán automáticamente prorrogados los Presupuestos del ejercicio anterior hasta la aprobación de los nuevos". Debe notarse, por lo demás, como se ha cuidado de explicitar el TC, que la prórroga opera "como un mecanismo automático, ex Constitutione, sin necesidad de una manifestación de voluntad expresa en tal sentido..." (STC 3/2003, FJ 5).

V. LA MODIFICACIÓN DE LA LEY DE PRESUPUESTOS

El art. 134.5 contempla la posibilidad de que el Gobierno presente "proyectos de ley que impliquen aumento del gasto público o disminución de los ingresos correspondientes al mismo ejercicio presupuestario". Ahora bien, a fin de asegurar la conciliación de esta previsión con el necesario respeto a las exigencias de unidad y universalidad presupuestarias establecidas en el art. 134.2 CE, el Tribunal Constitucional ha subrayado la necesidad de que el Gobierno haga un uso excepcional de la misma: "Es claro que, por la propia naturaleza, contenido y función que cumple la Ley de presupuestos, el citado art. 134.5 CE no permite que cualquier norma modifique, sin límite alguno, la autorización por el Parlamento de la cuantía máxima y el destino de los gastos que dicha Ley establece. Por el contrario, la alteración de esa habilitación y, en definitiva, del programa político y económico anual del Gobierno que el presupuesto representa, sólo puede llevarse a cabo en supuestos excepcionales, concretamente cuando se trate de un gasto inaplazable provocado por una circunstancia sobrevenida" (STC 3/2003, FJ 5; asimismo, STC 136/2011, FJ 4).

VI. EL ALCANCE DEL DENOMINADO "VETO PRESUPUESTARIO"

En la medida en que el Presupuesto puede considerarse la plasmación económico-financiera de la acción política diseñada por el Gobierno, encuentra justificación que el ordenamiento le reconozca alguna capacidad para obstaculizar la aprobación de medidas legislativas que entrañen una alteración de sus previsiones de ingresos y gastos. Capacidad obstructiva que, como sucede en Francia, puede llegar incluso a la facultad de vetar este tipo de iniciativas; modelo por el que se inclinó el constituyente español. Así, tras reconocer la potestad genérica de las Cortes para enmendar el proyecto de Ley de presupuestos (art. 134.1 CE), la Constitución consagra en términos inequívocos la referida prerrogativa gubernamental: "Toda proposición o enmienda que suponga aumento de los créditos o disminución de los ingresos presupuestarios requerirá la conformidad del Gobierno para su tramitación" (art. 134.6 CE).

Por lo demás, la incorporación de este veto presupuestario, lejos de entrañar un elemento disonante en nuestro sistema parlamentario, se inserta como un elemento más configurador de nuestro modelo de "parlamentarismo racionalizado". Así lo argumentó el Tribunal Constitucional en la STC 223/2006: "La ejecución de un presupuesto en curso supone la verificación de dos confianzas: de un lado la obtenida por el Gobierno con la investidura de su Presidente; de otro la concedida específicamente por la Cámara a su programa anual de política económica. Así como la primera sólo se pierde en los casos expresamente establecidos (con el éxito de una moción de censura o el fracaso de una cuestión de confianza), la segunda se conserva a lo largo del período de vigencia natural (o prorrogada) del presupuesto, de suerte que el Gobierno puede pretender legítimamente que las previsiones económicas en él contenidas se observen rigurosamente en el curso de su ejecución. Puede pretender, en definitiva, que sólo sea relevante la oposición a su programa de gobierno traducida en una retirada formal de la confianza obtenida con la investidura y que, constante esa confianza, no se dificulte la ejecución del programa del Gobierno haciéndolo impracticable con la desnaturalización del programa económico sobre el que se asienta. Éste es el fundamento de la facultad que se le reconoce al Ejecutivo para oponerse a la tramitación de iniciativas legislativas que puedan desvirtuar el instrumento económico de su acción de gobierno" (FJ 6º).

Debe señalarse, por otro lado, que el veto gubernamental no se proyecta sobre la facultad de enmienda del Parlamento en relación con el proyecto de Ley de Presupuestos, sino que el mismo únicamente resulta operativo una vez que el Presupuesto ha sido aprobado. Y el Tribunal Constitucional ya ha tenido ocasión de subrayar ese mayor margen de maniobra de enmienda de que dispone el Parlamento durante la tramitación de la Ley de Presupuestos: "Las discrepancias con las prioridades presupuestarias del ejecutivo pueden expresarse [...] mediante la potestad de enmienda y aprobación de los presupuestos y, en último caso, con el uso de los instrumentos de exigencia de responsabilidad previstos estatutariamente. Pero es claro que, una vez aprobados, y durante su ejecución (que corresponde en exclusiva al Gobierno —controlada, eso sí, por la Asamblea), no pueden, sin el consentimiento del Ejecutivo, plantearse iniciativas que alteren el equilibrio de los presupuestos" (STC 223/2006, FJ 6º).

Asimismo, según ha sostenido tradicionalmente la posición doctrinal mayoritaria, el veto presupuestario se aplica únicamente al presupuesto en curso y no a los futuros presupuestos. La afirmación de que el veto se extiende solamente al presupuesto vigente al tiempo del examen de la enmienda o proposición en cuestión, es una conclusión a la que se llega igualmente tras analizar el debate en sede constituyente. En la redacción que dio el Informe de la Ponencia del Congreso a la norma que se convertiría en el actual art. 134.6 CE, se mencionaba el aumento de gasto y la disminución de ingresos en términos genéricos, sin precisar que se trataban de créditos e ingresos "presupuestarios". Esta adición se incorporaría en el Dictamen de la Comisión de Asuntos Constitucionales y Libertades Públicas a raíz de la siguiente intervención de Fraga Iribarne: "El señor De la Fuente en su enmienda número 35 trata del sutil equilibrio que se plantea siempre en estas cuestiones en todos los Derechos Parlamentarios para conseguir que el Gobierno tenga la iniciativa en materia presupuestaria y, al mismo tiempo, una responsabilidad de control del conjunto del gasto; pero, por otra parte, para que esta prioridad... no destruya la posibilidad de que por vía de proposición de ley se puedan proponer cosas razonables que en algún caso puedan implicar aumento de gastos, se establece un equilibrio, que es tradicional y viene básicamente del Derecho parlamentario británico, que es el de que las proposiciones o enmiendas que entrañen aumento de gastos o disminución de ingresos requieran la conformidad del Gobierno para su tramitación. Pero se entiende que esto debe ser dentro del mismo ejercicio, porque si no el cálculo de esas implicaciones podría llevar muy lejos y, por otra parte, lo que no puede tampoco el Gobierno es prejuzgar que en el próximo Presupuesto no se pueden incluir estos aumentos. Por tanto, se propone que, manteniéndose las limitaciones tradicionales indicadas, se puntualice que se refieren al mismo ejercicio presupuestario y que eso no puede servir como pretexto para que una proposición de ley que signifique aumento de gasto no sirviese para otros ejercicios, porque eso forma parte de la naturaleza de la legislación progresiva" (Diario de Sesiones del Congreso de los Diputados, núm. 87, sesión núm. 19, martes 13 de junio de 1978, p. 3212; la cursiva es nuestra).

A la vista del proceso de conformación de la norma, no ha de extrañar que se fundamente en estos "precedentes parlamentarios" la tesis de que no están sujetas a la aprobación del Gobierno aquellas iniciativas que no afecten al ejercicio presupuestario en curso, sino a los futuros; y, de hecho, conforme a este criterio se ha venido procediendo en la práctica en el Congreso de los Diputados. Lectura que, en fin, ha sido explícitamente asumida en la STC 34/2018, que resolvió un conflicto de atribuciones entre órganos constitucionales promovido por el Gobierno frente a la decisión de la Mesa del Congreso de oponerse al veto: "[...] la conformidad del Gobierno ha de referirse siempre al Presupuesto en vigor en cada momento, en coherencia con el propio principio de anualidad contenido en el mismo artículo, entendiendo por tal tanto el autorizado expresamente como incluso el que ha sido objeto de prórroga presupuestaria (art. 134.4 CE), pues no por ello deja de cumplir la función esencial de vehículo de dirección y orientación de la política económica del Gobierno" [FJ 7 b)].

Conviene reseñar que, durante largo tiempo, el veto presupuestario fue un recurso poco empleado en la práctica parlamentaria, habida cuenta de que los gobiernos solían contar con un apoyo mayoritario en el Pleno y, consecuentemente, podían fácilmente rechazar la toma en consideración de las proposiciones presentadas por la oposición. La situación cambió sustancialmente a raíz de la creciente fragmentación parlamentaria y la aparición de gobiernos en minoría, ya que incentivó la utilización del veto presupuestario como una vía para impedir que pudieran progresar las proposiciones de ley. Ello explica, por lo demás, la elevada conflictividad generada desde entonces en relación con las decisiones de la Mesa del Congreso que acordaban el rechazo (SSTC 34/2018 y 44/2018) o la aceptación (SSTC 94/2018, 139/2018 y 17/2019) del veto presupuestario.

VII. LA CREACIÓN Y MODIFICACIÓN DE TRIBUTOS EN LA LEY DE PRESUPUESTOS

Un específico límite material a la Ley de Presupuestos se establece de forma explícita en el último apartado del artículo que nos ocupa, pues prohíbe taxativamente que la misma pueda crear tributos, aunque sí contempla la posibilidad de que proceda a su modificación "cuando una ley tributaria sustantiva así lo prevea" (art. 134.7 CE).

Se trata de un precepto que responde a lo que se ha dado en denominar "el desdoblamiento del control por el Parlamento de la actividad financiera pública" (por todas, STC 3/2003, FJ 4º), a saber, por una parte, el desempeñado a través la reserva de ley en materia tributaria y, por otro lado, el que se efectúa mediante el principio de legalidad respecto de los gastos al ejercitar las Cortes su función presupuestaria. El objetivo primordial de la disposición es, pues, evitar que las singularidades procedimentales del presupuesto —con las consabidas restricciones en su tramitación parlamentaria— sirvan para acometer una sustancial renovación del sistema impositivo.

La jurisprudencia constitucional ha asumido razonablemente una interpretación literal de la prohibición contenida en el art. 134.7 CE, al considerar que la misma se ciñe exclusivamente a los tributos, de tal modo que nada impide al legislador presupuestario crear prestaciones patrimoniales de carácter público siempre y cuando no tengan naturaleza tributaria: "En la medida que no puede efectuarse una lectura expansiva de los límites que la Constitución impone a la Ley de presupuestos, cuando el art. 134.7 CE prohíbe a la Ley de presupuestos 'crear tributos' está poniendo en conexión esta limitación con el deber de contribuir al que hace referencia el art. 31.1 CE y con la potestad originaria del Estado para crear tributos por ley del art. 133.1 CE, sin que dicha prohibición pueda extenderse a cualquier 'prestación patrimonial de carácter público' a que se refiere el art. 31.3 CE" (STC 44/2015, FJ 5; asimismo, STC 62/2015, FJ 3).

Por lo que hace a la habilitación para modificar tributos, se ha entendido que la misma permite incluso efectuar "alteraciones sustanciales y profundas del impuesto, siempre que exista una norma adecuada que lo prevea y, en todo caso, no obsta a un tratamiento en la Ley presupuestaria de mera adaptación del tributo a la realidad" (STC 27/1981, FJ 2). Y en lo relativo a la interpretación de qué ha de entender por "ley tributaria sustantiva" a los efectos del precepto que nos ocupa, el Tribunal Constitucional rechazó equipararla, sin más, con la ley propia de cada tributo, inclinándose por la siguiente comprensión del concepto: "[...] cuando el art. 134.7 habla de 'Ley tributaria sustantiva' se remite a cualquier Ley ('propia' del impuesto o modificadora de ésta) que, exceptuando la de Presupuestos, regule elementos concretos de la relación tributaria" (STC 27/1981, FJ 3).

VIII. BIBLIOGRAFÍA

CAAMAÑO DOMÍNGUEZ, F.: "Sobre la ley de presupuestos y sus límites constitucionales. Un comentario a la STC 76/1992, de 14 de mayo", en *Revista de Derecho Financiero y Hacienda Pública*, núm. 224, 1993, pp. 335-350.

CAZORLA PRIETO, L. M.ª: "Comentario al artículo 134", en GARRIDO FALLA, F. (coord.): *Comentarios a la Constitución*, 3ª edición, Civitas, Madrid, 2001.

GIMÉNEZ SÁNCHEZ, I.: *Las competencias presupuestarias del Parlamento*, CEPC, Madrid, 2008.

– "La función económico-presupuestaria del Congreso de los Diputados", *Revista de las Cortes Generales*, núm. 113, Especial monográfico "40 Aniversario del Reglamento del Congreso de los Diputados", 2022, pp. 213-244.

MARRERO GARCÍA-ROJO, A.: "El control del ejercicio del gobierno de la facultad de veto presupuestario (Comentario a la STC 223/2006, con consideración a la STC 242/2006)", en *Revista Española de Derecho Constitucional*, núm. 80, 2007, pp. 309-359.

MARTÍNEZ LAGO, M. A.: *Ley de Presupuestos y Constitución*, Trotta, Madrid, 1998.

MORENO FERNÁNDEZ, J. I.: "Comentario al artículo 134", en CASAS BAAMONDE/RODRÍGUEZ PIÑERO (dirs.): *Comentarios a la Constitución Española. Tomo II*, BOE/Wolters Kluwer, Madrid, 2018.

RODRÍGUEZ BEREIJO, A.: "Jurisprudencia constitucional y derecho presupuestario. Cuestiones resueltas y temas pendientes", *Revista Española de Derecho Constitucional*, núm. 44, 1995, pp. 9-64,

IX. JURISPRUDENCIA

STC 27/1981, de 20 de julio.
STC 76/1992, de 14 de mayo.
STC 3/2003, de 16 de enero.
STC 223/2006, de 6 de julio.
STC 152/2014, de 25 de septiembre.
STC 123/2016, de 23 de junio.
STC 34/2018, de 12 de abril.
STC 145/2022, de 15 de noviembre.

Artículo 135

1. Todas las Administraciones Públicas adecuarán sus actuaciones al principio de estabilidad presupuestaria.

2. El Estado y las Comunidades Autónomas no podrán incurrir en un déficit estructural que supere los márgenes establecidos, en su caso, por la Unión Europea para sus Estados Miembros.

Una ley orgánica fijará el déficit estructural máximo permitido al Estado y a las Comunidades Autónomas, en relación con su producto interior bruto. Las Entidades Locales deberán presentar equilibrio presupuestario.

3. El Estado y las Comunidades Autónomas habrán de estar autorizados por ley para emitir deuda pública o contraer crédito.

Los créditos para satisfacer los intereses y el capital de la deuda pública de las Administraciones se entenderán siempre incluidos en el estado de gastos de sus presupuestos y su pago gozará de prioridad absoluta. Estos créditos no podrán ser objeto de enmienda o modificación, mientras se ajusten a las condiciones de la ley de emisión.

El volumen de deuda pública del conjunto de las Administraciones Públicas en relación con el producto interior bruto del Estado no podrá superar el valor de referencia establecido en el Tratado de Funcionamiento de la Unión Europea.

4. Los límites de déficit estructural y de volumen de deuda pública sólo podrán superarse en caso de catástrofes naturales, recesión económica o situaciones de emergencia extraordinaria que escapen al control del Estado y perjudiquen considerablemente la situación financiera o la sostenibilidad económica o social del Estado, apreciadas por la mayoría absoluta de los miembros del Congreso de los Diputados.

5. Una ley orgánica desarrollará los principios a que se refiere este artículo, así como la participación, en los procedimientos respectivos, de los órganos de coordinación institucional entre las Administraciones Públicas en materia de política fiscal y financiera. En todo caso, regulará:

a) La distribución de los límites de déficit y de deuda entre las distintas Administraciones Públicas, los supuestos excepcionales de superación de los mismos y la forma y plazo de corrección de las desviaciones que sobre uno y otro pudieran producirse.

b) La metodología y el procedimiento para el cálculo del déficit estructural.

c) La responsabilidad de cada Administración Pública en caso de incumplimiento de los objetivos de estabilidad presupuestaria.

6. Las Comunidades Autónomas, de acuerdo con sus respectivos Estatutos y dentro de los límites a que se refiere este artículo, adoptarán las disposiciones que procedan para la aplicación efectiva del principio de estabilidad en sus normas y decisiones presupuestarias.

COMENTARIO

Luis I. Gordillo Pérez
Profesor Titular de Derecho Constitucional
Universidad de Deusto

SUMARIO: I. INTRODUCCIÓN. II. CONTROVERSIAS EN TORNO A LA SEGUNDA REFORMA CONSTITUCIONAL. III. EL NUEVO TEXTO DEL ARTÍCULO 135. IV. OBSERVACIONES FINALES. V. BIBLIOGRAFÍA. VI. JURISPRUDENCIA.

I. INTRODUCCIÓN

El artículo 135 de la Constitución, y más concretamente, el texto resultante de la segunda reforma constitucional, ha sido objeto de numerosos estudios y comentarios. Aunque el texto se refiere a un aspecto aparentemente técnico como es el llamado principio de estabilidad presupuestaria, en la práctica tiene un alcance prácticamente horizontal, ya que condiciona los presupuestos y, por tanto, la capacidad de gasto (y de hacer políticas) de las administraciones públicas.

La primitiva regulación del artículo 135 hacía referencia a las limitaciones del gobierno para emitir deuda y contraer crédito. Esencialmente, se establecía la necesidad de hacerlo mediante ley, aunque la brevedad y apertura del precepto constitucional dio lugar a una interpretación amplia que otorgaba amplios márgenes de maniobra al ejecutivo. El recurso más o menos amplio a esta opción de financiación (Oehling/Benito), el estallido de la importante crisis financiera mundial y la ausencia de auténticos mecanismos de gobierno económico convirtieron la crisis de la deuda en una verdadera crisis sistémica en muchos países de zona euro, particularmente aquellos que venían experimentando el llamado "crecimiento blando", lo que incluía a España (Rodríguez).

Así, entre 2011 y 2012, mientras los gobiernos europeos decidían si procedían o no a una auténtica federalización del gobierno económico de la UE, las instituciones comenzaron a prescribir soluciones de emergencia ante el riesgo de colapso de las economías europeas, particularmente las de la eurozona. Una de estas medidas, auspiciada por la cumbre franco-alemana del 16 de agosto de 2011, consistía en la llamada "regla de oro", y más concretamente, en la adopción de una norma constitucional que estableciera la limitación de los déficits públicos y la vuelta al equilibrio presupuestario de las cuentas públicas en los países de la zona Euro.

La tesis relativa a la inclusión de un precepto de rango constitucional que limite la capacidad de endeudamiento de los Estados no es nueva, sin embargo, ha adquirido un nuevo protagonismo en el actual contexto de crisis en el que se busca inspiración en las recetas alemanas. En efecto, desde su entrada en vigor, la Ley Fundamental de Bonn prevé en su artículo 110.1 que "el presupuesto federal deberá ser equilibrado en sus ingresos y gastos". Además, los artículos 109, 115 y 143d desarrollan la cuestión. Así, se prevé que los préstamos del Estado sólo pueden ser empleados en gastos de inversión (artículo 115). No obstante, se ha producido un recurso continuado a la cláusula que permite incurrir en déficit para "para contrarrestar una alteración del equilibrio global de la economía". La reforma de la Constitución germana de 2009 introdujo un mecanismo de "freno al endeudamiento" (*Schuldenbremse*) que establece la obligación de limitar el déficit estructural federal al 0,35% del PIB así como la necesidad de mantener el equilibrio presupuestario por parte de los *Länder*. Finalmente, hay que tener en cuenta dos cuestiones adicionales: 1) que estas garantías son susceptibles de derogación en casos de evolución anormal de la coyuntura, desastres naturales o situaciones extraordinarias más allá del control del gobierno y que puedan comprometer sustancialmente la capacidad financiera del Estado, y 2) que las Constituciones de los Lander a veces establecen mecanismos adicionales de control presupuestario (artículo 82 de la Constitución de Baviera, 72 de la de Hamburgo o 131 de la de Bremen, por ejemplo).

Otros Estados europeos han seguido esta vía de limitar constitucionalmente el déficit: España, Italia, Eslovenia, Eslovaquia, Lituania o Hungría, además de Portugal, cuya limitación es casi de naturaleza constitucional. Aunque casi todas las reformas siguen los mismos principios, en nuestro caso existen algunas particularidades que hacen necesario un análisis individualizado de la reforma española.

II. CONTROVERSIAS EN TORNO A LA SEGUNDA REFORMA CONSTITUCIONAL

La reforma de la Constitución es un aspecto que siempre ha interesado a la doctrina, particularmente en lo que respecta a los límites y al control del proceso en sí. Además, es un área en la que resulta de interés analizar si acaso ciertas interpretaciones constitucionales no han supuesto reformas encubiertas (Pérez Tremps). No es éste el lugar para disertar sobre estas interesantes cuestiones, pero sí parece necesario recordar que la teoría del constitucionalismo implica que la Norma Fundamental ha ser estable y predecible y, en consecuencia, que dicho texto no esté sometido a los vaivenes de los cambios parlamentarios coyunturales, sino que su actualización ha de responder a un proceso más rígido que el proceso legislativo ordinario. La reciente reforma del artículo 135, más que buscar una actualización del pacto constitucional, parece que sigue al pie de la letra el guión establecido por el directorio franco-alemán que, tras la citada mini-cumbre de 16 de agosto de 2011, envió una carta al presidente del Consejo Europeo con la batería de medidas necesarias para proteger y reforzar la Unión Económica y Monetaria y el Euro. Entre ellas, se encontraba el establecimiento del principio de estabilidad presupuestaria.

La doctrina que ha analizado esta reforma se ha centrado, en general, en tres grandes aspectos. En primer lugar, un sector se ha centrado en el contenido de la reforma en sí, es decir, en las cuestiones propias del Derecho constitucional financiero y su relación con las normas fiscales y de control de la UE (por ejemplo, Medina, De la Hucha). Otro grupo, en segundo lugar, se ha detenido a analizar el proceso de "reforma exprés" que se ha seguido (entre otros, Ridaura o García-Escudero) y que fue recurrido en amparo ante el TC, que lo desestimaría mediante el ATC 9/2012 (con interesantes votos particulares que hacen cuestionar la naturaleza misma de la institución de reforma). Finalmente, otro grupo de autores también ha tratado, desde una perspectiva más propia de la legitimación y los fines del Estado social, cómo estas limitaciones pueden afectar a las políticas sociales, si esto es legítimo en sí mismo y hasta qué punto se ha perdido un grado más de soberanía a favor de una UE poco centrada en aspectos sociales (así, Jimena o Rey). Además, cabría destacar un aspecto algo más horizontal, que tiene relación con los anteriores, y es cómo ésta reforma ha afectado específicamente al sistema de financiación territorial, particularmente en lo que afecta a las Comunidades Autónomas (Ruiz Almendral o De la Quadra-Salcedo).

Aunque se intentará hacer referencia a los aspectos anteriores, dada la naturaleza y extensión de este trabajo, el estudio se centrará en el contenido y alcance de la reforma haciendo referencia sobre todo al primer aspecto. Así, en cuanto a la tramitación, la que ha sido hasta la fecha la segunda reforma de la Constitución ha llegado tras un acelerado proceso de apenas un mes y ha entrado en vigor el 27 de septiembre de 2011. El texto de la reforma establece un preámbulo, una parte dispositiva con un artículo único (en el que se estipula la nueva redacción del artículo 135), una disposición adicional que establece el calendario de desarrollo de esta reforma y una disposición final que establece la entrada en vigor inmediata. El sentido y los efectos últimos de la reforma dependen, además, del Derecho de la UE y de la Ley Orgánica de desarrollo que ésta prevé y que se aprobó como Ley Orgánica 2/2012, de 27 de abril, de Estabilidad Presupuestaria y Sostenibilidad Financiera.

Cabe destacar, también que, al ser producto de una iniciativa legislativa parlamentaria, pactada, además, por los dos principales partidos con representación en el hemiciclo, el Consejo de Estado no hubo de pronunciarse, lo que redundó en la celeridad con la que fue tramitada. La proposición de reforma registrada en el Congreso tiene fecha de 26 de agosto de 2011 y la entrada en vigor, tras la más que expeditiva tramitación parlamentaria, se produjo el 27 de septiembre de ese mismo año.

El preámbulo de la reforma resalta la importancia del principio de estabilidad presupuestaria que "adquiere un valor verdaderamente estructural y condicionante de la capacidad de actuación del Estado, del mantenimiento y desarrollo del Estado Social" y que, por tanto, "justifica su consagración constitucional, con el efecto de limitar y orientar, con el mayor rango normativo, la actuación de los poderes públicos". Curiosamente, se cita el Pacto de Estabilidad, pero no se alude a su fuerza normativa.

III. EL NUEVO TEXTO DEL ARTÍCULO 135

El nuevo texto de la norma es bastante explícito, introduce por vez primera una mención a la UE y remite a la que sería la LO 2/2012 su desarrollo posterior. En lo que respecta al contenido positivo, el artículo 135.1 obliga a que todas las Administraciones se adecúen al principio de estabilidad presupuestaria. Aunque el resto del artículo sólo mencione las administraciones territoriales (Central, autonómica y local), habría que entender también incluida la llamada administración instrumental o institucional. Lo contrario podría haber propiciado que las administraciones territoriales creasen organismos autónomos a modo de filiales sobre las que descargar sus déficits.

El apartado 2 establece la prohibición de sobrepasar el déficit estructural establecido por la UE. En el momento de la adopción de esta reforma, el pacto de estabilidad prohibía superar el clásico 3%. Sin embargo, tras la entrada en vigor del Tratado de Estabilidad, Coordinación y Gobernanza en la Unión Económica y Monetaria (TECG), que para nuestro país fue el 27 de julio de 2012, el artículo 3.1 a) de dicho Tratado establecía la obligación de "de equilibrio o de superávit". A diferencia del caso alemán, por ejemplo, donde se ha inscrito en el texto constitucional el límite explícito, en el caso español vemos cómo se recurre a la ley orgánica para concretar, en un momento posterior, cuál haya de ser ese límite. Aunque existe un cierto solapamiento temporal (España se fue adelantando a las medidas contempladas en el TECG), la Ley Orgánica 2/2012, de 27 de abril, de Estabilidad Presupuestaria y Sostenibilidad Financiera recogió en su artículo 3 una disposición idéntica a la del TECG, estableciendo la obligación de equilibrio o superávit.

Los artículos 11 a 17 de la LO 2/2012 concreta los principios y procedimientos para instrumentar el principio de estabilidad presupuestaria y sostenibilidad financiera. Para ello se prohíbe el déficit estructural, lo que implica que las administraciones tienen que presentar equilibrio o superávit sin incurrir en déficit estructural, es decir, ajustado al ciclo y sin tener en cuenta medidas excepcionales. No obstante, cabe presentar un déficit del 0.4% del PIB en caso de reformas estructurales con efectos a largo plazo. También se (re)establece un límite general a la deuda, que no podrá superar el 60% del PIB (y que se distribuye así: 44% Administración central, 13% CC.AA. y 3% entes locales). Se limita también al 13% del PIB regional la deuda para cada Comunidad Autónoma, es establece la obligación de realizar un plan de reequilibrio si no se cumplen estos límites y se consagra la autorización del Estado para que CC.AA. y Entidades locales puedan emitir deuda y realizar operaciones de crédito.

Resulta extraño y, sin duda, una suerte de cuestionamiento de la primacía del Derecho de la UE, el que haya que establecer (o recordar) en sede nacional la necesidad de respetar una obligación supranacional ya existente. A nadie se le escapa, sin embargo, que la diferencia última con la situación anterior es que a partir de ahora habrá una jurisdicción que será competente para controlar el incumplimiento del déficit. El TECG facultad al Tribunal de Justicia (ex artículo 273 TFUE) para controlar el cumplimiento de las obligaciones contraídas por los Estados (artículo 8 TECG) en virtud de dicho Tratado pudiendo incluso, en la eventualidad de incumplir sus sentencias, condenar al Estado infractor "al pago de una suma a tanto alzado o de una multa coercitiva adaptada a las circunstancias, que no excederá del 0,1% de su producto interior bruto".

En el caso de las entidades locales, por otra parte, simplemente se establece la necesidad de que estas administraciones territoriales cuadren sus cuentas. Para entender por qué se aplica un régimen distinto a las entidades locales, quizá cabría recordar la dificultad de ponderar, controlar y coordinar los déficits de más de ocho mil de estas administraciones territoriales.

El 135.3 establece además la necesidad de autorizar por ley la emisión de deuda por parte de las Comunidades Autonómicas (aspecto posteriormente desarrollado en los artículos 13.4 y 13.5 de la LO 2/2012) e, igualmente, se fija la "prioridad absoluta" de que gozan los pagos necesarios para satisfacer intereses y capital de la deuda pública de las Administraciones (artículo 14 LO 2/2012).

El artículo 135.4, en línea con lo establecido en el texto fundamental alemán, establece los supuestos excepcionales en los que podrán sobrepasarse los límites de déficit estructural y volumen de la deuda pública (catástrofes, recesión, situaciones de emergencia extraordinaria...) condicionando su validez de dichas excepciones a que éstas sean apreciadas por mayoría absoluta del Congreso (176 diputados, en estos momentos). Esta disposición constitucional ha sido desarrollada por el artículo 11.3 de la Ley Orgánica 2/2012, de 27 de abril, de Estabilidad Presupuestaria y Sostenibilidad Financiera. El hecho de que la existencia del presupuesto habilitante (situaciones de emergencia...) haya de ser apreciado por una mayoría cualificada del Congreso suavizará sin duda el control que, en su caso, podrá realizar el Tribunal Constitucional sobre la existencia o no de esas situaciones tasadas en el precepto constitucional. Es decir, si ya en el caso de la "extraordinaria y urgente necesidad" que la Constitución establece en el artículo 86 para la aprobación de un Real Decreto-Ley, el TC muestra una especial deferencia para con la apreciación realizada por el Gobierno (como excepción, cabría citar la STC 68/2007, con escasos efectos, por otra parte), la necesidad de apreciar la concurrencia del presupuesto habilitante en virtud de una mayoría cualificada del Congreso de los Diputados hará, previsiblemente, aún más excepcional un posible control del TC sobre este particular.

El apartado 5 del artículo 135 difiere a una ley orgánica la distribución de los límites de déficit y deuda entre el Estado y las CC AA, los métodos y procedimientos de cálculo y la responsabilidad de cada administración, cosa que se desarrolló en la LO 2/2012 precitada, donde cabe destacar la mención que se hace al procedimiento excepcional del 155 de la Constitución española (que habilita al Estado para intervenir las CC AA). Hay que decir que esta nueva obligación constitucional (controlable por el TC) en nada modifica las obligaciones del Reino de España para con las limitaciones establecidas en el TECG, que conmina a mantener un equilibrio presupuestario y vuelve controlable esta obligación por parte del Tribunal de Justicia. Es decir, si España incumpliera los límites establecidos en dicho TECG o en otras obligaciones emanadas de actos de la UE, sería responsable en virtud del Derecho de la Unión y se vería abocada, en última instancia, al pago de importantes multas. Además, si el Congreso estima por mayoría absoluta (artículo 135.4) que dadas unas excepcionales circunstancias, cabe sobrepasar los límites de referencia, aunque el TC nacional lo corrobore, España seguiría teniendo que responder ante las instituciones de la UE si el Tribunal de Justicia entendiese que dichas circunstancias no quedan amparadas por el apartado 3, b) del TECG, que entiende como "excepcional" "aquel acontecimiento inusual que esté fuera del control de la Parte Contratante afectada y tenga una gran incidencia en la situación financiera de las administraciones públicas o aquellos períodos de grave recesión económica a tenor del Pacto de Estabilidad y Crecimiento revisado, siempre que la desviación temporal de la Parte Contratante afectada no ponga en peligro la sostenibilidad presupuestaria a medio plazo".

El artículo 135.6, finalmente, conmina a las Comunidades Autónomas a adoptar las medidas necesarias para respetar el principio de estabilidad presupuestaria, especialmente en lo que a la elaboración de nuevos presupuestos se refiere. Dicho principio aparece desarrollado en el artículo 3 de la LO 2/2012, aunque hay que entender que esta obligación constitucional se hace extensiva al conjunto de los denominados "principios generales", que incluye, además del de estabilidad presupuestaria (artículo 3), los principios de sostenibilidad financiera (artículo 4), plurianualidad (artículo 5), transparencia (artículo 6), eficiencia en la asignación y utilización de los recursos públicos (artículo 7), responsabilidad (artículo 8), lealtad institucional (artículo 9), así como el nuevo principio de prudencia financiera (incorporado a través de la reforma operada por la LO 6/2015).

IV. OBSERVACIONES FINALES

1854 Con esta reforma, España pretendió, entre otras cosas, reafirmar su credibilidad financiera ante los socios europeos y las agencias de calificación internacionales que tienen un gran impacto en las condiciones en las que se accede al crédito. Por otra parte, resulta de interés señalar el impacto de esta reforma en el procedimiento presupuestario, en tanto que además de operar importantes cambios en el procedimiento de aprobación de los presupuestos nacionales y autonómicos ordinarios (mediante la necesidad de aprobación del llamado "techo de gasto", salvo en las comunidades con régimen fiscal especial), se ha introducido importantes limitaciones en la capacidad de gasto y de endeudamiento (Gordillo).

En todo caso, al margen de la evolución del Derecho constitucional económico europeo, en el ámbito meramente nacional, se produce una cierta reafirmación, según unos, o (re)centralización, según otros, del poder de coordinación y control por parte del Estado que se residencia en el Gobierno central (García Roca), aspecto que en cierta medida adelantó la STC 134/2011. Además, se judicializa la política económica y, específicamente, la política presupuestaria.

En cuanto al primer aspecto señalado, los poderes de coordinación, control y coacción del Gobierno, se ha efectuado casi una trasposición interna de las normas establecidas para controlar a los Estados. Las medidas de coordinación se centran la fijación de objetivos, que se hace en Consejo de Ministros. El Tribunal Supremo en su Sentencia 1038/2016 ha tenido la oportunidad de manifestarse y desestimar los recursos presentados contra los objetivos establecidos en sucesivos acuerdos del Consejo de Ministros, calificándolos de "acto preparatorio de la decisión de las Cortes Generales", lo que, en la práctica, refuerza esta potestad del Gobierno. Las medidas preventivas, correctivas y coercitivas nacionalizan también las previsiones del mecanismo creado por la UE para controlar a los Estados. Como novedad, cabe destacar que en caso de incumplimiento de las sanciones previstas (pérdida de créditos, obligación de constituir depósitos y pago de multas) se prevé la posibilidad de recurrir al artículo 155 CE para imponer la adopción forzosa de medidas a las instituciones de las CC AA.

Por otro lado, en cuanto al segundo aspecto, como recuerda la DA 3ª de la LO 2/2012, el Tribunal Constitucional será el encargado de controlar que la ley presupuestaria "vulneren los principios establecidos en el artículo 135 de la Constitución y desarrollados en la presente Ley [Orgánica]". Así, esta LO ha entrado directamente a formar parte del bloque de la constitucionalidad y se erigirá en canon o parámetro de control de las leyes presupuestarias. Por otra parte, habría que plantearse (dado el tiempo que suele emplear el TC en estos procedimientos) los efectos prácticos y hasta qué punto puede resultar peor el remedio que la enfermedad si, supongamos, se declara inconstitucional un presupuesto que ya ha sido ejecutado hace unos años, por no hablar de las consecuencias políticas, económicas y jurídicas de las prórrogas presupuestarias obligatorias (DA 3ª) en caso de recurso ante el TC. Además, como se ya se ha señalado, el Tribunal de Justicia también se encargará de vigilar el cumplimiento por parte de los Estados miembros de las limitaciones en materia de deuda y déficit establecidos por el TECG.

La reforma del artículo 135 y la aprobación de la LO 2/2012 ha tenido, finalmente, un efecto colateral de interés. Además de aumentar el poder de coordinación del Gobierno en aspectos económicos, ha rescatado el principio de lealtad institucional (introducido en nuestro ordenamiento a través de la reforma de 1999 de la ya extinta LPC) y la necesidad de aumentar la transparencia en la gestión de las finanzas públicas. Finalmente, la creación de la Autoridad Independiente de Responsabilidad Fiscal (AIReF) ha supuesto igualmente un hito importante en nuestro país, en tanto que añade un elemento de control, siquiera indirecto a través de informes y opiniones, sobre la actuación del Gobierno y del resto de administraciones. Aunque esta institución sólo realice informes en los que emite consideraciones y sugerencias, sus opiniones son largamente discutidas en los distintos parlamentos y condicionan en buena medida la labor de los gobiernos.

La UE se encontraba (y se encuentra) en un momento también complicado en tanto que ha de hacer frente a una serie de problemas y desequilibrios (producto de asimetrías que la gobernanza, que no gobierno económico, ha incrementado) sin contar con los instrumentos de corte federal necesarios). Además, el Estado acepta incluir la llamada "regla de oro" en el texto de su norma más sagrada, olvidando que ya contrajo esa obligación en el Pacto de Estabilidad que vino de la mano del Tratado de Maastricht y que esta obligación se ha visto actualizada a través del TECG. La necesidad de constitucionalizar una norma supranacional ya existente, parecería indicar la debilidad del carácter obligatorio de esta última. Sin embargo, en sentido inverso sí parece aceptarse sin mayores inconvenientes la primacía del Derecho de la Unión. En el momento de escribir estas líneas, las normas que limitan la capacidad de gasto de los Estados miembros se encuentran suspendidas para permitir a los Estados endeudarse más, se entiende que, de manera excepcional, sin dedicarse a financiar gasto corriente y para salir de compleja situación económica en la que los Estados europeos se han visto inmersos en los últimos años. Concretamente, y en los términos expresados por la Comisión, "[e]l aumento de la incertidumbre y los importantes riesgos a la baja para las perspectivas económicas en el contexto de la guerra en Europa, las subidas sin precedentes de los precios de la energía y las continuas perturbaciones de la cadena de suministro justifican la prórroga de la cláusula general de salvaguardia del Pacto de Estabilidad y Crecimiento hasta 2023"[2]. En todo caso, la relajación de las normas fiscales europeas debería ser tomada con responsabilidad por parte de los gobiernos y de los parlamentos de la UE, en tanto en cuanto habrá que regresar, más pronto que tarde, a la senda del control del gasto (Gordillo).

Finalmente, la puesta en marcha de los fondos *NextGenerationEU* que, junto con otra serie de fondos y partidas derivadas del presupuesto de la UE han mutualizado de facto una importante deuda que también es común y suponen toda una oportunidad para transformar las economías de los Estados de la Unión, pero también un reto en tanto que será necesario alcanzar acuerdos en el plano europeo y nacional que permitan la sostenibilidad del sistema a largo plazo (Aranda). Una vez más, se ven las costuras de la gobernanza económica europea y, en el momento en que finalice la suspensión de las normas europeas sobre endeudamiento, los sistemas nacionales más endeudados también serán sometidos a un importante test de stress que tendrá importantes

2 *Comunicación de la Comisión al parlamento europeo, al consejo, al banco central europeo, al comité económico y social europeo, al comité de las regiones y al banco europeo de inversiones, Semestre Europeo de 2022 - Paquete de primavera*, COM(2022) 600 final, Bruselas, 25 mayo 2022, p. 14.

repercusiones constitucionales y la interpretación del artículo 135 cobrará, de nuevo, el máximo interés.

V. BIBLIOGRAFÍA

ARANDA ÁLVAREZ, E.: "La estabilidad presupuestaria en el contexto europeo: los orígenes y algunas consideraciones tras la crisis del Covid-19", DELGADO RAMOS, D., GORDILLO PÉREZ, L. I. (Dirs.); ROSADO VILLAVERDE, C., *La reforma del artículo 135 de la Constitución diez años después*, Thomson-Aranzadi, Cizur Menor, 2022, pp. 57-79.

DE LA HUCHA CELADOR, F.: "La reforma del artículo 135 de la Constitución", *REDF*, núm. 153, 2012, pp. 21-48.

DE LA QUADRA-SALCEDO JANINI, T.: "La incidencia de la reforma del artículo 135 de la Constitución sobre el Estado autonómico", *Informe CC.AA.*, 2016, pp. 77-110.

DELGADO RAMOS, D.; GORDILLO PÉREZ, L. I. (Dirs.); ROSADO VILLAVERDE, C.: *La reforma del artículo 135 de la Constitución diez años después*, Thomson-Aranzadi, Cizur Menor, 2022.

GARCÍA ROCA, J.: "El principio de estabilidad presupuestaria y la consagración constitucional del freno al endeudamiento", LÓPEZ GARRIDO, D., MARTÍNEZ ALARCÓN, M. L. (coords.), *Reforma constitucional y estabilidad presupuestaria*, CEPC, Madrid, 2013, pp. 173-234.

GORDILLO PÉREZ, L. I.: "Las mutaciones de la Unión Económica y Monetaria: evolución, impacto constitucional y perspectivas de futuro", DELGADO RAMOS, D.; GORDILLO PÉREZ, L. I. (Dirs.); ROSADO VILLAVERDE, C., *La reforma del artículo 135 de la Constitución diez años después*, Thomson-Aranzadi, Cizur Menor, 2022, pp. 25-56.

OEHLING / DE BENITO, J. M.: "La modificación del artículo 135 de la Constitución española de 1978", *Estudios de Deusto*, Vol. 64/1, 2016, pp. 97-136.

PÉREZ TREMPS, P.: *Las reformas de la Constitución hechas y no hechas*, Tirant lo Blanch, Valencia, 2018.

REY PÉREZ, J. L.; "La reforma del artículo 135: Una alteración del título preliminar (estado social) por la puerta de atrás", *RJUAM*, núm. 24, 2011, pp. 231-245.

RODRÍGUEZ ORTIZ, F.: *Eurozona: "dilema" recesión/crecimiento blando*, Thomson-Aranzadi, Pamplona, 2015.

RUIZ ALMENDRAL, V.: "Poder tributario autonómico y Derecho de la Unión Europea", *REDE*, núm. 64, 2017, pp. 25-76.

– *Teoría y Realidad Constitucional*, núms. 29 y 30, 2012 con estudios, entre otros, de GARCÍA-ESCUDERO, JIMENA QUESADA, MEDINA GUERRERO y RIDAURA MARTÍNEZ.

VI. JURISPRUDENCIA

STC 134/2011, de 20 de julio de 2011.
ATC 9/2012, de 13 de enero de 2012.
STS 1038/2016, 10 mayo 2016, ECLI:ES:TS:2016:2004.

Artículo 136

1. El Tribunal de Cuentas es el supremo órgano fiscalizador de las cuentas y de la gestión económica de Estado, así como del sector público. Dependerá directamente de las Cortes Generales y ejercerá sus funciones por delegación de ellas en el examen y comprobación de la Cuenta General del Estado.

2. Las cuentas del Estado y del sector público estatal se rendirán al Tribunal de Cuentas y serán censuradas por éste. El Tribunal de Cuentas, sin perjuicio de su propia jurisdicción, remitirá a las Cortes Generales un informe anual en el que, cuando proceda, comunicará las infracciones o responsabilidades en que, a su juicio, se hubiere incurrido.

3. Los miembros del Tribunal de Cuentas gozarán de la misma independencia e inamovilidad y estarán sometidos a las mismas incompatibilidades que los Jueces.

4. Una ley orgánica regulará la composición, organización y funciones del Tribunal de Cuentas.

COMENTARIO

Pascual Sala
Ex Presidente del Tribunal de Cuentas,
del Tribunal Supremo y del Tribunal Constitucional

SUMARIO: I. LAS DOS FUNCIONES BÁSICAS DEL TRIBUNAL DE CUENTAS Y SU DISTINTA NATURALEZA. 1. Naturaleza de la función de fiscalización. 2. Naturaleza de la función jurisdiccional. II. LA FUNCIÓN FISCALIZADORA Y SU CONTENIDO BÁSICO. III. LA FUNCIÓN JURISDICCIONAL DEL TRIBUNAL Y SU CONTENIDO ESENCIAL. IV. EPÍLOGO. V. LEGISLACIÓN. VI. BIBLIOGRAFÍA. VII. JURISPRUDENCIA.

I. LAS DOS FUNCIONES BÁSICAS DEL TRIBUNAL DE CUENTAS Y SU DISTINTA NATURALEZA

La Constitución y posteriormente las Leyes 2/1982, de 12 de mayo, Orgánica del Tribunal de Cuentas, y 7/1988, de 5 de abril, de Funcionamiento de dicho Tribunal, cambiaron radicalmente la naturaleza y las funciones del Tribunal de Cuentas.

Por un lado, separaron paladinamente sus dos funciones básicas —la fiscalizadora y la jurisdiccional— que anteriormente venían, al menos en parte, confundidas, y, por otro, configuraron la función de fiscalización como una actividad distinta de la administrativa y la jurisdiccional como una auténtica jurisdicción.

1. Naturaleza de la función de fiscalización

En efecto, en la legislación anterior, constituida básicamente por la Ley de 3 de diciembre de 1953, modificada por la de 23 de diciembre de 1961, y por el Reglamento del Tribunal de Cuentas de la República de 16 de julio de 1935, de desarrollo, a su vez, de la Ley de 29 de junio de 1934 y vigente en cuanto no contradijera a las primeras, se confundían ambas funciones, por cuanto se incluía en la jurisdiccional no solo el examen y la comprobación de la Cuenta General del Estado y la expedición de la certificación de su resultado, sino también el examen y "fallo" de las cuentas que deberían ser rendidas al Tribunal, el conocimiento y resolución de los expedientes administrativo-judiciales de alcance y reintegro —así se llamaban— y de los expedientes de cancelación de fianzas de los funcionarios públicos. En la actualidad, después de la entrada en vigor de la Ley Orgánica 2/1982, antes citada, si se tiene en cuenta que la función de fiscalización del Tribunal, con los caracteres de externa, permanente y consuntiva, de la actividad económica-financiera del sector público [art. 2º a)], ha de referirse al sometimiento de dicha actividad a los principios de "legalidad, eficiencia y economía" (art. 9º), así como, tras de la ampliación de este precepto por la Ley Orgánica 3/2015, de 30 de marzo, a los de "transparencia, sostenibilidad ambiental e igualdad de género" en relación con la ejecución de los programas de ingresos y gastos públicos (art. 9º), y no solo eso, sino que el examen y comprobación de las cuentas que han de rendirse no tienen por finalidad fallo alguno, sino la de emitir, en cuanto a la Cuenta General del Estado, "la declaración definitiva que la merezca" (art. 10 LOTCu) o la de someterlas a fiscalización, en cuanto al resto de las cuentas a rendir por los organismos y entidades del sector público y en cuanto, también, al examen y comprobación de los expedientes relativos a los distintos conceptos que se singularizan en los arts. 11 de la Ley Orgánica 2/1982 y 31 y siguientes de la Ley 7/1988 (los integrantes de su Título IV, relativo a la función fiscalizadora del Tribunal y a sus procedimientos), habrá que llegar a la conclusión de que la nueva legislación ha abandonado claramente, el "fallo de las cuentas" y, por tanto y al menos, la parcial identificación con que tradicionalmente las dos funciones venían siendo comprendidas.

Igualmente, en cuanto atañe a la naturaleza de la actividad desarrollada por el Tribunal en el ejercicio de su función fiscalizadora, si bien desde las primeras resoluciones se entendió que no era una propia actividad administrativa susceptible de revisión en vía administrativa y, en su caso, jurisdiccional contencioso-administrativa, no ocurrió lo mismo cuando este criterio se llevó, con anterioridad a la vigencia de la Ley de Funcionamiento, ante el Tribunal Supremo, que, en Sentencia de su Sala Tercera de 18 de octubre de 1986 y sobre la base de que la Ley Orgánica 2/1982, en su Disposición Final Segunda, establecía la supletoriedad de la Ley de Procedimiento Administrativo respecto de las "normas reguladoras de los procedimientos de fiscalización"; con fundamento también en que la naturaleza de una actividad no se determina por la denominación que dé una norma, sino por su contenido y efectos; y con fundamento, por último, de que el contenido y efectos del informe que se analizaba estaba centrado en las infracciones y prácticas irregulares que en él se hacían constar y en los correspondientes procedimientos de alcance y de reintegro que las mismas determinaban, reconoció que se trataba de una actividad "sometida a recursos administrativos y jurisdiccionales" (FJ 5º).

Hubo de ser posteriormente la Ley de Funcionamiento la que propició el abandono de esta interpretación, que hubiera conducido a un verdadero desmantelamiento de la función fiscalizadora del Tribunal, ya que esta no podía desvincularse de su condición de función técnica —no administrativa, por tanto—, derivada de ser el Tribunal de Cuentas un Comisionado de las Cortes Generales de las que depende directamente por disposición específica de la Constitución (art. 136.1, párrafo 2º) y destinada a las mismas Cortes, o a las Asambleas Legislativas de las Comunidades Autónomas, o a los Plenos de las Corporaciones Locales (art. 12.1 párrafo 2º de la Ley Orgánica 2/1982 y 28

de la Ley 7/1988, de Funcionamiento). Por ello, hubo de ser la precitada Ley de Funcionamiento la que enmendara la aludida interpretación y determinara, en su art. 32, que "la tramitación de los procedimientos de fiscalización se ajustará a las prescripciones de este Título —se refiere al IV— y, en su defecto, se aplicarán las disposiciones de la Ley de Procedimiento Administrativo a excepción de las que determinan el carácter de parte o legitiman para la interposición de recursos en vía administrativa o jurisdiccional". También esta salvaguarda del procedimiento fiscalizador puede deducirse de la Disposición Adicional Primera de la Ley de Funcionamiento cuando dispone que "en todo lo que no se hallares previsto en esta Ley y en las disposiciones reglamentarias que la desarrollen, se observarán, en materia de procedimiento, recursos y forma de las disposiciones y actos de los órganos del Tribunal de Cuentas no adoptados en el ejercicio de sus funciones fiscalizadora y jurisdiccional, en cuanto resulten aplicables, las disposiciones de la Ley de Procedimiento Administrativo" e igualmente del art. 1.3 a) de la Ley de la Jurisdicción Contencioso-Administrativa —Ley 29/1998, de 13 de julio— que prevé la revisión jurisdiccional de los actos del Tribunal de Cuentas y de otros órganos constitucionales únicamente cuando se trate de "actos y disposiciones en materia de personal, administración y gestión patrimonial", [art. 1º.3 a)].

Ante esta nueva realidad normativa, la Sala 3ª del Tribunal Supremo, en Auto de 3 de marzo de 2000, de su Sección 2ª, declaró expresamente "la inaplicación del régimen de recursos administrativos a los actos fiscalizadores del

Tribunal de Cuentas que, por su propia esencia y naturaleza, emite este Tribunal como Comisionado del Parlamento que es su único destinatario y receptor" (FJ 2º), y, en Sentencia de la propia Sala de 29 de septiembre de 2010, que "El Tribunal de Cuentas, en el desempeño de su función fiscalizadora, no ejerce ninguna clase de jurisdicción, ni tampoco realiza propiamente una función administrativa desde el momento en que actúa por exclusivo mandato e interés del Parlamento, a quien rinde 'resultado de su fiscalización'. La Sala de Justicia del Tribunal de Cuentas —Sentencias 11/1998, de 3 de julio, y 9/2004, de 4 de marzo, entre otras—, declara asimismo que la función fiscalizadora 'es una actividad de naturaleza técnica previa a la función política del Parlamento'".

2. Naturaleza de la función jurisdiccional

Pese a que el texto constitucional reconoce en el art. 136.2, párrafo 2º, una "propia jurisdicción" al Tribunal de Cuentas y a que la Ley Orgánica 2/1982 lo hace expresamente en sus arts. 2º b), 15, 17 y 18 y los remarca al tratar de los "procedimientos judiciales" en el capítulo III de su Título IV, sin embargo la existencia de esa verdadera jurisdicción fue puesta en tela de juicio inclusive después de la ley de referencia (Saínz de Robles y Albiñana). Es cierto que el reconocimiento en la Constitución de la jurisdicción contable se hace con ocasión de la obligación del Tribunal de remitir a las Cortes Generales "un informe anual en el que, cuando proceda, comunicará las infracciones o responsabilidades en que, a su juicio, se hubiere incurrido", y cierto también que la Ley Orgánica de referencia, al abordar la regulación del "enjuiciamiento contable como jurisdicción propia del Tribunal de Cuentas", dispone que "se ejerce respecto de las cuentas que deban rendir quienes recauden, intervengan, administren, custodien, manejen o utilicen bienes, caudales o efectos públicos" (art. 15.1) y que los primeros procedimientos en que se articula son los juicios de las cuentas [art. 25. a)], con lo que la responsabilidad de quienes tienen obligación de rendirlas por realizar alguna de las operaciones acabadas de citar, parece pasar a un segundo plano, siendo así que es el núcleo básico de la segunda de las funciones del Tribunal. Sin embargo, ya se ha razonado con anterioridad que tanto la Constitución como, sobre todo, la Ley Orgánica 2/1982 separaron la función fiscalizadora del "fallo" de las cuentas, y no solo eso, sino que, en la deliberación parlamentaria del art. 136 de la Constitución, se sustituyó significativamente la frase "sin perjuicio de la efectividad de sus acuerdos" que figuraba en el proyecto, por la definitivamente aceptada de "sin perjuicio de su propia jurisdicción", sustitución además acompañada de expresivas explicaciones adicionales en la misma dirección que no es preciso reproducir aquí.

Pero, independientemente de la realidad acabada de exponer, el decidido propósito de la Ley Orgánica 2/1982 de asignar al Tribunal de Cuentas una autentica función jurisdiccional al lado de la fiscalizadora se manifestó, sobre todo, en el reconocimiento de que, contra sus resoluciones en los procedimientos judiciales, cupieran los recursos de casación y revisión ante el Tribunal Supremo "en los casos y en la forma que determine su Ley de Funcionamiento" (art. 49 de la Ley Orgánica citada), porque estos recursos solo pueden darse respecto de auténticas sentencias dictadas en, a su vez, auténticos procesos. Por eso, hubo de ser la Ley de Funcionamiento 7/1988 la que, ante la inexistencia, en la fecha de su entrada en vigor, del recurso de casación en el orden jurisdiccional contencioso-administrativo, regulara provisionalmente este recurso en relación con las sentencias dictadas por el Tribunal de Cuentas en materia de responsabilidades contables (Disposición Transitoria Tercera de la Ley 7/1988), regulación la expresada que duró hasta la incorporación del recurso de casación a la Ley de la Jurisdicción Contencioso-Administrativa de 27 de diciembre de 1956 por la Ley 10/1992, de 30 de abril. La Ley de dicho orden jurisdiccional vigente —Ley 29/1998, de 13 de julio— ha mantenido explícitamente los recursos de casación y revisión en los mismos términos (arts. 86.4 y 102.4) pese a la profunda transformación que la Ley Orgánica 7/2012, de 21 de junio, en la parte en que modifica la Ley Jurisdiccional Contencioso-Administrativa —Disposición final tercera—, ha introducido en el recurso de casación al ligarlo, en orden a su admisión, al "interés casacional objetivo para la formación de jurisprudencia" (art. 88.2), modificación ésta a la que estará sujeta la casación en materia de enjuiciamiento de responsabilidades contables, en virtud del Auto de 31 de mayo de 2017.

Es de notar, también, que el reconocimiento de una verdadera jurisdicción para el Tribunal de Cuentas en este particular ámbito de la responsabilidad derivada del manejo de caudales o efectos públicos, obligó a la Ley de Funcionamiento 7/1988, como expresa su Preámbulo, a ajustar, en el art. 49, el concepto amplísimo de responsabilidad contable que resultaba de una interpretación literal del art. 38 de la Ley Orgánica 2/1982 a los condicionamientos precisos para compatibilizar la jurisdicción contable con el principio de exclusividad en el ejercicio jurisdiccional —que el art. 117.3 de la Constitución confía a los Juzgados y Tribunales determinados por las leyes— y con las competencias reconocidas por la Ley Orgánica del Poder Judicial —Ley 6/1985, de 1º de julio— a los cuatro clásicos órdenes jurisdiccionales en su art. 9, principalmente a los órdenes civil, penal y contencioso-administrativo. Por todo ello, y desde el primer momento de su actuación, tanto la doctrina como la jurisprudencia del Tribunal Constitucional y del Tribunal Supremo y la derivada de las Sentencias de la Sala de Justicia del Tribunal de Cuentas asumieron y reconocieron que la segunda de las funciones básicas del Tribunal de cuentas era una verdadera jurisdicción.

II. LA FUNCIÓN FISCALIZADORA Y SU CONTENIDO BÁSICO

Conforme, en parte, se ha hecho constar anteriormente, la función de fiscalización del Tribunal de Cuentas con los caracteres de externa, permanente y consuntiva y referida al "sometimiento de la actividad económico-financiera del sector público a los principios de legalidad, eficiencia, economía, transparencia, así como a la sostenibilidad ambiental y la igualdad de género" (art. 9.1 de la Ley Orgánica tras de la ampliación efectuada por la Ley Orgánica 3/2015, de 30 de marzo, de control de la actividad económico-financiera de los partidos políticos y sus fundaciones), ha sido reconocida como primera de sus funciones, tanto por la referida Ley Orgánica 2/1982 (art. 2º) como por la 7/1988 de Funcionamiento (art. 27º.1).

Su contenido se manifiesta en las actuaciones que preceptivamente le vienen impuestas por las dos leyes acabadas de citar y que se concretan en los procedimientos enunciados, respectivamente, en los arts. 10 y siguientes de la primera y 31 y siguientes de la segunda, con una cláusula abierta [(art. 31.q de la Ley de Funcionamiento)] que le permite examinar cualesquiera cuentas, expedientes, situaciones, actuaciones o, inclusive, omisiones que puedan incardinarse en la referida gestión económico-financiera del sector público, o en su falta cuando resulte incumplido el deber de sometimiento a la función de control del Tribunal.

En definitiva, y como entendió el Tribunal Constitucional (vgr. SSTC 187/1988 y 18/1991, entre otras), "la actividad fiscalizadora se centra en el examen y comprobación de la actividad económico-financiera del sector público desde el punto de vista de los principios de legalidad, eficiencia y economía (art. 9), y el resultado de la misma se recoge en los Informes y Memorias anuales que el Tribunal de Cuentas debe remitir a las Cortes Generales (art. 12.1), en los que propondrá las medidas a adoptar, en su caso, para la mejora de la gestión económico-financiera del sector público (art. 14) y hará constar cuantas infracciones, abusos o prácticas irregulares haya observado, con indicación de la responsabilidad en que, a su juicio, se hubiere incurrido y las medidas para exigirla (art. 12.2)".

No es preciso, ni posible, en un comentario como el presente, entrar en el examen particularizado de los procedimientos en que se materializa la función fiscalizadora del Tribunal de Cuentas y de las pautas normativas en que se traduce, que vienen especificadas en un Capítulo —el II del Título I de su Ley Orgánica— y en todo un Título —el IV— de su Ley de Funcionamiento, arts. 27 y sigs. Tampoco es factible examinar, desde el punto de vista de técnicas contables, los instrumentos de que se ha dotado al Tribunal al objeto de llevar a cabo esta función esencial de su actividad, para la que está legal y suficientemente habilitado (art. 27.3 de la Ley de Funcionamiento) o las nuevas normas de que dispone para formar, vgr., la Cuenta General del Estado como una cuenta única consolidada, en vez de su estructuración en tres cuentas separadas según los sectores —administrativo, empresarial y fundacional— en que anteriormente se articulaba, merced a la iniciativa del propio Tribunal, luego materializada en la Orden HAP/1724/2015, de 31 de julio, o las nuevas "Normas de Fiscalización del Tribunal de Cuentas" que su Pleno aprobó en Acuerdo de 23 de diciembre de 2013.

Pero sí es necesario destacar la importancia que para esta esencial función del Tribunal tiene el control de la sumisión de la actividad económico-financiera del sector público al principio de transparencia, específicamente incluido, al lado de los principios clásicos de legalidad, eficiencia y economía, por la Ley Orgánica 3/2015, como antes se dijo, puesto que es un principio esencial para la detección de supuestos de despilfarro y corrupción que el Tribunal había abordado, inclusive antes de la reforma de 2015 acabada de citar y en relación con los Presupuestos Generales del Estado para los ejercicios 2007 y 2008, en un Informe aprobado el 30 de junio de 2011 en conexión con el cumplimiento del principio de transparencia establecido en la legislación sobre estabilidad presupuestaria. En este Informe se entra a examinar la aplicación del referido principio solo a actuaciones pertenecientes a la fase de elaboración de los Presupuestos Generales del Estado y no a las relativas a su ejecución. La dificultad principal radicaba en el carácter consuntivo de la función fiscalizadora, como también se ha visto, es decir, en ser final y definitiva y no previa. Pero si se tiene en cuenta que la fiscalización realizada es posterior a los actos preparatorios y, por tanto, se sitúa en el momento en que estos actos se producen el punto de referencia para determinar la naturaleza previa o posterior de la fiscalización, el respeto a que ésta haya de ser consuntiva puede darse por cumplido.

Independientemente de los condicionamientos técnicos o principiales a que acaba de hacerse referencia, si se tiene en cuenta que en los Informes, Memorias, Mociones o Notas, que manifiestan el resultado de la función fiscalizadora del Tribunal, se han de consignar cuantas infracciones, abusos o prácticas irregulares se hayan detectado en la gestión económico-financiera de fondos públicos y se han de proponer las medidas que se consideren conducentes a la mejora de dicha gestión, así como indicar las responsabilidades en que se hubiere podido incurrir, se comprenderá su importancia a la hora de desvelar supuestos de despilfarro y de corrupción y a la de determinar el papel que la función fiscalizadora del Tribunal de Cuentas tiene cuando ha de examinar la sumisión de la tan referida gestión económico-financiera del sector público a los principios que enuncia el nuevo art. 9 de la Ley Orgánica 2/1982.

Una más amplia publicidad, aparte la oficial, del resultado de esta capital función del Tribunal y una mejora de sus medios de actuación, contribuirían a erradicar las conductas y realidades contrarias a la correcta gestión económico-financiera del sector público que la ciudadanía echa de menos en muchas ocasiones.

III. LA FUNCIÓN JURISDICCIONAL DEL TRIBUNAL Y SU CONTENIDO ESENCIAL

También se ha destacado con anterioridad la esencia de esta segunda función del Tribunal de Cuentas, su naturaleza de auténtica jurisdicción, en la que es único en su orden, porque se trata de una función que no está ni constitucionalmente ni legalmente reconocida a otros órganos de control externo como son los que puedan establecer las Comunidades Autónomas de acuerdo con sus Estatutos (art. 1º. 2 de la Ley Orgánica 2/1982), que solo podrán funcionar por delegación del Tribunal de Cuentas en la fase instructora de los procedimientos jurisdiccionales (art. 26.3 de la Ley Orgánica de referencia), pero no es supremo, ya que, como igualmente se anticipó, contra sus resoluciones en materia de responsabilidad contable caben los recursos de casación y revisión ante el Tribunal Supremo, Sala de lo Contencioso-Administrativo (arts. 49 de la Ley Orgánica 2/1982; 86.4 de la de la Jurisdicción Contencioso-Administrativa, Ley 29/1998, de 13 de julio y 81, 82, 83 y 84 de la Ley de Funcionamiento 7/1988).

Estas características y naturaleza esencialmente jurisdiccional del enjuiciamiento de la responsabilidad contable fue, desde el principio, reconocida y ratificada por la doctrina científica, por la del Tribunal Constitucional, la jurisprudencia del Tribunal Supremo y la menor de la Sala de Justicia del propio Tribunal de Cuentas (SSTC, entre otras 187/1988, 18 /1991; las SSTS de 16 de julio de 1988, 7 de junio de 1999 y de la Sala de Justicia del Tribunal de Cuentas, entre otras también, de 18 de abril de 1986, y 22 de julio y 9 de septiembre de 1987).

Por lo demás, la función jurisdiccional ahora examinada se ejerce mediante los juicios de las cuentas, los procedimientos de reintegro por alcance y los expedientes de cancelación de fianzas (art. 25 de la Ley Orgánica 2/1982 y arts. 68 y sigs., Título V, de la Ley 7/1988, de Funcionamiento), precedidos de las actuaciones previas a la exigencia de responsabilidades contables a cargo de los Delegados instructores, que la Ley de Funcionamiento desarrolla con la dificultad de tener que sujetarse a la tripartición procedimental previamente establecida por la Ley Orgánica, distinguiendo entre la detección de supuestos de responsabilidad contable no constitutivos de alcance en el examen de cuentas o en los correspondientes procedimientos fiscalizadores y la derivada de hechos constitutivos de esa figura específica —definida en el art. 72 de la Ley de Funcionamiento—, alumbrados en el examen y comprobación de cuentas, en cualquier otro procedimiento de fiscalización o, incluso, al margen de uno y otro (arts. 45 y 46 de la Ley 7/1988, de Funcionamiento).

Ciertamente la necesidad de que la Ley de Funcionamiento tuviera forzosamente que acoplarse a las previsiones de la Ley Orgánica 2/1982 en punto a la estructuración de la función jurisdiccional por esta diseñada y, por tanto, a la regulación separada del juicio de las cuentas, como si fueran estas el objeto de la jurisdicción del Tribunal y no las responsabilidades contables que pudieran derivarse del manejo de caudales o efectos públicos, ha dado como

resultado la, en cierto modo, complicada diferenciación procedimental, que podría haberse evitado si el enjuiciamiento de las responsabilidades contables se hubiera articulado en la Ley Orgánica sobre la base de un solo proceso, deferido a los regulados para el orden contencioso-administrativo, en función de su cuantía, máxime cuando la actual Ley de dicha Jurisdicción —la precitada 29/1998— ha admitido el procedimiento abreviado a diferencia de la anterior de 1956, que era la vigente al tiempo de la promulgación de la Ley de Funcionamiento y que, para evitar la desproporción que supondría remitir a un procedimiento ordinario el enjuiciamiento de responsabilidades contables constitutivas de alcances de pequeña cuantía, determinó la remisión al proceso civil, que era entonces el único que permitía atender a esta necesidad (art. 73.2 de la referida Ley de Funcionamiento). Pero la conveniencia, e incluso necesidad, de evitar estas dificultades solo podrá acometerse en una futura y meditada reforma de las Leyes del Tribunal de Cuentas, cosa que no podía hacerse, por la razón apuntada, cuando se aprobó la tan repetida Ley de Funcionamiento. El corto, pero concentrado y suficientemente expresivo, Preámbulo de esta Ley da razones justificativas de esta obligada, entonces, dispersión procedimental que, como acaba de decirse, puede ser simplificada mediante una reforma legal en el sentido mencionado.

Sin perjuicio de hacer una remisión a la regulación contenida en la Ley de Funcionamiento respecto de la jurisdicción contable y de sus procedimientos (Título V, conforme antes ya se destacó), que no es preciso reproducir aquí, sí es esencial para la cabal comprensión de esta función hacer una breve referencia a la naturaleza de las pretensiones de responsabilidad que constituyen su objeto. En este punto, la Ley de Funcionamiento no hizo otra cosa que reproducir a la letra lo que las primeras Sentencias de la Sala de Justicia del Tribunal habían sentado respecto de lo que podría entenderse por "pretensiones de responsabilidad contable" y que aquélla —la Ley indicada de Funcionamiento— trasladó íntegramente a su art. 49.1. Pueden señalarse, al respecto, las Sentencias, antes citadas, del Tribunal, de 18 de abril de 1985, 22 de julio y 9 de septiembre de 1987 y los Autos de 11 y 18 de enero de 1986, 12 de diciembre de 1986, 13 de marzo, 22 de julio y 9 de septiembre de 1987.

Pues bien, con arreglo a esta doctrina y al precepto de la Ley de Funcionamiento que la acoge, "la jurisdicción contable conocerá de las pretensiones de responsabilidad que, desprendiéndose de las cuentas que deben rendir todos cuantos tenga a su cargo el manejo de caudales o efectos públicos, se deduzcan contra los mismos cuando, con solo, culpa o negligencia graves, originaren menoscabo en dichos caudales o efectos a consecuencia de acciones u omisiones contrarias a las leyes reguladoras del régimen presupuestario y de contabilidad que resulte aplicable a las entidades del sector público o, en su caso, a las personas o entidades perceptoras de subvenciones, créditos, avales u otras ayudas procedentes de dicho sector".

También el Preámbulo de esta Ley da aquí razones suficientes para justificar esta precisión de la responsabilidad contable respecto de su enunciado en el art. 38.1 de la Ley Orgánica 2/1982, que la abre, teóricamente, a todo "el que por acción u omisión contraria a la Ley originare el menoscabo de los caudales o efectos públicos" y la concreta en la obligación de indemnizar "los daños y perjuicios causados", configurando así una suerte de responsabilidad civil o patrimonial frente a las Administraciones públicas o entidades del sector público que podría ser incompatible con la unidad y exclusividad en el ejercicio de la jurisdicción que reconoce a la ordinaria el art. 117 de la Constitución, y también con las competencias de sus órdenes jurisdiccionales según la Ley Orgánica del Poder Judicial, como se apuntó antes al tratar de la naturaleza de la función jurisdiccional y razona el tantas veces citado Preámbulo de la Ley 7/1988, de Funcionamiento, y la jurisprudencia reseñada en la misma ocasión. Esta precisión normativa, realizada por la Ley de Funcionamiento, fue aceptada plenamente por el Tribunal Constitucional (vgr. el significativo ATC 371/1993, de 16 de diciembre), por el Tribunal Supremo (es particularmente representativa la sentencia de su Sala 3ª de 7 de junio de 1999) y, por supuesto, por la Sala de Justicia del Tribunal de Cuentas, calificándose en todos estos ámbitos jurisdiccionales como una especie de responsabilidad civil. Pero donde produjo más importantes consecuencias fue en el tema de la compatibilidad de la jurisdicción contable con los distintos órdenes de la jurisdicción ordinaria, en el sentido de no corresponderle el enjuiciamiento de los asuntos a los mismos atribuido (art. 16 de la Ley 2/1982), pero, al propio tiempo, permitiéndole el conocimiento y decisión de las "cuestiones prejudiciales e incidentales, salvo las de carácter penal, que constituyan elemento previo necesario para la declaración de responsabilidad contable y estén con ella relacionadas directamente" (art. 17 de la Ley 2/1982) y también afirmando su compatibilidad, respecto de unos mismos hechos, con el ejercicio de la potestad disciplinaria y con la actuación de la jurisdicción penal (art. 18.1 de la Ley 2/1982) y manteniendo su competencia —entiéndase, la del Tribunal de Cuentas—, cuando los hechos determinantes de la responsabilidad contable fueren constitutivos de delito, para determinar la responsabilidad civil (art. 18.2 de la misma Ley), hasta el punto de que el Juez o Tribunal que entendiere de la causa habrá de abstenerse de conocer de la responsabilidad contable nacida de los mismos y dar traslado "al Tribunal de Cuentas de los antecedentes necesarios al efecto de que por éste se concrete el importe de los daños y perjuicios causados en los caudales o efectos públicos" (art. 49 de la Ley 7/1988), y hasta el punto también de que si la tan repetida responsabilidad contable hubiera sido determinada en vía administrativa, como ocurre con las responsabilidades resultantes de la obligación de indemnizar a la Hacienda Pública estatal o, en su caso, a la respectiva entidad por los daños y perjuicios que sean consecuencia de actos o resoluciones de autoridades o funcionarios que, con dolo o culpa graves, infrinjan las disposiciones de la Ley General Presupuestaria, Ley 47/2003, de 26 de noviembre (arts. 176 y sigs.), la competencia corresponde al Tribunal de Cuentas, bien a través de que contra las determinadas en vía administrativa cabe recurso ante el mismo —y no ante la Jurisdicción Contencioso-Administrativa—, bien por avocación acordada por el propio Tribunal tras de que le hubieran sido informadas por la Administración que se encuentre tramitándolas (arts. 180 de la referida Ley General en relación con el art. 41 de la Orgánica 2/1982). Item más, si estas responsabilidades constituyeran alcance o malversación de la administración de fondos públicos, la competencia, directamente, ha de deferirse al Tribunal de Cuentas, previa la instrucción de diligencias en los términos del art. 182 de la propia Ley 47/2003.

La Ley Orgánica del Tribunal se refiere, como modalidades de la responsabilidad contable, a las directas y subsidiarias, a sus circunstancias modificativas, tanto en términos de exención como de moderación, y a su transmisión a los causahabientes de los responsables (art. 38 a 43, inclusive). La de Funcionamiento, por su parte, en su Disposición Final Tercera, recoge la prescripción de la responsabilidad mencionada. Ambas se refieren y regulan: los procedimientos de la jurisdicción contable, antes mencionados; los órganos de esta jurisdicción y sus competencias; la legitimación activa —incluidas las condiciones de ejercicio de la acción pública— y pasiva; la representación y defensa de las partes y sus pretensiones; los modos de terminación de los procedimientos jurisdiccionales; y los recursos de posible interposición contra sus resoluciones incluidos los de casación y revisión que, como se anticipó, perviven en su inicial redacción en cuanto a motivos y procedencia [(arts. 46 a 49 de la Ley Orgánica y Título V de la de Funcionamiento, arts. 49 a 87)].

IV. EPÍLOGO

Con la exposición que precede se ha procurado ofrecer un estudio del Tribunal de Cuentas —y de sus dos fundamentales funciones— con la precisión necesaria para el entendimiento de lo que significa su más que destacado papel en el logro de los principios que deben presidir una buena gestión económico-financiera del sector público y que, como se ha visto, proclama el recientemente modificado art. 9º 1 de su Ley Orgánica. Estos principios no pueden ser considerados mera retórica. Por el contrario, habilitan suficientemente al Tribunal para, con las necesarias dotaciones de medios y desarrollo de su ampliación de competencias llevada a cabo por la antecitada Ley Orgánica, 3/2015, de 30 de marzo, de control de la actividad económico-financiera de los partidos políticos y sus fundaciones, tanto en lo referente a los aludidos principios, como a su potestad reglamentaria y a la exigencia de colaboración de todas las personas físicas o jurídicas, públicas o privadas, para el ejercicio de sus funciones fiscalizadora y jurisdiccional (ampliados arts. 9º, 3º y 7º, respectivamente, de la Ley Orgánica 2/1982), hacerlos efectivos y contribuir con ello a la proscripción del despilfarro, que es siempre la antesala de la corrupción cuando no la corrupción misma.

También, a la vista del largo período de aplicación de las dos leyes —orgánica y de funcionamiento— del Tribunal de Cuentas, parece conveniente introducir alguna nueva modificación legal. La primera, podría concretarse en una simplificación de las actuaciones previas a la exigencia de responsabilidades contables, en el sentido de generalizar el régimen regulado en la Ley General Presupuestaria antes expuesto (arts. 176 y siguientes) y de que sea la propia Administración perjudicada la que las inicie y tramite esa fase previa al procedimiento jurisdiccional propiamente dicho, a no ser que este obedezca a la iniciativa de un actor público o a decisión del propio Tribunal de Cuentas. La segunda, podría referirse a la simplificación de los procedimientos propiamente jurisdiccionales, en el sentido de prescindir de la dualidad representada por el juicio de las cuentas —que no se juzgan, porque solo se juzgan las responsabilidades contables— y los procedimientos de reintegro por alcance, y establecer un solo proceso, deferido al contencioso-administrativo y ajustado a las correspondientes cuantías, hoy con el procedimiento abreviado (arts. 78 y sigs. de la Ley 29/1998, de 13 de julio) perfectamente adaptable a las necesidades de la jurisdicción contable. Y, la tercera, podría consistir en la admisión de la competencia del Tribunal de Cuentas para determinar la responsabilidad de los colaboradores necesarios en la producción del hecho determinante de la responsabilidad contable aun cuando no ostentaran la condición de gestores de fondos o caudales públicos, al menos cuando ese colaborador hubiera obtenido beneficios ilícitos de esa colaboración, como podría ser el caso de subvenciones otorgadas sin fundamento en que el colaborador necesario recibe del perceptor un porcentaje de la subvención, supuesto este que, aun cuando no estuviera obligado a justificar la procedencia de la subvención ni el cumplimiento de los fines a que estaba destinada, podría permitir conceptuarlo como perceptor indirecto de la misma y, por tanto, incluido en las condiciones exigidas en el art. 49.1 de la Ley de Funcionamiento. Con ello, se evitaría la dificultad de compatibilizar la conducta colaborativa descrita con el delito de malversación de caudales públicos u otros similares (falsedades, cohecho, vgr.) y, sobre todo, la de separar las responsabilidades contables de las civiles dimanantes del delito y consecuentemente el traslado de actuaciones de una a otra jurisdicción —de la penal a la contable o viceversa—, para su exigencia.

En cualquier caso, con estos datos, puede percibirse la importancia de la intervención del Tribunal de Cuentas para una correcta gestión de los fondos públicos, importancia que exigiría que sus más relevantes Informes tuvieran una mayor recepción en las esferas políticas y sociales.

V. LEGISLACIÓN

LO 2/82, de 12 de mayo, del Tribunal de Cuentas; L. 7/88, de 5 de abril, de funcionamiento del Tribunal de Cuentas

VI. BIBLIOGRAFÍA

AA.VV.: "Sobre el principio de transparencia como esencial de la función fiscalizadora", *Revista Española de Control Externo*, núm. 42, 2012.

ALBIÑANA-GARCÍA QUINTANA, C.: "La pretendida jurisdicción del Tribunal de Cuentas", *Presupuesto y Gasto Público*, núm. 17, 1983, pp. 94 y ss.

CUBILLO RODRÍGUEZ, C.: *Aspectos jurídicos del despilfarro en la gestión de los fondos públicos*, Dykinson, Madrid, 2021.

SAINZ DE ROBLES, F. C.: "Relaciones entre la Jurisdicción ordinaria y la jurisdicción contable", en AA.VV., *La función de los Tribunales de Cuentas en la Sociedad Democrática*, Tribunal de Cuentas. 1984, pp. 457 y ss.

SALA, P.: "El enjuiciamiento contable en el nuevo Tribunal de Cuentas de España", en en AA.VV., *La función de los Tribunales de Cuentas en la Sociedad Democrática*, Tribunal de Cuentas, 1984.

– "Nuevos aspectos de la jurisdicción contable en el Tribunal de Cuentas de España" en *El Tribunal de Cuentas ayer y hoy*, 1987
– "La Constitución, la Ley Orgánica del Tribunal de Cuentas y su Ley de Funcionamiento", *Revista de Administración Pública*, núm. 122, 1990, pp. 131 y ss.

VII. JURISPRUDENCIA

STC 187/1988, de 17 de octubre.
STC 18 /1991, de 31 de enero.
STC 115/2000, de 5 de mayo.
STC 111/2016, de 9 de junio.

TÍTULO VIII
DE LA ORGANIZACIÓN TERRITORIAL DEL ESTADO
CAPÍTULO PRIMERO
PRINCIPIOS GENERALES

Artículo 137

El Estado se organiza territorialmente en municipios, en provincias y en las Comunidades Autónomas que se constituyan. Todas estas entidades gozan de autonomía para la gestión de sus respectivos intereses.

COMENTARIO

Joaquín Tornos Mas
Catedrático de Derecho Administrativo. UB

SUMARIO: I. LA ORGANIZACIÓN TERRITORIAL DEL ESTADO. 1. El carácter anfibológico del término Estado. 2. Soberanía y autonomía. 3. El diferente contenido de la autonomía de las Comunidades Autónomas y de los entes locales. II. LA AUTONOMÍA LOCAL. 1. La garantía institucional de la autonomía local, la autonomía local como principio constitucional y el carácter bifronte del régimen local. 2. La autonomía local como derecho de participación. 3. La autonomía se debe configurar en función del respectivo interés. 4. La sujeción exclusiva al control de los Tribunales por el ejercicio de las competencias propias. 5. La protección de la autonomía local: el recurso especial ante el Tribunal Constitucional. 6. La autonomía local como un principio que puede ceder ante otros principios constitucionales. 7. La nueva definición de las competencias locales en la LRSAL. III. BIBLIOGRAFÍA. IV. JURISPRUDENCIA.

I. LA ORGANIZACIÓN TERRITORIAL DEL ESTADO

El artículo 137 de la Constitución, con el que se abre el título VIII de la Constitución ("De la organización territorial del Estado"), establece en términos generales el modelo de organización territorial del Estado español. Este modelo se configura por tres entes territoriales. Dos de ellos ya existentes, municipios y provincias (artículos 140 y 141) y otro de nueva creación abstracta ("las Comunidades Autónomas que se constituyan"), ya que respecto de las Comunidades Autónomas la Constitución se limita a establecer el procedimiento para su creación (artículo 143), pero sin determinar su existencia, ni su concreto régimen competencial y organizativo. Cada uno de estos entes goza de autonomía para la gestión de sus respectivos intereses.

La correcta interpretación del citado artículo debe partir de su puesta en conexión con lo dispuesto en el artículo 2 de la misma Constitución.

Como dijo el Tribunal Constitucional en una de sus primeras sentencias, la 4/1981, "la Constitución (artículos 1 y 2) parte de la unidad de la nación española, que se constituye en Estado social y democrático de derecho cuyos poderes emanan del pueblo español, en el que reside la soberanía nacional. Esta unidad se traduce así en una organización —el Estado— para todo el territorio nacional. Pero los órganos generales del Estado no ejercen la totalidad del poder público, porque la Constitución prevé, con arreglo a una distribución vertical del poder, la participación en el ejercicio del poder de entidades territoriales de distinto rango, tal como se expresa en el artículo 137 de la Constitución".

El artículo 2 afirma que la Constitución se fundamenta en la indisoluble unidad de la Nación española, patria común e indivisible de todos los españoles. Este conjunto de españoles es el pueblo español, titular de la soberanía nacional, de la que emanan los poderes del Estado. Pero el mismo artículo 2, tras establecer enfáticamente la unidad indisoluble de la nación española como pária común e indivisible de todos les españoles, reconoce y garantiza el derecho a la autonomía de las nacionalidades y regiones que la integran (aunque no define ni unas ni otras) y la solidaridad entre todas ellas. Unidad de la nación y pluralidad de entes territoriales que forman parte de la misma.

Si volvemos a la sentencia citada, en referencia directa al artículo 137, añade lo siguiente: "el precepto transcrito refleja una concepción amplia y compleja del Estado, compuesto por una pluralidad de organizaciones de carácter territorial, dotadas de autonomía. Resulta así necesario delimitar cuál es el ámbito del principio de autonomía, con especial referencia a municipios y provincias, a cuyo efecto es preciso relacionar este principio con otros establecidos en la Constitución. Ante todo resulta claro que la autonomía hace referencia a un poder limitado. En efecto, autonomía no es soberanía —y aún este poder tiene sus límites— y dado que cada organización territorial dotada de autonomía es una parte del todo, en ningún caso el principio de autonomía puede oponerse al de unidad, sino que es precisamente dentro de éste donde alcanza su verdadero sentido, como expresa el artículo 2 de la Constitución española".

De esta forma el Tribunal Constitucional ha precisado el alcance y significado de dos preceptos básicos en todo texto constitucional, en la medida en que definen el titular de la soberanía y el reparto interno de poderes entre los diferentes entes territoriales. En otras sentencias, el mismo Tribunal ha ido perfilando el valor de estos preceptos básicos. Como ha dicho el propio Tribunal "este Tribunal, en cuanto intérprete supremo de la Constitución (artículo 1 de la LOTC), ha precisado diversos aspectos concernientes principalmente a la autonomía, al proceso autonómico y a la delimitación competencial" (STC 100/1984, FJ 3).

Veamos algunas de estas aportaciones jurisprudenciales en lo concerniente a la configuración de la organización territorial del Estado.

1. El carácter anfibológico del término Estado

En otra de sus primeras sentencias, la 32/1981 (en sentido idéntico puede verse la STC 119/1992), el Tribunal Constitucional estableció en el FJ 5 la siguiente doctrina: "el término Estado es objeto en el texto constitucional de una utilización claramente anfibológica. En ocasiones (así, artículos 1, 56, 137 y en la propia rúbrica de su Título VIII, por mencionar sólo unos ejemplos) el término Estado designa la totalidad de la organización jurídico-política de la Nación española, incluyendo las organizaciones propias de las nacionalidades y regiones que la integran y la de otros entes territoriales dotados de un grado inferior de autonomía; en otras, por el contrario (así en los artículos 3,1; 149 y 150) por Estado se entiende sólo el conjunto de las instituciones generales o centrales y sus órganos periféricos, contraponiendo estas instituciones a las propias de las Comunidades Autónomas y otros entes territoriales autónomos".

2. Soberanía y autonomía

En la sentencia de 2 de febrero de 1981 el Tribunal quiso dejar clara la diferencia entre soberanía y autonomía. En este sentido afirmó que "ante todo, resulta caro que la autonomía no es soberanía —y aún este poder tiene límites—, y dado que cada organización territorial dotada de autonomía es una parte del todo, en ningún caso el principio de autonomía puede oponerse al de unidad, sino que es precisamente dentro de este donde alcanza su verdadero sentido, como expresa el artículo 2 de la Constitución".

La autonomía es, por tanto, el reconocimiento de un poder de decisión limitado, que se reconoce a unos entes que forman parte de un todo, el Estado. No se define aquí el alcance de este poder, pero si se afirma que su ejercicio no puede oponerse al principio de unidad. El poder constituyente, que detenta la soberanía (curiosamente se afirma que incluso este poder tiene sus límites) es el que reconoce junto al principio de unidad el de autonomía.

3. El diferente contenido de la autonomía de las Comunidades Autónomas y de los entes locales

La sentencia de 2 de febrero de 1981 fija otro criterio esencial para la configuración del modelo territorial: la autonomía de las Comunidades Autónomas es cualitativamente superior respecto de la administrativa. Esta afirmación se reitera en las sentencias de 14 y 28 de julio de 1981. La razón de esta distinción se fundamenta en el hecho de que "la autonomía de las Comunidades Autónomas es cualitativamente superior por política (pues incorpora potestades legislativas y gubernamentales) a las de los entes locales, que es sólo administrativa".

Junto a este criterio, la autonomía de las Comunidades Autónomas tendría la naturaleza de ser una autonomía con un contenido garantizado en la Constitución y los Estatutos de Autonomía, y protegida por el Tribunal Constitucional (artículos 143, 151 y disposición transitoria segunda de la Constitución), mientras que la autonomía local se determina por el legislador, al que se impone el deber de respetar el contenido básico de la institución (la garantía institucional a la que se refiere la sentencia del Tribunal Constitucional de 28 de julio de 1981), y se protege por el recurso en defensa de la autonomía local introducido en la ley orgánica del Tribunal Constitucional por la ley orgánica 7/1999 de 21 de abril (artículo 75 bis a quinque de la ley orgánica del Tribunal Constitucional).

No obstante lo anterior, como se ha dicho, no puede reducirse la autonomía local a su componente administrativo, pues también posee un claro componente político, en la medida en que el gobierno de los entes locales corresponde a corporaciones que surgen de forma directa o indirecta de elecciones democráticas y adoptan decisiones de contenido político. Junto a la administración local existe el gobierno local.

II. LA AUTONOMÍA LOCAL

Dado que el examen de las Comunidades Autónomas y su autonomía será objeto de especial atención en el comentario de los artículos 143 a 158, mientras que los aspectos organizativos de los entes locales, así como el principio de suficiencia financiera vinculado a la autonomía local, se examinarán al comentar los artículos 140 a 142 de esta Constitución, centraremos nuestra atención en el concepto de autonomía local al que de forma genérica se refiere el artículo 137 cuando dice que "todas estas entidades— entre ellas las locales— goza de autonomía para la gestión de sus respectivos intereses". Dado que la naturaleza y alcance de la autonomía reconocida a los entes locales, municipios y provincias, ha sido definida y precisada por la doctrina del Tribunal Constitucional, pasamos a dar cuenta de las principales resoluciones de nuestro más alto Tribunal.

1. La garantía institucional de la autonomía local, la autonomía local como principio constitucional y el carácter bifronte del régimen local

El Tribunal Constitucional ha recurrido a la teoría de la garantía institucional para definir la naturaleza y medio de protección de la autonomía reconocida a los entes locales, teoría de la garantía institucional que se toma de la doctrina alemana que fue introducida entre nosotros por el profesor Luciano Parejo.

Esta teoría se recogió expresamente en la sentencia de 28 de julio de 1981 en la que se enjuiciaba la ley catalana de supresión de las Diputaciones Provinciales. Para el Tribunal "el orden jurídico-político establecido por la Constitución asegura la existencia de determinadas instituciones, a las que se considera como componentes esenciales y cuya preservación se juzga indispensable para asegurar los principios constitucionales, estableciendo en ellas un núcleo o reducto indisponible por el legislador. Las instituciones garantizadas son elementos arquitecturales indispensables del orden constitucional y las normaciones que las protegen son, sin duda, normaciones organizativas, pero a diferencia de lo que sucede con las instituciones supremas del Estado, cuya regulación orgánica se hace en el propio texto constitucional, en éstas la configuración institucional concreta corresponde al legislador ordinario, al que no se fija más límite que el del reducto indisponible o núcleo esencial de la institución que la Constitución garantiza. Por definición, en consecuencia, la garantía institucional no asegura un contenido concreto o un ámbito competencial determinado y fijado de una vez por todas, sino la preservación de una institución en términos de recognoscibles para la imagen que de la misma tiene la conciencia social en cada tiempo y lugar".

Como se desprende de la cita jurisprudencial la garantía institucional protege la existencia de instituciones (en este caso la institución territorial Diputación provincial) frente al legislador, que no las puede desconocer. En el caso de un ente dotado de autonomía esta protección se concreta estableciendo la obligación de respetar un ámbito competencial determinado que permita la recognoscibilidad del ente autónomo. Dado que el legislador básico estatal es quien debe configurar el alcance de la autonomía local (sentencia 32/1982 del Tribunal Constitucional), al mismo corresponde establecer este núcleo mínimo competencial que de contenido a la autonomía garantizada en la Constitución. El problema, es que para fijar este contenido mínimo de autonomía que exige el Tribunal no existe parámetro normativo en la Constitución, por lo que se debe acudir al impreciso concepto de que se garantice la preservación de la institución "en términos recognoscibles para la imagen que de la misma tiene la conciencia social en cada tiempo y lugar".

La garantía institucional adquiere un nuevo valor cuando se la concibe como un principio constitucional, como un mandato positivo dirigido al legislador. En este caso la autonomía local no es una realidad ya existente que debe ser preservada, sino un objetivo que el legislador debe hacer realidad. Así, el Tribunal Constitucional ha dicho que "la concreta configuración institucional de la autonomía provincial corresponde al legislador, incluyendo la especificación del ámbito material de competencia de la entidad local, así como las fórmulas o instrumentos de relación con otras entidades públicas y el sistema de controles de legalidad constitucionalmente legítimas" (SSTC 27/1987 FJ 2 y 108/1998, FJ 2).

Desde esta perspectiva la autonomía local se concibe como "un principio constitucional" vinculado a la democracia y a la descentralización. Por tanto, como un valor a desarrollar con el único límite de la colisión con otros valores constitucionales.

Estos principios generales deben completarse con la construcción jurisprudencial del carácter "bifronte" del régimen local, esto es, la doble sujeción del régimen local a la legislación estatal y a la autonómica. Según la STC 41/2016 el régimen jurídico de los entes locales no es "intracomunitario" ni "extraco-

munitario", sino bifronte. Por tanto, el Estado y las Comunidades Autónomas comparten la regulación del régimen local, y a su vez ambos entes deben asegurar un espacio normativo a los entes locales que les permita el ejercicio de su autonomía. En todo caso, corresponderá al Estado establecer la garantía última de la autonomía local a través de su legislación básica, como ha hecho mediante la ley de bases de régimen local 7/1985. Así lo afirma la antes citada sentencia 41/2016 cuando establece que corresponde al legislador básico "concretar la autonomía local constitucionalmente garantizada para establecer el marco definitivo del autogobierno de los entres locales directamente regulados por la Constitución".

En el mismo sentido, la STC 82/2020, en su FJ 5, afirma que "la Constitución no encomienda en exclusiva la regulación y la asignación de las competencias locales ni al Estado ni a las comunidades autónomas, pues cada cual en el marco de sus atribuciones ha de regular y atribuir las competencias de los entes locales, sin perjuicio de la autonomía asegurada en los arts. 137, 140 y 141 CE [STC 214/1989, FJ 3 a)]".

No obstante este carácter bifronte, el Tribunal Constitucional también ha reconocido al Estado, y su legislación básica, la función de garantizar el contenido mínimo de la autonomía local. Así, en la sentencia que acaba de citarse, 82/2020, en el mismo FJ 5 se afirma: "No obstante corresponder al Estado y a las comunidades autónomas, cada cual en el marco de sus atribuciones, regular y atribuir las competencias de los entes locales, el art. 149.1.18 CE ampara una regulación estatal básica sobre competencias locales que, en cuanto tal, está llamada a condicionar al legislador autonómico. Así, en efecto, el Estado puede apoyarse en el art. 149.1.18 CE para establecer aquellas condiciones básicas conforme a las que la legislación sectorial de las comunidades autónomas ha de atribuir específicamente las competencias locales en un momento sucesivo. Así lo declaró la STC 214/1989, FJ 3 a), al pronunciarse sobre la ordenación básica original de las competencias locales: en 'esa ulterior operación' que ha quedado 'deferida al legislador competente por razón de la materia', las comunidades autónomas no pueden 'desconocer los criterios generales que los arts. 2.1, 25.2, 26 y 36 de la misma LRBRL han establecido'.

Por tanto, a la hora de asignar o suprimir competencias locales al amparo de sus atribuciones estatutarias, la comunidad autónoma debe respetar las referidas bases del régimen local [SSTC 214/1989, FJ 3 a); 159/2001, FJ 4, y 121/2012, de 5 de junio, FJ 7], pero además debe respetar la garantía constitucional de la autonomía local y también la regulación sobre régimen local que pueda eventualmente incluir su propio estatuto de autonomía, salvo que esta última fuera incompatible con aquellas bases (SSTC 31/2010, FJ 36, y 103/2013, FJ 4)".

2. La autonomía local como derecho de participación

La autonomía local se hace realidad a través de la actuación de los entes locales en las materias que son de interés para los miembros de la colectividad local.

Ante la imposibilidad de establecer una atribución separada, de forma nítida, de ámbitos materiales responsabilidad de los diferentes niveles territoriales, la ley básica de régimen local optó por afirmar que la autonomía local es el derecho de participar en cuantos asuntos sean de interés local. Así, la exposición de motivos de la ley 7/1985 dice que *"el sistema legal de concreción competencial de la autonomía local pretende realizar esa composición equilibrada a que se ha hecho alusión. Sobre el fondo del reconocimiento expreso de las potestades y exorbitancias que corresponden a los entes locales territoriales en su condición de Administración Pública, todo el sistema pivota sobre la plasmación del criterio material desde el que debe producirse la concreción legal de las competencias; criterio que no es otro que el derecho de las Corporaciones locales a intervenir, con la intensidad y el alcance máximos —desde el principio constitucional de la descentralización y para la realización del derecho fundamental a la participación en los asuntos públicos— que per-*

mita la implicación relativa de los intereses de las diferentes colectividades territoriales en cualesquiera de dichos asuntos públicos".

Concepto de autonomía que se concreta en el artículo 2 de la misma ley básica: *"Para la efectividad de la autonomía garantizada constitucionalmente a las Entidades locales, la legislación del Estado y la de las Comunidades Autónomas, reguladora de los distintos sectores de acción pública, según la distribución constitucional de competencias, deberá asegurar a los Municipios, las Provincias y las islas su derecho a intervenir en cuantos asuntos afecten directamente al círculo de sus intereses, atribuyéndoles las competencias que proceda en atención a las características de la actividad pública de que se trate y a la capacidad de gestión de la Entidad local, de conformidad con los principios de descentralización y de máxima proximidad de la gestión administrativa a los ciudadanos".*

Como ha dicho el Tribunal Constitucional, en la sentencia 170/1989, la autonomía es el derecho de participación a través de órganos propios en el gobierno y administración de cuantos asuntos atañen al ente local, graduándose la intensidad de esta participación en función de la relación existente entre los intereses locales y supralocales dentro de tales asuntos o materias; y ello con la sintonización completa de nuestro régimen local con el modelo establecido por la Carta Europea de la Autonomía local en 1986.

En este sentido, el Tribunal Constitucional recordó en su sentencia 82/2020 de 15 de julio, FJ 6, que la autonomía local "se concreta, básicamente, en el derecho de la comunidad local a participar a través de órganos propios en el gobierno y administración de cuantos asuntos le atañen, graduándose la intensidad de esta participación en función de la relación existente entre los intereses locales y supralocales dentro de tales asuntos o materias, para lo que deben estar dotados de las potestades sin las que ninguna actuación autonómica es posible (STC 40/1998, de 19 de febrero, FJ 39)".

3. La autonomía se debe configurar en función del respectivo interés

La sentencia 37/1981 de 16 de noviembre, en su fundamento jurídico primero, estableció otro elemento esencial en orden a configurar el alcance de la autonomía local, al precisar el sentido de la referencia constitucional según la cual la autonomía se posee "para la gestión de los respectivos intereses".

Para el Tribunal "como tantos otros conceptos de la misma naturaleza en nuestro texto constitucional, el de los intereses respectivos de las Comunidades Autónomas, de los municipios o de las provincias, cumplen sobre todo la función de orientar al legislador para dotar a estas entidades territoriales de los poderes o competencias precisos para gestionarlos. Es el legislador, sin embargo, el que dentro del marco de la Constitución determina libremente cuáles son estos intereses, los define y precisa su alcance, atribuyendo a la entidad las competencias que requiere su gestión".

La referencia al papel del legislador en la concreción del concepto constitucional de los "respectivos intereses" es especialmente cierta en el supuesto de la configuración de la autonomía local, pues en el caso de las Comunidades Autónomas la Constitución ya lleva a cabo una primera delimitación negativa de sus intereses propios al establecer las competencias del Estado (artículo 149,1 CE). Corresponde al legislador singular que aprueba los Estatutos de Autonomía configurar las competencias autonómicas respetando en todo caso las competencias que la Constitución atribuye directamente al Estado en el artículo 149,1.

De esta forma la Constitución configura la autonomía de los entes locales como el derecho de estos entes para gestionar sus intereses, los intereses de la colectividad de la que el ente local es el ente exponencial. La autonomía comporta el derecho de gestionar los propios intereses, o el derecho de participar en esta gestión. Pero la Constitución no concreta estos intereses en un listado de materias, cuyo contenido sea la expresión de estos intereses locales. Esta configuración constitucional de la autonomía local puede confluir con la tesis de que la autonomía local posee el valor de ser una garantía institucional, es decir, que lo que protege la Constitución es la necesidad de otorgar los rasgos fundamentales de esta institución, tal y como se ha formulado históricamente. Referencia a conceptos y principios de contenido vago, que ciertamente son una barrera muy débil frente a la fuerza del legislador positivo cuando asume el papel de dar contenido real a la autonomía local.

La función del legislador en la concreción de los respectivos intereses de los Municipios y Provincias no es fácil. Hay que identificar la materia y determinar si el interés es exclusivo o compartido. Por otro lado, hay que tener en cuenta la intervención del legislador básico general en materia de régimen local, y la intervención del legislador sectorial. Al primero corresponde establecer el núcleo mínimo competencial de los entes locales, pero luego el legislador sectorial deberá completar esta atribución de competencias de conformidad con la ley básica y con el principio de la garantía institucional.

Este complejo sistema de fuentes es el que se hace presente en la redacción del artículo segundo de la ley de bases del régimen local al que antes hemos hecho referencia. Teniendo en cuenta lo establecido en este artículo el legislador básico establece el núcleo esencial de la autonomía municipal en el artículo 25 en los términos siguientes: "el municipio ejercerá en todo caso como competencias propias, en los términos de la legislación del Estado y de las Comunidades Autónomas, en las siguientes materias...". De este modo se garantiza un núcleo básico de materias en las que, en todo caso, los legisladores estatal y autonómico (según sus respectivas competencias) deberán reconocer las competencias de los municipios. Unas competencias materiales que podrán ser más o menos intensas (exclusivas o compartidas), pero que en todo caso deberán reconocer el derecho del municipio a participar en estos asuntos que son de su interés (su derecho a intervenir en los asuntos que afectan a su círculo de intereses, según establece el artículo 2 antes citado).

El mismo sistema se establece para la definición de las competencias de las Diputaciones provinciales (o entidad equivalente) en el artículo 36 de la ley de bases de régimen local. El citado precepto establece que "son competencias propias de la diputación o entidad equivalente las que le atribuyan en este concepto las leyes del Estado y de las Comunidades Autónomas en los diferentes sectores de la acción pública y, en todo caso, las siguientes...".

La STC 154/2015 de 9 de julio, en su fundamento jurídico 6, contiene un completo resumen de la jurisprudencia constitucional sobre esta cuestión.

4. La sujeción exclusiva al control de los Tribunales por el ejercicio de las competencias propias

La ley de bases de régimen local, en sus artículos 65 a 67, estableció el sistema de impugnación de los actos y acuerdos de las entidades locales, suprimiendo de forma indirecta todo control administrativo sobre la actuación de los entes locales a cargo del Estado o de las Comunidades Autónomas.

La ley básica establece que si la Administración del Estado o de las Comunidades Autónomas consideran que un acto o acuerdo de una entidad local infringe el ordenamiento jurídico (artículo 65) o interfiere el ejercicio de su competencias (artículo 66) podrán requerir al ente local para que anule dicho acto en el plazo de un mes, y si no lo hace, podrán impugnar dicho acto ante la jurisdicción contencioso-administrativa (el requerimiento previo es potestativo). Excepcionalmente, si el acto o acuerdo atenta gravemente al interés general de España, el Delegado del Gobierno previo requerimiento (preceptivo) podrá suspender la eficacia del acto o acuerdo, pero *"acordada la suspensión del acto o acuerdo, el Delegado del Gobierno deberá impugnarlo en el plazo de diez días desde la suspensión ante la jurisdicción contencioso-administrativa"* (artículo 67 de la ley 7/1985).

El Tribunal Constitucional en su sentencia 213/1988 de 11 de noviembre, fundamento jurídico 2, reconoció el significado de los artículos antes citados en los términos siguientes: "...los artículos 65 y 66 de la LBRL regulan la impugnación de actos y acuerdos de las Corporaciones por parte de la Administración del Estado y de las Comunidades Autónomas en el ámbito de sus respectivas competencias y establecen que la suspensión sólo es potestad de los Tribunales. Queda así suprimida toda potestad de suspender de las autoridades administrativas y gubernativas (salvo la que se confiere al Delegado del Gobierno en el artículo 67)...Las normas que excluyen del control administrativo los actos y acuerdos de las Corporaciones locales tienen la finalidad de asegurar en este aspecto la autonomía de tales Corporaciones, que está garantizada por el artículo 137 de la CE".

Más adelante el Tribunal reconoce que esta limitación de los controles a los controles judiciales es una opción del legislador básico, pues previamente se había reconocido la posibilidad de controles administrativos de legalidad, prohibiendo en todo caso los de oportunidad. En este sentido la sentencia citada afirma que "es cierto que este Tribunal ha considerado que los controles administrativos de legalidad no afectaban al núcleo esencial de la garantía institucional de la autonomía de las Corporaciones locales (STC 4/1981 y otras posteriores). Pero hay que tener en cuenta que con estas declaraciones el Tribunal no pretendía ni podía pretender la determinación concreta del contenido de la autonomía local, sino fijar los límites mínimos en que debía moverse esta autonomía y no podía traspasar el legislador. Con ello no se impedía que el legislador, en ejercicio de una legítima opción política, ampliase aún más el ámbito de la autonomía local y estableciese con carácter general la desaparición incluso de esos controles, como hace la ley de 1985".

Sobre esta cuestión ha vuelto a pronunciarse el Tribunal en las sentencias 154/2015 de 9 de julio, FJ 6-B y la 6/2016 de 21 de enero, FJ 4,D, recordando que en materia de controles sobre los entes locales deben diferenciarse los límites directamente derivados de la Constitución respecto de los añadidos por el legislador básico de régimen local al amparo del artículo 149-1-18 CE, y añadiendo que "el legislador autonómico debe respetar la ley reguladora de las bases del régimen local y, por tanto, el modelo de control de la actividad local que esta ha establecido en cuanto expresión de la autonomía local legalmente garantizada". En el mismo sentido la sentencia 6/2016 de 21 de enero, FJ 4, resumiendo y reiterando la doctrina anterior afirma que "el significado del principio de autonomía local (arts. 137, 140 y 141.2 CE) quedó perfilado a partir de la STC 4/1981, de 2 de febrero, como recuerda la reciente STC 154/2015, de 9 de julio: s]egún razona su fundamento jurídico 3, los controles administrativos sobre la actividad local deben estar previstos en normas legales; ser concretos y precisos, no 'genéricos e indeterminados que sitúen a las Entidades locales en una posición de subordinación o dependencia cuasi jerárquica de la Administración del Estado u otras Entidades territoriales'; y tener por objeto actos en los que incidan intereses supralocales, velando por la legalidad de la actuación local; el control de oportunidad de las decisiones correspondientes a la gestión de los intereses locales es incompatible con la autonomía local, salvo que concurra una justificación constitucional, de otro modo la toma de decisión vendría a compartirse con una Administración no directamente relacionada con los intereses locales involucrados".

La inexistencia de controles de oportunidad y, a su vez, la limitada posibilidad de controles jurídicos preventivos, otorga una notable independencia de criterio político a la autoridad local. Una autonomía política real y no sólo administrativa, que deriva de ser el ente local expresión de carácter democrático.

5. La protección de la autonomía local: el recurso especial ante el Tribunal Constitucional

Cómo hemos expuesto, el alcance real de la autonomía local depende de su formulación en las leyes estatales y autonómicas, disponiendo ambos legisladores de un amplio margen de decisión, limitado tan sólo por el principio constitucional elaborado por la doctrina del Tribunal Constitucional del respecto de la garantía institucional de los entes locales. Este hecho motivaba que la autonomía local pudiera ser desconocida por los legisladores estatal y local sin que los entes locales pudieran defenderse al carecer de acción frente al ejercicio de la potestad legislativa del Estado y de las Comunidades Autónomas.

La ley de bases de régimen local se limitó a reconocer la legitimación de los entes locales para impugnar las disposiciones y actos de la Administración del Estado y de las Comunidades Autónomas cuando lesionaran su autonomía "tal como esta resulta garantizada por la Constitución y esta ley" (artículo 63,2).

De acuerdo con la previsión legal antes citada para hacer frente a los ataques a la autonomía, que provinieran de leyes estatales o autonómicas, el párrafo tercero del artículo 65 de la misma ley de bases reconoció a los entes locales la legitimación para que instaran su impugnación ante el Tribunal Constitucional de conformidad con el artículo 119 de la ley básica. Esta remisión supone que el ente local debe dirigirse a la Comisión Nacional de Administración local para que ésta, si lo estima oportuno, solicite a su vez a los órganos legitimados para interponer un recurso de inconstitucionalidad que impugne la ley que se considera inconstitucional por ser lesiva de la autonomía local garantizada constitucionalmente.

Por tanto, frente a los ataques a la autonomía local provenientes de normas con rango de ley, los entes locales carecían de poder para impugnar las normas con fuerza de ley ante el Tribunal Constitucional.

Esta situación de debilidad, reiteradamente denunciada por los entes locales, llevó a modificar la ley orgánica del Tribunal Constitucional introduciendo un recurso especial en defensa de la autonomía local.

La ley orgánica 7/1999 de 21 de abril introdujo en la ley orgánica del Tribunal Constitucional un nuevo capítulo IV, "De los conflictos en defensa de la autonomía local" dentro de su título IV. Este nuevo capítulo está formado por el artículo 75 bis a quinquies. El planteamiento de estos conflictos en defensa de la autonomía local puede tener como objeto normas del Estado con rango de ley o disposiciones con rango de ley de las Comunidades Autónomas que lesionen la autonomía local constitucionalmente garantizada.

El principal problema que plantea este nuevo procedimiento ante el Tribunal Constitucional es el relativo a la determinación de la legitimación. El legislador vio con preocupación que se pudiera abrir la vía de este nuevo conflicto ante el Tribunal Constitucional a los más de 8000 municipios y 42 diputaciones provinciales, generando un previsible incremento de la litigiosidad ante un Tribunal ya colapsado. Por ello se limitó la legitimación en el artículo 75 ter en los términos siguientes: "*Están legitimados para plantear estos conflictos:*

a) El municipio o provincia que sea destinatario único de la ley.

b) Un número de municipios que supongan al menos un séptimo de los existentes en el ámbito territorial de aplicación de la disposición con rango de ley, y representen como mínimo un sexto de la población oficial del ámbito territorial correspondiente.

c) Un número de provincias que supongan al menos la mitad de las existentes en el ámbito territorial de aplicación de la disposición con rango de ley, y representen como mínimo la mitad de la población oficial.

2. Para iniciar la tramitación de los conflictos en defensa de la autonomía local será necesario el acuerdo del órgano plenario de las Corporaciones locales con el voto favorable de la mayoría absoluta del número legal de miembros de las mismas.

3. Una vez cumplido el requisito establecido en el apartado anterior, y de manera previa a la formalización del conflicto, deberá solicitarse dictamen, con carácter preceptivo pero no vinculante, del Consejo de Estado u órgano consultivo de la correspondiente Comunidad Autónoma, según que el ámbito territorial al que pertenezcan las Corporaciones locales corresponda a varias o a una Comunidad Autónoma. En las Comunidades Autónomas que no dispongan de órgano consultivo, el dictamen corresponderá al Consejo de Estado.

4. Las asociaciones de entidades locales podrán asistir a los entes locales legitimados a fin de facilitarles el cumplimiento de los requisitos establecidos en el procedimiento de tramitación del presente conflicto".

Este complejo sistema de legitimación, en los casos normales de leyes de destinatario no único, ha llevado a que los recursos planteados en defensa de la autónoma local han sido hasta el presente muy pocos (como primeras sentencias pueden citarse la 240/2006 de 20 de julio y la 47/2008 de 11 de marzo).

Los entes locales poseen hoy, por tanto, una vía para defender su autonomía frente al legislador estatal y autonómico mediante el planteamiento de un conflicto ante el Tribunal Constitucional, pero en la práctica esta vía es de muy difícil utilización.

6. La autonomía local como un principio que puede ceder ante otros principios constitucionales

La debilidad constitucional del principio de autonomía se ha puesto recientemente en evidencia con ocasión de la reforma de la Constitución operada el 27 de septiembre de 2011, reforma que ha supuesto la modificación del artículo 135 con el fin de imponer como nuevo principio constitucional el de la estabilidad presupuestaria. Este nuevo principio obliga a los entes locales a adoptar la racionalización de sus estructuras administrativas y del manejo de sus recursos materiales y personales para alcanzar la situación presupuestaria de equilibrio o superávit que impone ahora la Constitución.

En desarrollo del nuevo artículo 135 de la Constitución se aprobó la ley 27/2013 de 27 de diciembre de racionalización y sostenibilidad de la Administración local, la cual impuso importantes límites al ejercicio de la autonomía local tanto en cuestiones organizativas, en la configuración de sus competencias como en temas de carácter presupuestario.

Impugnada la LRSAL por diversas Comunidades Autónomas el Tribunal Constitucional ha venido a establecer, que la autonomía local es un principio que puede ceder en su posible concepción general si así lo exigen otros principios constitucionales que puedan considerarse prevalentes. Muchas han sido las sentencias dictadas en relación a la LRSAL. Así, las SSTC 41/2016 de 3 de marzo, 111/2016 de 9 de junio, 168/2016 de 6 de octubre, 180/2016 de 20 de octubre, 44/2017 de 27 de abril, 45/2017 de 27 de abril, 54/2017 de 11 de mayo, 93/2017 de 6 de julio, 101/2017 de 20 de julio y 107/2017 de 21 de septiembre. No podemos referirnos a toda su doctrina, pero como hemos apuntado, el principio de estabilidad presupuestaria ha permitido una ampliación de las competencias estatales y una reducción significativa de la autonomía local en particular en los aspectos organizativos.

La debilidad de la técnica de la garantía institucional para proteger a la autonomía local se ha puesto de manifiesto cuando se pasa directamente a ponderar el principio de autonomía local con otros principios constitucionales como el de estabilidad presupuestaria. Así parece establecerse en la STC 41/2016, FJ 3, cuando se dice que "el artículo 149,1-18 CE ampara sin lugar a dudas normas básicas tendentes a introducir criterios de racionalidad económica en el modelo local español con el fin de realizar los imperativos de los artículos 32,1 y 103,1 CE y la estabilidad presupuestaria como norma de conducta a la que están sujetas las entidades locales (artículo 135,2 CE)". Las bases estatales, por tanto, no tienen ya como fin único ni prevalente el desarrollo y garantía de la autonomía local. Las bases estatales pueden servir para limitar la autonomía local si ello es preciso para garantizar el cumplimiento del principio de estabilidad presupuestaria.

7. La nueva definición de las competencias locales en la LRSAL

La LRSAL delimitó de nuevo el alcance de las competencias locales y, por tanto, el alcance material de su autonomía. En su artículo 7 la LRSAL establece ahora que las competencias de las Entidades Locales son propias o atribuidas por delegación. Las propias solo podrán ser determinadas por Ley y se ejercerán en régimen de autonomía y bajo la propia responsabilidad, atendiendo siempre a la debida coordinación en su programación y ejecución con las demás Administraciones Públicas. Junto a las propias están las delegadas, ya que el mismo artículo 7 dispone que el Estado y las Comunidades Autónomas, en el ejercicio de sus respectivas competencias, podrán delegar en las Entidades Locales el ejercicio de sus competencias. Por último, se establece que las Entidades Locales solo podrán ejercer competencias distintas de las propias y de las atribuidas por delegación cuando no se ponga en riesgo la sostenibilidad financiera del conjunto de la Hacienda municipal, de acuerdo con los requerimientos de la legislación de estabilidad presupuestaria y sostenibilidad financiera y no se incurra en un supuesto de ejecución simultánea del mismo servicio público con otra Administración Pública. A estos efectos, serán necesarios y vinculantes los informes previos de la Administración competente por razón de materia, en el que se señale la inexistencia de duplicidades, y de la Administración que tenga atribuida la tutela financiera sobre la sostenibilidad financiera de las nuevas competencias.

Como se ve, la LRSAL ha tratado de acotar el ámbito de las competencias locales, y su ampliación por los propios entes locales, con el fin de asegurar que las mismas sólo se pueden asumir si se garantiza la suficiencia financiera y se evita el endeudamiento.

La STC 41/2016 FJ 10, da cuenta de este nuevo régimen competencial que, en términos generales, declara conforme a la Constitución, si bien declara algunos aspectos del nuevo marco legal básico contrarios a la Constitución, como la exclusión como competencia propia de los servicios sociales y de promoción y reinserción social, y la participación en la gestión de la atención primaria de la salud, al estimar que el legislador básico no puede impedir a las Comunidades Autónomas que atribuyan estas competencias a los entes locales. Lo mismo puede decirse respecto a la disposición transitoria tercera de la LRSAL cuando dispone que las Comunidades Autónomas prestarán los servicios relativos a la inspección y control sanitario de mataderos, de industrias alimentarias y bebidas, servicios que veían prestando los municipios (FJ 13,c).

Como dice el Tribunal Constitucional en la sentencia citada, la Ley de racionalización y sostenibilidad de la Administración local suprime las reglas generales habilitantes previstas en la anterior redacción de los arts. 25.1 y 28 LBRL. En particular, modifica la redacción del apartado 1 del art. 25 con el fin de que la atribución de competencias "propias" quede sujeta a las exigencias de los apartados 2 a 5. Los municipios no pueden apoyarse en el art. 25.1 LBRL para entenderse autorizados a promover cualesquiera actividades y servicios relacionados con las necesidades y aspiraciones de la comunidad vecinal. La Ley de racionalización y sostenibilidad de la Administración local deroga expresamente en paralelo el art. 28 LBRL, conforme al que los municipios podían "realizar actividades complementarias de las propias de otras Administraciones públicas y, en particular, las relativas a la educación, la cultura, la promoción de la mujer, la vivienda, la sanidad y la protección del medio ambiente".

En sustitución de aquellas reglas habilitantes generales, se establece otra que permite a los municipios (y a todas las entidades locales) ejercer cualesquiera competencias, pero con sujeción a exigentes condiciones materiales y formales (art. 7.4 LBRL, en la redacción dada por el art. 1.3 de la Ley de racionalización y sostenibilidad de la Administración local). Estas competencias se llamaban "impropias" en el anteproyecto. En el art. 7.4 LBRL reciben la denominación de "competencias distintas de las propias y de las atribuidas por delegación". Su ejercicio no requiere de una habilitación legal específica, pero es posible solo si: 1) no hay riesgo para la sostenibilidad financiera de la hacienda municipal; 2) no se produce la ejecución simultánea del mismo servicio con otra Administración; 3) hay informe previo vinculante de la Administración competente por razón de la materia (que señale la inexistencia de duplicidades) y de la Administración que tenga atribuida la tutela financiera (sobre la sostenibilidad financiera de las nuevas competencias).

Cumplidas estas exigencias, el municipio podrá ejercer la competencia "en régimen de autonomía y bajo la propia responsabilidad, atendiendo siempre a la debida coordinación en su programación y ejecución con las demás Administraciones Públicas" (art. 7.2 LBRL). Por eso la doctrina las ha denominado, en positivo, competencias "propias generales". Se distinguen de las competencias propias del art. 25 LBRL, no por el nivel de autonomía de que dispone el municipio que las ejerce, sino por la forma en que están atribuidas. Si las reguladas en el art. 25 LBRL son competencias determinadas por la ley sectorial, las previstas en el art. 7.4 LBRL están directamente habilitadas por el legislador básico, quedando su ejercicio sujeto a la indicada serie de condiciones.

III. BIBLIOGRAFÍA

AA.VV.: *Defensa de la autonomía local ante el Tribunal Constitucional*, MAP, Madrid, 1997.

BAÑO LEÓN, JM.: "Autonomía y competencias locales", *Documentación Administrativa*, núm. 6, 2019, pp. 1-7.

CARRO FERNÁNDEZ VALMAYOR, JL.: "El debate sobre la autonomía municipal", *RAP*, núm. 147, 1998, pp. 59-95.

CIDONCHA MARTIN, A.: "La garantía constitucional de la autonomía local y las competencias locales: un balance de la jurisprudencia el Tribunal Constitucional", *QDL* núm. 45, 2017, pp. 12-100.

EMBID IRUJO, A.: "Autonomía municipal y Constitución: aproximación al concepto y significado de la declaración constitucional de autonomía municipal", *REDA*, núm. 30, 1981, pp. 437-470.

ESTEVE PARDO, J.: "Garantía institucional y/o función constitucional en las bases del régimen local", *REDC*, núm. 31, 1991, pp. 125-147.

PAREJO ALFONSO, L.: *Garantía institucional y autonomías locale*s, IEAL, Madrid 1981.

SOSA WAGNER, F.: *Manual de derecho local*, Tecnos, Madrid 1987.

VELASCO CABALLERO, F.: *Autonomía municipal. Actas del II Congreso de la Asociación de profesores de derecho administrativo.* Thomson Aranzadi. Cizur Menor 2007.

XIOL RÍOS, J. A.: "Jurisprudencias del Tribunal Constitucional en materia de régimen local", *QDL*, núm. 42, 2016, pp. 373-394.

IV. JURISPRUDENCIA

STC 4/1981 de 2 de febrero. Soberanía y autonomía.

SSTC 4/1981 de 2 de febrero; 32/1981 de 28 de julio. La autonomía de las Comunidades Autónomas es cualitativamente superior respecto de la administrativa.

STC 32/1981 de 28 de julio. El carácter anfibológico del término Estado.

STC 32/1981 de 28 de julio. La garantía institucional

SSTC 214/1989 de 21 de diciembre; 82/2020 de 15 de julio; 41/2016 de 3 de marzo. El carácter bifronte del régimen local.

SSTC 170/1989 de 19 de octubre; 82/2020 de 15 de julio. El derecho de participación de los entes locales en cuanto asuntos les atañen

SSTC 37/1981 de 16 de noviembre; 154/2015 de 9 de julio. La autonomía se posee para la gestión de los respectivos intereses.

SSTC 213/1998 de 11 de noviembre; 6/2016 de 21 de enero. Sujeción exclusiva de los entes locales al control de los tribunales por el ejercicio de las competencias propias.

SSTC 240/2006 de 20 de julio; 47/2008 de 11 de marzo. Recursos planteados en defensa de la autonomía local.

STC 41/2016 de 3 de marzo. Las competencias locales en la LRSAL.

Artículo 138

1. El Estado garantiza la realización efectiva del principio de solidaridad, consagrado en el artículo 2 de la Constitución, velando por el establecimiento de un equilibrio económico, adecuado y justo, entre las diversas partes del territorio español, y atendiendo en particular a las circunstancias del hecho insular.

2. Las diferencias entre los Estatutos de las distintas Comunidades Autónomas no podrán implicar, en ningún caso, privilegios económicos o sociales.

COMENTARIO

Tomás de la Quadra Salcedo Janini
Catedrático de Derecho Constitucional
Universidad Autónoma de Madrid

SUMARIO: I. LA SOLIDARIDAD INTERTERRITORIAL EN LA CONSTITUCIÓN. II. LOS MECANISMOS PARA LLEVAR A CABO EL MANDATO DE REALIZACIÓN EFECTIVA DEL PRINCIPIO DE SOLIDARIDAD INTERTERRITORIAL ECONÓMICA. III. LOS LÍMITES A LA SOLIDARIDAD INTERTERRITORIAL ECONÓMICA. IV. LA PROHIBICIÓN DE PRIVILEGIOS ECONÓMICOS O SOCIALES DERIVADOS DE LAS DIFERENCIAS ENTRE LOS ESTATUTOS DE AUTONOMÍA. V. BIBLIOGRAFÍA. VI. JURISPRUDENCIA.

I. LA SOLIDARIDAD INTERTERRITORIAL EN LA CONSTITUCIÓN

La Constitución contiene en su seno diversas referencias a la solidaridad interterritorial. Así, el artículo 2 CE, incluido en el Título Preliminar, tras proclamar que la propia Constitución se fundamenta en la indisoluble unidad de la Nación española, establece que la norma fundamental "reconoce y garantiza el derecho a la autonomía de las nacionalidades y regiones que la integran y la solidaridad entre todas ellas".

El principio de solidaridad interterritorial ha sido caracterizado por la doctrina científica como "la clave de bóveda de toda la arquitectura institucional". Para el Tribunal Constitucional el principio de solidaridad complementa e integra los principios de unidad y de autonomía (art. 2 CE), pues la autonomía no se garantiza por la Constitución para incidir de forma negativa sobre los intereses generales de la Nación o sobre intereses generales distintos de los de la propia entidad. El principio de solidaridad sería el corolario de los principios de unidad y autonomía, y se constituye en la práctica en un factor de equilibrio entre la autonomía de las nacionalidades y regiones y la indisoluble unidad de la Nación española reconocidas en el art. 2 CE [STC 247/2007, de 12 de diciembre].

El principio de solidaridad puede ser examinado desde una diversidad de puntos de vista: como un límite a las competencias autonómicas; como un criterio condicionante del ejercicio de las competencias, especialmente de las económicas y financieras; o como un objetivo a conseguir por parte del Estado

Por su parte, el art. 138 CE se refiere al principio de solidaridad interterritorial desde el punto de vista de su dimensión estrictamente económica al disponer en su apartado 1 que será el Estado el encargado de garantizar "la realización efectiva del principio de solidaridad consagrado en el art. 2 de la Constitución velando por el establecimiento de un equilibrio económico, adecuado y justo entre las diversas partes del territorio español, y atendiendo en particular a las circunstancias del hecho insular".

La función de garantía de la solidaridad interterritorial que se atribuye al Estado en el apartado 1 del art. 138 se circunscribe así a la solidaridad en el ámbito económico y no se extiende a aquellos otros ámbitos que podrían encontrarse incluidos en el concepto jurídico indeterminado de solidaridad al que se refiere el art. 2 CE; como podría ser el caso del ámbito vinculado al principio de lealtad que, de acuerdo con la doctrina del Tribunal Constitucional se encuentra emparentado con aquel concepto y que requiere que, en el ejercicio de sus competencias, tanto el Estado como las Comunidades Autónomas se abstengan de adoptar decisiones o realizar actos que perjudiquen o perturben el interés general y tengan, por el contrario, en cuenta la comunidad de intereses que las vincula entre si que no puede resultar disgregada o menoscabada a consecuencia de una gestión insolidaria de los propios intereses (STC 64/1990, de 5 de abril, FJ 7).

Así, si bien la solidaridad a la que se refiere el art. 2 CE engloba entre sus contenidos un adecuado equilibrio económico interregional —al que precisamente se refiere el art. 138.1 CE—, no se agotaría en esta manifestación de igualdad económica.

Entrando así a examinar el principio de solidaridad interterritorial económico recogido en el art. 138.1 CE, cabe destacar en primer lugar que tal y como ha señalado el Tribunal Constitucional el referido precepto no puede ser considerado, en sentido estricto, como una norma atributiva de una competencia al Estado (STC 146/1992, de 16 de octubre). Para el Alto Tribunal el mandato al Estado de garantizar la realización efectiva del principio de solidaridad contenido en el art. 138.1 CE no altera las competencias constitucionalmente atribuidas, si bien el Tribunal ha utilizado tal mandato como elemento interpretativo del alcance de las competencias reservadas al Estado en otros preceptos constitucionales (SSTC 146/1992 o 96/1990).

Negado el carácter de título atributivo de competencias al art. 138.1, el Tribunal ha afirmado que ello no supone que "pued[a] ser reducido al carácter de un precepto programático, o tan siquiera al de elemento interpretativo de las normas competenciales. Es, por el contrario, un precepto con peso y significados propios, que debe ser interpretado, eso sí, en coherencia con las normas competenciales que resultan de la Constitución y de los Estatutos" (STC 146/1992, de 16 de octubre, FJ 1).

La indeterminación del principio de solidaridad no excluye por tanto su normatividad, pero requiere de un desarrollo en la propia Constitución, en las normas infraconstitucionales o a través de la configuración jurisprudencial del principio mismo.

En el proceso constituyente, en el que se celebró la inclusión de la solidaridad en el proyecto de norma fundamental, se manifestó, sin embargo, la falta de concreción de mecanismos para permitir su desarrollo y el control de su observancia, lo que motivo la incorporación en el artículo 138 CE de un sujeto específico encargado de vigilar el cumplimiento efectivo del principio de solidaridad: el Estado. No obstante lo anterior, el informe del Consejo de Estado sobre la reforma constitucional de 2006 considera que las referencias que al principio de solidaridad se hacen en la Constitución están lejos de satisfacer la necesidad de determinar su ámbito y su contenido.

La insatisfacción mostrada por el Consejo de Estado entonces, se ha visto en cierta manera confirmada ahora, por la reciente STC 50/2023, de 10 de mayo, donde el Tribunal Constitucional no ha sido capaz de deducir un contenido concreto del art. 138 cuando ha tenido que resolver un recurso de inconstitucionalidad interpuesto por el Parlamento de las Illes Balears contra la Ley 11/2020, de 30 de diciembre, de presupuestos generales del Estado para el año 2021, por vulneración de los arts. 2 y 138 CE. Se recurre por haberse omitido incluir en la norma impugnada una asignación del factor de insularidad de la Comunidad Autónoma de las Illes Balears.

El recurso es desestimado, pues para la STC 50/2023, el precepto constitucional "deja [a los órganos estatales] un amplio margen para elegir la técnica más adecuada para cubrir los mayores costes o los desequilibrios que puede provocar el hecho insular" y afirma que serán aquellos órganos los que habrán de ponderar, en cada momento, el hecho insular, pero también los datos relativos a las demás partes del territorio español.

Ello supone considerar el art. 138.1 CE, como una norma a disposición de los órganos estatales sobre los que, además, no cabe que incidan las normas estatutarias. Para la STC 50/2023 es al Estado al que le corresponde garantizar el principio de solidaridad (art. 138.1 CE), por lo que un estatuto de autonomía no puede contener criterios que desvirtúen o limiten dicha competencia estatal. Para la STC 50/2023 los compromisos estatutarios no pueden ser entendidos en el sentido de menoscabar la libertad de las Cortes Generales para definir la política de gasto estatal mediante su concreción anual en el presupuesto, expresión de esa libertad parlamentaria.

II. LOS MECANISMOS PARA LLEVAR A CABO EL MANDATO DE REALIZACIÓN EFECTIVA DEL PRINCIPIO DE SOLIDARIDAD INTERTERRITORIAL ECONÓMICA

En la línea de concretar aquellos mecanismos para permitir la aplicación y el desarrollo del principio de solidaridad, la Constitución junto a la proclamación del principio mismo y a la designación del ente encargado de su realización, se refiere asimismo a determinados mecanismos de los que dispone específicamente el Estado para llevar a cabo el mandato de realización efectiva dispuesto en el apartado 1 del art. 138.

Así, el art. 131.1 CE habilita al Estado para que, mediante ley, pueda planificar la actividad económica general para equilibrar y armonizar el desarrollo regional y conseguir una distribución más justa de la riqueza. Mecanismo que, sin embargo, ha quedado en buena medida inutilizado por la ausencia de ejercicio efectivo de la función de planificación a la que se refiere el referido precepto.

Por su parte, el apartado 1 del art. 158 CE indica que los Presupuestos Generales del Estado podrán contener una partida para garantizar que las Comunidades Autónomas presten los servicios públicos fundamentales con un nivel mínimo en todo el territorio español.

Y el apartado 2 del art. 158 CE prevé el establecimiento de un Fondo de Compensación con destino a gastos de inversión con la finalidad de corregir los desequilibrios económicos interterritoriales y hacer efectivo el principio de solidaridad interterritorial. Los recursos del referido Fondo serán distribuidos, según dispone el precepto, por las Cortes Generales entre las Comunidades Autónomas y provincias, en su caso.

A los recursos dispuestos en ambos apartados del art. 158 se refiere explícitamente el art. 157.1.*c)* CE cuando enumera cuales son los recursos de las CC.AA. y se refiere a las transferencias del Fondo de Compensación Interterritorial y a otras asignaciones con cargo a los Presupuestos Generales del Estado.

Así, la Constitución se refiere a concretos mecanismos a través de los cuales el Estado podría específicamente garantizar la realización efectiva del principio de solidaridad interterritorial consagrado en el art. 2 y a cuya dimensión económica se refiere el art. 138.1 CE.

Sin embargo, aquellos mecanismos explícitamente indicados (planificación de la actividad económica general, los recursos en la Ley de Presupuestos para garantizar que las Comunidades Autónomas presten los servicios públicos fundamentales con un nivel mínimo en todo el territorio o el Fondo de Compensación) y a disposición del Estado para garantizar la realización efectiva de la solidaridad no son los únicos que podría utilizar el Estado para promover tal mandato. El art. 138.1 CE determina un objetivo que ha de promover el Estado a través de las muchas y diversas facultades que le reconoce el ordenamiento.

Así, si la solidaridad económica ha sido doctrinalmente definida como el conjunto de mecanismos destinados a asegurar la justa distribución territorial de la riqueza nacional, para la corrección de los seculares desequilibrios entre las zonas prósperas y las zonas menos desarrolladas del país, a tal finalidad coadyuva la completa regulación del sistema de financiación de las Comunidades Autónomas que se encuentra recogida en la Ley Orgánica 8/1980, de 22 de septiembre, de financiación de las Comunidades Autónomas (LOFCA), actualmente en la versión de 2009.

De acuerdo con la doctrina del Tribunal Constitucional al Estado le corresponde "ex art. 149.1.14 CE en su conexión con los arts. 138.1 y 157.3 CE, regular el ejercicio de las competencias financieras de las Comunidades Autónomas y fijar los niveles de su contribución a la nivelación y a la solidaridad". Para el Tribunal "el sistema de financiación de las Comunidades Autónomas es el vehículo a través del cual se articula el principio de solidaridad interterritorial" (STC 13/2007, de 18 de enero, FJ 7).

Así, no es solo a través de los mecanismos explícitamente vinculados por la Constitución con la solidaridad como se promueve ésta, sino también a través del resto de mecanismos a disposición del Estado como el de la configuración del sistema de financiación autonómico que la propia Constitución no regula y remite al legislador orgánico.

El sistema de financiación autonómico —además del Fondo de Compensación Interterritorial (art. 16 LOFCA) al que explícitamente se refiere el art. 158.2 CE como mecanismo para corregir los desequilibrios económicos interterritoriales y hacer efectivo el principio de solidaridad interterritorial—, ha previsto en su configuración actual otros fondos adicionales, en buena medida dirigidos a la misma finalidad, se trata del Fondo de Suficiencia Global (art. 13

LOFCA), el Fondo de Garantía de Servicios Públicos Fundamentales (art. 15 LOFCA), el Fondo de Competitividad (art. 23 LOFCA) y el Fondo de Cooperación (art. 24 LOFCA).

Precisamente, el artículo 157.3 CE remite al legislador orgánico ordinario y no al legislador orgánico estatutario, o mejor dicho a los legisladores orgánicos estatutarios, la decisión crucial de conformación del sistema de financiación autonómica. Tal remisión se ha justificado por la doctrina del Tribunal Constitucional en la necesidad de dar a la cuestión de la financiación un tratamiento común.

En efecto, de acuerdo con el FJ 130 de la STC 31/2010, las decisiones tendentes a garantizar la suficiencia financiera "han de adoptarse con carácter general y de forma homogénea para todo el sistema y, en consecuencia, por el Estado y en el ámbito estatal de actuación", no siendo posibles "decisiones unilaterales que [...] tendrían repercusiones en el conjunto [...] y condicionarían las decisiones de otras Administraciones Autonómicas y de la propia Administración del Estado".

La centralidad de la Ley Orgánica a la que se refiere el apartado 3 del art. 157 CE, la LOFCA, permite garantizar el tratamiento homogéneo y general de la financiación para el conjunto de las CC.AA.

El Estado a través de la LOFCA ha impuesto a su vez el principio de solidaridad a las propias CC.AA., así, por un lado, de acuerdo con la previsión del art. 2.1 c) LOFCA, las Comunidades Autónomas vienen obligadas a coordinar el ejercicio de su actividad financiera con la hacienda del Estado de acuerdo al principio de "solidaridad entre las diversas nacionalidades y regiones" [art. 2.1 c) LOFCA]. Y por otro el art. 2.2 LOFCA obliga a cada Comunidad Autónoma a velar por su propio equilibrio territorial y por la realización interna del principio de solidaridad.

En consecuencia, si bien las Comunidades Autónomas carecen de una competencia específica para desarrollar el principio de solidaridad, sí pueden, e incluso deben, bien por mandato constitucional dispuesto en otros preceptos constitucionales como el art. 156.1 CE, bien por mandato estatutario y legal, atender a la realización de tal principio en el ejercicio de sus competencias propias.

Sin embargo, el que las CC.AA. estén obligadas a velar por su propio equilibrio territorial y por la realización interna del principio de solidaridad "no descarga [según el Tribunal Constitucional] al Estado de tales deberes, ni supone la privación del mismo de las competencias correspondientes".

Así, el principio de solidaridad interterritorial económico se hace efectivo a través del ejercicio por el Estado de sus diversas facultades y competencias.

El art. 138.1 establece una indicación adicional al Estado cuando dispone que en la realización efectiva del principio de solidaridad económica deberá atender en particular a las circunstancias del hecho insular.

La referencia al hecho insular del artículo 138.1 CE nace de una enmienda *in voce* en el proceso constituyente. Las peculiaridades derivadas de la insularidad suponen un hecho diferencial objetivo que ha merecido que el art. 138.1 CE explicite que debe ser atendido a la hora de velar por un equilibrio económico regional adecuado y justo. La singularidad del hecho insular cuenta, en el caso del archipiélago canario, con otro reconocimiento constitucional: la Disposición Adicional III de acuerdo con la cual la modificación del régimen económico y fiscal del archipiélago canario requerirá informe previo de la Comunidad Autónoma o, en su caso, del órgano provisional autonómico.

III. LOS LÍMITES A LA SOLIDARIDAD INTERTERRITORIAL ECONÓMICA

La solidaridad interterritorial a la que se refiere el art. 138.1 CE supone la transferencia de recursos financieros de unas regiones a otras. A través de la reforma del Estatuto de Autonomía de Cataluña de 2006 se trataron de establecer límites a tal solidaridad interterritorial; límites que fueron sometidos al control de su constitucionalidad en la STC 31/2010, de 28 de junio.

Así, en primer lugar, el Estatuto catalán de 2006 incorporó en el artículo 206.5 el denominado principio de ordinalidad como límite a la solidaridad en la conformación del sistema de financiación. El principio de ordinalidad supone un mandato dirigido al Estado de que "garantizará que la aplicación de los mecanismos de nivelación no altere en ningún caso la posición de Cataluña en la ordenación de rentas per cápita entre las Comunidades Autónomas antes de la nivelación".

Para el Tribunal Constitucional la inclusión de tal principio en el Estatuto de Autonomía sería constitucional, pues interpreta que el mismo se encuentra ya implícitamente contenido en la propia norma fundamental. Así para el Tribunal Constitucional el principio de ordinalidad "no es propiamente una condición impuesta al Estado por el Estatuto de Autonomía de Cataluña, sino sólo la expresión reiterada de un deber que para el Estado trae causa inmediata y directa de la propia Constitución, que le impone la garantía de la realización efectiva del principio de solidaridad" entre las Comunidades Autónomas; principio que, según interpreta el Tribunal, no puede "redundar para las más ricas en mayor perjuicio que el inherente a toda contribución solidaria para con las menos prósperas en orden a una aproximación progresiva entre todas ellas, excluyéndose, por tanto, el resultado de la peor condición relativa de quien contribuye respecto de quien se beneficia de una contribución que dejaría entonces de ser solidaria y servir al fin del equilibrio para propiciar, en cambio, un desequilibrio de orden distinto al que se pretende corregir" (STC 31/2010, de 28 de junio, FJ 134).

El Tribunal hace, en todo caso, una interpretación del art. 206.5 EAC cuando afirma que "[...] la garantía del Estado a que se refiere este precepto sólo operaría cuando la alteración de la posición de la Comunidad Autónoma de Cataluña se debiera, no a la aplicación general de los mecanismos de nivelación, sino exclusivamente a la aportación que realizase Cataluña como consecuencia de su posible participación en dichos mecanismos" (STC 31/2010, de 28 de junio, FJ 134). Ello supone la exclusión de las aportaciones estatales del cálculo de la posición relativa de la Comunidad Autónoma y por tanto tal y como ha señalado la doctrina una cierta desnaturalización de los objetivos que pretendía el precepto estatutario.

No corre, sin embargo, la misma suerte un segundo límite a la solidaridad incluido en el artículo 206.3 del Estatuto de Cataluña de 2006 como era la exigencia estatutaria de que para "garantizar la nivelación y la solidaridad con las demás Comunidades Autónomas" ello se condicione a que estas lleven a cabo un "esfuerzo fiscal similar".

Para el Tribunal Constitucional "la determinación de cuál sea el esfuerzo fiscal que hayan de realizar las Comunidades Autónomas es cuestión que sólo corresponde regular al propio Estado, tras las actuaciones correspondientes en el seno del sistema multilateral de cooperación y coordinación constitucionalmente previsto. Se trata, en suma, de una cuestión que, en ningún caso, puede imponer el Estatuto a las demás Comunidades Autónomas, pues al hacerlo así se vulneran, a la vez, las competencias del Estado y el principio de autonomía financiera de aquéllas, autonomía financiera que el art. 156.1 CE conecta expresamente con el principio de coordinación con la hacienda estatal" (STC 31/2010, de 28 de junio, FJ 134).

La declaración de inconstitucionalidad no se funda, en realidad, en la contradicción material con la norma fundamental del condicionamiento de la solidaridad a la realización de un esfuerzo fiscal similar sino en la inclusión de tal condicionamiento en un Estatuto de Autonomía cuando debería ser un requisito de aplicación general que debería encontrarse en la LOFCA.

IV. LA PROHIBICIÓN DE PRIVILEGIOS ECONÓMICOS O SOCIALES DERIVADOS DE LAS DIFERENCIAS ENTRE LOS ESTATUTOS DE AUTONOMÍA

El art. 138.2 CE, que reconoce la existencia de "diferencias entre los Estatutos de las distintas Comunidades Autónomas", dispone, sin embargo, que esas diferencias "no podrán implicar en ningún caso privilegios económicos o sociales".

La posibilidad de que existan diferencias es consustancial a nuestro Estado autonómico. Así lo ha reiterado la doctrina del Tribunal Constitucional que ha asumido que las Comunidades Autónomas "pueden ser desiguales en lo que respecta al procedimiento de acceso a la autonomía y a la determinación concreta del contenido autonómico, es decir, de su Estatuto y, por tanto, en cuanto a su complejo competencial" (STC 76/1983, de 3 de agosto, FJ 2)

La conclusión no podría ser otra a la vista de que la Constitución vincula el principio de autonomía con el llamado principio dispositivo (art. 147.2, en conexión con el art. 149.3 CE), principio dispositivo que se refleja además de modo expreso en el propio art. 138.2 CE, que posibilita la existencia de "diferencias entre los Estatutos de las distintas Comunidades Autónomas", si bien esas diferencias "no podrán implicar en ningún caso privilegios económicos o sociales" (STC 247/2007, de 12 de diciembre, FJ 4).

Para el Informe del Consejo de Estado sobre la reforma de la Constitución de 2006 la falta de claridad del enunciado recogido en el art. 138.2 CE hace imposible extraer de él consecuencias jurídicas. Señala el Alto órgano consultivo que de acuerdo con la opinión más extendida, la finalidad perseguida por el art. 138.2 CE sería la de prohibir que el Estatuto de la Comunidad reconozca a una parte de los *"ciudadanos"* de ésta, y solo a ellos, derechos que niega al resto, pero de ser ello así el precepto resultaría superfluo porque tal prohibición está incluida en la interdicción de la discriminación contenida en el artículo 14 CE y, de modo específico, en la norma que contiene el apartado 1 del artículo siguiente, el art. 139 CE.

Para el Tribunal Constitucional el art. 138.2 CE no tiene relación directa, como ocurre con el art. 139.1 CE, con el ámbito de los derechos de los ciudadanos, sino, como resulta del propio tenor del precepto, con el de la organización y relaciones entre "las diversas partes del territorio español", en concreto, con su equilibrio socio económico y con el papel que al respecto ha de desempeñar el principio de solidaridad. En definitiva, para el Tribunal Constitucional, las declaraciones de derechos estatutarias no guardan, en principio, relación directa con el art. 138.2 CE, salvo que pueda constatarse que dichos enunciados de derechos suponen, en sí mismos, la atribución de privilegios económicos o sociales a determinada Comunidad Autónoma, lo que determinaría su inconstitucionalidad (STC 247/2007, de 12 de diciembre, FJ 16). Sin embargo, se sigue sin aclarar cuando una diferencia estatutaria supone la atribución de un privilegio económico o social.

Lo más cerca que ha estado el Tribunal Constitucional de aclarar la cuestión ha sido cuando ha afirmado que el art. 138.2 CE no estaría imponiendo una homogeneidad absoluta en el ámbito económico y social, lo que la Constitución proscribiría serían las diferencias que carezcan de justificación objetiva y razonable, conllevando beneficios que otras Comunidades Autónomas, en las mismas circunstancias, no podrían obtener (STC 31/2010, de 28 de junio, FJ 131).

Así, un supuesto que ha venido siendo doctrinalmente controvertido ha sido la conformidad con el art. 138.2 CE de determinados elementos del sistema de financiación de las Comunidades de régimen foral.

La Constitución, en su disposición adicional primera, ampara y respeta los "derechos históricos de los territorios forales" y prevé que la actualización del régimen foral se lleve a cabo en el marco de la Constitución y de los Estatutos de Autonomía. Es en la referida disposición adicional en la que se enraízan los sistemas de concierto y convenio en los territorios históricos del País Vasco y de Navarra.

Sin embargo, una gran parte de la doctrina vienes señalando que el hecho de que la Constitución avale la existencia de tales regímenes forales con fundamento en el reconocimiento de los derechos históricos que recoge la disposición adicional primera no justificaría que estas Comunidades Autónomas dispusiesen de mayores recursos por habitante que el resto, por el hecho de no contribuir suficientemente a la solidaridad interterritorial mediante una participación adecuada en las transferencias de nivelación. Ello no sería un problema del régimen foral en si mismo considerado, sino de los concretos mecanismos para calcular la cantidad que las Comunidades de régimen foral tienen que pagar cada año al Estado y que debería incluir junto los servicios que este presta en su territorio por las competencias no transferidas, la participación de las Comunidades de régimen foral en los mecanismos de nivelación.

V. BIBLIOGRAFÍA

ALBERTI ROVIRA, E.: "Artículo 138. La solidaridad territorial y la prohibición de privilegios económicos o sociales" en CASAS BAAMONDE, M. E., RODRÍGUEZ-PIÑERO, M. (dirs.), *Comentarios a la Constitución Española*, Wolters Kluwer. 2009.

ALONSO DE ANTONIO, J. A.: "El principio de solidaridad en el Estado Autonómico. Sus manifestaciones jurídicas", Revista de Derecho Político, núm. 21, 1984.

ÁLVAREZ CONDE, E.: "Solidaridad", en AA.VV.: *Diccionario del sistema político español*, dir. González Encinar, Akal, Madrid, 1984.

GARCÍA ROCA; J.: "Asimetrías autonómicas y principio constitucional de solidaridad", *Revista Vasca de Administración Pública*, núm. 47-II, 1997, pp. 45-96.

GIRÓN REGUERA, E.: "Autonomía financiera y solidaridad interterritorial: un difícil equilibrio", *Revista General de Derecho Constitucional*, núm. 2, 2006.

GONZÁLEZ HERNÁNDEZ, E.: "El artículo 138 de la Constitución española de 1978 y el principio de solidaridad", Cuadernos de Derecho Público, núm. 21, 2004, pp. 47-77.

LUCAS VERDÚ P. y LUCAS MURILLO DE LA CUEVA, P.: "Artículo 138. La solidaridad interterritorial", en ALZAGA VILLAMIL, Ó. (dir.), *Comentarios a la Constitución española de 1978*, t. X (arts. 128 a 142), Edersa-Cortes Generales, Madrid, 1996.

MUÑOZ MACHADO, S.: *Derecho Público de las Comunidades Autónomas*, Civitas, Madrid, 1982.

TAJADURA TEJADA, J.: "El principio de solidaridad en el Estado Autonómico", Cuadernos de Derecho Público, núm. 32. 2007, pp. 69-102.

VEGA GARCÍA, A., "El principio constitucional de solidaridad interterritorial en España y en Alemania: aplicación y límites", *Revista d'Estudis Autonòmics i Federals (REAF)* núm. 20, 2014, pp. 214-277.

VI. JURISPRUDENCIA

STC 64/1990, de 5 de abril.
STC 96/1990, de 24 de mayo.
STC 146/1992, de 16 de octubre.
STC 13/2007, de 18 de enero.
STC 247/2007, de 12 de diciembre.
STC 31/2010, de 28 de junio.
STC 50/2023, de 10 de mayo.

Artículo 139

1. Todos los españoles tienen los mismos derechos y obligaciones en cualquier parte del territorio del Estado.

2. Ninguna autoridad podrá adoptar medidas que directa o indirectamente obstaculicen la libre circulación y establecimiento de las personas y la libre circulación de bienes en todo el territorio español.

COMENTARIO

Markus González Beilfuss
Profesor Titular de Derecho Constitucional
Universidad de Barcelona

SUMARIO: I. INTRODUCCIÓN. II. ANTECEDENTES HISTÓRICOS Y ELABORACIÓN DE LA CONSTITUCIÓN. III. LA IGUALDAD DE DERECHOS Y OBLIGACIONES DE TODOS LOS ESPAÑOLES (ART. 139.1 CE). IV. LA PROHIBICIÓN DE OBSTACULIZAR LA LIBERTAD DE CIRCULACIÓN (ART. 139.2 CE). V. BIBLIOGRAFÍA. VI. JURISPRUDENCIA.

I. INTRODUCCIÓN

El art. 139 CE constitucionaliza como principios generales de la organización territorial dos normas que están íntimamente relacionadas con la unidad del Estado: la igualdad de derechos y deberes de todos los españoles, y la prohibición de obstaculizar la libre circulación de personas y bienes. Junto al principio de autonomía de municipios, provincias y Comunidades Autónomas (art. 137 CE), la garantía estatal del principio de solidaridad (art. 138.1 CE) y la prohibición de privilegios entre Comunidades Autónomas (art. 138.2 CE), los dos apartados del art. 139 CE reconocen sendos principios vinculados con la unidad del Estado, pero que parten del previo reconocimiento de la autonomía: la igualdad de todos los españoles y la libertad de circulación de bienes y personas en todo el territorio de un Estado potencialmente compuesto. La referencia expresa al territorio ("del Estado" en el caso de primer apartado o "español" en el del segundo) revela que con ambos principio se trata de proteger aspectos relacionados con la unidad en un contexto de descentralización política.

En cuanto principios generales de la organización territorial del Estado, los dos apartados del art. 139 CE tienen un contenido normativo indeterminado que, además, está relacionado con otros bienes jurídicos constitucionales: la igualdad entre todos los españoles en el caso del primer apartado (igualdad que también se encuentra protegida en los arts. 14, 53.1 y 149.1.1 CE) y la unidad de mercado en el caso del segundo apartado (bien constitucional que también se protege, entre otros, en los arts. 38 y 149.1.13 CE). La vinculación del art. 139 CE con todos estos preceptos constitucionales, señalada por el propio Tribunal Constitucional de forma constante, es, sin duda, un punto de partida relevante para la interpretación de sus dos apartados. Al mismo tiempo, sin embargo, esta conexión con otros preceptos constitucionales también plantea el reto de determinar cuál es el contenido constitucional propio y autónomo de cada uno de los apartados del art. 139 CE. Transcurridos 45 años desde la aprobación del texto constitucional vigente, puede decirse que este reto sigue estando en buena medida pendiente, sobre todo en la jurisprudencia constitucional; no tanto en la doctrina científica, que ha analizado con mayor profundidad los contenidos propios del art. 139 CE.

En todo caso, tanto la jurisprudencia constitucional como la doctrina científica parten de la base que los dos apartados del art. 139 CE no pueden interpretarse como títulos competenciales del Estado, sino como límites al ejercicio de las competencias de los poderes públicos. Pero mientras la doctrina ha hecho esfuerzos por desarrollar criterios concretos para dar un contenido propio a ambos límites, la jurisprudencia constitucional ha empleado los dos apartados del art. 139 CE de una forma menos precisa. En este sentido, cabe destacar que determinadas Sentencias del Tribunal Constitucional han hecho una aplicación restrictiva de algunos contenidos tradicionales de la jurisprudencia constitucional sobre este precepto.

II. ANTECEDENTES HISTÓRICOS Y ELABORACIÓN DE LA CONSTITUCIÓN

Tratándose de principios generales de la organización territorial de un Estado compuesto, es lógico que el art. 139 CE no cuente con muchos precedentes en la historia constitucional española. Solo los dos textos constitucionales que intentaron sentar las bases de una descentralización política en nuestro país contienen algunos precedentes del actual apartado primero del art. 139 CE. Así, el art. 103 del Proyecto de Constitución de la 1ª República disponía que "*los ciudadanos de cada Estado gozarán de todos los derechos unidos al título de ciudadano en todos los Estados*", mientras que el art. 17 de la Constitución de la 2ª República preveía que "*en las regiones autónomas no se podrá regular ninguna materia con diferencias de trato entre los naturales del país y los demás españoles*". Los intentos de descentralizar el poder político en España han venido siempre acompañados, pues, de previsiones constitucionales que pretendían salvaguardar la igualdad de derechos de todos los españoles o la igualdad de trato en el seno de cada región.

La voluntad de garantizar la igualdad territorial de todos los ciudadanos también aparece en las Constituciones de algunos Estados federales como la República Federal de Alemania, en la que se garantiza que todo alemán ostenta en cualquier *Land* los mismos derechos cívicos (art. 33.1 de la Ley Fundamental de Bonn), o los Estados Unidos de América, donde se prevé que los ciudadanos de cada Estado gocen en los demás Estados de los privilegios e inmunidades de los ciudadanos de estos (art. 4.2 de la Constitución).

En la elaboración de la Constitución Española la necesidad de garantizar la igualdad de derechos de todos los españoles en un contexto de descentralización política estuvo presente desde un principio y apenas sufrió modificaciones durante el proceso constituyente. La norma que en un principio pretendía garantizar que todos los españoles tengan los mismos derechos y obligaciones "en cualquier Territorio Autónomo" se aceptó sin grandes debates y solo se modificó ligeramente para garantizar que la igualdad de derechos se diese "en cualquier parte del territorio del Estado". En ningún caso se planteó que, siguiendo el precedente de la 2ª República, el texto constitucional hiciese referencia a la igualdad de trato de todos los ciudadanos españoles por parte de cada una de las Comunidades Autónomas.

Por su parte, la prohibición de obstaculizar la libre circulación de personas y bienes también estuvo presente desde un primer momento en la elaboración de la Constitución. Así, lo que en principio era una prohibición dirigida en exclusiva a las Comunidades Autónomas y que también tenía por objeto el ejercicio de cualquier profesión, trabajo o función pública, acabó ampliándose, por un lado, a todos los poderes públicos y circunscribiéndose, por otro, a la libertad de circulación de personas y bienes, y a la libertad de establecimiento de personas. En todo caso, ni la elaboración de la Constitución, ni la historia constitucional española, ni el Derecho comparado permiten predeterminar el sentido jurídico-constitucional concreto de los dos apartados del art. 139 CE. Aunque ambos están vinculados al principio de unidad, su análisis debe hacerse por separado.

III. LA IGUALDAD DE DERECHOS Y OBLIGACIONES DE TODOS LOS ESPAÑOLES (ART. 139.1 CE)

El primer apartado del art. 139 CE tiene un contenido aparentemente claro y contundente: "*todos los españoles tienen los mismos derechos y obligaciones en cualquier parte del territorio del Estado*". Pero como puso de manifiesto en su primer pronunciamiento sobre esta norma el Tribunal Constitucional (STC 37/1981, de 6 de noviembre, FJ 2), dicha igualdad ni ha existido históricamente en el Derecho Privado, ni es posible en el marco de un Estado compuesto como el que se deriva de la Constitución. Como también reconoció de forma temprana el Tribunal Constitucional (STC 37/1987, de 26 de marzo, FJ 10) y ha sido recordado en pronunciamiento posteriores (por todas, STC 151/2019, de 11 de abril), la igualdad de derechos y obligaciones de todos los españoles no puede implicar una rigurosa uniformidad de sus posiciones jurídicas sin negar la autonomía de las Comunidades Autónomas.

A ello hay que añadir que otros preceptos constitucionales ya garantizan cierta igualdad en las posiciones jurídicas fundamentales de los ciudadanos, es decir, en aquellas reconocidas a través de los derechos fundamentales que, por mandato del art. 53.1 CE, son directamente aplicables y vinculan a todos los poderes públicos. Aunque el Tribunal Constitucional ha empleado en varias ocasiones la expresión "posiciones jurídicas fundamentales" o "igualdad básica de todos los españoles" para referirse a esta cuestión, no cabe olvidar que ni siquiera en el ámbito de los derechos fundamentales es posible hablar de uniformidad entre todos los españoles. En efecto, estos derechos no se encuentran al margen del sistema de distribución de competencias, tal y como ha reconocido el Tribunal Constitucional en la STC 247/2007, de 12 de diciembre, y en pronunciamientos posteriores (STC 51/2019, de 11 de abril). A ello hay que añadir que el art. 149.1.1 CE atribuye al Estado la competencia exclusiva para regular "las condiciones básicas" que garanticen la igualdad de todos los españoles en el ejercicio de los derechos y el cumplimiento de los deberes constitucionales, pero no cualquier contenido de los mismos.

Si la igualdad entre todos los españoles no es predicable de forma absoluta ni siquiera en el ámbito de sus derechos fundamentales, mucho menos puede serlo en relación con otros derechos y deberes que pueden ser regulados en el ámbito de sus competencias por las Comunidades Autónomas. De hecho, la jurisprudencia constitucional incluso ha reconocido la posible existencia de derechos estatutarios, aunque los ha vinculado al ejercicio de las competencias autonómicas y ha limitado su vinculación a los poderes públicos de la Comunidad Autónoma (SSTC 247/2007, de 12 de diciembre, y 31/2010, de 28 de julio).

La jurisprudencia y la doctrina constitucionales coinciden en rechazar, pues, que el art. 139.1 CE implique una uniformidad de derechos y deberes entre todos los españoles. Pero también que este precepto pueda ser interpretado como una competencia del Estado que le otorgue facultades adicionales de intervención que no estén previstas en otros títulos competenciales. En el marco de una interpretación sistemática de la Constitución, el art. 139.1 CE sí puede servir como criterio interpretativo de otros preceptos constitucionales. Pero dicho precepto no constituye una suerte de competencia implícita del Estado que pueda activarse cuando la igualdad de los ciudadanos españoles esté en entredicho.

Desde un punto de vista constitucional, el art. 139.1 CE constituye, por lo tanto, un límite al ejercicio de las competencias por parte de los diversos poderes públicos. Así han venido a reconocerlo tanto la jurisprudencia constitucional (por todas, STC 52/1988, de 24 de marzo) como la doctrina científica mayoritaria. En tanto principio general, su destinatario teórico es cualquier poder público e incluso cualquier agente privado, Pero el origen del precepto está relacionado con la garantía de la igualdad de derechos en un contexto de descentralización política. En la práctica, pues, la igualdad de derechos y obligaciones de todos los españoles constituye sobre todo un límite a cómo las Comunidades Autónomas y otros entes locales ejercen sus propias competencias.

El contenido concreto de este límite no resulta, sin embargo, evidente. En alguna sentencia constitucional (por ejemplo, en la STC 88/1986, de 1 de julio, FJ 6) el art. 139.1 CE se esgrimió como límite a la diversidad de regímenes jurídicos que se deriva de la autonomía política de las Comunidades Autónomas. Sin embargo, esta doctrina (que entra en conflicto con el propio sentido de esta autonomía) no ha prosperado. De hecho, incluso en los casos en que dicha diversidad se ha generado como consecuencia de la remisión de una norma estatal a la legislación autonómica (por ejemplo, cuando la regulación estatal de las pensiones de viudedad se remite a las normativas autonómicas a efectos de considerar y acreditar la existencia de una pareja de hecho), la diversidad normativa no se ha analizado desde la perspectiva del art. 139.1 CE, sino desde los arts. 14 y 149.1.27 CE (STC 40/2014, de 11 de marzo).

Interpretado como límite del ejercicio de las competencias autonómicas, el art. 139.1 CE alcanza un sentido propio más claro en el seno de la legislación autonómica, es decir, como obligación de tratar por igual a todos los españoles a los que les sea aplicable dicha normativa. Este principio de igualdad federal es el que, como se ha visto, fue reconocido en el art. 17 de la Constitución de la 2ª República y se contiene en algunas Constituciones federales vigentes. Aunque ni la literalidad del precepto constitucional ni su elaboración hacen referencia a esta igualdad de trato, el propio Tribunal Constitucional aludió en la primera Sentencia en la que se refirió al art. 139.1 CE a la "imposibilidad de establecer una discriminación entre los vecinos de los distintos lugares del territorio nacional" (STC 37/1981, de 16 de noviembre, FJ 2). Hasta ahora, sin embargo, esta posible interpretación del art. 139.1 CE no ha tenido mucho protagonismo en la jurisprudencia constitucional española. Apenas existen sentencias constitucionales, en efecto, que empleen el primer apartado del art. 139 CE desde esta perspectiva. La STC 151/2014, de 25 de septiembre, constituye una excepción en este sentido. En ella, el Tribunal Constitucional se refirió expresamente a la necesidad que una norma navarra (que por definición tenía un ámbito territorial limitado) dispensase un trato igual a todos los residentes en la Comunidad Foral. Pero en su fundamentación, la Sentencia resolvió desde otro parámetro de control la duda de constitucionalidad planteada.

A pesar de su escaso protagonismo en la jurisprudencia constitucional, algunos autores no han dudado en señalar que la prohibición de discriminación por motivos territoriales constituye el verdadero contenido autónomo del art. 139.1 CE. En todo caso, se trata de una prohibición que no es absoluta y que, en el fondo, exige que las diferencias de trato (por ejemplo, por años de empadronamiento) resulten justificadas desde un punto de vista constitucional, lo cual acaba dando entrada al parámetro de control del art. 14 CE.

Más allá de los esfuerzos doctrinales por encontrar un sentido propio al art. 139.1 CE, en la jurisprudencia constitucional este precepto se ha empleado con mayor frecuencia para interpretar el contenido y alcance de otros preceptos constitucionales y, singularmente, los arts. 149.1.30 y 149.1.1 CE. En los últimos años son varias, en efecto, las Sentencias constitucionales que han reiterado que la competencia estatal para regular las condiciones de obtención, expedición y homologación de títulos académicos y profesionales, así como las condiciones básicas que garanticen la igualdad de todos los españoles en el ejercicio de los derechos y deberes constitucionales están relacionadas con el art. 139.1 CE (SSTC 111/2012, de 24 de mayo, y 201/2013, de 5 de diciembre). Cabe destacar, sin embargo, que ello no ha sido neutral desde el punto de vista de la distribución de competencias.

Así, el Tribunal Constitucional ha empleado el art. 139.1 CE para interpretar que el art. 149.1.30 CE puede dar cobertura a funciones ejecutivas estatales "para garantizar que la regulación establecida se acomode a las condiciones básicas que garanticen la igualdad de los ciudadanos" o para dar entrada al art. 149.1.1 CE a pesar de que el art. 149.1.30 CE es un título más específico (STC 170/2014, de 23 de octubre).

En esta misma línea, en alguna otra Sentencia (STC 151/2014, de 25 de septiembre), aún insistiendo que el art. 139.1 CE no constituye un título competencial, el Tribunal Constitucional se ha referido a este precepto como "directriz que acota y guía el ejercicio de las competencias estatales y autonómicas" y atribuye al Estado la posibilidad y el deber de asegurar una determinada uniformidad normativa en todo el territorio nacional y preservar también una posición igual o común de todos los españoles más allá de las diferencias de régimen jurídico que inexcusablemente resulta del ejercicio legítimo de la autonomía. Esta doctrina no fue empleada, sin embargo, para resolver la concreta duda de constitucionalidad que se planteaba. Pero más allá de poner de relieve que el art. 139.1 CE no siempre se utiliza como parámetro autónomo de control autónomo, pronunciamientos de este tipo no encajan con la doctrina tradicional del Tribunal Constitucional en relación con este precepto.

IV. LA PROHIBICIÓN DE OBSTACULIZAR LA LIBERTAD DE CIRCULACIÓN (ART. 139.2 CE)

El segundo apartado del art. 139 CE acoge en forma de prohibición otro principio general de la organización territorial del Estado: "*ninguna autoridad podrá adoptar medidas que directa o indirectamente obstaculicen la libertad de circulación y establecimiento de las personas y la libre circulación de bienes en todo el territorio español*". El destinatario de esta prohibición es necesariamente cualquier autoridad pública. En su origen y en la práctica, lo más habitual es que la vulneración de esta prohibición se atribuya a medidas autonómicas o, en su caso, locales. Pero la literalidad del precepto, su proceso de elaboración y su carácter de principio general no dejan lugar a dudas: su destinatario son todas las autoridades públicas españolas.

Las libertades que resultan protegidas por esta norma son tres: las libertades de establecimiento y de circulación de las personas, y la libertad de circulación de los bienes. Las dos primeras se encuentran protegidas por el art. 19 CE en forma de derecho fundamental al reconocer a los españoles el derecho a elegir libremente su residencia y a circular por todo el territorio nacional. Más allá de que el Tribunal Constitucional haya reconocido que la titularidad de este derecho no se limita a los españoles (SSTC 94/1993, de 22 marzo y 242/1994, de 20 de junio), el contenido del art. 19 CE conlleva que el contenido normativo del art, 139.2 CE se circunscriba sobre todo a la protección de la libre circulación de bienes.

La garantía constitucional de la libre circulación de bienes está directamente relacionada con la unidad de mercado, bien jurídico que también resulta tutelado por otras normas constitucionales. Como en el caso del primer apartado del art. 139 CE, la jurisprudencia y la doctrina constitucionales han insistido en que el segundo apartado de este precepto tampoco puede ser interpretado como una regla competencial (SSTC 95/1984, de 18 de octubre; 52/1988, de

24 de marzo; y 100/1991, de 13 de mayo). No es posible, pues, derivar del principio de la libre circulación de bienes un título competencial implícito que permita al Estado actuar más allá o al margen de sus competencias en aras de proteger dicha libertad. Desde un punto de vista constitucional, el art. 139.2 CE también constituye, pues, un límite al ejercicio de las competencias de todos los poderes públicos y un principio interpretativo de otras normas constitucionales (STC 71/1982, de 30 de septiembre).

Como señaló el Tribunal Constitucional en la primera Sentencia que se pronunció sobre el art. 139.2 CE (STC 37/1981, de 16 de noviembre), "no toda medida que incida sobre la circulación de bienes por el territorio nacional es necesariamente contraria al art. 139.2 CE, sino que lo será cuando persiga de forma intencionada la finalidad de obstaculizar la libre circulación o genere consecuencias objetivas que impliquen el surgimiento de obstáculos que no guarden relación y sean desproporcionadas respecto del fin constitucionalmente legítimo que pretende la medida adoptada". Esta doctrina, que ha sido reproducida de forma reiterada con posterioridad (por todas, SSTC 66/1991, de 22 de marzo; 161/2011, de 19 de octubre; y 100/2012, de 8 de mayo) ha acabado convirtiendo el parámetro de control del art. 139.2 CE en un juicio de proporcionalidad. Descartado que en la práctica sean frecuentes las medidas que de forma intencionada pretendan obstaculizar la libertad de circulación, todas las sentencias constitucionales han acabado empleando el principio de proporcionalidad para controlar la aducida vulneración del art. 139.2 CE. Se trata, en definitiva, de evitar que, al margen de la intención de su autor, una medida de un poder público constituya un obstáculo a la libre circulación de bienes, esto es, incida de forma desproporcionada en la misma.

En la jurisprudencia constitucional, el empleo del principio de proporcionalidad como parámetro de control del art. 139.2 CE ha sido por lo general bastante informal. En ningún caso se ha empleado el test alemán de la proporcionalidad y se han analizado de forma autónoma de los requisitos de idoneidad, necesidad y proporcionalidad en sentido estricto. En lugar de ello, el Tribunal acostumbra a realizar un control mucho más laxo del principio de proporcionalidad que en no pocos casos ha acabado siendo más bien un control de razonabilidad de la medida impugnada o incluso de igualdad (STC 161/2011, de 19 de octubre).

En este contexto no es extraño que la jurisprudencia constitucional tampoco haya hecho una interpretación estricta de lo que constituya una "medida que directa o indirectamente obstaculice la libertad de circulación". En lugar de analizar en primer lugar si la medida impugnada constituye objetivamente un obstáculo a dicha libertad para, en caso que así sea, centrarse a continuación en su posible proporcionalidad, en la práctica la jurisprudencia constitucional acostumbra a realizar un análisis de conjunto que en casi todos los casos ha concluido con un fallo desestimatorio. Esta interpretación amplia de lo que constituya un obstáculo directo o indirecto a la libertad de circulación ha llevado al Tribunal a analizar desde la perspectiva del art. 139.2 CE no solo medidas claramente restrictivas como la prohibición de comercializar un producto, sino también autorizaciones administrativas para determinadas actividades (STC 111/2017, de 5 de octubre), obligaciones contractuales (STC 132/2019, de 13 de noviembre), o medidas más indirectas como subvenciones o medidas de fomento (SSTC 64/1990, de 5 de abril y 100/2012, de 8 de mayo), medidas tributarias que de alguna manera pueden perturbar la circulación de bienes en el territorio nacional, o normas sobre el reconocimiento de decisiones autonómicas (STC 68/2021, de 18 de marzo) o sobre la exclusión de la eficacia extraterritorial de decisiones ejecutivas autonómicas (STC 79/2017, de 22 de junio). Más allá de los argumentos que en cada caso han llevado al Tribunal Constitucional a rechazar, en la mayoría de casos, la vulneración del art. 139.2 CE o, en algunos casos excepcionales (SSTC 79/2017, de 22 de junio, y 68/2021, de 18 de marzo) a reconocerla, este modo de proceder no está exento de problemas dogmáticos. En efecto, el análisis conjunto de la medida restrictiva o limitadora de la libertad de circulación y de su eventual proporcionalidad no contribuye a dar transparencia a un precepto constitucional (el art. 1392 CE) que, como en el caso del art. 139.1 CE, plantea sobre todo el reto de desarrollar un contenido normativo propio y autónomo de otros preceptos constitucionales.

V. BIBLIOGRAFÍA

ALBERTÍ ROVIRA, E.: *Autonomía política y unidad de mercado*, Ed. Civitas, Madrid, 1995.

DE LA QUADRA-SALCEDO JANINI, T.: *Mercado nacional único y Constitución*, Fundación Manuel Giménez Abad de Estudios Parlamentarios y del Estado Autonómico/Centro de Estudios Políticos y Constitucionales, Madrid, 2008.

VI. JURISPRUDENCIA

STC 37/1981, de 16 de noviembre.
STC 37/1987, de 26 de marzo.
STC 247/2007, de 12 de diciembre.
STC 161/2011, de 19 de octubre.
STC 100/2012, de 8 de mayo.
STC 151/2014, de 25 de septiembre.
STC 170/2014, de 23 de noviembre.
STC 79/2017, de 22 de junio.
STC 111/2017, de 5 de octubre.

STC 51/2019, de 11 de abril.
STC 152/2020, de 22 de octubre.
STC 68/2021, de 18 de marzo.
STC 125/2021, de 30 de junio.

CAPÍTULO SEGUNDO
DE LA ADMINISTRACIÓN LOCAL

Artículo 140

La Constitución garantiza la autonomía de los municipios. Estos gozarán de personalidad jurídica plena. Su gobierno y administración corresponde a sus respectivos Ayuntamientos, integrados por los Alcaldes y los Concejales. Los Concejales serán elegidos por los vecinos del municipio mediante sufragio universal, igual, libre, directo y secreto, en la forma establecida por la ley. Los Alcaldes serán elegidos por los Concejales o por los vecinos. La ley regulará las condiciones en las que proceda el régimen del concejo abierto.

COMENTARIO

Antonio Arroyo Gil
Profesor de Derecho Constitucional
Universidad Autónoma de Madrid

1912 **SUMARIO:** I. LA AUTONOMÍA MUNICIPAL COMO MANIFESTACIÓN DE LA AUTONOMÍA LOCAL. II. LA GARANTÍA INSTITUCIONAL DE LA AUTONOMÍA LOCAL. III. LA GARANTÍA CONSTITUCIONAL DE LA AUTONOMÍA LOCAL. IV. PRINCIPIO DE AUTONOMÍA MUNICIPAL. V. LA AUTONOMÍA MUNICIPAL: ENTRE LA HERMENÉUTICA CONSTITUCIONAL Y LA LEGISLACIÓN ESTATAL BÁSICA. VI. EL CONFLICTO EN DEFENSA DE LA AUTONOMÍA LOCAL. VII. LA CARTA EUROPEA DE LA AUTONOMÍA LOCAL. VIII. EL GOBIERNO Y LA ADMINISTRACIÓN DE LOS MUNICIPIOS. IX. EL CONCEJO ABIERTO. X. BIBLIOGRAFÍA. XI. JURISPRUDENCIA.

I. LA AUTONOMÍA MUNICIPAL COMO MANIFESTACIÓN DE LA AUTONOMÍA LOCAL

Abordar el estudio y comprensión del art. 140 CE requiere, inexcusablemente, hacer referencia, siquiera sea muy sucinta, a otros preceptos constitucionales, ya que, de no hacerse así, difícilmente se va a poder aprehender el significado y alcance de esta disposición, que, al tiempo que garantiza la autonomía de los municipios, en tanto que entidades locales de derecho necesario con personalidad jurídica plena (lo que impide concebirlos como órganos pertenecientes a otras organizaciones personificadas superiores, ya sea el Estado o las Comunidades autónomas —CC.AA.—), dispone, en sus elementos principiales, cómo se ha de proceder a la elección de los concejales y alcaldes, remitiéndose para los detalles a lo que el legislador disponga.

En primer lugar, se debe de traer aquí a colación lo dispuesto en el art. 137 CE, precepto que inaugura el Capítulo I ("Principios generales") del Título VIII

CE ("De la organización territorial del poder"), y que nos ofrece una primera pista, trascendental, para comprender después lo que sea esa "autonomía municipal", clave de bóveda del art. 140 CE.

De acuerdo con el art. 137 CE, el Estado se organiza territorialmente en municipios, en provincias y en las CC.AA. que se constituyan, gozando todas estas entidades de autonomía para la gestión de sus respectivos intereses (posteriormente, el Tribunal Constitucional —TC— reconocería que "la garantía constitucional de la autonomía local también alcanza a las islas, en los archipiélagos balear y canario": STC 132/2012). Es decir, que, de conformidad con este precepto, el Estado español, más allá de su propia organización general (o Estado central), desde un punto de vista territorial, se organiza, *de manera necesaria*, sobre esa tríada estructural: por un lado, los municipios y provincias, que al tiempo de entrada en vigor de la Constitución ya existen; y, por el otro, las CC.AA., que en el futuro se constituyan. Esto no es óbice, lógicamente, para que después el legislador pueda posibilitar la aparición de otras entidades de carácter funcional sobre base territorial (fundamentalmente local: comarcas, mancomunidades, consorcios...), pero lo verdaderamente relevante aquí es que, por decisión del constituyente, la estructura territorial de nuestro Estado se organiza a partir de esas entidades municipales, provinciales y autonómicas, cuya existencia —y subsistencia— es, en tanto que tales, esto es, más allá de cuál sea su número o concretas lindes, incuestionable (en el caso de las CC.AA., como es natural, una vez que las mismas se hayan constituido), en tanto en cuanto la Constitución no sea modificada.

Igualmente significativo es que este art. 137 CE reconozca a estas tres entidades, sin diferenciar entre ellas, "autonomía para la gestión de sus respectivos intereses". Y es precisamente en este punto en donde se asienta el pilar fundamental que nos permite abordar una cuestión que constituye, como se ha señalado ya, la pieza central a que se refiere el art. 140 CE: la autonomía municipal. Cuestión esta cuyo entendimiento no siempre ha estado claro, por más que, desde temprano, el TC, en sintonía precisamente con la previsión del art. 137 CE, identificara tal autonomía local (cabe entender, municipal y provincial) con el derecho a participar, de manera efectiva, no meramente simbólica, en la gestión de los intereses respectivos, que, en el caso de los municipios, habría de llevarse a cabo institucionalmente por medio de su órgano de gobierno, el Ayuntamiento (STC 170/1989).

Antes de continuar conviene hacer una precisión: como veremos, el TC se ha referido, con carácter general, a la "autonomía local", sin diferenciar categorialmente entre la autonomía municipal y la autonomía provincial. Y lo cierto es que existe una diferencia fundamental entre ambos tipos de autonomía, pues mientras que la municipal, *ope Constitutione*, tiene una conexión directa con el principio democrático representativo (STC 103/2013), en la medida en que los concejales han de ser elegidos directamente por el cuerpo electoral, en el caso de la provincial, por el contrario, no tiene por qué ser (y de hecho hasta ahora no ha sido) así. Si bien a lo largo del texto haremos referencia, en unas ocasiones, a la autonomía local, y, en otras, estrictamente a la autonomía municipal, conviene tener siempre presente esta distinción, que llevaría, en último término, a reconocer que la autonomía municipal es —o debería ser, pues el TC no parece haberlo reconocido así— de "mejor calidad" que la provincial, y todo ello sin perjuicio de que municipios y provincias formen parte de una comunidad local única (o, en términos del TC, que "las diputaciones y los ayuntamientos conforman un mismo nivel (local) de gobierno": STC 107/2017), que, como tal, ha de ser entendida e interpretada.

Hecha esta primera consideración de carácter general, menos problemática, nos encontramos, sin embargo, con mayores dificultades a la hora de concretar el significado y alcance de la referida autonomía municipal, o, dicho de otro modo, hasta dónde llega el poder público que de acuerdo con nuestro ordenamiento constitucional corresponde a los municipios. Desde muy temprano, el TC quiso dejar claro que la "autonomía" a que se refiere el art. 137 CE (pensaba, sobre todo, en la de las CC.AA., aunque el argumento es también aplicable a las entidades locales) "hace referencia a un poder limitado", pues, en efecto, "autonomía no es soberanía". Añadiendo, a continuación, que "dado que cada organización territorial dotada de autonomía es una parte del todo, en ningún caso el principio de autonomía puede oponerse al de unidad, sino que es precisamente dentro de éste donde alcanza su verdadero sentido, como expresa el art. 2 de la Constitución". Dada esa posición de superioridad del Estado, el principio de autonomía no sería contrario a la posibilidad de que exista un control de legalidad sobre el ejercicio de las competencias propias de las entidades territoriales (autonómicas y locales, pudiéndose transferir, en el caso de estas, a las CC.AA.), pero sí a que ese control lo fuera de oportunidad, salvo que el mismo pueda fundamentarse claramente en la propia Constitución (STC 4/1981).

Acto seguido, el TC deriva de la previsión del art. 137 CE relativa a la "gestión de sus respectivos intereses" por parte de cada una de las entidades territoriales, la exigencia de que a las mismas se les dote de "todas las competencias propias y exclusivas que sean necesarias para satisfacer el interés respectivo", encontrándose la clave constitucional de esa autonomía, por consiguiente, "en función del criterio del respectivo interés: interés del Municipio, de la Provincia, de la Comunidad Autónoma".

Siendo esto ya de por sí problemático, en la medida en que no existe un criterio hermenéutico indiscutido para decidir en qué se concreta ese "respectivo interés", las verdaderas dificultades empiezan después, y tienen su origen en una jurisprudencia que si bien resultaba comprensible a comienzos de los años ochenta, cuando había que poner en marcha el proceso autonómico, con su invencible *vis expansiva*, sin embargo, resulta mucho más difícil de sostener con el mismo convencimiento años más tarde. En efecto, ya en la misma STC 4/1981 se diferencia sustantivamente entre las CC.AA., "concebidas como entes dotados de autonomía cualitativamente superior a la administrativa (arts. 150.3 y 155, entre otros)" y los entes locales, que, vinculados a la previsión del art. 148.1.2ª CE, parecen ser concebidos, en parte, como mera materia competencial, susceptible de ser asumida por las CC.AA. a partir del título "Las alteraciones de los términos municipales comprendidos en su territorio y, en general, las funciones que correspondan a la Administración del Estado sobre las Corporaciones locales y cuya transferencia autorice la legislación sobre Régimen Local". Esta idea es ratificada poco después por el TC, al sostener que la autonomía de provincias y municipios es administrativa, frente a la de las CC.AA., que es política (STC 32/1981), si bien es cierto que en sus posteriores resoluciones el Alto Tribunal no volvió a expresarse en estos términos de manera tan tajante (aunque tampoco se desligó por completo de esa idea: STC 111/2016).

Si a ello añadimos que la concreta configuración institucional y competencial de los entes locales en lugar de regularse, siquiera sea de manera indiciaria, en la propia Constitución, se difiere al simple legislador ordinario, sin grandes dificultades podemos imaginar ya que la autonomía de estos corre serios riesgos de verse devaluada, en la medida en que el único límite para tal legislador radicará en un "reducto indispensable o núcleo esencial" (SSTC 213/1988, 83/2005, etc.) que la Constitución garantiza sin mayores concreciones.

En efecto, dada la inescindible —y discutible— ligazón que la jurisprudencia constitucional (entre otras, STC 214/1989) establece entre la autonomía local que garantiza el art. 137 CE y la competencia estatal *ex* art. 149.1.18ª CE, corresponde a la legislación básica estatal regular los aspectos esenciales relativos a la estructura institucional y competencial de los entes locales, dentro del respeto al mínimo garantizado constitucionalmente. Pero no solo eso, es que además para tener una visión completa del poder local se ha de estar también a lo previsto en la legislación sectorial estatal, así como en cada uno de los Estatutos de Autonomía y en la legislación autonómica correspondiente, y todo ello sin perder de vista lo que sobre la cuestión dispongan los tratados internacionales, y, muy singularmente, la Carta Europea de la Autonomía Local (CEAL) de 15 de octubre de 1985, a la que después nos referiremos. En definitiva, la autonomía local depende de tantos normadores, vagos e imprecisos en su nivel más alto, que no va a ser tarea sencilla delimitar sus concretos contornos.

Si nos centramos, específicamente, en la autonomía de los municipios, comprobaremos que de la Constitución tan solo se deriva su carácter democrático o representativo (art. 140 CE), así como la necesidad de que las Haciendas locales dispongan de medios suficientes para el desempeño de las funciones que la ley les atribuye, que se nutrirán fundamentalmente de tributos propios y de participación en los del Estado y de las CC.AA. (art. 142 CE), y sobre cuyas dificultades —e insuficiencias— no podemos ahora detenernos.

No obstante, de una interpretación sistemática de todas las normas arriba referidas cabe derivar que lo característico de los municipios españoles es su capacidad de autogobierno (STC 132/2012), de carácter democrático, lo que inevitablemente —a mi juicio— nos conduce a sostener que su autonomía no es solo administrativa, sino también política (tal y como el propio TC parece haber sumido ya: STC 124/2023, FJ 6, en la medida en que se trata no solo de administraciones, sino también de auténticos gobiernos locales); de autoorganización (STC 54/2017), que pivota sobre la base del Ayuntamiento; de reglamento o autonormación (STC 214/1989), que ejerce, sobre todo, mediante

la aprobación de las correspondientes ordenanzas y reglamentos dentro de sus respectivos ámbitos competenciales bajo su propia responsabilidad, sin entrar ahora en mayores precisiones sobre la diferenciación entre servicios obligatorios y competencias propiamente dichas; y de recursos económicos suficientes (STC 134/2011, 101/2017).

Con todo, tal y como se apuntaba más arriba, existe un alto riesgo de que, ante la evidente falta de densidad normativa constitucional, la autonomía local (y, más en concreto, la municipal, que es la que aquí nos ocupa) pueda verse seriamente devaluada por una actuación poco respetuosa del legislador ordinario estatal o, en el marco de sus más limitadas posibilidades, del estatuyente o del legislador autonómico. En directa relación con esto, no puede perderse de vista que tanto el Estado como las Comunidades Autónomas disponen de mecanismos de intervención limitativos de la autonomía municipal —y provincial—, entre los que se encuentra la posibilidad de ejercer facultades de coordinación de la actividad de los gobiernos y administraciones locales, tal y como prevén los artículos 10.2 y 59.1 LRBRL, sin que ello tenga por qué significar una alteración de la titularidad y el ejercicio de las competencias propias de los entes coordinados. En todo caso, es cierto que la coordinación, sometida a una doble exigencia constitucional de predeterminación y proporcionalidad (en función de la relación existente entre los intereses locales y supralocales), "constituye un límite al pleno ejercicio de las competencias propias de las Corporaciones locales" (entre otras, SSTC 82/2020 y 124/2023).

II. LA GARANTÍA INSTITUCIONAL DE LA AUTONOMÍA LOCAL

Para evitar el peligro de desfiguración de la autonomía local, el TC acogió una teoría de origen alemán (Carl Schmitt), teorizada en nuestro país, de manera principal, por los profesores Antonio Embid y Luciano Parejo, que viene a identificar la autonomía local con una "garantía institucional", cuya función es preservar a esa institución "en términos recognoscibles para la imagen que de la misma tiene la conciencia social en cada tiempo y lugar", y en cuya virtud se reconoce "... un derecho de la comunidad local a participar a través de órganos propios en el gobierno y administración de cuantos asuntos le atañen, graduándose la intensidad de esta participación en función de la relación entre intereses locales y supralocales dentro de tales asuntos o materias" (STC 32/1981, después reiterada en multitud de ocasiones: SSTC 38/1983, 170/1989, 109/1998, 51/2004, 240/2006, STC 152/2016, etc.). A partir de esta construcción, el TC ha entendido que corresponde al legislador ordinario (básico estatal) fijar los principios y criterios esenciales del régimen local, no solo en materia de organización, sino también de competencias, *ex* art. 149.1.18ª CE, lo que, dado el uso extensivo e intensivo hecho por este legislador estatal de tal competencia, avalado por el propio TC (valga por todas la STC 41/2016), ha traído consigo una limitación clara de las competencias autonómicas al respecto (sobre todo, en materia de organización, pues en lo que afecta a las competencias la capacidad de intervención del legislador básico estatal es más limitada: STC 103/2013). Pero lo significativo ahora es observar cómo esta noción de "garantía institucional" resulta de muy abstrusa comprensión y concreción, lo que ha contribuido a que el legislador básico estatal haya podido configurar el régimen local de los municipios y provincias con gran libertad, desde la ya lejana Ley 7/1985, de 2 de abril, Reguladora de las Bases del Régimen Local (LRBRL), con sus múltiples modificaciones.

Tanto es así que el propio TC reconoció en su Sentencia 109/1998 las limitaciones de esta categoría al sostener que "la garantía institucional de la autonomía local no asegura un contenido concreto ni un determinado ámbito competencial", sino, tan solo, como hemos visto, la preservación de la recognoscibilidad de la institución de acuerdo con la imagen que de la misma tenga la conciencia social en cada tiempo y lugar, "de suerte que solamente podrá reputarse desconocida dicha garantía cuando la institución es limitada, de tal modo que se la priva prácticamente de sus posibilidades de existencia real como institución para convertirse en un simple nombre". Es decir, que esta categoría puede servir como muro de resistencia frente a un ataque grosero del legislador que pudiera poner en serio riesgo el "contenido mínimo o esencial" o el "núcleo primario" (SSTC 213/1988, 170/1989, 51/2004, 83/2005, etc.) de eso que se ha de entender por autonomía local, pero en aquellos casos en que la ley (sobre todo, la sectorial) regule de manera más matizada la organización y el funcionamiento de los gobiernos y administraciones locales, la apelación a la garantía institucional —como ha destacado Francisco Velasco— no parece ser muy útil, en la medida en que el juicio de recognoscibilidad que demanda carece de un parámetro de contraste bien definido, y, sobre todo, porque sin poner en riesgo el núcleo esencial de la autonomía local sí que se podría afectar de manera jurídicamente intolerable al contenido de esta garantizado en el art. 140 CE. De ahí que, como veremos en breve, se haya abogado por su superación.

Sea como fuere, a la vista del juego jurisprudencial que ha dado esta categoría, conviene que nos detengamos un momento en "descifrar" su posible contenido concreto. Como pronto se apresurara a precisar el TC, la autonomía local, para no quedar desfigurada, requeriría, en todo caso, que los órganos re-

presentativos locales dispusieran de las potestades necesarias para ejercer de manera efectiva tal autonomía (SSTC 84/1982, 170/1989, 148/1991, 46/1992). Fue esto, precisamente, lo que llevó al legislador básico estatal a reconocer en el art. 2 LRBRL una cláusula general de atribución de competencias a favor de las entidades locales, que habrá de concretarse por los legisladores (sectoriales) estatal y autonómicos, en función de su propia competencia sobre el ámbito material correspondiente (carácter bifronte de la autonomía local: STC 84/1982; confirmado, entre otras, en la STC 31/2010). De este modo se asegura el derecho de los municipios (provincias e islas) a intervenir en cuantos asuntos afecten directamente al círculo de sus intereses, en función de su capacidad de gestión, y de conformidad con los principios de descentralización y de máxima proximidad de la gestión administrativa a los ciudadanos.

Esta genérica atribución competencial se concretó en el art. 4 LRBRL (cuya última reforma se llevó a efecto por medio de la Ley 57/2003, de 16 de diciembre, de medidas para la modernización del Gobierno Local), que en su (vigente) apartado 1 dispone que, "[e]n su calidad de Administraciones públicas de carácter territorial, y dentro de la esfera de sus competencias, corresponden en todo caso a los municipios, las provincias y las islas" una serie de "potestades" (reglamentaria y de autoorganización, tributaria y financiera, de ejecución forzosa y sancionadora, de programación o planificación, expropiatoria y de investigación, de deslinde y recuperación de oficio de sus bienes y de revisión de oficio de sus actos y acuerdos), "presunciones" (de legitimidad y la ejecutividad de sus actos) y "prelaciones y preferencias y demás prerrogativas reconocidas a la Hacienda Pública para los créditos de la misma, sin perjuicio de las que correspondan a las Haciendas del Estado y de las comunidades autónomas; así como la inembargabilidad de sus bienes y derechos en los términos previstos en las leyes".

Además de estas garantías generales, y por mencionar ahora solo lo relativo a los municipios, el legislador básico estatal estableció también una serie de garantías específicas, con el fin de posibilitar la intervención de estos en cuantos asuntos les atañen, en los arts. 25 (competencias, cuya determinación quedaba en manos del correspondiente legislador sectorial, estatal o autonómico) y 26 (servicios de prestación obligatoria), y de actividades complementarias en el art. 28 (que, en buena medida, acabaría desembocando después en las controvertidas "competencias impropias", de difícil ordenación, como ha puesto de relieve Alfredo Galán).

III. LA GARANTÍA CONSTITUCIONAL DE LA AUTONOMÍA LOCAL

Puestas de relieve las limitaciones y deficiencias hermenéuticas de la cate- 1919
goría normativa "garantía institucional", parte importante de la doctrina (García Morillo, García Roca, Cidoncha Martín, etc.) ha optado por superarla mediante el empleo de otro término, usado desde sus inicios por la propia jurisprudencia constitucional (STC 32/1981), y hasta la actualidad (SSTC 82/2020 y 124/2023), que parece responder con más precisión a las necesidades interpretativas del conjunto normativo que regula nuestro régimen municipal: la garantía constitucional. De acuerdo con esta categoría, la Constitución vendría a garantizar un "nivel mínimo de autonomía" local (STC 11/1999) que el legislador básico estatal, *ex* art. 149.1.18ª CE, podría elevar, llegando a ser consideradas parte de estas disposiciones legislativas básicas, en concreto aquellas que presentan una conexión más directa con el contenido constitucional de tal autonomía local (arts. 137, 140 y 141 CE), normas integrantes del llamado "bloque de la constitucionalidad" (SSTC 27/1987, 109/1998), o, incluso, normas que actúan como parámetro directo de la constitucionalidad de otras (STC 159/2001). Esta última idea, sin embargo, no llegó a cuajar del todo, en la medida en que difícilmente una norma legislativa estatal de carácter básico, por más importancia que tenga, puede ocupar el lugar que solo está reservado a las normas formalmente constitucionales. No es de extrañar por eso, que en la STC 240/2006 (al igual que en resoluciones posteriores: SSTC 95/2014 y 132/2014) el TC despejara cualquier duda al respecto, al declarar que "la legislación básica sobre régimen local no se integra en el 'bloque de la consti-

tucionalidad' ni constituye canon de validez respecto de otras leyes estatales". O que más adelante, en la STC 121/2012, el propio TC se viera "obligado" a reconocer expresamente que "el canon que este Tribunal deberá aplicar para resolver los conflictos en defensa de la autonomía local promovidos frente a leyes estatales [cabría entender que frente a cualquier norma] se ciñe a los preceptos constitucionales (artículos 137, 140 y 141 de la CE) que establecen ese 'contenido mínimo' que protege la garantía institucional y que hemos considerado definitorios de 'los elementos esenciales' o del 'núcleo primario' del autogobierno de los entes locales territoriales". En su caso, según el TC, la LRBRL podría ser canon de validez de la ley autonómica, pero solo "en aquellos aspectos enraizables directamente en los artículos 137, 140 y 141 CE, de cuyo contenido no representan más que exteriorizaciones o manifestaciones" (STC 95/2014), lo que, tortuosos rodeos al margen, quiere decir, como es "natural" por otra parte, que solo las normas formalmente constitucionales son canon de constitucionalidad.

Pero al margen de estas limitaciones de la categoría normativa "garantía constitucional", lo que sí parece posible derivar de la misma es un entendimiento adecuado del conjunto normativo que regula la autonomía local en el sentido siguiente: La Constitución garantiza un mínimo esencial de autonomía local, que todos los normadores (básico estatal, sectoriales estatal y autonómicos, y estatuyentes) habrán de respetar (STC 124/2023); por su parte, el legislador básico estatal podrá elevar ese mínimo mediante la regulación de los caracteres básicos, de alcance institucional y competencial, del régimen local, lo que a su vez supondrá un límite para el legislador autonómico, que, dado el caso, podrá mejorar esos mínimos constitucional y legalmente establecidos, pero nunca reducirlos. Esto es, la Comunidad Autónoma, cuando se proponga asignar o suprimir competencias locales en ejercicio de sus atribuciones estatutariamente asumidas, deberá no solo respetar la garantía constitucional de la autonomía local, sino también las bases del régimen local establecidas por el legislador estatal, así como la regulación sobre régimen local incluida en su Estatuto de autonomía, con el alcance que a dicha regulación estatutaria le ha atribuido la doctrina constitucional (STC 82/2020). Y para determinar si esa intervención del legislador autonómico en la regulación del régimen local respeta, o no, la garantía constitucional de la autonomía local habrá que valorar: "i) si hay intereses supralocales que justifiquen que la Comunidad Autónoma haya dictado esta regulación; ii) si el legislador autonómico ha ponderado los intereses municipales afectados; y iii) si ha asegurado a los ayuntamientos implicados un nivel de intervención tendencialmente correlativo a la intensidad de tales intereses. Todo ello sobre la base de que la Comunidad Autónoma puede ejercer en uno u otro sentido su libertad de configuración a la hora de distribuir funciones, pero garantizando el derecho de la comunidad local a participar a través de órganos propios en el gobierno y administración" (STC 152/2016; y 92/2018). Por su parte, el municipio y la provincia podrán, en todo caso, defender su ámbito subjetivo de autonomía (STC 27/2016) o de intereses propios (STC 107/2017) frente a una actuación legislativa, estatal o autonómica, que lo invada.

IV. PRINCIPIO DE AUTONOMÍA MUNICIPAL

Entre los autores, también ha habido quien ha defendido que en los arts. 137 y 140 CE se contiene un "principio de autonomía municipal", en sentido propio, esto es, como norma finalista que impone un mandato dirigido a todos los poderes públicos, y, en especial, al legislador estatal, para que promuevan o desarrollen, dentro de su respectivo ámbito competencial, el máximo posible de autonomía municipal (Francisco Velasco). De este modo, cabría entender que la Constitución tan solo garantiza unos "mínimos competenciales" a los municipios, si bien mandata a todos los poderes públicos para que optimicen la autonomía municipal. Esta categoría ha sido también acogida por el TC, que en diversas ocasiones se ha referido al "principio de autonomía local" (SSTC 4/1981, 32/1981, 2/1987, 221/1992, 25/1993, 233/1999, 159/2001, 240/2006, etc.), aunque no necesariamente con el alcance que del mismo propugna la doctrina citada.

V. LA AUTONOMÍA MUNICIPAL: ENTRE LA HERMENÉUTICA CONSTITUCIONAL Y LA LEGISLACIÓN ESTATAL BÁSICA

Dejando de lado esta búsqueda del concepto jurídico adecuado, tal vez lo que resulte más interesante sea comprobar —según Francisco Velasco también ha tenido ocasión de destacar— cómo ha sido la jurisprudencia constitucional la que, sin necesidad de acudir a la garantía institucional o constitucional, paulatinamente ha ido ofreciendo algunos cánones de interpretación del alcance de la autonomía municipal. Entre ellos, podemos destacar los siguientes: imposibilidad de que una Administración superior realice, en sus diversas manifestaciones, un control administrativo de oportunidad sobre los municipios cuando los mismos ejerzan competencias "propias" (SSTC 4/1981, 159/2001, etc.); disfrute de un "poder decisorio" propio (SSTC 32/1981, 170/1989, 40/1998, etc.); suficiencia financiera, muy limitada en lo que se refiere a la obtención de ingresos, pero mucho más amplia en lo relativo a la potestad de gasto, englobando aquí el poder presupuestario como parte esencial de esa autonomía local; etc. (SSTC 4/1981, 27/1987, 109/1998, 104/2000, 48/2004, entre otras).

Sea como fuere lo cierto es que a la postre la autonomía municipal, por más garantizada que se encuentre en la Constitución, sigue dependiendo en buena medida de la voluntad del legislador básico estatal (y, en menor grado, de los estatuyentes y de los legisladores autonómicos), tal y como, sin ir más lejos, se ha puesto de relieve con motivo de la controvertida reforma de la LRBRL efectuada por la Ley 27/2013, de 27 de diciembre, de racionalización y sostenibilidad de la Administración Local (LRSAL), que, como bien se ha señalado, con cierto humor, tenía mucho de sostenibilidad y muy poco de racionalización. Con ella se pretendía someter al régimen local a las exigencias propias de la estabilidad presupuestaria y la sostenibilidad financiera derivadas del art. 135 CE y de la Ley Orgánica 2/2012, de 27 de abril, de Estabilidad Presupuestaria y Sostenibilidad Financiera, disminuyendo seriamente el espacio competencial de los municipios y reforzando algo el de las provincias, lo que, más allá de otras consideraciones, constituía ya un contrasentido democrático. No obstante, el alcance y efectividad de la LRSAL se han visto seriamente limitados tanto por la contumaz oposición política —autonómica— a implementarla,

como por mor de la jurisprudencia constitucional, que ha declarado nulo parte de su articulado precisamente por ser contrario a la autonomía local constitucionalmente garantizada (SSTC 41/2016, 111/2016, 180/2016, 44/2017, 45/2017, 54/2017, 93/2017 y 107/2017). No se puede, sin embargo, decir lo mismo de los graves efectos que para la autonomía local ha tenido la aplicación de las estrictas normas de estabilidad presupuestaria y sostenibilidad financiera arriba referidas.

Así las cosas, nada tiene de extraño que, desde diversas instancias, se venga reclamando la necesidad de acometer una reforma constitucional, que, entre otras cosas, dote a nuestros municipios (y provincias) de una mejor —más concreta— autonomía, en términos organizativos y, sobre todo, competenciales.

VI. EL CONFLICTO EN DEFENSA DE LA AUTONOMÍA LOCAL

Pero mientras ese momento llega, y dejando de lado las modificaciones de la LRBRL a las que nos hemos referido, también el legislador orgánico ha adoptado algunas medidas orientadas a preservar el contenido de la autonomía local constitucionalmente garantizada. Así, en 1999 se introdujo en la Ley Orgánica del TC un nuevo proceso, el conflicto en defensa de la autonomía local (Capítulo IV del Título IV LOTC), que, pese a su loable propósito, sin embargo, a causa de su exigente configuración, por lo que hace, sobre todo, a los sujetos legitimados para activarlo, resulta difícilmente ejercitable (de hecho, hasta el año 2006 no se dictó la primera Sentencia en respuesta a un conflicto en defensa de la autonomía local presentado por la ciudad de Ceuta: STC 240/2006).

VII. LA CARTA EUROPEA DE LA AUTONOMÍA LOCAL

En otro orden de cosas, y como se apuntó ya con anterioridad, en la interpretación de aquello que sea autonomía local se ha de tener muy presente lo dispuesto en un instrumento jurídico de carácter internacional, la Carta Europea de la Autonomía Local de 1985, ratificada por España el 20 de enero de 1988, con entrada en vigor el 1 de marzo de 1989. De acuerdo con su art. 3º.1, "[p]or autonomía local se entiende el derecho y la capacidad efectiva de las Entidades locales de ordenar y gestionar una parte importante de los asuntos públicos, en el marco de la Ley, bajo su propia responsabilidad y en beneficio de sus habitantes".

Pese a la ambigüedad y/o apertura de esta redacción, lo que sí parece deducirse con claridad de ella es que la referencia a la "capacidad efectiva" no se puede entender correctamente si los entes locales no disponen de los medios adecuados (de carácter competencial y financiero) para tal fin, lo que incumbirá cumplir fundamentalmente al legislador competente. De igual modo, de la expresión "bajo su propia responsabilidad" parece derivarse inequívocamente que las entidades locales no son meros agentes administrativos de otras autoridades superiores, sino auténticas administraciones autónomas y responsables por sí mismas ante los ciudadanos. Algo que en nuestro ordenamiento constitucional parece derivarse en relación con los municipios de la expresión "personalidad jurídica plena" del art. 140 CE.

Más dificultades existen a la hora de precisar cuál es esa parte importante de los asuntos públicos a ordenar y gestionar por las entidades locales. El art. 4º se limita a enunciar con carácter genérico una serie de posibles facultades o responsabilidades que podrían asumir las entidades locales. En este punto, la Carta no ofrece mayores precisiones al entender que eso es algo que puede variar considerablemente de Estado a Estado.

VIII. EL GOBIERNO Y LA ADMINISTRACIÓN DE LOS MUNICIPIOS

Por lo que hace al gobierno y administración de los municipios, de acuerdo con el art. 19 LRBRL, el mismo corresponde al Ayuntamiento, integrado por el alcalde y los concejales, salvo aquellos municipios que legalmente funcionen en régimen de concejo abierto (apdo. 1). Los concejales son elegidos mediante sufragio universal, igual, libre, directo y secreto, y el alcalde es elegido o bien por los concejales o bien por los vecinos, en los términos que establezca la legislación electoral general.

A tal efecto, el Título III de la Ley Orgánica 5/1985, de 19 de junio, del Régimen Electoral General, contiene las "Disposiciones Especiales para las Elecciones Municipales". Concretamente, en su art. 196 regula la elección del alcalde en la sesión de constitución de la corporación

Por lo que se refiere a la organización municipal ha de tenerse en cuenta lo dispuesto en el art. 20 LRBRL, que en su apartado 1.a) establece la necesidad de que en todos los Ayuntamientos haya Alcalde, Tenientes de Alcalde y Pleno. Por su parte, solo existirá Junta de Gobierno Local en los municipios con población superior a 5.000 habitantes y en los de menos, cuando así lo disponga su reglamento orgánico o así lo acuerde el Pleno de su ayuntamiento (apdo. 1.b)).

IX. EL CONCEJO ABIERTO

Finalmente, una mención al régimen tradicional de concejo abierto, que, en determinados supuestos sustituye al Ayuntamiento. Viene regulado en el art. 29 LRBRL, que fue modificado en 2011 con el fin, fundamentalmente, de que la legislación autonómica pueda impedir que ya no se constituyan automáticamente en concejo abierto los municipios de menos de 100 habitantes. De acuerdo con este precepto, funcionan en Concejo Abierto "[l]os municipios que tradicional y voluntariamente cuenten con ese singular régimen de gobierno y administración" (apdo. 1.a)); "aquellos otros en los que por su localización geográfica, la mejor gestión de los intereses municipales u otras circunstancias lo hagan aconsejable" (apdo. 1.b)). En este último caso, "[l]a constitución en concejo abierto requiere petición de la mayoría de los vecinos, decisión favorable por mayoría de dos tercios de los miembros del Ayuntamiento y aprobación por la Comunidad autónoma" (apdo. 2).

Por lo que se refiere al gobierno y la administración municipales, en el régimen de Concejo Abierto corresponden a "un Alcalde y una asamblea vecinal de la que forman parte todos los electores", ajustando "su funcionamiento a los usos, costumbres y tradiciones locales y, en su defecto, a lo establecido en esta Ley y las leyes de las Comunidades Autónomas sobre régimen local" (adpo. 3).

Con independencia de todo ello, "los alcaldes de las corporaciones de municipios de menos de 100 residentes podrán convocar a sus vecinos a Concejo Abierto para decisiones de especial trascendencia para el municipio", debiéndose someter en tal caso obligatoriamente al criterio de la Asamblea vecinal constituida al efecto.

Finalmente, se permite que los municipios que con anterioridad venían obligados por Ley en función del número de residentes a funcionar en Concejo Abierto, puedan continuar con ese régimen siempre y cuando, tras la sesión constitutiva de la Corporación, convocada la Asamblea Vecinal, "así lo acordaran por unanimidad los tres miembros electos y la mayoría de los vecinos" (apdo. 4).

X. BIBLIOGRAFÍA

ARROYO GIL, A.: "Autonomía local. Una reflexión constitucional", en TUDELA ARANDA, J. / GARRIDO LÓPEZ, C. (coords.), *La organización territorial del Estado, hoy*, Actas del XIII Congreso de la Asociación de Constitucionalistas de España, Tirant lo Blanch, Valencia, 2016.

CAAMAÑO DOMÍNGUEZ, F. (coord.): *La autonomía de los entes locales en positivo. La Carta Europea de la Autonomía Local como fundamento de la suficiencia financiera, Serie claves del gobierno local*, 1, Fundación Democracia y Gobierno Local, Barcelona-Madrid, 2003.

CIDONCHA MARTÍN, A.: "La garantía constitucional de la autonomía local y las competencias locales: un balance de la jurisprudencia el Tribunal Constitucional", *QDL* núm. 45, 2017, pp. 12-100.

EMBID IRUJO, A.: "Autonomía municipal y Constitución: aproximación al concepto y significado de la declaración constitucional de autonomía municipal", *REDA*, núm. 30, 1981, pp. 437-470.

ESTEVE PARDO, J.: "Garantía institucional y/o función constitucional en las bases del régimen local", *REDC*, núm. 31, 1991, pp. 125-147.

FONT i LLOVET, T.: *Gobierno local y Estado autonómico*, Serie claves del gobierno local, 7, Fundación Democracia y Gobierno Local, Barcelona-Madrid, 2008

GALÁN GALÁN, A.: *La reordenación de las competencias locales: duplicidad de Administraciones y competencias impropias*, Serie debates locales, 3, Fundación Democracia y Gobierno Local, Barcelona-Madrid, 2012

GARCÍA MORILLO, J.: *La configuración constitucional de la autonomía local*, Marcial Pons, Madrid, 1998

LÓPEZ CASTILLO, A. / ARROYO GIL, A. (dirs.): *Garantías y límites de la autonomía local*, Fundación Democracia y Gobierno Local, Madrid, 2022
MEDINA GUERRERO, M.: *La reforma del régimen local*, Tirant lo Blanch, Valencia, 2014
PAREJO ALFONSO, L.: *Garantía institucional y autonomías locales*, IEL, Madrid, 1981
SANTAMARÍA PASTOR, J. A. (coord.): *La reforma de 2013 del régimen local español*, Fundación Democracia y Gobierno Local, Madrid-Barcelona, 2014
VELASCO CABALLERO, F. (dir.): *Tratado de Derecho Local*, Marcial Pons, Madrid, 2ª ed., 2024
ZAFRA VÍCTOR, M.: *La autonomía local en una constitución reformada*, CEPC, Madrid, 2020

XI. JURISPRUDENCIA

STC 4/1981, de 2 de febrero.
STC 32/1981, de 28 de julio.
STC 84/1982, de 23 de diciembre.
STC 170/1989, de 19 de octubre.
STC 214/1989, de 21 de diciembre.
STC 51/2004, de 13 de abril.
STC 240/2006, de 20 de julio.
STC 31/2010, de 28 de junio.
STC 41/2016, de 3 de marzo.

STC 107/2017, de 21 de septiembre.
STC 92/2018, de 19 de septiembre.
STC 82/2020, de 15 de julio.
STC 124/2023, de 26 de septiembre

Artículo 141

1. La provincia es una entidad local con personalidad jurídica propia, determinada por la agrupación de municipios y división territorial para el cumplimiento de las actividades del Estado. Cualquier alteración de los límites provinciales habrá de ser aprobada por las Cortes Generales mediante ley orgánica.

2. El Gobierno y la administración autónoma de las provincias estarán encomendados a Diputaciones u otras Corporaciones de carácter representativo.

3. Se podrán crear agrupaciones de municipios diferentes de la provincia.

4. En los archipiélagos, las islas tendrán además su administración propia en forma de Cabildos o Consejos.

COMENTARIO

Beatriz Tomás Mallén
Profesora Titular de Derecho Constitucional
Universitat Jaume I

SUMARIO: I. INTRODUCCIÓN: LA TRADICIÓN CONSTITUCIONAL DE LA PROVINCIA. II. CONFIGURACIÓN CONSTITUCIONAL ACTUAL DE LA PROVINCIA Y SUS LÍMITES (APARTADO 1 DEL ART. 141 CE). III. GOBIERNO Y ADMINISTRACIÓN DE LAS PROVINCIAS: DIPUTACIONES U OTRAS CORPORACIONES DE CARÁCTER REPRESENTATIVO Y PECULIARIDADES ADMINISTRATIVAS INSULARES (APARTADOS 2 Y 4 DEL ART. 141 CE). IV. AGRUPACIONES DE MUNICIPIOS DIFERENTES DE LA PROVINCIA (APARTADO 3 DEL ART. 141 CE). V. CONSIDERACIONES PROSPECTIVAS: LA PROYECCIÓN DE LA PROVINCIA EN CLAVE DE GOBERNANZA MULTINIVEL. VI. BIBLIOGRAFÍA. VII. JURISPRUDENCIA.

I. INTRODUCCIÓN: LA TRADICIÓN CONSTITUCIONAL DE LA PROVINCIA

De entrada, parece oportuno observar que, en una coyuntura como la actual (marcada por la crisis económica y financiera —acentuada y agravada por la sanitaria provocada por la pandemia de la covid-19—, así como por una paralela crisis de valores a la que no han sido ajenos clamorosos casos de corrupción política), la controversia acerca de la supresión o desaparición de las provincias y, sobre todo, de las diputaciones provinciales como foco de despilfarro para las arcas públicas y de clientelismo, sigue a la orden del día.

Ello no es una novedad, puesto que dicha problemática ha estado presente en provincias y diputaciones desde su nacimiento en España; tampoco es una singularidad española, como atestigua el proyecto de reforma constitucional acometido en Italia bajo el mandato de Matteo Renzi, que contemplaba incluso la eliminación de la palabra "provincia" de la Constitución italiana —antes, mediante la llamada Ley Delrio de 7 de abril de 2014, se había reducido el número de provincias y convertido algunas de ellas en "ciudades metropolitanas"—, y que se vio frustrada en el referéndum del 4 de diciembre de 2016 (lo que condujo al entonces primer ministro italiano a dimitir). En el caso de España, la controversia se ha plasmado en programas electorales de partidos y pactos como el "Acuerdo para un Gobierno reformista y de progreso" suscrito por PSOE y Ciudadanos en marzo de 2016 para intentar una investidura (también frustrada) tras las elecciones generales de 20 de diciembre de 2015, en donde se incluía como parte de una reforma urgente de la Constitución la "supresión de las Diputaciones Provinciales de régimen común y creación de Consejos Provinciales de Alcaldes para la atención al funcionamiento y la prestación de servicios de los municipios de menos de 20.000 habitantes de la provincia respectiva".

Semejante operación no es sencilla, y no solo porque la entidad provincial se contemple en el Texto Constitucional de 1978, sino por el arraigo o tradición de la misma e incluso por la existencia de un cierto sentimiento provincialista (desigual, obviamente, en las diversas partes del territorio nacional). En este sentido, cabe recordar que la división provincial española encuentra sus antecedentes en la creación de 38 Departamentos llevada a cabo por José Bonaparte por Real Decreto de 17 de abril de 1810 y en el mandato de la Constitución de Cádiz de 1812 que llevó a crear 42 provincias por Decreto de las Cortes de 27 de enero de 1822. Ahora bien, el origen en sentido estricto de la organización provincial actual se encuentra básicamente en la diseñada por Javier de Burgos y aprobada por Decreto del Gobierno de 30 de noviembre de 1833 que respetó en gran medida los límites históricos internos y externos de los antiguos reinos al crear 49 provincias. Casi un siglo después las provincias pasaron a ser las 50 actuales al dividirse Canarias en dos, Tenerife y Gran Canaria, por Decreto-Ley de 21 de septiembre de 1927.

Por lo demás, las provincias tuvieron desde el principio un doble carácter estatal y local, si bien siempre destacó el primero hasta el Estatuto provincial de 21 de marzo de 1925, que la consideró sobre todo "circunscripción territorial llamada a cumplir determinados fines de *carácter local*" y la definió como "institución contingente, no inexcusable, destinada a complementar y estimular las energías municipales", no habiendo una diferencia sustancial entre las competencias municipales y provinciales, sino que "la diferencia está en el grado, en la órbita". En fin, como es sabido, durante el régimen franquista se potenció la provincia como administración periférica propia del Estado (a través de las delegaciones ministeriales y las llamadas Comisiones Provinciales de Servicios Técnicos) y extensión territorial de la vertiente política del Movimiento, relegándose las funciones de la diputación provincial como baluarte de la administración local.

II. CONFIGURACIÓN CONSTITUCIONAL ACTUAL DE LA PROVINCIA Y SUS LÍMITES (APARTADO 1 DEL ART. 141 CE)

Tras lo expuesto en el epígrafe anterior, es menester incidir en que el artículo 141 CE alberga en el primer apartado la definición de provincia como agrupación de municipios y subraya esa tradicional doble naturaleza de la provincia española, que es al tiempo una "división territorial para el cumplimiento de las actividades del Estado" y, como recalcaba ya la STC 32/1981, "también, y muy precisamente, 'entidad local' (art. 141.1) que goza de autonomía para la gestión de sus intereses (art. 137 CE)"; lo que resulta coherente con la concepción de la autonomía local como garantía institucional (por todas, STC 82/2020).

El artículo 141.1 CE requiere seguidamente, en su segunda frase, la aprobación por ley orgánica de cualquier alteración de los límites provinciales, lo que, como ha subrayado la doctrina, contrasta con la tradicional regulación del número de provincias y sus límites a través de la potestad reglamentaria y supone un antídoto frente a las tendencias abolicionistas de la provincia. En efecto, el constituyente partió, indubitadamente, de los límites que presentaban las provincias existentes en aquel momento y vino a hacer una foto de la ulterior organización provincial —de la que solo desaparecerían más tarde, en su dimensión de entes locales, las provincias que integraron las Comunidades Autónomas uniprovinciales peninsulares—.

Fue el Real Decreto Legislativo 781/1986, de 18 de abril, por el que se aprueba el texto refundido de las disposiciones legales vigentes en materia de Régimen Local, el que en su art. 25 —declarado de carácter básico, y por tanto reservado a la competencia estatal, en la Disposición final séptima— especificó que el territorio español se dividía "en cincuenta provincias con los límites, denominación y capitales que tienen actualmente" (apartado 1) y reiteró la previsión constitucional de que cualquier alteración de los límites provinciales requiere ley orgánica (apartado 2). E hizo algo más: introdujo la exigencia de "Ley aprobada por las Cortes Generales" para modificar la denominación y capitalidad de las provincias. A este respecto, la STC 385/1993 declaró en relación con la denominación y la capitalidad que "son elementos necesarios y pueden considerarse básicos sin esfuerzo alguno. En consecuencia, no le pueden resultar indiferentes al Estado y su intervención en este punto no significa extralimitación alguna de su ámbito de competencias, en la distribución que de ellas se hace por la Constitución y por los Estatutos de Autonomía respectivos". Por lo que se refiere a cambios de denominación, cinco leyes estatales han aprobado hasta el momento los de once provincias españolas: Ley 2/1992, de 28 de febrero, por la que pasan a denominarse oficialmente Girona y Lleida las provincias de Gerona y Lérida; Ley 13/1997, de 25 de abril, por la que pasa a denominarse oficialmente Illes Balears la provincia de Baleares; Ley 2/1998, 3 de marzo, sobre el cambio de denominación de las provincias de La Coruña y Orense; Ley 25/1999, de 6 de julio, por la que se declaran cooficiales las denominaciones Alacant, Castelló y València para las provincias que integran la Comunidad Valenciana; Ley 19/2011, de 5 de julio, por la que pasan a denominarse oficialmente Araba/Álava, Gipuzkoa y Bizkaia las demarcaciones provinciales llamadas anteriormente Álava, Guipúzcoa y Vizcaya. En relación con el elemento de la capitalidad, ningún cambio se ha producido hasta el momento.

Volviendo a la cuestión de la alteración de límites provinciales, la aprobación hasta hoy de un solo supuesto, el de segregación del municipio de Gátova de la provincia de Castellón y su agregación a la de Valencia realizada por Ley Orgánica 15/1995, de 27 diciembre, dice bastante respecto del alto grado de consenso acerca del mapa provincial, aunque deba constatarse la existencia de alguna otra iniciativa semejante entre las que ocupa el lugar más destacado la controversia y los varios intentos dirigidos a segregar los municipios de Condado de Treviño y La Puebla de Arganzón de la provincia de Burgos para incorporarlos al territorio histórico de Araba/Álava, cuyo último, pero seguramente no definitivo, acto lo constituyó el rechazo del Congreso de los Diputados el 18 de noviembre de 2014 en el trámite de toma en consideración de la Proposición de Ley (Orgánica) sobre alteración de los límites provinciales, que había sido presentada por el Parlamento Vasco el 18 de febrero del mismo año.

En cualquier caso, se ha considerado, desde una exégesis literal, que la frase final del apartado 1 del art. 141 solo sería válida para unos pocos casos e inválida en muchos otros por estar en contradicción con las normas que regulan el procedimiento de reforma de los Estatutos de Autonomía. En esa línea, en el interesante "Informe sobre modificaciones de la Constitución Española" aprobado por el Consejo de Estado el 16 de febrero de 2006 se observó que, salvo en el caso aislado del País Vasco, cuyo Estatuto (art. 2.2) consagra los límites que en ese momento tenían las tres provincias (territorios históricos) que lo integran, la ley orgánica es, sin duda, suficiente para la alteración de los límites provinciales cuando con ella no se alteran los de la respectiva Comunidad. Cuando la iniciativa del cambio no haya partido de la propia Comunidad Autónoma, las Cortes Generales habrán de contar con la voluntad de ella antes de acordarla, dada la incidencia que la organización provincial tiene sobre la autonómica. Pero ni esta necesidad, ni la de consultar a las poblaciones interesadas que impone el artículo 5.º de la Carta Europea de Autonomía Local, ratificada por España el 20 de enero de 1988, encuentran obstáculo alguno en la redacción actual de la frase que ahora se comenta, que para estos casos puede mantenerse en sus propios términos.

Muy otra, recuerda el Consejo de Estado, es la situación cuando la alteración de los límites provinciales implica también una modificación de los autonómicos. En tal supuesto, únicamente mediante la modificación de los Estatutos de Autonomía cabe alterar los límites provinciales, siempre que tal alteración entrañe también la de los límites de las Comunidades afectadas, que, como es obvio, han de ser al menos dos. Los únicos casos en los que la alteración de los límites provinciales afecta a los de la Comunidad y, sin embargo, no es necesaria la modificación de los Estatutos, son aquellos que vienen así contemplados en las propias normas estatutarias, como sucede en Aragón (artículo 10) o en el País Vasco (artículo 8) y, en un sentido opuesto, en Castilla y León (cuya Disposición Transitoria tercera, apartado 2, que condiciona la agregación a los requisitos "exigidos por el Estatuto de la Comunidad Autónoma a la que se pretende la incorporación").

En fin, el art. 13 de la vigente Ley 7/1985 Reguladora de las Bases del Régimen Local (LBRL) contempla los requisitos para "la creación o supresión de municipios, así como la alteración de términos municipales" que no comporten la "modificación de los límites provinciales". Resulta de interés en este terreno la STS (Sala de lo Contencioso-Administrativo, Sección 4.ª) 396/2018, de 12 de marzo, recurso de casación 3287/2015, mediante la que se declaró nulo el Acuerdo, de 24 de septiembre de 2013, del Consejo de Gobierno de la Diputación Foral de Gipuzkoa, que convocó consulta popular a los residentes del barrio de Igeldo, sobre la desanexión del municipio de San Sebastián.

III. GOBIERNO Y ADMINISTRACIÓN DE LAS PROVINCIAS: DIPUTACIONES U OTRAS CORPORACIONES DE CARÁCTER REPRESENTATIVO Y PECULIARIDADES ADMINISTRATIVAS INSULARES (APARTADOS 2 Y 4 DEL ART. 141 CE)

Como se anticipó, a pesar del intenso debate existente desde hace tanto tiempo sobre la conveniencia de mantener la diputación provincial, no está desprovista de tradición constitucional pues ya se contemplaba en la Constitución gaditana de 1812. Bien es verdad que, desde el punto de vista de su configuración como órgano de gobierno, la diputación estuvo concebida inicialmente como una corporación de notables representativa de los ayuntamientos, a su vez elegidos por sufragio censitario, con funciones meramente deliberativas y presidida por un jefe político o Gobernador Civil nombrado por el Gobierno central, única autoridad a la que se conferían poderes ejecutivos. En realidad, la versión inicial del régimen local constitucional de Cádiz comportó asimismo una integración de los Ayuntamientos por sufragio indirecto y, como se resumen en el Preámbulo de la LBRL las instituciones locales de finales del siglo XIX, tanto Diputaciones provinciales —"subordinadas por completo a los Gobernadores civiles"— como los Ayuntamientos —"escasamente representativos"—, siguieron sometidas a la estrecha tutela del Estado, una tendencia centralizadora que acabará rompiéndose en ambos casos con la Constitución de 1978.

En la actualidad, como es sabido, mientras los integrantes de los ayuntamientos se eligen por sufragio universal directo en las elecciones locales (art. 140 CE), los diputados provinciales son elegidos por sufragio indirecto (conforme a las disposiciones especiales del Título V de la Ley Orgánica 5/1985 del Régimen Electoral General, arts. 202-209). Esa expresión del gobierno representativo provincial deriva del art. 141.2 CE, así como del art. 31.3 LBRL, el cual viene a concretar en el apartado 2 del propio art. 31, en clave de lo que podríamos denominar "dirección política gubernamental", los fines propios y específicos de la provincia, que consisten en "garantizar los principios de solidaridad y equilibrio intermunicipales, en el marco de la política económica y social, y, en particular: a) Asegurar la prestación integral y adecuada en la totalidad del territorio provincial de los servicios de competencia municipal. b) Participar en la coordinación de la Administración local con la de la Comunidad Autónoma y la del Estado".

Realmente, aunque la disciplina constitucional y legislativa del gobierno y administración autónomos que encarnan las diputaciones aparente cierto grado de homologación con los ayuntamientos, lo bien cierto es que la estructura provincial y el sistema de representación indirecta siguen suscitando recelos, puesto que permanece el poder de los aparatos partidistas para favorecer el clientelismo y colocar a sus jerarquías, con un gasto público ingente en personal. De hecho, aunque la última gran reforma del régimen local (la Ley 27/2013, de racionalización y sostenibilidad de la Administración Local) pretendiera fortalecer criterios de eficacia y eficiencia atribuyendo a las diputaciones provinciales la prestación de algunos servicios municipales básicos en los municipios de menos de 20.000 habitantes, ello se preveía (art. 26.2 LBRL) mediante un tenso equilibrio de coordinación "con la conformidad de los municipios afectados" y pudiendo éstos —en aras del principio de subsidiariedad— asumir esos servicios "cuando el municipio justifique ante la Diputación que puede prestar estos servicios con un coste efectivo menor que el derivado de la forma de gestión propuesta por la Diputación provincial o entidad equivalente". En la práctica parece que no han tenido éxito los planes o proyectos para organizar la prestación de esos servicios básicos a nivel provincial, lo que no ha evitado que las demás funciones propias (esto es, básicamente de asistencia técnica y financiera a pequeños municipios, y no de coordinación) de la diputación hayan generado sonados episodios de responsabilidad penal por clientelismo y corrupción relacionados con la gestión de algunos presidentes provinciales.

En vista de ello, seguramente el gobierno y la administración autónoma que encarnan las diputaciones provinciales se ven interpelados, como ninguna otra Administración pública, por las exigencias de información y participación ciudadanas en la vida local contempladas en el Título V de la LBRL (particularmente, en su capítulo IV, arts. 69 a 72). O, en otras palabras, las diputaciones y órganos equivalentes se encuentran fuertemente compelidos por las exigencias de una buena administración (derecho visibilizado por la Carta de los Derechos Fundamentales de la UE y recogido en los Estatutos de Autonomía de nueva generación aprobados a partir de 2006, así como desarrollado en clave de administración electrónica en la Ley 39/2015 del Procedimiento Administrativo Común de las Administraciones Públicas) y de un buen gobierno en el espíritu de la Ley 19/2013 de transparencia, acceso a la información pública y buen gobierno y normas autonómicas concordantes.

Completando lo precedente por referencia a las peculiaridades administrativas propias en los archipiélagos prevista en el apartado 4 del art. 141 CE, se ha comprobado que, por tradición y por la diversa extensión territorial u otras circunstancias, el sentimiento de adhesión a las diputaciones provinciales ha sido y continúa siendo desigual en las diferentes Comunidades Autónomas, con más aceptación en los territorios del antiguo Reino de Castilla y, en el extremo contrario, con mayor reticencia en la antigua Corona de Aragón, en Navarra o en País Vasco (más apegados a instituciones tradicionales —veguerías y otras— y forales). Por tal razón, en la doctrina se ha podido sostener que la garantía de la provincia como entidad local y de las diputaciones u otras instituciones representativas (como órganos de gobierno y de administración propia) en la Carta Magna de 1978 ha venido favorecida por el sistema abierto y de resultado incierto con el que se concibió la creación de las Comunidades Autónomas en el Título VIII.

Por lo mismo, se ha afirmado que una vez generalizado el mapa autonómico, resultaba comprensible que la diputación provincial dejara de existir en una parte del territorio, siendo sustituida por las Comunidades uniprovinciales y los Cabildos y Consejos insulares o las Diputaciones forales, que se habían ido haciendo acreedores de gobiernos y administraciones territoriales más sólidos competencialmente al tener el respaldo de la elección directa (la STS, Sala de lo Contencioso-Administrativo, Sección 4.ª, de 14 de abril de 2009, recurso de casación 2521/2007, ilustra ese mayor poder de las Diputaciones forales con respeto a las provinciales). Por su parte, la jurisprudencia constitucional no ha llegado a avalar un vaciamiento absoluto de competencias como el pretendido en su día con respecto a las Diputaciones Catalanas (STC 32/1981), aunque sí ha dado luz verde a la previsión estatutaria de "veguerías" (STC 31/2010) en sus dos dimensiones definidoras (como división del territorio a efectos intraautonómicos y como gobierno local para la cooperación intermunicipal) siempre que no perjudique a la provincia como división territorial del Estado para el cumplimiento de sus actividades y como entidad local con personalidad jurídica propia y dotada de autonomía (art. 141.1 CE) y circunscripción electoral (arts. 68.2 y 69.2 CE); también había admitido cierta modulación de competencias en Cataluña (STC 109/1998) o, con anterioridad, algún control autonómico sobre las diputaciones en la Comunidad Valenciana (STC 27/1987).

IV. AGRUPACIONES DE MUNICIPIOS DIFERENTES DE LA PROVINCIA (APARTADO 3 DEL ART. 141 CE)

El art. 141.3 CE contempla la posibilidad de crear agrupaciones de municipios diferentes de la provincia, sin concretar los tipos de entidades locales que pudieran establecerse. Tampoco exige que los municipios deban ser limítrofes, aunque sí lo hace el art. 152.3 CE, añadiendo que serán los Estatutos de Autonomía los que puedan establecer "circunscripciones territoriales propias, que gozarán de plena personalidad jurídica". Por su parte, el TC señaló que esas Agrupaciones de Municipios diferentes de la Provincia "podrán asumir el desempeño de funciones que antes correspondían a los propios Municipios o actuar como divisiones territoriales de la Comunidad Autónoma para el ejercicio descentralizado de las potestades propias de ésta, pero también el ejercicio de competencias provinciales con lo que por esta vía podrá producirse igualmente una cierta reducción en el contenido propio de la autonomía provincial" (STC 32/1981). Y, en el plano legislativo, el art. 3.2 LBRL (redactado por Ley 27/2013) reconoce la condición de Entidades Locales a las Comarcas u otras entidades que agrupen varios municipios (instituidas por las Comunidades Autónomas de conformidad con la propia LBRL y los correspondientes

Estatutos de Autonomía), las Áreas Metropolitanas y las Mancomunidades de Municipios.

Por lo que se refiere a las Comarcas, se definen como entidades locales creadas por las Comunidades Autónomas que agrupan Municipios limítrofes vinculados por características e intereses comunes para gestionar servicios y actividades de ámbito supramunicipal y cooperar con los Municipios que las integran, pudiendo asumir competencias delegadas por la respectiva Comunidad Autónoma. Por el momento, la figura se contempla por una docena de Estatutos de Autonomía (los de Andalucía, Aragón, Asturias, Cantabria, Castilla-La Mancha, Castilla-León, Cataluña, Extremadura, Galicia, La Rioja, Murcia y Valencia) aunque solo se han regulado por ley en Aragón (32), Castilla-León (El Bierzo), Cataluña (42) y País Vasco bajo la denominación de "cuadrillas" en el territorio histórico de Álava (7).

Por su lado, las Áreas Metropolitanas son entidades locales integradas por Municipios de grandes aglomeraciones urbanas con vinculaciones económicas y sociales que hacen necesaria la planificación y coordinación de servicios y obras de forma conjunta. La libertad de que gozan las Comunidades Autónomas para su creación y organización no puede en ningún caso llevar a afectar a las competencias mínimas de los municipios integrados en ella (STC 214/1989). Efectivamente, se trata de una figura con muy poco arraigo y dudoso éxito, que en la actualidad acoge únicamente el Área Metropolitana de Barcelona (inscrita desde 2011 y que agrupa a 36 municipios sobre la base de diversas obras y servicios) y dos entidades metropolitanas de naturaleza sectorial creadas en la provincia de Valencia (la Entidad Metropolitana de Servicios Hidráulicos y la Entidad Metropolitana para el Tratamiento de Residuos, ambas inscritas en 2002 e integradas por 51 y 45 municipios respectivamente).

En lo que atañe a las Mancomunidades, se trata de Entidades Locales constituidas por la asociación voluntaria de Municipios pertenecientes a una misma o varias provincias limítrofes, para la ejecución en común de obras y servicios determinados de su competencia. El procedimiento de aprobación de sus estatutos se determinará por la legislación de las Comunidades Autónomas, sin que no obstante sea constitucional la modificación de dichos estatutos de las Mancomunidades prescindiendo del concurso de los municipios que las integran (STC 19/2022). El art. 44.5 LBRL deja que las mancomunidades se integren por municipios pertenecientes a varias Comunidades Autónomas siempre que las normativas de éstas lo permitan. A diferencia de la anterior figura, las mancomunidades gozan de un gran predicamento, hasta el punto de haber registradas en la actualidad prácticamente un millar repartidas entre todas las Comunidades Autónomas. La mayoría han sido constituidas en el actual período democrático, pero el origen de la institución es medieval y algunas hunden sus raíces varios siglos atrás, siendo la más antigua de las registradas en el Ministerio de Hacienda la Mancomunidad de Enirio-Aralar (Gipuzkoa) cuya existencia data de 1412.

Por último, la posibilidad de que existan "otras entidades que agrupen varios Municipios" distintas de la Comarca —y de las Áreas Metropolitanas y las Mancomunidades— es hoy una realidad variopinta en nueve Comunidades Autónomas, existiendo Consorcios, Comunidades y Juntas en varias de ellas, Parzonerías en el País Vasco, etc.

V. CONSIDERACIONES PROSPECTIVAS: LA PROYECCIÓN DE LA PROVINCIA EN CLAVE DE GOBERNANZA MULTINIVEL

Conviene concluir con dos apuntes prospectivos: uno, el planteamiento de una posible reforma constitucional que afecte a la manida controversia sobre la propia existencia de la provincia y, sobre todo, de las diputaciones provinciales; el otro, en conexión con lo anterior, la proyección internacional de la provincia como entidad local.

En lo atinente a lo primero, ciertamente, aunque las entidades locales (municipios y provincias) no gocen de la autonomía política que se reconoce a las Comunidades Autónomas con base fundamental en el art. 2 CE, llama la atención que aquéllas se mencionen junto a éstas al definir la organización territorial del Estado y afirmar que "todas estas entidades gozan de autonomía para la gestión de sus respectivos intereses". En ello incide el art. 141.1 CE cuando define de manera más específica la provincia como "entidad local con personalidad jurídica propia, determinada por la agrupación de municipios y división territorial para el cumplimiento de las actividades del Estado", para a renglón seguido ocuparse del gobierno y la administración "autónoma" de la provincia (por referencia a "Diputaciones u otras Corporaciones de carácter representativo", además de las peculiaridades insulares) y de posibles agrupaciones diferentes de municipios.

Al margen de esa consideración autónoma de las provincias y de las diputaciones provinciales en el art. 141 CE, ambas aparecen asociadas en algunos preceptos de la Carta Magna de 1978 al diseño del sistema electoral (arts. 68 y 69), o vinculadas con la iniciativa autonómica y el juego del principio dispositivo para la creación de las Comunidades Autónomas (arts. 143, 144, 146, 151 y Disposición transitoria 1.ª). Por supuesto, esa presencia de la provincia en la Ley Suprema de 1978 no sería ineludible: así, por ejemplo, podría teóricamente afrontarse un Senado solamente de "base autonómica" sin "base provincial"; cabría argüir que las diputaciones habrían devenido obsoletas en cuanto a un proceso autonómico supuestamente cerrado en su momento; y, por añadidura, es posible concluir que la necesidad de que, "para el cumplimiento de las actividades del Estado", el territorio nacional esté dividido en provincias, "entidades locales con personalidad jurídica propia" y "dotadas de autonomía para la gestión de los respectivos intereses", no ha impedido que siete de estas hayan desaparecido, subsumidas en otras tantas Comunidades Autónomas, de tal suerte que si el Estado a cuyas actividades ha de servir de marco la provincia se identifica con la Administración General, o se está incumpliendo el mandato constitucional, o se mantiene vigente solo a costa de crear, en contra de lo que la Constitución dispone, otro género de provincias, sin personalidad y sin autonomía.

Estos planteamientos se recogieron en el ya citado "Informe sobre modificaciones de la Constitución Española" del Consejo de Estado de 16 de febrero de 2006, advirtiéndose en él, no obstante, la dificultad de prescindir, para acometer cualquier reforma constitucional, del arraigo provincial o de los sentimientos de identidad creados en algunas provincias. Por tal motivo, resultaría problemático hacer caso omiso de la tradición constitucional de la provincia afrontando una reforma constitucional de índole electoral (por ejemplo, difícil combinación del criterio corrector de la población con la base territorial —y la opción provincial o autonómica— del Senado), en materia de profundización del Estado de las Autonomías (con obsolescencia de la provincia para la posible creación de nuevos entes dotados de autonomía política) o en la reconfiguración a la baja de la autonomía provincial (como mera forma de división territorial para el funcionamiento de la Administración General del Estado sin atribución de personalidad jurídica propia).

Finalmente, en lo concerniente al segundo aspecto, no se olvide que las provincias (en su condición de entidades locales) están llamadas a proyectar su autonomía, desde abajo y a impulso del principio de subsidiariedad, en la construcción europea a través de organismos como el Congreso de Poderes Locales y Regionales del Consejo de Europa o el Comité de las Regiones de la UE. La articulación de su participación en esas instancias europeas, lo mismo que en el Consejo de los Municipios y de las Regiones de Europa (asociación de entidades locales y regionales más representativa de Europa, como nexo de unión entre dichas entidades y las instituciones supranacionales) se opera en nuestro caso a través de la Federación Española de Municipios y Provincias; ésta, a su vez, se integra en estructuras como la Red de Redes de Desarrollo Local Sostenible para colaborar desde el nivel local y provincial en hacer efectivos los objetivos de desarrollo sostenible (con las correspondientes metas en materia ambiental, social y política, que incluyen el reto de una gobernanza multinivel para combatir la despoblación en la España interior) lanzados por la Asamblea General de la ONU mediante la adopción en septiembre de 2015 de la nueva Agenda 2030 para el Desarrollo Sostenible.

VI. BIBLIOGRAFÍA

ESCRIBANO COLLADO, P.: "Provincias y Diputaciones: una polémica sin proyecto institucional", en BAÑO LEÓN, J. M. (coord.), *Memorial para la reforma del Estado. Estudios en homenaje al Profesor Santiago Muñoz Machado*, Vol. 2, Tomo II, CEPC, Madrid, 2016.

GÓMEZ-FERRER MORANT, R. (dir.): *La provincia en el sistema constitucional*, Civitas, Madrid, 1991.

LINDE PANIAGUA, E.: "Las diputaciones provinciales y su futuro incierto", *Teoría y Realidad Constitucional*, núm. 41, 2018, pp. 113-135.

SALVADOR CRESPO, M.: *La autonomía provincial en el sistema constitucional español. Intermunicipalidad y Estado autonómico*, Fundación Democracia y Gobierno Local, INAP, Madrid, 2007.

SÁNCHEZ MORÓN, M.: "¿Deben suprimirse las diputaciones provinciales?", *El Cronista del Estado Social y Democrático de Derecho*, núm. 65, 2017, pp. 46-51.

TAJADURA TEJADA, J.: "El futuro de las provinciales y las diputaciones provinciales ante una reforma de la Constitución territorial", *Teoría y Realidad Constitucional*, núm. 43, 2019, pp. 229-256.

VERA TORRECILLAS, R.: "El difícil encaje de las diputaciones provinciales en el modelo de organización territorial del Estado: Una aproximación histórica (1812-1925)", *Revista de Estudios de la Administración Local*, núm. 17, 2022, pp. 155-173.

VII. JURISPRUDENCIA

STC 32/1981, de 28 de julio.
STC 27/1987, de 27 de febrero.
STC 214/1989, de 21 de diciembre.
STC 385/1993, de 23 de diciembre.
STC 109/1998, de 21 de mayo.
STC 31/2010, de 28 de junio.
STC 82/2020, de 15 de julio.
STC 19/2022, de 9 de febrero.
STS (Sala de lo Contencioso-Administrativo, Sección 4.ª) de 14 de abril de 2009, recurso de casación 2521/2007.
STS (Sala de lo Contencioso-Administrativo, Sección 4.ª) 396/2018, de 12 de marzo, recurso de casación 3287/2015.

Artículo 142

Las Haciendas Locales deberán disponer de los medios suficientes para el desempeño de las funciones que la ley atribuye a las Corporaciones respectivas y se nutrirán fundamentalmente de tributos propios y de participación en los del Estado y de las Comunidades Autónomas.

COMENTARIO

Antonio Domínguez Vila
Secretario Superior de Admón. Local
Profesor Titular de Derecho Constitucional
Universidad de La Laguna
Guillermo A. Domínguez Gimbernat
Administrador Tributario A1, de la Agencia Tributaria Canaria

SUMARIO: I. SIGNIFICADO CONSTITUCIONAL DEL PRECEPTO. II. LA CARTA EUROPEA DE LA AUTONOMÍA LOCAL. III. DESARROLLO LEGISLATIVO. 1. La Ley Reguladora de las Bases del Régimen Local 7/1985, de 2 de abril (LRBRL). 2. La Ley Haciendas Locales. 3. Otras Leyes. IV. JURISPRUDENCIA DEL TRIBUNAL CONSTITUCIONAL. V. BIBLIOGRAFÍA.

I. SIGNIFICADO CONSTITUCIONAL DEL PRECEPTO

El artículo 142, que no sufrió ninguna alteración sustancial en su redacción, desde el anteproyecto constitucional publicado en el BOC de 5 de enero de 1978, es la lógica consecuencia de la garantía constitucional de la autonomía de los entes locales, prevista en los artículos 137, (que encabeza el Título VIII, para todos los niveles político-territoriales) y en el 140, para la administración local, sin distinguir entre municipios, provincias o islas. Esta autonomía se fundamenta en tres pilares (artículo 3 de la Carta Europea de la Autonomía Local). El primero es la propia existencia de este nivel político-territorial. El segundo, el respeto y atribución de unos contenidos competenciales mínimos para la gestión del circulo de intereses y servicios públicos que le son propios en base al principio de subsidiariedad, con una organización institucional básica de legitimación democrática (de origen electivo). Y el tercero, elemento esencial para la plasmación de la autonomía política es, *la suficiencia financiera* (Clavijo) como capacidad de ingresos propios o no propios y gastos. Nuestro modelo de haciendas locales responde al llamado "modelo mediterráneo" (Bueno 2017) en el que tienen un peso moderado por el superior peso del Estado y de las Comunidades Autónomas (CC.AA.) en la totalidad del sistema ya que su financiación se basa en la propiedad, las actividades económicas y sobre todo en las transferencias del Estado y las CC.AA.

Sin embargo, desde una perspectiva constitucional deberíamos estar ante un sistema de federalismo fiscal donde además de constitucionalizarse la potestad de establecer tributos como un derecho anudado al principio de legalidad formal en el art. 31 CE, por su ubicación sistemática, coexisten tres haciendas públicas coordinadas, cada una de ellas con una función constitucional en relación con las demás. Así el artículo 133 CE reconoce tal función legislativa para ingresos y gastos al Estado (al que además se le atribuye como competencia exclusiva la potestad originaria para establecer los tributos) y a las CC.AA., cuyas competencias y relación con el Estado se regulan en los artículos 156 a 158 CE. Comoquiera que las entidades locales carecen de potestad legislativa [y los principios de autonomía política y suficiencia financiera van inescindiblemente unidos (Calvo Ortega)], ello obliga al legislador a crear un subsistema tributario local en el que, junto con el establecimiento de tributos propios, la participación en los ingresos del Estado y de las CC.AA. tienen carácter esencial. Siguiendo a Gonzalez Pueyo (2019), la autonomía financiera de las entidades locales debe implicar:

- Necesaria existencia de recursos propios y participación en los del Estado y las CC.AA.
- Libertad de decisión respecto del destino de sus recursos y en la estructura de sus gastos, en el marco de la legislación básica del Estado sobre la función presupuestaria.
- Posibilidad de decidir sobre el volumen total de ingresos disponibles y sobre cómo se distribuye entre los contribuyentes y la carga fiscal que éstos comportan.
- Potestad de distanciar en el tiempo el momento de la obtención de los ingresos respecto del momento de la ordenación de los pagos, que se concreta en la posibilidad de concertar operaciones de Tesorería para endeudarse a medio y largo plazo, con el fin de financiar gastos de inversión que se realizan hoy, con ingresos que se recaudarán en años futuros, en el marco y con las limitaciones de la legislación básica en materia de estabilidad presupuestaria y sostenibilidad financiera.

Esto es, la suficiencia financiera y por ende, la verdadera vertiente de la autonomía financiera local implica la idoneidad y la capacidad del destino de sus recursos para el cumplimiento de sus funciones (STC 48/2004), con recursos propios o no pero suficientes (STC 4/1981 96/1990). En consecuencia, la autonomía tributaria (existencia de tributos propios) es parte esencial de la política tributaria (Ruiz García 1985).

Además de los anteriores principios (Calvo Ortega, Valenzuela) de autonomía y suficiencia financiera se puede hablar, para el ámbito de los ingresos, de los principios de legalidad tributaria, capacidad económica, generalidad, igualdad, coordinación entre las haciendas (artículo 156.1 CE), progresividad y no confiscación (art. 31.3 CE), de no interdicción en la libertad de movimientos (artículo 139 CE), de solidaridad interterritorial y ciudadana entre los españoles en el campo fiscal, traducido en la capacidad contributiva y para el ámbito presupuestario, la reserva de ley presupuestaria (art. 133.4 CE y STC 185/1995 y STC 48/2004) con el fin de procurar un nivel homogéneo de prestación de los servicios públicos encomendados.

II. LA CARTA EUROPEA DE LA AUTONOMÍA LOCAL

Pero además de en la CE, se encuentran otros principios aplicables y complementarios a los constitucionales, en la Carta Europea de la Autonomía Local, como el principio de *diversidad y evolución* declarado en el art. 9.4 que afirma que los recursos de las haciendas locales deben ser diversificados y evolutivos en función del coste del ejercicio de sus competencias. La Carta es un tratado internacional aprobado por el Consejo de Europa el 15 de octubre de 1985, ratificado por España, con la reserva del artículo 3.2 respecto a la elección directa de los representantes locales, publicado en el BOE el 24 de febrero de 1989. En la misma, además de consagrar la autonomía local como un principio democrático, que debe estar reconocido en las constituciones de los países signatarios (artículo 2) y que se plasma en: i) el derecho a: *...ordenar y gestionar una parte importante de los asuntos públicos...*, por medio de representantes elegidos democráticamente (artículo 3), ii) a detentar unas competencias básica sobre aquellos asuntos y la libertad de plena para ejercer su iniciativa en aquellas materias en las que no esté excluida su competencia (artículo 4) y iii) a tener recursos propios suficientes para ejercer las anteriores competencias e iniciativas (artículo 9).

En este último precepto, se desarrollan los principios aplicables a la autonomía y suficiencia financiera exigibles a los estados signatarios:

- Los recursos de las entidades locales deben ser propios y suficientes.
- Deben ser proporcionales a las competencias que se les atribuyan por las leyes

- Deben provenir, una parte, de tributos propios respecto de los cuales tengan potestad de fijación de la cuota.
- Deben ser diversificados y evolutivos en función del coste del ejercicio de sus competencias.
- Deben ser consultadas las entidades locales sobre las formas de participación en los recursos redistribuidos.
- La concesión de subvenciones no debe ir en perjuicio de de la libertad de la política de las entidades.
- Las entidades deben tener acceso al mercado de capitales.

Resulta sorprendente que no haya la más mínima mención a la Carta Europea de la Autonomía Local y sus principios en la legislación española de haciendas locales, con la trascendencia que tiene para estas.

III. DESARROLLO LEGISLATIVO

La tensión entre la autonomía local en materia tributaria, que implica la existencia de tributos propios y el de legalidad tributaria, que afecta a las corporaciones locales y su falta de capacidad legislativa ha sido resuelta, además de en la jurisprudencia del TC (STC 19/1987), con la configuración de los elementos esenciales de los tributos en la ley, permitiendo un espacio de decisión a los municipios, a la hora de determinar la cuantía de los mismos. Dicha autonomía es un *status* integrado por las funciones que la ley les reconoce, que varía en intensidad según los tributos y que en ningún caso significa la eliminación del legislador de la determinación de los elementos fundamentales de la obligación tributaria (Clavijo). Así, el sistema de fuentes de las haciendas locales está constituido por:

1. La Ley Reguladora de las Bases del Régimen Local 7/1985, de 2 de abril (LRBRL)

Norma básica, estatuto del nivel político-territorial local, en su artículo 2.1 y en el Título VIII, artículos 105 a 116, desarrolla de manera sucinta los principios constitucionales de las haciendas locales. En estos preceptos se determinan las potestades de los entes locales para establecer, gestionar y exigir sus tributos propios por medio de las Ordenanzas Fiscales, (siguiendo el sistema previsto en la Constitución, se da cobertura al principio de legalidad tributaria y reserva de ley). Mediante ellas se ejerce la potestad reglamentaria y se regula su procedimiento de aprobación, publicación y ámbito de aplicación, así como el régimen jurídico de los actos administrativos tributarios. Asimismo, se enuncia su capacidad y límites en materia presupuestaria, sobre todo en los artículos añadidos por la Ley 27/2013 de racionalización y sostenibilidad de la Administración Local (LRSAL), en desarrollo de la reforma del artículo 135 de la Constitución Española. Sin embargo, el legislador del régimen local común, consciente de la importancia de los principios constitucionales, remite el grueso de la regulación de las haciendas locales a otra ley estatal básica y específica.

2. La Ley Haciendas Locales

Los principios constitucionales se han desarrollado en la norma de cocabecera del sistema normativo local, junto con la LRBRL, actualmente en su tercera versión en el Real Decreto Legislativo 2/2004, de 5 de marzo, por el que se aprueba el Texto Refundido de la Ley Reguladora de las Haciendas Locales (TRLHL), que se promulga en virtud de los títulos competenciales estatales del artículo 149.1.18 CE y el 149.1.14 CE. La invocación de dos títulos competenciales ha sido objeto de pronunciamiento en la STC 239/1999 que declara el carácter exclusivo de los preceptos que afecten a las instituciones comunes a las distintas haciendas, las medidas de coordinación entre la hacienda estatal y las locales, la participación en los tributos del Estado y los que regulan el sistema tributario local dictados a virtud del artículo 133 y 142 de la CE. Siendo básicos los Títulos I, II, III, IV y V, el régimen presupuestario y de gasto público local (T. VI), las D. A. 15ª a 18ª y las DT 6ª a 10ª.

La Ley ha utilizado dos técnicas para llevar a cabo el mandato constitucional (Calvo Ortega): i) el establecimiento de impuestos potestativos que pueden ser exigidos o no por los ayuntamientos y ii) el poder de fijar los elementos de cuantificación de los tributos hasta los límites legales, con lo que se reconoce a los entes locales la participación en la configuración del sistema tributario local, sin detrimento del principio de legalidad formal (STC 185/1995, 19/1987, 221/1992 y 233/1999). En materia presupuestaria la consecución de la suficiencia financiera local como equilibrio entre ingresos y gastos corrientes se ha obtenido con la disponibilidad de sus ingresos y capacidad de decidir el destino de sus fondos (STC 109/1998) con el límite de la exigencia del derecho comunitario de la estabilidad presupuestaria (LO 2/2012 y LRBRL, artículos 116 bis y 116 ter). Con anterioridad la Ley 24/1983 pretendió integrar la hacienda local en el sistema estatal permitiendo un recargo municipal en el IRPF pero fue declarado inconstitucional por la STC 179/1983.

De este modo los recursos de las entidades locales son (artículo 2):

A) Los ingresos procedentes de su patrimonio y demás de derecho privado.

B) Los tributos propios clasificados en tasas, contribuciones especiales e impuestos y los recargos exigibles sobre los impuestos de las comunidades autónomas o de otras entidades locales. Esta potestad tributaria propia respetará, conforme el artículo 106.1 de la LRBRL los siguientes principios (artículo 6): i) No someter a gravamen bienes situados, actividades desarrolladas, rendimientos originados ni gastos realizados fuera del territorio de la respectiva entidad. ii) No gravar, como tales, negocios, actos o hechos celebrados o realizados fuera del territorio de la Entidad impositora, ni el ejercicio o la transmisión de bienes, derechos u obligaciones que no hayan nacido ni hubieran de cumplirse en dicho territorio. iii) No implicar obstáculo alguno para la libre circulación de personas, mercancías o servicios y capitales, ni afectar de manera efectiva a la fijación de la residencia de las personas o la ubicación de empresas y capitales dentro del territorio español, sin que ello obste para que las entidades locales puedan instrumentar la ordenación urbanística de su territorio.

C) Las participaciones en los tributos del Estado y de las comunidades autónomas.

D) Las subvenciones.

E) Los percibidos en concepto de precios públicos.

F) El producto de las operaciones de crédito.

G) El producto de las multas y sanciones en el ámbito de sus competencias.

H) Las demás prestaciones de derecho público.

A su vez se debe de distinguir, a efectos de su financiación, entre municipios, islas, provincias y otros regímenes especiales. Los municipios cuentan como recursos propios con las tasas, las contribuciones especiales, los impuestos propios (artículo 59 TRLH), siendo obligatorios, el Impuesto sobre Bienes Inmuebles (IBI), el Impuesto sobre Actividades Económicas (IAE), el Impuesto sobre Vehículos de Tracción Mecánica (IVTM) y potestativos el Impuesto sobre Construcciones Instalaciones y Obras (ICIO), el Impuesto sobre el Incremento del Valor de los Terrenos de Naturaleza Urbana (IIVTNU) y los recargos sobre los impuestos de las CC.AA. Además de la participación en los tributos del Estado y de las CC.AA., los recursos patrimoniales propios, el producto de las operaciones de crédito y las subvenciones. Las Diputaciones cuentan con las tasas, las contribuciones especiales, un recargo sobre el

Impuesto sobre Actividades Económicas (IAE) y participación en los impuestos del Estado Asimismo, ambas entidades locales podrán establecer tasas por el aprovechamiento del dominio público local, así como la prestación de servicios públicos (artículo 20) y contribuciones especiales (artículo 28) por la obtención de los sujetos pasivos de beneficios o aumento de valor de los bienes como consecuencia de las obras públicas. También podrán imponerse precios públicos (artículo 41). Los regímenes especiales son para los Cabildos Insulares canarios, los Consejos Insulares de Baleares, municipios de Madrid y Barcelona y los territorios históricos del País Vasco y la Comunidad Foral de Navarra.

El TRLHL ha sido apenas modificado por la Ley *27/2013* (LRSAL) a pesar de los objetivos de contención y racionalización del gasto local de la misma, enunciados en su Exposición de Motivos, añadiendo un nuevo artículo, el 193. bis, sobre los derechos de difícil o imposible recaudación y la obligación de comunicarlos al Ministerio de Hacienda, modificando los artículos 213 y 218 en materia de fiscalización interna y la relevancia del informe del Interventor y la DA 15ª sobre la gestión integrada de servicios por dos o más municipios. Las últimas modificaciones relevantes del TRLHL han sido, por medio del Real Decreto-ley 26/2021, de 8 de noviembre, "*por el que se adapta el texto refundido de la Ley Reguladora de las Haciendas Locales, aprobado por el Real Decreto Legislativo 2/2004, de 5 de marzo, a la reciente jurisprudencia del Tribunal Constitucional respecto del Impuesto sobre el Incremento de Valor de los Terrenos de Naturaleza Urbana*", (contra este RD-ley se han interpuesto los recursos de inconstitucionalidad nº 735-2022 y 825-2022) la Ley 12/2023 de 24 de mayo de derecho a la vivienda. Asimismo resulta afectado por Real Decreto-ley 8/2023 de 27 de diciembre sobre medidas para afrontar las consecuencias económicas de los conflictos de Ucrania y Oriente Medio, las leyes 7/2022 de 8 de abril de residuos y suelos contaminados y 31/2022 de presupuestos generales del Estado, qué modifica el articulo 107.4 y antes por el Real Decreto-ley 29/2021 de 21 de diciembre, por el que se adoptan medidas urgentes en el ámbito energético para el fomento de la movilidad eléctrica, el autoconsumo y el despliegue de energías renovables.

3. Otras Leyes

También forman parte del sistema de fuentes de las Haciendas Locales, los Estatutos de Autonomía que han abordado el control y tutela de las finanzas locales, competencias sobre los tributos locales y el reparto de los ingresos o participación en los tributos autonómicos, lo que ha conllevado varias correcciones del TC (STC 31/2010 FJ 139 y 140) ante recursos contra leyes estatales que presuntamente vulneraban el sistema constitucional de competencias y los antedichos estatutos. Ha de tenerse en cuenta asimismo la incidencia de:

A) La Ley 58/2003 de 17 de diciembre, General Tributaria, (que se define en su Exposición de Motivos como el eje central del ordenamiento tributario y en su artículo 1 se refiere al sistema tributario español aplicable a todas las administraciones tributarias, sin perjuicio de los regímenes de Navarra y el País Vasco) en virtud de los apartados 1, 8, 14 y 18 del 149.1 CE.

B) La Ley 47/2003 de 26 de noviembre General Presupuestaria, conforme su artículo 4.2.e).

C) La ley Orgánica de Financiación de las CC.AA.

D) La Ley del Catastro Inmobiliario.

Particular incidencia ha tenido la reforma del artículo 135 CE aprobada el 27 de septiembre de 2011 motivada por el artículo 126 del TFUE y los Pactos de Estabilidad y Crecimiento (Resolución y dos Reglamentos del Consejo de 7 de julio de 1997 y el Tratado de Estabilidad, Coordinación y Gobernanza de 2012), que afecta a las haciendas locales, pues además de la exigencia general de adecuar las actuaciones de las administraciones públicas al principio de estabilidad presupuestaria, en su apartado 2 exige a aquellas a presentar equilibrio presupuestario. En su desarrollo se promulga la Ley Orgánica 2/2012, de 27 de abril, de Estabilidad Presupuestaria y Sostenibilidad Financiera cuyo ámbito incluye a las corporaciones locales (artículo 2.1.c), que exige en la regulación de sus ingresos y gastos los principios de estabilidad presupuestaria y sostenibilidad financiera, además de los de transparencia, eficiencia en la asignación y utilización de los recursos públicos, responsabilidad, lealtad institucional e introduce el límite de la regla de gasto en sus presupuestos, consistente en que las corporaciones locales no podrán superar la tasa de referencia de crecimiento del Producto Interior Bruto de medio plazo de la economía española. Esta norma potencia la figura del Interventor de las corporaciones locales, al que se le hace responsable (artículo 18.5) del seguimiento del cumplimiento del periodo medio de pago a proveedores, debiendo comunicar su incumplimiento a la administración que tenga atribuida la tutela financiera de dicha corporación para que se adopten medidas como los planes económico-financieros y de los planes de reequilibrio. Esta Ley ha sido objeto de las sentencias del STC 137/201, 157/2011 y 215/2014 que han avalado su constitucionalidad.

IV. JURISPRUDENCIA DEL TRIBUNAL CONSTITUCIONAL

Partiendo de la base que el artículo 142 CE nada expresa respecto al reparto competencial entre el Estado y las CC.AA. en la materia de las haciendas locales, los pronunciamientos del Tribunal Constitucional acerca de las haciendas locales, han sido en su mayoría, producto del debate propiciado por la voracidad competencial de las CC.AA. en materia de régimen local, que en sus estatutos y legislación de desarrollo han intentado conculcar el sistema bifronte, constitucionalmente expuesto, de ordenación de este nivel político territorial para insértalo entre sus competencias exclusivas y por lo tanto han recurrido sistemáticamente cualquier iniciativa legislativa del Estado en esta materia.

El TC ha tenido ocasión de pronunciarse en varias ocasiones acerca de los principios constitucionales que rigen las haciendas locales, así en la temprana STC 4/1981 (ratificado en la STC 96/1990) ya aclara que, el principio de autonomía económico-financiera solo garantiza que los medios de aquellas deberán ser suficientes sin que hayan de ser en su totalidad propios. Antes del primer texto de la Ley de Haciendas Locales (Ley 39/1988), la STC 179/1985 residencia en la competencia estatal, la ordenación del sistema de financiación de las entidades locales, sin desconocer la delimitación constitucional de competencias y anula el recargo municipal en el IRPF por no respetar el principio de reserva de ley, al no fijar límites máximos y mínimos, al igual que la STC 19/1987, que anula otro precepto de la misma ley que autorizaba a los ayuntamientos a fijar libremente el tipo de la Contribución Territorial Urbana, pero mantiene la plena constitucionalidad de los posibles recargos municipales sobre impuestos estatales, que desaparecieron posteriormente de la legislación local, en contra de lo que prescribía el RDL 781/1986. En la STC 214/1989, que resuelve los recursos planteados por diversas CC AA contra la LRBRL, el TC expresa (FJ 27) que es competencia del Estado la regulación de la gestión, recaudación e inspección de los tributos propios de las entidades locales, así como la delegación y fórmulas de colaboración en el ejercicio de estas competencias. En la STC 150/1990 se reafirma en la imposibilidad que una ley autonómica modifique la legislación básica estatal reduciendo o alterando los tributos propios de las entidades locales. La STC 233/1999 que resuelve los recursos de inconstitucionalidad planteados contra la primera versión de la Ley de Haciendas Locales (FJ 4), además de lo ya expresado, respecto al carácter básico de sus preceptos, reserva la materia a competencia estatal, conforme el 149.1.14 CE para garantizar la suficiencia financiera de las Haciendas locales como presupuesto indispensable del ejercicio de la autonomía local reconocida en el artículo 137 CE, reafirma el respeto del principio de legalidad tributaria del sistema empleado por la ley de establecimiento de tributos, la determinación de sus elementos esenciales y deferir su aplicación a la potestad reglamentaria municipal (FJ 7 y 9), asimismo avala la existencia de tributos propios de carácter obligatorio, pues ello no vulnera el principio constitucional de la autonomía local (FJ 22). En las STC 19/1987, 185/1995, 233/1999 y el Auto 123/2009, el TC, ante la duda de la extensión de la potestad reglamentaria de los entes locales, en cuanto a la fijación de la base imponible de los tributos locales (FJ 7), introduce el principio democrático, como elemento legitimador de la intervención de los entes locales al declarar que, la peculiaridad en los tributos locales de la aprobación por parte del Pleno de las Ordenanzas Fiscales, implica el cumplimiento de la garantía de la autoimposición de la comunidad sobre sí misma, ya que al tratarse de un órgano de gobierno de elección directa por los afectados, cumple con el fundamento último de la reserva de ley en la materia, que consiste en que, cuando un ente público impone coactivamente una prestación patrimonial a los ciudadanos, debe contar con la aceptación de sus representantes democráticamente elegidos.

En la STC 31/2010 (FJ 139 y 140) sobre el Estatuto de Cataluña de 2006, se ratifica la doctrina expuesta anteriormente en la STC 48/2004, acerca que

la autonomía local tiene una vertiente económica de ingresos (tributos) y gastos (presupuesto) que presupone la existencia de *"medios suficientes"*, siendo esta suficiencia, la que garantiza la CE y no la autonomía financiera. Para ello, conforme al artículo 142 CE, las fuentes primordiales de financiación son los tributos propios y la participación en los del Estado y las CC.AA. Sobre la competencia estatal para fijar los criterios de distribución de la participación en sus tributos las STC 96/1990, 171/1996, y 331/1993. En cuanto a los gastos, la autonomía comprende la plena disponibilidad, por las corporaciones locales, del destino de sus ingresos en toda su extensión, para poder ejercer las competencias propias, así como la capacidad de decisión sobre el destino de sus fondos, ambos sin condicionamientos indebidos (STC 48/2000, F. 10, STC 134/2011, FJ 13, STC 156/2016, FJ 4). En todo caso, la autonomía financiera de que gozan los entes locales en la vertiente del gasto, de cuyo peso habla la STC 104/2000, puede ser restringida o garantizada por el Estado y las CC.AA. dentro de los límites establecidos en el bloque de la constitucionalidad (STC 237/1992 y 109/1998, F. 10), pero es al Estado, por su mayor dependencia financiera del mismo (STC 156/2016, FJ 4), a tenor de la competencia exclusiva que en materia de hacienda general le otorga el art. 149.1.14 y 18 CE a quien, a través de la actividad legislativa y en el marco de las disponibilidades presupuestarias, incumbe en última instancia, hacer efectivo el principio de suficiencia financiera de las haciendas locales (STC 48/2004, FJ 10 y 152/2016, FJ 7).

Un importante cuerpo de doctrina referente a las haciendas locales emanado del TC es el grupo de sentencias que han tenido por objeto los recursos de inconstitucionalidad interpuestos contra la LRSAL 27/2013 que ha modificado la LRBRL y el TRHL y ha dado lugar a las sentencias 41/2016, 111/2016, 152/2016, 156/2016, 168/2016, 180/2016, 44/2017, 45/2017, 54/2017, 93/2017, 107/2017. En lo referente a las haciendas locales, los preceptos 116 bis y 116 ter, de la LRBRL referidos al control de la estabilidad presupuestaria y los artículos 213, 218 del TRLHL referidos al control interno del gasto y la tutela del Ministerio de Hacienda y del Tribunal de Cuentas han sido declarados constitucionales, sin embargo se declara la inconstitucionalidad de los artículos de la modificada LRBRL siguientes: el 26.6, en los incisos que hacían referencia a la autorización del Ministerio de Hacienda para la prestación de determinados servicios públicos municipales por las Diputaciones Provinciales, el 57.bis sobre retenciones de fondos por parte del Estado, destinados a las entidades locales de las CC.AA., la DA 16ª que permitía aprobar por la Junta de Gobierno Local, a falta de mayoría en el Pleno, los presupuestos municipales, los planes económico financieros de equilibrio y ajuste, o la entrada de la corporación en los mecanismos extraordinarios de financiación. De la propia LRSAL, la DA 11ª referida a la compensación de deudas entre administraciones por asunción de servicios y competencias.

En cuanto al Impuesto sobre Bienes Inmuebles (IBI) merece una breve mención la sentencia del Tribunal Supremo de 30 de mayo de 2014 (Rec. 2362/2013) en virtud de la cual se asienta el criterio jurisprudencial que considera que los suelos urbanizables sin planeamiento de desarrollo detallado o pormenorizado deben ser clasificados como bienes inmuebles de naturaleza rústica debiendo, por tanto, ser gravados por la modalidad de IBI rústico y no urbano. El Tribunal Supremo matiza que solo puede considerarse suelo de naturaleza urbana a efectos catastrales, por un lado, el suelo urbanizable sectorizado ordenado y, por otro, el suelo sectorizado no ordenado, aunque este último únicamente tendrá la naturaleza de suelo urbano a efectos catastrales y tributarios en la medida en la que se haya aprobado el instrumento urbanístico que establece las determinaciones pormenorizadas para su desarrollo, y este sea efectivamente ejecutable conforme el planeamiento general o territorial en vigor pues, aunque aprobado, si resultara imposible su ejecución por cualquier motivo, no podría ser considerado dicho suelo urbano no consolidado como de naturaleza urbana a efectos catastrales.

Por último, la reciente jurisprudencia del TC relativa al IIVTNU, en concreto la determinación de su base imponible, el valor de los terrenos, que comienza con la STC 37/2017 respecto a la norma foral de Álava, la STC 59/2017, que declara inconstitucionales y nulos los artículos 107.1, 107.2.a) y 110.4 del

TRLHL, únicamente en la medida en que someten a tributación situaciones de inexistencia de incrementos de valor de los terrenos sujetos, la STC 72/2017 respecto a la ley foral de Navarra, la STC 126/2019 que declara la inconstitucionalidad del artículo 107.4 del TRLHL, y por último la STC 182/2021 de 26 Oct. 2021, que declara la inconstitucionalidad de los artículos 107.1 segundo párrafo, 107.2 a) y 107.4 del TRLHL. De esta última sentencia resulta relevante el FJ º 4º en que el TC sienta doctrina acerca del principio de capacidad económica como parámetro de la tributación y en FJ 5º su aplicación a la cuantificación de la base imponible del IIVTNU.

V. BIBLIOGRAFÍA

ARNAL SURIA S. Y GONZALEZ PUEYO J.: *Manual de Ingresos de las Corporaciones Locales*. Ed. El Consultor, 2001.

BUENO MORA S.: "Hacia una nueva fiscalidad municipal adecuada a las exigencias constitucionales e integrada en el sistema tributario estatal: el modelo alemán de corresponsabilidad fiscal", *Rev. El Consultor*, núm. 12, 2017.

CÁMARA BARROSO M. C. Y AGUADO MANZANARES, S. (Dirs), *La financiación local en España. Especial referencia a la plusvalía municipal*, Ed. Centro de Estudios Financieros (CEF), Madrid, 2019.

CALVO ORTEGA F.: *La reforma de la Hacienda Municipal.*, Ed. Civitas, 2010.

CALVO VÉRGEZ, J.: *La plusvalía municipal tras su inconstitucionalidad Litigiosidad, marco regulatorio y nuevos métodos de cálculo en el Real Decreto-ley 26/2021*, Ed. La Ley, Madrid, 2022.

CLAVIJO HERNANDEZ F.: *"L'autonomia tributaria degli enti local"*, en *Trattato di Dirito Tributario* TI, Ed. CEDAM, 1994

FERNÁNDEZ MARÍN F. *La autonomía tributaria local (Acotaciones desde Europa)* Ed. Tirant lo Blanch. Valencia, 2021

FERREIRO LAPATZA. J. J. *Tratado de Derecho Financiero y Tributario Local.* Ed. Marcial Pons 1993

GONZÁLEZ PUEYO J. M. (Coord.): *Comentarios al Texto Refundido de la Ley de las Haciendas Locales Real Decreto Legislativo 2/2004, de 5 de marzo.* Ed. El Consultor de Los Ayuntamientos. Madrid, 2019

MARÍN-BARNUEVO FABO, DIEGO (Dir), *La tributación local en esquemas.* Ed. Tirant lo Blanch. Valencia, 2022

MARTÍN FERNÁNDEZ J. Y RODRÍGUEZ MÁRQUEZ J. *Manual de Derecho Financiero y Tributario Local.* Ed. Marcial Pons 2009.

MORENO SERRANO, B. PONS REBOLLO, M. (Coord.). *Práctica tributaria, presupuestaria y financiera en las Entidades Locales, Casos prácticos sobre tributos, presupuestos y endeudamiento de Entidades Locales*, Ed. El Consultor de Los Ayuntamientos. Madrid, 2021

RUIZ GARCÍA J. R. "Algunas consideraciones sobre la autonomía tributaria local". *REDF nº 46. 1985*

SALCEDO BENAVENTE, J. M. *Guía práctica para impugnar la plusvalía municipal. Adaptada a la STC 26-10-2021, el RDL 26/2021 y a las últimas resoluciones de juzgados y tribunales*. Ed. Sepin - Servicio de Propiedad. Madrid, 2022

SÁNCHEZ GARCÍA N. *Tributos locales, Comentarios y casos prácticos*, ed. Centro de Estudios Financieros (CEF). Madrid, 2022

VALENZUELA VILLARRUBIA I. "Los principios genéricos de las Haciendas locales españolas y su limitación sobre la política fiscal local". *Rev. El Consultor Nº 20.2010*

CAPÍTULO TERCERO
DE LAS COMUNIDADES AUTÓNOMAS

Artículo 143

1. En el ejercicio del derecho a la autonomía reconocido en el artículo 2 de la Constitución, las provincias limítrofes con características históricas, culturales y económicas comunes, los territorios insulares y las provincias con entidad regional histórica podrán acceder a su autogobierno y constituirse en Comunidades Autónomas con arreglo a lo previsto en este Título y en los respectivos Estatutos.

2. La iniciativa del proceso autonómico corresponde a todas las Diputaciones interesadas o al órgano interinsular correspondiente y a las dos terceras partes de los municipios cuya población represente, al menos, la mayoría del censo electoral de cada provincia o isla. Estos requisitos deberán ser cumplidos en el plazo de seis meses desde el primer acuerdo adoptado al respecto por alguna de las Corporaciones locales interesadas.

3. La iniciativa, en caso de no prosperar, solamente podrá reiterarse pasados cinco años.

COMENTARIO

Ángel Aday Jiménez Alemán
Profesor contratado doctor
Universidad Complutense de Madrid

SUMARIO: I. "ENCONTRAR COMO ARRANQUE SU PROPIO DESEO". LA INICIATIVA AUTONÓMICA COMO PRIMERA MANIFESTACIÓN DEL PRINCIPIO DISPOSITIVO. II. LA DETERMINACIÓN DE LOS SUJETOS TITULARES DEL DERECHO A LA AUTONOMÍA. III. LA (TEÓRICA) VÍA GENERAL DE ACCESO A LA AUTONOMÍA. IV. LA DEROGACIÓN O MODIFICACIÓN DEL ART. 143 CE. V. BIBLIOGRAFÍA. VI. JURISPRUDENCIA.

I. "ENCONTRAR COMO ARRANQUE SU PROPIO DESEO". LA INICIATIVA AUTONÓMICA COMO PRIMERA MANIFESTACIÓN DEL PRINCIPIO DISPOSITIVO

El art. 143 no sólo es el pórtico del Capítulo III del Título VIII, sino también el de las disposiciones de la Constitución que tienen por objeto la iniciativa autonómica en sus diferentes formas. Una vez constituidas las Comunidades Autónomas, es patente que nos encontramos ante una de los preceptos procesales autonómicos que, junto con los arts. 144, 146 o 151, carecen ya de "toda eficacia en la práctica al haberse agotado todas sus previsiones", en palabras de Luis López Guerra, 2009, p. 2068). Por ello, es amplio el consenso doctrinal acerca de la conveniencia de derogar este precepto, al igual que las restantes *normas transitorias impropias*, a través de una revisión constitucional (Javier García Roca, 2014, p. 109) siguiendo a su vez la recomendación del Consejo del Estado en su Informe sobre la reforma de la Constitución de 2006. Nuestro devenir constitucional ha trasladado la atención que mereció en un primer momento esta primera manifestación del principio dispositivo, que tuvo expresión en debates políticos, académicos y jurisdiccionales y que llegó a ser objeto de tesis doctorales (Javier Ruipérez Alamillo, 1991).

Sin embargo, conviene recordar que *ex nihilo nihil fit*. Frente a la imposición de la descentralización y de un determinado diseño territorial, solución común en el Derecho constitucional comparado e intentada en el art. 1º del Proyecto de Constitución Federal de la República española de 1873, el constituyente de 1978 optó por la "desconstitucionalización" aplazando parte de las decisiones sobre la organización territorial, entre ellas, el propio acceso a la autonomía, al que se podría renunciar (Francisco Javier García Roca, p. 113). El constituyente acabó articulando una plétora de procedimientos de acceso a la autonomía tras descartar la vía única a partir del segundo de los textos de la Ponencia. Diferentes procedimientos de acceso que determinan diversas consecuencias jurídicas, esencialmente, el acceso en un primer momento a "una autonomía resueltamente (hablando de café) descafeinada", en palabras de Roberto Blanco Valdés (2014, pp. 179). Una decisión en la que posiblemente haya sido determinante su relación con la dualidad conceptual entre Nacionalidades y Regiones del art. 2 CE (Gumersindo Trujillo Fernández, p. 87). Creo que sobre los preceptos constitucionales dedicados a la iniciativa autonómica se puede parafrasear la afirmación del historiador del Derecho inglés F. W. Maitland acerca de las formas de acción. Elementos tan característicos de ese ordenamiento que constituyeron su esencia durante siglos y que, a pesar de haber sido enterrados, "todavía nos gobiernan desde sus tumbas".

A continuación, se analizan los elementos que la realidad y la doctrina destacaron de la aportación (necesariamente) más original de la Constitución de 1978, tributaria de la Constitución de 1931. Volvió así a tener vigencia la voluntad de la Comisión Jurídica Asesora en el Anteproyecto de 1931: "facilitar la formación de entidades que, para alcanzar una autonomía mayor o menor, habrán de encontrar como arranque su propio deseo". El contenido del art. 143 es doble. En su primer apartado, señala qué sujetos y bajo qué condiciones pueden voluntariamente ejercer el derecho a la autonomía que corresponde a las nacionalidades y regiones de acuerdo al art. 2 CE. La llamada a la autonomía se dirige primordialmente a la provincia, ya sea en agrupaciones de territorios limítrofes con características comunes o de manera singular si se fundamenta en una entidad regional histórica, además de los territorios insulares.

Esta disposición no incluye a todos los entes territoriales que pueden acceder a la autonomía. La Constitución también abre esta posibilidad a territorios que no ostenten la condición de provincia en su artículo 144.b) y a las ciudades de Ceuta y Melilla en la Disposición Transitoria Quinta. A continuación, los apartados 2 y 3 regulan el que ha sido denominado como procedimiento de acceso general a la autonomía, frente a las vías especiales previstas en los arts. 144 y 151 y la Disposición Transitorias Primera, y las particulares de la Disposiciones Transitorias Cuarta y Quinta.

II. LA DETERMINACIÓN DE LOS SUJETOS TITULARES DEL DERECHO A LA AUTONOMÍA

El primer apartado determina los criterios que permiten identificar los sujetos que pueden constituirse en Comunidades Autónomas. Viene a corregir la falta de concreción del art. 2 CE que, al reconocer a nacionalidades y regiones el derecho a la autonomía, no aclara cuáles son aquellas, y por lo tanto, no especifica quiénes son los sujetos del derecho. Tal es así que el texto constitucional huye de volver a emplear los términos de nacionalidad y región, ni siquiera en el título dedicado a la organización territorial. El art. 143.1 suple esa carencia estableciendo las condiciones que han de cumplir los sujetos territoriales para ser capaces de manifestar voluntad de creación de nuevas instancias de poder. El Tribunal Constitucional diferenció en la STC 100/1984 entre el derecho a la autonomía, reconocido por el art. 2 CE, del derecho de iniciativa autonómica (Enric Fossas, 2007, pp. 2164-2165).

Ahora bien, no logra evitar una redacción sostenida sobre algunos conceptos jurídicos indeterminados, abierta a diversas interpretaciones y al control político y jurisdiccional, pero que sólo tuvieron relevancia en la creación de Comunidades Autónomas uniprovinciales. Lo cierto es que factores ajenos al principio dispositivo y al resto de elementos de articulación de la descentralización contenidos en la Constitución, como el mapa preautonómico o los Acuerdos autonómicos de 1981, diluyeron la efectividad de estos requisitos, además de la falta de voluntad para su aplicación estricta.

La intervención en la Comisión Constitucional del Congreso de los Diputados de Francisco Letamendía fue premonitoria: "¿Quién juzga si las provincias limítrofes tienen características históricas, culturales y económicas comunes?" La fórmula, fiel tributo al art. 11.1 de la Constitución de 1931, permitía múltiples diseños del mapa autonómico. Por un lado, la contigüidad territorial no planteó dificultades prácticas, característica física que para su comprobación no requiere más que la mera observación y que se cumplió en todos los casos, más allá de los territorios insulares (se abordan en el siguiente párrafo) y de los enclaves de Llivia y del Condado de Treviño. La integración de estos dos territorios fue prevista en el Estatuto de Cataluña y en los Estatutos del País Vasco y de Castilla y León, respectivamente. En este último caso, el supremo intérprete constitucional estimó que la regulación de una eventual segregación de un enclave por Castilla y León, no invadía la competencia reguladora vasca, que había establecido un procedimiento para la agregación de territorios completamente rodeados por el territorio de otra jurisdicción (STC 99/1986, de 11 de julio). Y la segunda condición, a pesar de que su profunda imprecisión auspiciara lo contrario, tampoco generó problemas. Como destaca Santiago Muñoz Machado, en la configuración del mapa autonómico al final acabaron primando la flexibilidad, el racionalismo e incluso la oportunidad política.

En cuanto a los territorios insulares, tampoco la imperfección técnica de esta expresión suscitó dificultades en la constitución de dos Comunidades Autónomas en los archipiélagos balear y canario, si bien, como acertadamente observó José María Martín Oviedo, en el segundo se podía haber planteado la hipotética creación de dos Comunidades uniprovinciales. No cabía descartar esa hipótesis conociendo la raigambre del conflicto provincial canario, que se había expresado en la configuración de dos provincias por el Real Decreto de 21 de septiembre de 1927 de "Reorganización de Canarias". Hipotético caso que no hubiese podido ser reconducido mediante la aplicación de la exigencia de "entidad regional histórica", ya que esta no se menciona en relación con los territorios insulares. Real y más reciente ha sido la reivindicación de las aguas jurisdiccionales adyacentes a las islas como parte del territorio autonómico canario. Para el Tribunal Constitucional el art. 143 CE es "determinante" a la hora de resolver esta cuestión y rechaza la reclamación canaria dado que las islas son el sustrato territorial de la Comunidades Autónoma canaria, constituyendo su territorio los municipios pero no el mar territorial (STC 8/2013, de 17 de enero, FJ 5, doctrina reiterada en las SSTC 87/2013, de 11 de abril, 99/2013, de 23 de abril y 3/2014, de 16 de enero).

Pero dejemos a un lado las últimas aplicaciones de este precepto no tan obsoleto y regresemos al comienzo del proceso autonómico. En esa etapa el debate se centró en el supuesto del acceso aislado a la autonomía por parte de "provincias con entidad regional histórica". Debate que se desarrolló sobre todo por juristas, más concretamente, administrativistas, dado que también este criterio fue aplicado con laxitud en sede parlamentaria. Fueron claves tanto el Informe de la Comisión de Expertos sobre Autonomías como los Acuerdos Autonómicos firmados por el Gobierno de la Nación y el Partido Socialista Obrero Español el 31 de julio de 1981. Aunque constitucionalmente está prevista la excepción de este requisito, confiando esta decisión en las Cortes Generales (art. 144.a), el Informe Enterría insistió en la excepcionalidad en el acceso a la autonomía por parte de provincias aisladas y recomienda su uso como un "instrumento de eficacia decisiva" a la hora de enmendar los peligros del abuso de la iniciativa autonómica. Afirma que la Constitución contiene una prohibición de estas iniciativas, que si bien admite excepciones, no ha de desvirtuarse. Especialmente, el concepto de "entidad regional histórica", que no es equiparable a "meros sentimientos provincialistas", "abusivas apelaciones a singularidades históricas" o "un pasado histórico más o menos relevante". En este sentido, el Informe concluye que se requiere "una tradición histórica de singularidad regional institucionalizada" y una "realidad socioeconómica mínima que garantizase la viabilidad de su autogobierno". La apreciación de esta característica corresponde a las Cortes Generales, cuestión que

Los Acuerdos Autonómicos, considerados como una auténtica convención constitucional, recogieron estas recomendaciones, al igual que la creación de las Comunidades uniprovinciales de Asturias, Baleares, Cantabria, La Rioja, Murcia y Madrid. Para la constitución de esta última se establece un procedimiento propio. Y para Cantabria y la Rioja la inclusión en sus Estatutos de

cláusulas que facilitasen su incorporación a Castilla y León. Finalmente, se encomienda a la Comisión Constitucional del Congreso y del Senado el reconocimiento de la "entidad regional histórica" durante el proceso de aprobación de los Estatutos de las Comunidades Autónomas uniprovinciales, y su ratificación al Pleno del Congreso y del Senado. El Tribunal Constitucional aclaró esta cuestión en la STC 100/1984, de 8 de noviembre.

III. LA (TEÓRICA) VÍA GENERAL DE ACCESO A LA AUTONOMÍA

Una vez identificados los territorios que pueden constituirse en Comunidades Autónomas, los arts. 143.2 y 143.3 CE establecen el régimen jurídico del procedimiento denominado como general u ordinario de acceso a la autonomía, regulando a quiénes les corresponde dar el pistoletazo de salida a la "carrera de obstáculos" autonómica (como la denominó Enrique Linde Paniagua), cuáles son los requisitos que se exigen para que esa primera manifestación del principio dispositivo prospere y qué consecuencias acarrea su fracaso, sin lograr evitar ciertas carencias técnicas pronto evidenciadas por la doctrina, que afortunadamente no tuvieron consecuencias prácticas. La iniciativa autonómica tiene que ser acordada en un plazo de seis meses por todas las Diputaciones interesadas o los Cabildos o Consejos insulares, junto con dos tercios de los Ayuntamientos que a su vez han de contar con la mayoría del censo electoral de cada provincia o isla, a riesgo de no poder reintentar la iniciativa hasta pasados cinco años si no se alcanzan esas exigencias.

En el supuesto general, la Constitución confía a los entes locales (Diputaciones provinciales o Cabildos o Consejos insulares y municipios) el impulso del proceso autonómico. La doctrina de forma unánime denunció el derecho de veto que el constituyente había otorgado la tercera parte más uno de los Ayuntamientos de cada Provincia o isla, que, sin tener en cuenta el porcentaje de población que pudieran representar, podían malograr esta fase inicial, imprescindible. Ahora bien, en los supuestos especiales, las Cortes Generales y los entes preautonómicos también son titulares de la iniciativa autonómica, pudiendo sustituir a los entes locales. Eso sí, las Cortes están sujetas a motivos de interés nacional cuya expresión ha de ser un acuerdo en forma de Ley Orgánica (art. 144 CE). Y los órganos preautonómicos pueden sustituir a las Diputaciones y a las administraciones insulares, pero no a los municipios (Disposición transitoria primera). Entes locales a los que también les corresponde la titularidad de la iniciativa en la vía rápida hacia el más amplio nivel competencial, aunque con una cualificación mayor (tres cuartas partes de los Ayuntamientos, art. 151.1 CE).

Enrique Álvarez Conde (1979, p. 236) advirtió el escaso acierto terminológico y sistemático del Constituyente en relación con los sujetos de la iniciativa autonómica, dado que en este apartado se mezclan los órganos de administración y gobierno de la Provincia (las Diputaciones) con entidades locales con personalidad jurídica propia (los Municipios). A su vez cubrió las lagunas del precepto en relación a cómo Diputaciones y Ayuntamientos han acordar el impulso del proceso autonómico, correspondiendo a sus órganos colegiados por mayoría simple.

Esta no deja de ser una muestra de las numerosas cuestiones interpretativas planteadas por el precepto que fueron abordadas por la literatura. Así, se dudó acerca de si era necesaria la realización cumulativa de la iniciativa por Diputaciones interesadas u órganos interinsulares y por los Ayuntamientos, o bastaba su ejercicio alternativo. La postura doctrinal mayoritaria apuntó hacia la iniciativa cumulativa, recordando la exigencia paralela del art. 151.1 CE y sustitución de la conjunción disyuntiva "o" por la conjunción copulativa "y" mediante la enmienda presentada por el diputado Meilán de UCD durante el debate en la Comisión de Asuntos Constitucionales y Libertades Públicas del Congreso de los Diputados, en la que se endurecieron los requisitos para iniciar el proceso autonómico. Lo que no exige la Constitución es que los acuerdos de iniciativa municipales y provinciales se den en un orden específico de prelación (Santiago Muñoz Machado, p. 316).

Mucha más relevancia adquirió la cuestión sobre la posibilidad de revocar los acuerdos de las Corporaciones locales, siendo necesaria la intervención del Tribunal Constitucional, quien admitiría esta potestad pero delimitando su momento: sólo durante la fase de impulso. Tras la adopción de dos acuerdos contradictorios por la Diputación Provincial de León sobre la iniciativa del proceso autonómico de Castilla y León (16 de abril de 1980 y 13 de enero de 1983). De acuerdo a la STC 89/1984, de 28 de septiembre, una vez finalizada la fase de impulso se inicia la segunda fase del proceso autonómico, en la que el protagonismo lo adquiere la asamblea de cargos representativos, cuya función es elaborar un proyecto de Estatuto para los territorios que han acordado la iniciativa, las Corporaciones locales ya no disponen del proceso que han impulsado, ni pueden excluirse de la Comunidad Autónoma que se constituya revocando el acuerdo de iniciativa (FJ 5). De hecho, el acuerdo revocatorio de la Diputación leonesa se adoptó cuando el Proyecto de Estatuto castellanoleonés se estaba tramitando como proyecto de Ley Orgánica.

Los actos de iniciativa, como agrupación de acuerdos individuales que generan efectos conjuntos, pueden ser revisados y anulados (Santiago Muñoz Machado, p. 317). Por ejemplo, la Sala de lo Contencioso-Administrativo del Tribunal Supremo de 9 febrero de 1985 declaró nulo el acuerdo del Pleno del Ayuntamiento del 6 de noviembre de 1981 acerca de la iniciación del proceso autonómico para las Islas Baleares, dado que el Alcalde impidió la participación de un Concejal por haber sido expulsado de su partido.

La doctrina fue unánime a la hora de apreciar tanto la necesidad de incorporar un plazo temporal para evitar que la fase de impulso del proceso autonómico permaneciese abierta indefinidamente, como en criticar el escaso periodo de tiempo establecido para la expresión de tantas voluntades y el momento en que empieza a contar: seis meses desde el primer acuerdo de uno de los sujetos impulsores de la iniciativa, por reducido que pudiese ser su población o territorio y permitiendo que un Ayuntamiento pudiese frustrar la iniciativa adelantándose con "malévola intención", en los términos utilizados por Martín-Retortillo en su intervención en la Comisión de Constitución del Senado durante el debate de este artículo. La Disposición Transitoria Tercera establece un periodo de espera para que se puedan adoptar estos acuerdos, la celebración de las primeras elecciones locales democráticas, que tuvieron lugar 3 de abril de 1979, cesando la operatividad de este precepto constitucional.

Finalmente, el art. 143.3 CE penaliza temporalmente el fracaso de la iniciativa autonómica, prohibiendo que se vuelva a intentar hasta que hayan transcurrido cinco años. A pesar de que no llegó a ser necesaria su aplicación, esta disposición atrajo la atención del supremo intérprete de la Constitución y de la doctrina. El Tribunal Constitucional, al analizar los alegados vicios de inconstitucionalidad de la Ley Orgánica 5/1983, de 1 de marzo, por la que se aplica el artículo 144.c) de la Constitución a la Provincia de Segovia, aclaró que este límite temporal establecido por el art. 143.3 CE solo afecta a las Corporaciones locales, y no a las Cortes Generales en el ejercicio de las facultades atribuidas por el art. 144 CE (STC 100/1984, de 8 noviembre, FJ 1). El plazo de la penalización comenzaría a contar desde que se hubiese tomado el primer acuerdo de impulso. La posición doctrinal mayoritaria admitió que cabría replantear la iniciativa autonómica si se trata de un proyecto autonómico distinto (como, por ejemplo, Enrique Linde Paniagua, 1979, Enrique Álvarez Conde, 1979, y Javier Rupiérez Alamillo, 1991; Paloma Biglino, 1985, p. 265, en cambio, sostuvo que no podría plantearse una nueva iniciativa autonómica en cualquier sentido hasta que transcurriesen los cinco años).

IV. LA DEROGACIÓN O MODIFICACIÓN DEL ART. 143 CE

El Consejo de Estado, tras la solicitud de informe por parte del Gobierno sobre diversas modificaciones de la Constitución, acerca de la inclusión de la denominación de las Comunidades Autónomas, considera que una vez organizado el territorio en diecisiete Comunidades Autónomas y dos Ciudades Autónomas ha quedado agotada la potestad de impulsar la creación y organización de Comunidades Autónomas, que no puede volver a ser utilizada para crear nuevos entes con autonomía política. El principio dispositivo quedaría latente, siendo aún capaz de redefinir la autonomía a través de la reforma estatutaria.

El Consejo de Estado propone bien la supresión del art. 143 o bien plantea que podría ser uno de los artículos idóneos (alternativamente al 137) para dar cobijo a la enumeración de las Comunidades Autónomas si se optase por su inclusión en el Título VIII en lugar del Título Preliminar. La propuesta fue asumida unánimemente en el debate académico que tuvo lugar por motivo de este Informe.

V. BIBLIOGRAFÍA

ÁLVAREZ CONDE, E. (1979): "Los titulares de la iniciativa del proceso autonómico", *Revista de estudios de la vida local*, núm. 202, pp. 233-256.

ÁLVAREZ JUNCO, J., RUBIO LLORENTE, F., (eds. lits.) (2006): *El informe del Consejo de Estado sobre la reforma constitucional: texto del informe y debates académicos*, Centro de Estudios Políticos y Constitucionales, Consejo de Estado, Madrid.

BIGLINO, P. (1985): "La revocación de la iniciativa autonómica, la naturaleza de la reserva estatutaria y los reglamentos parlamentarios como parámetro de la constitucionalidad de la ley (Comentario a la Sentencia del Tribunal Constitucional de 29 de septiembre de 1984 sobre la Ley Orgánica del Estatuto de Castilla y León)", *Revista Española de Derecho Constitucional*, núm. 14, pp. 257-279.

BLANCO VALDÉS, R. L. (2014): *El laberinto territorial español*, Alianza Editorial, Madrid.

FOSSAS ESPADALER, E. (2009): "Ejercicio de derecho a la autonomía: determinación de los sujetos", CASAS BAAMONDE, M. E. y RODRÍGUEZ-PIÑERO, M. (dirs.), *Comentarios a la Constitución española, XXX aniversario*, Fundación Wolster-Kluwer, Madrid.

GARCÍA ROJA, J. (1984): "El principio de voluntariedad autonómica: Teoría y realidad constitucionales", *Revista de Derecho Político*, núm. 21, pp. 111-140.

GARCÍA ROCA, J. (ed.) (2014): *Pautas para una reforma constitucional. Informe para el debate*, Editorial Aranzadi, Cizur Menor.

GONZÁLEZ GARCÍA, I. (2021): *La fusión de comunidades autónomas A propósito de la (no) incorporación de Navarra al País Vasco*, Tirant lo Blanch, Valencia.

LINDE PANIAGUA, E. (1979): "Procedimientos de creación de comunidades autónomas", *Documentación administrativa*, núm. 182, pp. 287-366.

LÓPEZ GUERRA, L. (2009): "De la organización territorial del Estado", CASAS BAAMONDE, M. E. y RODRÍGUEZ-PIÑERO, M. (dirs.), *Comentarios a la Constitución española, XXX aniversario*, Fundación Wolster-Kluwer, Madrid.

MUÑOZ MACHADO, S. (2007): *Derecho Público de las Comunidades Autónomas I*, Iustel, Madrid.

RUIPÉREZ ALAMILLO, J. (1988): *Formación y determinación de las Comunidades Autónomas en el ordenamiento constitucional español*, Tecnos, Madrid.

TRUJILLO FERNÁNDEZ, G. (2004): *Lecciones de Derecho Constitucional Autonómico*, Tirant lo Blanch, Valencia.

VI. JURISPRUDENCIA

STC 16/1984, de 6 de febrero.
STC 89/1984, de 28 de septiembre.
STC 100/1984, de 22 de abril.
STC 99/1986, de 11 de julio.
STC 8/2013, de 17 de enero.
STC 87/2013, de 11 de abril.
STC 99/2013, de 23 de abril.
STC 3/2014, de 16 de enero.
STS (Sala de lo Contencioso-Administrativo), de 9 febrero 1985.

Artículo 144

Las Cortes Generales, mediante ley orgánica, podrán, por motivos de interés nacional:

a) Autorizar la constitución de una comunidad autónoma cuando su ámbito territorial no supere el de una provincia y no reúna las condiciones del apartado 1 del artículo 143.

b) Autorizar o acordar, en su caso, un Estatuto de autonomía para territorios que no estén integrados en la organización provincial.

c) Sustituir la iniciativa de las Corporaciones locales a que se refiere el apartado 2 del artículo 143.

COMENTARIO

Ángel Aday Jiménez Alemán
Profesor contratado doctor
Universidad Complutense de Madrid

SUMARIO: I. INTRODUCCIÓN: LA INTERVENCIÓN EXCEPCIONAL DE LAS CORTES GENERALES EN LA INICIATIVA AUTONÓMICA. II. LOS TERRITORIOS PROVINCIALES O INFERIORES SIN "ENTIDAD REGIONAL HISTÓRICA". III. LOS TERRITORIOS NO INTEGRADOS EN LA ORGANIZACIÓN PROVINCIAL. IV. LA SUSTITUCIÓN DE LA INICIATIVA DE LAS CORPORACIONES LOCALES. 1. Almería y "la racionalización del proceso autonómico". 2. Segovia y el acceso forzoso a la autonomía. V. BIBLIOGRAFÍA. VI. JURISPRUDENCIA.

I. INTRODUCCIÓN: LA INTERVENCIÓN EXCEPCIONAL DE LAS CORTES GENERALES EN LA INICIATIVA AUTONÓMICA

Si en el art. 143 se entrega el principio dispositivo a los entes territoriales como acceso genérico a la autonomía, en el art. 144 se encuentran las previsiones que constituyen los sistemas correctivos del principio dispositivo (Enrique Álvarez Conde, 1999, p. 55). O la segunda restricción a la libertad de disposición de las instancias territoriales en relación con la iniciativa autonómica (Santiago Muñoz Machado, 109), aparte de las limitaciones recogidas en el art. 143.1 CE (las exigencias de compartir "características históricas, culturales y económicas comunes" en el caso de provincias limítrofes, y de tener "entidad regional histórica" para las propuestas autonómicas uniprovinciales). Estos supuestos de excepción a los requisitos establecidos en el art. 143 CE aparecieron en el segundo texto de la Ponencia (si bien es cierto que ya en el primer texto la Ponencia incluyó un supuesto de excepción que permitía sustituir la iniciativa de los Ayuntamientos en la vía única de acceso a la autonomía). Y en todos ellos les corresponde a las Cortes Generales aprobar la excepción a través de ley orgánica en base a motivos de interés nacional. Por lo que ni la Provincia que carezca de "entidad regional histórica", ni los territorios no integrados en la organización provincial cuentan con un derecho a la autonomía, a pesar de ser mencionado en art. 1.1 del Ley Orgánica 3/1983, de 25 de febrero, de Estatuto de Autonomía de la Comunidad de Madrid, después de su modificación por el art. 1.1 de la Ley Orgánica 5/1998, de 7 de julio.

Todas las excepciones previstas por el Constituyente y que se analizan a continuación acabaron siendo empleadas durante el largo proceso autonómico. El apartado a) permitió la constitución de la Comunidad Autónoma de Madrid. El apartado b) la de Ceuta y Melilla como Ciudades Autónomas, y no como Comunidades como exigía la no aplicada Disposición Transitoria Quinta. Y el apartado c) desempeñó un rol clave en los procesos autonómicos de Andalucía y Castilla y León. Al igual que el resto de preceptos constitucionales relacionados con la iniciativa autonómica, y a pesar de la trascendencia de todas los preceptos del art. 144 CE, este tampoco ha logrado escapar de la obsolescencia una vez se cerró el mapa autonómico con la aplicación de su segundo apartado a Ceuta y Melilla. Este es el único precepto que el Consejo de Estado, en expectativa de que la reivindicación española sobre Gibraltar obtenga satisfacción, no recomienda derogar debido a que "puede ser aún de utilidad en el futuro", sino que propone que se conserve con una redacción alternativa.

II. LOS TERRITORIOS PROVINCIALES O INFERIORES SIN "ENTIDAD REGIONAL HISTÓRICA"

El primer supuesto está dirigido a ámbitos territoriales iguales o menores a una Provincia, que aspiren a crear una Comunidad Autónoma y que carezcan del estatus de "entidad regional histórica" exigido por el art. 143.1 CE. Sigue estando presente el principio dispositivo pero afectado por una carencia que podría ser suplido por la "autorización" parlamentaria, que ha de ser expresada en una ley orgánica distinta a la que aprueba el Estatuto de Autonomía. Es conveniente recordar que las Cortes tuvieron una tendencia a presumir este estatus hasta el Informe Enterría y los Acuerdos Autonómicos de 31 de julio de 1981. El primero insistió en la exigencia del máximo rigor en la aplicación del art. 144.a) CE y la concreción del contenido de este precepto en la Ley orgánica de ordenación del proceso autonómico (esta segunda recomendación no fue recogida en el declarado inconstitucional proyecto de Ley orgánica de

Armonización del Proceso Autonómico, aprobado el 29 de julio de 1982, ni en la Ley 12/1983, de 14 de octubre, del Proceso Autonómico).

Como es bien conocido, el precepto fue aplicado únicamente a Madrid, siguiendo el procedimiento establecido en los Acuerdos Autonómicos. Tras la iniciativa autonómica de su Diputación provincial, la Ley Orgánica 6/1982, de 7 de julio, autorizó su constitución en Comunidad Autónoma en base a los motivos de interés nacional explicitados en el Preámbulo: ser la capital del Estado, sede de sus Instituciones más relevantes y del Gobierno, además de contar con un porcentaje destacado de la población española y ser un núcleo de actividades, servicios y comunicaciones. Esta Ley Orgánica estableció en su art. 2, en consonancia con el art. 136.1 del Reglamento del Congreso de los Diputados, que el Estatuto de Autonomía debía ser elaborado siguiendo el procedimiento previsto en el art. 146 CE. Por lo tanto, la Comunidad Autónoma de Madrid contó con el mismo régimen jurídico que las Comunidades que accedieron a la autonomía a través del art. 143 CE.

La Ley Orgánica 3/1983, de 25 de febrero aprobó su Estatuto de Autonomía, en el que en la redacción actual de su art. 1.1 se hace explícita su organización como Comunidad Autónoma "en expresión del interés nacional" (art. 1.1). Como advirtió Cesar Aguado (1996, p. 126), se trata de un supuesto de estricta configuración legal, no constitucional, en el sentido en el que el soporte de la autonomía es indirectamente constitucional debido a la intervención de la ley orgánica que habilita la creación de la Comunidad Autónoma. El artículo 144 Procedimiento de aprobación de los Estatutos de Autonomía.

III. LOS TERRITORIOS NO INTEGRADOS EN LA ORGANIZACIÓN PROVINCIAL

El apartado b) del art. 144 CE permite que territorios que no estuviesen integrados en la organización provincial alcanzasen también la autonomía, previa intervención de las Cortes a través de ley orgánica y por motivos de interés nacional. Más allá de la eventualidad de su aplicación para la incorporación de Gibraltar (que justifica el empleo del término "acordar" ante la expectativa de un instrumento propio del Derecho internacional público de por satisfecha la secular reivindicación) este precepto se utilizó para culminar el mapa territorial con los supuestos de Ceuta y Melilla. Ambos enclaves quedaron constituidos como Ciudades Autónomas en lugar de Comunidades como prevé la Disposición Transitoria Quinta. Esta posibilidad fue rechazada en todas las enmiendas que se presentaron durante las tramitaciones parlamentarias de la Ley Orgánica 1/1995, de 13 marzo, de Estatuto de Autonomía de Ceuta y de la Ley

Orgánica 2/1995, de 13 de marzo, de Estatuto de Autonomía de Melilla. De este modo, catorce años después las Cortes Generales acabaron apartándose de las opciones previstas por los Acuerdos Autonómicos (aparte del empleo de la Disposición Transitorio Quinta, los acuerdos propusieron la permanencia de Ceuta y Melilla como Corporaciones locales con régimen especial de Carta).

Los problemas de la hipotética reincorporación gibraltareña con Estatuto de Autonomía, en concreto, la titularidad de la iniciativa autonómica y el régimen jurídico proceso de redacción y aprobación del Estatuto, fueron abordados por Javier Ruipérez Alamillo (1991, pp. 184 a 188). Las ciudades con Estatuto de Autonomía de Ceuta y Melilla, "los entes más asimétricos de todo el Estado Autonómico" (José Antonio Montilla Martos, 1999, p. 68) y que contaron con su propio proceso por el que se acordaron sus Estatutos Autonómicos sin la intervención directa de las ciudades en el proceso, han dudo lugar al establecimiento de doctrina por parte del Tribunal Constitucional. Ha sido reiterada la negativa a que sean consideradas como Comunidades Autónomas desde el Auto 320/1995, de 4 de diciembre, en el que por este motivo se negó a Ceuta legitimidad activa para interponer un recurso de inconstitucionalidad. doctrina ratificada en el Auto 10/1996, de 16 de enero y reiterada en los Autos 201/2000 y 202/2000, ambos de 25 de julio y en la Sentencia 240/2006, de 20 de julio. Si bien, en esta última resolución, el Alto Tribunal afirma que en cuanto a lo que se refiere al acceso a la jurisdicción constitucional han de ser considerados entes municipales.

IV. LA SUSTITUCIÓN DE LA INICIATIVA DE LAS CORPORACIONES LOCALES

El último apartado del artículo 144 CE posiciona a las Cortes Generales como auténticos titulares del ejercicio de la iniciativa autonómica en sustitución de Diputaciones Provinciales y Ayuntamientos, de nuevo siempre por motivos de interés nacional y a través de Ley Orgánica. Luciano Vandelli apuntó que este mecanismo permitiría "favorecer la extensión de la regionalización a todo el territorio nacional" (1982, p. 186). Este precepto fue calificado por el Tribunal Constitucional como "una norma de cierre del sistema (...), esto es, una cláusula que cumple una función de garantía respecto a la viabilidad misma del resultado final del proceso autonómico" (STC 100/1984, de 8 de noviembre, FJ). Interpretación que pudo constarse en las dos ocasiones que se empleó, en la Ley Orgánica 13/1980, de 16 de diciembre, de sustitución de la provincia de Almería en la iniciativa autonómica; y en la Ley Orgánica 5/1983, de 1 de marzo, por la que se aplica el art. 144.c) de la Constitución a la

Provincia de Segovia. Como se va a recordar de inmediato, "el arma de doble filo" (Enrique Álvarez Conde, 1981, p. 243) fue la que recibió la mayor atención doctrinal y generó el debate más enconado entre todos los apartados del art. 144 CE.

Lo cierto es que, partiendo de la excepcionalidad de la intervención de las Cortes como sustituto del impulso autonómico, cabe desde la interpretación más restrictiva, como la de Óscar Alzaga Villaamil (2016, p. 642), a la posición más amplia sostenida en el Informe de la Comisión de Expertos sobre las Autonomías, pasando por posiciones moderadas como la de Enrique Linde Paniagua (1981, p. 325) y Luis Ortega Álvarez (1982, p. 196). El que hoy conozcamos que el Tribunal Constitucional acogió la lectura del Informe Enterría en la STC 100/1984 no resta interés a los argumentos en los que se fundaron esta tres posiciones. Óscar Alzaga realizó la interpretación más limitada de la potestad de las Cortes Generales, entendiendo que la sistemática determinaba que su aplicación quedase constreñida a los dos supuestos previos del art. 144. Enrique Linde Paniagua estimó que, ante la ausencia de explicación de este precepto durante el proceso constituyente, la intervención parlamentaria está justificada en caso de pasividad de los órganos del art. 143.2, pero no en el caso de iniciativas en curso o frustradas, lo que iría en contra del principio dispositivo. Luis Ortega sí admitía el recurso al art. 144.c) para corregir voluntades autonómicas truncadas por no haber logrado cumplir con los requisitos del art. 143.2 CE. Sin embargo, los contenciosos en los casos de Almería y Segovia coadyuvaron a que imperase la interpretación más amplia, la del Informe de la Comisión de Expertos, parte de la drástica reducción de la eficacia del principio dispositivo en la fase de instauración (Enric Fossas Espadaler, 2007, p. 117), que permite la aplicación del art. 144.c) a cualquier supuesto justificado por motivos de interés nacional. El Informe señalaba que el art. 144 permitía corregir las consecuencias negativas de la autodisposición autonómica, "las iniciativas autonómicas abusivas" y ante la generalización de la organización descentralizada, "que queden en el seno del Estado islotes no autonómicos".

Como se señalo en la exégesis del art. 143 CE, el Tribunal Constitucional afirmó que el límite temporal establecido por el art. 143.3 CE solo afecta a las Corporaciones locales, y no a las Cortes Generales en el ejercicio de las facultades atribuidas por el art. 144 CE, debido a que es la defensa del interés general la que justifica su intervención, pudiendo actuar en cualquier momento. (STC 100/1984, de 8 noviembre, FJ 1).

1. Almería y "la racionalización del proceso autonómico"

Aunque no se menciona explícitamente al art. 144.c) CE en la Ley Orgánica 13/1980, de 16 de diciembre, de sustitución de la provincia de Almería en la iniciativa autonómica (a diferencia de la Ley Orgánica 5/1983, de 1 de marzo, que se estudiará en el apartado siguiente y que lo cita en su título y en su artículo único), este precepto fue la solución al fracaso del referéndum de ratificación de la iniciativa autonómica andaluz en la provincia de Almería. De acuerdo al artículo único de la Ley Orgánica 13/1980, "los motivos interés nacional a los que se refiere el Título VIII de la Constitución" permitieron las Cortes Generales declararan sustituida la iniciativa autonómica a solicitud de los Diputados y Senadores de esta provincia. El mismo 16 de diciembre también se aprueba la Ley Orgánica 12/1980, que modifica la Ley Orgánica sobre las distintas modalidades de referéndum, e incluye esta posibilidad que permite corregir la no ratificación de la iniciativa autonómica exigida por el art. 151.1 CE.

El cambio de criterio de UCD que apostó firmemente por reconducir la aprobación de los Estatutos de Autonomía por la vía ordinaria del 143.2, una vez aprobados los Estatutos vasco, catalán por la vía especial del 151 CE, y tras los Informes y Acuerdos Autonómicos tuvo relevantes efectos políticos y jurídicos, forzando soluciones a los problemas generados en el en el caso andaluz que fueron intensamente criticadas por la doctrina. Enrique Álvarez Conde (1999, p. 55) consideró que se habían desbordado las previsiones del art. 144.c). En este caso no se estaba sustituyendo la iniciativa autonómica de la Corporaciones locales prevista en el art. 151.1 CE al igual que en el art. 143.2, sino que lo que se sustituye es el referéndum de ratificación de la iniciativa autonómica. Javier Ruipérez Alamillo (1991, p. 195) insistió en la irregularidad de esta solución, en cuanto que el Pueblo no puede ser reconducido al concepto de Corporación local, el Parlamento central no podrá, en ningún caso, sustituir, suplir o completar la ratificación popular de los acuerdos de iniciativa de las Diputaciones y Ayuntamientos. Santiago Muñoz Machado (2007, pp. 324-326) apuntó más dificultades planteadas por esta solución *ad-hoc*. Coincide en que la interpretación literal del precepto lo que permite es sustituir la voluntad de las Corporación locales, pero no los resultados negativos en el referéndum. En esta caso se reconoció la prevalencia de la voluntad de los representantes frente a la de los representados expresada en referéndum. Y además se utilizó para reconducir hacia la autonomía plena, cuando la dirección del art. 144.c) apunta literalmente hacia la autonomía gradual.

2. Segovia y el acceso forzoso a la autonomía

En el caso Segovia, el art. 144.c) CE reveló toda su potencialidad al utilizarse para anular la voluntad autonómica de un territorio provincial. Tanto la Diputación Provincial de Segovia como los Ayuntamientos de esta provincia se ha habían manifestado en contra de la iniciativa del Ente Preautonómico castellano-leonés, de modo que queda excluida en un primer momento del Proyecto de Estatuto de Castilla y León. En su lugar, la Diputación provincial adoptó una iniciativa para constituir a Segovia en Comunidad Autónoma uniprovincial el 31 de julio de 1981, que cumplió con los requisitos previstos por el art. 143.2 CE, con la salvedad de que el Ayuntamiento de Cuéllar revocó su acuerdo. Ante esta situación, la Ley Orgánica 5/1983, de 1 de marzo, incorporó a Segovia a la Comunidad Autónoma de Castilla y León aplicando el art. 144.c), activando la Disposición Transitoria Octava del Estatuto de Castilla y León aprobado por la inmediata anterior Ley Orgánica apenas seis días naturales antes.

El Tribunal Constitucional hizo propia la interpretación amplia del art. 144.c) en su Sentencia 100/1984, de 8 de noviembre, que desestimó el recurso de inconstitucionalidad interpuesto por el Grupo parlamentario popular del Senado en contra de la Ley Orgánica 5/1983, que consideraban que el precepto sólo podía ser utilizado cuando no se ha ejercido iniciativa alguna (lectura similar a la de Enrique Linde Paniagua, como se ha anotado anteriormente). El Tribunal afirmó en primer lugar que ninguna Provincia tiene derecho a constituirse en Comunidad Autónoma, dado que dependen del reconocimiento parlamentario de que cuentan la "entidad regional histórica" exigida por el art. 143.1 CE. A continuación rechaza las interpretaciones restrictivas del art. 144.c) que sólo permiten su aplicación ante la pasividad de los Entes locales o la frustración del impulso autonómico, sino que la Constitución "ha querido dejar en manos de las Cortes un mecanismo de cierre para la eventual primacía del interés nacional" (FJ 3), de modo que como concluye Jesús Leguina Villa (1985, p. 194) en el "acceso forzoso a la autonomía" el término "sustituir" va a ser equivalente jurídicamente a "*suplir* una iniciativa inexistente, *completar* una iniciativa insuficiente o *modificar* una iniciativa contraria". Si bien, no se trata de una facultad ilimitada, que sólo se puede utilizar en el supuesto de las Corporaciones locales del art. 143.2 CE.

Más allá de esta matización del Tribunal Constitucional, lo cierto es que la interpretación del texto constitucional ha reconocido potestades realmente excepcionales s las Cortes Generales en lo que se refiere a la iniciativa autonómica. Conviene finalizar el comentario de este precepto recordando la sistematización de José Esteve Pardo (1985, p. 97) de la doctrina del Tribunal Constitucional sobre el art. 144 y su enumeración de estas facultades: reconocer si la Provincia que aspira a la autonomía tiene "entidad regional histórica"; la no sujeción a la penalización temporal del art. 143.3; y la capacidad para sustituir las iniciativas autonómicas no ejercitadas o frustradas e incluso impulsar una nueva iniciativa que neutralice las que han sido acordadas según todos los requisitos por las instancias territoriales.

V. BIBLIOGRAFÍA

AGUADO RENEDO, C. (1996): *El Estatuto de Autonomía y su posición en el ordenamiento jurídico*, Centro de Estudios Constitucionales, Madrid.

ÁLVAREZ CONDE, E. (1999): "Artículo 144: Intervención de las Cortes en el proceso autonómico", *Comentarios a la Constitución Española de 1978, Tomo XI*, Óscar Alzaga Villaamil, EDERSA Madrid.

– (1979): "Los titulares de la iniciativa del proceso autonómico", *Revista de estudios de la vida local*, núm. 202, pp. 233-256.

ALZAGA VILLAMIL, Ó. (2016): *Comentario sistemático a la Constitución española de 1978*, 2ª edición, Marcial Pons, Madrid.

ESTEVE PARDO, J. (1985): "La conclusión del mapa autonómico: Comentario a las sentencias del Tribunal Constitucional 89/1984, de 28 de septiembre; y 100/1984, de 8 de noviembre", *Autonomies*, núm. 1, pp. 91-99.

FOSSAS ESPADALER, E. (2007): *El principio dispositivo en el Estado autonómico*, IVAP-Marcial Pons, Madrid.

LEGUINA VILLA, J. (1985): "El acceso forzoso a la autonomía política. (Anotaciones a la Sentencia de Segovia, STC 100/1984, de 8 de noviembre)", *Revista Española de Derecho Constitucional*, núm. 14, pp. 181-201.

LINDE PANIAGUA, E. (1979): "Procedimientos de creación de comunidades autónomas", *Documentación administrativa*, núm. 182, pp. 287-366.

MONTILLA MARTOS, J. A. (1999): "La asimetría de las Ciudades Autónomas", *Revista Española de Derecho Constitucional*, núm. 57, pp. 65-86.

MUÑOZ MACHADO, S. (2015): *Tratado de Derecho Administrativo y Derecho Público General, Tomo VIII: La organización territorial del Estado - 1*, Agencia Estatal Boletín Oficial del Estado, Madrid.

ORTEGA ÁLVAREZ, L. (1982): "La inconstitucionalidad de la reforma de la Ley Orgánica de Referéndum", *Revista de Administración Pública*, núm. 97, pp. 171-204.

RUIPÉREZ ALAMILLO, J. (1988): *Formación y determinación de las Comunidades Autónomas en el ordenamiento constitucional español*, Tecnos, Madrid.

VANDELLI, L. (LÓPEZ RAMÓN, F. MURILLO DE LA CUEVA, P. L. trads.) (1982): *El ordenamiento español de las comunidades autónomas*, Instituto de Estudios de Administración Local, Madrid.

VI. JURISPRUDENCIA

STC 89/1984, de 28 de noviembre.
STC 100/1984, de 8 de noviembre.

STC 240/2006, de 20 julio.
Auto 320/1995, de 4 de diciembre.
Auto 10/1996, de 16 de enero.
Auto 201/2000, de 25 de julio.
Auto 202/200, de 25 de julio.

Artículo 145

1. En ningún caso se admitirá la federación de Comunidades Autónomas.

2. Los Estatutos podrán prever los supuestos, requisitos y términos en que las Comunidades Autónomas podrán celebrar convenios entre sí para la gestión y prestación de servicios propios de las mismas, así como el carácter y efectos de la correspondiente comunicación a las Cortes Generales. En los demás supuestos, los acuerdos de cooperación entre las Comunidades Autónomas necesitarán la autorización de las Cortes Generales.

COMENTARIO

María Jesús García Morales
Profesora Titular de Derecho Constitucional
Universidad Autónoma de Barcelona

SUMARIO: I. EL PESO (NO SOLO) DE LA HISTORIA..., LA PROHIBICIÓN DE FEDERACIÓN ENTRE COMUNIDADES AUTÓNOMAS. II. Y A REGLÓN SEGUIDO, LA REGULACIÓN DE LOS CONVENIOS ENTRE COMUNIDADES AUTÓNOMAS. 1. La (confusa) distinción constitucional entre convenios y acuerdos de cooperación. 2. La (preceptiva) intervención de las Cortes Generales en el proceso de suscripción de un convenio horizontal. 3. La (desaprovechada) remisión constitucional a los Estatutos de Autonomía en materia de convenios horizontales. III. LOS EFECTOS (¿PERJUDICIALES?) DEL ART. 145.2 CE EN LA PRAXIS COOPERATIVA. IV. BIBLIOGRAFÍA. V. JURISPRUDENCIA.

I. EL PESO (NO SOLO) DE LA HISTORIA..., LA PROHIBICIÓN DE FEDERACIÓN ENTRE COMUNIDADES AUTÓNOMAS

El art. 145 CE regula la cooperación entre Comunidades Autónomas (CC. AA.) y lo primero que enuncia (en el párrafo 1) es la prohibición de federación entre ellas. La Constitución de la II República ya contenía un precepto muy similar (art. 13). La correcta compresión del art. 145.2 CE debe entenderse en clave doméstica. Y es que el peso de la historia española estuvo muy presente durante el proceso de elaboración de este precepto, tal y como atestiguan los debates constituyentes en los que planeaba tanto el temor a unos futuros Países Catalanes, como la anexión de Navarra al País Vasco.

Más allá de esa comprensión en clave española, en el Derecho comparado, una previsión de este estilo se encuentra expresamente también en países con una incuestionable tradición federal, como la Constitución de los Estados Unidos (art. 1, sección 10, apartados 1 y 3). Asimismo, en el ámbito europeo, en Suiza, otro de los federalismos clásicos, la Constitución de 1874, contenía una disposición similar (art. 7.1), pero tras su revisión total en 1999, se ha eliminado del texto constitucional helvético. En otros sistemas, como el alemán, una prohibición similar no se prevé expresamente en la Ley Fundamental de Bonn, pero se ha deducido de un principio constitucional no escrito, como es la *Bundestreue*, o la lealtad federal.

II. Y A REGLÓN SEGUIDO, LA REGULACIÓN DE LOS CONVENIOS ENTRE COMUNIDADES AUTÓNOMAS

Los convenios son el único instrumento de cooperación que regula la Constitución española. En realidad, los convenios suelen ser un contenido clásico en buena parte de las Constituciones de los sistemas políticamente descentralizados de nuestro entorno (no se regulan en la Ley Fundamental de Bonn, pero sí en las Constituciones de Austria, Italia o Suiza).

La Constitución española dispensa a la cooperación un tratamiento instrumental, esto es, se centra en una de sus técnicas, los convenios. Además, el texto constitucional regula solo la dimensión horizontal de este instrumento (entre CC.AA.). Nada se prevé con relación a los convenios entre el Estado y las CC.AA. (dimensión vertical). Esa regulación se realiza sin experiencia cooperativa previa y desde el resquemor hacia un instrumento que se percibía como el eventual germen de una futura (y prescrita) federación entre CC.AA.

1. La (confusa) distinción constitucional entre convenios y acuerdos de cooperación

La Constitución diferencia entre dos tipos de pactos interautonómicos para los que prevé requisitos distintos en su proceso de suscripción: por un lado, los convenios de colaboración para la gestión y prestación de servicios propios (sólo precisan su comunicación al Parlamento central) y los acuerdos de cooperación entre CC.AA. (sometidos a un régimen más duro de autorización por las Cortes Generales). Resulta difícil conceptuar qué es un convenio y qué es un acuerdo de cooperación horizontal, ya que ni la Constitución, ni la jurisprudencia constitucional dan criterios para ello.

De este modo, la distinción entre los convenios y los acuerdos entre CC.AA. es una construcción eminentemente doctrinal. La doctrina dominante se decanta por criterios materiales que atiendan al contenido del convenio concreto. En ese sentido, los convenios de colaboración para la gestión y prestación de servicios propios tendrían por objeto asuntos de mera gestión administrativa, mientras que los acuerdos de cooperación conformarían una categoría residual para aquellos que tuvieran una mayor importancia.

La diferencia entre convenios y los acuerdos de cooperación entre CC.AA. es una distinción que hace la Constitución española sin equivalentes en otros países de nuestro entorno con un nivel descentralización similar. Ciertamente, allí también se reconoce la existencia de una doble modalidad de suscripción de convenios en función de si necesitan la aprobación de los Parlamentos de las partes suscriptoras (esto es, las Cámaras de las unidades territoriales), pero no en todo caso del Parlamento central. En el Derecho comparado, los convenios que afectan a materias sobre las que hay una reserva ley, deben ser aprobados por las Cámaras de cada parte. El resto de convenios de carácter administrativo no precisan intervención parlamentaria para su válida suscripción. En esos países, estas dos categorías de convenios atañen al contenido del pacto (materias legislativas, o bien administrativas), de manera que hay un criterio más nítido que en el caso español para saber cuándo un convenio precisa o no la intervención parlamentaria.

La distinción entre convenios y acuerdos entre CC.AA. *ex constitutione* no excluye que puedan existir otros pactos internautonómicos distintos. El art.
1972 145.2 CE no contiene un *numerus clausus* de pactos entre CC.AA. Así lo ha reconocido el Tribunal Constitucional en el único pronunciamiento, hasta la fecha, sobre el régimen del art. 145.2 CE. El Alto Tribunal ha reconocido que, junto a los convenios y acuerdos regulados en este precepto, las CC.AA. pueden formalizar otro tipo de pactos "como pudieran ser declaraciones conjuntas de intenciones, o propósitos sin contenido vinculante, o la mera exposición de directrices o líneas de actuación" (STC 44/1986, FJ 3). En estos casos, ese otro tipo de pactos no se halla sometido al marco constitucional (y estatutario) previsto para los convenios y acuerdo de cooperación entre CC.AA.

2. La (preceptiva) intervención de las Cortes Generales en el proceso de suscripción de un convenio horizontal

Al regular los convenios entre CC.AA., la relevancia de las dos modalidades que prevé la Constitución se expresa claramente en el diverso régimen jurídico que el texto constitucional prevé para cada una de ellas. Los extremos de régimen jurídico regulados en el art. 145.2 CE se centran en la intervención preceptiva de las Cortes Generales en ambos tipos de convenios. En ambos casos, es necesario que intervenga el Parlamento central. Sin embargo, la naturaleza y los efectos (por tanto, la intensidad) de dicha intervención parlamentaria es sustancialmente distinta en uno y otro caso.

Los convenios de colaboración entre CC.AA. deben ser comunicados a las Cortes Generales. La Constitución prevé la comunicación de los convenios horizontales como una notificación al Parlamento central. No obstante, el texto constitucional remite a los Estatutos de Autonomía la determinación del carácter y los efectos de dicha comunicación. Los textos estatutarios vinculan la comunicación a la entrada en vigor de un convenio (después del plazo previsto una vez efectuada la misma). La comunicación al Parlamento central de un convenio entre CC.AA. es, pues, un requisito de eficacia del mismo.

La intervención de las Cortes Generales prevista en el caso de los acuerdos de cooperación entre CC.AA. es mucho más intensa. Dichos acuerdos precisan ser autorizados por el Parlamento central. Este requisito es preceptivo para la válida formación la voluntad negocial. De este modo, la autorización de un acuerdo de cooperación por parte de las Cortes Generales se configura constitucionalmente como un requisito de validez de estos pactos, cuya ausencia acarrea la nulidad del acuerdo intercomunitario (STC 44/1986, FJ 3).

El procedimiento de tramitación ante las Cortes Generales de un convenio de colaboración y de un acuerdo de cooperación entre CC.AA. se regula detalladamente en los Reglamentos parlamentarios de cada una de las Cámaras (art. 162.2 y 3 RCD y arts. 137-139 RS). En 2008 se ha aprobado un Acuerdo de la Mesa del Senado que agiliza la tramitación de un convenio entre Comunidades. Con esa modificación se ha suprimido la intervención de la Comisión General de las Comunidades Autónomas. Hasta el momento, la Comisión intervenía en todos los convenios comunicados. Ahora sólo si se presentan discrepancias. Aquellos convenios de colaboración para los que no se presente propuesta alternativa se someterán directamente al Pleno sin pasar previamente por la Comisión. De este modo, dichos convenios tendrán conocimiento directo por el Pleno igual que en el procedimiento legislativo ordinario.

3. La (desaprovechada) remisión constitucional a los Estatutos de Autonomía en materia de convenios horizontales

Un punto fundamental que no debiera pasar desapercibido radica en la remisión que la Constitución prevé en el art. 145.2 CE para que los Estatutos de Autonomía regulen "los supuestos, requisitos y términos en que las Comunidades Autónomas podrán celebrar convenios entre sí para la gestión y prestación de servicios propios de las mismas, así como el carácter y efectos de la correspondiente comunicación a las Cortes Generales".

Esa remisión constitucional a los Estatutos de Autonomía da un amplio margen de maniobra a la norma estatutaria con relación al régimen de los convenios entre CC.AA. Dicho margen ha sido utilizado normalmente por el legislador estatutario para agravar y hacer más complejo el régimen de un convenio horizontal.

Por un lado, ello se muestra claramente en la intervención de los Parlamentos autonómicos en el proceso de suscripción de un convenio horizontal. La Constitución nada dice al respecto, pero los Estatutos de Autonomía han previsto que las Cámaras autonómicas tengan una intervención decisiva en la suscripción de un convenio horizontal, ya que suelen exigir su aprobación (por tanto, un requisito para la válida formación de la voluntad negocial del convenio) que no prevé la Constitución.

Por otro lado, el segundo supuesto donde se observa cómo el margen de maniobra de los Estatutos se ha usado más para complicar que para incentivar la firma de convenios entre CC.AA. radica en la potestad de recalificación que tienen las Cortes Generales respecto al texto de un convenio comunicado, si a su juicio, se trata de un acuerdo de cooperación (con la consiguiente autorización en dicho caso del Parlamento central). Esa facultad de recalificación no está en la Constitución. Se previó en el Estatuto de Autonomía del País Vasco, el primer texto estatutario del Estado autonómico, y a partir de ahí

se incluyó, posiblemente por mimetismo, en el resto de texto estatutarios. El Reglamento del Senado desde 1982 ha unificado las previsiones estatutarias al respecto en el sentido que más poder le da a la Cámara al vincular el acto de la comunicación de un convenio a la facultad de recalificación del mismo por dicha Cámara (a diferencia del Reglamento del Congreso de los Diputados, que se limita a prever la remisión de la comunicación "a los efectos previstos en los correspondientes Estatutos").

Resulta paradójico que los Estatutos de Autonomía empleen la remisión que la Constitución les hace para regular la actividad convencional entre CC.AA. de una forma más agravada que el propio texto constitucional. Los Estatutos de Autonomía podían haber acotado la intervención del Parlamento de la Comunidad Autónoma donde sea necesaria (no con carácter general como prevé la mayoría de ellos) y podrían haber eliminado de su texto la controvertida facultad de recalificación de un convenio a acuerdo de cooperación entre Comunidades que se confiere al Senado (y que no tiene base constitucional). Las reformas estatutarias iniciadas en 2006 fueron una oportunidad para cambiar el régimen estatutario de los convenios entre CC.AA., pero no han cambiado sustancialmente la situación.

III. LOS EFECTOS (¿PERJUDICIALES?) DEL ART. 145.2 CE EN LA PRAXIS COOPERATIVA

A diferencia de los países del entorno europeo políticamente descentralizados, uno de los rasgos endémicos de la cooperación en el Estado autonómico es la precariedad de estas relaciones entre CC.AA. En España, no hay Conferencias horizontales, ni los convenios entre CC.AA. son habituales. En el Estado autonómico, la cooperación es con el Estado y las CC.AA., no entre CC.AA. La Conferencia de Presidentes, las Conferencias Sectoriales y los convenios son verticales (estos últimos son profusamente suscritos anualmente, hasta un millar por año han llegado a firmarse). Paradójicamente, la cooperación regulada constitucionalmente no se produce (o se produce poco), mientras que la cooperación entre el Estado y las CC.AA. es la que se ha desarrollado en la praxis.

Habitualmente, se ha considerado como síntoma de la precariedad de la cooperación horizontal el bajo número de convenios entre CC.AA. Desde el inicio del Estado autonómico, los pactos interautonómicos comunicados al Parlamento central a los efectos del art. 145 CE rondan los noventa (hasta 2017), lo que representa una media anual de dos convenios por año (una cantidad desproporcionadamente inferior al volumen de convenios verticales anuales).

No son solo las dimensiones cuantitativas las que muestran la debilidad de las relaciones entre CC.AA., sino también la calidad de las mismas. Los convenios horizontales acostumbran a ser bilaterales (normalmente entre CC.AA. vecinas) y sobre ámbitos materiales recurrentes (asistencia sanitaria, extinción de incendios, títulos de transportes, lengua propia). Más allá de ello, las CC.AA. no firman convenios multilaterales, lo que denota que no perciben la existencia de espacios de colaboración entre todas ellas (o la mayoría de ellas). Tras las reformas estatutarias de 2016, hubo un intento político de impulsar la cooperación horizontal, pero sin continuidad.

En 2016, el Consejo de Estado en su *Informe sobre modificaciones de la Constitución* calificaba la regulación constitucional de la cooperación vertical como rígida y oscura. Consiguientemente, proponía flexibilizar esta regulación de cara a una reforma constitucional. Ciertamente, el art. 145.2 CE no prevé la regulación más adecuada sobre los convenios entre CC.AA. Se trata de una regulación que no tiene parangón en el Derecho Comparado donde los convenios horizontales pueden someterse a una comunicación al Parlamento central (como en la Constitución austriaca), pero nunca se someten a una autorización del mismo. Asimismo, hay una desproporción notable entre la complejidad que se exige para suscribir un convenio entre CC.AA. con otros pactos donde participa la Comunidad. A las CC.AA. les resulta más fácil firmar un convenio con el Estado o un acuerdo de cooperación transfronteriza con otras Regiones que un convenio con otras CC.AA. aunque las acciones sean las mismas.

Sin embargo, a pesar de estos datos, debe resituarse el grado de "culpabilidad" del art. 145.2 CE respecto a la precariedad de la cooperación horizontal en España.

Es cierto que la regulación constitucional es poco clara. El primer problema es saber qué es un convenio y qué un acuerdo, lo que no está exento de consecuencias, ya que cada uno tiene una tramitación parlamentaria diversa; y, además, el Senado tiene la facultad de recalificar el convenio que le remita una Comunidad Autónoma (para autorizarlo, en lugar de para tenerlo por comunicado).

La jurisprudencia del Tribunal Constitucional sobre la cooperación horizontal tuvo un efecto inhibidor sobre la misma: la única sentencia sobre el régimen de los convenios entre CC.AA. data de 1986 (por tanto, de un momento todavía inicial del Estado autonómico) y declaró nulo un protocolo de intenciones entre Cataluña y la entonces preautonomía de Murcia sobre actividades culturales, al considerar que era un acuerdo de cooperación que necesitaba la correspondiente autorización del Senado, STC 44/1986). Sin embargo, desde hace tiempo, todos convenios tramitados en las Cortes Generales son siempre convenios de colaboración (donde basta la comunicación). En nuestra historia cooperativa, solo se ha suscrito un acuerdo de cooperación (con autorización de las Cortes Generales), el llamado acuerdo de cooperación sobre el Arco de Mediterráneo (en 1994 y que nunca llegó a ejecutarse).

Con relación a la tramitación en las Cortes Generales, tampoco puede culparse al art. 145.2 CE de retrasar en exceso la suscripción de un convenio entre CC.AA. A partir del año 2000, la *ratio* de tramitación de los convenios entre CC.AA. al Senado se sitúa entre un mes y quince días (lejos de los tres y seis meses que duraba el procedimiento en legislaturas anteriores). La rigidez en el procedimiento de suscripción de un convenio se halla propiamente en los Estatutos de Autonomía, que, en virtud de la remisión constitucional *ex* art. 145.2 CE, han agravado los requisitos para firmar un convenio imponiendo trámites que no están en la Constitución y que hacen mucho más complejo y lento el procedimiento para firmar un convenio.

Por ello, la figura preferida de las CC.AA. para entablar sus relaciones son los protocolos de colaboración que no están sometidos ni al cuadro constitucional, ni sobre todo estatutario. De este modo, hay mucha más cooperación entre CC.AA. de la que conocemos a través de las Cortes Generales, pero se ignoran sus dimensiones reales. Se trata de un ámbito especialmente opaco, porque los protocolos entre CC.AA., al no comunicarse al Parlamento central, carecen de la publicidad que reciben los convenios a los efectos del art. 145.2 CE. En este sentido, la comunicación al Parlamento central de estos convenios, más que un control estatal (finalidad que inspira el art. 145.2 CE), actuaría como condición de eficacia del convenio y aportaría transparencia a la cooperación horizontal, gracias a esa comunicación al Parlamento y la publicidad que se da en sede parlamentaria de la misma.

A pesar de que, el Tribunal Constitucional ha incentivado en varias ocasiones la cooperación horizontal mediante apelaciones a la misma para abordar problemas que afectan a más de una Comunidad Autónoma, ya que la supraterritorialidad no convierte un problema en competencias del Estado (en particular, STC 194/2004, sobre organización y gestión de parques nacionales), las CC.AA. siguen mostrando una baja predisposición a formalizar convenios entre ellas. No hay lugar a dudas de que el régimen de los convenios entre CC.AA. previsto en el art. 145.2 CE (ni la interpretación que del mismo hizo una temprana jurisprudencia constitucional) no ayudó en los albores del Estado autonómico a fomentar las relaciones horizontales. También hay acuerdo en que el art. 145.2 CE no prevé el régimen jurídico más adecuado, pero la realidad demuestra que el uso que se viene haciendo del mismo en las dos últimas décadas (con interpretaciones más favorables tendentes a incentivar estos convenios) no es el obstáculo principal que lastra la cooperación entre CC.AA. en España. El problema no es solo un tema de diseño constitucional (puestos a buscar culpables normativos, ahí está la regulación todavía más compleja que han hecho de los Estatutos), sino fundamentalmente de la falta de voluntad de política para explotar todas potencialidades que brinda este tipo de relación. La culpa no es solo del art. 145.2 CE.

IV. BIBLIOGRAFÍA

CALAFELL FERRÀ, V. J.: *Los Convenios entre Comunidades Autónomas*, CEPC, Madrid, 2006.

GARCÍA MORALES, M. J.: *Convenios de colaboración en los sistemas federales europeos. Estudio comparado de Alemania, Suiza, Austria y Bélgica*, McGraw Hill, Madrid, 1998.

– "Convenios de colaboración entre el Estado y las Comunidades Autónomas y entre Comunidades Autónomas", en *Informe Comunidades Autónomas*, Institut de Dret Públic, Barcelona (anual).

GONZÁLEZ GARCÍA, I.: *Parlamento y convenios de colaboración*, CEPC, Madrid, 2011.

RIDAURA MARTÍNEZ, M. J.: "Las relaciones horizontales entre Comunidades Autónomas: marco jurídico, funcionamiento y rendimiento", *Revista de Derecho Político*, núm. 88, 2013, pp. 215-243,

RODRÍGUEZ DE SANTIAGO, J. M.: "Convenios y acuerdos entre Comunidades Autónomas", en CASAS BAAMONDE, M. E. y RODRÍGUEZ-PIÑERO, M. (Dirs.): *Comentarios a la Constitución Española*, XXX Aniversario, Wolters Kluwer, Madrid, 2008, pp. 2182-2187.

RUBIO LLORENTE, F., ÁLVAREZ JUNCO, J. (Ed.): *El informe del Consejo Estado sobre la reforma constitucional. Texto del informe y debates académicos*, Consejo de Estado, CEPC, Madrid, 2006.

SÁNCHEZ NAVARRO, Á.: "Artículo 145", en ALZAGA VILLAAMIL, O. (Dir.), *Comentarios a la Constitución Española de 1978*, Tomo XI, Cortes Generales, EDARSA, Madrid, 1999.

TAJADURA TEJADA, J.: *El principio de cooperación en el Estado autonómico*, 3. ed., Comares, Granada, 2010.

V. JURISPRUDENCIA

STC 44/1986, de 17 de abril.
STC 194/2004, de 4 de noviembre.

Artículo 146

El proyecto de Estatuto será elaborado por una asamblea compuesta por los miembros de la Diputación u órgano interinsular de las provincias afectadas y por los Diputados y Senadores elegidos en ellas y será elevado a las Cortes Generales para su tramitación como ley.

COMENTARIO

Ignacio Sánchez Amor
Letrado Abogacía General Junta de Extremadura
Diputado

SUMARIO: I. EL ESTATUTO EN UN TÍTULO VII "MUNICIPAL Y ESPESO". II. EL CONCURRIDO JARDÍN DE LOS SUJETOS ESTATUYENTES. III. EL ESPECTRAL CARÁCTER PACCIONADO DE LOS ESTATUTOS ORDINARIOS. IV. BIBLIOGRAFÍA. V. JURISPRUDENCIA.

I. EL ESTATUTO EN UN TÍTULO VII "MUNICIPAL Y ESPESO"

Es llamativo que una operación política de perfiles históricos, el reconocimiento de amplios poderes territoriales en un (nuevo) intento de formatear el poder estatal y hacerlo coincidir en mayor medida con el sustrato nacional/regional, se dibujara con un Capítulo constitucional con tan poco aliento programático, con tan pesado aroma "institucionalista", con tan poca alma "política". Una característica que también ha sido predicada de su principal componente normativo, ese Estatuto dibujado en la Constitución como mero contenedor de regulaciones organizativas y procedimentales en el marco de un diseño constitucional incompleto, exploratorio y tentativo. Parece haber una deliberada contención en los términos, como si el paso adelante del Art. 2 hubiera sido atrevido en exceso (¿nacionalidades?) y fuese conveniente hacerlo aterrizar en conceptos y mecanismos jurídicos reconocibles y domésticos, tranquilizadores (diputaciones, municipios, interés nacional, convenios, tramitación como ley, competencias, transferencia y delegación, control, instrucciones, requerimiento, tributos, etc.). Toda la regulación de este Capítulo Tercero del Título VIII destila un retraído aroma de ortodoxa contención "institucionalista", que parece derivarse de una concepción de la operación descentralizadora y del propio Estatuto como mero recipiente aséptico, mero "marco del autogobierno" y no como contenedor adecuado para opciones de oportunidad, ideológicas o programáticas medianamente profundas.

II. EL CONCURRIDO JARDÍN DE LOS SUJETOS ESTATUYENTES

Una cuestión central que suscita el Art. 146 es la identificación y la función de los hipotéticos múltiples sujetos "estatuyentes" (al menos en sentido lato), entendiendo como tales los que participan de algún modo en esa elaboración primigenia, aquellos cuyas voluntades confluyen en alguna medida en el producto final Estatuto, con sus aportaciones individuales, sus relaciones y sus jerarquías internas (Cortes; nacionalidades y regiones; pueblos; provincias e islas; "asambleas" mixtas de diputados provinciales y parlamentarios; "Asambleas" de parlamentarios; delegaciones de tales asambleas; electores de las provincias; órganos preautonómicos;. Órgano Foral navarro; y ciudades de Ceuta y Melilla). Baste decir en este punto que no había ninguna necesidad derivada de la opción constituyente luego denominada "principio dispositivo" para multiplicar de este concurrido modo los posibles sujetos participantes en la propuesta y elaboración de los Estatutos, cuyo abigarrado elenco evoca inevitablemente a un "camarote de los hermanos Marx" constitucional.

En este contexto del autogobierno territorial, la Constitución se cuida mucho de hablar del "pueblo" de la Comunidad Autónoma en ciernes o ya cons-
1980 tituida. Prefiere usar otras denominaciones más neutras ("cuerpo electoral de las provincias", "electores inscritos en los censos correspondientes"), como huyendo de las consecuencias jurídico-políticas inherentes a tan comprometida caracterización. Este cuidado del texto del Título VIII en evitar la entronización de "pueblos" de las CC.AA. como sujetos políticos en las operaciones de redacción y reforma de sus estatutos, cede, sin embargo, en otros contextos constitucionales menos delicados (Preámbulo y Art. 46), pero sin que se atribuyan a tales sujetos "culturales" poderes políticos en estos procesos de formalización del autogobierno.

El ejercicio de la iniciativa estatutaria del Art. 143 o el envío del proyecto a las Cortes previsto en el Art. 146 no otorgan por sí mismos al Estatuto originario un carácter de pacto político, como tantas veces se ha pretendido. Este evanescente carácter paccionado solo podría ser consecuencia de una participación de esos actores dotados de iniciativa en la posterior discusión y fijación del contenido del proyecto que meramente "elevan". Como tampoco se predica, por cierto, de los otros casos de iniciativas legislativas diferentes de las conferidas al Gobierno o a las propias Cámaras, como la de los parlamentos autonómicos o la popular.

Parece haber en los análisis de la cuestión un cierto desenfoque. Porque se analiza la redacción constitucional sobre la elaboración originaria de los estatutos "como si" ya en aquel momento hubieran existido, aunque fuera en embrión, las Comunidades tal y como se constituyeron luego. Sea cual sea la consideración política, histórica, cultural o lingüística de algunos territorios en aquel momento, no eran sujetos jurídicos dotados de un derecho previo al autogobierno que el Estado debiera simplemente constatar, mucho menos negociar o pactar, en el ejercicio soberano de su facultad constituyente. No eran ni siquiera "protocomunidades autónomas" a las que el Estado "aflorara" desde el olvido histórico. Incluso aunque se piense que se trataba de naciones en el sentido más políticamente estricto del término, eso no se traducía en el momento de la redacción constitucional en un derecho anterior y diferente al que establecía la propia Constitución decidiendo, en uso de su prístina e incondicionada voluntad constituyente, reconocer el derecho a la autonomía en el Art. 2 y dotando de iniciativa autonómica ordinaria en el Art. 143 a determinados sujetos, ninguno de ellos por cierto troquelados con el futuro perfil autonómico, y sí preexistentes a la Constitución, como las provincias limítrofes, las islas y las provincias con entidad regional histórica.

Y tampoco nos vale para ello el ensayo preautonómico, quizá el primer intento de concretar esas indeterminadas "nacionalidades y regiones" del Art. 2, puesto que esa cartografía provisional no coincidió con el definitivo mapa autonómico. La Constitución reconoció el derecho a la autonomía a unos sujetos que no podía determinar; la Constitución "no sabía" a qué nacionalidades y regiones se refería ella misma al otorgarles ese derecho. Y por eso configuró un sistema de iniciativa de los propios territorios, en la conciencia de que la determinación de esas nacionalidades y regiones no podría producirse más que por su encaje en el "mapa" de los estatutos. Los órganos preautonómicos no se crearon "para" aportar una voluntad concurrente en la futura redacción de los estatutos, aunque luego algunas de las unidades regionales ensayadas coincidieran territorialmente con las iniciativas autonómicas definitivas de sus provincias, órganos insulares y municipios. Las "nacionalidades y regiones" finalmente resultantes del desarrollo del Título VIII no han sido las mismas "nacionalidades y regiones" previstas en el proceso preautonómico, que eran las que estaban en la mente de los diputados cuando en esos meses redactaban la Constitución, por lo que no hay una coincidencia entre todas las voluntades de aquellos territorios con las que se hicieron efectivas luego en aplicación del Art. 143. Y quizá por eso mismo, por esa relativa inseguridad del mapa preautonómico, los constituyentes decidieron que la iniciativa autonómica ordinaria no podía corresponder solo a los órganos preautonómicos, sino a las provincias por vía de sus diputaciones u órganos interinsulares y a los municipios. Relegando a aquellos al mecanismo sustitutorio y parcial de la Disposición Transitoria Primera, que solo fue utilizado en tres casos.

Es más, en mi opinión, no podría derivarse del mero principio democrático de la Constitución la necesidad de contar con la manifestación expresa de la voluntad de las futuribles Comunidades Autónomas. En primer lugar porque quienes inicialmente ejercitan jurídicamente ese derecho a la autonomía no son unas nacionalidades y regiones aun hipotéticas, o al menos indeterminadas, sino las provincias y las islas en los términos del Art. 143. Es verdad que el Art. 2 habla del "derecho a la autonomía de las nacionalidades y regiones que la integran", pero hasta que ese derecho no se concrete en la creación de las correspondientes Comunidades Autónomas mediante la activación de la iniciativa y su resultado en forma de Estatuto, es difícil saber a quién dirigirse para hacer efectivo ese principio democrático mediante el que se expresaría la voluntad de ese otro espectral sujeto supuestamente concurrente con el Estado para la redacción del Estatuto. No hay más que recordar las idas y venidas del mapa autonómico en esos años inaugurales, demasiados vaivenes para poder aseverar con una mínima seguridad que preexistían unas determinables "nacionalidades y regiones" con derecho a participar en esa redacción originaria de los estatutos en virtud del principio democrático constitucional.

Y en segundo lugar porque el constituyente pudo con toda libertad esta-
1982 blecer en la propia Constitución, sin menoscabo del principio democrático, un "mapa otorgado" de Comunidades Autónomas e incluso haber autorizado al Estado a "otorgar" posteriormente los correspondientes Estatutos para la constitución de esas Comunidades. Otra cosa es que esa operación hubiera sido políticamente conveniente, pero desde el punto de vista estrictamente jurídico nada obstaba a que en su primigenia hoja en blanco constituyente esa operación se hubiera completado, soslayando el complejo y diverso mecanismo de las iniciativas autonómicas o preautonómicas. Como hicieron, por cierto, otros sistemas extranjeros.

Si se hubiera diseñado en la Constitución un mapa autonómico completo sí que se podrían haber establecido mecanismos para contar con la voluntad inmediata o representada de tales ciudadanos para esa redacción inicial, puesto que estarían identificados. Ante la abstención constituyente y la preferencia por un sistema de iniciativa territorial sin mapa predeterminado, no podían existir voluntades colectivas representativas de las todavía inaprensibles "nacionalidades y regiones". O, al menos, de la mayoría de las posteriormente concretadas.

Tampoco los parlamentarios de las circunscripciones concernidas habían sido elegidos originariamente para tal función, que en esta faceta de participación en la redacción estatuyente se hubiera acercado más a un mandato del territorio que a la pura representación parlamentaria nacional en la que tal mandato imperativo iba a estar constitucionalmente prohibido. Y desde luego, sus circunscripciones eran las provincias, y no la nonata Comunidad Autónoma, como lo demostraron palmariamente las citadas tensiones interprovinciales. Del carácter "anómalo" (por provisional) de esta representación inicial nos habla elocuentemente la solución universal que adoptaron luego todos los estatutos en la regulación de sus reformas: ninguno de ellos dio un papel a los parlamentarios nacionales de sus provincias (que debaten y votan como los demás en Congreso y Senado), sino que se lo otorgaron a sus propios parlamentos, que envían (ahora sí) a "mandatarios" o "delegados" propios para defenderlo y, eventualmente, negociarlo en las Cortes.

Y aún mucha menos representatividad regional tenían los "miembros de la Diputación u órgano interinsular de las provincias afectadas" del Art. 146 en el momento de redacción de la Constitución. Por no tener no tenían todavía ni siquiera mera legitimidad democrática, lo que creó inicialmente no pocas suspicacias y roces entre los miembros de la "asamblea" originarios de cada ámbito, el parlamentario (ya legitimado democráticamente) y el local (residuo franquista hasta las primeras elecciones locales). Una situación de la que fueron conscientes los constituyentes y que resolvieron con la Disposición Transitoria Tercera, difiriendo toda operación de iniciativa autonómica local hasta la celebración de las primeras elecciones municipales democráticas.

En este punto la Constitución crea una especie de ficción, un "como si". Como si los órganos del 143 (diputaciones, órganos interinsulares y dos tercios de los municipios) encarnaran provisionalmente la virtual voluntad de una hipotética Comunidad Autónoma a cuyos futuros órganos legítimos y propios no es posible consultar todavía (y sabemos que en algún caso esos órganos del Art. 143 no representaron al territorio que luego llegó a ser Comunidad). O como si la voluntad de la "asamblea" del Art. 146, formada por parlamentarios y diputados provinciales, se asimilara a la voluntad de la ulterior Comunidad solo a los efectos de proponer (y no ya de negociar con las Cortes) un proyecto de Estatuto. No en vano, incluso en el procedimiento del Art. 151.2.1 se dice expresamente "a los solos efectos" de elaborar el proyecto.

Este mecanismo del "como si" parece derivarse de la opción constitucional por no cerrar un mapa otorgado (hipótesis política nada difícil si se hubiera tratado solo de una regionalización parcial, reservada solo a territorios con una marcada personalidad política o con antecedentes históricos de autogobierno) y permitir que el país explorase la hipótesis (entonces casi decidida) de una regionalización completa. En este esquema de renuncia a imponer el troquel, de dejar correr los acontecimientos para que las "nacionalidades y regiones" subyacentes (pero en su mayor parte indeterminadas) se fuesen coagulando mediante consensos políticos para ejercer el derecho del Art. 2, nada más oportuno que buscar este tipo de subterfugio a través del que se convalida una voluntad verificable de determinados órganos preexistentes "como si" ésta fuera premonitoria de la estricta y posterior voluntad de la Comunidad Autónoma, inverificable entretanto.

III. EL ESPECTRAL CARÁCTER PACCIONADO DE LOS ESTATUTOS ORDINARIOS

Por si fuera poco el "como si", la dicción constitucional del 146 no deja lugar a muchas dudas: la "asamblea" elabora un Proyecto que "será elevado" a las Cortes. La elección de verbo está en las antípodas de cualquier indicio de coautoría y está más cerca de la petición, la súplica, la impetración o la solicitud (por usar expresiones jurídicas tradicionales) que de la negociación o el pacto. La posición subalterna del órgano de redacción, cuya función acaba precisamente ahí, se subraya con el displicente "será elevado", al contrario de lo que sucede en el supuesto del Art. 151 con la "delegación de la Asamblea proponente" y el referendo. Características éstas que hacen mucho menos difícil defender en esta vía del 151 la concurrencia de esas paralelas voluntades, aunque, en mi interpretación, el fondo de las objeciones sobre la falta de representatividad de la "nacionalidad o región" por parte tanto de la "asamblea" del 146 como de la "Asamblea de Parlamentarios" del 151, persiste en lo esencial.

Consecuentemente, el Reglamento del Congreso en su Art. 136.3 viene a subrayar de nuevo esa diferente posición constitucional y la libertad de las Cortes para reclamar de la asamblea redactora los cambios necesarios derivados del incumplimiento de algún trámite o la existencia de algún defecto de forma, sin que esta pueda sencillamente mantener su texto, dado que la tramitación se suspende hasta la subsanación. Y no estamos hablando de meras cuestiones formales, sino materiales, como el análisis de si la iniciativa del Art. 143 partió de una provincia que pudiera ser considerada "entidad regional histórica" (STC 100/1984) o, en mi opinión, la adecuación del texto recibido a las prescripciones sobre contenido exigible mínimo del Art. 147 y concordantes.

Con esta interpretación parece difícil hablar de la concurrencia de una voluntad "regional o de nacionalidad" con la del Estado para la redacción originaria de los Estatutos en el esquema del acceso general a la autonomía mediante los Arts. 143 y 146 de la Constitución. Y desde luego mucho menos deducirla de la mera capacidad de redactar y "elevar" un texto a las Cortes de un órgano tan putativo como una "asamblea" que ni siquiera merece en el texto constitucional el exiguo honor de una mayúscula que la singularice.

Pero es que, además y desde un punto de vista metajurídico, defender lo contrario, que por el principio democrático los estatutos originarios requerían la manifestación de voluntad de unas nacionalidades y regiones aún no constituidas, no todavía Comunidades Autónomas, es abrir la puerta a la tesis del pacto constitucional entre realidades políticas y jurídicas preexistentes. La constatación del Art. 2 de que España está (ya, en ese momento constituyente) integrada por "nacionalidades y regiones" no es todavía un mapa autonómico, sino una verificación genérica de la diversidad territorial de la Nación. Seguramente diversos actores políticos hubieran diseñado diferentes mapas de "nacionalidades y regiones" en ese momento previo a su sedimentación en el mapa autonómico. Es con éste molde con el que vienen a coincidir los sujetos jurídicos Comunidades Autónomas con los sujetos políticos "nacionalidades y regiones". Las únicas voluntades que la Constitución determina como operativas a la hora de concurrir con la estatal para la redacción originaria de los estatutos es la de las instancias dotadas de capacidad de redactar y elevar el Proyecto a las Cortes. Y ninguna de ellas, ni siquiera las formadas por los parlamentarios, podían ostentar con claridad la representación política de tal territorio de nacionalidad o región. No hay concurrencia de voluntades entre nacionalidades o regiones y poder estatal para la redacción originaria de los estatutos; hay, sí, determinados órganos preexistentes capacitados para manifestar la voluntad del territorio de promover la futura autonomía regional y luego otros para iniciar o participar (según los casos) en el procedimiento que conduciría a la culminación por las Cortes de la Ley Orgánica que "aprueba el Estatuto", para usar la expresión del Art. 81.

Otra cosa muy diferente es su reforma, una vez constituida la Comunidad Autónoma. En este caso sí que hay ya un sujeto jurídico-político de primer nivel plenamente actuante, hay incluso un "pueblo" de la Comunidad y, en consecuencia, la invocación del principio democrático tiene todo el sentido. En estos mecanismos de la reforma, en los que los propios estatutos de la vía del Art. 143 prohíben la pura actuación unilateral de las instancias estatales (autorizados por el Art. 147.3), es donde realmente toma cuerpo esa obligación constitucional de "garantizar" el derecho a la autonomía.

En este enfoque, los procesos de elaboración inicial y reforma de los estatutos de la vía del Art. 143 divergen del modo más trascendente. Porque el diferente juego de la voluntad territorial es determinante en un caso y en otro. En la elaboración originaria el principio dispositivo no alcanza más que a la iniciativa de dicho artículo, sin que tal facultad habilite en modo alguno a los interlocutores territoriales para formar parte decisiva del proceso de aprobación. La "asamblea" del Art. 146 "eleva" su proyecto y desaparece educadamente del debate parlamentario. En las reformas, sin embargo, parece haber una reactivación del "principio dispositivo", aunque ya de la mano de su sujeto constitucional más legitimado, la propia Comunidad Autónoma, y no ya sus vicarios procuradores del procedimiento inicial.

Por tanto, si algún atisbo hay del eventual carácter acordado de los Estatutos, tesis que no defendemos a la vista de todo lo expuesto, sería en todo caso referido a la reforma del mismo, y no a la redacción originaria. Lo que viene en ayuda de la tesis que niega que el pacto constituyente fuera un pacto entre territorios preexistentes, porque tales "nacionalidades y regiones" no tenían una articulación jurídica que les habilitara, antes de su constitución como Comunidad Autónoma, como sujetos ni siquiera para pactar su Estatuto, mucho menos la propia y previa Constitución, de la que derivan todos los poderes públicos.

Siempre ha habido defensores del carácter pactado, o "paccionado" (para darle al calificativo una pátina historicista) de los Estatutos. Aunque en honor a la verdad, la conclusión parecía alcanzarse de un modo que evitaba la comparación entre ese supuesto carácter pactado en la redacción originaria y en las sucesivas reformas, en las que ya hay un sujeto constitucional potencialmente incorporable a la hipotética coautoría. Desenfoque en el que incurre, por cierto, la STC 247/2007 cuando habla del "carácter paccionado de su procedimiento de elaboración y, sobre todo, de reforma". En ese inexplicado "sobre todo" descansa una injustificada extensión de concepto. No resulta claro ni explícito por qué el hecho de que la iniciativa legislativa de la redacción de los estatutos ordinarios corresponda a la "asamblea" de parlamentarios y diputados provinciales permite concluir que la norma resultante es "paccionada". Recordemos que tal órgano meramente redacta y "eleva" el texto a las Cortes, sin mayores participaciones posteriores en el proceso legislativo, salvo que se le exijan correcciones. A partir de ese punto, la proposición de norma está a merced de las Cortes, sin que haya un derecho de rango constitucional de retirada por parte de quien la propuso inicialmente, sea cual sea la suerte del texto remitido e incluida la existencia de cambios que desnaturalicen el objetivo inicial de sus promotores.

El derecho a que la Comunidad Autónoma retire de las Cortes una propuesta de reforma estatutaria se ha creado más tarde y fuera de la Constitución, mediante una "Resolución de la Presidencia del Congreso de los Diputados, de 16 de marzo de 1993" que, más allá de regular meros procedimientos parlamentarios, invade groseramente la reserva de Estatuto contenida paladinamente en el Art. 147.3 de la Constitución, que otorga incondicionadamente a éstos la regulación de su reforma. Para regular correctamente lo que faltara en ese conjunto de previsiones estatutarias y, solo respecto de los procedimientos internos parlamentarios, debería haber operado en primer lugar el Reglamento de la Cámara. Como es obvio, no se espera de un Estatuto de Autonomía que regule los turnos de palabra en una sesión parlamentaria de debate de su reforma, pero desde luego sí los elementos esenciales de ese procedimiento. Y sin lugar a dudas, desapoderar a las Cortes de su derecho constitucional para configurar libremente el contenido de una reforma estatutaria ordinaria una vez "tomada en consideración" excede con mucho del perfil y funciones de una Resolución de la Presidencia del Congreso, solo habilitada para integrar lagunas en el Reglamento parlamentario, pero no para integrar supuestas lagunas en la previsión estatutaria de los mecanismos de reforma. Dar un derecho de retirada de un texto de reforma estatutaria enviado por una asamblea regional no es un *interna corporis* parlamentario, es una interpretación directa de la Constitución sobre nada menos que el balance de poderes, territorial y central, en una reforma estatutaria. Y, en consecuencia, sobre la propia naturaleza de la norma y su carácter o no pactado. La Constitución no quiso que la inicial y provisoria "asamblea" de parlamentarios nacionales y diputados provinciales tuviera ningún derecho más allá de "elevar" su proyecto a las Cortes. Luego, los estatutos previeron que el envío de las reformas correspondiera al Parlamento territorial, y no incluyeron esa potestad de retirar la propuesta, habiendo podido hacerlo. Es decir, las Cortes decidieron (al aprobar los estatutos ordinarios) que las reformas de dichos estatutos que ellas mismas habían aprobado sin interferencias territoriales, siguieran ese mismo esquema y no hubiera la posibilidad de retirarlos por ninguna instancia territorial. Si lo hubieran querido (lo que no hubiera sido extravagante, puesto que en las reformas ya sí existen instituciones representativas legitimadas), lo hubieran hecho. Y lo hubieran hecho allí donde la Constitución determina claramente que se haga, en el propio Estatuto. Pero si no lo hicieron, no puede considerarse sin más un olvido o una laguna que sea necesario integrar, sino una decisión de mantener las reformas de los estatutos del 143, una vez propuestas, bajo su sola y excluyente responsabilidad como definitivo redactor "estatuyente". Por tanto, no una Ley Orgánica sectorial, ni siquiera un reglamento parlamentario, una simple resolución presidencial ha desconfigurado el procedimiento constitucional y la "reserva de Estatuto", creando un derecho sustancial a una institución autonómica y hurtándoselo a las Cortes, el de configurar libremente el contenido de una reforma de los estatutos del Art. 143, una vez asumido el proyecto por la Cámara. 1987

No hay que olvidar que hay una clara decisión constitucional de crear dos sistemas de aprobación de los estatutos originales, uno en el que la libertad de configuración normativa de las Cortes es total (la de los estatutos del 143 y 146) y otro en el que la propia Constitución prevé la participación de "una delegación de la Asamblea proponente" (en los estatutos que siguen la vía del Art. 151). Pues bien, a efectos de las reformas, esta Resolución difumina esta distinción constitucional sin que lo hubieran hecho en ese momento los Estatutos, que son las únicas normas que tienen la habilitación constitucional para hacerlo.

Uno de los desenfoques más desconcertantes de la tesis del carácter "paccionado" de los estatutos del Art. 143 en su redacción y aprobación iniciales es el salto lógico desde lo que el Tribunal Constitucional reconoce hasta lo que muchos creen haber entendido de ese reconocimiento. Porque, en realidad, el Tribunal no dice que los estatutos sean normas paccionadas, ésta es una interpretación, a mi entender abusiva, de lo que realmente se declara en la STC 247/2007, que es el carácter paccionado del "procedimiento de elaboración y, sobre todo, de reforma". Yo disiento de la afirmación en lo que respecta a la elaboración de los estatutos ordinarios, no creo que su procedimiento de elaboración sea "paccionado", por todo lo dicho hasta ahora. Pero esa no es la cuestión en este momento; la cuestión es que de esa afirmación sobre el procedimiento pueda deducirse lógicamente una afirmación sobre la naturaleza de la norma. Aunque el procedimiento pudiera considerarse "paccionado", de

ello no puede deducirse sin más que la naturaleza del producto de tal procedimiento sea "paccionada". Los procedimientos de aprobación de leyes de iniciativa legislativa popular o propuestas por los parlamentos autonómicos podrían considerarse (en mi opinión, abusivamente) "paccionados"; atención, los procedimientos (por ser complejos, por no ser los ordinarios, por la participación en una fase muy inicial de otros sujetos, por estar de algún modo condicionados por otra instancia, etc.), pero no por ello resulta "paccionada" en su naturaleza la norma final resultante. Y, por cierto, de esa particularidad del procedimiento de elaboración no se deduce para el Tribunal más característica para el Estatuto que su naturaleza "rígida", no su naturaleza "paccionada". La secuencia lógica de la declaración del Constitucional es: "el procedimiento de elaboración de los estatutos del Art. 143 es 'paccionado', *ergo* la naturaleza de los estatutos es rígida". Se podrá estar o no de acuerdo en todo con la afirmación, pero eso es lo que se dice en la STC 247/2007. No se dice, como por algunos exégetas se pretende,: "el procedimiento de elaboración de los estatutos del Art. 143 es 'paccionado', *ergo* la naturaleza de los estatutos es 'paccionada'". Por tanto, en realidad, no ha habido en la STC 31/2010 un paso atrás en la concepción "paccionada" de los estatutos, puesto que esa afirmación nunca estuvo en la STC 247/2007. Lo que parece haberse producido es una interpretación extensiva de la interpretación (a mi juicio también extensiva) del Tribunal Constitucional sobre el carácter paccionado del procedimiento de elaboración de los Estatutos del Art. 143. El Tribunal ha hecho extensiva una mera capacidad de "elevar" un proyecto de Estatuto a las Cortes para concluir en el carácter "paccionado" del procedimiento de elaboración. Y los exégetas del Tribunal han hecho extensiva una característica predicada del procedimiento de elaboración para aplicarla al resultado de ese proceso, a la norma estatutaria, para considerar a ésta "paccionada".

Pero lo más asombroso de la alabada STC 247/2007 no es el abuso de la interpretación por los comentadores jurisprudenciales, sino la absoluta falta de base de afirmaciones lapidarias como la siguiente: "El Estatuto es el fruto de la actuación de una competencia conjunta atribuida por la Constitución al Estado y a la Comunidad Autónoma". El Estatuto originario no puede ser fruto, ni parcialmente, de una Comunidad Autónoma que él mismo viene a constituir, que no existe antes del Estatuto, que no puede participar como tal en su elaboración, que no tiene instituciones a las que reclamar una colaboración porque sencillamente todavía no ha sido creada. Situación que está en el origen de que la Constitución busque un "como si", un "sustituto" provisional, putativo, en forma de asamblea de parlamentarios y diputados provinciales. Un órgano provisional que de ninguna manera puede considerarse ni representante ni mandatario de una Comunidad todavía no nacida jurídicamente. Lo que sí podría ser "fruto de la actuación de una competencia conjunta" es la reforma de un Estatuto (y solo si éste así lo prevé), pero no desde luego su elaboración y aprobación iniciales. Por tanto, la precisión en este mismo párrafo de la sentencia de que ambos sujetos "actúan sucesivamente —uno tiene la iniciativa y otro la decisión— en un mismo procedimiento, que tiene así un fondo paccionado" solo puede valer para las reformas que así lo determinaron, pero no para la redacción inicial.

Resulta difícil de entender que con toda esta batería argumental, derivada prácticamente solo de las puras dicciones literales de dos o tres artículos constitucionales, haya podido sobrevivir durante tanto tiempo la especie del "carácter paccionado" de los estatutos originarios del Art. 143 a partir de esa interpretación extensiva de una dudosa característica del procedimiento de elaboración como es la facultad de elevar a las Cortes un proyecto por parte de una provisional y limitadísima "asamblea" de parlamentarios y diputados provinciales. Lo que puede ser indicio, de nuevo, de la tan citada distorsión de interpretar el texto de la Constitución a partir de sus desarrollos posteriores, trasladando los esquemas de las reformas estatutarias a la redacción originaria, cuando las Comunidades, por definición, no existían entonces.

La conclusión sobre el contenido y función del Art. 146, tras todo dicho, es que el papel de la "asamblea" de parlamentarios y diputados provinciales se reduce a elaborar y "elevar" a las Cortes un proyecto de Estatuto. Y que este modesto papel no puede ser considerado una muestra del "carácter paccionado" del Estatuto que siguió esta vía, por la escasa representatividad de tal órgano respecto de la subyacente y todavía indeterminada región, dado lo provisional de su ámbito territorial respecto de la futura Comunidad Autónoma, y porque no participa en modo alguno del procedimiento legislativo en sentido estricto, por lo que la libre configuración del texto estatutario por parte de las Cortes en su "tramitación como ley" (Orgánica) es absoluta e incondicionada.

IV. BIBLIOGRAFÍA

AGUADO RENEDO, C.: *El estatuto de autonomía y su posición en el ordenamiento jurídico*, CEPC, Madrid 1996.

– "Artículo 146", en CASAS BAHAMONDE, M. E. y otros, *Comentarios a la Constitución Española. XXX Aniversario*, Fund. Wolters Kluwer, Madrid 2009.

AGUILÓ LÚCIA, L.: "Artículo 146: La elaboración de los proyectos de estatuto de autonomía", en ALZAGA VILLAAMIL, O., *Comentarios a la Constitución Española*, Vol. XI, Ed. EDERSA, Madrid, 1996.

ENTRENA CUESTA, R.: "Artículo 146", en GARRIDO FALLA, F., *Comentarios a la Constitución*, Ed. Civitas, Madrid, 2001.

1990

V. JURISPRUDENCIA

STC 89/1984, de 28 de septiembre.
STC 100/1984, de 8 de noviembre.
STC 247/2007, de 12 de diciembre.
STC 31/2010, de 28 de junio.

Artículo 147

1. Dentro de los términos de la presente Constitución, los Estatutos serán la norma institucional básica de cada Comunidad Autónoma y el Estado los reconocerá y amparará como parte integrante de su ordenamiento jurídico.

2. Los Estatutos de autonomía deberán contener:

a) La denominación de la Comunidad que mejor corresponda a su identidad histórica.

b) La delimitación de su territorio.

c) La denominación, organización y sede de las instituciones autónomas propias.

d) Las competencias asumidas dentro del marco establecido en la Constitución y las bases para el traspaso de los servicios correspondientes a las mismas.

3. La reforma de los Estatutos se ajustará al procedimiento establecido en los mismos y requerirá, en todo caso, la aprobación por las Cortes Generales, mediante ley orgánica.

COMENTARIO

Ignacio Sánchez Amor
Letrado Abogacía General Junta de Extremadura
Diputado

SUMARIO: I. TERATOLOGÍA ESTATUTARIA. 1. La norma sospechosa. 2. La voracidad de lo "institucional básico". 3. Una materia mínima con tendencia al sobrepeso. 4. El desbordamiento dogmático. 5. Reforma *vs.* elaboración originaria. II. BIBLIOGRAFÍA. III. JURISPRUDENCIA.

I. TERATOLOGÍA ESTATUTARIA

1. La norma sospechosa

El Art. 147 CE no aparenta en su parca redacción la profundidad política y jurídica que encierra. Política porque, entroncando con los antecedentes republicanos, concreta la posibilidad de crear verdaderos poderes políticos subestatales no sometidos jerárquicamente a las instancias centrales y armados de solidas garantías jurisdiccionales. Es decir, encarna un nuevo intento de ahormar con el máximo rango jurídico posible la histórica diversidad territorial española. Y jurídica porque, resucitando la fórmula de una norma estatal interpuesta entre la Constitución y los subsistemas institucionales y normativos autonómicos, crea un artefacto muy peculiar que agita el sistema de fuentes tradicional y presenta características híbridas, en las que se yuxtaponen funciones constitucionales que le acercan a tal naturaleza superior (por ejemplo al ser parámetro de constitucionalidad, prever el procedimiento de su propia reforma o establecer el sistema de fuentes del subsistema autonómico) y funciones subordinadas que le hacen susceptible de ser objeto él mismo de examen constitucional. Unas características que, desde una visión tradicional y formalista de nuestro derecho público, reflejan su naturaleza cuando menos "anómala" y suscitan una comprensible curiosidad académica, con la consecuente multiplicación de unos diagnósticos que basculan entre la más aburrida "normalidad" y el alarmante trastorno disociativo.

La subordinación de los estatutos a la Constitución abre el texto del Art. 147, creando el marco y los límites de lo que a continuación se expresa sobre su naturaleza y su contenido mínimo exigible. La conveniencia de tal premisa limitativa se basa, al menos parcialmente, en el hecho de que varias de esas características esenciales de los estatutos le aportan una apariencia paraconstitucional. No es necesario decir de ninguna ley o reglamento que cumplen tales funciones o regulan tales materias "dentro de los términos de la (presente) Constitución", va de suyo en la propia naturaleza subordinada de cualquier otro tipo de norma estatal o autonómica. Y sin embargo, curiosamente, sí pareció conveniente a los constituyentes al hablar de los estatutos de autonomía, subrayar esta preeminencia en el frontispicio de su regulación. Una prueba más de su particular naturaleza de norma "sospechosa" de querer ser, de algún modo todavía inconcreto en 1978, algo demasiado parecido a una Constitución en sentido estricto. De hecho, la prevención aparece justo antes de la descripción nuclear de los estatutos como "norma institucional básica", como si esta expresión dejara entrever una potencialidad expansiva que aconsejaba poner coto a sus posibles excesos.

El carácter subordinado a la Constitución de los estatutos, como de las demás normas de nuestro complejo sistema, no parece encontrar matiz alguno en el texto constitucional. Pero el desarrollo autonómico y las reformas de estatutos emprendidas ya en este siglo parecen empujar hasta el extremo la materia constitucional, ampliando (desbordando en realidad) el diseño material y funcional previsto en la Constitución y acercando ya, con no pocas tensiones, el perfil de los estatutos al de una especie de "preconstitución". Esta deriva tiene muchos aspectos, desde la extraordinaria ampliación material a la directa pretensión de asumir funciones constitucionales, mediante una exploración competencial exhaustiva que deviene, en esta deliberada distorsión, en una verdadera reescritura de las competencias estatales. De este alambicado modo, una expresión constitucional de lo más neutra, el mero recordatorio de que los estatutos son normas subordinadas a la Constitución, adopta ahora la extraña función de servir de "límite cualitativo" a la "expansividad material de los Estatutos", o sea, un mecanismo defensivo frente a las pretensiones paraconstitucionales de algunas reformas estatutarias.

Y de ese carácter de mero recordatorio de principios constitucionales inevitables da buena cuenta el dato de que, para defender el carácter plenamente subordinado de los estatutos a la Constitución, el Tribunal (STC 31/2010, FJ 3) ni siquiera cita este Art. 147.1, que es la norma más específica sobre la posición jerárquicamente superior de la Constitución respecto de los mismos. Sí lo cita la posterior sentencia sobre el Decreto catalán de creación del Comisionado para la Transición Nacional (STC 52/2017, Para 8A). Lo verdaderamente insólito es que, tras casi cuarenta y cinco años de vigencia del texto y cuarenta y tres de jurisprudencia constitucional, la mera afirmación "los Estatutos de Autonomía son normas subordinadas a la Constitución" deba ser todavía cuidadosamente argumentada, para concluir que la posición del Estatuto (y de cualquier otra norma legal) es la de "subordinación absoluta" desde el punto de vista jerárquico y de reserva material en relación con las otras normas directamente encargadas por la Constitución de regular sectores concretos del ordenamiento (STC 247/2007).

2. La voracidad de lo "institucional básico"

La expresión "norma institucional básica" no debe entenderse como una mera habilitación para ejercer la autoorganización de la Comunidad en el sentido del Art. 148.1.1. No se puede confundir lo "institucional básico" con lo "organizativo básico". Ésta sería solo una manifestación muy parcial de aquélla naturaleza. Porque entendemos que esa caracterización es más que la mera atribución de una función (que también) o la pura referencia a una materia (que también), es más bien una evocación de la naturaleza intrínseca de la peculiar norma. Es más que un encargo, una descripción. No se refiere al "para qué" se crea el Estatuto, sino al "qué"; no se refiere a "lo que contiene", sino a lo que "es".

Un cometido implícito que se deriva de esta naturaleza "institucional básica" es la regulación de las materias del apartado 2 del Art. 147, pero esta relación de asuntos no es una mera reiteración o concreción del apartado 1. Para decirlo de otro modo, el carácter de "norma institucional básica" no se agota con la mera determinación de la materia de los apartados 2 y 3, no se consume con las precisiones sobre territorio, instituciones, competencias y reforma, ni tampoco con los otros encargos constitucionales expresos, sino que puede dar cobertura a otro contenido asimilable, se conserva a lo largo de la vida de la norma y despliega efectos permanentes sobre el subsistema jurídico que culmina. De modo que la mera interpretación de esa expresión es ya una puerta abierta a la asunción por el Estatuto de otras materias conexas, siempre que sea "dentro de los términos de la presente Constitución" y que esa ampliación material no violente o degrade ese carácter de "norma institucional básica". Pero, atención, porque esta interpretación, al mismo tiempo que abre la posibilidad de nuevas materias estatutarias, también veda otras de las que no se pueda predicar su carácter "institucional básico". Con lo que trata de evitar que se incluyan en los estatutos, y por tanto se congele su rango limitando las opciones del legislador autonómico, materias que no revistan ese carácter.

A pesar de la línea jurisprudencial que advierte de los efectos de la congelación de rango, y aplicando conspicuamente en las reformas los actores parlamentarios la regla de oro de la voracidad territorial (todo lo que no es inconstitucional, es deseable), los estatutos se han ido cargando de materiales cuyo carácter "institucional básico" es más que dudoso. Por lo que vuelve a ser conveniente recordar esa limitación constitucional que advierte sobre la posible "ilegitimidad constitucional de emplear una 'congelación de rango' mediante su inclusión en normas especialmente rígidas, de mandatos sobre materias que el constituyente no ha previsto expresamente como objeto de esas normas" (López Guerra), operación para la que el legislador requeriría una habilitación de rango constitucional. La jurisprudencia constitucional, por su parte, parece haber tenido una visión dubitativa del juego de relaciones entre el carácter del Estatuto como "norma institucional básica" del Art. 147.1 y las precisiones sobre contenido material mínimo del apartado 2, pues sus argumentaciones basculan entre lo material y lo funcional en la STC 247/2007 (FJs 12, 5 y 10) y con menos desarrollo en la 31/2010 (FJ 5).

Los estatutos de autonomía se tramitan como ley (art. 146 CE) y se reforman mediante Ley Orgánica (art. 147.3 CE); algo perfectamente lógico, puesto que se aprueban por Ley Orgánica (art. 81 CE). ¿Por qué entonces se declara enfáticamente en el Art. 147.1 que "el Estado los reconocerá y amparará como parte integrante de su ordenamiento jurídico"? ¿Solo porque así se expresaba la Constitución de 1931? ¿O había alguna duda de que siendo "algo" aprobado y reformado por Ley Orgánica de las Cortes, ese "algo" formaba parte del ordenamiento jurídico del Estado? ¿O es que el Estatuto es "algo" materialmente diferente de la Ley Orgánica que lo aprueba o reforma? ¿Es que ésta es sólo un vehículo normativo para dar cobertura a un producto diferente, quizá? ¿O es que la Ley Orgánica es expresión de la voluntad exclusiva estatal y el Estatuto que contiene es expresión más compleja de voluntades concurrentes? Quizá la única explicación razonable sea que, siendo todo el paquete una y la misma norma, la Ley Orgánica es el acto formal de aprobación, el vehículo de ese momento de "integración" jurídica (la concreción del reconocimiento y amparo en la dicción del 147.1), mientras que el Estatuto es el contenido material reconocido y amparado, "integrable", perdurable y reformable tras esta aprobación inicial, la "norma institucional básica" en sentido estricto. Esta interpretación reforzaría su doble carácter de norma estatal "integrada" en el ordenamiento general pero al mismo tiempo cabecera de otro subsistema normativo diferente del estatal, del cual no formaría parte la Ley Orgánica en sentido estricto, es decir, las normas restantes y diferentes al Estatuto en sentido restringido, la cáscara instrumental (una exposición de motivos, un artículo único, disposiciones derogatorias, quizá incluso la regulación de rango legal de los impuestos cedidos, etc.). La jurisprudencia no había explorado la cuestión en sentencias como la 99/1986 o la propia "parte general" de la 31/2010 (en la que acaba remitiendo la posición en el sistema de fuentes a la de mera ley Orgánica), pero el asunto sin embargo reaparece en el FJ 145, en el que el Tribunal parece abrirse a la interpretación de que existen dos naturalezas identificables y distinguibles en las leyes orgánicas "mediante" las que se aprueban los estatutos. Lo hace al considerar que hay un denominado "texto normativo del Estatuto" y una "disposición específica y separada, solo imputable a las Cortes Generales", al tratar de la autorización del referéndum de reforma

Esta indiciaria separación lógica entre el "producto normativo Estatuto" y su "ley Orgánica de aprobación" permitiría entender el mecanismo de la integración del primero en el ordenamiento estatal y, al tiempo, su carácter de norma de cabecera del subsistema jurídico autonómico. Y ello por una diferencia esencial no discutida respecto de la ley Orgánica: ésta no se incorpora al ordenamiento autonómico. A éste solo se incorpora el Estatuto en sentido estricto, no las normas instrumentales que lo aprueban o lo reforman. De otro modo, estaríamos incluyendo en el sistema de fuentes autonómico, además de al Estatuto y a las leyes y reglamentos territoriales, a la ley Orgánica.

3. Una materia mínima con tendencia al sobrepeso

Dejando de lado las indiscutidas previsiones constitucionales dispersas que hacen remisiones concretas a los estatutos (Arts. 3.2, 4.2, 69.5, 145.2, 149.1.29, 152.1, 152.3 y 156.2 y disp. ads. 1ª y 4ª), no se puede admitir sin más la tesis de que las materias del Art. 147 tienen un carácter limitativo y excluyente y, en consecuencia, que los estatutos solo pueden regular esas materias y las obviamente conexas. Pero no solo porque la Constitución no prohíba expresamente que otras materias puedan ser incluidas, esa es una interpretación demasiado roma. Es también porque de la naturaleza del Estatuto como "norma institucional básica" se deduce lógicamente que su materia típica no se agota con la regulación de esos aspectos importantes (denominación, territorio, instituciones, competencias y reforma), sino que se extiende a toda la arquitectura política y jurídica esencial ("básica") para el despliegue completo de los elementos primarios del autogobierno (a la que el TC se refiere como "complemento adecuado por su conexión" con la "función" institucional básica).

El mecanismo constitucional consiste en reservar determinadas materias a cada tipo de norma, o sea distribuir una suerte de "materia constitucional diferida" entre esos varios contenedores normativos y, en algunos casos, regulando ya algunos aspectos materiales esenciales. Una operación constituyente que explica la jurisprudencia constitucional con la construcción del denominado "bloque de la constitucionalidad". Por más que una materia pueda considerarse "institucional básica", si la Constitución la encarga a otra Ley Orgánica, ese "núcleo esencial de la reserva material" (STC 247/2007, FJ 6) no puede ser objeto de regulación estatutaria Y de ahí la importancia de delimitar con precisión la materia estatutaria, porque al relativizarse el valor de la especial rigidez en el examen de las relaciones entre estatutos y otras leyes orgánicas, es el componente material de ambos tipos el que cobra una función esencial de delimitación.

La denominación de la Comunidad Autónoma tiene un solo condicionante de rango constitucional: que tal nombre sea el que "mejor corresponda a su identidad histórica", una cuestión que no ha suscitado dudas, a pesar de los vaivenes de las diferentes "matrioskas" identitarias que contenía inicialmente el territorio preautonómico de Castilla y León (León, Segovia, Soria o Santander). En una materia conexa como la de los símbolos (bandera y escudo), el carácter de contenido autorizado al Estatuto no deriva de este art. 147, sino del 4.2, que establece la mera posibilidad ("podrán reconocer banderas y enseñas propias"). Pero si esa potestad se ejerce, una ley autonómica posterior no podrá regular de modo diferente la bandera o el escudo (STC 158/2019 FJ 6).

El territorio, como en el caso de los estados, es un supuesto fáctico del poder político que delimita el espacio físico sobre el que se ejercen las competencias. Es en este caso un elemento constitutivo, fundacional, definitorio, primario. Una precondición de ese posterior ejercicio de las competencias. Se habla a veces de una doble forma de entender simultáneamente el territorio de una Comunidad, como espacio físico y como ámbito de aplicación de las competencias. Yo creo que tenemos una mejor comprensión del concepto si reservamos esa visión física o natural del territorio a la elaboración inicial del Estatuto y aplicamos la relativa a las competencias en un momento lógico posterior, el del ejercicio del autogobierno. La determinación se hace por las

Cortes en el mismo acto de aprobación del Estatuto, pero en ese momento inaugural lo decisivo es la definición del espacio que el legislador estatuyente "reserva" a esa Comunidad y que, a partir de ese momento, ya es indisponible para el propio Estado, que no puede modificarlo sin participación de ésta (según el modelo de reforma que todos los estatutos establecieron). Y que, por tanto, no puede adjudicar a otra Comunidad en un Estatuto posterior. Una derivada conexa es asimismo la imposibilidad para la propia Comunidad Autónoma de modificar posteriormente mediante ley su territorio "en términos no coincidentes" con el Estatuto, como vino a señalar la STC 158/2019 (FJ 6) en el caso de la ley de actualización de los derechos históricos de Aragón.

Se plantean enrevesadas cuestiones cuando al territorio pacíficamente aceptado (que se define por la suma de los de las provincias o los municipios de tales provincias impulsoras) se suman espacios "pretendidos" para los que se abre la puerta a una incorporación posterior. A priori, este tipo de regulaciones no es estrictamente una aplicación del Art. 147.2.b, que solo exige la "delimitación" del territorio de la Comunidad, por lo que esas otras regulaciones sobre modificación futura de tal territorio, aunque legítimas, no pueden considerarse contenido obligatorio mínimo.

La jurisprudencia constitucional sobre la determinación estatutaria del territorio de las comunidades tuvo ocasión de desplegarse, precisamente, por el conflicto entre las regulaciones de los estatutos del País Vasco y Castilla y León sobre el enclave de Treviño (STC 99/1986) y que resuelve, en contra de lo que aquí se defiende, que el Art. 147.2.b al hablar de "delimitación" está hablando también de las previsiones para su futura alteración. Falla en la argumentación del Tribunal la cuestión central de la obligatoriedad de esa delimitación territorial, porque si consideramos que la regulación de la segregación/incorporación de los enclaves es "delimitación" en el sentido del Art. 147.2.b, inmediatamente deviene contenido obligatorio. Y, por tanto, cualquier Estatuto de una Comunidad que tenga enclaves en el territorio de otra (e incluso esta hipotética Comunidad de destino) debería regular procedimientos al respecto. Pero el centro de la cuestión en el caso de Treviño era si la constitucionalidad de un Estatuto podía medirse en relación con lo establecido en otro anterior, cuestión para la que el tribunal recordó que el único parámetro para examinar la constitucionalidad de un Estatuto es la propia Constitución y en ningún caso otro Estatuto.

Un efecto paradójico del juego de regulaciones entre este contenido obligatorio mínimo del Art. 147.2 (aplicable a todos los tipos de estatutos) y el diseño institucional asimismo obligado para las Comunidades del Art. 151, es el hecho incontrovertido de que los estatutos elaborados por el sistema del Art.

146 gozan de una mayor libertad para configurar las instituciones propias. En cualquier caso, esta hipótesis abierta por el texto constitucional no se verificó y todos los estatutos, cuando los obstáculos políticos se levantaron, optaron por reproducir el paquete institucional obligatorio para las Comunidades de la vía del Art. 151.

Pero, además del esquema del Art. 152.1, algunos estatutos incorporaron otros órganos no previstos en ese diseño constitucional. No creo que sea una mera manifestación de la potestad de autoorganización de Art. 148.1.1. En mi opinión son ejercicio natural de ese carácter de "norma institucional básica" llamada a establecer de modo primario las instituciones que considere adecuadas al ejercicio de la autonomía. Carácter que incluye, como es lógico, la competencia posteriormente explícita de "organización de sus instituciones de autogobierno", pero que va mucho más allá.

La argumentación del TC para admitir esas otras instituciones es decepcionante: "...hemos considerado que es suficiente la cobertura implícita que ofrece la potestad autoorganizatoria de las Comunidades Autónomas" (STC 247/2007, FJ 12). ¿Potestad autoorganizatoria en las redacciones originarias de los estatutos? ¿Cuándo todavía no habían empezado a actuar las instituciones autonómicas ni habían podido hacer uso de sus competencias? ¿Y quién ejerce la supuesta autoorganización, las Cortes? Es, de nuevo, la distorsión que crea aplicar lógicas pertinentes en los posteriores casos de reformas estatutarias a la redacción primigenia de los estatutos, en los que las Cortes, y especialmente en el caso de los estatutos de la vía del 146, actuaban con absoluta libertad, "otorgando" incondicionadamente a la Comunidad un paquete inicial de instituciones y competencias.

La organización de las instituciones autonómicas "comprende, entre otros aspectos, las relaciones entre las distintas instituciones autonómicas y la atribución a cada una de ellas de los que sean sus poderes", incluidas "las fuentes del derecho a su disposición", y singularmente "la potestad reglamentaria originaria" del gobierno autonómico (STC 93/2015 FJ 3). Una vez incluida en el Estatuto, ésta queda protegida frente a la ley estatal por efecto del art. 147.2, incluida la posibilidad de delegaciones singulares, puesto que "lo decisivo es que el legislador estatal ordinario carece de competencias para distribuir poderes normativos entre las instituciones autonómicas, en general, y para asignar, quitar, limitar o repartir la potestad reglamentaria en las Comunidades Autónomas, en particular" (STC 55/2018 FJ 5). Ahora bien, "la reserva estatutaria ex artículo 147.2 c) CE no es absoluta" si existe otra regulación constitucional que limita la distribución de competencias en una determinada materia, como la determinación por ley autonómica de las competencias municipales propias establecida en el art. 149.1.18. en este caso, "sustrae un ámbito material muy determinado a la potestad reglamentaria de los Gobiernos autonómicos en favor de los parlamentos territoriales, así como, en su caso, de las normas gubernamentales con rango legal. No contiene una regulación general del sistema autonómico de fuentes que invada espacios constitucionalmente reservados al Estatuto autonómico. Establece una concreta exigencia formal instrumental de una específica política pública para cuya configuración mediante legislación ordinaria el Estado cuenta con competencias por razón de la materia.../... La fijación de reservas (impropias) de ley para ámbitos determinados no equivale pues a una regulación general del sistema autonómico de fuentes que invada necesariamente espacios reservados al Estatuto de Autonomía. Consiste en la imposición de una condición de orden formal que.../... pretende amparase en la competencia estatal en materia de procedimiento administrativo común", que se convierte en el parámetro de constitucionalidad, obviando el art. 147.2 para la resolución de la controversia (STC 55/2018 FJ 6c).

Una cuestión que resultó controvertida es la de la determinación de la sede de las instituciones, pues en algunas comunidades en ciernes había obvias tensiones interprovinciales. Y sin embargo, la redacción constitucional es lo suficientemente clara como para que postergar la decisión, por ejemplo con la remisión a una ley regional, requiriera sortear la interpretación literal con alguna cobertura jurídica. El argumento del TC para autorizar que la operación se haga en leyes autonómicas posteriores es de una pobreza descorazonadora: "...aun no fijándose la sede por su nombre, se establece qué órgano habrá de determinarla, cuándo y dónde habrá de hacerlo y con qué mayoría" (STC 381/1983, FJ 7). Perfecto, ahora traslademos el peregrino argumento a los otros contenidos del apartado 2 y defendamos que, siempre que se fije qué órgano podría hacerlo después y con qué mayoría, podemos por ejemplo encargar a una ley regional la determinación de las competencias de una Comunidad (y, en consecuencia, la modulación de las simétricas competencias estatales). El TC sacrificó la coherencia a la resolución de problemas políticos, nunca mejor dicho, provincianos.

Así como la naturaleza de "norma institucional básica" se proyecta sobre los aspectos funcionales (fundar la Comunidad, concretar el derecho a la autonomía de nacionalidades y regiones, o ser norma de cabecera del subordenamiento) y materiales del Estatuto (nombre, territorio, instituciones, competencias, reforma, otros contenidos adicionales o conexos, etc.), todo su sentido político gira alrededor del específico contenido material competencial, esto es, el reparto del poder estatal, la posibilidad de políticas propias y su protección jurisdiccional frente a los poderes centrales. Todo lo demás es instrumental, todo lo demás está al servicio de ese núcleo duro en el que se concreta el autogobierno, la capacidad para ejercer diferenciadamente determinadas facultades sobre concretas parcelas de la realidad. Y será el procedimiento de acceso a la autonomía, que se concreta en los distintos procesos de elaboración inicial de los estatutos, el que determinará el posible elenco de competencias a incluir en cada Estatuto, de entre las que se fijan en los Arts. 148 y 149 de la Constitución. En lo esencial, dos modelos que con el tiempo se fueron igualando por efecto de la autorización del Art. 148.2 y por el irreprimible impulso de emulación que es el *deus ex machina* del sistema competencial autonómico. Además, mediante una lenta decantación jurisprudencial, las sinuosas prescripciones constitucionales y estatutarias fueron ajustándose de modo que resultaron razonablemente claros los espacios reservados al Estado y a las Comunidades. Y de igual modo se aclararon conceptos transversales como "exclusividad", "títulos horizontales" o "básico". Sin esta labor de exégesis, la mera redacción constitucional hubiera resultado extraordinariamente poco explicativa del funcionamiento real del sistema.

Es una característica relevante de nuestro sistema que sea una norma subordinada a la Constitución la encargada de precisar qué poderes asume la Comunidad que viene a crear, en vez de haber optado por una solución formalmente constitucional. La de atribución de competencias a la Comunidad Autónoma es una de las funciones más características del Estatuto, hasta el punto de que este papel determina el propio modelo de nuestra Constitución territorial. En efecto, al trasladar una típica función constitucional a operaciones normativas ulteriores a la constituyente, esas normas posteriores arrastran consigo una estela de materia constitucional que debe tener reflejo en su naturaleza, sus funciones y su posición en el sistema de fuentes. Son las características y funciones que dan sentido parcial al constructo denominado "bloque de la constitucionalidad".

Uno de los elementos más problemáticos de esta llamada "desconstitucionalización" de la estructura territorial del Estado es el de permitir que Estatutos condicionen las competencias estatales al fijar las de la Comunidad Autónoma. Pero el Estatuto no "delimita" en el sentido de "distribuye" (como si toda la materia estuviera a su disposición), sino que "delimita" solo implícitamente al ejercer parcialmente la potestad que se le concede de fijar las "competencias asumidas". El problema es una recurrente línea doctrinal que infiere de ello una capacidad genérica de los estatutos para ordenar el complejo competencial del sistema autonómico y que ha debido ser recurrentemente ahormada desde la STC 76/1983 hasta la 247/2007 (FJ 8), recordando la diferente posición constitucional de poderes constituyentes y constituidos y la limitación de éstos para hacer "una interpretación genérica y abstracta del sistema constitucional de reparto competencial con pretensión de vinculación general", autorizando solo a "relacionar sin definir". Una afirmación que aparece aun con más nitidez en la STC 31/2010: "Un límite cualitativo de primer orden al contenido posible de un Estatuto es el que excluye como cometido de este tipo de norma la definición de categorías constitucionales".

Hubo en los estatutos un atento cuidado a la previsión de las bases para los traspasos, que es quizá el contenido mínimo obligatorio cumplimentado con mayor dedicación y detalle. Romper la inercia interpretativa derivada del sistema preautonómico y dejar claro que los decretos de transferencia no eran atributivos de la competencia fue una tarea de las SsTC 25 y 76/1983, mientras que su admisión como mero instrumento interpretativo de la voluntad de las partes se fijó en la STC 153/1989.

4. El desbordamiento dogmático

Una de las manifestaciones más claras del desbordamiento de la materia estatutaria, en ese decidido camino hacia las hechuras constitucionales, es la inicialmente tímida aparición de unas disposiciones programáticas dispersas y, luego, la creación en algunos de los estatutos reformados de una verdadera y sistemática parte dogmática. El dibujo constitucional de los estatutos y su naturaleza de "norma institucional básica" prefiguran un tipo de norma puramente instrumental, organizacional, ajena (o al menos, previa) a la regulación de las relaciones sociales. Lo que algunos autores han defendido con diversas formulaciones para caracterizar a la norma como un mero marco funcional del autogobierno, que explica el "cómo" pero no el "qué" (Díez Picazo, García Torres, Aguado Renedo). En el árido esquema constitucional, la "política" empezaba después del Estatuto, era lo que debían hacer las nuevas instituciones regionales tras su creación por una norma apenas diseñada para la pura descripción orgánica y competencial. Instrumental, por tanto, y sin vocación axiológica ni teleológica. Ése era, además, el contenido sustancial de la autonomía, poder hacer políticas propias diferentes. No era éste un papel originariamente atribuido al propio Estatuto, que, al fin y al cabo, no dejaba de ser una norma estatal, pese a todas sus particularidades. Y no debió parecer lógico que en una norma estatal las mismas Cortes "encargaran" cosas programáticamente muy diversas a las sucesivas CC.AA. que se creaban, lo que se denominó con acierto el "argumento del legislador esquizofrénico o abúlico" (Díez Picazo). Este parecía ser el entendimiento: el Estado creaba mediante el Estatuto la posibilidad de que, en posterior ejercicio de su autonomía, las nuevas entidades territoriales pudieran edificar su propio sistema axiológico, siempre claro está que éste no rebasara el común y superior de carácter constitucional. Y siempre sujeto, no menos claro, a las cambiantes mayorías políticas en su seno. La "dogmática" de cada Comunidad Autónoma se concebía entonces, por tanto, como contingente y de encarnación legal. El Estatuto no era su continente ordinario, sino su fuente de legitimidad. El caso es que no había previsión constitucional sobre una "dogmática" estatutaria en el Art. 147, ni siquiera dentro de los límites del marco programático de la Constitución, mediante la referencia, por ejemplo, a algún tipo de remisión, engarce, conexión o límite.

Por qué no se introdujo en los estatutos originales una completa parte dogmática, sino solo en algunos casos un artículo programático, seguramente tuvo que ver con la cultura jurídica predominante entonces, poco permeable a las extralimitaciones adjetivas al núcleo esencial de los estatutos dibujado en el Art. 147. Por eso, las primeras normas estatutarias que creaban "objetivos" a los poderes públicos regionales eran en cierto sentido "excepcionales" y muy heterogéneas.

Por supuesto que, con el desarrollo legislativo de sus competencias, las Comunidades comenzaron a crear derechos a los ciudadanos en esas áreas materiales en las que su capacidad legislativa era amplia o completa. Nada se oponía en la Constitución a tal esquema, se trataba solo de examinar la correcta conexión del derecho con el ámbito material de la competencia y el respeto a la reserva de ley. Y tal facultad fue reconocida por la jurisprudencia constitucional con pocos reparos y cautelas. Pero la cuestión no estaba ahí, no estaba en las facultades más o menos limitadas del legislador autonómico para establecer derechos conectados con sus competencias; la cuestión estaba en si esos derechos subjetivos (e incluso un sistema complejo de tales derechos) podían aparecer en los estatutos de autonomía mediante sus reformas. O, para decirlo de otro modo, hasta qué punto cabía en el diseño constitucional de los estatutos una verdadera parte dogmática incluida en éstos. Y, paralelamente, si tal elevación de rango era conveniente desde el punto de vista de los equilibrios sistémicos del Estado autonómico y del juego transparente de relaciones entre Constitución y estatutos.

Para examinar la cuestión de la introducción en los estatutos de verdaderos derechos subjetivos hay que remitirse al marco constitucional y los posibles obstáculos que interponga a esa pretensión. El más conectado con la cuestión es el del contenido mínimo de los estatutos, un Art. 147 que no incluye esa posibilidad. Pero, además, hay otros tres artículos a conjugar; el 139.1, el 149.1.1 (que solo impide una erosión de las "posiciones jurídicas fundamentales de todos los españoles respecto de los derechos fundamentales" ex STC 247/2007, FJ 14) y el 138.3. Entre estas balizas normativas debe moverse el análisis de la posibilidad de derechos subjetivos en los estatutos de autonomía.

El juego del Art. 147.2 a la hora de servir de guía para el análisis de la corrección de la introducción de derechos subjetivos en los estatutos me parece insuficiente, aunque no desencaminado. Porque la verdadera clave no se encuentra en las materias expresas del apartado 2, sino en la caracterización del Estatuto como "norma institucional básica" en el apartado 1. Esta naturaleza de la norma es más que un mero reflejo del contenido mínimo del apartado 2, es una autorización para regular los aspectos esenciales del nuevo sujeto político. Y por esta vía es más fácil llegar a los derechos subjetivos que por la conexión con "la organización de las instituciones autónomas propias". El apartado 2 regula la materia estatutaria mínima desde un punto de vista organizativo; pero el apartado 1, en el despliegue de las virtualidades de lo "institucional básico", permite entrar de lleno en el ámbito muy diferente de la posición mutua de las instituciones autonómicas y de los ciudadanos con los que se relacionan. Por tanto, los derechos subjetivos exigibles por los ciudadanos a las instituciones autonómicas no son parte de la "organización de sus instituciones" concretas, no son de la misma naturaleza que por ejemplo un reglamento parlamentario; son parte del núcleo de lo "institucional básico" porque dibujan las posiciones relativas de las instituciones y los ciudadanos. Este es el rubicón que los estatutos deben superar en el filtro de la jurisprudencia 2003 para poder acoger derechos subjetivos con toda legitimidad. Que se interprete que la naturaleza de "norma institucional básica" permite regular las relaciones entre los poderes territoriales y los ciudadanos. Es decir, que se abandone definitivamente el concepto del Estatuto como "mero marco del autogobierno" o como un instrumento neutral desde el punto de vista de los valores, y que incorpore sustancia dogmática a su seco diseño constitucional puramente organizativo.

Ha costado mucho dar ese paso en la jurisprudencia, y cuando se ha hecho al final las cautelas parecían superar a las interpretaciones aperturistas. De hecho, la gran crítica que ha recibido al respecto la STC 247/2007 es que, pareciendo razonar la admisibilidad de la inclusión de verdaderos derechos subjetivos en los estatutos, al final viene a echar por tierra las expectativas al reducir todos los nuevos a meros principios de actuación dirigidos a los poderes públicos. De modo que, para resumir, o hay simples reiteraciones de derechos constitucionales o hay meros principios orientadores necesitados de intermediación legal.

La cuestión es ahora si esa conexión de los derechos con lo "institucional básico" es tan sólida como para permitir una verdadera avalancha de derechos subjetivos que, pudiendo estar en la legislación autonómica, escalan en tropel las indefensas murallas de los desprevenidos textos estatutarios reformados. Y es en este ámbito donde la posición de principio de admitirlos puede encontrar modulaciones derivadas de su posible carácter inconexo con lo "institucional básico" y de la posible violación del principio democrático por una cuestionable congelación de rango no autorizada constitucionalmente. En este punto crítico de la "densidad" regulatoria, se ha sido muy permisivo en la STC 247/2007 (FJ 6), porque se entiende que el Estatuto puede "establecer con diverso grado de concreción normativa aspectos centrales o nucleares de las instituciones que regulen y de las competencias que atribuyan".

5. Reforma *vs.* elaboración originaria

A la reforma estatutaria reserva la Constitución el apartado tercero del Art. 147, remitiendo a los propios estatutos el establecimiento del procedimiento de su reforma, que debe culminar con la consecuente Ley Orgánica. El elemento diferencial esencial respecto de la elaboración inicial de los estatutos ordinarios es que, en el caso de las reformas, ya sí existe un sujeto jurídico constitucional plenamente legitimado para representar a sus ciudadanos. Y por tanto, al menos, pueden modularse las consecuencias de la falta de esa voluntad concurrente territorial en la elaboración originaria. Por eso la diferencia entre la elaboración y la reforma no es meramente adjetiva o procedimental, es esencial. Y se comete con frecuencia el error de aplicar a la elaboración inicial esquemas jurídicos que tienen todo el sentido en una reforma posterior, pero no en aquélla primigenia redacción y aprobación, en la que las facultades de las Cortes eran prácticamente omnímodas, al menos en este tipo de Estatuto ordinario.

Se ha discutido sobre la ubicación sistemática de esta regulación que, al estar fuera del apartado segundo (en el que se especifica *prima facie* el contenido mínimo exigible del Estatuto), podría indicar que tal materia no forma parte de ese mínimo regulatorio indispensable. En realidad, en mi opinión, tal inferencia puramente sistemática tiene sentido, pero no con la consecuencia de negar que la reforma sea parte del mínimo material exigible. En efecto, nada impide que, pretendiendo el constituyente que la reforma sea contenido material imprescindible, le dedique un parágrafo propio, por las mismas razones que dedica varios preceptos al procedimiento de elaboración y precisamente por haber hecho esto. Y por las mismas razones que dedica otro parágrafo específico a la reforma de los estatutos aprobados por la vía del Art. 151, de modo que la obligación del contenido material del 147.2 afecta a todos los estatutos, pero sus diferentes reformas (una de ellas con referendo) sin dejar de ser contenido obligatorio, encuentran mejor acomodo sistemático en sendos parágrafos específicos para cada tipo de procedimiento. Me inclino además a pensar que la cuestión de la reforma es parte del contenido material mínimo porque, de lo contrario, el silencio estatutario tendría como resultado para los estatutos ordinarios una remisión implícita al procedimiento habitual de las leyes orgánicas, cuando toda la lógica de su diseño constitucional apunta a una rigidez que es un mecanismo de garantía del contenido político de la autonomía. Esta interpretación permite considerar al procedimiento de reforma como parte del contenido mínimo, sin dejar por ello de admitir que la rigidez es una posibilidad y no una obligación (en coincidencia con Aguado Renedo).

Explorados los límites mínimos de la regulación de la reforma, que en mi tesis no incluye el mero silencio al respecto, es conveniente examinar cual sería el límite por arriba, el nivel máximo y, más en concreto, si los estatutos para cuya elaboración no se requiere ningún tipo de consulta popular están habilitados para introducir tal mecanismo al diseñar su sistema de reforma. Nada hay en la dicción literal del Art. 147.3 que lo impida, pero lo que subyace aquí es una equiparación de exigencias entre lo que señala imperativamente la Constitución en el Art. 152.2 para los estatutos elaborados por la vía del Art. 151 y lo que podrían incorporar los confeccionados por la vía del Art. 143 en la propia sede estatutaria. Deshaciendo en cierto modo, al menos desde el punto de vista material, una diferenciación entre los tipos de estatutos que la Constitución había querido aparentemente establecer y de la que buena parte de la doctrina hacía depender la tesis de la diferente naturaleza de los dos tipos de estatutos. Lo que equivale a dotar al legislador estatuyente de poder para difuminar tal diferencia al equiparar los procedimientos. Si bien, claro está, las garantías de uno y otro sistema son de nivel diferente, puesto que la reforma que exige referéndum por mandato constitucional está cubierta por la máxima protección de nuestro sistema normativo, mientras que la reforma que incluye referéndum por vía estatutaria está a disposición del legislador estatuyente, que podría hipotéticamente suprimirlo superando en una reforma tal consulta popular introducida por una reforma anterior. Hipótesis muy difícil de concretar por dos condicionantes. El primero, que esa reforma que rebaja la capacidad de libre configuración que tuvieron las Cortes en la elaboración originaria ya no puede hacerse sin participación territorial (no porque lo diga la Constitución, sino por lo que han regulado todos los estatutos, algunos incluyendo el referéndum) y porque la Resolución de la Presidencia del Congreso de 16 de marzo de 1993 (en flagrante violación del Art. 147.3 de la Constitución, como se explicó en el comentario al Art. 146) creó de la nada un derecho de los parlamentos autonómicos de las Comunidades del Art. 143 a retirar la reforma en cualquier momento de su tramitación en las Cortes, deshaciendo en tan inconveniente sede un derecho incondicionado de éstas a disponer del texto enviado por la Comunidad Autónoma. Una limitación a las Cortes y una facultad al parlamento autonómico que solo podrían haberse regulado en el propio Estatuto, dada la clara obligación establecida en el Art. 147.3. Que es, por cierto y con diversas formulaciones, lo que han hecho las reformas tramitadas entre 2006 y 2011, prever finalmente tal derecho de retirada en su sede natural indicada por la Constitución, el propio Estatuto, con el posterior aval de la STC 31/2010 (FJ 147).

II. BIBLIOGRAFÍA

AA.VV.: "Especial Sentencia 31/2010 del Tribunal Constitucional, sobre el Estatuto de Autonomía de Cataluña de 2006", *Revista catalana de dret públic*, Escola d'Administració Pública de Catalunya, Barcelona 2010.

AGUADO RENEDO, C.: *El estatuto de autonomía y su posición en el ordenamiento jurídico*, CEPC, Madrid 1996.

CAAMAÑO, F.: "Sí pueden: declaración de derechos y Estatutos de Autonomía", *REDC*, núm. 79, Madrid, enero-abril 2007, pp. 33-46.

DÍEZ-PICAZO, L. M.: "¿Pueden los Estatutos de Autonomía declarar derechos, deberes y principios?", *REDC*, núm. 78, sept.-dic. 2006, pp. 63-75.

GARCÍA ROCA, J.: "Los estatutos de autonomía como norma institucional básica: su problemático contenido y su función constitucional", en CASAS BAHAMONDE, M. E., y otros, *Comentarios a la Constitución Española. XXX Aniversario*, Fund. Wolters Kluwer, Madrid, 2009.

GARCÍA TORRES, J.: "Los derechos estatutarios en la propuesta catalana de reforma", en AA.VV., *El Estado Autonómico. Actas de las XI Jornadas de la Asociación de Letrados del Tribunal Constitucional*, CEPC, Madrid 2006.

LÓPEZ GUERRA, L.: "La función constitucional y el contenido del Estatuto de Autonomía", en AA.VV., *Estudios sobre la reforma del Estatuto*, Institut d'Estudis Autonòmics, Barcelona 2004.

ORTEGA ÁLVAREZ, L.: "El debate competencial entre el Estado y las Comunidades Autónomas", *REP (nueva época)*, núm. 151, enero-marzo 2011, pp. 29-56.

III. JURISPRUDENCIA

STC 37/1981, de 16 de diciembre.
STC 25/1983, de 7 de abril
STC 76/1983, de 5 de agosto.
ATC 381/1983, de 3 de agosto
STC 99/1986, de 11 de julio.
STC 153/1989, de 5 de octubre.
STC 38/2002, de 14 de febrero.
STC 247/2007, de 12 de diciembre.
STC 31/2010, de 28 de junio.
STC 55/2018, de 24 de mayo.
STC 158/2019, de 12 de diciembre.

Artículo 148

1. Las Comunidades Autónomas podrán asumir competencias en las siguientes materias:

1.ª Organización de sus instituciones de autogobierno.

2.ª Las alteraciones de los términos municipales comprendidos en su territorio y, en general, las funciones que correspondan a la Administración del Estado sobre las Corporaciones locales y cuya transferencia autorice la legislación sobre Régimen Local.

3.ª Ordenación del territorio, urbanismo y vivienda.

4.ª Las obras públicas de interés de la Comunidad Autónoma en su propio territorio.

5.ª Los ferrocarriles y carreteras cuyo itinerario se desarrolle íntegramente en el territorio de la Comunidad Autónoma y, en los mismos términos, el transporte desarrollado por estos medios o por cable.

6.ª Los puertos de refugio, los puertos y aeropuertos deportivos y, en general, los que no desarrollen actividades comerciales. 2007

7.ª La agricultura y ganadería, de acuerdo con la ordenación general de la economía.

8.ª Los montes y aprovechamientos forestales.

9.ª La gestión en materia de protección del medio ambiente.

10.ª Los proyectos, construcción y explotación de los aprovechamientos hidráulicos, canales y regadíos de interés de la Comunidad Autónoma; las aguas minerales y termales.

11.ª La pesca en aguas interiores, el marisqueo y la acuicultura, la caza y la pesca fluvial.

12.ª Ferias interiores.

13.ª El fomento del desarrollo económico de la Comunidad Autónoma dentro de los objetivos marcados por la política económica nacional.

14.ª La artesanía.

15.ª Museos, bibliotecas y conservatorios de música de interés para la Comunidad Autónoma.

16.ª Patrimonio monumental de interés de la Comunidad Autónoma.

17.ª El fomento de la cultura, de la investigación y, en su caso, de la enseñanza de la lengua de la Comunidad Autónoma.

18.ª Promoción y ordenación del turismo en su ámbito territorial.

19.ª Promoción del deporte y de la adecuada utilización del ocio.

20.ª Asistencia social.

21.ª Sanidad e higiene.

22.ª La vigilancia y protección de sus edificios e instalaciones. La coordinación y demás facultades en relación con las policías locales en los términos que establezca una ley orgánica.

2. Transcurridos cinco años, y mediante la reforma de sus Estatutos, las Comunidades Autónomas podrán ampliar sucesivamente sus competencias dentro del marco establecido en el artículo 149.

COMENTARIO

Maribel González Pascual
2008 *Profesora Agregada de Derecho Constitucional*
Universidad Pompeu Fabra

SUMARIO: I. BIBLIOGRAFÍA.

El Art. 148.1 CE establece las competencias que podían disfrutar los territorios que se constituyeran como Comunidades Autónomas sobre la base de los preceptos 143 y 144 CE durante los primeros cinco años de su puesta en funcionamiento. Pasado dicho período, conforme al Art. 148.2 CE, las Comunidades Autónomas podrían alcanzar el máximo competencial que permite el artículo 149 CE, mediante la reforma de sus respectivos Estatutos de Autonomía.

Una simple lectura del Art. 148 CE demuestra la escasa importancia de las competencias que recoge. De hecho, se llegó a cuestionar que las Comunidades Autónomas que siguieran la vía de los preceptos 143 y 144 CE pudieran disfrutar de potestades legislativas. Esta discusión, sin embargo, fue zanjada por la aprobación de los Estatutos de Autonomía ya que previeron la constitución de Parlamentos Autonómicos. Así, la principal consecuencia de este precepto fue que algunos territorios tenían que demostrar su voluntad y capacidad de autogobierno durante al menos cinco años si querían alcanzar el mismo nivel competencial que otras Comunidades Autónomas.

Este plazo fue ampliamente superado ya que los Estatutos de Autonomía que se habían ceñido a las competencias del Art. 148 CE se reformaron tras los Acuerdos Autonómicos de 28 de febrero de 1992. Dichos acuerdos previeron una ampliación homogénea de las competencias recogidas en los Estatutos de Autonomía de diez Comunidades Autónomas, mediante una Ley Orgánica de Transferencia al amparo del Art. 150.2 CE, así como la reforma de los Estatutos de Autonomía de la Comunidad Valenciana y Canarias.

Entre 1994 y 1996 se reformaron catorce Estatutos de Autonomía con el objetivo de incluir en los mismos las competencias transferidas en las Leyes Orgánicas 11/1982, 12/1982 y 9/1992. Esta ampliación estatutaria de competencias conllevó, entre otras muchas consecuencias, que el Art. 148 CE dejara prácticamente de jugar papel alguno en el sistema competencial constitucional.

En algunas ocasiones se ha empleado como parámetro interpretativo a la hora de concretar las competencias recogidas en el Art. 149 CE o en los Estatutos de Autonomía en materias particularmente complejas como la cultura. Sin embargo, este recurso al Art. 148 CE ha decaído a medida que se ha ido desarrollando la jurisprudencia propia del Art. 149 CE. De hecho, la pervivencia del Art. 148 CE en el texto constitucional tan solo se explica por las conocidas resistencias que genera en nuestro sistema la cada vez más necesaria reforma constitucional.

Una pervivencia que tiene un cierto efecto dañino porque, lejos de cumplir la función propedéutica propia de una Constitución, el Art. 148 CE lanza una imagen absolutamente errónea del reparto de competencias en nuestro sistema constitucional. Del tenor del Art. 148 CE no solo se podría concluir erróneamente que las Comunidades Autónomas tienen competencias de escaso contenido político, sino que el reparto competencial es homogéneo. Sin embargo, la última oleada de reformas estatutarias no ha afectado a todos los Estatutos de Autonomía e incluso entre los Estatutos de Autonomía, hay diferencias. El reparto constitucional de competencias, por tanto, solo se puede conocer con un estudio serio y cuidado de cada Estatuto de Autonomía, enviando el Art. 148 CE a los operadores jurídicos una imagen absolutamente desfasada e irreal del reparto de competencias.

I. BIBLIOGRAFÍA

GARCÍA DE ENTERRÍA, E.: *Estudios sobre autonomías territoriales*, Civitas, 1985.

MUÑOZ MACHADO, S.: *Derecho Público de las Comunidades Autónomas* (2º Ed), Tomo I, Iustel, 2007.

Artículo 149

1. El Estado tiene competencia exclusiva sobre las siguientes materias:

1.ª La regulación de las condiciones básicas que garanticen la igualdad de todos los españoles en el ejercicio de los derechos y en el cumplimiento de los deberes constitucionales.

2.ª Nacionalidad, inmigración, emigración, extranjería y derecho de asilo.

3.ª Relaciones internacionales.

4.ª Defensa y Fuerzas Armadas.

5.ª Administración de Justicia.

6.ª Legislación mercantil, penal y penitenciaria; legislación procesal, sin perjuicio de las necesarias especialidades que en este orden se deriven de las particularidades del derecho sustantivo de las Comunidades Autónomas.

7.ª Legislación laboral; sin perjuicio de su ejecución por los órganos de las Comunidades Autónomas.

2010 8.ª Legislación civil, sin perjuicio de la conservación, modificación y desarrollo por las Comunidades Autónomas de los derechos civiles, forales o especiales, allí donde existan. En todo caso, las reglas relativas a la aplicación y eficacia de las normas jurídicas, relaciones jurídico-civiles relativas a las formas de matrimonio, ordenación de los registros e instrumentos públicos, bases de las obligaciones contractuales, normas para resolver los conflictos de leyes y determinación de las fuentes del derecho, con respeto, en este último caso, a las normas de derecho foral o especial.

9.ª Legislación sobre propiedad intelectual e industrial.

10.ª Régimen aduanero y arancelario; comercio exterior.

11.ª Sistema monetario: divisas, cambio y convertibilidad; bases de la ordenación de crédito, banca y seguros.

12.ª Legislación sobre pesas y medidas, determinación de la hora oficial.

13.ª Bases y coordinación de la planificación general de la actividad económica.

14.ª Hacienda general y Deuda del Estado.

15.ª Fomento y coordinación general de la investigación científica y técnica.

16.ª Sanidad exterior. Bases y coordinación general de la sanidad. Legislación sobre productos farmacéuticos.

17.ª Legislación básica y régimen económico de la Seguridad Social, sin perjuicio de la ejecución de sus servicios por las Comunidades Autónomas.

18.ª Las bases del régimen jurídico de las Administraciones públicas y del régimen estatutario de sus funcionarios que, en todo caso, garantizarán a los administrados un tratamiento común ante ellas; el procedimiento administrativo común, sin perjuicio de las especialidades derivadas de la organización propia de las Comunidades Autónomas; legislación sobre expropiación forzosa; legislación básica sobre contratos y concesiones administrativas y el sistema de responsabilidad de todas las Administraciones públicas.

19.ª Pesca marítima, sin perjuicio de las competencias que en la ordenación del sector se atribuyan a las Comunidades Autónomas.

20.ª Marina mercante y abanderamiento de buques; iluminación de costas y señales marítimas; puertos de interés general; aeropuertos de interés general; control del espacio aéreo, tránsito y transporte aéreo, servicio meteorológico y matriculación de aeronaves.

21.ª Ferrocarriles y transportes terrestres que transcurran por el territorio de más de una Comunidad Autónoma; régimen general de comunicaciones; tráfico y circulación de vehículos a motor; correos y telecomunicaciones; cables aéreos, submarinos y radiocomunicación.

22.ª La legislación, ordenación y concesión de recursos y aprovechamientos hidráulicos cuando las aguas discurran por más de una Comunidad Autónoma, y la autorización de las instalaciones eléctricas cuando su aprovechamiento afecte a otra Comunidad o el transporte de energía salga de su ámbito territorial.

23.ª Legislación básica sobre protección del medio ambiente, sin perjuicio de las facultades de las Comunidades Autónomas de establecer normas adicionales de protección. La legislación básica sobre montes, aprovechamientos forestales y vías pecuarias.

24.ª Obras públicas de interés general o cuya realización afecte a más de una Comunidad Autónoma.

25.ª Bases de régimen minero y energético.

26.ª Régimen de producción, comercio, tenencia y uso de armas y explosivos.

27.ª Normas básicas del régimen de prensa, radio y televisión y, en general, de todos los medios de comunicación social, sin perjuicio de las facultades que en su desarrollo y ejecución correspondan a las Comunidades Autónomas.

28.ª Defensa del patrimonio cultural, artístico y monumental español contra la exportación y la expoliación; museos, bibliotecas y archivos de titularidad estatal, sin perjuicio de su gestión por parte de las Comunidades Autónomas.

29.ª Seguridad pública, sin perjuicio de la posibilidad de creación de policías por las Comunidades Autónomas en la forma que se establezca en los respectivos Estatutos en el marco de lo que disponga una ley orgánica.

30.ª Regulación de las condiciones de obtención, expedición y homologación de títulos académicos y profesionales y normas básicas para el desarrollo del artículo 27 de la Constitución, a fin de garantizar el cumplimiento de las obligaciones de los poderes públicos en esta materia.

31.ª Estadística para fines estatales.

32.ª Autorización para la convocatoria de consultas populares por vía de referéndum.

2. Sin perjuicio de las competencias que podrán asumir las Comunidades Autónomas, el Estado considerará el servicio de la cultura como deber y atribución esencial y facilitará la comunicación cultural entre las Comunidades
2012 Autónomas, de acuerdo con ellas.

3. Las materias no atribuidas expresamente al Estado por esta Constitución podrán corresponder a las Comunidades Autónomas, en virtud de sus respectivos Estatutos. La competencia sobre las materias que no se hayan asumido por los Estatutos de Autonomía corresponderá al Estado, cuyas normas prevalecerán, en caso de conflicto, sobre las de las Comunidades Autónomas en todo lo que no esté atribuido a la exclusiva competencia de éstas. El derecho estatal será, en todo caso, supletorio del derecho de las Comunidades Autónomas.

COMENTARIO

Maribel González Pascual
Profesora Agregada de Derecho Constitucional
Universidad Pompeu Fabra

SUMARIO: I. EL ART. 149 CE EN EL SISTEMA COMPETENCIAL CONSTITUCIONAL. II. EL REPARTO DE COMPETENCIAS ENTRE EL ESTADO Y LAS COMUNIDADES AUTÓNOMAS; MATERIA Y FUNCIÓN COMO CONCEPTOS CLAVE DEL ART. 149 CE. III. COMPETENCIAS EXCLUSIVAS Y/O CONCURRENTES; EL ART. 149.2. IV. CLÁUSULAS DE CIERRE DEL SISTEMA; EL ART. 149.3 CE. V. BIBLIOGRAFÍA. VI. JURISPRUDENCIA.

I. EL ART. 149 CE EN EL SISTEMA COMPETENCIAL CONSTITUCIONAL

El Art. 149 CE es la clave de bóveda del sistema competencial español, siendo su importancia mucho mayor de la que se deduce de su simple lectura. Como ha puesto de relieve López Guerra, una Constitución incompleta y mayormente transitoria en lo que a configuración territorial se refiere, una regulación dispersa y excesivamente heterogénea, la falta de acuerdo político para una construcción global y coherente de un sistema que se ha ido conformando sobre la base de impulsos políticos, un conflicto latente entre algunos de los principales actores, y la imposibilidad de una imprescindible reforma constitucional, son algunos de los factores que han convertido al Tribunal Constitucional en un sujeto más del Estado Autonómico. El Art. 149.1 CE no ha sido ajeno a esta situación, existiendo en la actualidad una numerosa y exhaustiva jurisprudencia constitucional respecto de este precepto sin la que no se entendería nuestro sistema competencial

Por tanto, no cabe entender nuestro sistema autonómico sin tomar en consideración la jurisprudencia relativa al Art. 149 CE. No obstante, dicha jurisprudencia resulta inabarcable, motivo por el cual este comentario se ciñe a
las principales categorías competenciales que prevé dicho precepto y a las 2013
cláusulas que buscan ordenar el sistema mediante la previsión de reglas de resolución de lagunas y solapamiento.

II. EL REPARTO DE COMPETENCIAS ENTRE EL ESTADO Y LAS COMUNIDADES AUTÓNOMAS; MATERIA Y FUNCIÓN COMO CONCEPTOS CLAVE DEL ART. 149 CE

Competencia es un concepto central de cualquier ordenamiento jurídico en cuanto hace referencia a la legitimidad para ejercer una potestad sobre un determinado sector jurídicamente acotado. Esta definición conlleva dos elementos, por un lado, la materia que se puede identificar con el sector de la vida social sobre el que se proyecta la competencia, y por el otro la función pública o potestad que se ejerce sobre dicho sector. Sobre estos dos elementos pivotan las sentencias del Tribunal Constitucional que resuelven las controversias competenciales, esto es, una discusión acerca del título competencial en el que la norma o acto estatal o autonómico encuentra su habilitación.

Por lo que respecta a las materias, la jurisprudencia constitucional ha intentado hacer un acotamiento lo más preciso posible de las mismas. Así, ante cada conflicto competencial el primer paso es deducir cuál es el sector regulado por la norma origen de la controversia para, a continuación, descubrir si dicho sector corresponde a uno de los apartados del Art. 149.1 CE o de los artículos estatutarios que recogen las competencias autonómicas.

Resulta evidente que esta operación interpretativa tiene enormes límites siquiera sea por la propia ambigüedad del lenguaje, así como por imposibilidad de prever sin solapamientos ni omisiones en un listado el ilimitado número de sectores que conforman la vida social. Sin embargo, ante el desacuerdo político los sistemas competenciales se apoyan en la ficción jurídica de que es factible separar de manera nítida las competencias de los actores en liza. No es de extrañar, por tanto, que este haya sido el camino seguido por la jurisprudencia española. Ahora bien, esta opción hermenéutica implicó que el Tribunal Constitucional acabara siendo el artífice principal y casi único del sistema competencial. Ello cerró el camino a otros actores, como puso de relieve la STC 31/2010 relativa al Estatuto de Autonomía de Cataluña.

En cuanto a la función cabe diferenciar, básicamente, entre función legislativa y ejecutiva. Dentro de la función legislativa se distingue, a su vez, entre legislación básica y legislación de desarrollo. En torno a estas dos categorías se reparte el grueso de las competencias estatales reconocidas en el Art. 149.1 CE, no solo por el número de materias que atraen sino por la importancia
2014 cualitativa de las mismas.

La configuración de lo básico es uno de los puntos más problemáticos del sistema de distribución constitucional. En este breve comentario baste con recordar que el Tribunal Constitucional ha considerado equivalentes los términos bases, legislación básica y normativa básica recogidos en diferentes apartados del Art. 149.1 CE. Esta opción simplifica el estudio de lo básico pero ha sacrificado la posibilidad de adaptar la competencia a las diferentes materias y, posiblemente, ha coadyuvado al carácter expansivo de esta competencia.

De acuerdo con el Tribunal Constitucional en lo básico cabe diferenciar el elemento formal y el elemento material. Este último se define de manera finalista, calificando una norma de materialmente básica *"por garantizar en todo el Estado un común denominador normativo"* (STC 69/ 1988). Este elemento fue muy útil en los inicios del Estado Autonómico ya que permitió que las Comunidades Autónomas legislaran antes incluso de que el Estado aprobara la normativa básica. Actualmente su principal efecto es que el Tribunal ostenta, en todo caso, la capacidad de revisión de la calificación de una norma como básica.

El elemento formal se ha vinculado al principio de seguridad jurídica y, por ende, a la preferencia de ley como instrumento normativo para recoger lo básico. Además, dicha ley ha de declarar expresamente su carácter de básico o éste inferirse con claridad de su estructura. No obstante, se han aceptado como básicas normas reglamentarias por el carácter coyuntural o extremadamente técnico de la regulación siendo las sorpresivas excepciones en la jurisprudencia la principal crítica a la configuración del elemento formal. Así, se puede afirmar que el Tribunal Constitucional mantiene una enorme capacidad de concreción respecto de lo básico, hecho que ayuda a explicar la enorme conflictividad competencial que tradicionalmente ha arrastrado esta categoría.

Junto a la normativa básica, la otra gran fuente de competencias del Estado son los títulos competenciales en los que se le confiere la "legislación". Contra la opinión mayoritaria de la doctrina, el Tribunal Constitucional se ha apoyado en una comprensión material de la potestad legislativa y reglamentaria para establecer el alcance de esta competencia. Así, el Estado es competente para dictar los reglamentos ejecutivos, es decir, *"aquellos que están directa y concretamente ligados a una ley"* mientras, las Comunidades Autónomas pueden dictar reglamentos internos o de organización (STC 18/ 1982).

El Art. 149.1 CE también hace referencia a la competencia estatal de coordinación, sustancialmente distinta de la cooperación, que otorga al Estado la facultad de fijar medios de información recíproca o acción conjunta, pudiendo reforzar otra competencia estatal o ser una competencia autónoma.

III. COMPETENCIAS EXCLUSIVAS Y/O CONCURRENTES; EL ART. 149.2

Las categorías competenciales brevemente descritas (legislación básica/ legislación de desarrollo, legislación/ejecución y coordinación) se emplean para distribuir las potestades entre el Estado y las Comunidades Autónomas en dieciséis de los treinta y dos apartados del Art. 149.1 CE. Ello pone de relieve que el Estado no ostenta de manera exclusiva las competencias en todas las materias enumeradas en dicho precepto. Asimismo, tampoco cabe considerar que en los restantes apartados la competencia es exclusiva per se, entendiendo como tal la exclusión de cualquier tipo participación autonómica en la configuración última de la materia. De hecho, en tres apartados del Art. 149.1 CE la competencia del Estado se reconoce "sin perjuicio" de las potestades que puedan tener en la materia las Comunidades Autónomas, mientras que en otros tres el criterio territorial es determinante para otorgar la competencia al Estado o a las Comunidades Autónomas. Aún más, incluso en apartados cuyo tenor no ofrecería dudas sobre el carácter exclusivo de la competencia, la jurisprudencia constitucional ha limitado dicha posibilidad al considerar que se trata de una competencia absolutamente residual o al hacer un acotamiento restrictivo de la materia, siendo los apartados primero y tercero del Art. 149.1 CE buenos ejemplos de estas líneas jurisprudenciales. En consecuencia, existe consenso doctrinal sobre el poco valor añadido que la expresión "competencias exclusivas" aporta a la hora de interpretar el Art. 149.1 CE. La pregunta que surge es cuál es la diferencia entre el Art. 149.2 CE y Art. 149.1 CE.

Es un lugar común afirmar que la competencia sobre cultura es concurrente en la medida en que disponen de la misma tanto el Estado como las Comunidades Autónomas. Ahora bien, debe tenerse en cuenta que en el federalismo comparado las competencias concurrentes están tradicionalmente vinculadas a la cláusula de prevalencia de manera que, de competir dos normas entre sí, una de ellas desplaza la otra. Sin embargo, en el caso de la cultura se puede afirmar que Estado y Comunidades Autónomas actúan de manera autónoma e independiente entre sí. Este es el alcance que cabe dar, por tanto, a la concurrencia competencial en nuestro sistema competencial.

Las competencias sobre cultura previstas en el Art. 149.2 CE tienen una idiosincrasia propia porque se permite la convivencia de potestades estatales y autonómicas sobre el mismo objeto. La posible incompatibilidad de actuaciones puede paliarse mediante el recurso a la cooperación, que puede llegar a convertirse en una obligación (STC 17/1991). Asimismo, en los escasos supuestos en que una norma se ha declarado inconstitucional sobre la base del Art. 149.2 CE la premisa fue la imposible convivencia de las actividades de los diferentes entes territoriales, en la medida en que una expresamente excluía a la otra.

Frente a esta jurisprudencia, respecto de las restantes competencias del Estado ni se hace hincapié en la colaboración, ni se acepta con facilidad la convivencia de actividades públicas de diversos entes territoriales sobre un mismo sector. Por tanto, hay una diferencia sustancial entre las competencias recogidas en el Art. 149.1 CE y las competencias sobre cultura reconocidas en el Art. 149.2 CE. Cabría preguntarse si, a la vista de las disfuncionalidades del sistema competencial español, no se debería explorar la aplicación de algunas de las líneas jurisprudenciales vertidas respecto del Art. 149.2 CE a materias recogidas en el Art. 149.1 CE. Sin embargo, el Tribunal Constitucional no parece contemplar dicha posibilidad.

IV. CLÁUSULAS DE CIERRE DEL SISTEMA; EL ART. 149.3 CE

El Art. 149.3 CE busca resolver las posibles lagunas en el sistema competencial al recoger las cláusulas de residualidad, prevalencia y supletoriedad. La evolución de este precepto ha sido peculiar porque la residualidad permanece inédita, la prevalencia ha ganado interés y la supletoriedad ha perdido peso en el sistema.

Por lo que respecta a residualidad el Art. 149.3 CE prevé que las competencias que, no estando reservadas al Estado, no se asuman como propias por los Estatutos de Autonomía sean consideradas competencias estatales. Esta previsión podría haber tenido un enorme juego de haberse explotado la flexibilidad y dinamismo que el sistema autonómico parecía conllevar, sin embargo, la interpretación exhaustiva del Art. 149.1 CE cercenó dicha posibilidad. En la medida en el Tribunal Constitucional ha intentado siempre encuadrar la competencia controvertida en alguna de las materias previstas en el Art. 149.1 CE o, en menor medida, en las competencias previstas en los Estatutos de Autonomía, se ha considerado innecesario acudir al Art. 149.3 CE.

En cuanto a la cláusula de prevalencia del Art. 149.3 CE no parecía encajar en nuestro sistema competencial ya que hace un claro llamamiento al aplicador del derecho para que aplique una norma estatal, en lugar de una autonómica, sin cuestionar la validez de ninguna de las normas potencialmente en conflicto. Dado que nuestro sistema se ha caracterizado por la separación, el agotamiento de las posibilidades de los títulos competenciales, y el rol hegemónico del Tribunal Constitucional, la prevalencia resultaba irrelevante. En definitiva, la prevalencia parte de dos premisas; la norma estatal y autonómica son igualmente válidas, ergo han sido aprobadas con base en títulos competenciales que no se excluyen, y el aplicador del derecho tiene un margen de actuación relevante respecto del funcionamiento real del sistema competencial.

Sin embargo, el Tribunal Constitucional ha modificado su jurisprudencia concediendo a la cláusula de prevalencia un espacio propio de actuación. De acuerdo con esta nueva línea jurisprudencial, si una norma autonómica de desarrollo deviene incompatible con una norma estatal básica aprobada posteriormente no es necesario que se pronuncie el Tribunal Constitucional, sino que el juez ordinario puede y debe aplicar la norma estatal básica. Igualmente cabe mencionar el impacto de la declaración del estado de alarma en el sistema competencial ya que implicó la prevalencia, temporal y materialmente acotada, de las competencias estatales. Esta prevalencia, implícita en el Art. 9 de la Ley Orgánica 4/1981, de 1 de junio, de los estados de alarma, excepción y sitio, resultó evidente en el Real Decreto 463/2020, de 14 de marzo, por el que se declara el estado de alarma para la gestión de la situación de crisis sanitaria ocasionada por la COVID-19. Las Comunidades Autónomas preservaron intactas sus competencias, pero no podían tomar decisiones que contravinieran las decisiones del ejecutivo del Estado relativas al estado de alarma.

Además, las normas autonómicas incompatibles con el estado de alarma no eran de aplicación. Esta enorme fuerza, prestada por el estado de alarma a la normativa estatal fue absolutamente extraordinaria. Ahora bien, tanto la aplicación rápida y directa de la cláusula de prevalencia del derecho estatal, como la ampliación de las competencias de coordinación en materia sanitaria del Estado ex. Art. 149.1.16.ª CE, muestran que el sistema competencial puede y debe ser flexible en el Estado Autonómico. Flexibilidad que no debería limitarse a las situaciones de emergencia, aunque en estas situaciones esté llamada a ser particularmente notable. En cualquier caso, esta aplicación temporal de la prevalencia, unida a las sentencias en las que el Tribunal Constitucional busca conferirle un lugar propio, pone de relieve que la prevalencia ha ido ganando peso, dependiendo su futuro del uso que de la misma hagan la jurisprudencia constitucional y, sobre todo, la ordinaria.

Por último, es preciso mencionar la cláusula de supletoriedad. La jurisprudencia fue minimizando paulatinamente su potencialidad pasando de considerarla un título competencial estatal a calificarla como regla de aplicación del derecho. El punto álgido de esta evolución fue la STC 61/1997 que declaró inconstitucionales los artículos calificados como derecho supletorio por el

Estado en el Texto Refundido sobre la Ley del Suelo sin valorar su contenido. De hecho, gran parte de los preceptos que fueron considerados inconstitucionales en dicha sentencia, fueron declarados constitucionales posteriormente como condiciones básicas de la propiedad urbana (STC 164/2001). Este hecho denota la firme voluntad del Tribunal de poner fin al legislador supletorio del Art. 149.3 CE. Esta interpretación de la cláusula de supletoriedad fue sin duda un tema muy controvertido, pero permanece sin cambios hasta la fecha.

V. BIBLIOGRAFÍA

CRUZ VILLALÓN, P.: "La jurisprudencia del Tribunal Constitucional sobre autonomías territoriales", *Estudios sobre la Constitución española. Homenaje a García de Enterria, Tomo IV*, Civitas, Madrid, 1991.

GARCÍA ROCA, J.: "Criterios para el reparto de competencias y bloque de la constitucionalidad", *Derecho público de Castilla y León*, Universidad de Valladolid, 1999.

GONZÁLEZ PASCUAL, M.: *Las salvaguardas de la autonomía política ante las crisis*, IVAP, 2021.

JIMÉNEZ ASENSIO, R.: *La ley autonómica en el sistema constitucional de fuentes del Derecho*, Marcial Pons, 2001.

LÓPEZ GUERRA, L.: "El reparto de competencias Estado— Autonomías según la doctrina del Tribunal Constitucional", *Comunidades Autónomas y Comunidad Europea. Relaciones jurídico— institucionales*, Cortes de Castilla y León, 1991.

TORNOS MAS, J.: "La delimitación constitucional de las competencias. El principio de territorialidad y las competencias. Legislación básica, bases, legislación y ejecución", *El funcionamiento del Estado Autonómico*, MAP, 1999.

VI. JURISPRUDENCIA

STC 1/1982, de 28 de enero.
STC 18/1982, de 4 de mayo.
STC 49/1984, de 5 de abril.
STC 69/1988, de 19 de abril.
STC 15/1989, de 26 de enero.
STC 61/1997, de 20 de marzo.
STC 31/2010, de 28 de junio.
STC 102/2016, de 25 de mayo.

Artículo 150

1. Las Cortes Generales, en materias de competencia estatal, podrán atribuir a todas o a alguna de las Comunidades Autónomas la facultad de dictar, para sí mismas, normas legislativas en el marco de los principios, bases y directrices fijados por una ley estatal. Sin perjuicio de la competencia de los Tribunales, en cada ley marco se establecerá la modalidad del control de las Cortes Generales sobre estas normas legislativas de las Comunidades Autónomas.

2. El Estado podrá transferir o delegar en las Comunidades Autónomas, mediante ley orgánica, facultades correspondientes a materia de titularidad estatal que por su propia naturaleza sean susceptibles de transferencia o delegación. La ley preverá en cada caso la correspondiente transferencia de medios financieros, así como las formas de control que se reserve el Estado.

3. El Estado podrá dictar leyes que establezcan los principios necesarios para armonizar las disposiciones normativas de las Comunidades Autónomas, aun en el caso de materias atribuidas a la competencia de éstas, cuando así lo exija el interés general. Corresponde a las Cortes Generales, por mayoría absoluta de cada Cámara, la apreciación de esta necesidad.

2020

COMENTARIO

Francisco Javier Donaire Villa
Profesor Titular de Derecho Constitucional
Universidad Carlos III de Madrid

SUMARIO: I. LAS LEYES MARCO (ART. 150.1 CE). II. LAS LEYES ORGÁNICAS DE DELEGACIÓN O TRANSFERENCIA (ART. 150.2 CE). III. LAS LEYES DE ARMONIZACIÓN (ART. 150.3 CE). IV. BIBLIOGRAFÍA. V. JURISPRUDENCIA.

I. LAS LEYES MARCO (ART. 150.1 CE)

Las leyes marco son leyes ordinarias (al no calificarlas el art. 150.1 CE de manera literal como orgánicas) y responden al ejercicio de una técnica extraestatutaria de extensión del campo material de las leyes de las CC.AA. a ámbitos de competencia legislativa estatal, sean estos expresos ex art. 149.1 CE, o residuales *ex* art. 149.3 de la Norma Fundamental. Explícito en el art. 150.2 para las leyes orgánicas de delegación o transferencia, es implícitamente aplicable a las leyes marco previstas en el art. 150.1 el límite consistente en que las facultades legislativas de que se trate sean susceptibles, por su propia naturaleza, de atribución a las CC.AA. Así se deduce de una interpretación conjunta y sistemática de los dos preceptos constitucionales, dado su similar papel dentro del modelo territorial.

La Ley marco obedece a un esquema de legislación en dos etapas, de las que solo la segunda, integrada por la norma legislativa autonómica que se adopte al amparo de la primera, está destinada a poseer eficacia directa para los destinatarios finales de la regulación correspondiente. Esta clase de ley se inspira, desde una perspectiva comparada, en la legislación marco francesa, que se caracteriza por la apertura permanente de la habilitación para legislar concedida a su destinatario (en nuestro caso, las CC.AA.), frente al agotamiento de la delegación *ex* arts. 82 y ss. de la Constitución española por su uso (gubernamental) una única vez.

No media jerarquía entre la legislación marco estatal y las normas autonómicas dictadas a su amparo, ni estas deben su rango de ley a su ajuste a aquella, pues todas las CC.AA. se han constituido estatutariamente con potestad legislativa. Tal ajuste sí que es, en cambio, condición de validez constitucional de las correspondientes normas legislativas autonómicas, que serán lisa y llanamente inconstitucionales por incompetencia en caso contrario, incurriendo en un vicio típicamente legislativo que no supone degradación de rango (a diferencia de los excesos *ultra vires* de los Decretos legislativos según la praxis jurisprudencial y legislativa consolidada en torno a éstos, discusiones doctrinales aparte), sino invalidez pura y simple. 2021

La ley marco actúa así como norma interpuesta, concretando para su CA o CC.AA. destinatarias, las previsiones del art. 150.1 CE, e integrando junto a este, y por remisión del mismo, el canon de constitucionalidad de la legislación autonómica que a su amparo dicten dicha Comunidad o Comunidades. La ley marco forma parte, específicamente, del bloque de la constitucionalidad (STC 23/1993, de 21 de enero, FJ 2), al incidir sobre el reparto y delimitación competencial entre Estado y CC.AA. La titularidad estatal sobre la materia y la función permiten que una ley basada en el art. 150.1 CE adicional y facultativamente otorgue una regulación detallada a la materia que sea su objeto en defecto de ejercicio autonómico de las facultades legislativas así conferidas. Ahora bien, tal detallada regulación alternativa no tendrá su base en el artículo 150.1 CE, sino en la competencia sobre la materia afectada por el empleo de dicho precepto.

En el sistema de fuentes, la ley marco es una categoría material, y no un tipo formalmente diferenciado de ley parlamentaria. Es una ley (ordinaria, según lo ya dicho) con unos determinados por el artículo 150.1 CE. Ese carácter material de la noción permite que cada uno de dichos contenidos (atribución a Comunidad o CC.AA. de la facultad para legislar sobre materia de titularidad estatal, marco de principios, bases y directrices, así como mecanismos de control) puedan ubicarse en una sola ley (ordinaria) como supuesto prototípico, o, alternativamente y por razones atendibles de técnica legislativa, desglosarse en distintas leyes estatales (ordinarias), mediando en este último caso las oportunas remisiones expresas y recíprocas, así como, en atención a consideraciones de seguridad jurídica, la invocación explícita del art. 150.1 CE.

El concepto de principios, bases y directrices se asimila, *mutatis mutandis*, al de los criterios y directrices a que se refiere el art. 82 CE para definir las bases que deben contenerse en las leyes de delegación para la formación gubernamental de textos articulados. De modo similar, son enunciados normativos materialmente inspiradores y limitativos de las normas legislativas autonómicas resultantes de la habilitación, pero desprovistos de efecto directo sobre los destinatarios finales de la regulación correspondiente, operando así su eficacia en un doble momento. Necesariamente, en el de la determinación del contenido de las correlativas normas legislativas autonómicas. Y eventualmente, en caso de impugnación de estas últimas, la cual únicamente puede tener lugar ante el TC. Si una Comunidad Autónoma llevase a cabo una delegación legislativa de segundo grado, en su respectivo Ejecutivo territorial,
2022 para ejercer las facultades recibidas mediante ley marco, cabrá control jurisdiccional contencioso-administrativo de los excesos *ultra vires* de la correspondiente legislación delegada con respecto a su ley territorial de delegación que, a su vez, se fundamente en una ley marco estatal, pero no del ajuste a la ley marco estatal, sea de dicha ley autonómica de delegación, sea de su respectiva legislación delegada, circunstancia que sólo el TC podrá controlar. Si la inobservancia del marco sólo concurre en el Decreto legislativo territorial, pero no en la ley autonómica de delegación, deberá aquél ser impugnado en solitario ante el TC. Asimismo, el artículo 150.1 CE es claro en cuanto a que los mecanismos de control que las Cortes Generales deben reservarse recaerán sobre las normas que las CC.AA. destinatarias de ley marco dicten de conformidad con esta, y no sobre proyectos.

Hasta ahora, se han dictado tres "oleadas" de leyes al amparo del art. 150.1 CE, de doce leyes la primera y de quince las otras dos (Leyes 25 a 36/1997, de 4 de agosto, Leyes 17 a 31/2002, de 1 de julio, y Leyes 16 a 30/2010, de 16 de julio, éstas últimas hoy en vigor), todas ellas atribuyendo a las CC.AA. no forales capacidad normativa sobre tributos cedidos por el Estado, en el contexto de los tres últimos modelos de financiación autonómica.

II. LAS LEYES ORGÁNICAS DE DELEGACIÓN O TRANSFERENCIA (ART. 150.2 CE)

El art. 150.2 CE permite delegar o transferir a las CC.AA., mediante ley orgánica, facultades correspondientes a materias de titularidad estatal que por su propia naturaleza sean susceptibles de delegación o transferencia, habiendo de prever el traspaso de medios financieros y las formas de control que se reserve el Estado. El carácter extraestaturario de esta técnica descentralizadora determina que una ley orgánica basada en el precepto no puede modificar un Estatuto de Autonomía (STC 56/1990, de 29 de marzo, FJ 5). Inversamente, un Estatuto puede derogar implícitamente una previa ley orgánica de delegación o transferencia, si el texto estatutario asume como propias facultades que anteriormente hubieran sido objeto de delegación o transferencia.

Debates doctrinales aparte, el límite en torno a que las facultades estatales sean por su propia naturaleza susceptibles de delegación o transferencia no ha impedido que lo hayan sido varias de las expresamente reservadas al Estado por el art. 149.1 CE, y no solo de las llamadas "residuales" *ex* art. 149.3 CE. La praxis también ha desdibujado la distinción entre delegación y transferencia, pese a que el art. 153.b) CE se refiera al control gubernamental, con inter- 2023
vención del Consejo de Estado, solo en el primer caso, pues las diversas Leyes orgánicas de transferencia dictadas hasta el momento también han previsto un control estatal: atribuir al Gobierno central la potestad para suspender la transferencia (al igual que ha sucedido, *mutatis mutandis*, en las leyes orgánicas de delegación), dando cuenta a las Cortes Generales para resolución sobre la revocación definitiva. Por otro lado, las leyes orgánicas que hasta ahora se han dictado al amparo del art. 150.2 CE, se denominen de delegación o de transferencia, obligan a las CC.AA. destinatarias a informar a la Administración General del Estado sobre la gestión de los servicios delegados o transferidos, y a mantener igual eficacia que el Estado.

El art. 150.2 CE no limita las facultades atribuibles a su amparo a las CC.AA. sólo a las ejecutivas o administrativas, a diferencia del art. 150.1, que únicamente permite que lo sean facultades legislativas. Ciertamente, la delegación o transferencia de facultades jurisdiccionales queda vedada por el art. 117.5 (principio de unidad jurisdiccional). Pero ni el art. 150.2 ni otros preceptos constitucionales se oponen a que las facultades delegables o transferibles a las CC.AA. puedan ser legislativas. Ahora bien, el ejercicio autonómico de facultades legislativas delegadas o transferidas no puede quedar sometido a un marco de principios, bases o directrices fijados en la misma ley orgánica de delegación o transferencia, pues en tal caso el precepto constitucional de aplicación sería el art. 150.1, y la norma estatal atributiva habría de ser una

Ley marco, la cual, como ya se ha visto, es ley ordinaria. Sí ha acontecido con cierta frecuencia en la práctica que una Ley orgánica basada en el art. 150.2 CE combine la atribución, a la CA o CC.AA. destinatarias, de facultades de desarrollo legislativo y ejecución de la normativa básica estatal, de facultades exclusivas (esto es, legislación plena y ejecución), y de mera ejecución de la legislación del Estado.

Así ha sido en el caso de las Leyes orgánicas de transferencia: la LOTRACA (Ley orgánica 11/1982, de 10 de agosto, de transferencias complementarias a Canarias) y en la LOTRAVA (Ley orgánica 11/1982, de transferencia a la Comunidad Valenciana de competencias en materia de titularidad estatal), que se dictaron para igualar las competencias de una y otra Comunidad con respecto a las que asumieron las Comunidades creadas por la vía del art. 151 CE, a cambio de que Canarias y Valencia renunciaran a esta última modalidad de acceso a la autonomía y siguieran la del art. 143, todo ello como consecuencia de los Acuerdos Autonómicos de 1981. Ambas Leyes orgánicas, como es sabido, ya no se hallan vigentes: por expresa derogación en el caso de la LOTRAVA (Ley orgánica 12/1994, de 24 de marzo, dictada tras la reforma del Estatuto valenciano ese mismo año, que supuso la asunción estatutaria de
2024 dichas facultades previamente transferidas por vía extraestatutaria), mientras que la LOTRACA fue tácitamente derogada por la reforma del Estatuto canario (Ley orgánica 4/1996, de 30 de diciembre), que asumió como propias dichas facultades previamente atribuidas por esta vía extraestatutaria, sin venir acompañada por expresa y distinta LO de derogación explícita.

La heterogeneidad de los tipos funcionales objeto de atribución se dio también en la Ley orgánica 9/1992, de 23 de diciembre, de transferencia de competencias a CC.AA. que accedieron a la autonomía por la vía del art. 143 CE. Dicha ley orgánica igualmente fue producto de unos Acuerdos Autonómicos, los de 1992, para homogeneizar y racionalizar los niveles competenciales de las autonomías territoriales elevando los de las Comunidades "de segundo grado" o "de vía lenta" (sin perjuicio de las competencias adicionales ligadas a los "hechos diferenciales" en las Comunidades que cuentan con ellos). Posteriormente, se incorporarían a los respectivos Estatutos de Autonomía estas competencias así transferidas, transformándose en estatutarias, mediante la reforma parcial de todos ellos entre 1994 y 1999. Otras dos Leyes orgánicas, de transferencia de competencias estatales a Galicia (16/1995, de 27 de diciembre, y 6/1999, de 6 de abril, hoy vigentes) respondieron al mismo designio racionalizador de nivelación competencial con las demás CC.AA., atribuyendo a la gallega facultades de que ya disponían otras.

Además de las anteriormente citadas, sobre la base del art. 150.2 CE se han dictado también las leyes orgánicas 5/1987, de 30 de julio, de Delegación de Facultades del Estado en las CC.AA. en relación con los transportes por carretera y por cable, y 6/1997, de 15 de diciembre, de Transferencia de Competencias Ejecutivas en Materia de Tráfico y Circulación de Vehículos a Motor a la Comunidad Autónoma de Cataluña, las dos vigentes en la actualidad.

III. LAS LEYES DE ARMONIZACIÓN (ART. 150.3 CE)

Como último mecanismo extraestatutario con incidencia sobre el ejercicio competencial autonómico, el art. 150.3 CE, en clave restrictiva esta vez, regula las leyes de armonización. El cometido de estas leyes radica en la fijación estatal de principios para armonizar las normas legislativas de las CC.AA., en atención a razones de interés general cuya necesidad deben apreciar las Cortes Generales por mayoría absoluta de cada Cámara. Al igual que sucede con los principios, bases y directrices de una ley marco, los principios contenidos en una ley de armonización carecerán de efecto directo sobre los destinatarios finales de las normas legislativas autonómicas afectadas, proyectándose su despliegue sobre la validez de estas últimas. Y también a semejanza de las leyes marco, las de armonización forman parte del bloque de la constitucionalidad, dado que poseen una incidencia moduladora sobre el reparto estatutario de competencias entre Estado y CC.AA. 2025

Las divergencias esenciales entre unas y otras radican en la circunstancia de que las leyes de armonización sólo pueden recaer sobre materias de competencia (legislativa) autonómica, al contrario que las leyes marco, que únicamente pueden hacerlo sobre las de titularidad estatal. También en que las de armonización, lejos de ser un mecanismo de ampliación competencial autonómica como sí lo son las leyes marco, resultan ser justamente lo contrario: integran un instrumento de restricción o condicionamiento de tales competencias. Y, en tercer y último lugar, la ley de armonización, a diferencia de la ley marco, no es una ley habilitante del dictado de normas legislativas por las CC.AA. destinatarias, pues de serlo, la técnica aplicar tendría que ser, precisamente, la de la ley marco, y no la de la ley de armonización, que está pensada, más bien, para condicionar el ejercicio de competencias legislativas estatutarias de las CC.AA., horadando una vez más, en el sentido restrictivo recién expuesto, el principio de competencia.

Si bien la eficacia de la ley de armonización puede afectar a la elaboración posterior de nuevas normas legislativas autonómicas, en cuyo caso la inconstitucionalidad de estas por eventual incumplimiento de los principios armonizadores sería una inconstitucionalidad originaria (teniendo este rasgo en común con la ley marco), en cambio, cuando sus efectos invalidantes recaigan sobre normas legislativas de las CC.AA. dictadas con anterioridad a la propia ley estatal de armonización, la inconstitucionalidad en que dichas normas legislativas autonómicas puedan incurrir por oponerse a los principios armonizadores de fijación estatal será sobrevenida, y con nulidad *ex nunc*. Cualquier previsión de aplicación retroactiva de una ley de armonización, extendiendo los efectos de la inconstitucionalidad a situaciones jurídicas nacidas al amparo de la norma legislativa autonómica sobrevenidamente contraria a aquella antes de que esa inconstitucionalidad sobreviniese (es decir, a situaciones jurídicas nacidas y extinguidas al amparo de la norma legislativa autonómica antes de que la ley armonizadora estatal se halle vigente), además de difícilmente concebible en términos jurídicos por tratarse de materias de titularidad de las CC.AA. en las que no cabe exigir a estas un ejercicio competencial "profético" que considere y anticipe el contenido de una hipotética ley estatal armonizadora futura *ex* art. 150.3 CE, debería en todo caso ajustarse a los parámetros generales de irretroactividad y seguridad jurídica que derivan del art. 9.3 CE.

El hasta ahora único intento formalizado de aprobar una ley de armoni-
2026 zación fracasó a inicios de la década de los ochenta del pasado siglo (el denominado Proyecto LOAPA, o Proyecto de Ley Orgánica de Armonización del Proceso Autonómico), dada la restrictiva interpretación que dio al art. 150.3 CE la Sentencia que declaró inconstitucional dicho Proyecto (la célebre STC 76/1983, dictada a resultas del recurso previo de inconstitucionalidad en su modalidad procesal entonces vigente). Dicha Sentencia abordó en su Fundamento Jurídico 3 los supuestos en que cabe dictar una Ley de armonización, y lo hizo de una forma tan limitadora que nunca hasta la fecha se ha repetido el intento de aprobar otra Ley con tal carácter. Según se dice en la resolución, el art. 150.3 CE es una norma de cierre del sistema, aplicable únicamente cuando el legislador estatal no disponga de otros cauces constitucionales para el ejercicio de su potestad legislativa, o los que haya no sean suficientes para garantizar la armonía exigida por el interés general, pues en otro caso el interés concreto que se pretende tutelar, y que justificaría la utilización de la técnica armonizadora, se confunde con el mismo interés general que ya fue tenido en cuenta por el poder constituyente al fijar el sistema de distribución de competencias entre el Estado y las CC.AA. Las Leyes de armonización vienen a complementar, no a suplantar, las demás previsiones constitucionales, a juicio del TC.

En cuanto al tipo de competencias autonómicas que pueden verse sujetas a armonización en virtud del art. 150.3 CE, la Sentencia 76/1983 señala en el mismo Fundamento Jurídico (el tercero) que pueden ser tanto competencias autonómicas exclusivas (plenitud de la legislación, más la ejecución, sobre la materia) como competencias (legislativas) compartidas con el Estado. Siempre que, respecto a estas últimas, se aprecie que el sistema de distribución de competencias es insuficiente para evitar que la diversidad de disposiciones normativas de las CC.AA. produzca una desarmonía contraria al interés general de la Nación.

Además, el Fundamento cuarto de la misma Sentencia rechaza que una Ley de armonización pueda aclarar o interpretar las posibles ambigüedades de los Estatutos, o delimitar las competencias del poder central y de las nacionalidades y regiones (como intentaba hacer el proyecto de LOAPA), pues la función de interpretar la Constitución corresponde, de acuerdo con lo establecido en ella misma y en la LOTC, al TC. Se aduce en tal sentido que no corresponde al Estado dictar leyes que incidan en el ámbito competencial de las Comunidades interponiéndose entre la Constitución y los Estatutos de Autonomía, algo que, por tanto, no pueden hacer las Leyes de armonización. El legislador estatal en general, y particularmente el de armonización de normas legislativas autonómicas, carece de capacidad para dictar normas relativas al ámbito competencial de las CC.AA. que precisen el alcance de los conceptos jurídicos utilizados en el texto constitucional, integren las determinaciones constitucionales, o incidan directamente sobre el sistema de distribución de competencias previsto en la Constitución, sin una atribución realizada por la misma de forma expresa. A decir de la STC 76/1983, las Cortes Generales no pueden situarse en el mismo plano que el poder constituyente realizando actos propios de este, salvo en el caso en que la propia Constitución les atribuya alguna función constituyente (ejemplificativamente, las relacionadas con la reforma constitucional, previstas en el Título X). La distinción entre poder constituyente y poderes constituidos no opera tan solo en el momento de establecerse la Constitución, sostiene la Sentencia, sino que es permanente y supone un límite a la potestad del legislador estatal en general, y en particular, al legislador de armonización.

El art. 147.2 d) CE confía a los Estatutos de Autonomía la determinación de "las competencias asumidas dentro del marco establecido en la Constitución". Y aunque esa reserva estatutaria no es total o absoluta, pues el bloque de la constitucionalidad comprende otras leyes estatales con contenido atributivo o delimitador de las competencias de las CC.AA., entre ellas las de armonización a que se refiere el art. 150.3 CE, las Cortes Generales, afirma la Sentencia, deberán situarse dentro de los límites que resultan del mencionado precepto: concurrencia de una situación de interés general que haga necesaria la adopción de una ley de armonización, apreciación de esa necesidad por mayoría absoluta del Congreso de los Diputados y del Senado, que el Estado carezca de otra competencia para adoptar la regulación, que la Ley estatal armonizadora se limite a establecer los principios a que deban atenerse las normas legislativas de las CC.AA. aun en materias de competencia legislativa exclusiva de estas, y que la adopción de una Ley de armonización no suponga un intento de ejercer el poder constituyente mediante la aprobación de normas únicamente dirigidas a fijar una interpretación posible de los términos y conceptos constitucionales, o a suplir eventuales lagunas en la Constitución (labores que, en ambos casos, corresponden al poder constituyente, y en el primero, también al TC).

Igualmente aclaró la STC 76/1983 que una ley de armonización no ha de ser necesariamente orgánica, sino solo cuando su regulación incida sobre materias constitucionalmente reservadas a esta última fuente.

IV. BIBLIOGRAFÍA

AJA, E., TORNOS MAS, J.: "La Ley orgánica de Transferencia o Delegación del art. 150.2 de la CE", *Documentación Administrativa*, núm. 232-233, 1992-1993, pp. 185-196.

ALONSO DE ANTONIO, J. A.: "Las leyes marco como fórmula constitucional no estatutaria de ampliación de las competencias de las CC.AA. El Art. 150.1 CE", *Revista de la Facultad de Derecho de la Universidad Complutense*, monográfico núm. 4, 1981, pp. 103-158.

CRUZ VILLALÓN, P.: "¿Reserva de Constitución? Comentario al Fundamento Jurídico cuarto de la Sentencia del TC 76/1983, de 5 de agosto, sobre la LOAPA", *Revista Española de Derecho Constitucional*, núm. 9, 1983, pp. 185-208.

DONAIRE VILLA, F. J.: *La Ley marco. Teoría y práctica constitucional*, Centro de Estudios Políticos y Constitucionales, Madrid, 2009.

V. JURISPRUDENCIA

STC 76/1983, de 5 de agosto.
STC 17/1990, de 7 de febrero.
STC 56/1990, de 29 de marzo.
STC 23/1993, de 21 de enero.
STC 118/1996, de 27 de junio.
STC 197/1996, de 28 de noviembre.

Artículo 151

1. No será preciso dejar transcurrir el plazo de cinco años, a que se refiere el apartado 2 del artículo 148, cuando la iniciativa del proceso autonómico sea acordada dentro del plazo del artículo 143.2, además de por las Diputaciones o los órganos interinsulares correspondientes, por las tres cuartas partes de los municipios de cada una de las provincias afectadas que representen, al menos, la mayoría del censo electoral de cada una de ellas y dicha iniciativa sea ratificada mediante referéndum por el voto afirmativo de la mayoría absoluta de los electores de cada provincia en los términos que establezca una ley orgánica.

2. En el supuesto previsto en el apartado anterior, el procedimiento para la elaboración del Estatuto será el siguiente:

1.º El Gobierno convocará a todos los Diputados y Senadores elegidos en las circunscripciones comprendidas en el ámbito territorial que pretenda acceder al autogobierno, para que se constituyan en Asamblea, a los solos efectos de elaborar el correspondiente proyecto de Estatuto de autonomía, mediante el acuerdo de la mayoría absoluta de sus miembros.

2.º Aprobado el proyecto de Estatuto por la Asamblea de Parlamentarios, se remitirá a la Comisión Constitucional del Congreso, la cual, dentro del plazo de dos meses, lo examinará con el concurso y asistencia de una delegación de la Asamblea proponente para determinar de común acuerdo su formulación definitiva.

3.º Si se alcanzare dicho acuerdo, el texto resultante será sometido a referéndum del cuerpo electoral de las provincias comprendidas en el ámbito territorial del proyectado Estatuto.

4.º Si el proyecto de Estatuto es aprobado en cada provincia por la mayoría de los votos válidamente emitidos, será elevado a las Cortes Generales. Los plenos de ambas Cámaras decidirán sobre el texto mediante un voto de ratificación. Aprobado el Estatuto, el Rey lo sancionará y lo promulgará como ley.

5.º De no alcanzarse el acuerdo a que se refiere el apartado 2 de este número, el proyecto de Estatuto será tramitado como proyecto de ley ante las Cortes Generales. El texto aprobado por éstas será sometido a referéndum del cuerpo electoral de las provincias comprendidas en el ámbito territorial del proyectado Estatuto. En caso de ser aprobado por la mayoría de los votos válidamente emitidos en cada provincia, procederá su promulgación en los términos del párrafo anterior.

3. En los casos de los párrafos 4.º y 5.º del apartado anterior, la no aprobación del proyecto de Estatuto por una o varias provincias no impedirá la constitución entre las restantes de la Comunidad Autónoma proyectada, en la forma que establezca la ley orgánica prevista en el apartado 1 de este artículo.

COMENTARIO

Gerardo Ruiz-Rico Ruiz
Catedrático de Derecho Constitucional
Universidad de Jaén

SUMARIO: I. LA VÍA RÁPIDA DE ACCESO A LA AUTONOMÍA. II. LAS ESPECIALIDADES DEL ARTÍCULO 151 PARA LA APROBACIÓN DEL ESTATUTO DE AUTONOMÍA. III. EFECTOS DIRECTOS Y "COLATERALES" DE LA UTILIZACIÓN DEL ARTÍCULO 151. IV. EL CASO EXCEPCIONAL DE ANDALUCÍA Y LAS DIFICULTADES QUE SE PRESENTARON EN EL PROCESO DE INICIATIVA AUTONÓMICA. V. BIBLIOGRAFÍA.

I. LA VÍA RÁPIDA DE ACCESO A LA AUTONOMÍA

El artículo 151 es una de esas cláusulas de la Constitución española de 1978 (CE) afectadas por una inevitable obsolescencia. Aplicado como vía prácticamente excepcional para acceder al autogobierno territorial, pierde su razón de estar una vez concluido el proceso de construcción del Estado Autonómico. Su naturaleza exclusivamente procedimental lo convierte —junto a otras disposiciones del Título VIII— en una norma de vigencia temporal, a
2030 partir del momento en que se termina de confeccionar el mapa del modelo territorial.

El precepto contiene dos tipos de reglas procesales singulares. La primera referida a las condiciones para la puesta en marcha del proceso autonómico, es decir, para la constitución como Comunidad Autónoma. La segunda implanta una fórmula singular y específica para la aprobación de los Estatutos de Autonomía (EEAA).

Como sistema "agravado" de acceso a la autonomía, el artículo 151 impone un mecanismo cuya finalidad última está orientada a facilitar el máximo nivel competencial de la Comunidad Autónoma, de forma automática y sin necesidad de esperar el plazo previsto en el artículo 148.2. En este último se articulaba la fórmula para alcanzar ese mismo nivel de autogobierno, si bien de manera "diferida", tras un plazo de cinco años y mediante reforma de los Estatutos de Autonomía (EEAA). De igual modo se estaba programando allí, indirectamente, un proceso de homogeneización en la esfera funcional entre Comunidades (CC.AA.); la equiparación en el terreno funcional entre las que se hubieran creado conforme a la vía rápida del artículo 151, y las que —fueron mayoría— utilizaran un procedimiento que parecía haber previsto el constituyente regla "normal" para ejercer el derecho a la autonomía (artículo 141, CE).

En lo que respecta a la primera etapa del proceso autonómico, la iniciativa del proceso autonómico correspondía, además de a todas las Diputaciones de las provincias, a las dos terceras parte de sus municipios. Pero el artículo 151 elevaba el nivel de consenso necesario, al exigir el acuerdo de las tres cuartas partes de los municipios de cada una de las provincias afectadas que representaran al menos a la mayoría del censo electoral de cada una de las provincias. La diferencia cualitativa esencial entre las dos fórmulas de creación de una Comunidad Autónoma, constitucionalizadas en esos dos preceptos (143 y 151), radica en la obligatoriedad —en la segunda de ellas— de convocar un referéndum para la aprobación, y en su caso reforma, del Estatuto de Autonomía (EA). La particularidad de esta consulta respecto de cualquier otra de las contempladas en el texto constitucional se encuentra en el quorum necesario para la aprobación de la iniciativa autonómica: voto afirmativo de la mayoría absoluta de los electores de cada provincia.

II. LAS ESPECIALIDADES DEL ARTÍCULO 151 PARA LA APROBACIÓN DEL ESTATUTO DE AUTONOMÍA

El precepto en cuestión contiene una segunda clase de requisitos para la aprobación de los Estatutos por las CC.AA. que escogieran esta vía excepcional de acceso a la autonomía. Aunque el resultado siempre sea idéntico, ya que todas las normas estatutarias se aprueban mediante Ley Orgánica, difiere en algunos aspectos —no sustanciales— respecto del previsto por el 143. En todo caso, el método señalado por el artículo 151 intenta reforzar la participación y el papel de la voluntad autonómica en la etapa de elaboración y redacción de la que será la futura norma institucional básica de la Comunidad.

Conforme a la vía señalada por el artículo 151, la elaboración del proyecto de Estatuto contiene algunas particularidades respecto del procedimiento que podríamos denominar como "genérico" del artículo 143. Se inicia con la intervención de una "Asamblea" de parlamentarios (diputados y senadores), que han sido elegidos en las circunscripciones provinciales desde las que se ha impulsado la vía rápida de acceso al autogobierno. Un tanto paradójicamente, la CE no le proporciona sin embargo la capacidad para auto-convocarse, sino no que reserva esa iniciativa al Gobierno del Estado. No se trata en realidad de una institución de carácter parlamentario propiamente dicha, sino de una instancia representativa que actúa y decide "en Asamblea", y *"a los solos efectos de elaborar el correspondiente proyecto de Estatuto de Autonomía"* (apartado 2-1º). La norma constitucional fija además una mayoría cualificada (mayoría absoluta) para la aprobación del texto; una exigencia que pretende garantizar un mínimo consenso mayoritario en el seno de la Asamblea proponente.

Una vez aprobado aquél, el paso siguiente será su remisión al Congreso de los Diputados, en cuya Comisión Constitucional se examina, *"con el concurso y asistencia de una delegación de la Asamblea proponente"*. La CE marca en este punto un plazo de tiempo máximo e insuperable de dos meses para llegar a un acuerdo. El papel de esa representación autonómica no se limita sólo a la presentación del proyecto ante los representantes estatales y la simple asistencia al debate que tenga lugar en la Comisión. Como interlocutor de las aspiraciones de la Comunidad tiene en principio la capacidad de negociación con los representantes del Estado, para concertar en común con estos últimos el texto final del Estatuto.

Pero ante la eventualidad de discrepancias o bloqueo entre las dos instancias representativas (delegación y Comisión) que intervienen en el proceso, la CE traslada el protagonismo al Gobierno central. El enunciado del artículo 151.2.5º no deja lugar a las dudas de que la vía alternativa frente a la imposibilidad de lograr un acuerdo sobre el texto del Estatuto será la de su tramitación como "proyecto de ley". De manera algo incomprensible —a nuestro juicio— el constituyente optó por una solución aparentemente salomónica, pero donde realmente se privilegia la potestad del Ejecutivo para imponer una redacción que no cuenta a priori con el respaldo de ninguna instancia de representación política, sea estatal (Congreso) como autonómica (Asamblea).

El procedimiento concluye con una nueva y segunda consulta popular, de carácter referendario, sobre el proyecto de Estatuto. El ámbito territorial viene marcado lógicamente por las provincias que van a constituirse como Comunidad Autónoma. Pero en este otro caso, no se va a exigir el quorum y la mayoría cualificados que se han previsto en el mismo precepto para la aprobación popular de la iniciativa autonómica. El Estatuto se considera aprobado cuando cuente *"en cada provincia por la mayoría de los votos válidamente emitidos"*.

De todos modos, al margen de que se imponga un nivel relativo o mínimo de aceptación popular (mayoría simple), la implantación de este instituto de democracia directa viene reforzar ciertamente la legitimación democrática de esta modalidad de proceso estatuyente. Este último concluye en la esfera parlamentaria con el *voto de ratificación* definitivo por ambas Cámaras (Congreso y Senado). Resulta llamativa en este sentido la demostración una vez más de bicameralismo imperfecto que caracteriza el sistema parlamentario español; como se puede observar, el papel del Senado —en teoría la *Cámara de representación territorial* (art. 69.1)— se circunscribe en exclusiva a manifestar una opinión devaluada —la "ratificación"— sobre un proyecto estatutario en esta fase última de la tramitación, sin haber podido participar en el debate y redacción del texto definitivo que se propuso en referéndum.

Aunque no se indique de forma expresa en el enunciado del artículo 151, esa ratificación deberá contar con un respaldo cualificado de los plenos de ambas Cámaras (mayoría absoluta), ya que todos los EEAA —con independencia del procedimiento escogido para su aprobación— adoptan la forma de leyes orgánicas; una consigna constitucional que se contiene en relación con la reserva material de esta categoría de fuentes normativas (art. 81.1, CE).

Finalmente, la intervención del electorado de la Comunidad, tanto en la aprobación como después en la reforma del Estatuto de Autonomía, tiene una importancia que supera la mera dimensión procedimental. Implica en último extremo la incapacidad para el Estado para "disponer" de la norma estatutaria proyectada. No tanto porque la fijación de su contenido ha sido —provisionalmente— delimitado y propuesto por la Asamblea Legislativa de la Comunidad, lo que representa ya una voluntad política de necesaria toma en consideración después por el Parlamento central; principalmente porque la decisión última va a corresponder al electorado de aquélla, en un pronunciamiento (referéndum) que tiene carácter necesario y vinculante, y sobre el cual —tal y como reconoce el art. 151.4— el Congreso y Senado sólo pueden expresar un *voto de ratificación*.

III. EFECTOS DIRECTOS Y "COLATERALES" DE LA UTILIZACIÓN DEL ARTÍCULO 151

Para comprender el alcance —y finalidad implícita— que tiene la implantación de este procedimiento en cierto modo extraordinario de acceso al autogobierno, es imprescindible traer a colación y analizar su relación con otras disposiciones constitucionales.

Nos referimos en primer lugar a la previsión comprendida en el enunciado de la Disposición Transitoria Segunda, donde se exime indirectamente de la fase de consulta referendaria a *"los territorios que en el pasado hubiesen plebiscitado afirmativamente proyectos de Estatuto de Autonomía"*. La CE imponía únicamente como exigencia procedimental que fueran sus respectivos regímenes provisionales de autonomía los que aprobaran esa ampliación competencial por mayoría absoluta. Aunque ubicado fuera del Título VIII, no se puede negar la importancia que tiene en la implantación en una esfera constitucional de este componente asimétrico del modelo territorial. En efecto, la mención que implícitamente se hace aquí a las —llamadas después— "Comunidades históricas" (Cataluña, País vasco, Galicia) tiene consecuencias que traspasan la dimensión puramente procedimental, activada durante la etapa inicial de construcción del Estado Autonómico. El constituyente parece estar dando forma a una categoría especial de CC.AA., a las se le conceden la oportunidad para obtener, desde la línea de salida, el máximo nivel competencial.

Pero con este método de accesión al autogobierno, privilegiado sin duda, se va a marcar asimismo una línea divisoria, con proyección hacia el futuro, entre Comunidades de "vía rápida" (o como se las ha denominado también, del 151) y las demás entidades llamadas de "régimen común" o "vía lenta". Porque esta diferenciación no va afectar sólo a la agilización del procedimiento de creación de la Comunidad y la aprobación de su EA, así como a la posibilidad de disfrutar desde el comienzo del máximo grado de autonomía. Por el contrario, la selección que efectúa la Disposición Transitoria va a condicionar en buena medida la evolución posterior de la organización territorial, al configurarse como una seña de identidad en la que después se intentarán legitimar aspiraciones de diferenciación institucional y competencial; y algunas incluso de carácter "global" (G. Trujillo) más cercanas a la cosoberanía o la autodeterminación. De este modo, la combinación del artículo 151 con la Disposición Transitoria Segunda de la CE implanta unas especialidades que bloquean, indirectamente, la posibilidad de diseñar el Estado autonómico sobre la base del principio de homogeneidad.

Otra de las consecuencias "diferidas" del artículo 151 se refiere al carácter obligatorio o prescriptivo que tiene este tipo de referéndum de ámbito territorial, como trámite ineludible además en posteriores procesos de reforma estatutaria para aquellas Comunidades a las que fue aplicado durante su etapa fundacional. Para las demás Comunidades la celebración de esa consulta será potestativa, por lo que su celebración tendrá lugar sólo y cuando así lo determinen sus respectivos EEAA (Valencia, Extremadura, Aragón). Esta doble metodología tiene base en la directriz constitucional establecida en el artículo (art. 152-2º, CE).

La opción procesal del artículo 151 tiene un efecto "colateral" pero cualitativamente decisivo para la forma de gobierno autonómica. En su conexión con el artículo 152 determina un subsistema de gobierno que resulta vinculante para la Comunidad que haya elegido esta vía de acceso a la autonomía. Implanta, sin posibilidad de desviación, una estructura organizativa que responde a las características de una forma típica de parlamentarismo. Sin duda, la constitucionalización de este diseño estructural básico o mínimo va a representar una limitación, presente y futura, en la capacidad autoorganizativa de la Comunidad. No cabe, por tanto, sin una previa reforma constitucional, intentar la configuración estatutaria de una forma de gobierno alternativa o distinta a la parlamentaria —modelo presidencial o semipresencial— prevista de un modo prescriptivo para las Comunidades del 151. Por el contrario, aquellas otras que hayan activado la vía de acceso del artículo 143 (o 144), cuentan con una mayor —al menos en teoría y constitucionalmente— libertad de elección en cuanto al sistema de gobierno propio.

No obstante, la experiencia evolutiva pone de manifiesto que esta diferencia sería a la postre más teórica que real. En el ámbito institucional el conjunto de Comunidades ha adoptado, con independencia del procedimiento de iniciativa autonómica elegido, las directrices marcadas en el artículo 152 de la CE, y en consecuencia todas se organizan políticamente conforme a las reglas características de un modelo parlamentario de gobierno.

Pero en ningún caso, sería correcto intentar instrumentalizar el empleo de la vía del artículo 151 de la CE para apoyar la legitimidad constitucional de un estatus diferencial entre CC.AA., sobre la base de la —sólo en teoría— superior calidad del autogobierno obtenido por esta vía. La división que se produce entre aquéllas limitaría sus efectos al procedimiento de accesión a la autonomía, y en consecuencia también a la ralentización temporal (cinco años) para lograr el mayor nivel de competencias estatutarias. Sin embargo, esta vía lenta, generalizada a partir de entonces, no impediría que se aprobaran algunas leyes de transferencias (LOTRAVA, LOTRACA), para dar respuesta a las Comunidades más reivindicativas, a las que se negó la utilización de la adopción del 151, como consecuencia de los pactos autonómicos de las fuerzas políticas mayoritarias en el Parlamento del Estado.

Por otro lado, los efectos del procedimiento de vía rápida afectan también a las posibilidades evolutivas de la forma de gobierno de aquellas Comunidades que escogieron o a las que se les aplicó por expresa directriz constitucional. En efecto, su conexión directa con el artículo 152 implica *encorsetamiento organizativo* que obstaculiza la posibilidad de rediseñar el modelo político diseñado en el segundo de los preceptos; sin duda de manera muy sintética, pero con los elementos característicos una específica forma de gobierno (parlamentaria).

En general la mayor rigurosidad de las condiciones constitucionales, programadas fundamentalmente para la creación de las CC.AA. que accedieran por la vía del artículo 151, acaba teniendo una proyección más allá de la fase fundacional del Estado Autonómico. En especial, la inevitable celebración de una consulta referendaria va a suponer siempre una dificultad adicional, que en la práctica puede impedir adaptaciones necesarias y convenientes de sus normas estatutarias. Se trata pues de una de las "secuelas constitucionales" del proceso autonómico cuya alteración resulta imposible sin una previa reforma del texto fundamental. Pero además de una garantía procesal que asegura la voluntad autonómica y "indisponibilidad" para el Estado, el referéndum juega también como un factor disuasorio para promover reformas estatutarias que, aun cuando lleguen a contar con mayorías cualificadas, ese alto consenso parlamentario deberá traducirse después en el apoyo popular imprescindible para su aprobación.

A pesar de los inconvenientes que pueda presentar la activación de un instituto de democracia directa, el hecho de haber empleado este método de acceso a la autonomía refuerza la dosis de legitimidad democrática de las eventuales y futuras revisiones de EEAA aprobado inicialmente por el procedimiento del artículo 151. Afortunadamente, una de las últimas modificaciones de la Ley Orgánica del Tribunal Constitucional del año 2015 (LO 12/2015) ha conseguido eliminar el mayor riesgo de que se produzca una "colisión de legitimidades"; la jurisdiccional por un lado frente a la parlamentaria (Cortes Generales), y por otro frente a la popular (referéndum). La reimplantación del recurso previo de inconstitucionalidad sobre proyectos de reforma estatutaria evita que se llegue a producir una evaluación negativa por parte del máximo garante e intérprete de la Constitución de una norma, cuando ésta cuenta ya con el pronunciamiento favorable de la mayoría del Parlamento nacional y del electorado de la Comunidad.

IV. EL CASO EXCEPCIONAL DE ANDALUCÍA Y LAS DIFICULTADES QUE SE PRESENTARON EN EL PROCESO DE INICIATIVA AUTONÓMICA

Las condiciones impuestas constitucionalmente para emplear el artículo 151 suponían un nivel de dificultad demasiado elevado como para prever que se convirtiera en la vía normal de acceso al autogobierno. Las exigencias que impuso el constituyente para la constitución de Comunidades Autónomas con un elevado estándar competencial lo convirtieron de hecho en un procedimiento excepcional, utilizado —en su totalidad— únicamente por Andalucía.

Ante la eclosión de iniciativas autonómicas que se produjeron durante el proceso de construcción del Estado Autonómico, a través de los Pactos autonómicos de 1981 se opera un primer intento racionalizador con un doble objetivo. De un lado, posibilitar el acceso a la autonomía por la denominada vía rápida de Andalucía y Galicia cuyas iniciativas autonómicas habían quedado bloqueadas por diversos motivos. De otra parte, estos acuerdos supusieron un freno a las aspiraciones de mayor autonomía de Canarias y Valencia, que habían comenzado a desarrollar el procedimiento previsto en el artículo 151 CE, aunque luego sus demandas de autogobierno fueron atendidas con las Leyes Orgánicas de Transferencias de competencias (artículo 150.2, CE). Las conocidas como LOTRACA y LOTRAVA permitieron incrementar notablemente el nivel competencial fijado previamente por los respectivos Estatutos aprobados conforme el procedimiento del artículo 143.

Los pactos sobre el modelo de organización territorial del Estado (1980, 1992) limitarán el alcance competencial y la dimensión institucional que implicaba la utilización de la "vía rápida". En primer lugar, con la generalización a todas las Comunidades de la estructura político-institucional que parecía reservada inicialmente a las Comunidades del 151; y más tarde con la homogeneización de un sistema de competencias, seccionado temporalmente por la creación de dos clases de entidades territoriales en base al procedimiento de acceso al autogobierno utilizado para su creación. A partir de las reformas estatutarias que se aprueban con motivo de la segunda edición de los acuerdos, se produce una notable equiparación funcional de las Comunidades "del 143" con las de vía rápida o "del 151".

En el caso de la Comunidad Autónoma de Andalucía la principal problemática se va a originar con la aplicación de una de las rigurosas previsiones que la CE y la Ley Orgánica de Modalidades de Referéndum (art. 8 LODMR) imponían en materia de quórum de participación y apoyo popular (mayoría absoluta), además del sistema de votación "por provincias". De este modo, no se podía considerar ratificada la iniciativa autonómica sino se lograba una participación y aprobación por mayoría absoluta de los electores, y esa mayoría cualificada se obtenía en todas y cada una de las provincias. Además, el incumplimiento de esas condiciones implicaba una especie de penalización, contenida en el artículo 8.4 de la LODMR, ya que este impedía reiterar el proceso de iniciativa autonómica durante el plazo de cinco años, lo que bloqueaba por tanto la denegación del autogobierno y la creación a priori como Comunidad Autonomía.

La consulta se celebraría el 28 de febrero de 1980, con un resultado que no cumplía con los requisitos marcados por la CE y la Ley Orgánica. En una de las provincias —Almería— que formaban parte de la futura Comunidad no llegaría a alcanzarse la mayoría de votos exigida (faltaron 22.750 votos afirmativos para lograr ese porcentaje). Obviamente no tenía sentido aplicar las graves consecuencias que se preveían legalmente a una iniciativa autonómica que había superado ampliamente ese alto porcentaje de aceptación en el resto de las provincias. El riesgo de bloqueo activaría entonces una solución "política" que se plasmaría en la esfera parlamentaria en forma de dos leyes: la Ley Orgánica 12/1980, de reforma de la Ley Orgánica de Modalidades de Referéndum y Ley Orgánica 13/1980 de sustitución en la provincia de Almería de la iniciativa autonómica.

Con estas normas se instalaba una fórmula de sustitución de la iniciativa que no había podido ser ratificada en la provincia de Almería, por la que podían emprender las Cortes Generales, mediante una fórmula que pretendía garantizar una legitimación política y jurídica: entender ratificada la iniciativa en las demás provincias donde sí se hubiera superado la mayoría exigida por el artículo 151, la solicitud de los Diputados y Senadores de la provincia donde había fracasado, y por último la aprobación mediante Ley Orgánica de esta operación.

Andalucía será por lo tanto la única Comunidad que aplica en su totalidad las previsiones del artículo 151 de la CE; esto es, el doble procedimiento de iniciativa autonómica y de aprobación del Estatuto de Autonomía. Cataluña, País Vasco y Galicia, utilizaron la vía contemplada en disposición transitoria 2.ª CE. Por su parte, Navarra activa el mecanismo previsto en la Disposición adicional 1.ª, mediante el cual se llevaría a cabo una "actualización" —o como titula la LO 13/1982— reintegración y amejoramiento de su régimen foral. Los demás proyectos constitutivos de entidades autonómicas se implementaron conforme a los requisitos y formalidades procesales estipuladas en el artículo 143 (CE). Se llegan a emplear no obstante algunos procesos singulares en caso como Madrid (vía del artículo 141.1.a) y Castilla-León (inclusión de Segovia por el procedimiento del art. 144.c), y finalmente Ceuta y Melilla (art. 144.*b*).

El proceso que conduce a la autonomía en Andalucía ha tenido una especial trascendencia en la construcción y posterior desarrollo del Estado Autonómico en España. Se puede afirmar que el artículo 151 sirvió indirectamente como fórmula para la afirmación un *hecho diferencial andaluz*, de naturaleza política y socioeconómica; esto es, una realidad diferencial que no se apoyaría por tanto en el tipo de particularismos cultural-lingüísticos que habían servido para justificar la creación de las llamadas "Comunidades históricas".

Pero son paradójicas las consecuencias de que una Comunidad llegara a utilizar, de manera excepcional, la vía del 151. La ejemplaridad del caso andaluz sirvió para impulsar un proceso de emulación competencial e institucional, generalizado en el resto de Comunidades que optaron por la vía lenta y ordinaria del artículo 143. Estas entidades territoriales encontraron una fuente de legitimación política en la ocasional aplicación del precepto por una comunidad sin "precedentes históricos". El resultado fue la generación de una tendencia simétrica del modelo territorial, en forma de constante propensión hacia la homogeneización o equiparación de los niveles organizativo y funcional del autogobierno.

V. BIBLIOGRAFÍA

AGUADO RENEDO, C.: "Artículo 151", en CASAS BAAMONDE, M. E., RODRÍGUEZ-PIÑERO Y BRAVO-FERRER, M. (dir.) *Comentarios a la Constitución española*, 2008, pp. 2519-2524.

AJA, E.: *Estado Autonómico y reforma federal*, Alianza Edit., 2014.

ARAGÓN REYES, M.: "La construcción del Estado Autonómico", *Cuadernos Constitucionales de la Cátedra Fadrique Furió Ceriol*, núm. 54/55, pp. 75-95.

CONTRERAS CARMONA, A.: "Artículo 151", en MUÑOZ MACHADO, M. (ed.), *Comentario mínimo a la Constitución española*, 2018, pp. 655-658.

GARCÍA DE ENTERRÍA, E.: "La Constitución y las Autonomías territoriales", en *Revista Española de Estudios Constitucionales*, núm. 25, 1989, pp. 17-34.

MUÑOZ MACHADO, S., REBOLLO PUIG, M.: *Comentarios al Estatuto de Autonomía de Andalucía*, Aranzadi, 2008.

RUIZ-RICO RUIZ, G.: *Los límites Constitucionales del Estado Autonómico*, Centro de Estudios Políticos y Constitucionales, 2001.

SOLOZÁBAL ECHEVARRÍA, J. J.: "El Estado Autonómico en perspectiva", en *Revista de Estudios Políticos*, núm. 124, 2004, pp. 9-28.

Artículo 152

1. En los Estatutos aprobados por el procedimiento a que se refiere el artículo anterior, la organización institucional autonómica se basará en una Asamblea Legislativa, elegida por sufragio universal, con arreglo a un sistema de representación proporcional que asegure, además, la representación de las diversas zonas del territorio; un Consejo de Gobierno con funciones ejecutivas y administrativas y un Presidente, elegido por la Asamblea, de entre sus miembros, y nombrado por el Rey, al que corresponde la dirección del Consejo de Gobierno, la suprema representación de la respectiva Comunidad y la ordinaria del Estado en aquélla. El Presidente y los miembros del Consejo de Gobierno serán políticamente responsables ante la Asamblea.

Un Tribunal Superior de Justicia, sin perjuicio de la jurisdicción que corresponde al Tribunal Supremo, culminará la organización judicial en el ámbito territorial de la Comunidad Autónoma. En los Estatutos de las Comunidades Autónomas podrán establecerse los supuestos y las formas de participación de aquéllas en la organización de las demarcaciones judiciales del territorio. Todo ello de conformidad con lo previsto en la ley orgánica del poder judicial y dentro de la unidad e independencia de éste.

Sin perjuicio de lo dispuesto en el artículo 123, las sucesivas instancias procesales, en su caso, se agotarán ante órganos judiciales radicados en el mismo territorio de la Comunidad Autónoma en que esté el órgano competente en primera instancia.

2. Una vez sancionados y promulgados los respectivos Estatutos, solamente podrán ser modificados mediante los procedimientos en ellos establecidos y con referéndum entre los electores inscritos en los censos correspondientes.

3. Mediante la agrupación de municipios limítrofes, los Estatutos podrán establecer circunscripciones territoriales propias, que gozarán de plena personalidad jurídica.

COMENTARIO

José Ignacio Navarro Méndez

Letrado-Secretario General adjunto del Parlamento de Canarias

SUMARIO: I. LA ORGANIZACIÓN INSTITUCIONAL DE LAS COMUNIDADES AUTÓNOMAS (ART. 152.1 CE). 1. Asamblea legislativa. 2. Consejo de Gobierno y Presidente del mismo. 3. Tribunal Superior de Justicia. II. EL REFERÉNDUM EN LA REFORMA DE LOS ESTATUTOS DE AUTONOMÍA (ART. 152.2 CE). III. LAS CIRCUNSCRIPCIONES TERRITORIALES PROPIAS (ART. 152.3 CE). IV. BIBLIOGRAFÍA. V. JURISPRUDENCIA.

Analizamos a continuación un precepto que se incardina en el Título VIII CE relativo a la organización territorial del Estado y que forma parte del reducido grupo de artículos de la Constitución que se refieren a la organización institucional de las Comunidades Autónomas (arts. 67.1, 69.5, 87.2, 147.2.c), 148.1.1ª, 153, 155, 161.2 y 162.1.a) CE).

Por otro lado, estamos en presencia de un precepto de un contenido heterogéneo, dado que en su estructura interna se agrupan cuestiones que son de diversa naturaleza. Así, en su apartado primero se hace referencia a la organización institucional básica y obligatoria de las Comunidades Autónomas que accedieron a la autonomía por el procedimiento previsto en el art. 151 de la propia Constitución, denominadas de "primer grado" o de "vía rápida", en cuanto que dichos territorios pudieron disfrutar del máximo techo competencial desde el mismo momento de su conversión en Comunidades Autónomas. Por su parte, el apartado segundo se refiere a la obligatoriedad de celebrar un referéndum para la reforma de los Estatutos de Autonomía de dichas regiones. Y, en el apartado tercero, se autoriza que los Estatutos establezcan circunscripciones territoriales propias mediante la agrupación de municipios limítrofes.

A continuación, se analizan por separado cada una de estas cuestiones, según el orden de exposición seguido por el precepto constitucional objeto de comentario.

I. LA ORGANIZACIÓN INSTITUCIONAL DE LAS COMUNIDADES AUTÓNOMAS (ART. 152.1 CE)

El apartado primero del art. 152 CE impone a las Comunidades Autónomas —en principio, sólo a las denominadas "de primer grado"— una organización institucional básica de naturaleza indisponible u obligatoria, que pivota en torno a cuatro piezas esenciales: por un lado, la institución de naturaleza representativa que incardina el poder legislativo de la Comunidad (con independencia de la denominación que la misma recibiera en la correspondiente previsión estatutaria, "Parlamento", "Asamblea", "Cortes" u otra), debiendo ser elegida mediante un sistema de representación proporcional; por otro lado, el Consejo de Gobierno, destinado a desarrollar funciones ejecutivas y administrativas; y, finalmente, el Presidente de aquél, que ha de ser elegido por la Asamblea de entre sus miembros, esto es, tiene que ser necesariamente miembro de esta y, además, mantiene con la misma una relación fiduciaria, produciéndose su cese, en consecuencia, en los casos de pérdida de la confianza inicialmente recibida de la Cámara legislativa en la sesión de investidura, a través del triunfo de una moción de censura o la pérdida de una cuestión de confianza. Por otro lado, se atribuye al Presidente una doble condición representativa: la suprema de la correspondiente Comunidad Autónoma y la ordinaria del Estado en el territorio de ésta.

Igualmente, prevé el apartado primero del art. 152 CE la existencia de un Tribunal Superior de Justicia con sede en el territorio cada Comunidad Autónoma, culminando la organización judicial en dicho ámbito territorial. Asimismo, se establece el derecho de las regiones a participar en la organización de las demarcaciones judiciales de su territorio, siempre que dicha posibilidad esté contemplada en el Estatuto de Autonomía.

Antes de entrar en el análisis de las líneas maestras configuradoras de cada una de estas instituciones o poderes autonómicos, debemos hacer una breve mención a unas cuestiones preliminares que enlazan con la previsión constitucional que analizamos.

En primer lugar, debemos destacar el carácter esencial que, dentro del derecho a la autonomía reconocido a las regiones y nacionalidades por la Norma fundamental de 1978, presenta el poder de auto-organización que a aquéllas se reconoce, junto con la reserva de un ámbito competencial que igualmente resulta constitucionalmente asegurado, de forma que ambos aspectos (institucional y competencial) se erigen en piezas clave para el disfrute real de un ámbito de autonomía política.

Asimismo, hay que resaltar la íntima conexión existente entre el art. 152.1 CE y otros dos preceptos constitucionales. Por un lado, el art. 147.2.c), al establecer éste, dentro del contenido obligatorio de los Estatutos de Autonomía, las previsiones relativas a la denominación, organización y sede de las instituciones autónomas propias; y, por otro, el art. 148.1.1ª CE, al disponer que las Comunidades Autónomas podrán asumir competencias en materia de organización de sus instituciones de autogobierno. En este sentido, el art. 147.2.c) CE puede considerarse norma general respecto a la representada por el art. 152.1 CE, que actuaría como norma especial.

Por otro lado, dada la reserva estatutaria dispuesta por el art. 147.2.c) CE, se plantea qué aspectos relativos a las instituciones autonómicas deben estar necesariamente en el correspondiente Estatuto de Autonomía y cuáles, en cambio, son disponibles por el legislador autonómico. Al respecto, debemos recordar que el Tribunal Constitucional en su STC 89/1984 descartó la existencia de una reserva estatutaria absoluta frente a la ley de la Comunidad Autónoma en lo que se refiere a la organización de las instituciones autónomas propias, cuyo desarrollo mediante norma legislativa no puede considerarse contrario al art. 147.2 c) CE. Por otra parte, la STC 35/1982 señaló que las instituciones autonómicas de autogobierno son primordialmente las que el propio Estatuto crea y que, por ello, están constitucionalmente garantizadas, pero no sólo ellas, de forma que las Comunidades Autónomas pueden crear otras en la medida que lo juzguen necesario para el mejor ejercicio de sus facultades de autogobierno. De hecho, el devenir de más de 40 años de funcionamiento del Estado de las Autonomías ha deparado la creación por parte de las Comunidades Autónomas de un sistema institucional propio muy superior al anunciado por el precepto constitucional que se comenta, y que encuentra manifestaciones tales como las defensorías del pueblo, los tribunales de cuentas, los consejos consultivos o económicos y sociales, las academias autonómicas de la lengua, los consejos o comisionados de transparencia, o los consejos audiovisuales de ámbito autonómico, por citar solo algunos ejemplos significativos.

En tercer lugar, diversos autores han defendido que el artículo 152.1 CE establece un principio de homogeneidad institucional, que sería extensible al conjunto de las regiones españolas, incluidas las de "segundo grado". Ello a partir de la convicción de que en los Estados federales deben existir unos principios mínimos homogéneos o similares para todos los entes integrantes de la federación, en este caso, en materia institucional.

En este sentido, podemos indicar que si bien el análisis de los debates constituyentes podrían indicar que se quiso distinguir dos tipos de Comunidades Autónomas, unas dotadas de una auténtica autonomía política (las del art. 151 CE, que serían a las que se aplicase exclusivamente el art. 152.1 CE), frente a las demás, dotadas de una simple autonomía administrativa o de ejecución, y para las cuales no resultaría necesario contar con una Asamblea legislativa, esta interpretación es hoy en día minoritaria en la doctrina, que niega que la Constitución haya distinguido dos tipos de Comunidades Autónomas, sino simplemente dos vías diferentes de acceder a la autonomía.

Por lo tanto, dentro de la doctrina se ha consolidado en este punto una posición dominante para la que, si bien sólo las Comunidades Autónomas del art. 151 CE estaban *obligadas* a seguir el esquema institucional del art. 152.1 CE, eso no obstaba para que las demás también pudieran *optar* por el mismo modelo que aquellas otras regiones, a partir de las amplias posibilidades que brindaba el art. 147 CE en este punto y en uso del principio dispositivo. Dicho de otra forma, la homogeneidad institucional no sería un principio que viniese impuesto por la Constitución expresamente, sino un resultado fáctico que la Norma fundamental no prohibió. En cualquier caso, el debate ha quedado cerrado definitivamente, ya que el Tribunal Constitucional ha señalado claramente que el art. 152 es un canon de constitucionalidad para la totalidad de las Comunidades Autónomas, y no sólo para las que accedieron a la autonomía por la vía del art. 151 CE (SSTC 225/1998 y 19/2011).

En fin, más allá del interesante debate doctrinal centrado en esta cuestión, y a pesar de que no existe en la Constitución una previsión similar para las Comunidades de "segundo grado" —dejando a salvo lo dispuesto por el art.

147 CE– lo cierto es que *todas* las Comunidades Autónomas españolas, con independencia de la vía de acceso a la autonomía seguida en su momento, han adoptado el mismo esquema institucional apuntado por el art. 152.1 CE y, por tanto, se han dotado de una Asamblea legislativa, un Consejo de Gobierno, al frente del cual está su Presidente, y un Tribunal Superior de Justicia.

Con todo, queda en el aire la pregunta de si sería constitucionalmente aceptable que en una hipotética (y ciertamente improbable) modificación estatutaria futura se propusiera un modelo institucional distinto al fijado por el art. 152.1 (con un Parlamento bicameral, por ejemplo, o una forma de gobierno diversa a la parlamentaria) en una Comunidad Autónoma que no accedió a la autonomía por el procedimiento del art. 151 CE.

También cabe indicar que, a pesar de las alegaciones que consideraban una vulneración del sistema institucional de la comunidad autónoma de Cataluña la adopción por el Senado de la disolución del Parlamento catalán al amparo del mecanismo de coerción estatal previsto por el art. 155 CE, el Alto Intérprete contestó en su STC 89/2019 que aunque es "*indiscutible que la medida supone una evidente afectación al autogobierno de la comunidad autónoma, en cuanto este tiene su sede esencial en la existencia de una asamblea*

democráticamente elegida (art. 152 CE) (...) el art. 155 CE puede comportar una alteración temporal del funcionamiento del sistema institucional autonómico previsto en la Constitución y en el estatuto de autonomía. De esta manera, la intervención directa de una asamblea legislativa, como es la disolución y posterior convocatoria de elecciones autorizada por el Senado en los términos que se han expuesto, no está excluida del art. 155 CE sino que, por el contrario, encuentra amparo en la cláusula abierta y genérica de medidas necesarias a las que se refiere el precepto constitucional".

Señalado lo anterior, resta ahora la tarea de precisar brevemente y por separado cuáles son los rasgos esenciales caracterizadores de las instituciones mencionadas en el art. 152 CE.

1. Asamblea legislativa

El constituyente previó en el art. 152.1 CE la existencia de una Asamblea legislativa, elegida por sufragio universal, con arreglo a un sistema de representación proporcional, debiendo éste asegurar la representación de las diversas zonas del territorio. Respecto a la proporcionalidad impuesta por el citado precepto al sistema de elección de los representantes que forman parte de dichas Asambleas, el Tribunal Constitucional ha señalado (SSTC 197/2014 y 15/2015) que dicha regla constitucional no puede interpretarse como un imperativo de resultados, sino, de forma más limitada, como un mandato al legislador para establecer una condición de posibilidad de la proporcionalidad misma, de manera que lo que quedaría proscrita sería desfiguración por ley de la "esencia" de la proporcionalidad mediante el establecimiento de límites directos a la misma, tales como barreras electorales o cláusulas de exclusión que llegasen a ser consideradas como desmedidas o exorbitantes para la igualdad de oportunidades entre candidaturas.

Dicha Asamblea es, por otro lado, la encargada de elegir al Presidente del Consejo de Gobierno en la denominada sesión de investidura. Asimismo, se dispone en el art. 152.1 CE que tanto éste como los restantes miembros del Consejo de Gobierno son políticamente responsables ante la Asamblea.

Pese a no mencionarlo el constituyente expresamente, las Asambleas legislativas autonómicas se erigen en piezas esenciales del entramado institucional de la respectiva autonomía, en cuanto que son el único poder autonómico directamente elegido por el pueblo de dicha Comunidad. Por otro lado, tal y como ha señalado el Tribunal Constitucional (SSTC 16/1984 y 179/1989), los Parlamentos autonómicos no están obligados a adecuar su estructura, funcionamiento y organización a las correspondientes previsiones aplicables a las Cámaras de las Cortes Generales (Congreso y Senado), ni tampoco se aplica a aquéllos, ni directa ni supletoriamente, la regulación contenida en la Constitución sobre el Parlamento estatal. Hay, pues, en este extremo una libertad amplia de configuración en manos del legislador estatuyente, hasta tal punto que incluso hubiera sido posible, en hipótesis, que alguna Comunidad Autónoma de segundo grado hubiera optado por no crear una Asamblea legislativa, posibilidad que luego los hechos dejaron sin efecto, dado que la totalidad de las 17 Comunidades Autónomas existentes poseen su propio Parlamento.

Por otro lado, la Constitución española se ha manifestado a favor de la forma parlamentaria de gobierno en las distintas Comunidades Autónomas, basada en un equilibrio entre el poder legislativo y el ejecutivo, aunque sin predeterminar una modalidad o especie concreta dentro de dicha forma, cuestión que quedaba reservada al desarrollo que llevaran a cabo los respectivos Estatutos de Autonomía. Sin embargo, parece que la Norma fundamental se habría inclinado por un parlamentarismo de primer ministro o de presidente (derivado de la extracción o elección parlamentaria de éste y de la atribución al mismo de la dirección del conjunto de su Gobierno), descartándose con ello otras posibilidades, como podría ser el gobierno de gabinete. En cualquier caso, hay coincidencia doctrinal en señalar que estamos en presencia de una versión del parlamentarismo racionalizado, tal y como ha sido admitido expresamente por el Tribunal Constitucional (STC 141/1990), lo que tiene su reflejo en diversos institutos parlamentarios, siendo el principal la moción de censura constructiva. Sí parece claro que el constituyente veta, a partir de la redacción dada al art. 152.1 CE, la posibilidad de configurar una forma de gobierno presidencialista en las Comunidades Autónomas, al prever que necesariamente el Presidente sea elegido por la Asamblea de entre sus miembros, lo cual descarta que lo fuera mediante una elección popular directa.

Por otra parte, todos los Estatutos de Autonomía aprobados han optado por un sistema unicameral y por una legislatura con una duración de 4 años, pese a no existir una limitación constitucional expresa en estos ámbitos. Asimismo, y aunque el constituyente no predetermina en el art. 152.1 las funciones que se encomiendan a las Asambleas legislativas autonómicas, de su propia denominación se deriva la atribución de la potestad legislativa en el ámbito competencial asumido por cada Comunidad Autónoma. Y, por otro lado, todos los Parlamentos autonómicos, a partir de las oportunas previsiones estatutarias y con base en el desarrollo que de las mismas han hecho sus respectivos Reglamentos parlamentarios, gozan de un amplio espacio de autonomía para el ejercicio de las funciones que tienen atribuidas (las clásicas legislativa, de control y orientación política del correspondiente ejecutivo regional y la función presupuestaria; junto con otras: designación de autoridades o cargos de ámbito autonómico, ejercicio de iniciativa legislativa ante las Cortes Generales, actuaciones ante el Tribunal Constitucional, etc.). Dicha autonomía parlamentaria se traduce en el disfrute por la Cámara legislativa autonómica de un haz de facultades que evidencian una casi plena capacidad de autogobierno, atribuidas en aras de reforzar la independencia de la institución frente a otros poderes, y que se refleja en aspectos tales como —entre otros y como más destacados— la normativa (con reserva a favor de la Asamblea legislativa de la aprobación del Reglamento de la Cámara, dotado de fuerza de ley, y que en algunos supuestos pueden considerarse como norma interpuesta entre la Constitución y las Leyes (STC 226/2004) organizativa (en lo referente a la elección y previsión de las reglas de funcionamiento de los órganos parlamentarios); en materia presupuestaria (que se traduce en la facultad de aprobación de los presupuestos de la propia Asamblea por ella misma, que se integran de forma automática en los presupuestos generales de la Comunidad Autónoma como una sección independiente y específica); y, finalmente, en la autonomía de organización y selección de los medios humanos propios de la Cámara (que pasan a formar parte de cuerpos y escalas específicos de la Asamblea legislativa y diferenciados de los propios del ámbito funcionarial de la Comunidad Autónoma correspondiente).

Finalmente, y en relación con los sistemas electorales autonómicos, tan solo podemos señalar aquí que en los mismos se aprecia una clara inspiración del modelo que la Constitución ha previsto para la elección del Congreso de los Diputados y que se ha desarrollado a través de la LOREG: utilización de la fórmula D'Hondt, de un sistema de listas cerradas y bloqueadas, de la prevalencia de la provincia como circunscripción electoral (aunque con excepciones en las Comunidades Autónomas uniprovinciales, en el País Vasco y en las regiones insulares), y la previsión de barreras electorales (con predominio del 3 o el 5% de los votos válidos, aunque hay supuestos en que los porcentajes son más elevados, como es el caso de Canarias, extremo expresamente avalado por el Tribunal Constitucional en la STC 225/1998 para una redacción estatutaria anterior a la vigente actualmente).

2. Consejo de Gobierno y Presidente del mismo

Al respecto, los Estatutos de Autonomía no han agotado las muy amplias posibilidades que ofrecía el art. 152.1 CE en esta materia, habiendo previsto una regulación muy parecida e inspirada en el modelo arbitrado para el Gobierno de la Nación por la propia Norma fundamental. Efectivamente, se limita el constituyente en este precepto a, por un lado, atribuir al Consejo de Gobierno el ejercicio de funciones ejecutivas y administrativas; y a establecer, igualmente, la responsabilidad del mismo ante la Asamblea legislativa de la respectiva Comunidad Autónoma, lo que, por un lado, supone atribuir al Consejo de Gobierno unas funciones propias y diferenciadas de las que corresponden al Presidente de aquél; y, por otra parte, implica que el poder ejecutivo de una Comunidad Autónoma reside en el propio Consejo como órgano colegiado, sin perjuicio de que al Presidente corresponda la dirección del mismo. En cualquier caso, resulta evidente que Presidente y Consejo de Gobierno son figuras distintas, lo que se acredita tanto por el hecho de que sólo el Presidente recibe la investidura parlamentaria de manos de la respectiva Asamblea legislativa autonómica, como a que sólo a él se atribuye la representación ordinaria del Estado en la correspondiente Comunidad Autónoma, que aúna también, de forma exclusiva, con la máxima representación de ésta.

Por otro lado, queda en manos de la configuración que establezca el correspondiente Estatuto de Autonomía la fijación del concreto sistema de elección del Presidente, aunque existe, por imperativo constitucional, la necesidad de que tenga la condición de diputado.

Finalmente, y en lo referente a las relaciones entre Presidente y Consejo de Gobierno, tanto los Estatutos como sus leyes de desarrollo han sido igualmente fieles al modelo de preeminencia del Presidente del Gobierno de la Nación que se deriva del art. 99 CE.

3. Tribunal Superior de Justicia

También prevé el apartado 1º del art. 152 CE la necesaria existencia de un Tribunal Superior de Justicia (sustituto de las antiguas Audiencias Territoriales) que ejerce su jurisdicción sobre todo el territorio de la Comunidad Autónoma. Dichos órganos jurisdiccionales culminan la organización judicial en el ámbito territorial de cada autonomía, sin perjuicio de la jurisdicción que corresponde al Tribunal Supremo, y ejercen sus funciones en los órdenes civil, penal, contencioso-administrativo y social, con el alcance que señalan los arts. 72 a 75 de la LOPJ.

Debemos comenzar aclarando que no estamos aquí en presencia de órganos propios de la Comunidad Autónoma, sino del Estado, dado que el poder judicial es único y no puede ser objeto de reparto territorial (arts. 117.5, 122 y 149.1.5 CE), aspecto claramente señalado por el Tribunal Constitucional ya en su temprana STC 38/1982. Dicho de otra manera, la relación del Tribunal Superior de Justicia con la respectiva Comunidad Autónoma no es de tipo orgánico, sino territorial, derivada de lugar en que aquél tiene su sede, de manera que las facultades que se le atribuyen siguen siendo competencias del Poder Judicial, único para todo el Estado.

En definitiva, el art. 152 CE no opera una descentralización del Poder Judicial en las Comunidades Autónomas, de manera que estos Tribunales no son los órganos jurisdiccionales superiores de las Comunidades Autónomas, sino los órganos que culminan la organización judicial en el ámbito territorial de las Comunidades Autónomas (STC 114/1994). En este sentido, el Tribunal Constitucional nos recuerda (STC 110/2017) que aunque *"el legislador estatal al establecer la planta orgánica de los Tribunales ha de tener en cuenta y respetar la estructura autonómica del Estado y el reconocimiento constitucional de la existencia de los Tribunales Superiores de Justicia (...) (e)xisten supuestos que, en relación con su naturaleza, con la materia sobre la que versan, por la amplitud del ámbito territorial en que se producen, y por su transcendencia para el conjunto de la sociedad, pueden hacer llevar razonablemente al legislador a que la instrucción y enjuiciamiento de los mismos pueda llevarse a cabo por un órgano judicial centralizado, sin que con ello se contradiga el art. 152.1 de la Constitución... ni tampoco el art. 24.2 de la Constitución"*.

Sí reconoce el citado precepto constitucional el derecho de las Comunidades Autónomas a participar en la organización de las demarcaciones judiciales de su territorio, pero en los supuestos y de acuerdo con las formas contemplados, en su caso, en los Estatutos, y *"de conformidad con lo previsto en la ley orgánica del poder judicial y dentro de la unidad e independencia de éste"* (SSTC 56/1990 y 62/1990). Por lo tanto, estamos en presencia de una facultad colaborativa atribuida a las Comunidades Autónomas, consistente en un derecho de propuesta que podrán remitir al Gobierno de la Nación, pero no les corresponde a aquéllas la fijación de la planta judicial, al ser una competencia exclusiva del Estado ex art. 149.1.5.1º CE.

Por último, se cierra el apartado primero del art. 152 con un tercer inciso según el cual se exige al legislador estatal que las sucesivas instancias procesales que, en su caso, éste prevea deberán agotarse ante órganos judiciales radicados en el mismo territorio de la Comunidad Autónoma en que esté el órgano competente en primera instancia. Mandato que debe interpretarse, como es obvio, sin perjuicio de la condición del Tribunal Supremo como órgano jurisdiccional superior en todos los órdenes (art. 123 CE).

II. EL REFERÉNDUM EN LA REFORMA DE LOS ESTATUTOS DE AUTONOMÍA (ART. 152.2 CE)

El art. 152 CE contiene en su apartado 2º una referencia específica en relación con la reforma de aquellos Estatutos de Autonomía que fueron aprobados por el mecanismo previsto por el art. 151 CE, en los que el referéndum se convierte en una preceptiva fase del procedimiento de modificación estatutaria, previsión que complementa a las que, con carácter general, establece el art. 147.3 CE para el conjunto de las regiones españolas. Dicho de otra forma, si bien el art. 147.3 CE se aplica para la modificación de todos los Estatutos, las previsiones del art. 152.2 sólo entran en juego, de forma adicional, para los de las Comunidades Autónomas que accedieron a la autonomía por la vía del art. 151.1 CE. Con todo, cierto es que nada impedía que también los Estatutos de las Comunidades Autónomas de "segundo grado" previeran que la aprobación de la respectiva reforma estatutaria exigiese la celebración un referéndum, como así ha ocurrido en relación con algunos de los textos estatutarios en sus últimas versiones reformadas (art. 200.2 del EA de Canarias, art. 81.5 del EA de la Comunidad valenciana, art. 115.7 del EA de Aragón o art. 91.2.e) del EA de Extremadura).

III. LAS CIRCUNSCRIPCIONES TERRITORIALES PROPIAS (ART. 152.3 CE)

Los artículos 141.3 y 152.3 de la Constitución disponen, respectivamente, que *"se podrán crear agrupaciones de municipios diferentes de la provincia"* y que *"mediante la agrupación de municipios limítrofes, los Estatutos podrán establecer circunscripciones territoriales propias, que gozarán de plena personalidad jurídica"*. Se está haciendo referencia en dichos preceptos, sin decirlo, a las comarcas como manifestación más destacada, dentro de otras posibilidades, a las que se refirió el Tribunal Constitucional en su STC 32/1981, señalando, por una parte, que no gozan de una autonomía constitucionalmente garantizada, pero sí de una clara vocación autonómica; y, además, que podrán asumir el desempeño de funciones que antes correspondían a los propios municipios, o bien actuar como divisiones territoriales de la Comunidad Autónoma para el ejercicio descentralizado de las potestades propias de ésta. Pero también ha señalado el Alto Intérprete constitucional que con su creación puede producirse una cierta reducción del contenido propio de la autonomía provincial.

Además de lo que eventualmente dispongan los respectivos Estatutos de Autonomía en relación con las comarcas, su régimen jurídico viene señalado en el art. 42.1 LRBRL, según el cual las Comunidades Autónomas, de acuerdo con lo dispuesto en sus respectivos Estatutos, podrán crear en su territorio comarcas u otras entidades que agrupen varios municipios, cuyas características determinen intereses comunes precisados de una gestión propia y demanden la prestación de servicios de dicho ámbito. Igualmente se prevé que la iniciativa para la creación de una comarca podrá partir de los propios municipios interesados, y que serán las leyes autonómicas las que determinarán el ámbito territorial de las mismas, la composición y el funcionamiento de sus órganos de gobierno, que serán representativos de los municipios que agrupen, así como las competencias y recursos económicos que, en todo caso, se les asignen.

Han dictado hasta la fecha leyes referidas a estas entidades las Comunidades autónomas de Andalucía, Aragón, Cantabria, Castilla y León, Cataluña, Galicia, Murcia, La Rioja, Asturias y la Comunidad Valenciana.

IV. BIBLIOGRAFÍA

ARAGÓN REYES, M.: "Organización institucional de las Comunidades Autónomas", *Revista Española de Derecho Constitucional*, núm. 79, 2007.

BACIGALUPO SAGESSE, M.: Sinopsis del artículo 152 CE (http://www.congreso.es/consti/constitucion/indice/sinopsis/sinopsis.jsp?art=152&tipo=2).

CARRO FERNÁNDEZ-VALMAYOR, J. L.: "Sobre la potestad autonómica de autoorganización", *Revista Española de Derecho Administrativo*, núm. 71, 1991.

GARRIDO FALLA, F.: *Comentarios a la Constitución*, 3ª ed., Civitas, 2001.

GARRORENA MORALES, A.: "Tribunal Constitucional y sistema electoral de las Comunidades Autónomas. Una desafortunada jurisprudencia", *Revista Española de Derecho Constitucional*, núm. 83, 2008.
OLIVER ARAUJO, J.: *Los sistemas electorales autonómicos*, Institut d'Estudis Autonòmics, núm. 15, 2011.
RODRÍGUEZ-ZAPATA PÉREZ, J.: "Estructura institucional de las Comunidades Autónomas: artículo 152", en ALZAGA VILLAMIL, O. (dir.), *Comentarios a la Constitución española de 1978*, Cortes Generales, 1996-1999. T. XI.

V. JURISPRUDENCIA

STC 32/1981, de 28 de julio.
STC 35/1982, de 14 de junio.
STC 38/1982, de 22 de junio.
STC 16/1984, de 6 de febrero.
STC 89/1984, de 28 de septiembre.
STC 179/1989, de 2 de noviembre.
STC 56/1990, de 29 de marzo.
STC 62/1990, de 30 de marzo.
STC 141/1990, de 20 de septiembre.
STC 114/1994, de 14 de abril.
STC 225/1998, de 25 de noviembre.
STC 226/2004, de 26 de noviembre.
STC 19/2011, de 3 de marzo.
STC 197/2014, de 4 de diciembre.
STC 15/2015, de 5 de febrero.
STC 110/2017, de 5 de octubre.
STC 89/2019, de 2 de julio.

Artículo 153

El control de la actividad de los órganos de las Comunidades Autónomas se ejercerá:

a) Por el Tribunal Constitucional, el relativo a la constitucionalidad de sus disposiciones normativas con fuerza de ley.

b) Por el Gobierno, previo dictamen del Consejo de Estado, el del ejercicio de funciones delegadas a que se refiere el apartado 2 del artículo 150.

c) Por la jurisdicción contencioso-administrativa, el de la administración autónoma y sus normas reglamentarias.

d) Por el Tribunal de Cuentas, el económico y presupuestario.

COMENTARIO

Ignacio González García
Profesor Titular de Derecho Constitucional
Universidad de Murcia

SUMARIO: I. LOS CONTROLES DEL ESTADO SOBRE LA ACTIVIDAD DE LAS COMUNIDADES AUTÓNOMAS: NATURALEZA Y TIPOS. II. INTERROGANTES QUE INTRODUCE EL ARTÍCULO 153 CE EN EL SISTEMA DE CONTROL. ¿UN PRECEPTO INCOMPLETO E INNECESARIO? III. SENTIDO Y ALCANCE DEL PRECEPTO A TRAVÉS DE SU *ITER* PARLAMENTARIO. IV. ELEMENTOS ESENCIALES DE LOS CONTROLES ESTATALES ALUDIDOS. 1. El control por el Tribunal Constitucional de las disposiciones normativas con fuerza de Ley de las Comunidades Autónomas. 2. El control por el Gobierno de las funciones delegadas vía artículo 150.2 CE. 3. El control por la Jurisdicción Contencioso-administrativa de la actividad administrativa y reglamentaria autonómica. 4. El control por el Tribunal de Cuentas de la actividad económica y presupuestaria autonómica. V. BIBLIOGRAFÍA. VI. JURISPRUDENCIA.

I. LOS CONTROLES DEL ESTADO SOBRE LA ACTIVIDAD DE LAS COMUNIDADES AUTÓNOMAS: NATURALEZA Y TIPOS

Todos los Estados de configuración territorial compleja recogen en sus Textos Constitucionales mecanismos que sirvan para hacer compatibles la unidad del Estado con la autonomía de las partes en las que se divide. Esto es, instrumentos a través de los cuales buscar una correcta integración de los diferentes centros de poder político, a fin de que el reparto territorial del poder establecido no devenga en disfuncional. Así, por un lado, se prevén mecanismos de colaboración y coordinación, tanto verticales como horizontales, para el ejercicio mancomunado de competencias; y, por otro lado, se crean instrumentos de control y vigilancia que salvaguarden, en último término, el interés general del Estado.

Ya muy tempranamente nuestro Tribunal Constitucional afirmó que la autonomía política de las Comunidades Autónomas constitucionalmente garantizada era compatible con un sistema de controles del Estado sobre la actividad de aquéllas, siempre y cuando tales controles no fueran de mera oportunidad política ni situaran a las mismas en una situación de subordinación jerárquica frente al Estado: "[...] el principio de autonomía es compatible con la existencia de un control de legalidad sobre el ejercicio de las competencias, si bien entendemos que no se ajusta a tal principio la previsión de controles genéricos e indeterminados que sitúen a las Comunidades Autónomas en una posición de subordinación o dependencia cuasi-jerárquica de la Administración del Estado" (STC 4/1981), por lo que, al determinar el contenido y alcance de las potestades de control del Estado sobre la actividad de las Comunidades Autónomas hay que tener presente que "la autonomía exige [...] que el Estado no pueda impugnar la validez o eficacia de dichas actuaciones sino a través de los mecanismos constitucionalmente previstos" (STC 76/1983).

Por tanto, el reconocimiento de la autonomía política de los territorios que se constituyan en Comunidad Autónoma y el sometimiento al imperio de la Ley de toda actividad ejercida por los sujetos de poder público —estatales o autonómicos— trae como consecuencia inexorable que los instrumentos de control del Estado sobre la actividad de las Comunidades Autónomas sean ejercidos bien directamente por órganos de naturaleza jurisdiccional, bien por otro tipo de sujetos (Gobierno y Parlamento, fundamentalmente) pero revisables en último término por un órgano jurisdiccional, pues son también controles de legalidad y no de mera oportunidad política.

Así, el constituyente de 1978 llevó al Texto Constitucional —aunque de modo poco sistemático— un amplio y diverso elenco de controles estatales sobre la actividad de las Comunidades Autónomas que, dejando ahora aquí a un lado las responsabilidades penales individuales en las que pueden incurrir los funcionarios o cargos públicos al frente de los órganos autonómicos actuantes, podríamos dividir en dos grandes bloques:

a) Controles ordinarios o generales: el control jurisdiccional de los actos administrativos y normas reglamentarias autonómicas, la resolución de los conflictos competenciales, el control de constitucionalidad de las normas con rango de ley de la Comunidad autónoma, las impugnaciones de todo tipo de actos, disposiciones y resoluciones autonómicas vía artículo 161.2 CE, la actividad fiscalizadora del Defensor del Pueblo y el control transversal que por vulneración de derechos fundamentales se puede realizar a través del recurso de amparo.

b) Controles sectoriales o especiales: los previstos en cada caso en las leyes marco y en las leyes orgánicas de transferencia y delegación, el control del Tribunal de Cuentas, los controles establecidos en el artículo 145.2 CE sobre la actividad cooperativa horizontal de las Comunidades Autónomas, las leyes de armonización, el conocido control excepcional del artículo 155 CE y las declaraciones de Estado de excepción y sitio ex artículo 116 CE, eventualmente circunscritas a un concreto territorio autonómico.

Es, pues, en este contexto general de controles del Estado sobre la actividad de las Comunidades Autónomas en el que debemos enmarcar lo establecido en el artículo 153 CE aquí comentado.

II. INTERROGANTES QUE INTRODUCE EL ARTÍCULO 153 CE EN EL SISTEMA DE CONTROL. ¿UN PRECEPTO INCOMPLETO E INNECESARIO?

El artículo 153 CE se refiere tan sólo a cuatro de los diversos instrumentos que el bloque de la constitucionalidad pone a disposición del Estado para controlar la actividad de las Comunidades Autónomas: 1. El control por el Tribunal Constitucional de la constitucionalidad de las normas autonómicas con fuerza de ley. 2. El control por el Gobierno, previo dictamen no vinculante del Consejo de Estado, de las funciones delegadas vía artículo 150.2 CE. 3. El control por la jurisdicción contencioso-administrativa de los actos y reglamentos autonómicos. 4. Y el control por el Tribunal de Cuentas de la actividad económica y presupuestaria de las Comunidades Autónomas.

En una primera lectura, parecería que se trata de un precepto tan redundante como innecesario, pues esos cuatro mecanismos de control se encuentran ya establecidos en otros preceptos de la Constitución, por lo que seguirían existiendo aun si derogáramos este artículo 153. No tiene, pues, naturaleza constitutiva. Pero resulta, además, que la literalidad de su redacción puede generar alguna importante confusión. Reza el precepto, en términos aparentemente taxativos, que "el control de la actividad de los órganos de las Comunidades Autónomas se ejercerá por...", lo que inmediatamente nos suscita algún interrogante: ¿acaso se trata de una lista tasada y excluyente? ¿no hay más controles ni más actividad sometida a control que la allí referida? ¿son acaso el resto de instrumentos de control que recoge la Constitución de distinta condición o naturaleza?

Muchas son las explicaciones que la doctrina ha querido buscar para justificar la inclusión y mantenimiento de esta previsión en el Texto Constitucional: que aquí se recogen los controles de naturaleza ordinaria y fuera del mismo los especiales o extraordinarios; que se haya pretendido con ella hacer hincapié en que las Comunidades Autónomas también son Administraciones Públicas sujetas al imperio de la ley y, por tanto, sometidas a los mismos controles que el resto de órganos del Estado; que se haya querido dejar claro que las eventuales facultades de control que los propios Estatutos de Autonomía pudieran atribuir a sus órganos institucionales no excluirán en modo alguno el control estatal de la actividad autonómica; o que se haya querido precisar qué concreto órgano estatal es el competente para ejercer cada concreta facultad de control.

Sea como fuere, ninguna de tales interpretaciones justificaría, *per se*, la existencia de esta previsión constitucional que nada distinto añade a lo ya establecido en otros preceptos de la Constitución. Es por ello que, durante estas cuatro décadas de vigencia de la Norma Fundamental, ni la doctrina ni la jurisprudencia han prestado especial atención a este artículo, si bien —paradógicamente— sí ha servido a otros fines interpretativos alejados de la idea del control estatal de las Comunidades Autónomas. Por ejemplo, el hecho de que sea el único precepto constitucional que se refiere expresamente, en sentido amplio y general, a las "disposiciones normativas con fuerza de ley de las Comunidades Autónomas", ha sido un argumento más a utilizar para justificar la constitucionalidad de la creación estatutaria de la figura del Decreto-ley autonómico en varias Comunidades Autónomas.

No obstante ello, pese a que, como decimos, una interpretación sistemática e integradora de todo el Texto Constitucional dejaría sin valor añadido alguno a este artículo 153 CE, debemos recabar de su *iter* parlamentario de elaboración la voluntad del constituyente cuando lo redactó, en el ánimo de que una interpretación finalista del mismo nos arroje algo más de luz sobre su razón de ser y, por tanto, de su verdadero alcance.

III. SENTIDO Y ALCANCE DEL PRECEPTO A TRAVÉS DE SU *ITER* PARLAMENTARIO

La génesis parlamentaria del artículo 153 CE no fue especialmente compleja, muy pocas variaciones importantes sufrió el texto original recogido en el Anteproyecto de Constitución con el que empezaron a trabajar las Cortes Constituyentes. Ese primigenio precepto —entonces artículo 141— establecía ya lo siguiente: "El control de la actividad de los órganos autonómicos se ejercerá: a) El relativo a la constitucionalidad y legalidad por el Tribunal Constitucional. b) El concerniente al uso de las funciones delegadas a que se hace referencia en el artículo 139 [hoy 150.2] por el Gobierno, previo dictamen del Consejo de Estado, sin perjuicio de lo que pueda corresponder a los Tribunales. c) El de la Administración autonómica, por la jurisdicción contencioso-administrativa. d) El económico y presupuestario, con intervención del Tribunal de Cuentas" (BOCG, nº 44, de 5 de enero de 1978).

Más allá de algunas correcciones menores en su redacción, los dos cambios relevantes que se introdujeron en este texto hasta su versión definitiva fueron de marcado carácter técnico y casi inexcusables: 1. Se eliminó, ya en el Informe de la Ponencia de la Comisión de Asuntos Constitucionales del Congreso, el control de "legalidad" incorrectamente atribuido al Tribunal Constitucional (enmienda nº 198, Grupo Parlamentario Minoría Catalana, BOCG, nº 82, de 17 de abril de 1978). 2. Se eliminó también, acertadamente, durante el debate de la Comisión (vía enmienda in voce de Meilán Gil - UCD), el carácter vinculante del dictamen del Consejo de Estado que este artículo preceptúa para el supuesto del control gubernamental de funciones delegadas al que se refiere su apartado b (BOCG, nº 91, de 16 de junio de 1978). Así pues, el Dictamen de la Comisión de Asuntos Constitucionales ya recogió –como artículo 147 todavía– el texto definitivo del hoy vigente artículo 153 CE, sin que el debate en el Pleno del Congreso ni su paso por el Senado alteraran su redacción (BOCG, nº 135, de 24 de julio de 1978).

Sin embargo, mucho más ilustrativos resultaron, a los efectos aquí pretendidos, los debates generados en torno a otras enmiendas no incorporadas finalmente al texto: 1. Varias de ellas pretendían, sencillamente, la supresión del precepto en la medida en que entendían sus proponentes que se trataba de una estipulación redundante que no ofrecía nuevos contenidos a unos instrumentos de control ya recogidos en otros artículos de la Constitución (singularmente, enmienda nº 64 en el Congreso de los Diputados, BOCG, nº 82, de 17 de abril de 1978; y enmiendas nº 87 y 312 el Senado, BOCG, nº 54, de 13 de septiembre de 1978). 2. Otras incidieron en el riesgo de que, dada la redacción aparentemente taxativa del precepto, una interpretación literal del mismo pudiera llevar a entender que el constituyente pretendió excluir la actividad de las Comunidades Autónomas del ámbito objetivo del resto de instrumentos de control estatal relacionados en otros artículos de la Constitución, cosa que no estaba ni mucho menos en su ánimo (principalmente, enmiendas nº 196, 359 y 698 en el Congreso de los Diputados, BOCG, nº 82, de 17 de abril de 1978). 3. Finalmente, algunas otras centraban su objetivo en sustituir al Gobierno por las Cortes Generales como sujeto titular del control de las funciones delegadas ex artículo 150.2 CE, por dos motivos principales. En primer lugar, porque si bien la redacción original de ese artículo 150.2 CE en el texto del Anteproyecto parecía dejar claro que lo único transferible por esa vía a las Comunidades Autónomas serían potestades ejecutivas (entonces artículo 139.1, BOCG, nº 44, de 5 de enero de 1978), durante su iter de parlamentario fue modificando de modo que se acabó abriendo la puerta también a transferencias de potestades legislativas por este medio. Y, en segundo lugar, porque, en cualquier caso, se pudieran transferir unas u otras facultades, el sujeto competente para aprobar la correspondiente ley orgánica ex artículo 150.2 CE eran las Cortes Generales, por lo que no resultaba razonable excluirlas —como así parecía hacer el artículo 153 CE— del eventual control posterior sobre la transferencia aprobada (enmienda nº 311 en el Congreso de los Diputados, BOCG, nº 82, de 17 de abril de 1978; y enmienda in voce de Martín Retortillo durante el Debate en Comisión Constitucional y posterior voto particular al Dictamen de la Comisión Constitucional del Senado, BOCG, nº 54, de 13 de septiembre de 1978 y BOCG, nº 157, de 6 de octubre de 1978).

Y es precisamente al hilo de los debates sobre estas últimas enmiendas donde se puede advertir claramente que la intención del constituyente con este artículo 153 CE era, sencillamente, por un lado, precisar que las actividades autonómicas allí aludidas estaban también sometidas —al igual que sus homólogas estatales— al control del Tribunal Constitucional, la jurisdicción contencioso-administrativa y el Tribunal de Cuentas, en la medida en que tal circunstancia no se había hecho explícita en aquellos otros preceptos constitucionales reguladores de estos tres instrumentos de control; y, por otro lado, concretar que, además de las Cortes Generales, el Gobierno está habilitado para ejercer el control derivado del artículo 150.2 CE. Motivo por el cual en este artículo 153 CE no se hace referencia a otros controles de órganos del Estado sobre determinados ejercicios competenciales autonómicos cuyo precepto regulador —v.g. artículo 145.2 CE— sí recoge expresamente tales extremos. No obstante, si bien es cierto que los artículos 161.1.a CE, 106.1 CE y 136.2 CE no se refieren de modo expreso a que la actividad de las Comunidades Autónomas esté sujeta a su control, también es verdad que de todos ellos se puede inferir ese dato sin necesidad de que se explicite en otro precepto diferente. Y aun habiendo sido necesario o, al menos, clarificador, hacerlo expreso, sobre todo en el caso del control previsto en el artículo 150.2 CE, su lugar natural es, lógicamente, cada uno de esos preceptos y no en otro artículo distinto y separado. Razón por la que resultaría más que razonable la supresión de este artículo 153 CE en cualquier eventual proceso de reforma constitucional que pueda llevarse a cabo en el futuro.

IV. ELEMENTOS ESENCIALES DE LOS CONTROLES ESTATALES ALUDIDOS

Evidentemente, el análisis completo de los mecanismos de control estatal relacionados en el artículo 153 de la Constitución lo encontrará el lector en los comentarios a los correspondientes preceptos constitucionales 161.1, 150.2, 106.1 y 136.2. Señalaré únicamente aquí, de modo muy sintético, los aspectos más relevantes de la proyección de los mismos sobre las actividades de las Comunidades Autónomas a las que se refiere el artículo 153:

1. El control por el Tribunal Constitucional de las disposiciones normativas con fuerza de Ley de las Comunidades Autónomas

Un rasgo esencial que distingue a los Estados unitarios descentralizados —como el nuestro— de los Estados plenamente federales es el hecho de que los entes territoriales autónomos no disponen de un órgano que controle la adecuación de sus disposiciones legales a la Constitución y, en su caso, a su propio Estatuto de Autonomía, encomendándose esta función en exclusiva al Tribunal Constitucional. Sucede, además, que la configuración abierta —parcialmente desconstitucionalizada— de nuestro particular modelo de Estado autonómico ha redoblado el valor y la trascendencia de los pronunciamientos del Tribunal Constitucional en esta materia, convirtiéndose en guía y árbitro del proceloso desarrollo del *iter* autonómico.

Por "disposiciones normativas con fuerza de ley", como objeto de este control de constitucionalidad, debemos de entender: leyes autonómicas elaboradas por el Parlamento, Decreto-leyes y Decretos legislativos en aquellas Comunidades Autónomas cuyo Estatuto de Autonomía haya recogido estas figuras normativas como fuente del subordenamiento autonómico, los Reglamentos parlamentarios, las Normas Forales fiscales de las Juntas Generales de los Territorios Históricos (Álava, Guipúzcoa y Vizcaya) y los propios Estatutos de Autonomía, los cuales serán objeto o parámetro de este control de constitucionalidad, según proceda en cada caso.

Los cauces a través de los que se puede activar este control por el Tribunal Constitucional de las disposiciones normativas con fuerza de ley de las Comunidades Autónomas son diversos: 1. En primer lugar, lógicamente, el recurso de inconstitucionalidad, normalmente con apelación por el Presidente del Gobierno a los efectos suspensivos del artículo 161.2 CE, si bien conviene advertir que los órganos institucionales de la propia Comunidad Autónoma o de otras Comunidades Autónomas no están legitimados para interponerlo (art.

32 LOTC). 2. En segundo lugar, la cuestión de inconstitucionalidad, siempre que se cumplan los requisitos previstos en los artículos 35 a 37 LOTC, como instrumento que permite conciliar la doble vinculación del juez ordinario a la Constitución y a la ley —autonómica, en este caso—. 3. El conflicto de competencias que tuviera como objeto una ley autonómica o, derivada del mismo, la autocuestión de inconstitucionalidad que pudiera plantearse frente al Estatuto de Autonomía (art. 67 LOTC). 4. Las autocuestiones de inconstitucionalidad contra leyes autonómicas que pudieran traer causa de un recurso de amparo (art. 55.2 LOTC) o de un conflicto en defensa de la autonomía local (art. 75.quinquies.6 LOTC).

2. El control por el Gobierno de las funciones delegadas vía artículo 150.2 CE

El control por parte del Gobierno, previo dictamen —preceptivo pero no vinculante— del Consejo de Estado, sobre el ejercicio por las Comunidades Autónomas de funciones delegadas por vía de las leyes orgánicas previstas en el artículo 150.2 CE, ha de entenderse referido exclusivamente tan sólo al caso de transferencia de funciones ejecutivas, como se infiere fácilmente de la propia redacción del artículo 153 CE, de la interpretación sistemática de este precepto con los apartados 1 y 2 del artículo 150 CE y de la lógica de reparto de poderes entre Legislativo y Ejecutivo.

Además, no cabe entender tampoco que en ese supuesto de delegación de funciones ejecutivas a las Comunidades Autónomas el artículo 153 CE atribuya en exclusiva al Gobierno la potestad de control. Y ello por dos motivos poco rebatibles: 1. Porque el artículo 150.2 CE deja a disposición del legislador orgánico la determinación, caso por caso, de quién y cómo ejercerá ese control. 2. Porque, en último término, el ejercicio más intenso de esa facultad de control —la revocación de la delegación— no podría articularse sino a través de la correspondiente ley orgánica, es decir, estaría en manos de las Cortes Generales, no del Gobierno. Lo que no podría hacer el legislador al configurar las condiciones del control de las funciones delegadas sería eliminar completamente toda intervención gubernamental en tal proceso.

Así las cosas, sin olvidar que el Parlamento estatal podría siempre hacer un control de oportunidad política de la delegación, el Gobierno estaría apoderado tan sólo para verificar la adecuación del ejercicio de esas funciones delegadas a las condiciones establecidas para ello en la ley orgánica correspondiente. A tal efecto, el Gobierno podría solicitar de la Comunidad Autónoma en cuestión cuanta información precise para realizar ese juicio de adecuación, requerir formalmente a la misma en caso de incumplimiento de las condiciones de ejercicio y, transcurrido el plazo previsto sin que el requerimiento fuera atendido, proponer a las Cortes Generales la revocación de la delegación. No podría, sin embargo, suspender por su propia iniciativa tal delegación, salvo que la ley orgánica dictada ex artículo 150.2 CE lo previera expresamente (STC 118/1996).

3. El control por la Jurisdicción Contencioso-administrativa de la actividad administrativa y reglamentaria autonómica

Este tercer apartado del artículo 153 CE ilustra también claramente lo que decíamos *supra* sobre lo innecesario de este precepto, que no añade ningún mandato normativo constitucional nuevo e introduce, por el contrario, algunas imprecisiones técnicas importantes que conviene clarificar.

Evidentemente, la previsión recogida en el artículo 106.1 CE de que "los tribunales [en general y sin concretar orden jurisdiccional] controlan la potestad reglamentaria y la legalidad de la actuación administrativa, así como el sometimiento de ésta a los fines que la justifican" es habilitación constitucional suficiente para —en conexión con el artículo 24 CE— entender sometida la actividad administrativa y reglamentaria de las Comunidades Autónomas al control de los tribunales, en sentido muy amplio. Es decir, se garantiza constitucionalmente que la actividad de las Administraciones Públicas, de todas ellas (también las autonómicas), podrá ser revisada por un órgano jurisdiccional. Partiendo de ahí, el artículo 153.c) CE introduce dos elementos técnicamente incorrectos o, al menos, imprecisos:

a) Establece, en primer lugar, que será concretamente la jurisdicción contencioso-administrativa la que ejercerá —parecería que de modo exclusivo— el control de la actividad autonómica mencionada. Sin embargo, es necesario matizar que no existe monopolio absoluto por parte de la jurisdicción contencioso-administrativa para controlar los actos y reglamentos autonómicos, pues: 1. El artículo 161.2 CE atribuye al Tribunal Constitucional la potestad de resolver las impugnaciones que el Gobierno de la Nación plantee contra cualquier disposición o resolución dictada por los órganos de las Comunidades Autónomas. Mecanismo de control estatal sobre la actividad no legislativa de las Comunidades Autónomas utilizada por el Ejecutivo con frecuencia y, además, con notable impacto en la relación entre el Estado y algunas Comunidades Autónomas en los últimos años. Instrumento cuya activación, como prevé la propia Constitución, lleva aparejada la suspensión automática del acto o disposición autonómica, privilegio procesal que no existe en la vía judicial ordinaria.

2. Como bien es conocido, las Administraciones Públicas —también las autonómicas— no actúan siempre sometidas a Derecho Administrativo. Cuando llevan a cabo actos que están sometidos a Derecho Civil, laboral o penal, son los órdenes jurisdiccionales correspondientes los encargados de realizar el control de tales actos.

b) Se refiere también este artículo 153. c) CE como objeto de ese control a la actividad "de la Administración autónoma y sus normas reglamentarias". Sin embargo, debemos entender sometidos a supervisión también los actos de todos aquellos otros órganos autonómicos que pudieran quedar fuera de esa categoría, como por ejemplo los órganos de gobierno de los Parlamentos autonómicos, así como los comisionados de estas cámaras territoriales (art. 74.1. LOPJ).

Es por todo ello que la genérica alusión del artículo 106.1 CE a los "tribunales" como sujetos de este control estatal y a la "actuación administrativa" como objeto del mismo es no sólo suficiente, sino también técnicamente más precisa que lo estipulado en el artículo 153 CE.

4. El control por el Tribunal de Cuentas de la actividad económica y presupuestaria autonómica

Pese a que, como hemos dicho, ya el artículo 136.1 CE por su abierta redacción permitiría entender que, además de la correspondiente actividad estatal, la actividad económica y presupuestaria de las Comunidades Autónomas también se encuentra sometida al control del Tribunal de Cuentas, quizás sea la concreción del artículo 153 CE respecto de este mecanismo de control más útil o conveniente que en los demás casos analizados.

La dependencia del Tribunal de Cuentas de las Cortes Generales y la incógnita sin despejar al momento de ser aprobada la Constitución de cuál iba a ser el concreto desarrollo competencial e institucional de cada Comunidad Autónoma que se crease, hacían entonces conveniente precisar que el control de este órgano vinculado al Parlamento estatal también debía extenderse por expreso mandato constitucional al ámbito autonómico. Posteriormente, una vez llegados al final del proceso de descentralización del Estado, parecería que los órganos análogos dependientes de los Parlamentos autonómicos, creados por las Comunidades Autónomas en legítimo ejercicio de sus potestades de autoorganización, estarían llamados a sustituir al Tribunal de Cuentas en esta función, lo que requeriría —claro está— reforma constitucional. Pero este órgano todavía debe jugar en el escenario actual un importante papel de cohesión del control del gasto del Estado en su conjunto, Comunidades Autónomas y entidades locales incluídas.

Además, según STC 18/1991, sus funciones y las de los órganos análogos de las Comunidades Autónomas son compatibles y complementarias, sin perjuicio de la supremacía última del control estatal por el Tribunal de Cuentas, derivada precisamente de este artículo 153. d) CE. Tales funciones se dividen en: a) Enjuiciamiento contable, de naturaleza jurisdiccional y revisable por el Tribunal Supremo (STC 215/2000), que tiene por objetivo determinar la responsabilidad de los sujetos que recaudan, intervienen, administran o custodian fondos públicos. b) Función fiscalizadora, que da lugar a informes y memorias remitidas a las Cortes Generales y/o a los Parlamentos autonómicos, a través de la cual se revisa la adecuación a los principios de legalidad, eficiencia y economía establecidos en la Constitución (art. 31.2 y 3) y en el resto del ordenamiento jurídico de la actividad económico-financiera de las Comunidades Autónomas.

V. BIBLIOGRAFÍA

BILBAO UBILLOS, J. M.: "Leyes orgánicas de transferencia o delegación (artículo 150.2 CE) y reforma de los Estatutos de Autonomía", en AA.VV. La reforma de los Estatutos de Autonomía, Junta de Castilla y León, 2005, pp. 267-313.

CARRANZA, G. G.: "Del control político al control jurisdiccional. Aportes de la LO 15/2015 para la construcción del principio de lealtad autonómica en España", Revista General de Derecho Constitucional, núm. 29, 2019.

GARCÍA ROCA, F. J.: "Conflictos entre el Estado y las Comunidades Autónomas ante el Tribunal Supremo: la competencia diferenciada entre las jurisdicciones constitucional y contencioso-administrativa", Revista Vasca de Administración Pública, núm. 62, 2002, pp. 89-134.

GIL-ROBLES Y GIL-DELGADO, J. M.: Control y autonomías, Civitas, Madrid, 1986.

GORORDO BILBAO, J. M.: "El Tribunal de Cuentas del Estado español y los órganos autonómicos de control externo en las previsiones constitucionales, estatutarias y/o legales de las Comunidades Autónomas", Auditoría Pública. Revista de los Órganos de Control Externo, núm. 45, 2008, pp. 15-28.

MONTILLA MARTOS, J. A.: Las leyes orgánicas de transferencia y delegación: configuración constitucional y práctica política, Tecnos, Madrid, 1997.

PÉREZ TREMPS, P.: Sistema de justicia constitucional, Civitas, Madrid, 2019.

RÁZQUIN LIZÁRRAGA, M. M.: "Ley autonómica, reglamento y control", Revista de Administración Pública, núm. 128, 1992, pp. 107-144.

VERA SANTOS, J. M.: El Tribunal de Cuentas y los órganos de control externo de las Comunidades Autónomas, CEPC, Madrid, 2001.

VIDAL FUEYO, M. C.: El Tribunal Constitucional, Marcial Pons, Madrid, 2022.

VI. JURISPRUDENCIA

STC 4/1981, de 2 de febrero.
STC 76/1983, de 5 de agosto.
STC 18/1991, de 31 de enero.
STC 118/1996, de 27 de junio.
STC 195/1998, de 1 de octubre.
STC 215/2000, de 18 de septiembre.
STC 60/2023, de 24 de mayo.

Artículo 154

Un Delegado nombrado por el Gobierno dirigirá la Administración del Estado en el territorio de la Comunidad Autónoma y la coordinará, cuando proceda, con la administración propia de la Comunidad.

COMENTARIO

Andrés Boix Palop
Profesor de Derecho Administrativo
Universitat de València - Estudi General de València

SUMARIO: I. SIGNIFICADO DE LOS DELEGADOS DEL GOBIERNO EN LAS COMUNIDADES AUTÓNOMAS EN LA CONSTITUCIÓN ESPAÑOLA. 1. El Delegado del Gobierno en las Comunidades Autónomas: consideraciones sistemáticas y significación constitucional. 2. Contenido de mínimos del precepto constitucional y cronología de su desarrollo legislativo. II. FUNCIONES Y CONTENIDO DE LA FIGURA DEL DELEGADO DEL GOBIERNO EN LAS COMUNIDADES AUTÓNOMAS A PARTIR DE SU DESARROLLO LEGISLATIVO. 1. Los Delegados del Gobierno según su desarrollo legislativo: significación jurídica y política. 2. Las funciones de los Delegados y la creciente importancia de su labor de control respecto de otras Administraciones públicas. 3. Evolución y consolidación de la significación constitucional del Delegado. III. BIBLIOGRAFÍA. IV. JURISPRUDENCIA.

I. SIGNIFICADO DE LOS DELEGADOS DEL GOBIERNO EN LAS COMUNIDADES AUTÓNOMAS EN LA CONSTITUCIÓN ESPAÑOLA

1. El Delegado del Gobierno en las Comunidades Autónomas: consideraciones sistemáticas y significación constitucional

La figura del Delegado del Gobierno en las Comunidades Autónomas prevista en el artículo 154 de la Constitución es un elemento, aunque no central, sí altamente significativo respecto del modelo de descentralización territorial del poder por el que el constituyente español se decantó en 1978. En un momento histórico en que la ciudadanía española se inclinaba mayoritariamente por iniciar una ambiciosa descentralización política en busca de un nuevo reparto territorial del poder, opción muy compartida sobre todo en algunas partes del país (País Vasco y Cataluña, esencialmente, aunque en otros territorios como Galicia, Andalucía, el entonces denominado País Valenciano o Canarias las demandas en esta misma dirección tuvieron rápidamente un considerable eco social), la consagración en un precepto del texto constitucional de la necesidad de una figura como ésta es una clara muestra de los límites del nuevo modelo y de la clara intención, desde otras sensibilidades, de embridar en lo posible ese proceso de descentralización en la medida de lo posible, lo que se logrará añadiendo elementos y controles que no suelen ser habituales en los sistemas federales comparados avanzados.

El Título VIII de la Constitución, y en concreto su Capítulo III, que regula el régimen y marco institucional que permitirán el despliegue de las Comunidades Autónomas, establece en definitiva un modelo propio, que marca una clara diferencia con los desarrollos federales de nuestro entorno y, especialmente, con aquellos que más influjo han tenido tradicionalmente en España: los de los Estados Unidos de América y la República Federal de Alemania. En efecto, no es frecuente que en países con una tradición federal potente y consolidada, quizás como consecuencia de su evolución histórica normalmente vinculada a un proceso de federalización construido a partir la preexistencia de Estados que ya cuentan con una arquitectura institucional completa y asentada, existan figuras con las considerables atribuciones administrativas de nuestros Delegados ni con su peso político. Tampoco el modelo de federalismo de ejecución alemán deja un excesivo espacio de gestión a la Federación, reduciendo el posible papel práctico de una hipotética figura equivalente. En cambio, en nuestro país, la consagración de una institución como la del Delegado de Gobierno en las Comunidades Autónomas es un buen indicador tanto de que la descentralización en España se produce en unas coordenadas históricas diferentes a la de la mayoría de países federales, pues en nuestro caso se proviene de un Estado extraordinariamente centralizado y de unas estructuras jurídicas lógicamente adaptadas a ese reparto que es inevitable que dejen trazas en el nuevo texto constitucional, como de los propios límites con los que la Constitución de 1978 enmarcará el proceso de descentralización iniciado desde su aprobación. Tras cuatro décadas de vigencia del texto, los referidos límites, o si se prefiere las tensiones inherentes a la concurrencia entre estos dos posibles modelos de descentralización —uno más ambicioso, de perfiles cuasifederales, y otro más prudente, con controles estatales de muy diverso tipo sobre los entes subestatales— siguen explicando gran parte de los conflictos territoriales existentes en España, al menos en lo referido a su traducción jurídica.

No es de extrañar, por ello, que la figura del Delegado del Gobierno haya sido tradicionalmente criticada por parte de los partidarios en España de un sistema de reparto del poder en clave federal y, muy particularmente, por los partidos nacionalistas vascos (tanto por el PNV como por la izquierda *abertzale*) y catalanes (la antigua CiU y los espacios nacionalistas conservadores que la han sucedido y la más progresista ERC). Por el contrario, las mayorías políticas en clave estatal, cuando han sido sólidas y no han necesitado de apoyos de fuerzas políticas periféricas, han tendido, a lo largo de estos cuarenta años de vigencia del texto constitucional, a reforzar sus atribuciones, en el contexto de una dinámica que se ha perfilado de forma clara en los últimos años de incremento de ciertos controles estatales sobre la acción de las Comunidades Autónomas (muy especialmente, en años recientes, de tipo financiero al albur de la crisis económica, pero también con la crisis catalana de 2017 de tipo más general y político, al menos, durante el período de aplicación de las medidas de suspensión y control de la autonomía catalana tras la declaración de independencia por parte de su Parlament, por mucho que ésta fuera frustrada) que ha propiciado inevitablemente un mayor realce político de la figura. Del mismo modo, el proceso de recentralización puntual propiciado por la activación de las potestades excepcionales para la gestión de emergencias que tiene reconocidas el Estado previa la activación de alguno de los estados de alarma, excepción y sitio y que se produjo a lo largo de 2020, en diversos momentos, con la activación de varios estados de alarma con el resultado de una importante centralización competencial para dar respuesta a la pandemia de COVID-19 también puso de manifiesto la vigencia de la figura, y su importancia en el actual diseño constitucional y legal español, en la gestión de estas situaciones de crisis, en la medida en que el desplazamiento de las decisiones en materia sanitaria o de protección civil en favor del gobierno estatal dotaba al Delegado de un abanico de competencias y potestades que, aunque fuera puntualmente y para la gestión de la emergencia, lo situaba en una posición anómalamente sobredimensionada respecto de los gobiernos autonómicos.

Con todo, y de alguna manera, hay que señalar también que la aparición de un Delegado del Gobierno en las Comunidades Autónomas con la Constitución de 1978, aun suponiendo una afirmación de la voluntad de llevar a cabo una descentralización limitada y que no llegara a establecer una verdadera federalización, también supuso limitar el poder de los gobernadores civiles tradicionales que eran de algún modo su precedente más directo e inmediato, y cuyo papel institucional queda minimizado y subordinado a la actuación del Delegado. Adicionalmente, y como es evidente, esta institución es reflejo y consecuencia de la propia aparición de las Comunidades Autónomas, que obliga al Estado a actuar en un nivel administrativo diferente y con interlocutores que, en la mayor parte de los casos, agregan varias provincias y suman no sólo un mayor peso poblacional y económico sino también un protagonismo político indudablemente superior. Es decir, es la propia descentralización del Estado establecida en la Constitución de 1978, aunque no fuera tan profunda como algunos hubieran querido, la que obliga a la aparición de la figura. Por ello, no es sorprendente que esté emparentada con la existente en países que han acometido procesos de descentralización semejantes al español (esencialmente las Repúblicas portuguesa e italiana).

2. Contenido de mínimos del precepto constitucional y cronología de su desarrollo legislativo

La relativa novedad que supone en el constitucionalismo español una figura como la prevista en el artículo 154 de la Constitución de 1978, con un único y remoto precedente en el proyecto de Constitución federal de 1873 y sin que pueda rastrearse una institución equivalente ni siquiera en la Constitución republicana de 1931, obliga a analizarla más a partir de los contenidos, parcos, del propio texto constitucional y de su evolución y despliegue efectivos que apelando a una casi inexistente tradición histórica.

Ha de ser notado que este agente estatal adoptó finalmente una denominación más neutra que otras propuestas durante el debate constituyente (algunas, con reminiscencias claras, como *Gobernadores generales*), la de *Delegado*. Sus funciones están poco detalladas en el propio art. 154 CE, que se limita a señalar como de su responsabilidad la dirección de la Administración del Estado en el territorio de la Comunidad Autónoma en cuestión y la coordinación, cuando sea necesario, de la acción ejecutiva estatal con las actuaciones a cargo de la administración autonómica. Aunque no se dan más detalles sobre sus funciones, parece claro que de esta breve descripción se deduce un carácter general y omnicompresivo, su condición directora y supervisora y, como necesaria consecuencia, la esencia también necesariamente política de este tipo de agentes del gobierno, que pasan a ser la presencia e imagen del Estado y de sus servicios en las Comunidades Autónomas.

El parco contenido del precepto constitucional ha hecho recaer en el desarrollo legislativo la decantación final de las características y perfiles esenciales de la figura, hoy ya muy reconocible tras lo que fueron ciertos vaivenes legislativos iniciales. La primera regulación se realizó por medio de una norma reglamentaria aprobada por el gobierno de la UCD ante la imposibilidad de lograr apoyos suficientes para su regulación por ley (Real Decreto 2238/1980). Esta norma consagraba la institución con una inclinación recentralizadora evidente, perceptible desde la denominación (se volvía a la idea de *Gobernadores Generales*) al propio hecho de otorgarles una serie de funciones de representación y de control sobre las Administraciones autonómicas dudosamente constitucionales, que generaron una reacción inmediata y enconada en contra de la regulación por parte de la oposición y algunas Comunidades Autónomas. Con el cambio de mayorías políticas tras las elecciones generales de 1982 y la amplia victoria de un Partido Socialista (izquierda de ámbito estatal) con una composición interna en clave territorial mucho más favorable al despliegue autonómico, las Cortes aprobaron la Ley 17/1983, de Delegados del Gobierno en las Comunidades Autónomas, devolviendo la figura, incluyendo la denominación de la misma, a unos perfiles constitucionales más prudentes y reconocibles. La institución se va consolidando poco a poco en estas coordenadas, y puede entenderse que queda fijada de una manera más o menos definitiva a partir del diseño fijado en la Ley 6/1997, de 14 de abril, de Organización y Funcionamiento de la Administración General del Estado (LOFAGE), producto del pacto de legislatura alcanzado en 1996 por el Partido Popular y los partidos conservadores nacionalistas vasco (PNV) y catalán (CiU), del que es a la postre tributaria su regulación actual, contenida en la reciente Ley 40/2015, de Régimen Jurídico del Sector Público, aprobada de nuevo por unas Cortes con mayoría absoluta, en este caso del Partido Popular (partido conservador de ámbito estatal).

II. FUNCIONES Y CONTENIDO DE LA FIGURA DEL DELEGADO DEL GOBIERNO EN LAS COMUNIDADES AUTÓNOMAS A PARTIR DE SU DESARROLLO LEGISLATIVO

1. Los Delegados del Gobierno según su desarrollo legislativo: significación jurídica y política

La ley 40/2015, siguiendo y profundizando las pautas consolidadas por la LOFAGE de 1997, regula la estructura y funcionamiento de la Administración General del Estado en su dimensión territorial a partir de la figura de los Delegados del Gobierno en las Comunidades Autónomas, vértice desde el que se desplegará el funcionamiento de la misma. El Delegado del Gobierno, así, queda conformado constitucionalmente como la cúspide de la Administración periférica (aunque la Constitución omita tal calificativo) del Estado y representante del Gobierno en el territorio de la Comunidad Autónoma (que no del Estado, dado que, como es sabido, la propia Constitución, y así ha sido recogido también por todos los Estatutos de Autonomía aprobados desde entonces, otorga esta representación, significativamente, al Presidente de la Comunidad Autónoma correspondiente), de acuerdo con un diseño que la actual ley ha consagrado.

Desde una perspectiva constitucional resulta relevante destacar que, en lógica correspondencia con su marcada importancia política, estos cargos están configurados como de libre designación y cese por el Consejo de Ministros, a propuesta del Presidente del Gobierno (art. 72 ley 40/2015). Las personas designadas para ejercer estas funciones, eso sí, han de cumplir en todo caso los requisitos exigidos por la Ley 3/2015, reguladora del ejercicio del alto cargo de la Administración General del Estado, que contiene algunas previsiones novedosas, más allá de las tradicionales incompatibilidades, relacionadas con las modernas exigencias de probidad que se han ido introduciendo en los últimos años en la gestión pública en España. Esta naturaleza en parte política de la figura es plenamente lógica, pues, en la medida en que el Delegado representa al Gobierno, comparte también el carácter bifronte del mismo, órgano político por excelencia y, a la vez, cúspide de la organización administrativa. Este carácter del órgano ha sido destacado, o al menos plenamente asumido, desde la Sentencia del Tribunal Constitucional 27/1989, de 3 de febrero, que tempranamente entendió que los Delegados del Gobierno habían de ser tenidos por "autoridad gubernativa".

La norma no esconde, adicionalmente, su intención de reforzar su papel político e institucional, lo que responde tanto a la evolución ya comentada, que ha ido incrementando en la legislación sectorial (régimen local, financiera) las funciones de control de estos órganos como a la voluntad de la mayoría política existente en 2015, conservadora, que no ocultaba sus intenciones recentralizadoras (marco, además, definitivamente asentado con la crisis catalana de 2017, que reafirmó en el discurso institucional la conveniencia y necesidad de este tipo de controles). Más allá de esta idea, y del reforzamiento de su papel como órganos directivos (art. 55.4 ley 40/2015, consideración que también tendrán los Subdelegados) de la Administración del Estado, el resto de cambios que encontramos en la nueva ley son de carácter más bien técnico, sin que alteren la naturaleza de la institución. Destacan entre todos ellos una más completa sistematización de sus competencias, que se reúnen y agrupan en la ley de modo más exhaustivo, haciendo explícitas o recopilando en un mismo precepto algunas de ellas hasta ahora implícitas o dispersas en la legislación sectorial.

2. Las funciones de los Delegados y la creciente importancia de su labor de control respecto de otras Administraciones públicas

Más interesante y revelador sobre las dinámicas inherentes a nuestro modelo de reparto territorial del poder es la propia evolución de la figura a lo largo de los años, siempre dentro de los perfiles marcados por la Constitución, respecto de sus funciones, hoy agrupadas y consolidadas en el artículo 73 de la nueva ley 40/2015, de Régimen Jurídico del Sector Público. El precepto agrupa en primer lugar las responsabilidades de dirección y coordinación de la acción de la Administración General del Estado y sus organismos públicos en la Comunidad Autónoma correspondiente; con atribuciones sobre todo de tipo orgánico. El Delegado del Gobierno en las Comunidades Autónomas, así, tiene bajo su inmediata dependencia a los Subdelegados del Gobierno en las provincias (así como a los Directores insulares de la Administración del Estado y a los Subdelegados del Gobierno adicionales que puede nombrar incluso en Comunidades Autónomas uniprovinciales si consideraciones organizativas y de gestión lo justifican), a los que nombra y cesa libremente de entre funcionarios de carrera pertenecientes a cuerpos o escalas clasificados como subgrupo A1. La nueva ley, además, ha prestado más atención a la regulación de la estructura de las Delegaciones del Gobierno en las Comunidades Autónomas, con especial y pormenorizado hincapié en la asistencia jurídica y las funciones de intervención y control económico y financiero, lo que da una idea del creciente protagonismo e importancia de estas actuaciones en los últimos años, al que nos referiremos de nuevo posteriormente.

La nueva ley ha añadido a estas funciones orgánicas tradicionales otras de nuevo cuño, como las tareas de difusión de la acción de gobierno e información a los ciudadanos, de un cariz marcadamente más político y que han ido ganando en importancia con los años. Ha de señalarse, además, que entre estas funciones se ha introducido la de elevar al Gobierno, con carácter anual, a través del departamento ministerial con competencias en materia de Hacienda y Administraciones Públicas, un informe sobre el funcionamiento de los servicios públicos estatales en el ámbito de la Comunidad Autónoma en cuestión.

Conviene tener presente que, al menos en este ámbito, se deduce claramente de la posición constitucional del Delegado, como también de la normativa de desarrollo de la figura y de sus funciones, la generalidad y amplitud de sus competencias, que pueden tener incluso carácter residual respecto de cualquier actividad competencialmente atribuida al Estado y ejercida por éste en el territorio de las Comunidades Autónomas, por lo que en defecto de órgano concreto al que queden atribuidas ha de entenderse que lo son a la Delegación del Gobierno (como por lo demás ha dejado declarado el Tribunal Constitucional en su Sentencia 254/1993, de 20 de junio).

Un segundo vector funcional de la actuación del Delegado son sus atribuciones de coordinación y colaboración con otras Administraciones Públicas. La práctica constitucional lo ha consolidado como interlocutor ante las Administraciones autonómicas correspondientes, otorgándole un protagonismo destacado en las comisiones mixtas de transferencias de competencias, así como en todas las comisiones de coordinación con la Administración General del Estado. Estas funciones, por lo demás, revisten una enorme importancia en un modelo de distribución territorial del poder como el español que, como hemos señalado, ha optado por mantener un aparato administrativo estatal a escala territorial en vez de delegar la ejecución en las instancias locales o regionales, de manera que en casos de concurrencia de títulos competenciales o de competencias cruzadas (algo que es inevitable y habitual, piénsese en casos que van desde las competencias en materia de protección civil a cualquier acción estatal que pueda tener afección sobre la ordenación del territorio, por poner sólo dos ejemplos) la Constitución, según ha interpretado el Tribunal Constitucional, concede esta capacidad de coordinación al Estado, por medio del Delegado (Sentencia del Tribunal Constitucional 123/1984, de 18 de diciembre). Ha de dejarse claro, no obstante, que esta relativa preeminencia anudada a la capacidad de coordinación no contempla potestades que amparen una supuesta capacidad para imponer a las Administraciones autonómicas actuaciones concretas dentro del ámbito de las competencias de estas últimas (Sentencia del Tribunal Constitucional 18/1982, de 4 de mayo).

Por último, ha de ser destacado que, en relación también con la gestión de las relaciones del Estado con el resto de las Administraciones Públicas de la Comunidad Autónoma correspondiente, la ley 40/2015 ha reforzado, al regularlas con más detalle y exhaustividad, todas aquellas funciones de control de legalidad que se han ido consolidado con los años a favor del Estado, al indicar que los Delegados del Gobierno han de "velar por el cumplimiento de las competencias atribuidas constitucionalmente al Estado y por la correcta aplicación de su normativa, promoviendo o interponiendo, según corresponda, conflictos de jurisdicción, conflictos de atribuciones, recursos y demás acciones legalmente procedentes".

De hecho, la práctica constitucional tras cuatro décadas ha demostrado que una de las principales funciones del órgano radica justamente en su capacidad para actuar en tanto que controlador de la acción de la Administración de las Comunidades Autónomas y de los Entes Locales del territorio en cuestión, pues por su proximidad le resulta más sencillo realizar un marcaje jurídico, pero inevitablemente también político, sobre todas aquellas políticas autonómicas y locales que pudiera entrar en contradicción con las deseadas por el Gobierno central y que, además, a juicio del Delegado, presenten problemas de legalidad, bien por invadir competencias estatales; bien por desarrollar las competencias autonómicas sin respetar los marcos estatales y normas básicas; bien, más recientemente, por ir más allá de los límites de gasto y presupuestarios que la Administración del Estado puede imponer al resto a partir de las leyes de control del techo de gasto y de la sostenibilidad financiera de las Administraciones Públicas españolas que, tras la reforma del artículo 135 de la Constitución y posterior aprobación de la Ley Orgánica 2/2012, de Estabilidad Presupuestaria y Sostenibilidad Financiera, han alcanzado cotas cualitativas y cuantitativas hasta entonces desconocidas. En una línea muy semejante hay que recordar, por lo demás, que el Delegado dispone en algunas ocasiones de capacidad directa de reacción frente a actuaciones de otras Administraciones, en este caso de la Administración local. Así, el art. 67 LRBRL permite al Delegado incluso acordar la suspensión provisional de actos y acuerdos locales cuando atenten gravemente al interés público hasta que pueda realizarse su control judicial (la Sentencia del Tribunal Constitucional 214/1989, de 21 de diciembre, ha entendido constitucional esta potestad, hasta cierto punto equiparable a la que tiene el Gobierno cuando impugna ante el propio Tribunal Constitucional actuaciones de las Comunidades Autónomas reputadas inconstitucionales). La reforma local de 2013 (por medio de la Ley 27/2013, de Racionalización y Sostenibilidad de la Administración Local), además, no ha hecho sino intensificar estos controles sobre los entes locales (que, además, y a diferencia de otras partes de la reforma, sí han sido declarados como constitucionales en las Sentencias 41/2016 y 111/2016 del Tribunal Constitucional).

Junto a estas funciones, cuya importancia política es cada vez mayor, la competencia tradicional que más ha visibilizado la acción de los Delegados del Gobierno en las Comunidades Autónomas, y que la ley 40/2015, como es habitual, también contempla, tiene que ver con el mantenimiento del orden público y el mando de la policía y otras fuerzas del orden. Son éstas funciones que ejercen directamente y en primera persona con la finalidad de "proteger el libre ejercicio de los derechos y libertades y garantizar la seguridad ciudadana, a través de los Subdelegados del Gobierno y de las Fuerzas y Cuerpos de Seguridad del Estado, cuya jefatura corresponderá al Delegado del Gobierno, quien ejercerá las competencias del Estado en esta materia bajo la dependencia funcional del Ministerio del Interior" (art. 73.3 ley 40/2015).

3. Evolución y consolidación de la significación constitucional del Delegado

El Delegado del Gobierno en las Comunidades Autónomas previsto en el artículo 154 de la Constitución española de 1978 ha acabado, a la postre, convertido en una figura con importantes atribuciones tanto administrativas como políticas, destacando cada vez más estas últimas. Su papel como representante del Gobierno en las Comunidades Autónomas lo convierte en la principal figura de oposición a los gobiernos autonómicos de signo contrario al estatal, cuando se da esta situación; y sus nuevas competencias informativas han acabado por configurarlo, en la práctica, como un efectivo contrapoder político, encargado no sólo de publicitar la acción del gobierno sino de criticar las políticas autonómicas de diferente orientación política. El protagonismo de la figura, tanto en su vertiente política como de control de la legalidad y en materia de orden público durante la crisis constitucional catalana, que alcanzó su apogeo en el segundo semestre de 2017, hace que la institución y las posibilidades que da al Estado para un control más cercano de la acción autonómica sean cada vez más valoradas por quienes no desean que se profundice en el reparto territorial del poder más allá de lo que la Sentencia del Tribunal Constitucional 31/2010, referida al Estatuto de Autonomía de Cataluña de 2015, marcó como límites al desarrollo autonómico. En esta misma línea, y como ya se ha comentado, puede apuntarse el vigor e importancia de la figura en momentos de recentralización, como lo son las situaciones de emergencia, de las que por mucho que poco habituales tuvimos un buen ejemplo a partir de marzo de 2020 con la activación de varios y sucesivos estados de alarma y la consiguiente recentralización competencial para la gestión y contención de la pandemia de COVID-19. Así pues, no parece demasiado osado afirmar que la figura, por mucho que controvertida políticamente, está definitivamente consolidada jurídica y constitucionalmente, en los concretos perfiles aquí descritos.

III. BIBLIOGRAFÍA

BACIGALUPO SAGESSE, M.: "Sinopsis del artículo 154 de la Constitución española", en el web del Congreso de los Diputados: disponible el 1 de marzo de 2018 en *http://www.congreso.es/consti/constitucion/indice/sinopsis/sinopsis.jsp?art=154&tipo=2*

BASSOLS COMA, M.: "El Delegado del Gobierno como órgano de coordinación y cooperación con las Comunidades Autónomas y de dirección de la Administración periférica del Estado", en ALZAGA VILLAMIL, O., *Comentarios a la Constitución Española de 1978*, Edersa-Cortes Generales, Madrid, 1996, Tomo XI, pp. 457-497.

MUÑOZ MACHADO, S.: *Derecho Público de las Comunidades Autónomas*, Tomo II, Segunda edición, Iustel, Madrid, 2008, pp. 191-205.

PULIDO QUECEDO, M.: *La Constitución española. Con la Jurisprudencia del Tribunal Constitucional*, Aranzadi, 3ª edición, Pamplona, 2001.

QUIROGA DE ABARCA, J. M.: *Centralización y descentralización administrativas y Delegado del Gobierno*, Dykinson, 1994.

SARMIENTO ACOSTA, M. J.: voz "Delegados del Gobierno", en MUÑOZ MACHADO, S., *Diccionario de Derecho Administrativo*, Tomo I, Iustel, Madrid, 2005, pp. 811-815.

TORNOS MAS, J.: "La reforma de la Administración periférica del Estado", *Documentación Administrativa*, núm. 246-247, septiembre 1996-abril 1997, pp. 345-376.

URETA DOMINGO, J. C., "El Delegado del Gobierno en las Comunidades Autónomas", *Revista Vasca de Administración Pública*, núm. 5, 1983, pp. 91-129.

IV. JURISPRUDENCIA

STC 18/1982, de 4 de mayo.

STC 123/1984, de 18 de diciembre.
STC 27/1989, de 3 de febrero.
STC 214/1989, de 21 de diciembre.
STC 254/1993, de 20 de junio.
STC 31/2010, de 28 de junio.
STC 41/2016, de 3 de marzo.
STC 111/2016, de 9 de junio.

Artículo 155

1. Si una Comunidad Autónoma no cumpliere las obligaciones que la Constitución u otras leyes le impongan, o actuare de forma que atente gravemente al interés general de España, el Gobierno, previo requerimiento al Presidente de la Comunidad Autónoma y, en el caso de no ser atendido, con la aprobación por mayoría absoluta del Senado, podrá adoptar las medidas necesarias para obligar a aquélla al cumplimiento forzoso de dichas obligaciones o para la protección del mencionado interés general.

2. Para la ejecución de las medidas previstas en el apartado anterior, el Gobierno podrá dar instrucciones a todas las autoridades de las Comunidades Autónomas.

COMENTARIO

Miguel Satrústegui Gil-Delgado
Profesor Titular Honorífico de Derecho Constitucional
Universidad Carlos III de Madrid

SUMARIO: I. CARACTERIZACIÓN GENERAL. II. PRESUPUESTOS HABILITANTES. III. LA FASE INICIAL DE PROCEDIMIENTO. IV. EL ACUERDO DEL SENADO. V. NATURALEZA JURÍDICA, CONTENIDO Y DURACIÓN DE LAS MEDIDAS. VI. LAS INSTRUCCIONES PARA LA EJECUCIÓN DE LAS MEDIDAS. VII. BIBLIOGRAFÍA. VIII. JURISPRUDENCIA.

I. CARACTERIZACIÓN GENERAL

El art. 155 CE pretende dotar al Estado de un instrumento para su defensa frente a perturbaciones graves de la efectividad de su ordenamiento jurídico. Este precepto pertenece genéricamente a lo que se conoce como derecho de excepción y es comparable en este sentido con el art. 116 CE, aunque uno y otro están destinados a servir en situaciones críticas distintas y tienen consecuencias también diferentes, potencialmente más graves en el caso del art. 116, porque en determinados casos pueden conllevar la suspensión de derechos fundamentales.

No obstante, la interpretación del art. 155 no puede difuminar su carácter de derecho de excepción ni considerarlo como un instrumento de poder normal que sirva para supervisar la actividad que desarrollan las Comunidades Autónomas a la hora de ejecutar la legislación estatal, que es como lo interpretó el art. 7.2 del proyecto de LOAPA, que no fue avalado por el Tribunal Constitucional (STC 76/1983). Por el contrario, el art. 155 prevé un control excepcional de las Comunidades Autónomas por el Estado (STC 27/1987) y es un medio extraordinario de coerción no aplicable a supuestos normales (STC 49/1988), como manifiestamente lo ha probado su utilización para hacer frente al intento de secesión protagonizado por la Generalitat de Cataluña en 2017. Una intervención que ha resultado confirmada por el Tribunal Constitucional, que ha interpretado el art. 155 como una garantía del ordenamiento integral del Estado; es decir, algo muy distinto de un control ordinario de carácter competencial (STC 89/2019).

El art. 155 CE no es excepcional en el constitucionalismo comparado. Su texto se inspiró claramente en el art. 37 de la Ley Fundamental de Bonn. Otros términos de comparación —sin perjuicio de sus especificidades— pueden ser el art. 100 de la Constitución austriaca y el art. 126 de la Constitución italiana.

II. PRESUPUESTOS HABILITANTES

Es bastante común que los procedimientos constitucionales para la defensa del Estado carezcan de una definición precisa de los presupuestos fácticos que permiten su activación. El legislador ha colmado ese vacío con la LO
2076 4/1981, en relación con las circunstancias que justifican la declaración de los estados de alarma, excepción y sitio, previstos en el art. 116 CE, pero no ha ocurrido otro tanto con el art. 155 (salvo la excepción parcial de la que luego se tratará), de modo que su interpretación tiene que basarse en el lenguaje escueto de su apartado primero, que se refiere a dos condiciones básicas: el incumplimiento de las obligaciones constitucionales o legales de una Comunidad Autónoma o su actuación que atente gravemente contra el interés general de España. La aplicación de este precepto constitucional depende así de la valoración por parte del Gobierno y del Senado de que concurran esas condiciones. Sin perjuicio de que dicha valoración sea en última instancia controlable por el Tribunal Constitucional.

El primero de los supuestos hace referencia a incumplimientos constitucionales extremadamente cualificados (STC 41/2016), que lógicamente ya habrán sido advertidos por las instancias jurisdiccionales competentes (los tribunales ordinarios o en su caso el Tribunal Constitucional). Por lo tanto, la premisa más probable, aunque tal vez no indispensable (STC 185/2016), para la aplicación del art. 155 es que dichas instancias ya hayan dictado resoluciones, aunque no fuera más que de carácter cautelar, contra las actuaciones o contra las autoridades de la Comunidad Autónoma causantes de la grave infracción del ordenamiento. Así ocurrió en el caso del proceso secesionista intentado en Cataluña, cuyos principales hitos (resoluciones, actos o normas) fueron suspendidos o anulados por el Tribunal Constitucional mediante múltiples autos y sentencias antes de la aplicación del art. 155.

Sin embargo, la declaración unilateral de independencia por parte de una Comunidad Autónoma, no agota los supuestos de incumplimientos cualificados por su gravedad. Cabe imaginar otras hipótesis incumplidoras también graves, como que sería el caso de una Comunidad Autónoma que persiguiera o discriminara de forma sistemática a determinadas minorías de su población o actuase bajo la dirección efectiva de una organización criminal o adoptara una política general de desobediencia a las resoluciones de los tribunales.

Por otra parte, el legislador ha establecido que el art. 155 CE puede servir de garantía del cumplimiento de las obligaciones de las Comunidades Autónomas en materia de estabilidad presupuestaria y sostenibilidad financiera. La ley orgánica que desarrolla el art. 135 CE (LO 2/2012) define los límites de la deuda y el déficit públicos y prevé la posibilidad de acudir al art. 155 CE para obligar a una Comunidad Autónoma al cumplimiento forzoso de determinadas obligaciones en este ámbito y el Tribunal Constitucional ha avalado esta solución (STC 215/2014). Esto no es óbice para la interpretación general del art. 155 como instrumento para la defensa del Estado. Más bien, pone de manifiesto que garantizar la efectividad del ordenamiento estatal en lo que se refiere a los límites del endeudamiento y del déficit público ha adquirido una importancia extraordinaria, por las graves consecuencias de los incumplimientos en este campo, desde la perspectiva del Derecho europeo.

El art. 155 CE también se refiere al atentado grave al interés general de España. Como se desprende del texto constitucional, este supuesto se puede presentar conjuntamente con el anterior o como alternativa al mismo (aunque resulte difícil imaginar una conducta autonómica atentatoria que no sea también incumplidora). En todo caso, la referencia al interés general permite interpretar el art. 155 como un medio de control más discrecional y que tenga en cuenta todas las formas de actividad o de inacción de la Comunidad Autónoma. En palabras de la STC 89/2019, esta cláusula constitucional excepcional tiene la función de "permanecer abierta para llegar a hacer frente a cualesquiera manifestaciones de un poder autonómico desviado en su ejercicio".

Sería restrictivo identificar exclusivamente el interés general de España, que el art. 155 CE pretende proteger, con la conservación de la unidad de la nación española. Ese interés también comprende diversas finalidades que el Gobierno puede pretender alcanzar con la aplicación del art. 155 CE, porque además de corregir los incumplimientos constitucionales y legales, es lógico que intente prevenir las consecuencias desfavorables (económicas, sociales, internacionales) derivadas del conflicto planteado. De hecho, una de las finalidades explícitas de las medidas del art. 155 aprobadas por el Senado, en octubre de 2017, fue garantizar el mantenimiento de los servicios públicos esenciales y la recuperación económica, puesta en peligro por las incertidumbres derivadas del proceso soberanista.

III. LA FASE INICIAL DE PROCEDIMIENTO

El procedimiento para la aplicación del art. 155 comienza con un requerimiento del Gobierno de la Nación al Presidente de la Comunidad Autónoma, que ofrece una oportunidad para el arreglo voluntario de la diferencia antes de pasar a la fase coercitiva. El requerimiento puede interpretarse (García de Enterría) como una invitación a que la propia Comunidad rectifique su actividad incumplidora o atentatoria, así como una intimación al requerido en el sentido de advertirle que, de no efectuar las rectificaciones que se pretenden, podrán seguirse consecuencias onerosas.

Aunque atendiendo al criterio de interpretación histórico habría razones para entender que este requerimiento no debe considerarse como un acto re-
2078 currible ante el Tribunal Constitucional (puesto que ese recurso estaba previsto en el texto del proyecto constitucional aprobado por el Senado, pero la Comisión Mixta Congreso-Senado posteriormente lo eliminó), la necesidad de asegurar el máximo sometimiento del derecho de excepción a los controles que garantizan la supremacía de la Constitución, conduce a interpretar —aunque esta sea una opinión debatida— que la Comunidad Autónoma requerida podría plantear un conflicto de competencias positivo contra el requerimiento del Gobierno, cuando falten los presupuestos habilitantes para el mismo y podría solicitar también su suspensión, al amparo del art. 64.3 LOTC. Y es que la experiencia histórica demuestra que puede haber apelaciones abusivas al derecho de excepción y el Tribunal Constitucional estaría llamado a ejercer en esos casos su función de garantía, paralizando *a limine* la aplicación sin causa del art. 155 CE.

Por lo que se refiere al contenido del requerimiento, es necesario que esté debidamente motivado, con referencia a las conductas de la Comunidad Autónoma incumplidoras o atentatorias al interés general, que delimitarán objetivamente el ámbito material de la posible acción coercitiva del Estado. También parece conveniente que el requerimiento contenga un plazo para cumplirlo así como para contestarlo o alternativamente para entender que ha sido desatendido (como se hizo en el Requerimiento de 11 de octubre de 2017).

En otro orden de cosas, hay que advertir que después de su cese, los Gobiernos central o autonómico, siguen teniendo capacidad para intervenir en la fase preliminar del procedimiento del art. 155 CE. Incluso en la situación de que se trate de Gobiernos en funciones, con poderes prorrogados pero también limitados, el primero podría hacer el requerimiento y el segundo recibirlo y responderlo. Sin embargo, si el Gobierno de una Comunidad Autónoma estuviera suspendido en sus funciones, no podría ser requerido, porque faltaría un destinatario del requerimiento en condiciones de poder atenderlo. Paradójicamente es lo que sucedería si antes de iniciarse el procedimiento del art. 155 CE estuvieran suspendidos en sus funciones todos los miembros del Gobierno autonómico, por aplicación de las medidas de ejecución que prevé la LOTC (art. 92). Por último, hay que advertir que después de la disolución de las cámaras o de la expiración de su mandato, no parece que la Diputación Permanente del Senado pudiera sustituir al Pleno para aprobar las medidas del art. 155, porque el art. 78.2 CE no contiene semejante apoderamiento.

IV. EL ACUERDO DEL SENADO

Si el requerimiento fuera desatendido expresa o implícitamente por la Comunidad Autónoma, el Gobierno puede proponer al Senado la aprobación de un escrito con las medidas necesarias para obligar a la Comunidad al cumplimiento forzoso de sus obligaciones o para la protección del interés general. El art. 189 del Reglamento del Senado establece el procedimiento para que esa Cámara se pronuncie sobre esta propuesta. Este comienza en una Comisión formada a tal efecto (o en la Comisión General de Comunidades Autónomas) y termina en el Pleno e incluye la audiencia a la Comunidad Autónoma requerida. Además, el Senado puede aprobar la propuesta del Gobierno con condicionamientos o modificaciones, como ocurrió el 27.10.2017. En todo caso, la aprobación de la propuesta requiere el voto favorable de la mayoría absoluta de Senadores y a efectos políticos parece muy conveniente que se trate de una mayoría muy inclusiva, tanto desde la perspectiva partidista como de la representación territorial.

Desde el punto de vista de su naturaleza jurídica este acuerdo del Senado tendrá rango o valor de ley, porque ha de encuadrarse en la categoría general de las resoluciones o actos parlamentarios que, sin ser leyes o fuentes equiparadas a la ley, sí pueden conforme a la propia Constitución, excepcionar, suspender o modificar la aplicabilidad de aquellas normas legales o asimiladas, por lo que tales resoluciones o actos han de ostentar genéricamente rango o valor de ley (ATC 7/2012). El citado Auto del Tribunal Constitucional se refería a los acuerdos del Congreso de los Diputados para la aplicación del art. 116 CE, pero su argumentación se puede extender sin dificultad al acuerdo del Senado para la aplicación del art. 155 CE, porque la fuerza de ley de todos estos acuerdos parlamentarios no es resultado de haberse seguido el procedimiento legislativo, sino que viene exigida por su función específica como instrumentos constitucionales para la defensa del Estado. Los acuerdos parlamentarios en relación con el art. 116 CE (STC 83/2016) o con el art. 155 CE (STC 89/2019) son decisiones directamente aplicativas de la Constitución y, en la medida que pueden excepcionar la normalidad constitucional (del ejercicio de determinados derechos individuales o de la autonomía territorial) han de tener indudablemente rango o valor de ley.

V. NATURALEZA JURÍDICA, CONTENIDO Y DURACIÓN DE LAS MEDIDAS

En cuanto a su naturaleza jurídica, la interpretación más lógica es que las medidas del art. 155 deben tener también rango o valor de ley, aun cuando sea el Gobierno quien las adopte —porque conforme al art. 155 CE, se trata de medidas suyas y no del Senado, aunque previamente esa cámara habrá aprobado su contenido—, y a pesar de que dichas medidas se aprueben bajo la forma de reales decretos, porque no se dictan en ejercicio del poder ejecutivo o reglamentario del Gobierno, sino en virtud de un apoderamiento excepcional que resulta del concurso de un presupuesto (el incumplimiento o el atentado al interés general por parte de una Comunidad Autónoma) y de un requisito procesal (la aprobación de las medidas por el Senado).

Por muy indispensable que sea el acuerdo del Senado, carece de eficacia externa frente a la Comunidad Autónoma incumplidora, y esta solamente resultará obligada por las medidas que el Gobierno adopte para desplazar o excepcionar la eficacia del Estatuto de Autonomía y del conjunto del ordenamiento autonómico. Por eso parece imprescindible reconocer a las medidas dictadas por el Gobierno el mismo valor normativo de ley que corresponde al acuerdo del Senado que las haya autorizado y no un valor inferior. Y es que entre el acuerdo del Senado que aprueba las medidas y los decretos que determinan su entrada en vigor no existe la relación que media entre una norma y los actos de aplicación de la misma, sino que conjuntamente integran el procedimiento de creación de un único producto normativo: las medidas de aplicación del art. 155 CE. De ahí que, tanto la autorización del Senado como los decretos dictados en consecuencia por el Gobierno solamente deberían poder ser objeto de impugnación ante el Tribunal Constitucional y exclusivamente por los procedimientos para el control de constitucionalidad de las leyes, disposiciones y actos con fuerza de ley; nunca mediante el recurso de amparo ni el conflicto de competencias. Que es precisamente la conclusión a la que ya había llegado el Tribunal constitucional en relación con el control jurisdiccional del derecho de excepción del art. 116 CE: "todos los actos gubernamentales y parlamentarios de declaración, autorización y prórroga de cada uno de los tres estados de emergencia ex art. 116 CE quedan sometidos, en razón de su condición de actos y disposiciones con fuerza o rango de ley, a un mismo régimen de control jurisdiccional ante este Tribunal" (STC 83/2016).

Sin embargo, el Tribunal Constitucional se ha apartado de este criterio en la STC 90/2019 y ha afirmado que los actos dictados por el Gobierno de la Nación para la ejecución de las medidas autorizadas por el Senado "no tienen fuerza de ley, sino la propia de los actos aplicativos de una ley" y por consiguiente no pueden impugnarse a través de un recurso de inconstitucionalidad. Una solución que parece criticable por las razones antes expuestas y porque, al considerar las medidas del art. 155 CE como simples actos administrativos, el control jurisdiccional de las mismas podría llegar a bifurcarse en dos vías que pueden discurrir con distinta rapidez y concluir también con resultados diferentes. Al Tribunal Constitucional le corresponderá juzgar un eventual recurso de inconstitucionalidad contra el acuerdo del Senado por el que se aprueban las medidas, pero ellas mismas —por considerarlas de carácter administrativo— podrán ser impugnadas ante la jurisdicción ordinaria, a la que queda por consiguiente encomendada la revisión de unos actos de coerción estatal tan excepcionales como son el cese de un Gobierno autonómico o la disolución de una asamblea autonómica. Y no hay que olvidar que en la vía contencioso administrativa se puede acordar la suspensión cautelar del acto recurrido, a diferencia de lo que sucede en el recurso de inconstitucionalidad. Cabe confiar en que eventualmente se pudieran remediar las consecuencias potencialmente más desfavorables de esta doble vía de control sobre un objeto normativo materialmente idéntico, mediante el planteamiento, en tal caso, de la oportuna cuestión de constitucionalidad. Pero desde luego parecería deseable que en el futuro el Tribunal Constitucional revisara esta doctrina.

El contenido de las medidas del art. 155 CE no está tipificado. La Constitución se limita a señalar que serán las "medidas necesarias" para que la Comunidad Autónoma cese en su actividad incumplidora o atentatoria. Junto a este criterio de necesidad, parecería que estas medidas deberían respetar también el criterio de proporcionalidad que generalmente se consideran exigible en la aplicación del derecho de excepción. Pero la STC 89/2019 parece rechazar esta interpretación, al considerar que la proporcionalidad solo es exigible en el ámbito de los derechos fundamentales y postular un criterio de razonabilidad más genérico para el enjuiciamiento de la aplicación del art. 155. En todo caso, parece claro que hay un gran repertorio de medidas que son posibles: desde las multas coercitivas (previstas en la Ley Orgánica 2/2012, de 27 de abril, de estabilidad presupuestaria y estabilidad financiera) a otras de mayor alcance, como dejar sin efectos determinados actos o normas del ordenamiento autonómico, o suspender o intervenir determinadas competencias autonómicas, con la consecuencia de que los correspondientes sectores del aparato institucional de la Comunidad Autónoma quedarán en el ejercicio de su actividad subordinados al Gobierno, quien también podrá modificar la estructura orgánica de esos servicios. Además, en los supuestos más graves, puede resultar insuficiente una intervención parcial de la Comunidad Autónoma y requerirse una intervención total de aquella, mediante la remoción de los titulares de los poderes ejecutivo y legislativo autónomos. Es verdad que nuestra Constitución (a diferencia de la italiana) no se refiere a estas medidas drásticas y que en las Cortes Constituyentes se presentaron dos enmiendas al art. 155 que contemplaban la disolución de los órganos autonómicos. Pero esas enmiendas se retiraron sin llegar a ser debatidas ni votadas —como lo ha recordado oportunamente Tomás de la Quadra Salcedo—, de modo que no es posible deducir una voluntad de prohibir estas medidas y el principal argumento textual susceptible de contrariarlas está en apartado segundo del art. 155, que a veces se ha interpretado en el sentido de que el Gobierno solamente podría instruir, pero no destituir a las autoridades autonómicas o disolver el parlamento autónomo. Pero ni siquiera esa interpretación llevaría a excluir las medidas de intervención total, porque el apartado segundo del art. 155 se refiere a las instrucciones que se dicten para la ejecución de las medidas, pero no a las medidas mismas que pueda adoptar el Gobierno con la aprobación del Senado, que en ningún caso estarán circunscritas por ese límite. Por lo tanto, aunque las medidas de intervención total no están expresamente previstas en el texto del art. 155 CE, eso no significa que no puedan ser adoptadas si se justifican por la gravedad y la generalidad de la conducta incumplidora o atentatoria de la Comunidad Autónoma. Si no fuera así, el art. 155 no serviría en esas circunstancias extremas para la defensa del Estado y no protegería la posición de superioridad que a este le corresponde como organización general del pueblo en el que reside la soberanía (STC 4/1981). Por eso, para hacer frente al intento de secesión de la Generalidad de Cataluña en 2017, el Senado autorizó al Gobierno para cesar a los miembros del ejecutivo autónomo, añadiendo la autorización para que el Presidente del Gobierno pudiera disolver el Parlamento de Cataluña y convocar nuevas elecciones.

La intervención de la Comunidad Autónoma, ya sea parcial o total, debe ser en todo caso limitada en el tiempo y no implica la suspensión de la Comunidad

Autónoma, como persona jurídica y como institución. La finalidad principal de la intervención, que debe acotar su duración, no puede ser otra que restablecer el normal funcionamiento institucional de la Comunidad Autónoma. Teniendo eso en cuenta, es posible que el Senado apruebe medidas con diferente duración, como ocurrió en 2017 (un plazo de seis meses para la convocatoria de elecciones al parlamento autónomo por parte del Presidente del Gobierno, mientras que el conjunto de las medidas de intervención debían durar hasta el momento, incierto en el calendario, de la toma de posesión del nuevo Gobierno de la Generalitat resultante de la celebración de dichas elecciones). Además, si fuera necesario y con la aprobación del Senado, las medidas podrían ser prorrogadas.

VI. LAS INSTRUCCIONES PARA LA EJECUCIÓN DE LAS MEDIDAS

El art. 155.2 CE prevé que, para la ejecución de las medidas, el Gobierno podrá dar instrucciones a las autoridades de las Comunidades Autónomas. Estas instrucciones, pueden estar revestidas de distintas formas y tendrán carácter general o singular, pero estarán en todo caso subordinadas a las medidas del art. 155.1 CE. Por esa razón también resulta criticable que la STC 90/2019, haya aplanado la diferencia entre los dos tipos de resoluciones gubernamentales previstas en este precepto constitucional: unas (esto es, las medidas) cuyo contenido ha sido previamente aprobado por el Senado y que determinan el alcance y la eficacia de la intervención extraordinaria del Estado en el ordenamiento autonómico y otras (esto es, las instrucciones), que también puede dictar el Gobierno, pero solamente, como dice con toda claridad el texto constitucional, "para la ejecución de la medidas previstas en el apartado anterior", es decir, para el ejercicio de aquellas funciones para las que el Gobierno ya esté apoderado en la Comunidad Autónoma, en virtud de las medidas que haya decretado para intervenirla. Esta segunda categoría de resoluciones evidentemente solo puede tener carácter administrativo y por eso, las instrucciones del art. 155. 2 serán impugnables ante los tribunales ordinarios (también por parte de la Comunidad Autónoma), sin perjuicio de que gocen del privilegio de ejecutividad de los actos administrativos y de que las autoridades y funcionarios que las hayan desobedecido puedan incurrir en responsabilidades (administrativas, civiles y penales, en su caso).

VII. BIBLIOGRAFÍA

BASTIDA, F. J.: "De las defensas y aperturas de la Constitución", en LÓPEZ GUERRA, L., ESPÍN TEMPLADO, E. (coords.), *La defensa del Estado*, Tirant lo Blanch, Valencia 2004, pp. 15-27.

CRUZ VILLALÓN, P.: "Protección extraordinaria del Estado", en PREDIERI, A., GARCÍA DE ENTERRÍA, E. (dirs.), *La Constitución Española de 1978. Estudio sistemático*, Civitas, Madrid, 1981, pp. 689-717.

DE LA QUADRA-SALCEDO, T.: "Reflexiones sobre el artículo 155 de la Constitución y la protección del interés general de España", en *Libro homenaje al profesor Luciano Parejo Alfonso*, 2018, pp. 299-362.

GARCÍA DE ENTERRÍA, E.: *Estudios sobre las autonomías territoriales*, Civitas, Madrid, 1985.

GARCÍA ROCA, J.: "*Il tempo moderato* de la intervención coercitiva del Estado (artículo 155 CE) en Cataluña: un comentario a las SSTC 89 y 90/2019, en particular, proporcionalidad y test de necesidad o razonabilidad de las medidas", *Teoría y realidad Constitucional*, núm. 44, 2019, pp. 503-524.

REQUEJO PAGÉS, J. L.: "Consideraciones generales en torno a las sentencias del Tribunal Constitucional 89/2019 y 90/2019, de 2 de julio", *REDC*, núm. 120, 2020, pp. 231-257.

REVENGA SÁNCHEZ, M., FERNÁNDEZ ALLÉS, J.: "El artículo 116 CE, la Ley de seguridad nacional y la Ley de estabilidad presupuestaria, como medidas alternativas al artículo 155 CE", *REDC*, núm. 120, 2020, pp. 377-399.

SATRÚSTEGUI GIL-DELGADO, M.: "Un instrumento para la defensa del Estado: el art. 155 de la Constitución", en PAREJO ALFONSO, L., VIDA FERNÁNDEZ, J. (coords.), *Los retos del Estado y la Administración en el siglo XXI: libro homenaje al profesor Tomás de la Quadra-Salcedo*, Volumen II, Tirant lo Blanch, Valencia, 2017, pp. 1859-1894.

VIII. JURISPRUDENCIA

STC 4/1981, de 2 de febrero.
STC 76/1983, de 5 de agosto.
STC 27/1987, de 27 de febrero.
ATC 7/2012, de 13 de enero.
STC 215/2014, de 18 de diciembre.
STC 41/2016, de 3 de marzo.
STC 83/2016, de 28 de abril.
STC 185/2016, de 3 de noviembre.
STC 89/2019, de 2 de julio.
STC 90/2019, de 2 de julio.

Artículo 156

1. Las Comunidades Autónomas gozarán de autonomía financiera para el desarrollo y ejecución de sus competencias con arreglo a los principios de coordinación con la Hacienda estatal y de solidaridad entre todos los españoles.

2. Las Comunidades Autónomas podrán actuar como delegados o colaboradores del Estado para la recaudación, la gestión y la liquidación de los recursos tributarios de aquél, de acuerdo con las leyes y los Estatutos.

COMENTARIO

Juan Zornoza Pérez
Catedrático de Derecho Financiero y Tributario
Universidad Carlos III de Madrid

SUMARIO: I. INTRODUCCIÓN: LA HACIENDA AUTONÓMICA EN LA CONSTITUCIÓN. II. EL SIGNIFICADO DE LA AUTONOMÍA FINANCIERA DE LAS COMUNIDADES AUTÓNOMAS [156.1]. 1. La autonomía financiera en el ámbito presupuestario y del gasto público. 2. La autonomía financiera en el ámbito de los ingresos y su vinculación con la suficiencia financiera. III. LA POSIBILIDAD DE QUE LAS COMUNIDADES AUTÓNOMAS ACTÚEN COMO DELEGADOS O COLABORADORES DEL ESTADO EN LOS PROCEDIMIENTOS DE APLICACIÓN DE LOS TRIBUTOS [156.2]. IV. BIBLIOGRAFÍA. V. JURISPRUDENCIA.

I. INTRODUCCIÓN: LA HACIENDA AUTONÓMICA EN LA CONSTITUCIÓN

El artículo 156 es un precepto extraño, probablemente como reflejo de la indefinición constitucional respecto al modelo de financiación de las Comunidades Autónomas, comprensible en buena medida porque el modelo de distribución de competencias establecido impedía conocer con precisión cuáles serían las efectivamente asumidas por cada una de ellas. En este sentido, en el diseño del sistema de financiación de las Comunidades Autónomas se manifiestan las mismas ambigüedades existentes en la Constitución respecto al modelo de Estado, por lo que no han de extrañar las dudas y vacilaciones que desde el inicio de la vigencia del texto constitucional se han manifestado respecto de la regulación de la Hacienda autonómica, ni tampoco que a lo largo del tiempo se hayan sucedido modelos de financiación bien distintos pero, al parecer, todos ellos compatibles con los principios del artículo 156, al menos según una jurisprudencia constitucional que en esta materia ha manifestado una notable complacencia con el legislador.

Esa es, probablemente la explicación de que el precepto que comentamos se refiera a cuestiones tan distintas y de importancia muy desigual, al consagrar en su apartado 1, en términos muy razonables desde la perspectiva técnica, los principios para la articulación de la Hacienda autonómica, al tiempo que en su apartado 2 prevé la posibilidad de que las Comunidades Autónomas actúen como delegados o colaboradores del Estado para la aplicación de sus tributos. Se trata de cuestiones muy distintas, no solo por su importancia relativa, sino porque los principios establecidos en su apartado 1 deberían ser comunes a todos y cada uno de los modelos de financiación que pretendieran ser acordes a la Constitución, mientras que la actuación de las administraciones autonómicas como delegadas o colaboradoras en la aplicación del sistema tributario estatal es característica y cobra un especial sentido en un modelo muy determinado de financiación, como es el basado en los impuestos estatales cedidos, que son solo uno de los múltiples recursos de las Haciendas autonómicas a que se refiere el artículo 157.

Dada la diferente importancia de los contenidos del artículo 156, se comprenderá que nos centremos en el análisis de los principios conforme a los cuáles debería articularse la Hacienda de las Comunidades Autónomas, cuya organización "... es no tanto una competencia que se reconoce a las Comunidades Autónomas, cuanto una exigencia previa o paralela a la propia organización autónoma" (STC 14/1986, de 31 de enero, FJ 2). Unos principios que han sido objeto de un tratamiento desigual, pues la constante invocación de la "autonomía financiera", aunque en muchas ocasiones sea con efectos meramente retóricos, contrasta con la invocación más limitada de la suficiencia financiera y la, todavía menor, de la coordinación con la Hacienda estatal y la solidaridad entre todos los españoles.

No obstante, alguna reflexión debe merecer ese artículo 156.2 al que solo se han referido —salvo error u omisión por nuestra parte— seis sentencias del Tribunal Constitucional, que excepto en un caso puntual, el de la STC 31/2010, de 20 de junio (FJ. 132-133), lo han empleado como argumento para reafirmar la titularidad del tributo o la concreta competencia estatal discutida, dado que no se había procedido a delegar la gestión de acuerdo con lo previsto en dicho precepto (SSTC 16/2003, de 30 de enero, FJ 11; 72/2003, de 10 de abril, FJ 5; y 19/2012, de 15 de febrero, FJ 11), o se limitan a mencionarlo sin que su invocación determine ninguna consecuencia visible.

II. EL SIGNIFICADO DE LA AUTONOMÍA FINANCIERA DE LAS COMUNIDADES AUTÓNOMAS [156.1]

Al establecer que la autonomía financiera se reconoce para el desarrollo y ejecución de sus competencias por parte de las Comunidades Autónomas, el artículo 156.1 consagra el carácter instrumental de la erogación de los ingresos y gastos públicos (SSTC 37/1987, de 26 de marzo, FJ. 13º y 14/1989, de 26 de enero, FJ 2 en relación a ingresos y gastos, respectivamente), que solo tiene sentido para hacer posible el desarrollo y ejecución de las competencias sustantivas o "finales" de las Comunidades Autónomas, una idea que, como luego veremos, ha resultado relevante en la jurisprudencia constitucional relativa al denominado poder de gasto.

La proclamación de la autonomía financiera nada dice respecto a las competencias de las Comunidades Autónomas en materia de Hacienda Pública, porque la autonomía, como el resto de los principios constitucionales, tiene solo carácter informador del Ordenamiento jurídico, "... que debe así ser interpretado de acuerdo con los mismos" (STC 4/1981, de 2 de febrero, FJ 1.A). De ahí que el principio de autonomía no sea en la jurisprudencia constitucional un elemento decisivo, que forme parte de la *ratio decidendi* de las sentencias que lo mencionan, sino uno de los elementos que contribuyen a configurar el modelo constitucional de organización territorial del Estado. Un elemento que se menciona con mucha frecuencia, aunque en muchas ocasiones a efectos meramente retóricos, para enmarcar el tratamiento de problemas concretos o para proclamar que no se ve afectado por el ejercicio por el Estado de determinados títulos competenciales.

En este sentido, atendiendo a la jurisprudencia constitucional más reciente, lo primero que interesa destacar es que "... la autonomía financiera de las Comunidades Autónomas es correlato necesario de su autonomía política" (SSTC 13/1992, de 6 de febrero, FJ 7 y 204/2011, de 15 de diciembre, FJ 2), por lo que la financiación autonómica se constituye en "... piedra angular del propio sistema de ordenación de competencias" (SSTC 68/1996, de 4 de abril, FJ 2 y 204/2011, de 15 de diciembre, FJ 2). Existe pues una vinculación constitucional entre las competencias financieras de las Comunidades Autónomas y sus competencias materiales o sustantivas, dado que la autonomía financiera se les reconoce precisamente para el desarrollo y ejecución de sus competencias.

De ahí que se haya dicho que la financiación autonómica es una piedra angular del propio sistema de ordenación de competencias (STC 68/1996, de 4 de abril, FJ 2), enfatizando de ese modo la vinculación entre las competencias financieras y las materiales, que es imprescindible para entender algunas características peculiares de la financiación de las Comunidades Autónomas en España.

En este sentido, esa vinculación permite entender la vigencia limitada de los distintos modelos de financiación que se han sucedido a lo largo del tiempo, debida "...a que buena parte del sistema de financiación descansa en aspectos susceptibles de variar sustancialmente en el tiempo, como puedan ser las transferencias de competencias nuevas o incluso el comportamiento de las diferentes fuentes de ingresos en el tiempo" (STC 204/2011, de 15 de diciembre, FJ 2). Porque la asunción progresiva de mayores competencias ha dado lugar a que, debido a las mayores necesidades de recursos, tras cada traspaso significativo de competencias sustantivas, haya sido preciso articular distintos modelos de financiación dentro de un único sistema constitucional, generando una inestabilidad patológica que todavía padecemos, tanto en términos normativos como puramente financieros.

Ahora bien, la vigencia del principio dispositivo en lo que se refiere a la asunción de competencias sustantivas por parte de las Comunidades Autónomas no se traslada al ámbito financiero, de modo que cada una de ellas pudiera decidir, por sí misma, qué parte del sistema de financiación le ha de ser aplicable o incluso si éste le ha de ser aplicable. Y ello debido a que es el Estado, dentro de los márgenes que la CE establece y con respeto a los principios y las competencias financieras autonómicas en ella establecidas (singularmente en el art. 157 CE), quien está constitucionalmente habilitado para establecer uno u otro sistema de financiación autonómica, articulando un modelo normativo en cuyo vértice se encuentra la LOFCA, que se integra en el bloque de la constitucionalidad y que puede variar en función de decisiones políticas del legislador (orgánico y ordinario) estatal, con la participación que en él corresponda a las Comunidades Autónomas (STC 204/2011, de 15 de diciembre, FJ 7).

Sea como fuere, esa vigencia temporal de los sucesivos modelos de financiación autonómica dejaría de tener explicación una vez que todas las Comunidades Autónomas alcanzaron un nivel competencial más o menos homogéneo, por no decir idéntico, pues "... no es ajena a la lógica del sistema de financiación la vinculación entre competencias materiales y financieras, e incluso el establecimiento de una relación de condicionalidad de manera que asumidas las primeras, deban seguir las segundas" (STC 204/2011, de 15 de diciembre, FJ 6). Una vinculación que explica tanto el inicial régimen diseñado en la disposición transitoria primera, apartado 1, de la LOFCA, como las modificaciones introducidas en los sucesivos modelos de financiación, para allegar a las Haciendas autonómicas los recursos necesarios para financiar las nuevas competencias asumidas. Precisamente por eso tiene sentido, y no contraviene la autonomía financiera ni el principio dispositivo, que se exija haber alcanzado un determinado nivel competencial, como requisito previo para que le sean aplicables a una Comunidad Autónoma las reglas de un nuevo modelo de financiación; pues esa condicionalidad no impide a las Comunidades Autónomas decidir, dentro de los límites de la Constitución, acerca del nivel competencial que deban asumir (STC 204/2011, de 15 de diciembre, FJ 6).

Lo que no tiene tanto sentido es que el legislador se comprometa, como lo hizo en la Disposición Adicional séptima de la Ley 22/2009, de 18 de diciembre, a evaluar quinquenalmente los distintos aspectos estructurales del modelo de financiación todavía vigente, para luego no hacer públicos dichos resultados ni realizar reformas que parecen necesarias para garantizar la autonomía y suficiencia de las Comunidades y una mejor coordinación financiera.

Dado que la actividad financiera pública se desarrolla en una doble vertiente, la de los gastos e ingresos públicos, la autonomía financiera de las Comunidades Autónomas debe proyectarse en ambos ámbitos, como ha reconocido la jurisprudencia constitucional, al señalar que "la autonomía financiera supone la propia determinación y ordenación de los ingresos y gastos necesarios para el ejercicio de sus funciones" (STC 179/1987, de 13 de noviembre, FJ 2).

Ello exige hacer mención separada de la proyección de la autonomía en las dos vertientes de la actividad financiera, aún siendo consciente, de que su desarrollo es asimétrico en ambos campos, al menos si se atiende a la jurisprudencia constitucional.

1. La autonomía financiera en el ámbito presupuestario y del gasto público

El primero de los ámbitos en que se proyecta la autonomía financiera de las Comunidades Autónomas es el relacionado con la ordenación del gasto público, en que según la jurisprudencia constitucional, las Haciendas respectivas "... gozarán de autonomía financiera (de gasto) en la medida en que puedan elegir y realizar sus propios objetivos políticos, administrativos, sociales o económicos con independencia de cuáles hayan sido las fuentes de los ingresos que nutren sus Presupuestos" (STC 13/1992, de 6 de febrero, FJ 7). En este sentido, la autonomía financiera "... implica 'la plena disponibilidad' de sus ingresos sin condicionamientos indebidos y en toda su extensión, para poder ejercer las competencias propias y, en especial, las que se configuran como exclusivas' (SSTC 63/1986, 201/1988 y 96/1990)" (STC 135/1992, de 5 de octubre, FJ 8).

De ello resulta una primera consecuencia; a saber: que la autonomía financiera exige que los recursos o ingresos de las Comunidades Autónomas puedan ser destinados a los "objetivos políticos, administrativos, sociales o económicos" sin condicionamientos indebidos o, como dijo la STC 68/1996, de 4 de abril (FJ 10), que los órganos de gobierno autonómicos dispongan, en principio, de libertad para la distribución del gasto público dentro del marco de sus competencias (STC 13/1992 de 6 de febrero, FJ 7).

En términos más concretos, desde la perspectiva del poder de gasto, la autonomía financiera implica la competencia de las Comunidades Autónomas para "elaborar, aprobar y ejecutar sus propios presupuestos, lo que entraña su competencia para decidir la estructura de su presupuesto de gastos de inversión y la ejecución de los correspondientes proyectos" (STC 63/1986, de 21 de mayo, FJ 9).

Sin embargo, no son escasos los límites de dicha autonomía en la ordenación del gasto, relacionados antes de nada con el ámbito competencial de las Comunidades Autónomas, dado que la potestad de gasto público con cargo a los propios presupuestos, tanto del Estado como de las Comunidades Autónomas, no puede erigirse "... en núcleo que absorba competencias de las que se carece, ni la financiación o subvención tiene otra justificación que la de ser aplicada a actividades en las que, por razón de la materia, la Administración, sea estatal o autonómica, ostente competencias (entre otras, SSTC 30/1982, de 30 de junio; 95/1986, de 10 de julio; 146/1986, de 25 de noviembre, y 201/1988, de 27 de octubre)" (STC 14/1989, de 26 de enero, FJ 2).

Precisamente por ello, si bien la autonomía financiera de las Comunidades Autónomas, garantiza la plena disposición de medios financieros, no supone que puedan financiar o subvencionar cualquier clase de actividad, "... sino tan sólo aquellas sobre las cuales tengan competencias, pues la potestad de gasto no es título competencial que pueda alterar el orden de competencias diseñado por la Constitución y los Estatutos de Autonomía" (STC 14/1989, de 26 de enero, FJ 2). En este sentido, es jurisprudencia constante que el poder legislativo presupuestario, en la vertiente de gasto público, no es —ni respecto del Estado ni en lo que hace a las Comunidades Autónomas— un poder libre o desvinculado del orden competencial, sino un poder instrumental que ha de ejercerse con respeto al orden constitucional de distribución de competencias y a los límites que la Constitución establece (SSTC 13/1992, de 6 de febrero, FJ 6 y 90/2017, de 5 de julio, FJ 8).

Un segundo e importante tipo de límites a la libertad para la distribución del gasto de las Comunidades Autónomas resulta de la consagración del principio de estabilidad presupuestaria, por un lado, porque el art. 135.6 CE les impone la obligación de adoptar las "disposiciones" y "decisiones presupuestarias" necesarias "para la aplicación efectiva del principio de estabilidad"; y, por otro, porque dicho precepto "... condiciona sus políticas de gasto al someterlas no sólo a las políticas que, en materia de estabilidad presupuestaria, determine con carácter general el Estado, sino ahora también a las que adopten las propias instituciones europeas" (STC 101/2016, de 25 de mayo FJ 4 y 5).

Ya con anterioridad a la reforma operada en el art. 135 CE, la jurisprudencia constitucional relativa a la estabilidad presupuestaria había admitido que el principio de autonomía financiera de las Comunidades Autónomas "no excluye, sin embargo, la existencia de controles, incluso específicos", habiendo rechazado únicamente, por contrarias a ese principio, "las intervenciones que el Estado realice con rigurosos controles que no se manifiesten imprescindibles para asegurar la coordinación de la política autonómica en un determinado sector económico con programación, a nivel nacional" (STC 134/2011, de 20 de julio, FJ 8 a)).

En este sentido, la STC 101/2016, de 25 de mayo (FJ 7) ha compendiado la doctrina constitucional acerca de la compatibilidad entre la autonomía reconocida a las Comunidades Autónomas y los controles que la ley pueda atribuir al Estado sobre la actividad de aquéllas, señalando que es necesario distinguir entre la previsión de un control del Estado genérico e indeterminado, que resultaría contrario al principio de autonomía (STC 4/1981, de 2 de febrero, FJ 3) y el establecimiento de otros controles " ... que resulte necesario ejercer para garantizar el cumplimiento de las facultades emanadas del ejercicio de las potestades de coordinación" del Estado y que serían compatibles con dicho principio (STC 118/1996, de 22 de junio, FJ 19).

De ahí que en la STC 134/2011, de 20 de julio (FJ 10) se considerase compatible con la autonomía financiera el control que el Consejo de Política Fiscal y Financiera de las Comunidades Autónomas podía ejercer sobre los Planes económico-financieros que estas debían elaborar conforme al art. 8 de la Ley Orgánica 5/2001 cuando incurrían en situación de desequilibrio presupuestario. Y, en el mismo sentido, la posterior STC 215/2014, de 18 de diciembre, FJ 7 a) proclamó que las medidas previstas en el art. 25.2 de la Ley Orgánica 2/2012, aún afectando a la autonomía financiera de las Comunidades Autónomas, no lo hacía de forma inconstitucional, porque "..., ni impiden ni sustituyen a la Comunidad Autónoma en la adopción de las medidas oportunas para la corrección del incumplimiento detectado".

Si la jurisprudencia constitucional citada ha convalidado medidas que implicaban una intervención del Estado en el momento de definición de las políticas autonómicas, más fácil le resulta justificar intervenciones que, como el mecanismo de retención para pago a proveedores, previsto en la Ley Orgánica 9/2013, operan en un momento posterior, cuando las Comunidades Autónomas ya han actuado con plena autonomía determinando en qué términos ejercen sus competencias y, precisamente como consecuencia de dicho ejercicio, han adquirido compromisos de gasto. Porque aún reconociendo que se trata de una medida que incide en las decisiones de gasto de las Comunidades Autónomas afectadas y, consecuentemente, una injerencia en su autonomía financiera, se considera constitucionalmente aceptable porque "...no hay una sustitución en la definición de sus políticas, pues la retención viene determinada por el propio ejercicio previo y con plena autonomía de las competencias que les incumben" (STC 101/2016, de 25 de mayo, FJ 7).

Es más, aunque la referida retención supone un límite a la autonomía financiera de las Comunidades Autónomas, no plantea problemas de inconstitucionalidad: por un lado, porque no minora los recursos que les corresponden de los regímenes de financiación y, por otro, porque tampoco les coarta sus políticas de gasto, esto es, su libertad para fijar el destino y orientación de su gasto público, la cual permanece intacta. En definitiva, porque se trataría de "...un límite legítimo en la autonomía financiera, por adecuado, necesario y proporcionado"; a saber: i) adecuado "... al responder a la consecución de un fin constitucionalmente consagrado como es la estabilidad presupuestaria, (...) manteniendo un nivel de endeudamiento soportable y de morosidad aceptable; ii) necesario, porque asegura que los proveedores ven satisfechos sus créditos y a la vez permite limitar al endeudamiento autonómico; y, iii) proporcionado, porque '... opera sólo ante la falta de adopción por parte de una Comunidad Autónoma, en el ejercicio debido de su propia autonomía financiera, de las decisiones de tesorería imprescindibles para cumplir con los plazos de pago (...), guardando una necesaria y razonable relación de causalidad con el fin legítimo y constitucionalmente perseguido, de manera que el sacrificio que conlleva es claramente inferior que el beneficio que a través de su finalidad se pretende obtener'" (STC 101/2016, de 25 de mayo, FJ 6).

Por fin, en lo que a este punto se refiere, no puede dejar de destacarse la facilidad con que la jurisprudencia constitucional ha aceptado diversas medidas de control del gasto autonómico, sobre todo en materia de gastos de personal, al amparo de títulos competenciales tan genéricos como el del art. 149.1.13 CE, por ejemplo en la STC 18/2016, de 4 de febrero (FJ 1 y 6). Porque no es ni mucho menos evidente la relación entre la competencia del Estado en materia de ordenación general de la economía (art. 149.1.13 CE) y las concretas medidas justificadas en una larga serie de fallos cuyo único fundamento radica en la existencia de una cierta relación —en ocasiones se pretende que directa— con los objetivos de política económica, en cuanto están dirigidas "... a contener la expansión relativa de uno de los componentes esenciales del gasto público" (por todas, las SSTC 82/2017, de 22 de junio, FJ 6 y 96/1990, de 24 de mayo, FJ 3).

Ello al margen de que existe otra serie de pronunciamientos (por ejemplo, SSTC 203/2011, de 14 de diciembre, FJ 5; 164/2016, de 3 de octubre FJ 4 y 82/2017, de 22 de junio, FJ 5) en que el ejercicio de las competencias estatales relacionadas con ese precepto "paraguas" en que se ha convertido el art. 149.1.13 CE, se considera justificado —incluso tras reconocer que limita las competencias autonómicas y, en particular, la autonomía financiera— sin mayor esfuerzo argumental, porque la limitación del gasto se considera directamente vinculada con la fijación de la política económica general por parte del Estado. Y no resulta convincente a estos efectos la simple invocación de la coordinación con la Hacienda estatal para afirmar que "... la incidencia en la autonomía financiera y presupuestaria de las Comunidades Autónomas está directamente relacionada con la responsabilidad del Estado de garantizar el equilibrio económico general" (SSTC 171/1996, de 30 de octubre, FJ 2; 103/1997, de 22 de mayo, FJ 1 y 243/2015, de 30 de noviembre, FJ 7). Porque ese "principio de coordinación de la autonomía financiera de las Comunidades Autónomas con la Hacienda estatal (art. 156.1 CE)" a que se refiere la STC 82/2017, de 22 de junio (FJ 6), no basta para justificar los límites a un poder de gasto que es parte esencial de la autonomía financiera y política, ya que coordinar y limitar o restringir son cosas muy distintas y las restricciones a la autonomía financiera únicamente podrán considerarse justificadas cuando el gasto de que se trate pueda realmente afectar al equilibrio económico general que debe garantizar el Estado.

2. La autonomía financiera en el ámbito de los ingresos y su vinculación con la suficiencia financiera

Por su parte, en lo que se refiere al ámbito de los ingresos públicos, lo primero que debe destacarse es que la jurisprudencia constitucional ha sido extraordinariamente prudente —mostrando una cierta deferencia con el legislador— en el enjuiciamiento de los sucesivos modelos de financiación "... sobre cuya bondad o funcionalidad, como ya señalamos en la STC 68/1996, de 4 de abril, no corresponde a este Tribunal pronunciarse" (SSTC 192/2000, de 13 de julio, FJ 10; 68/1996, de 4 de abril, FFJJ 3 y 9; y 204/2011, de 15 de diciembre, FJ 7).

Precisamente por ello, la jurisprudencia constitucional se ha referido a la proyección de la autonomía financiera en el ámbito de los ingresos de las Comunidades Autónomas en términos muy generales y abstractos, de los que difícilmente resultan consecuencias precisas a efectos del enjuiciamiento de las concretas medidas analizadas.

En este sentido, lo primero que interesa destacar es la vinculación que se establece entre autonomía y suficiencia, por ejemplo en la STC 13/2007, de 18 de enero (FJ 5), cuando lo cierto es que este último principio solo se proclama *expressis verbis* en el art. 142 CE respecto a las Haciendas locales. Una vinculación de la que resulta la exigencia de que las Comunidades Autónomas "...disfruten de la plena disposición de los medios financieros precisos para poder ejercer, sin condicionamientos indebidos y en toda su extensión, las funciones que legalmente les han sido encomendadas" (SSTC 289/2000, de 30 de noviembre, FJ 3; 96/2002, de 25 de abril, FJ 2; 168/2004, de 6 de octubre, FJ 4; y las restantes citadas en la 13/2007, de 18 de enero, FJ 5).

Por decirlo con otras palabras, así entendida, la autonomía financiera de las Comunidades Autónomas implica, por lo que aquí interesa, la capacidad de las Comunidades Autónomas para acceder a un sistema adecuado —en términos de suficiencia— de ingresos, de acuerdo con los arts. 133.2 y 157.1 CE. De ese modo, la autonomía financiera queda estrechamente ligada a la suficiencia financiera (STC 109/2011, de 22 de junio, FJ 5), lo que es asumible siempre que no se entienda que corresponde al estado la garantía de dicha suficiencia que, en términos constitucionales, debe también perseguirse mediante el empleo de los instrumentos que el art. 157.1 CE habilita para que las Comunidades autónomas obtengan recursos ejerciendo de manera efectiva su autonomía.

Como dijo, con cita de otros pronunciamientos, la STC 123/2012, de 5 de junio (FJ 7), la autonomía financiera "..., además de desenvolverse en un marco de cooperación y colaboración, exige ciertamente la disposición de los medios financieros precisos para poder ejercer, sin condicionamientos indebidos y en toda su extensión, sus competencias propias". Así, la autonomía requiere de la suficiencia financiera, que "garantiza el ya mencionado nivel mínimo de recursos que permita el ejercicio de las competencias autonómicas", aunque no se pueda precisar cuál sea ese nivel, dado que "dicha suficiencia debe quedar enmarcada, como concepto relativo que es, en el marco de las posibilidades reales de sistema financiero del Estado en su conjunto" (STC 13/2007, de 18 de enero, FJ 5) y no resulta, por tanto "determinable en función de una singular fuente de ingresos individualmente considerada, y su eventual reducción" (STC 32/2012, de 15 de marzo, FJ 7).

Es esta una idea en que insiste la más reciente jurisprudencia, de la que es muestra la STC 50/2023, de 10 de mayo (FJ. 4), cuando después de recordar que la suficiencia financiera de las Comunidades Autónomas encuentra un límite insoslayable en las posibilidades reales del sistema financiero del Estado en su conjunto, añade que el sistema de financiación no puede evolucionar al margen del rendimiento de los recursos tributarios del Estado "..., so pena de terminar incidiendo en la propia suficiencia financiera del Estado en su conjunto o, lo que es lo mismo, en 'el manejo y la disponibilidad por el Estado de sus propios recursos' (STC 13/2007, FJ 3)".

Por ello, la decisión sobre el reparto de los recursos financieros disponibles, máxime cuando se trata de recursos extraordinarios, como los vinculados a circunstancias especiales —como, en el caso, el denominado coste de la insularidad de las Islas Baleares— es "una decisión eminentemente política que corresponde en exclusiva tomar a las Cortes Generales de acuerdo con el principio de solidaridad y en función de las posibilidades reales del país en su conjunto" (SSTC 13/2007, de 18 de enero, FJ 5 y 50/2023, de 10 de mayo, FJ 4).

Tampoco cabe precisar cuáles sean los concretos recursos que deben garantizar la suficiencia financiera de las Comunidades Autónomas, aunque "... no cabe duda de que uno de los instrumentos para alcanzar(la)... es la participación en los ingresos del Estado, que el art. 157.1 a) CE establece como uno de los recursos de las Comunidades Autónomas" (STC 13/2007, de 18 de enero, FJ 5).

No obstante, si se tiene en cuenta que el art. 156.1 CE hace pivotar la configuración de la Hacienda autonómica sobre el principio de autonomía, debería ser obvio que la suficiencia financiera debe alcanzarse a través de una combinación de los recursos de que disponen las Comunidades Autónomas, "..., no encontrándose por tanto limitada a un único recurso como son las transferencias garantizadas por el Estado (SSTC 13/2007, de 18 de enero, FJ 5 y 58/2007, de 14 de marzo, FJ 3). Es más, los sucesivos modelos de financiación autonómica han intentado potenciar la responsabilidad fiscal de las Comunidades Autónomas, para que en ejercicio de su autonomía '... puedan, por sí mismas, incrementar sustancialmente los recursos con los que han de financiarse', lo que ha determinado '... un mayor desarrollo del principio de autonomía financiera, de manera que la financiación autonómica no descansa ya, casi en su totalidad, en las transferencias del Estado'" (STC 204/2011, de 15 de diciembre, FJ 8).

Sin entrar en los detalles de dicha evolución, ello ha determinado un mayor protagonismo en la financiación autonómica de los recursos tributarios y, en particular, de los impuestos estatales cedidos, concebidos como una suerte de tributos "compartidos" respecto a los que las Comunidades Autónomas ejercen todo tipo de competencias, participando en su regulación de forma variable según el impuesto de que se trate, apropiándose de un porcentaje de su recaudación y, por fin, ejerciendo por delegación del Estado las competencias de gestión respecto a muchos de ellos. Un protagonismo no exento de polémica, dado que el ejercicio de sus competencias normativas por las

Comunidades Autónomas ha generado tratamientos diferenciados en los tributos patrimoniales —Impuestos sobre el Patrimonio y sobre Sucesiones y Donaciones, fundamentalmente— que han dado lugar, a su vez, a demandas de armonización que, pese a ser constitucionalmente viables, resultan un tanto incongruentes con las demandas simultáneas de una mayor autonomía.

Junto a esos impuestos estatales cedidos, desde la STC 179/2006, de 13 de junio (FJ 3) se ha reconocido que uno de los instrumentos para alcanzar la autonomía financiera en la vertiente de los ingresos, es la posibilidad que tienen las Comunidades Autónomas de establecer y exigir "sus propios impuestos, tasas y contribuciones especiales". Y ello, a pesar de que "la potestad tributaria de las Comunidades Autónomas no se configura constitucionalmente con carácter absoluto, sino que aparece sometida a límites intrínsecos y extrínsecos que no son incompatibles con el reconocimiento de la realidad constitucional de las Haciendas autonómicas" (STC 49/1995, de 16 de febrero, FJ 4).

No es el momento de analizar la abundante jurisprudencia constitucional respecto a los tributos propios de las Comunidades Autónomas, que no es particularmente afortunada y ha sido objeto de merecidas críticas, por lo que bastará ahora con señalar que sus impuestos propios no suponen en términos cuantitativos una contribución relevante a su financiación. Con toda seguridad, ello es achacable en buena medida a la escasa disposición de los Gobiernos autonómicos para exigir a sus ciudadanos/votantes una mayor contribución al sostenimiento de sus gastos, pero no puede desconocerse que la continua interposición de recursos de inconstitucionalidad frente a cada nuevo impuesto autonómico y la escasa consistencia de la jurisprudencia al respecto ha desincentivado el empleo de estos recursos, que son clara muestra de la autonomía financiera.

Por fin, dado que el patrimonio público no es un recurso financiero significativo para las Comunidades Autónomas, también pertenece al ámbito de su autonomía el empleo del crédito y la deuda pública, aunque siempre con sujeción a límites que hoy son explícitos en el art. 135.3 CE y que ha convalidado la jurisprudencia, como muestra la STC 171/2014, de 23 de octubre (FJ 5).

Es cierto que tales límites no son más que el reflejo constitucional de los compromisos asumidos por el Reino de España en el art. 126 del Tratado de Funcionamiento de la Unión Europea; pero no debe perderse de vista que las limitaciones al endeudamiento público tienen también un fundamento relacionado con el principio democrático y la suficiencia financiera. Porque siendo el endeudamiento uno de los recursos posibles de las Haciendas autonómicas, de conformidad con el art. 157.1 e) CE, este instrumento de financiación "tiene siempre una contrapartida que no puede obviarse, pues supone siempre un mayor gasto futuro en concepto de intereses, por lo que un endeudamiento descontrolado pone también en peligro, si cabe incluso más, la propia suficiencia financiera" (SSTC 171/2014, de 23 de octubre, FJ 6 y 101/2016, de 25 de mayo, FJ 8).

En definitiva, la autonomía financiera de las Comunidades Autónomas no tiene carácter absoluto, no solo por encontrarse legalmente enmarcada en la LOFCA, en que se realiza el desarrollo legal de este principio (SSTC 179/2006, de 13 de junio, FJ 3 y 109/2011, de 22 de junio, FJ 5), sino debido también a otras competencias genéricas o específicas del Estado. Entre ellas, es necesario hacer referencia a la que tiene atribuida con carácter exclusivo en materia de Hacienda general, así como la potestad originaria para establecer tributos mediante ley (art. 133.1 CE), lo que, unido a que también corresponde al legislador orgánico la regulación del ejercicio de las competencias financieras de las Comunidades Autónomas (art. 157.3 CE), determina que el Estado "sea competente para regular, no solo sus propios tributos, sino también el marco general de todo el sistema tributario y la delimitación de las competencias financieras de las Comunidades Autónomas respecto de las del propio Estado" (STC 72/2003, de 10 de abril, FJ 5).

Un marco general del que forman parte los principios de coordinación y solidaridad, a que debe obedecer el ejercicio de la autonomía financiera de las Comunidades Autónomas. En especial, en lo que se refiere al primero de dichos principios, porque el ejercicio coordinado de las competencias financieras y las competencias materiales de las Haciendas territoriales es esencial para evitar "...el vaciamiento del ámbito —...— correspondiente a las esferas respectivas de soberanía y de autonomía de los entes territoriales" (STC 13/2007, de 18 de enero, FJ 3). De ahí que el alcance y los límites de la coordinación, esto es, su significado preciso, debería haberse precisado con motivo del debate abierto respecto a la armonización material de la imposición sobre el patrimonio que resulta del polémico Impuesto sobre las Grandes Fortunas, que por ello ha sido ya objeto de sendos recursos de inconstitucionalidad por las Comunidades Autónomas de Andalucía y Madrid. Porque como se dijo en el voto particular formulado frente a la STC 26/2015, de 19 de febrero, es discutible hasta qué punto es constitucionalmente lícita la creación de un impuesto estatal "... cuyo único fin de armonización o coordinación consiste en impedir o inhabilitar el poder tributario autonómico". Sin embargo, no ha sido así, porque las muy deficientes SSTC 149/2023, de 7 de noviembre y 170/2023, de 22 de noviembre, se han limitado a reiterar doctrina sobradamente conocida, para concluir que el Impuesto sobre las Grandes Fortunas "... deja intactas las competencias normativas autonómicas reconocidas en el régimen de cesión del impuesto sobre el patrimonio"; afirmación que solo puede aceptarse a partir de un análisis formalista y, por ello, insatisfactorio.

III. LA POSIBILIDAD DE QUE LAS COMUNIDADES AUTÓNOMAS ACTÚEN COMO DELEGADOS O COLABORADORES DEL ESTADO EN LOS PROCEDIMIENTOS DE APLICACIÓN DE LOS TRIBUTOS [156.2]

Como hemos señalado, el contenido del art. 156.2 CE es un tanto sorprendente, pues la posibilidad que prevé, de que las Comunidades actúen como delegados o colaboradores de la Administración tributaria del Estado, "... para la recaudación, la gestión y la liquidación de los recursos tributarios de aquél, de acuerdo con las leyes y los Estatutos", es propia de un modelo de financiación autonómica en que los impuestos estatales cedidos son una pieza esencial. Y como el importantísimo papel que hoy corresponde en la financiación autonómica a los impuestos estatales cedidos no era siquiera imaginable en el proceso constituyente, no puede más que concluirse que nos encontramos ante una previsión de finalidad poco clara que, en todo caso, ha encontrado acogida en los Estatutos de Autonomía de las Comunidades de régimen común. En efecto, prácticamente todos ellos incorporaron, como una cláusula de estilo, la posibilidad de que las Comunidades gestionaran y recaudasen los tributos cedidos por el Estado, quedando en manos de éste la gestión de los demás tributos estatales, sin perjuicio de las delegaciones y colaboraciones que pudieran acordarse también en relación con estos últimos. Una posibilidad que luego, en las últimas reformas estatutarias, se ha querido precisar y extender en términos que han sido problemáticos, lo que ha motivado la escasa jurisprudencia constitucional relativa a este precepto, más allá de los pronunciamientos —ya citados— en que la referencia a este precepto se realiza para reafirmas competencias del Estado.

Como hemos dicho, salvo error por nuestra parte, son seis las sentencias del Tribunal Constitucional que mencionan el precepto que nos ocupa, aunque sea sin extraer de dicha mención ninguna consecuencia, o solo para reafirmar la titularidad del tributo o la concreta competencia estatal discutida, dado que no se había procedido a delegar la gestión de acuerdo con lo previsto en dicho precepto (SSTC 16/2003, de 30 de enero, FJ 11; 72/2003, de 10 de abril, FJ 5; y 19/2012, de 15 de febrero, FJ 11).

Sea como fuere, del precepto que comentamos se deriva de manera natural, *sensu contrario* la competencia de las Comunidades Autónomas para la aplicación de sus tributos propios, mientras que en relación a los del Estado se presupone la de este, salvo que se delegue o establezca otro tipo de colaboración que permita la actuación de las Comunidades Autónomas.

De ello resulta sin dificultad que debe ser la normativa estatal la que establezca los aspectos concretos de esa posible delegación o colaboración, que todos los Estatutos han incorporado sin mayores precisiones, siendo la LOFCA y la normativa reguladora de la cesión de tributos las disposiciones en que se ha precisado cada una de las delegaciones a favor de las Comunidades Autónomas para la gestión de los impuestos estatales cedidos.

No obstante, tras la reforma del Estatuto de autonomía de Cataluña por la Ley Orgánica 6/2006, de 19 de julio, cuyo art. 203 atribuía a la Generalidad "la gestión, recaudación, liquidación e inspección de los tributos estatales cedidos totalmente y dichas funciones, en la medida en que se atribuyan, respecto a los cedidos parcialmente", en términos que concretaba el posterior art. 204 del Estatuto respecto a los diferentes tipos de tributos de la Comunidad Autónoma, se suscitaron dudas respecto a la interpretación del art. 156.2 CE. Dudas que resolvió la STC 31/2010, de 20 de junio, de la que resumidamente resulta:

i) Que a pesar de la dicción del citado precepto, no existe problema para la inclusión en las competencias a que se refiere de las de inspección tributaria, que puede incluirse con naturalidad "... en el ámbito genérico de la 'gestión'" (FJ. 132).

ii) Que la referencia a "los tributos estatales cedidos totalmente" no plantea problemas de constitucionalidad, pues responde a la naturaleza propia del Estatuto como norma de cabecera del ordenamiento autonómico "..., que puede incluir en su seno las prescripciones generales de su autonomía financiera siempre que no menoscabe el ámbito del legislador orgánico y el marco general de coordinación y cooperación que es característico de esta materia". Dicho con otras palabras, su mención no es problemática porque el art. 204.1 del Estatuto "contiene un enunciado de principio sobre las potestades de gestión de los tributos cedidos, sin mayor especificación; (...) que queda sometido a lo que pueda establecerse sobre dicha delegación en la normativa estatal reguladora de la cesión." (FJ 132).

iii) Que los Estatutos de Autonomía pueden prever, *ex* art. 156.2 CE una actuación colaboradora de la Comunidad Autónoma con el Estado en la aplicación de los tributos, siempre que quede supeditada "... a lo que establezcan 'las leyes', que, según dijimos, han de ser las del Estado en razón a la coordinación general del sistema financiero y tributario que le corresponde ejercer" (FJ 133).

Dicho con otras palabras, el significado del art. 156.2 CE suscita pocas dudas, pues es en todo caso la legislación estatal la que debe precisar el alcance de la delegación o colaboración de las Comunidades Autónomas en la aplicación de los tributos del Estado, ya que no existen dudas respecto a su competencia para la aplicación de sus tributos propios.

Una delegación que, dicho sea de paso, no solo se ha producido en los términos de los Estatutos respecto a los conocidos como impuestos estatales cedidos a las Comunidades Autónomas, sino también respecto a otros impuestos concebidos inicialmente como estatales –es el caso del Arbitrio sobre la producción e importación en las Islas Canarias y del Impuesto General Indirecto Canario– pero en relación a los cuales se han atribuido competencias a la Comunidad Autónoma, en el artículo 115 de su Estatuto, sin precisar que técnica se ha empleado al efecto, pese a que la STC 156/2004, de 23 de septiembre (FJ 5) se refiera respecto al primero de dichos impuestos a la delegación.

En cualquier caso, si traemos a colación esta cuestión es solo para suscitar una pregunta para la que no tenemos respuesta, que tiene sentido plantear respecto a la Comunidad de Canarias, pero que podría extenderse también a las Comunidades y Territorios forales. Porque respecto a dichas Comunidades y Territorios cabe cuestionar si el reconocimiento constitucional de un régimen económico y fiscal especial –o de un régimen de financiación singular, como el de los Territorios forales integrados en la Comunidad del País Vasco y la Comunidad Foral Navarra– supone, o no, que la autonomía financiera tenga para ellos un significado distinto al que tiene para las denominadas Comunidades Autónomas de régimen común.

IV. BIBLIOGRAFÍA

CERMFA-Comisión de Expertos para la Revisión del Modelo de Financiación Autonómica (2017), Informe de la Comisión de Expertos para la Revisión del Modelo de Financiación Autonómica, Ministerio de Hacienda y Función Pública (https://www.hacienda.gob.es/CDI/sist%20financiacion%20y%20deuda/ informaci%C3%B3nCC.AA./informe_final_comisi%C3%B3n_reforma_sfa.pdf).

DE LA FUENTE, A. (2023): "La liquidación de 2021 del sistema de financiación de las comunidades autónomas de régimen común." FEDEA, Estudios sobre Economía Española no. 2023-25. Madrid.

LAGO PEÑAS, S. (2021): *40 años de descentralización en España (1978-2018): balance y perspectivas*, Fundación de las Cajas de Ahorros (FUNCAS), Estudios de la Fundación, serie Economía y Sociedad 95 (https://www.funcas.es/wp-content/uploads/2021/02/Estudio-de-la-Fundaci%C3%B3n-95.pdf).

RAMALLO MASSANET, J.; ZORNOZA PÉREZ, J. J. (1995): "Sistema y modelos de financiación autonómica", *Papeles de Economía Española*, n. 51/1995.

RODRÍGUEZ BEREIJO, A. (2015): *La Constitución fiscal de España*, Centro de Estudios Políticos y Constitucionales, Madrid.
RUIZ ALMENDRAL, V. (2023): *Spanish Fiscal Federalism: A Journey through Constitutional Disputes*, Fundación BBVA Red Leonardo-Instituto de Estudios Fiscales, Madrid.
ZORNOZA PÉREZ, J. (2014): "New Trends in Fiscal Decentralization: A Spanish View", en LÜTGENAU, STEFAN (Ed.), *Fiscal Federalism and Fiscal Decentralization in Europe*, Studienverlag, Innsbruck/Wien, 2014.

V. JURISPRUDENCIA

STC 179/1987, de 13 de noviembre.
STC 13/1992, de 6 de febrero.
STC 49/1995, de 16 de febrero.
STC 72/2003, de 10 de abril.
STC 13/2007, de 18 de enero.
STC 31/2010, de 20 de junio.
STC 204/2011, de 15 de diciembre.
STC 101/2016, de 25 de mayo.
STC 82/2017, de 22 de junio.
STC 50/2023, de 10 de mayo.

Artículo 157

1. Los recursos de las Comunidades Autónomas estarán constituidos por:

a) Impuestos cedidos total o parcialmente por el Estado; recargos sobre impuestos estatales y otras participaciones en los ingresos del Estado.

b) Sus propios impuestos, tasas y contribuciones especiales.

c) Transferencias de un Fondo de Compensación interterritorial y otras asignaciones con cargo a los Presupuestos Generales del Estado.

d) Rendimientos procedentes de su patrimonio e ingresos de derecho privado.

e) El producto de las operaciones de crédito.

2. Las Comunidades Autónomas no podrán en ningún caso adoptar medidas tributarias sobre bienes situados fuera de su territorio o que supongan obstáculo para la libre circulación de mercancías o servicios.

3. Mediante ley orgánica podrá regularse el ejercicio de las competencias financieras enumeradas en el precedente apartado 1, las normas para resolver los conflictos que pudieran surgir y las posibles formas de colaboración financiera entre las Comunidades Autónomas y el Estado.

COMENTARIO

Violeta Ruiz Almendral
Profesora Titular Derecho Financiero y Tributario
Universidad Carlos III de Madrid

SUMARIO: I. RESUMEN: LA HACIENDA AUTONÓMICA EN LA CONSTITUCIÓN. II. EL PODER TRIBUTARIO DE LAS COMUNIDADES AUTÓNOMAS [ART. 157.1. A) Y B)]. III. LAS TRANSFERENCIAS DEL ESTADO COMO RECURSO [ART. 157.1. c)]. IV. LOS INGRESOS PATRIMONIALES Y DE DERECHO PRIVADO. EL RECURSO AL CRÉDITO [ART. 157.1. d) y e)]. V. EL TERRITORIO Y LA LIBRE CIRCULACIÓN COMO LÍMITES DE LAS COMPETENCIAS TRIBUTARIAS AUTONÓMICAS (ART. 157.2 CE). VI. LA REGULACIÓN DEL EJERCICIO DE LAS COMPETENCIAS FINANCIERAS AUTONÓMICAS MEDIANTE LEY ORGÁNICA (ART. 157.3 CE). VII. BIBLIOGRAFÍA. VIII. JURISPRUDENCIA.

I. RESUMEN: LA HACIENDA AUTONÓMICA EN LA CONSTITUCIÓN

1. El artículo 157 contiene en su primer apartado todos los recursos con los que, idealmente, podría contar una Hacienda. Dentro del modelo flexible y abierto de descentralización territorial que posibilita la Constitución española, el constituyente dejó establecido que los nuevos entes de base territorial habrían de contar con Hacienda propia.

Por ello, aunque no se prevé para las Comunidades Autónomas expresamente una competencia sobre su propia Hacienda, como sí se hace para el Estado (art. 149.1.14 CE), tempranamente el Tribunal Constitucional dejó sentado que "ello no es obstáculo a que deba admitirse que su hacienda privativa es materia propia de dichas Comunidades, (...) aún sin manifestación expresa incluida en el art. 148 CE, del espíritu de su conjunto normativo se desprende que la organización de su Hacienda es no tanto una competencia que se reconoce a las Comunidades Autónomas, cuanto una exigencia previa o paralela a la propia organización autónoma" (STC 14/1986, de 31 de enero, FJ 2).

En el listado del art. 157.1 CE queda así, al menos esbozado, un modelo de federalismo fiscal. Con todo, la Constitución no otorga peso específico a los diferentes recursos, dejando al legislador orgánico, y por tanto estatal, la función de completar el modelo de reparto de competencias financieras y tributarias entre Estado y Comunidades Autónomas, dejando en la práctica en una ley orgánica, fundamentalmente, aunque no sólo, la vigente Ley Orgánica 8/1980, de 22 de septiembre, de Financiación de las Comunidades Autónomas (LOFCA, en lo que sigue), el papel de Constitución financiera.

Aunque la Constitución contempla, como se ha expuesto, un amplio listado de recursos financieros, no garantiza su peso relativo en el sistema de financiación, de manera que "no diseña un concreto modelo de hacienda autonómica, ya que se limita a enumerar las distintas clases de rendimientos de que pueden disponer las comunidades autónomas para financiar su gasto público" (STC 65/2020, de 18 de junio, FJ 4), permitiendo así que la evolución posterior del sistema de financiación implique mayor o menor peso del poder tributario propio, y renunciando así a un reparto efectivo de poder tributario como el que se encuentra en otras constituciones, como la alemana o la canadiense.

2. El art. 157 CE guarda, sin embargo, silencio sobre el Presupuesto autonómico, no existiendo ninguna disposición constitucional que específicamente le ataña, y sin que del art. 134 CE se puedan extraer reglas generales para los Presupuestos de las Comunidades Autónomas más que por analogía, según ha reiterado el Tribunal Constitucional. Este vacío ha sido parcialmente colmado tanto por la LOFCA como por el art. 135 CE, que en su redacción vigente contiene un mandato específico en relación con el régimen jurídico del gasto autonómico.

II. EL PODER TRIBUTARIO DE LAS COMUNIDADES AUTÓNOMAS [ART. 157.1. A) Y B)]

1. El poder tributario no se encuentra en la doble lista de los artículos 148 y 149, a pesar de que es en estos preceptos donde se contiene la propuesta principal de reparto de competencias entre Estado y Comunidades Autónomas. Los preceptos que enmarcan el poder tributario autonómico en la Constitución son los artículos 133.2 y 157.1, mientras que el estatal se encuentra en la conjunción de los artículos 133.1 y 149.1.14 CE. Ambos poderes son originarios, en tanto que reconocidos por la Constitución (artículo 133.1 para el Estado y 157.1.b) para las Comunidades Autónomas, aunque la legislación territorial es siempre de segundo grado en la medida en que puede estar condicionada por una ley estatal, el Estatuto de autonomía, o por otra ley, como las leyes del 150 o la ley del 157.3 CE.

Esta redacción es consecuencia de la inicial identificación entre poder tributario y soberanía que impregnó todo el debate constituyente. El poder de establecer tributos ex novo, ha sido tradicionalmente la representación más evidente de soberanía. En la práctica, sin embargo, hablar de soberanía tri-

butaria para explicar el reparto de competencias tiene escaso sentido, pues ningún Estado de nuestro entorno tiene realmente soberanía tributaria, como muestra la creciente convergencia de los sistemas tributarios en los Estados del entorno de la OCDE o de la Unión Europea, así como la imposibilidad de establecer impuestos sobre elementos móviles (como la renta o el capital) sin tener en cuenta el modo en que las mismas fuentes de capacidad económica son gravadas en otros Estados.

En su evolución, el sistema de financiación de las Comunidades autónomas ha determinado sin embargo una preferencia por impuestos compartidos entre el Estado y las Comunidades Autónomas, que son en todo caso establecidos y regulados en sus elementos esenciales por el primero, en lo que puede calificarse de modelo de federalismo fiscal cooperativo.

2. Desde la transformación de España en un Estado autonómico, los impuestos cedidos han constituido una de las piezas esenciales en la financiación de los nuevos entes territoriales. En 1997, como consecuencia de una reforma de los mecanismos de financiación autonómica, se atribuyeron determinadas potestades normativas a las Comunidades Autónomas sobre algunos de los impuestos que ya estaban cedidos, y se cedió además, con carácter parcial, el impuesto sobre la renta de las personas físicas (IRPF). En 2002 y 2009 se acometieron sucesivas reformas en el sistema de financiación auto-

nómica, como consecuencia de la cual el alcance y condiciones de la cesión de impuestos se vieron también considerablemente ampliados.

El objetivo pretendido con ambas reformas es el mismo: dotar de corresponsabilidad fiscal a las Haciendas autonómicas, principio que, si bien no está contemplado en la Constitución, tiene un contenido más o menos aceptado en la doctrina, pudiendo incardinarse dentro del principio de autonomía financiera enunciado en el artículo 156 CE.

Con la atribución de potestades normativas sobre impuestos cedidos, se ha pretendido operar una profunda transformación en el reparto de materias imponibles, articulando un nuevo reparto de las mismas entre el Estado y las Comunidades Autónomas. Se convierte así en un recurso mutable o de geometría variable, de manera que en el caso de algunos impuestos, como el Impuesto sobre Sucesiones y Donaciones, las potestades normativas de las Comunidades son amplísimas, permitiéndoles la práctica disposición de la figura tributaria, mientras que en otros, como el Impuesto sobre el Valor Añadido, las autonomías sólo reciben una parte de la recaudación que se estima obtenida en su territorio.

Una de las características de la atribución de potestades normativas parciales sobre impuestos estatales es que la normativa autonómica se inserta dentro de la estatal, de manera que pasa a formar parte de la estructura del impuesto cedido, la coordinación en dicho ejercicio constituye un elemento de la mayor relevancia para que el impuesto mantenga los perfiles originales otorgados por el Estado. El Tribunal constitucional ha tenido ya distintas ocasiones de abordar la adecuación al marco jurídico establecido por el Estado del ejercicio de potestades normativas (por todas, SSTC 161/2012, de 20 de septiembre, FJ 5; y STC 21/2022, de 9 de febrero, FJ 3).

3. Los recargos han sido tradicionalmente el elemento propuesto para incrementar la autonomía tributaria, o estimular la corresponsabilidad fiscal, de las Comunidades Autónomas. En la práctica, que los impuestos cedidos han desplazado a los recargos como figura central para la consecución de la citada corresponsabilidad, habiéndose optado por un sistema en el que es el Estado el que atribuye y ordena la posibilidad de ejercer potestades normativas que incidan sobre tributos estatales. El propio Tribunal Constitucional apuntó, obiter dicta la conveniencia, en aras de una mejor consecución del principio de coordinación, de que existiera una legislación estatal que precisara de manera más concreta los límites en que podía desenvolverse la potestad normativa autonómica para el establecimiento de recargos (STC 150/1990, de 4 de octubre, FJ 4).

4. Pese a la teórica libertad que se atribuye a las Comunidades Autónomas para establecer figuras impositivas nuevas, el desarrollo del poder tributario que lleva a cabo la LOFCA, cuyos arts. 6 y 9 desarrollan la previsión del art. 157.1.b) CE, ha supuesto en la práctica que el poder tributario autonómico sea residual.

La creación de tributos propios ha ocupado un lugar desmesurado en la conflictividad ante el Tribunal Constitucional en relación con su relevancia práctica, que es escasa por la baja recaudación de los mismos. Parte de la conflictividad se explica porque los límites contenidos en el art. 6, 2 y 3, LOFCA, que establecen la interdicción de que las Comunidades Autónomas puedan establecer tributos similares o equivalentes a los ya establecidos por el Estado o para las Haciendas locales, son difíciles de aplicar en la práctica sin ahogar la posibilidad de que se establezcan tributos nuevos, ya que toda la realidad económica ha sido ya objeto de tributos específicos.

El art. 6 de la LOFCA refleja en fin la preferencia del Estado central a la hora de establecer y regular tributos, sentado que éste no sólo ostenta la competencia para regular sus propios tributos, sino específicamente "el marco general de todo el sistema tributario y la delimitación de las competencias financieras de las Comunidades Autónomas respecto de las del propio Estado" (por todas, SSTC 101/2013, de 23 de abril, FJ 3; y 26/2015, FJ 4). Dicho modelo de reparto de competencias "se traduce en una preferencia del Estado en la ocupación de los hechos imponibles expresamente recogida en el art. 6 LOFCA, cuyos límites reflejan que la competencia autonómica para establecer tributos ex novo no se configura constitucionalmente en términos absolutos, sino que se encuentra sujeta a lo establecido en las leyes del Estado a que se refieren los arts. 133.2 y 157.3 CE (...). Así, la finalidad última de los citados límites no es otra que la coordinación del ejercicio de las competencias tributarias de las Comunidades Autónomas, garantizando de esta manera que el ejercicio de poder tributario por los distintos niveles territoriales sea compatible con la existencia de 'un sistema' tributario en los términos exigidos por el art. 31.1 CE" [SSTC 125/2021, de 3 de junio, FJ 3 a); 26/2015, de 19 de febrero, FJ 4; 210/2012, de 14 de noviembre, FJ 4; y 53/2014, de 10 de abril, FJ 3 a)].

Estos límites tienen un alto potencial para eliminar en la práctica toda posibilidad de que se pueda desarrollar la imposición propia autonómica, lo que exige que sean interpretados salvaguardando dicha competencia tributaria, reconocida constitucionalmente [arts. 133.2 y 157.1.a) CE], teniendo en cuenta que "ninguno de los límites constitucionales que condicionan dicho poder tributario puede ser interpretado de tal manera que haga inviable el ejercicio de aquella potestad tributaria" (SSTC 150/1990, de 4 de octubre, FJ 3; 210/2012, de 14 de noviembre, FJ 4; 53/2014, de 10 de abril). Por ello, tempranamente se afirmó que los límites deberían aplicarse teniendo en cuenta que "la realidad económica en sus diferentes manifestaciones está toda ella virtualmente cubierta por tributos estatales, ello conduciría... a negar en la práctica la posibilidad de que se creen, al menos, por el momento, nuevos impuestos autonómicos" (STC 37/1987, de 26 de marzo, FJ 14).

Esto exige una labor interpretativa minuciosa, porque algunos de los impuestos ya existentes tienen la pretensión de gravar toda una categoría materia imponible. Es el caso, por ejemplo, del impuesto local sobre actividades económicas, de vocación censal, y cuya interpretación extensiva haría imposible cualquier impuesto autonómico sobre cualquier actividad económica, lo que de paso convertiría en perfectamente prescindible el límite del art. 9 de la LOFCA, que de hecho presupone que se gravarán, mediante tributos propios, actividades económicas.

Pues bien, aunque a nivel de principios las prohibiciones de equivalencia de las Directivas de IVA e impuestos especiales, por un lado, y el art. 6 LOFCA, por otro, son esencialmente distintas, lo cierto es que el método hasta ahora establecido por el Tribunal Constitucional para comparar tributos en aplicación del art. 6 LOFCA se asemeja al adoptado por el TJUE, pues como se ha reiterado, para determinar si se produce la equivalencia entre un tributo autonómico y otro estatal o local, se tienen en cuenta los respectivos elementos esenciales, con el fin de determinar la fuente de capacidad económica sometida a gravamen, o materia imponible, así como la forma en la que la misma se somete efectivamente a gravamen en la estructura del tributo [SSTC 74/2016, de 14 de abril; 210/2012, FJ 4; 53/2014, de 10 de abril, FJ 3 a); ATC 183/2016, FJ 4].

El poder tributario del Estado puede incluso servir de poder armonizador indirecto, como sucedió con los impuestos sobre depósitos bancarios establecidos por las Comunidades Autónomas, que fueron objeto de armonización por parte del Estado mediante el establecimiento de un tipo de gravamen cero. Técnica extravagante, pero avalada por la STC 26/2015, de 19 de febrero, y que seguramente ha sido la inspiración para la armonización del impuesto sobre el patrimonio a través de la creación de un impuesto paralelo, el "impuesto temporal sobre solidaridad de las grandes fortunas", cuya constitucionalidad también deberá abordar el Tribunal Constitucional en fechas próximas.

5. Algunos de los límites que la LOFCA contempla para la creación de impuestos propios (arts. 6 y 9), y que se establecen como se verá en el art. 157.2 CE, confluyen con los derivados del Derecho de la Unión Europea para la construcción del mercado interior.

Específicamente en el caso de los impuestos armonizados, como es el IVA, la normativa europea ya contempla prohibiciones de equivalencia, de modo que los Estados, o los entes subcentrales, no podrán crear impuestos similares al IVA. Hasta el momento el Tribunal Constitucional ha tenido sólo dos ocasiones de examinar la equivalencia de un tributo autonómico con el IVA. En la primera [STC 210/2012, de 14 de noviembre, FJ 5 b)], se tuvo en cuenta la doctrina del TJUE, (con cita expresa del asunto Banca Popolare di Cremona), para describir las características del IVA. En la segunda, la STC 94/2017, de 6 de julio, que anula el impuesto catalán sobre la provisión de contenidos por parte de los prestadores de servicios de comunicaciones electrónicas y de fomento del sector y la difusión de la cultura digital, se aparta de este método de forma de forma expresa, considerando que el examen de equivalencia no puede ser el mismo. Esta decisión no fue sin embargo pacífica, pues la sentencia cuenta con un voto particular suscrito por cinco magistrados.

6. Entre los tributos propios, ha merecido menor atención las tasas, previstas en el art. 7 LOFCA, que permite el establecimiento por parte de las Comunidades Autónomas de tasas sobre servicios transferidos o sobre los que ostenten competencia; por ejemplo, sobre servicios que preste la administración de la Administración de justicia, como la abordada en la STC 72/2014, de 8 de mayo, que confirma la posibilidad constitucional de coexistencia de tasas judiciales autonómicas y estatales.

III. LAS TRANSFERENCIAS DEL ESTADO COMO RECURSO [ART. 157.1. C)]

1. A diferencia de lo que sucede con las Haciendas locales, para las que la propia Constitución establece la garantía de suficiencia (art. 142 CE), esbozando un sistema bifronte de tutela financiera, en el caso de las Comunidades Autónomas la única garantía financiera es la de autonomía financiera (art. 156 CE). Esto encuentra su trasunto en los recursos listados en el art. 157.1 CE, entre los que las transferencias del Estado se prevén como uno más, sin mayores precisiones.

En la práctica, el sistema arbitra diferentes modalidades de trasferencias del Estado. La más relevante, por su posición en el diseño del sistema mismo, es el denominado Fondo de Suficiencia, previsto en el art. 13 de la LOFCA y cuya función no es estrictamente, garantizar la suficiencia total de recursos, sino servir de cierre del sistema de financiación cubriendo el eventual déficit que podría haber entre las necesidades de gasto de cada Comunidad Autónoma, tal y como previamente se han calculado por el legislador estatal, y "la suma de su capacidad tributaria y la transferencia del Fondo de Garantía de Servicios Públicos Fundamentales", que se refiere igualmente a los recursos del sistema de financiación.

En tanto que mecanismo de cierre su signo puede ser y será de hecho en la práctica, negativo, en aquellos casos en los cuales los recursos ordinarios del sistema de financiación allegue a la Hacienda autonómica una cuantía superior a la que se calcula que precisan. En tal caso, la Comunidad Autónoma deberá devolver el exceso a la Hacienda central. Así sucederá en el caso de las Comunidades con mayor renta per cápita, como es el caso de la Comunidad de Madrid, esto es, aquellas Comunidades que aglutinan mayor número de residentes en España con renta alta, pues en suma no son las Comunidades autónomas en sí las que generan tal renta, sino los ciudadanos individualmente considerados, lo que se refleja en el sistema de financiación a consecuencia del sistema tributario. En la medida en que el sistema tributario en su conjunto sea progresivo, también lo será en su conjunto el sistema de financiación autonómica.

2. Hay extensa doctrina constitucional sobre el reflejo último de las diferentes transferencias, que se instrumentan mediante las Leyes de Presupuestos del Estado. Así, por ejemplo, SSTC 76/2014, de 8 de mayo; 152/2014, de 25 de septiembre; 163/2014, de 8 de octubre; 172/2014, de 23 de octubre, en las que se aborda la cuestión de si los presupuestos generales del Estado recurridos daban cumplimiento o no a las prescripciones de las normas reguladoras del sistema de financiación.

3. En suma, los sucesivos de financiación autonómica tratan de conciliar la garantía de suficiencia denominada "estática", esto es, que el sistema contenga o posibilite recursos suficientes para atender las competencias asumidas por cada Comunidad Autónoma en concreto; con la denominada suficiencia "dinámica", que de forma resumida atiende a la evolución de los distintos recursos del sistema, y particularmente de los tributarios, lógicamente ligados a la evolución de la economía misma. Los detalles del sistema, crecientemente complejo por sus componentes y relaciones entre ellos, se exponen detalladamente, inter alia, en las SSTC 76/2014, de 8 de mayo; 96/2016, de 12 de mayo o, recientemente, 50/2023, de 10 de mayo.

IV. LOS INGRESOS PATRIMONIALES Y DE DERECHO PRIVADO. EL RECURSO AL CRÉDITO [ART. 157.1. D) Y E)]

1. Los ingresos patrimoniales y de otro tipo, son un recurso posible de las Haciendas autonómicas que hasta el momento no ha generado particular o relevante conflictividad. El crédito como recurso se contempla, idealmente y sin ningún límite, en el art. 157.1.e) CE, si bien resulta evidente que se trata de un recurso que ha mutado por mor del art. 135 CE, que incorpora formalmente el principio de estabilidad presupuestaria a la Constitución española, si bien éste ya estaba vigente, en todo caso, por del Derecho de la Unión Europea, que es derecho interno.

El precepto encomienda con todo a una ley orgánica el desarrollo de los principios de la estabilidad, mandato que ha dado lugar a la aprobación de la Ley Orgánica 2/2012, de 27 de abril, de estabilidad presupuestaria y sostenibilidad financiera (LOEPSF, en adelante)

El art. 135 CE no es un título competencial, si bien en la práctica ha facilitado el refuerzo de la competencia básica del Estado sobre ordenación del crédito (art. 149.1.11 CE, de manera que el reparto competencial en esta materia encuentra ahora su reflejo inmediato en el vigente art. 135 CE (STC 157/2011,

de 18 de octubre, FJ 3), cuyo apartado primero exige a todas las Administraciones públicas la adecuación al principio de estabilidad presupuestaria; mandato que se concreta en una atribución a la ley orgánica de desarrollo, que deberá establecer la distribución de los límites de déficit y de deuda entre las distintas Administraciones Públicas, y, "los supuestos excepcionales de superación de los mismos y la forma y plazo de corrección de las desviaciones que sobre uno y otro pudieran producirse".

2. La escasa doctrina constitucional que se refiere a las operaciones de crédito de las Comunidades Autónomas se ha referido fundamentalmente al problema de la autorización de emisión de deuda; (por ejemplo, la STC 11/1984, de 2 de febrero, FJ 6) o, en relación con las competencias forales, en la STC 171/2014, de 23 de octubre, que rechaza una diversidad competencial en el caso de Navarra, pues el régimen foral tiene un contenido "sustancialmente tributario" (FJ 6).

3. Una de las consecuencias de la Gran recesión fue la práctica expulsión de muchas Comunidades Autónomas de los mercados de crédito de deuda soberana, lo que ha supuesto una transformación del endeudamiento en endeudamiento con el Estado, lo que ha supuesto, en la práctica, una sustancial alteración del sistema mismo de financiación autonómica, en la medida en que

los recursos procedente de dicho endeudamiento han podido superar, para algunas Comunidades Autónomas, los procedentes del sistema de financiación.

V. EL TERRITORIO Y LA LIBRE CIRCULACIÓN COMO LÍMITES DE LAS COMPETENCIAS TRIBUTARIAS AUTONÓMICAS (ART. 157.2 CE)

1. El artículo 157.2 de la Constitución prohíbe a las Comunidades Autónomas "adoptar medidas tributarias sobre bienes situados fuera de su territorio". Lo primero que es preciso dilucidar en relación con este límite, es si es de aplicación al ejercicio de potestades normativas por las Comunidades Autónomas sobre los impuestos cedidos. Como es sabido, el Tribunal Constitucional, en la STC 150/1990, FJ 3, despejó las dudas existentes sobre su aplicabilidad a los recargos autonómicos, desvinculando así expresamente el artículo 157.2 de la Constitución del 9 de la LOFCA, lo que habría supuesto la aplicación de estos límites únicamente a los tributos propios de las Comunidades Autónomas. La prohibición del artículo 157.2 de la Constitución será aplicable a cualquier clase de medida tributaria adoptada por una Comunidad Autónoma, siempre que ésta sea susceptible de producir los citados efectos extraterritoriales.

2. La aplicación del citado principio de territorialidad a la tributación autonómica ha sido llevada a cabo de manera bastante cauta por el Tribunal Constitucional, que parte de la premisa de que "ninguno de los límites constitucionales que condicionan dicho poder tributario puede ser interpretado de tal manera que haga inviable el ejercicio de aquella potestad tributaria", de manera que no todo efecto extraterritorial conculca el citado precepto, pues lo contrario conllevaría una anulación, de facto, del poder tributario de las Comunidades Autónomas (STC 150/1990, de 4 de octubre, FJ 3). En esta Sentencia concluía el Tribunal que el artículo 157.2 contiene una prohibición de establecer un gravamen inmediato sobre bienes situados fuera del territorio de la Comunidad Autónoma, ya que "una cosa es adoptar medidas tributarias sobre bienes y otra distinta establecer un recargo tributario cuyos efectos puedan alcanzar mediata o indirectamente, en el 'plano de lo fáctico', a los bienes como fuente de la riqueza o renta que constituye el hecho imponible".

3. La LOFCA desarrolla los límites del art. 157.2 CE si bien sólo para los tributos propios (art. 9 LOFCA). Estos límites deben ponerse en conexión con los límites derivados de las libertades fundamentales en la Unión Europea, que de forma creciente suponen una limitación directa al desarrollo del poder tributario de las Comunidades Autónomas, tal y como se recalca en la STC 21/2022,

de 9 de febrero, que además de recordar que "los artículos 157.2 de la Constitución y 9 c) LOFCA, son 'especificación' del artículo 139 CE", se traza una vinculación directa con la doctrina del TJUE sobre la libre circulación de capitales.

VI. LA REGULACIÓN DEL EJERCICIO DE LAS COMPETENCIAS FINANCIERAS AUTONÓMICAS MEDIANTE LEY ORGÁNICA (ART. 157.3 CE)

1. Al igual que ha ocurrido en otros ámbitos competenciales, también el sistema de financiación autonómica ha sido igualado en sus aspectos sustanciales, de modo que el margen de incidencia de las Comunidades Autónomas en la determinación de su sistema de financiación es, en el mejor de los casos, marginal. Como se recuerda en la STC 204/2011, de 15 de diciembre, FJ 7; "el Estado, dentro de los márgenes que la Constitución le otorga y respetando los principios y las competencias financieras autonómicas en ella establecidas (singularmente en el art. 157 CE), está constitucionalmente habilitado para establecer uno u otro sistema de financiación autonómica... Se trata pues de un

modelo normativo cuyo vértice (la LOFCA) se integra en el bloque de la constitucionalidad y que puede variar en función de decisiones políticas del legislador (orgánico y ordinario) estatal, con la participación que en él corresponda a las Comunidades Autónomas, modelo sobre cuya bondad o funcionalidad, como ya señalamos en la STC 68/1996, de 4 de abril, no corresponde a este Tribunal pronunciarse" (SSTC 192/2000, de 13 de julio, FJ 10 y 68/1996, de 4 de abril, FFJJ 3 y 9).

De ahí que "conferir carácter vinculante a la voluntad autonómica, no sólo anularía la potestad exclusiva del Estado para configurar el sistema de financiación de las Comunidades Autónomas que considere más idóneo, sino que le privaría, tanto de ejercer sus potestades de coordinación (art. 156.1 CE), como de garantizar la realización efectiva del principio de solidaridad consagrado en el art. 2 de la Constitución" (SSTC 13/2007, de 18 de enero, FJ 9 y 31/2010, de 28 de junio, FJ 135). No cabe, por tanto, interpretar el principio dispositivo en el sentido de que han de ser las Comunidades Autónomas las habilitadas para elegir el sistema con arreglo al cual deberán financiarse, como pretenden los recurrentes (STC 204/2011, FJ 7).

2. No obstante, subyacen en el sistema de financiación elementos de voluntariedad de los que no se podría haber prescindido, pues así viene obligado por el propio modelo de Estado. Expresión máxima del mismo es el carácter voluntario del propio sistema de financiación autonómica, según se expresa

en todas las normas que hasta ahora han desarrollado los sistemas de financiación autonómica (la última, Ley 22/2009, disposición adicional cuarta), que se refieren a la aceptación del mismo mediante acuerdo en Comisión Mixta.

La tensión existente entre, por un lado, la voluntad de racionalizar la distribución de competencias mediante la igualación de las mismas entre las distintas Comunidades Autónomas y, por otro, la persistencia de la citada asimetría subyacente, que tiene su origen en el principio dispositivo, se manifiesta, en lo que respecta a los acuerdos, en la coexistencia de lógicas multilaterales y bilaterales. Esto encuentra claro reflejo en materia de financiación autonómica. Así, la elevación a rango legal de una serie de materias que hasta este momento venían contempladas exclusivamente en acuerdos no elimina el papel de estos últimos, sino que los reconduce a una lógica adecuada, ya que parece indiscutible que los acuerdos entre el Estado y las Comunidades Autónomas representan un importante papel en la articulación de la cesión de impuestos. Dichos acuerdos se producen en dos órganos, el Consejo General de Política Fiscal y Financiera y las Comisiones mixtas que obedecen, respectivamente, a una lógica multilateral y bilateral. Así se reconoce expresamente, entre otras, en las SSTC 13/2007, de 18 de enero, FJ 8; 31/2010, de 28 de junio, FJ 130; y 204/2011, FJ 7, que abordan el papel del Consejo de Política Fiscal y Financiera desempeña en la actualidad como órgano de coordinación de las competencias financieras entre Estado y Comunidades Autónomas.

3. La Constitución española reconoce una limitada especialidad a las denominadas Comunidades forales (País Vasco y Navarra), que implica su actualización en el marco constitucional, lo que se refleja en sus respectivos Estatutos de autonomía, único origen del poder tributario foral.

Tampoco las comunidades forales puede decidir sobre su sistema propio de financiación enteramente. En cuanto al contenido de la garantía institucional de foralidad, en su vertiente financiera, el Tribunal Constitucional ha reiterado que tiene una vertiente material, consistente en que es fundamentalmente tributario, implicando en concreto "la posibilidad de que la Comunidad Foral disponga de un sistema tributario propio, si bien en coordinación con el del Estado", así como una vertiente participativa, lo que implica en concreto que dicho sistema tributario debe ser acordado previamente con el Estado. Por tanto "la Comunidad Foral tiene así un plus de participación en la delimitación del sistema, pero no le es dado decidir unilateralmente sobre su contenido" [para el caso de Navarra, STC 208/2012, FJ 4 b), con cita de la STC 148/2006, de 11 de mayo, FJ 8; doctrina reiterada en la STC 207/2013, FJ 2]. Al hecho de que el régimen foral tenga un contenido sustancialmente tributario es preciso añadir que, en todo caso, que las remisiones históricas contenidas en sus respectivos Estatutos de autonomía, "han de ser interpretadas en el actual contexto (...) pero no a su contenido material en cada momento histórico, contenido que, por otro lado, ha experimentado una sustancial transformación en el último siglo" [STC 208/2012, FJ 4 a)].

Se trata así, en suma, de sistemas evolutivos que se enmarca en la Constitución y en el Derecho de la Unión Europea, y teniendo en cuenta que "en el sistema constitucional de reparto de competencias financieras no caben compartimentos estancos, al margen del ordenamiento jurídico general, de forma que las Comunidades Autónomas no están habilitadas para elegir de forma unilateral el sistema con arreglo al cual deberán financiarse" (STC 208/2012, de 14 de noviembre, FJ 5). Esto es coherente con el plus de participación que en su definición pueden tener también algunas Comunidades Autónomas, como Islas Canarias, lo que en tal caso deriva de su particular régimen económico-fiscal (por todas, SSTC 16/2003, de 30 de enero, FFJJ 5 a 7; y 62/2003, de 27 de marzo, FJ 4; STC 101/2013, de 23 de abril, FJ 11) y, desde la perspectiva del Derecho de la Unión Europea, de su carácter de región ultraperiférica.

VII. BIBLIOGRAFÍA

LAGO PEÑAS, S.: *40 años de descentralización en España (1978-2018): balance y perspectivas*, Fundación de las Cajas de Ahorros (FUNCAS), Estudios de la Fundación, serie Economía y Sociedad 95 (https://www.funcas.es/wp-content/uploads/2021/02/Estudio-de-la-Fundaci%C3%B3n-95.pdf).

MEDINA GUERRERO, M.: *La incidencia del sistema de financiación en el ejercicio de las competencias de las CC.AA.*, Centro de Estudios Constitucionales, Madrid, 1992.

RODRÍGUEZ BEREIJO, A.: *La Constitución fiscal de España*, Centro de Estudios Políticos y Constitucionales, Madrid, 2015.

RUIZ ALMENDRAL, V.: "Límites y problemas constitucionales del impuesto 'armonizador' sobre las grandes fortunas en España", *Asamblea - Revista Parlamentaria de la Asamblea de Madrid*, núm. 43, segundo semestre 2022, pp. 127-182.

RUIZ ALMENDRAL, V.: *Spanish Fiscal Federalism: A Journey through Constitutional Disputes*, Fundación BBVA Red Leonardo-Instituto de Estudios Fiscales, Madrid, 2023.

VIII. JURISPRUDENCIA

STC 14/1986, de 31 de enero.
STC 150/1990, de 4 de octubre.
STC 210/2012, de 14 de noviembre.
STC 161/2012, de 20 de septiembre.
STC 53/2014, de 10 de abril.
STC 72/2014, de 8 de mayo.
STC 171/2014, de 23 de octubre.

STC 26/2015, de 19 de febrero.
SSTC 74/2016, de 14 de abril.
STC 94/2017, de 6 de julio.
STC 65/2020, de 18 de junio.
STC 125/2021, de 3 de junio.
STC 20/2022, de 9 de febrero.
STC 21/2022, de 9 de febrero.
STC 50/2023, de 10 de mayo.

Artículo 158

1. En los Presupuestos Generales del Estado podrá establecerse una asignación a las Comunidades Autónomas en función del volumen de los servicios y actividades estatales que hayan asumido y de la garantía de un nivel mínimo en la prestación de los servicios públicos fundamentales en todo el territorio español.

2. Con el fin de corregir desequilibrios económicos interterritoriales y hacer efectivo el principio de solidaridad, se constituirá un Fondo de Compensación con destino a gastos de inversión, cuyos recursos serán distribuidos por las Cortes Generales entre las Comunidades Autónomas y provincias, en su caso.

COMENTARIO

Violeta Ruiz Almendral
Profesora Titular Derecho Financiero y Tributario
Universidad Carlos III de Madrid

SUMARIO: I. RESUMEN DEL PRECEPTO. II. LAS ASIGNACIONES PARA LA PRESTACIÓN DE SERVICIOS PÚBLICOS FUNDAMENTALES (158.1 CE). III. EL FONDO (Y LOS FONDOS) DE COMPENSACIÓN INTERTERRITORIAL (158.2 CE). IV. BIBLIOGRAFÍA. V. JURISPRUDENCIA.

I. RESUMEN DEL PRECEPTO

El art. 158 CE es el trasunto financiero de las garantías contenidas en el art. 138.1 CE, que establece que "[e]l Estado garantiza la realización efectiva del principio de solidaridad consagrado en el artículo 2 de la Constitución, velando por el establecimiento de un equilibrio económico, adecuado y justo entre las diversas partes del territorio español, y atendiendo en particular a las circunstancias del hecho insular". A su vez, esta garantía guarda evidente conexión con el mandato del art. 31.2 CE, que exige una asignación equitativa de recursos públicos.

El art. 158 CE contiene, en todo caso, una exigencia variable y abierta. Si en el primer apartado se refiere a asignaciones que podrían reputarse opcionales (el Estado "podrá"), a modo de cierre del sistema de financiación, el apartado segundo contiene un mandato directo al legislador ("se constituirá").

La evolución legal del sistema de financiación de las Comunidades Autónomas ha asumido, desde los inicios, la vigencia de ambos mandatos, que se han hecho efectivos en las diferentes regulaciones de las asignaciones para la nivelación o financiación de servicios públicos, y de los fondos de compensación interterritorial.

II. LAS ASIGNACIONES PARA LA PRESTACIÓN DE SERVICIOS PÚBLICOS FUNDAMENTALES (158.1 CE)

1. Las asignaciones a las Comunidades Autónomas a que se refiere el art. 158.1 CE parecen inicialmente vinculadas al proceso de descentralización de competencias, pues se conectan con "los servicios y actividades estatales que hayan asumido".

Como modalidad del recurso previsto en el art. 157.1.c) CE, su desarrollo se establece en el art. 15 de la Ley Orgánica 8/1980, de 22 de septiembre, de Financiación de las Comunidades Autónomas (LOFCA, en adelante), que comienza por acotar este tipo de servicios a "la educación, la sanidad y los servicios sociales esenciales", estableciendo una medida para determinar cuándo proceden, de modo que "se considerará que no se llega a cubrir el nivel de prestación de los servicios públicos al que hace referencia este apartado, cuando su cobertura se desvíe del nivel medio de los mismos en el territorio nacional".

Este tipo de transferencias cobra particular relevancia cuanto mayor es el nivel de descentralización de un Estado, y teniendo en cuenta en particular el caso español, en el que las ya acusadas diferencias de renta entre las distintas regiones son susceptibles de agudizarse con la descentralización de competencias tributarias, debido a que el sistema tributario refleja, de manera directa, tales disparidades de renta, y a consecuencia también de las potencialmente distintas políticas fiscales desarrolladas por los entes subcentrales. Por ello, a mayor autonomía política y tributaria, mayor será el denominado "desequilibrio financiero horizontal".

Por definición, toda descentralización fiscal supone siempre una suerte de infracción de la equidad horizontal, pero precisamente como consecuencia de dicha descentralización el concepto de igualdad que se maneja en un Estado federal o descentralizado como el autonómico es el de una igualdad *relativa* al nivel de imposición y a los servicios que se obtienen con dicho nivel. Por lo tanto, el elemento a comparar para determinar si existe algún tipo de desigualdad que sea necesario corregir no será la presión fiscal a la que se ven sometidos los residentes de distintas regiones del Estado descentralizado, sino la diferencia entre dicha presión fiscal y los servicios de que aquéllos se benefician. A la citada diferencia se ha denominado, en la doctrina del federalismo fiscal, "residuo fiscal neto" (*net fiscal residuum*), que podrá ser negativo o positivo, en función de cuál sea el coste fiscal de los servicios para los ciudadanos.

La consecuencia, indeseable desde la perspectiva de la equidad en un estado descentralizado, es que los entes subcentrales con menor capacidad fiscal se vean obligados a incrementar sus impuestos para poder financiar sus servicios.

2. En este contexto, el art. 158 CE contiene un mandato al Estado para evitar tal clase de desequilibrios, mandado que es común a otros Estados con alta descentralización de ingresos y gastos públicos (federales o no), en los que se asigna al Estado central la función de corregir dichos desequilibrios pues, con independencia del grado de descentralización alcanzado por dichos Estados, se parte de la asunción generalizada de que los ciudadanos tienen derecho a obtener niveles comparables de servicios públicos a niveles también comparables de presión fiscal, con independencia de su lugar de residencia. El instrumento normalmente empleado para corregir esta segunda clase de desequilibrio son las transferencias del Estado central.

3. El desarrollo legal de dicha igualación (lógicamente relativa) en la financiación de servicios públicos ha sufrido sustanciales variaciones. Si hasta el año 2001 este nivel mínimo se cubría con transferencias generales (procedentes del denominado Fondo de suficiencia, examinado en el comentario al art. 157 CE), a partir de la reforma de la LOFCA mediante la Ley Orgánica 3/2009, de 18 de diciembre, y su desarrollo por la Ley 22/2009, de 18 de diciembre, por la que se regula el sistema de financiación de las Comunidades Autónomas de régimen común y Ciudades con Estatuto de Autonomía y se modifican determinadas normas tributarias, se establece un Fondo específico, denominado "Fondo de Garantía de Servicios Públicos Fundamentales", cuyo régimen jurídico se contiene en el art. 9 de la Ley 22/2009.

El precepto establece diferentes variables que tienen como finalidad común ofrecer una medición indirecta de las necesidades de financiación. Así, por ejemplo, la población de 65 años o de población entre 0 o 16 años, se tiene en cuenta a efectos del reparto, lo que se explica por el incremento, en su caso, de servicios educativos y sanitarios en esas franjas de edad.

4. El Tribunal Constitucional ha tenido diferentes ocasiones de abordar esta clase de asignaciones. En las SSTC 13/2007 y 58/2007, referidas al sistema vigente antes de 2009, precisó que "no existe un derecho de las Comunidades Autónomas constitucionalmente consagrado a recibir una determinada financiación, sino un derecho a que la suma global de los recursos existentes, de conformidad con el sistema aplicable en cada momento, se reparta entre ellas respetando los principios de solidaridad y coordinación", razón por la cual "no puede pretender cada Comunidad Autónoma para la determinación del porcentaje de participación que sobre aquellos ingresos [del Estado] le pueda

corresponder la aplicación de aquel criterio o variable que sea más favorable en cada momento a sus intereses, reclamando de nosotros una respuesta que sustituya la falta de acuerdo entre las instancias políticas" (SSTC 13/2007, de 18 de enero, FJ 5; y 58/2007, de 14 de marzo, FJ 3).

Se les reputa así un carácter extraordinario, como se reitera incluso en la STC 217/2013, de 19 de diciembre que recalca, con respecto a una disposición estatutaria que recogía tales asignaciones, que se trata de un mecanismo en todo caso complementario, que opera como cierre del sistema, cuando las restantes fuentes del sistema de financiación se revelen insuficientes para garantizar la consecución del mínimo de financiación.

Esto es coherente con el hecho de que, al menos en teoría, el sistema de financiación de las Comunidades Autónomas está formado por un conjunto de recursos mixtos, ordenados a garantizar en su conjunto la suficiencia, si bien está presidido por el principio de corresponsabilidad fiscal, desarrollo de la autonomía financiera y que habría de permitir a las autonomías un mayor poder de disposición sobre su cesta de ingresos (SSTC 289/2000, de 30 de noviembre, FJ 3; y 204/2011, de 15 de diciembre, FJ 8).

5. No obstante, esta concepción parte de una premisa, que son las Comunidades Autónomas las destinatarias de tales asignaciones, que no es enteramente coherente con el tipo de garantías que encierran los arts. 139 y 158 CE, cuyos destinatarios son los ciudadanos, que son los que, dentro del sistema de descentralización fiscal, ostentan el derecho a un mínimo nivel de prestación de los servicios públicos en todo el territorio que se deriva de la Constitución.

Dicha garantía cobra mayor importancia precisamente cuanto mayor es la descentralización tributaria, pues habida cuenta de la existencia de asimetrías evidentes en la renta per cápita de las diferentes Comunidades Autónomas, la recaudación tributaria obtenida es también distinta, de modo que a mayor desarrollo de la descentralización fiscal (vía, por ejemplo, impuestos cedidos), mayor es también la potencial desigualdad de ingresos.

6. A ello debe añadirse que, a partir de la reforma del sistema de financiación autonómica que entra en vigor en 2009, estas asignaciones no se consideran ya opcionales, ni por tanto pueden calificarse de "extraordinarias", sino que se integran como elemento central del sistema, tal y como reconoce la STC 96/2016, de 12 de mayo, FJ 4; "[d]ichas asignaciones aparecen configuradas en el texto constitucional con carácter extraordinario (STC 13/2007, FJ 11), pero en el modelo de financiación de 2009 se optó por incorporar a la estructura ordinaria del sistema un instrumento de nivelación —el fondo de

garantía de servicios públicos fundamentales— que da cumplimiento al citado mandato. [...]" (STC 96/2016, de 12 de mayo, FJ 4).

La configuración esencial de este tipo de transferencias se modifica así de forma sustancial.

En todo caso, y como es lógico, su cuantía no queda asegurada ex ante, de manera que "los recursos para la prestación de los servicios públicos fundamentales que se garantizan son los proporcionados por el fondo de garantía de servicios públicos fundamentales y no otros. Por tanto, el sistema no asegura a la Comunidad [autónoma], un volumen de recursos tal que alcance el nivel medio de gasto real en servicios públicos fundamentales del resto de Comunidades (...), pues esto sería tanto como hacer depender el sistema de las decisiones concretas de gasto de las Administraciones autonómicas. Es decir, la garantía se define en términos de recursos disponibles y nunca de gasto real" (STC 96/2016, de 12 de mayo, FJ 4).

III. EL FONDO (Y LOS FONDOS) DE COMPENSACIÓN INTERTERRITORIAL (158.2 CE)

1. La Constitución española establece en su artículo 158.2 el mandato al legislador estatal de constituir un "Fondo de Compensación con destino a gastos de inversión cuyos recursos serán distribuidos por las Cortes Generales entre las Comunidades Autónomas y provincias, en su caso", con el fin de corregir desequilibrios económicos interterritoriales y hacer efectivo el principio de solidaridad.

Se trata de un mecanismo de "desarrollo regional" (STC 101/2013, de 23 de abril, FJ 5), que ha sido objeto de desarrollo legislativo atendiendo a diferentes modelos (que se exponen en la STC 238/2007, de 21 de noviembre, FJ 3), si bien tienen en común el que la medición del Fondo se ha elaborado siempre a partir de la inversión pública del Estado, dependiendo por tanto de la misma, que se toma como base, prescindiendo desde el inicio de otros modelos posibles, como pudiera ser el atender a las necesidades de inversión de las Comunidades Autónomas al margen de las que el Estado estimara necesarias para sí.

2. Su desarrollo legislativo se ha efectuado tanto por el art. 16 de la LOFCA, en general, como específicamente mediante la Ley 22/2001, de 27 de diciembre, reguladora de los Fondos de Compensación Interterritorial, que completa y desarrolla el mandato constitucional, estableciendo un segundo fondo, "Fon-

do Complementario", cuya cuantía equivale al 33,33 por ciento de su respectivo Fondo de Compensación, y que ha de ser destinado a financiar únicamente "gastos de inversión que promuevan directa o indirectamente la creación de renta y riqueza en el territorio beneficiario", si bien puede destinarse a financiar los gastos ya financiados por el Fondo general, de modo que opera como un refuerzo específico del mismo. En suma, el primero financia los gastos de inversión propiamente y, el segundo, los gastos corrientes asociados a dicha inversión, por lo que recibe la denominación de fondo "complementario".

Por su propia naturaleza, el Fondo no se distribuye de manera uniforme, sino dependiendo de las necesidades específicas de inversión, lo que encuentra generalmente reflejo en la sección 33 del estado de gastos del presupuesto (programa 941N, "Transferencias a Comunidades Autónomas por los Fondos de Compensación Interterritorial"). De este modo, La LOFCA, ni las leyes reguladoras, no establecen de antemano las Comunidades Autónomas que habrán de ser beneficiarias del fondo, algo que por otro lado sería incoherente con el propio sentido de este instrumento de financiación, que de acuerdo con el art. 158.2 CE tiene como finalidad "corregir desequilibrios territoriales", con el fin de hacer efectivo el principio de solidaridad (por todas, SSTC 101/2013, de 23 de abril; 238/2007, FJ 3; y 183/1988, de 13 de octubre, FJ 5).

De este modo, el art. 16 distingue dos fases en la constitución del Fondo: la primera se refiere a su dotación (16.3), y la segunda, a su distribución entre cada una de las Comunidades Autónomas (16.4), lo que se lleva a cabo mediante una serie de criterios de ponderación que la LOFCA enuncia, pero remite en su detalle a la citada ley reguladora (en la actualidad, Ley 22/2001).

Una vez constituido el fondo general, y asignada su distribución, el art. 16.5 LOFCA exige que a la cuantía que corresponda a cada Comunidad Autónoma se añada el denominado fondo "complementario", que representará la tercera parte del principal (33,33 por 100).

3. Las transferencias con cargo al Fondo de Compensación Interterritorial, tienen el carácter de recursos propios de la Comunidad Autónoma [art. 157.1 c) de la Constitución], como tempranamente se apuntó (STC 250/1988, de 20 de diciembre, FJ 4), sin que ello excluya sin embargo "la existencia de ciertos controles, incluso específicos, sobre la ejecución de estos proyectos de inversión por parte de las Comunidades Autónomas, controles justificados, de principio, teniendo en cuenta que los recursos del Fondo quedan afectados a unas finalidades concretas y forman parte de los Presupuestos Generales del Estado" (STC 63/1986, FJ 9; 250/1988, de 20 de diciembre).

4. Con carácter general, el legislador ha intentado conciliar las necesidades, necesariamente asimétricas, de inversión, con el establecimiento de unos mínimos, que en la actualidad implican que el importe de la inversión no pueda ser inferior a la del 35 por cien de la del Estado, ni tampoco inferior al fondo establecido en 1992, que opera así como regla de mínimos.

El Tribunal Constitucional ha tenido diferentes ocasiones de abordar el contenido constitucional de la exigencia del art. 158.1 CE. Debe resaltarse la doctrina contenida en la STC 101/2013, de 23 de abril, con cita de otras, y la posterior STC 175/2013, 10 octubre, en las que se recuerdan las características generales y el funcionamiento del vigente Fondo de compensación interterritorial, así como se abordan las especialidades para la Comunidad Autónoma de Islas Canarias.

5. Las previsiones contenidas en el art. 158 CE no agotan los mecanismos dirigidos a hacer efectivo el principio de solidaridad interterritorial. Así, en el sistema de financiación autonómica vigente, se prevén determinados fondos especializados como los denominados Fondos de Convergencia Autonómica, Fondo de Competitividad y Fondo de Cooperación. Estos fondos, que se nu-

tren de transferencias del Estado, tienen como objetivo común aproximar la financiación autonómica "por habitante ajustado", esto es, teniendo en cuenta las necesidades de financiación en función de las competencias asumidas.

Estos fondos forman parte de un sistema de financiación territorial que no se agota tampoco con el modelo constitucional, sino que ahora se integra en los diferentes fondos previstos en el Derecho de la Unión Europea, y que complementan, dependiendo de los objetivos específicos, los destinados a las Comunidades Autónomas precisamente en garantía de servicios públicos esenciales. Cabe destacar, entre otros muchos, las transferencias del Fondo Social Europeo, vinculadas al desarrollo del sistema educativo.

6. El principio de solidaridad no admite excepciones por razón del territorio o del nivel de autonomía financiera. En concreto, las previsiones contenidas en la disposición adicional 1ª, que reconoce "derechos históricos de los territorios forales", es compatible con la actualización general de dicho régimen foral "en el marco de la Constitución y de los Estatutos de Autonomía". De este modo, y por lo que atañe a los mecanismos de solidaridad previstos en el art. 158 CE, resulta evidente que el sistema de cupo y cuota, respectivamente vigentes en las Comunidades Autónomas de País Vasco y Navarra, necesariamente implica la obligación constitucional de contribuir a la financiación de tales fondos, en tanto que gasto asumido y financiado por el Estado, por mandado constitucional.

En este sentido, la doctrina constante del Tribunal Constitucional, que ha recordado que lo que la Constitución garantiza es la propia existencia de un régimen foral, pero no de todos y cada uno de los derechos que históricamente lo hayan integrado (SSTC 76/1988, FJ 4; 86/1988, de 3 de mayo FJ 5; 214/1989, de 21 de diciembre, FJ 26; 208/2012, de 14 de noviembre, FJ 4), de modo que la soberanía nacional, de la que emanan todos los poderes del Estado (art. 1.2 CE) "imposibilita el mantenimiento de situaciones jurídicas (aun con una probada tradición) que resulten incompatibles con los mandatos y principios constitucionales", y ello porque la Constitución "no es el resultado de un pacto entre instancias territoriales históricas que conserven unos derechos anteriores a la Constitución y superiores a ellas, sino una norma del poder constituyente que se impone con fuerza vinculante general en su ámbito, sin que queden fuera de ella situaciones 'históricas' anteriores" (STC 76/1988, FJ 3).

7. Tampoco es compatible, por su propia naturaleza, con un pretendido mandato de uniformidad territorial en la inversión pública. Esta idea, adoptada por algunos Estatutos de Autonomía, implica una exigencia al Estado de invertir una cuantía equivalente en todo el territorio, de manera que todas alcancen un determinado porcentaje de participación en el Producto Interior Bruto estatal, respecto al importe total de la ejecución territorializada de las inversiones estatales. Así se estableció, por ejemplo, en la disposición adicional tercera del Estatuto de Autonomía de Cataluña (EAC), tras su reforma mediante la Ley Orgánica 6/2006, de 19 de julio, lleva por título "Inversiones en infraestructuras". Muchas Comunidades Autónomas, adoptaron también esta idea, que al menos formalmente fue asumida como refleja por ejemplo la Ley 39/2010, de 22 de diciembre, de presupuestos generales del Estado para el año 2011, en su disposición adicional trigésimo octava, recogió una serie de "Convenios en materia de inversiones con las Comunidades Autónomas de Andalucía, Aragón, Castilla y León, Cataluña e Illes Balears".

El citado apartado primero de esta disposición fue objeto de impugnación en el recurso de inconstitucionalidad resuelto en la STC 31/2010, de 28 de junio, en cuyo FJ 138 se declaró la constitucionalidad del precepto, si bien entendiendo que tal disposición no resulta vinculante para el Estado, de manera que no es "un recurso que el Estado deba consignar obligatoriamente en los presupuestos generales de cada ejercicio económico" ya que "es al Estado a quien corresponde en exclusiva, atendiendo a la totalidad de los instrumentos para la financiación de las Comunidades Autónomas, a las necesidades de cada una de éstas y a las posibilidades reales del sistema financiero del Estado, decidir si procede dotar, en su caso, y en qué cuantía aquellas asignaciones", de modo que tales exigencias de inversión mínima no resultan vinculantes para el Estado, ni menoscaba la plena libertad de las Cortes Generales para decidir sobre la existencia y cuantía de dichas inversiones (STC 31/2010, de 28 de junio, FJ 138).

Esta idea se ha reiterado después, al abordar el reflejo territorial de la inversión estatal, de modo que "una cosa es que el sistema de financiación autonómica establecido mediante ley pueda dar lugar a transferencias de recursos a las Comunidades Autónomas, que han de ser concretadas en la ley de presupuestos, pues a ello obligan los principios de unidad y universalidad presupuestaria (por todas, STC 3/2003, de 16 de enero, FJ 4) y otra muy distinta, que cada vez que una partida presupuestaria tenga un impacto territorial específico ello merezca la consideración, per se, de una alteración del sistema de financiación autonómica (...) corresponde en última instancia al Estado, mediante la ley de presupuestos, decidir su política de inversiones, lo que implica fijar las partidas a dotar en función de las necesidades de cada territorio, entre otros criterios constitucionalmente admisibles, siendo en definitiva el ejercicio de esta opción parte del poder de disposición estatal sobre su propio presupuesto" [STC 100/2013, de 23 de abril, FJ 4; en el mismo sentido, STC 50/2023, de 10 de mayo, FJ 4 b)].

8. En todo caso, y sin perjuicio de los fondos específicos, el sistema entero debe garantizar la solidaridad, en coherencia con lo establecido en el art. 31.2 CE. En última instancia, no son sólo los fondos en particular, sino el sistema de financiación de las Comunidades Autónomas en su conjunto, "el vehículo a través del cual se articula el principio de solidaridad interterritorial", de manera que como se recordó en la STC 101/2013, de 23 de abril, FJ 3, "no sólo le corresponde al Estado garantizar, de conformidad con el art. 138 CE, 'la realización efectiva del principio de solidaridad consagrado en el art. 2 de la Constitución, velando por el establecimiento de un equilibrio económico, adecuado y justo entre las diversas partes del territorio español' [en este sentido, SSTC 96/1990, de 24 de mayo, FJ 7; 237/1992, de 15 de diciembre, FJ 6; y 331/1993, de 12 de noviembre, FJ 2 c)], sino que, de acuerdo con la previsión del art. 2.1 c) LOFCA, las Comunidades Autónomas vienen obligadas a coordinar el ejercicio de su actividad financiera con la hacienda del Estado de acuerdo al principio de 'solidaridad entre las diversas nacionalidades y regiones' [art. 2.1 c) LOFCA]".

IV. BIBLIOGRAFÍA

ÁLVAREZ GARCÍA, S., APARICIO PÉREZ, A., GONZÁLEZ GONZÁLEZ, A. I.: "Financiacion autonomica y solidaridad interregional: La relación entre los fondos europeos y el fondo de compensacion interterritorial", *Papeles de economía española*, 2006 (107).

VIDAL PRADO, C.: *El fondo de compensación interterritorial como instrumento de solidaridad*, Comares, Granada, 2001.

V. JURISPRUDENCIA

STC 96/1990, de 24 de mayo.
STC 237/1992, de 15 de diciembre.
STC 331/1993, de 12 de noviembre.
SSTC 13/2007, de 18 de enero.
STC 58/2007, de 14 de marzo.
STC 31/2010, de 28 de junio.
STC 100/2013, de 23 de abril.
STC 101/2013, de 23 de abril.
STC 217/2013, de 19 de diciembre.
STC 50/2023, de 10 de mayo.

TÍTULO IX
DEL TRIBUNAL CONSTITUCIONAL

Artículo 159

1. El Tribunal Constitucional se compone de 12 miembros nombrados por el Rey; de ellos, cuatro a propuesta del Congreso por mayoría de tres quintos de sus miembros; cuatro a propuesta del Senado, con idéntica mayoría; dos a propuesta del Gobierno, y dos a propuesta del Consejo General del Poder Judicial.

2. Los miembros del Tribunal Constitucional deberán ser nombrados entre Magistrados y Fiscales, Profesores de Universidad, funcionarios públicos y Abogados, todos ellos juristas de reconocida competencia con más de quince años de ejercicio profesional.

3. Los miembros del Tribunal Constitucional serán designados por un período de nueve años y se renovarán por terceras partes cada tres.

4. La condición de miembro del Tribunal Constitucional es incompatible: con todo mandato representativo; con los cargos políticos o administrativos; con el desempeño de funciones directivas en un partido político o en un sindicato y con el empleo al servicio de los mismos, con el ejercicio de las carreras judicial y fiscal, y con cualquier actividad profesional o mercantil.

En lo demás los miembros del Tribunal Constitucional tendrán las incompatibilidades propias de los miembros del poder judicial.

5. Los miembros del Tribunal Constitucional serán independientes e inamovibles en el ejercicio de su mandato.

COMENTARIO

Enric Fossas Espadaler
Catedrático de Derecho Constitucional
Universidad Autónoma de Barcelona

SUMARIO: I. INTRODUCCIÓN. II. COMPOSICIÓN. III. LOS REQUISITOS PARA SER MIEMBRO DEL TRIBUNAL. IV. DURACIÓN DEL MANDATO Y RENOVACIÓN. V. EL ESTATUS DE LOS MAGISTRADOS. VI. BIBLIOGRAFÍA. VII. JURISPRUDENCIA.

I. INTRODUCCIÓN

La Constitución de 1978 incorpora al Tribunal Constitucional como una institución que define al Estado Social y Democrático de Derecho (art. 1.1 CE), en consonancia con el constitucionalismo europeo posterior a la II Guerra

Mundial. El único precedente en nuestra historia constitucional es el Tribunal de Garantías Constitucionales de la Segunda República, creado por la Constitución de 1931, uno de los primeros Tribunales Constitucionales junto a los de Austria y Checoslovaquia, surgidos en 1920 bajo la inspiración de Hans Kelsen. La instauración de un Tribunal Constitucional, siguiendo el modelo de jurisdicción constitucional concentrada, y particularmente los ejemplos de Alemania e Italia, no tuvo casi oposición entre las fuerzas políticas durante los debates constituyentes. Sí se discutieron entonces el diseño de algunos aspectos relativos a su composición, funciones, organización y funcionamiento, debatidos posteriormente durante la rápida tramitación parlamentaria de la Ley Orgánica 2/1979, de 3 octubre, del Tribunal Constitucional, a la que la propia Constitución reserva la regulación de su funcionamiento, estatuto de sus miembros y el procedimiento ante el mismo (art. 165 CE).

Desde el Borrador y el Anteproyecto de Constitución se mantuvo la opción por dedicar un Título autónomo al Tribunal Constitucional, que no se sitúa ni en el Título VI (Poder Judicial) ni en el Título X (Reforma constitucional), como hacen otras Constituciones; si bien existen preceptos relativos al Tribunal fuera del Título IX (arts. 53.1, 123, 153 o 95.2 CE). La rúbrica del Título es "Del Tribunal Constitucional", y se abre con el precepto que aquí se comenta, el cual no contiene una definición del órgano, pero que la LOTC califica de "intérprete supremo de la Constitución" (art. 1).

En sus cinco apartados, el art. 159 establece la composición, designación y estatuto de los miembros del Tribunal, desarrollados por la LOTC (arts. 16 a 26). El hecho de que sea el mismo texto constitucional el que regule directamente estos y otros aspectos nucleares de la institución, como sus competencias (art. 161 CE), convierte al Tribunal Constitucional en un "órgano constitucional", también en el sentido de que deviene un elemento necesario e indefectible de la forma de Estado, de tal manera que su desaparición o mutación comportaría un cambio en aquélla. Por ello la Constitución garantiza un *status* al Tribunal, configurándolo como un órgano jurisdiccional, único en su orden, que goza de independencia frente a los demás poderes, incluido el Poder Judicial, y actúa sometido exclusivamente a la Constitución y a su propia Ley (art. 1 LOTC)

II. COMPOSICIÓN

Los dos primeros apartados del art. 159 establecen la composición del Tribunal, inspirándose principalmente en la Constitución italiana de 1947 (art. 135), la Ley Fundamental de Bonn de 1948 (art. 94), y la Constitución francesa de 1958 (art. 56) en lo que se refiere al número de miembros, sus características y los órganos constitucionales a los que corresponde proponer su designación. Del consenso que presidió los trabajos constituyentes resultó la opción final por un número par de Magistrados (12), debido a una decisión previa sobre los órganos proponentes. En este punto se perseguía una mayor integración y coherencia con la forma parlamentaria de gobierno, y por ello se incluyó a los tres poderes del Estado con predominio del legislativo bicameral: cuatro a propuesta de cada una de las Cámaras que integran las Cortes Generales, dos a propuesta del Gobierno y dos a propuesta del Consejo General del Poder Judicial. Fórmula que se ha discutido por el número, ya que puede considerarse escaso dado el volumen de trabajo del Tribunal y la inexistencia de Magistrados suplentes, y también porque obliga a conferir al Presidente el voto dirimente en caso de empate (art. 90 LOTC). Asimismo se ha cuestionado la propuesta de origen gubernamental, no tan común en el Derecho comparado, pues la asignación de dos miembros al Gobierno refuerza la preponderancia de la mayoría parlamentaria en la composición del Tribunal.

En todo caso, la fórmula apuesta por una composición del Tribunal esencialmente de origen político, en línea con los homólogos europeos, que además exige una mayoría parlamentaria cualificada, pues tres quintos es el *quorum* que se requiere por ejemplo para la reforma constitucional ordinaria (art. 167 CE). Tal exigencia, destinada a elegir candidatos que obtengan un amplio consenso, ha sido desvirtuada en la práctica por un reparto basado en las cuotas de Magistrados (*lottizazione*) que se asignan los partidos en función de su representación parlamentaria, y en la exclusión de los vetos. Son precisamente los grupos parlamentarios los que en cada Cámara están facultados para proponer a los candidatos que, tras su comparecencia ante las correspondientes comisiones (art. 16 LOTC), serán sometidos a la votación del pleno. El procedimiento de la propuesta y la práctica seguida por los partidos ha conducido a una politización y partidización del Tribunal, que se ha agudizado con los años y se ha transmitido a la opinión pública, sin que se haya visto contrarrestada por algunos frenos, como el tiempo del mandato, la inelegibilidad inmediata, el sistema de renovación, o la cualificación requerida para el cargo. 2129

Mediante la Ley Orgánica 6/2007, de 24 de mayo, se reformó el art. 16.1 LOTC para que los cuatro Magistrados propuestos por el Senado fueran elegidos entre los candidatos presentados por las Asambleas Legislativas de las Comunidades Autónomas, en los términos que determinen sus reglamentos. La reforma de la ley fue controvertida y se impugnó ante el Tribunal, que rechazó su inconstitucionalidad en la STC 49/2008, de 9 de abril, con algunos votos particulares. La posterior modificación del Reglamento del Senado fue igualmente recurrida, pero la STC 101/2008, de 24 de julio, avaló su constitucionalidad. A pesar de que la reforma pretendía asegurar la participación autonómica en la composición del Tribunal, como ocurre en los Estados federales, la lógica partidista estatal ha seguido primando sobre la representación territorial en la designación de estos Magistrados. Por su parte, la elección del CGPJ exige una mayoría de tres quintos de sus veintiún miembros (art. 107.2 LOPJ). El art. 159 dispone que todos los Magistrados serán nombrados por el Rey, lo cual constituye un acto puramente formal de acuerdo con la forma de gobierno definida constitucionalmente como Monarquía parlamentaria (art. 1.3 CE).

III. LOS REQUISITOS PARA SER MIEMBRO DEL TRIBUNAL

Junto al número de miembros y a los órganos proponentes, el art. 159 establece los requisitos que han de reunir los candidatos a Magistrado del Tribunal, realizando en este punto una clara opción a favor de un órgano integrado solo por juristas, que deben ser de reconocida competencia y con más de quince años de ejercicio profesional o en activo en la respectiva función. El precepto concreta incluso el perfil profesional del candidato: Magistrados, profesores universitarios, Fiscales, funcionarios y abogados, necesariamente ciudadanos españoles (art. 18 LOTC). La precisión de quienes pueden ser candidatos dentro de cada una de estas profesiones, así cómo el cómputo exacto de la antigüedad que se exige pueden dar pie a distintas interpretaciones, y por ello corresponde al Pleno del Tribunal evaluar la concurrencia de los requisitos exigidos a los candidatos [art. 2.1 g) y 10.1 i) LOTC], como ha debido hacer en algunas ocasiones. El precepto no exige cuotas por razón de género, siendo hasta hoy muy minoritaria la presencia de mujeres. Tampoco se requiere un determinado número de ninguna de las profesiones, ni un cupo de cualquiera de ellas, si bien el CGPJ ha consolidado la práctica de proponer a miembros del Tribunal Supremo, mientras las Cámaras y el Gobierno han optado mayoritariamente por Catedráticos de distintas disciplinas jurídicas, lo cual configuró inicialmente un Tribunal de profesores. Sin embargo, en los últimos años se ha ido incrementando el número de Magistrados de extracción judicial nombrados por el Gobierno y las Cámaras, hasta el punto de llegar a superar ampliamente a los de procedencia académica. Por último, debe mencionarse la inexistencia de un requisito de edad mínima ni máxima para ser propuesto, aunque los quince años de ejercicio sitúan ya un umbral mínimo de edad que, sin embargo, permite acceder al Tribunal a juristas que al terminar su mandato no se encuentran todavía al final de su carrera profesional.

Uno de los requisitos para ejercer como Magistrado (no para ser propuesto) consiste en no estar incurso en alguna de las causas de incompatibilidad previstas en el apartado 4 del precepto constitucional, donde se relacionan los cargos, funciones y profesiones incompatibles con el cargo de Magistrado, desarrollados en el art. 19 LOTC, el cual también exige el cese en ellos antes de tomar posesión. El mismo apartado del precepto constitucional dispone que "en lo demás" los Magistrados del Tribunal tendrán las incompatibilidades propias de los miembros del Poder Judicial, entre las cuales figura la prohibición de pertenecer a partidos políticos (art. 127 CE), que en cambio el Tribunal sí ha admitido para sus miembros (ATC 226/1988, de 16 de febrero), aunque no puedan desempeñar funciones directivas.

Los candidatos propuestos por los órganos correspondientes, una vez comprobado por el Tribunal que cumplen los requisitos exigidos por la Constitución y la ley, no adquieren la condición de Magistrados hasta que son nombrados por el Rey mediante Decreto, se proceda a la publicación del nombramiento, y tomen posesión del cargo ante el Monarca con la obligación de jurar o prometer el acatamiento de la Constitución (art. 21 LOTC).

IV. DURACIÓN DEL MANDATO Y RENOVACIÓN

Uno de los elementos que configuran la composición de los Tribunales es la duración del mandato de sus miembros y los tiempos para la renovación del órgano. La Constitución fija en nueve años el periodo para el que son nombrados los Magistrados, el cual se aproxima al de otros tribunales de nuestro entorno, como Italia, Francia, Alemania, y se separa del modelo de magistrado vitalicio que rige en el Tribunal Supremo de los Estados Unidos. El periodo de nueve años es superior al de las legislaturas de las Cortes, lo cual puede evitar la coincidencia de las mayorías parlamentarias con las del Tribunal. Por otra parte, a fin de reforzar su independencia, ningún Magistrado puede ser reelegido inmediatamente, a excepción de aquéllos que hubieran ocupado el cargo por un periodo inferior a tres años (art. 16.4 LOTC). Esta circunstancia puede producirse en el periodo inicial del Tribunal, supuesto contemplado en la Disposición Transitoria Novena de la Constitución, o cuando un Magistrado ha sido nombrado para completar el mandato de otro antes de terminar su periodo de nueve años (por fallecimiento, por ejemplo), y el tiempo restante no supera los tres años (art. 16.5 LOC). En ambos casos, la duración del mandato podría ser superior a los nueve años, al igual que en el supuesto de demora en la designación de los nuevos Magistrados, ya que entonces el mandato podría verse prorrogado pues la LOTC prevé que los Magistrados cesantes continuarán en el ejercicio de sus funciones hasta que hayan tomado posesión quienes hubieren de sucederles (art. 17.2).

La duración del mandato de los Magistrados no puede separarse de la renovación del Tribunal. El tercer apartado del precepto dispone que aquélla se realizará parcialmente, cada tres años, y no individualmente sino por tercios. Se trata de una disposición destinada a mantener una cierta continuidad en la institución y en su jurisprudencia, al mismo tiempo que se intenta evitar una coincidencia temporal con las mayorías parlamentarias. Los tercios a los que se refiere el precepto son: los cuatro Magistrados designados por el Congreso, los cuatro designados por el Senado, y los del Gobierno y el Consejo General del Poder Judicial, que se agrupan como tercio a estos efectos, según dispuso la citada Disposición Transitoria Novena, aún vigente. Esta fórmula de renovación del Tribunal puede entrar en contradicción con el periodo de nueve años de mandato, ya que si se produce una finalización anticipada del mandato de un Magistrado entonces su sustituto no estará nueve años, o bien la renovación no podrá llevarse a cabo de acuerdo con el precepto. La práctica primero, y la Ley después optaron porque el mandato del Magistrado que cubre la vacante dure solo el tiempo que le restaba al Magistrado vacante (art. 16.4 LOTC). Pero las contradicciones del precepto se han puesto de manifiesto principalmente debido a los retrasos en las renovaciones del Tribunal por parte de los órganos proponentes (también el CGPJ), lamentablemente cada vez más frecuentes y que han redundado en un deterioro de la institución. Esta práctica anómala ha planteado la cuestión de cuál es el momento de proceder a la renovación: o bien empieza a contar desde el día en que fueron nombrados y tomaron posesión los Magistrados, o bien en el momento en que debieron hacerlo si su designación hubiera sido a tiempo. Cualquiera de las dos opciones contradice alguna de las dos reglas constitucionales: o se incumple el mandato de nueve años, o se incumple el momento de la renovación, que desde 1980 sería el mes de febrero cada tres años. Aunque inicialmente se interpretó que prevalecían las renovaciones a tiempo, a costa de la reducción del mandato, el incremento de los retrasos condujo a que en 2001 se abandonara la referencia de las renovaciones trienales a fin de asegurar la duración de nueve años, lo cual supuso alterar los ritmos de renovación trienal. Finalmente, se ha procurado restablecer la cadencia de las renovaciones mediante la Ley Orgánica 8/2010, de 4 de noviembre, que introdujo el apartado 5 del art. 16 LOTC, disponiendo que en caso de retraso en la renovación, a los nuevos Magistrados que fueren designados se les restará del mandato el tiempo de retraso. La reforma fue muy criticada por cuanto supone legalizar la dilación de los órganos proponentes, y afecta a una garantía esencial de la independencia del Tribunal que además podría reputarse inconstitucional. Para el cumplimiento de la obligación constitucional de renovar, la LOTC prevé que, antes de los cuatro meses previos a la expiración, el Presidente solicitará a los órganos proponentes que inicien el procedimiento para ello (art. 17.1 LOTC), siendo esta comunicación el momento inicial del proceso de renovación.

V. EL ESTATUS DE LOS MAGISTRADOS

Los últimos apartados del art. 159 CE establecen algunas de las prerrogativas de quienes han alcanzado efectivamente la condición de Magistrado, y que junto a las previstas en la LOTC (arts. 22 a 26) conforman su estatus.

Las dos primeras que cita el precepto constitucional son la independencia y la inamovilidad. La independencia del Tribunal como órgano constitucional, sometido exclusivamente a la Constitución y a su propia Ley, se ve garantizada también con la independencia de cada uno de sus miembros que consagra este precepto, y se concreta en una serie de mecanismos previstos en la LOTC: las incompatibilidades (art. 19), la imposibilidad de reelección (art. 16), la inviolabilidad (art. 22), o el aforamiento (art. 26). A las anteriores se suma la imparcialidad (art. 22), que se asegura a través de los mecanismos de abstención y recusación, a los que se aplica con carácter supletorio la Ley Orgánica del Poder Judicial (art. 80 LOTC). La ley no consagra en cambio la inmunidad, que sí se garantiza a los miembros del Poder Judicial (art. 398 LOPJ).

La inamovilidad es asimismo una garantía dirigida a la independencia (art. 22) puesto que asegura a los Magistrados que solo podrán ser destituidos o suspendidos de su cargo por las causas estrictas y tasadas que contempla la ley, mediante decisiones que solo pueden adoptarse siguiendo los procedimientos legalmente establecidos, y por los órganos competentes, que en algunos casos es el Presidente y en otros el Pleno del Tribunal por mayoría simple o cualificada (arts. 23 y 24 LOTC). Todo ello con la finalidad de sustraer a los órganos proponentes la posibilidad de revocar del cargo a los Magistrados una vez hayan sido nombrados, y evitar que aquéllos puedan alterar la composición del Tribunal.

La inviolabilidad garantiza a los Magistrados que no podrán ser perseguidos por las opiniones expresadas en el ejercicio de sus funciones (art. 22 LOTC). Se trata de una prerrogativa tradicional de los parlamentarios que la ley extiende a los Magistrados. Con ella se pretende impedir que se siga contra ellos cualquier procedimiento dirigido a exigir responsabilidad de cualquier tipo por las opiniones manifestadas y los votos emitidos en ejercicio de las funciones jurisdiccionales, pero no en actos que no guarden ninguna relación con aquélla.

Junto a la prerrogativa de la inviolabilidad, la ley concede a los Magistrados la del aforamiento al disponer que su responsabilidad criminal solo será exigible ante la Sala de lo Penal del Tribunal Supremo (art. 26 LOTC). Se trata de una prerrogativa basada en la cautela que debe observarse ante los procesos penales dirigidos contra personas que ejercen cargos y funciones de importancia, que sin embargo hoy se encuentra cuestionada.

Finalmente, la LOTC contiene dos normas que completan el estatuto de los Magistrados. La primera, prevista para los miembros de la carrera judicial y fiscal, así como para los funcionarios públicos nombrados Magistrados por cualquiera de los órganos proponentes, dispone que todos ellos pasan a la situación de servicios especiales (la ley habla de "excedencia especial") en su carrera de origen (art. 20 LOC). Se trata de una situación administrativa que permite a los funcionarios el reingreso al puesto que se deja temporalmente con el fin de no desalentar ni perjudicar a quienes aceptan desempeñar otra función en determinadas instituciones del Estado. La segunda hace referencia a la retribución de los Magistrados, pero no a la que les corresponde cuando están en activo, sino a la remuneración de transición por un año a la que tienen derecho quienes hubieran desempeñado el cargo durante un mínimo de tres años (art. 25 LOTC).

VI. BIBLIOGRAFÍA

ALZAGA VILLAAMIL, O.: "Sobre la composición del Tribunal Constitucional", *Teoría y realidad constitucional*, núm. 10-11, 2002, pp. 149-180.

BORRAJO INIESTA, I.: "Renovarse o morir: el ritmo de las renovaciones del Tribunal Constitucional Español", *Revista General de Derecho Constitucional*, núm. 16, 2013, pp. 1-65.

ESTRADA MARÚN, J. A., *La designación de los magistrados del Tribunal Constitucional en España. Una perspectiva orgánica y empírica*, Thomson Reuters, Madrid, 2017.

GABALDÓN LÓPEZ, J.: "Comentario al art. 159", en CASAS BAAMONDE, M. E. RODRÍGUEZ-PIÑERO Y BRAVO-FERRER, M. (dirs.), *Comentarios a la Constitución española. Conmemoración del XL Aniversario*, Wolters Kluwer-BOE-TC-Ministerio de Justicia, Madrid, 2018, Tomo II, pp. 1724-1741

GONZÁLEZ RIVAS, J. J. (dir.): *Comentarios a la Ley Orgánica del Tribunal Constitucional*, Wolters Kluwer-BOE-TC-CEPC, Madrid, 2020.

REQUEJO PAGÉS, J. L., (coord.): *Comentarios a la Ley Orgánica del Tribunal Constitucional*, TC-BOE, Madrid, 2001.

RODRÍGUEZ-PATRÓN, P.: "El Tribunal Constitucional ante la reciente reforma de los artículos 16 de su Ley Orgánica y 184 del Reglamento del Senado", *Revista de Derecho Político*, núm. 77, 2010, pp. 107-140.

TRIBUNAL CONSTITUCIONAL (Servicio de Estudios, Biblioteca y documentación): "Modelos de renovación personal de los Tribunales Constitucionales", *Revista Española de Derecho Constitucional*, núm. 61, 2001, pp. 209-237

VII. JURISPRUDENCIA

STC 49/2008, de 9 de abril.
STC 101/2008, de 24 de julio.
STC 47/2013, de 12 de abril.
STC 133/2013, de 5 de junio.
ATC 18/2006, de 24 de enero.
ATC 26/2007, de 5 de febrero.
ATC 67/2010, de 23 de junio.

Artículo 160

El Presidente del Tribunal Constitucional será nombrado entre sus miembros por el Rey, a propuesta del mismo Tribunal en pleno y por un período de tres años.

COMENTARIO

Enric Fossas Espadaler
Catedrático de Derecho Constitucional
Universidad Autónoma de Barcelona

SUMARIO: I. ELECCIÓN Y NOMBRAMIENTO. II. DURACIÓN DEL MANDATO. III. LAS FUNCIONES DE REPRESENTACIÓN, PROCESALES Y DE GOBIERNO. IV. VICEPRESIDENCIA. V. BIBLIOGRAFÍA. VI. JURISPRUDENCIA.

I. ELECCIÓN Y NOMBRAMIENTO

El Título IX contiene este precepto dedicado exclusivamente a la figura del Presidente del Tribunal, que se mantuvo casi inalterado durante los debates constituyentes desde el Informe de la Ponencia del Congreso, y cuyo contenido se limita esencialmente a dos aspectos organizativos: su elección y la duración del mandato. La consagración constitucional de la presidencia del órgano le confiere especial relieve, pero su mínima regulación deja un amplio margen a la libertad de configuración del legislador orgánico al que remite el art. 165 CE, el cual ha desarrollado con detalle diversos aspectos que conforman el estatuto del Presidente: el procedimiento (art. 9 LOTC) y el momento (art. 16.3 LOTC) de su elección, así como el ejercicio de sus funciones (art. 15 LOTC).

El precepto constitucional, a pesar de su laconismo, contiene dos opciones sobre la posición institucional de esta figura. La primera es la apuesta por una designación "interna" pues el Presidente debe ser elegido por y entre los Magistrados que integran el Pleno del Tribunal, descartando otras opciones que confieren a los órganos proponentes esa designación en detrimento del autogobierno de la institución. Así, en algunos ordenamientos europeos el Presidente del Tribunal Constitucional es elegido por otros órganos del Estado, ya sea el Parlamento, como en Alemania (al igual que en el Tribunal de Garantías Constitucionales de la Segunda República); ya sea el Presidente de la República, como en Austria y Francia. Por otra parte, la elección por los Magistrados debe ser por cooptación, es decir, coincidiendo electores y elegibles, descartando que aquéllos pudieran elegir a un tercero externo al órgano, como sucede por ejemplo con el Presidente del Consejo General del Poder Judicial (art. 122.3 CE). De esta forma, el Presidente del Tribunal se configura como un *primus inter pares* en el seno de un órgano colegiado, alejándose de un modelo presidencialista.

La segunda apuesta del precepto, destinada precisamente a reforzar ese carácter colegiado del Tribunal, consiste en establecer un mandato del Presidente que no se extiende a la totalidad del tiempo de su mandato como Magistrado sino que es solo de tres años de duración, prorrogables a otros tres. Con ello se pretende que exista una sintonía entre quien preside el órgano y la composición de aquél en cada momento, haciendo coincidir la elección con la renovación parcial que tiene (o debería tener) lugar cada tres años de acuerdo con el art. 159.3 CE. La ley rectora del Tribunal ha dispuesto efectivamente que el momento de la elección del Presidente es "a partir" de la renovación del Tribunal (art. 16.3 LOTC), siguiendo el procedimiento fijado en el art. 9 de la misma.

El singular sistema de elección presidencial se basa en la ausencia de requisitos de presentación, aunque en estos años se ha consolidado la práctica de considerar candidatos solo a los tres Magistrados que se encuentran en el tercio final de su mandato, de tal forma que si son elegidos su mandato como Presidente no puede alargarse más allá de tres años. La ley prevé la realización sucesiva de votaciones, que deben tener carácter secreto, en las que los *quorums* o requisitos disminuyen sucesivamente: así, en la primera se exige mayoría absoluta (7), en una segunda mayoría simple, en una tercera en caso de empate se requiere la misma mayoría, y si en ésta se repitiera es elegido el Magistrado de mayor antigüedad, y en el caso de igualdad el de mayor edad. Casi todos estos resultados se han dado en las once elecciones presidenciales que han tenido lugar desde 1980, cuando fue elegido como primer Presidente don Manuel García-Pelayo. La elección se efectúa en un Pleno gubernativo convocado después de la renovación del Tribunal, que debe contar con la presencia de al menos dos tercios de los Magistrados (art. 14 LOTC), y desarrollarse de acuerdo con el Reglamento de Organización y Personal del Tribunal Constitucional. Una vez elegido, el Presidente debe ser nombrado por el Rey mediante Real Decreto, en un acto formal que requiere el refrendo del Presidente del Gobierno (art. 64 CE).

II. DURACIÓN DEL MANDATO

Ya se ha avanzado que el precepto constitucional dedicado al Presidente establece que su nombramiento es por un período de tres años, el cual debe coincidir con la renovación parcial del Tribunal, según el art. 16.3 LOTC, con el fin de que todos los integrantes del Pleno hayan tenido ocasión de participar en su elección. El diseño del Tribunal como un órgano predominantemente colegial explica esta previsión organizativa destinada a que el Magistrado que lo preside represente efectivamente la composición del Pleno en cada momento. El art. 160 CE no contempla la posible reelección del Presidente, que sí se ha previsto en la ley rectora, al disponer que una vez expirado el periodo de tres años desde su nombramiento, el Presidente podrá ser reelegido por una sola vez (art. 9.3 LOTC), lo cual se ha producido en dos ocasiones desde la constitución del Tribunal.

Uno de los problemas del mandato presidencial se ha suscitado por la dilación que han sufrido las renovaciones del Tribunal, debidas al retraso de los órganos proponentes en la designación de los Magistrados que les corresponden. Ello ha planteado la posible continuidad de la persona que ejerce de Presidente más allá del tiempo de duración de su mandato, dado que los Magistrados siguen en funciones hasta la toma de posesión de quienes han de sucederles (art. 17.2 LOTC). Hasta el año 2017 esta situación se había resuelto mediante una práctica seguida pacíficamente tras la expiración del segundo mandato del Presidente don Francisco Tomás y Valiente. En un Pleno guber-

nativo de 1992 se acordó que el Presidente y el Vicepresidente continuaban ejerciendo sus funciones más allá de los tres años de su mandato, el cual se prorrogaba hasta la toma de posesión del tercio renovado. No se procedía pues a la elección de un nuevo Presidente por un Pleno que en parte había agotado su mandato.

La Ley Orgánica 6/2007, de 24 de mayo, que introdujo importantes reformas en la jurisdicción constitucional, también modificó la norma relativa al mandato presidencial. La ley incluyó un inciso en el apartado 3 del art. 16 LOTC, estableciendo que la elección del Presidente y Vicepresidente se producirá "a partir" de la renovación del Tribunal, y añadió: "Si el mandato de tres años (...) no coincidiera con la renovación del Tribunal Constitucional, tal mandato quedará prorrogado para que finalice en el momento en que dicha renovación se produzca y tomen posesión los nuevos Magistrados". La reforma se llevó a cabo en un momento de tensión política producida por la tramitación, aprobación y posterior impugnación ante el Tribunal Constitucional del nuevo Estatuto de Autonomía de Cataluña de 2006. Las tensiones alcanzaron también al propio Tribunal, cuya composición se intentó alterar con bloqueos a la renovación y mediante la presentación de recusaciones y abstenciones. Es en este contexto en el que se promovió el recurso de inconstitucionalidad contra la Ley Orgánica 6/2007, entre otros motivos, por entender que el nuevo inciso introducido en el art. 16.3 LOTC, que establecía una prórroga automática del mandato del Presidente, alteraba su duración y con ello vulneraba el art. 160

CE. La tacha de inconstitucionalidad se basó en un motivo: que el legislador no podía sustraer al Pleno la competencia para elegir al Presidente cada tres años. En la STC 49/2008, la mayoría del Tribunal desestimó el recurso por entender que la prórroga legal no supone una renovación del cargo para un nuevo mandato, y persigue una finalidad constitucionalmente legítima pues trata de garantizar que la elección del Presidente se produzca con la participación de los nuevos Magistrados, los cuales pasan a formar parte del Pleno renovado. La Sentencia afirma que la prórroga legal no sustrae la competencia de la elección al Pleno pues el art. 160 CE lo que atribuye a sus integrantes es la elección del Presidente por un periodo de tres años. Asimismo, señala que el legislador orgánico dispone de un amplio margen de maniobra para desarrollar el régimen jurídico de la Presidencia, procurando armonizar los diversos bienes jurídicos constitucionales que se proyectan sobre esta figura y sobre el mismo modelo de Tribunal Constitucional. Los votos particulares discrepan de esta opinión, rechazando que el modelo constitucional haga coincidir la composición del Tribunal y la elección presidencial, correspondiendo al Pleno resolver la cuestión en cada caso.

III. LAS FUNCIONES DE REPRESENTACIÓN, PROCESALES Y DE GOBIERNO

La STC 49/2008 declaró que el art. 160 CE no contiene una regulación exhaustiva de la figura del Presidente pues no se definen constitucionalmente sus funciones, ni sus concretas competencias, ni el modo de ejercerlas, aspectos que se desarrollan en la Ley Orgánica del Tribunal Constitucional y en las normas que la desarrollan. El detalle de tales extremos se halla en el art. 15 LOTC, y en el Reglamento de Organización y Personal, cuya aprobación corresponde al Pleno [art. 22 y 10, g) LOTC]. De acuerdo con estas normas, el Presidente ejerce tres tipos de funciones: representativas, procesales, y de gobierno y administración.

El art. 15 LOTC dispone que el Presidente del Tribunal "ostenta la representación del mismo", otorgándole unos poderes de "externación" o funciones *ad extra*, pudiéndose distinguir entre las formalizadas y las que carecen de ese carácter. Entre las primeras se encuentra la de comunicar al correspondiente órgano proponente la vacante de alguno de sus miembros por las causas previstas en el art. 22 LOTC, por lo que procede la designación de un nuevo Magistrado (art. 15 LOTC); y la de solicitarles las propuestas de designación de los nuevos Magistrados (art. 17 LOTC). Entre las segundas se encuentra la representación del Tribunal en las relaciones con los demás órganos constitucionales, autoridades españolas e internacionales, pero también las declaraciones y pronunciamientos no jurisdiccionales que pueda realizar en los actos públicos, ya sean institucionales, académicos o en los medios de comunicación. Son de especial importancia las declaraciones que pueda efectuar en la presentación de la Memoria anual del Tribunal, que se viene publicando desde 1999. Es ésta una función con una clara dimensión simbólica, y por ello el Presidente debe ejercerla con especial prudencia dado que el Tribunal es un órgano colegiado que se expresa a través de sus resoluciones, sin que el Presidente pueda erigirse en su portavoz.

En cuanto a las funciones procesales, el art. 15 LOTC dispone que el Presidente convoca y preside el Tribunal en Pleno y convoca las Salas, aunque en la práctica la convocatoria de la Sala Segunda corresponde al Vicepresidente, que es quien la preside (art. 7.3 LOTC). Una de las funciones jurisdiccionales más importantes del Presidente, que no aparece mencionada explícitamente en el precepto legal, es sin duda la fijación del orden del día, y por extenso del calendario de los trabajos del Tribunal. A través de esta facultad para establecer la agenda, el Presiente puede discrecionalmente llevar a acabo una cierta "política jurisdiccional" que se concreta en los ritmos de trabajo, las prioridades en la tramitación de los cada vez más numerosos asuntos pendientes, y en el momento elegido para su deliberación y resolución, que en ocasiones puede tener un innegable impacto en la vida política y en la opinión pública. Esta función se vería reforzada por la facultad de dirigir los debates del Pleno y de la Sala Primera, y por tanto de controlar el desarrollo de las deliberaciones que conducen a las votaciones de las resoluciones.

También en el ejercicio de esta potestad el Presidente dispone de una cierta discrecionalidad que puede incidir en la formación del consenso en ambas sedes del Tribunal. En este punto debe mencionarse la potestad de emitir el voto de calidad en caso de empate, que no se encuentra en el precepto constitucional sino en art. 90.1 LOTC, y puede ser vista como una de las escasas manifestaciones de presidencialismo en un órgano eminentemente colegial. Sin embargo, la práctica seguida durante los años de actividad del Tribunal demuestra que los Presidentes han evitado hacer uso de esta facultad, tratando de llegar a un consenso entre los Magistrados sin imponer su criterio. En algunos Tribunales Constitucionales, como el alemán, se evita esta situación legalmente, disponiendo que en caso de empate no puede declararse la inconstitucionalidad de la ley. Algunos ordenamientos atribuyen al Presidente otra importante facultad que, en cambio, no se le confiere en nuestro Tribunal: la del reparto y asignación de las ponencias entre los Magistrados. Con tal potestad el Presidente puede decidir discrecionalmente asignar las ponencias a los Magistrados en función de su especialidad, pero también de sus posiciones doctrinales o políticas. El sistema previsto para el Tribunal es, por el contrario, de carácter objetivo como en los órganos jurisdiccionales, pues el reparto de asuntos se realiza según un turno preestablecido por orden de antigüedad entre los Magistrados, tanto para el Pleno como para las Salas.

Finalmente, el Presidente tiene atribuidas una serie de funciones de gobierno y administración que se relacionan detalladamente en el Reglamento de Organización y Personal del Tribunal (arts. 14 y 15) y se refieren esencialmente a cuestiones de personal y las relacionadas con el orden público y la seguridad.

Una valoración conjunta de este precepto constitucional y su desarrollo legal permiten concluir que la regulación que contienen sobre la elección, mandato y funciones del Presidente confieren a éste un estatuto que no difiere mucho del que ostentan los Magistrados, poniendo de manifiesto el alto grado de colegialidad en la organización y funcionamiento del Tribunal.

IV. VICEPRESIDENCIA

Aunque el art. 160 solo prevé la figura del Presidente, la ley rectora del Tribunal creó la del Vicepresidente, el cual debe ser elegido también tras la renovación trienal (art. 16.3 LOTC), mediante igual procedimiento y por el mismo periodo de tres años que el Presidente (art. 9.3 LOTC). Según la práctica seguida hasta hoy, el Vicepresidente es elegido en el mismo acto que el Presidente, de tal forma que ambos candidatos se presentan como un ticket electoral. Al Vicepresidente del Tribunal le corresponden las funciones de sustitución del Presidente en caso de vacante, ausencia u otro motivo legal; y por otra parte ostenta la presidencia de la Sala Segunda del Tribunal (art. 9.3 y 7.3 LOTC).

V. BIBLIOGRAFÍA

AGUIAR DE LUQUE, L., PAJARES MONTOLÍO, E.: "El Presidente del Tribunal Constitucional: art. 160", en ALZAGA, O. (dir.), *Comentarios a la Constitución española de 1978*, Cortes Generales, Madrid, 1999, pp. 173 y ss.

CARRILLO, M. (coord.): *Hacia una nueva jurisdicción constitucional. Estudios sobre la Ley 6/2007, de 24 de mayo de Reforma de la LOTC*, Tirant lo Blanch Alternativa, 2008.

GONZÁLEZ RIVAS, J. J. (dir.): *Comentarios a la Ley Orgánica del Tribunal Constitucional*, Wolters Kluwer-BOE-TC-CEPC, Madrid, 2020.

REQUEJO PAGÉS, J. L., (coord.): *Comentarios a la Ley Orgánica del Tribunal Constitucional*, TC-BOE, Madrid, 2001.

RODRÍGUEZ-PIÑERO Y BRAVO-FERRER, M., PÉREZ DE LOS COBOS ORIHUEL, F.: "Comentario al art. 160", en CASAS BAAMONDE, M. E., RODRÍGUEZ-PIÑERO Y BRAVO-FERRER, M. (dirs.), *Comentarios a la Constitución española. Conmemoración del XL Aniversario*, Wolters Kluwer-BOE-TC-Ministerio de Justicia, Madrid, 2018, Tomo II, pp. 1746-1756.
TORRES MURO, I: "La reforma de la Ley Orgánica del Tribunal Constitucional y del Reglamento del Senado, puesta a prueba (SSTC 49/2008, de 9 de abril y 101/2008, de 24 de julio", *Revista General de Derecho Constitucional*, núm. 6, 2008, www.iustel.com.

VI. JURISPRUDENCIA

STC 49/2008, de 9 de abril

Artículo 161.1.a)

1. El Tribunal Constitucional tiene jurisdicción en todo el territorio español y es competente para conocer:

a) Del recurso de inconstitucionalidad contra leyes y disposiciones normativas con fuerza de ley. La declaración de inconstitucionalidad de una norma jurídica con rango de ley, interpretada por la jurisprudencia, afectará a ésta, si bien la sentencia o sentencias recaídas no perderán el valor de cosa juzgada.

COMENTARIO

Víctor Ferreres Comella
Catedrático de Derecho Constitucional
Universidad Pompeu Fabra

SUMARIO: I. INTRODUCCIÓN. II. OBJETO DEL RECURSO. III. PLAZO. IV. MEDIDAS CAUTELARES. V. EFECTOS DE LA SENTENCIA. VI. BIBLIOGRAFÍA. VII. JURISPRUDENCIA.

I. INTRODUCCIÓN

Este precepto es fundamental en la economía del sistema de justicia constitucional diseñado por el constituyente. La razón de ser del Tribunal Constitucional en la tradición europea está ligada a la necesidad de que la desactivación de las leyes y normas con fuerza de ley por vicios de constitucionalidad se encomiende a un tribunal especializado, distinto de los tribunales que integran el poder judicial ordinario. Las leyes (y normas con fuerza de ley) gozan de un "privilegio jurisdiccional": sólo el Tribunal Constitucional puede decretar su invalidez por contravenir la Constitución. En España, existen dos grandes vías para llevar dichas normas ante el Tribunal: el recurso de inconstitucionalidad al que se refiere este precepto, y la cuestión de inconstitucionalidad prevista en el art. 163.

El art. 162.1. a) de la CE, que será objeto de un posterior comentario, define el círculo de legitimados activamente para emplear este instrumento procesal. De dicho precepto resulta que el listado de legitimados sólo incluye órganos públicos (o fracciones de órgano público). Así, mientras que los particulares tienen acceso a la justicia constitucional a través de la cuestión de inconstitucionalidad (y, excepcionalmente, por la vía del recurso de amparo), el recurso de inconstitucionalidad, en cambio, se pone a disposición de órganos públicos.

En virtud de la existencia de este mecanismo procesal, no hay que esperar a que una determinada norma sea aplicada en la práctica para poder lanzar un ataque contra ella. La interposición del recurso desencadena un control abstracto por parte del Tribunal Constitucional. Este tipo de control presenta varias ventajas. En primer lugar, contribuye a evitar que determinadas normas escapen del control de constitucionalidad por las dificultades prácticas que en ocasiones se producen a la hora de entablar las correspondientes contiendas ante los tribunales ordinarios. El control abstracto llega allí donde no llega el control concreto. Además, el control abstracto permite al Tribunal ejercer su jurisdicción "bajo el velo de la ignorancia", por utilizar una expresión Rawlsiana. En efecto, el análisis del Tribunal se mueve en el plano del control objetivo de normas, sin afectar directamente a unos concretos litigantes. Cuando el control de constitucionalidad se desarrolla en el contexto de un litigio concreto, en cambio, las circunstancias del caso pueden pesar en la decisión del Tribunal, distorsionando a veces el juicio de constitucionalidad.

Naturalmente, el hecho de que la finalidad última de este instrumento procesal sea potenciar el control de constitucionalidad, en garantía de la supremacía de la Constitución, no significa que los sujetos legitimados tengan el deber jurídico de impugnar cuantas normas estimen inválidas. El Tribunal Constitucional ha afirmado la discrecionalidad que rodea el ejercicio del derecho a recurrir. Así, un órgano o fracción de órgano puede combatir la constitucionalidad de determinada norma y abstenerse de hacer lo mismo con respecto a una norma posterior de parecido o idéntico contenido. No cabe entender que el órgano ha desistido del recurso como consecuencia de este planteamiento impugnatorio selectivo (STC 31/2010, FJ 2).

II. OBJETO DEL RECURSO

El precepto que comentamos se refiere a las "leyes y disposiciones normativas con fuerza de ley" como objeto del recurso de inconstitucionalidad. La Ley Orgánica 2/1979, de 3 de octubre, del Tribunal Constitucional (LOTC) ensancha el objeto del recurso, pues añade los "*actos* con fuerza de ley" (art. 31). El propio legislador ha especificado cuáles son las normas o actos susceptibles de declaración de inconstitucionalidad. El listado, que se recoge en el art. 27.2 de la LOTC, es el siguiente: a) Estatutos de Autonomía y demás leyes orgánicas; b) las demás leyes, disposiciones normativas y actos del Estado con fuerza de ley; c) tratados internacionales; d) reglamentos de las Cámaras y de las Cortes Generales; e) leyes, disposiciones normativas y actos con fuerza de ley de las Comunidades Autónomas; f) reglamentos de las asambleas legislativas de las Comunidades Autónomas.

Ninguna de estas normas está exenta del control que se pone en marcha a través del recurso de inconstitucionalidad. Así, el hecho de que un Estatuto de Autonomía haya sido sometido a ratificación popular por medio de referéndum no lo excluye del juicio de constitucionalidad. El Tribunal, por ejemplo, pudo enjuiciar (y finalmente anular, en parte) el Estatuto de Autonomía de Cataluña de 2006, a pesar de haber sido aprobado en referéndum (STC 31/2010).

Ciertamente, la circunstancia de que el Tribunal se tenga que pronunciar sobre un texto normativo que ha sido respaldado directamente por la ciudadanía le coloca en una posición delicada. Para evitar esta situación, el legislador optó en 2015 por recuperar el recurso previo de inconstitucionalidad contra los Estatutos y sus reformas, un mecanismo de control que ya había existido en nuestro ordenamiento desde la promulgación de la LOTC en 1979, hasta su supresión por la Ley Orgánica 4/1985, de 7 de junio. El recurso previo fue reintroducido por obra de la Ley Orgánica 12/2015, de 22 de septiembre, que le dedica un nuevo art. 79. El recurso previo tiene ahora por objeto la impugnación del texto definitivo del proyecto de Estatuto, o de la propuesta de reforma de un Estatuto, una vez aprobado por las Cortes Generales. Están legitimados para interponer el recurso previo, en el plazo de tres días desde la publicación del texto en el Boletín Oficial de las Cortes Generales, los mismos sujetos que están legitimados para interponer recursos de inconstitucionalidad contra Estatutos de Autonomía. Cuando la aprobación del Estatuto o su reforma deba ser sometida a referéndum en el territorio de la respectiva Comunidad Autónoma, dicho referéndum no podrá convocarse hasta que el Tribunal Constitucional haya resuelto el recurso y, en su caso, las Cortes Generales hayan suprimido o modificado los preceptos declarados inconstitucionales. Conviene indicar que la existencia del recurso previo no excluye la operatividad de un posterior recurso o cuestión de inconstitucionalidad. El art. 79 de la LOTC establece que el pronunciamiento en el recurso previo no prejuzga la decisión del Tribunal en los recursos o cuestiones de inconstitucionalidad que pudieren interponerse tras la entrada en vigor del Estatuto o su reforma.

Con respecto a las leyes, disposiciones normativas y actos con fuerza de ley que el art. 27.2 de la LOTC menciona como objeto de recurso, no ofrece duda que se incluyen aquí las normas con rango de ley de origen gubernamental: el Decreto-ley y el Decreto legislativo. En cuanto a las leyes por las que se aprueban los Presupuestos Generales del Estado, la singular naturaleza de las mismas no impide que su validez pueda ser rebatida a través de un recurso de inconstitucionalidad (STC 63/1986, FJ 5). También la LOTC puede ser objeto de recurso, sin perjuicio de que el Tribunal deba ejercer con deferencia el control sobre su propia Ley Orgánica: el Tribunal ha sostenido que se ve obligado en este caso a "extremar las consideraciones institucionales y funcionales que siempre acompañan al control del legislador democrático" (STC 49/2008, FJ 4).

Entre los "actos" con fuerza de ley, el Tribunal ha incluido, por ejemplo, las autorizaciones y declaraciones efectuadas por el Congreso de los Diputados en el marco de los estados de alarma, excepción y sitio contemplados en el art. 116 de la CE (ATC 7/2012, STC 148/2021, STC 183/2021).

En cuanto a los reglamentos gubernamentales y los reglamentos emanados de las entidades locales, es claro que no son susceptibles de recurso de inconstitucionalidad. Ahora bien, por Ley Orgánica 1/2010, de 19 de febrero, se introdujo una Disposición adicional quinta en la LOTC con el objeto de extender el modelo concentrado de control de constitucionalidad a las normas forales fiscales de las Juntas Generales de los Territorios Históricos de Álava, Guipúzcoa y Vizcaya. La constitucionalidad de esta reforma fue cuestionada ante el Tribunal, con el argumento de que, siendo dichas normas de rango reglamentario, el control de su validez debe estar encomendado a los tribunales de la jurisdicción ordinaria (en virtud del art. 106.1 de la CE). El Tribunal Constitucional avaló la constitucionalidad de la reforma, sin embargo, a pesar del carácter reglamentario de las normas fiscales afectadas (STC 118/2016, FJ 3). El Tribunal entendió que el legislador ha incorporado un nuevo procedimiento al sistema de justicia constitucional, cosa que puede hacer al amparo de lo previsto en el art. 161.1.d) de la CE. Según el Tribunal, el nuevo procedimiento es distinto del recurso de inconstitucionalidad (aunque se tramite de acuerdo con el mismo régimen aplicable al recurso), pues únicamente se proyecta sobre determinadas normas (ciertas normas fiscales) y el parámetro de control es limitado (así, se excluyen del parámetro de control las leyes del Parlamento Vasco).

Los reglamentos parlamentarios, por su parte, tanto los estatales como los autonómicos, pueden ser censurados por medio del recurso de inconstitucionalidad. Pero no así las resoluciones intraparlamentarias de desarrollo reglamentario, que los parlamentarios pueden combatir a través del recurso de amparo (STC 44/1995).

Con respecto a los tratados internacionales, la posibilidad de someterlos al control previo contemplado en el art. 95.2 de la CE no cierra el cauce del recurso de inconstitucionalidad o de la cuestión de inconstitucionalidad. Naturalmente, para salvaguardar los intereses de los terceros Estados con los que España se relaciona por medio de la celebración de tratados internacionales, conviene hacer un máximo uso del control previo, a fin de evitar que una posterior declaración de inconstitucionalidad sitúe a España en la posición de tener que infringir el tratado e incurrir, por tanto, en responsabilidad internacional.

Un interrogante de cierto interés se refiere a la posibilidad de interponer un recurso de inconstitucionalidad contra una reforma constitucional. Como punto de partida, parece claro que una norma de reforma constitucional aprobada sin respetar los requisitos procedimentales establecidos en los artículos 166 a 169 de la CE es inválida. El poder de reforma es un poder derivado de la Constitución, por lo que sólo dentro del marco constitucional está habilitado para emitir disposiciones que modifican el texto constitucional. Ahora bien, la duda que se plantea es si el Tribunal Constitucional tiene competencia para enjuiciar la validez de las reformas constitucionales, y si cabe emplear aquí el recurso de inconstitucionalidad para excitar la jurisdicción del Tribunal. Ni la Constitución ni la LOTC contienen precepto alguno que explícitamente regule esta materia. La ausencia de control jurisdiccional, sin embargo, sería problemática desde el punto de vista de la cláusula del Estado de Derecho (art. 1 CE). Por ello, resulta razonable efectuar una interpretación flexible del art. 161.1.a) de la CE, y entender que una reforma constitucional tiene, como mínimo, "fuerza de ley", por lo que es susceptible de recurso. De hecho, cabría acudir a un argumento *a fortiori*: si las leyes (y normas con rango de ley) tienen el "privilegio jurisdiccional", en virtud del cual sólo el Tribunal Constitucional puede decretar su invalidez, con mayor razón debe reconocerse tal privilegio a la norma de reforma constitucional. Sería ciertamente absurdo sostener que, dado que la reforma constitucional no tiene rango de ley, cualquier tribunal de justicia puede efectuar el control de constitucionalidad. El control difuso, que abarca las normas de rango inferior a la ley, queda desplazado por el control concentrado, cuando las normas impugnadas tienen rango de ley *o superior*. El Tribunal Constitucional no se ha pronunciado sobre este problema, si bien ha tenido ocasión de evaluar la reforma constitucional del año 2011 por la que se modificó el art. 135 de la CE, que fue llevada al Tribunal por medio de un recurso de amparo interpuesto por varios Diputados contra la calificación efectuada por la Mesa del Congreso, que había tramitado la reforma del art. 135 por el procedimiento ordinario del art. 167 (STC 9/2012). El Tribunal juzgó adecuada la calificación de la Mesa. En efecto, consideró correcto que, a la hora de determinar el procedimiento aplicable, la Mesa no tuviera en cuenta la posible existencia de eventuales conexiones entre el art. 135, objeto de la reforma, y los preceptos constitucionales invocados por los recurrentes (determinados artículos del Título Preliminar y del Título I), que están cubiertos por el procedimiento agravado del art. 168.

III. PLAZO

La Constitución no fija el plazo dentro del cual hay que presentar el recurso de inconstitucionalidad. Es la LOTC la que opta por un plazo relativamente breve, de tres meses a partir de la publicación de la norma impugnada (art. 33.1). Tratándose de normas autonómicas, el plazo empieza a correr desde la publicación en el diario oficial autonómico, sin que la posterior publicación en el BOE reabra el plazo para impugnar (ATC 579/1989). En cuanto a los reglamentos parlamentarios, la publicación relevante a efectos impugnatorios no es la que se produce en el boletín oficial de la respectiva cámara, sino la que tiene lugar en el correspondiente diario oficial exterior, estatal o autonómico (STC 179/1989).

Obsérvese, pues, que el plazo para presentar el recurso no empieza con la entrada en vigor de la norma. Es perfectamente posible impugnar una norma cuya *vacatio legis* sea muy amplia, hasta el punto de que la norma puede no estar todavía en vigor cuando el Tribunal Constitucional emite su sentencia.

El legislador habría podido fijar un plazo más amplio para activar el recurso de inconstitucionalidad, o no establecer plazo alguno, como sucede en otros países europeos. Esta limitación temporal se puede justificar por la necesidad de compensar el enorme potencial destructor que el recurso de inconstitucionalidad entraña. En efecto, mientras que el juicio de constitucionalidad que se lleva a cabo en el contexto de una cuestión elevada por un tribunal ordinario es de alcance limitado, en la medida en que el examen del Tribunal Constitucional se circunscribe a los concretos preceptos que resultan aplicables al caso, en el recurso de inconstitucionalidad, en cambio, el impugnante puede proyectar su ataque a cuantos preceptos considere de dudosa validez. El carácter abstracto del recurso de inconstitucionalidad dota a este instrumento de una enorme fuerza. Al establecer un plazo de tres meses para entablar recurso, el legislador ha querido limitar su impacto potencial, dando así cierta estabilidad al sistema normativo. En efecto, una vez publicada una determinada normativa legal, ésta se ve expuesta durante un período de tres meses al riesgo de ser objeto de una amplia censura. Transcurrido el plazo sin que se haya formulado recurso alguno, la normativa pasa entonces a estar afectada por un riesgo más limitado y gradual, en la medida en que sólo a través de casos concretos se podrán ir cuestionando los diversos preceptos que la integran.

La regla general del plazo de tres meses se ve excepcionada en el supuesto de que se reúna la Comisión Bilateral de Cooperación entre la Administración General del Estado y la respectiva Comunidad Autónoma y se acuerde iniciar negociaciones para resolver las discrepancias surgidas a propósito de la publicación de una determinada norma. Si dicho acuerdo se pone en conocimiento del Tribunal Constitucional dentro de los tres meses desde la publicación de la norma, y se inserta en el Boletín Oficial del Estado y en el Diario Oficial de la Comunidad Autónoma correspondiente, el plazo para interponer recurso de inconstitucionalidad (por parte del Presidente del Gobierno, o por parte del gobierno de la correspondiente Comunidad Autónoma) se amplía a nueve meses (art. 33.2 de la LOTC).

IV. MEDIDAS CAUTELARES

La Constitución nada dice acerca de la posibilidad de que el Tribunal Constitucional adopte medidas cautelares de suspensión de la norma impugnada. Lo único que dispone, en el art. 161.2, es que se produce un efecto suspensivo cuando es el Presidente del Gobierno quien impugna ante el Tribunal disposiciones y resoluciones adoptadas por los órganos de las Comunidades Autónomas. Por otro lado, el art. 163 establece que el planteamiento de una cuestión de inconstitucionalidad no produce efectos suspensivos.

Por su parte, el legislador parece haber entendido que no cabe adoptar medidas cautelares frente a las normas que son objeto de un recurso de inconstitucionalidad. El art. 30 de la LOTC dispone que la admisión de un recurso o de una cuestión de inconstitucionalidad "no suspenderá la vigencia ni la aplicación" de la norma o acto impugnados, excepto en el caso de que el Presidente del Gobierno haga uso de la facultad impugnatoria del art. 161.2 de la CE.

La posición del Tribunal ha sido contraria a la posibilidad de adoptar medidas cautelares. Así, por ejemplo, el Tribunal denegó la suspensión de diversos preceptos de la Ley Orgánica 2/2010, de 3 de marzo, de salud sexual y reproductiva y de la interrupción del embarazo, suspensión que los diputados del Partido Popular solicitaron en su recurso de inconstitucionalidad (ATC 90/2010). Diversos magistrados, sin embargo, emitieron votos particulares, abogando por abrir las puertas a la justicia cautelar en el marco del recurso de inconstitucionalidad. Según la opinión discrepante que expresaron, es perfectamente razonable sostener que el efecto suspensivo al que se refiere el artículo 161.2 de la CE tiene naturaleza distinta de las medidas cautelares que el Tribunal podría decretar. Mientras en el primer caso la suspensión es automática, en el segundo caso, en cambio, sólo se produce si concurren ciertos requisitos relativamente exigentes, en cuanto al *fumus boni iuris* y *periculum in mora*.

Ciertamente, la experiencia demuestra que, en determinados casos, ha resultado disfuncional que el Tribunal no haya acordado la suspensión de la norma recurrida, en la medida en que la sentencia que finalmente ha dictado, decretando la inconstitucionalidad de la norma, no ha podido neutralizar las consecuencias jurídicas producidas durante el tiempo en que se ha desarrollado el proceso constitucional. Así sucedió, por ejemplo, a propósito de la "amnistía fiscal" introducida en virtud del Decreto-ley 12/2012, de 30 de marzo (STC 73/2017). El Tribunal declaró la nulidad del Decreto-ley, por afectar a los pilares esenciales del sistema impositivo, rebasando el ámbito material en el que puede moverse un Decreto-ley de acuerdo con el art. 86.1 de la CE. Ahora bien, al especificar los efectos de la sentencia, el Tribunal declaró que, por razones de seguridad jurídica, no eran susceptibles de revisión las situaciones jurídico-tributarias firmes producidas al amparo de la norma anulada (FJ 6). Evidentemente, el resultado habría sido muy distinto si hubiera sido posible suspender los efectos del Decreto-ley mientras se tramitaba el proceso constitucional (que se habría podido desarrollar con la máxima celeridad).

Por todo ello, habría que reflexionar sobre la conveniencia de reformar el art. 30 de la LOTC para incorporar a nuestro sistema de justicia constitucional un régimen adecuado de tutela cautelar frente a leyes (y normas con rango de ley) del Estado, similar al que existe en otros países que siguen el modelo concentrado de control de constitucionalidad. Hay que tener en cuenta, además, que el Derecho de la Unión Europea exige que los Estados miembros prevean en su ordenamiento la posibilidad de que los jueces suspendan cautelarmente las leyes nacionales que son objeto de impugnación por contravenir el Derecho de la Unión.

En este orden de consideraciones, es preciso hacer referencia a la resolución del Tribunal Constitucional (ATC 177/2022) por la que admitió un recurso de amparo contra actos parlamentarios (por el cauce previsto en el art. 42 de la LOTC) y suspendió cautelarmente la tramitación parlamentaria de unas enmiendas que no parecían guardar la necesaria conexión temática con la correspondiente proposición de ley. El Tribunal justificó la suspensión por la imposibilidad de que una ulterior sentencia estimatoria del recurso de amparo neutralizara los efectos derivados de la vulneración de los derechos de los recurrentes. El caso plantea, una vez más, aunque de manera indirecta, la cuestión relativa a las posibilidades de suspensión de los efectos de las leyes en el marco de los procesos de control de constitucionalidad.

V. EFECTOS DE LA SENTENCIA

Finalmente, el art. 161.1 a) alude a la "declaración de inconstitucionalidad" de la norma impugnada como posible contenido de la sentencia que emita el Tribunal Constitucional. Hay que poner este precepto en conexión con el 164.1 de la CE, en virtud del cual las sentencias que declaren la inconstitucionalidad de una ley "tienen plenos efectos frente a todos". Naturalmente, el carácter abstracto del recurso desemboca en una sentencia que despliega efectos generales.

El art. 161.1 a) dispone, asimismo, que la declaración de inconstitucionalidad de una norma afectará a la jurisprudencia que la haya interpretado. No se entiende muy bien esta previsión, pues es lógico que, si se anula una norma, cae con ella la jurisprudencia que ha glosado su contenido. Otra cosa es que el Tribunal Constitucional condicione la validez de la disposición enjuiciada a que se siga determinada "interpretación conforme". En tal caso, la jurisprudencia de los tribunales ordinarios se tendrá que reajustar, en la dirección marcada por el Tribunal Constitucional.

El precepto, finalmente, señala que la declaración de inconstitucionalidad no provocará la pérdida del valor de cosa juzgada de las sentencias recaídas en aplicación de la norma declarada inconstitucional. La LOTC, sin embargo, ha flexibilizado esta regla, pues permite la revisión de sentencias firmes en las que se aplicaron disposiciones sancionadoras, en la medida en que la declaración de inconstitucionalidad produzca un efecto favorable para el reo (art. 40.1). Consideraciones elementales de justicia han llevado al legislador a introducir esta excepción, cuya constitucionalidad es incuestionable, a pesar de chocar con el tenor aparentemente categórico del precepto constitucional.

VI. BIBLIOGRAFÍA

BALAGUER CALLEJÓN, M. L.: *El recurso de inconstitucionalidad*, Centro de Estudios Políticos y Constitucionales, Madrid, 2001.

CAAMAÑO DOMÍNGUEZ, F., GÓMEZ MONTORO, A. J., MEDINA GUERRERO, M., REQUEJO PAGÉS, J. L.: *Jurisdicción y procesos constitucionales*, McGraw-Hill, Madrid, 2000.

FERRERES COMELLA, V.: *Una defensa del modelo europeo de control de constitucionalidad*, Marcial Pons, Madrid, 2011.

REQUEJO PAGÉS, J. L. (coord.): *Comentarios a la Ley Orgánica del Tribunal Constitucional*, Tribunal Constitucional y Boletín Oficial del Estado, Madrid, 2001.

RUBIO LLORENTE, F., JIMÉNEZ CAMPO, J.: *Estudios sobre jurisdicción constitucional*, McGraw-Hill, Madrid, 1997.

VII. JURISPRUDENCIA

STC 63/1986, de 21 de mayo.
STC 49/2008, de 9 de abril.
STC 31/2010, de 28 de junio.
ATC 90/2010, de 14 de julio.
ATC 7/2012, de 18 de enero.
STC 118/2016, de 23 de junio.
STC 148/2021, de 14 de julio.
STC 183/2021, de 27 de octubre.
ATC 177/2022, de 19 de diciembre.

Artículo 161.1.b)

El Tribunal Constitucional tiene jurisdicción en todo el territorio español y es competente para conocer:

[...]

b) Del recurso de amparo por violación de los derechos y libertades referidos en el art. 53.2 CE de esta Constitución, en los casos y formas que la ley establezca.

COMENTARIO

Mario Hernández Ramos
Profesor Titular de Universidad de Derecho Constitucional
Universidad Complutense de Madrid

SUMARIO: I. INTRODUCCIÓN. II. LA LEY 6/2007, DE 24 DE MAYO, DE REFORMA DE LA LOTC. BREVE APUNTE DE LA REFORMA Y BALANCE. III. PROBLEMAS OCASIONADOS POR EL CAMBIO DE MODELO DEL RECURSO DE AMPARO. EL RECURSO DE AMPARO A LA LUZ DEL CEDH Y DEL TEDH. 1. Compatibilidad del nuevo recurso de amparo constitucional con el CEDH: STEDH Arribas Antón c. España. 2. Cambio en la relación entre el Tribunal Constitucional y el TEDH. Apunte jurisprudencial. 3. El nuevo recurso de amparo y el requisito del agotamiento de las vías de recursos internos del art. 35.1 CEDH. IV. BIBLIOGRAFÍA. V. JURISPRUDENCIA.

I. INTRODUCCIÓN

Este art. 161.1.b) CE junto con el 162.1.b) CE y el 164 CE complementan el art. 53.2 CE en la configuración constitucional del recurso de amparo constitucional. Se desarrolla en los arts. 41-58 de la LOTC dando cumplimiento a la previsión "en los casos y formas que la ley establezca".

El recurso de amparo corresponde a uno de los tres grandes bloques de competencias que tiene la jurisdicción constitucional: revisar la constitucionalidad de las normas; ser árbitro de los conflictos constitucionales entre órganos del Estado, entre las entidades estatales de la que se compone un Estado descentralizado políticamente, y entre dichas entidades y el Estado; y, por último, ser el último garante de los derechos fundamentales.

Esta última competencia no estaba prevista originariamente al inicio de la existencia de la jurisdicción constitucional, cuando el Tribunal Supremo Federal de los EEUU dedujo de la Constitución Federal su papel de guardián no aplicando la *Judiciary Act* por entender que contradecía la Constitución, en la mítica decisión *Marbury v. Madison* (1803) (aunque, en realidad, en el fondo del litigio estaba la protección del derecho del señor Marbury a recibir el nombramiento como juez de paz contra la actuación del entonces Secretario de Estado James Madison; tampoco, dicho sea de paso, había sido esta la primera vez en la que el Tribunal Supremo Federal se había enfrentado a esa cuestión, baste con recordar, por ejemplo, *Hylton v. United States (1796)* Tampoco en el diseño original de Hans Kelsen centrado en el juicio de constitucionalidad de las normas y reflejado en la Constitución de Austria de 1920. Este modelo de justicia constitucional europeo sufrió dos añadidos que aproximaron el sistema europeo de jurisdicción concentrada al estadounidense de jurisdicción difusa: en primer lugar, el control concreto de normas por reenvío de los jueces ordinarios, o cuestión de inconstitucionalidad (*konkrete Normenkontrolle*), añadido a la Constitución austriaca en 1929; en segundo lugar, el recurso de amparo, introducido en la Constitución española de 1931 (arts. 121.b), 123 y 105) cuyo precedente se remontaba a la Constitución mexicana de 1917 (arts. 103 y 107), y a la Constitución austriaca de 1920 (art. 144) aunque entre todos estos textos legales la configuración actual del amparo presenta importantes diferencias.

Sin duda, el balance del recurso de amparo constitucional tras más de 40 años de funcionamiento es absolutamente positivo, un rotundo éxito como mecanismo de tutela de los derechos fundamentales frente a las décadas de vulneración sistemática de derechos durante la dictadura franquista. Sin embargo, ese éxito llegó a amenazar el funcionamiento mismo del Tribunal Constitucional, llevándolo a una "crisis funcional" en palabras de Cruz Villalón, pues el establecimiento y la interpretación de diversos componentes del procedimiento, como la amplia legitimación activa, la expansión del ámbito de protección del art. 24 CE, constitucionalizando casi todo el Derecho Procesal y la ampliación de la legitimación pasiva (por citar los principales, pero no todos) permitió la interposición de miles de recursos al año, que el Tribunal no era capaz de resolver sino con varios años de retraso, afectando a la resolución en tiempo de los otros recursos planteados. La solución que el Legislador quiso darle a esta grave problemática de pendencia durante lustros de miles de asuntos sin resolver fue, no solo, pero sí principalmente, modificar el trámite de admisión por medio de la Ley Orgánica 6/2007, de 24 de mayo, de reforma de la LOTC.

II. LA LEY 6/2007, DE 24 DE MAYO, DE REFORMA DE LA LOTC. BREVE APUNTE DE LA REFORMA Y BALANCE

Esta Ley introdujo una serie de modificaciones muy relevantes en el trámite de admisión del recurso de amparo, precisamente donde se localizaba la acumulación de asuntos que atenazaba la acción del Alto Tribunal.

En primer lugar, se introdujo un nuevo requisito para admitir a trámite un recurso de amparo: que la demanda contara con *especial trascendencia constitucional*. Este requisito consta tanto de una dimensión material como de una dimensión formal. La primera partía de la convicción del legislador orgánico de que la mayoría de los recursos de amparo planteados ante el Tribunal Constitucional eran repetitivos, esto es, planteaba al Tribunal cuestiones sobre las que se había pronunciado previamente, existiendo ya una doctrina consolidada y clara. Por ello, se buscó reservar los recursos del Tribunal Constitucional, como "bien escaso" para aquellas funciones que ningún otro órgano podía realizar, como velar por la constitucionalidad de las normas o resolver conflictos entre órganos constitucionales; en consecuencia, la tutela de los derechos fundamentales solo podría llevarse a cabo si la demanda de amparo tenía un requisito imprescindible: la especial trascendencia constitucional, que se apreciaría "atendiendo a su importancia para la interpretación de la Constitución, para su aplicación o para su general eficacia, y para la determinación del contenido y alcance de los derechos fundamentales" (art. 50.1.b LOTC). Estos tres criterios atienden a la tutela objetiva de la Constitución, aunque hubo sectores de la doctrina que demandamos (y seguimos haciéndolo con la vista puesta en el modelo de la *Verfassungsbeschwerde* alemán, art. 93.a.2.b. *BVerfGG*)) que uno de los criterios podría ser interpretado de manera que la función subjetiva del recurso fuera un criterio de admisión. No obstante, el Tribunal Constitucional ha sido muy tajante rechazando esta posibilidad afirmando que "el legislador, en el ejercicio de su legítima libertad de configuración, ha optado, a diferencia de legislador alemán, por dotar al recurso de amparo de una dimensión necesariamente objetiva, excluyendo la dimensión subjetiva como requisito suficiente para la admisión y descartando, pues, el referido modelo alemán" (ATC 29/2011, de 27 de marzo, FJ 3). En aras de una correcta contextualización, no puede omitirse que el legislador orgánico introdujo un nuevo incidente de nulidad de actuaciones centrado en la tutela subjetiva de los derechos fundamentales, art. 241.1 LOPJ). El Tribunal Constitucional ha desarrollado estos tres criterios en la STC 155/2009, de 25 de junio estableciendo una serie de siete supuestos en los que podría apreciar especial trascendencia constitucional en el recurso de amparo planteado, puntualizando que esta enumeración no es exhaustiva, pues sería contradictorio con el carácter dinámico de la jurisprudencia constitucional: Tales casos serán los siguientes: a) el de un recurso que plantee un problema o una faceta de un derecho fundamental susceptible de amparo sobre el que no haya doctrina del Tribunal Constitucional; b) que dé ocasión al Tribunal Constitucional para aclarar o cambiar su doctrina, como consecuencia de un proceso de reflexión interna, o por el surgimiento de nuevas realidades sociales o de cambios normativos relevantes para la configuración del contenido del derecho fundamental, o de un cambio en la doctrina de los órganos de garantía encargados de la interpretación de los tratados y acuerdos internacionales a los que se refiere el art. 10.2 CE; c) o cuando la vulneración del derecho fundamental que se denuncia provenga de la ley o de otra disposición de carácter general; d) o si la vulneración del derecho fundamental traiga causa de una reiterada interpretación jurisprudencial de la ley que el Tribunal Constitucional considere lesiva del derecho fundamental y crea necesario proclamar otra interpretación conforme a la Constitución; e) o bien cuando la doctrina del Tribunal Constitucional sobre el derecho fundamental que se alega en el recurso esté siendo incumplida de modo general y reiterado por la jurisdicción ordinaria, o existan resoluciones judiciales contradictorias sobre el derecho fundamental, ya sea interpretando de manera distinta la doctrina constitucional, ya sea aplicándola en unos casos y desconociéndola en otros; f) o en el caso de que un órgano judicial incurra en una negativa manifiesta del deber de acatamiento de la doctrina del Tribunal Constitucional (art. 5 de la Ley Orgánica del Poder Judicial: LOPJ); g) o, en fin, cuando el asunto suscitado, sin estar incluido en ninguno de los supuestos anteriores, trascienda del caso concreto porque plantee una cuestión jurídica de relevante y general repercusión social o económica o tenga unas consecuencias políticas generales, consecuencias que podrían concurrir, sobre todo, aunque no exclusivamente, en determinados amparos electorales o parlamentarios

En segundo lugar, se invirtió el tenor de la admisión del recurso de amparo, pasando de estar expresado en negativo a positivo. Esto implica que la labor del Tribunal Constitucional (concretamente las Secciones) en el trámite de admisión ya no consiste en inadmitir un recurso si no se cumplía con alguno de los requisitos formales, sino en admitir un recurso en el caso de que reuniera todos los requisitos exigidos en los arts. 46-49 LOTC. Como exigencia novedosa *sine qua non* la reforma de 2007 establecía que el recurrente justificase en su demanda la especial trascendencia constitucional (art. 49.1 LOTC) (dimensión formal). Esta exigencia fue interpretada por el TC (ATC 188/2008, de 21 de julio, FJ 2, AATC 289/2008 y 290/2008, FJ 2) en el sentido de diferenciar la especial trascendencia constitucional de razonar la existencia de la vulneración de un derecho fundamental. La violación de un derecho fundamental ya no es suficiente para admitir el recurso de amparo, y por tanto, aunque sea "patente" la violación de un derecho, si la demanda no ostenta, además, de especial relevancia constitucional, el alto Tribunal no conocerá el asunto y no será resuelta la violación. Por consiguiente, "la demanda de amparo, ha de contener dos líneas argumentales nítidamente diferenciadas: la relativa a la lesión del derecho fundamental cuyo amparo se pretende, y la atinente a la trascendencia constitucional del recurso tendente a su preservación y restablecimiento. Ambas son indispensables, de tal forma que la exposición acerca de la apariencia de la vulneración del derecho fundamental no puede suplir la carencia de un razonamiento explícito sobre la trascendencia constitucional del recurso de amparo". Además de que todo el esfuerzo argumentativo lo tiene que realizar el recurrente, esta exigencia de justificar la especial trascendencia constitucional de manera separada a la violación del derecho fundamental profundiza en la objetivación del trámite de admisión del recurso de amparo.

En tercer y último lugar, aunque no podamos extendernos en su explicación, deben mencionarse otros aspectos que la reforma enfatiza, aunque no son novedosos totalmente, como que la inadmisión sea dictada por las Secciones mediante providencias y, por tanto, sin razonamiento de la motivación, o la atribución a las Secciones de competencia para resolver los recursos de amparo.

Las modificaciones de esta reforma han planteado una serie de interrogantes. En primer lugar, por supuesto, si ha logrado sus objetivos; en segundo lugar, si este cambio en la admisión ha cambiado, y de qué manera, la misma figura del recurso de amparo, pues como ya afirmó en su día Villaverde, "lo que acabe siendo el recurso de amparo depende por completo de lo que se haga en su trámite de admisión". Se apuntarán, por tanto, algunos problemas y retos que influyan en los elementos configuradores del recurso.

En líneas generales, teniendo en cuenta que siempre hay picos coyunturales de asuntos de nuevo ingreso con el consiguiente retraso en su tramitación y eventual resolución, y haciendo un balance desde la entrada en vigor de la reforma, podría afirmarse que la reforma ha contribuido a aplacar el aumento imparable de planteamiento de asuntos, reducirlos y estabilizar su número. De la misma manera, podría afirmarse que la pendencia de asuntos, tanto para ser admitidos a trámite como para ser resueltos se redujeron drásticamente los primeros 10 años siguientes a la entrada en vigor de la LO 6/2007. Sin embargo, desde el año 2019 comienza a experimentarse un preocupante crecimiento de asuntos pendientes de admisión, obviamente capitalizado por los recursos de amparo que siguen siendo el 99% de los asuntos ingresados: de los 3180 pendientes en el año 2018, se ha pasado a los 4960 de 2021 y 6312 de 2022. Sin duda, una evolución y unas cifras preocupantes.

III. PROBLEMAS OCASIONADOS POR EL CAMBIO DE MODELO DEL RECURSO DE AMPARO. EL RECURSO DE AMPARO A LA LUZ DEL CEDH Y DEL TEDH

Desde el principio, el recurso de amparo ha desempeñado dos funciones principales: una subjetiva y otra objetiva (fruto obviamente de la doble dimensión de los derechos fundamentales, STC 25/1981, FJ 5), aunque en el diseño de la CE la subjetiva era la predominante. Como el Tribunal Constitucional afirmó en la STC 1/1981, de 26 de enero: "La finalidad esencial del recurso de amparo es la protección, en sede constitucional, de los derechos y libertades (...) Junto a este designio, proclamado en el art. 53.2, aparece también el de la defensa objetiva de la Constitución, sirviendo de este modo la acción de amparo a un fin que trasciende de lo singular. Para ello, el Tribunal Constitucional actúa como intérprete supremo (art. 1 de la LOTC), de manera que su interpretación de los preceptos constitucionales, es decir, la definición de la norma, se impone a todos los poderes públicos" (FJ 2). Sin embargo, como ya se ha explicado, el diseño en términos objetivos de la admisión agudizó, si no convirtió, al recurso de amparo en un instrumento de tutela objetiva de la Constitución. Con el propósito de salvar una posible contradicción con el art. 53.2 CE, el Alto Tribunal en la STC 155/2009, señaló, de una manera poco convincente a nuestro juicio, que "el recurso de amparo, en todo caso, sigue siendo un recurso de tutela de derechos fundamentales", no suponiendo una quiebra con el modelo anterior (FJ 2), puesto que a pesar de que la defensa objetiva de la Constitución se erige ahora como la finalidad principal del recurso de amparo, al responder a las quejas sobre la violación de un derecho del demandante podrá restablecer el derecho vulnerado, cumpliendo así, de manera incidental con la finalidad subjetiva del amparo.

Esta argumentación, algo forzada en sus inicios, ha sido consolidada con una jurisprudencia homogénea. Pero este cambio de modelo, o semblanza del recurso de amparo, ha suscitado varios interrogantes, siempre centrados en esa pérdida de protagonismo de la función subjetiva de tutela del amparo y en relación con el ámbito del Consejo de Europa: en primer lugar, ¿encaja este modelo de amparo, como instrumento de tutela de derechos fundamentales en el Convenio Europeo de Derechos Humanos (en adelante, CEDH)?; en segundo lugar, ¿altera este cambio la relación entre el Tribunal Europeo de Derechos Humanos (en adelante TEDH) y el Tribunal Constitucional?; en tercer lugar, ¿el recurso de amparo constitucional sigue siendo de obligada interposición para entender agotada la vía interna de recursos y poder acudir a la jurisdicción del TEDH?

1. Compatibilidad del nuevo recurso de amparo constitucional con el CEDH: STEDH Arribas Antón c. España

La aplicación de los nuevos criterios de admisión no se acompasó durante los primeros años con un desarrollo y explicación suficiente, a nuestro juicio, por parte del Tribunal Constitucional. Las masivas inadmisiones de recursos de amparo durante los dos primeros años sin que el Tribunal hubiera desarrollado el concepto de especial trascendencia constitucional (hasta la STC 155/2009), ni explicara las causas de inadmisión (ya que se dictaban por medio de providencias) ni de admisión, motivó quejas de falta de tutela judicial efectiva que fueron planteadas ante el Tribunal Europeo de Derechos Humanos (en adelante TEDH) por considerarse contrarias a los arts. 6.1 CEDH y 13 CEDH.

El TEDH estudió la compatibilidad del nuevo modelo de recurso de amparo con el CEDH en la *STEDH Arribas Antón c. España*, de 20 de enero de 2015. Como no podría ser de otra manera, el TEDH no se pronunció sobre la opción legislativa en sí de trasformar el recurso de amparo, sino los efectos que esa legislación pudiera ocasionar, así como la interpretación y aplicación realizada por el Tribunal Constitucional. Este caso encarnaba uno de tantos miles de asuntos inadmitidos a trámite sin ningún tipo de argumentación jurídica más que la cita del precepto que regulaba la inadmisión.

Sobre la reforma legislativa, dentro de los límites que le impiden definir la política más oportuna en materia de normativa de acceso a los recursos, el TEDH no apreció que el nuevo trámite de admisión fuera contrario ni al art. 6.1 CEDH ni al 13 CEDH; estimó, en cambio, que la modificación perseguía un fin legítimo, apreciando una relación razonable de proporcionalidad entre la reforma aprobada (medios empleados) y la intención de salvar del colapso al TC (el fin perseguido).

Sobre la interpretación este nuevo trámite, el TEDH enfatizó que la aplicación de decisiones judiciales, como la admisión o inadmisión a trámite de un recurso, siempre deberían respetar el principio de seguridad jurídica. El Tribunal de Estrasburgo sentenció que el Alto Tribunal español respetaba ese principio, aunque a efectos de garantizar una *buena administración de justicia* le exhortó a explicitar las causas de admisión de los recursos de amparo, que hasta ese momento apenas se realizaba. Esta "sugerencia" fue obedecida inmediatamente por el Tribunal Constitucional, y ahora en todas las decisiones se expone el motivo de la admisión, en los primeros años en el primer o segundo fundamento jurídico de cada sentencia, en años más recientes en los fundamentos de hecho cuando se menciona la admisión a trámite. Además, en las Memorias anuales del Tribunal Constitucional desde el 2015 se dedica un apartado a sistematizar los motivos de admisión y de inadmisión de todos los recursos de amparo planteados. De esta manera, y gracias a la intervención del TEDH, el recurrente en amparo puede orientar su demanda sabiendo que los dos supuestos que más admisiones recibe por parte del TC son la ausencia de doctrina constitucional (STC 155/2009, FJ supuesto a) y la aclaración o cambio de doctrina constitucional, ya fuera como consecuencia de un proceso de reflexión interna, de nuevas realidades sociales o de cambios normativos (STC 155/2009, FJ 2, supuesto b).

2. Cambio en la relación entre el Tribunal Constitucional y el TEDH. Apunte jurisprudencial

La objetivación de la admisión del recurso de amparo ha supuesto romper la identidad de objetivos y principios de actuación entre el Tribunal Constitucional y el TEDH, perdiendo, como afirma Ripol Carulla, "el importantísimo papel de engarce entre los sistemas español y europeo de protección de derechos" que había ocasionado un bajísimo nivel de conflictividad entre España y Estrasburgo. En este sentido, el Tribunal Constitucional por vía del amparo constitucional (aunque también vía cuestión de inconstitucionalidad) había centralizado las demandas de adecuación a la Constitución de la aplicación por los tribunales ordinarios del CEDH, y había integrado el contenido y significado de los derechos fundamentales con la doctrina del TEDH vía art. 10.2 CE. El nuevo amparo, en cambio, está comportando "una mayor conflictividad de España ante Estrasburgo y la aparición de asuntos repetitivos, que expresan una deficiente recepción por los tribunales españoles de la doctrina del TEDH", puesto que ha desaparecido la eventual lesión del derecho como el elemento principal para la admisión del recurso. Además, debido a que la jurisprudencia del TEDH es aplicada directamente por los tribunales ordinarios, sin un último control de garantía de los derechos fundamentales concentrado en el Tribunal Constitucional, puede ocasionar disparidades en la recepción de la jurisprudencia de Estrasburgo. El supuesto b) de la STC 155/2009, FJ 2, que permite apreciar especial trascendencia constitucional en el recurso de amparo porque da ocasión al Tribunal Constitucional para aclarar o cambiar su doctrina como consecuencia "de un cambio en la doctrina de los órganos de garantía encargados de la interpretación de los tratados y acuerdos internacionales a los que se refiere el art. 10.2 CE" solo paliaría en parte este serio problema, pues no abarcaría la riqueza casuística de la tutela subjetiva.

Aproximándonos a la jurisprudencia del TEDH dictada sobre los asuntos una vez ya en vigor la LO 6/2007, pueden apuntarse una serie de consideraciones interesantes. La primera es que se ha producido un aumento de condenas al Reino de España por el TEDH. Determinar la causalidad de este aumento a la reforma operada en el trámite de admisión exigiría un desarrollo que excede el propósito de estas páginas. En segundo lugar, puede afirmarse que un porcentaje alto de casos en los que el TEDH condenó al Reino de España, el Tribunal Constitucional no había conocido de ese asunto, la mayoría de los casos por haber inadmitido el recurso de amparo por no apreciar especial trascendencia constitucional.

Así sucedió en STEDH *Garrido Herrero c. España*, 11 de octubre de 2022 (párrafo 40), único asunto en el que España ha sido condenada por violar el art. 2 CEDH; o en numerosos casos respecto del art. 3 CEDH en su dimensión procesal, como en las SSTEDH *B.S. c. España*, de 24 de julio de 2012 (párrafo 20); *Etxebarria Caballero*, de 7 de octubre de 2014 (párrafo 22); *Ataun Rojo*, de 7 de octubre de 2014 (párrafo 20); *Arratibel Garciandia*, de 5 de mayo de 2015 (párrafo 23); y *Beortegui Martínez*, de 31 de mayo de 2016 (párrafo 22). Muchos más numerosos son los asuntos en los que España es condenada por violación del art. 6.1 CEDH, como las SSTEDH *Atristain Gorosabel c. España*, de 18 de enero de 2022 (párrafo 19); *Varela Geis c. España*, de 5 de marzo de 2013 (párrafo 19); *Melgarejo Martínez de Abellanosa c. España*, 14 de diciembre de 2021 (párrafo 20); *Inmovilizados y Gestiones SL c. España*, 14 de septiembre de 2021 (párrafo 17); *Vicent del Campo c. España*, de 6 de noviembre de 2018 (párrafo 14); *Gracia González*, de 6 de octubre de 2020 (párrafo 41); *Aparicio Navarro Reverter y otros c. España*, de 10 de enero de 2017 (párrafo 16); *Comunidad de Propietarios Pando, c. España*, de 20 diciembre de 2016 (párrafo 18); *Ruiz-Villar Ruiz c. España*, 20 diciembre de 2016 (párrafo 7); *Iglesia Casarrubios y Cantalapiedra c. España*, de 11 de octubre de 2016 (párrafo 16); *Flores Quirós c. España*, de 19 de julio de 2016 (párrafo 12); *Gomez Olmeda c. España*, de 29 de marzo de 2016 (párrafo 12); *Menéndez García y Álvarez González c. España*, 15 de marzo de 2016 (párrafo 12); y *Vlieeland Boddy y Marcelo Lanni c. España* de 16 de febrero de 2016 (párrafo 24), este asunto respecto del art. 6.2 CEDH.

Por motivo de espacio, no podemos apuntar las condenas respecto del art. 8 CEDH y 10 STEDH, pero el no conocimiento por parte del Tribunal Constitucional de asuntos por los que el Reino de España es condenado por el TEDH no se limita a estos artículos, sino que hay ejemplos sobre el art. 11 CEDH (*STEDH Laguna Guzmán c. España*, de 6 de octubre de 2020, párrafo 21), el art. 1 del Protocolo 1 (*STEDH Valverde Digon c. España*, de 26 de enero de 2023, párrafo 14 y *STEDH Manzanas Martín c. España*, párrafo 14) y el art. 2 del Protocolo 7 (*STEDH Saquetti Iglesias c. España*, 30 de junio de 2020, párrafo 10).

Pero más que una dimensión cuantitativa, el cambio de mentalidad se evidencia en la dimensión cualitativa: en un caso tan relevante *como STEDH Río Prada contra España*, 21 de octubre de 2013, y ante la invocación de los artículos 14 (prohibición de la discriminación), 17 (derecho a la libertad), 24 (derecho a la tutela judicial efectiva) y 25 (principio de legalidad) de la Constitución, el Tribunal Constitucional el 17 de febrero de 2009 declaró inadmisible el recurso por no haber demostrado la demandante la pertinencia constitucional de sus denuncias. El Reino de España fue condenado por vulneración de los arts. 5.1 y 7 CEDH.

3. El nuevo recurso de amparo y el requisito del agotamiento de las vías de recursos internas del art. 35.1 CEDH

Otro de los problemas en los que posiblemente el legislador orgánico del 2007 no reparó, trata sobre el requisito de agotamiento de la vía interna exigida por el art. 35.1 CEDH para acceder a la jurisdicción del TEDH.

Desde una perspectiva nacional, si el amparo fuera un recurso de carácter objetivo, condicionada su admisión a la tutela objetiva de la Constitución, la no interposición del amparo no debería considerarse un impedimento por entenderse como no agotada la vía interna. No obstante, como se ha afirmado, el Tribunal Constitucional sigue insistiendo que la función subjetiva forma parte del amparo, por lo que no interponer el recurso de amparo supondría no otorgar la posibilidad a un órgano interno estatal como el Tribunal Constitucional de reparar la violación del derecho antes de acudir al TEDH.

Una cuestión similar ha sido tratada en cierto modo por el TEDH en la *STEDH Arribas Antón c. España*, pero respecto del requisito de la especial trascendencia constitucional. El Tribunal de Estrasburgo ha considerado que el hecho de que el Tribunal Constitucional haya declarado inadmisible un recurso de amparo aduciendo que no revestía la especial trascendencia constitucional requerida o, en su caso, que el recurrente no había acreditado la existencia de tal trascendencia, no impide que el TEDH se pronuncie sobre la admisibilidad y el fondo de una demanda que se le plantea sobre este asunto (párrafo 51). Por tanto, la no justificación por parte del recurrente del requisito de la especial trascendencia constitucional, o la no apreciación de la misma, no supondrán la inadmisión por parte del TEDH, siendo conforme con los requisitos del art. 35.1 CEDH.

Otra cuestión que se ha discutido es la posibilidad de reclamar vía amparo la ejecución de una STEDH declarativa de la violación de un derecho. De la respuesta negativa contenida, aunque matizada con muchas excepciones en el interesante Informe del Consejo de Estado sobre la Inserción del Derecho Europeo en el ordenamiento español de 14 de febrero de 2008 (pp. 309 y ss), se ha pasado en la actualidad a una respuesta positiva, facilitada por la reforma de la LOPJ introducida por la LO 7/2015 que acepta como motivo de interposición del recurso de revisión en los distintos órdenes jurisdiccionales y en la jurisdicción militar la existencia de una STEDH condenatoria de España.

IV. BIBLIOGRAFÍA

CASCAJO CASTRO, J. L., GIMENO SENDRA, V.: *El recurso de amparo*, Tecnos, 1992.

GONZÁLEZ ALONSO, A., y RUIZ-RISUEÑO MONTOYA, F.: "El nuevo recurso de amparo constitucional a la luz del Convenio Europeo de Derechos Humanos (A propósito de la reciente sentencia del TEDH Arribas Antón c. España)", *Revista Española de Derecho Europeo*, núm. 54, pp. 155-183.

HERNÁNDEZ RAMOS, M.: *El nuevo trámite de admisión del recurso de amparo constitucional*, Reus, 2009.

– "Incumplimiento de la buena administración de justicia del Tribunal Constitucional en la admisión del recurso de amparo. El caso Arribas Antón vs. España del TEDH", *Revista Española de Derecho Constitucional*, núm. 108, 2016, pp. 307-335.

PÉREZ TREMPS, P.: *El recurso de amparo*, Tirant lo Blanch, última edición.

RIPOL CARULLA, S.: "Un nuevo marco de relación entre el Tribunal Constitucional y el Tribunal Europeo de Derechos Humanos", *Revista Española de Derecho Internacional*, 2014, vol. LXVI, pp. 11-53.

Memorias del Tribunal Constitucional.

V. JURISPRUDENCIA

STC 1/1981, de 26 de enero.
ATC 188/2008, de 21 de julio.
STC 155/2009, de 25 de junio.
ATC 29/2011, de 27 de marzo.

Artículo 161.1.c)

1. El Tribunal Constitucional tiene jurisdicción en todo el territorio español y es competente para conocer:

[...]

c) De los conflictos de competencia entre el Estado y las Comunidades Autónomas o de los de éstas entre sí.

COMENTARIO

Marian Ahumada Ruiz
Profesora Titular de Derecho Constitucional Universidad Autónoma de Madrid

SUMARIO: I. LA JURISDICCIÓN CONSTITUCIONAL SOBRE CONFLICTOS DE COMPETENCIA. 1. La caracterización del conflicto constitucional de competencia. 2. El conflicto constitucional de competencia y otras vías políticas y contenciosas de solución de conflictos territoriales. II. EL PROCEDIMIENTO DEL CONFLICTO DE COMPETENCIA. 1. Conflicto positivo. 2. Conflicto negativo de competencia. III. CONTROVERSIAS COMPETENCIALES Y CONTROL DE CONSTITUCIONALIDAD. IV. BIBLIOGRAFÍA. V. JURISPRUDENCIA.

I. LA JURISDICCIÓN CONSTITUCIONAL SOBRE CONFLICTOS DE COMPETENCIA

1. La caracterización del conflicto constitucional de competencia

La Constitución, en la letra c) del art. 161.1, atribuye al Tribunal Constitucional la resolución de las controversias que se planteen a propósito del reparto de competencias entre Estado y Comunidades Autónomas. Se trata de una función típica de la jurisdicción constitucional en Estados descentralizados —no hay que olvidar el vínculo de origen entre jurisdicción constitucional y federalismo— pero con notas peculiares, que han llevado a caracterizar a menudo la tarea del órgano que la ejerce más como "de árbitro" que "de juez".

Esas notas peculiares de la jurisdicción de conflictos no están definidas en la Constitución, que se limita a fijar esta competencia del Tribunal como necesaria —no suprimible por el legislador—, sin incluir indicaciones sobre sus condiciones de ejercicio o las reglas de procedimiento. Separándose del antecedente de la Constitución de 1931, que en su artículo 121.c) atribuía al Tribunal de Garantías Constitucionales el conocimiento de "los conflictos de competencia legislativa y cuantos surjan entre el Estado y las Regiones Autónomas y los de éstas entre sí", el constituyente de 1978 no precisó los contornos del conflicto de competencias, ni su específico objeto, algo que ha propiciado desde el primer momento la discusión en torno a la relación entre el conflicto competencial y el control de constitucionalidad (también, eventualmente, de legalidad), y su conexión con la impugnación a la que se refiere el apartado 2 del artículo 161. La Ley Orgánica del Tribunal Constitucional (LOTC) y, sobre todo, la jurisprudencia del Tribunal Constitucional y la casuística, son las que han terminado de perfilar esta figura, aunque sin conseguir nunca eliminar del todo las inconsistencias de partida, como reiteradamente se ha puesto de manifiesto por los estudiosos de este procedimiento (por todos, García Roca 2000).

En vista de la práctica y los pronunciamientos del Tribunal Constitucional a lo largo del tiempo, puede decirse que el rasgo distintivo y caracterizador de la jurisdicción sobre conflictos de competencia viene dado por la finalidad última, por el propósito al que se orienta su ejercicio, que no es solo ni principalmente la resolución de conflictos concretos sino, ante todo, la clarificación, preservación y garantía del orden constitucional de competencias. La atención a esta finalidad explica, como en seguida se verá, por un lado, la laxitud con la que el Tribunal ha interpretado los elementos configuradores del conflicto a los efectos del proceso constitucional, y por otro lado, su rechazo a ocuparse de los casos en los que la disputa que enfrenta a las partes no hace cuestión del orden de competencias. El requisito de que el conflicto se refiera a una controversia concreta, real (no hipotética) y actual (no solo temida o potencial), provocada por una disposición, resolución o acto (o su omisión) que no respeta la distribución de competencias, es indispensable en el momento del planteamiento ante el Tribunal y para la admisión a trámite. No obstante, la condición esencial para el pronunciamiento del Tribunal es que la controversia sobre la competencia permanezca "viva" hasta el final, sin que importe que durante el transcurso del proceso, la concreta disposición o actuación que está en el origen del conflicto haya resultado modificada, derogada o haya agotado sus efectos. La consideración que el Tribunal presta a la opinión de las partes en cuanto a la persistencia del conflicto, no impide apreciar la acentuación de los rasgos objetivos del mismo, una tendencia de la que tempranamente advirtió López Guerra (1995).

2. El conflicto constitucional de competencia y otras vías políticas y contenciosas de solución de conflictos territoriales

La jurisdicción de conflictos del Tribunal Constitucional convive con otras vías de resolución de disputas competenciales, tanto de carácter político como contenciosas, ante la jurisdicción ordinaria. En cuanto a las vías políticas, tratándose de conflictos entre entes territoriales nada tiene de extraño que la solución a través de la negociación y el acuerdo sea favorecida y alentada e, incluso, que la iniciación del proceso de conflicto se supedite al previo intento de acuerdo entre las partes enfrentadas —como prevé la LOTC para los conflictos positivos de competencia planteados por una Comunidad Autónoma (art. 63). La vía negocial no se cierra después de planteado el conflicto ante el Tribunal, de tal manera que, en cualquier fase del procedimiento, el desistimiento o el allanamiento, en la medida en que implican renuncia al conflicto, normalmente provocarán la extinción y, en consecuencia, la terminación anticipada del procedimiento. El Tribunal, no obstante, no otorga efecto automático al desistimiento ni al allanamiento (ATC 288/2013 de 17 de diciembre y STC 155/1996 de 9 de octubre, FJ 1).

Más compleja resulta la convivencia del conflicto constitucional con la actividad de los tribunales contencioso-administrativos, competentes para resolver impugnaciones dirigidas contra disposiciones generales de rango infralegal, o actos administrativos, que se estimen viciados de incompetencia. Que la concurrencia de ambas vías es posible lo da por hecho la Ley del Tribunal Constitucional, cuando dispone en el art. 61.2 que, planteado un conflicto de competencia, "con motivo de una disposición, resolución o acto cuya impugnación estuviese pendiente ante cualquier Tribunal, éste suspenderá el curso del proceso hasta la decisión del conflicto constitucional".

El Tribunal Constitucional intentó en alguna ocasión individualizar los elementos del tipo de conflicto que corresponde decidir a la jurisdicción constitucional y, correlativamente, del que debe quedar para la jurisdicción ordinaria. Así, en la STC 88/1989 indicó que "cuando sobre la titularidad y límites de esa competencia no existe controversia, sino que ésta se limita a discutir el ejercicio concreto de esa competencia en relación a supuestos específicos, dentro de unos límites competenciales sobre los que existe acuerdo, ha de afirmarse que falta el presupuesto para la jurisdicción reservada al Tribunal Constitucional, puesto que el conflicto sólo puede plantearse para definir los límites externos de la competencia y del correspondiente poder estatal o autonómico, pero no para verificar el ejercicio concreto dentro de tales límites de dicho poder" (FJ 3). Según el Tribunal, entonces, los únicos conflictos de los que el Tribunal Constitucional debiera conocer son los conflictos identificables como "constitucionales", en los que ha de pronunciarse sobre la titularidad o los límites de la competencia controvertida, de acuerdo con el bloque de la constitucionalidad. La determinación de la validez del acto o disposición que da origen al conflicto es, en cambio, un pronunciamiento secundario, derivado del principal. Por ello, una impugnación orientada exclusivamente a determinar la validez de un reglamento o un acto administrativo, cuando la competencia "constitucional" no es discutida, debería quedar para los tribunales ordinarios.

Sentado este criterio, el propio Tribunal Constitucional no ha tenido inconveniente en separarse de él cuantas veces lo ha considerado oportuno.

La noción de que un conflicto solo ha de ser necesariamente residenciado ante la jurisdicción constitucional cuando en él se plantea una reivindicación de competencia y está comprometido el orden constitucional de distribución de competencias, se ha empleado en respaldo de la tesis de que, cuando la titularidad competencial no es discutida en el plano de la constitucionalidad (en el marco del bloque de la constitucionalidad), es a los tribunales del orden contencioso-administrativo a quienes corresponde resolver las impugnaciones de normas o actos denunciados por vicio de incompetencia, siempre que esa decisión pueda realizarse atendiendo a criterios de legalidad. El Tribunal, no obstante, descarta que el ejercicio de jurisdicción por los tribunales contencioso-administrativos en estos casos pueda obstaculizar el desarrollo o resolución de un conflicto de competencia correctamente planteado. No cabe apelar a una suerte de "prejudicialidad contencioso-administrativa": la interposición ante la jurisdicción ordinaria de un recurso directo contra normas básicas de carácter reglamentario (arts. 26 y 46.1 LJCA) "no puede impedir, obstaculizar, ni condicionar el desempeño por parte de este tribunal, de su función de garante del orden constitucional de distribución de competencias" (STC 99/2022, de 13 de julio, FJ 2).

En el caso de que la ley aplicable para la resolución de la impugnación también sea objeto de controversia, el órgano judicial seguirá uno de estos cursos: plantear la cuestión de constitucionalidad, si duda de la validez de la ley; o aplicarla, si por el contrario no tiene duda sobre su validez. Más polémica ha suscitado la cuestión de si el juez puede servirse de la cláusula de prevalencia del art. 149.3 CE, para determinar la ley aplicable en los casos en los que se aprecia contradicción entre la normativa autonómica y la estatal. Tradicionalmente, el Tribunal Constitucional ha entendido que queda fuera de la competencia del juez ordinario la decisión de dejar sin aplicación una ley postconstitucional válida (dejamos a un lado la cuestión de la primacía del derecho europeo). Sin embargo, una serie de sentencias constitucionales que arranca de la STC 102/2016, parece acoger la doctrina propugnada antes por el Tribunal Supremo según la cual, en los casos de colisión entre normativa básica estatal y normativa de desarrollo autonómica, el juez, atendiendo a la cláusula de prevalencia y sin necesidad de plantear cuestión de inconstitucionalidad, ha de resolver a favor de la aplicabilidad de la normativa estatal, siempre que no esté en cuestión la validez de la norma básica, esto es, la competencia del legislador estatal. Tras algunas vacilaciones, la jurisprudencia constitucional posterior ha limitado esta solución a (1) supuestos en los que existe una legislación básica estatal previa que el precepto autonómico reproduce y tiene lugar una modificación posterior de la norma estatal en sentido incompatible con la legislación autonómica (SSTC 116/2016 y 127/2016; AATC 167/2006 y 27/2019) y (2) supuestos de ausencia previa de norma básica y posterior dictado de esta en un sentido incompatible con la ley autonómica (STC 204/2016). Fuera de estos supuestos, los jueces no pueden acudir a la cláusula de prevalencia para resolver el conflicto entre norma estatal y legislación autonómica inaplicando esta última (STC 76/2022), obviando el planteamiento de la cuestión de inconstitucionalidad.

II. EL PROCEDIMIENTO DEL CONFLICTO DE COMPETENCIA

La Ley Orgánica del Tribunal Constitucional es la que ha establecido las reglas del procedimiento del conflicto de competencia, al que dedica el Capítulo II del Título IV ("De los conflictos constitucionales"), arts. 60 a 72, y ha introducido, además, la distinción entre dos tipos de conflicto de competencia, positivo y negativo. La regulación del procedimiento para cada tipo de conflicto es detallada y relativamente amplia, sin embargo, aunque la letra de la Ley no lo sugiera, la preponderancia del conflicto positivo es innegable. De hecho, la referencia constitucional, aunque mínima, parece remitir a un conflicto "positivo" ampliamente concebido y, en la práctica, este es el único conflicto competencial verdaderamente representativo. La utilización del conflicto negativo en cuarenta años de vigencia de la Constitución ha sido menos que anecdótica y las únicas tres sentencias que han recaído en este procedimiento (SSTC 156/1990, 37/1992 y 300/1993) se han limitado a declarar en cada caso la inexistencia de conflicto. Según Rubio Llorente, la previsión y regulación del conflicto negativo instado por particulares seguramente se debió más a la imitación que a la percepción de una necesidad real: un conflicto de estas características ya figuraba en la Ley del Tribunal de Garantías de la Segunda República, que a su vez lo había tomado del precedente del Tribunal Constitucional austríaco.

La caracterización de la jurisdicción constitucional de conflicto reposa, por tanto, en la experiencia cuantitativamente relevante y muy variada del conflicto positivo.

1. Conflicto positivo

En el origen del conflicto positivo hay una actuación o una regulación, estatal o autonómica, que se considera infractora del orden de competencia.

– Legitimación.

La decisión de plantear un conflicto positivo de competencias ante Tribunal Constitucional está restringida al Gobierno del Estado y a los gobiernos autonómicos.

– Objeto.

El Tribunal ha interpretado de modo flexible y expansivo la mención que la ley hace a disposiciones, resoluciones o actos y ha admitido que el conflicto se entable respecto de actos de trámite, circulares, instrucciones, comunicaciones, comunicados de colaboración o, incluso, excepcionalmente, actuaciones materiales. Lo importante, ha subrayado, no es la naturaleza o la forma del acto, sino que este sirva de evidencia de un ejercicio de competencia que se considera lesivo del orden constitucional y sobre el que se plantea la controversia (STC 220/1992, de 11 de diciembre, FJ 15).

También es flexible el Tribunal cuando se trata de definir el tipo de reivindicación que se hace valer en el conflicto, que no se limita ni gira en exclusiva en torno a la "vindicatio potestatis". Sirve con que el actor pueda poner de manifiesto y probar la real afectación, el perjuicio o el menoscabo de la propia competencia que resulta del ejercicio inconstitucional de la competencia por el oponente.

Puesto que el elemento definidor del conflicto es la existencia de una controversia sobre el orden de competencias, lo determinante para que recaiga el pronunciamiento del Tribunal es que la controversia permanezca viva en todas las fases del conflicto. Como ha repetido reiteradamente el Tribunal, en los casos en que se producen modificaciones normativas e, incluso, derogaciones de las disposiciones objeto de conflicto "hay que huir de todo automatismo, siendo necesario atender a las circunstancias concurrentes en cada caso, y, ante todo, a la pervivencia de la controversia competencial, esto es, a si la disputa sobre la titularidad competencial sigue o no viva entre las partes" (STC 212/2005, de 21 de julio, FJ 2).

– Procedimiento.

El Gobierno central es el único que puede dirigirse directamente al Tribunal Constitucional y plantear el conflicto sin realizar un requerimiento previo a la comunidad autónoma con la que se enfrenta. El plazo para formalizar el conflicto es de dos meses. Puede además introducir el conflicto con invocación del art. 161.2 de la Constitución, lo que provocará la automática suspensión de la disposición o resolución recurrida. Alternativamente, puede optar por intentar una vía pre-contenciosa de composición del conflicto, a través del requerimiento de incompetencia dirigido al gobierno de la entidad territorial de la que procede la disposición, resolución o acto vulnerador de la competencia, para que lo derogue o anule. Este es el cauce obligado para los gobiernos autonómicos como paso previo al planteamiento del conflicto propiamente dicho. En el requerimiento deben constar claramente los elementos clave de la controversia competencial y, en caso de no ser atendido, los contornos del conflicto planteado ante el Tribunal deben ser coincidentes con los expresados en el requerimiento. El plazo para formular el requerimiento es de dos meses (a contar desde que la disposición se publica, la resolución se comunica o se tiene conocimiento del acto viciado de incompetencia) y debe resolverse en un mes por el órgano que lo recibe. Si no se ha contestado satisfactoriamente, el actor dispone de un mes para formalizar el conflicto ante el Tribunal Constitucional. Al tiempo de formular el conflicto se puede solicitar la suspensión de la disposición, resolución o acto que están en la base, alegando perjuicios de difícil o imposible reparación. El Tribunal dispondrá libremente sobre esta solicitud.

La ley del Tribunal no contiene previsiones sobre personación o intervención de otros sujetos, fuera de los legitimados para iniciar el conflicto, pero muchos Estatutos de Autonomía reconocen la posibilidad de personación de sus Asambleas en el procedimiento. Sobre el papel, el procedimiento está di-

señado para ser resuelto con celeridad: el pronunciamiento del Tribunal debe recaer en el plazo de 15 días después del cierre del plazo de alegaciones (de un máximo de 20 días) o después de terminado el plazo fijado para informaciones o aclaraciones complementarias antes de pasar a la fase de decisión.

– Sentencia y efectos.

Según prevé el art. 66 LOTC, la sentencia declarará la titularidad de la competencia controvertida y acordará, en su caso, la anulación de la disposición, resolución o actos que originaron el conflicto en cuanto estuvieren viciados de incompetencia, pudiendo disponer lo que sea procedente respecto de las situaciones de hecho o de derecho creadas al amparo de la misma. En la práctica el Tribunal ha producido (y sigue produciendo) una enorme variedad de pronunciamientos en sentencias de conflicto, algo que, ocasionalmente, puede generar cierta confusión. La reforma de la LOTC introducida por LO 15/2015, detalló y amplió los poderes del Tribunal Constitucional en materia de ejecución de sus resoluciones (art. 92 LOTC).

2. Conflicto negativo de competencia

Este específico tipo de conflicto de competencia, que como se ha indicado antes sigue siendo prácticamente inédito, está pensado para los casos en los que la controversia se produce por omisión. La ley del Tribunal regula dos procedimientos muy diferentes en atención a dos formas de omisión también muy distintas.

El procedimiento del conflicto negativo de competencia iniciado a instancia de particulares, personas físicas o jurídicas, está regulado en los arts. 68 a 70 y persigue poner remedio a una situación en la que la declinación de la competencia por las administraciones estatal y autonómica se traduce en perjuicio para el particular. Lo que este puede conseguir acudiendo al Tribunal Constitucional es la determinación de la Administración competente. Para ello, sin embargo, el Tribunal deberá haber llegado a la conclusión de que la negativa de las administraciones a actuar trae causa de una divergencia interpretativa de los preceptos constitucionales o de las normas integrantes del bloque de la constitucionalidad, determinantes del reparto de competencias. Si no aprecia conexión entre la inacción administrativa y la confusión interpretativa, no considerará justificada su intervención, como ha sucedido en todos los casos en que se ha empleado esta vía hasta el presente.

La segunda modalidad de conflicto negativo, calificado de "conflicto político" (Rubio Llorente, 2012), legitima al Gobierno para dirigirse al Tribunal Constitucional con el fin de obtener un título ejecutivo: una sentencia que declare la procedencia del requerimiento del Gobierno a una Comunidad Autónoma, reiteradamente apercibida para que actúe en ejercicio de sus competencias, señalándole plazo para ello. Las condiciones que deben rodear a un conflicto de este tipo, para que resulte procedente, han llevado a algunos autores a ponerlo en conexión con el art. 155 CE, y describirlo como una forma "suave" o un grado anterior y menos grave frente al ejercicio de la coerción federal (García Roca).

III. CONTROVERSIAS COMPETENCIALES Y CONTROL DE CONSTITUCIONALIDAD

Una caracterización del conflicto positivo de competencia centrada en la existencia de una controversia competencial que afecta al orden constitucional de competencias descarta la nítida distinción entre jurisdicción de conflicto y control de constitucionalidad de "naturaleza competencial". La ley del Tribunal redirige al cauce del procedimiento del control de constitucionalidad el cuestionamiento de la validez, por vicio de incompetencia, de normas de rango legal (art. 67 LOTC). Este desplazamiento no transforma el carácter de la disputa: el interés en la garantía del orden de competencias seguirá siendo el propósito rector y, como sucede en el caso del conflicto, hay que suponer que se impone, llegado el caso, sobre el interés en la depuración del ordenamiento, característico del proceso de control. Cabría por tanto hablar de resolución de controversias competenciales a través del control de constitucionalidad cuando lo que da origen a la controversia competencial es una ley o una disposición o acto con valor de ley. Apoyaría este punto de vista la modificación del art. 33 de la LOTC en 2000, introducida para habilitar una ampliación del plazo para la interposición del recurso de inconstitucionalidad (hasta 9 meses) que eventualmente permita por vía de negociación y acuerdo evitar la interposición de un recurso por el Presidente del Gobierno o los gobiernos autonómicos.

También se explican mejor desde este enfoque las variantes de sentencia que el Tribunal Constitucional ha producido específicamente en el marco de los procedimientos de control de naturaleza competencial, que incluyen fórmulas y pronunciamientos no previstos en los arts. 38 a 40 LOTC, pero que encajan con los términos del art. 66 LOTC y el margen que la sentencia recaída en conflicto deja al Tribunal para adoptar las medidas adecuadas respecto de las situaciones de hecho y de derecho creadas al amparo de las normas viciadas de incompetencia. En el marco de procesos de control de naturaleza competencial el Tribunal ha dictado sentencias en las que modula y limita los efectos de la nulidad (por ejemplo, con supresión de toda retroactividad); declara la inaplicabilidad en una parte del territorio (pero no la nulidad) de leyes estatales viciadas de incompetencia; declara la inconstitucionalidad con nulidad diferida; incluye señalamientos de plazo para que el legislador dicte la norma que remedie una situación de menoscabo de la competencia de la Comunidad Autónoma.

Hay asimismo una traslación de la doctrina de la pervivencia del objeto al ámbito del control de constitucionalidad de contenido competencial, que atiende a la vitalidad de la controversia competencial, aun cuando la norma objeto del recurso haya desaparecido y con ella la finalidad de depuración del ordenamiento: "Con respecto a las modificaciones normativas en procesos constitucionales de naturaleza competencial es doctrina reiterada de este Tribunal que la eventual apreciación de la pérdida de objeto del proceso dependerá de la incidencia real que sobre el mismo tenga la derogación, sustitución o modificación de la norma y no puede resolverse apriorísticamente en función de criterios abstractos o genéricos, pues lo relevante no es tanto la expulsión de la concreta norma impugnada del ordenamiento cuanto determinar si con esa expulsión ha cesado o no la controversia competencial, toda vez que poner fin a la misma a la luz del orden constitucional de reparto de competencias es el fin último al que sirven tales procesos" (STC 18/2011, de 3 de marzo FJ 3).

IV. BIBLIOGRAFÍA

DESDENTADO DAROCA, E., LOSADA GONZÁLEZ, H. (2014): "El problema de la pérdida de objeto en los recursos de inconstitucionalidad de contenido competencial", *Revista Española de Derecho Constitucional*, núm. 102, pp. 317-352.

FERNÁNDEZ FARRERES, G. (1998): "Algunas consideraciones a propósito de la sentencia en el conflicto constitucional de competencia entre entes territoriales", en *La sentencia en los conflictos constitucionales de competencia*, TC-CEPC, Madrid, pp. 93-111.

GARCÍA ROCA, F. J. (1998): "Una teoría de la sentencia en el conflicto constitucional de competencia entre entes territoriales", en *La sentencia en los conflictos constitucionales de competencia*, TC-CEPC, Madrid, pp. 11-93.

– (2000) "El Tribunal Constitucional como tribunal de conflictos: los conflictos constitucionales", en TRUJILLO, G., LÓPEZ GUERRA, L., GONZÁLEZ-TREVIJANO, P. (dirs.), *La experiencia constitucional* (1978-2000), CEPC, Madrid.

IBÁÑEZ BUILL, P. (2023): *Recurso de inconstitucionalidad y delimitación de competencias. Un estudio de la doctrina constitucional*, CEPC, Madrid.

LÓPEZ GUERRA, L. (1995): "Algunas propuestas sobre los conflictos positivos de competencia", en *La Jurisdicción Constitucional en España. La Ley Orgánica del Tribunal Constitucional: 1979-1994*, TC-CEC, Madrid, pp. 193-215.

PÉREZ TREMPS, P. (1996): "Los órganos jurisdiccionales y la protección del sistema de reparto de competencias entre el Estado y las Comunidades Autónomas", *Revista Española de Derecho Constitucional*, núm. 46, pp. 61-80.

RUBIO LLORENTE, F. (2012): "La jurisdicción constitucional en España", en *La Forma del Poder*, vol. III, CEPC, Madrid, pp. 1209-1249.

V. JURISPRUDENCIA

STC 88/1989, de 11 de mayo.
STC 212/2005, de 21 de julio.
STC 44/2007, de 1 de marzo.
STC 18/2011, de 3 de marzo.
STC 102/2016, de 25 de mayo.
STC 76/2022, de 5 de junio.
STC 99/2022, de 13 de julio.

Artículo 161.1 d)

1. El Tribunal Constitucional tiene jurisdicción en todo el territorio español y es competente para conocer:

[...]

d) De las demás materias que le atribuyan la Constitución o las leyes orgánicas.

COMENTARIO

Luis Pomed Sánchez
Letrado del Tribunal Constitucional
Profesor Titular de Derecho Administrativo

SUMARIO: I. LOS PROCESOS COMO MATERIAS. GARANTÍA JURISDICCIONAL DE LA SUPREMACÍA CONSTITUCIONAL. II. LOS DIVERSOS USOS DE LA HABILITACIÓN POR EL LEGISLADOR ORGÁNICO. 1. Ampliación o complemento de procesos constitucionales: la inclusión de los actos con valor de ley en el objeto de los procesos de inconstitucionalidad. 2. Introducción de nuevos procesos constitucionales. 3. Atribución al Tribunal Constitucional de poderes de defensa de su jurisdicción. III. BIBLIOGRAFÍA. IV. JURISPRUDENCIA.

La enumeración de competencias jurisdiccionales atribuidas al Tribunal Constitucional, que originariamente figurara en el artículo 152.1 del anteproyecto de Constitución, pasó sin modificaciones sustanciales relevantes al actual artículo 161.1. Más allá de esta apuntada identidad, cabe mencionar dos novedades. La primera de ellas se sitúa extramuros del precepto constitucional que nos ocupa y nos permite poner de relieve cómo la ausencia de un apartado segundo del precepto fue subsanada durante la tramitación parlamentaria, introduciéndose en el art. 161.2 CE la impugnación de disposiciones autonómicas, luego desarrollada en el título V LOTC, bien que los efectos suspensivos previstos en el inciso segundo del art. 161.2 CE se hayan extendido más allá de los supuestos regulados en el título V LOTC (arts. 30 y 62 LOTC). La segunda hace referencia a un cambio estilístico operado entre el texto inicial y final del precepto constitucional. De suerte que en el anteproyecto el art. 152.1 se abría con la afirmación de que "el Tribunal Constitucional tiene jurisdicción en todo el territorio del Estado y es competente para conocer de las siguientes materias" y se cerraba con la cláusula de apertura de su apartado d), que extendía su competencia a "los demás casos previstos en la Constitución o en las leyes orgánicas". Como es notorio, la redacción final aligeró el texto, reubicando en el apartado final el impreciso término "materias", también utilizado en el art. 123.1 CE para definir —en negativo— el alcance de la competencia jurisdiccional del Tribunal Supremo y, por referencia a este órgano, de la jurisdicción ordinaria.

La apertura a otras normas de la enumeración de competencias que caracteriza a la vigente Constitución española contrasta con la exhaustividad del texto de 9 de diciembre de 1931, en cuyo art. 121 se amalgamaban las funciones jurisdiccionales (*vgr.*, recurso de inconstitucionalidad de las leyes) y las de origen senatorial (depuración de responsabilidades criminales de altas autoridades de la República) del Tribunal de Garantías. Fuera del título dedicado a las "garantías y reforma de la Constitución" se recogían la cuestión de inconstitucionalidad (art. 100) y la apreciación previa de la necesidad de dictar una ley de bases (apartado primero *in fine* del art. 19), única competencia no jurisdiccional que como tal recibía un tratamiento específico en la Ley de 14 de junio de 1933 del Tribunal de Garantías Constitucionales.

Por lo que se refiere al panorama que muestra el Derecho comparado, hallamos, por una parte, en el art. 134 de la Constitución italiana la enunciación agotadora de competencias de la Corte Constitucional y, por otra, sendas cláusulas abiertas en los arts. 93 de la Ley Fundamental alemana y 223.3 de la Constitución portuguesa ("Compete además al Tribunal Constitucional ejercer las funciones que le sean atribuidas por la Constitución o por la ley"). En el caso específico del art. 93 GG interesa destacar la dualidad entre las competencias de decisión, respecto de las cuales el art. 93.1.5 GG se remite a "los demás casos previstos en esta ley fundamental" (*in den übrigen in diesen Gundgesetze vorgesehenen Fällen*), y las facultades de intervención, para las que el art. 93.3 GG remite a "los casos que le sean atribuidas [al Tribunal Constitucional Federal] por ley federal" (*Das Bundesverfassungsgericht wird ferner in den ihm sonst durch Bundesgesetz zugewiesenen Fällen tätig*).

I. LOS PROCESOS COMO MATERIAS. GARANTÍA JURISDICCIONAL DE LA SUPREMACÍA CONSTITUCIONAL

En palabras de quien fuera su primer presidente, el Tribunal Constitucional, en tanto que órgano constitucional, encuentra directamente en la norma suprema su estatus y elenco de competencias esenciales. La configuración constitucional del Tribunal hace de él "la garantía jurisdiccional sin la que no hay un verdadero Estado constitucional de Derecho" (GARCÍA PELAYO).

A nuestro juicio, lo relevante no es tanto que el Tribunal se configure como un instrumento de garantía de observancia de la norma constitucional, cuanto el hecho de que esa garantía se articule a través del ejercicio de la potestad jurisdiccional. Si atendemos exclusivamente a su ubicación sistemática, observamos que la regulación que del Tribunal se contiene en el texto constitucional de 1978, muestra un notable apego, por decir lo menos, a nuestra tradición constitucional, de modo que sigue apareciendo como una subespecie —al lado de la reforma constitucional— de las "garantías de la Constitución" (CRUZ VILLALÓN). Pero la confirmación de esta realidad debe venir acompañada de la constatación de que se trata de una garantía jurisdiccional.

El lenguaje empleado en el título IX es inequívoco al respecto: el Tribunal Constitucional es un órgano colegiado ante el que se ejercen *acciones* (art. 165) por los sujetos *legitimados* (art. 162) y que resuelve mediante *sentencias* que adquieren el valor de *cosa juzgada* desde el día siguiente de su publicación en el "Boletín Oficial del Estado" (art. 164.1). De suerte que el Tribunal Constitucional no ejerce otra potestad que la jurisdiccional, determinando irrevocablemente el Derecho —constitucional— en lo concreto; imposibilidad de revocar por ninguna otra instancia o poder público en aplicación del Derecho interno que se hace patente con la atribución *ex Constitutione* de la función negativa de la cosa juzgada a sus resoluciones definitivas. Vista desde su envés, la regulación constitucional del Tribunal permite concluir que, en el desempeño de sus competencias, el Tribunal Constitucional ejerce siempre la potestad jurisdiccional, como podemos leer en la Declaración 1/1992, de 1 de julio, FJ 1. Allí, en abierto contraste con el precedente ya reseñado de la función encomendada al Tribunal de Garantías por el art. 19 de la Constitución de 1931, el intérprete supremo de la Constitución puso de relieve cómo al actuar la competencia atribuida por el art. 95.2 CE dicta una "resolución jurisdiccional" que, si bien no se denomina formalmente sentencia, "posee los efectos materiales de la cosa juzgada" propios de este modo de terminación de los procesos.

Podemos, así, alcanzar algunas conclusiones mínimamente firmes en la interpretación de la cláusula abierta con la que se cierra la enumeración de competencias del Tribunal Constitucional:

En primer lugar, más allá de la remisión a otros preceptos del propio texto fundamental (en particular, arts. 95.2 y 163 CE), el art. 161.1 d) contiene una reserva de ley orgánica, es decir, al tipo de legislación destinado a establecer el "desarrollo normativo inmediato de la Constitución en aquellos aspectos básicos o fundamentales del orden constitucional ... complemento indispensable o necesario de la obra del constituyente" [SSTC 173/1998, de 23 de julio, FJ 7, y 135/2006, de 27 de abril, FJ 2 c)]. Por otra parte, la utilización en el propio precepto del plural ("las leyes orgánicas") aconseja huir de cualquier intento de erigir la atribución de la condición *lex consumens* a la LOTC en su art. 1.1

in fine en interpretación auténtica y causa de nulidad de las eventuales leyes orgánicas dictadas al amparo de esta habilitación constitucional.

En segundo término, cumple destacar que cuando el precepto que nos ocupa habilita al legislador orgánico para atribuir al Tribunal el conocimiento de otras "materias constitucionales", esa atribución responde a una lógica estrictamente procesal y no nítidamente material (ARAGÓN REYES). En la medida en que el Tribunal "es lo que son sus procesos", podemos concluir que el art. 161.1 d) CE habilita al legislador orgánico para que atribuya al Tribunal Constitucional el ejercicio de su tutela jurisdiccional de la supremacía de la Constitución a través de otros procesos distintos de los recogidos en el texto constitucional (VILLAVERDE MENÉNDEZ).

Por otra parte, el legislador orgánico, al actuar al amparo de esta habilitación, está obligado a respetar la configuración constitucional de la garantía jurisdiccional, de modo que no puede atemperar la eficacia de la cosa juzgada. Dicho en positivo, la Constitución habilita al legislador orgánico para definir procesos, pero no funciones. El art. 161.1 d) CE no permite ampliar el abanico de potestades que puede ejercer el Tribunal Constitucional. De modo que no puede ejercer una función consultiva, lo que, quebrantando la esencia misma de su condición de órgano constitucional, le situaría en una posición subordinada respecto de otros poderes superiores del Estado, como tampoco participar en el ejercicio de las potestades reglamentaria o legislativa. Queda así excluida la consulta al Tribunal sobre los textos normativos en tramitación —pues "entre las funciones de asesoramiento características de los órganos consultivos y las jurisdiccionales que son privativas de los tribunales, en general, y de este Tribunal Constitucional en su condición de supremo intérprete jurisdiccional de la Constitución, en particular, median sustanciales y evidentes diferencias de concepto" (STC 31/2010, de 28 de junio, FJ 32)— o su hipotética intervención en la declaración de los estados de emergencia o crisis constitucional.

Tampoco puede el legislador orgánico hacer uso de la habilitación que nos ocupa en unos términos tales que desvirtúen las competencias jurisdiccionales constitucionalmente atribuidas al Tribunal. Si así fuera, la ritualista invocación del art. 161.1 d) CE no debiera ser óbice para declarar la inconcusa infracción constitucional y deducir las pertinentes consecuencias en términos de vigencia del juicio negativo de validez así formulado.

Si en el núcleo de certeza positiva del concepto que nos ocupa hemos ubicado la definición de procesos a cuyo través el Tribunal ejerza su tutela jurisdiccional de la supremacía de la Constitución, podemos asimilar a este supuesto aquellos casos en los que el legislador orgánico complemente la regulación constitucional de un determinado proceso constitucionalmente predefinido en aras de la efectividad de la meritada tutela jurisdiccional de la supremacía de la Constitución. Siempre, claro es, que ese complemento no desvirtúe la configuración constitucional del proceso. Es lo que ha sucedido, sin ir más lejos, con la consideración de los "actos con valor de ley" como objeto idóneo del recurso de inconstitucionalidad.

Idéntica conclusión podría alcanzarse, al menos en principio, respecto de la atribución al Tribunal Constitucional de facultades para la preservación de su jurisdicción exclusiva —es el caso del artículo 4 de su Ley Orgánica, en la redacción dada por la Ley Orgánica 6/2007, de 24 de mayo— y potestades de ejecución (Ley Orgánica 15/2015, de 16 de octubre). Mediante estas potestades de ejecución se trata de evitar que los pronunciamientos del Tribunal queden en un puro *flatus vocis* y que la preservación jurisdiccional de la supremacía de la Constitución se materialice en la ejecución de lo acordado por el Tribunal en resoluciones que reciben la consideración de títulos ejecutivos (art. 87.2 *in fine* LOTC).

Ni que decir tiene que el uso que el legislador orgánico haga de la habilitación conferida por el art. 161.1 d) CE queda en todo caso supeditado a la fiscalización por el propio Tribunal Constitucional, garante último de su propia jurisdicción, no solo frente a los actos de otros órganos jurisdiccionales sino también frente a las decisiones del legislador en aras de la supremacía constitucional. Bien es cierto que en el ejercicio de esta función de garantía de su propia jurisdicción el Tribunal se ha mostrado notablemente deferente para con el legislador orgánico (en este sentido, STC 49/2008, de 9 de abril, donde se pone de relieve esa especial deferencia hacia la libertad de configuración del Tribunal Constitucional por el legislador democrático, *sub especie* legislador orgánico, llegando al extremo de negar prácticamente la existencia de una auténtica configuración constitucional del órgano).

II. LOS DIVERSOS USOS DE LA HABILITACIÓN POR EL LEGISLADOR ORGÁNICO

Sintetizando lo expuesto cabe afirmar que el legislador orgánico ha hecho esencialmente tres usos de la habilitación que el confiere el art. 161.1 d) CE: En primer lugar, ha complementado la regulación de los procesos constitucionales expresamente configurados en el texto fundamental; este ha sido el caso, señaladamente, de la extensión del recurso de inconstitucionalidad a los "actos con valor de ley". Por otro lado, ha creado *ex novo* diferentes procesos constitucionales, que no siempre han respondido a necesidades objetivas de preservación de la supremacía constitucional ni han redundado, al ampliar el ya de suyo generoso abanico de procesos previstos en la propia ley fundamental, en beneficio de la justicia constitucional. Finalmente, el legislador orgánico ha atribuido al Tribunal una serie de facultades con las que preservar sus poderes jurisdiccionales.

1. Ampliación o complemento de procesos constitucionales: la inclusión de los actos con valor de ley en el objeto de los procesos de inconstitucionalidad

La Ley Orgánica del Tribunal atribuye la condición de objeto idóneo de los procesos de inconstitucionalidad a las "leyes, disposiciones normativas o actos con fuerza de ley" [art. 2.1 a)], una previsión que se desglosa en las referencias a los "actos del Estado con fuerza de ley" [art. 27.2 b) LOTC] y a las "leyes, actos y disposiciones normativas con fuerza de ley de las comunidades autónomas" [art. 27.2 e)]. La inclusión en el ámbito objetivo de estos procesos (recurso de inconstitucionalidad y cuestión de inconstitucionalidad) de los "actos con fuerza de ley" contrasta con la atribución al Tribunal Constitucional del conocimiento del recurso de inconstitucionalidad "contra leyes y disposiciones normativas con fuerza de ley" [art. 161.1 a) CE], o de la cuestión de inconstitucionalidad sobre "normas con rango de ley" (art. 163 CE).

La extensión del objeto de los procesos de inconstitucionalidad, hasta comprender tanto las normas como los actos con rango o fuerza de ley, se llevó a cabo al amparo de la habilitación contenida en el art. 161.1 d) CE, como bien recordó la STC 139/1988, de 8 de julio, FJ 2. Por cierto, que no deja de causar cierta sorpresa la caracterización que en esta sentencia se hace del Estatuto del Personal de las Cortes Generales (art. 72.1 CE) como un acto, y no como una disposición normativa con fuerza de ley, pese a su indiscutible carácter general y vocación de permanencia en el tiempo.

Entre esos actos con fuerza de ley a los que el texto originario de la Ley Orgánica del Tribunal Constitucional extendió el control de constitucionalidad se encuentran, sin duda, los siguientes:

a) La convalidación parlamentaria —del Congreso de los Diputados en el Estado o de la correspondiente asamblea legislativa autonómica— de los decretos-leyes (art. 86.2 CE). Inopinadamente, la STC 182/1997, de 28 de octubre, FJ 16, en desafortunado pasaje luego reiterado por las SSTC 83/2014, de 29 de mayo, FJ 7, y 139/2016, de 21 de julio, FJ 6, atribuye, de manera manifiestamente errónea la consideración de actos con fuerza de ley a los propios decretos-leyes.

b) La autorización concedida por el Congreso de los Diputados para prorrogar el estado de alarma una vez expirado el plazo inicial de quince días (ATC 7/2012, de 13 de enero) y la autorización al Gobierno para declarar el estado de excepción. Por el contrario, parece que la eventual declaración del estado de sitio, potestad privativa del Congreso de los Diputados sin el concurso de la otra cámara colegisladora, debiera considerarse un supuesto de disposición normativa con fuerza —cuando menos activa— de ley.

c) La aprobación por el Senado de las medidas de coerción estatal a las que se alude en el art. 155 CE, toda vez que dicha aprobación constituye "un acto parlamentario susceptible de ser impugnado a través de un recurso [de inconstitucionalidad]. Como ocurre con los actos, gubernamentales o parlamentarios, de declaración o autorización de unos u otros estados de emergencia o de su prórroga (art. 116 CE), el relativo al art. 155 CE puede contener 'excepciones o modificaciones *pro tempore* en la aplicabilidad de determinadas normas del ordenamiento vigente, incluidas, en lo que ahora importa, determinadas disposiciones legales, que sin ser derogadas o modificadas sí pueden ver alterada su aplicabilidad ordinaria' (STC 83/2016, de 28 de abril, FJ 9), de manera que 'si la Constitución y el ordenamiento habilitan a determinados actos, decisiones o resoluciones parlamentarias para modificar de tal modo la aplicación de las leyes, no es de dudar que tales actos, decisiones o resoluciones ostenten ese genérico 'rango' o 'valor de ley' (STC 83/2016, FFJJ 9 y 10, y ATC 7/2012, de 13 de enero, FJ 3)" [STC 89/2019, de 2 de julio, FJ 2 b)].

Como puede apreciarse, la extensión del objeto de los procesos de inconstitucionalidad llevada a cabo en la redacción originaria de la Ley Orgánica del Tribunal Constitucional ha dotado de mayor efectividad a la tutela jurisdiccional de la supremacía de la Constitución. En particular, porque esta extensión ha ampliado ese objeto hasta comprender no solo la convalidación de normas adoptadas supuestamente en contextos extraordinarios, sino también las medidas aprobadas o autorizadas en el marco del Derecho constitucional de excepción.

2. Introducción de nuevos procesos constitucionales

Al afrontar la relación de procesos constitucionales introducidos por el legislador orgánico al amparo del art. 161.1 d) CE debemos comenzar con una aproximación en negativo: quedan en todo caso al margen de esta relación las especialidades que respecto del recurso de amparo se contienen en las leyes orgánicas de iniciativa legislativa popular y electoral general. Respecto de la primera, la posibilidad de interponer un recurso de amparo frente a la decisión de la mesa de inadmitir la iniciativa (art. 6 de la Ley Orgánica 3/1984) no es sino una especie del genérico recurso de amparo parlamentario regulado en el art. 42 LOTC. Por lo que hace a la segunda, parece inconcuso que la limitación de plazos para controvertir los actos de proclamación de candidatos y electos no altera la naturaleza del medio impugnatorio.

En el texto originario de la Ley Orgánica del Tribunal Constitucional se introdujeron dos procesos constitucionales haciendo uso de la habilitación conferida al legislador orgánico en el art. 161.1 d) CE: el recurso previo de inconstitucionalidad, de intermitente vigencia, y el conflicto de atribuciones entre algunos órganos constitucionales. Con posterioridad, se han añadido un medio de impugnación de la ley con motivo único, que se ha dado en denominar conflicto en defensa de la autonomía local, y los medios de fiscalización de las normas forales fiscales.

El legislador orgánico incorporó dos tipos de recursos previos al título VI de la Ley Orgánica del Tribunal Constitucional: por una parte, en desarrollo de lo dispuesto en el art. 95 CE, la declaración sobre la constitucionalidad de los tratados internacionales y, por otra, en ejercicio de la habilitación del art. 161.1 d) CE, el recurso previo de inconstitucionalidad frente a proyectos de estatutos de autonomía y de leyes orgánicas. Este segundo proceso fue suprimido por la Ley Orgánica 4/1985, de 7 de junio (en singular paradoja, la ley orgánica que suprimía el recurso previo frente a los proyectos de leyes orgánicas fue objeto de un recurso previo, desestimado por la STC 66/1985, de 23 de mayo) y parcialmente recuperado para los proyectos de estatuto de autonomía y sus reformas por la Ley Orgánica 12/2015, de 22 de septiembre. Con esta reviviscencia del recurso previo se confirmaba la posibilidad de reversión de las reformas ya anunciada por la citada STC 66/1985, FJ 4. El carácter previo de estos procesos hace referencia a la vigencia, que no a la existencia de la norma, cuya tramitación parlamentaria ha concluido en todo caso. Resulta cuando menos sorprendente la modulación que en estos recursos previos frente a estatutos de autonomía y leyes orgánica se ha hecho del valor de cosa juzgada constitucionalmente atribuido a las sentencias del Tribunal (art. 164 CE), un valor que no acaba de cuadrar con la afirmación de que "el pronunciamiento en el recurso previo no prejuzga la decisión del Tribunal en los recursos o cuestiones de inconstitucionalidad que pudieren interponerse tras la entrada en vigor con fuerza de ley del texto impugnado en la vía previa" (art. 79.9 LOTC), pues no se compadece bien con el efecto negativo de la cosa juzgada, que excluye un nuevo pronunciamiento sobre lo ya decidido por sentencia firme pasada con valor de cosa juzgada (DE LA OLIVA SANTOS).

En el capítulo III del título IV LOTC se regulan los conflictos entre órganos constitucionales, un proceso del que quedan excluidos la Corona y el propio Tribunal Constitucional (a quien el art. 1.1 de su ley orgánica atribuye expresamente la condición de órgano constitucional) y que tiene por objeto "decisiones" que supongan la asunción de atribuciones que la Constitución o las leyes orgánicas encomienden a otro órgano. Hasta la fecha se han dictado cinco sentencias en este tipo de procesos: SSTC 45/1986, de 17 de abril (desestimatoria del conflicto de atribuciones promovido por el Consejo General del Poder Judicial frente a decisiones adoptadas por las cámaras en el curso de la tramitación parlamentaria de la que sería luego Ley Orgánica del Poder Judicial); 234/2000, de 3 de octubre (estimatoria del conflicto planteado por el Gobierno frente al Senado a cuenta del rechazo de la declaración de urgencia de la tramitación de un proyecto de ley orgánica de regulación de la interrupción voluntaria del embarazo); 34/2018, de 12 de abril (desestimatoria del conflicto interpuesto por el Gobierno frente al acuerdo de la mesa del Congreso sobre suspensión del calendario de implantación de la Ley Orgánica de mejora de la calidad educativa); 44/2018, de 26 de abril (desestimatoria del conflicto promovido por el Gobierno frente al levantamiento, por la mesa del Congreso de los Diputados del veto presupuestario), y 124/2018, de 14 de noviembre (estimatoria del conflicto de atribuciones planteado por el Congreso de los Diputados sobre declaración gubernamental de no sometimiento del Gobierno en funciones a control parlamentario). Este conflicto ha venido a completar el panorama normativo de juridificación de las relaciones entre poderes públicos. Por otra parte, cabe recordar que el art. 8 de la Ley Orgánica 2/1982, de 12 de mayo, del Tribunal de Cuentas, atribuye al Tribunal Constitucional la competencia para resolver los conflictos "que se susciten sobre las competencias o atribuciones del Tribunal de Cuentas". Esta atribución, que parece enfocada en la preservación de la función de enjuiciamiento —como demuestra la exclusión de efectos suspensivos a los requerimientos de inhibición contenida en ese mismo art. 8, en abierto contraste con el art. 48.1 LOPJ—, ha permanecido inédita hasta la fecha. Acaso porque, con posterioridad a la aprobación de la Ley Orgánica del Tribunal de Cuentas, la Ley Orgánica 2/1987, de 18 de mayo, de conflictos jurisdiccionales, integró a los órganos de la jurisdicción contable en el orden jurisdiccional contencioso (art. 31).

El conflicto en defensa de la autonomía local, introducido por la Ley Orgánica 7/1999, de 21 de abril, se caracteriza por su artificiosidad e ineficacia. Artificiosidad porque pretende parecer lo que no es, un auténtico conflicto, y trata de evitar las sospechas de aquello que realmente es: un auténtico medio de impugnación de las normas con rango legal por sujetos constitucionalmente carentes de legitimación activa al efecto. Ineficacia, porque el complejo sistema de revisión de la constitucionalidad de la ley, asentado sobre un modelo de doble sentencia con idéntico objeto, partes y fundamento (único: la vulneración de la autonomía local constitucionalmente garantizada, con las evidentes limitaciones que pone de relieve el contraste de las SSTC 129/2013, de 4 de junio, y 142/2013, de 11 de julio), es decir, la consagración de un *bis in idem* procesal a todas luces perturbador, no ha servido en este cuarto de siglo de vigencia de la norma para depurar el ordenamiento (POMED SÁNCHEZ).

Por último, la Ley Orgánica 1/2010, de 19 de febrero, ha hecho de las normas forales fiscales de los territorios históricos objeto de un recurso específico ante el Tribunal Constitucional y de una cuestión prejudicial de validez. La validez de esta operación de ingeniería constitucional, basada en la deconstrucción de la cuestión de inconstitucionalidad mediante el simple expediente de sustituir su denominación por la función prejudicial, ignorando que constitucionalmente el reenvío solo cabe respecto de las normas con rango de ley (arts. 117.1 y 163 CE), ha sido confirmada por la STC 118/2016, de 23 de junio, más atenta a la garantía del art. 24.1 CE que al control objetivo de la constitucionalidad de la norma y su conformidad con el sistema de fuentes. La reforma lo es de la reserva de reglamento que se contiene en una norma integrante del bloque de constitucionalidad (el Estatuto de Autonomía del País Vasco), al precio de elevar al rango de ley unas determinadas normas forales.

3. Atribución al Tribunal Constitucional de poderes de defensa de su jurisdicción

La Ley Orgánica 6/2007, que llevó a cabo una reforma en profundidad del Tribunal, le confirió notables facultades para preservar su propia jurisdicción frente a actos de otros poderes públicos que la desconocieran o vulneraran. Estas facultades incluyen "la declaración de nulidad de aquellos actos o resoluciones que la menoscaben" (art. 4.1 LOTC). En el origen de la reforma se encuentra, como es sabido, la condena a los magistrados del Tribunal por la Sala de lo Civil del Tribunal Supremo luego anulada por la STC 47/2011, de 12 de abril, en proceso de amparo. Obviamente, esta facultad exorbitante solo puede actuarse respecto de los actos o resoluciones aprobados por autoridades nacionales, lo que no impide la promoción, por los órganos competentes, de los recursos oportunos en defensa de su jurisdicción también ante órganos supranacionales de garantía de tratados.

Por su parte, la Ley Orgánica 15/2015, de 16 de octubre, de reforma de la Ley Orgánica 2/1979, de 3 de octubre, del Tribunal Constitucional, para la ejecución de las resoluciones del Tribunal Constitucional como garantía del Estado de Derecho, atribuyó al Tribunal unos poderes de ejecución de sus resoluciones de los que previamente carecía. La constitucionalidad de esta operación, articulada a partir de la consideración de la naturaleza jurisdiccional de la ejecución resultante del art. 117.3 CE, fue confirmada por las SSTC 185/2016, de 3 de noviembre, y 215/2016, de 15 de diciembre.

III. BIBLIOGRAFÍA

ARAGÓN REYES, M.: "Comentario al artículo 161 CE. Competencias del Tribunal Constitucional", en ALZAGA, Ó. (dir.), *Comentarios a la Constitución española de 1978*, Cortes Generales/EDERSA, Madrid, 1999, tomo XII, pp. 189-252.

CRUZ VILLALÓN, P.: "Del Tribunal Constitucional", en RODRÍGUEZ-PIÑERO Y BRAVO-FERRER, M., CASAS BAAMONDE, M. E. (dirs.), *Comentarios a la Constitución española. XL aniversario*. Boletín Oficial del Estado-Tribunal Constitucional, Madrid, 2018, tomo II, pp. 1717-1723.

GARCÍA PELAYO, M.: "El *status* del Tribunal Constitucional", *Revista Española de Derecho Constitucional*, núm. 1, 1981, pp. 11-34. Reimpreso en el número 100 de la misma Revista, pp. 15-37.

OLIVA, A. de la: *Objeto del proceso y cosa juzgada en el proceso civil*, Thomson-Civitas, Madrid, 2005.

POMED SÁNCHEZ, L.: "El conflicto en defensa de la autonomía local: mayoría de edad en soledad. Balance escéptico de dieciocho años de existencia del conflicto en defensa de la autonomía local", *Anuario del Gobierno Local*, 2017, Fundación Democracia y Gobierno Local-Diputación de Barcelona, pp. 291-318.

VILLAVERDE MENÉNDEZ, I.: "Artículo 161.1 d)", en *Comentario a la Constitución española: 40 aniversario 1978-2018. Libro homenaje a Luis López Guerra*, Tirant lo Blanch, Valencia, 2018, pp. 2207-2218.

IV. JURISPRUDENCIA

STC 66/1985, de 23 de mayo: recurso previo de inconstitucionalidad en relación con el proyecto de ley orgánica de supresión del recurso previo de inconstitucionalidad.

STC 49/2008, de 9 de abril: recurso de inconstitucionalidad frente a la Ley Orgánica 2/2007, de reforma de la LOTC.

STC 118/2016, de 23 de junio: recurso de inconstitucionalidad respecto de la Ley Orgánica 1/2010, que hace de las normas forales fiscales objeto idóneo de procesos constitucionales.

SSTC 185/2016, de 3 de noviembre, y 215/2016, de 15 de diciembre: sendos recursos de inconstitucionalidad en relación con la Ley Orgánica 15/2015, que atribuye poderes de ejecución al Tribunal.

Artículo 161.2

El Gobierno podrá impugnar ante el Tribunal Constitucional las disposiciones y resoluciones adoptadas por los órganos de las Comunidades Autónomas. La impugnación producirá la suspensión de la disposición o resolución recurrida, pero el Tribunal, en su caso, deberá ratificarla o levantarla en un plazo no superior a cinco meses.

COMENTARIO

Itziar Gómez Fernández
Profesora Titular de Derecho Constitucional
Universidad Carlos III de Madrid

SUMARIO: I. DEL ART. 161.2 CE A LAS IMPUGNACIONES DEL TÍTULO V LOTC. II. LA CONFIGURACIÓN JURISPRUDENCIAL DEL IDA. 1. De las impugnaciones del Título V a la IDA: mutación por vía jurisprudencial. 2. Un objeto para distinguirlo del recurso de inconstitucionalidad. 3. Un fundamento de la pretensión impugnatoria para distinguirlo del conflicto positivo de competencias y de la impugnación en vía contencioso-administrativa. III. SÍNTESIS Y CONCLUSIÓN SOBRE UN PROCEDIMIENTO AMBIGUO Y EXPANSIVO. IV. BIBLIOGRAFÍA. V. JURISPRUDENCIA.

I. DEL ART. 161.2 CE A LAS IMPUGNACIONES DEL TÍTULO V LOTC

En la redacción que dio al art. 161.2 CE, el constituyente previó que el Ejecutivo estatal pudiera instar el control constitucional de la acción de los poderes ejecutivo y legislativo de las Comunidades Autónomas. Y anudó la suspensión automática (y preventiva) de la disposición o resolución recurrida, a la mera admisión a trámite de la impugnación por parte del Tribunal Constitucional.

Si fuera posible leer el precepto, despojándose de toda concepción asumida tras el desarrollo normativo y jurisprudencial del mismo, podríamos interpretarlo como un artículo, cuya única aportación normativa, habría sido la previsión de una medida cautelar de suspensión, conformada a favor de la capacidad impugnatoria del Ejecutivo estatal. En suma, un instrumento de desequilibrio de armas procesales a favor del Estado. De hecho, esa lectura fue la formulada por buena parte de la doctrina, tras la inmediata aprobación del texto de la Constitución. Aquella interpretación doctrinal entendió que, el art. 161.2 CE, no preveía un proceso constitucional específico, distinto del recurso de inconstitucionalidad o del conflicto positivo de competencias, sino que se limitaba a establecer a favor del Gobierno del Estado un privilegio procesal, del que no gozarían las Comunidades Autónomas a la hora de impugnar disposiciones o actos del Estado o de otras Comunidades Autónomas por la vía del recurso de inconstitucionalidad o del conflicto positivo de competencias.

Pese al esfuerzo realizado por descifrar el alcance del art. 161.2 CE, el legislador orgánico que redactó la LOTC, obvió cualquier consideración previa de naturaleza minimalista en sintonía con la lectura doctrinal del precepto. En cambio optó por desarrollar el precepto en un doble sentido, al que Pérez Francesch denomina "pluriforme". De un lado, previó la aplicación de la medida cautelar de suspensión automática, por un plazo inicial de cinco meses, de la disposición o acto impugnado por el Gobierno, tanto por medio de un recurso de inconstitucionalidad (art. 30 LOTC), como por medio de un conflicto positivo de competencia (art. 62 LOTC), como a través del procedimiento de impugnaciones autonómicas que se regularan en el Título V LOTC. Y ello siempre y cuando el Presidente del Gobierno, en el escrito de interposición del recurso, del conflicto o de la impugnación, hubiera invocado la aplicación del art. 161.2 CE. Esta suspensión automática inicial puede ser mantenida —de hecho lo es en la mayoría de los supuestos—, o levantada, una vez transcurrido el plazo inicial de cinco meses, o desde el momento en que la Comunidad Autónoma solicita el levantamiento anticipado de la suspensión, mediante Auto, en el que se valoran los intereses que se encuentran concernidos, tanto el general y público como, en su caso, el particular o privado de las personas afectadas, así como los perjuicios de imposible o difícil reparación que puedan derivarse del mantenimiento o levantamiento de la suspensión y, eventualmente, y como regla de excepción, la apariencia de buen derecho de la pretensión impugnatoria.

De otro lado, el legislador orgánico contempló un nuevo procedimiento constitucional específico, pero sin denominación particular, tal y como se deduce del art. 2.f) LOTC, y sin modelo alguno en que encontrar reflejo en la justicia constitucional comparada. Un proceso sin objeto determinado, sin parámetro de control preciso y sin procedimiento propio. Un instrumento procesal cuya caracterización y configuración, puramente legal, se formula por exclusión, una vez definidos el objeto y alcance del resto de procesos constitucionales pensados para efectuar el control de constitucionalidad, o para definir el reparto territorial del poder entre el Estado y las Comunidades Autónomas, u otros entes territoriales menores. Esa indefinición intrínseca al procedimiento hizo que se diera a conocer entre la doctrina, en un primer momento, por el nombre del Título de la Ley Orgánica del Tribunal Constitucional en que se desarrolló su regulación, el Título V, y que hubiera que esperar a que dejara de ser un procedimiento meramente residual, para adquirir denominación propia. Hoy, y desde hace apenas un lustro, se conocen a las impugnaciones del Título V LOTC, como impugnaciones de disposiciones autonómicas. IDA, si acudimos a sus siglas.

Si bien un comentario del art. 161.2 CE podría orientarse hacia el análisis de cualquiera de los dos aspectos normativos desarrollados por el legislador orgánico, resulta de mayor interés, a la vista de los acontecimientos más recientes, prestar especial atención a la IDA, como instrumento procesal específico regulado en los arts. 76 y 77 LOTC, precepto este último que reenvía, en lo que hace al procedimiento, a los arts. 62 a 67 LOTC, esto es al procedimiento propio del conflicto positivo de competencias. Más allá de esto, el Título V LOTC no define claramente ni el objeto de este tipo de proceso constitucional, ni el parámetro de control aplicable, lo que dificulta la caracterización del proceso y exige acudir a la concreción jurisprudencial que su uso ha ido decantando y que, como se verá, ha ido modificándose recientemente, para expandir el uso de las IDA. Podría decirse, sin temor a incurrir en error o en exageración, que las impugnaciones del Título V eran "algo" antes de la STC del Pleno 42/2014, de 25 de marzo, y se convirtieron en "algo" distinto a partir de ese momento, y como consecuencia directa del tipo de conflicto en el que se activan, y que no es otro que el que se produce entre el Estado central y la Comunidad Autónoma de Cataluña en el marco del proceso secesionista iniciado por esta.

II. LA CONFIGURACIÓN JURISPRUDENCIAL DEL IDA

1. De las impugnaciones del Título V a la IDA: mutación por vía jurisprudencial

Durante los primeros veinticinco años de actividad jurisdiccional del TC se interpusieron un total de nueve impugnaciones del Título V, y varias impugnaciones subsidiarias a la incoación do otros tantos conflictos de competencias que, finalmente, se resolvieron con arreglo al procedimiento y caracterización propios del conflicto (SSTC 54/1982, 102/1988 y 158/1988; y AATC 192/1999, 86/1991, 503/1987, 277/1987, 140/1987, 638/1986 y 447/1984). Estos procesos dieron lugar seis sentencias (SSTC 184/1996, 66/1991, 64/1990, 259/1988, 44/1986, y 16/1984) y diez autos, de los cuales cuatro fueron de mantenimiento de la suspensión cautelar (AATC 74/1989, 747/1988, 562/1985, y 311/1982), dos de levantamiento (AATC 1270/1988 y 568/1985), tres de conclusión del procedimiento por desistimiento o pérdida de objeto (AATC 189/1997, 244/1983 y 54/1983) y uno, el más relevante de la serie, de inadmisión a trámite por inidoneidad del objeto (ATC 135/2004).

Desde el año 2004, hasta el año 2013, no se volvió a utilizar este procedimiento, que fue retomado por el Gobierno de la Nación para impugnar la Resolución 5/X del Parlamento de Cataluña por la que se aprobó la declaración de soberanía y del derecho a decidir del pueblo de Cataluña. A partir de este momento se han abierto varios procedimientos de impugnación de disposiciones autonómicas, dos contra disposiciones del Gobierno de Canarias y una docena contra disposiciones parlamentarias o resoluciones de la Generalitat de Cataluña, todas ellas adoptadas en el contexto del "proceso de autodeterminación". Dichos procedimientos han sido resueltos, hasta la fecha, por trece sentencias: once relativas al "procés" (SSTC 111, 98, y 19/2019, 136/2018, 120, 121 y 122/2017; 32, 138 y 259/2015, y 42/2014) y dos a un procedimiento de consultas populares que se intentó en Canarias, respecto del recurso a prospecciones de gas o petróleo en territorio de la Comunidad Autónoma (SSTC 137 y 147/2015). En el mismo tiempo se han pronunciado varias decenas de autos, muchos de ellos de mantenimiento de la suspensión acordada respecto de las resoluciones impugnadas (por citar solo algunos AATC 11/2020, 16/2020, 9/2020, 32/2020, 31/2020, 72/2019, 53/2015 o 156/2013), o de adopción de medidas cautelares distintas (ATC 5/2018), pero muchos más en el marco de incidentes de ejecución (es el caso de los AATC 53, 54 y 55/2020; 180, 181 y 184/2019; 24, 123, 124, 126, 127, 143 y 151/2017; 141 y 170/2016), frente a lo que sucedió en la primera fase, fenómeno imputable, sin género de duda, a la reforma habida en la Ley Orgánica, respecto del procedimiento de garantía de la ejecución de las resoluciones del TC (LO 15/2015, de 16 de octubre). En síntesis, en diez años, el Tribunal ha sido llamado más que en los treinta y ocho precedentes a pronunciarse en el marco de procedimientos de impugnación de disposiciones autonómicas, y ha pronunciado 31 resoluciones, entre autos y sentencias, en ese mismo marco. Todas ellas con un impacto político mucho mayor que el que se asocia a los pronunciamientos dictados en la primera fase.

Pero el análisis meramente numérico sólo da una pista de lo que ha sucedido con este tipo de proceso constitucional, y que no es sino una expansión del mismo que, posiblemente, se compadece mal con la nuda dicción literal del art. 162.1 CE. Así, lo verdaderamente relevante exige un análisis más profundo, relativo a la expansión de su objeto y del parámetro de control de constitucionalidad respecto del que puede ser activado.

2. Un objeto para distinguirlo del recurso de inconstitucionalidad

El ATC 135/2004 sintetizó de forma clara la caracterización que, hasta aquella fecha, se había venido haciendo del procedimiento de IDA. Un proceso constitucional escasamente utilizado, pero que tenía una identidad propia, según apreciación del TC, que lo distinguía tanto del recurso de inconstitucionalidad como del conflicto positivo de competencias. Así, "a diferencia del recurso de inconstitucionalidad, que únicamente resulta procedente frente a leyes, disposiciones normativas o actos con fuerza de ley del Estado y de las

Comunidades Autónomas, el proceso impugnatorio del art. 161.2 CE y título V LOTC sólo puede tener por objeto disposiciones normativas sin fuerza de ley o resoluciones emanadas de cualquier órgano de las Comunidades Autónomas" (FJ 3). Por tanto, cualquier resolución o disposición normativa sin fuerza de ley, emanada de cualquier órgano de las Comunidades Autónomas, puede constituir el objeto de este tipo de impugnaciones (art. 76 LOTC), y tal definición permite separar claramente una impugnación del Título V del recurso de inconstitucionalidad, que tiene vis atractiva sobre cualquier tipo de procedimiento utilizado para impugnar una norma con rango de ley. Del mismo modo que el art. 67 LOTC, precepto que cierra el capítulo regulador del conflicto positivo de competencias, determina que si la "competencia controvertida hubiera sido atribuida por una Ley o norma con rango de Ley, el conflicto de competencias se tramitará desde su inicio o, en su caso, desde que en defensa de la competencia ejercida se invocare la existencia de la norma legal habilitante, en la forma prevista para el recurso de inconstitucionalidad", el art. 76 LOTC, excluye de las impugnaciones del Título V las normas con fuerza de ley, que serán, exclusivamente, objeto de los recursos de inconstitucionalidad.

Hasta el año 2004 el procedimiento del Título V LOTC sirvió, casi en exclusiva, para impugnar actos del poder ejecutivo, fundamentalmente decretos (SSTC 184/1996, 64/1990 y 259/1988), ordenes de Consejerías autonómicas (STC 66/1991 y ATC 189/1997), una Resolución del Presidente de la Generalitat por el que se aprobaba un Convenio con la Región de Murcia (STC 44/1986), e incluso un acto administrativo de colocación de unas señales de tráfico (AATC 54 y 244/1983). De todos los supuestos anteriores, merece destacarse el que resuelve la STC 44/1986, porque hace del IDA un mecanismo para impugnar de forma indirecta, a través de la denuncia del acto de aprobación, los Convenios entre Comunidades Autónomas previstos en el art. 145 CE, por no ajustarse al procedimiento previsto en este precepto constitucional, en este caso por haberse omitido la intervención de las Cortes Generales en el procedimiento.

La excepción a esta práctica general viene dada por tres únicos supuestos, en que se impugnan actos de origen parlamentario. La STC 16/1984, que dedica sus tres primeros fundamentos jurídicos a justificar que los actos y disposiciones emanados de los órganos de la Comunidad Foral Navarra también pueden ser objeto de las impugnaciones del Título V, resuelve estimatoriamente la pretensión del Gobierno, partiendo de que la resolución del Presidente del Parlamento de Navarra, proponiendo un candidato para su designación por el Rey como Presidente del Gobierno de Navarra, constituye objeto idóneo de este tipo de procedimiento, al no tratarse de un acto de mero trámite, sino de un acto de carácter resolutorio que culmina el procedimiento a seguir por la

Comunidad Foral para nombrar a su Presidente. Por su parte el ATC 265/1999, dio por concluso el procedimiento instado por el Gobierno contra el Acuerdo de la Mesa del Parlamento Vasco por el que se autorizaba al "Parlamento del Kurdistán en el exilio" la celebración de sesiones de trabajo en la sede del Parlamento Vasco. Aquel procedimiento se formalizó como conflicto positivo de competencia, pero subsidiariamente se apuntó la impugnación al amparo del Título V LOTC, y el hecho de que la Abogacía del Estado desistiera, impidió un pronunciamiento del Tribunal Constitucional sobre el procedimiento idóneo. Y, finalmente, el ATC 135/2004, entendió que los actos recurridos por el Gobierno no eran objeto idóneo para ser impugnados mediante este procedimiento, e inadmitió a trámite el mismo. En aquel caso se impugnaban el Acuerdo del Gobierno Vasco por el que se aprobó la "Propuesta de Estatuto Político de la Comunidad de Euskadi", y el Acuerdo de la Mesa del Parlamento Vasco por el que se calificó la iniciativa como "propuesta de reforma del Estatuto de Autonomía". Frente a un acto del poder ejecutivo y otro del poder legislativo autonómico, el TC, que ante la ausencia de naturaleza normativa de ambos actos los define como resoluciones a los efectos del art. 76 LOTC, descarta su impugnación por el procedimiento del título V al calificarlos como actos de trámite. Así, el Tribunal afirma que el título V LOTC "establece un procedimiento de

control de constitucionalidad de disposiciones y resoluciones imputables a la Comunidad Autónoma por conducto de los órganos expresivos de su voluntad institucional, supuesto en el que manifiestamente no pueden comprenderse los actos que se insertan en un procedimiento de gestación (incierta) de esa voluntad. Y debe también excluirse una vez finalizado el procedimiento, si éste lo hace con una norma con rango de ley" (FJ 8).

Diez años más tarde, inaugurando una nueva fase de pronunciamientos, la STC 42/2014 vendría a ampliar el objeto de este tipo de procedimientos de forma clara, incluyendo las Resoluciones Parlamentarias de contenido eminentemente político, y dudosa proyección jurídica. Así, modulando la jurisprudencia contenida en el ATC 135/2004, se entiende que la Resolución 5/X del Parlamento de Cataluña, por la que se aprueba la "Declaración de soberanía y del derecho a decidir del pueblo de Cataluña", es un acto perfecto o definitivo, es decir, no es un mero acto de trámite parlamentario como sucedía en el caso de la tramitación parlamentaria del Plan Ibarretxe, al constituir una manifestación acabada de la voluntad de la Cámara "pues un acto solo puede ser identificado como de trámite —con el sentido y efectos procesales a que se refiere el ATC 135/2004—, cuando se inserta como tracto o secuencia en un procedimiento jurídico reglado; y este no es el caso de la Resolución 5/X, que se dicta para impulsar o dar inicio a un determinado proceso político que no tiene carácter reglado". En este caso, el TC reconoce abiertamente que el acto impugnado posee naturaleza política y naturaleza jurídica, al tener la capacidad para producir determinados efectos jurídicos, que no identifica de modo exhaustivo.

Esta apertura da pie al planteamiento de otras impugnaciones del Título V contra actos parlamentarios de claro contenido político, como la Resolución 1/XI sobre el inicio del proceso político en Cataluña como consecuencia de los resultados electorales del 27 de septiembre de 2015 (STC 259/2015, a la que se asocian los AATC 24, 119, 121, 123 y 124/2017; 141 y 170/2016); la Resolución 807/XI del Parlamento por la que se designan los miembros de la sindicatura electoral de Cataluña (STC 120/2017, a la que se vinculan los AATC 125, 126, 132, 151 y 168/2017); las resoluciones del Presidente del Parlamento de Cataluña por las que se propone la investidura de Carles Puigdemont como candidato a la Presidencia de la Generalitat de Cataluña (STC 19/2019, a la que se vinculan los AATC 5 y 6/2018); la moción 5/XII del Parlamento de Cataluña, sobre la normativa del Parlamento anulada y suspendida por el Tribunal Constitucional, aprobada en la sesión de 5 de julio de 2018 (la moción reiteraba los objetivos políticos de la Resolución 1/XI del Parlamento de Cataluña, referida previamente, y la sentencia que resuelve el IDA es la STC 136/2018, a la que se asocian los AATC 164, 165, 182 y 183/2019 y el ATC 18/2020); y, por último, la resolución del Parlamento de Cataluña 298/XII, de 7 de marzo de 2019 y la Resolución 92/XII del Parlamento de Cataluña, de 11 de octubre, relacionadas con la Monarquía o la reprobación de actos del Monarca (STC 111/2019; STC 98/2019 a la que se asocian los AATC 184/2019, y 11, 33 y 55/2020).

Y, junto a ellas, siguen siendo objeto de impugnación decretos autonómicos, como el de convocatoria del referéndum de autodeterminación de Cataluña (SSTC 121 y 122/2017, a las que se vinculan los AATC 127 y 143/2017), el de convocatoria de la consulta no referenciaría sobre el futuro político de Cataluña (STC 32/2015), o los decretos del Presidente del Gobierno de Canarias convocando a consultas en el territorio de la Comunidad Autónoma (SSTC 137 y 147/2015 y AATC 53 y 54/2015, de mantenimiento de la suspensión cautelar). Y también han seguido impugnándose actos administrativos, o simple vía de hecho como las actuaciones de la Generalitat de Cataluña relativas a la convocatoria a los catalanes, las catalanas y las personas residentes en Cataluña para que manifiesten su opinión sobre el futuro político de Cataluña el día 9 de noviembre de 2014 (ATC 292/2014).

En síntesis, la IDA ha pasado de ser un instrumento de control de la actividad administrativa de las Comunidades Autónomas, a ser un instrumento de control de la actividad política en sentido más amplio, y ello desde el momento en que se abre a la impugnación, que siempre fue técnicamente posible aunque no se acudiera a ella, de actos parlamentarios sin valor de ley pero con "valor jurídico". A esta expansión del procedimiento, que no acerca el IDA al recurso de inconstitucionalidad, se une otra que, en cambio, aproxima el IDA a los conflictos positivos de competencia.

3. Un fundamento de la pretensión impugnatoria para distinguirlo del conflicto positivo de competencias y de la impugnación en vía contencioso-administrativa

a. Los motivos de impugnación: conflicto competencial o conflicto extramuros del litigio competencial. La lectura combinada de los arts. 76 y 77 LOTC permitiría afirmar que el Gobierno puede invocar cualquier motivo de inconstitucionalidad para sustentar una IDA. No obstante, parte de la doctrina entiende que esa consideración amplia debe ser limitada y definida por exclusión, de modo que no existan puntos de intersección entre las impugnaciones del Título V y los conflictos positivos de competencias que induzcan a error sobre el tipo de procedimiento que corresponde interponer. Sin duda, la confusión es posible, como testimonian las incoaciones de conflictos de competencias que pedían subsidiariamente la apertura de un procedimiento del Título V (*vide supra*). Por esa razón, en las SSTC 44/1986 y 64/1990, así como en el ATC 135/2004, el Tribunal estableció claramente que el cauce procesal del Título V LOTC, que no define taxativamente los motivos impugnatorios en el art. 77 LOTC, permite al Gobierno impugnar disposiciones autonómicas de rango infralegal por razones no competenciales, y ello para distinguir este proceso constitucional del conflicto positivo de competencias. Esta definición jurisprudencial también habría venido a despejar la incógnita, formulada por la doctrina, relativa al recurso optativo al previo requerimiento previsto en el art. 63 LOTC, en el caso de interposición de una IDA. Si las impugnaciones no tienen base competencial alguna, ningún sentido tiene acudir a un requerimiento previo previsto para instar a la Comunidad Autónoma para que cese en la invasión o en el menoscabo de la competencia reclamada por el Estado como propia.

A pesar de la claridad del escenario expuesto, la STC 32/2015 vendrá a modificarlo, devolviendo la IDA a la incertidumbre inicial respecto a su identidad distintiva del conflicto positivo de competencias. La sentencia resuelve la impugnación planteada contra el Decreto 129/2014 de convocatoria de la consulta no referendaria sobre el futuro político de Cataluña y, ante el óbice de admisibilidad planteado por la Generalitat frente a los motivos no competenciales invocados, el TC responde en sentido desestimatorio. El Tribunal entiende que tales impugnaciones no han de ser inadmitidas a trámite, sino que debe entrarse al fondo de lo deducido por el recurrente teniendo en cuenta que, cuando se incoe una IDA de base competencial, se estará materialmente ante un conflicto de competencias que puede ser inmediatamente resuelto, en la medida en que los requisitos procesales que debe cumplir la IDA coinciden con los del conflicto positivo de competencias, a cuyo procedimiento reconduce la propia LOTC para resolver las impugnaciones del Título V. En suma, la STC 32/2015 suprime la distinción entre IDA y conflicto positivo, al asumir que se puede incoar el primero para solventar impugnaciones de orden competencial desde el momento en que la tramitación de una y otro son coincidentes.

b. El IDA y la impugnación de resoluciones y actos administrativos en vía contencioso administrativa. Por último, también está plagada de zonas grises la distinción entre una IDA y la impugnación en vía contencioso administrativa de las resoluciones y actos administrativos. La STC 64/1990 reserva a las impugnaciones del Título V, el conocimiento de las denuncias que versen sobre "materia constitucional", y no meramente legales, debiendo reservarse estas últimas para la jurisdicción ordinaria. Pero la línea que separa las cuestiones de constitucionalidad y las de legalidad ordinaria, no siempre está nítidamente trazada. Cuando el art. 1 de la Ley 29/1998, de 13 de julio, reguladora de la Jurisdicción Contencioso-administrativa define el objeto del proceso contencioso-administrativo, y delimita el tipo de pretensiones de que conocerán los Juzgados y Tribunales de este orden, incluye entre las competencias de dicha jurisdicción el control de la actuación de las administraciones de las Comunidades Autónomas. En absoluta coherencia con estas previsiones, el art. 19.1.c) atribuye a la administración del Estado la legitimación para incoar el procedimiento frente a actos y disposiciones de la administración de las Comunidades Autónomas y de los organismos públicos vinculados a éstas. Por tanto, los actos y disposiciones de rango infralegal de la administración de las Comunidades Autónomas podrían ser impugnadas por el Ejecutivo central, bien a través del procedimiento previsto en el Título V de la LOTC ante el Tribunal Constitucional, bien ante los órganos competentes de la jurisdicción contencioso-administrativa, con la sola precaución de reservar a la jurisdicción constitucional, los asuntos de "alcance" constitucional. Un criterio complejo y poco claro que, en la mayor parte de los casos, cederá ante la ventaja cautelar que proporciona la suspensión prevista en el art. 161.2 CE.

III. SÍNTESIS Y CONCLUSIÓN SOBRE UN PROCEDIMIENTO AMBIGUO Y EXPANSIVO

La descripción previa permite concluir que el uso de la IDA ha mutado, para transformarlo totalmente, el objeto del procedimiento, su propia naturaleza y sus características definitorias. De un mero control de actos administrativos o decretos autonómicos, se ha pasado a un fuerte control de la actividad política de —un concreto— Parlamento autonómico. Además, la IDA ya no se reserva en exclusiva para resolver conflictos sin base competencial entre el Estado y las Comunidades Autónomas, de tal suerte que acudir por esta vía al TC ya no limita las posibilidades de que el Tribunal aborde una eventual controversia de este orden. La extensión de este tipo de impugnaciones, a través de la ampliación de su objeto y del parámetro de control asociado al contenido impugnatorio del escrito de interposición, ha ido aparejada a la progresiva pérdida de identidad del procedimiento, que apenas se distingue ya del conflicto positivo de competencias, por no decir que no se distingue en absoluto. La importancia política que se reconoce en las resoluciones que han puesto fin, en los últimos años, a este tipo de impugnaciones, ha sacado a las mismas del anonimato al que las había confinado la práctica hasta el año 2013. De ser un proceso desaparecido, recuérdese que no se incoó ninguno entre 2004 y 2013, ha pasado a ocupar un protagonismo desmesurado. No sólo se trata del procedimiento central a través del cual el Estado impugna las acciones del Parlamento o del Ejecutivo Catalán, adoptadas en el marco del proceso de autodeterminación, sino que es también el que ha dado lugar a la apertura de un mayor número de incidentes de ejecución, con una trascendencia política no desdeñable.

Tal protagonismo, y el ajuste al mismo de la jurisprudencia constitucional que ha redefinido sus perfiles procesales, ha hecho de este procedimiento algo bien distinto de lo que pareció inspirar, no ya al constituyente, que posiblemente ni imaginó un procedimiento constitucional específico, sino al legislador orgánico de la primera hora. Y quizá sea un protagonismo digno de ser corregido, por la misma vía que lo acrecentó.

IV. BIBLIOGRAFÍA

ARAGÓN REYES, M.: "Comentario al art. 161 CE", en ALZAGA VILLAAMIL, O., *Comentarios a la Constitución Española de 1978*, Cortes Generales, Edersa, Madrid, 1999.

CASTILLO LÓPEZ, F.: "Nulidad de la Resolución del Parlamento de Cataluña que desconoce la configuración constitucional de la Corona: Comentario a la Sentencia del Tribunal Constitucional 98/2019, de 17 de julio. Impugnación de disposiciones autonómicas núm. 5813-2018. (BOE núm. 192, de 12 de agosto de 2019)", *Revista de las Cortes Generales*, núm. 107, 2019, pp. 477-489

DUQUE VILLANUEVA, J. C.: "La fase de admisión a trámite de la impugnación de la candidatura de Carles Puigdemont Casamajó a la presidencia de la Generalitat de Cataluña", *Revista General de Derecho Constitucional*, núm. 29, 2019.

FERNÁNDEZ FARRERES, G.: "Título V", en REQUEJO, J. L., *Comentarios a la ley orgánica del Tribunal Constitucional*, Tribunal Constitucional y Boletín Oficial del Estado, Madrid, 2001.

IBÁÑEZ BUIL, P.: "Artículo 76: la impugnación ante el Tribunal Constitucional de las disposiciones normativas sin fuerza de ley y resoluciones emanadas de cualquier órgano de las Comunidades Autónomas", "Artículo 77: la impugnación regulada en este título se formulará y sustanciará por el procedimiento previsto en los arts. 62 a 67 de esta Ley", en GONZÁLEZ RIVAS, J. J., *Comentarios a la Ley Orgánica del Tribunal Constitucional*, Madrid, La Ley, 2010.

LUCAS MURILLO DE LA CUEVA, E.: *La impugnación de las disposiciones y resoluciones autonómicas ante el Tribunal Constitucional: estudio del artículo 161.2 de la Constitución*. Instituto Vasco de Administración Pública, Oñati, 2005

- "De nuevo sobre la impugnación de las disposiciones y resoluciones autonómicas ante el Tribunal Constitucional", *Revista Vasca de Administración Pública*, núm. 78, 2007, pp. 185-231.

MARTÍNEZ SANTA MARÍA, P.: "Justicia preventiva ante riesgos constitucionales: Comentario al Auto del Tribunal Constitucional 5/2018, de 27 de enero. Impugnación de disposiciones autonómicas núm. 492-2018. (BOE núm. 46, de 21 de febrero de 2018)", *Revista de las Cortes Generales*, núm. 107, 2019, pp. 575-590c.

PÉREZ FRANCESCH, J. L.: "El procedimiento de impugnación de disposiciones y resoluciones autonómicas sin rango de ley previsto en el artículo 161.2 CE y en el Título V de la LOTC", *Revista de Derecho Político*, núm. 71-72, 2008, pp. 397-435.

VIDAL MARÍN, T.: "La cuestionable jurisprudencia del Tribunal Constitucional sobre dos aspectos concretos del proceso constitucional previsto en el Título V de la LOTC: actos de trámite y naturaleza de la suspensión automática", *Revista General de Derecho Constitucional*, núm. 35, 2021.

- *La impugnación de disposiciones sin fuerza de Ley y resoluciones de las Comunidades Autónomas prevista en el art. 161.2 de la Constitución*. Valencia: Tirant lo Blanch, 2020.

V. JURISPRUDENCIA

STC 259/2015, de 2 de diciembre.
STC 32/2015, de 25 de febrero.
STC 42/2014, de 25 de marzo.
STC 64/1990, de 5 de abril.
STC 44/1986, de 17 de abril.
ATC 5/2018, de 27 de enero.
ATC 126/2017, de 20 de septiembre. Contiene votos particulares.
ATC 135/2004, de 20 de abril. Contiene votos particulares.

Artículo 162.1.a)

1. Están legitimados:

a) Para interponer el recurso de inconstitucionalidad, el Presidente del Gobierno, el Defensor del Pueblo, 50 Diputados, 50 Senadores, los órganos colegiados ejecutivos de las Comunidades Autónomas y, en su caso, las Asambleas de las mismas.

COMENTARIO

Víctor Ferreres Comella
Catedrático de Derecho Constitucional
Universidad Pompeu Fabra

SUMARIO: I. INTRODUCCIÓN. II. PRESIDENTE DEL GOBIERNO. III. DEFENSOR DEL PUEBLO. IV. DIPUTADOS Y SENADORES. V. GOBIERNOS Y PARLAMENTOS AUTONÓMICOS. VI. BIBLIOGRAFÍA. VII. JURISPRUDENCIA.

I. INTRODUCCIÓN

Este precepto define el círculo relativamente estrecho de sujetos que ostentan la legitimación activa para interponer recurso de inconstitucionalidad. Todos ellos son órganos públicos o fracciones de órgano público. La Ley Orgánica 2/1979, de 3 de octubre, del Tribunal Constitucional (LOTC), por su parte, establece determinadas precisiones en esta materia, como veremos.

Un primer interrogante que se plantea es si el legislador puede ampliar la lista de los legitimados para formular recurso de inconstitucionalidad. La respuesta del Tribunal Constitucional ha sido negativa: la Constitución opta por un sistema de *numerus clausus* taxativo y riguroso (ATC 6/1981, FJ 2). Ahora bien, este sistema de *numerus clausus* no resulta alterado cuando el legislador, al amparo de la habilitación contenida en el art. 161.1.d) de la CE, crea un proceso constitucional distinto del recurso de inconstitucionalidad, y otorga a determinados sujetos no incluidos en el listado del art. 162.1 a) de la CE una legitimación activa limitada para impugnar determinadas leyes o normas con rango de ley (no todas) a la luz de un determinado parámetro de control de constitucionalidad (que no incluye la totalidad de la Constitución). Es el caso del conflicto en defensa de la autonomía local, creado por la Ley Orgánica 7/1999, de 21 de abril (STC 240/2006, FJ 1), y del conflicto en defensa de la autonomía foral de los Territorios Históricos de la Comunidad Autónoma del País Vasco, introducido por la Ley Orgánica 1/2010, de 19 de febrero (STC 118/2016, FJ 4).

II. PRESIDENTE DEL GOBIERNO

El primer sujeto mencionado en el precepto que comentamos es el Presidente del Gobierno. Normalmente, cuando el Presidente ejerce su derecho a recurrir, lo hace para atacar la validez de una norma o acto de una Comunidad Autónoma. En un régimen de democracia parlamentaria como el nuestro, existe por regla general un sólida relación de confianza entre el Gobierno y la mayoría parlamentaria que lo sustenta. Es por ello insólito que el Presidente impugne una ley emanada de las Cortes Generales. Esta situación se podría dar con mayor frecuencia si el plazo para interponer el recurso fuera más amplio, o si no existiera plazo. En tales circunstancias, podría suceder que el Presidente del Gobierno deseara combatir ante el Tribunal una ley aprobada por una mayoría parlamentaria de una legislatura anterior, de distinta configuración política.

De todos los sujetos legitimados, el Presidente del Gobierno es el único que ostenta un privilegio procesal de enorme importancia: cuando impugna disposiciones y actos de las Comunidades Autónomas, puede invocar el art. 161.2 de la CE y forzar al Tribunal a decretar la suspensión de la disposición o acto impugnado (art. 30 LOTC).

III. DEFENSOR DEL PUEBLO

El Defensor del Pueblo es el segundo sujeto que figura en la lista de legitimados para interponer recurso de inconstitucionalidad. La Constitución (art. 54) define al Defensor del Pueblo como alto comisionado de las Cortes Generales, designado por éstas para la defensa de los derechos y libertades fundamentales del Título I de la Constitución. Su principal cometido es supervisar la actividad de la Administración, dando cuenta a las Cortes Generales. La Constitución, sin embargo, le ha asignado también la función de velar por la constitucionalidad de las leyes (y normas con fuerza de ley), al atribuirle legitimación activa para interponer recurso de inconstitucionalidad.

El alcance de dicha legitimación ha sido objeto de controversia. El art. 162.1. a) no establece ninguna limitación material, por lo que cabe sostener que el Defensor del Pueblo puede alegar en su recurso cualquier vicio de constitucionalidad. Ahora bien, el hecho de que la misión del Defensor del Pueblo se centre en los derechos y libertades fundamentales puede llevar a entender, por el contrario, que la estrategia impugnatoria sólo puede desarrollarse en este campo. La LOTC no establece restricción material alguna, sin embargo, y el Tribunal ha optado por mantener esta apertura. Tal fue la posición fijada en la STC 150/1990 (FJ 1), y reiterada en la STC 137/2010 (FFJJ 2 y 3), pese al intento del Gobierno de la Generalitat y del Parlamento de Cataluña de cuestionar esa doctrina en el contexto del recurso formulado por el Defensor del Pueblo contra el Estatuto de Autonomía de Cataluña de 2006. El Tribunal ha razonado su tesis a partir de una lectura literal de la Constitución (que no incluye restricción objetiva cuando habilita al Defensor del Pueblo para formular recurso), y a la luz de los trabajos parlamentarios relativos a la elaboración del texto constitucional, de los que se desprende que el constituyente quiso conceder una amplia legitimación activa al Defensor del Pueblo para paliar la ausencia de mecanismos de acción popular frente a las leyes.

IV. DIPUTADOS Y SENADORES

En tercer lugar, el precepto atribuye legitimación activa a 50 Diputados y 50 Senadores. En la práctica, ello significa, por regla general, que una minoría cualificada de la oposición parlamentaria puede acudir al Tribunal Constitucional para poner en tela de juicio la ley (o norma con rango de ley) que ha surgido de la mayoría parlamentaria que sustenta al Gobierno. Aunque éste es el empleo típico del recurso por parte de los Diputados y Senadores, nada impide que el recurso se dirija contra normas autonómicas. Incluso los Senadores designados por los parlamentos autonómicos están legitimados para impugnar las leyes adoptadas por éstos (STC 180/2000).

En general, el Tribunal ha seguido en este ámbito de su jurisprudencia una interpretación *pro actione* de las normas que disciplinan la legitimación activa. Así, ha afirmado que la pérdida de la condición de Diputado o Senador por extinción del mandato parlamentario, como consecuencia de la disolución de las Cortes Generales, no impide presentar un recurso de inconstitucionalidad (ATC 547/1989).

Además, el Tribunal ha admitido que un parlamentario que ha votado a favor de una determinada ley suscriba luego un recurso de inconstitucionalidad contra la misma. Así, el Tribunal conoció en una ocasión de un recurso interpuesto por 54 Diputados, 44 de los cuales habían votado en el Congreso a favor de uno de los preceptos impugnados. El Tribunal consideró que, si bien era deseable cierta "coherencia" por parte de los parlamentarios en actos de tanta trascendencia política, el Tribunal no podía abstenerse de conocer del fondo del asunto (STC 27/1981, FJ 9).

Por otro lado, hay que tener en cuenta que el titular de la legitimación activa no es un grupo parlamentario, sino el conjunto de Diputados o de Senadores que se unen *ad hoc* para plantear el recurso. Ello es importante a efectos de desistimiento: son esos concretos Diputados o Senadores, y no el grupo parlamentario al que puedan pertenecer, quienes tienen en sus manos la posibilidad de desistir más adelante del recurso presentado (ATC 56/1999).

El recurso de inconstitucionalidad como mecanismo de control en manos de la oposición ha sido criticado a menudo con el argumento de que contribuye a politizar la justicia constitucional. De acuerdo con esta crítica, el Tribunal se ve obligado a entrar de lleno en el terreno de la lucha partidista, desde el momento en que el desacuerdo entre mayoría y minoría se transforma en un litigio constitucional. Ahora bien, el recurso de inconstitucionalidad puede tener la virtud de "constitucionalizar" el debate político: las fuerzas parlamentarias que discuten acerca de determinada ley tenderán a tomarse la Constitución más en serio si está abierta la posibilidad de que la minoría pueda acudir al Tribunal para interrogarle acerca de la validez de la ley que finalmente se apruebe. También en otros países europeos (Francia, Alemania, Austria, Portugal, por ejemplo) se permite a una minoría cualificada de la asamblea legislativa impugnar leyes en abstracto.

V. GOBIERNOS Y PARLAMENTOS AUTONÓMICOS

Por último, el precepto se refiere a los órganos colegiados ejecutivos y a las asambleas legislativas de las Comunidades Autónomas.

Llama la atención que, a diferencia de lo que sucede en el plano estatal, no es el presidente del gobierno autonómico, sino el gobierno como órgano colegiado, quien puede entablar el recurso. No se comprende la razón de ser de este contraste.

Las asambleas legislativas, por su parte, deberán ajustarse a las correspondientes disposiciones de los Estatutos de Autonomía a la hora de adoptar la decisión de interponer recurso de inconstitucionalidad. Tales Estatutos suelen exigir mayoría absoluta del Pleno de la cámara legislativa.

Con respecto a la legitimación activa de estas instituciones autonómicas, la LOTC establece un restricción notable en el art. 32, cuando prevé que sólo son susceptibles de recurso las "Leyes, disposiciones o actos con fuerza de ley del Estado que puedan afectar a su propio ámbito de autonomía". Esta limitación no figura en el texto constitucional, y es de dudosa validez.

De acuerdo con la LOTC, pues, los gobiernos y parlamentos autonómicos no pueden utilizar el recurso de inconstitucionalidad para oponerse a las leyes, y normas con fuerza de ley, de la propia Comunidad, o para hacer frente a las adoptadas por otras Comunidades.

El Tribunal no admitió, por ejemplo, el recurso presentado por el Consejo de Gobierno de la Junta de Extremadura frente a determinados preceptos del reglamento de la Asamblea de Extremadura (STC 223/2006). Dicha inadmisión se fundó en la restricción establecida por la LOTC, cuya constitucionalidad el Tribunal avaló con el discutible argumento de que el art. 165 de la CE hace una llamada al legislador orgánico para concretar la legitimación activa de los órganos autonómicos. La sentencia contó, sin embargo, con un importante voto particular firmado por tres magistrados.

Frente a una normativa con fuerza de ley de otra Comunidad Autónoma, las instituciones autonómicas afectadas no pueden activar un recurso de inconstitucionalidad, pero pueden esperar a que se dicten los pertinentes reglamentos y actos de ejecución de dicha normativa, incoando entonces un conflicto de competencias. Conviene señalar, por otra parte, que las Comunidades Autónomas sí pueden atacar los Estatutos de Autonomía de otras Comunidades, pues los Estatutos se aprueban por medio de una ley orgánica estatal (STC 99/1986).

La doctrina ha discutido la oportunidad de reformar el sistema vigente, a los efectos de brindar a minorías cualificadas de las asambleas legislativas autonómicas la posibilidad de impugnar las leyes aprobadas por las mayorías parlamentarias. Con ello se extendería a la esfera autonómica el potente instrumento de control en manos de la minoría que la Constitución consagra en el ámbito estatal.

En cuanto a las normas estatales como objeto de recurso por parte de los órganos autonómicos, es importante señalar que el Tribunal Constitucional ha efectuado una interpretación muy flexible del requisito relativo a la afectación del ámbito de autonomía, hasta el punto de neutralizarlo en la práctica. El Tribunal ha sostenido que "la legitimación de las Comunidades Autónomas para interponer el recurso de inconstitucionalidad no está al servicio de la reivindicación de una competencia violada, sino de la depuración del ordenamiento jurídico", extendiéndose "a todos los supuestos en que exista un punto de conexión material entre la ley estatal y el ámbito competencial autonómico" (STC 110/2011, FJ 2). La doctrina se ha mostrado prácticamente unánime al aplaudir la lectura correctiva por la que se ha inclinado el Tribunal.

VI. BIBLIOGRAFÍA

TORRES MURO, I.: *La legitimación en los procesos constitucionales*, Reus, Madrid, 2007.

VII. JURISPRUDENCIA

ATC 6/1981, de 14 de enero.
STC 150/1990, de 4 de octubre.
ATC 56/1999, de 12 de abril.
STC 180/2000, de 29 de junio.
STC 240/2006, de 20 de julio.
STC 110/2011, de 22 de junio.
STC 118/2016, de 23 de junio.

Artículo 162.1.b)

Están legitimados:

[...]

b) Para interponer el recurso de amparo, toda persona natural o jurídica que invoque un interés legítimo, así como el Defensor del Pueblo y el Ministerio Fiscal.

COMENTARIO

Mario Hernández Ramos
Profesor Titular de Universidad de Derecho Constitucional
Universidad Complutense de Madrid

SUMARIO: I. INTRODUCCIÓN. II. LA FÓRMULA "INTERÉS LEGÍTIMO". III. LAS PERSONAS NATURALES. IV. LAS PERSONAS JURÍDICAS. V. LA LEGITIMACIÓN INSTITUCIONAL: EL MINISTERIO FISCAL Y EL DEFENSOR DEL PUEBLO. VI. BIBLIOGRAFÍA. VII. JURISPRUDENCIA.

I. INTRODUCCIÓN

Este precepto junto con el art. 46 LOTC regula las condiciones generales de legitimación activa para interponer un recurso de amparo, constituyendo una regulación cerrada y autosuficiente sin que pueda ser innovada por otras disposiciones (STC 246/2004, FJ 2).

Sin ánimo de profundizar, es necesario resaltar que la legitimación pertenece al fondo del asunto (STC 214/1991, de 11 de noviembre, FJ 5), es decir no constituye una excepción o presupuesto procesal que pudiera condicionar la admisibilidad de la demanda o la validez del proceso, sino que puede ser tratada de forma preliminar o previa.

El art. 162.1.b) CE establece dos tipos distintos de legitimaciones para interponer un recurso de amparo: por un lado, la privada, atribuida a personas físicas y jurídicas; por otro lado, la institucional, conferida al Defensor del Pueblo y al Ministerio Fiscal. Ambos tipos de legitimación podrán interponer un recurso de amparo siempre que consideren que ostentan un "interés legítimo". Por ello, se debe abordar en primer lugar, qué significa esta fórmula que ha permitido una amplísima legitimación activa en la demanda de tutela de los derechos fundamentales ante la jurisdicción constitucional española.

II. LA FÓRMULA "INTERÉS LEGÍTIMO"

Desde una posición iniciada en la STC 60/1982, de 11 de octubre el Tribunal Constitucional ha definido los contornos del concepto "el interés legítimo".

Por un lado, se trata de una categoría más amplia que la de derecho subjetivo y la de interés directo, no pudiendo confundirse con el más restrictivo de la titularidad personal del derecho fundamental o libertad pública cuyo amparo se pide; concurre "en toda persona cuyo círculo jurídico pueda resultar afectado por la violación de un derecho fundamental, aunque la violación no se haya producido directamente en su contra" (STC 298/2006, de 23 de octubre, FJ 4).

Por otro lado, el Tribunal Constitucional ha interpretado este concepto excluyendo la acción popular (STC 214/1991, de 11 de noviembre, FJ 3), por lo que está a medio camino entre la acción popular y la titularidad del derecho vulnerado, ya que, aunque no se haya atribuido la legitimación a cualquier persona, la legitimación por ostentar un "interés legítimo" ha sido interpretada por el Alto Tribunal de una manera bastante amplia y flexible. Muy temprano el Tribunal Constitucional interpretó este concepto de manera más amplia y diferente que los contenidos de "interés directo" (de la Ley de Jurisdicción Contencioso Administrativa de 1956 hoy sustituido también por el "interés legítimo" de la LJCA de 1998, art. 19.1) y de derecho subjetivo (STC 60/1982, de 11 de octubre).

Esto significa que la legitimación no está reservada al titular del derecho lesionado, sino que es extensible a todas aquellas personas que se beneficien o se vean afectados por la reparación del derecho vulnerado, siempre que el interés no sea genérico sino cualificado y específico (STC 53/1998, de 3 de marzo). En este sentido, Barceló desarrolla que el concepto de "interés legítimo" permitiría extender la legitimación en los procesos de amparo a los siguientes sujetos:

a) al titular del derecho o libertad supuestamente violados;

b) quien disfrute de un título *ex lege* para asumir procesalmente la representación del titular del derecho vulnerado (representación de menores, de incapaces y la excepcional del Defensor del Pueblo y Ministerio Fiscal);

c) a quien participe de la acción por sucesión procesal (por ejemplo, defensa por los hijos del honor de la madre fallecida);

d) a quien, sin ser titular del derecho, tenga un interés, no en defensa abstracta del mismo, sino un interés propio, cualificado y específico en que se repare la vulneración padecida por su titular, por obtener con ello una ventaja o titularidad jurídica en ese propio interés.

El concepto de "interés legítimo" que establece el art. 162.1.b) CE se completa con los dos apartados del art. 46 LOTC.

En el art. 46.1.a) LOTC se reconoce legitimación para los amparos *ex* art. 42 LOTC a la "persona directamente afectada". Ha sido recurrente la discusión sobre si concurría legitimación activa en supuestos en que la invocación de un derecho de representación política se vinculaba a decisiones de los órganos parlamentarios respecto de la procedencia del ejercicio del *ius in officium* de otros parlamentarios. El TC ha indicado reiteradamente que el análisis de la falta de legitimación activa debe deferirse a un análisis del fondo del asunto. Esto puede verse claramente en la relevante STC 65/2023, de 6 junio (FJ 2.ii), en la que el Pleno del Tribunal Constitucional resuelve los recursos de amparo planteados por diputados alegando la vulneración del art. 23 CE por las decisiones de los órganos parlamentarios de aceptar las fórmulas de juramento empleadas por otros diputados.

En el art. 46.1.b) LOTC se reconoce legitimación para los amparos *ex* arts. 43 y 44 LOTC a las personas que hayan sido "parte en el proceso judicial correspondiente". El art. 46.1.b) LOTC completa la regulación general sobre legislación establecida en la Constitución con la exigencia de haber sido parte en el proceso judicial previo al recurso de amparo. Esta norma no es una exigencia adicional, en realidad es congruente con el principio de subsidiariedad del recurso de amparo, pues en definitiva puede acudir en amparo quien solicitó la protección de su derecho ante la jurisdicción ordinaria (STC 84/2000, FJ 1). En opinión de GIMENO SENDRA, el legislador "quiso establecer un conjunto de filtros que impidieran una avalancha de recursos; pero dado el superior rango normativo de la Constitución se impuso una labor de armonización del art. 46.1 LOTC con el art. 162.1.b) CE."

2204

El Tribunal Constitucional no consideró estas dos fórmulas limitativas o contradictorias con el concepto constitucional de "interés legítimo", sino que las integró.

Teniendo en cuenta todo esto, PÉREZ TREMPS ordena los problemas de legitimación que suscita el recurso de amparo en dos grupos. Por un lado, teniendo en cuenta los recursos interpuestos por el titular del derecho, hay casos en los que no es fácil identificar la titularidad del derecho, lo que repercute en ocasiones en la legitimidad para interponer el recurso. Por otro lado, en el caso de que el recurso de amparo se base en un interés legítimo distinto de la titularidad del derecho, hay que determinar la concurrencia o no del dicho interés legítimo. Además, la legitimación exige que exista personalidad jurídica. De esta manera, no tendrán legitimación activa para interponer un recurso de amparo las personas físicas fallecidas, las personas jurídicas que no han obtenido aún esa personalidad o que la han perdido. Respecto de personas jurídicas, su legitimación jurídica está relacionada con la existencia misma de esas personas, como el nacimiento en el mundo del Derecho, extinción, sucesión... etc. En este sentido, el Tribunal Constitucional no se considera competente para entender de esas cuestiones pues son normas de legalidad ordinaria (STC 140/1998). Al hilo de esto, también son reseñables los casos de la ilegalización de los partidos políticos Herri Batasuna, Euskal Herritarrok y Batasuna (ATC 520/2005, FJ 4 y STC 138/2012 FJ 2) en los que se entendió "que un partido disuelto judicialmente o cuya constitución se ha declarado improcedente, al carecer de personalidad jurídica, carece asimismo de legitimación para recurrir en amparo."

La fórmula de interés legítimo fue determinante para reconocer legitimidad en la interposición del recurso de amparo a Violeta Friedman, quien reclamó el derecho fundamental al honor de una colectividad sin determinar y sin una personalidad jurídica definida: el pueblo judío. El Tribunal Constitucional reconoció a la Sra. Friedman legitimación activa para interponer el amparo a pesar de que el ex Jefe de las Waffen S.S. Leon Degrelle no había hecho alusión directa a la recurrente en ningún momento (STC 214/1991, de 11 de noviembre, FFJJ 4 y 5, consolidado después en la STC 176/1995, de 11 de noviembre, FJ 3).

III. LAS PERSONAS NATURALES

La posibilidad de entender que solo los ciudadanos españoles podrían beneficiarse del recurso de amparo, al entender que así lo establecía la dicción literal del art. 53.2 CE ("*cualquier ciudadano podrá recabar la tutela de las libertades y derechos*...") ha de desecharse, pues este precepto ha de leerse en conexión con el art. 161.2.b) CE que se refiere genéricamente a "toda persona natural o jurídica", al igual que el art. 41.2 LOTC. De hecho, en ningún momento el Tribunal Constitucional se ha planteado expresamente si ese concepto de ciudadanos excluye a los no nacionales con carácter general. Son abundantes, además, los recursos de amparo interpuestos por personas de nacionalidad extranjera.

Dicho esto, sí es cierto que la diferenciación que pudiera darse entre nacionales y extranjeros en materia de interposición de un recurso de amparo no sería a causa de la legitimación activa sino a la titularidad de derechos susceptibles de ser alegados, pues hay algunos derechos, concretamente los relacionados con ostentar la nacionalidad española, de los que no pueden ser titulares las personas de nacionalidad extranjera. Sería el caso de aquellos derechos relacionados con actividades soberanas del Estado, por ejemplo, el derecho al sufragio activo y pasivo y el de participar en asuntos públicos, art. 13.2 CE en relación con el art. 23 CE. No obstante, hay una progresiva tendencia a superar estas distinciones basadas en barreras estatales, y hasta mismo art. 13.2 CE establece la posibilidad de que, en determinadas condiciones, los extranjeros residentes en España participen en las elecciones municipales. Hoy día la diferencia en el disfrute de derechos entre nacionales y extranjeros es la excepción.

El Tribunal Constitucional ha considerado que el concepto de interés legítimo comprende las "situaciones de vinculación familiar" (STC 233/2005, de 26 de septiembre, FJ 9), reconociendo legitimación del padre del titular del derecho fundamental, con independencia de que estuviera o no en el ejercicio de la patria potestad, cuando el hijo se hallaba aquejado de una discapacidad (STC 174/2002, de 9 de octubre, FJ 4), así como la de los guardadores de hecho de una persona menor de edad que se encuentre a su cargo (STC 221/2002, de 25 de noviembre, FJ 2). Por supuesto, también de los hijos respecto de sus progenitores cuando estos estuvieran impedidos, como es el caso de la STC 38/2023, de 20 de abril (FJ 5) para otorgar consentimiento para ser vacunada contra el Covid-19, por sufrir de una demencia severa causada por Alzheimer. Esta "vinculación familiar" tiene sus límites, como los que reconoce el Alto Tribunal en la importante STC 11/2023, de 23 de febrero, rechazando la legitimación por interés legítimo a la pareja de la mujer embarazada al aducir discriminación por razón de sexo por entender que las decisiones tomadas por el hospital sobre el parto se centraban en el *nasciturus* y dejaban de lado los intereses y la capacidad de decidir de la mujer gestante.

IV. LAS PERSONAS JURÍDICAS

La Constitución reconoce legitimidad para interponer un recurso de amparo a personas jurídicas. El problema que surge, aunque sea diferente al de la legitimación, es determinar en qué medida las personas jurídicas son o no titulares de determinados derechos fundamentales. A diferencia de la Ley Fundamental de Bonn, en la que expresamente en el art. 19.3 se reconoce que los derechos fundamentales rigen para las personas jurídicas, la Constitución española no contiene una afirmación tan categórica.

El Tribunal Constitucional sí ha reconocido de manera muy frecuente que las personas jurídicas son titulares de derechos fundamentales, pero ha de tenerse en cuenta el alcance del derecho reconocido puede no tener el mismo alcance que el que posean las personas naturales, afectando en consecuencia a la legitimación. Por ello, como afirma Pérez Tremps, "sólo a partir del análisis de cada derecho y de situaciones jurídicas específicas podrán concretarse el alcance del derecho y la existencia o no de legitimación de una persona jurídica para protegerlo."

En la jurisprudencia constitucional se puede diferenciar entre varios tipos de derechos fundamentales en virtud de su titularidad por parte de personas jurídicas.

No son predicables de las personas jurídicas los derechos relacionados con la dignidad humana, como el derecho a la vida (art. 15 CE). En este tipo de derechos, y salvo que se demostrara un interés legítimo, no podrán interponerse recursos de amparo basados en violaciones de derechos de los que las personas jurídicas no pueden ser titulares.

Todo lo contrario sucede con ciertos derechos con dimensión colectiva como la libertad religiosa respecto de las comunidades religiosas, el derecho de asociación respecto de los entes asociativos o la libertad sindical con los sindicatos.

En una situación intermedia se encuentran aquellos derechos cuya titularidad no es fácil de deducir de la Constitución, pero cuya titularidad puede ser otorgada a personas jurídicas como los derechos relacionales que, por naturaleza, están vinculados siempre a otros derechos o intereses legítimos, como el derecho a la no discriminación (STC 23/1985) y el derecho a la tutela judicial efectiva (STC 64/1988). También se ha reconocido la titularidad de ciertos derechos fundamentales a personas jurídicas como la libertad de expresión (STC 52/1995), la inviolabilidad del domicilio (STC 137/1984) o el derecho al honor (STC 139/1995).

No obstante, la legitimación de las personas jurídicas para interponer un amparo no solo se restringe a los supuestos en los que se reclama la protección de un derecho de que son titulares, sino también de aquellos en los que se reclama la reparación de derechos ajenos alegando la existencia de un interés legítimo. Este ha sido el caso, por ejemplo, del reconocimiento de interés legítimo para interponer demandas de amparo a los sindicatos (STC 31/1984, de 7 de marzo) para la defensa de derechos fundamentales reconocidos por la Constitución para los trabajadores, como igualdad salarial (art. 14 CE) o libertad sindical y derecho de huelga (art. 28 CE); a los partidos políticos (STC 180/1988, de 11 de octubre) para la defensa del derecho de acceso en condiciones de igualdad a cargos públicos respecto de los integrantes de sus candidaturas electorales (art. 23.2 CE), así como a Grupos Parlamentarios para demandar la protección del art. 23.2 CE respecto a los miembros de las Cámaras que los integran (STC 81/1991, de 22 de abril).

Mención especial merecen las personas jurídico-públicas, habida cuenta de su naturaleza jurídica. Los derechos fundamentales nacieron como categorías jurídicas para proteger al individuo frente al poder público, por eso en principio parece difícil que ese mismo poder público pueda ser titular de derechos fundamentales y por tanto ostentar legitimación para reclamar su protección. Sin embargo, como argumenta Pérez Tremps, "la diversificación en las formas de personificación jurídico-pública hacer que, a menudo, algunos derechos fundamentales aparezcan como vinculables a personas jurídico públicas, muy singularmente al derecho a la tutela judicial efectiva y algunas de las garantías procesales consagradas en el art. 24 CE." De esa manera, el Tribunal Constitucional ha reconocido la titularidad de derecho fundamentales por parte de personas jurídico-públicas (STC 164/2008, FJ 3), extendiendo a algunas personas jurídico-públicas algunos derechos fundamentales, como la libertad de expresión (STC 190/1996, de 25 de noviembre), la autonomía universitaria (STC 26/1987, de 27 de febrero) o el derecho a la igualdad (STC 100/1993, de 22 de marzo).

V. LA LEGITIMACIÓN INSTITUCIONAL: EL MINISTERIO FISCAL Y EL DEFENSOR DEL PUEBLO

El motivo por el que se otorga legitimación activa para la interposición de un recurso de amparo es que tanto el Ministerio Fiscal, como el Defensor del Pueblo actúan en su condición de instituciones que tienen constitucionalmente encomendada la misión de defender los derechos de los ciudadanos (arts. 54 CE y 124 CE respectivamente).

Es una legitimación autónoma, pues no actúan necesariamente en sustitución de la persona agraviada cuando ésta no puede defenderse por sí misma. Ni siquiera necesita el consentimiento del interesado. Sin embargo, su uso en la mayoría de las ocasiones suele estar supeditado (pero no necesariamente) a que las personas que sufren la violación no hayan reaccionado a la misma, lo que explica el bajo número de recursos interpuestos por estas dos instituciones.

El papel especial del Ministerio Fiscal en relación con el recurso de amparo ha de completarse con dos atribuciones muy particulares, como son la posibilidad de intervenir en todos los recursos de amparo, en cuanto defensor de la constitucionalidad (art. 47.2 LOTC), así como recurrir en súplica las decisiones liminares de inadmisión de los recursos (art. 50.3 LOTC).

La interposición de recursos de amparo por parte del Ministerio Fiscal es cuantitativamente excepcional: hasta el 31 de diciembre de 2015 el Ministerio Fiscal ha interpuesto 44 recursos de amparo, lo que constituye un 0,03% de los recursos de amparo interpuestos ante el Tribunal Constitucional.

En cuanto al papel del Defensor del Pueblo en relación con el recurso de amparo, a diferencia de lo que sucede con el Ministerio Fiscal, es extraordinario, pues no tiene su campo ordinario de actuación en el ámbito procesal. Las figuras afines existentes en las Comunidades Autónomas no ostentan esta legitimación peculiar, han de someterse a las reglas generales de legitimación. Su uso ha sido aún más esporádico que la del Ministerio Fiscal. La última interposición fue el 7 de abril de 2015, contra la sentencia de 16 de febrero de 2015, de la sección séptima de la Sala Tercera del Tribunal Supremo, demandando la protección del derecho de acceso en condiciones de igualdad a las funciones y cargos públicos (art. 23.2 CE) para las personas con discapacidad. El recurso no fue admitido a trámite. Por último, y como prueba de su consideración supletoria y subsidiaria puede recordarse el desistimiento en un amparo interpuesto cuando comprobó que las víctimas de la violación denunciada habían formulado ellas mismas un recurso de amparo (ATC 94/1984).

VI. BIBLIOGRAFÍA

BARCELÓ I SERRAMALERA, M.: "Artículo 46", en REQUEJO PAGÉS, J. L., (Coord.), *Comentarios a la Ley Orgánica del Tribunal Constitucional*, TC-BOE, Madrid, 2001, pp. 736-764.

GIMENO SENDRA, V.: "Artículo 162", en RODRÍGUEZ-PIÑERO Y BRAVO FERRER, M., y CASAS BAAMONDE, M. E. (Dirs), *Comentarios a la Constitución española. Conmemoración del XL Aniversario de la Constitución*, Tomo II, BOE, Wolters Kluwers, Madrid, 2018, pp. 1785-1795.

PÉREZ TREMPS, P.: *El recurso de amparo*, Tirant lo Blanch, 2015.

TORRES MURO, I.: *La legitimación en los procesos constitucionales*, Reus, Madrid, 2007.

VII. JURISPRUDENCIA

STC 64/1988, de 12 de abril.
STC 214/1991, de 11 de noviembre.
STC 246/2004, de 20 de diciembre.
STC 38/2023, de 20 de abril.
STC 65/2023, de 6 junio.

Artículo 162.2

2. En los demás casos, la ley orgánica determinará las personas y órganos legitimados.

COMENTARIO

Mario Hernández Ramos
Profesor Titular de Derecho Constitucional
Universidad Complutense de Madrid

SUMARIO: I. BIBLIOGRAFÍA.

Este precepto resulta plenamente coherente con el sistema de fuentes que regula el Tribunal Constitucional y su funcionamiento, remitiéndose a la Ley orgánica para concretar la legitimación en aquellos procesos y aspectos no cubiertos por el art. 162.1 CE.

No obstante, también las previsiones del art. 162.1 CE respecto del recurso de inconstitucionalidad y del recurso de amparo encuentran su complemento en la LOTC y en la LOREG en relación con los recursos de amparo electorales, concretamente en los arts. 49 y 114 LOREG.

Los demás procesos constitucionales se regulan, en efecto, en la LOTC aunque en algún caso no faltan referencias en la propia Constitución; así, la legitimación para instar el control previo de tratados se restringe al Gobierno y a las Cámaras, como se establece en el art. 95.2 CE, completándose esta previsión respecto de las Cámaras en los respectivos Reglamentos (arts. 157 RCD y 147 RS). También sobre legitimación ha de señalarse el art. 161.2 CE sobre las impugnaciones de "disposiciones y resoluciones", autonómicas, con efectos suspensivos, impugnaciones que sólo el Gobierno puede plantear, configurándolo de ese modo como gánate de la Constitución.

Otro supuesto en el que la Constitución hace referencia a la legitimación, entendido el concepto un sentido amplio e impropio, es el de la cuestión de inconstitucionalidad que el art. 163 CE abre a cualquier "órgano judicial", de oficio o a instancia de parte, completa la LOTC en su art. 35, y siempre en el ejercicio de funciones jurisdiccionales. Respecto de los demás procesos constitucionales, la regulación de la legitimación se agota en la propia LOTC, aunque sea a veces por remisión a otros procesos, como es el caso del recurso previo de inconstitucionalidad contra Proyectos y reformas de Estatutos de

Autonomía, cuya legitimación se remite a la del recurso de inconstitucionalidad (art. 79.1.3 LOTC).

En el resto de los casos la LOTC configura la legitimación a partir de la naturaleza misma del proceso. Configurado el conflicto entre órganos constitucionales como tal, la legitimación se reconoce a éstos, es decir, al Gobierno, Congreso, Senado y Consejo General del Poder Judicial, los conflictos de competencia a los ejecutivos estatal y autonómicos como garantes de sus respectivos ámbitos da autonomía (arts. 62 y 63 LOTC).

Un supuesto muy singular de legitimación es el de los conflictos en defensa de la autonomía local, cuya legitimación colectiva se determina conforme a unas reglas cuantitativas sumamente complejas (art. 75 ter LOTC).

El único supuesto, además del recurso de amparo, en el que se abre la legitimación al ciudadano en nuestro sistema constitucional es el de los conflictos negativos de competencia ya que se trata de supuestos en los que la inactividad de Estado y de Comunidad Autónoma puede repercutir en el estatus del ciudadano (art. 65 LOTC). En todo caso, la escasez de conflictos de este tipo y la estrechez de su admisibilidad hace de este conflicto casi una "anécdota" constitucional.

I. BIBLIOGRAFÍA

Además de la bibliografía general citada en los preceptos relativos a cada proceso, con carácter específico puede verse:

ALLÚE BUIZA, A. (1992): *Legitimación de las Comunidades Autónomas en los recursos de inconstitucionalidad*, Valladolid.

CANOSA, R. (1992): *La legitimación autonómica en el proceso constitucional*, Madrid.

PÉREZ TREMPS, P. (2016): *Sistema de Justicia Constitucional*, Madrid.

TORRES MURO, I. (2007): *La legitimación en los procesos constitucionales*, Madrid.

Artículo 163

Cuando un órgano judicial considere, en algún proceso, que una norma con rango de ley, aplicable al caso, de cuya validez dependa el fallo, pueda ser contraria a la Constitución, planteará la cuestión ante el Tribunal Constitucional en los supuestos, en la forma y con los efectos que establezca la ley, que en ningún caso serán suspensivos.

COMENTARIO

Juan Antonio Xiol Ríos
Vicepresidente emérito del Tribunal Constitucional

SUMARIO: I. LA CUESTIÓN DE INCONSTITUCIONALIDAD. II. ELEMENTOS SUBJETIVOS. 1. Órgano judicial. 2. Partes en el proceso originario. 3. Partes en el proceso ante el TC. III. ELEMENTOS OBJETIVOS. 1. Disposiciones impugnadas. 2. Alcance de los pronunciamientos del TC. IV. ELEMENTOS FORMALES. 1. Propuesta y suspensión. 2. Admisión. 3. Procedimiento y resolución. V. LA CUESTIÓN DE INCONSTITUCIONALIDAD COMO INSTRUMENTO JURISPRUDENCIAL. 1. Ausencia de límites temporales. 2. Ausencia de límites objetivos. 3. Evolución de la jurisprudencia. 4. Autos de inadmisión. 5. Cuestiones de derecho europeo. 6. Cuestión interna de inconstitucionalidad. VI. BIBLIOGRAFÍA. VII. JURISPRUDENCIA.

I. LA CUESTIÓN DE INCONSTITUCIONALIDAD

El artículo 163 CE introduce la cuestión de inconstitucionalidad (o cuestión de constitucionalidad, como indiferentemente se la llama: art. 35.3 LOTC) como uno de los procedimientos de control de constitucionalidad de la ley. Tiene como finalidad conciliar el sistema de control de constitucionalidad concentrado que rige en nuestro derecho —en virtud del cual se atribuye el monopolio de rechazo de la constitucionalidad de las leyes al TC— con la falta de legitimación en favor de los particulares para hacer valer frente al TC la inconstitucionalidad de las leyes que pueden afectarles.

Así, la cuestión de inconstitucionalidad (i) es, por una parte, un instrumento de control abstracto de la constitucionalidad de la ley impugnada, un proceso objetivo o proceso a un acto cuyo cometido es determinar la validez de un acto normativo sin tener en cuenta su aplicación a casos concretos; (ii) pero, al mismo tiempo, la cuestión de inconstitucionalidad tiene su génesis en un proceso subjetivo —es decir, en un proceso entre partes en que se ventilan directamente sus respectivos derechos e intereses—, pues solo puede iniciarse en el seno de un procedimiento seguido ante un órgano judicial para cuya resolución es necesario previamente depurar la constitucionalidad de una ley.

Frente al control abstracto característico de los recursos de inconstitucionalidad la cuestión de inconstitucionalidad implica un control concreto de normas, en expresión de la *Grundgesetz*, sin perder su carácter objetivo.

En su vertiente de control concreto la cuestión de inconstitucionalidad aparece en sí misma como una cuestión prejudicial de carácter devolutivo. En efecto: (i) su objeto consiste en una cuestión que debe resolverse como presupuesto para decidir sobre el fondo en un proceso judicial y (ii) su resolución corresponde a un tribunal distinto de aquel llamado a dictar la resolución de fondo que resuelve el conflicto entre las partes.

Su complejidad determina que la regulación de este procedimiento presente rasgos y caracteres tortuosos —construidos, en gran parte, por la jurisprudencia del TC— que subrayan, bien su carácter abstracto, bien su carácter concreto. El carácter abstracto del procedimiento surge especialmente a la luz una vez se ha admitido la cuestión de inconstitucionalidad ante el TC, pues entonces, al menos en teoría, el TC examina la constitucionalidad de la ley exactamente igual que si de un recurso de inconstitucionalidad se tratase (STC 161/1997).

Una vez admitida la cuestión, en efecto, el TC suele negar la ilación entre el alcance de los pronunciamientos de constitucionalidad y el proceso en el cual se ha planteado la cuestión, dando —sin excepciones notables— alcance general a la sentencia mediante la que se resuelve la cuestión, la cual constitucionalmente tiene un valor *erga omnes*. Por ejemplo, en la sentencia que resuelve declarar inconstitucional la norma foral que suprime la exención tributaria en favor de las confesiones religiosas el TC anula el precepto impugnado en su totalidad, sin hacer distinciones, aun cuando la relevancia de la cuestión únicamente operaba en relación con la confesión islámica a la que se refería el procedimiento judicial de origen (STC 13/2018).

En otros aspectos, por el contrario, la jurisprudencia constitucional mantiene la conexión entre el proceso originario y el proceso constitucional. Así sucede, especialmente, cuando se trata de (i) la exigencia rigurosa de que en el proceso originario el trámite de audiencia a las partes se haya tramitado regularmente y anteriormente al planteamiento de la cuestión de inconstitucionalidad (STC 204/2004); (ii) la apreciación de la relevancia del precepto impugnado como presupuesto para la admisibilidad de la cuestión de inconstitucionalidad (vid. *infra*); (iii) la configuración de determinadas causas de extinción anticipada del proceso originario (como el desistimiento, el allanamiento o la satisfacción extraprocesal de la pretensión) como causas de extinción de la cuestión de inconstitucionalidad ante el TC por pérdida sobrevenida de su objeto (ATC 98/2003, de 25 de marzo).

En alguna ocasión el TC ha justificado el monopolio de rechazo del TC en lo que ha llamado la dignidad de la ley (STC 17/1981). Probablemente esta es una explicación excesivamente simplista, pues la dignidad de la ley es respetada igualmente en los sistemas de control difuso, máxime cuando en nuestro derecho el principio de primacía del derecho europeo permite (y obliga) a los tribunales ordinarios a inaplicar las leyes que lo contradigan, que no por ello pierden su dignidad, sino solo su eficacia. El monopolio judicial de rechazo de las leyes se justifica por razones históricas, institucionales y políticas propias de la idiosincrasia de nuestro sistema y de los sistemas de derecho comparado semejantes y la cuestión de inconstitucionalidad constituye un procedimiento que obvia los mayores inconvenientes de este sistema sin renunciar a su esencia.

II. ELEMENTOS SUBJETIVOS

1. Órgano judicial

2214 El art. 35.1 LOTC es una transcripción parcial y adaptada del art. 163 CE, el cual, a los efectos que ahora interesan, se refiere a "un órgano judicial", en lugar de "un Juez o Tribunal". Pero del conjunto de las menciones contenidas en el art. 35 LOTC se desprende que la cuestión de inconstitucionalidad debe ser planteada por órganos investidos de funciones jurisdiccionales, aunque no se trate de jueces y tribunales pertenecientes al Poder Judicial (cabe, en consecuencia, su planteamiento por el Tribunal de Cuentas cuando ejerce la jurisdicción contable). Sin embargo, no cabe el planteamiento de la cuestión por parte de órganos que no ejercen aquellas funciones, como son los árbitros (ATC 259/1993, de 20 de julio), los tribunales administrativos o los encargados del Registro Civil (ATC 505/2005, de 13 de diciembre).

La cuestión de inconstitucionalidad debe ser planteada en un procedimiento jurisdiccional. Como tal deben considerarse no solamente los procesos principales, sino también los que tienen carácter incidental (incluso en el ámbito de la ejecución de sentencias: STC 81/2003), como confirma la nueva redacción de la LOTC al admitir que el proceso puede terminar por medio de una resolución distinta de la sentencia (art. 35.1 LOTC). También hay que entender que cabe el planteamiento en el ámbito de la "jurisdicción voluntaria", puesto que en ella se ejercen funciones atribuidas a jueces y tribunales en atención a su naturaleza (art. 117.4 CE), que la ley considera como propias de la jurisdicción.

Según el art. 10.1.c LOTC el Tribunal en pleno conoce de las cuestiones de constitucionalidad que reserve para sí; las demás deberán deferirse a las salas según un turno objetivo.

2. Partes en el proceso originario

Las partes en el proceso originario son, en principio, quienes tienen legitimación para intervenir como tales en él. Sin embargo, la LOTC ordena también dar traslado al MF acerca de la procedencia del planteamiento de la cuestión de inconstitucionalidad ante el TC.

3. Partes en el proceso ante el TC

Cuando se admite la cuestión en el TC se cita al Congreso de los Diputados y al Senado, al Fiscal General del Estado, al Gobierno y, en caso de afectar a una disposición autonómica, a los órganos legislativo y ejecutivo de la CA para formular alegaciones durante el plazo de 15 días. En la redacción originaria de la ley las partes en el proceso *a quo* carecían de participación. Sin embargo, una reforma posterior (obligada a raíz de la STEDH de 23 de junio de 1993, caso *Ruiz-Mateos c. España*) ordena que se cite a las partes en el proceso originario como interesadas (art. 37.2) para presentar igualmente alegaciones. El TC considera que la citación debe extenderse a quienes tienen legitimación para ser parte en el proceso *a quo*, aunque no se hubieran personado todavía en el mismo.

III. ELEMENTOS OBJETIVOS

1. Disposiciones impugnadas

La cuestión de inconstitucionalidad puede ser planteada respecto de cualquier disposición normativa con fuerza de ley estatal o autonómica. La LOTC se refiere inicialmente (art. 35.1) a las disposiciones con rango de ley, por lo que puede plantearse la duda en relación con las disposiciones que tienen fuerza de ley, pero no rango legal, como ocurre con el Reglamento del Congreso de los Diputados o con el acuerdo del Senado en el que se autoriza al Gobierno la aplicación del art. 155 CE. Sin embargo, el art. 29.2 LOTC da por supuesto que la cuestión de inconstitucionalidad puede dirigirse contra una ley, disposición o acto con fuerza de ley, como ocurre, según reiterada jurisprudencia constitucional, con los actos de declaración o prórroga de los estados excepcionales.

2. Alcance de los pronunciamientos del TC

Las sentencias recaídas en procedimientos de inconstitucionalidad tienen el valor de cosa juzgada, vinculan a todos los poderes públicos y producen efectos generales desde la fecha de su publicación en el Boletín Oficial del Estado (art. 38.1 LOTC, en relación con el art. 164 CE).

IV. ELEMENTOS FORMALES

1. Propuesta y suspensión

A tenor del art. 35.2 LOTC, antes de adoptar mediante auto su decisión definitiva, el órgano judicial oirá a las partes y al MF para que en el plazo común e improrrogable de diez días puedan alegar lo que deseen sobre la pertinencia de plantear la cuestión de inconstitucionalidad o sobre el fondo de esta. El órgano judicial, en su caso, elevará al TC la cuestión de inconstitucionalidad junto con testimonio de los autos principales y de las alegaciones efectuadas (art. 36.2 LOTC).

El art. 35.3 LOTC dispone que el planteamiento de la cuestión de constitucionalidad originará la suspensión provisional de las actuaciones en el proceso judicial hasta que el TC se pronuncie sobre su admisión. Producida esta, el proceso judicial permanecerá suspendido hasta que el TC resuelva definitivamente sobre la cuestión.

El art. 163 CE establece que los efectos del planteamiento de la cuestión de inconstitucionalidad "en ningún caso" serán suspensivos. Los antecedentes de la tramitación parlamentaria de la norma fundamental no dejan lugar a dudas acerca de la intención de los autores del texto: se trataba de evitar que el planteamiento de la cuestión de inconstitucionalidad legitimara al juez *a quo* para suspender el proceso en tanto resolviera el TC, lo cual, probablemente, se entendía como una forma de evitar una intromisión en el Poder Judicial por parte de una jurisdicción ajena al mismo. Pronto, sin embargo, estos prejuicios fueron superados. La doctrina puso de manifiesto que es absurdo no permitir a los jueces, por una parte, inaplicar las disposiciones que estimen contrarias a la CE obligándoles al planteamiento de la cuestión de constitucionalidad en caso de duda o certeza sobre la inconstitucionalidad de la ley y, por otra, no garantizar que la resolución de la cuestión se producirá con carácter previo a la decisión del proceso *a quo* (equivaldría a obligarlos a aplicar leyes inconstitucionales).

La doctrina propuso diversas soluciones —cómodamente formalistas— para solventar esta antinomia constitucional. Una de ellas fue la de entender que la prohibición de efectos suspensivos no se refiere al proceso *a quo*, sino a la disposición impugnada. Esta es la interpretación que acepta la LOTC (art. 30). Debe entenderse, aunque la LOTC no lo diga expresamente, que los órganos judiciales que estén conociendo casos cuya solución dependa de la posible inconstitucionalidad de una ley ya planteada por otro órgano ante el TC están legitimados, previa audiencia de las partes y del MF, para suspender la tramitación del proceso. Este es el sentido que tiene el mandato implícito de la LOTC según el cual deben publicarse en el BOE las cuestiones de inconstitucionalidad admitidas (art. 37.2 LOTC).

2. Admisión

Según el art. 35.2 LOTC el órgano judicial deberá concretar la ley o norma con fuerza de ley cuya constitucionalidad se cuestiona, el precepto constitucional que se supone infringido y especificar o justificar en qué medida la decisión del proceso depende de la validez de la norma en cuestión.

La admisión de la cuestión de inconstitucionalidad está, pues, subordinada por la LOTC no solo al cumplimiento de presupuestos y requisitos formales, sino también a la demostración de que la disposición cuya constitucionalidad se discute o acerca de cuya constitucionalidad se duda es aplicable y relevante para el fallo. El TC distingue entre la aplicabilidad de la disposición (que no concurre, por ejemplo, en el caso de que haya sido declarada inconstitucional, derogada o desplazada por una norma de derecho transitorio u otra disposición de carácter prevalente o haya sido ya aplicada con efectos de cosa juzgada: ATC 56/1997) y la relevancia de aquella, que consiste en que la declaración de su inconstitucionalidad sea susceptible de determinar una variación respecto de la decisión judicial que ha de dictarse demostrada por el proceso argumentativo que debe seguirse para tomarla (SSTC 17/1981, 141/2008 y 126/2022). No se exige, sin embargo, que la parte interesada haya planteado la inconstitucionalidad en instancias anteriores o en vía administrativa (STC 67/2023).

La LOTC exige que el proceso esté concluso (art. 35.2 LOTC). Sin embargo, el TC admite las cuestiones de inconstitucionalidad planteadas antes de la conclusión de los autos (i) cuando es necesario resolver con carácter previo un tema incidental y (ii) cuando la prosecución del proceso no puede añadir premisa alguna para el enjuiciamiento acerca de la constitucionalidad de la ley (STC 8/1982, FJ 1).

La inadmisión por falta de requisitos formales no impide al órgano judicial volver a plantear la cuestión una vez que se subsane aquella, siempre que sea posible (por ejemplo, cuando se ha omitido oír sobre el planteamiento de la cuestión a alguna de las partes).

La LOTC ordena la inadmisibilidad de la cuestión en los casos en los cuales esta sea manifiestamente infundada. Vid. *infra* sobre el alcance real de esta previsión.

Según el art. 35.2 LOTC, el juez resolverá en el plazo de tres días. El auto no será susceptible de recurso.

3. Procedimiento y resolución

El procedimiento para el trámite de la cuestión de inconstitucionalidad, una vez admitida esta, es sumamente sencillo: se concreta en la audiencia de las partes y del MF. Teóricamente cabe que el TC solicite prueba con arreglo a las normas generales contenidas en la LOTC; sin embargo, esta coyuntura es inusual, pues el TC tiende a estudiar la constitucionalidad de las leyes basándose en premisas predominantemente formales. También es inusual —cosa que no parece haber dado lugar a excesivas críticas— la potestativa celebración de vista oral (art. 85.3 LOTC).

A tenor del art. 37.3 LOTC, concluido el plazo de alegaciones, el TC dictará sentencia en el plazo de 15 días, salvo que estime necesario, mediante resolución motivada, un plazo más amplio, que no podrá exceder de 30 días.

El contenido del fallo es el propio de los procesos de inconstitucionalidad. Cabe que se resuelvan mediante la llamada interpretación conforme (por ejemplo, STC 112/2018, de 17 de octubre).

La sentencia dictada en una cuestión de inconstitucionalidad es comunicada inmediatamente al órgano judicial competente para la decisión del proceso. Dicho órgano notificará la sentencia constitucional a las partes. El juez o tribunal quedará vinculado desde que tuviere conocimiento de la sentencia constitucional y las partes desde el momento en que sean notificadas (art. 38.3 LOTC).

V. LA CUESTIÓN DE INCONSTITUCIONALIDAD COMO INSTRUMENTO JURISPRUDENCIAL

1. Ausencia de límites temporales

La cuestión de inconstitucionalidad cumple un relevante papel para permitir el examen de la constitucionalidad de las leyes más allá de los estrictos plazos establecidos por el legislador para la presentación de los recursos de inconstitucionalidad por parte de los órganos políticos o los sujetos institucionalmente legitimados para ello. La cuestión de inconstitucionalidad puede plantearse en cualquier proceso durante toda la etapa de vigencia de una ley, sin sujeción a límites temporales dependientes del momento de su entrada en vigor. Si la disposición impugnada ha sido ya anulada por el TC en un proceso anterior, se aprecia la desaparición sobrevenida del objeto (STC 3/2023, de 9 de febrero, y 66/2023, de 6 de junio).

Constituye, en consecuencia, un instrumento de depuración del ordenamiento jurídico que permite la colaboración de los jueces en el examen de la constitucionalidad de las leyes a lo largo de toda su vigencia.

2. Ausencia de límites objetivos

La cuestión de inconstitucionalidad puede plantearse con respecto a cualquier disposición con fuerza de ley sin más requisito que el hecho de que la constitucionalidad o inconstitucionalidad de esta, acerca de la cual se dude fundadamente por parte del órgano judicial, constituya un factor relevante para decidir el proceso *a quo* o alguno de sus incidentes. Su alcance, en consecuencia, es teóricamente el mismo que el de los recursos de inconstitucionalidad.

Sin embargo, el examen de una cuestión de inconstitucionalidad sobre un caso concreto puede permitir valorar la trascendencia que tiene la aplicación de la ley más allá de una consideración abstracta. Incluso en alguna ocasión el TC evita entrar en el examen de la constitucionalidad de la ley en un recurso de inconstitucionalidad remitiendo explícita o implícitamente la solución de los problemas que suscite su aplicación al eventual planteamiento de cuestiones de inconstitucionalidad por parte de los órganos jurisdiccionales. Se advierte, en consecuencia, cómo la cuestión de inconstitucionalidad, también desde el punto de vista de su objeto, constituye un complemento de los recursos de inconstitucionalidad. Puede, pues, decirse que la cuestión de inconstitucionalidad es un instrumento que aproxima el sistema de control concentrado de las leyes a la *judicial review* característica del *common law* —pues se inspira en el principio *cases or controversies*—, pero sin aceptar su carácter difuso, es decir, sin renunciar al monopolio de rechazo de la constitucionalidad de las leyes que el sistema concentrado reconoce en favor del TC.

3. Evolución de la jurisprudencia

Otro efecto importante de la cuestión de inconstitucionalidad radica en la posibilidad de actuar como instrumento apto para permitir una evolución de la jurisprudencia constitucional. En efecto, el control abstracto de las leyes no es incompatible con la apreciación de factores ligados a la evolución social, dado que los valores y principios constitucionales en muchos casos deben ser interpretados de diferente manera a tenor de la sensibilidad social de cada época. El recurso de inconstitucionalidad, dados los estrictos plazos establecidos para su interposición, permite tener en cuenta aquellos factores en el momento de su presentación, pero no permite la evolución de la jurisprudencia constitucional a lo largo del tiempo, a diferencia de lo que ocurre en el sistema de la *judicial review*.

Por esta razón el art. 29.2 LOTC dispone que la desestimación, por razones de forma, de un recurso de inconstitucionalidad no será obstáculo para que la misma ley, disposición o acto puedan ser objeto de una cuestión de inconstitucionalidad con ocasión de su aplicación en otro proceso. El TC ha declarado que la reiteración de procesos con el mismo objeto y por la misma razón solo está vedada en el caso del recurso de inconstitucionalidad (ATC 93/1991) y que la cuestión de inconstitucionalidad puede tomar en consideración el efecto que la cambiante realidad social opera sobre el contenido de las normas (STC de 1 de junio de 1981).

4. Autos de inadmisión

A tenor del art. 37.1 LOTC el TC podrá rechazar, en trámite de admisión, mediante auto y sin otra audiencia que la del Fiscal General del Estado, la cuestión de inconstitucionalidad, entre otros casos, cuando fuere notoriamente infundada la cuestión suscitada.

Los autos de inadmisión de las cuestiones de inconstitucionalidad tienen particular importancia en estos supuestos. El TC advierte que cuando se efectúa un juicio de tal naturaleza no se falta a la consideración al órgano jurisdiccional que plantea la cuestión, sino que se trata de la aplicación de los criterios que el TC considera adecuados en orden a entrar o no en el examen del problema (la llamada "política de inadmisiones" por un sector doctrinal). Esto significa, en realidad, que cuando el TC considera que mediante una adecuada argumentación puede solventar las dudas de inconstitucionalidad planteadas por el órgano judicial sin necesidad de tramitar íntegramente el procedimiento, lo inadmite motivadamente, entre otros fines, con el de evitar una dilación excesiva del proceso *a quo* y, lo que es también importante, una inconveniente acumulación de asuntos.

No es, pues, de extrañar que existan autos de inconstitucionalidad fundados en la manifiesta falta de fundamento de la cuestión de inconstitucionalidad planteada que tienen la extensión y la profundidad doctrinal propia de una sentencia y que constituyen, por lo tanto, elementos significativos para la formación de la jurisprudencia constitucional y de su valor orientativo para los tribunales ordinarios. No todos los autos que dicte el TC se publican; pero sí aquellos que tienen importancia jurisprudencial, como puede ocurrir con los autos de inadmisión.

Independientemente de ello, existen opiniones, reflejadas en votos particulares, según las cuales a partir de la llamada objetivación del recurso de amparo, que ha restringido notablemente el número de amparos de los que conoce el TC, este órgano debería ser más permisivo en la admisión de las cuestiones de inconstitucionalidad, pues el procedimiento es ahora idóneo para oír la posición de los afectados sobre la posible vulneración de sus derechos fundamentales (ATC 301/2014 y voto particular).

5. Cuestiones de derecho europeo

Desde el punto de vista del derecho europeo la cuestión de inconstitucionalidad plantea el problema acerca de si (i) la cuestión prejudicial ante el Tribunal de la UE debe plantearse con carácter preferente; (ii) es preferente la cuestión de inconstitucionalidad ante el TC; (iii) o es posible acudir alternativamente a una u otra jurisdicción. Ante la reticencia de los tribunales constitucionales de los estados europeos a transformarse en tribunales de la UE, esto se plantea cuando la disposición impugnada pueda ofrecer dudas respecto de su adecuación a la CE y, al mismo tiempo, respecto de su adecuación al derecho de la UE. Este supuesto es muy posible desde el momento en que el ordenamiento europeo integra también una Carta de Derechos Fundamentales que presenta, como es obvio, numerosos puntos de tangencia con el elenco de derechos fundamentales reconocidos constitucionalmente en el derecho interno —cuyo tratamiento concurrente en las jurisdicciones estatales y europea han dado lugar al llamado diálogo de tribunales, elogiado por unos y denostado por otros—.

El problema ha sido objeto de tratamiento doctrinal y jurisprudencial de distinto signo. El TJUE, en la sentencia *Melki y Abdeli* (22 de junio de 2010) aceptó los argumentos esgrimidos por el Gobierno francés para defender la regulación nacional que establece el carácter prioritario de la cuestión de inconstitucionalidad salvaguardando, sin embargo, la existencia de casos en que puede tener prioridad la cuestión prejudicial.

Nuestro TC, a los efectos del ordenamiento español, lo ha resuelto entendiendo que, dado que según la jurisprudencia del TJUE la norma interna contraria al derecho europeo resulta desplazada y, por ello, deviene inaplicable, la consecuencia lógica es la de que en el caso de existir dudas sobre la compatibilidad de una disposición legislativa con el derecho de la UE debe plantearse previamente la cuestión prejudicial ante el TJUE (ATC 168/2016). En efecto, de resultar confirmada aquella incompatibilidad, la disposición es inaplicable por el órgano judicial estatal y, en consecuencia, no cumple los requisitos necesarios para hacer posible la tramitación de una cuestión prejudicial –la cual exige, como se ha visto *supra*, que la disposición impugnada sea aplicable, además de relevante para el fallo o la decisión que corresponda adoptar–.

El TC, por otra parte, ha declarado que no plantear la cuestión prejudicial ante el TJUE cuando existen dudas fundadas sobre la compatibilidad de la disposición aplicable con el derecho de la UE puede comportar una vulneración del derecho a la tutela judicial consagrado en el art. 24 CE (STC 180/1993, FJ 2).

6. Cuestión interna de inconstitucionalidad

Según el art. 55.2 LOTC en el supuesto de que el recurso de amparo deba ser estimado porque, a juicio de la sala o, en su caso, la sección, la ley aplicada lesiona derechos fundamentales o libertades públicas, se elevará la cuestión al pleno con suspensión del plazo para dictar sentencia, de conformidad con lo prevenido para la cuestión de inconstitucionalidad. Se ordena, pues, al TC el planteamiento ante sí mismo de una cuestión prejudicial de constitucionalidad (autocuestión o cuestión interna) en aquellos casos en los cuales se tramita un recurso de amparo para cuya resolución resulte relevante el examen de dicha constitucionalidad. El TC se encuentra en una situación análoga a la de un órgano del Poder Judicial ante el cual se plantea la duda de constitucionalidad acerca de la ley aplicable.

Un mecanismo similar se recoge en el art. 75 quinques.6 LOTC en relación con los conflictos en defensa de la autonomía local.

VI. BIBLIOGRAFÍA

AHUMADA, Mª A.: *La jurisdicción constitucional en Europa*, Civitas, Pamplona, 2005.

CRUZ VILLALÓN, P., REQUEJO PAGÉS, J. L.: "La relación entre la cuestión prejudicial y la cuestión de inconstitucionalidad", *Revista de Derecho Comunitario Europeo*, núm. 50, 2015, pp. 173-194.

PÉREZ TREMPS, P.: "La cuestión de inconstitucionalidad en el Derecho español", *Estudios Constitucionales*, vol. 3, núm. 1, Centro de Estudios Constitucionales de Chile, 2005.

REQUEJO PAGÉS, J. L. (Coord.), *Comentarios a la Ley Orgánica del Tribunal Constitucional*, Tribunal Constitucional/Boletín Oficial del Estado.

VILLAVERDE MENÉNDEZ, I., "Algunas reflexiones acerca de la cuestión de inconstitucionalidad", *Cuadernos de Derecho Público*, núm. 18, 2003, pp. 241 y ss.

VII. JURISPRUDENCIA

STC 17/1981, de 1 de junio.
STC 8/1982, de 4 de marzo.
STC 180/1993, de 31 de mayo.
STC 161/1997, de 2 de octubre.
STC 81/2003, de 30 de abril.
STC 204/2004, de 18 de noviembre.
STC 13/2018, de 8 de febrero.
STC 126/2022, de 11 de octubre.
STC 66/2023, de 6 de junio.
STC 67/2023, de 6 de junio.

Artículo 164

1. Las sentencias del Tribunal Constitucional se publicarán en el boletín oficial del Estado con los votos particulares, si los hubiere. Tienen el valor de cosa juzgada a partir del día siguiente de su publicación y no cabe recurso alguno contra ellas. Las que declaren la inconstitucionalidad de una ley o de una norma con fuerza de ley y todas las que no se limiten a la estimación subjetiva de un derecho, tienen plenos efectos frente a todos.

2. Salvo que en el fallo se disponga otra cosa, subsistirá la vigencia de la ley en la parte no afectada por la inconstitucionalidad.

COMENTARIO

Juan José González Rivas
Presidente emérito del Tribunal Constitucional

SUMARIO: I. LA PUBLICACIÓN DE LAS SENTENCIAS Y SUS VOTOS PARTICULARES. II. EL VALOR DE COSA JUZGADA DE LA SENTENCIA. III. LOS EFECTOS DE LA SENTENCIA, EN ESPECIAL DE LA DECLARATORIA DE INCONSTITUCIONALIDAD DE UNA NORMA CON RANGO DE LEY. 1. Los efectos generales y la vinculación a todos los poderes públicos. 2. La eficacia temporal. IV. LOS TIPOS DE SENTENCIA POR SU CONTENIDO. 1. Derecho comparado: Italia y Francia. 1.1 Sentencias estimatorias exhortativas. 1.2 Sentencias estimatorias de inconstitucionalidad simple. 1.3 Sentencias interpretativas. 1.4 Sentencias normativas. 1.5 Sentencias desestimatorias. 1.6 Las peculiaridades de Francia. 2. Análisis de la doctrina jurisprudencial española. V. BIBLIOGRAFÍA. VI. JURISPRUDENCIA.

I. LA PUBLICACIÓN DE LAS SENTENCIAS Y SUS VOTOS PARTICULARES

La determinación en el art. 164.1 CE de la publicación en el BOE de las sentencias dictadas por el Tribunal Constitucional es un complemento necesario de los efectos jurídicos normativos o cuasi normativos que las mismas están llamadas a producir. Resultan obvios estos efectos de legislación negativa en el caso de las sentencias que declaren la inconstitucionalidad de una ley o norma con fuerza de ley, pero están presentes igualmente en el resto de las sentencias, tanto por los efectos generales previstos en el art. 164.1 CE para la mayoría de ellas, como sobre todo por el principio de interpretación conforme que deriva de la vinculación de todos poderes públicos a la Constitución que se recoge en el art. 9.1 CE y que se concreta en el art. 5.1 LOPJ para los Jueces y Tribunales, "que interpretarán y aplicarán las leyes y los reglamentos según los preceptos y principios constitucionales, conforme a la interpretación de los mismos que resulte de las resoluciones dictadas por el Tribunal Constitucional en todo tipo de procesos".

La producción de estos efectos jurídicos requiere, por lo demás, que la publicación no se ciña al fallo, sino que se extienda igualmente a la fundamentación jurídica que lo sostenga, lo que en la práctica se ha realizado mediante la publicación de las sentencias en su integridad, incluidas tanto las circunstancias del caso como las alegaciones de las partes que se consignan en antecedentes de hecho, e incluyendo además, en principio, la completa identificación de las partes del proceso (STC 114/2006).

El art. 164.1 CE dispone igualmente que las sentencias se publicarán en el BOE "con los votos particulares, si los hubiere". Con ello no solo se admite implícitamente la figura de los votos particulares, que aun siendo originaria de los sistemas de *common law* ha sido acogida comúnmente en los Tribunales Constitucionales, sino que, además, probablemente por mimetismo con la Ley Orgánica del Tribunal Constitucional de la Segunda República, se prevé que "se harán públicos al mismo tiempo y en la misma forma que las sentencias" (art. 41.3 de dicha ley orgánica). De este modo, admitiendo la existencia de votos particulares y ordenando su publicación, el constituyente, aun a riesgo de minorar la *auctoritas* o la claridad de la doctrina establecida en la sentencia de la mayoría, ha optado por atender a otros fines, como permitir a los jueces constitucionales respecto de decisiones con las que no se sientan cómodos una vía de descargo, como subrayó en 1993 TOMÁS Y VALIENTE, o facilitar la evolución de la jurisprudencia. Por último, que se publiquen los votos particulares junto a las sentencias aparece también justificado porque la incidencia en la interpretación y aplicación de las normas por los Jueces y Tribunales puede razonablemente diferir entre los casos de doctrina constitucional consolidada y los de resoluciones puntuales acordadas de un modo especialmente dividido.

También hay Autos en que el Tribunal Constitucional sienta doctrina susceptible de producir los efectos jurídicos indicados. Por ello, el Tribunal ha acordado publicar en el BOE los Autos más relevantes y a pesar de que carecía inicialmente de cobertura legal con la reforma de la LOTC operada por la LO 6/2007 se ha insertado al art. 86.2 LOTC la habilitación para que el Tribunal ordene la publicación de los Autos que considere necesario. Con apoyo en la nueva normativa se vienen publicando como regla general los Autos de inadmisión por motivos de fondo de cuestiones de inconstitucionalidad o prejudicial contra norma foral (últimamente AATC 150, 174 y 175 de 2017), pero también se han publicado Autos que inadmiten un recurso de inconstitucionalidad (ATC 142/2017), que admiten un recurso de amparo (ATC 134/2017), que inadmiten un recurso de amparo (AATC 300/2014 y 148 y 155 de 2016), que inadmiten recusaciones de magistrados del Tribunal (ATC 180/2013) o, en fin, los que estiman los incidentes de ejecución por incumplimiento de resoluciones del Tribunal Constitucional conectadas con el llamado "proces" (más recientemente, AATC 124 y 142 de 2017). Por último, y sin que venga ordenado por el art. 164 CE, la LOTC optó desde la redacción originaria en su art. 86.2 por disponer que también serían publicadas en el BOE, en el mismo plazo de treinta días previsto para las sentencias, las declaraciones del Título VI.

El Tribunal ha reconocido, no obstante, que la obligación de publicar en el BOE sus resoluciones puede llegar a pugnar con otros intereses constitucionales, particularmente debido a que la publicación incluye identificar a las partes del proceso. La STC 114/2006 abordó la cuestión, señalando que la decisión de no incluir la mención íntegra de la identidad de las partes es de carácter jurisdiccional y tiene que adoptarse indicando cual es el interés prevalente que lo exige. Más tarde, el Pleno, en ejercicio de sus poderes normativos, adoptó el Acuerdo de 23 de julio de 2015, por el que se regula la exclusión de los datos de identidad personal en la publicación de las resoluciones jurisdiccionales, que dispone que en sus resoluciones "preservará de oficio el anonimato de los menores y personas que requieran un especial deber de tutela, de las víctimas de delitos de cuya difusión se deriven especiales perjuicios y de las personas que no estén constituidas en parte en el proceso constitucional" (art. 1), añadiendo que en el resto de casos, ya sea de oficio ya a instancia de parte, podrá acordar también la sustitución de la identificación íntegra por las iniciales si la ponderación de intereses lo requiriese (art. 2).

II. EL VALOR DE COSA JUZGADA DE LA SENTENCIA

El art. 164.1 CE afirma que las sentencias, todas sin distinción, "tienen el valor de cosa juzgada a partir del día siguiente de su publicación y no cabe recurso alguno contra ellas". La última previsión alude expresa y separadamente a la cosa juzgada formal, que, como ocurre en general con las sentencias dictadas por un órgano jurisdiccional, se manifiesta dentro del mismo proceso, impidiendo cualquier solicitud que no esté dirigida a aclarar su sentido (petición de aclaración ex art. 93 LOTC) o a garantizar que se ejecute en sus propios términos (incidente de ejecución ex 92 LOTC). Por su parte, la primera parte de este inciso ("tienen el valor de cosa juzgada") alude a la dimensión material de este efecto, que implica que el fallo de la sentencia tiene un valor preclusivo, impidiendo otro proceso sobre idéntica cuestión, y otro prejudicial, mediante el que en un proceso distinto pero de algún modo conexo se debe partir de lo decidido en la sentencia que resolvió el primero.

La especial naturaleza de los procesos constitucionales, particularmente los de control de constitucionalidad de la ley, hace que este efecto de cosa juzgada material se manifieste de modo peculiar. De un lado, el corto plazo para instar un recurso de inconstitucionalidad hace que sea impensable que se pudiera deducir un nuevo recurso contra la misma norma después de resolver el que está pendiente. Por otro, el nuevo acto legislativo que venga a reiterar una norma declarada inconstitucional será un asunto formalmente diferente, por lo que su conocimiento no halla obstáculo en la cosa juzgada, debiendo atenderse en su caso, como luego se dirá, al efecto que produzca la vinculación de todos los poderes públicos (incluido el legislador) a las sentencias constitucionales. A esto se une que evitar la petrificación de la interpretación constitucional, sobre todo si media un importante lapso de tiempo, requiere que el Tribunal pueda volver a decidir sobre cuestiones en las que ya previamente declaró la constitucionalidad de un cierto precepto. Al cumplimiento de este objetivo coadyuva que el art. 38.2 LOTC disponga, sensu contrario, que la sentencia que resuelva un recurso de inconstitucionalidad o un conflicto en defensa de la autonomía local no precluye la posibilidad de promover exactamente el mismo asunto mediante una cuestión de inconstitucionalidad, lo cual es una excepción al juego de la cosa juzgada material en este tipo de sentencias constitucionales, excepción que opera igualmente respecto de las que ponen fin a cuestiones de inconstitucionalidad, todo lo cual debe entenderse sin perjuicio de las consecuencia que deban derivarse de la vinculación de todos los poderes públicos a las sentencias constitucionales, de la que cabe derivar la inadmisión de estos procesos por ser notoriamente infundados. 2227

III. LOS EFECTOS DE LA SENTENCIA, EN ESPECIAL DE LA DECLARATORIA DE INCONSTITUCIONALIDAD DE UNA NORMA CON RANGO DE LEY

1. Los efectos generales y la vinculación a todos los poderes públicos

El art. 164.1 CE dispone que, aparte del valor de cosa juzgada que ese mismo precepto predica de *todas* las sentencias del Tribunal, algunas de ellas —las que declaren la inconstitucionalidad de una norma con rango de ley y todas las que no se limiten a la estimación subjetiva de un derecho— "producen efectos frente a todos". La doctrina mayoritaria ha conectado está eficacia general con el contenido del fallo que recae en estos procesos constitucionales, de suerte que si la norma que es objeto del proceso tiene atribuidos efectos generales desde su publicación oficial también la sentencia que declara su inconstitucionalidad ha de desplegar idénticos efectos frente a todos. Este planteamiento conlleva las siguientes consecuencias interpretativas: a) que la expresión "todas las [sentencias] que no se limiten a la estimación subjetiva de un derecho" comprende todas aquellas que recogen un fallo invalidante de una norma, aunque no sea de rango legal; b) que es el pronunciamiento de inconstitucionalidad contenido en el fallo, y no los fundamentos jurídicos, el que genera los "efectos frente a todos"; y c) que esta eficacia general que el art. 164.1 CE ordena solo la producen las sentencias estimatorias, pues solo ellas contienen un pronunciamiento invalidante de una norma.

Ahora bien, que el art. 164.1 CE imponga la eficacia general de las sentencias constitucionales con este limitado alcance no impide que el legislador orgánico configure sus efectos de un modo más amplio. El art. 38.1 LOTC, al disponer que "las sentencias recaídas en procedimientos de inconstitucionalidad tendrán el valor de cosa juzgada, vincularán a todos los poderes públicos y producirán efectos generales", ensancha notablemente los efectos de las sentencias constitucionales más allá de lo estrictamente previsto en el art. 164 CE. La ampliación más relevante es que el ámbito objetivo del precepto orgánico comprende no solo las sentencias que declaren la inconstitucionalidad de una norma con rango legal cuando sean estimatorias, sino todas las recaídas en procedimientos de inconstitucionalidad, también cuando sean desestimatorias, lo que adquiere especial relevancia porque este art. 38.1 LOTC prevé, inspirándose en el art. 31 de la Ley del Tribunal Constitucional Federal Alemán, que este tipo de sentencias constitucionales no solo producirán efectos generales sino que, además, "vincularán a todos los poderes públicos".

Esta vinculación, a diferencia del valor de cosa juzgada y de la eficacia general que derivan del fallo, se predica también de los fundamentos jurídicos de la sentencia, lo que tiene un reflejo especial en la obligación de los Tribunales de Justicia de interpretar y aplicar el ordenamiento jurídico conforme a la interpretación de los preceptos y principios constitucionales que se desprenda de las resoluciones —sentencias y autos— del Tribunal. Es a través de esta dimensión de vinculación a todos los poderes públicos, y no el valor de cosa juzgada, como las sentencias recaídas en procedimientos de inconstitucionalidad sujetan al legislador, si bien que esta vinculación ha de ser tal que respete el amplio margen que tiene el legislador para desarrollar el marco constitucional, cuestión que ha manifestado un peculiar relieve cuando el legislador se dispone a regular de nuevo una materia cuando la regulación legal anterior ha sido declarada inconstitucional.

2. La eficacia temporal

El art. 164 CE, al limitarse a prever que esta clase de sentencias "producen efectos frente a todos", nada dice acerca de su eficacia en el tiempo, pues los efectos son igualmente generales ya se desplieguen de un modo prospectivo ya lo hagan *ex origine*. Tampoco es determinante de una u otra opción el art. 161.1.a) CE ("la declaración de inconstitucionalidad de una norma jurídica con rango de ley, interpretada por la jurisprudencia, afectará a ésta, si bien la sentencia o sentencias recaídas no perderán el valor de cosa juzgada"), pues no impone que la eficacia de una sentencia que declare la inconstitucionalidad de una norma con rango de ley deba ser *ex tunc*, sino simplemente que, en caso de que así sea, los efectos retroactivos, en lugar de manifestarse de un modo absoluto, hallarán el límite que la cosa juzgada impone en aras de hacer efectivo el principio constitucional de seguridad jurídica.

Por tanto, no hay en el art. 164 CE ni en ningún otro precepto constitucional una previsión acerca de si la eficacia temporal de la sentencia que declare la inconstitucionalidad de una norma legal debe entenderse *ex tunc* o *ex nunc*. Es el art. 39.1 LOTC el que, ante el margen que la Constitución deja abierto, se decanta por la primera opción al ligar declaración de inconstitucionalidad a declaración de nulidad, pero sin acoger esta solución de un modo absoluto, dado que el art. 40.1 LOTC (esta vez sí vinculado por el art. 161.1.a) CE) contempla que este efecto retroactivo tendrá el límite de la cosa juzgada (la sentencia "no permitirá revisar procesos fenecidos") y, además, el límite del límite que viene determinado por la retroacción favorable para el condenado o sancionado. Esta última salvedad introducida por el legislador orgánico, que exceptúa el límite de la cosa juzgada expresamente contemplado en el art. 161.1.a) CE sin apoyo explícito en precepto constitucional alguno, ha sido avalada por la STC 150/1997 con base en el derecho a la legalidad penal ex art. 25.1 CE, pues la declaración de nulidad ponía de manifiesto que la sanción impuesta carecía de título legítimo en el momento de la condena. 2229

De otro lado, aunque los arts. 39 y 40 LOTC conectan los términos inconstitucionalidad, nulidad y efectos *ex tunc*, el Tribunal Constitucional a veces ha considerado necesario no acordar la nulidad de una ley que declara inconstitucional o, en caso de que sí la acuerde, modular los efectos *ex tunc* que en principio lleva asociados incluso más allá de las exigencias de la cosa juzgada impuestas por el art. 40.1 LOTC.

El Tribunal, para justificar que es él quien determina en última instancia y atendiendo a los bienes jurídicos en presencia cuáles son los efectos temporales de una sentencia que declare la nulidad de una norma, ha razonado que "los efectos de la nulidad en lo que toca al pasado [no] vienen definidos por la

Ley, que deja a este Tribunal la tarea de precisar su alcance en cada caso, dado que la categoría de la nulidad no tiene el mismo contenido en los distintos sectores del ordenamiento" (STC 45/1989) y también que "la vigencia simultánea de los diversos preceptos constitucionales nos exige que, al determinar el alcance de la declaración de nulidad de una Ley, prestemos también atención a las consecuencias que esa misma declaración de nulidad puede proyectar sobre los diversos bienes constitucionales" (STC 54/2002). En aplicación de estos criterios, y con cierta regularidad cuando se trata de normas tributarias (además de las mencionadas y sin afán de exhaustividad, SSTC 13/1992, 189/2005 y 73/2017), el Tribunal ha equiparado, en punto a impedir que la declaración de nulidad de una norma implique efectos retroactivos, el acto administrativo firme (y en ocasiones "la situación jurídica consolidada", que no exactamente es lo mismo) a la sentencia firme.

Ahora bien, también se encuentran sentencias en que el Tribunal (por todas, 173/1996 y 59/2017) declara la inconstitucionalidad y nulidad de una norma tributaria sin añadir ninguna modulación de efectos. Dado que es el Tribunal el competente para valorar si los bienes jurídicos presentes en el caso requieren la modulación de los efectos de la nulidad, el silencio en la sentencia se ha venido entendiendo como que la nulidad declarada produce efectos retroactivos sin otra excepción que el límite de la cosa juzgada ex art. 161.1.a) CE. Sin embargo, la STC 105/2009 reconoció que, a pesar de que la STC 173/1996 no moduló los efectos de la nulidad que acordó, era posible que las situaciones creadas al amparo de la norma declarada nula debieran reputarse consolidadas y no revisables, si bien para ello no bastaba el mero transcurso de plazo para recurrir (Debate Jornadas ALTC 2009).

En fin, la doctrina constitucional presenta casos en que el Tribunal aprecia que la declaración de nulidad de la norma no surte efecto ni siquiera a partir de su publicación en el BOE, pues ciertos intereses jurídicos pueden requerir que se difieran en el tiempo, ya sea a un momento posterior (el término de la legislatura municipal en la STC 151/2017) ya sea hasta que el legislador apruebe la nueva regulación (STC 195/1998).

IV. LOS TIPOS DE SENTENCIA POR SU CONTENIDO

1. Derecho comparado: Italia y Francia

El Tribunal Constitucional italiano ha desarrollado una amplia tipología de sentencias estimatorias y desestimatorias de inconstitucionalidad y a efectos de una sucinta clasificación podemos concretar los siguientes contenidos:

1.1 Sentencias estimatorias exhortativas

Se trata de una técnica de uso exclusivo cuando el objeto del control son las leyes. La sentencia exhortativa es una técnica tendente a evitar que se califique al juez constitucional como legislador negativo y de darle la oportunidad al órgano político competente de que enmiende, dentro de un plazo razonable, una disposición emitida por él que roza con la Constitución.

La jurisprudencia del Tribunal Constitucional italiano elaboró la técnica procesal de la "doppia pronuncia". En una primera sentencia se advierte al legislador que, caso de no ejecutar las recomendaciones contenidas en ella dentro del plazo señalado, se dictará una segunda sentencia en la cual se declarará la inconstitucionalidad de la norma impugnada.

1.2 Sentencias estimatorias de inconstitucionalidad simple

En aquellas hipótesis en que el objeto del control de constitucionalidad son disposiciones, es decir, textos normativos, la sentencia estimatoria tiene como finalidad específica eliminar la respectiva disposición del ordenamiento jurídico mediante una declaratoria de nulidad. En estos casos, la inconstitucionalidad se produce por la contravención entre el texto de la norma con una disposición o principio constitucional, lo que da lugar a la declaración de inconstitucionalidad parcial o total de la norma impugnada.

1.3 Sentencias interpretativas

Según su modalidad, declaran la inconstitucionalidad de textos o de las normas que se pueden recabar de aquéllos.

1.4 Sentencias normativas

Es el tipo de sentencias que emite el Tribunal Constitucional que produce más polémicas en la doctrina y en la jurisprudencia, puesto que a través de este instrumento procesal el juez constitucional puede terminar sustituyéndose al Parlamento en su función de creador de normas primarias con eficacia erga omnes. Existen dos tipos de sentencias normativas: las aditivas y las sustitutivas:

Las sentencias estimatorias aditivas son sentencias que se dictan en los casos de inconstitucionalidad por omisión. Se trata de una sentencia que declara la inconstitucionalidad no del texto de la norma o disposición general impugnadas, sino más bien por lo que tales textos o normas no dicen y debieron haber dicho. En los casos de sentencias aditivas, el Tribunal Constitucional tiene dos opciones: o crea la norma para el caso concreto, extendiendo el beneficio a los ilegítimamente excluidos, con lo cual entran en el terreno de las sentencias aditivas, o bien se abstienen de hacerlo y dejan que sea el legislador o la Administración, en su caso, los que corrijan la omisión inconstitucional.

Las sentencias estimatorias sustitutivas se caracterizan por innovar el ordenamiento preexistente, introduciendo nuevas disposiciones con eficacia erga omnes. Pueden ser de dos clases: las que introducen nuevas normas propiamente dichas y las que ponen en vigor normas derogadas por las declaradas inconstitucionales. La técnica de las del primer tipo se expresa a veces mediante la supresión de determinadas palabras o párrafos de una norma o texto, de manera tal que cambia el contenido normativo del enunciado original. Este tipo de sentencias se debe diferenciar de las de inconstitucionalidad simple parcial, las cuales declaran la invalidez de una proposición que constituye por sí misma un precepto separable, aunque figure incluida en una disposición que contiene otros preceptos no afectados por la declaratoria de nulidad.

La característica de las sentencias estimatorias sustitutivas estriba en que el juez constitucional asume el papel de legislador ordinario, pues crea normas jurídicas con eficacia erga omnes, que sustituyen las declaradas inconstitucionales, ya sea porque el texto original adquiere otro sentido con las palabras o párrafos anulados, o bien porque el juez constitucional le introduce una nueva normativa en sustitución de la anulada. Las del segundo tipo, es decir, las sustitutivas que ponen en vigor normas derogadas, hacen referencia a aquellos casos en que la normativa anulada produce un vacío en el ordenamiento que debe ser colmado por el legislador.

1.5 Sentencias desestimatorias

Sólo precluyen la posibilidad de plantear el mismo asunto de inconstitucionalidad en el mismo caso en que surgió la duda de inconstitucionalidad. Jurídicamente la sentencia de rechazo no declara que la norma impugnada sea constitucionalmente legítima, sino tan sólo se limita a rechazar la cuestión sobre su validez constitucional en los términos en que los planteó el recurrente. Se trata de una comprobación negativa de la no existencia del vicio de inconstitucionalidad invocado, juicio que eventualmente puede ser objeto de revisión.

1.6 Las peculiaridades de Francia

Las decisiones del Consejo Constitucional se imponen a los poderes públicos y a todas las autoridades administrativas y jurisdiccionales y no son susceptibles de recurso alguno. La autoridad de cosa juzgada no se vincula únicamente al fallo, sino también a los motivos que son su sustento necesario. Este principio tiene sin embargo excepciones. Así por ejemplo, en materia electoral y en las cuestiones prioritarias de constitucionalidad, el Consejo admite los recursos en rectificación de error material o si el Consejo constitucional estima que un acuerdo internacional contiene una cláusula contraria a la Constitución, la autorización de ratificarlo o aprobar este acuerdo internacional solamente puede producirse después de la revisión de la Constitución.

Cuando, requerido de una Cuestión Prioritaria de Constitucionalidad, el Consejo constitucional declara una disposición inconstitucional, esta última es derogada a partir de la publicación de la decisión o de una fecha posterior por él fijada. El Consejo puede determinar, en aplicación del art. 62 de la Constitución, las condiciones y límites en las que los efectos que la disposición inconstitucional ha producido pueden ser impugnados. El efecto de las decisiones en materia de contencioso electoral varia, yendo desde la anulación de papeletas a la de operaciones electorales concretas, y puede comportar la declaración de inelegibilidad de un candidato y/o la dimisión de oficio de un elegido.

Las decisiones son notificadas a las partes y publicadas en el *Diario Oficial* de la República Francesa con —en el caso de control de leyes a priori— el texto del recurso parlamentario (desde 1983) y las alegaciones del Gobierno (desde 1995).

2. Análisis de la doctrina jurisprudencial española

Junto a las sentencias estimatorias que declaran la inconstitucionalidad y nulidad de la norma recurrida y a las que desestiman la impugnación y declaran la constitucionalidad del precepto, cabe referirse a otros tipos de sentencia por su contenido.

El Tribunal resalta que la inconstitucionalidad de ciertas normas no cabe ser reparada declarando su nulidad. En estos casos, entre ellos las inconstitucionalidades que no nacen de lo que dispone la norma recurrida sino de lo que silencia (SSTC 96/1996 y 235/1999), las discriminaciones normativas *ex silentio* (SSTC 222/1992 y 138/2005) o incluso los preceptos inconstitucionales cuya virtualidad ha quedado agotada (SSTC 13/1992 y 150/2012), el Tribunal dicta sentencias de inconstitucionalidad sin nulidad.

Otras veces el Tribunal, al apreciar que la norma solo es constitucional conforme a un concreto sentido, pronuncia un fallo formalmente desestimatorio precisando cuál es el único sentido admitido, aunque en realidad supone materialmente una estimación del recurso, pues excluye como inconstitucionales el resto de lecturas del precepto (en el año 2017 las SSTC 36, 66, 87 y 88). Estas sentencias se denominan interpretativas y tienen como límite infranqueable el sentido propio de las normas, no siendo admisible que el Tribunal, mediante manipulaciones extravagantes, las reconstruya para atribuirles un sentido que no tienen, pues entonces actuaría como legislador positivo.

Una modalidad de este tipo de sentencias son las que mantienen la constitucionalidad de la norma recurrida, pero excluyen, más que algún sentido de la misma, uno o varios supuestos de su ámbito normativo (SSTC 87/1991 y 11/1999). Cabe referirse a ellas como sentencias reductoras ya que reducen el ámbito objetivo del precepto recurrido a aquellas aplicaciones en las que no se manifiesta inconstitucionalidad alguna.

Como ha reconocido la reciente jurisprudencia constitucional (por todas, la STC 68/2018 de 21 de junio "ciertamente cabe extender los pronunciamiento de nulidad e inconstitucionalidad a preceptos no impugnados (art. 39.1 LOTC) pero ello es prerrogativa de este Tribunal sin que pueda ser objeto de pretensión de parte (por todas, SSTC 81/2003 de 30 de abril F. J. 7 y 126/2008 de 27 de octubre F. J. 1)".

V. BIBLIOGRAFÍA

CASCAJO CASTRO, J. L.: "La figura del voto particular en la jurisdicción constitucional española", *REDC*, núm. 17, 1986, pp. 171 ss.

CONDE MARTÍN DE HIJAS, V.: "art. 164", en *Comentarios a la Constitución Española*. La Ley 2008.

GARRIDO FALLA F.: "art. 164", en *Comentarios a la Constitución*, 3ª ed. Civitas Madrid, 2001.

GARRORENA MORALES A.: "art. 164. Condiciones y efectos de las sentencias del Tribunal Constitucional", en ALZAGA VILLAMIL, Ó. (dir.), *Comentarios a la Constitución Española de 1978*, Edersa, Madrid 1999, tomo XII.

GONZÁLEZ RIVAS, J. J. (dir.): Comentarios a la Ley Orgánica del Tribunal Constitucional, ed. La Ley-Wolters Kluwer, Madrid 2010.

JIMÉNEZ CAMPO, J.: "Sentencia del Tribunal Constitucional", *Enciclopedia Jurídica Básica*, IV, Civitas, Madrid, 1995.

REQUEJO PAGÉS, J. L. (coord.), *Comentarios a la Ley Orgánica del Tribunal Constitucional*, BOE, 2001.
TOMÁS Y VALIENTE, F.: *Escritos sobre y desde el Tribunal Constitucional*, CEC, 1993.
Actas de las Jornadas ALTC 2009, CEPC, Madrid 2010, pp. 507-511.

VI. JURISPRUDENCIA

STC 45/1989, de 20 de febrero.
STC 87/1991, de 25 de abril.
STC 13/1992, de 6 de febrero.
STC 222/1992, de 11 de diciembre.
STC 96/1996, de 30 de mayo.
STC 173/1996, de 31 de octubre.
STC 159/1997, de 2 de octubre.
STC 195/1998, de 1 de octubre.
STC 11/1999, de 11 de febrero.
STC 235/1999, de 20 de diciembre.
STC 138/2005, de 26 de mayo.
STC 189/2005, de 7 de julio.
STC 114/2006, de 5 de abril.
STC 105/2009, de 4 de mayo.
STC 150/2012, de 5 de julio.
STC 59/2017, de 11 de mayo.
STC 73/2017, de 8 de junio.
STC 151/2017, de 21 de diciembre.
STC 68/2018, de 21 de junio.

Artículo 165

Una ley orgánica regulará el funcionamiento del Tribunal Constitucional, el estatuto de sus miembros, el procedimiento ante el mismo y las condiciones para el ejercicio de las acciones

COMENTARIO

Laura Baamonde Gómez
Profesora Ayudante Doctora de Derecho Constitucional
Universidad Carlos III de Madrid

SUMARIO: I. EL ART. 165 CE: EL REENVÍO A LA LEY ORGÁNICA. II. LA APLICACIÓN PRÁCTICA DEL ART. 165 CE. 1. La LOTC y sus reformas. 2. La LOTC y su control por el Tribunal Constitucional. III. BIBLIOGRAFÍA. IV. JURISPRUDENCIA.

I. EL ART. 165 CE: EL REENVÍO A LA LEY ORGÁNICA

La relevancia del art. 165 CE, un precepto *a priori* estrictamente técnico y sin sustantividad propia, puede resumirse en el siguiente silogismo que tempranamente planteaba el profesor Pérez Tremps en la monografía fruto de su tesis doctoral dedicada a analizar la coexistencia del Tribunal Constitucional y el Poder Judicial: *"el juez debe aplicar el Derecho, la Constitución es Derecho, luego el juez debe aplicar la Constitución"*.

Partiendo de esta importante premisa, el *iter* parlamentario conducente a la aprobación del art. 165 de nuestra Constitución de 1978 no destacó, sin embargo, por la discusión acerca de su contenido, pudiendo señalarse como única variación, la adición del último inciso (además del cambio en la numeración) por parte de la Comisión Mixta Congreso-Senado.

La opción del constituyente por encomendar el desarrollo de la regulación del funcionamiento, aspectos orgánicos y procedimentales del Tribunal Constitucional al legislador es acorde con lo previsto en el Derecho Comparado de nuestro entorno, sirvan como ejemplo los arts. 137 de la Constitución italiana, 63 de la Constitución francesa, 94.2 de la Ley Fundamental de Bonn, entre otros. Y tomando como referencia nuestro propio pasado constitucional, el art. 142 de la Constitución republicana de 1931, que difería a la posterior aprobación en Cortes de una "ley orgánica especial", el contenido del estatuto jurídico de los magistrados y el perfilado de las competencias del Tribunal de Garantías Constitucionales.

Así, a través del reenvío al legislador orgánico se procede a desconstitucionalizar el detalle de la configuración del Tribunal Constitucional, brindando a las mayorías parlamentarias, si bien, con las cautelas formales que exige la ley orgánica —mayoría absoluta en el Congreso de los Diputados, art. 81. 2 CE—, un cierto margen maniobra en su tarea de dar concreción a lo dispuesto en el Título IX de la Carta Magna. Un margen, cuyo amplio alcance fue reconocido por el propio Tribunal Constitucional, en su STC 66/1985 FJ 4º: *"sea cual sea el lugar que la Ley orgánica de este Tribunal ocupa en el llamado bloque de la constitucionalidad, su contenido es disponible para el legislador y que, en consecuencia, dentro del respeto a las normas constitucionales y a la independencia y función del Tribunal, puede introducir en ella los cambios o modificaciones que entienda oportunos, sin que haya de limitarse a aquellos indispensables para evitar la inconstitucionalidad o asegurar el cumplimiento de los objetivos constitucionales"*.

Cabe sin embargo añadir, que la regulación del Tribunal Constitucional no se agota en la Ley Orgánica 2/1979, de 3 de octubre (LOTC), sino que cuenta con la colaboración de otras fuentes. De hecho, el propio art. 161. 1 d) CE cierra la enumeración de competencias del órgano con la expresión residual *"de las demás materias que le atribuyan la Constitución o las leyes orgánicas"*. Una alusión a las leyes orgánicas en plural, que ha permitido, por ejemplo, que la LOREG contemple las vicisitudes del recurso de amparo electoral en sus arts. 49 y 114.2, o que el art. 8 de la Ley reguladora del Tribunal de Cuentas, establezca que los conflictos que se planteen sobre sus competencias y atribuciones sean resueltos por el Tribunal Constitucional.

No menos importantes son las remisiones del art. 80 LOTC a normas de aplicación supletoria, más concretamente a la Ley Orgánica del Poder Judicial (LOPJ) y la Ley de Enjuiciamiento Civil en materia de comparecencia en juicio, recusación y abstención, publicidad y forma de los actos, comunicaciones y actos de auxilio jurisdiccional, día y horas hábiles, cómputo de plazos, deliberación y votación, caducidad, renuncia y desistimiento, lengua oficial y policía de estrados. Así como el reenvío a la Ley de la Jurisdicción Contencioso-Administrativa en lo relativo a la ejecución de resoluciones, introducido con ocasión de la más reciente reforma de la LOTC operada por la LO 15/2015.

Aplicación subsidiaria, a falta de previsión específica en la LOTC, que como bien ha sostenido el Tribunal, puede comportar modulaciones en atención a las especificidades de los procesos constitucionales, cuya mayor objetividad y abstracción no permiten una traslación automática de las previsiones establecidas para el funcionamiento de la jurisdicción ordinaria (véase por todos el ATC 26/2007 FJ 2º, que reflexiona acerca de la operatividad de las causas de recusación).

Colaboración normativa, que se ve completada con el fruto derivado del poder de autoorganización del Tribunal en garantía de su independencia (art. 2. 2 LOTC), es decir, su Reglamento de Organización y Personal (aprobado mediante Acuerdo de 5 de julio de 1990), así como los numerosos Acuerdos aprobados por el Pleno a lo largo de la vida de la institución con el fin de colmar lagunas y afinar interpretaciones en lo concerniente al despacho ordinario de asuntos y la gestión del personal al servicio del órgano.

II. LA APLICACIÓN PRÁCTICA DEL ART. 165 CE

El legislador orgánico dio cumplimiento al mandato del art. 165 CE en 1979, a partir del proyecto de ley remitido a las Cámaras por el Gobierno. Texto cuya tramitación parlamentaria discurrió con normalidad en el Congreso y posteriormente en el Senado a través de los respectivos trámites de Ponencia, Comisión Constitucional y Pleno. Debiendo regresar finalmente al Congreso para

su pronunciamiento sobre las enmiendas introducidas por la cámara alta, y aceptadas en su mayoría, dar por concluido el *iter* parlamentario con la preceptiva votación de conjunto (art. 81. 2 CE), con resultado de 249 votos a favor, 25 en contra y una abstención.

El día 5 de octubre de 1979 se publicaba en el BOE la Ley Orgánica 2/1979, de 3 de octubre, del Tribunal Constitucional, en su versión original.

1. La LOTC y sus reformas

Entre los años 1979 y 2007 la LOTC sufrió 5 reformas, cuya importancia, sin ser nada desdeñable, podría calificarse como menor si la comparamos con el punto de inflexión que supuso la LO 6/2007, y la controversia generada a partir de ésta y otras modificaciones posteriores. Concretamente, fueron reconsiderados los siguientes aspectos:

- La LO 8/1984, de 6 de diciembre, tuvo por objeto la regulación del régimen de recursos en materia de objeción de conciencia al servicio militar obligatorio (art. 30. 2 CE), estableciendo que, contra las resoluciones judiciales recaídas en los procesos de fiscalización de las resoluciones del Consejo Nacional de Objeción de Conciencia cabe la interposición subsiguiente del recurso de amparo.

- La LO 4/1985, de 7 de junio, supuso la derogación del procedimiento de recurso previo frente a proyectos de Estatutos de Autonomía y leyes orgánicas. Pues como bien se indica en la propia exposición de motivos, la experiencia había demostrado que su aplicación práctica ponía en riesgo el equilibrio en la relación entre poderes, alterando la función parlamentaria por la intervención temprana del Tribunal Constitucional.
- La LO 6/1988, de 6 de junio, procedió a racionalizar el trámite de admisión del recurso de amparo, permitiendo la inadmisión por unanimidad de la Sección a través de providencia.
- La LO 7/1999, de 21 de abril, amplió el espectro de procedimientos constitucionales, introduciendo un nuevo "conflicto en defensa de la autonomía local". Facilitando a los Entes locales la impugnación de normas con rango de ley estatales o autonómicas que puedan cuestionar su autonomía local constitucionalmente garantizada (art. 137 CE), cumpliendo además así el compromiso adquirido con motivo de la ratificación de la Carta Europea de Autonomía Local (art. 11).
- La LO 1/2000, de 7 de enero, dio carta de naturaleza a los Acuerdos de las Comisiones Bilaterales de Cooperación en los procedimientos de recurso de inconstitucionalidad, permitiendo ampliar el plazo de interposición y comunicando al Tribunal Constitucional tales actos de conciliación previa, con la finalidad última de favorecer las vías de colaboración mutua evitando la litigiosidad entre territorios.

El año 2007 dio lugar a la modificación de la LOTC más importante de las llevadas a cabo hasta el momento. La LO 6/2007, de 24 de mayo, no se limitó a eliminar o introducir un procedimiento constitucional o a perfeccionar un aspecto técnico de menor repercusión. Sino que tras años de debate doctrinal acerca de las necesidades del órgano, y atendiendo a problemas coyunturales que ponían en cuestión el funcionamiento del Tribunal, se procedió a reformular las siguientes cuestiones:

1. La nueva redacción con que se dota al art. 4 LOTC (y la adición de un nuevo apartado 2º al art. 92) trae causa de las tensiones vividas entre el Tribunal Constitucional y la Sala Primera del Tribunal Supremo a raíz de la STS de 23 de enero de 2004. En dicha resolución, el Tribunal Supremo condenó a once magistrados constitucionales por derecho de daños, al entender que la inadmisión de un recurso de amparo había generado responsabilidad civil respecto de los firmantes de la decisión. La respuesta del Tribunal Constitucional no se hizo esperar, y a través de un Acuerdo del Pleno (3 de febrero de 2004), manifestó su disconformidad con lo que consideraban una indebida injerencia en el ámbito de

su jurisdicción, recordando que sus resoluciones no eran susceptibles de fiscalización en el ámbito interno. Además, y ya en clave personal, los magistrados concernidos interpusieron un recurso de amparo, que fue resuelto años más tarde a su favor (STC 133/2013). El legislador por su parte, y siguiendo la lógica expuesta en el referido Acuerdo del Pleno, decidió zanjar la polémica explicitando tres ideas: sólo al Tribunal Constitucional corresponde la delimitación de su propia jurisdicción y competencia, en consecuencia, tiene la potestad para anular cualquier acto que la menoscabe, y queda vedado todo enjuiciamiento ulterior de las resoluciones del órgano.

2. Se introduce un nuevo apartado en el art. 16.1 LOTC en el que se indica que los magistrados propuestos por el Senado serán elegidos entre los candidatos presentados por las Asambleas Legislativas de las Comunidades Autónomas. Una previsión no exenta de polémica, que, si bien trataba de responder a los autores que durante años venían defendiendo la intervención de la dimensión territorial del Estado en el esquema de composición del órgano, fue objeto de cuestionamiento constitucional. Siendo resueltas las dudas sobre su compatibilidad con la Constitución por la STC 49/2008, al afirmar, que, la atribución constitucional al Senado del nombramiento de cuatro magistrados (art. 159.1 CE), no impide la participación de los órganos autonómicos, en la medida en que la decisión final sigue en manos del Senado, que no ve mermadas sus facultades.

3. El nuevo apartado segundo del art. 16 LOTC introduce las comparecencias parlamentarias de los candidatos propuestos por el Congreso y el Senado ante las respectivas Comisiones, y en los términos que establezcan los Reglamentos. Una reforma menor, orientada a dotar de transparencia los procesos de selección de jueces constitucionales por parte de las Cámaras.

4. La reforma del párrafo tercero *in fine* del art. 16 LOTC positivizó un criterio de prórroga en favor del Presidente cuando el fin de su mandato (transcurridos los tres años) no coincidiese en el tiempo con la preceptiva renovación del órgano (mandato personal de nueve años y renovación parcial por tercios cada tres), en los términos en que se venía procediendo al interior del Tribunal, a falta de previsión legislativa al respecto. Medida que fue duramente contestada por una parte del espectro político y de la doctrina, pero que quedó finalmente avalada por la STC 49/2008, al entender que tenía por objeto facilitar la continuidad de las funciones hasta la renovación del Tribunal, reforzando al mismo tiempo

la posición del Presidente, al garantizar que dicho cargo sea ostentado por alguien elegido por todos los miembros del colegio.

5. Sin duda la reforma más importante de las contenidas en la LO 6/2007 fue la relativa a la racionalización del trámite de admisión del recurso de amparo. Acreditado el amplio volumen de demandas de amparo recibidas anualmente, así como la cantidad de horas de trabajo que implicaba la justificación de las inadmisiones, se procedió a mutar la naturaleza original del trámite de admisión, haciendo primar los criterios objetivos y simplificando la gestión en aras a garantizar una mayor eficacia. Así, desde la entrada en vigor de la modificación, corresponde al solicitante de amparo la carga de probar la "especial transcendencia constitucional" de su recurso para ser admitido (art. 50. 1 b) LOTC). Referencia a un concepto jurídico indeterminado, al que el propio Pleno trató de dar contenido en la STC 155/2009, al enumerar los siete supuestos en los que entiende que concurre el requisito exigido para filtrar los asuntos sobre los que deba pronunciarse el órgano.

6. Como consecuencia inmediata de lo anterior, y ante el riesgo de que una excesiva objetivación del amparo pudiese mermar el esquema de garantías de los derechos fundamentales. La reforma de 2007 llevó aparejada una "ampliación" del objeto del "incidente de nulidad de actuaciones", remedio procesal previsto en el art. 241. 1 de la LOPJ, a todos los derechos fundamentales referidos en el art. 53.2 CE (ya no sólo en relación con la indefensión y la incongruencia), reforzando así la subsidiariedad del amparo constitucional, y enfatizando la idea del juez ordinario como juez natural de los derechos fundamentales.

7. De acuerdo con la jurisprudencia recaída en la STEDH de 23 de junio de 1993, Caso Ruiz Mateos contra España, se modificaron los términos en que hasta el momento podían intervenir las partes en un proceso judicial en el que se plantease una cuestión de inconstitucionalidad. Con ánimo de intensificar el papel de éstas, se les permitió ahora introducir alegaciones de fondo en su posicionamiento frente a la eventual elevación de la cuestión, así como su personación en el procedimiento *ad quem*.

8. Un exhaustivo análisis de la reforma operada por la LO 6/2007 exige concluir haciendo referencia a una serie de cuestiones de marcado carácter técnico que también sufrieron un replanteamiento en su configuración: la habilitación de las Secciones para la resolución de los recursos de amparo, la modificación de la autocuestión de inconstitucionalidad, así como una serie de aspectos relativos al régimen interno del órgano.

La LO 1/2010, de 19 de febrero, introdujo una nueva Disposición Adicional Quinta en la LOTC, a fin de someter a control de constitucionalidad ante el Tribunal Constitucional (recurso y cuestión de inconstitucionalidad) las *"Normas Forales fiscales de los Territorios de Álava, Guipúzcoa y Vizcaya, dictadas en el ejercicio de sus competencias exclusivas garantizadas por la disposición adicional primera de la Constitución…"*. Un blindaje de las normas forales que fue impugnado por los Gobiernos y los Parlamentos de La Rioja y Castilla-León, pero que fue amparado por la STC 118/2016, por considerar que la singularidad de los territorios históricos vascos permite que para su protección se pueda articular un nuevo conflicto en defensa de la autonomía foral.

A través de la LO 8/2010, de 4 de noviembre, se reforma la LOTC, en relación con las renovaciones de magistrados fuera de los supuestos de expiración del mandato. Positivizando, con la nueva redacción del art. 16 al que se añade un quinto párrafo, un criterio tendente a primar la renovación trienal por tercios frente al mandato personal de nueve años. Una opción coherente con la práctica previa del órgano en aquellos supuestos en que los términos de la antinomia del art. 159. 3 CE no son conciliables. Una reforma aparentemente técnica y de menor importancia, pero que generó un intenso debate en sede parlamentaria y doctrinal, dadas las consecuencias que tenía en el sistema de composición del Tribunal Constitucional, en la medida en que venía a consolidar prácticas perniciosas como la *lotizzazione*.

La reforma llevada a cabo por la LO 12/2015, tuvo por finalidad la reintroducción del recurso previo de inconstitucionalidad frente a proyectos de Estatutos de Autonomía y sus reformas, dando así un paso atrás respecto a lo dispuesto en la mencionada LO 4/1985, aunque sin incluir ahora la revisión de leyes orgánicas, como sí ocurría en los primeros años de actividad del Tribunal. La necesidad de recuperar este procedimiento constitucional, ampliamente discutido a principios de los años 80, tuvo lugar a raíz de los recursos de inconstitucionalidad presentados frente a la reforma del *Estatut* de Cataluña de 2006, una vez había sido aprobado en referéndum. La contestación doctrinal y social a la fiscalización *a posteriori* de una norma sometida a escrutinio popular ponía en entredicho la legitimidad democrática de dicho procedimiento de control. El propio Consejo de Estado en su Informe de 2006 acerca de la reforma de la Constitución, destacó lo oportuno que sería volver a incluir el recurso previo en relación con los Estatutos, en aras a garantizar un cierto equilibrio entre el debido control de normas con rango de ley que corresponde al Tribunal Constitucional (los Estatutos de Autonomía, normas institucionales básicas de las respectivas Comunidades Autónomas y al mismo tiempo leyes orgánicas del Estado —arts. 81.1 y 147 CE— están directamente subordinadas a la Constitución y por tanto son susceptibles de control *ex* art. 27.2 a)

LOTC) y el escrupuloso respeto por las fórmulas de participación ciudadana. Solución, que, sin caer en los excesos que desembocaron en la supresión del año 85, trata de reconstruir la relación entre Justicia Constitucional y voluntad popular, a través de un procedimiento de control *a priori*, sensible a la especial naturaleza y a las peculiaridades procedimentales que presentan los Estatutos de Autonomía.

La última y polémica reforma de la LOTC en materia de ejecución, con motivo del auge del proceso soberanista en Cataluña y el cuestionamiento de las resoluciones del órgano, se materializó en la LO 15/2015, que tuvo por objeto la modificación en la redacción de los arts. 80, 87, 92, y 95.4 LOTC. Como aspectos más reseñables y controvertidos cabe destacar la introducción en el art. 87 de la potestad de notificación personal de las resoluciones del Tribunal, así como se reconoce la condición de título ejecutivo de éstas. El art. 92 se reforma de manera íntegra imponiendo al órgano el deber de velar *"por el cumplimiento efectivo de sus resoluciones"*, estableciendo a reglón seguido una suerte de auxilio y cooperación respecto de las Administraciones y los poderes públicos —además de la judicial prevista en el art. 87.2— que le permite requerir *"a las instituciones, autoridades, empleados públicos o particulares a quienes corresponda llevar a cabo su cumplimiento"*, y detectado el incumplimiento: imponer multas coercitivas, suspender temporalmente de las funciones a los responsables, proceder a la ejecución sustitutoria con la colaboración del Gobierno central, e incluso, instar un procedimiento por responsabilidad penal. Una norma, cuestionada en sendos recursos de inconstitucionalidad presentados por los Gobiernos vasco y catalán, en particular en referencia a las facultades relativas a la suspensión de funciones y la imposición de multas coercitivas. Dudas de constitucionalidad, que, sin embargo, fueron despejadas a través de los pronunciamientos SSTC 185 y 215/2016, que avalaron la última —hasta el momento— reforma del legislador orgánico en cumplimiento del mandato del art. 165 CE.

2. La LOTC y su control por el Tribunal Constitucional

Si al inicio de este comentario se recordaba el amplio margen de configuración que el Tribunal Constitucional ha reconocido al legislador orgánico en relación con el reenvío del art. 165 CE (STC 66/1985), es necesario traer a colación el debate que, en sede del propio órgano, ha suscitado el alcance que deba tener el control sobre la LOTC. Indiscutida la competencia del Tribunal para conocer del control de constitucionalidad de la norma infraconstitucional cuyo funcionamiento disciplina (art. 27.2 a) LOTC), la especial vinculación de la institución con la norma cuestionada llevó al Pleno a modular el alcance de este control en la STC 49/2008 FJ. 4º, al entender que éste *"debe limitarse a los supuestos en que existe un conflicto evidente e insalvable entre la misma y el texto constitucional"*.

Una opción por el debilitamiento del control, que se ha reiterado en las posteriores SSTC 185 y 215/2016 —aunque de forma más matizada en la segunda—, con ocasión de la fiscalización de la LO 15/2015. Pero que al igual que sucediera en el año 2008 con el voto particular del magistrado Javier Delgado Barrio, en esta ocasión contó con la firme discrepancia de los magistrados Adela Asúa Batarrita, Fernando Valdés Dal-Ré y Juan Antonio Xiol Ríos. Entendieron los disidentes de la mayoría, que la especial posición de la LOTC respecto al Tribunal Constitucional no debe ser fundamento para un relajamiento en la función de control, que precisamente, y dada la especial importancia de la norma, debiera ser particularmente incisivo y profundo. Pues lo contrario impone el reconocimiento implícito, y carente de justificación alguna, de una mayor libertad de configuración en favor del legislador orgánico cuando hace uso de sus atribuciones *ex* art. 165 CE que en cualquier otro desarrollo normativo que igualmente le otorgue la Constitución.

Un debate abierto de nuevo con ocasión del reciente y polémico ATC 177/2022, de 19 de diciembre, por el que se admitió a trámite un insólito recurso de amparo parlamentario en el que a través de una petición de medidas "cautelarísimas" se instaba la suspensión de la tramitación de las enmiendas nº 61 y nº 62 a la Proposición de Ley Orgánica de transposición de directivas europeas y otras disposiciones para la adaptación de la legislación penal al ordenamiento de la Unión Europea, y reforma de los delitos contra la integridad moral, desórdenes públicos y contrabando de armas de doble uso. Enmiendas que pretendían reformar la LOPJ y la LOTC respectivamente para el remediar el bloqueo existente en relación con la selección de los miembros del Consejo General del Poder Judicial y del Tribunal Constitucional (en este caso, de un tercio del colegio).

De nuevo la decisión mayoritaria y los votos particulares formulados por algunos magistrados discreparon en el alcance de dicho control, ahora en sede de amparo y con una solicitud de suspensión del procedimiento legislativo, que finalmente fue acogida. Así, en el FJ. 6º de la resolución se apunta a: *"La especial naturaleza de este tribunal viene determinada por su singular configuración dentro del entramado institucional definido por la propia Constitución y por su ley orgánica"*. Lo que unido al hecho de encontrarnos con *"un órgano 'único en su orden'"*, refuerza su capacidad de control sobre el resto de poderes del Estado, incluido el Legislativo. *"La doble vinculación del Tribunal Constitucional al texto constitucional y a su ley orgánica no 'puede inter-*

pretarse en el sentido de impedir el control de constitucionalidad de nuestra ley reguladora, puesto que ello supondría rechazar la vigencia del principio de supremacía constitucional en la fase creativa del Derecho, es decir, frente al legislador'" (FJ. 5º, que su vez se remite a la ya citada STC 49/2008).

Ahora bien, de nuevo Juan Antonio Xiol Ríos, además de Cándido Conde-Pumpido, junto con Ramón Sáez Valcárcel e Inmaculada Montalbán, y Mª Luisa Balaguer, sostuvieron en sus opiniones separadas que el control último que corresponde al Tribunal sobre su propia ley reguladora no puede tampoco ser de tal alcance que impida el respeto a la configuración elegida por el legislador, teniendo en cuenta que en este caso concreto el control que se pretendía presentaba carácter "previo", al encontrarse la norma todavía en fase de tramitación parlamentaria.

Así, y a pesar de los diversos puntos de vista respecto al alcance del control, lo que es incuestionable es, que, como bien dispuso el propio de Tribunal en su STC 118/2016 FJ. 3º: "*en suma, es el legislador orgánico el único constitucionalmente habilitado para delimitar nuestro sistema de jurisdicción constitucional y la forma de acceso a los diferentes procesos constituidos, como así se ha puesto de manifiesto en las sucesivas reformas de la Ley Orgánica del Tribunal Constitucional acomodando su contenido a las necesidades y circunstancias de cada momento*".

III. BIBLIOGRAFÍA

BORRAJO INIESTA, I.: "Artículo 165", en CASAS BAAMONDE, Mª. E.; RODRÍGUEZ-PIÑERO Y BRAVO-FERRER, M. (Dirs.): *Comentarios a la Constitución española*, XXX Aniversario, Fundación Wolters Kluwer, Madrid, 2008, pp 2733-2741.

CORTES GENERALES, SERVICIO DE ESTUDIOS Y PUBLICACIONES: *Constitución española. Trabajos Parlamentarios*, Vol. IV, Madrid, 1980.

CORTES GENERALES, SERVICIO DE ESTUDIOS Y PUBLICACIONES: *Tribunal Constitucional. Trabajos Parlamentarios*, Madrid, 1980.

GARRORENA MORALES, A.: "Artículo 165. La reserva del Tribunal Constitucional a Ley Orgánica", en ALZAGA VILLAAMIL, O. (Dir.): *Comentarios a la Constitución española de 1978*, Tomo XII, Cortes Generales, EDERSA, Madrid, 1999, pp. 387-411.

PÉREZ TREMPS, P. *Tribunal Constitucional y Poder Judicial*, Centro de Estudios Constitucionales, Madrid, 1985.

IV. JURISPRUDENCIA

STC 66/1985, de 23 de mayo.
STC 49/2008, de 9 de abril.

STC 155/2009, de 25 de junio.
STC 133/2013, de 5 de junio.
STC 118/2016, de 23 de junio.
STC 185/2016, de 3 de noviembre.
STC 215/2016, de 15 de diciembre.
ATC 26/2007, de 12 de febrero.
ATC 177/2022, de 19 de diciembre.

TÍTULO X
DE LA REFORMA CONSTITUCIONAL

Artículo 166

La iniciativa de reforma constitucional se ejercerá en los términos previstos en los apartados 1 y 2 del artículo 87.

COMENTARIO

Germán Gómez Orfanel
Catedrático emérito de Derecho Constitucional
Universidad Complutense de Madrid

SUMARIO: I. INTRODUCCIÓN. II. LOS SUJETOS DE LA INICIATIVA. 1. Los órganos centrales: Gobierno y Parlamento. 2. Las Comunidades Autónomas. 3. La exclusión de la iniciativa popular de la reforma constitucional. III. CUESTIONES DE PROCEDIMIENTO. 1. La iniciativa de reforma debe ser clara y expresa. 2. La naturaleza de la disposición normativa de reforma de la Constitución. 3. Iniciativas y enmiendas. IV. BIBLIOGRAFÍA. V. JURISPRUDENCIA.

I. INTRODUCCIÓN

Si la regulación de la reforma constitucional o del Poder Constituyente constituido es uno de los contenidos esenciales de un texto constitucional y decisivo para su supremacía y rigidez, la decisión sobre quién o quiénes pueden poner en marcha tal reforma es sin duda muy importante.

El artículo que comento incluye una remisión al artículo de la Constitución que se ocupa de la iniciativa legislativa aunque estableciendo también significativas diferencias. Así, se reconoce la iniciativa de reforma al Gobierno, al Congreso y al Senado y con un carácter más indirecto a las Asambleas de las Comunidades Autónomas que podrán solicitar del Gobierno que adopte tal iniciativa o remitirla a la Mesa del Congreso, enviando una delegación ante dicha Cámara para su defensa (Artículo 87.2 CE). Al excluirse de la remisión al párrafo 3 se elimina totalmente la posibilidad de la iniciativa popular respecto a la reforma constitucional, aunque conviene recordar que también está excluida la iniciativa legislativa popular en las materias más relevantes como son las reguladas por ley orgánica y, por si ello no bastase, también las de carácter tributario, internacional y las relativas a la prerrogativa de gracia (amnistías, indultos...). Una prueba más de la hegemonía de la democracia representativa sobre la directa aunque ésta se halle muy limitada en nuestro texto constitucional. Parece que lo importante, lo regulable por ley orgánica y además cuestiones sensibles como la política exterior, la gestión de ingresos estatales y la práctica del perdón deben quedar fuera de la participación de los ciudadanos.

II. LOS SUJETOS DE LA INICIATIVA

1. Los órganos centrales: Gobierno y Parlamento

Parece lógico que los órganos políticos esenciales, es decir el Gobierno y las Cámaras, estén habilitados para poner en marcha la reforma de acuerdo obviamente con lo dispuesto en la Constitución y los Reglamentos de las Cámaras, pero también teniendo en cuenta el resto del ordenamiento jurídico. Así en relación con el Gobierno conviene tener presente las atribuciones del Consejo de Estado en el sentido de que se puede encomendar "la elaboración de propuestas de reforma constitucional a su Comisión de Estudios que las someterá al Pleno, que se pronunciará sobre ellas por mayoría simple" (artículos 2.3 y 23.2 de la Ley Orgánica 3/1980 del Consejo de Estado) y que los Anteproyectos de reforma constitucional deberán ser sometidos a consulta del Pleno del Consejo cuando la propuesta no haya sido elaborada por el propio Consejo de Estado (artículo 21.1 de la mencionada Ley Orgánica). Por otro lado en la Ley 50/1997, del Gobierno, se incluye un Título V sobre la iniciativa legislativa del Gobierno y se regula un procedimiento de elaboración de normas con rango de Ley.

El Reglamento del Congreso de los Diputados incluye en su Título VI y dentro del capítulo III, "De las especialidades en el procedimiento legislativo", una sección dedicada a la revisión y reforma constitucionales, categorías que frecuentemente se utilizan indistintamente en nuestro ordenamiento jurídico generando confusión, en la que se establecen lógicamente dos procedimientos distintos según se afecte a los contenidos del artículo 167 o del 168, aludiendo, a los efectos que aquí nos interesa subrayar, a los proyectos y proposiciones de reforma constitucional a que se refieren los artículos 166 y 167 de la Constitución, cuya tramitación se equipara con la de los proyectos y proposiciones de ley, si bien con una diferencia significativa que se sitúa en la perspectiva de la rigidez o de mayores exigencias, ya que respecto a las proposiciones deberán tener el apoyo de dos Grupos parlamentarios o de una quinta parte de los Diputados (artículo 146.1 RCD). En lo tocante al Reglamento del Senado también se establece un procedimiento legislativo especial respecto a la revisión constitucional, distinguiendo entre tres supuestos, revisión iniciada en el Senado cuyas proposiciones requerirán el apoyo de al menos cincuenta senadores que no pertenezcan a un mismo Grupo parlamentario, y que serán sometidas al trámite de toma en consideración (artículos 152 y 153 RS), revisión iniciada en el Congreso de los Diputados que se equipara con los contenidos atribuidos al 167 (artículos 154-157 RS), y finalmente reforma constitucional prevista en el artículo 168 de la Constitución (artículos 158-159 RS).

Las remisiones del artículo 166 CE al ámbito de las iniciativas legislativas coinciden con las dificultades de precisar cuál es el tipo de norma en el que se inserta la reforma constitucional. Indudablemente no se trata de leyes o leyes orgánicas y desconocemos por otro lado la figura de ley constitucional o ley de reforma constitucional.

2. Las Comunidades Autónomas

La combinación de los artículos 166 y 87.2 reconoce a las Asambleas autonómicas una participación indirecta en el proceso de la iniciativa de reforma. Durante el desarrollo de la elaboración del texto constitucional no faltaron voces que criticaron tal reconocimiento sobre todo en contraste con la exclusión de la iniciativa popular. Uno de los argumentos en tal sentido desarrollado por algún sector de la doctrina se basaba en la negativa a considerar a tales asambleas como órganos constitucionales aunque el artículo 152 les reconociera relevancia constitucional respecto a los Estatutos aprobados conforme al 151 CE. Posteriormente el desarrollo constitucional ha ido reduciendo las diferencias en cuanto al contenido de los diversos tipos de Estatutos.

No parece recomendable excluir la participación de órganos representativos democráticos en las reformas constitucionales, máxime cuando la autonomía política es un principio constitucional que forma parte de nuestra identidad. Algunos Estatutos recogen expresamente tal posibilidad, así a título de ejemplo se considera competencia de las Cortes de Aragón, además del ejercicio de la iniciativa legislativa, "El ejercicio de la iniciativa de reforma de la Constitución" (artículo 41d y e) del Estatuto de Aragón).

Por su parte los Reglamentos del Congreso y del Senado se ocupan también de la regulación de este tipo de iniciativa, así el artículo 127 RCD establece que las proposiciones de Ley (y también de reforma constitucional) de las Comunidades Autónomas serán examinadas por la Mesa del Congreso a efectos de verificar el cumplimiento de los requisitos legalmente establecidos, correspondiendo su defensa en el trámite de toma en consideración a la Delegación de la Asamblea de la Comunidad Autónoma. Tengamos en cuenta que "es plena la apertura de la norma fundamental a su revisión formal, que pueden solicitar o proponer, entre otros órganos del Estado, las Asambleas legislativas de las Comunidades Autónomas" (STC 114/2017, FJ 5 c).

Desde otra perspectiva tuvo un gran impacto político y mediático la presentación ante el Congreso de los Diputados del denominado Plan Ibarretxe o Propuesta del Parlamento Vasco para la convivencia en Euskadi. Se trataba de un proyecto de reforma del Estatuto de Autonomía del País Vasco de 1979, aunque importantes elementos de su contenido eran claramente incompatibles con la Constitución. Como escribió en su momento Luis López Guerra, entonces Secretario de Estado de Justicia, en opinión del Gobierno representaría por ello una reforma de la Constitución y en consecuencia su tramitación como proyecto de ley y no como proyecto de reforma encerraba un fraude constitucional, añadiendo que no obstante el Tribunal Constitucional no podría estimar como inconstitucional un texto aún no aprobado basándose en la inidoneidad del procedimiento para su eventual aprobación.

El 1 de febrero de 2005 fue sometido a debate y votación en el Congreso de los Diputados, siendo rechazado por 313 votos en contra (PSOE, PP, IU, CC y CHA), 29 a favor (PNV, ERC, CiU, EA, NaBai y BNG) y 2 abstenciones (ICV).

Cuestión distinta pero muy conectada fue la Ley 9/2008 del Parlamento Vasco, (Cuyo título contradice principios básicos de Técnica Legislativa) *de convocatoria y regulación de una consulta popular al objeto de recabar la opinión ciudadana en la Comunidad Autónoma del País Vasco sobre la apertura de un proceso de negociación para alcanzar la paz y la normalización política*, que fue declarada inconstitucional (STC 103/2008). En las alegaciones ante el Tribunal Constitucional tanto el Parlamento como el Gobierno vascos negaron que la pregunta sobre el derecho a decidir del Pueblo Vasco supusiera o equivaliese a una iniciativa popular que directa o indirectamente planteara o diese cobertura a una reforma constitucional (Antecedente 5 y Fundamento Jurídico 1). En relación con Cataluña el Tribunal Constitucional [STC 136/2018, FJ 6 c)] ha considerado posible que un órgano del Estado como es un Parlamento autonómico exteriorice su defensa del denominado "derecho a decidir" como "aspiración política susceptible de ser defendida en el marco de la Constitución" (STC 42/2014, FJ 4 *in fine*), siempre que no se excluya "seguir los cauces constitucionalmente previstos para traducir la voluntad política expresada en la resolución en una realidad jurídica" (STC 259/2015, FJ 3). Es decir a través de una reforma constitucional.

Todo ello nos lleva a comentar lo que se considera como uno de los elementos básicos del artículo 166 CE.

3. La exclusión de la iniciativa popular de la reforma constitucional

En la remisión que el artículo 166 CE hace al 87 se evita de modo claro y consciente la referencia al párrafo 3, que alude a la iniciativa legislativa popular, y ello no fue así en las primeras redacciones del texto constitucional hasta la presentación por UCD el 20 de junio de 1978 en la Comisión Constitucional del Congreso de una enmienda *in voce* que sería aprobada por el PSOE y el PCE, con la oposición del *populista* Fraga, favorable a escuchar la voz del pueblo y permitir las iniciativas de las fuerzas sociales fuera de la estructura de los partidos.

En realidad existía entre nosotros un antecedente importante de exclusión de la iniciativa popular de reforma constitucional, el artículo 125 de la Constitución republicana de 1931 que la reservaba al Gobierno y a la cuarta parte de los miembros del Parlamento, decisión no exenta de críticas o sorpresa. Respecto a nuestro texto constitucional vigente la doctrina está dividida acerca de posibilitar la iniciativa popular en materia de reforma constitucional. Por una parte quienes insisten en el carácter predominantemente representativo de nuestra democracia, argumentando además que la mayoría de los países de nuestro entorno la excluyen en sus constituciones, y por otra los partidarios de incluir dicha iniciativa legislativa popular, si bien haciéndola depender de una posterior toma en consideración por parte del Congreso y otros controles parlamentarios. Aunque desde una perspectiva de democracia directa no hay que olvidar que es el pueblo español en su conjunto o cuerpo electoral quien decide, quien dice la última palabra aunque sólo sea sí o no mediante el referéndum obligatorio del artículo 168 CE, o el facultativo previsto en el 167 CE. "... sólo los ciudadanos actuando necesariamente al final del proceso de reforma puedan disponer del poder supremo, esto es, del poder de modificar sin límites la propia Constitución" (STC 103/2008, FJ 2, citado por STC 136/2018, FJ 6 a).

El Tribunal Constitucional se pronunció categóricamente en 1994 sobre la interpretación del artículo 166 CE, en el sentido de que contiene una prohibición de la iniciativa popular en materia de reforma constitucional y que reservar tal iniciativa al Gobierno, Congreso de los Diputados, Senado y Asambleas Legislativas de las Comunidades Autónomas es reflejo de la primacía de los mecanismos de democracia representativa sobre los de participación directa. (STC 76/1994). En dicha sentencia denegó el amparo solicitado por vulneración del artículo 23.2 CE debida a la inadmisión por parte de la Mesa del Parlamento Vasco de una proposición de ley en base a una iniciativa popular conforme a la Ley vasca 8/1986, de Iniciativa Legislativa Popular y que pretendía una modificación constitucional. El Tribunal Constitucional estableció que tal iniciativa no podía prosperar ya que se refería a una materia, la reforma constitucional excluida de la iniciativa legislativa popular por el artículo 166 CE, pero aún más, añade que servirse de una iniciativa popular para provocar el ejercicio de una iniciativa parlamentaria, ésta sí legitimada por dicho precepto, supone contravenir la finalidad perseguida por el constituyente al prever la referida exclusión. (STC 76/1994, FJ 5).

El 21 de octubre de 2014 la Mesa del Congreso de los Diputados admitió a trámite una Proposición de Reforma de los artículos 87.3 92 y 166 de la Constitución, presentada por la Comunidad Autónoma del Principado de Asturias— Junta General. Dicha iniciativa ha vuelto a ser admitida a trámite por la Mesa del Congreso con fecha de 6 de septiembre de 2016. Se reformaba el artículo 92 CE, distinguiendo entre las categorías de plebiscito y referéndum y entre otros temas se incluía la posibilidad de un referéndum derogatorio de leyes en vigor, pero a los efectos que aquí interesa destacar se proponía una nueva redacción de los artículos 166 ("La iniciativa de reforma constitucional se ejercerá en los términos previstos en el artículo 87"), y 87.3, que permitiría la presentación de iniciativas populares de proposiciones de ley incluyendo la reforma constitucional, si bien atendiendo a lo dispuesto en el apartado 6 del artículo 134 CE. Las novedades consistirían además en la adición de una referencia a los Presupuestos Generales del Estado y en la eliminación de que las materias de ley orgánica no pudiesen ser objeto de iniciativa legislativa popular.

Lo importante es que esta iniciativa de reforma procede del ejercicio del derecho fundamental de petición reconocido en el artículo 29 CE por parte de 7700 ciudadanos, y la Junta General manifiesta que comparte tales objetivos, los instrumentos para alcanzarlos y asume su petición, transformándola con su aquiescencia en propuesta de proposición de reforma constitucional y actuando como vehículo de tal iniciativa ciudadana para incrementar la participación en el ejercicio del poder. La cuestión a discutir es la de si tal actuación sería inconstitucional y fraudulenta y cuál sería en su caso la posición del Tribunal Constitucional. Por otro lado se ha argumentado que los ciudadanos deben poder sugerir propuestas de reforma constitucional a sus representantes, aunque las Cortes Generales mantengan la última palabra sobre ello.

Desde un enfoque de derecho comparado no es frecuente la inclusión en los textos constitucionales de la iniciativa popular de reforma constitucional, e incluso a fines de 1976 una Comisión parlamentaria del Bundestag para la Reforma de la Constitución rechazó tal posibilidad, mientras que el Preámbulo de la mencionada proposición asturiana alude a su reconocimiento en países como la Confederación Helvética, Letonia, Lituania, Rumania y Austria.

III. CUESTIONES DE PROCEDIMIENTO

La iniciativa es ya una fase del procedimiento, por ello considero adecuado incluir aquí el comentario de algunas cuestiones que también pueden afectar a otras etapas del mismo, y me refiero al carácter expreso de la reforma, al tipo de disposición normativa a emplear y a los problemas que acompañan a la eventuales enmiendas a la iniciativa.

1. La iniciativa de reforma debe ser clara y expresa

El ejemplo paradigmático lo encontramos en el artículo 79.1 de la Ley Fundamental alemana, donde se afirma que, "solo podrá modificarse mediante una ley que expresamente modifique o complemente su texto". Dicho precepto pretende combatir las denominadas *reformas constitucionales tácitas,* típicas de la época de Weimar y cuya Constitución en su artículo 76 exigía para la reforma una mayoría cualificada de dos tercios de los votos de ambas Cámaras, pero se impuso la tesis de que la reforma se producía válidamente si contaba con el apoyo de tal mayoría sin que fuese preciso que la correspondiente ley se aprobase expresamente como ley de reforma de la Constitución. Todo ello producía una notable inseguridad jurídica.

Las Constituciones de Holanda y Bélgica entre otras, exigirían este carácter expreso de la reforma, que para algunos autores ya supone un elemento de rigidez.

Aunque nuestro texto constitucional no mencione el carácter expreso de la reforma, creo que es conveniente ser consciente desde el inicio, de que se pretende realizar una reforma y comunicarlo en tal sentido, en contraste con las denominadas mutaciones constitucionales. Además considero aconsejable que se aluda en la iniciativa a los preceptos que se pretenden modificar. En tal línea resultaba modélica nuestra Constitución de 1931 que establecía que la propuesta de reforma constitucional, "señalará concretamente el artículo o los artículos que hayan de suprimirse, reformarse o adicionarse" (Artículo 125).

2. La naturaleza de la disposición normativa de reforma de la Constitución

Con frecuencia la iniciativa de reforma constitucional ha pasado a confundirse con la legislativa, como dando por supuesto que la ley de reforma es ley, no incluyendo en el texto constitucional ningún precepto específico para la primera.

Italia por ejemplo utiliza la figura de leyes de revisión de la Constitución y restantes leyes constitucionales (Artículo 138). El caso de Austria es peculiar ya que se distingue entre leyes federales constitucionales (*Bundesverfassungsgesetze)* y disposiciones constitucionales (*Verfassungsbestimmungen*) contenidas en leyes ordinarias, algo que no deja de resultar sorprendente (Artículo 44). En Alemania se emplea la categoría de ley de reforma constitucional (*Verfassungsänderungsgesetz*) y en Francia, proyecto o proposición de revisión.

Como he señalado anteriormente, nuestra Constitución, salvo la referencia en el artículo 167 "a los proyectos de reforma constitucional", no se pronuncia en concreto sobre la tipología de la disposición normativa que se requiere para la reforma, a diferencia del precedente contenido en el texto constitucional de 1931, que especificaba que la propuesta seguiría "los trámites de una ley" (artículo 125). Como es bien sabido la regulación de la iniciativa de reforma constitucional se remite en principio a la de la iniciativa legislativa. No hay ninguna referencia a leyes constitucionales o de reforma o revisión constitucional y está claro que no se trata de leyes orgánicas u ordinarias. La extraña solución ha sido la de utilizar en las dos reformas ya realizadas la de 1992 y 2011, la ex-

presión "Reforma" sin más, que no aclara mucho sobre su naturaleza jurídica, ni sobre las eventuales posibilidades de control por parte del Tribunal Constitucional en relación sobre todo con vulneraciones procedimentales.

3. Iniciativas y enmiendas

Según la doctrina del Tribunal Constitucional, forman parte del núcleo de la función representativa parlamentaria (STC 124/1995 y 242/2006). Conforme al Reglamento del Congreso de los Diputados no pueden presentarse enmiendas a la totalidad de devolución a las proposiciones de reforma constitucional tomadas en consideración por la Cámara. Para evitar situaciones fraudulentas, las enmiendas deben referirse al texto de la proposición o guardar una clara conexión material con la misma. El Tribunal Constitucional ha innovado su doctrina limitando el derecho de enmienda, en el sentido de exigir homogeneidad y congruencia entre las enmiendas y la iniciativa original si bien reconociendo un amplio margen de apreciación a las Mesas de las Cámaras (STC 119/2011), pués, "la materia y el objeto del procedimiento lo delimita el autor de la iniciativa" y "toda enmienda parcial tiene que tener un carácter subsidiario o incidental respecto del texto a enmendar" (STC 136/2011, FJ 6 y 8).

IV. BIBLIOGRAFÍA

GARCÍA-ESCUDERO MÁRQUEZ, P.: "Los límites al derecho de enmienda en la reforma constitucional y la nueva doctrina del Tribunal Constitucional sobre las enmiendas e iniciativas legislativas", *Cuadernos Manuel Giménez Abad*, núm. 3, 2012, pp. 58-67.

GORDILLO, L. I.: "Repertorio bibliográfico sobre la reforma constitucional", *Teoría y realidad constitucional*, núm. 28, 2012, pp. 459 y ss.

FERNÁNDEZ SILVA, Á.: *La iniciativa legislativa popular en el ordenamiento jurídico español*, Tribunal Constitucional, CEPC, Madrid, 2021.

LÓPEZ GUERRA, L.: "La reforma constitucional. Elementos formales y materiales", Abogacía General del Estado. Dirección del Servicio Jurídico del Estado, XXVI Jornadas de Estudio, *La reforma constitucional*, Ministerio de Justicia, Madrid, 2005, pp. 515 y ss.

LÓPEZ RUBIO, D.: "Radiografía de una propuesta olvidada: La proposición de reforma constitucional de la Junta General asturiana sobre democracia semidirecta", *Estudios de Deusto*, vol. 67/2, julio-diciembre 2019, pp. 263-295.

PACE, A. y VARELA J.: *La rigidez de las Constituciones escritas*, CEC, Madrid, 1995.

PÉREZ ROYO, J.: "Comentario a los artículos 166-169", en, ALZAGA, O. (Director), *Comentarios a la Constitución española de 1978*, Cortes Generales— Editoriales de Derecho Reunidas, Madrid, 1999, tomo XII, pp. 439-513.

PÉREZ SERRANO, N.: *La Constitución española (9 de diciembre de 1931). Antecedentes, texto, comentarios*. Editorial Revista de Derecho Privado, Madrid, 1932.

REQUEJO RODRÍGUEZ, P.: "El régimen jurídico de la iniciativa legislativa popular: un presente insatisfactorio y un futuro incierto", *Teoría y Realidad Constitucional*, núm. 51, 2023, pp. 259-281.

VEGA GARCÍA, P., *La reforma constitucional y la problemática del poder constituyente*, Tecnos, Madrid, 1985.

V. JURISPRUDENCIA

STC 76/1994, de 14 de marzo.
STC 124/1995, de 18 de julio.
STC 242/2006, de 24 de julio.
STC 103/2008, de 11 de septiembre.
STC 119/2011, de 5 de julio.
STC 136/2011, de 13 de septiembre.
STC 42/2014, de 25 de marzo.
STC 259/2015, de 2 de diciembre.
STC 114/2017, de 17 de octubre.
STC 136/2018, de 13 de diciembre.

Artículo 167

1. Los proyectos de reforma constitucional deberán ser aprobados por una mayoría de tres quintos de cada una de las Cámaras. Si no hubiera acuerdo entre ambas, se intentará obtenerlo mediante la creación de una Comisión de composición paritaria de Diputados y Senadores, que presentará un texto que será votado por el Congreso y el Senado.

2. De no lograrse la aprobación mediante el procedimiento del apartado anterior, y siempre que el texto hubiere obtenido el voto favorable de la mayoría absoluta del Senado, el Congreso, por mayoría de dos tercios, podrá aprobar la reforma.

3. Aprobada la reforma por las Cortes Generales, será sometida a referéndum para su ratificación cuando así lo soliciten, dentro de los quince días siguientes a su aprobación, una décima parte de los miembros de cualquiera de las Cámaras.

COMENTARIO

Germán Gómez Orfanel
Catedrático emérito de Derecho Constitucional
Universidad Complutense de Madrid

SUMARIO: I. SIGNIFICADO DE LA REFORMA CONSTITUCIONAL. II. LA DUALIDAD DE PROCEDIMIENTOS DE REFORMA. III. UNA REFORMA FRUSTRADA Y DOS REALIZADAS. IV. EL CONTROL JURÍDICO DE LA REFORMA. V. PENSANDO EN REFORMAS PARA UN FUTURO CERCANO. VI. BIBLIOGRAFÍA. VII. JURISPRUDENCIA.

I. SIGNIFICADO DE LA REFORMA CONSTITUCIONAL

Ha sido tradicional situar a la institución de la reforma constitucional, considerada como poder constituyente constituido, junto a la jurisdicción constitucional como una de las garantías de la Constitución e incluso como de defensa de la misma, en el sentido de medio para intentar adaptar la normatividad constitucional a la realidad y facilitar la aplicación de la Norma suprema, pues de ello se trata, de mantener la supremacía de la Constitución, a lo que también contribuye otro concepto básico de la Teoría de la Constitución, el de rigidez constitucional.

La Constitución de 1978, en la línea de la Constitución de 1931, pero también de las de 1812 y 1869 ha optado por un modelo de rigidez, aunque desdoblado en dos supuestos y procedimientos distintos. Por un lado, protección fortalecida de la reforma total o revisión y de determinados contenidos (Título Preliminar, Derechos Fundamentales y Corona), mediante un procedimiento superrígido y en gran medida disuasorio (mayoría de dos tercios de ambas cámaras + disolución y nuevas elecciones + ratificación de la decisión y aprobación del nuevo texto por mayoría de dos tercios de cada cámara + ratificación mediante referéndum) (Artículo 168 CE). El procedimiento de reforma de los restantes contenidos constitucionales, regulado en el artículo 167 CE, dentro de su notable rigidez resulta algo más simplificado (aprobación por mayoría de tres quintos de cada cámara + intervención de una comisión paritaria de diputados y senadores en el caso de no haber acuerdo, y si persisten las diferencias, bastaría la aprobación por mayoría absoluta del Senado y de dos tercios del Congreso + referéndum en el caso de solicitarlo al menos una décima parte de los miembros de cualquiera de las cámaras. En las primeras etapas de los debates constituyentes este referéndum también aparecía como obligatorio, aunque acabó por convertirse en facultativo. El procedimiento de reforma se halla regulado además en los Reglamentos del Congreso (Artículos 146-147) y del Senado (Artículos 154-157) y se ha utilizado sin problemas relevantes en las dos ocasiones en las que se ha reformado el texto constitucional. Lo más significativo se encuentra en el funcionamiento de la Comisión Mixta paritaria y en las mayorías necesarias en cada fase del procedimiento. Por razones de espacio no me detengo en su comentario.

No se incorporó al texto constitucional un núcleo irreformable o cláusulas de intangibilidad, a diferencia de Constituciones cercanas como las de Francia, Italia y sobre todo de la Ley Fundamental alemana, aunque conviene recordar que en los debates constituyentes el PSOE se negó a que la Monarquía fuese irreformable, y en un voto particular al primer proyecto de Constitución citaba a un Presidente de la República como Jefe del Estado, mientras que el grupo parlamentario de Alianza Popular propuso sin éxito que la unidad del Estado quedase fuera de eventuales reformas.

En 2017, el Tribunal Constitucional en la trascendental sentencia [(STC 114/2017, especialmente FJ 5 c)] que declaró inconstitucional la Ley del Parlamento Catalán 19/2017, sobre el "referéndum de autodeterminación", reiteró que la Constitución no es perpetua y que admite y regula su revisión total, "solo los ciudadanos, actuando necesariamente al final del proceso de reforma, pueden disponer del poder supremo...del poder de modificar sin límites la propia Constitución" (STC 103/2008, FJ 2). Todas y cada una de las determinaciones constitucionales son susceptibles de modificación, pero es preciso que "el intento de su consecución efectiva se realice en el marco de los procedimientos de reforma de la Constitución" (STC 138/2015, FJ 4).

II. LA DUALIDAD DE PROCEDIMIENTOS DE REFORMA

Hace ya muchos años que se viene criticando tal dualidad sobre todo desde la perspectiva de la exagerada rigidez del 168 aplicable a la reforma total y a la protección en bloque de los Derechos Fundamentales (Capítulo II, Sección primera del Título I), de todo el Título preliminar, aunque en él se contengan elementos no tan relevantes, y de la totalidad del Título II, referido a la Corona, aunque se tratase de cuestiones secundarias. Probablemente ello supuso el precio a pagar por no haber incluido un núcleo irreformable. Se han señalado las dificultades para mantener tal diferencia de contenidos, ya que por ejemplo la eventual mutilación o supresión de la independencia judicial (artículo 117.1), afectaría a la consideración de España como un Estado de Derecho, o la modificación del artículo 66 podría incidir en el artículo 1 (modelo parlamentario).

El artículo 167, parece configurarse como el procedimiento ordinario, normal y operativo de reforma constitucional, incluso como el "núcleo esencial" del Título X de la Constitución, habiendo sido valorado positivamente de forma casi unánime en contraste con el rechazo del procedimiento del 168. Su razonable rigidez resulta aceptable y la primacía otorgada a los órganos parlamentarios representativos solo resultaría cuestionable si algún grupo parlamentario lograse promover un referéndum, cosa que no ha sucedido durante la hegemonía del bipartidismo, si bien en la actualidad la situación ha cambiado.

La oposición al procedimiento agravado o superrígido del artículo 168 ha desembocado en propuestas o al menos sugerencias de desactivarlo empleando el procedimiento del artículo 167. Así atendiendo a la literalidad de los artículos 167 y 168, y de acuerdo con diversos autores, el procedimiento agravado sería revisable a través del más sencillo, lo que no sería objetable desde una dimensión positiva, única jurídicamente relevante. En mi opinión tal interpretación literal, que se impondría a otras de carácter sistemático y finalista, tiene bastante de fraude constitucional y de truco mágico de juristas. No me imagino un añadido al artículo 168 explicitando que también su enunciado estaría protegido por el procedimiento agravado, aunque si cabe su reforma a través del mismo.

III. UNA REFORMA FRUSTRADA Y DOS REALIZADAS

Por Acuerdo del Consejo de Ministros de 4 de marzo de 2005, el Gobierno solicitó del Consejo de Estado en Pleno, informe sobre diferentes modificaciones de la Constitución, que en síntesis consistían en los siguientes temas en los que a su vez se integraban cuestiones más concretas.

1º. La supresión de la preferencia del varón en la sucesión al trono.

2º. La recepción en la Constitución del proceso de construcción europea.

3º. La inclusión de la denominación de las Comunidades Autónomas.

4º. La reforma del Senado.

El 16 de febrero de 2006, el Consejo de Estado emitió un amplio informe sobre la consulta del Gobierno, en sentido favorable e incorporando diversas consideraciones y alternativas junto con los votos particulares producidos.

Salvo el primer tema que afectaba a la Corona y requería el uso del procedimiento previsto en el artículo 168, los restantes podían solventarse por la vía del artículo 167 CE. Podría pensarse que era necesario utilizar por tanto los dos procedimientos. Sin embargo el Informe del Consejo de Estado señaló algo que me parece al menos discutible: "Si las proyectadas modificaciones constitucionales sobre las que versa este Informe dieran lugar a una iniciativa de reforma que las abordase conjuntamente...toda ella debería tramitarse en la forma prevista en el artículo 168 de la Constitución". Recordemos que la reforma modificaba el artículo 57 CE en relación con la sucesión en el trono. El argumento se basaba en la afirmación de que cuando la reforma afecta a preceptos respecto a los que bastaría aplicar el procedimiento más simplificado, junto a otros que solo pueden reformarse o derogarse por el procedimiento agravado, es éste el que deberá aplicarse, pues de otro modo la reforma sería inválida.

De esta manera bastaría, en mi opinión, yuxtaponer en una iniciativa de reforma constitucional contenidos reformables por el 167, con otros que exigiesen la vía del 168 para que esta última se impusiera y se sometiera a requisitos y trámites más severos a cuestiones respecto a cuya reforma el constituyente hubiese dispuesto otra cosa, como mayorías menos cualificadas, ausencia de obligada disolución de las cámaras y nuevas elecciones, y referéndum no obligatorio. Creo que en tal supuesto habría que utilizar adecuadamente ambos procedimientos diferenciados. No cumplir exigencias y requisitos constitucionales puede generar invalidez, pero obligar a usar un procedimiento distinto al previsto por el legislador constituyente, también.

El Gobierno no llegó a presentar ninguna iniciativa de reforma constitucional ante las Cámaras, pasaron los meses y los años. En marzo de 2008 el PSOE volvió a formar Gobierno que duró hasta fines de 2011 y desde junio de 2018, hasta la actualidad (junio de 2023), ha gobernado dicho partido y la reforma permanece en el olvido.

En contraste, en el Boletín Oficial del Estado de 22 de agosto de 1992, se publicó la Reforma del artículo 13.2 de la Constitución, primera reforma del texto constitucional de 1978. El tabú de la intocabilidad quedaba roto como consecuencia de la necesidad de hacer compatible nuestra Constitución con el contenido del Tratado de Maastricht. En su Declaración 1/1992, el Tribunal Constitucional constató tal incompatibilidad que afectaba al artículo 13.2 en lo relativo a la atribución del derecho de sufragio pasivo en elecciones municipales a los ciudadanos de la Unión Europea que no fueran nacionales españoles, añadiendo que el procedimiento de reforma a seguir para lograr la adecuación de la norma europea a la Constitución era el del artículo 167, no siendo precisa la reforma agravada por no verse afectados derechos fundamentales (artículo 23) o principios constitucionales como el de soberanía nacional (artículo 1.2). Además estableció que la Constitución "no admite ser reformada por otro cauce que no sea el de su Título X, a través de los procedimientos y con las garantías allí establecidos y mediante la modificación expresa de su propio texto", no siendo el artículo 93 CE cauce legítimo para la "reforma implícita o tácita" constitucional (FJ 4).

El 27 de septiembre de 2011 publicaba el BOE y entraba en vigor la Reforma del artículo 135 de la Constitución que perseguía según su Exposición de Motivos "garantizar el principio de estabilidad presupuestaria vinculando a todas las Administraciones Públicas, reforzar el compromiso de España con la Unión Europea y, al mismo tiempo, garantizar la sostenibilidad económica y social de nuestro país". Esta referencia a la Unión Europea se repetiría dos veces en el nuevo texto del artículo 135, lo cual supuso una novedad capaz de generar efectos jurídicos.

Durante muchos años los profesores de Derecho Constitucional hemos explicado que la rigidez constitucional complicaba enormemente o incluso disuadía de emplear el procedimiento del artículo 168, mientras que el del artículo 167 suponía cumplir con requisitos de cierta dificultad. Pues bien nada más fácil y fluído que llevar a cabo esta reforma cuando los dos grandes partidos acordaron realizarla solidariamente por el procedimiento de urgencia en el plazo record de un mes, sin que los disidentes pudiesen alcanzar el mínimo necesario de parlamentarios para forzar un referéndum de ratificación. Planteado un recurso de amparo por algunos parlamentarios alegando vulneración del artículo 23, el Tribunal Constitucional lo inadmitió (ATC 9/2012).

La reforma constitucionalizó entre otras cuestiones el principio de estabilidad presupuestaria, el control del déficit público y la prioridad de la deuda pública. Además preveía la aprobación de una ley orgánica de desarrollo de los principios contenidos en el artículo reformado, que se convertiría en la Ley

Orgánica 2/2012, de Estabilidad Presupuestaria y Sostenibilidad Financiera que incorporaba una serie de medidas coercitivas desde la perspectiva del control del déficit que afectaban a las Comunidades Autónomas y que incluían la posibilidad de activar el artículo 155 CE (Artículo 26.1) El Gobierno de Canarias planteó un recurso de inconstitucionalidad que fue desestimado por la sentencia 215/2014 del Tribunal Constitucional aunque en alguno de los votos particulares incorporados se argumentó contra la constitucionalidad de dicho precepto.

En cualquier caso la reforma del artículo 135, tal como señaló en su momento Pablo Pérez Tremps, ha producido importantes efectos en principios estructurales de la Constitución, que podemos agrupar bajo la consagrada fórmula del Estado Social y Democrático de Derecho y Autonómico. Así por ejemplo, aunque en la Exposición de Motivos de la Reforma se vincula la estabilidad presupuestaria con el mantenimiento y desarrollo del Estado Social, no puede obviarse que ello ha dado cobertura a unas políticas "anticrisis" de recortes de gasto público que han limitado derechos sociales y afectado incluso a mínimos de subsistencia.

IV. EL CONTROL JURÍDICO DE LA REFORMA

Aunque nada se explicita en el texto constitucional respecto a las competencias del Tribunal Constitucional ni en su ley orgánica, recordemos que un sector doctrinal ha admitido el posible control sólo respecto a eventuales inconstitucionalidades formales, como cuando con el artículo 167 se reformen contenidos regulados por el 168, y en mi opinión al revés también, es decir cuando por razones de yuxtaposición de contenidos se obligue a reformar con procedimiento agravado, temas para los que bastaba el mas simplificado, y en general cuando no se cumplan los trámites exigidos por la Constitución y para ser más precisos, por su Título X.

Desde enfoques que se reclaman como de Derecho positivo se ha escrito que el poder de reforma de la Constitución es desde la perspectiva de la validez tan libre como el constituyente originario y ello porque no se han previsto mecanismos de garantía y cabe una transgresión sin sanción invalidante, además la inconstitucionalidad solo podría asociarse con el procedimiento de reforma y no con su resultado, es decir la Constitución reformada resultaría incontrolable por los poderes constituídos como el Tribunal Constitucional. A diferencia de la Ley Fundamental alemana (Artículo 79.3) no tenemos un núcleo constitucional irreformable. a prueba de reformas constitucionales y amparado por el Tribunal Constitucional Federal que puede declarar inconstitucionales normas constitucionales, en realidad normas aparentemente constitucionales recogidas en leyes de reforma constitucional que serán declaradas incompatibles con el núcleo mencionado, fundamento de límites materiales a la reforma. La ausencia en nuestra Constitución de cláusulas intangibles hace más difícil justificar un control material de las reformas constitucionales por parte del Tribunal Constitucional pues "en el marco de los procedimientos de reforma de la Constitución... no hay límites materiales a la revisión constitucional" [STC 103/2008 FJ 4 y STC 124/2017 FJ 5 B) d)]. Por otro lado el propio Tribunal Constitucional "ha reconocido que tienen cabida en nuestro ordenamiento constitucional cuantas ideas quieran defenderse y que no existe un núcleo normativo inaccesible a los procedimientos de reforma constitucional". [STC 42/2014 FJ 4 c) y STC 136/2018 FJ 6 b)]. Podríamos así considerar que no hay límites explícitos (materiales) a la reforma constitucional, con independencia de las obligaciones internacionales, pero van aumentando los defensores de los límites "implícitos" y ahí se encuentran, entre otros, los partidarios de la doctrina de la denominada sustitución constitucional. La reforma constitucional solo permite modificar lo que no es básico, mientras que sustituir es alterar lo básico bien total o parcialmente y corresponde exclusivamente al poder constituyente originario. Aparte de la hipotética dificultad de distinguir lo básico de lo no básico, esta doctrina que se ha desarrollado sobre todo en países como India y Colombia, supone una devaluación inasumible del poder de reforma constitucional y entrega los cambios constitucionales nucleares al Poder constituyente en estado puro e ilimitado. De alguna manera yo la asociaría en cierta medida con un neocanovismo basado en la inmutable "constitución interna" española (Monarquía basada en el principio monárquico, catolicismo y Cortes ocupando una posición subordinada).

Desde otra perspectiva muy diferente, con la posibilidad de la modificación total de la Constitución no habría reformas inconstitucionales. En nuestro modelo constitucional la reforma no es propiamente una ley de reforma, sino Constitución. Cuestión distinta sería la vulneración de los elementos procedimentales, si bien el optar por el procedimiento del 167 o por el del 168 puede suscitar cuestiones no meramente formales ya que la materia objeto de la reforma condiciona el procedimiento a emplear.

En la reforma constitucional las Cámaras legislativas que son un poder constituido actúan también como actores constituyentes, lo cual dificultaría el eventual control del Tribunal Constitucional, órgano constituido. No faltan, sin embargo, opiniones favorables a dicho control, incluso mediante un recurso de inconstitucionalidad, considerando que una reforma constitucional tiene, como mínimo "fuerza de ley" o que, forzando un tanto las categorías normativas, el término "leyes" diese cobertura al de Constitución. En los últimos años han aumentado las posiciones que proponen establecer en la propia LOTC un control previo de constitucionalidad de la reforma constitucional, a semejanza del recurso previo de inconstitucionalidad contra proyectos de Estatutos de Autonomía y contra Propuestas de Reforma de Estatutos de Autonomía (artículo 79 LOTC). Aparte de los problemas jurídico— constitucionales que tal iniciativa plantea, considero que se incrementa de modo excesivo el poder del Tribunal Constitucional en relación con las competencias del legislativo y se incorpora un requisito mas a los procesos de reforma constitucional, ya de por sí complejos y muy rígidos.

Desde otra perspectiva conviene recordar que en septiembre de 2011 dos diputados, alegando vulneración del artículo 23.2 CE, recurrieron en amparo ante el Tribunal Constitucional contra diversos actos de la tramitación parlamentaria de la proposición de reforma del artículo 135 CE conforme al procedimiento del artículo 167 del texto constitucional. Los demandantes alegaron además que con tal vía de reforma se producía una reforma encubierta del Título preliminar (art. 1.1.) y una rebaja del nivel de protección de derechos fundamentales. El Tribunal Constitucional inadmitió tal recurso al no constatar la vulneración del mencionado derecho fundamental, si bien tanto en el texto del auto como en los votos particulares se incluyeron contenidos de gran interés. "La pretendida conexión del artículo 135 CE con otros preceptos no encuentra amparo alguno ni en la propia literalidad del texto constitucional, ni en la jurisprudencia constitucional, ni tampoco en la doctrina", … "el procedimiento agravado previsto en el artículo 168 CE está limitado por su propia naturaleza al objeto normativo en él contemplado sin que quepa ni sea razonable, una extensión por vía alguna de unos requisitos ya de por sí hiperrígidos" (FJ 2) (ATC 9/2012. Indudablemente una notable parte de la doctrina no ha minimizado el problema de las conexiones materiales entre el contenido de ambas vías de reforma y ello también se refleja en uno de los votos particulares del auto. El Tribunal Constitucional podría haberse pronunciado sobre el fondo del recurso, pero optó por la inadmisión. El objeto del recurso de amparo no fue ni podía serlo, una reforma constitucional, sino actos de los órganos parlamentarios que la elaboraron.

Finalmente me parece oportuno comentar que en la reciente sentencia del Tribunal Constitucional que desestima el recurso contra la Ley Orgánica 3/2021, de regulación de la eutanasia, se fundamenta tal práctica en el derecho a la integridad física y moral (artículo 15 CE) considerando que el derecho a la autodeterminación de la persona forma parte integrante de dicho derecho fundamental y no se trata de un nuevo derecho con tal carácter [(STC 19/2023 FJ 6 C) d)], mientras que en dos de los votos particulares se opina lo contrario, afirmando que hubiera sido necesaria una reforma constitucional, ya que "ni el legislador ni el Tribunal Constitucional pueden sustituir al poder constituyente".

V. PENSANDO EN REFORMAS PARA UN FUTURO CERCANO

Aparte de consideraciones justificadas sobre la necesidad de reformar la Constitución y adoptar decisiones políticas, la coincidencia disminuye sobre el contenido de la misma y el momento adecuado. La incidencia compleja de la "cuestión catalana", cuya resolución parece problemática, genera tanto movimientos hacia un modelo federal, como de inmovilismo por considerar que no es el momento adecuado, ni incluso alternativamente para sugerir modificaciones del ordenamiento jurídico sin reformar la Constitución.

De modo más concreto y en relación con el procedimiento de reforma, predomina entre los expertos la conveniencia de excluir la dualidad de procedimientos manteniendo el del artículo 167, del cual se tiene una buena opinión aunque se proponga por algunos sectores el acompañarle de un referéndum obligatorio cuando se trate de reformar los contenidos básicos del Título Preliminar.

Las posiciones más generalizadas no recomiendan la inclusión de cláusulas de intangibilidad, no faltando quienes proponen un acercamiento al modelo alemán, prescindiendo del procedimiento agravado de reforma pero declarando a cambio irreformables el Estado de Derecho, el principio democrático y la plena eficacia de los Derechos Fundamentales, y llegando incluso a una "democracia militante" que se defienda de sus enemigos entre los que se cita como peligrosos a populistas, nacionalistas exacerbados y a movimientos antipolíticos y antidemocráticos. En cualquier caso y debido a la enorme polarización política se han incrementado en los últimos tiempos los apoyos a la ilegalización de partidos o grupos políticos pudiendo ello afectar desproporcionadamente a derechos fundamentales y a su protección por tratados ratificados por el Estado español. Si hace años era el terrorismo de ETA, posteriormente el secesionismo catalán y la reacción contra el mismo siguen influyendo notablemente en el escenario político y constitucional. La solución a todo ello no parece nada fácil ni cercana. Además la polarización en bloques parece excluir eventuales reformas constitucionales.

Indudablemente las propuestas de reforma del 2005 son insuficientes aunque aprovechables. Junto con el tema básico de la organización territorial del Estado, otras cuestiones como las reformas electorales, el fortalecimiento de derechos sociales, el incremento de la participación política, la organización y competencias de instituciones como el Tribunal Constitucional y el Consejo General del Poder Judicial, los defectos constatados en la regulación constitucional de la investidura (artículo 99 CE) entre otras, sin olvidar la ya imprescindible actualización y racionalización del texto constitucional, justificarían al menos una rigurosa reflexión como fundamento para la acción.

VI. BIBLIOGRAFÍA

ALÁEZ CORRAL, B. (coord.): *Reforma constitucional y defensa de la democracia*, Universidad de Oviedo y CEPC, Madrid, 2020.

CONSEJO DE ESTADO y CENTRO DE ESTUDIOS POLÍTICOS Y CONSTITUCIONALES: *El Informe del Consejo de Estado sobre la reforma constitucional. Texto del informe y debates académicos*. Edición a cargo de F. Rubio Llorente y J. Alvarez Junco, Madrid, 2006.

GÓMEZ ORFANEL, G.: "¿Una Constitución permanente e inalterable? La necesidad y beneficios de las reformas constitucionales", *Berceo. Revista riojana de ciencias sociales*, núm. 145, 2003, pp. 59 y ss.

GÓMEZ ORFANEL, G.: "Trampas y trucos en la Constitución de la Restauración (1876)", en, DUQUE, I. y GÓMEZ BENITO, C. (eds): *En torno a Alfonso Ortí: La sociología crítica como sociohistoria*, UNED, Madrid, 2020, pp. 205-213.

GÓMEZ SÁNCHEZ, Y. (coord.): *Estudios sobre la reforma de la Constitución de 1978 en su cuarenta aniversario*, Thomson Reuters Aranzadi, Cizur Menor (Navarra), 2018. 2265

LAPORTA, F.: "Las dos vías para la reforma de la Constitución", *Claves de Razón Práctica*, núm. 145, 2004, pp. 14-23.

PÉREZ ROYO, J.: *La reforma constitucional inviable*, Catarata, Madrid, 2015.

PÉREZ TREMPS, P.: *Las reformas de la Constitución hechas y no hechas*, Tirant lo Blanch, Valencia, 2018.

REQUEJO PAGÉS, J. L.: "Comentario a los artículos 166 a 169", en, CASAS BAHAMONDE, M. E. y RODRIGUEZ-PIÑERO, M. (Directores): *Comentarios a la Constitución española*, Wolters Kluwer, 2009, pp. 2753-2772.

TAJADURA TEJADA, J.: "La reforma de la Constitución (Artículos 166-169)", en, FREIXES SANJUÁN, T. y GAVARA DE CARA, J. C., *Repensar la Constitución. Ideas para una reforma de la Constitución de 1978: reforma y comunicación dialógica*, CEPC, Madrid, 2016, pp. 257 y ss.

VILLAVERDE MENÉNDEZ, I.: "El control de constitucionalidad de las reformas constitucionales. ¿Un oximorón constitucional? Comentario al ATC 9/2012", *Teoría y Realidad Constitucional*, núm. 30, 2012, pp. 483-498.

VII. JURISPRUDENCIA

Declaración 1/ 1992 del Tribunal Constitucional
STC 103/2008, de 11 de septiembre.
ATC 9/2012, de 13 de enero.
STC 42/2014, de 25 de enero.
STC 215/2014, de 18 de diciembre.

STC 31/2015, de 25 de febrero.
STC 138/2015, de 11 de junio.
STC 114/2017, de 17 de octubre.
STC 124/2017, de 8 de noviembre.
STC 136/2018, de 13 de diciembre.
STC 19/2023, de 22 de marzo.

Artículo 168

1. Cuando se propusiere la revisión total de la Constitución o una parcial que afecte al Título preliminar, al capítulo segundo, Sección primera del Título I, o al Título II, se procederá a la aprobación del principio por mayoría de dos tercios de cada Cámara, y a la disolución inmediata de las Cortes.

2. Las Cámaras elegidas deberán ratificar la decisión y proceder al estudio del nuevo texto constitucional, que deberá ser aprobado por mayoría de dos tercios de ambas Cámaras.

3. Aprobada la reforma por las Cortes Generales, será sometida a referéndum para su ratificación.

COMENTARIO

Javier Pérez Royo
Catedrático emérito de Derecho Constitucional
Universidad de Sevilla

SUMARIO: I. SENTIDO GENERAL DEL PRECEPTO: CLÁUSULA DE INTANGIBILIDAD ENCUBIERTA. II. GÉNESIS DEL PRECEPTO. III. COMENTARIO DEL ARTÍCULO. IV. VALORACIÓN CRÍTICA DEL ARTÍCULO. V. BIBLIOGRAFÍA.

I. SENTIDO GENERAL DEL PRECEPTO: CLÁUSULA DE INTANGIBILIDAD ENCUBIERTA

Con la perspectiva que nos proporcionan los cuarenta años transcurridos desde la entrada en vigor de la Constitución se puede afirmar que el artículo 168 únicamente plantea la perspectiva de la revisión como reforma total de la Constitución a diferencia de la reforma parcial o reforma a secas, contemplada en el artículo 167, desde una perspectiva exclusivamente formal. Lo que el constituyente español realmente tenía en la cabeza era la introducción de manera encubierta de una cláusula de intangibilidad para la Monarquía como forma política del Estado español.

Este es el único sentido que cabe atribuirle al precepto. La revisión total de la Constitución supone prácticamente la apertura de un nuevo proceso constituyente originario, en el que se pone en cuestión todo lo que ha supuesto la Constitución que se trata de revisar. Nadie puede pretender que se pueda creer que esa es la finalidad del precepto, cuando la tarea de la revisión total se atribuye a un Congreso de los Diputados y un Senado, que habían sido definidos en su composición por la Ley para la Reforma Política y que han sido elegidos desde el 15 de junio de 1977 hasta hoy de manera ininterrumpida con un sistema electoral también preconstitucional. Pensar que a unas Cortes Generales materialmente preconstitucionales tanto en su composición como en el procedimiento de su elección, se les puede atribuir con credibilidad la tarea de revisar totalmente la Constitución en la que ellas se han integrado sin haber ejercido propiamente una tarea constituyente originaria respecto de la misma, carece de sentido.

El artículo 168 CE es la cláusula de cierre de protección de la Restauración de la Monarquía. La cláusula de intangibilidad de la Monarquía está en la composición y forma de elección de las Cortes Generales. El constituyente de 1978 lo que hizo fue un aggiornamento de la teoría de la década moderada en los años cuarenta del siglo XIX y de su renovación canovista en la década de los setenta, de la Constitución interna de España, que no era más que el Rey con Las Cortes. A esa versión nuevamente renovada de la Constitución interna es a la que se transitó desde la Leyes Fundamentales a la Constitución de 1978 tras la muerte del general Franco.

La Constitución del 78 no está hecha mirando al futuro, sino al pasado. No es la democracia, sino la Monarquía la principal preocupación del constituyente español. Se trataba de constitucionalizar una democracia que no pudiera poner en cuestión la Restauración monárquica. El artículo 168 es la expresión más acabada de esta preocupación. Es la traducción del "moderantismo" y del "canovismo" del siglo XIX.

En este terreno el constituyente de 1978 ha seguido el camino inverso que han seguido los demás constituyentes europeos. Las cláusulas de intangibilidad se inventaron para hacer imposible el retorno de la Monarquía. Francia la primera en 1984. Portugal después en 1911, Alemania en 1919, Italia en 1947. En España en 1978 se han introducido subrepticiamente para tratar de hacer imposible la República.

II. GÉNESIS DEL PRECEPTO

A diferencia de lo que ocurrió con la reforma (art. 167 CE) sobre la que hubo acuerdo casi total desde el Primer Proyecto de Constitución (BOC 5 de enero de 1978) y a lo largo de todo el iter constituyente, no pasó lo mismo con la revisión (art. 168 CE), aunque en realidad tampoco fue difícil llegar a un acuerdo entre los distintos Grupos Parlamentarios en torno al contenido y procedimiento de aprobación de la misma.

Inicialmente, únicamente el Grupo Parlamentario de Alianza Popular planteó la conveniencia de distinguir entre reforma parcial y reforma total a lo que añadía la introducción de una cláusula de intangibilidad referida a la "integridad del territorio o a la unidad política del Estado" (Voto Particular de AP, CE T.P., t. II, p. 42).

La cláusula de intangibilidad sería reiterada machaconamente por AP en todas las fases del iter constituyente, pero no sería aceptada. La distinción entre reforma parcial y total, por el contrario, sí lo sería y quedaría definida en el primer paso del iter constituyente, en el debate en la Comisión Constitucional del Congreso de los Diputados, a través de la aceptación de una enmienda presentada por el Grupo Parlamentario de UCD, en la que establecía el criterio definitivo tanto para calificar desde un punto de vista material una reforma como total, como las mayorías exigibles en todo momento para aprobarla y el referéndum obligatorio de ratificación.

III. COMENTARIO DEL ARTÍCULO

El constituyente no definió qué entendía por una propuesta de revisión total de la Constitución. Se limita a contemplar en el inciso inicial del primer apartado del artículo la posibilidad de que se presente una proposición de revisión total, pero nada más. Es en la equiparación de la reforma de determinadas partes de la Constitución con la revisión total donde hay que buscar la finalidad que el constituyente perseguía. Será considerada como "revisión total", cualquier reforma que "afecte al Título Preliminar, al Capítulo segundo, Sección primera del Título I, o al Título II...".

Se trata de un caso claro de "árboles que no permitan ver el bosque". Hay que enmascarar la cláusula de intangibilidad de la Restauración de la Monarquía, que choca con la tradición constitucional europea, como ya ha quedado dicho, y para ello hay que añadir algunas otras partes de la Constitución al contenido de la "revisión como reforma total".

Las partes de la Constitución que equiparan al Título "De la Corona", para la definición de la "revisión", están seleccionadas con cierta lógica. En el Título Preliminar figuran las decisiones políticas constitucionalmente conformadoras del Estado como un Estado social y democrático de Derecho y como un Estado políticamente descentralizado. En el Capítulo segundo, Sección primera del Título I, figura lo que se podría denominar el "núcleo esencial" de la declaración de derechos de la Constitución. Podría parecer (es lo que se pretendía) que el constituyente se tomaba en serio la distinción entre reforma parcial y revisión total y que había reflexionado seriamente sobre el contenido de esta última.

En cuanto se repara en la redacción del precepto se advierte que no es así. La utilización del verbo "afectar" lo pone claramente de manifiesto. ¿Una reforma que afectara al derecho de petición, art. 29 CE, es una revisión total? ¿Una reforma que afectara a la "preferencia del varón" en la sucesión de la Corona es una revisión total?

Se trata de hacer intangible la institución monárquica. El artículo 168 CE está redactado para que no se haga uso de él nunca. De ahí su redacción extraordinariamente poco cuidada. Tiene que quedar claro que la Restauración de la Monarquía no es revisable. Lo demás da igual.

La exigencia de la mayoría de dos tercios en dos legislaturas consecutivas y el referéndum obligatorio es el "candado" con el que se cierra la operación.

IV. VALORACIÓN CRÍTICA DEL ARTÍCULO

2270 La valoración crítica del precepto la hizo Pedro de Vega inmediatamente después de la entrada en vigor de la Constitución. Hubiera sido preferible la introducción de cláusulas de intangibilidad, que, al ser prohibiciones genéricas, no impiden la modificación de artículos concretos. "Lo que ocurre con el artículo 168 es justamente lo contrario. No se declara, por ejemplo, la irreformabilidad de la forma política del Estado, pero de hecho se imposibilita la modificación de los artículos relativos a la Corona. Y qué duda cabe de que circunstancias históricas y políticas pueden hacer aconsejable la modificación de algunos artículos. No hay que olvidar que en ellos se regulan materias que van desde los poderes del Monarca hasta tutorías y matrimonios reales. De esta manera, el simple cambio de un artículo sobre la Corona, por el complicado procedimiento exigido en el artículo 168, en el supuesto de hacerse necesaria la reforma, se terminaría convirtiendo en una especie de referéndum sobre la Monarquía" (*Constitución Española*, Madrid 1979, p. 365).

Pedro de Vega podría haber añadido la preferencia del varón en el orden de sucesión de La Corona, que, con el paso del tiempo y la evolución de la opinión pública, resulta absolutamente injustificable. Fue una de las cuatro reformas que el PSOE llevó en su programa electoral en las elecciones generales de 2004 y que, tras la investidura de José Luís Rodríguez Zapatero como presidente del Gobierno, se tradujo en un encargo al Consejo de Estado para que la estudiara e hiciera un dictamen. No se llegó a elaborar un Proyecto de Ley de revisión, pero es evidente que la redacción del artículo 168 dificultaba extraordinariamente una operación que no tenía por qué ser difícil.

En todo caso, dada la aversión general a la reforma de la Constitución, no es la redacción del artículo 168 CE el problema principal. El artículo 168 es la síntesis de la tradición constitucional conservadora que viene desde que se inicia la constitucionalización de la Monarquía Constitucional en la década de los cuarenta del siglo XIX, con la Constitución de 1845. Es una tradición predemocrática, en la que la reforma constitucional que es una institución propia de la democracia como forma política, no encuentra su sitio.

V. BIBLIOGRAFÍA

ALAEZ CORRAL, B.: "Los límites materiales a la Constitución de 1978", CEPC, Madrid 2000.

GARCÍA-ESCUDERO MÁRQUEZ, P.: El procedimiento agravado de reforma de la Constitución de 1978, CEPC, Madrid 2007.

RUBIO LLORENTE, F., ÁLVAREZ JUNCO, J. (eds.): *El Informe del Consejo de Estado sobre la reforma constitucional*, Madrid, 2006.

VEGA, P. DE: *La reforma constitucional y la problemática del poder constituyente*, Tecnos, Madrid, 1985.

Artículo 169

No podrá iniciarse la reforma constitucional en tiempos de guerra o de vigencia de alguno de los estados previstos en el artículo 116.

COMENTARIO

Javier Pérez Royo
Catedrático emérito de Derecho Constitucional
Universidad de Sevilla

SUMARIO: I. INTRODUCCIÓN: SENTIDO GENERAL DEL PRECEPTO. II. GÉNESIS DEL PRECEPTO. III. COMENTARIO DEL ARTÍCULO. IV. VALORACIÓN CRITICA. V. BIBLIOGRAFÍA.

I. INTRODUCCIÓN: SENTIDO GENERAL DEL PRECEPTO

En realidad, tal como ha quedado definitivamente formulado, el artículo 169 no debería figurar como artículo independiente de la Constitución, ya que no es más que un apéndice del artículo 166, del cual hubiera debido constituir el párrafo 2.

El sentido del precepto es claro. Se trata de impedir que en circunstancias excepcionales pueda iniciarse una operación de reforma de la Constitución. Ello es tan sumamente lógico que casi no necesita explicación. Es evidente que una operación constituyente, como es la de reforma, tiene que hacerse en circunstancias de normalidad y que, en consecuencia, no es admisible iniciar una operación de esta naturaleza cuando la propia convivencia ciudadana y las instituciones están necesitadas de una protección extraordinaria.

Tan claro y evidente es esto que la mayor parte de las constituciones no contemplan siquiera la posibilidad. Dan por supuesto que no vale la pena siquiera decirlo, porque cae por su propio peso.

Hay tres países europeos, Francia (art. 89), Bélgica (art. 131.bis) y Portugal (art. 291) que sí han introducido una norma similar, pero en estos países se prohíbe la operación de reforma en todas sus fases, mientras que el constituyente español se ha limitado a prohibir solamente la iniciativa.

II. GÉNESIS DEL PRECEPTO

Inicialmente el constituyente español optó por una disposición idéntica a la que contienen los textos constitucionales de los tres países europeos que acabo de mencionar. En el Primer Proyecto de Constitución (BOC 5 de enero de 1978) se incluía la prohibición de llevar a cabo toda operación de reforma de la Constitución en los supuestos de declaración de guerra o cuando hubiera sido decretado el estado de excepción (art. 159). Así se mantendría en el Dictamen de la Ponencia de la Comisión Constitucional del Congreso de los Diputados (BOC 17 de abril de 1978).

Sin embargo, en el debate en la Comisión Constitucional del Congreso de los Diputados, el Grupo Parlamentario P.C.E.-P.S.U.C, presentaría una enmienda en el sentido de reducir la prohibición a la iniciativa de la reforma en caso de guerra o en los supuestos de protección extraordinaria del Estado previstos en el artículo 116 (CE T.P. T. II, p. 1743).

A dicha enmienda se opondría únicamente el Grupo Parlamentario de A.P. Sería, en consecuencia, aprobada por amplísima mayoría.

III. COMENTARIO DEL ARTÍCULO

El texto es lo suficientemente claro como para que no necesite comentario alguno. Por un lado, porque, en lo que afecta a la iniciativa, basta con la remisión a los comentarios de los artículos 166 y 87 de la Constitución. Y por otro, porque en lo que toca al estado de guerra y a los estados previstos en el artículo 116, es preciso y suficiente también efectuar la remisión a los comentarios de los artículos 63.6 y 116 de la Constitución. Aquí no hay absolutamente nada que añadir.

IV. VALORACIÓN CRITICA

Realmente resulta difícil de entender ni por qué se presentó la enmienda que condujo a la redacción final del artículo 169, ni por qué fue aprobada.

Como muy bien recordó en el debate el diputado Fraga Iribarne, la competencia para la declaración de los estados excepcionales es del Congreso de los Diputados. Es el mismo órgano constitucional el que tiene que decidir si es necesario declarar el estado de guerra, de excepción o de sitio y si es conveniente reformar la Constitución. Y es obvio que si estima necesario lo primero, no puede considerar conveniente lo segundo.

En mi opinión, se trata de un precepto desafortunado, por decirlo de manera suave. Hubiera sido preferible que el artículo permaneciera en su redacción original, como límite temporal no a la iniciativa de la reforma, sino como límite de la reforma constitucional en general.

V. BIBLIOGRAFÍA

CONSTITUCIÓN ESPAÑOLA. Trabajos Parlamentarios. T. I y II.

SANTAOLALLA, F.: "Comentario al artículo 169", en GARRIDO FALLA, F. (ed.). *Comentarios de la Constitución*, Civitas, Madrid, 1985.

VEGA, P. DE: "Comentario del artículo 169", en *La Constitución Española. Edición Comentada*, Madrid, 1979.

DISPOSICIONES ADICIONALES

Primera

La Constitución ampara y respeta los derechos históricos de los territorios forales.

La actualización general de dicho régimen foral se llevará a cabo, en su caso, en el marco de la Constitución y de los Estatutos de Autonomía.

COMENTARIO

Enrique Lucas Murillo de la Cueva
Catedrático de Derecho Constitucional
Universidad del País Vasco/Euskal Herriko Unibertsitatea

SUMARIO: I. SINGULARIDAD DE LA PREVISIÓN CONSTITUCIONAL. II. DERECHOS HISTÓRICOS Y SUPREMACÍA DE LA CE. III. GARANTÍA INSTITUCIONAL DE LOS DERECHOS HISTÓRICOS. IV. MARCO CONSTITUCIONAL Y ESTATUTARIO DE LA ACTUALIZACIÓN. V. LOS DERECHOS HISTÓRICOS EN LA COMUNIDAD AUTÓNOMA DEL PAÍS VASCO. VI. GARANTÍAS DE LOS DERECHOS HISTÓRICOS. VII. BIBLIOGRAFÍA. VIII. JURISPRUDENCIA.

La DA 1ª CE garantiza el régimen de autogobierno formado tras la abolición foral en Álava, Gipuzkoa, Bizkaia y Navarra, actualizado por el Estatuto de Gernika y el Amejoramiento navarro de acuerdo con los principios constitucionales y la organización autonómica del Estado. Son indisponibles para el legislador, estatal y autonómico, que han de respetar las instituciones y competencias que constituyen su núcleo intangible.

I. SINGULARIDAD DE LA PREVISIÓN CONSTITUCIONAL

No hay precedentes en el constitucionalismo contemporáneo de una acogida de elementos historicistas como la que la DA 1ª CE efectúa con respecto a los regímenes privativos de los territorios de Álava, Gipuzkoa, Bizkaia y Navarra que, originados en el medievo y abolidos por las Leyes de 25 de octubre de 1839 y de 21 de julio de 1876, resurgieron poco más tarde con nuevas formas y contenidos. Todo ello merced a los sistemas de Convenio y de Concierto Económico, que, articularon sus relaciones de orden tributario y financiero con el Estado, a partir de 1841, en el caso de Navarra, y de 1878, en el de los otros tres territorios forales. En su virtud, la antigua exención tributaria y los donativos que las haciendas forales entregaban voluntariamente a la Corona dieron nacimiento a un nuevo modelo en el que las instituciones forales mantuvieron sus propios sistemas tributarios a cambio del pago de un cupo acordado con el Estado para sufragar los gastos de este. La eficaz gestión de los excedentes recaudatorios destinados a la atención de necesidades y prestación de servicios a los ciudadanos generó nuevas competencias, además de las tributarias, en la organización institucional, la función pública, el régimen local, la policía, la educación o las carreteras y caminos —los derechos históricos— que dieron a un régimen de autogobierno territorial de nuevo cuño que es el objeto de la DA 1ª CE.

II. DERECHOS HISTÓRICOS Y SUPREMACÍA DE LA CE

También se destacó desde pronto (Lojendio Irure, Lucas Verdú) que la singularidad de la DA 1ª CE concordaba con el propósito del constituyente de incorporar a la norma fundamental cuantos factores de la realidad contribuyeran a la integración política que, con otro sentido y en diferente contexto, contaba con algún antecedente en el Estatuto de Bayona, el Discurso Preliminar de la Constitución de Cádiz y el preámbulo de la de 1845.

Buena prueba de ese afán fue el intenso e intrincado debate de la DA 1ª CE que, sin embargo, no satisfizo a su impulsor, el Partido Nacionalista Vasco, a causa de la negativa de las fuerzas mayoritarias en las Cortes Constituyentes (la Unión de Centro Democrático y el Partido Socialista Obrero Español) a que esta Disposición contuviera, explícitamente, el *reconocimiento* y la *garantía* de los derechos históricos. En su lugar, estas fuerzas, prefirieron hablar de *amparo* y *respeto*, pues temían que se diera carta de naturaleza a una fuente de legitimación anterior y alternativa a la propia CE. Los nacionalistas vascos no aceptaron esas expresiones sustitutivas y denunciaron que su renuncia a apoyar el derecho de autodeterminación en aras de una reintegración foral acomodada a los principios de una constitución democrática no había servido para asegurar los derechos históricos. A su juicio, estos quedaban al albur de lo que más tarde se decidiera a través del estatuto de autonomía al que se encomendaba su actualización general. Por tal motivo, acabarían promoviendo la abstención en el referéndum constitucional de 6 de diciembre de 1978.

La compatibilidad entre los derechos históricos y la supremacía constitucional sería el eje de la STC 76/1988, cuyo ponente fue Luis López Guerra. Precisó esta STC que la CE no es el resultado de un pacto entre instancias territoriales históricas que conserven unos derechos anteriores y superiores a ella, sino una norma del poder constituyente que se impone con fuerza vinculante general en su ámbito, sin que queden fuera de ella situaciones "históricas" anteriores. Será de la misma DA 1ª CE, y no de su legitimidad histórica de donde los derechos históricos obtendrán o conservarán su validez y vigencia. La penetración historicista (LUCAS VERDÚ) entronca, así, con la supremacía de la CE que asume la *actualización* de los derechos históricos en su *marco* y en el de los estatutos de autonomía y los hace indisponibles para el legislador que ha de observarlos y respetarlos como componentes estructurales del sistema constitucional (HERRERO DE MIÑÓN).

III. GARANTÍA INSTITUCIONAL DE LOS DERECHOS HISTÓRICOS

De la mano de FERNÁNDEZ RODRDÍGUEZ, la doctrina ha aceptado con diversos matices la utilidad para explicar la DA 1ª CE de la técnica de la garantía institucional ideada por Carl SCHMITT. Mediante ella, se da a una institución, que la norma suprema no define ni concreta, la protección que implica la rigidez constitucional y se impone un límite al legislador, pues queda fuera de su libertad de configuración disponer de la existencia misma de la institución y, también, de sus rasgos esenciales. La recognoscibilidad social y la funcionalidad de la institución quedan así preservadas, aunque no por ello congeladas o petrificadas. Es su esencia la que perdura. Esta teoría atiende a la naturaleza evolutiva de los derechos históricos, pero, también, puede relativizarlos e, incluso, vaciarlos de contenido pues este dependerá de la imagen que de él tenga el legislador, la mayoría política de turno. Además, en el caso de Navarra y de Álava, algunos de ellos, singularmente, el Convenio y el Concierto, permanecieron vivos, por lo que su imagen estaba clara. Con todo, permite explicar que la DA 1ª CE en conjunción con la Derogatoria 2 CE, preserva la foralidad constitucionalmente garantizada.

Los derechos históricos no se identifican, en consecuencia, con un haz competencial claramente definido, un inventario de atribuciones rescatado de la historia, sino con la imagen que de ellos tiene la colectividad en cada momento. Según la STC 76/1988, FJ 4, el amparo y respeto de estos no puede estimarse como una garantía de toda competencia que pueda legítimamente calificarse de histórica, ni una suma o agregado de potestades, facultades o privilegios susceptibles de ser traducidos en otras tantas competencias de titularidad o ejercicio respaldadas por la Historia. Garantiza el régimen foral y no un contenido concreto o un ámbito competencial determinado y fijado de una vez por todas, sino la preservación de una institución en términos recognoscibles que alcanza, como mínimo irreductible, a proteger un régimen de autogobierno territorial con el que quepa reconocer el régimen foral tradicional de los distintos Territorios Históricos. Por todo ello, la garantía institucional es desconocida cuando la institución es limitada de tal modo que se le priva prácticamente de sus posibilidades de existencia real como institución para convertirse en un simple nombre.

IV. MARCO CONSTITUCIONAL Y ESTATUTARIO DE LA ACTUALIZACIÓN

La constitucionalización de los derechos históricos se supedita a su actualización en el marco de la CE y de los estatutos de autonomía. A priori, el "marco" constitucional de la actualización no debería identificarse con "toda" la CE pues, entonces, dejaría de ser un marco para confundirse con la entera norma constitucional (CLAVERO SALVADOR). Si se habla de "marco" habrá de ser porque se alude a algo más reducido y nuclear. Alude, en mi opinión, a los principios y valores constitucionales fundamentales que definen a un Estado social y democrático de Derecho bajo la forma de una monarquía parlamentaria (art. 1 CE) y que se organiza territorialmente de acuerdo con los principios de unidad, autonomía y solidaridad (art. 2 CE). Bajo esas condiciones podrán incorporarse plenamente al ordenamiento y recobrar su vigencia al amparo del manto protector de la garantía institucional de la DA 1ª CE. En tal sentido, HERRERO DE MIÑÓN ha enfatizado el carácter de *lex specialis* que ha de reconocerse a la DA 1ª CE, como cláusula de salvedad, con respecto a la disciplina general del Título VIII CE. Otros autores, lo niegan y lo consideran un mero gesto simbólico dando por supuesto que el repetido marco comprende toda la CE, incluido su Título VIII.

La jurisprudencia constitucional no ha podido sustraerse a la dificultad de determinar la traducción competencial de los derechos históricos. La STC 11/1984 apeló a la investigación histórica y la STC 123/1984 advirtió que no pueden considerarse como un título autónomo del que se puedan deducir específicas competencias. Por su parte, la STC 76/1988, FJ 3, tras advertir que los derechos históricos estaban lejos de ser indeterminados tras su actualización estatutaria, parecía situarse en la lectura abierta cuando dijo que "(e)l carácter de norma suprema de la Constitución, a la que están sujetos todos los poderes del Estado (art. 9) y que resulta del ejercicio del poder constitucional del pueblo español, titular de la soberanía nacional, y del que emanan todos los poderes del Estado (art. 1.2) imposibilita el mantenimiento de situaciones jurídicas (aun con una probada tradición) que resulten incompatibles con los mandatos y principios constitucionales". Hecha esa aclaración, extendió el "marco" al delimitado por los estatutos al incorporar a su texto las instituciones de raíz foral.

Por lo que se refiere a su identificación y a su alcance competencial concreto, la STC 140/1990 (FJ 4) puntualizó que lo decisivo es que "históricamente se haya ejercido la competencia sobre una materia globalmente considerada" y no, dentro de la misma, "los aspectos concretos que hayan de considerarse incluidos en aquella materia en función de la situación histórica de cada momento". Así es como creemos que ha de procederse con respecto a cada derecho histórico en particular y teniendo bien presente que el contenido competencial que haya de suponer en el presente será el que resulte de la realidad constitucional y estatutaria en la que se produce la actualización que es en la que ha de cumplir su función, aunque sea de otra manera y con distinto contenido, pues se trata de una realidad que es radicalmente diversa a la que existía con anterioridad a la CE y el EAPV. Por lo tanto, la mutabilidad consustancial a los derechos históricos y la invocación a la cambiante imagen social de la foralidad, sobre la que se construye la tesis de la garantía institucional, han de tener continuidad en el marco constitucional a través de su actualización estatutaria. Esta, insisto, exige su acomodación a la norma constitucional con la vista puesta en el futuro y para que desarrollen una función análoga a la que dio lugar a su nacimiento en un contexto constitucional muy distinto al vigente en el que han de encontrar su lugar propio.

Esta última apreciación es esencial. No solo porque entronca con la naturaleza cambiante del contenido competencial concreto de los derechos históricos sino, fundamentalmente, porque lo que se ha de actualizar es su función, el papel que han de desempeñar en el sistema constitucional y estatutario.

Eso ha supuesto que algunos de sus elementos hayan desaparecido y otros sean nuevos o se les haya reconocido un *status* especial, como ha sucedido con la posición institucional de los territorios históricos con respecto a las provincias de régimen común o, como luego se verá, la aplicación a estos del principio de estabilidad presupuestaria.

En efecto, el EAPV y la LORAFNA llevaron a cabo la actualización general de los derechos históricos al mismo tiempo que daban vida a una nueva instancia territorial, la autonómica, que no existía cuando aquellos derechos nacieron y se desarrollaron. Esta circunstancia singulariza a estas Comunidades, ya que suman a las competencias sobre las materias asumibles conforme al Título VIII CE las provenientes de los derechos históricos. La DA 1ª CE dota, igualmente, a los Territorios Históricos de singularidad, ya que son entes forales y no solo locales, lo "que se concreta en un ámbito competencial propio, que se manifiesta tanto frente al Estado como ante la propia Comunidad Autónoma del País Vasco, y que dimana del régimen foral constitucional y estatutariamente garantizado (STC 118/2016)."

En Navarra la actualización se tradujo, por una parte, en una singular institucionalización de la Comunidad Foral a través de un procedimiento que no se ajustó a ninguno de los previstos en el Título VIII CE, aunque el Tribunal Constitucional se esforzó en hacer ver que eso no alteraba su naturaleza de Comunidad Autónoma (SSTC 16/1984 y 95/1985). De otra, la alusión de los arts. 1 y 2 LORAFNA al principio de unidad constitucional y las menciones a los títulos competenciales del Estado de los arts. 39 a) y b) y 45 a 49 LORAFNA, donde se contienen las atribuciones de origen foral, suscitaba la cuestión de si tales referencias debieran conducir a la asimilación de estas a las autonómicas. Nótese que se trata de las competencias tributarias ligadas al Convenio Económico, de las de organización institucional, administración local, derecho civil foral, función pública, carreteras, transportes, etc.

La respuesta inicialmente negativa de la STC 140/1990 sobre tal asimilación no estuvo exenta de matices. La STC 148/2006 abundó en ello. Incluso, con respecto al Convenio Económico, cuyo carácter pacticio siempre se había afirmado (STC 179/1989, FFJJ 9 y 10) ha ido restringiendo el alcance de la autonomía normativa foral que asimila en gran medida a la autonómica y local, obviando en la práctica la DA 1ª CE. Exige, también, que el sistema tributario

foral replique los tributos que integran el estatal de manera que en cada uno de los impuestos navarros deba ser identificable la imagen de su homólogo sistema estatal. Dice, por último, que ha de observar la Ley General Tributaria (LGT) y ha dado entrada al art. 149.1.1º CE en conexión con la libertad religiosa y el Convenio con la Santa Sede (SSTC 207/2013 y 54/2017). Esa misma evolución se registra, también, con respecto al Concierto Económico (STC 118/2016).

V. LOS DERECHOS HISTÓRICOS EN LA COMUNIDAD AUTÓNOMA DEL PAÍS VASCO

Los titulares originarios de los derechos históricos fueron cada uno de los Territorios Forales que nunca, salvo en el caso de Álava, Gipuzkoa y Bizkaia, durante el breve y excepcional período de 1936 a 1939 en plena Guerra Civil, estuvieron jurídicamente integrados en una organización político-institucional común. Eran derechos que se establecieron con respecto al Estado pero que, al actualizarse en el marco de la CE y los estatutos de autonomía, debieron acomodarse a la nueva estructura autonómica.

La fórmula resultante fue la adopción de una organización institucional de rasgos confederales, tal y como se aprecia en los arts. 2, 3, 24.2, 25 *in fine*, 26.1 y 37 EAPV, formada, de un lado, por las Instituciones Comunes, es decir, el Parlamento Vasco, el Lehendakari y el Gobierno Vasco y su Administración (art. 24 EAPV) y, de otro, por las Forales de los Territorios Históricos con sus Juntas Generales (órgano parlamentario provincial), Diputado General y Diputación Foral (ejecutivo provincial), que existían en Álava y se habían restablecido a través del Real Decreto-ley 18/1977, en Gipuzkoa y Bizkaia. Los Territorios Históricos reproducen en su seno el sistema parlamentario del art. 152.1 CE y tienen un ordenamiento propio cuyas fuentes principales son las normas forales de sus Juntas Generales que se elaboran siguiendo un procedimiento idéntico al legislativo en cuanto a la iniciativa, enmienda y aprobación, y los decretos forales de las Diputaciones. La articulación entre los dos niveles de gobierno se efectuó a través de la Ley 27/1983, de Relaciones entre las Instituciones comunes de la Comunidad Autónoma y los órganos forales de sus Territorios Históricos (LTH).

En cuanto a las competencias, los arts. 10.1 y 3 y 37.3 EAPV, distinguen entre las estrictamente autonómicas, asumidas atendiendo a los listados de los arts. 148 y 149 CE, y las forales. Aunque las primeras se atribuyen a las Instituciones Comunes, no todas las forales quedan en manos de los Territorios Históricos, sino que algunas muy relevantes, como, por ejemplo, las de educación y policía (arts. 16 y 17 EAPV), salvo determinados aspectos de los cuerpos tradicionales de esta (STC 159/1993), se residencian en la Comunidad Autónoma. Otras pasaron a compartirse por ambos niveles institucionales, como ocurre con el propio régimen de Concierto Económico, que fue objeto de actualización específica por la Ley 12/1981 y, luego, por la 12/2002 (LCE). Así, los arts. 41 y 42 EAPV dan entrada en el mismo a las Instituciones Comunes. Lo mismo sucede con el Cupo a pagar al Estado como contribución a todas las cargas de este que no asuma la Comunidad Autónoma, que queda integrado por los correspondientes a cada uno de sus Territorios. También se establece un régimen de aportaciones de las Haciendas Forales a los gastos presupuestarios del País Vasco. Todo ello, pese a que el art. 37.2 EAPV advierta que "lo dispuesto en este Estatuto no supondrá alteración alguna de la naturaleza del régimen foral específico o de las competencias de los regímenes privativos de cada Territorio Histórico".

La STC 76/1988, FJ 3, explica esa reconfiguración institucional y competencial diciendo que la actualización incide "(t)anto en las competencias de las Instituciones centrales del Estado, como (en lo que aquí importa) en las de otras entidades territoriales, los territorios forales, cuyos 'derechos históricos' habrán de acomodarse o adaptarse al nuevo orden territorial. La reestructuración operada por el EAPV hace que 'el fondo de competencias de raíz histórica (...) pasa a ejercerse en dos niveles diferentes: Uno, común, por parte de las Instituciones Comunes, habida cuenta de su naturaleza y funciones en la

Comunidad Autónoma; y otro, no centralizado, sustentado en los órganos de poder tradicionales de cada uno de los Territorios Históricos'.

Lo que el citado art. 37.2 EAPV, sí viene a establecer —dice más adelante— es que, ese doble reparto, *ad intra* y *ad extra*, habrá de entenderse siempre sin menoscabo de la garantía del régimen foral y las inherentes competencias de los territorios históricos que el mismo Estatuto determina que es, en cuanto su contenido esencial, 'intocable por los poderes autonómicos o estatales'. El contenido de la garantía foral se expresa en el art. 37.3 y 4 EAPV, que precisa los dos tipos de competencias que corresponden a los territorios históricos.

En primer lugar, las exclusivas, que derivan directamente del EAPV. Son las especificadas en el art. 37.3, a) a e), entre las que destacan la organización, régimen y funcionamiento de sus propias instituciones, la elaboración y aprobación de sus presupuestos y el régimen electoral municipal. También tienen consideración de exclusivas 'todas aquellas que se especifiquen en el presente Estatuto'. Es decir, carreteras y caminos (art. 10.34 EAPV y SSTC 65/1998 y 132/1998) y las de naturaleza tributaria derivadas del régimen de Concierto Económico comprendidas en el art. 42 a) a c), sobresaliendo la de 'mantener, establecer y regular, dentro de su territorio, el régimen tributario, atendiendo a la estructura general impositiva del Estado, a las normas que para la coordinación, armonización fiscal y colaboración con el Estado se contengan en el propio Concierto, y a las que dicte el Parlamento Vasco para idénticas finalidades dentro de la Comunidad Autónoma.'

En segundo lugar, están las competencias que habrán de determinarse a través de la actuación concreta de los poderes de la Comunidad, y que comprenden, tanto competencias exclusivas 'que les sean transferidas' [art. 37.3 f)], sin que el Estatuto precise por parte de quién, como 'el desarrollo normativo y la ejecución, dentro de su territorio, de las materias que el Parlamento Vasco señale' (art. 37.4)".

Aparecen así definidos— concluye la STC 76/1983, FJ 6, un núcleo intangible, por prescripción estatutaria, del contenido del régimen foral —y que resulta por tanto ser el mínimo sin el que desaparecería la misma imagen de la foralidad— y, además, un ámbito de expansión de ese régimen, que se hace depender de la actuación de otros órganos. Se contempla, pues, la posibilidad de transferencia o atribución de competencias adicionales al núcleo de la foralidad, competencias que pueden derivar, bien del EAPV, bien de los procedimientos previstos en el art. 150.1 y 2 de la Constitución.

La atribución de estas competencias, en particular las del núcleo intangible de la foralidad, habilita a las Juntas Generales a regular mediante normas forales materias constitucionalmente reservadas a la ley, pese a que no tengan reconocido por el EAPV ese rango formal. Eso ocurre con la organización institucional, los bienes las carreteras y, sobre todo, los tributos concertados.

VI. GARANTÍAS DE LOS DERECHOS HISTÓRICOS

La garantía institucional que ofrece la DA 1ª CE se complementa con la que proporciona la fuerza formal pasiva del EAPV y de la LORAFNA y, también, de la Ley del Convenio y la LCE, pues todas ellas tienen un régimen especial de aprobación y reforma. El control de constitucionalidad de las leyes, estatales y autonómicas, que se les opongan da cobertura a todo ello ya que se proyecta tanto sobre su contenido como sobre el procedimiento. Esto último es importante porque esas leyes, así como las de Cupo y de Aportaciones de los Territorios Históricos a la Hacienda General de la Comunidad Autónoma, son normas de aprobación (STC 27/2000) que se limitan a dar rango y fuerza de ley al contenido de acuerdos previamente alcanzados en el seno de órganos paritarios; las Comisiones Mixtas del Convenio y del Concierto Económico y el Consejo Vasco de Finanzas Públicas. La activa participación de las instituciones concernidas en la negociación y aprobación por consenso de esos acuerdos salvaguarda las competencias forales cuya sustancia es, precisamente, ya se ha dicho, la bilateralidad y el acuerdo que reducen, hasta casi eliminarlo, el riesgo de impugnación directa.

Para la resolución de los conflictos entre Instituciones Comunes y Forales, el art. 39 EPAV previó la creación de la Comisión Arbitral, formada por seis miembros. Tres designados por las primeras y otros tres por cada una de las segundas y está presidido por el Presidente del Tribunal Superior de Justicia del País Vasco. Este órgano singular ha sido regulado por la Ley 13/1994, que distingue entre las cuestiones y los conflictos de competencia en función de si la presunta invasión competencial proviene de actos o normas de rango inferior a las leyes o a las normas forales o si tiene su origen en cualquiera de ambas. La doctrina de esta Comisión ha sido relevante pese a la limitación que supone que la norma que, de acuerdo con el EAPV, realiza el reparto competencial interno, la LTH, tenga, pese a su función institucional, rango de ley ordinaria y pueda ser modificada por cualquier otra.

El nivel de protección de las leyes forales navarras y de las normas forales de las Juntas Generales es distinto. Las primeras solo puedan ser objeto del control por el Tribunal Constitucional [arts. 153 a), 161.1 a) y 163 CE] pero no ocurre lo mismo con las segundas. Tanto el Tribunal Supremo (SSTS de 3 de mayo de 2001 (Rec. 273/1996), 9 de diciembre de 2004 (Rec. 7893/1999) y 9 de diciembre de 2009 (Rec. 4146/2004), como el Constitucional (SSTC 255/2004,

FJ 2 y 295/2006, FJ 3) declararon con respecto a las que regulaban tributos concertados que, por su inmediata ordenación al bloque de la constitucionalidad y a que no se limitan a un desarrollo o complemento de normas legales, no son meros reglamentos, sino que cumplen una función análoga a de las leyes. La última STS citada dijo que "el órgano legislativo foral competente" (las Juntas Generales) disfruta de "la plena capacidad para realizar lo mismo que la Ley tributaria estatal", es, pues, "equiparable dicha capacidad normativa de los Territorios Históricos, en el ámbito de sus competencias a la del legislador estatal." Ahora bien, como no se les había atribuido formalmente ese carácter, tenían que ser enjuiciadas por la Jurisdicción Contencioso Administrativa.

A fin de equiparar la control jurisdiccional de las normas forales fiscales a sus homólogas navarras, la Ley Orgánica 1/2010 introdujo la nueva Disposición Adicional Quinta de la Ley Orgánica del Tribunal Constitucional que atribuye a este el conocimiento, de acuerdo con las reglas establecidas para el recurso y la cuestión de inconstitucionalidad, de los recursos directos y de las cuestiones prejudiciales suscitadas por los tribunales con respecto a las normas forales fiscales dictadas al amparo del artículo 42.1 a) EAPV. También crea esta Disposición Adicional, un conflicto en defensa de la autonomía foral que los Territorios Históricos pueden activar frente a las leyes estatales. La STC 118/2016, declaró la constitucionalidad de esta regulación, pero redefinió el parámetro de enjuiciamiento de las normas forales fiscales incluyendo no solo el inmediato (CE, EAPV y LCE) sino, también, el mediato, formado tanto por las normas estatales reguladoras de los diferentes tributos, de las que han de ser réplica, como por la Ley General Tributaria. Esa extensión ignora la delimitación competencial de la LCE pues, siendo cierto que el respeto a la estructura impositiva del Estado requiere atender a los impuestos concretos que la integran, eso no debe significar que la regulación de los correlativos forales sea idéntica. Las SSTC 203/2016, FJ 3; y 113/2017, FJ 3, han matizado que no cabe exigir una identidad regulatoria completa que llegue al punto de considerar que cualquier elemento contenido en las leyes estatales de los impuestos que integran dicho sistema sea un elemento configurador de la estructura general impositiva del Estado). Por otra parte, la STC 118/2016 deja fuera del mencionado parámetro, las leyes del Parlamento Vasco del art. 41.2 a) EAPV pese a que este se les asigna una función idéntica a las estatales. El resultado es un extraño doble régimen impugnatorio de las normas forales emanadas de las Juntas Generales: las fiscales ante el Tribunal Constitucional, con los límites indicados y, las demás, ante la Jurisdicción Contencioso Administrativa.

En lo que se refiere a la compatibilidad del régimen de Concierto Económico con el Derecho de la Unión Europea, la STJUE de 11 de septiembre de 2008 (asuntos acumulados C-428/06 a C-434/06) declaró que las normas forales reguladoras de los tributos concertados no eran territorialmente selectivas ni constitutivas de ayudas de Estado ya que en dicho régimen concurren la triple autonomía política, procedimental y financiera que caracterizan a los sistemas generales, lo que lo asimila a los de los Estados miembros.

El último episodio de la actualización de los derechos históricos ha sido el de la aplicación al régimen de Concierto Económico del principio de estabilidad presupuestaria. Así, se interpretó, inicialmente, que la remisión a dicho régimen por parte de la Ley Orgánica 2/2012, de 27 de abril, de Estabilidad Presupuestaria y Sostenibilidad Financiera solo implicaba que la fijación de los objetivos de déficit y endeudamiento de la Comunidad Autónoma del País Vasco habrían de acordarse en la Comisión Mixta de Concierto Económico y que el tratamiento que a esos efectos tenían los Territorios Históricos debía ser el mismo que el de las provincias de régimen porque el Concierto es de naturaleza esencialmente tributaria y su régimen debería quedar limitado a ese ámbito sin extenderse al financiero y presupuestario en el que las instituciones forales nunca tuvieron reconocidas competencias propias distintas de las de las provincias. A lo anterior se añadía la necesidad de ajustarse a la clasificación del sistema europeo de cuentas que no prevé una instancia intermedia entre las comunidades autónomas y las entidades locales. Sin embargo, en virtud de un Acuerdo de 30 de septiembre de 2020 de esa misma Comisión, se decidió que los indicados objetivos tenían que asignarse, también, a los Territorios Históricos, ya que estos no podían quedar al margen de la ecuación entre ingresos y gastos que implica la estabilidad presupuestaria. A fin y al cabo a ellos corresponde el establecimiento y la recaudación de los tributos y, por lo tanto, la obtención de los recursos destinados al pago del Cupo, las aportaciones para la financiación de las Instituciones Comunes, la de los propios Territorios Históricos y la de los municipios de la Comunidad Autónoma. En lo relativo al sistema europeo de cuentas públicas, no existe impedimento para que sean equiparados a las comunidades autónomas uniprovinciales. La cuestión que suscita esta actualización es si queda cubierta o no por la DA 1ª, pues, como se ha dicho, los territorios forales no ejercieron en el pasado competencias financieras consentidas por el Estado que puedan aflorarse bajo el vigente régimen constitucional. En mi opinión, sin embargo, sí está protegida por la garantía institucional en la medida que es una consecuencia de la actualización estatutaria del modelo de financiación que tiene como eje al Concierto Económico, al repartir las competencias de ingresos y gastos en la forma descrita.

VII. BIBLIOGRAFÍA

RODRÍGUEZ FERNÁNDEZ, T. R.: *Los derechos históricos de los Territorios Forales*. Civitas, Madrid, 1985.

LOJENDIO IRURE, I. M.: *La disposición adicional primera de la Constitución Española*. IVAP, Oñati 1988.

LUCAS VERDÚ, P.: "Los derechos históricos como constitución sustancial del Pueblo Vasco", AA.VV., *Los derechos históricos vascos*, IVAP, Oñati, 1988.

HERRERO DE MIÑÓN, M.: *Idea de los derechos históricos*. Real Academia CCMP, Madrid, 1991.

PORRES AZKONA, J.: *Política y Derecho. Los derechos históricos vascos*, IVAP, Oñati, 1992.

CORCUERA ATIENZA, J. y GARCÍA HERRERA, M. A.: *La constitucionalización de los derechos históricos*, CEPC, Madrid, 1992.

LUCAS MURILLO DE LA CUEVA, E.: "El blindaje de las normas forales fiscales: perspectiva constitucional", en AA.VV., *El Concierto Económico. Los retos actuales*. Parlamento Vasco, Vitoria-Gasteiz, 2015.

VIII. JURISPRUDENCIA

STC 76/1988, de 26 de abril.

STC 140/1990, de 20 de septiembre.
STC 27/2000, de 24 de febrero.
STC 148/2006, de 11 de mayo.
STC 118/2016, de 23 de junio.
STC 113/2017, de 24 de octubre.
STJUE de 11 de septiembre de 2008 (asuntos acumulados C-428/06 a C-434/06)

Segunda

La declaración de mayoría de edad contenida en el artículo 12 de esta Constitución no perjudica las situaciones amparadas por los derechos forales en el ámbito del Derecho privado.

COMENTARIO

Joan Solanes Mullor
Profesor Agregado de Derecho Constitucional
Universidad Pompeu Fabra

SUMARIO: I. LA NECESIDAD DE LA DISPOSICIÓN ADICIONAL SEGUNDA: EL DEBATE CONSTITUYENTE Y LA CONEXIÓN CON EL ART. 12 CE. II. EL SIGNIFICADO Y ALCANCE DE LA DISPOSICIÓN ADICIONAL SEGUNDA. III. LAS ESPECIFICIDADES DE LOS DERECHOS CIVILES, FORALES Y ESPECIALES EN MATERIA DE MAYORÍA DE EDAD Y CAPACIDAD DE OBRAR DE LOS MENORES. IV. BIBLIOGRAFÍA. V. JURISPRUDENCIA.

I. LA NECESIDAD DE LA DISPOSICIÓN ADICIONAL SEGUNDA: EL DEBATE CONSTITUYENTE Y LA CONEXIÓN CON EL ART. 12 CE

La Disposición Adicional Segunda de la Constitución española de 1978 encuentra su significado en conexión con la constitucionalización de la mayoría de edad a los dieciocho años (art. 12 CE). Resulta común en nuestro entorno establecer a nivel constitucional una edad mínima para ejercer los derechos políticos, tal es el caso de la Ley Fundamental de la República Federal de Alemania de 1949 (art. 38.2) o la Constitución de los Estados Unidos (Enmienda XXVI, cuyo texto entró en vigor en 1971). En cambio, la fijación de la mayoría de edad a todos los efectos más allá de su aplicabilidad a los derechos políticos no es habitual en los textos constitucionales contemporáneos. La determinación de la mayoría de edad como edad mínima para ejercer todo tipo de derechos y, en fin, adquirir la capacidad de obrar y poder operar en el ordenamiento jurídico, suele dejarse en manos de la legislación ordinaria.

El constituyente de 1978, sin embargo, optó por constitucionalizar con efectos generales la mayoría de edad a los dieciocho años y, por tanto, limitó la capacidad de decisión del legislador ordinario en esta materia. Tal y como se indica en el comentario sobre el art. 12 CE, esta determinación constitucional no excluye, siempre con respeto al principio de proporcionalidad y con la debida justificación, la posibilidad del legislador de excepcionar la regla de los dieciocho años. Sin embargo, más allá de estas excepciones *ad hoc*, ya en el debate constituyente se advirtió de la existencia de peculiaridades sobre la regulación de la mayoría de edad y la capacidad de obrar en los derechos civiles, forales y especiales. La constitucionalización de la mayoría de edad a los dieciocho años no solamente afectaba y limitaba al legislador civil común, sino también al derecho civil, foral y especial que estuviera vigente en algunos territorios del Estado. Era el caso de Aragón y Navarra, cuyos regímenes forales preveían en el momento de aprobación de la Constitución una regulación que otorgaba al menor de dieciocho años mayor capacidad de obrar que la reconocida en la legislación civil común. El hecho de constitucionalizar la mayoría de edad a los dieciocho años y, por tanto, sustraer esta decisión del legislador ordinario, ponía en entredicho la subsistencia de estas peculiaridades de los derechos civiles, forales y especiales.

Para salvar esta discrepancia entre la cláusula constitucional de la mayoría de edad del art. 12 CE y las especialidades de los derechos civiles, forales y especiales, se requería una norma también de rango constitucional. Su adopción no se trató en la fase de enmiendas en el Congreso de los Diputados, que aprobó el entonces artículo 11.2 del Proyecto de Constitución y la regla que establecía la mayoría de edad a los dieciocho años sin ninguna excepción. Fue en la fase de enmiendas en el Senado en la que se presentaron varias propuestas para compatibilizar la determinación de la mayoría de edad a los dieciocho años que se establecía en el art. 11.2 del Proyecto de Constitución aprobado por el Congreso de los Diputados y las peculiaridades del derecho civil, foral y especial (véanse las enmiendas nº 2, 243, 257 y 828). Todas estas enmiendas fueran retiradas y, finalmente, fue una enmienda "in voce" presentada por el senador Lorenzo Martín-Retortillo Baquer la que prosperó y fijó el contenido de la Disposición Adicional Segunda (*Diario de Sesiones del Senado. Comisión de Constitución*, nº 55, de 14 de septiembre de 1978, pp. 2751-2754). La técnica del constituyente, por tanto, fue salvaguardar las especificidades de los derechos civiles, forales y especiales en materia de capacidad de obrar mediante las disposiciones adicionales sin que el artículo 12 CE —que pasó a regular la mayoría de edad, dejándose a un lado su previa ubicación en el artículo 11.2 del Proyecto de Constitución— se viera alterado o excepcionado.

II. EL SIGNIFICADO Y ALCANCE DE LA DISPOSICIÓN ADICIONAL SEGUNDA

Tal y como ha señalado Aláez Corral, la jurisprudencia constitucional sobre la Disposición Adicional Segunda es prácticamente inexistente. Solamente de manera incidental la STC 88/1993, de 12 de abril, se ha referido a la misma. Existe, sin embargo, consenso doctrinal sobre tres cuestiones relativas al significado y alcance de la Disposición Adicional Segunda: (i) solamente se permiten regulaciones a la capacidad de obrar más favorables a la regla de los dieciocho años; (ii) estas ya debían existir en el momento de la aprobación de la Constitución española en 1978; y (iii) su ámbito de aplicación se circunscribe al derecho privado.

En efecto, tal y como indica Lasarte Álvarez, en primer lugar, el derecho civil, foral y especial debe contener reglas más favorables que el art. 12 CE. Esto significa que se puede reconocer una mayor capacidad de obrar a los menores de dieciocho años y, en ese sentido, los derechos civiles, forales y especiales podrían avanzar la capacidad de obrar prevista para los mayores de dieciocho años en el art. 12 CE, incluso en más supuestos que el derecho civil común. Asimismo, no se permitirían restricciones a la capacidad de obrar a los mayores de dieciocho años, más allá de las previstas en el régimen civil común y la legislación procesal ordinaria, operando así el art. 12 CE como límite infranqueable al derecho civil, foral y especial para dificultar más allá de los dieciocho años el disfrute y ejercicio de los derechos.

En segundo lugar, debe interpretarse la Disposición Adicional Segunda de manera sistemática con la Disposición Adicional Primera —cuyo texto ampara los derechos históricos de los territorios forales, así como su "actualización"—, y el art. 149.1.8 CE, donde se reconoce la competencia de las Comunidades Autónomas para la "conservación, modificación y desarrollo de los derechos civiles, forales o especiales, allí donde existan". Ello implica que la Disposición Adicional Segunda solamente ampara las especificidades en materia de mayoría de edad y capacidad de obrar de los derechos civiles, forales y especiales que ya estaban previstas en esos ordenamientos en el momento de aprobación de la Constitución, que, en todo caso, siempre podrán ser modificadas y desarrolladas bajo los límites del art. 149.1.8 CE. Aquellos derechos civiles, forales y especiales que no contenían normas sobre esta materia no pueden ampararse en la Disposición Adicional Segunda para introducir regímenes especiales que excepcionen el art. 12 CE. Todo ello sin perjuicio, como señala Aláez Corral, de la posibilidad de introducir especificidades como "institución conexa" a otras instituciones o materias previamente recogidas en el derecho civil, foral y especial en cuestión. En todo caso, la regulación *ex novo*, sin que se previeran regulaciones sobre la mayoría de edad y la capacidad de obrar de los menores de dieciocho años en el momento de la aprobación de la Constitución en 1978 o en los casos en los que no se pueda considerar esta materia una "institución conexa" con otras previamente existentes, quedaría descartada como opción para los derechos civiles, forales y especiales.

En tercer y último lugar, tal y como indica la STC 88/1993, de 12 de abril (FJ 1.b), el objeto de la Disposición Adicional Segunda se circunscribe al derecho privado, es decir, a la foralidad civil, quedando fuera de su objeto cuestiones de derecho público. Es la única referencia jurisprudencial en la materia y es de carácter incidental con el objeto de diferenciar los distintos ámbitos de aplicación de la Disposición Adicional Primera —de espectro más amplio, abierta a las especificidades de derecho público que puedan contener los derechos históricos de los territorios forales— y la Disposición Adicional Segunda, constreñida en su capacidad de excepcionar la regla de la mayoría de edad de los dieciocho años al ámbito del derecho privado.

III. LAS ESPECIFICIDADES DE LOS DERECHOS CIVILES, FORALES Y ESPECIALES EN MATERIA DE MAYORÍA DE EDAD Y CAPACIDAD DE OBRAR DE LOS MENORES

En fecha de aprobación de la Constitución española de 1978 únicamente los derechos forales de Aragón y Navarra reconocían una mayor capacidad de

obrar a los menores de dieciocho años. Este régimen especial más favorable se ha mantenido a lo largo del tiempo a pesar de las sucesivas modificaciones de las respectivas compilaciones. En Cataluña, si bien su derecho civil propio no preveía normas específicas en materia de capacidad de obrar de los menores de edad en el momento de la aprobación de la Constitución, se han introducido con posterioridad, con base en la doctrina de las "instituciones conexas", normas relativas a la mayoría de edad y a la capacidad de obrar del menor. El resto de derechos civiles, forales y especiales no contemplan ninguna regulación en esta materia.

Ya desde tiempos preconstitucionales, el derecho foral de Aragón era, entre los derechos civiles y forales, el que preveía una mayor capacidad de obrar a los menores de dieciocho años. Este régimen más favorable en comparación al derecho civil común se ha mantenido en las sucesivas modificaciones postconstitucionales y, se recoge, a día de hoy, en el Código del Derecho Foral de Aragón, aprobado por el Decreto Legislativo 1/2011, de 22 de marzo (arts. 4 a 33). A título de ejemplo, entre aquellas normas que reconocen una mayor capacidad de obrar a los menores de dieciocho años en comparación con el derecho civil común, cabe destacar la adquisición de la mayoría de edad no solamente a los dieciocho años, sino también en el momento de contraer matrimonio (art. 4.1), la finalización de la representación legal del menor a los catorce años, articulándose a partir de esa edad la institución de la "asistencia" (art. 5.3), la elevada capacidad del menor para celebrar actos y negocios jurídicos de todo tipo (art. 7), el reconocimiento también de una amplia capacidad al menor de catorce años no emancipado para actuar en el tráfico jurídico (art. 23) o, finalmente, la posibilidad de obtener la emancipación a los catorce años (art. 30).

Por su parte, el derecho civil foral de Navarra, actualmente recogido mayoritariamente en la Compilación de Derecho Civil Foral de Navarra, aprobada por la Ley 1/1973, de 1 de marzo, reconocía en el momento de la entrada en vigor de la Constitución española y continúa haciéndolo, cierta capacidad de obrar a los púberes no emancipados, es decir, a los mayores de catorce años (Ley 47). Más allá de la capacidad para aceptar liberalidades sin contraer obligaciones, tienen capacidad para reconocer hijos e hijas con aprobación judicial (Ley 54), otorgar testamento (Ley 184) y, los mayores de doce años, consentir su adopción (Ley 60).

Finalmente, Cataluña introdujo por primera vez en su derecho civil propio normas relativas a la mayoría de edad y a la capacidad de obrar de los menores en la Ley 9/1998, de 15 de julio, del Código de Familia. Posteriormente, de una manera más sistemática y en el contexto de la codificación y actualización del derecho civil propio de la primera década del 2000, se incorporaron normas sobre esta materia en el Libro Segundo del Código Civil de Cataluña, relativo a la persona y la familia, aprobado por la Ley 25/2010, de 29 de julio. Sin embargo, se trata de una regulación muy parecida a la del derecho civil común y, por tanto, no introduce especificidades en esta materia (véanse los arts. 211-3 a 211-13).

IV. BIBLIOGRAFÍA

ALÁEZ CORRAL, B.: "Disposición adicional segunda", en CASAS BAAMONDE, M. E. y RODRÍGUEZ-PIÑERO Y BRAVO-FERRER, M. (Dirs.), *Comentarios a la Constitución española. XXX Aniversario*, Fundación Wolters Kluwer, Madrid, 2008, pp. 2795-2804.

– *Minoría de edad y derechos fundamentales*, Tecnos, Madrid, 2003.

LASARTE ÁLVAREZ, C.: "Disposición Adicional segunda. La ampliación de capacidad de los menores en los derechos forales Aragoneses y Navarro", en ALZAGA VILLAAMIL, O. (Dir.), *Comentarios a la Constitución española de 1978. Tomo XII. Artículos 159 al final*, Cortes Generales y Edersa, Madrid, 1999, pp. 611-618.

SERRANO ALBERCA, J. M.: "Disposición adicional segunda", en Garrido Falla, F. (Dir.), *Comentarios a la Constitución*, Civitas, Madrid, 1985, pp. 2427-2428.

V. JURISPRUDENCIA

STC 88/1993, de 12 de abril.

Tercera

La modificación del régimen económico y fiscal del archipiélago canario requerirá informe previo de la Comunidad Autónoma o, en su caso, del órgano provisional autonómico.

COMENTARIO

Juan Rodríguez-Drincourt
Profesor Titular de Derecho Constitucional
Universidad de Las Palmas de Gran Canaria

SUMARIO: I. REFLEXIONES HISTÓRICAS SOBRE EL RÉGIMEN ECONÓMICO FISCAL DE CANARIAS. II. CONSIDERACIONES GENERALES SOBRE EL FUNDAMENTO CONSTITUCIONAL DEL REFC. III. MARCO DE BLOQUE DE LA CONSTITUCIONALIDAD DEL RÉGIMEN ECONÓMICO Y FISCAL CANARIO. IV. EL RÉGIMEN ECONÓMICO Y FISCAL DE CANARIAS Y LA UNIÓN EUROPEA. V. RASGOS INVARIABLES, NOTAS BÁSICAS Y CONTENIDO DEL RÉGIMEN ECONÓMICO Y FISCAL RECONOCIDO POR LA DISPOSICIÓN ADICIONAL TERCERA DE LA CONSTITUCIÓN. VI. LA NATURALEZA DE LA DISPOSICIÓN ADICIONAL TERCERA. VII. LA CLÁUSULA PROCEDIMENTAL DE LA DISPOSICIÓN ADICIONAL TERCERA: EL INFORME PREVIO PRECEPTIVO PERO NO VINCULANTE. VIII. BIBLIOGRAFÍA. IX. JURISPRUDENCIA.

La Disposición adicional tercera de la Constitución reconoce el régimen especial económico y fiscal de Canarias (en adelante REFC) y constata su preexistencia. Igualmente, al tiempo, realiza una salvaguarda frente a cualquier modificación del mismo. Como bien expresa Parejo, además desde muy temprano, la Disposición adicional tercera de la Constitución constituye el marco jurídico fundamental de lo que ha sido denominado "hecho diferencial canario". El propio preámbulo del vigente Estatuto de Autonomía de Canarias hace referencia a que con el REFC, amparado por la Constitución, y con la aprobación Estatuto de Autonomía, las Islas Canarias recuperan un "status" político y económico en el seno de la España democrática.

Compartimos con Clavijo Hernández, que el reconocimiento constitucional del REFC, en la Disposición Adicional Tercera, tiene una gran relevancia jurídica pues la Constitución sigue en algunos de sus preceptos, por ejemplo en los arts. 138.2 y 139,2 CE, criterios y principios abiertamente contrarios a las peculiaridades económico-fiscales que tradicionalmente ha disfrutado el archipiélago canario. De hecho, con buen sentido, para Clavijo Hernández la Disposición Adicional Tercera de la CE evitó el riesgo de una derogación parcial o total del REFC de 1972.

Probablemente el REFC, como muy bien han afirmado Orozco y Génova Galván, no sea tanto un "régimen", sino, más propiamente una institución jurídica en tanto que complejo normativo de carácter jurídico público debidamente formado y organizado y, por tanto, diferenciado y delimitado. En su configuración práctica ha supuesto una imposición menor a la del resto del Estado y en las franquicias fiscales sobre el consumo compatibles con una imposición indirecta singular, reconocida en el Tratado de la Unión Europea, destinada a financiar a la Hacienda canaria, a las insulares y a las locales; en el principio de libertad comercial de importación y exportación; en la no aplicación de ningún tipo de monopolio ni de las denominadas accisas comunitarias.

Desde el frontispicio del propio Preámbulo del vigente Estatuto de Canarias (EACAN) de 2018 se hace referencia al respaldo constitucional de las históricas peculiaridades económicas, sus singularidades de orden político y régimen económico.

Canarias tiene, conforme al art. 166.1 EACAN, un régimen económico y fiscal especial, propio de su acervo histórico constitucionalmente reconocido y justificado por sus hechos diferenciales y, como bien expresa el propio art. 166.2 EACAN, el REFC se basa en la libertad comercial de importación y exportación, en la no aplicación de monopolios, en las franquicias fiscales estatales sobre el consumo y en una política fiscal diferenciada y con una imposición indirecta singular, que se deriva del reconocimiento de las Islas Canarias como región ultraperiférica en el Tratado de funcionamiento de la Unión Europea. Conforme expresa el art. 166.3 EACAN los recursos del REF son adicionales a los contemplados en la política y normativa vigente en cada momento para la financiación de la Comunidad Autónoma de Canarias y propiamente, conforme el mismo art. 166.3 EACAN, en los términos que determine la LOFCA y sus normas de desarrollo, estos recursos tributarios no se integran, ni computan, en el sistema de financiación autonómica.

También es relevante hacer referencia al art. 167 EACAN que constituye, junto al art. 166 EACAN, propiamente la base de la vigente regulación estatutaria del REFC. El art. 167 EACAN se ocupa de la modificación potencial del REFC que "sólo podrá ser modificado de acuerdo con lo establecido en la disposición adicional tercera de la Constitución".

I. REFLEXIONES HISTÓRICAS SOBRE EL RÉGIMEN ECONÓMICO FISCAL DE CANARIAS

El preámbulo del vigente EACAN se ocupa, con mucha atención, de las históricas singularidades administrativas y económico fiscales de Canarias. Efectivamente, a lo largo de la historia, como bien refiere el EACAN, "multitud de disposiciones legales fueron conformando un corpus normativo propio que moldeó la especificidad del régimen canario".

Desde los orígenes, desde un primer momento, la Corona de Castilla concedió un régimen de franquicias a los que habitaban las Islas Canarias. Se pretendía compensar las extraordinarias dificultades derivadas de la lejanía y gran fragmentación insular de Canarias.

Se trata por tanto de una institución jurídica histórica configurada a lo largo de cinco siglos, profundamente ligada a la Historia del Derecho público y la organización política y económica de Canarias. Como bien han afirmado González Vicén y Clavijo Hernández, el REFC es un concepto histórico no tanto por su dimensión y mutabilidad en el tiempo sino por su vinculación esencial a una estructura histórica. Sin duda ocupa un papel central en toda la Historia económica y social moderna y contemporánea de Canarias. El REFC constituye un corpus jurídico de primera magnitud y sorprende, en este sentido, la percepción que del mismo ha evacuado el Tribunal Constitucional. Es muy significativo que en los fundamentos jurídicos de la STC 35/1984 se resuman tres siglos de especialidad económica y fiscal, desde el siglo XV al XVIII, bajo la expresión "prescindiendo de algún precedente más remoto" para acto seguido prácticamente situar supuestamente los orígenes del REFC en 1852.

Desde los albores de la incorporación e integración de Canarias a la Corona de Castilla en el siglo XV en concreto, el primer antecedente se sitúa en 1487 en Gran Canaria, se concedió una franquicia de todo tipo de pechos y alcabalas por veinte años, generando una parcial inaplicación de tributos de la Hacienda Real de Castilla. Los tributos se comenzaron a exigir de forma desigual. Así, por ejemplo, uno de los más relevantes, el almojarifazgo comenzó su gravamen en Gran Canaria en 1495 y en 1522 se empezó a recaudar en La Palma y Tenerife. Especialmente desde principios del siglo XVI (Reales Cédulas de 1501, 1506, 1507) la Corona de Castilla inicia, en la convicción de su singularidad y la necesidad del impulso de su crecimiento, sobre todo comercial y poblacional, una política económica y fiscal diferenciada. Se abrió paso la idea de que la insularidad y lejanía requerían políticas singulares que alentaran la colonización y el desarrollo. Una política económica y fiscal especial que se fue concretando en una extensa panoplia de medidas que ejemplificará muy bien la ausencia casi total de impuestos indirectos. Incluso algunos que fueron tan relevantes históricamente en Castilla como, por ejemplo, la ya citada *alcabala*.

Paradójicamente, muy posteriormente, la era del advenimiento del constitucionalismo en España, en los albores del siglo XIX, coincide con una de las crisis político-institucional y económica más profunda de nuestra historia nacional, debilitando casi hasta la desaparición este acervo histórico. Aún así continuó siendo Canarias objeto de un tratamiento económico y fiscal diferenciado bajo todos los regímenes constitucionales de la España del siglo XIX. Incluso tras la reforma tributaria de Mon y Santillán en 1845 que creó una imposición sobre consumo de vocación nacional. De hecho, muy poco después del hito histórico anterior, en 1852, se desarrollará con fuerza la especialidad económico fiscal canaria de la mano de Bravo Murillo en forma de Puertos francos. El estatus de puertos francos fue confirmado posteriormente por una Ley de 1870 bajo Regencia de Serrano. Algunas décadas después son también relevantes los arbitrios establecidos por ley de 6 de marzo de 1900. Ya bajo el Régimen del General Franco un Decreto de 1947 confirmó la declaración de puertos francos de 1852. Los puertos francos y el régimen de franquicias serían defendidos, incluso ante los tribunales, bajo la dictadura del General Franco y terminarían cristalizando en la etapa final de la dictadura en la decisiva Ley sobre Régimen Económico y fiscal de Canarias de 1972.

Posteriormente, en la extraordinaria tarea constituyente, estuvo presente la singularidad económica y fiscal canaria. En los trabajos parlamentarios se sucedieron numerosas referencias a las peculiaridades del hecho insular en general, y, de forma especial acerca de las dificultades económicas del Archipiélago Canario. Como bien ha referido Entrena Cuesta se puede reconocer cierto "respeto y preocupación" por estas circunstancias que se plasman en el art. 138.1 y en la Disposición Adicional tercera de la Constitución. Eso sí, es evidente que fue en el Senado donde especialmente se expresó esa inquietud. Así en la Comisión de Constitución del Senado se recogió e incluyó un texto que expresamente reconocía y amparaba las peculiaridades económicas y fiscales canarias. Sin embargo, por último, predominó una cierta tibieza que se expresa en el Dictamen de la Comisión mixta para que el texto constitucional, en su redacción final, sólo constatara y reconociera implícitamente las especialidades históricas económico fiscales de Canarias. La redacción constitucional es probablemente insatisfactoria, dada la relevancia de este corpus normativo propio. Sin duda hace presagiar que, cuando se den por fin las condiciones para una reforma de la Constitución, probablemente se plantee en sede parlamentaria la reforma de la Disposición Adicional tercera de la Constitución.

II. CONSIDERACIONES GENERALES SOBRE EL FUNDAMENTO CONSTITUCIONAL DEL REFC

Convenimos de nuevo con Clavijo Hernández que podemos encontrar un fundamento matriz de la Disposición Adicional Tercera en el propio Preámbulo de la CE. Efectivamente el Preámbulo proclama la intención de proteger a los españoles, los pueblos de España y a las instituciones. De alguna forma, como muy acertadamente postula Clavijo, podemos concluir o fundamentar el reconocimiento de una voluntad constitucional de la Nación de proteger el REFC como institución secular y tradicional de las Islas Canarias.

La Disposición adicional tercera de la Constitución realiza un reconocimiento implícito de una institución que viene fundamentada también por el art. 138.1 CE. El REFC tiene una finalidad situada en el principio de solidaridad consagrado por los arts. 2 y 138.1 CE. Así, el reconocimiento constitucional del régimen económico y fiscal es en buena medida posible como consecuencia del mandato constitucional de establecer concreción efectiva del art. 138.1 de la CE, es decir, de la garantía del principio de solidaridad velando por un equilibrio económico adecuado y justo entre las diversas partes del territorio español y atendiendo en particular a las circunstancias del hecho insular. El REFC tiene fundamento en el concepto de equilibrio económico y justicia financiera que asume la Constitución. En este sentido el REFC coadyuva a hacer posible la solidaridad con Canarias y la igualdad de los residentes en Canarias. Efectivamente se conecta con el art. 2 de la CE que reconoce y garantiza la solidaridad entre las nacionalidades y regiones. Además, sin olvidar que el art. 141.4 de la CE atribuye a las islas una especial forma de administración. Por lo demás, como bien se ha afirmado, la Disposición adicional tercera es también manifestación del principio de cooperación entre el Estado y las Comunidades Autónomas.

No podemos olvidar que el REFC, conforme ha afirmado el Tribunal Constitucional en sus SSTC 16 y 62/2003 y 109/2004, es una concreción del principio de solidaridad con un carácter evolutivo y siempre en función de las circunstancias del hecho insular y también de las del resto de España.

III. MARCO DE BLOQUE DE LA CONSTITUCIONALIDAD DEL RÉGIMEN ECONÓMICO Y FISCAL CANARIO

La Disposición Adicional tercera de la Constitución constituye la piedra angular de una interpretación de bloque de constitucionalidad del REFC

Para Genova Galván y Orozco se puede proceder a la identificación institucional de las normas integrantes de un "bloque de constitucionalidad canario" formado por la Disposición Adicional Tercera de la CE, DA 4 de la la Ley Orgánica 8/1980 de Financiación de las Comunidades Autónomas y art. 166 EACAN de 2018.

El EACAN dedica un capítulo de su título sexto al REFC. De forma cabal son propiamente los arts. 166 y 167 EACAN los referidos al REFC. Además, como bien ya se ha expresado, viene definido por la Ley 19/1994 de modificación del REF de Canarias, por la Ley 20/1991 de modificación de aspectos fiscales del REF de Canarias y la Ley 30/1972 sobre Régimen Económico Fiscal de Canarias. Forma también parte de este marco la Disposición adicional cuarta de la Ley Orgánica de Financiación de las Comunidades Autónomas (LOFCA) conforme a la redacción de la reforma de 2009 (Ley orgánica 3/2009) que fue completada por la ley 22/2009 sobre el sistema de financiación de las Comunidades Autónomas del Régimen Común. La LOFCA excluye de su regulación general las especialidades del REFC y establece que la actividad financiera y tributaria de Canarias se regulará teniendo en cuenta su peculiar REF. Se afirma que la Comunidad Autónoma de Canarias, como consecuencia del peculiar REF es titular de los rendimientos de este régimen, en los términos de la ley 20/1991, 19/1994 y demás legislación en vigor.

IV. EL RÉGIMEN ECONÓMICO Y FISCAL DE CANARIAS Y LA UNIÓN EUROPEA

El REFC ha incorporado a su contenido los principios y normas aplicables del reconocimiento y estatus de Canarias como región ultraperiférica conforme los tratados y normas de la Unión Europea (349 y 355 Tratado de Funcionamiento de la Unión Europea).

Desde el momento primigenio de la incorporación de España a las Comunidades Europeas se preveían potenciales consecuencias en el ámbito de una hipotética difícil convivencia del régimen económico y fiscal canario con algunos principios comunitarios como, por ejemplo, el de libre competencia. La incorporación a la Unión Europea de España sirvió para que el régimen económico y fiscal del archipiélago canario incorporara a su contenido los principios y normas aplicables que se derivan del reconocimiento de Canarias como región ultraperiférica en los Tratados y normas de la Unión Europea con modulaciones y derogaciones que coadyuvan a paliar problemas estructurales permanentes que dificultan su desarrollo. En particular focalizadas en medidas aduaneras, fiscales, agrícolas y pesqueras. Del mismo modo también zonas francas, de abastecimiento de materias primas y bienes de consumo esenciales así como ayudas públicas, fondos europeos de finalidad estructural y otros programas horizontales.

A las referidas se une la normativa de la Unión Europea derivada del régimen singular establecido en el Acta de adhesión de España a la Comunidad

Europea en 1985, y su Protocolo Dos que excluía a Canarias de la aplicación de la Sexta Directiva sobre el IVA y de los denominados impuestos especiales. No se puede olvidar la importancia en la normativa primaria comunitaria del art. 349 del Tratado de Funcionamiento de la Unión Europea (TFUE) en relación a las regiones ultraperiféricas entre las que se encuentra Canarias.

A consecuencia de todo lo anterior se entiende que El RDL 15/2014 de modificación del REFC, introdujera cambios en la regulación de los incentivos fiscales del REFC producto de los acuerdos de España con la Comisión Europea para el periodo entre 2015 y 2020. Modificaciones que se centraban en adecuar la Ley 19/1994 a la regulación comunitaria en materia de ayudas estatales de finalidad regional que se concretan en el Reglamento (UE) 651/2014 de la Comisión por el que se declaran determinadas categorías de ayudas compatibles con el mercado interior en aplicación de los arts. 107 y 108 del Tratado y las Directrices sobre ayudas estatales de finalidad regional para 2014-2020, aprobadas por la Comunicación de la Comisión Europea 2013/C/209/01.

Así, se puede referir hoy la existencia, como bien ha descrito Betancort Reyes, de un Derecho especial canario, del que forma parte el REFC, como conjunto de normas fundamentalmente estatales y de la Unión Europea que debido a las circunstancias estructurales y permanentes que concurren en el caso canario determinan regímenes singulares e "incluso, en ocasiones, inaplica el Derecho común, con el fin de garantizar a los residentes el ejercicio de los derechos y deberes, en igualdad de condiciones y oportunidades con el resto del territorio de la nación y el ente europeo".

V. RASGOS INVARIABLES, NOTAS BÁSICAS Y CONTENIDO DEL RÉGIMEN ECONÓMICO Y FISCAL RECONOCIDO POR LA DISPOSICIÓN ADICIONAL TERCERA DE LA CONSTITUCIÓN

El REFC es en buena medida una institución reconocible en un perfil de concurrencia en el ámbito territorial canario de impuestos indirectos, tanto de ámbito estatal como insular, cuya materia imponible ha sido el consumo. Además, la exclusión de determinados productos del ámbito de esa imposición indirecta y la atribución de la gestión y rendimiento de determinados impuestos y arbitrios a los cabildos. Todo lo anterior en el objetivo esencial de mantener una presión fiscal indirecta diferenciada del resto del Estado y de la Unión Europea. De hecho, en la STC 109/2004 se afirman rasgos característicos invariables del REFC, desde su dimensión fiscal, delimitados por una presión fiscal indirecta diferenciada y menor que el resto del Estado.

Como bien ha afirmado Clavijo Hernández desde una aproximación sustantiva el REFC viene definido por tres notas fundamentales: 1) La inaplicación en el Archipiélago canario de los impuestos estatales que, sin ser ingresos de las Haciendas territoriales canarias, graven el tráfico comercial de bienes. 2) Un sistema especial y complementario de tributos de las Haciendas territoriales canarias. 3) Por la existencia de una serie de exenciones o beneficios fiscales en la imposición directa estatal.

El Régimen económico y fiscal de Canarias se articula especialmente por vía del beneficio fiscal de forma que a pesar de producirse el hecho imponible no se desarrolla el deber de pagar determinados tributos. El régimen económico y fiscal canario se basa en el principio de libertad comercial, no aplicación de monopolios y franquicias parciales en la imposición directa y en las franquicias fiscales estatales sobre el consumo. Se trata de un régimen compatible con una imposición propia y diferenciada destinada a sostener la hacienda autonómica y local.

Así la Disposición adicional tercera de la Constitución reconoce un REFC que tiene contornos delimitables en sus contenidos básicos por el régimen de franquicia comercial, arancelaria y fiscal sobre el consumo, ausencia de aplicación de monopolios (STC 35/1984), libertad comercial de importación y exportación y el modelo de financiación de las haciendas locales.

VI. LA NATURALEZA DE LA DISPOSICIÓN ADICIONAL TERCERA

La naturaleza jurídica de la Disposición adicional tercera ha sido objeto de un largo debate doctrinal. En general centrado básicamente sobre si propiamente en la Disposición Adicional Tercera alberga una mera garantía procedimental, una garantía protectora reforzada o bien una Garantía institucional cubre el régimen económico y fiscal configurando un reducto reconocible e indisponible al legislador.

Podemos muy esquemáticamente reseñar tres tesis doctrinales básicas. Una primera tesis sostiene la constitucionalización implícita del REF (posición básicamente construida por Entrena Cuesta) que otorga carácter sustantivo y no meramente procedimental a la Disposición Adicional Tercera. Una segunda tesis vendría defendida históricamente por el Consejo Consultivo de Canarias. Para el Consejo Consultivo de Canarias la Disposición Adicional Tercera no protege o constitucionaliza un REFC sino un diferencia fiscal favorable frente al existente en el resto del territorio nacional. Por último la tercera tesis, articulada fundamentalmente por Clavijo Hernández, Génova Galván y Orozco Muñoz, entiende que la Disposición Adicional Tercera ha constitucionalizado para Canarias un régimen económico-fiscal específico que aparece delimitado por unos principios institucionales. Para Génova y Orozco el REF es claramente una institución jurídica diferenciada, está formada por un complejo normativo propiamente delimitado como REF. Consecuentemente postula, como ya se ha dicho, la identificación institucional de las normas integrantes de un "bloque de constitucionalidad canario"(Disposición Adicional Tercera de la CE, DA 4 de la Ley Orgánica 8/1980 de Financiación de las Comunidades Autónomas y art. 166 EACAN de 2018).

En el ámbito jurisprudencial la STC 32/1981 articuló primigeniamente los rasgos fundamentales, en la jurisprudencia del Tribunal Constitucional, del concepto de garantía institucional. Se señalaba que la Constitución asegura la existencia de instituciones a las que se considera como componentes esenciales y cuya preservación se juzga indispensable por el legislador. Eso sí, una garantía institucional no asegura, como bien han referido las SSTC 32/1981, 26/1987 y 159/2001 un contenido concreto o un ámbito competencial determinado. Tampoco el Tribunal Constitucional delimita con precisión los contornos de lo institucional. Se refiere que las instituciones garantizadas constituyen elementos "arquitecturales" indispensables del orden constitucional. Se entiende además que dicha garantía es desconocida cuando se limita la institución de tal modo que se la priva prácticamente de sus posibilidades de ser reconocida como institución. Además, la naturaleza de la garantía institucional conlleva una especial protección y fuerza formal pasiva. Es constatable que el concepto de garantía institucional es complejo dogmáticamente, ha evolucionado y no responde a una realidad unívoca pues en la doctrina del Tribunal Constitucional aparece la garantía institucional para proteger realidades tan distintas como, por ejemplo, la autonomía local (STC 32/1981), los colegios profesionales del art. 36 CE (STC 179/1994), la familia (STC 116/1994) y sobre todo, por la relevancia y los paralelismos que se puedan establecer con la Disposición adicional tercera, para reconocer expresamente una garantía institucional en el caso del régimen foral en la Disposición adicional primera de la Constitución (STC 76/1988) afirmando expresamente para este caso la garantía de un reducto indisponible al legislador protegido constitucionalmente por una garantía institucional un régimen de autogobierno en que quepa reconocer el régimen foral tradicional de los territorios históricos.

En el caso del REFC, reconocido en la Disposición adicional tercera de la CE, el Tribunal Constitucional no ha rechazado expresa y definitivamente que pueda estar cubierto por una garantía institucional pero tampoco ha avalado esta última posibilidad. En las SSTC 11/1984, 16/1984 y especialmente en las SSTC 35/1984 y 18/1986 quedaron referidas básicamente las características esenciales del REFC. Además, en la referida STC 35/1984, se emitió un voto particular (Arozamena Sierra) que hizo patente el debate de fondo sobre la naturaleza de la garantía que establece la Disposición adicional tercera. Para el magistrado antes citado la garantía que la Disposición adicional tercera constituye un límite constitucional superpuesto al genérico de la reserva de ley y concluye afirmando, en el citado voto particular, que en el régimen económico y fiscal canario opera una garantía institucional. Sin embargo el Tribunal Constitucional en esa y posteriores sentencias de ese mismo periodo no quiso pronunciarse en el fondo y lo hizo siempre de forma elusiva e hipotética. Es verdad que las SSTC 16 y 62/2003 y 109/2004 el Tribunal Constitucional se ha mostrado especialmente cercano a rechazar tal naturaleza, aunque de manera clara y frontal no lo haya afirmado. En la STC 16/2003, afirma el alto tribunal que no parece fácil extraer de la Disposición adicional tercera de la CE la garantía de un contenido inalterable del REF. Son relevantes algunas consideraciones del FJ 8 de esta STC 16/2003 al afirmar "no asegura un contenido concreto o un ámbito competencial determinado y fijado de una vez por todas, sino la preservación de una institución en términos recognoscibles para la imagen que de la misma tiene la conciencia social en cada tiempo y lugar…".

En la fundamentación jurídica de la STC 62/2003, desarrolla las diferencias con la Disposición adicional primera de la Constitución que expresamente ampara derechos históricos y refiere la actualización de los mismos. De la STC 62/2003 parece inferirse un rechazo implícito del alto tribunal a que una garantía institucional cubra el REFC. Se repasa la doctrina conforme a la que se hace difícil deducir la existencia de un límite material rígido para el legislador estatal. Se sostiene por el alto tribunal que el REFC tiene un sentido último instrumental íntimamente conectado al principio de solidaridad y consecuentemente en función de circunstancias propias ligadas a la lejanía y al hecho de la intensa fragmentación insular pero también ligado, como se afirma en el FJ 7 de la STC 16/2003, a las circunstancias del resto de España lo que implica una extraordinaria ductilidad. Incluso, potencialmente, conforme a una doctrina finalista que parece al menos apuntar como eje en las SSTC 16 y 62/2003, dependiendo de los niveles de riqueza, pudiese incluso hipotéticamente ponerse en peligro su continuidad pues efectiva y consecuentemente, esta misma STC 62/2003, realiza una interpretación en la que se elude establecer límites, más allá del informe preceptivo, a la reforma estatal del REFC. Sin embargo en la STC 109/2004, ya referida y en principio de continuidad con las anteriores, parece conformar doctrinalmente los rasgos básicos invariables del REFC afirmando que se pueden delimitar en una presión fiscal indirecta, diferenciada y menor que en el resto del Estado.

VII. LA CLÁUSULA PROCEDIMENTAL DE LA DISPOSICIÓN ADICIONAL TERCERA: EL INFORME PREVIO PRECEPTIVO PERO NO VINCULANTE

La cláusula procedimental de la Disposición adicional tercera de la Constitución asegura que la actualización y modificación del REFC requerirá informe previo de la Comunidad Autónoma. No se puede olvidar que se ha sostenido, por parte de la doctrina, que la Disposición adicional tercera de la Constitución es una mera y exclusiva garantía procedimental de este informe previo.

Conforme al art. 167.1 EACAN, el REFC sólo podrá ser modificado de acuerdo con lo establecido en la Disposición adicional tercera de la Constitución, previo informe del Parlamento canario que, para ser favorable, deberá ser aprobado por las dos terceras partes de sus miembros. El art. 167.2 EACAN refiere el procedimiento en los casos que el informe del Parlamento de Canarias fuera desfavorable.

Este informe previo será necesario en los casos que una modificación afecte al núcleo del REFC que, como ya hemos referido anteriormente, viene conformado por las franquicias comerciales, arancelarias y de consumo, régimen diferenciado en la aplicación de tributos y finalmente un sistema especial y complementario en el modelo de financiación de las Haciendas locales canarias.

Conforme a la STC 35/1984 el informe no es facultativo sino preceptivo pues así resulta conforme interpretación del TC de la expresión utilizada y su omisión podría entrañar la inconstitucionalidad de la ley que no curse el trámite. En cuanto a su carácter se debe entender como no vinculante conforme a la lectura sistemática de la Disposición adicional tercera de la Constitución con los arts. 66.2, 133.1 y 149.1.10 CE entre otros. De hecho, ha afirmado el Tribunal constitucional (STC 109/2004), no resulta posible su carácter vinculante ni de la imagen de la institución que tuvo el constituyente ni de la dicción de la Constitución ni de bloque de constitucionalidad.

VIII. BIBLIOGRAFÍA

BETANCORT REYES, F. J.: *El Derecho especial canario*, Iustel, Madrid, 2016.

CLAVIJO HERNÁNDEZ, F.: "La modificación del régimen fiscal de Canarias" en *Reforma del régimen económico fiscal de Canarias*, Pons, Madrid, 1992

CLAVIJO HERNÁNDEZ, F., YANES HERRERO, A.: "Análisis de la Disposición Adicional tercera de la Constitución". *Rumbos*, 3 y 4 CESC, 1979.

Tercera

CLAVIJO HERNÁNDEZ, F.: "El Régimen Económico Fiscal de Canarias en la Constitución. Un análisis de la Disposición adicional tercera", *Revista Técnica Tributaria*, núm. 124, 2019, pp. 39-54.

CLAVIJO HERNÁNDEZ, F. y GÉNOVA GALVÁN, A.: "Comentarios a los arts. 165 a 167 del Estatuto de Canarias", en DOMÍNGUEZ VILA, A. y RODRÍGUEZ-DRINCOURT, J. *Comentarios al Estatuto de Autonomía de Canarias*, BOE-Parlamento de Canarias, Madrid, 2020, pp 971-990.

CLAVIJO HERNÁNDEZ F., GÉNOVA GALVÁN A., SÁNCHEZ BLÁZQUEZ, V.: "El REF de Canarias y el sistema de financiación autonómica", *Revista de contabilidad y tributación*, núm. 421, 2018, pp. 85 y ss.

GÉNOVA GALVÁN, A.: "REF y Constitución. Reflexiones" *Hacienda Canaria*, n-45, 2016.

MAURICIO SUBIRANA, S.: *La franquicia sobre el consumo en Canarias*, Pons, Madrid, 1994.

MIRANDA CALDERÍN, S., DORTA VELÁZQUEZ, J. A., DÉNIZ MAYOR, J. J.: *La encrucijada del REF* y *Los retos del REF*, Colección Cátedra del REF, nº 1,2. Universidad de Las Palmas de Gran Canaria. 2015/ 2016.

NÚÑEZ PÉREZ, G.: *El impuesto general indirecto y el régimen fiscal de Canarias*, Barcelona, 1996.

OROZCO MUÑOZ, M.: *El régimen fiscal especial de Canarias Su conformación por el bloque de constitucionalidad*, Marcial Pons, Madrid, 1997.

PAREJO ALFONSO, L.: "Canarias y la CEE" en *Noticias CEE*, CIIS, 22, Madrid, 1986.

IX. JURISPRUDENCIA

STC 35/1984, de 13 de marzo.
STC 18/1986, de 6 de febrero.
STC 16/2003, de 30 de enero.
STC 62/2003, de 27 de marzo.
STC 109/2004, de 30 de junio.

Cuarta

En las Comunidades Autónomas donde tengan su sede más de una Audiencia Territorial, los Estatutos de Autonomía respectivos podrán mantener las existentes, distribuyendo las competencias entre ellas, siempre de conformidad con lo previsto en la Ley Orgánica del Poder Judicial y dentro de la unidad e independencia de éste.

COMENTARIO

María del Pilar Teso Gamella
Magistrada de la Sala Tercera del Tribunal Supremo
Profesora Asociada de Derecho Constitucional
Universidad Carlos III de Madrid
Ángel Arozamena Laso
Magistrado de la Sala Tercera del Tribunal Supremo
Profesor Asociado de Derecho Procesal y Derecho Constitucional
Universidad Carlos III de Madrid

SUMARIO: I. LA GARANTÍA INSTITUCIONAL DE LOS TRIBUNALES SUPERIORES DE JUSTICIA. II. LA SUCESIÓN DE LAS ANTIGUAS AUDIENCIAS TERRITORIALES. III. BIBLIOGRAFÍA.

I. LA GARANTÍA INSTITUCIONAL DE LOS TRIBUNALES SUPERIORES DE JUSTICIA

Esta disposición adicional cuarta está íntimamente ligada con los párrafos segundo y tercero del art. 152.1 de la CE.

Como señala Xiol Ríos, la Constitución española incorpora al sistema judicial como garantía institucional, partiendo de la realidad histórica de las Audiencias Territoriales, a los Tribunales Superiores de Justicia. La creación de los Tribunales Superiores de Justicia tiene que ver con el llamado Estado autonómico o compuesto, es decir, con el sistema de distribución territorial del poder que nace de la Constitución.

Conforme se examina al comentar el art. 117, la CE recoge como una de las garantías capitales de índole organizativa el principio de unidad del Poder Judicial, cuya versión negativa es la proscripción de Tribunales ad hoc. Por unidad del poder judicial se entiende la homogeneidad de su estructura, de su acción y de sus instrumentos de gobierno.

El principio de unidad del Poder Judicial se impone sobre el Estado Autonómico. El art. 152.1, párrafo segundo, al establecer que "un Tribunal Superior de Justicia, sin perjuicio de la jurisdicción que corresponde al Tribunal Supremo, culminará la organización judicial en el ámbito territorial de la Comunidad Autónoma", configura al Tribunal Superior de Justicia como máxima expresión del Poder Judicial en la Comunidad Autónoma "de conformidad con lo previsto en la LOPJ y dentro del principio de unidad e independencia de éste".

La previsión de la existencia de un Tribunal Superior de Justicia en las llamadas comunidades históricas para "culminar su organización judicial" comporta en la CE un instrumento de adaptación del Poder Judicial al Estado compuesto. Estos Tribunales (previstos en la CE únicamente para las Comunidades Autónomas constituidas en virtud de la iniciativa cualificada del proceso autonómico regulada en el art. 151 CE y para las CC.AA. históricas conforme a la disposición transitoria segunda), han terminado generalizándose, en obsequio a un prurito de uniformidad no exigida estrictamente por el principio de unidad del Poder Judicial.

Las propuestas a favor del principio de plenitud competencial de los Tribunales Superiores de Justicia se han defendido afirmando que pueden introducirse de modo que respeten la configuración del Tribunal Supremo como órgano jurisdiccional superior en todos los órdenes.

II. LA SUCESIÓN DE LAS ANTIGUAS AUDIENCIAS TERRITORIALES

El problema que intentaba regular esta disposición adicional era el del mantenimiento de las Audiencias Territoriales en aquellas Comunidades Autónomas en que tenían su sede más de uno de estos órganos jurisdiccionales. La permanencia de dichas Audiencias Territoriales estaba seriamente comprometida desde el momento en que se aprobó la Constitución, ya que el artículo 152 de la misma preveía la creación de los llamados Tribunales Superiores de Justicia, como órganos que culminarían la organización judicial en el ámbito territorial de cada Comunidad Autónoma.

Esta disposición estableció la posibilidad de que los Estatutos de Autonomía mantuviesen las Audiencias Territoriales existentes en el supuesto de que en el territorio de una Comunidad Autónoma tuviesen su sede más de una de aquéllas.

Desde esta perspectiva, existe un enlace histórico entre los Tribunales Superiores de Justicia y las Audiencias —llamadas Audiencias Territoriales en la Ley de Organización del Poder Judicial de 1870—, puesto de manifiesto por esta disposición adicional cuarta.

La originaria redacción de los párrafos segundo y tercero del art. 152.1, recuerda Entrena Cuesta, partía de una propuesta de la Minoría Catalana —que introducía los Tribunales Superiores de Justicia—, pero ignoraba las realidades de otras posibles Comunidades —como las de Andalucía, Castellano-Leonesa o Castellano-Manchega— en las que, al existir más de una Audiencia Territorial, su incorporación en el Tribunal Superior de Justicia podría constituir un grave obstáculo para que prosperase la iniciativa autonómica. Por ello se disponía que, en tal supuesto, subsistirían las Audiencias Territoriales existentes. La redacción definitiva de esta disposición —inicialmente suscitada por el Grupo de Unión de Centro Democrático— es consecuencia de una enmienda presentada por el Grupo Socialista —que en un principio se había opuesto— en el Senado, con un doble carácter técnico y sustancial: en el primer sentido, la norma se desgaja del art. 152.1 para constituir una disposición adicional; en el segundo, la subsistencia de las dos —o más— Audiencias Territoriales, de ser obligatoria, pasa a convertirse en optativa.

Los redactores de los Estatutos de Autonomía, en tal supuesto podrían elegir entre: a) refundir las Audiencias Territoriales en el Tribunal Superior de Justicia; b) no crear este Tribunal y mantener las Audiencias Territoriales distribuyendo las competencias entre ellas.

En ambos casos, habría de actuarse de conformidad con lo previsto en la LOPJ y dentro de la unidad e independencia del Poder Judicial.

La realidad actual es de desaparición de las Audiencias Territoriales, existiendo en su lugar los Tribunales Superiores de Justicia. En aquellas Comunidades Autónomas en que tenían su sede más de una Audiencia Territorial se han creado, bajo la estructura del Tribunal Superior de Justicia, diversas Salas del mismo —de lo contencioso-administrativo y de lo social—, con jurisdicción limitada a varias provincias.

Esta disposición ha sido aplicada en relación con Castilla y León, Andalucía y Canarias. Así, una vez desaparecidas las antiguas Audiencias Territoriales y creados los Tribunales Superiores de Justicia y de conformidad con la LOPJ y los correspondientes Estatutos de Autonomía, según resulta hoy del art. 2 de la Ley 38/1988, de 28 de diciembre, de Demarcación y de Planta Judicial, es la situación de Andalucía, con sus tres sedes —en Granada, limitada su jurisdicción a las provincias de Almería, Granada y Jaén, Sevilla, limitada a Cádiz, Córdoba, Huelva y Sevilla, y Málaga—, Castilla-León, con sus dos sedes —en Burgos, limitada su jurisdicción a Ávila, Burgos, Segovia y Soria, y Valladolid, limitada a las provincias de León, Palencia, Salamanca, Valladolid y Zamora— y de Canarias, con sus dos sedes —en Las Palmas de Gran Canaria y Santa Cruz de Tenerife—.

III. BIBLIOGRAFÍA

ENTRENA CUESTA, R.: "Disposición Adicional Cuarta", en GARRIDO FALLA, F. (dir.), *Comentarios a la Constitución*, Civitas, Madrid, 1980.

XIOL RIOS, J. A.: "Artículo 152.1, párrafos 2 y 3. Los Tribunales Superiores de Justicia", en CASAS BAAMONDE, M. E., RODRÍGUEZ-PIÑERO Y BRAVO-FERRER, M. (dirs.), *Comentarios a la Constitución Española*, Fundación Wolters Kluwer, Madrid, 2018.

DISPOSICIONES TRANSITORIAS

Primera

En los territorios dotados de un régimen provisional de autonomía, sus órganos colegiados superiores, mediante acuerdo adoptado por la mayoría absoluta de sus miembros, podrán sustituir la iniciativa que en el apartado 2 del artículo 143 atribuye a las Diputaciones Provinciales o a los órganos interinsulares correspondientes

COMENTARIO

Ángel Aday Jiménez Alemán
Profesor contratado doctor
Universidad Complutense de Madrid

SUMARIO: I. COMENTARIO. II. BIBLIOGRAFÍA. III. JURISPRUDENCIA.

I. COMENTARIO

Los resultados de las primeras elecciones democráticas celebradas en junio de 1977 plasmaron la fortaleza y la extensión de la reivindicación del autogobierno, no sólo en Cataluña y País Vasco. La solución del Presidente Adolfo Suárez para neutralizar esta reivindicación mientras se redactaba la Constitución fue extender el sistema de las preautonomías mediante sucesivos Reales Decretos-Leyes. Desde el restablecimiento provisional de la autonomía en Cataluña el 29 de septiembre de 1977 hasta el acceso de Castilla-La Mancha al régimen preautonómico el 31 de octubre de 1978, se configuraron un total de catorce preautonomías. Las únicas excepciones fueron Cantabria, La Rioja y Madrid. Recordemos que los órganos preautonómicos, a los que no se atribuyó funciones legislativas, consistían en una Asamblea de Parlamentarios a nivel regional, que estaba formada por los diputados y senadores de las provincias que componían la región. La Asamblea elegía a un presidente que designaba a los consejeros.

Como apuntó Eliseo Aja (2014, p. 39) las consecuencias de la formación de las preautonomías fueron muy relevantes para la Configuración del Estado de las Autonomías. En primer lugar, el mapa territorial quedó prácticamente configurado, ahorrando la conflictividad característica de estas decisiones durante los procesos constituyentes y permitiendo que no fuese imprescindible la concreción del diseño en el texto constitucional. En segundo lugar, la generalización de la preautonomías facilitó la extensión del sistema autonómico a todo el territorio. Además facilitó un proceso pacífico de descentralización, encauzando o resolviendo cuestiones como la adhesión o no de Navarra al País Vasco o la constitución de los dos archipiélagos en Comunidades Autónomas. Enric Fossas (2007, p. 2007) también señaló la relación entre desconstitucionalización y preautonomías. A través de la Disposición Transitoria Primera, por la que todos los órganos preautonómicos sustituyeron la iniciativa de las Diputaciones y Cabildos o Consejos insulares, se asumieron las divisiones territoriales previos a la Constitución. Y determinó la redacción del Título VIII de la Constitución, apareciendo el proceso preautonómico en el debate constituyente.

Enrique Linde Paniagua (1979, p. 299) auspició acertadamente que la vía ordinaria del 143 CE no fue el procedimiento más utilizado, sino que fue la Disposición Transitoria Primera la que se convirtió en el procedimiento generalizado. La presencia de diputados provinciales en los órganos colegiados preautonómicos, la posibilidad de evitar obstáculos para reunir la voluntad de las Diputaciones provinciales y la coordinación de los partidos mayoritarios, han sido los motivos que la doctrina ha destacado a la hora de justificar este hecho (Pedro Ortego Gil, 2008, p. 2818).

Prácticamente en todos los casos apenas hubo incidencias. El Acuerdo de los Consejos Generales determinó normalmente el inicio del plazo de 6 meses establecido por el art. 143.2 CE. Sin embargo, también fue necesaria la intervención del Tribunal Constitucional en relación con este precepto. La Diputación de León revocó el 13 de enero de 1983 el acuerdo por el que se había incorporado a la iniciativa del Consejo General de Castilla y León de 16 de abril de 1980. Pese a ello, la Ley Orgánica 4/1983, de 25 de febrero, del Estatuto de Autonomía de Castilla y León incluía en su ámbito territorial a la provincia leonesa.

Esta Ley Orgánica fue recurrida ante el Tribunal Constitucional. En su Sentencia 89/1984, de 28 septiembre, además de establecer su doctrina acerca la revocación de los acuerdos de las Entidades locales, admitiendo esta posibilidad pero siempre que no haya finalizado la fase de impulso autonómico (*vid.* Comentario al art. 143 CE, o los comentarios a esta resolución constitucional de Paloma Biglino y de José Esteve Pardo), afirma que el acuerdo del Consejo General castellano-leonés no produjo efectos para la Provincia de León porque sus diputados no habían acordado incorporarse al órgano colectivo preautonómico: "No podía operar, en consecuencia, la sustitución a que alude la disposición transitoria primera de la Constitución, que obviamente sólo opera para las Diputaciones de aquellas provincias que pertenezcan al Ente preautonómico cuyo órgano colegiado adopte el acuerdo a que alude la citada disposición transitoria".

De acuerdo a la Disposición Transitoria Séptima CE, los órganos preautonómicos desaparecieron una vez que los Estatutos de Autonomía entraron en vigor. Al igual que está llamado a desaparecer este precepto del texto constitucional una vez agotados sus efectos, como señala el Consejo de Estado en su Informe sobre modificaciones de la Constitución española de 16 de febrero de 2006.

II. BIBLIOGRAFÍA

AJA, E. (2014): *Estado Autonómico y reforma federal*, Alianza Editorial, Madrid.

BIGLINO, P. (1985): "La revocación de la iniciativa autonómica, la naturaleza de la reserva estatutaria y los reglamentos parlamentarios como parámetro de la constitucionalidad de la ley (Comentario a la Sentencia del Tribunal Constitucional de 29 de septiembre de 1984 sobre la Ley Orgánica del Estatuto de Castilla y León)", *Revista Española de Derecho Constitucional*, núm. 14, pp. 257-279.

ESTEVE PARDO, J. (1985): "La conclusión del mapa autonómico: Comentario a las sentencias del Tribunal Constitucional 89/1984, de 28 de septiembre; y 100/1984, de 8 de noviembre", *Autonomies*, núm. 1, pp. 91-99.

FOSSAS ESPADALER, E. (2007): *El principio dispositivo en el Estado autonómico*, IVAP-Marcial Pons, Madrid.

LINDE PANIAGUA, E. (1979): "Procedimientos de creación de comunidades autónomas", *Documentación administrativa*, núm. 182, pp. 287-366.

ORTEGO GIL, P. (2009): "Disposición transitoria primera", en CASAS BAAMONDE, M. E., RODRÍGUEZ-PIÑERO, M. (dirs.), *Comentarios a la Constitución española, XXX aniversario*, Fundación Wolster-Kluwer, Madrid.

III. JURISPRUDENCIA

STC 89/1984, de 28 septiembre.

Segunda

Los territorios que en el pasado hubiesen plebiscitado afirmativamente proyectos de Estatuto de autonomía y cuenten, al tiempo de promulgarse esta Constitución, con regímenes provisionales de autonomía podrán proceder inmediatamente en la forma que se prevé en el apartado 2 del artículo 148, cuando así lo acordaren, por mayoría absoluta, sus órganos preautonómicos colegiados superiores, comunicándolo al Gobierno. El proyecto de Estatuto será elaborado de acuerdo con lo establecido en el artículo 151, número 2, a convocatoria del órgano colegiado preautonómico.

COMENTARIO

Ángel Aday Jiménez Alemán
Profesor contratado doctor
Universidad Complutense de Madrid

SUMARIO: I. COMENTARIO. II. BIBLIOGRAFÍA.

I. COMENTARIO

Cataluña, País Vasco y Galicia fueron los tres territorios que se beneficiaron de la aplicación práctica de esta Disposición, que eran a los que cumplían con los requisitos que establecidos y los que vieron facilitado su acceso a la autonomía plena. Si bien es cierto que el proceso autonómico gallego se desarrolló por otros derroteros a pesar de compartir el mismo origen. Roberto Blanco Valdés (2014, p. 191) fundamenta en este hecho la prueba de que la intención del Gobierno de UCD y las formaciones de CiU y el PNV era otorgar la autonomía plena a Cataluña y el País Vasco y al resto de territorios una autonomía rebajada.

No es este el único autor que ha criticado este precepto. Lluis Aguiló Lucía (1999, p. 661) lo consideró una fuente de agravios comparativos. La Disposición realiza un circunloquio para evitar mencionar explícitamente a los territorios a los que está dirigido, es el único de la Carta Magna que se remite al ordenamiento jurídico republicano, ignorando la realidad de esos plebiscitos, no solo las irregularidades reconocidas por la doctrina como la discriminación con respecto a los territorios que no pudieron celebrar sus referéndums por la guerra civil, así como el poco acierto de la técnica jurídica con el que está redactado, como por la escasa necesidad de este precepto que acabó impidiendo la manifestación de la voluntad autonómica mediante referéndums allí donde era mayor, que además podían iniciar sus procesos autonómicos sin esperar a la celebración de las elecciones locales de 3 de abril de 1979, según lo previsto por la Disposición Transitoria Tercera para el resto de territorios.

Así, Cataluña País Vasco y Galicia disfrutaron de una "carrera de obstáculos autonómica" aligerada. El acuerdo por mayoría absoluta de sus respectivos órganos colegiados superiores preautonómicos bastó para alcanzar la autonomía plena por la vía rápida, sustituyendo al acuerdo de las Diputaciones provinciales, de las tres cuartos partes de los municipios que supongan la mayoría del censo electoral de cada una de las provincias y al referéndum con mayoría absoluta del censo electoral de cada provincia exigidos por el art. 151 CE. Es más, es el único supuesto en el que se especifica que la convocatoria para la elaboración del Estatuto de autonomía corresponde a los órganos colegiados preautonómicos.

Cesar Aguado (2009, p. 2822) afirmó que "seguramente fue el precepto constitucional más trascendente desde el punto de vista fáctico para organizar la descentralización del Estado español tal y como hoy ha devenido". Precepto que ha agotado todos sus efectos, por lo que el Consejo de Estado, reconociendo la trascendencia que introdujo en el procedimiento especial del art. 151.1, recomiendo su supresión en su Informe de 2006 sobre modificaciones de la Constitución Española.

II. BIBLIOGRAFÍA

BLANCO VALDÉS, R. L. (2014): *El laberinto territorial español*, Alianza Editorial, Madrid.

AGUILÓ LÚCIA, L. (1999): "Disposición Transitoria segunda: Procedimiento privilegiado de acceso a la autonomía", ALZAGA VILLAMIL, Ó., *Comentarios a la Constitución Española de 1978, Tomo XII*, EDERSA, Madrid.

AGUADO RENEDO, C. (2009): "Disposición transitoria segunda", en CASAS BAAMONDE, M. E., RODRÍGUEZ-PIÑERO, M. (dirs.), *Comentarios a la Constitución española, XXX aniversario*, Fundación Wolster-Kluwer, Madrid.

La iniciativa del proceso autonómico por parte de las Corporaciones locales o de sus miembros, prevista en el apartado 2 del artículo 143, se entiende diferida, con todos sus efectos, hasta la celebración de las primeras elecciones locales una vez vigente la Constitución.

COMENTARIO

Ángel Aday Jiménez Alemán
Profesor contratado doctor
Universidad Complutense de Madrid

SUMARIO: I. COMENTARIO. II. BIBLIOGRAFÍA.

I. COMENTARIO

Toda la doctrina recuerda que el sentido de esta Disposición no es otro
2314 que el de evitar que Corporaciones locales no democráticas determinasen el proceso autonómico (por todos, Pedro Ortego Gil, 2009, p. 2825). Tras las elecciones de 3 de abril de 1973 y la constitución de las Corporaciones locales, se produjo el arranque del proceso autonómico para las Comunidades que no pudieron acogerse al privilegio temporal previsto por la Disposición Transitoria Segunda (todas menos País Vasco, Cataluña y Galicia) Y con ello se produjo la "obsolescencia programada" de este precepto, cuya supresión ha sido lógicamente recomendada por el Informe del Consejo de Estado sobre modificaciones de la Constitución de 16 de febrero de 2006.

Poco ha podido aportar la doctrina sobre está Disposición, más allá de advertir de los riesgos de su imprecisa redacción (José María Martín Oviedo, 1999, p. 668). El Tribunal Constitucional no ha tenido motivo para generar ninguna relación relacionada con el precepto.

II. BIBLIOGRAFÍA

MARTÍN OVIEDO, J. M. (1999): "Disposición Transitoria tercera: Diferimiento de la iniciativa del proceso autonómico", ALZAGA VILLAMIL, Ó., *Comentarios a la Constitución Española de 1978, Tomo XII*, EDERSA, Madrid.

ORTEGO GIL, P. (2009): "Disposición transitoria tercera", en CASAS BAAMONDE, M. E., RODRÍGUEZ-PIÑERO, M. (dirs.), *Comentarios a la Constitución española, XXX aniversario*, Fundación Wolster-Kluwer, Madrid.

Cuarta

1. En el caso de Navarra, y a efectos de su incorporación al Consejo General Vasco o al régimen autonómico vasco que le sustituya, en lugar de lo que establece el artículo 143 de la Constitución, la iniciativa corresponde al Órgano Foral competente, el cual adoptará su decisión por mayoría de los miembros que lo componen. Para la validez de dicha iniciativa será preciso, además, que la decisión del Órgano Foral competente sea ratificada por referéndum expresamente convocado al efecto, y aprobado por mayoría de los votos válidos emitidos.

2. Si la iniciativa no prosperase, solamente se podrá reproducir la misma en distinto período del mandato del Órgano Foral competente, y en todo caso, cuando haya transcurrido el plazo mínimo que establece el artículo 143.

COMENTARIO

Juan Ignacio Ugartemendia Eceizabarrena
Catedrático de Derecho Constitucional UPV/EHU

SUMARIO: I. INTRODUCCIÓN. II. ANTECEDENTES Y CONTEXTO JURÍDICO. 1. Antecedentes. 2. Contexto jurídico. III. CONTENIDO. 1. Una iniciativa a efectos de incorporación al régimen autonómico vasco. 2. Sobre el procedimiento para la incorporación. IV. BREVE NOTA SOBRE LA NATURALEZA Y FUTURO DE LA DISPOSICIÓN. V. BIBLIOGRAFÍA. VI. JURISPRUDENCIA.

I. INTRODUCCIÓN

La Disposición Transitoria cuarta (DT 4) recoge, para el caso de Navarra, un supuesto específico o singular de iniciativa autonómica, diferente de los otros supuestos de iniciativa previstos en la Constitución Española (CE). La particularidad estriba en que no está encaminada a la constitución de Navarra como Comunidad Autónoma separada, sino a su posible incorporación en el régimen autonómico vasco (Muñoz Machado, 2007, 327). Una posibilidad de incorporación que podía concretarse, en el momento del régimen preautonómico vasco, en el Consejo General Vasco, integrándose en dicho ente preautonómico, o que podría darse, una vez constituido el régimen autonómico vasco, a partir de la entrada en vigor del Estatuto de Autonomía del País Vasco, en la Comunidad Autónoma Vasca.

La disposición prevé, además de la mencionada posibilidad de incorporación, una regulación básica del procedimiento para materializarla. Un procedimiento que se caracteriza por determinar que la posibilidad de activar la incorporación (sea al Consejo General Vasco o al régimen autonómico que lo sustituya) corresponde a la decisión libre y voluntaria de Navarra, en concreto al "Órgano Foral competente" y a la ratificación de los navarros mediante "referéndum expresamente convocado al efecto".

Es interesante resaltar que lo que, a la postre, hace la disposición es recoger una posibilidad de iniciativa autonómica, obviamente, sin imponerla, y sin cerrar u obstruir la posibilidad de que Navarra utilice alguna de las otras vías u opciones de institucionalización que se contienen en la Constitución.

II. ANTECEDENTES Y CONTEXTO JURÍDICO

1. Antecedentes

Esta disposición transitoria tiene su antecedente directo e inmediato en los dos primeros Reales Decretos-Leyes aprobados el mismo año que se aprobó la Constitución, con antelación a la misma. El primero de ellos, el *Real Decreto-Ley 1/1978, de 4 de enero, por el que se aprueba el régimen preautonómico para el País Vasco*, comienza estableciendo, en el primer apartado de su artículo uno, que el Consejo General del País Vasco se instituye "como órgano común de Gobierno de las provincias o territorios históricos que pudiendo formar parte de él, decidieran su incorporación. A este fin las provincias o territorios de Álava, Guipúzcoa, Navarra y Vizcaya *decidirán libremente* su plena incorporación al Consejo General a través de sus Juntas Generales o, *en el caso de Navarra, del organismo foral competente*" (énfasis añadido).

El segundo de ellos, aprobado en la misma fecha, el *Real Decreto-Ley 2/1978, por el que se regula el procedimiento para adoptar las decisiones en Navarra a que se refiere el Real Decreto-Ley 1/1978*, recogerá, en sus dos artículos, las dos reglas básicas de cara a concretar el procedimiento para la mencionada incorporación de Navarra al Consejo General Vasco. El primero de los mismos establece que será "el Gobierno, de acuerdo con la Diputación Foral de Navarra, [el que] determinará el Órgano foral competente" a quien corresponderá la decisión de incorporación. El artículo dos, por su parte, dispone que, en el caso de que el mencionado Órgano foral competente decidiese aprobar la presencia de Navarra en el Consejo General del País Vasco, "será necesario, para que tal acuerdo alcance validez, que esta decisión sea ratificada por el pueblo navarro mediante consulta popular directa a través del procedimiento y en los términos que determine el Gobierno de acuerdo con la Diputación Foral".

Es de subrayar que ya estos antecedentes inmediatos tratan de articular un cierto reconocimiento y acuerdo entre las diferentes formas o concepciones políticas a la hora de entender y formular la relación de Navarra con el País Vasco, una característica que se trasladará a la disposición transitoria. En este sentido resulta recalcable la idea, recogida en el Preámbulo del Real Decreto-Ley 1/1978, de que "la mención a Navarra que en el Real Decreto-ley se realiza —que tiene otros precedentes históricos—, en modo alguno prejuzga su pertenencia a ninguna entidad territorial de ámbito superior. Dadas las especiales circunstancias de Navarra, que posee un régimen foral, reconocido por la Ley de dieciséis de agosto de mil ochocientos cuarenta y uno, la decisión de incorporarse o no al Consejo General del País Vasco corresponde al pueblo Navarro, a través del procedimiento que se regula en otro Real Decreto-ley de la misma fecha".

2. Contexto jurídico

Una vez que la Constitución entró en vigor —el mismo día de su publicación en el BOE— el 29 de diciembre de 1978, las previsiones de su Disposición Transitoria cuarta se han visto desarrolladas en diversas normas. Cabe destacar en este sentido la *Ley Orgánica 3/*1979, de 18 de diciembre, de *Estatuto de Autonomía para el País Vasco* (EAPV) y la *Ley Orgánica 13/1982, de 10 de agosto*, de *Reintegración y Amejoramiento del Régimen Foral de Navarra* (LORAFNA), esto es, el Estatuto de Autonomía que viene a actualizar el régimen "foral" preexistente en Navarra (STC 16/1984, de 6 de febrero; Alli Aranguren, J. C., 2018).

El Estatuto del País Vasco contempla tanto la posible incorporación de Navarra a la Comunidad Autónoma vasca, como la necesaria modificación estatutaria para concretarla, en su caso. Respecto a lo primero, una vez reconocido que "Álava, Guipúzcoa y Vizcaya, así como Navarra, tienen derecho a formar parte de la Comunidad Autónoma del País Vasco" (art. 2.1), establecerá que, en el supuesto de que esta última decida su incorporación de acuerdo con el procedimiento establecido en la disposición transitoria cuarta de la Constitución, su territorio quedará también integrado —junto con el de los Territorios Históricos que coinciden con las otras tres provincias mencionadas— en el de la Comunidad Autónoma del País Vasco (art. 2.2). Por otro lado, el EAPV dispone, asimismo, en su artículo 47.2 y para el supuesto de que se produjera la hipótesis prevista en la disposición constitucional que venimos comentando, un procedimiento específico de reforma del Estatuto, cuestión sobre la que nos detendremos en el siguiente epígrafe.

Hay que señalar, igualmente, que la identificación del "Órgano Foral competente" mencionado en la Disposición Transitoria cuarta, así como —con carácter previo— en los señalados Reales Decretos-Leyes 1/1978 (art. 1 y Disposición Final segunda) y 2/1978 (art. 1), vino a realizarse a través del *Real Decreto 121/1979, de 26 de enero, sobre elecciones locales y ordenación* de *las Instituciones Forales de Navarra*. Tal Decreto comienza señalando, en su artículo uno, que "se constituye el Parlamento Foral de Navarra" como "órgano foral competente" a los efectos establecidos en los citados Reales Decretos-Leyes, y establecerá, asimismo, en su artículo 3.1 que corresponderán al mismo las "funciones referentes a la incorporación o, en su caso, separación de Navarra de otras instituciones territoriales", además de asumir las que hasta ese momento ejercía el Consejo Foral.

La tercera norma que, necesariamente, debe destacarse en este apartado es la LORAFNA, la cual lleva a cabo, en su Disposición Adicional segunda, un parco desarrollo de la previsión constitucional. Según señala el tenor de la misma, el Parlamento Foral será el órgano foral competente tanto para ejercer la iniciativa referida en la Disposición transitoria cuarta de la Constitución, como, también, en su caso, para ejercer la iniciativa para la separación de Navarra de la Comunidad Autónoma a la que se hubiese incorporado. Previsión, esta última, que supone una "capital *addenda*" a la DT 4 (Santamaría Pastor, 1992, 772).

III. CONTENIDO

1. Una iniciativa a efectos de incorporación al régimen autonómico vasco

La disposición que venimos comentando se enmarca dentro de los distintos supuestos constitucionales de iniciativa autonómica, como una vía específica o singular de "iniciativa" (palabra que se cita hasta en tres ocasiones), cuya particularidad reside en que la misma está dirigida no a configurar a Navarra como Comunidad Autónoma, sino a su "incorporación" al ente preautonómico vasco o a la Comunidad Autónoma Vasca que lo sustituya (p. e., Razquin Lizarraga, J. A., 2018, 1965).

La doctrina ha reconocido la existencia de diversas opciones constitucionales de Navarra para el acceso a la autonomía. Así, por ejemplo, el estudio realizado por I. Urretavizcaya (1992, punto 3.2) describe las siguientes: a) continuar como provincia foral con el régimen vigente de las leyes de 1839 y 1841 [obsérvese que la Disposición Derogatoria de la CE no las deroga]; una vía de actualización del régimen foral, mediante el Pacto con el Estado, pero no a través de la vía estatutaria. b) Las vías del Título VIII de la Constitución, dentro de las cuales serían aplicables para Navarra: (b.1) la vía ordinaria del artículo

143 CE, por ser una "provincia con entidad regional histórica"; o (b.2) la de constituirse en Comunidad Autónoma "Plena" mediante la iniciativa reforzada establecida en el artículo 151 CE. Paralela a esta opción está la de la Disposición Transitoria segunda (DT 2) de la Constitución, que obvia los requisitos agravados de iniciativa del artículo 151.1 sustituyéndolos por acuerdo del órgano preautonómico vigente. Pero ésta de la DT 2 era una opción —la utilizada por el País Vasco— que no podía utilizar Navarra al no haber plebiscitado en el pasado un proyecto de estatuto de autonomía ni contar en aquel entonces con un régimen de preautonomía. (c) La vía, que ahora venimos comentando, de la Disposición Transitoria cuarta, constituida como un régimen especial previsto en la Constitución para que Navarra pueda incorporarse al Régimen preautonómico o autonómico vasco. (d) Y finalmente, la vía de la Disposición Adicional Primera de la Constitución, donde se establece que la Constitución ampara y respeta los derechos históricos de los territorios forales, y que fue la que finalmente adoptó Navarra como mecanismo de actualización del régimen foral, dando lugar a la aprobación de la mencionada LORAFNA (véase, al respecto, la STC 16/84, de 6 de febrero).

Así pues, lo que hace la Disposición Transitoria cuarta es recoger un supuesto particular de iniciativa autonómica para Navarra, una iniciativa que se concretaría a través de la incorporación al régimen autonómico vasco. De cualquier manera, se ha solido destacar (Urretavizcaya, *ibid.*) que esta previsión es un cauce complementario de la arriba señalada Disposición Transitoria segunda CE, arbitrada con el fin de que Navarra pudiera eludir la iniciativa agravada del artículo 151 y accediera al mismo nivel competencial que la Comunidad Autónoma Vasca, beneficiaria, junto a Galicia y Cataluña, de las previsiones de la citada Disposición Transitoria segunda.

Por lo demás, deben destacarse otros dos rasgos significativos que presenta el contenido de esta DT 4. Por una parte, el dato de que la previsión de la misma no impide la utilización por Navarra de las otras vías autonómicas previstas en la Constitución (Razquin Lizarraga, J. A., 2018, 1965). Por otra, el tratarse de una formulación de consenso, que recoge una fórmula transaccional entre pretensiones políticas diversas, articulada a través de un procedimiento singular que respeta la personalidad y la voluntad del Pueblo Navarro (Del Burgo, 1987, 101).

Yendo más a lo concreto, la Disposición Transitoria 4ª CE contempla, como ya se ha adelantado, una doble posibilidad de incorporación de Navarra. La primera, para el momento preautonómico, como incorporación al Consejo General del País Vasco, posibilidad que ya venía contemplada en los citados Reales Decretos-Leyes 1 y 2/1978. La segunda, al régimen autonómico vasco que viniera a sustituir a aquel previo. La aprobación del mencionado EAPV supuso así, junto con la constitución de la Comunidad Autónoma del País Vasco, la extinción de la primera vía. De manera que, en adelante, la posibilidad que resta es la de la incorporación por integración en un régimen autonómico vasco ya constituido, la Comunidad Autónoma del País Vasco instituida por el EAPV (Pérez Calvo, 1999, 674). Veamos el procedimiento de forma un poco más detallada.

2. Sobre el procedimiento para la incorporación

La Disposición Transitoria cuarta establece, asimismo, ciertos requisitos procedimentales referidos a la iniciativa de incorporación, conformando una primera fase para realizar la misma. Esta fase inicial deberá luego ir acompañada de una segunda fase procedimental, no prevista en la Constitución, la relativa a materializar la incorporación mediante la posterior reforma estatutaria.

La fase procedimental de iniciativa de la incorporación consta, tal y como establece la disposición constitucional, de dos exigencias. En primer lugar, que dicha iniciativa "corresponde al Órgano Foral competente", el cual deberá adoptar la decisión por mayoría absoluta de los miembros que lo componen. Este órgano es —según señala al efecto la Disposición Adicional segunda de la LORAFNA (en línea con lo que preveía el ya apuntado Real Decreto 121/1979)— el Parlamento de Navarra. En segundo lugar, para que dicha iniciativa sea válida, será necesario que la misma sea ratificada por el pueblo navarro mediante referéndum expresamente convocado al efecto, y aprobado por mayoría de los votos válidos emitidos. La DT 4 termina señalando, en su segundo apartado, que, de no prosperar la iniciativa, solamente se podrá reproducir la misma en distinto período del mandato del Órgano Foral competente [es decir, el Parlamento de Navarra], y en todo caso, cuando haya transcurrido el plazo mínimo que establece el artículo 143 [esto es, cinco años]. Pero si la iniciativa prosperase, habría que entender que Navarra aprueba su incorporación a la Comunidad Autónoma del País Vasco, lo cual exige, para que pueda realizarse, pasar a la fase de la reforma estatutaria. Cabe señalar que, en 1979, el parlamentario Jesús Casajús Martínez presentó en el Parlamento Foral una moción sobre la incorporación, la cual fue rechazada por mayoría, en el inicio del trámite parlamentario, por la Comisión de Régimen Foral, en sesión de 17 de diciembre del mismo año.

La fase de la reforma estatutaria. En efecto, de prosperar la señalada fase inicial, se abrirá un segundo momento en el que será necesario reformar el Estatuto de Autonomía del País Vasco para contemplar la incorporación y sus términos. Este Estatuto recoge, en su Título IV ("De la reforma del Estatuto"), diversos procedimientos de reforma del propio Estatuto: uno general, en el art. 46, y tres especiales, en el artículo siguiente, uno de los cuales, el dispuesto en el art. 47.2 EAPV, está dirigido a regular, precisamente, un mecanismo o procedimiento específico para el supuesto de incorporación de Navarra a la Comunidad Autónoma Vasca. Según establece dicho artículo, "el Congreso y el Senado, en sesión conjunta y siguiendo el procedimiento reglamentario que de común acuerdo determinen, establecerán por mayoría absoluta, qué requisitos de los establecidos en el artículo 46 se aplicarán para la reforma del Estatuto, que deberá en todo caso incluir la aprobación del órgano foral competente, la aprobación mediante Ley Orgánica, por las Cortes Generales, y el referéndum del conjunto de los territorios afectados". Se ha solido destacar que el procedimiento adolece de complejidad e indeterminación (p. e., Jiménez Asensio, 1985, 521). Una muestra de esto último reside, como es habitual señalar, en la problemática interpretativa existente a la hora de determinar cómo deben computarse los resultados del mencionado referéndum ("del conjunto de los territorios afectados"). A estos efectos, las interpretaciones van desde quienes entienden la fórmula como un cómputo global en el conjunto de los cuatro territorios, sin que se puedan "provincializar" los resultados del mismo (Jiménez Asensio, *ibid.*; Urretavizcaya, *ibid.*, apdo. 4.3), hasta quienes, al margen de la literalidad de la norma en cuestión, plantean que ésta encierra también la exigencia de la aprobación singularizada del pueblo navarro (p. e., Pérez Calvo, 1999, 678; Del Burgo, 1987, 106; sobre el tema: Alli Aranguren, 2018, cap. VIII.7).

Unido a ello, resta señalar que la incorporación de Navarra a la Comunidad Autónoma Vasca acarrearía también la necesaria reforma del Amejoramiento, el cual según establece el art. 71 de la propia LORAFNA, dada la naturaleza jurídica del régimen foral, no puede modificarse unilateralmente, sino a través del pacto entre Navarra y el Estado (Pérez Calvo, A. y Razquin Lizarraga, M. M., 2007, 72).

IV. BREVE NOTA SOBRE LA NATURALEZA Y FUTURO DE LA DISPOSICIÓN

La lectura de esta disposición entraña normalmente alguna reflexión acerca de si su naturaleza es realmente transitoria o tiene, de otro modo, una vocación de permanencia, una reflexión que conlleva, además, consideraciones ligadas a su destino futuro.

De las diversas opciones de acceso a la autonomía que la Constitución preveía para Navarra, ésta no accedió a la misma utilizando la DT 4, sino que eligió para ello la vía de la Disposición Adicional Primera (DA 1), la cual habilitaba o contenía para ella —según recuerda la ya mencionada STC 16/84 (FJ 3)— una vía de acceso "peculiar". Esta vía permite a Navarra constituirse —según dispone la LORAFNA— como una Comunidad Foral con régimen, autonomía e instituciones propios (art. 1), que, sin perjuicio de contar con las competencias derivadas del Tít. VIII de la CE (competencias autonómicas), puede actualizar también las que ejercía en virtud de las Leyes de Fueros (la de 1839 y la Paccionada de 1841), fruto de los derechos originarios e históricos que ahora la Constitución (DA 1) ampara y respeta (competencias históricas). Esto es, los derechos históricos no sólo como título competencial, sino también como vía para acceder a la autonomía.

El hecho de que se haya consumado ya el acceso de Navarra a la autonomía, unido a su calificación constitucional expresa como "transitoria" pueden hacer pensar que dicha disposición ha agotado ya su recorrido (*vid.* González García, I., 2021, pp. 249 y ss.). No obstante, hay que recordar que tanto su segundo apartado como la Disposición adicional segunda de la LORAFNA permiten, de otro modo, deducir una "vocación de permanencia" del procedimiento que la misma recoge (Razquin Lizarraga, J. A., 2018, 1967), siendo esta la lectura que "se acepta generalizadamente" (Medina Guerrero, 2006, 617), y que parece ser también la implícitamente asumida en la STC 94/1985, de 29 de julio, FJ 10. Otra cosa es que, como recuerda Demetrio Loperena (1988, 233), una vez aprobado el régimen autonómico para Navarra, "ya no pueda hablarse de *incorporación*", sino de "constituir una nueva Comunidad Autónoma con territorio, población y Estatuto distintos de los anteriores". Todo ello, además, sin perjuicio de que si Navarra dejara de ser Comunidad Autónoma (Foral) o se integrara en la CAPV perdería sus competencias autonómicas, pero conservaría, en cuanto territorio foral (denominación que también corresponde a los territorios históricos que conforman Euskadi), sus derechos históricos, blindados por la DA 1 (De la Hucha, 2015, 99).

Uniendo lo anterior con las perspectivas de futuro, puede resultar interesante no perder de vista lo señalado por el Consejo de Estado (*Informe sobre Modificaciones de la Constitución Española*, 16 de febrero de 2006) sobre la DT 4, al hilo del estudio de la cuestión de la "inclusión de la denominación de las Comunidades Autónomas" en la Constitución, y más concretamente sobre las eventuales consecuencias jurídicas que de ello se pudieran derivar en relación con otros preceptos constitucionales. Según dicha institución, una vez consagrada constitucionalmente tal mención expresa a las Comunidades, el mantenimiento de la DT 4 implicaría el "establecimiento de un procedimiento singular de reforma de la Constitución" (distinto del general del Tít. X CE, y que no deja opción de pronunciarse a las Cortes Generales), cosa que equivaldría, en ese nuevo contexto, a la incorporación por mutación "de una norma nueva". Para evitar tal efecto, continúa el Consejo de Estado, "solo cabe la derogación expresa o la reformulación en los términos que se juzguen adecuados" (*vid.* sobre el tema, los trabajos publicados en el volumen editado por Rubio Llorente y Álvarez Junco, 2006, 565 y ss.).

V. BIBLIOGRAFÍA

ALLI ARANGUREN, J. C.: *La autonomía de Navarra. Historia, identidad y autogobierno*, Gobierno de Navarra, Pamplona, 2018.

DE LA HUCHA CELADOR, F.: "Amejoramiento del Fuero: una valoración desde la actualidad", *Iura Vasconiae*, 12, 2015, pp. 93-153.

DEL BURGO, J. I.: *Curso de Derecho Foral Público de Navarra*, Aranzadi, Pamplona, 1996.

GONZÁLEZ GARCÍA, I.: "La inaplicabilidad del extraordinario cauce constitucional de creación de la Comunidad vasco-navarra", *Revista de las Cortes Generales*, núm. 111, 2021, pp. 227-264.

JIMÉNEZ ASENSIO, R.: "La reforma del Estatuto de Autonomía del País Vasco", *Revista de Estudios Políticos*, núm. 46/47, 1985, pp. 475-526.

LOPERENA ROTA, D.: *Derecho histórico y régimen local de Navarra*, Gobierno de Navarra, Pamplona, 1988.

MEDINA GUERRERO, M.: "La inclusión de las Comunidades Autónomas —y Ciudades Autónomas— en el texto constitucional (o sobre la conveniencia de preservar el principio dispositivo en la concreción de la denominación de las Comunidades Autónomas)", RUBIO LLORENTE, F., ÁLVAREZ JUNCO, J. (ed.), en RUBIO LLORENTE, F., ÁLVAREZ JUNCO, J. (ed.), *El Informe del Consejo de Estado sobre la reforma constitucional. Texto del informe y debates académicos*, Consejo de Estado/CEPC, Madrid, 2006, pp. 609-626.

MUÑOZ MACHADO, S.: *Derecho Público de las Comunidades Autónomas. I*, Iustel, Madrid, 2ª ed., 2007.

PÉREZ CALVO, A.: "Disposición Transitoria Cuarta", en ALZAGA VILLAAMIL, O. (Dir.), *Comentarios a la Constitución Española, T. XII. Artículos 159 al final*, Cortes Generales / EDERSA, Madrid, 1999, pp. 671-680.

PÉREZ CALVO, A., RAZQUIN LIZARRAGA, M. M.: *Manual de Derecho Público de Navarra*, Gobierno de Navarra, Pamplona, 3ª ed., 2007.

RAZQUIN LIZARRAGA, J. A.: "Disposición Transitoria Cuarta", en CASAS BAAMONDE, M. E., RODRÍGUEZ-PIÑERO Y BRAVO-FERRER, M. (Dirs.), *Comentarios a la Constitución Española* (T. II), Wolters Kluwer, Madrid, 2018, pp. 1962-1968.

RUBIO LLORENTE, F., ÁLVAREZ JUNCO, J. (ed.): *El Informe del Consejo de Estado sobre la reforma constitucional. Texto del informe y debates académicos*, Consejo de Estado/ CEPC, Madrid, 2006.

SANTAMARÍA PASTOR, J. A.: "Disposición Adicional Segunda", en la obra dirigida por el mismo profesor: *Comentarios al Estatuto de Autonomía de la Comunidad Autónoma de Navarra*, MAP, Madrid, 1992, pp. 771-773.

Cuarta

URRETAVIZCAYA AÑORGA, I.: "La Disposición Transitoria Cuarta de la Constitución: antecedentes, contenido material y vigencia. El término incorporación: problemas de aplicación", *RVAP*, núm. 34 (I), 1992, pp. 163-214.

VI. JURISPRUDENCIA

STC 16/1984, de 6 de febrero.
STC 94/1985, de 29 de julio.

Quinta

Las ciudades de Ceuta y Melilla podrán constituirse en Comunidades Autónomas si así lo deciden sus respectivos Ayuntamientos, mediante acuerdo adoptado por la mayoría absoluta de sus miembros y así lo autorizan las Cortes Generales, mediante una ley orgánica, en los términos previstos en el artículo 144.

COMENTARIO

Agustín Ruiz Robledo
Catedrático de Derecho Constitucional
Universidad de Granada

SUMARIO: I. INTRODUCCIÓN. II. ORIGEN DE LA REFERENCIA EXPRESA EN LA CONSTITUCIÓN A CEUTA Y MELILLA. III. LA CONSTITUCIÓN DE LAS CIUDADES AUTÓNOMAS. IV. LA NATURALEZA JURÍDICA DE LAS CIUDADES AUTÓNOMAS. V. CINCO AÑOS DESPUÉS. VI. BIBLIOGRAFÍA. VII. JURISPRUDENCIA.

I. INTRODUCCIÓN

El comentario a esta disposición constitucional podría ser casi tan breve como el famoso cuento del dinosaurio de Augusto Monterroso: "Cuando han pasado cuarenta y cinco años, todavía no se ha usado la Disposición Transitoria Quinta". Ahora bien, lo mismo que el cuento nos intriga y da lugar a muchas preguntas (¿cómo llegaría el protagonista a dormirse al lado de un dinosaurio?), ese microcomentario también nos puede sugerir muchas preguntas, empezando por las dos elementales ¿por qué se introdujo en la Constitución está Disposición? y ¿por qué no se ha usado? Si el lector tiene algún conocimiento de la situación actual de Ceuta y Melilla, las preguntas aumentan todavía más: ¿entonces cuál es la base constitucional de los Estatutos de Autonomía de Ceuta y Melilla? ¿Y por qué declara el Tribunal Constitucional que no son Comunidades Autónomas? Estas cuestiones, en cierta forma periféricas a esta disposición adicional, nos permiten realizar un comentario más amplio y menos literario, al modo tradicional.

II. ORIGEN DE LA REFERENCIA EXPRESA EN LA CONSTITUCIÓN A CEUTA Y MELILLA

Como ponen de manifiesto la mayoría de los excelentes comentarios constitucionales sobre esta Disposición, no aparece en la primera fase de elaboración de la Constitución (ni en el Anteproyecto, ni en el Proyecto), sino en la segunda fase del *iter constitutionis*: en el Dictamen de la Comisión de Asuntos Constitucionales del Congreso (*Boletín Oficial de las Cortes*, núm. 121, de 1 de julio de 1978). Por mi parte, agrego que dentro de ese Dictamen, también apareció en el último momento: mediante una enmienda *in voce* de José Manuel García-Margallo, a la sazón diputado de UCD por Melilla, que contó con el respaldo unánime de los asistentes (35 votos a favor). Ahora bien, Peces-Barba, portavoz socialista, precisó que aunque estaba de acuerdo con el texto su grupo no lo estaba con el razonamiento que había hecho el enmendante (*DSCD*, núm. 93, de 20 de junio de 1978, p. 3510). Dada esta unanimidad, no es extraño que el texto ya no tuviera modificaciones, a pesar del intento de varios senadores por realizarlas cuando el proyecto llegó a la Cámara Alta, algunos para suprimirlo (Ramón Bajo Fanlo, Fidel Carazo); otro, Lluis Mª Xirinach, para prever que Ceuta y Melilla pudieran incorporarse al Reino de Marruecos y el grupo parlamentario de UCD para permitir que ambas ciudades pudieran incorporarse a "otras Comunidades Autónomas con las que les unan lazos de proximidad, geográfica, cultura e histórica", enmienda que fue retirada justo antes de discutirse en la Comisión de Constitución (*DSS*, núm. 55, de 14 de septiembre de 1978, p. 2767).

El Diario de Sesiones del Congreso ha dejado constancia de las dos razones que dio García-Margallo para su propuesta: una técnica, dejar claro que el artículo 144 se podría aplicar a Ceuta y Melilla y otra política, para resaltar su españolidad y acabar así con la "incertidumbre política en el Continente africano". Sin embargo, como ya se ha señalado, Peces-Barba negó estas razones. En mi opinión, no había ninguna duda de que el artículo 144 (entonces 142) era aplicable a Ceuta y Melilla (otra cosa es sí en 1978 estaba claro si sería el apartado a o el b; pero, desde luego, uno de los dos); por eso, habría que pensar que las verdaderas razones eran de índole política. Y a pesar de la vehemente negativa de Peces-Barba, es evidente que, desde un punto de vista simbólico y de psicología colectiva, al mencionar por su nombre a las dos ciudades africanas se estaba reforzando su pertenencia a España, que hasta entonces no aparecían citadas en el texto (la redacción actual de los artículos 68 y 69, mencionándolas expresamente, no aparece hasta el Senado).

Además, la conveniencia de mostrar el compromiso del Estado español con los ciudadanos de esas dos plazas de soberanía —término histórico hoy en desuso— era especialmente oportuna en 1978 por una pura razón de política contemporánea, que sucedía extramuros de la Ponencia y la Comisión Constitucional: cuando tras las elecciones de junio de 1977 comenzaron muchos diputados y senadores a constituirse en asambleas regionales, UCD pretendió que los dos diputados y cuatro senadores de Ceuta y Melilla, que eran todos de UCD, se incorporaran a la Asamblea de Parlamentarios Andaluces; pero encontró la decidida oposición del PSOE y del PCE, que alegaban razones históricas para ello (en la República no se incorporaron); a las que muy probablemente habría que unir la razón política de mantener la mayoría de izquierdas: las ocho provincias andaluzas tenían 91 representantes en las Cortes, de los que 48 eran del PSOE+PCE+PSP; mientras que UCD+AP sumaban 43, que se hubieran convertido en 49 con los 6 africanos. Finalmente, la Asamblea de Parlamentarios Andaluces se constituyó formalmente el 12 de octubre de 1977 en Sevilla sin los parlamentarios de Ceuta y Melilla. Pero estos continuaron intentando incorporarse a Andalucía, lo que dificultó las negociaciones para la creación de la Junta de Andalucía, como contó en su momento el Ministro para las Regiones, Manuel Clavero Arévalo, él mismo diputado por Sevilla, que finalmente tomó la decisión de renunciar a esa pretensión porque "el pueblo andaluz difícilmente hubiera comprendido que por esta cuestión dejara de constituirse la preautonomía andaluza" (*España, desde el centralismo a las autonomías*, Planeta, Barcelona, 1983, p. 70). En sentido parecido, se expresaba la enmienda 751 al Anteproyecto de Constitución, presentada por García-Margallo: "Las dificultades surgidas para la integración de ambas ciudades en la región andaluza y los problemas que concurren en las mismas aconsejan que dichos municipios tengan representantes en las futuras Cortes. Lo contrario supondría una indefensión muy difícil de justificar ante la población de dichas ciudades".

Por todo eso, creo que esta negociación paralela sobre la integración de Ceuta y Melilla en Andalucía llevaba a cabo por el Gobierno y los representantes de la Asamblea de Parlamentarios Andaluces durante el invierno y primavera de 1978 explica por qué no existió la Disposición Transitoria Quinta ni en el Anteproyecto de Constitución (*BOC*, núm. 44, de 5 de enero de 1978), ni en el Proyecto (*BOC*, núm. 82, de 17 de abril de 1978). Ahora bien, una vez constituida la preautonomía andaluza, todas las partes implicadas tenían interés en demostrarle a los ciudadanos de Ceuta y Melilla que se les garantizaba su futuro español mencionándolas expresamente en la Constitución; de ahí que se retomara la enmienda que había presentado García-Margallo al artículo 129 y se llevará a las disposiciones transitorias. Esto explica que una enmienda que no había sido aceptada por la ponencia, en la Comisión Constitucional lo fuera por unanimidad.

Si ya había un pacto cerrado en el Congreso, podríamos preguntarnos qué es lo que llevó a UCD a reabrir el asunto y presentar una enmienda en el Senado —con la perífrasis insufrible sobre los "laxos de proximidad" que ya se ha transcrito— para que Ceuta y Melilla pudieran incorporarse a Andalucía. Ni en la presentación de la enmienda ni en su retirada se dan razones para ello más allá de una difusa afirmación: "Parece lógico prever que esas ciudades —que no están incorporadas al sistema provincial— pueden integrarse en un marco más amplio de autonomía, a decidir libremente por ellas" (Enmienda núm. 766). Hasta donde se me alcanza, los protagonistas tampoco han contado sus razones. Por eso, lo único que podemos hacer los observadores son especulaciones. Y esta es la mía: en la Comisión Constitucional del Congreso la UCD presentó dos enmiendas sobre Ceuta y Melilla; una, que ya se ha señalado, sobre su posible constitución en Comunidades Autónomas y otra para garantizarles los dos senadores a cada una que habían obtenido para las Cortes Constituyentes. Pues bien, como en esa Comisión no lograron los dos senadores, sino que tal como se redactó ahí el artículo 69 solo le correspondería uno a cada una de las ciudades, volvieron a replantear en el Senado la incorporación de Ceuta y Melilla a Andalucía como una cuestión táctica en sus negociaciones con el PSOE, para lograr los dos senadores *per urbis*. Por eso, en cuanto la Comisión Constitucional del Senado admitió su enmienda al artículo 69, retiraron la de la Disposición Transitoria Quinta.

Fuere como fuere, la redacción de esa disposición transitoria, especificando que la iniciativa de los ayuntamientos de Ceuta y Melilla se canalizaría por lo dispuesto en el artículo 144, dejaba un aspecto dogmático bastante claro, que como buen aspecto dogmático aparentemente anclado en el cielo de los conceptos de los que se burlaba Ihering, si bien luego tiene repercusiones prácticas, como se verá más adelante: las dos ciudades no son ni nacionalidades ni regiones del artículo dos de la Constitución, por lo cual no tienen derecho a la autonomía. La disposición transitoria quinta lo que permite es que Ceuta y Melilla pidan a las Cortes que consideren si, por motivos de interés nacional, se deben constituir en Comunidad Autónoma; por tanto, pueden recibir una respuesta negativa (y la disposición transitoria usa un futuro que no deja lugar a dudas: "podrán"). Negativa total y absoluta que no podían ejercer las Cortes frente a las nacionalidades y regiones, con independencia de la vía de acceso que hubieran emprendido. 2329

En el plano del Derecho Internacional, que Ceuta y Melilla se constituyan en Comunidades Autónomas permite evitar la doctrina de la ONU que usa las diferencias de régimen jurídico para calificar a un territorio de colonial (especialmente la Resolución 1.541 de 14 de diciembre de 1960), a la que posiblemente se refería Margallo cuando hablaba de acabar con la "indefensión" de las dos ciudades. Ahora bien, algunos autores de Derecho Internacional han notado que la disposición transitoria también produce un efecto paradójico en cuanto confirma que Ceuta y Melilla no se integran en Andalucía: mientras que la Constitución exige una ley orgánica para alterar los límites provinciales (art. 141.1); para afectar a la integridad territorial de España es suficiente un tratado internacional aprobado por mayoría simple en cada Cámara (arts. 94c y 74.2). Personalmente tengo mis dudas de que esa interpretación formal de la Constitución sea correcta porque si España cediera Ceuta y Melilla a Marruecos mediante un tratado no solo se estaría usando lo dispuesto en la Constitución sobre los tratados que afecten a la integridad territorial, sino que también se estaría derogando la propia Disposición Transitoria Quinta y, desde luego y sin ningún género de dudas, los artículos 68 y 69, que garantizan un diputado y dos senadores a cada una de las ciudades africanas. Por tanto, en aplicación del artículo 95 sería imprescindible una reforma constitucional previa a la firma de ese hipotético tratado de cesión.

III. LA CONSTITUCIÓN DE LAS CIUDADES AUTÓNOMAS

Una vez aprobada la Constitución en diciembre de 1978 y celebradas las elecciones generales del 1 de marzo de 1979 y las locales del 3 de abril, las nacionalidades y regiones comenzaron a ejercer su derecho a la autonomía según los distintos procedimientos establecidos en la Constitución. Y, como es de sobra conocido, el Gobierno de la UCD y el PSOE intentaron racionalizar ese proceso mediante la firma el 31 de julio de 1981 de los Acuerdos Autonómicos, para muchos especialistas una convención constitucional para el despliegue del Estado autonómico. En ellos se apuntaba una posibilidad distinta a la mencionada en la Disposición Transitoria Quinta: "En Ceuta y Melilla se aplicará una de las siguientes soluciones: Que se constituyan en Comunidad Autónoma según lo previsto en la Disposición Transitoria 5ª de la Constitución; o que permanezcan como Corporación Local, con Régimen Especial de Carta". El Informe de la Comisión de Expertos, base de esos Acuerdos, abogaba a favor de la segunda posición afirmando que "las ciudades autónomas deben extender sus competencias sin alterar su organización municipal en lo esencial".

Los concejales de Ceuta y Melilla sí que querían constituirse en Comunidad, de tal forma que en el otoño de ese año 1981 sus ayuntamientos decidieron por unanimidad usar la Disposición Transitoria Quinta (Ceuta el 28 de septiembre y Melilla el 13 de octubre). En ambas ciudades los alcaldes pertenecían por aquellas fechas a la UCD. Pero el Gobierno de la UCD —que tanto había trabajado para enfriar los ímpetus autonomistas en otras partes de España— no pudo pasar de elaborar unos anteproyectos de Estatutos de Autonomía que cayeron en el reino del olvido cuando ganó el PSOE las elecciones generales de octubre de 1982. Este partido no fue especialmente sensible a las peticiones ceutíes y melillenses, a pesar de que en su programa electoral (con el que ganó en las dos ciudades) prometía la aprobación de sendos Estatutos de Autonomía. Por el contrario, el Gobierno socialista prefería la segunda *solución* de los Acuerdos Autonómicos, hasta el punto que el 27 de diciembre de 1985 el Consejo de Ministros acordó sendas leyes ordinarias para aprobar el "Estatuto de la Ciudad de..." en el que se huye de calificarlas de Comunidades ya desde el mismo título del proyecto de ley (y que no tenían preámbulo, con lo que se evitaba tener que dar enojosas explicaciones). Por eso, cuando los proyectos se remitieron a las Cortes en febrero de 1986 encontraron la absoluta oposición de Alianza Popular, que propuso su propio modelo en el que Ceuta y Melilla tendrían capacidad legislativa. No está de más anotar que Marruecos protestó por la delimitación territorial que hacían los dos proyectos de ley, con inclusión de todas las plazas menores de soberanía, incluido el islote de Perejil en el de Ceuta. Unas nuevas elecciones generales, las del 22 de junio de 1986, volvieron a dejar sin efecto los proyectos gubernamentales.

Así las cosas, hubo que esperar hasta 1994 para que los dos grandes partidos se pusieran de acuerdo y el Gobierno presentara en las Cortes un proyecto de ley orgánica que gozó de amplio respaldo pues solo se opuso Izquierda Unida, partidaria de una autonomía más amplia. El Ayuntamiento de Melilla (de mayoría del PP) respaldó el proyecto, no así el de Ceuta (controlado por fuerzas localistas). Por su parte, el Gobierno marroquí no pasó de anunciar que iba a utilizar "todos los medios diplomáticos a su alcance" para protestar por esos Estatutos; pasividad que posiblemente estuvo motivada, desde el punto de vista formal, porque los nuevos Estatutos en lugar de especificar el territorio de cada ciudad (con la mención a Perejil y otros islotes discutidos) establecían mucho más diplomáticamente que el territorio de las ciudades era el "comprendido en la delimitación actual de su territorio municipal". El resultado final de este pacto fueron las Leyes Orgánicas 1/1995, de 13 de marzo, de Estatuto de Autonomía de Ceuta y la 2/1995, de 13 de marzo, de Estatuto de Autonomía de Melilla; que no se han modificado ni una sola vez en todo el tiempo transcurrido desde entonces.

IV. LA NATURALEZA JURÍDICA DE LAS CIUDADES AUTÓNOMAS

Si comparamos el artículo 144b y la disposición transitoria quinta posiblemente concluiremos que la diferencia más importante entre una y otra norma consiste en que mientras en la última la iniciativa para aprobar el Estatuto de Autonomía corresponde a Ceuta y Melilla, en el otro es un acuerdo libérrimo —siempre que existan motivos de interés nacional— de las Cortes. Pero en ningún caso se llega a considerar la autonomía como un derecho, que solo corresponde a las nacionalidades y regiones. Sea cual sea la diferencia, nada hace sospechar que la naturaleza del ente que puedan crear las Cortes usando el artículo 144b sea distinta a la de una Comunidad Autónoma: ese artículo está dentro del Capítulo III del Título VIII que se titula de las Comunidades Autónomas, el apartado inmediatamente anterior (el 144a) permite la creación de una Comunidad Autónoma y el único Estatuto de Autonomía del que habla expresamente la Constitución es aquel que se define como "la norma institucional básica de cada Comunidad Autónoma" (art. 147). En fin, los antecedentes parlamentarios se refieren expresamente a ese apartado como un mecanismo de cierre del sistema autonómico. Así, cuando el diputado Meilán Gil defendió su enmienda en la Comisión Constitucional del Congreso para que se introdujera el párrafo con la redacción que hoy conocemos señaló que estaba pensado para Ceuta y Melilla y potencialmente para "otros supuestos que están en la mente de todos" (es decir, Gibraltar); tras ello, afirmó: "Creo que con esta redacción cubrimos todos los supuestos posibles y que ninguna parte del territorio español, o que pueda serlo, pueda estar fuera de este acceso a la autonomía" (*DSCD*, 90 de 15 de junio de 1978, p. 3311). Y esta interpretación era tan evidente que cuando en 1985 el Gobierno socialista aprobó los proyectos de ley para Ceuta y Melilla, sin referencia al artículo 144, obvió la palabra "autonomía" y solo habló del "Estatuto de la ciudad" de Ceuta y del de Melilla, sin que la ley tuviera el rango de ley orgánica. Igualmente, la primera voluntad gubernamental en 1994 fue similar y solo tras la negociación con el PP se elevó la ley a la categoría de orgánica.

Pero las Leyes Orgánicas 1/1995 y 2/1995 evitan afirmar que los respectivos Estatutos de Autonomía estén constituyendo Comunidades Autónomas, omisión completamente deliberada para evitar que esas ciudades se constituyeran en Comunidades Autónomas, como de manera expresa dijo en el Congreso el diputado socialista Basset Rutllant (*DCD*, núm. 119, de 27 de diciembre, pp. 6367-6368). Aun así, el contenido de los Estatutos permite mantener que se trata de Comunidades Autónomas, como en su momento argumentó convincentemente Paloma Requejo, ya que tienen todos los elementos que ordena el artículo 147: denominación, territorio y símbolos; unas instituciones similares a las de cualquier Comunidad Autónoma (Asamblea, Presidente y Consejo de Gobierno); unas competencias en materias del 148 y, en algunos casos, incluso del 149 y un procedimiento de reforma del Estatuto que le atribuye la iniciativa a la Asamblea de la ciudad. También podemos encontrar otros contenidos que, en principio, parecen reservados a las Comunidades Autónomas, como que el nombramiento del Presidente de las Ciudades Autónomas le corresponda al rey y que la Asamblea de la Ciudad tenga iniciativa legislativa ante el Congreso de los Diputados. En fin, que su presidente sea al mismo tiempo alcalde de la ciudad no es desconocido en el Derecho Comparado, como demuestran los casos de las ciudades-estado de Berlín, Bremen y Hamburgo en el federalismo alemán, que tanto ha inspirado al Estado autonómico. Falta eso sí, la potestad legislativa, que aunque la Constitución no se la garantiza expresamente a las Comunidades Autónomas, las diecisiete la tenían ya en 1995. También falta una referencia a la capacidad de la Asamblea para presentar el recurso de inconstitucionalidad, ausencia más que habitual en la mayoría de Estatutos de Autonomía aprobados antes de 1995, cuando no pasaban de cinco los que lo señalaban expresamente.

Sin embargo, el intérprete supremo de la Constitución no ha tenido dudas para considerar que la voluntad del legislador de no atribuir a Ceuta y Melilla la naturaleza de Comunidades Autónomas tiene pleno cobijo en el artículo 144b. Según nuestro Tribunal Constitucional, las Cortes pueden acordar un Estatuto de Autonomía para un ente que no sea una Comunidad porque "su ubicación dentro del capítulo III del título VIII, capítulo que lleva por rúbrica 'De las Comunidades Autónomas', no resulta suficiente para desvirtuar la anterior afirmación, pues la interpretación sistemática de los preceptos constitucionales a partir de la rúbrica del título o capítulo en el que se contienen no ha de considerarse, siempre y en todos los casos, un criterio hermenéutico decisivo más allá de lo que se desprende del propio tenor literal o del sentido de aquéllos. De otro lado, si bien los Estatutos de Autonomía están llamados a ser normalmente, y así ha sucedido de hecho, la 'norma institucional básica de cada Comunidad Autónoma' (art. 147.1 CE), ningún impedimento constitucional existe para que también excepcionalmente puedan cumplir otra función específica" (Auto 202/2000 de 25 de julio y luego, en términos casi idénticos, la STC 240/2006, de 20 de julio). Olvida el Tribunal Constitucional comentar los debates constitucionales, pero a la vista de la soltura con la que descarta que la interpretación sistemática obligue a considerar que el Estatuto de Autonomía del 144b está reservado para las Comunidades Autónomas parece bastante probable que también hubiera descartado ese resultado atendiendo a sus antecedentes históricos y legislativos.

La responsabilidad del Tribunal Constitucional y su deferencia hacia el legislador explican sobradamente el ejercicio interpretativo que hace para deducir que el "Estatuto de Autonomía" del 144b pueda ser la norma institucional básica de un ente distinto a una Comunidad Autónoma. Pero en mi opinión, ese ejercicio excede los límites de la interpretación ordinaria para entrar dentro de la mutación: el Tribunal Constitucional *lee* ese artículo de manera distinta a como se leía en 1978, cuando entró en vigor la Constitución, y en 1985 cuando el Gobierno aprobó los primeros proyectos de ley ordinaria de Estatuto (sin el apellido "de autonomía") de Ceuta y Melilla sin cita del 144b. Por eso, y si no se quiere mantener —en lo que podríamos llamar un caso de obcecación dogmática– la disyuntiva de o bien Ceuta y Melilla son Comunidades Autónomas o bien sus Estatutos son inconstitucionales, me parece que no queda más remedio que admitir que el artículo 144b ha sido objeto de una mutación constitucional llevada a cabo por las Leyes Orgánicas 1/1995 y 2/1995 y refrendada por la doctrina del Tribunal Constitucional. Conclusión, por lo demás, nada sorprendente si miramos hacia atrás y recordamos cómo se fue realizando el despliegue de los mandatos del Título VIII de la Constitución y como el Constitucional ha debido de hacer algunas interpretaciones imaginativas para encajar más de una norma estatutaria dentro del marco constitucional.

V. CINCO AÑOS DESPUÉS

No hay novedades jurídicas sobre la Disposición Transitoria Quinta desde que se publicó la primera edición de este *Comentario a la Constitución* en 2018, ni tampoco sobre las Leyes Orgánicas 1/1995 y 2/1995, que parecen haberse petrificado. Sí que ha habido otras novedades jurídicas que afectan especialmente a Ceuta y Melilla, algunas de bastante relevancia política y social, como las expulsiones *en caliente* de emigrantes, consideradas admisibles, con ciertos requisitos, tanto para el Tribunal Constitucional (STC 172/2020 de 19 de noviembre) como para el Tribunal Europeo de Derechos Humanos (STEDH [Gran Sala] de 13 de febrero de 2020). Doctrina que le ha debido de parecer suficiente al PSOE, autor del recurso de inconstitucionalidad que originó la STC 172/2020, ya que en los cinco años que ha gobernado no ha considerado conveniente modificar la Disposición Adicional 10ª de la Ley Orgánica 4/2000, de 11 de enero, sobre derechos y libertades de los extranjeros en España y su integración social.

VI. BIBLIOGRAFÍA

BALAGUER CALLEJÓN, F.: "Las Ciudades Autónomas en el Estado Autonómico", en Raúl MORODO LEONCIO y Pedro de VEGA GARCÍA (coords.), *Estudios de teoría del Estado y derecho constitucional en honor de Pablo Lucas Verdú*, Universidad Complutense, Madrid, 2001, pp. 2463-2476.

LÓPEZ RODRÍGUEZ, J. J.: "Naturaleza jurídica de la ciudad autónoma de Melilla", *Revista de Derecho Político*, núm. 62, 2005, pp. 269-274.

MONTILLA MARTOS, J. A.: "La asimetría de las ciudades autónomas", *Revista Española de Derecho Constitucional*, núm. 57, 1999, pp. 65-86.

PÉREZ VILLALOBOS, C.: "Sobre la Disposición transitoria quinta de la Constitución y la reforma de los Estatutos de autonomía de Ceuta y Melilla" en CARRILLO, M. (coord.),

Estudios sobre la Constitución española. Homenaje al profesor Jordi Solé Tura, Cortes Generales, Madrid, 2008. Vol. 2, pp. 1773-1790.

PORRAS RAMÍREZ, J. M.: "Las ciudades autónomas de Ceuta y Melilla y el conflicto en defensa de la autonomía local: comentario a la sentencia 240/2006, de 20 de julio", *Revista de Derecho Político*, núm. 68, 2007, pp. 77-103.

REQUEJO RODRÍGUEZ, P.: "Ceuta y Melilla: ¿ciudades con Estatuto de Autonomía o Comunidades Autónomas con Estatuto de heteroorganización?", *Revista de estudios de la administración local y autonómica*, núm. 277, 1998, pp. 55-70.

VERDUGO MUÑOZ, J. M.: *Ciudades autónomas de Ceuta y Melilla: génesis, presente y soluciones en torno a la incardinación asimétrica de ambas ciudades en nuestro ordenamiento*, Centro Universitario UNED-Ceuta, 2013.

VII. JURISPRUDENCIA

ATC 320/1995, de 4 de diciembre.
ATC 10/1996, de 16 de enero.
ATC 201/2000, de 25 de julio.
ATC 202/2000, de 25 de julio.
STC 240/2006, de 20 de julio.

Sexta

Cuando se remitieran a la Comisión Constitucional del Congreso varios proyectos de Estatuto, se dictaminarán por el orden de entrada en aquélla, y el plazo de dos meses a que se refiere el artículo 151 empezará a contar desde que la Comisión termine el estudio del proyecto o proyectos de que sucesivamente haya conocido.

COMENTARIO

Ángel Aday Jiménez Alemán
Profesor contratado doctor
Universidad Complutense de Madrid

SUMARIO: I. COMENTARIO. II. BIBLIOGRAFÍA.

I. COMENTARIO

Esta Disposición, tras haber cumplido su misión de ordenar la tramitación de los proyectos de estatuto de autonomía que se realizaron por el procedimiento previsto por el art. 151.2 CE, ha agotado toda su eficacia.

Francisco Astarloa Villena (1999, p. 706) defendió la necesidad de esta Disposición, norma meramente procedimental, que aporta poco más que el reconocimiento de un criterio tan común como la prioridad temporal, que se constitucionalizó para incidir en la diferenciación de los proyectos de estatuto de autonomía tramitados por la vía del 151.2 CE y que, no había sido prevista por los Reglamentos Provisionales del Congreso de los Diputados y del Senado de 1977. Cesar Aguado (2009, p. 2841) aportó otro motivo que justificaría su constitucionalización del plazo determinado por el segundo inciso, la posibilidad de pendencia sine die de alguno de los (proyectos de estatuto) que permitía acceder de entrada a la autonomía más completa.

II. BIBLIOGRAFÍA

ASTORLA VILLENA, F. (1999): "Disposición Transitoria sexta: Tramitación de Estatutos de Autonomía", en ALZAGA VILLAMIL, Ó. (1999), *Comentarios a la Constitución Española de 1978*, Tomo XII, EDERSA Madrid.

AGUADO RENEDO, C. P. (2009): "Disposición transitoria sexta", en CASAS BAAMONDE, M. E., RODRÍGUEZ-PIÑERO, M. (dirs.), *Comentarios a la Constitución española, XXX aniversario*, Fundación Wolster-Kluwer, Madrid.

Séptima

Los organismos provisionales autonómicos se considerarán disueltos en los siguientes casos:

a) Una vez constituidos los órganos que establezcan los Estatutos de Autonomía aprobados conforme a esta Constitución.

b) En el supuesto de que la iniciativa del proceso autonómico no llegara a prosperar por no cumplir los requisitos previstos en el artículo 143.

c) Si el organismo no hubiera ejercido el derecho que le reconoce la disposición transitoria primera en el plazo de tres años.

COMENTARIO

Ángel Aday Jiménez Alemán
Profesor contratado doctor
Universidad Complutense de Madrid

SUMARIO: I. COMENTARIO. II. BIBLIOGRAFÍA.

I. COMENTARIO

La Disposición regula el final de la iniciativa autonómica de los Entes preautonómicos regulando sus tres supuestos de disolución, siendo el primero el supuesto común, como reconoció la doctrina (José María Martín Oviedo, 1999, p. 713) y el único que se ha aplicado en la práctica.

II. BIBLIOGRAFÍA

MARTÍN OVIEDO, J. M. (1999): "Disposición Transitoria séptima: Disolución de los organismos provisionales autonómicos", en ALZAGA VILLAMIL, O., *Comentarios a la Constitución Española de 1978*, Tomo XII, EDERSA, Madrid, .

Octava

1. Las Cámaras que han aprobado la presente Constitución asumirán, tras la entrada en vigor de la misma, las funciones y competencias que en ella se señalan, respectivamente, para el Congreso y el Senado, sin que en ningún caso el mandato se extienda más allá del 15 de junio de 1981.

2. A los efectos de lo establecido en el artículo 99, la promulgación de la Constitución se considerará como supuesto constitucional en el que procede su aplicación. A tal efecto, a partir de la citada promulgación se abrirá un período de treinta días para la aplicación de lo dispuesto en dicho artículo.

Durante este período, el actual Presidente del Gobierno, que asumirá las funciones y competencias que para dicho cargo establece la Constitución, podrá optar por utilizar la facultad que le reconoce el artículo 115 o dar paso, mediante la dimisión, a la aplicación de lo establecido en el artículo 99, quedando en este último caso en la situación prevista en el apartado 2 del artículo 101.

3. En caso de disolución, de acuerdo con lo previsto en el artículo 115, y si no se hubiera desarrollado legalmente lo previsto en los artículos 68 y 69, serán de aplicación en las elecciones las normas vigentes con anterioridad, con las solas excepciones de que en lo referente a inelegibilidades e incompatibilidades se aplicará directamente lo

previsto en el inciso segundo de la letra b) del apartado 1 del artículo 70 de la Constitución, así como lo dispuesto en la misma respecto a la edad para el voto y lo establecido en el artículo 69.3.

COMENTARIO

Manuel Cavero Gómez
Letrado de las Cortes Generales

SUMARIO: I. RESUMEN. II. COMENTARIO. III. BIBLIOGRAFÍA.

I. RESUMEN

La disposición transitoria octava regula tres aspectos muy relevantes del periodo que se iniciaría cuando entrara en vigor la Constitución: la situación en que quedarían las Cámaras que la elaboraron; la opción que se abría al entonces Presidente del Gobierno entre la disolución del Congreso y del Senado o la apertura de un proceso de investidura parlamentaria; y finalmente el régimen aplicable a las elecciones posconstitucionales para el caso de que no se hubiese aprobado una nueva ley electoral.

II. COMENTARIO

I. Del conjunto de las nueve disposiciones transitorias de la Constitución, las siete primeras se dedican a aspectos relativos al despliegue del Estado autonómico, la novena y última al régimen de las primeras renovaciones del Tribunal Constitucional y la que constituye el objeto del presente comentario regula tres aspectos muy relevantes del periodo que se iniciaría una vez entrara en vigor la Constitución: (1) los poderes y el término del mandato de las Cámaras que la elaboraron; (2) los poderes del entonces Presidente del Gobierno y la opción que se abría al mismo entre la disolución del Congreso y del Senado (con la subsiguiente convocatoria de elecciones) o la apertura de un proceso de investidura parlamentaria; y (3) el régimen electoral aplicable a las elecciones posconstitucionales para el caso de que no se hubiese aprobado una nueva ley electoral, conforme, formal y materialmente, a lo previsto en la Constitución.

Se trata de una cautela quizá infrecuente en el Derecho constitucional pero que encuentra su razón de ser en la naturaleza de las Cortes que aprobaron la Constitución.

En efecto y como es conocido, la Constitución de 1978 no fue el resultado de una asamblea constituyente, elegida con esa finalidad y que se disolvería una vez concluida su única tarea, según la fórmula clásica del poder constituyente, fórmula que permite que el nuevo texto constitucional despliegue sus efectos de forma plena e inmediata.

Por el contrario, la Constitución fue aprobada por unas Cortes establecidas por la Ley 1/1977, de 4 de enero, para la Reforma Política, Cortes no formalmente constituyentes, integradas a partir de las elecciones del día 15 de junio de 1977, que tampoco fueron convocadas con dicha finalidad.

II. Estas Cortes, formadas por el Congreso de Diputados y por el Senado según el artículo 2.1 de la Ley para la Reforma Política, además de proceder a la elaboración y aprobación de la Constitución, desarrollaron a la vez las tareas más propias de un parlamento: aprobaron leyes y controlaron al Gobierno.

Sin embargo, una vez concluida la que fue su tarea más relevante, la aprobación de la Constitución, era lógico que, mientras no se disolvieran, las Cortes pudieran ejercer sus poderes de conformidad con el nuevo texto fundamental, norma superior del ordenamiento jurídico como establece su propio artículo 9.1, cuya entrada en vigor estaba prevista para el mismo día de su publicación en el Boletín Oficial del Estado (lo que se produjo el día 29 de diciembre de 1978).

Además era oportuno que se pusiera una fecha de caducidad a su mandato. Cabe notar que la fecha establecida como límite máximo para el mandato de las Cámaras (15 de junio de 1981) constituye un supuesto de disolución automática, y coincide con el mandato de cuatro años que, conforme a la Ley para la Reforma Política, correspondía a los diputados y senadores que formaban las Cámaras elegidas el día 15 de junio de 1977.

Tales son los dos objetivos a los que responde el apartado 1 de la disposición transitoria octava.

III. El apartado 2 de la disposición transitoria contempla la situación en la que quedaba el Gobierno y singularmente su Presidente como consecuencia de la entrada en vigor de la Constitución.

Comienza, en su primer párrafo, fijando un plazo de treinta días desde la "promulgación" (no desde la entrada en vigor, lo que quizá hubiera sido más correcto técnicamente) para la aplicación automática del artículo 99 de la Constitución.

Esa aplicación podría tener lugar (1) bien como consecuencia de la disolución de las Cámaras decidida por el propio Presidente del Gobierno, (2) bien a raíz de su dimisión (quedando, en tal caso, en funciones) y posterior sometimiento a un procedimiento de investidura parlamentaria conforme a lo establecido en el artículo 99. De lo que se trataba era de dotar de legitimidad constitucional al entonces Presidente del Gobierno, fuera mediante la obtención de la confianza parlamentaria del Congreso de los Diputados, o mediante el sometimiento al veredicto de las urnas.

Como es sabido, el Presidente del Gobierno, D. Adolfo Suárez, disolvió las Cámaras y convocó elecciones generales para el día 1 de marzo de 1979 mediante el Real Decreto 3073/1978, de 29 de diciembre, fecha de expedición que coincide con la de la entrada en vigor de la Constitución (publicado en el Boletín Oficial del Estado el día 1 de enero de 1979).

Por otra parte, este apartado 2 indica además que el Presidente del Gobierno, en el periodo que transcurriese hasta las elecciones o hasta la investidura, asumiría las funciones y competencias que para dicho cargo establece la Constitución. Como en el caso del Congreso y del Senado previsto en el apartado 1 de la disposición, la plena eficacia normativa de la Constitución exigía que los órganos creados al amparo de la Ley para la Reforma Política, también el Presidente del Gobierno, acomodaran sus poderes y funciones al marco constitucional.

IV. El apartado 3 de la disposición afecta al régimen electoral aplicable a las elecciones que se convocaran para el supuesto de que se produjera la disolución. La relevancia del régimen electoral como clave del sistema democrático justifica su inclusión en esta disposición transitoria.

El régimen electoral vigente a la entrada en vigor de la Constitución era el fijado por el Real Decreto-ley 20/1977, de 18 de marzo, sobre Normas Electorales, dictado para regular las elecciones del día 15 de junio de 1977.

Este apartado 3 prevé que, para el caso de que no se haya aprobado una nueva ley electoral de conformidad con la Constitución, se pueda aplicar la normativa preconstitucional con tres modificaciones en las que debe prevalecer la aplicación directa de la Norma Fundamental como norma superior del ordenamiento jurídico: (1) la referente a las inelegibilidades e incompatibilidades (en la que habría que atenerse a lo dispuesto en el artículo 70 de la Constitución); (2) la correspondiente a la edad para el voto (fijada en 18 años por el artículo 12 de la Constitución), que resultaría innecesaria al haberse fijado antes la misma mediante el Real Decreto-ley 33/1978, de 16 de noviembre, de mayoría de edad; y (3) la aplicación del artículo 69.3 de la Constitución en lo que se refiere a la consideración de cada una de las islas de Gomera y El Hierro como circunscripciones electorales separadas en las elecciones al Senado (frente a su consideración de una sola circunscripción en el Real Decreto-ley 20/1977).

III. BIBLIOGRAFÍA

FERNÁNDEZ SEGADO, F.: "Cortes Constituyentes y Gobierno tras la promulgación de la Constitución: disposición transitoria octava", en ALZAGA VILLAAMIL, Ó., (Dir.) *Comentarios a la Constitución Española de 1978*, Cortes Generales-Edersa, Madrid, 1996-1999, XII, pp. 714-744.

ORTEGO GIL, P.: "Disposición Transitoria Octava", Tomo II, en RODRÍGUEZ-PIÑERO Y BRAVO FERRER, M. Y CASAS BAAMONDE, M. E. (Dirs.), *Comentarios a la Constitución Española, XL Aniversario*, Fundación Wolters Kluwer, Las Rozas, Madrid, 2018, pp. 1979-1983.

SANTAOLALLA LÓPEZ, F.: "Comentario a la Disposición Transitoria octava", en GARRIDO FALLA, F., (Dir.) *Comentarios a la Constitución*, Civitas, Madrid, 1985, pp. 2453-2459.

VÁZQUEZ GARRANZO, J.: "Disposición Transitoria Octava", en CAZORLA PRIETO, L. M. (Dir.), *Comentarios a la Constitución Española de 1978*, Aranzadi, Cizur Menor, Navarra, vol. 2, 2018, pp. 2042-2049.

Novena

A los tres años de la elección por vez primera de los miembros del Tribunal Constitucional se procederá por sorteo para la designación de un grupo de cuatro miembros de la misma procedencia electiva que haya de cesar y renovarse. A estos solos efectos se entenderán agrupados como miembros de la misma procedencia a los dos designados a propuesta del Gobierno y a los dos que proceden de la formulada por el Consejo General del Poder Judicial. Del mismo modo se procederá transcurridos otros tres años entre los dos grupos no afectados por el sorteo anterior. A partir de entonces se estará a lo establecido en el número 3 del artículo 159.

COMENTARIO

Enric Fossas Espadaler
Catedrático de Derecho Constitucional
Universidad Autónoma de Barcelona

SUMARIO: I. BIBLIOGRAFÍA.

Esta disposición estaba destinada a regular las primeras renovaciones del Tribunal Constitucional, que de acuerdo con el art. 159.3 CE deben efectuarse por tercios cada tres años. La aplicación de este precepto ordenaba pues que la primera renovación se efectuara tres años después de la constitución del Tribunal, el 12 de julio de 1980, y la segunda, a los seis años. De este modo, cuatro de su Magistrados desempañarían el cargo durante tres años, otros cuatro durante seis años, y los otros cuatro hasta nueve, momento a partir del cual la renovación se realizaría de acuerdo con lo establecido en el art. 159.3 LOTC.

En los debates constituyentes se discutieron varias propuestas para ordenar las dos primeras renovaciones del Tribunal, y el texto finalmente adoptado estableció una fórmula que concretaba algunos aspectos de la mecánica que debía seguirse: primero, la renovación parcial se efectuaría por sorteo; segundo, éste no se realizaría en el momento de la constitución del Tribunal sino a los tres y seis años, respectivamente, de haberse constituido; y tercero, los tercios a renovar en cada momento se conformarían con cuatro miembros agrupados en función del órgano de designación, y a este efecto se formaba un tercio con los dos designados por el Gobierno junto con los dos designados por el Consejo General del Poder Judicial.

A partir de este precepto, la ley rectora del Tribunal precisó el momento en el cual debían realizarse los sorteos: dentro del cuarto mes anterior a la fecha en que se cumplen tres y seis años de la designación inicial de los Magistrados. E introdujo un mecanismo compensatorio para los Magistrados que debían cesar a los tres años: no se les aplicaría la limitación del art. 16.2 LOTC, que prohibía la reelección inmediata de los Magistrados por otro período, disponiendo que los cuatro que conformaran el primer tercio a renovar (no así los del segundo) podrían ser reelegidos por un mandato de nueve años (Disposición Transitoria Tercera LOTC).

Siguiendo las reglas expuestas, en 1983 se procedió al primer sorteo, resultando que el primer tercio que debía renovarse era el correspondiente a los Magistrados designados por el Congreso, los cuales fueron reelegidos por la Cámara Alta por un periodo de nueve años, extendiendo así su mandato a doce años. El segundo sorteo se efectuó en octubre de 1986 y correspondió renovar al tercio designado por el Gobierno y el CGPJ, el cual no podía renovar su mandato, que se extendió así a seis años. La tercera renovación tuvo lugar en 1989, cuando se cumplió el mandato de nueve años del tercio designado por el Senado, y no fue hasta 1992 que se renovaron por completo los nueve primeros Magistrados del Tribunal Constitucional. A partir de 1989 las renovaciones se realizaron ya de acuerdo con el art. 159.3 CE y 16.3 LOTC, si bien desde el mismo inicio del Tribunal no siempre se han podido cumplir dichos preceptos debido a las renuncias y bajas que se han producido. La principal cusa de incumplimiento ha sido, sin embargo, el retraso en la designación de los Magistrados propuestos por las Cámaras legislativas por falta de acuerdo entre los grupos parlamentarios, dilación que también ha practicado el CGPJ en la renovación de 2022.

I. BIBLIOGRAFÍA

ORTEGO GIL, P.: "Comentario a la Disposición Transitoria Novena", en CASAS BAAMONDE, M. E., RODRÍGUEZ-PIÑERO Y BRAVO-FERRER, M. (dirs.), *Comentarios a la Constitución española. Conmemoración del XL Aniversario*, Wolters Kluwer-BOE-TC-Ministerio de Justicia, Madrid, 2018, Tomo II, pp. 1984-1988.

Ver Bibliografía contenida en los Comentarios al art. 159 y 160 CE

DISPOSICIÓN DEROGATORIA

Única

1. Queda derogada la Ley 1/1977, de 4 de enero, para la Reforma Política, así como, en tanto en cuanto no estuvieran ya derogadas por la anteriormente mencionada Ley, la de Principios del Movimiento Nacional, de 17 de mayo de 1958; el Fuero de los Españoles, de 17 de julio de 1945; el del Trabajo, de 9 de marzo de 1938; la Ley Constitutiva de las Cortes, de 17 de julio de 1942; la Ley de Sucesión de la Jefatura del Estado, de 26 de julio de 1947, todas ellas modificadas por la Ley Orgánica del Estado, de 10 de enero de 1967, y en los mismos términos esta última y la de Referéndum Nacional de 22 de octubre de 1945.

2. En tanto en cuanto pudiera conservar alguna vigencia, se considera definitivamente derogada la Ley de 25 de octubre de 1839 en lo que pudiera afectar a las provincias de Álava, Guipúzcoa y Vizcaya.

En los mismos términos se considera definitivamente derogada la Ley de 21 de julio de 1876.

3. Asimismo quedan derogadas cuantas disposiciones se opongan a lo establecido en esta Constitución.

COMENTARIO

Ignacio Fernández Sarasola
Catedrático de Derecho Constitucional
Universidad de Oviedo

SUMARIO: I. BIBLIOGRAFÍA.

La característica intrínseca de la Constitución —su supremacía jurídico-formal— se asienta el artículo 9.1, que autofundamenta su posición jerárquica en el ordenamiento jurídico. Desde esta perspectiva, la presencia en su seno de una cláusula general de derogación puede resultar baladí, ya que esa supremacía opera tanto sobre las normas posteriores a la entrada en vigor de la Constitución, como también para las anteriores a tal fecha. Aun así, esta disposición despliega dos efectos que no se obtienen a través del ya mencionado artículo 9.1: por una parte, la expulsión automática de ciertas leyes preconstitucionales, sin atender a la contradicción material con el articulado de la Constitución, y, por otra, su eficacia *ex nunc*. Mientas que el primero de estos efectos sólo opera sobre los apartados uno y dos de la disposición derogatoria —que comprenden la llamada "derogación expresa"—, el segundo efecto reseñado se despliega sobre la totalidad de la cláusula.

Es preciso, pues, diferenciar entre la derogación expresa (apartados uno y dos) y la tácitas (apartado tres) que comprende la disposición derogatoria. En el caso de las primeras, el constituyente ha expresado su voluntad expresa e inequívoca de expulsar del ordenamiento jurídico normas pertenecientes a la legalidad franquista (apartado primero) y a determinadas leyes aprobadas en el siglo XIX referidas al régimen foral de las provincias de Álava, Guipúzcoa y Vizcaya (apartado segundo). En efecto, la derogación expresa deja sin efecto en primer lugar las denominadas Leyes Fundamentales que conformaban los principios medulares del franquismo, tanto desde una dimensión principalmente orgánica (Ley Constitutiva de las Cortes, Ley de Sucesión de la Jefatura del Estado y Ley Orgánica del Estado) como sustancialmente dogmática (Ley de Principios del Movimiento Nacional; Fuero de los Españoles y Fuero del Trabajo). Deja sin efecto también la Ley para la Reforma Política de 1977, basamento de las Cortes constituyentes, desligándose de la supralegalidad franquista. Y es que, en realidad, esta última norma puede considerarse procedimentalmente como una ley fundamental más, ya que su elaboración siguió el procedimiento previsto para la gestación de aquéllas (aprobación en Cortes y sujeción a referéndum). No obstante, no puede desconocerse que desde una perspectiva material la situación es bien distinta ya que, al proclamar la soberanía popular, fraguaba una ruptura con el ordenamiento jurídico franquista, basado en la intangibilidad de los Principios del Movimiento Nacional. Es, pues, en la Ley para la Reforma Política, más que en la propia Constitución española, donde jurídicamente opera la ruptura con el ordenamiento franquista, al no respetar la irreformabilidad de los principios medulares en los que aquél se asentaba. Si, a pesar de ello, la Constitución deja sin efecto también esta Ley de 1977, se debe tanto a que esta última ya había cumplido su función esencial (la convocatoria de Cortes constituyentes), como al hecho de que su naturaleza, siquiera procedimental, de producto, último, pero producto a fin y al cabo, de la legalidad franquista. Dejándola sin efecto se desprendía, pues, de todo vestigio de la dictadura.

El apartado segundo de la disposición derogatoria —también incardinado dentro de la técnica de derogación expresa— deja por su parte sin validez las leyes de 1839 y 1876 en lo referente al régimen foral específico de las tres provincias que, posteriormente, acabarían por comprender la Comunidad Autónoma del País Vasco. La primera de esas leyes, conocida como la Ley de confirmación de fueros, representó la plasmación del pacto entre las fuerzas liberales partidarias de Isabel II, a la sazón comandadas por Espartero, y las partidarias del infante Don Carlos; pacto que puso fin a la primera Guerra Carlista. La norma reconocía los fueros de Álava, Guipúzcoa y Vizcaya, "sin perjuicio de la unidad constitucional de la Monarquía", habilitando al Gobierno a proponer a las Cortes una modificación de dichos fueros, tras consultar con las provincias vascongadas y a Navarra, y siempre de acuerdo con la entonces vigente Constitución de 1837. Misma autorización que contenía la ley de 1876, que habilitaba al Gobierno para que, dando cuenta en Cortes, procediese a acordar la reforma del régimen foral de las provincias vascas, con audiencia previa a éstas. Además, esta ley imponía el reclutamiento obligatorio de los residentes de las tres provincias vascas en idénticos términos al resto de españoles, así como la contribución de esos territorios al pago de contribuciones, rentas e impuestos que se fijasen en los presupuestos generales del Estado.

La cláusula tercera de la disposición derogatoria comprende, por su parte, una derogación tácita que obliga al esfuerzo hermenéutico de contrastar el contenido de cualesquiera normas preconstitucionales con el articulado de la Constitución española: allí donde se perciba una contrariedad material, debe aplicarse la disposición derogatoria, entendiendo que las leyes preconstitucionales han perdido su validez. En realidad, esta cláusula tercera podría alcanzar sin demasiados problemas también a las leyes expresamente incluidas en las dos cláusulas anteriores de la misma disposición. Un mero cotejo de la legislación franquista expresamente derogada por la disposición derogatoria primera permitiría considerar que aquella perdía su validez con la entrada en vigor de la Constitución española. Los Principios del Movimiento resultan incompatibles con los principios estructurales de la Constitución española, el Fuero de los Españoles y el Fuero del Trabajo contrarían casi en su totalidad el Título I de la Constitución, y las normas de carácter orgánico establecen una planta incompatible con la estructura estatal fijada por la Constitución. Del mismo modo, las leyes de 1839 y 1876 podrían entenderse derogadas tácitamente por la disposición adicional primera y, por lo que se refiere al reclutamiento, por el artículo 30.1. Si, aun así, el constituyente optó por derogar expresamente esas leyes, ello se debió a la voluntad de mostrar de forma inequívoca que todas esas normas no formaban parte en lo sucesivo de ordenamiento jurídico español.

Para todas las restantes normas preconstitucionales, por tanto, resulta preciso atender a su contenido a fin de determinar su pervivencia o no. Obviamente, la Constitución no pudo hacer *tabula rasa* de todo el ordenamiento jurídico previo a su vigencia, de forma que mantuvo con vida cuantas normas anteriores a ella no contrariasen lo que su articulado dispone. Determinar la existencia o la ausencia de incompatibilidad con la Constitución requiere, claro está, de un esfuerzo exegético que jueces y magistrados pueden realizar por sí mismos y con un alcance superior a la prevista para las leyes postconstitucionales. Y es que, las leyes previas a la entrada en vigor de la Constitución carecen del privilegio de presunción de constitucionalidad y, de resultas, también del privilegio jurisdiccional que las habilita a ser controladas exclusivamente por el Tribunal Constitucional. No habiendo sido confeccionadas las leyes preconstitucionales por los procedimientos democráticos que nuestra actual norma fundamental prescribe, es comprensible que no extienda a ellas esas dos notas que sí caracterizan, por el contrario, a las leyes elaboradas a su amparo. El resultado es que cualquier tribunal ordinario se halla capacitado para inaplicar por sí mismo una ley preconstitucional si entiende que contraría lo dispuesto por la Constitución, frente a lo que sucede con las leyes postconstitucionales, cuya duda de constitucionalidad no le habilita a inaplicarlas *motu proprio*, sino que debe dirigirse al Tribunal Constitucional a través de una cuestión de inconstitucionalidad.

Ello no obstante, esta reserva a los tribunales ordinarios del control de constitucionalidad de las leyes preconstitucionales o, lo que es lo mismo, de la aplicación de la disposición derogatoria, resulta enturbiada por una artificiosa ampliación que el Tribunal Constitucional ha realizado de sus propias competencias por vía jurisprudencial. Para entender este extremo, resulta necesario previamente atender a la segunda de las notas características de la disposición derogatoria, a saber, sus efectos *ex nunc* que, como hemos señalado, resultan aplicables a la totalidad del artículo, es decir, tanto a la vertiente tácita como a la expresa del efecto derogatorio. Por consiguiente, se entiende que las normas preconstitucionales sólo pierden su validez desde el momento en que ha entrado en vigor la Constitución española, reputándose por válidos los efectos que hayan producido con anterioridad a dicha fecha, y correspondiéndole a los tribunales ordinarios determinar si la derogación se ha producido o no. Obviamente, esta última decisión sería susceptible de recurso de amparo por violación del artículo 24 (tutela judicial efectiva) en los casos en los que las partes procesales consideren que el órgano judicial está aplicado una norma preconstitucional que ha de considerarse derogada o, a la inversa, deja de aplicar una disposición previa a la Constitución por entender que ha quedado expulsada del ordenamiento.

Ahora bien, el Tribunal Constitucional ha complicado la operatividad de la disposición derogatoria merced a la construcción del concepto de "inconstitucionalidad sobrevenida" (STC 4/1981, FJ 1), que genera confusión en torno a la eficacia derogatoria (*ex nunc*) y a la competencia para controlar las leyes preconstitucionales (tribunales ordinarios). En efecto, el Tribunal Constitucional ha entendido que, respecto de las leyes preconstitucionales, la Constitución despliega un doble efecto: no sólo es norma posterior (y por tanto opera el principio *lex posterior derogat lex anterior*) sino que, además, es suprema. Interpretando ambas condiciones (sucesión temporal y superioridad jerárquica) de forma cumulativa, el Tribunal Constitucional considera que las leyes anteriores al 29 de diciembre de 1978 devienen inconstitucionales a partir de esa fecha y quedan expulsadas por los dos criterios antedichos: sucesión temporal y jerarquía. Precisamente por la acción conjunta de esos dos criterios, el control de constitucionalidad podría ser ejercido de forma indistinta por los tribunales ordinarios (que controlan con carácter general la derogación de las normas) y por el Tribunal Constitucional (que garantiza la supremacía constitucional). Es evidente que el alto Tribunal quiso garantizarse una depuración del ordenamiento jurídico al más alto nivel, merced al efecto *erga omnes* de sus sentencias; de este modo, frente a la posibilidad de que los tribunales discrepasen sobre la derogación o no de ciertas leyes preconstitucionales, con la inconstitucionalidad sobrevenida se permitía que en última instancia pudiera pronunciarse el Tribunal Constitucional, vía cuestión de inconstitucionalidad, y los efectos *erga omnes* de sus sentencias expulsarían definitivamente del ordenamiento esa ley, sin que en lo sucesivo cupiera posibilidad alguna de enjuiciar su virtual derogación (STC 10/2002, FJ. 2).

La sentencia dio lugar a un severo voto particular suscrito por el magistrado Francisco Rubio Llorente en el que criticaba certeramente la confusión a la que daba lugar el invento de la "inconstitucionalidad sobrevenida". A pesar de que en ambos casos se trata de reglas de validez, lo cierto es que derogación y anulación operan respecto de normas temporalmente distintas (preconstitucionales, en el primer caso, posconstitucionales, en el segundo), despliegan una eficacia diferente (*ex nunc* y *ex tunc*, respectivamente) y están sujetos al control por parte de órganos jurisdiccionales diversos (tribunales ordinarios, en la derogación, y Tribunal Constitucional para el caso de la anulación). Las dos reglas —derogación y anulación— no pueden aplicarse de forma cumulativa, como pretende el Tribunal Constitucional al edificar el concepto de inconstitucionalidad sobrevenida, sino de forma disyuntiva: allí donde se produce la sucesión temporal entre normas actúa automáticamente la eficacia derogatoria, y de resultas queda excluida la invalidez por criterio de jerarquía, situación justamente inversa a la que ha sostenido el Tribunal Constitucional (STC 11/1981, FJ 2). La ventaja práctica que ciertamente posibilita el concepto de inconstitucionalidad sobrevenida, a saber, el carácter *erga omnes* de las sentencias del Tribunal Constitucional, pasa por alto otro de los efectos característicos de las sentencias del supremo intérprete de la Constitución: la eficacia *ex tunc*, que obligaría a considerar que, una sentencia del Tribunal Constitucional que declarase derogada una ley, se retrotraería al momento mismo de su entrada en vigor (efecto *ex tunc*), en vez de resultar inválida sólo desde el 29 de diciembre de 1978 (efecto *ex nunc*). Un extremo que, sin embargo, el Tribunal Constitucional no pudo admitir, de modo que confirió a sus sentencias de inconstitucionalidad sobrevenida un valor meramente derogatorio, frente a las restantes sentencias dictadas en procesos de inconstitucionalidad, que tendrían un efecto anulador.

I. BIBLIOGRAFÍA

DÍEZ-PICAZO, L. M.: *La derogación de las leyes*, Civitas, Madrid, 1990

PAREJO ALFONSO, L.: "La Constitución y las leyes preconstitucionales. El problema de la derogación y de la llamada inconstitucionalidad sobrevenida", *Revista de la Administración Pública*, núm. 94, 1981, pp. 201-224.

REQUEJO PAGÉS, J. L.: *Las normas preconstitucionales y el mito del poder constituyente*, Centro de Estudios Políticos y Constitucionales, Madrid, 1998.

DISPOSICIÓN FINAL

Única

Esta Constitución entrará en vigor el mismo día de la publicación de su texto oficial en el boletín oficial del Estado. Se publicará también en las demás lenguas de España.

COMENTARIO

Ignacio Borrajo Iniesta
Catedrático de Derecho
Letrado del Tribunal Constitucional

SUMARIO: I. EL CONTENIDO Y ANTECEDENTES DEL PRECEPTO. II. LA PUBLICACIÓN DE LA CONSTITUCIÓN. III. LAS LENGUAS DE LA CONSTITUCIÓN. IV. LA VIGENCIA DE LA CONSTITUCIÓN. V. BIBLIOGRAFÍA.

I. EL CONTENIDO Y ANTECEDENTES DEL PRECEPTO

Este breve precepto, último de la Constitución de 1978, encierra un contenido más complejo del que puede leerse a simple vista. Parece que sus dos frases establecen dos normas distintas: una, relativa a la publicación de la Constitución y sus efectos; otra, relativa al pluralismo lingüístico. Sin embargo, ambas frases abordan las cuestiones de la publicación y las lenguas de la Constitución con un sutil juego de interrelaciones. Además, el contenido de la disposición final sólo puede ser plenamente comprendido en su ilación con otros preceptos constitucionales.

Antes de profundizar en estas ideas, conviene esbozar la historia legislativa del precepto. El anteproyecto constitucional no contenía ninguna norma atinente a la publicación de la futura Constitución ni a sus versiones lingüísticas ("Boletín Oficial de las Cortes", BOC, núm. 44, 5/01/1977). Su origen se encuentra en dos enmiendas distintas procedentes del grupo parlamentario Comunista: la número 697, que propuso añadir una disposición final ("Esta Constitución entrará en vigor el mismo día de su publicación en el 'Boletín Oficial del Estado'"); y la número 692, que propuso añadir una disposición adicional ("Esta Constitución se publicará simultáneamente en todas las lenguas de las nacionalidades y regiones de España"). La justificación de la primera expuso que era una "exigencia ineludible del espíritu de la Constitución y necesidad técnica evidente". La justificación de la segunda enmienda fue aún más breve: "adecuación al espíritu que anima la totalidad de la Constitución".

La ponencia de la Comisión constitucional del Congreso de los Diputados aceptó ambas enmiendas, que refundió en una disposición final única (DOC 82, 17/04/1978). Su redacción, similar a la finalmente aprobada, guarda con ella unas sutiles diferencias que conviene subrayar:

> "Esta Constitución entrará en vigor el mismo día de la publicación de su texto oficial en el Boletín Oficial del Estado y se publicará en las demás lenguas de España".

Las diferencias entre este texto y el finalmente aprobado fueron introducidas en tres momentos sucesivos. El primero se produjo casi inmediatamente, en la Comisión de Asuntos Constitucionales del Congreso, y dio lugar a un cambio decisivo: la disposición se dividió en dos frases, separadas por un punto y seguido, tal y como aparece en el texto vigente (DOC 121, 1/07/1078, y 135, 24/07/1978). Esta división fue consecuencia de una enmienda *in voce* de don José Luis Meilán Gil (grupo de Unión de Centro Democrático, UCD), sobre la que luego volveremos.

El segundo momento de cambio se produjo en el Senado, a resultas de dos enmiendas. Don Lorenzo Martín-Retortillo Baquer (del grupo Progresistas y Socialistas Independientes) propuso que en vez de escribir el "Boletín Oficial del Estado", "con mayúscula y entre comillas", se hablase "del diario oficial, o, si se quiere, del boletín oficial del Estado, pero sin comillas ni mayúscula": la finalidad consistía en no constitucionalizar el nombre actual del diario oficial (Enmienda núm. 222). Por otra parte, el grupo parlamentario Entesa del Catalans propuso que la segunda frase dijera: "Se publicará en todas las lenguas de España"; lo que se justificó como una mejora de redacción del texto (Enmienda núm. 811). El Senado acogió ambas sugerencias, primero en Comisión y luego en Pleno (DOC 157, 6/10/1978, y 161, 13/10/1978), dejando redactado el precepto en estos términos:

> "Esta Constitución entrará en vigor el mismo día de la publicación de su texto en el 'Diario Oficial'. Se publicará en todas las lenguas de España".

Finalmente, en un tercer momento, la Comisión Mixta concordó los textos propuestos, respectivamente, por el Congreso y por el Senado, estableciendo la redacción vigente (DOC 170, 28/10/1978). Como puede apreciarse, la Comisión presidida por don Antonio Hernández Gil (a la sazón Presidente de las Cortes) mantuvo en sustancia la redacción que había aprobado el Congreso. Sólo introdujo una única modificación inspirada por el Senado: sustituir la referencia que se hacía al "Boletín Oficial del Estado", como lugar de publicación de la Constitución, por una referencia al boletín oficial del Estado, sin comillas ni mayúsculas. Pero mantuvo la distinción entre la publicación del "texto oficial" de la Constitución y la publicación, "también", en "las demás lenguas de España".

Como es sabido, la Comisión Mixta no dejó explicaciones de los numerosos cambios que introdujo en el proyecto de Constitución (como estudió Rubio Llorente con acerba ironía). Pero el tenor de los cambios sufridos por el precepto constitucional ofrece unas pistas valiosas para desentrañar su significado.

II. LA PUBLICACIÓN DE LA CONSTITUCIÓN

Que la Constitución debía ser publicada oficialmente, y que dicha publicación debía ser llevada a cabo en el "Boletín Oficial del Estado", no fue puesto en cuestión en ningún momento durante los debates constituyentes. Es también aceptado pacíficamente por todos, lo que puede explicar el casi nulo interés bibliográfico que ha suscitado esta disposición final. Como hemos visto, el único punto controvertido se centró en el modo de designar al diario donde debía ser llevada a cabo la publicación oficial: la redacción vigente atendió la sabia sugerencia del Senador Martín-Retortillo (don Lorenzo) de no constitucionalizar un nombre determinado. No se trataba de negar que ahora el diario oficial se denomina "Boletín Oficial del Estado"; pero tampoco habría que impedir que tuviera otra denominación en el futuro. Todo ello dejando aparte aspectos políticos, como el origen del nombre actual en Burgos durante la guerra civil (tal y como se puso de manifiesto en la justificación de la enmienda núm. 222 y durante su posterior debate en la Comisión de Constitución del Senado, DS-S núm. 55, 14/09/1978).

No deja de resultar interesante, sin embargo, hacer dos observaciones a este respecto:

La primera es que la publicación oficial del texto de nuestras constituciones es una tradición arraigada en España. La primera Constitución publicada oficialmente fue la de 1837, precisamente en el momento en que se institucionalizó un conjunto de diarios oficiales (la "Gaceta" de Madrid y los boletines oficiales de las provincias) para dejar constancia oficial de toda la legislación aprobada por las autoridades del naciente Estado liberal. En efecto, la Constitución de Cádiz había sido promulgada o hecha pública siguiendo las pautas del Antiguo Régimen, como ha mostrado con erudición Marta Lorente (Véase el Decreto CXXXVII de las Cortes, de 14 de marzo de 1812: Solemnidades con que se manda firmar, jurar y publicar en Cádiz la Constitución política de la Monarquía; así como los Diarios de sesiones correspondientes a esos días, accesibles en internet). La promulgación de la Constitución de 1812 nuevamente en el año 1820 (tras la abrogación sufrida en 1814) y, sobre todo, su nueva entrada en vigor en el verano de 1836 (en virtud del Decreto de 14 de agosto de ese año), trajo consigo una gran confusión sobre el Derecho que se encontraba vigente. De ahí que, cuando fue aprobada la Constitución de 1837, se acordó su publicación en el diario oficial "A fin de que se proceda lo más breve y simultáneamente posible en todos los pueblos de la Península e islas adyacentes a la promulgación y jura de la Constitución de la monarquía, decretada y sancionada por las Cortes, y aceptada por S. M. la augusta Reina Gobernadora en nombre de su excelsa Hija la Reina Doña Isabel II ... y se circule gratis a todos los ayuntamientos por medio del correo general, pagándose de los fondos del imprevisto de este ministerio los gastos que estas operaciones ocasionen" (Gaceta núm. 935, 24/06/1837). Desde entonces, todas las Constituciones españolas han recibido publicidad mediante su inserción en el diario oficial correspondiente.

La segunda observación es que la publicación oficial de la Constitución de 1978 no se limitó a incluir su texto, tal y como había sido aprobado por las Cortes Generales: el preámbulo, el articulado y las disposiciones adicionales, transitorias, derogatoria y final. Siguiendo también en este punto la tradición constitucional española, el "Boletín Oficial del Estado" de 29 de diciembre de 1978 incluyó el texto de la Constitución, en sentido estricto; precedido de una portada, donde la norma fundamental quedó bautizada como Constitución "española" y donde, además, se advertía de sus autores y del iter de su instauración ("Aprobada por las Cortes en sesiones plenarias del Congreso de los Diputados y del Senado celebradas el 31 de octubre de 1978 —Ratificada por el pueblo español en referéndum de 6 de diciembre de 1978— Sancionada por S. M. el Rey ante las Cortes el 27 de diciembre de 1978"); y, no por último menos relevante, el cuerpo de la Constitución quedó enmarcado por los párrafos inicial y final de la promulgación. Volveremos luego sobre este punto (*infra*, IV).

Ahora me limito a apuntar que la publicación de la Constitución de 1837 también fue acompañada de un texto adicional, de inequívoca trascendencia constituyente: "ha tenido a bien S. M. mandar que se imprima íntegramente en la Gaceta dicha ley fundamental *con la cédula de su promulgación*" (subrayado añadido). Es por esta razón que la Constitución de 1837 apareció con dos encabezamientos: uno, aprobado por las Cortes ("Siendo la voluntad de la nación revisar, en uso de su soberanía, la Constitución política promulgada en Cádiz el 19 de marzo de 1812; las Cortes Generales, congregadas a este fin, decretan y sancionan la siguiente Constitución de la monarquía española"); y otro, antepuesto en la publicación oficial al que acaba de ser transcrito, que se sustenta en una teoría jurídica del poder constituyente ligeramente distinta

("Doña Isabel II, por la gracia de Dios y la Constitución de la monarquía española, Reina de las Españas ... a todos los que las presentes vieren y entendieren, sabed: Que las Cortes generales han decretado y sancionado, y Nos de conformidad aceptado, lo siguiente:"). Como puede leerse, la publicación de la Constitución hecha en un diario oficial que imprime el Poder ejecutivo no deja de introducir matices de largo alcance jurídico.

Pues éste es el dato que, de sabido, se da por supuesto: en nuestro Derecho, las disposiciones que aprueban normas jurídicas se imprimen en un diario oficial que ha creado y administra el Poder ejecutivo. El "Boletín Oficial del Estado - Gaceta de Madrid" donde se publicó la Constitución de 1978 dependía directamente de la Presidencia del Gobierno, en los términos que detalla-ba su reglamento, aprobado por el Decreto 1583/1960, de 10 de agosto (BOE núm. 197, 17/08/1960): situación que su posterior conversión en agencia estatal, y su actual reacomodo como organismo autónomo, no ha modificado en absoluto. El "diario oficial de las Cortes Generales", que en 1978 imprimía una empresa privada (Sucesores de Rivadeneyra), sólo surte efectos *ad intra* del procedimiento legislativo, entonces (1978) y también hoy en día. Una situación que no es la única que puede observarse en Derecho comparado (como puede leerse en la completa obra de Cherns) y cuyas virtudes y defectos merecerían un estudio más profundo.

III. LAS LENGUAS DE LA CONSTITUCIÓN

La disposición final no se limita a disponer la publicación oficial de la Constitución de 1978: también ordena que se publique en "todas las lenguas de las nacionalidades y regiones de España". Así decía la enmienda núm. 692, presentada en el Congreso, que está en el origen de la segunda frase del precepto vigente. Sin embargo, el texto finalmente aprobado distingue entre dos lenguas: a) la del "texto oficial" (primera frase de la disposición final); y b) "las demás lenguas de España" (segunda frase, separada por un punto y seguido). La premisa implícita, pero indudable, de esta redacción es que el texto oficial auténtico de la Constitución es el texto en castellano.

Esta diferencia no es baladí. Como expuso el diputado Sr. Milán Gil, al defender la enmienda *in voce* de donde surgió el texto vigente, su intención era "alterar mínimamente la redacción actual" para "aclarar un poco dos cuestiones que están incluidas en esta disposición final segunda o finalísima. En primer lugar, la razón de poner un punto después de 'Boletín Oficial del Estado' es para que quede claro que el texto entra en vigor cuando se publique en el 'Boletín Oficial del Estado' y que este texto, naturalmente, es el texto oficial publicado, lógicamente, en la lengua oficial del Estado. En segundo lugar, supone el reconocimiento de que se publicará en las demás lenguas de España, expresión introducida en el artículo 3.° como un reconocimiento de esas demás lenguas de España, pero cuya funcionalidad es distinta a la que me refería anteriormente, que debe fijar, sin lugar a dudas ni problemas de interpretaciones, cuándo entra en vigor esta Constitución y qué es lo que de verdad va a ser citado, o puede ser citado, a todos los efectos" (Diario de Sesiones del Congreso de los Diputados núm. 93, 20/06/1978).

De aquí se deduce que el texto auténtico de la Constitución es el escrito en lengua castellana, que es "la lengua española oficial del Estado" (art. 3.1 CE). Es cierto que la "riqueza de las distintas modalidades lingüísticas de España es un patrimonio cultural que será objeto de especial respeto y protección" (art. 3.3). Pero las "demás lenguas españolas" serían oficiales, junto con el castellano, sólo cuando así lo hayan decidido los distintos Estatutos de autonomía y sólo "en las respectivas Comunidades Autónomas" (art. 3.2). Cuando la Constitución fue aprobada, en 1978, no existía más lengua oficial que el castellano. El euskera y el catalán adquirieron ese rango al aprobarse los primeros estatutos de autonomía, en diciembre de 1979; pronto seguirían el gallego (en 1981) y el valenciano (en 1982). El Estatuto de las islas Baleares, por su parte, declaró oficial en su territorio la lengua catalana (art. 3 de la Ley Orgánica 2/1983, de 25 de febrero).

No obstante, el Boletín Oficial del Estado ya se había adelantado a estas determinaciones estatutarias. El 29 de diciembre de 1978 publicó la Constitución española simultáneamente en seis versiones lingüísticas: aunque no vienen identificadas expresamente, cabe colegir que se trata del texto de la Constitución en castellano, catalán, valenciano, gallego, balear y vascuence (respectivamente, pp. 1, 33, 49, 65, 81 y 97 del boletín núm. 311, disponible en https://www.boe.es/diario_boe/txt.php?id=BOE-A-1978-31229). De lo que no cabe duda, dado el tenor de la disposición final de todas estas versiones, es que el valor de los textos distintos al castellano es el propio de una traducción, no de un texto auténtico: cualquier discrepancia entre las diversas versiones lingüísticas debe ser resuelta atendiendo al texto en castellano.

Esta regla, por cierto, ha impedido que la versión de la Constitución en vascuence provocase serios daños: su disposición derogatoria acordó derogar "cuantas disposiciones se contienen en esta Constitución" ("Era berean derogaturik geratzen dira Konstituzio hontan ezartzen diren disposapen guztiak"), como pusieron de manifiesto Jasone Astola Madariaga y Dimitris Asimakoulas y Margaret Rogers (pág. 262). Parece ser que este dislate, fruto sin duda del afán de hacer las cosas lo mejor posible en el escaso tiempo disponible, ha sido corregido en versiones ulteriores (no publicadas en el BOE, aunque sí en www.boe.es).

IV. LA VIGENCIA DE LA CONSTITUCIÓN

El último efecto producido por la disposición final es precisar que la Constitución entró en vigor "el mismo día de la publicación de su texto oficial" en el boletín oficial. Lo que acaeció el viernes 29 de diciembre de 1978, dos días después de su sanción regia ante ambas cámaras de las Cortes Generales. La razón de ese leve retraso, según se comentó en su día, parece ser que era evitar la fecha del 28 de diciembre: día de los Santos Inocentes. Coincidencia que hubiera dado lugar a connotaciones y chascarrillos, propios del humor hispánico, que se evitaron con el retraso de un día en la publicación oficial. Quizá existan otras explicaciones, como que estaban revisando la traducción del texto castellano a otras lenguas españolas.

El mismo día de la publicación oficial de la Constitución quedaron derogadas las leyes enumeradas en la amplia disposición derogatoria, que precede a esta disposición final. Los efectos temporales de la entrada en vigor, el 29 de diciembre de 1978, dio lugar a una interesante jurisprudencia, de la que son muestra las sentencias del Tribunal Constitucional *Manuel Gorostiza Sanzo contra Dirección General de Seguridad* (STC 43/1982, de 6 de julio) y *Carmen Yébenes Carrillo* (STC 80/1982, de 20 de diciembre). La primera ha inferido que no cabe la aplicación retroactiva de la Constitución española de 1978: "sabido es que las leyes no tendrán efecto retroactivo si no dispusieren lo contrario (art. 2.3 del Código civil) y que la disposición final de nuestra Constitución estableció que ésta entraría en vigor 'el mismo día de la publicación de su texto oficial en el 'Boletín Oficial del Estado' [*sic*], sin que ni en esta cláusula final ni en ningún otro pasaje del texto constitucional exista precepto alguno que establezca su retroactividad ni en términos generales ni en relación con el art. 14, cuya aplicación se pretende en este caso". La sentencia *Yébenes Carrillo* (STC 80/1982), por su parte, afirmó que una vez entrada en vigor, la Constitución despliega sus efectos con plenitud: el texto de 1978 es "nuestra norma suprema y no una declaración programática o principal"; norma que es vinculante para todos los poderes públicos ("entre los cuales se insertan obviamente 'los Jueces y Magistrados integrantes del poder judicial'": art. 117 CE) "desde el momento mismo de la entrada en vigor del texto constitucional": "todo español tiene desde el momento mismo de la entrada en vigor de la Constitución" los derechos y libertades fundamentales proclamados en ella. Por lo cual no puede perpetuarse, vigente la Constitución, ninguna situación contraria a los derechos fundamentales, aun cuando hubiera surgido de conformidad con la legislación preconstitucional.

Conviene subrayar que la entrada en vigor de la Constitución, enunciada por la disposición final que venimos comentando, fue verbalizada por la fórmula de su promulgación. Lo que lleva a observar que esta disposición final ha de ser entendida en el contexto de la promulgación de la Constitución, manifestada en los dos párrafos (inicial y final) que enmarcan su texto, pero que no forman parte de él, y que no suelen recibir atención. Ello, a pesar de su indudable importancia. Pues, en efecto, la Constitución de 1978 fue promulgada así:

> "Don Juan Carlos I, Rey de España, a todos los que la presente vieren y entendieren, Sabed: que las Cortes han aprobado y el pueblo español ratificado la siguiente Constitución".

Luego, una vez transcrito el preámbulo y todo el articulado de la Constitución, se cierra así:

> "Por tanto,
> Mando a todos los españoles, particulares y autoridades, que guarden y hagan guardar esta Constitución como norma fundamental del Estado".

La fórmula de promulgación de la Constitución se da por sabida. Tanto que no es infrecuente que sea omitida en las publicaciones del texto constitucional de 1978. Desde luego, no da lugar a estudios ni comentarios. Lo cual no deja de ser interesante, ya que en ella se contiene el fundamento más inmediato del carácter normativo y vinculante de la Constitución, por delante de los manoseados artículos 9.1 y 53.1 CE. En cualquier caso, sólo teniéndola presente puede comprenderse plenamente la disposición final que cierra la Constitución, en el párrafo anterior al cierre de la promulgación hecho por Su Majestad, siguiendo la tradición constitucional iniciada en 1837.

V. BIBLIOGRAFÍA

ARZOZ SANTISTEBAN, X.: "Multilingualism in legal contexts", en CHAPELLE, C. A. (Ed.): *The Encyclopedia of Applied Linguistics*, Blackwell Publishing, 2013, pp. 3921-3925.

ASIMAKOULAS, D., ROGERS, M. (Eds.): *Translation and opposition*. Multilingual Matters, 2011.

ASTOLA MADARIAGA, J.: "Espainiako konstituzioaren euskarazko testu koofiziala. Mintzaira juridikoa euskaraz. Ohar batzuk", *Revista Vasca de Administración Pública* núm. 28, 1990, pp. 173-84

BERMEJO VERA, J.: *La publicación de la norma jurídica*. Instituto de Estudios Administrativos, 1977

BIGLINO CAMPOS, P.: *La publicación de la ley*, Tecnos, 1993.

BOBILLO DE LA PEÑA, F. J.: *El BOE hace historia: de la Gaceta impresa al BOE digital (1661-2008)*, Boletín Oficial del Estado, 2008.

BORRAJO INIESTA, I.: "Publicación y vigencia de una Constitución plurilingüe (disposición final y promulgación)", CASAS, M. E., RODRÍGUEZ-PIÑERO, M. (Dirs.), *Comentarios a la Constitución Española. XL aniversario*, Boletín Oficial del Estado, 2018, II, pp. 2021-2029.

CASTRO Y BRAVO, F. de: *Derecho Civil de España* (1949), Civitas, 1984, parte III, capítulo II.

CHERNS, J. J. (PEMBERTON, JOHN E. ed.): *Official Publishing: An Overview*. Pergamon Press, 2013.

COLOMER VIADEL, A.: "Disposición Final. Vigencia y publicación de la Constitución", en ALZAGA VILLAAMIL, O. (Dir.), *Comentarios a la Constitución Española*, Tomo XII, Edersa, 1999.

GARRIDO FALLA, F.: "Disposición final", GARRIDO FALLA, F. (Dir.): *Comentarios a la Constitución Española*. Civitas, 3ª ed., 2001.

LORENTE SARIÑENA, M.: *La voz del Estado: La publicación de las normas (1810-1889)*, Centro de Estudios Políticos y Constitucionales, 2001.

PÉREZ FERNÁNDEZ, J. M. (Coord.): *Estudios sobre el estatuto jurídico de las lenguas en España*, Atelier, 2006.

RODRÍGUEZ-ZAPATA, J.: *Sanción, promulgación y publicación de las leyes*, Tecnos, 1987.

RUBIO LLORENTE, F., ARAGÓN REYES, M.: "Enunciados aparentemente vacíos en la regulación constitucional del control de constitucionalidad", *Revista de estudios políticos*, 7: 161-170, 1979.

SOLOZÁBAL, J. J.: *La sanción y promulgación de la ley en la monarquía parlamentaria*, Tecnos, 1987.

VERNET J., PUNSET, R.: *Lenguas y Constitución*, Iustel, 2007.